जैमिनीयं ब्राह्मणम्

JAIMINĪYA BRĀHMAṆA

JAIMINĪYA BRĀHMAṆA OF THE SĀMAVEDA

Critically edited by
Dr. RAGHU VIRA
and
Dr. LOKESH CHANDRA

With a foreword by
LOUIS RENOU

MOTILAL BANARSIDASS
Delhi Varanasi Patna Madras

सामवेदीयं

जैमिनीयं ब्राह्मणम्

सम्पादकौ

आचार्य रघुवीरः

डा० लोकेशचन्द्रः

पुरोवाग्लेखकः

लुइ रनू महोदयः

मोतीलाल बनारसीदास

दिल्ली वाराणसी पटना मद्रास

Published under the guidance of Shri Radhe Shyam Shastri

Head Office: Bungalow Road, Delhi 110 007
Branches: Chowk, Varanasi 221 001
Ashok Rajpath, Patna 800 004
6 Appar Swamy Koil Street, Mylapore,
Madras 600 004

First Edition: Nagpur, 1954
Second Revised Edition: Delhi, 1986

ISBN: 81-208-0037-0

Printed in India by Jainendra Prakash Jain at Shri Jainendra Press,
A-45 Naraina, Phase I, New Delhi 110 028 and published by
Narendra Prakash Jain for Motilal Banarsidass, Delhi 110 007.

CONTENTS

FOREWORD

After a long stagnation Vedic studies have taken a new impetus in many indological institutes throughout the world. How can we understand the import of Indian thought without going back to its origins?

In India itself, these recent years, the revival was realised chiefly through the indefatigable zeal of Prof. Raghu Vira and now also of his son Dr. Lokesh Chandra.

In fact, the edition of the First Book was published as soon as 1937, by Prof. Raghu Vira himself, in an irreproachable manner, but the work was lost in the disaster inflicted to Sanskrit culture at Lahore. So it was necessary to resume the whole work. In 1950 Dr. Lokesh Chandra edited the beginning of the second part (the Gavāmayana portion) with an elaborate introduction. And now, thanks to the effort of the same scholar, we have before us the complete text, to be duly furnished with a new introduction and indexes.

It is the last Vedic work of importance to be published. For a long time we had only some extracts from it by Prof. Caland and a few other European Indologists. The reason is that this Brāhmaṇa is of unusual difficulty. Prof. Caland in 1919 stated that nobody will dare to publish the whole of Jaiminiya-Brahmana under the existing conditions. But today this bold undertaking has become a reality, in spite of the absence of any commentary or paddhati, in spite of the fact that most ritual or legendary data are quite isolated and new in Vedic literature. The material conditions for a complete edition were also not fulfilled until, these last years, Prof. Raghu Vira was lucky enough to find new manuscripts: India, if it were systematically explored, is rich enough in such unexpected treasures.

The Jaiminiya-Brahmana is one of the most bulky works of Vedic literature. Also one of the most important. How could we hope to understand the highly complicated technique of the sāmagas without mastering the Jaiminiya, which presents it in its acme. As concerns mythology and legendary lore, the tradition of the Jaiminiyas was certainly more abundant and more interesting (if sometime, still more strange) than any other work of the kind, not excluding the celebrated Śatapatha-Brāhmaṇa.

We know that the young scholar who was in charge of this edition possesses all the philological experience, the critical acumen, which we expect of an editor of a Vedic text. May this undertaking indicate the beginning of a new development in the field of these arduous studies.

LOUIS RENOU

PREFACE

The Jaiminiya Brāhmaṇa is of no less importance than the Śatapatha in the richness of its legends and ritual. Nevertheless its complete text had not been edited so far, on account of its abstruseness. It has no commentary, no prayoga, no paddhati. Its śrautasūtra is also not found in its entirety. It bristles with equations which correlate the earthly details of the yajña to the world of Gods, numbers and etymologies often supplying the link. Besides the peculiarities of morphology and syntax, the minutiae of yajñas extending over months, the ubiquitous technical terms of the ritual, and a legion of sāman names greatly add to the difficulties in grasping situations, simple or otherwise. To heighten them, the MSS are few and corrupt. Every section has to be reconstructed. Punctuation is no easy task. At times, a ransacking search has to precede even the reconstitution of single words.

General Survey of the Contents— The JB is divided into three books or kāṇḍas, which are subdivided into sections called khaṇḍas. The first book contains 364 sections, the second 442, and the third 386.

The JB and PB show identity of subject-matter as both of them deal with the rites of chandoga priests:

I.1-65 agnihotra.

I.66-364 agniṣṭoma. Corresponds to PB VI-IX. JB I.342-364 deal, in particular, with the prāyaścittas, which are treated of in PB IX.3-10.

II.1-80 gavāmayana (prakṛti of ayanas). Corresponds to PB IV and V.

II.81-234 ekāhas or one-day soma-sacrifices. Jyotiṣṭoma is the prakṛti of these ekāhas. Corresponds to PB XVI-XIX.

II.235-333 ahīnas (sacrifices lasting up to 12 days). Corresponds to PB XX-XXII.

II.334-370 sattras (lasting more than 12 days). Corresponds to PB XXIII-XXV.

II.371-442 gavāmayana = PB IV and V.

III dvādaśāha. Described with greater prolixity than the corresponding PB X-XV.

Previous Work— Since the discovery of MSS from the Tinnevelly district by A. C. Burnell, several attempts have been made to edit the text. On the basis of Burnell's transcripts (now in the India Office, London), Whitney prepared his copy (Proceedings of American Oriental Society, May 1883). From it **Prof. H. Oertel** has published a mass of material, ranging from single sentences to entire sections. He published a series of articles, the first of which appeared in JAOS XVIII p.15f.; the second ibid. XIX p.97f.; the third in Actes du onzième Congrès International des Orientalistes, Paris 1897, Vol. I, 1899, p.225f.; the fourth in JAOS XXIII p.325f.; the fifth ibid. XXVI p.176f., 306f.; the sixth ibid. XXVIII p.81f.; the seventh in Transactions of the Connecticut Academy of Arts and Sciences Vol XV, 1909, p.155f.; the eighth in JAOS XV p.233f. (for the list of reviews of these articles see Prof. Renou's Bibliographie Védique). He quotes examples from JB in his Syntax of Cases in the Prose of the Brāhmaṇas. His last article, Roots and Verb-forms from the Unpublished Parts of the JB (published in Prof. Dr. Raghu Vira's Journal of Vedic Studies, Lahore, Vols. I, II), contains a large number of extracts. Prof. Oertel also compiled a list of mantras and other sacrificial formulae from JB for Bloomfield's Vedic Concordance, which is deplorably incomplete.

Under Prof. Oertel's guidance Dr. B. Ghosh wrote his thesis entitled Collection of the Fragments of Lost Brāhmaṇas (Calcutta 1935), wherein he has quoted JB passages corresponding to the Śāṭyāyana Brāhmaṇa.

This Brāhmaṇa also drew the attention of the famous Vedic savant, **Prof. W. Caland.** In 1914 appeared a long article from his pen, Over en uit het JB (Verslagen en Mededeelingen des K. Akademie v. Wetenschappen, Afdeeling Letterkunde, 5[e] Reeks, 1[e] Deel, 1[e] Stuk, Amsterdam), discussing its contents, grammatical peculiarities, relation to other Vedic texts, viz. Śāṭyāyana Brāhmaṇa, PB, ŚBM, ŚBK, Brāhmaṇas of the KṛṣṇaYV, AB, KB and the sūtras, interesting information about the sāmans and rites. In 1919 it was followed by his, Das JB in Auswahl (Verhandelingen der K. Akademie v. Wetenschappen te Amsterdam, Afdeeling Letterkunde, Deel I Nieuwe reeks, Deel XIX no. 4), a collection of 212 long extracts with their German translation and notes. Besides, he published a few emendations on the the then printed work of Prof. Oertel in his article Emendationen zum JB (WZKM XXVIII p.61f). He has referred to JB in his notes on the English translation of PB (Bibliotheca Indica, Calcutta 1931). Owing to the insufficiency of manuscript-material, his long experience of editing Vedic texts coupled with an intimate knowledge of Vedic ritual failed to materialize in a critical edition of the complete text.

The crowning piece of JB scholarship was the editing of the first book in its entirety by **Prof. Dr. Raghu Vira** (Sarasvatī Vihāra Series, Lahore 1937). In continuation I took up the first eighty sections of the second book dealing with the year-long sacrifice gavāmayana, which was published as vol. 21 of the Sarasvatī Vihāra Series (Nagpur 1950). The text of every section was followed by a critical apparatus and extensive notes. To it was also prefixed a detailed introduction dealing with the textual problems of the JB. Finally I took up the edition of the remaining portion. Due to obvious reasons, the text has been printed here in its entirety as a single volume. The second volume — containing a description of the manuscript material, corrections in previously edited portions, exegetical notes, grammatical and lexical peculiarities, a synoptic survey of the contents, new words not recorded from elsewhere in literature; indexes of etymological observations, mantras, yajuṣes, sāmans, geographical and personal names; conspectus of parallels from other texts, the relationship of the JB to other Vedic texts, and an index verborum — is under preparation.

It is hoped that this Brāhmaṇa will lighten up some of the dark corners of Vedic studies in general, and Brāhmaṇa literature in particular.

Nagpur
May 1954

LOKESH CHANDRA

INTRODUCTION

This treatise belongs to the Jaiminīya School of Sāmaveda and is named Jaiminīya Brāhmaṇa because it deals with the ritual of that School. This is a reprint of the earlier edition brought out by Dr. Lokesh Chandra in the Sarasvati Vihāra Series No. 31, Nagpur, 1954. The edition consists of 3 Kāṇḍas which are sub-divided into 1192 Khaṇḍas (sections). Kāṇḍa I contains 364 sections, the second 442 and the third 386.

According to the arrangement of the subject matter, Kāṇḍa I deals with the ritual of Agnihotra (sections 1—65) and Agniṣṭoma (sections 66—364). Kāṇḍa II describes the Gavām ayanam (Prakṛti of ayanas), Ekāhas (One-day Soma sacrifices), Jyotiṣṭoma and Ahīnas. Kāṇḍa III deals with Dvādaśāhas (sacrifices lasting upto 12 days).

Kāṇḍa I, details

AGNIHOTRA (Sections 1—65)

Kāṇḍa I opens with the ritual of Agnihotra sacrifice which is twofold : One is nitya (of constant obligation), the other is Kāmya (optional). The nitya Agnihotra invests the sacrificer with all-round merits which accompany him hereafter when the results of his evil deeds are destroyed in fire along with his physical frame[1]. The sacrificer is washed of the dirt of his evil deeds, as the snake is relieved of its slough or as the gold is cleaned of its dross.

The Kāmya variety of Agnihotra was very popular with the Agnihotrins. The sacrificer performed sacrifice for the fulfilment of his desire. For attaining a particular result he used the particular material, followed the particular time—day, night, morning or evening. There was always a specification of time, place and material for obtaining specific results. To illustrate: if he sought the wealth of cattle, he was asked to sacrifice in the evening when the cattle returned to the shed after the day's grazing in the field. If he sought heaven he was to sacrifice during the day or night. The spiritual radiation of his body was affected by Agnihotra in the evening by fire, in the morning by the Sun.[2] The Sun and fire removed whatever dirt of sin was accumulated in his astral bodv due to his bad activities. Agnihotra led him to the world of immortals—the world which is beyond the solar sphere. The sacrificer

1. 1.15 : स यद् अस्माल् लोकाद् एवंवित् प्रैति तस्य प्राणेन सह सुकृतम् उत्क्रामति शरीरेण सह (दुष्कृतं हीयते)

2. 1.10 सायमाहुत्यैव यत् किञ्चाह्ना पापं करोति तद् अस्याग्नी रात्र्यापहन्ति। प्रातराहुत्यैव यत् किञ्च रात्र्या पापं करोति तद् अस्यादित्योऽह्नाऽपहन्ति

wandered in the highest of these worlds at his will. As to the material, several alternatives are offered. Whether he poured ghee or milk, Soma or an animal[1], he obtained the same result. By using any of these materials, he obtained relief from the fear of death. As it is customary with the ritualistic literature, the Brâhmaṇa quotes a legend in the form of a dialogue between Janaka, King of Videha and the five learned priests who came to Mithilā to attend the sacrifice. The well-known Brāhmaṇas are[2]—Āruṇi = Gautama, Vājasaneya = Yājñavalkya, Barkur Vārṣṇa = Agniveśya, Priya Jānaśruteya = Kāṇḍavīya and Budila Āśvatarāśvitar = Vaiyāghrapāda. The discussion conducted in the sacrificial hall of the King is very illuminating. It shows how spiritual and material results could be obtained from Agnihotra. The sages are pleased with the King and they want to bestow a boon upon him, but the King refuses to ask for any. He feels gratified by their visit and desires that they should accept five thousand (cows) and one hundred horses in gift.

The Agnihotra sacrifice is related to Prajāpati who receives the offering. The offering made to Prajāpati is the offering made to All-gods.[3]

The Agnihotra sections mention Vājapeya, Aśvamedha and Tryambaka Sacrifices.[4] We are familiar with the Vājapeya and Aśvamedha sacrifices from other sources but Tryambaka is a rare sacrifice. The word Tryambaka denotes the three-eyed god Śiva who is remembered in the Saṁhitā[5] and Brāhmaṇa[6] literature for the conquest of death. The concluding sections of Agnihotra relate to Prāyaścitta (rites for the atonement of sins). The rites are exclusively meant for the Jaiminīyas.

AGNIṢṬOMA (Sections 66—364)

Kāṇḍa I sections 66 onward treat of Agniṣṭoma which is a Prājāpatya sacrifice par excellence.[7] By this sacrifice Prajāpati started generating creation and multiplied it.[8]

Agniṣṭoma is performed for obtaining different results. One can attain progeny, lordship of villages, excellent position, brilliant status, spiritual preeminence, prosperity, nay even sovereignty. It is performed for the accomplishment of any desire.[9] Since the sacrifice is accompanied by the recital of Sāman, references are made to some prominent Sāman singers such as Kusurvinda[10] Auddālaki. A

1. 1.12.
2. 1.22 ff.
3. 1.6 प्रजापतिर्विश्वेदेवाः–प्रजापताव् एवास्य तद् विश्वेषु देवेषु हुतं भवति। तद् एतद् वैश्वदेवं यद् अग्निहोत्रम्
4. 1.40
5. TS. 1.8.6.2
6. TB. 1.6.10.5
7. 1.67 ज्येष्ठयज्ञो वा एष प्रजापतियज्ञो यद् अग्निष्टोमः।
8. प्रजापतिर् यत् प्रजा असृजत ता अग्निष्टोमेनासृजत।
9. 1.67 यत्काम एनम् आहरते समस्मै काम ऋध्यते।
10. 1.122 युधाजीवो वैश्वामित्रः

number of Sāmans in such metres as Gāyatrī, Triṣṭubh, Jagatī or Anuṣṭubh are also recorded.

Recitals of Sāman are as much effective as the oblations poured. Sāmans are related to different sages and used for different purposes. To illustrate : Yudhājīva Sāman is related to Viśvāmitra. It is also called Vaiśvāmitra Sāman.[1] It is used against a relative who has turned hostile. Mention is made of Śakvarī Sāmans for slaying the enemy. They are so called because they are composed in Śakvarī metre. Indra killed Vṛtra by using these. By reciting Harvat Sāman he surpassed lord Hara (Śiva). Most of these Sāmans are motivated by malice or malignity. Their purpose is evidently destructive. They are used for killing the enemy, for smashing the Rākṣasas. Like the exhilirating drink, Soma, Sāmans invigorated devas in their war with the Asuras.

Agniṣṭoma Sāmans are used for constructive purpose as well. The rare ones—Nārmedha and Āṣṭādaṁṣtra are meant for the acquisition of cattle. These Sāmans are named after the name of their singer.

Sections 229 onward deal with the Rathantara Sāman. A number of episodes illustrate the purpose for which these Sāmans were used.

Agniṣṭoma was popular among the Vedic Aryans. The King[1] performed Agniṣṭoma once a year. The prince undertook the twelve day sacrifice (*dvādaśāha*). The upper classes took up Chandasya as well as Agniṣṭoma and Dvādaśāha. The Agniṣṭoma Sāmans were sung by the Sāma-singer in all these ceremonies.

The priestly fee for the recital of Sāmans or for performing sacrifice was sufficiently rich. It consisted of the hide of a leopard, gems, gold, elephant, a chariot drawn by a mare or a horse, pieces of gold and a brazen vessel. The concluding position of this Kāṇḍa (sections 342-364) deal in particular with the Prāyaścittas.

Kāṇḍa II

Kāṇḍa II (Sections 1—442) deal with the sacrifices lasting for one day, twelve days or more. A year-long sacrifice is also described in detail.

Sections 1—80 deal with the Prakṛti of Ayanas and the details of year-long sacrifice (gavām ayanam).

Sections 81—234 deal with the one-day sacrifice (Ekāha). Sections 235—333 deal with the sacrifices lasting for twelve days (ahīnas). They are named Dvirātra, Trirātra, Caturātra, Pañcarātra, Ṣaḍrātra, Saptarātra, Aṣṭarātra, Navarātra, Daśarātra etc.

Sections 334—370 describe Sattras lasting more than 12 days (trayodaśarātra etc.)

Sections 371—442 complete the details of the year-long sacrifice—gavām ayanam, contain the legend of Saramā and Paṇis, refer to the powerful dogs who can kill leopards, mention the river Rasā of the Ṛgvedic fame and the ancient country Vidarbha. The Kāṇḍa is very important from the legendary, traditional and geographical point of view.

1. अथ राजानोऽग्निष्टोमसामानि राजपुत्रा द्वादशाहीयानि विशश् छन्दस्यानि। तद् यद् एतानि सामानि संवत्सरे क्रियन्तेऽथातोऽग्निष्टोम साम्ना एव गानम्।

Kāṇḍa III

Kāṇḍa III deals mostly with the 12 day (dvādaśāha) sacrifices which are treated here with more prolixity than in the Pañcaviṁśa Brāhmaṇa (X—XV). The Brāhmaṇa mentions a number of Sāmans recited by the Udgātṛ priests in these sacrifices. When these are sung correctly on proper occasion they accomplish the cherished desires of the sacrificer. To illustrate. This Kāṇḍa mentions a number of Rathantara Sāmans (vide Sections 184, 187, 209, 210, 212, 216, 218). The Raurava variety of these Sāmans is used for generating the scorching heat to kill the enemy (अभितपति भ्रातृव्यं श्रेयान् भूत्वा य एवं वेद). Another variety named Gauṅgava does the same purpose. By the use of this Sāman Devas vanquished the Asuras and recovered their lost cows. The same purpose is achieved by using Daivānīka Sāman which itself is the fire missile. Again, by the use of Vaiyaśva Sāman, Devas achieved the same purpose.

A number of Sāmans lead the singer heavenward. The sage Kunmala-barhiṣ sang the sāman which goes by his name and got cows and horses for sacrifice. The Svargya Sāman aims likewise. So do Bharga and Yaśas sacrifices. All those sacrifices which bring him cattle-wealth take him to heaven, for by sacrificing the animals the sacrificer attains the world of Devas. The Bārhaduktha and Vāmadevya Sāmans are also of this nature. The Sāman Idhmavāha too takes the sacrificer to heaven. The Sāman is so called because Idhma-Vāha (Fire-god) praised the sages in their heavenward journey, requesting them to take him to heaven and they acted accordingly.

A number of Sāmans are invariably designed for the attainment of material progress. For example, by means of Samanta Sāman, Indra and Agni attained prosperity which they shared in equal proportion. The Āṅgirasa sage Surūpa attained the beauty of form when he sang the Sāman at the proper occasion, which came to be known by his name. The Brāhmaṇa mentions an anecdote of Gaurvīti Śaktya who killed a deer and offered it to Suparṇa who being pleased got him the daughter of Asita whom Gauravīti loved. Sāmans are also used for the prevention of foul diseases such as consumption etc.

The Kāṇḍa is unique in importance inasmuch as it furnishes some rare geographical information foreign to other Brāhmaṇas. III.64 narrates the legend of Dadhyaṅ Ātharvaṇa who possessed Brahmanic splendour. Those of the Asuras who looked at him had their bodies decapitated. In course of time, Dadhyaṅ went to heaven. At this time Indra was hard pressed by the Asuras. When he did not find Dadhyaṅ he was depressed. On making enquiries, Indra was told that nothing of Dadhyaṅ was left on earth except his horse-head by which he had taught divine knowledge to the Aśvins. That head should be sought for on the earth. Then Devas made a search, for the head and discovered the same in the lake Saryaṇāvat in the midst of Kurukṣetra[1] !

DELHI, JUNE 1, 1985 J. L. SHASTRI

1. III 64 शर्यणावद्ध नामैतत् कुरुक्षेत्रस्य जघनार्धे सरस्कम्

अथ

जैमिनीयब्राह्मणे

प्रथमं काण्डम्

ॐ

[1]तद् आहुः केन[2] जुहोति कस्मिन् हूयत इति। प्राणेनैव[3] जुहोति प्राणे हूयते॥

तद् यद्[4] एतद् अग्नीन् मन्थन्ति यजमानस्यैव तत्[5] प्राणान् जनयन्ति[6]। तद् यावद् वै मन्थन्त न[7] तर्हि प्राणिति। अरण्योर् एवास्य तर्हि प्राणा भवन्ति॥

तस्य वै मथ्यमानस्य भस्मावशीयते[8]। अन्नम्[9] एवास्य तज् जायते। अन्नं[10] म एतद् अजनीत्य् एव तद् विद्यात्॥

धूमो ऽनु निर्दहति। मन एवास्य तज् जायते। मनो म एतद् अजनीत्य् एव तद् विद्यात्॥

अङ्गारो ऽनु निर्वर्तते। चक्षुर् एवास्य तज् जायते। चक्षुर् म एतद् अजनीत्य् एव तद् विद्यात्॥

स एषो ऽङ्गार[11] एतानि[12] भस्मानि ग्रसते। यथा कुमारो जातस् स्तनम् अभिपद्येत तथा तिर्यङ् विसर्पति। श्रोत्रम् एवास्य तज् जायते। श्रोत्रं म एतद् अजनीत्य् एव तद् विद्यात्॥

[13]उपरि तृणानि[13] धुनोति। प्राण एवास्य स जायते। प्राणो म एषो ऽजनीत्य् एव तद् विद्यात्॥

भा[14] इत्य् उद्दीप्यते। वाग् एवास्य सा जायते। वाङ् म एषाजनीत्य् एव तद् विद्यात्॥

स एतान् पञ्च प्राणान्[15] जनयते[16]। तांस् त्रेधा व्यूह्य देवान् कृत्वा तेषु जुह्वद् आस्ते। देवा हैवास्य देवा भवन्ति। इमे त्व् एवास्य देवा भवन्ति येषु जुह्वद् आस्त॥ १॥

[1] प्रारम्भे य ओं श्रीगुरुभ्यो नमः। अविघ्नम् अस्तु॥
सामाखिल सकलवेदगुरोर् मुनीन्द्राद्
व्यासाद् अवाप्य भुवि येन सहस्रशाखम्।
व्यक्तं समस्तम् अपि सुन्दरगीतरागं
तं जैमिनिं तलवकारगुरुं नमामि॥
वेदोक्तं कर्म येनासीन् मीमांसित्वा सुनिश्चितम्।
व्यासशिष्याय मुनये तस्मै जैमिनये नमः॥
श्री आदिकेशवाय त्रयीमूर्तये नमः॥ व ष श्रीजैमिनिमहर्षये नमः॥ श्रीतलवकारब्राह्मणम्॥ ततो व श प
उज्जहारागमाम्भोनिधेर् यो धर्मामृतम् अञ्जसा।
न्यायैर् निर्मथ्य भगवान् स प्रसीदतु जैमिनिः॥
[2] श को नु [3] श प्राणान् एव [4] व ष नास्ति [5] य नास्ति [6] ल श जिनयन्ति [7] ल श स [8] ?य ल$_2$ व ष °शीर्यते [9] ल$_2$ श सम् [10] श स [11] ल व ष अङ्गारान् [12] य श शतानि [13-13] ल श परि त्र.णानि [14] ल$_2$ हा [15] ल$_2$ ब्र.ह्मणान् [16] श जिनयति

तद् यद् आहुः[1]—केन जुहोति कस्मिन् हूयत इति—प्राणेनैव जुहोति प्राणे हूयते। तद् एतद् अन्नं प्राणे जुहोति। स एषो [2]ऽन्नं कामयमान इमान् हि[2] प्राणान् अभिवर्धयमानस् तेषु जुह्वद् आस्ते। अथैतद् ध वाव ब्राह्मणस्य स्वर्[3] यद् धविः। तद् आत्मन् निधत्त एषु[4] अमृतेषु[5] प्राणेषु। तद् [6]अस्यात्मन् निहितं[6] न प्रमीयत॥

तद् यदा वै मन उत्क्रामति यदा प्राणो यदा चक्षुर् यदा श्रोत्रं यदा वाग् एतान् एवाग्नीन् अभिगच्छन्ति। अथास्येदं शरीरम् एतेष्व् एवाग्निष्व् अनुप्रविध्यन्ति अस्माद् वै त्वम् अजायथा एष त्वज् जायतां स्वाहा इति। [1]सो ऽत[1] आहुतिमयो मनोमयः प्राणमयश् चक्षुर्मयश् श्रोत्रमयो वाङ्मय ऋङ्मयो यजुर्मयस् साममयो ब्रह्ममयो हिरण्मयो ऽमृतस् सम्भवति। अमृता हैवास्य प्राणा भवन्ति। अमृतशरीरम् इदं कुरुते। सो ऽमृतत्वं गच्छति य एवं विद्वान्

अग्निहोत्रं जुहोति ॥ २ ॥

[१] य आह [२-२] र न कामा मार इमान् हि ल न्नकाममार इमान् हि व ष न्नकामगारूमान् हि श न राममार इमानि [३] ल₂ स्वं [४] ल₂ एतेष्व् श एषु [५] श मृतेषु [६-६] र श अस्यातम-न्निधत्त हितं ल₁ व ष अस्यात्महितन् ल₂ अस्यात्मनि हितन् [७] ल व ष अव° [८] य व श एव नास्ति [९-९] र व श ते सात ल₁ ष स्ते सात

प्रजापतिस् सहस्रसंवत्सरम् आस्त। स सप्त शतानि वर्षाणां समाप्येमाम् एव जितिम् अजयद् यास्येयं जितिस् ताम् ॥

स स्वर्गं लोकम् आरोहन्[1] देवान् अब्रवीद् एतानि यूयं त्रीणि शतानि वर्षाणां समापयाथेति। तथेति[2]। ते त्रीणि शतानि वर्षाणां समाप्य ताम् उ एव जितिम् अजयन् यां प्रजापतिर् अजयत्। त एते सर्व एव प्रजापतिमात्रा अयामयाम् ? इति ॥

ते ऽब्रुवन् देवशरीरैर् वा इदम् अमृतशरीरैस् समापाम न वा इदं मनुष्यास् समाप्स्यन्ति। एतेमं यज्ञं संभरामेति। तं संवत्सरम् अभिसमभरन्[3]। ते ऽब्रुवन् महद् वा इदं सम् एव भरामेति। तं[4] द्वादशाहम् अभिसमभरन्[5]। ते ऽब्रुवन् महद् वा इदं सम् एव भरामेति। तं पृष्ठ्यं षडहम् अभिसमभरन्। ते ऽब्रुवन् महद् वा इदं सम् एव भरामेति ॥ ३ ॥

[१] श आरोहद् [२] र द्विरुक्तिः तथेति ते त्रीणि शतानि वर्षाणां समापयाथेति तथेति [३] र ल व श ष °संभरंस् [४] य श तद् [५] य र ल °संभरंस्

तं त्रिरात्रं तं द्विरात्रं तम् अप्तोर्यामं तम् अतिरात्रं तं वाजपेयं तं षोडशिनं तम् उक्थ्यं तम् अग्निष्टोमं तम् इष्टिपशुबन्धांस् तं चातुर्मास्यानि तं दर्शपूर्णमासौ तम् एते अग्निहोत्राहुती अभिसमभरन्[1]। सो ऽतो न पराजयते। तद् वा अपराजितं यद् अग्निहोत्रम्। न ह वै पराजयते य एवं वेद ॥

स यत् पुरस्ताद् अप उपस्पृशति—सत्यं वा आपस् सत्यं दीक्षा—दीक्षैवास्य सा ॥

अग्निर् ज्योतिर् ज्योतिर् अग्निस् स्वाहा इत्य् अष्टाक्षरेण जुहोति। अष्टाक्षरा गायत्री। तद् एव प्रातःसवनम्। मनसा निष्कैवल्येनोत्तराम् आहुतिं जुहोति। तद् एव माध्यंदिनं सवनम्। उपमृष्टे प्राश्नाति। तद् एव तृतीयसवनम्। लेलिहितम् इव हि तत् तृतीयसवनम् ॥

उपरिष्टाद् अप उपस्पृशति। अवभृथ एवास्य सः ॥

स यद् एते सायमाहुती जुहोत्य् एताभ्याम् एवास्याहुतिभ्यां सर्वैर् एतैर् यज्ञक्रतुभिर् इष्टं भवति ॥

[4]अथ यद् एते प्रातराहुती जुहोत्य् एताभ्याम् एवास्याहुतिभ्यां सर्वैर् एतैर् यज्ञक्रतुभिर् इष्टं भवति ॥[4]

तद् एतद् अपर्यन्तं यद् अग्निहोत्रम् ॥ ४ ॥

[१] ल व ष °संभरन् श °समाभरन् [२] य व ष निष्कैव° [३] ल श लेली° [४-४] व ष नास्ति (समात् समं दृष्टिप्लुतिः)

अथ पशुकामस् सायं पशुषु समेतेष्व् अग्निहोत्रं जुहुयात्। ब्रह्म वा अग्निहोत्रम्। ब्रह्मणैवैतत्[1] पशून् परिगृह्णाति। अविसृष्टेषु प्रातः। ब्रह्म वा अग्निहोत्रम्। ब्रह्मणैवैतत्[1]

पशून् परिगृह्णाति । स एतान् ब्रह्मणोभयतः[3] पशून् परिगृह्णीते । अव पशून् रुन्द्धे । बहु-पशुर् भवति ॥

अथ स्वर्गकामः द्वौ समुद्राव् अचर्यौ[4] विततौ महान्ताव् आवर्तीवर्तेते चर्येव[5] पादौ[7] इति । द्वौ हैव समुद्राव् अचर्याव् अहश् चैव रात्रिश् च । ते ये नक्तं जुह्वति रात्रिम् एव ते समुद्रं प्रविशन्ति । अथ य उदिते जुह्वत्य् अहर् एव ते समुद्रं प्रविशन्ति । तयोर् वा एतयोर् अत्ययनम्[8] अस्ति यथा वैषवं[9] वा स्यात् सेतोर्[10] वा संक्रमणम् । अस्तम् इते पुरा तमिस्रायै सुव्युष्टायां पुरोदयात् ॥ ५ ॥

[१] ल ब्रह्मणैव तत् [२] र ल ब्रह्मणैव तत् [३] र ल व श ष °भवतः [४] ल$_2$ अजर्यौ । तथातै. ३.२.८.१ द्वौ समुद्रौ विततावजुर्यौ पर्यावर्ते ते जठरेव पादाः [५] य ल श आप° [६] ? ल$_2$ पथेव [७] र श पदौ [८] य व श ष अयनम् [९] ? य ल$_1$ वैषत्रं र वैषत्र ल$_2$ वैषत्रा व ष चैषवं श वैषध् [१०] ? एतं य श । अन्यत्र सतोर्

अथो हैतौ श्यामशवलाव् एव यद् अहोरात्रे । अहर् वै शबलो रात्रिश् श्यामः । ते ये नक्तं जुह्वति रात्रिम् एव ते श्यामं प्रविशन्ति । अथ य उदिते जुह्वत्य् अहर् एव ते शबलं प्रविशन्ति । तयोर् एतद् एवात्ययनम्—अस्तम् इते पुरा तमिस्रायै सुव्युष्टायां पुरोदयात् ॥

अथो हैषु[1] सवितैव द्युम्नः[2] । सविता वै प्रजापतिः प्रजापतिर् विश्वे देवाः । प्रजापताव् एवास्य तद् विश्वेषु देवेषु हुतं भवति । तद् एतत् प्राजापत्यं[3] यद् अग्निहोत्रम् ॥

अथ यद् एतत् प्रातः प्रभाति—एतस्मिन् वै द्युम्ने प्रजापतिः प्रजाः प्रजनयांचकार । सविता वै प्रजापतिः प्रजापतिर् विश्वे देवाः—प्रजापताव् एवास्य तद् विश्वेषु देवेषु हुतं भवति । तद् एतद् वैश्वदेवं यद् अग्निहोत्रम् ॥

अथो हैतद् अहोरात्रे एवंमुखं संधत्तः[4] । अन्नं वा अग्निहोत्रम् । अन्नाद्यम् एवैतद् अहोरात्रयोर्[5]मुखतो ऽपिदधाति[6] । एवम् एव पुनः प्रातस् संधत्तः । अन्नं वा अग्निहोत्रम् । अन्नाद्यम् एवैतद् अहोरात्रयोर्[5] मुखतो ऽपिधायैतौ पुनर्मृत्यू अतिमुच्यते यद् अहोरात्रे ॥ ६ ॥

[१] ? ल$_2$ हैष [२] श द्यौस् [३] र व श ष प्रजापतिर् [४] र श सम्म्यत्तो ल सम्यत्तो [५–५] ल श नास्ति (समात् समं दृष्टिप्लुतिः) [६] र व ष विदधाति

असौ वा आदित्यो ऽस्तं यन् षोढा विम्रोचति । व्यम्रुचद्[1] इति ह स्म वा एतं पूर्वे पुराणिन आचक्षते । अथैतर्हि[2] न्यम्रुचद्[3] इति ॥

[4]स वा[4] एषो ऽस्तं यन्[5] ब्राह्मणम् एव श्रद्धया प्रविशति पयसा पशूंस् तेजसाग्निम् ऊर्जौषधी रसेनापस् स्वधया वनस्पतीन् ॥

स यद् ब्राह्मणो ऽग्निहोत्रपात्राणि निर्णेनेक्ति यत् [6]परिचेष्टति[6] ययैवैनं श्रद्धया प्रविष्टो भवति ताम् एवास्मिंस् तत् संभरति ॥

अथ यत् पयो दुहन्ति येन पयसा पशून् प्रविष्टो भवति तद् एवास्मिंस् तत् संभरति ॥

अथ यद् अङ्गारान् निरूहति[7] येन तेजसाग्निं प्रविष्टो भवति तद् एवास्मिंस् तत् संभरति ॥

अथ यत् तृणेनावद्योतयति[8] ययोर्जौषधीः प्रविष्टो भवति ताम् एवास्मिंस् तत् संभरति ॥

अथ यद् अपः प्रत्यानयति येन रसेनापः प्रविष्टो भवति तम् एवास्मिन्स् तत् संभरति ॥

अथ यत् समिधम् अभ्यादधाति यया स्वधया वनस्पतीन् प्रविष्टो भवति ताम् एवास्मिन्स् तत् संभरति ॥७॥

अस्मिन् खण्डे र-कोशस्य पाठा उदाहर्तुं न शक्याः ॥ [१] ? य व्यंमृचद् ल$_1$ ष व्यममृचद् ल$_2$ व्यमूचद् व श व्यमुमृचद् [२] ल व श अथेतस्मिन् [३] य न्यङ्म्रचद् ल$_1$ न्यममृचद् ल. न्यमूचद् व न्यममृचद् श व्यमुमृचद् ष न्यममृचद् [४-४] ल व ष स्वा [५] ल अर्यन् व ष अय्यन्। एते पाठान्तरे अन्यत्रापि। न तूदाहृते [६] य (?) सनिवेष्टति ल$_2$ परिवेष्ट्याति श सनिचेदिति [७] य व श ष निरूह्यति ल निरहहति [८] य °द्योयेति व श °द्योतंति

तम् एवं[1] संभृत्य[2] सायं जुहोति। स तां गर्भकृतो रात्रिं वसति। एवम् एव पुनस् संभृत्य[2] प्रातर् जुहोति। तं जनयति। सो ऽस्य जायमान एव सर्वं पाप्मानम् अपहन्ति। देवा वै प्रजापतेर् अजायन्त। एव उ एवंविदो जायते। स यावन्तं प्रजापतिर् लोकम् अजयत् तावन्तं[3] जयति ॥

अथो हेक्षत ऽयं वाव माम् अनुष्ठया संभरति[4] हन्तायं साङ्गस् सतनुर् अविहुतो[5] जरसं गच्छत्व् इति। स ह साङ्ग एव सतनुर् अविहुतो[5] जरसं गच्छति ॥

अथो हक्षते ऽयं वाव माम् अनुष्ठया वद हन्तेमम् एवाविशानीति। स हैवंविदम् एवाविशति ॥

स एव वा एको वीरो य एष तपत्य् एष इन्द्र एष प्रजापतिः[6]। एतस्मिन् ह्यस्य तद् धुतं भवति य एवं विद्वान् अग्निहोत्रं जुहोति ॥ ८ ॥

[१] ल व श ष एव [२] र ल$_2$ श संहृत्य [३] श तावन्तं लोकं [४] र संहरति [५] सर्वेषु कोशेषु आवहृतो [६] श प्रजापतिरेव

यद् ध वा अह्ना पापं क्रियत आदित्यस् तत् कारयति। यद् रात्र्याग्निस् तत्। ताव् अब्रूताम् इत्थं चेद् वै भविष्यावो न वै तर्हि शक्ष्यावः प्रजा भर्तुम्[1]। हन्तान्नम् एवासावाग्न्योन्यास्मन्न्[3] एवात्मानं जुहवावेति। स यद् आदित्यो ऽस्तम् एत्य् अग्नाव् एव तद् आत्मानं जुहोति। स यत् किं चादित्यो[4] ऽह्ना पापं करोति तद् अस्याग्नी रात्र्यापहन्ति ॥

आदित्यम् उद्यन्तम् अग्निर् अनूदेति। आदित्य एव तद् आत्मानं जुहोति। स यत् किं चाग्नी रात्र्या पापं करोति तद् अस्यादित्यो ऽह्नापहन्ति। स यथाहिर् अहिच्छव्यै निर्मुच्येत यथा मुञ्जाद् इषीकां विवृहेद् एवम् एव सर्वस्मात् पाप्मनो निर्मुच्यते [5]स य[5] एवं विद्वान् अग्निहोत्रं जुहोति ॥ ९ ॥

[१] य र ल रात्रिया° [२] ल$_2$ हर्तुं [३] ल व श ष °व° [४] श चिदा° [५-५] य ल य र व श स

सायमाहुत्यैव यत् किं चाह्ना[1] पापं करोति तद् अस्याग्नी रात्र्यापहन्ति[1]। प्रातराहुत्यैव यत् किं च रात्र्या पापं करोति तद् अस्यादित्यो ऽह्नापहन्ति। स यथाहिर् अहिच्छव्यै निर्मुच्येत यथा[2] मुञ्जाद् इषीकां विवृहेद् एवम् एव सर्वस्मात् पाप्मनो निर्मुच्यते। तद् यथा हिरण्ये ध्माते न कश् चन न्यङ्गः पाप्मा परिशिष्यत एवं हैवास्मिन्

न कश् चन न्यङ्गः पाप्मा परिशिष्यते य एवं विद्वान् अग्निहोत्रं जुहोति ॥ १० ॥

[१] श चिदह्ना [२] र ष राञ्यावपहन्ति [३] व स यथा

अथ ह स्माह नगरी जानश्रुतेयो ऽसौ वा आदित्यो ऽस्तं यन्न् अग्निम् एव योनिं प्रविशतीति । स यद् एते सायमाहुती जुहोत्य् एतस्यैव तद् आदित्यस्य पृष्ठे प्रतितिष्ठति । यथोभयापदी प्रतितिष्ठेत् तादृक् तत् ॥

अथ यद् एते प्रातराहुती जुहोत्य् उत्थापयत्य् एवैनं ताभ्याम् । स यथा हस्ती हस्त्यासनम् उपर्य् आसीनम् आदायोत्तिष्ठेद् एवम् एवैषा देवतैतद् विद्वांसं जुह्वतम् आदायोदेति ॥

सैनं तं लोकं गमयति य एतस्यै[1] यतः परं नास्ति । स यत् किं च पराचीनम् आदित्यात् तद् अमृतं तद् अभिजयति । अथ यद् अर्वाचीनम् आदित्याद् अहोरात्रे तद् उपमथ्नीताम्[2] इतो यथा रेष्मणो[3]पमथ्यद्[4] एवम् । बहवो ह वा आदित्यात् पराञ्चो लोकाः । ते ऽस्य सर्व आप्ता भवन्ति ते जिताः । तेष्व् अस्य सर्वेषु कामचारो भवति य एवं विद्वान् अग्निहोत्रं जुहोति ॥ ११ ॥

अस्मिन् खण्डे र-कोशस्य पाठा उदाहर्तुं न शक्याः ॥ [१] श एतेस्यैं [२] श उपमथीनम् [३] ? य ल, व श ष रेष्णो° ल, रेष्ठो° [४] ? ल, °मथनाद् ल, °मथ्नीयाद

देवा वै मृत्युना समयतन्त । स यो ह स मृत्युर् अग्निर् एव सः । ते ऽब्रुवन्न् एते ऽमुं जिगीषामेति । ते ऽब्रुवन्न् आज्याहुतिं जहवाम तयैनं जिगीषामेति । तथेति । त आज्याहुतिम् अजुहवुः[1] । ताम् अन्नम् अकुरुत तां प्रत्युददीप्यत । तस्माद् यत्राज्याहुतिं[2] जुह्वति प्रत्युद्दीप्यत एव ॥

ते ऽब्रुवन् पश्वाहुतिं जुहवाम तयैनं जिगीषामेति । तथेति । ते पशुम् आलभ्य मेदस् समवदाय पश्वाहुतिम् अजुहवुः । ताम् अन्नम् अकुरुत तां प्रत्युददीप्यत । तस्माद् यत्र पश्वाहुतिं जुह्वति प्रत्युद्दीप्यत एव ॥

ते ऽब्रुवन् क्षीराहुतिं जुहवाम तयैनं जिगीषामेति । तथेति । ते क्षीराहुतिम् अजुहवुः । तयैनम् अजयन् । तस्माद् यत्र क्षीराहुतिं जुह्वत्य् अङ्गारा एव भवन्ति ।

ते ऽब्रुवन्न् अजेषु[3] वा एनम् अनेन[4] हन्तानपजय्यं[5] जिगीषामेति ॥ १२ ॥

अस्मिन् खण्डे र-कोशस्य पाठा उदाहर्तुं न शक्याः ॥ [१] ल जुहवुः व श अजुहुवुः ष जुहुवु. । तथोत्तरत्र [२] व ष °हुती [३] ? एवं सर्वेषु कोशेषु [४] ल, अनेन [५] ल, व ष °व°

ते ऽब्रुवन् सोमाहुतिं जुहवाम तयैनं जिगीषामेति । तथेति । ते सोमेनायजन्त । ते सोमाहुतिम् अजुहवुः । तयैनं प्राजयन् । तस्माद् यत्र सोमाहुतिं जुह्वत्य् अङ्गारा एव भवन्ति ॥

स य एवं विद्वान् आज्याहुतिं च पश्वाहुतिं जुहोति प्रियम् एवास्य तेन धामोपगच्छति । अथ यत् क्षीराहुतिं जुहोति जयत्य् एवैनं तेन । अथ यत् सोमाहुतिं जुहोति

यथा[२] जित्वा प्रजयेत् तादृक् तत् । स एतौ पुनर्मृत्यू अतिमुच्येते यद् अहोरात्रे ॥ १३ ॥

अस्मिन् खण्डे र-कोशस्य पाठा उद्‌धर्तुं न शक्याः ॥ [१] सर्वेषु कोशेषु जुहुवाम [२] श यथारीं

सोमाहुतिघट्टः[१] । प्राणाय त्वा इति समिधम् अभ्यादधाति । अपाने ऽमृतम् अधां[२] स्वाहा इति जुहोति । अथ स्रुचम् अभिमृशति हृदयं प्रेतिर्[३] मनस् संततिश् चक्षुर् आनतिश श्रोत्रम् उपनतिर् वाग् आगतिः ॥ प्रतीतं देवेभ्यो जुष्टं हव्यम् अस्थात् ॥ अमृतं माम् अधात् ॥ आ मां प्राणा विशन्तु भूयसे सुकृताय इति । स ह भूय एव सुकृतं करोति । अथो हैनम् अमुष्मिन् लोके न पापिवाग् आगच्छति य एवं विद्वान् अग्निहोत्रं जुहोति ॥ १४ ॥

[१] ? य नास्ति । र ल °घटट श °घट्टम् [२] ल व ष अयां [३] ल, प्रेतिर् अन्येषु कोशेषु प्रेतर्

तद् आहुर् यज् जीवन् पुरुषः करोत्य् एव साधु करोति पापं [१]का तयोर्[१] दुष्कृत-सुकृतयोर् व्यावृत्तिर् इति । यद् ध वै जीवन् पुरुषस् साधु करोति प्राणांस् तद् अभि-संपद्यते । अथ यद् दुष्कृतं शरीरं तत् । स यद् अस्माल् लोकाद् एवंवित् प्रैति तस्य प्राणेन सह सुकृतम् उत्क्रामति शरीरेण सह दुष्कृतं हीयते । तद् आहुर् दुर्विदितं वैतद् यदा मर्त्यवान् दुष्कृतेन सह वसात् । यो वा एतेन जीवन्न् एव व्यावर्तते तत् सुविदितम् इति । तद् वा एतद् अग्निहोत्रम् एवाभिसंपद्यते ॥ १५ ॥

[१-१] ल, कयोर्

मनो वा अनु प्राणा वाचम् अन्व् आत्मा । स यद् वाचा पूर्वाम् आहुतिं जुहोति मनसोत्तरां तद् दुष्कृतसुकृते व्यावर्तयति । तस्माद् आहुर् नैते आहुती संसृज्ये । दुष्कृत-सुकृते ह्य् एताभ्यां व्यावर्तयतीति ॥

स यत् सायमाहुत्योर् वाचा पूर्वाम् आहुतिं जुहोति यद् एवाह्ना पापं करोति तस्माद् एव तया व्यावर्तते[१] । अथ यन् मनसोत्तरां यद् एव रात्र्या पापं करोति तस्माद् एव तया व्यावर्तत[१] ॥

अथ यत् प्रातराहुत्योर् वाचा पूर्वाम् आहुतिं जुहोति यद् एव रात्र्या पापं करोति तस्माद् एव तया व्यावर्तते । अथ यन् मनसोत्तरां यद् एवाह्ना पापं करोति तस्माद् एव तया व्यावर्तते । स एषो ऽहरहर् दुष्कृतेन व्यावर्तमान एति य एवं विद्वान् अग्निहोत्रं जुहोति ॥ १६ ॥

[१] व ष °वर्तयते

द्वे ह वाव योनी । देवयोनिर् हैवान्या मनुष्ययोनिर् अन्या । द्वा उ हैव लोकौ । देव-लोको हैवान्यो मनुष्यलोको ऽन्यः ॥

सा या मनुष्ययोनिर् मनुष्यलोक एव सः । तत्[१] स्त्रियै प्रजननम् । अतो ऽधि[२] प्रजाः प्रजायन्ते । तस्माद् उ कल्याणीं जायाम् इच्छेत कल्याणे म आत्मा संभवाद् इति । तस्माद् उ जायां जुगुप्सेन् नेन्[३] मम योनौ मम लोके ऽन्यस् संभवाद् इति । तस्य वै संभविष्यतः

प्राणा अग्र प्रविशन्त्य् अथ रेतस् सिच्यते । स इमान् प्राणान् आकाशान् अभिनिवर्तते[4] । तस्माद् उ समानस्यैव रेतसस् सतो यादृश एव भवति तादृशो जायते ॥

अथैषा[5] देवयोनिर् देवलोको यद् आहवनीयः । ए । ह वै देवयोनिर् देवलोकः । तस्माद् यो गार्हपत्य जुहुयाद् अकृतं[6] करोतीत्य् एवैनं मन्येरन् । स यज् जुहोति यस् साधु कनेत्य् एतस्याम् एवैनद्[7] देवयोनाव् आत्मानं सिञ्चति । सो ऽस्यात्मामुष्मिन्न् आदित्ये संभवति । स हैवं विद्वान् द्व्यात्मा द्वियोनिः । एकात्मा हैवैकयोनिर् एतद् अविद्वान् । स यस्माल् लोकाद् एवावत् प्रति—॥ १७ ॥

[१] य ल व ष तं र श ततं [२] ? य ल व ष धिकः र श धिक [३] य व श ष ने र नेम् [४] व ष निर्वर्तते [५] र श तथैषा [६] श दुष्कृतं [७] र एवतद्

—तस्य प्राणः प्रथम उत्क्रामति । स हे य त्ता[1] देवेभ्य आचष्ट इयद् अस्य साधु कृतम् इयत् पापम् इति । अथ हायं धूमेन सहोर्ध्व उत्क्रामति ॥

तस्य हैतस्यर्तवो द्वारपाः । तेभ्यो हैतेन प्रब्रुवीत[2] ।

विचक्षणाद् ऋतवो रेत आभृतम्[3] अर्धम स्यं[4] प्रसुतात्[5] पित्र्यावतः[6] ।
तं[7] मा पुसि कर्तर्य् एरयध्वं[8] पुंसः कर्तुर्[9] मातय् आसिषिक्त[10] ॥
स उपजायोपजायमानो द्वादशेन त्रयोदशोपमासः ।
समं[11] तद् विदे प्रति तद् विदे ऽहं तं[12] मा[13] ऋतवो ऽमृत[14] आनयध्वम् ॥

इति । तं हर्तव आनयन्ते[15] । यथा विद्वान् विद्वांसं[16] यथा जानन् जानन्तम्[17] एवं हैनम् ऋतव आनयन्ते ॥

तं हात्यर्जयन्ते[18] । स हैतम् आगच्छति तपन्तम् । तं हागतं पृच्छति कस् त्वम् असि इति । स यो ह नाम्ना वा गोत्रेण वा प्रब्रूते तं हाह यस् ते ऽयं मय्य् आत्माभूद् एष ते सः इति । तस्मिन् हात्मन् प्रतिपत्त[19] ऋतवस् संपलाय्य पदगृहीतम् अपकर्षन्ति । तस्य हाहोरात्रे लोकम् आप्नुतः ॥

तस्मा उ[20] हैतेन प्रब्रुवीत[21] को ऽहम् अस्मि सुवस्[22] त्वम् । स त्वां स्वर्ग्यं स्वर् अगाम्[23] इति । को ह वै प्रजापतिः । अथ हैववित् एव सुवर्गः । स हि सुवर् गच्छ त ॥

तं हाह यस् त्वम् असि सो ऽहम् अस्मि । यो ऽहम् अस्मि स त्वम् अस्य् एहि इति । स एतम् एव सुकृतरसम् अप्येति । तस्य पुत्रा दायम् उपयन्ति पितरस् साधुकृत्याम् । स हैवं विद्वान् द्व्यात्मा द्विदायः । एकात्मा हैवैकदाय [24]एतद् अविद्वान्[24] अग्निहोत्रं जुहोति ॥ १८ ॥

[१] ? एवं सर्वत्र ल-वर्जम् । ल सहेत्वा [२] य र ल ष प्रभ्रवीत [३] र श आवृतम् [४] र अद्धयमासं ल₂ अर्च्यमासं अन्ये अर्धमासं [५] ? य ल₁ प्रसुताव व ल₂ प्रसुतात् ष प्रसूताव [६] व श °पतस् [७] र ल ष तम व श तपु [८] र ओरयध्वं व श एरध्वं [९] ? य र व श कर्तर् ल कर्तन् ष कर्त [१०] सर्वेषु कोशेषु °षिक्तः [११] ष समु [१२] श तं गुहागतं म व ष तम [१३] ल म.घ [१४] ल₂ अमृतम् [१५] र श °न्तो [१६] ? अविद्वांसम् इति वा [१७] ? अजानन्तम् इति वा [१८] ? य ल₁ हात्यस्त्यर्जयते र हात्यज्ययंते ल₂ हात्यत्तजयंते व हात्यर्जयते श हात्यजजयंते [१९] ? र ल °पत्तं [२०] श ष इ· [२१] र व ष प्रभ्रवीत [२२] सर्वत्र सुपस् [२३] ल व ष अगम् [२४–२४] य एकदविद्व न् र एत विद्वान् ल₁ एवं त विद्वान् ल₂ एतत विद्वान् व एततद्विद्वान् श एक द्विद्वान् ष एवं तद्विद्वान्

वाग् वा[1] अग्निहोत्री । तस्यै मन एव वत्सः । मनसा वै वाचं पृक्तां[2] दुहे[3] । वत्सेन

वैं मातरं पृक्तां[४] दुहे[३]। तद् वा इदं मनः पूर्वम्। यत्[५] पश्चा[६] वाग् अन्वेति तस्माद् वत्सं पूर्वं[७] यन्तं पश्चा[८] मातान्वेति। हृदयम् एव मेथ्य् उपदोहनी[९] प्राणो रज्जुः। प्राणेनैव [१०]वाक् च[१०] मनश् चाभिहिते। रज्ज्वा वै वत्सं च मातरं चाभिदधाति ॥

तद् ध जनको वैदेहो याज्ञवल्क्यं पप्रच्छ वेत्थाग्निहोत्रं याज्ञवल्क्या इति। वेदेति होवाच। किम् इति। पय इति। यत् पयो न स्यात् केन जुहुया इति। व्रीहियवाभ्याम् इति ॥

यद्[११] व्रीहियवौ न स्यातां केन जुहुया[१२] इति। यद् अन्यद् धान्यं तेनेति[१३] ॥

यद् अन्यद् धान्यं न स्यात् केन जुहुया[१४] इति। आरण्याभिर् ओषधीभिर् इति ॥

यद् आरण्या ओषधयो न स्युः केन जुहुया[१४] इति। अद्भिर् इति ॥

यद् आपो न स्युः[१५] केन जुहुया[१६] इति। स होवाच न वा इह[१७] तर्हि किं चनासीद् अथैतद् [१८]उ हूयत इव[१८] सत्यं श्रद्धायाम् इति। तं होवाच वेत्थाग्निहोत्रं याज्ञवल्क्य नमस् ते ऽस्तु सहस्रं भगवो[१९] दद्म[२०] इति ॥

अथ हैनम् उपजगौ

[२१]किं स्विद् विद्वान्[२१] प्रवसति[२२]—॥ १९ ॥

[१] य ल व ष वा यद [२] ष-वर्जं सर्वत्र प्रत्तां [३] र ल, व ष दुप्रे [४] य ल$_2$ श प्रतां र ल$_1$ प्रत्तां व प्रकृतां [५] सर्वत्र तत् [६] ष पश्चाद् [७] र व पूर्वे- [८] एवं र ष। अन्यत्र पश्चान् [९] व ष °दोहिनी [१०-१०] र व ष वकु ल श वाक्यं। अत ऊर्ध्वम् आखण्डावसानं र-कोशस्य पाठा उदाहर्तुं न शक्याः [११] ल$_2$ ष यौ [१२] ल$_2$ जुहुयाद् [१३] ल व ष नेन [१४] य ल श जुहुयाद् [१५] श स्युविति [१६] श जुहुयाद् [१७] श तइति [१८-१८]? श उहून इव ल$_2$ अहूयनैव। शतपथब्राह्मणे ११.३.१.४ अहूयतैव। स एव च पाठः साधीयान् स्यात् [१९] य व ष भगव ल$_1$ श भग [२०] य ल व ष ददम श तात्मन् [२१-२१] य किन्न विद्वान् ल$_1$ किन्त्वाद्वान् ल$_2$ किरिम विद्वान् व श किन्विद्व न् ष किंविद्वान् [२२] ल$_1$ व ष प्रवसयति श प्रसवमति

—अग्निहोत्री गृहेभ्यः।

कथा तद् अस्य काव्यं कथा संततो ऽग्निभिः ॥

इति। यद् अग्नीन् आधायाथाप्रवसति कथम् अस्यानपप्रोषितं भवतीति। स होवाच वाजसनेयः

यो जविष्ठो भुवनेषु स विद्वान् प्रवसन् विदे।

तथा तद् अस्य काव्यं तथा संततो ऽग्निभिः ॥

इति। मन इति होवाच। मनो वाव भुवनेषु जविष्ठम्। मनसैवास्यानपप्रोषितं भवतीति ह तद् उवाच ॥

अथ हैनम् उपजगौ

यत्[१] स दूरं परेत्याथ तत्र प्रमाद्यति।

कस्मिन् सास्य हुताहुतिर् गृहे याम् अस्य जुह्वति ॥

इति। स होवाच वाजसनेयः

यो जागार[२] भुवनेषु स विद्वान् प्रवसन् विदे[३]।

तस्मिन् सास्य हुताहुतिर् गृहे याम् अस्य जुह्वति ॥

इति। प्राण इति होवाच। प्राणो वा भुवनेषु जागरः। प्राण एवास्य सा हुताहुतिर्[४] भवति। तस्माद् आहुः प्राणो ऽग्निहोत्रम् इति। यावद् ध्य् एव प्राणेन प्राणिति तावद् अग्निहोत्रं जुहोति ॥ २० ॥

[१] सर्वेषु कोशेषु यस् [२] सर्वेषु कोशेषु जागारर् [३] ल₂-वर्जं सर्वत्र निदे
[४] सर्वेषु कोशेषु °हुतीर्

रौद्रं गवि वाश्यम् उपसृष्टम् आश्विनं दुह्यमानम् अग्नीषोमीयं दुग्धं पौष्णाः प्रेन्द्वो मैत्रश् शरो वारुणम् ओधश्रितं वैष्णवं प्रतिष्ठाप्यमानं वैश्वदेवम् उन्नीतं सवितुः प्रक्रान्तं द्यावापृथिव्योर् [१]उपसन्नम् इन्द्राग्न्योः[१] पूर्वाहुतिः प्रजापतेर् उत्तरा[२]। तद् एतत् सप्तदशम् अग्निहोत्रम्। सप्तदश उ एवा वाजपेयः[३]। स य एवं विद्वान् अग्निहोत्रं जुहोत्य् उभाव् एव लोकाव् अभिजयति यश् चाग्निहोत्रहुतो यश् च वाजपेययाजिनः॥

त्रयो ऽग्निहोत्रे स्थाणव इति ह स्माह शाण्डिल्यः। यद् अप्रदीप्तायां समिधि[४] जुहोति [५]स स्थाणुः[५]। यद् एताम् अपराध्नोति[६] स स्थाणुः। यद् एते संसृजति स स्थाणुः। आदीप्तायै समिधस् समुन्मुखे जुहोति। एतिहायोत्तराम् आहुतिं जुहोति। प्र ह सप्तदशा-सप्तदश सहस्रपोषान् पुष्यति य एवं विद्वान् अग्निहोत्रं जुहोति॥ २१॥

[१-१] य ह्रियमाणम् इन्द्राग्न्योर् उपसन्नम् अग्नेः [२] य उत्तरा ऐन्द्रं हुत [३] र वाजपेयसं ल₁ ष °पेयस् व °पेयं [४] श समिधं [५-५] श नास्ति [६-६] श प्र ह समपराध्नोति र प्र ह स्मपराध्नोति [७] श ष समुम्°

आरुणिर् वाजसनेयो बर्कुर्[१] वार्ष्णः प्रियो जानश्रुतेयो बुडिल[२] आश्वतराश्विर् वैयाघ्रपद्य इत्य् एते ह पञ्च महाब्रह्मा आसुः। ते होचुर् जनको वा अयं वैदेहो ऽग्निहोत्रे ऽनुशिष्टस्[३] स नो ऽतिवदन्न् इव मन्यते। एत। तम् अग्निहोत्रे कथां वादयिष्याम इति॥

ते हाजग्मुः। ते ह ब्रह्मवादिनम्[४] ऊचुः प्र णो ब्रूहीति। तान् ह प्रोवाच॥

तेभ्यो ह प्रोक्तेभ्यः पृथग् आसनानि पृथग् उदकानि पृथङ् मधुपर्कान् पृथग् आवसथान् पृथक् पञ्चभ्यः पञ्चापचितीश् चकार॥

अथ हैषां सभाग आवव्राजोप्त्वा केशश्मश्रूणि लखान् निकृत्याञ्ज्याभ्यज्य दण्डोपानहं बिभ्रत्। तान् होवाच ब्राह्मणाः कथा भगवन्तो[५] नो ऽनुसंवादयथेति। अति नो ऽवादीर् इति होचुः॥

अथ हैनान् पूर्वः पप्रच्छ ब्राह्मणाः कथा भगवन्तो[५] यूयम् अग्निहोत्रं जुहुथेति। अति घैनो ऽवादीर् इति होचुर् यो नो भूयसस् सतः पूर्वो ऽप्राक्षीः[७]। गौतम[८] प्रतिब्रूहीति॥२२॥

अस्मिन् खण्डे र-कोशस्य पाठा उदाहर्तुं न शक्याः॥ [१] सर्वेषु कोशेषु प्रकुर् [२] य बुळिला ल₁ बुत्किला ल₂ बुग्दिला व ष बुंटिला श बुला [३] सर्वेषु कोशेषु °शिष्टास् [४] ल °चारिणम् व ष °वारुणम् [५] सर्वेषु कोशेषु भगवो [६] श संपा° [७] सर्वेषु कोशेषु प्राक्षीत् [८] सर्वेषु कोशेषु गौतमः

स होवाच यश इत्य् एव सम्राड् अहम् अग्निहोत्रं जुहोमि। तस्माद् अहं यशो ऽस्मि। यशो वाव[१] मे प्रजायाम् अन्ततो भवितेति। तं होवाच गौतम किं यश इति। अग्निम् [२]उपदिशन् वाचेदं[२] यश इत्य् अदो यश इत्य् आदित्यम्। सो ऽहम् अदो यशो ऽस्मिन् यशसि सायं जुहोमीदं यशो ऽमुष्मिन् यशसि प्रातर् जुहोमि। एताव् एव मा तद् गमयिष्यतो यत्र सर्वे कामाः। एतौ मे पुनर्मृत्युम् अपजेष्यत इति। सुहुतं देवान् रात्स्यानि इति ह प्रशशंस॥

अथ हापरं पप्रच्छ कथा भगवस्[४] त्वम् अग्निहोत्रं जुहोषीति। स होवाच वाजसनेयस् सत्यम् इत्य् एव सम्राड् अहम् अग्निहोत्रं जुहोमि। तस्माद् अहं सत्यम् अस्मि। तस्मान् मम सत्यम् इव वदतः प्रकाश इति। तं होवाच याज्ञवल्क्य किं सत्यम् इति। अग्निम् उपदिशन् वाचेदं सत्यम् इत्य् अदस् सत्यम् इत्य् आदित्यम्। सो ऽहम् अदस् सत्यम् अस्मिन् सत्ये सायं जुहोमीदं सत्यम् अमुष्मिन् सत्ये प्रातर् जुहोमि। एताव् एव मा तद् गमयिष्यतो यत्र सर्वे कामाः। एतौ मे पुनर्मृत्युम् अपजेष्यत इति। सुहुतं देवान् राधयानि इति हैव प्रशशंस॥

अथ हापरं पप्रच्छ कथा भगवस्[४] त्वम् अग्निहोत्रं जुहोषीति॥ २३॥

अस्मिन् खण्डे र-कोशस्य पाठा उदाहर्तुं न शक्याः॥ [१] सर्वेषु कोशेषु वाचव [२-२] एवम् उत्तरत्रापि [३] सर्वेषु कोशेषु राध° [४] व ष भगवंस् [५] व ष राध°। अन्यत्र राध°

स होवाच बर्कुर्[१] वार्ष्णो भूयिष्ठं श्रेष्ठं वित्तानाम् इत्य् एव सम्राड् अहम् अग्निहोत्रं जुहोमि। तस्माद् अहं भूयिष्ठं श्रेष्ठं वित्तानाम् अस्मि। भूयिष्ठं वाव मे श्रेष्ठं वित्तानां प्रजायाम् अन्ततो भवितेति[२]। तं होवाचाग्निवेश्य किं भूयिष्ठं श्रेष्ठं वित्तानाम् इति। अग्निम् [३]उपदिशन् वाचेदं[३] भूयिष्ठं श्रेष्ठं वित्तानाम् इत्य् अदो भूयिष्ठं श्रेष्ठं वित्तानाम् इत्य् आदित्यम्। सो ऽहम् अदो भूयिष्ठं श्रेष्ठं वित्तानाम् अस्मिन् भूयिष्ठे श्रेष्ठे वित्तानां सायं जुहोमीदं भूयिष्ठं श्रेष्ठं वित्तानाम् अमुष्मिन् भूयिष्ठे श्रेष्ठे वित्तानां प्रातर् जुहोमि। एताव् एव मा तद् गमयिष्यतो यत्र सर्वे कामाः। एतौ मे पुनर्मृत्युम् अपजेष्यत इति। सुहुतं देवान् राधयानि इति हैव प्रशशंस॥

अथ हापरं पप्रच्छ कथा भगवस्[४] त्वम् अग्निहोत्रं जुहोषीति। स होवाच प्रियो जानश्रुतेयस् तेज इत्य् एव सम्राड् अहम् अग्निहोत्रं जुहोमि तस्माद् अहं तेजो ऽस्मि। तेजो वाव मे प्रजायाम् अन्ततो भवितेति। तं होवाच काण्ड्वीय[६] किं तेज इति। अग्निम् उपदिशन् वाचेदं तेज इत्य् अदस् तेज इत्य् आदित्यम्। सो ऽहम् अदस् तेजो ऽस्मिंस् तेजसि सायं जुहोमीदं तेजो[७] ऽमुष्मिंस् तेजसि प्रातर् जुहोमि। एताव् एव मा तद् गमयिष्यतो यत्र सर्वे कामाः। एतौ मे पुनर्मृत्युम् अपजेष्यत इति। सुहुतं देवान् राधयानि इति हैव प्रशशंस॥

अथ हापरं पप्रच्छ कथा भगवस्[९] त्वम् अग्निहोत्रं जुहोषीति॥ २४॥

अस्मिन् खण्डे र-कोशस्य पाठा उदाहर्तुं न शक्याः॥ [१] सर्वेषु कोशेषु प्रकुर् [२] सर्वेषु कोशेषु भविष्यन्ति [३-३] एवम् उत्तरत्रापि [४] एवं व ष। अन्यत्र राध° [५] ल, व भगवंस् [६] य काष्विय ल काष्वीय व ष काण्वीय श काश्विय [७] य ल तेजा व ष तेजसा श तजयशो [८] य ल श राध° [९] व ष भगवंस्

स होवाच बुडिल[१] आश्वतराश्विर् वैयाघ्रपद्यो ऽर्कश्वमेधाव् इत्य् एव सम्राड् अहम् अग्निहोत्रं जुहोमि। अन्नं ह्य् एतद् देवानां यद् अर्को [२]ऽश्वो मेधो[२] मेध्य[३] इति। तं होवाच वैयाघ्रपद्य को ऽर्कः को ऽश्वो मेधो मेध्य इति। अग्निम् उपदिशन् वाचायम् अर्क इत्य् असाव् अश्वो मेधो मेध्य इत्य् आदित्यम्। सो ऽहम् अमुम् अश्वं मेधं मेध्यम् अस्मिन्न् अर्के सायं जुहोमीमम् अर्कम् अमुष्मिन्न् अश्वे मेधे मेध्ये प्रातर् जुहोमि। एताव् एव मा

तद् गमयिष्यतो यत्र सर्वे कामाः । एतौ मे पुनर्मृत्युम् अपजेष्यत इति । सुहुतम् इति ह प्रशस्योवाच यो ह किल मह्यम् अग्निहोत्र इतिं च गतिं च ब्रूयात् तस्मा अह वरं दद्याम्[४] इति । ते होचुर् न न्वै वयम् अग्निहोत्र[५] इतिं च गतिं चानूचिमह[६] त्वम् अस्मभ्यम् अग्निहोत्र इतिं च गतिं च ब्रूहि वयं तुभ्यं पृथक् पञ्च वरान् दद्म इति । अग्निम् उपदिशन् वाचेयम् इतिर् इत्य् असौ गतिर् इत्य् आदित्यम् । सो ऽहम् अमूं गतिम् अस्याम् इतौ सायं जुहोमीमाम् इतिम् अमुष्यां गतौ प्रातर् जुहोमि । एताव् एव मा तद् गमयिष्यतो यत्र सर्वे कामाः । एतौ मे पुनर्मृत्युम् अपजेष्यत इति । सुहुतम् इति ह प्रशस्योचुर् वरान् वृणीष्व यान् अदामेति । स होवाचैष एव मे वरो ऽहम् एव युष्मभ्यं पृथक् पञ्च सहस्राणि शताश्वानि ददानीति ॥

एतानि वा अग्निहोत्र उपासनान्य् एते कामाः । एतान् एव कामान् अवरुन्द्धे य एवं वेदाथो यस्यैवं विद्वान् अग्निहोत्र जुहोति ॥ २५ ॥

अस्मिन् खण्डे र-कोशस्य पाठा उदाहर्तुं न शक्याः ॥ [१] य बुळला अन्यत्र बुडिला [२-२] ल व ष श्वमेधो । एवम् उत्तरत्रापि केषुचित् कोशेषु [३] व ष ममध्य [४] ल व श ददामि [५] य-वर्जं सर्वत्र अग्निहोत्रं [६] ? ल °नृचामहे व °नृचेमहे श °नूचेमहे ष °नृचिमहे

अग्नीन् आदधानः प्रातर् एवोद्धरेत[१] । द्विस् सायं द्विः प्रातर् जुहोति । चतस्र आहुतयस् संपद्यन्ते । चतुष्पदा[२] वै पशवो ये च ग्राम्या ये चारण्याः । तेन म् एवैनत् प्रत्याशं प्रत्यपचयति[३] । एष वै मृत्युर् यद् अग्नी रिहन्न्[४] एव[५] नाम । तम् एव ताभिर् आहुतिभिश् शमयित्वा पृथिवीं लोकानां जयत्य् अग्निं देवं देवानाम् । अग्नेर् देवस्य सायुज्यं सलोकतां समभ्यारोहति य एवं विद्वान् अग्निहोत्रं जुहोति ॥

स ततो धूमम् एव रथं समास्थाय वायोस् सलोकताम् अभिप्रयाति । त्र्यहं जुहोति । अष्टाव् आहुतयस् संपद्यन्ते । अष्टाशफा ह वै पशवो ये च ग्राम्या ये चारण्याः । तेषाम् एवैतत् प्रत्याशं प्रत्यपचयति । एष वै मृत्युर् यद् वायुर् अजिर एव नाम । तम् एव ताभिर् आहुतिभिश् शमयित्वान्तरिक्षं लोकानां जयति वायुं देवं देवानाम् । वायोर् देवस्य सायुज्यं सलोकतां[६] समभ्यारोहति य एवं विद्वान् अग्निहोत्रं जुहोति ॥ २६ ॥

[१] य °त् [२] व चतुष्पादा [३] य-ष-वर्जं सर्वत्र प्रत्यपचयत्ययत्य् [४-४] र ष अग्नीहंन्न् ल१ अग्नि हान्य् ल२ अग्नि रिहान्य् व अग्नेहंन्न् श अग्नी हन्न् [५] व श एवा [६] ल व श सा° । एवं केषुचित् कोशेषूत्तरत्रापि

स ततो रेष्माणम् एव रथं समास्थायादित्यस्य सलोकताम् अभिप्रयाति । त्र्यहं जुहोति । द्वादशाहुतयस् संपद्यन्ते । द्वादश मासास् संवत्सरः । संवत्सरो वा इदं सर्वं यद् इदम् अश्नाति यत् पिबति यस्मै कस्मै चन प्रतिख्याददाति । सर्वं तद् अस्यानशितं[१] भवति यावज् जीवानाशकप्रती[२] भवति । एष वै मृत्युर् यद् आदित्यो म्रोचन्न् एव नाम । तम् एव ताभिर् आहुतिभिश् शमयित्वा दिवं लोकानां जयत्य् आदित्यं देवं देवानाम् । आदित्यस्य देवस्य सायुज्यं सलोकतां समभ्यारोहति य एवं विद्वान् अग्निहोत्रं जुहोति ॥२७॥

[१] व प °शीतं [२] ? एवं सर्वेषु कोशेषु

स ततो रश्मीन् एव रथं समास्थाय चन्द्रमसस् सलोकताम् अभिप्रयाति । चतुरहं

जुहोति। षोडशाहुतयस् संपद्यन्ते। षोडशकलं[1] वै ब्रह्म। षोडशकला देवाः। षोडशकलम् इदं सकृत् सर्वम्। स यद् इह रिप्रं पापं कर्म करोत्य् एकयैव ततः कलया। यथा सुवर्णः प्रवृत्तस् तप्यमानस् सुवर्णताम् अभिनिष्पद्यत एवम् एव द्विषत्सु भ्रातृव्येषु मलं पाप्मानं प्रत्यूह्य स्वर्गं लोकम् अभिप्रैति ॥

एष वै शशो य एषो ऽन्तश् चन्द्रमसि। एष हीदं सर्वं शास्ति। एष वै यमो य एषो ऽन्तश् चन्द्रमसि। एष हीदं सर्वं यमिति[2]। एष मृत्युर् यद् यमो ऽत्स्यन्न् एव नाम। तम् एव ताभिर् आहुतिभिश् शमयित्वोर्जं लोकानां जयति यमं देवं देवानाम्। यमस्य देवस्य सायुज्यं सलोकतां समभ्यारोहति य एवं विद्वान् अग्निहोत्रं जुहोति ॥ २८ ॥

[१] र व श ष षोडशकलशं [२] ? एवं सर्वत्र य-वर्जम्। य यमयति

स ततस् स्वधाम् एव हिरण्मयीं[1] नावं समारुह्य प्रजापतेस् सलोकताम् अभिप्रयाति। पञ्चाहं जुहोति। विंशतिर् आहुतयस् संपद्यन्ते। सविंशो[2] वै प्रजापतिः। एष वै मृत्युर् यत्[3] प्रजापतिः प्रभूमान्[4] एव नाम[5]। तम् एव ताभिर् आहुतिभिश् शमयित्वा नभो लोकानां जयति प्रजापतिं देवं देवानाम्। प्रजापतेर् देवस्य सायुज्यं सलोकतां समभ्यारोहति य एवं विद्वान् अग्निहोत्रं जुहोति ॥ २९ ॥

[१] ल₂ हिरण्ययीं [२] य ल विंशो [३] र श य: [४] र श भूमान् [५] सर्वत्र ल-वर्जं नाना

तद् यद् वै तन्नभो नामाभीर् वै सा। न हि तत् प्राप्य कस्माच् चन बिभेति। तस्मात् तन्नभः। षडहं जुहोति। चतुर्विंशतिर् आहुतयस् संपद्यन्ते। चतुर्विंशत्यक्षरा वै गायत्री। चतुर्विंशतिर् वसवो देवाः। ते गायत्रीम् अन्वायत्ताः। तेभ्यो गायत्रीव वसुभ्यो देवेभ्य एकैकेनाक्षरेण कामान् निकामान् दुहे। एवम् अस्मै जुह्वते दुहे। गायत्रीं[1] स छन्दसां जयति वसून् देवान् देवानाम्। वसूनां देवानां सायुज्यं सलोकतां समभ्यारोहति य एवं विद्वान् अग्निहोत्रं जुहोति ॥ ३० ॥

[१] ल₂-वर्जं सर्वत्र गायत्री

सप्ताहं जुहोति। अष्टाविंशतिर् आहुतयस् संपद्यन्ते। अष्टाविंशत्यक्षरा वा उष्णिक्। अष्टाविंशतिर् भृग्वङ्गिरसो देवाः। त उष्णिहम् अन्वायत्ताः[1]। तेभ्य उष्णिग् भृग्वाङ्गिरोभ्यो देवेभ्य एकैकेनाक्षरेण कामान् निकामान् दुहे। एवम् अस्मै जुह्वते दुहे। उष्णिहं वै स छन्दसां जयति भृग्वङ्गिरसो देवान् देवानाम्। भृग्वङ्गिरसां देवानां सायुज्यं सलोकतां समभ्यारोहति य एवं विद्वान् अग्निहोत्रं जुहोति ॥ ३१ ॥

[१] ष °युक्ताः

अष्टाहं जुहोति। द्वात्रिंशद् आहुतयस् संपद्यन्ते। द्वात्रिंशदक्षरा वा अनुष्टुप्। द्वात्रिंशद् विश्वे देवाः। ते ऽनुष्टुभम् अन्वायत्ताः। तेभ्यो ऽनुष्टुब् विश्वेभ्यो देवेभ्य एकैकेनाक्षरेण कामान् निकामान् दुहे। एवम् अस्मै जुह्वते दुहे। अनुष्टुभं वै स छन्दसां जयति विश्वान् देवान् देवानाम्। विश्वेषां देवानां सायुज्यं सलोकतां समभ्यारोहति य एवं विद्वान् अग्निहोत्रं जुहोति ॥ ३२ ॥

नवाहं जुहोति। षट्त्रिंशद् आहुतयस् संपद्यन्ते। षट्त्रिंशदक्षरा वै बृहती। षट्-त्रिंशत् साध्या देवाः। ते बृहतीम् अन्वायत्ताः। तेभ्यो बृहती साध्येभ्यो देवेभ्य एकैकेनाक्षरेण कामान् निकामान् दुहे। एवम् अस्मै जुह्वते दुहे। बृहतीं वै स छन्दसां जयति साध्यान् देवान् देवानाम्। साध्यानां देवानां सायुज्यं सलोकतां समभ्यारोहति य एवं विद्वान् अग्निहोत्रं जुहोति ॥ ३३ ॥

दशाहं जुहोति। चत्वारिंशद् आहुतयस् संपद्यन्ते। चत्वारिंशदक्षरा वै पंक्तिः। चत्वारिंशन् मरुतो देवाः। ते पंक्तिम् अन्वायत्ताः। तेभ्यः पंक्तिर् मरुद्भ्यो देवेभ्य एकैकेनाक्षरेण कामान् निकामान् दुहे। एवम् अस्मै जुह्वते दुहे। पंक्तिं वै स छन्दसां जयति मरुतो देवान् देवानाम्। मरुतां देवानां सायुज्यं सलोकतां समभ्यारोहति य एवं विद्वान् अग्निहोत्रं जुहोति ॥ ३४ ॥

एकादशाहं जुहोति। चतुश्चत्वारिंशद् आहुतयस् संपद्यन्ते। चतुश्चत्वारिंशदक्षरा वै त्रिष्टुप्। चतुश्चत्वारिंशद् रुद्रा देवाः। ते त्रिष्टुभम् अन्वायत्ताः। तेभ्यस् त्रिष्टुब् रुद्रेभ्यो देवेभ्य एकैकेनाक्षरेण कामान् निकामान् दुहे। एवम् अस्मै जुह्वते दुहे। त्रिष्टुभं वै छन्दसां जयति रुद्रान् देवान् देवानाम्। रुद्राणां देवानां सायुज्यं सलोकतां समभ्यारोहति य एवं विद्वान् अग्निहोत्रं जुहोति ॥ ३५ ॥

द्वादशाहं जुहोति। अष्टाचत्वारिंशद् आहुतयस् संपद्यन्ते। अष्टाचत्वारिंशदक्षरा वै जगती। अष्टाचत्वारिंशद् आदित्या देवाः। ते जगतीम् अन्वायत्ताः। तेभ्यो जगत्य् आदित्येभ्यो देवेभ्य एकैकेनाक्षरेण कामान् निकामान् दुहे। एवम् अस्मै जुह्वते दुहे। जगतीं वै स छन्दसां जयत्य् आदित्यान् देवान् देवानाम्। आदित्यानां देवानां सायुज्यं सलोकतां समभ्यारोहति य एवं विद्वान् अग्निहोत्रं जुहोति ॥ ३६ ॥

अत्र वै ब्रह्म न विराजत्य् अनाथम् अपरायणम्[1] अनुत्तरम्। तद् वै तद् अग्निहोत्रं द्वादशाहं ब्रह्म जुहुवांचकार। तद् द्वादशाहं हुत्वा कीर्तिं यशः प्रजापतिम् अमृतं तद् उदाजहार। तद् वै तद् अग्निहोत्रं द्वादशाहं ब्रह्म हुत्वा[2] प्रजापतय प्रत्यूह्य[3] स्वर्गं लोकम् अभ्युच्चक्राम ॥

तद् वै तद् अग्निहोत्रं द्वादशाहं प्रजापतिर् जुहुवांचकार। तद् द्वादशाहं हुत्वा प्रज्ञां मेधां मीमांसां तपस् तद् उदाजहार। तद् वै तद् अग्निहोत्रं द्वादशाहं प्रजापतिर् हुत्वा देवेभ्यश् चर्षिभ्यश् च प्रत्यूह्य स्वर्गम् एव लोकम् अभ्युच्चक्राम ॥

तद् वै तद् अग्निहोत्रं द्वादशाहं देवाश् चर्षयश् च जुहुवांचक्रुः। तद् द्वादशाहं हुत्वा पूर्वेभ्यो मनुष्येभ्यः प्रत्यूह्य स्वर्गम् उ एव लोकम् अभ्युच्चक्रमुः ॥

तद् वै तद् अग्निहोत्र द्वादशाहं ब्रह्म जुहुवांचकार। द्वादशाहं प्रजापतिर् द्वादशाहं देवाश् चर्षयश् च। तद् द्वादशाहं-द्वादशाहं हुत्वा कामान् निकामान् आपुः। किम् उ य एनं यावज्जीवं जुहुयात् ॥ ३७ ॥

[१] ? सर्वेषु कोशेषु ०णाम्   [२] र व श कृत्वा   [३] य र श प्रत्युह्य। एवम् उत्तरत्रापि

तद् वै तद् अग्निहोत्रं त्र्यहम् एव पयसा जुहुयात्। तद् वा अग्निष्टोमस्य रूपम्। अग्निष्टोमेनैवास्येष्टं भवति य एवं विद्वान् अग्निहोत्र जुहोति ॥

तद् वै तद् अग्निहोत्रं त्र्यहम् एव दध्ना[1] जुहुयात्। तद् वै वाजपेयस्य रूपम्। वाज-

पेयेनैवास्येष्टं भवति य एवं विद्वान् अग्निहोत्रं जुहोति ॥

तद् वै तद् अग्निहोत्रं त्र्यहम् एवाज्येन[1] जुहुयात् । तद् वा अश्वमेधस्य रूपम् । अश्वमेधेनैवास्येष्टं भवति य एवं विद्वान् अग्निहोत्रं जुहोति ॥

तद् वै तद् अग्निहोत्रं त्र्यहम् एवाद्भिर् जुहुयात् । तद् वै पुरुषमेधस्य रूपम् । पुरुषमेधेनैवास्येष्टं भवति य एवं विद्वान् अग्निहोत्रं जुहोति ॥

स्वयम् अहतवासा यजमानो ऽग्निहोत्रं जुहुयाद् अजस्रेष्व् अग्निष्व् अप्रवसन् । त्रयोदशीं रात्रिं सोमेन वा पशुना वेष्ट्वोत्सृजेत । यथा सात्मानं कृत्वा प्रार्जयेत् तादृक् तत् ॥

तद् वै तद् अग्निहोत्रं द्वादशाहम् एव पूर्वे मनुष्या जुहुवांचक्रुः । तस्मात् तेषां दुहे धेनुर् वहत्य् अनड्वान् आदधानः[2] प्रहितो[3] ऽश्वो ऽश्वतर उपतिष्ठत्य् अधिक्षियो हस्ती वहति ॥ ३८ ॥

[१] र श आज्येन [२] ष-वर्जं सर्वत्र आधानः [३] य र ल, व श प्रतिहितो

उपसृजाग्निहोत्रीम् इत्य् आह उपसृष्टे द्यावापृथिवी ॥ रुद्रा उपगृह्णन्ति वसूनां दुग्धम् ॥ भूतकृत[2] स्थ निरूढं[3] जन्यं भयम् इत्य् अङ्गारान् निरूहति[4] । अथाधिश्रयति वैश्वानरस्याधिश्रयणम् असि ॥ अग्निस् ते तेजो मा प्रतिधाक्षीत् ॥ सत्याय त्वा इति । अथावद्योतयति सं ज्योतिषा[5] ज्योतिः इति । अथापः प्रत्यानयति यस् ते अप्सु रसः प्रविष्टस् तेन संपृच्यस्व इति । स यद् एवाम्य तत्र दिशो ग्रसन्ते तद् एवास्य तत् समन्वानयन्त अन्तरितं रक्षो ऽन्तरिता अरातयः इति । त्रिः पर्यग्नि[6] करोति । अथोद्वासयति दिवं दृंहान्तरिक्षं दृंह पृथिवीं दृंह प्रजां पशून् जुह्वतो मे दृंह इति । भूतकृत स्थ प्रत्यूढं जन्यं भयम् इत्य् अङ्गारान् प्रत्यूहति । अथ स्रुवं च स्रुचं चादाय निष्टपति प्रत्युष्टं रक्षः प्रत्युष्टा अरातयः इति । अथ स्रुचं संमार्ष्टि सजूर् देवेभ्यस् सायंयावभ्यः इति सायम् । सजूर् देवेभ्यः प्रातर्यावभ्यः इति प्रातः । सुवर्णां त्वां सुवर्णमयीम् ॥ हिरण्ययाग्निर् अस्य् अमृतपलाशा स्रोतो यज्ञानाम्[8] इति । स्रोतो हैव स यज्ञानां भवति । अथाह उन्नेष्यामि इति । ओं मामहं[9] स्वर्गं लोकम् [10]अभि इति[10] ब्रूयात् ॥ ३९ ॥

[१] ? ल-ष-वर्जं सर्वत्र उपसृज्या° [२] व ष °कृत्व [३] व ष निरूढ ओं [४] ष निरूह्य [५] सर्वेषु कोशेषु ज्योतिषां [६] व ष पर्यग्नो [७] र ल, अम्मत° व ष अममत° [८] ल, व ष यज्ञमानाम् [९] ? व ष अमामहं [१०-१०] ? ल, अहीति व ष अमीति

स यं प्रथमं स्रुचम् उन्नयति तद् वै दर्शपूर्णमासयो रूपम् । दर्शपूर्णमासाभ्याम् एवास्येष्टं भवति य एवं विद्वान् प्रथमं स्रुचम् उन्नयति ॥

अथ यं द्वितीयं स्रुचम् उन्नयति तद् वै चातुर्मास्यानां रूपम् । चातुर्मास्यैर् एवास्येष्टं भवति य एवं विद्वान् द्वितीयं स्रुचम् उन्नयति ॥

अथ यं तृतीयं स्रुचम् उन्नयति तद् वा इष्टिपशुबन्धानां रूपम् । इष्टिपशुबन्धैर् एवास्येष्टं भवति य एवं विद्वांस् तृतीयं स्रुचम् उन्नयति ॥

अथ यं चतुर्थं स्रुचम् उन्नयति तद् वै त्र्यम्बकवाजपेयाश्वमेधानां रूपम् । त्र्यम्बकवाजपेयाश्वमेधैर् एवास्येष्टं भवति य एवं विद्वांश् चतुर्थं स्रुचम् उन्नयति ॥

अथ समिधम् आदाय प्राङ् प्रति । पुरुष इत् समित् । तम् अन्नम् इन्द्धे अन्नस्य मा तेजसा स्वर्गं लोकं गमय ॥ यत्र देवानाम् ऋषीणां प्रियं धाम तत्र म इदम् अग्निहोत्रं गमय इति । तूष्णीम्

उपसादयति। अथ समिधम् अभ्यादधाति स्वर्गस्य त्वा लोकस्य संक्रमणं हिरण्मयं वंशं दधामि स्वाहा इति। अथ जुहोति। स यां प्रथमां जुहोति देवांस् तयाप्नोति। अथ यां द्वितीयां जुहोत्य् ऋषींस् तयाप्नोति ॥ ४० ॥

अथोपमार्ष्टि। स यत् प्रथमम् उपमार्ष्टि तेन गन्धर्वाप्सरसः प्रीणाति। तं गन्धर्वाप्सरस आहुश् श्रद्धा ते मा विगात् सर्वैः कामैस् तृप्य स्वर्गं लोकम् आप्नुहीति ॥

अथ यद् द्वितीयम् उपमार्ष्टि तेन ग्रहांश् च पितॄंश् च प्रीणाति। तं ग्रहाश् च पितरश् चाहुश् श्रद्धा ते मा विगात् सर्वैः कामैस् तृप्य स्वर्गं लोकम् आप्नुहीति ॥

अथ यद् द्विर् अङ्गुल्या प्राश्नाति स यत् प्रथमं प्राश्नाति तेन प्राणापानौ तृप्यतः। तं प्राणापानाव् आहतुश् श्रद्धा ते मा विगात् सर्वैः कामैस् तृप्य स्वर्गं लोकम् आप्नुहीति ॥

अथ यद् द्वितीयं प्राश्नाति तेनोदानापानौ तृप्यतः। तम् उदानापानाव् आहतुश् श्रद्धा ते मा विगात् सर्वैः कामैस् तृप्य स्वर्गं लोकम् आप्नुहीति ॥

अथ यत् स्रुचा प्राश्नाति तेन समानव्यानौ च गर्भांश् च प्रीणाति। तं समानव्यानौ गर्भाश् चाहुश् श्रद्धा ते मा विगात् सर्वैः कामैस् तृप्य स्वर्गं लोकम् आप्नुहीति ॥

अथ यत् स्रुचं निरश्नाति तेन देवजनान् प्रीणाति। तं देवजना आहुश् श्रद्धा ते मा विगात् सर्वैः कामैस् तृप्य स्वर्गं लोकम् आप्नुहीति ॥

अथ यत् स्रुवस् संक्षालनं निनयति तेन वयांसि प्रीणाति। तं वयांस्य् आहुश् श्रद्धा ते मा विगात् सर्वैः कामैस् तृप्य स्वर्गं लोकम् आप्नुहीति ॥

अथ या एतास् स्रुचो निर्णिज्योदीचीर् अप उत्सिञ्चति [1]तेन ऋषीन् प्रीणाति। तम् ऋषय आहुश् श्रद्धा ते मा विगात् सर्वैः कामैस् तृप्य स्वर्गं लोकम् आप्नुहीति[2] ॥

अथ यत् स्थालीसंक्षालनं निनयति तेन सर्पजनान् प्रीणाति। तं सर्पजना आहुश् श्रद्धा ते मा विगात् सर्वैः कामैस् तृप्य स्वर्गं लोकम् आप्नुहीति ॥

अथ यत् पश्चाद् वा पुरस्ताद् वा परिक्रम्य दक्षिणतो ऽग्नीनाम् आस्ते प्रजापतिर् एव तद् भूत्वास्ते[3] कम् अहम् अस्मि कं मम इति ॥ ४१ ॥

[१] व ष गृ॰ [२-२] य श ततो वृष्टिस् संतायते [३] ल, हुत्वास्ते व ष भुक्त्वास्ते

भृगुर् ह वारुणिर् अनूचान आस। स हात्य् एव पितरं मने ऽति देवान् अत्य् अन्यान् ब्राह्मणान् अनूचानान्। स ह वरुण ईक्षांचक्रे न वै[२] मे पुत्रः किं चन प्रजानाति। हन्तैनं प्रज्ञापयानीति[३]। तस्य ह प्राणान् अभिजग्राह। स ह तताम। स ह तान्तः परं लोकं जगाम। स हामुष्मिन् लोक आजगाम। पुरुष एव पुरुषं संवृश्च्याथैनं जघास। स होवाचाभूद् वतेदं किं स्विद् इदम् इति। तं होचुः पितरं वरुणं पृच्छासि[४] स त इदं प्रवक्तेति ॥

द्वितीयं हाजगाम। पुरुष एव पुरुषम् आक्रन्दयन्तं जघास। स होवाचाभूद् वतेदं किं स्विद् इदम् इति। तं होचुः पितरं वरुणं पृच्छासि स त इदं प्रवक्तेति ॥

तृतीयं हाजगाम। पुरुष एव पुरुषं तूष्णीम् अव्याहरन्तं जघास। स होवाचाभूद् वतेदं किं स्विद् इदम् इति। तं होचुः पितरं वरुणं पृच्छासि स त इदं प्रवक्तेति ॥

चतुर्थं हाजगाम। द्वे स्त्रियौ महद् वित्तं जुगुपतुः। स होवाचाभूद् वतेदं किं स्विद्

इदम् इति । तं होचुः पितरं वरुणं पृच्छासि स त इदं प्रवक्तेति ॥

पञ्चमं हाजगाम । लोहितकुल्यां च घृतकुल्यां च प्रवाहुक्[६] स्यन्दमाने । सा या लोहितकुल्यास तां कृष्णो नग्नः पुरुषो मुसली जुगोप । अथ या घृतकुल्या तस्यै हिरणमयाः पुरुषा हिरणमयैश् चमसैस् सर्वान् कामान् उदचिरे । स होवाचाभूद् बतेदं किं स्विद् इदम् इति । तं होचुः पितरं वरुणं पृच्छासि स त इदं प्रवक्तेति ॥

षष्ठं हाजगाम । पञ्च नदीः पुष्करिणीः पुण्डरीकिणीर् मधूदकास् स्यन्दमानाः । तासु नृत्तगीतं वीणाघोषो ऽप्सरसां गणास् सुरभिर् गन्धो महान् घोषो बभूव । स होवाचाभूद् बतेदं किं स्विद् इदम् इति । तं होचुः पितरं वरुणं पृच्छासि स त इदं प्रवक्तेति ॥ ४२ ॥

[१] र च श प ह वा [२] व ष मेप [३] ? प-वर्जं सर्वत्र प्रश्नपयानीति [४] व प पू॰ [५] र श पृच्छ। एवम् उत्तरत्र [६] सर्वेषु कोशेषु प्रबाहु [७] श रोहित- [८] ल श नृत्तं

स ह तत एवावव्रृते । स ह वरुणम् एवाजगाम । तं होवाचागस् ताता[१] इति । आगां ततेति । अदर्शस् ताता[२] इति । अदर्शं ततेति । किं ततेति । पुरुष एव पुरुषं संवृश्च्यैनम् अघद्[२] इति । ओम् इति होवाच । ये वा अस्मिन् लोके ऽग्निहोत्रम् अजुह्वतो[३] नैवंविदो वनस्पतीन् संवृश्च्याभ्यादधति तान् वा अमुष्मिन् लोके वनस्पतयः पुरुषरूपं कृत्वा प्रत्यदन्ति । तस्य का निष्कृतिर् इति । यद् एवैतत् समिधम् अभ्यादधाति सा तस्य निष्कृतिस् तया तद् अतिमुच्यत इति ॥

किं द्वितीयम् इति । [४]पुरुष एव[४] पुरुषम् आक्रन्दयन्तम् अघद्[५] इति । ओम् इति होवाच । ये वा अस्मिन् लोके ऽग्निहोत्रम् अजुह्वतो[६] नैवंविदः पशून् आक्रन्दयतः पचन्ते तान् वा अमुष्मिन् लोके पशवः पुरुषरूपं कृत्वा प्रत्यदन्ति । तस्य का निष्कृतिर् इति । यद् एवैतद् वाचा पूर्वाम् आहुतिं जुहोति सा तस्य निष्कृतिस् तया तद् अतिमुच्यत इति ॥

किं तृतीयम् इति । पुरुष एव पुरुषं तूष्णीम् अव्याहरन्तम्[७] अघद्[८] इति । ओम् इति होवाच । ये वा अस्मिन् लोके ऽग्निहोत्रम् अजुह्वतो[९] नैवंविदो व्रीहियवांस् तूष्णीम् अव्याहरतः[१०] पचन्ते तान् वा अमुष्मिन् लोके व्रीहियवाः पुरुषरूपं कृत्वा प्रत्यदन्ति । तस्य का निष्कृतिर् इति । यद् एवैतन् मनसोत्तराम् आहुतिं जुहोति सा तस्य निष्कृतिस् तया तद् अतिमुच्यत इति ॥

किं चतुर्थम् इति । द्वे स्त्रियौ महद् वित्तम् अजुगुपताम्[११] इति । ओम् इति होवाच । श्रद्धा च वै ते अश्रद्धा चाभूताम् । ये वा अस्मिन् लोके ऽग्निहोत्रम् अजुह्वतो[१२] नैवंविदो ऽश्रद्दधाना यजन्ते तद् अश्रद्धां गच्छन्ति यच् छ्रद्दधानास् तच् छ्रद्धाम् । तस्य का निष्कृतिर् इति । यद् एवैतद्[१३] अङ्गुल्या प्राश्नाति सा तस्य निष्कृतिस् तया तद् अतिमुच्यत इति ॥ ४३ ॥

[१] य ल₂ तता [२] र श ल₂ अवद् ल₁ व प अघसद् [३] व ष जुह्वतो [४-४] य प नास्ति [५] र अवद् व श ष अघसद् [६] ष जुह्वतो [७] ष व्याहरन्तम् [८] र अघम् ल व श प अघसद् [९] ल ष जुह्वतो [१०] ल व ष व्याहरतः [११] ? य अजूगुपताम् अन्यत्र अजुगू (व ष जूगु)पताम् [१२] ल₂ व प जुह्वतो [१३] ल प एवते

किं पञ्चमम् इति । लोहितकुल्यां च घृतकुल्यां च प्रवाहुक् स्यन्दमाने । सा या

लोहितकुल्याभूत् तां कृष्णो नग्नः पुरुषो मुसली जुगोप । अथ या घृतकुल्या तस्यै हिरण्मयाः पुरुषा हिरण्मयैश् चमसैस् सर्वान् कामान् उदचन्त[२] इति । ओम् इति होवाच । ये वा अस्मिन् लोके ऽग्निहोत्रम् अजुह्वतो[३] नैवंविदो ब्राह्मणस्य लोहितम् उत्पीडयन्ति सासा[४] लोहितकुल्या । अथ य एनां कृष्णो नग्नः पुरुषो मुसल्य् अजुगुपत् क्रोधस् स तस्यो तद् एवान्नम् इति । तस्य का निष्कृतिर् इति । यद् एवैतत् स्रुचा प्राश्नाति सा तस्य निष्कृतिस् तया तद् अतिमुच्यत इति । अथ या एतास्[५] स्रुचो[६] निर्णिज्योदीचीर् अप उत्सिञ्चति सासा घृतकुल्या । तस्यै हिरण्मयाः पुरुषा हिरण्मयैश् चमसैस् सर्वान् कामान् उदचन्त इति ॥

किं षष्ठम् इति । पञ्च नदीः पुष्करिणीः[७] पुण्डरीकिणीर् मधूदकास् स्यन्दमानाः । तासु नृत्तगीतं वीणाघोषो ऽप्सरसां गणास् सुरभिर् गन्धो महान् घोषो ऽभूद् इति । ओम् इति होवाच । ममैवैते[९] लोका अभूवन्न् इति । ते केनाभिजय्या इति । एतेनैव पञ्चगृहीतेन पञ्चोन्नीतेनेति । स होवाच न वै किलान्यत्राग्निहोत्राल् लोकजित्या अवकाशो ऽस्ति । अद्यैव मे[१०] अग्न्याधेयस्योपवसथ इति । तस्य ह तथा चक्रुः । स य एवं[११] विद्वान् अग्निहोत्रं जुहोति नैनम्[१२] अमुष्मिन् लोके वनस्पतयः पुरुषरूपं कृत्वा प्रत्यदन्ति न पशवो न व्रीहियवा नास्येष्टापूर्तं[१३] श्रद्धा चाश्रद्धा च गच्छतो ऽपहते लोहितकुल्याम् अवरुन्द्धे घृतकुल्याम् ॥ ४४ ॥

[१] ल$_2$-वर्जे सर्वत्र रोहित॰ [२] एवं सर्वेषु कोशेषु [३] व ष जुह्वतो [४] रसु सा ल$_1$ या ल$_2$ व श सा [५] ल एतां [६] य र ल ष स्रुचन् [७] सर्वेषु कोशेषु पुष्करणीः [८] श नृत्तं [९] य र श मम वै ते [१०] व ष किम् [११] य ल$_1$ एतदेवं वेद व ष एवं तदेवं वेद [१२] व ष अनेनैनम् [१३] र श नाप्ये॰

एष वा अग्निर् वैश्वानरो य एष तपति । तस्य रात्रिस् समिद् अहर् ज्योती रश्मयो धूमो नक्षत्राणि विष्फुलिङ्गाश्[१] चन्द्रमा अङ्गाराः । तस्मिन्न् एतस्मिन्न् अग्नौ वैश्वानरे ऽहरहर् देवा अमृतम् अपो जुह्वति । तस्या आहुतेर् हुतायै सोमो राजा संभवति ॥

स्तनयित्नुर् एवाग्निर् वैश्वानरः । तस्य द्यौस् समिद् विद्युज् ज्योतिर् अभ्राणि धूमो ह्रादनयो विष्फुलिङ्गा अशनिर् अङ्गाराः । तस्मिन्न् एतस्मिन्न् अग्नौ वैश्वानरे ऽहरहर् देवास् सोमं राजानं जुह्वति । तस्या आहुतेर् हुतायै वृष्टिस् संभवति ॥

[२]पृथिव्य् एवाग्निर्[२] वैश्वानरः । तस्यान्तरिक्षं समिद् अग्निर् ज्योतिर् वायुर् धूमो मरीचयो विष्फुलिङ्गा दिशो ऽङ्गाराः । तस्मिन्न् एतस्मिन्न् अग्नौ वैश्वानरे ऽहरहर् देवा वृष्टिं जुह्वति । तस्या आहुतेर् हुताया अन्नं संभवति ॥

पुरुष एवाग्निर् वैश्वानरः । तस्य वाक् समिच् चक्षुर् ज्योतिः प्राणो धूमो मनो विष्फुलिङ्गाश् श्रोत्रम् अङ्गाराः । तस्मिन्न् एतस्मिन्न् अग्नौ वैश्वानरे ऽहरहर् देवा अन्नं[३] जुह्वति । तस्या आहुतेर् हुतायै रेतस् संभवति ॥

[४]स्त्रियो वा अग्निर् वैश्वानरः । तस्योपस्थं[५] समिद् योनिर् ज्योतिर् इष्या धूमो ऽभिनन्दो[६] विष्फुलिङ्गास् संस्पर्शो ऽङ्गाराः । तस्मिन्न् एतस्मिन्न् अग्नौ वैश्वानरे ऽहरहर् देवा रेतो जुह्वति । [७]तस्या आहुतेर्[७] हुतायै पुरुषस् संभवति ॥[४]

सो ऽत्र पञ्चम्यां विसृष्ट्यां पुरुषो देवेभ्यो जायते । पञ्चम्यां विसृष्ट्यां दिव्या आपः

पुरुषवाचो वदन्ति ॥

अथ यथामुं लोकम् अप्येति— ॥ ४५ ॥

[१] क्वचित् विस्फुलिंगाश एवम् उत्तरत्रापि [२-२] र श पृथिव्येचाग्निर् ल व ष पृश्निव्योचा (ल$_2$ वा) ग्निर् [३] य रंतो [४-४] य नास्ति (दृष्टिप्लुतिः) [५] एवं सर्वेषु कोशेषु [६] य ल श अभिसंधो [७-७] क्वचित् तस्याहुतेर् एवं पूर्वत्रापि [८] ? बृहदारण्यकोपनिषदि ६.२.१३ अथ यदा म्रियते

—तस्याग्निर् एवाग्निर् वैश्वानरः। तस्यौषधयश् च वनस्पतयश् च समित्। ज्योतिर् एव ज्योतिः। धूम एव धूमः। विष्फुलिङ्गा एव विष्फुलिङ्गाः। अङ्गारा एवाङ्गाराः। तस्मिन्न् एतस्मिन्न् अग्नौ वैश्वानरे ऽहरहर् देवाः पुरुषं जुह्वति। तस्या आहुतेर् हुतायै[2] पुरुषो ऽमुं लोकं संभवति। सो ऽस्य लोकः पुनरुत्थायै भवति ॥

तस्य हैतस्य देवस्याहोरात्रे अर्धमासा मासा ऋतवस् संवत्सरो गोप्ता य एष तपति। अहोरात्रे प्रचरे। तं हर्तूनाम् एको यः कूटहस्तो रश्मिना प्रत्यवेत्य पृच्छति को ऽसि पुरुषेति। स किं विद्वान् प्रब्रुवीयाद्। तस्य ह प्रहरति। तस्य ह प्रतिराद्धस्य त्रेधा साधुकृत्या विनश्यति। स तृतीयम् आदत्ते। दिशो ऽनु तृतीय व्येति। तृतीयेन सहेमं लोकम् अभ्यवैति। स यो हास्य दानजितो लोको भवति तस्मिन् निरमते। [3]तम् उ ह[3] वै ततो मृत्युर् एवान्तत[4] आप्नोति। अनवजितो हास्य[5] पुनर्मृत्युर् भवति स य[6] एवंवित् स्यात् ॥

स यदोपतापी स्याद् यत्रास्य समं सुभूमिस्पष्टं स्यात् तद् ब्रूयाद् इह मे ऽग्नि[7] मन्थतेति। ईश्वरो हागदो भवितोः ॥

[8]यद्य् उ[8] तन् न यद् अस्माल् लोकात् प्रेयाद् अथैनम् आददीरन्। नानास्थाल्योर् अग्नी ओप्य हरेयुः। अन्वाहार्यपचनाद् उल्मुकम्[9] आददीरन् यज्ञपात्राणि सर्पिर् अपो दारूण्य् अनुस्तरणीं क्षुरं नखनिकृन्तनम्। ते यन्ति यत्रास्य समं सुभूमिस्पष्टं भवति। तद् अस्याग्नीन् विहरन्ति ॥ ४६ ॥

[१] ष-वर्जं सर्वत्र विस्फु° [२] श हुतायाः। एवं पूर्वत्रापि [३-३] ल व ष तमह [४] य व ष एवं तत ल एव तत श एवास्तत [५] र श वाहास्य [६] य र व श नास्ति [७] ? ष अग्नि। अन्यत्र अग्नी [८-८] श यदुदि [९] ल$_2$-वर्जं सर्वत्र उन्मुकम्

अथास्यां दिशि कूपं खात्वा[1] वपन्ति केशश्मश्रूणि। उप्त्वा केशश्मश्रूणि नखान् निकृन्तन्ति। नखान् निकृत्य निरान्त्रं कुर्वन्ति। निरान्त्रं कृत्वा निष्पुरीषं कुर्वन्ति। निष्पुरीषं कृत्वा पांसुभिः कूपे पुरीषम् अभिसंवपन्ति। पाप्मानम् एवास्य तत् प्रच्छादयन्ति। प्रक्षाल्यान्त्राणि प्रत्यवधायैनम्[2] आहरन्ति। तम् अन्तरेणाग्नीन्[3] निधाय गार्हपत्य आज्यं विलाप्योत्पूय चतुर्गृहीतं गृहीत्वा मत्वाहवनीये समिद्धत्य् अन्वारब्धे[4] जुहोति अयं वै त्वद् अस्माद् असि त्वम्। एतद् अयं ते योनिर् अस्य योनिस् त्वम् ॥ पिता पुत्राय लोककृज् जातवेदो नया ह्य् एनं सुकृतां यत्र लोकः ॥ अस्माद् वै त्वम् अजायथा एष त्वज् जायतां स्वाहा इति। सो ऽत आहुतिमयो मनोमयः प्राणमयश् चक्षुर्मयश् श्रोत्रमयो वाङ्मय ऋङ्मयो यजुर्मयस् साममयो ब्रह्ममयो हिरण्मयो ऽमृतस् संभवति ॥ ४७ ॥

[१] ल ष खात्वाप° [२] र श °दायैनम् [३] य श अन्तरेणाग्निं व °ग्नी [४] व ष आरब्धे

अथैनां चितां चिन्वन्ति। तस्याम् एनम् आदधति। तस्य नासिकयोः स्रुवौ निदध्याद् दक्षिणहस्ते जुहूं सव्य उपभृतम् उरसि ध्रुवां[1] मुख ऽग्निहोत्रहवणीं शीर्षतश् चमसम् इळोपवहनं[2] कर्णयोः प्राशित्रहरणे उदरे पात्रीं संवर्तधानीम्[3] आण्डयोर् दृषदुपले शिश्ने शम्याम् उपस्थे कृष्णाजिनम् अनुपृष्ठं स्फ्यं पार्श्वयोर् मुसलं च शूर्पं[4] च पत्त उलूखलम्। परिशिष्टानि यज्ञपात्राण्य् उपनिदधति[5]। अपो मृण्मयान्य् अभ्यवहरन्ति ददत्य् एवायस्मयानि। अथैनं[6] सर्पिषाभ्युत्पूरयन्ति। यज्ञपात्रेषु सर्पिर् आसिञ्चन्ति ॥ ४८॥

[१] य र व ध्रुवं ल श स्रवं [२] ल श प इडोप° [३] र ल श संवर्त° [४] श शूर्पं
[५] र उपरि दधति [६] व श अथो

अथैताम् अनुस्तरणीम् आनयन्ति। तां प्रोक्ष्य त्रिर् अपसलीं[1] पर्याणाय्य[2] कूटेन[3] हन्यात्। प्रदक्षिणं हैके पर्याणयन्ति। तद् उ तथा न कुर्यात्। तस्यै वपाम्[4] उत्खिद्य शीर्षिण परिवयन्ति हस्तयोर् मतस्नी[5] हृदये[6] हृदयं बाह्वोर् बाहू। यथाङ्गम् एवेतराण्य् अङ्गानि विचिन्वन्ति[7]। अथैनं चर्मणा प्रोर्णवन्ति[8] स्वया तन्वा समृध्यस्व इति॥

संस्त्वीर्योपादीपयन्ति। स तथैव चिकीर्षेद् यथैनम् आहवनीयः प्रथमो गच्छेत्। तद् एनं देवलोकः प्रत्यागच्छति। अथ यथान्वाहार्यपचनस् तद् एनं पितृलोकः प्रत्यागच्छति। अथ यथा गार्हपत्यस् तथास्मिन् लोके प्रजया च पशुभिश् च प्रतितिष्ठति॥

तस्योपादीप्तस्य धूम एव शरीरं धुनोति। स यद् धुनोति तस्माद् धुनः। धुनो ह वै नामैषः। तं[10] धूम इति परोक्षम् आचक्षते परोक्षेणैव[11]। परोक्षप्रिया इव हि देवाः। धूमाद् व रात्रिम् अप्येति रात्रिया अहर् अह्नो ऽपोछन्तापक्षम् अपोछन्तीपक्षाद् आपूर्यमाणपक्षम् आपूर्यमाणपक्षान् मासम्। ते अत्र मासे शरीरं चासुश् च संगच्छाते। तं हर्तॄनाम् एको यः कूटहस्तो रश्मिना प्रत्यवेत्य पृच्छति को ऽसि पुरुषेति ॥ ४९ ॥

[१] ? र श अवसली अन्यत्र अपसली [२] ? य र व पर्याणय्य ल ष °णया श °णर्य [३] र कूटो न [४] र श वचाम् व ष वपत्राम् [५] ? य व ष मृतास्नि ल, मृघ्नी ल, मघ्नि श त्तध्नी [६] ल व ष नास्ति। अतः परं ल-कोशस्य पाठा उदाहर्तुं न शक्याः ॥ [७] व ष चिन्वन्ति [८] र-वर्जं सर्वत्र प्रोण्वन्ति र प्रोण्यति [९] र व ष नास्ति [१०] ष तद् [११] व ष °णेव

तं प्रतिब्रूयात्

विचक्षणाद् ऋतवो रेत आभृतम्
अर्धमास्यं[1] प्रसुतात् पित्र्यावतः।

इति। यद् अदो विचक्षणं सोमं राजानं जुह्वति तत् तत्।

तं मा पुंसि कर्तर्य् एरयध्वम्

इति। पुंसि ह्य् एनम् एतत् कर्तर्य् एरयन्ते।

पुंसः कर्तुर् मातर्य् आसिषिक्त

इति। मातरि ह्य् एनम् आसिञ्चति।

स उपजायोपजायमानस् त्रयोदशेन द्वादशोपमासः

इति। एष त्रयोदशो य एष तपति ॥

सं तद् विदे प्रति तद् विदे ऽहम्।
तं मर्तवो[3] ऽमृत[2] आनयध्वं द्वादशत्रयोदशेन पित्रा।
तया मात्रा नया श्रद्धया नेनान्नाद्येन तेन सत्येन ॥

अहर् मे पिता रात्रिर् माता ॥ सत्यम् अस्मि ॥
[४]ते मर्तवो[४] ऽमृत[५] आनयध्वम् ॥

इति । तं हर्तव आनयन्ते । यथा विद्वान् विद्वांसं[२] यथा जानन् जानन्तम्[२] एवं हैनम् ऋतव आनयन्ते । तं हात्यर्जयन्ते[६] । स हैष न मनुष्यो य एवं वेद । देवानां ह वै स एको य एवंवित् । तं ह वै मनोजवसः पितरश् च पितामहाश् च प्रत्यागच्छन्ति ततः किं न आहार्षीर् इति । तान् प्रतिब्रूयाद् यत् किं च पुण्यम् अकरं तद् युष्माकम् इति । तस्य पुत्रा दायम् उपयन्ति पितरस् साधुकृत्यां द्विषन्तः पापकृत्याम् । स एवम् एतत् त्रेधा विभज्यैतस्य सलोकताम् अप्येति य एष तपति ॥ ५० ॥

अस्मिन् खण्डे ल-कोशस्य पाठा उदाहर्तुं न शक्याः ॥ [१] सर्वेषु कोशेषु °मासं [२] एवं सर्वेषु कोशेषु [३-३] य श हंतमम ऋतवो र हतमम्रृतवो व ष हतम्मा ऋतवो [४-४] य र श तमम ऋतवो व ष तम्म ऋतवो [५] व ष मृतम् [६] य र श हात्यंजयते व ष हत्यंजयंते

[१]दीर्घसत्त्रं ह वा एत उपयन्ति ये ऽग्निहोत्रं जुह्वति । एतद् ध वै सत्त्रं जरामर्यम् । जरया वा ह्य् एवास्मान् मुच्यते मृत्युना वा ॥

तद्[३] आहुर् [४]यद् एतस्य दीर्घसत्त्रिणो ऽग्नी[५] जुह्वतो ऽग्नीन् अन्तरेण युक्तं वा विशायात् सं वा चरेयुः किं तत्र कर्म का प्रायश्चित्तिर् इति । वज्रो[६] वै चक्रः । वज्रो वा एतस्याग्नीन् अन्वेति[४] यस्यान्तरेण युक्तं वा वियाति[९] सं वा चरन्ति[७] । कुर्वीत हैव निष्कृतिम् अपि हेष्ट्या यजेत । तद् उ तथा न विद्यात् । इमान् वा एष लोकान् अनुवितनुते यो ऽग्नीन् आधत्ते ।

तस्यायम् एव लोको गार्हपत्यो भवत्य् अन्तरिक्षलोको ऽन्वाहार्यपचनो ऽसाव् एव लोक आहवनीयः । कामं वा एषु लोकेषु युक्तं चायुक्तं च वयांसि[१०] च[११] चरन्ति । स विद्याद् यदि मे ऽपि ग्राम एवाग्नीन् अन्तरेणायासीन् नैव म आर्तिर् अस्ति न रिष्टिः का चनेति[१२] ॥

त्रयो ह त्वै ग्राम्याः पशवो ऽजुष्टा दुर्वराह एडकश् श्वा[१३] । तेषां यदि कश् चिद् अन्तरेण सञ्जीयेत[१४] किं तत्र कर्म का प्रायश्चित्तिर् इति ॥ ५१ ॥

अस्मिन् खण्डे ल-कोशस्य पाठा उदाहर्तुं न शक्याः ॥ [१] प्रारम्भे य व ष हरिः ओम् [२] य र श जरामु° [३] र यतद् [४-४] र श यदेतस्यानि(र ग्नि)न्वेति [५] य ग्निहोत्रं [६] व ष खज्रो [७-७] य एत [८] व ष ये° [९] र पियाति श पिधाति व ष विपियाति [१०] सर्वेषु कोशेषु पयांसि [११] एवं सर्वेषु कोशेषु [१२] सर्वेषु कोशेषु चनयति [१३] सर्वेषु कोशेषु च [१४] ? एवं सर्वेषु कोशेषु

तद् उ हैके छादिमुंष्टिम् एव निवपन्तो यन्ति । गार्हपत्याद् आहवनीयान् निनयन्न् इयात्[१] इदं विष्णुर् विचक्रमे इत्य् एतयर्चा[३] । तद् उ तथा न कुर्यात् । यो ह तत्र ब्रूयाद् आसान् न्वा[४] अयं यजमानस्यावाप्सीत्[५] क्षिप्रे परमासान्[६] आवप्स्यते ज्येष्ठगृह्यं[७] रोत्स्यतीति तथा हैव स्यात् ॥

इत्थम् एव कुर्यात् । उदपात्रं वैवोदकमण्डलुं वादाय गार्हपत्याद् आहवनीयान् निनयन्न् इयात्[१] इदं विष्णुर् विचक्रमे इत्य् एतयैवर्चा । देवपवित्रं वा एतद् यद् ऋग् देवपवित्रम् एतद् यद् आपः । तद् यद् एवात्र यज्ञस्याशान्तं भवति यद् अमेध्यम् आपो वै तस्य सर्वस्य शान्तिः । अद्भिर् एवैनं तच् छमयन्ति ॥ ५२ ॥

अस्मिन् खण्डे ल-कोशस्य पाठा उदाहर्तुं न शक्याः ॥ [१] व ष च्छदी°। अन्यत्र च्छादि°. [२] सर्वेषु कोशेषु ईयात् [३] व ष एतयैवर्चा [४] य र व ष वा श या [५] र °वाप्सन्त् व यजमानस्याप्सान् श यजमानस्यावाप्सं अ [६] ? य तरानासान् र श परानासान् व ष वरानासावन् [७] य ज्येष्ठम्राह्यं र ज्यष्ठं गृह्यं व ष ज्येष्ठथं ग्राह्यं श ज्येष्ठं ग्राह्यं [८] व ष हेवा [९] र-वर्जं सर्वत्र ईयात्

तद्[1] आहुर् यद् एतस्य दीर्घसत्त्रिणो ऽग्निहोत्रं जुह्वतो ऽग्निहोत्रं दुह्यमानं स्कन्देत् किं तत्र कर्म का प्रायश्चित्तिर् इति। यद् एव तत्र स्थाल्यां परिशिष्टं स्यात तेन जुहुयात् ॥

यद्य् उ नीची स्थाली स्याद् अपि वा भिद्येत किं तत्र कर्म का प्रायश्चित्तिर् इति। स्कन्नप्रायश्चित्त्यै[2] वाभिमृश्य अस्कन्न् अधित इति। अथ यद् अन्यद् विन्देत् तेन जुहुयात् ॥

यदा वै स्कन्दत्य् अथ धीयते। रेतो वै पयो योनिर् इयम्। योन्याम् एवैतद् रेतः प्रतिष्ठापयति। अनुष्ठयास्य रेतस् सिक्तं प्रजायते य एवं वेद। अमुतो वै पर्जन्यस् स्कन्दतीहौषधयो वनस्पतयो जायन्ते। पुरुषाद् रेतस् स्कन्दति पशुभ्यः। तत इदं सर्वं प्रजातम्। स विद्याद् उप मा देवाः प्राभूवन् प्रजातिर् मे भूयस्य् अभूच् छ्रेयान् भविष्यामीति। तथा हैव स्यात् ॥

अथो यत्रैतद् विभिन्नं[3] तद् उदपात्रं वैवोदकमण्डलुं वोपनिनयेत् भूर् भुवस् स्वः[4] इत्य् एताभिर् व्याहृतिभिः[5]। एता वै व्याहृतयस् सर्वप्रायश्चित्तयः। तद् अनेन सर्वेण प्रायश्चित्तिं[6] कुरुते ॥ ५३ ॥

अस्मिन् खण्डे ल-कोशस्य पाठा उदाहर्तुं न शक्याः ॥ [१] र श यद् [२] र व श °त्ती [३] य व ष स्कन्नं र श विकन्नं [४] श सुवर् [५] य र श व्याहृतीभिः [६] र श °त्तं

अथैतानि कपालानि संचिन्त्य यत्राहवनीयस्य भस्मोद्धृतं स्यात् तद् उपनिकिरेत्। एतद् एवात्र कर्म ॥

अथो खल्व् आहुर् यत् प्राच उद्द्रुतस्य स्कन्देत् किं तत्र कर्म का प्रायश्चित्तिर् इति। यद् एव तत्र स्रुचि परिशिष्टं स्यात् तेन जुहुयात् ॥

यद्य् उ नीची स्रुक् स्याद् अपि वा भिद्येत किं तत्र कर्म का प्रायश्चित्तिर् इति। तस्योक्तः प्रत्यभिमर्शः ॥

तद् उ हैके तत एव प्रत्येत्योन्नयन्ति। तद् उ तथा न कुर्यात्। यो ह तत्र ब्रूयाद् यद् अनेनाग्निहोत्रेणाचिकीर्षीन् न्यवृतत् तस्मान् नास्येदं स्वर्ग्यम् इव भविष्यतीति तथा हैव स्यात् ॥

इत्थम् एव कुर्यात्। यत्रैव स्कन्देत् तद् उपविशेत्। अथास्मिन् स्थालीम् आहरेयुस् स्रुवं च स्रुचं[1] च[1] निर्णिज्य। तद् अद एवास्योन्नेष्यामीत्य् उक्तं भवति। अथ यथोन्नीतम् उन्नीय समिधम् आदाय प्राक् प्रेयात्। तद् यथा प्रत्युत्थायामित्रान्[2] पचेद् एवम् एवैतद् अग्निं पाप्मानम् अपहत्यौहुतिं प्राप्नोति। तद् उ हैक उपेव लभन्ते। अहुतं तस्य यस्याग्निहोत्रोच्छिष्टेन जुह्वति यातयामं ह्य् एतद् इति वदन्तः। तद् उ तथा न विद्यात्। यदा वा एतद् अयातयामं[4] भवत्य् अथैतस्यापि हविरातञ्चनं कुर्वन्ति ॥ ५४ ॥

अस्मिन् खण्डे ल-कोशस्य पाठा उदाहर्तुं न शक्याः ॥ [१] य र ष नास्ति [२] य व ष °मित्रान [३] व-ष-वर्जं अपन्नत्या° [४] य र श °म

तद् आहुर् यद् एतस्य दीर्घसत्त्रिणो ऽग्निहोत्रं[1] जुह्वतो[1] ऽग्निहोत्रं दुह्यमानम् अमेध्यम् आपद्येत किं तत्र कर्म का प्रायश्चित्तिर् इति[2]। तद् उ हैके होतव्यम् एव मन्यन्ते, न वै देवाः कस्माच् चन बीभत्स[3] इति वदन्तः। तद् उ तथा न विद्यात्। पुरुषो न्वेव[4] बीभत्सेयाद् यीभत्सते बीभत्सान्ताइ३[5] देवाः। इत्थम् एव कुर्यात्। गार्हपत्यस्यैवोष्णं भस्म निरूह्य तस्मिन्न् एनत् तूष्णीं निनयेत्। तन् न हुतं नाहुतम्। अद्भिर् अनुनिनयेत्। अद्भिर् एवैनद् आप्नोति। अथ यद् अन्यद् विन्देत् तेन जुहुयात्॥

अथो खल्व् आहुर् यद् दुग्धम् अमेध्यम् आपद्येत किं[6] तत्र कर्म का प्रायश्चित्तिर् इति। येष्व् एवाङ्गारेष्व् अधिश्रयिष्यन् स्यात् तान् एव प्रत्यूह्य तेष्व् एवैनत् तूष्णीं निनयेत्। तन् न हुतं नाहुतम्। अद्भिर् अनुनिनयेत्। अद्भिर् एवैनद् आप्नोति। अथ यद् अन्यद् विन्देत् तेन जुहुयात्॥

अथो खल्व् आहुर् यद् अधिश्रितम् अमेध्यम् आपद्येत किं तत्र कर्म का प्रायश्चित्तिर् इति। येष्व् एवाङ्गारेष्व् अधिश्रितं स्यात् तान् एव प्रत्यूह्य तेष्व् एवैनत् तूष्णीं निनयेत्। तन् न हुतं नाहुतम्। यद् अहैनत् तेषु निनयति तेन हुतं यद् व् एनांस् तेनो एवानुगमयति तेनो अहुतम्। अद्भिर् अनुनिनयेत्। अद्भिर् एवैनद् आप्नोति। अथ यद् अन्यद् विन्देत् तेन जुहुयात्॥

अथो खल्व् आहुः— ॥ ५५ ॥

अस्मिन् खण्डे ल-कोशस्य पाठा उद्दाहर्तुं न शक्याः॥
[१] र श नास्ति [२-२] र श आपद्य कमाति
[३] ? एवं सर्वत्र। शतपथब्राह्मणे १२.४.२.२ न वै देवाः कस्माच् चन बीभत्सन्ते। बीभत्सन्ता३इ तु देवाः। [४] ? एवं र-वर्जं सर्वत्र। र नेव
[५] ? य र व ष बीभत्सान्ताइदु। श वीभत्सांतां उदु
[६] र श किमु

—यत् प्राग् उद्द्रुतम् अमेध्यम् आपद्येत किं तत्र कर्म का प्रायश्चित्तिर् इति। तद् उ हैके होतव्यम् एव मन्यन्ते प्रेतम् एतन् नैतस्याहोमः कल्पत इति वदन्तः। अथ हैके ऽद्भिर् अभ्यासिच्य परासिञ्चन्ति। तद् उ तथा न कुर्यात्। यो ह तत्र ब्रूयात् पराङ् वा अयम् इदम् अग्निहोत्रम् असिञ्चत्[1] परासेक्ष्यते ऽयं यजमान इति तथा हैव स्यात्। इत्थम् एव कुर्यात्। आहवनीय एव समिधम् अभ्याधायाहवनीयस्यैवोष्णं भस्म निरूह्य तस्मिन्न् एनत्[2] तूष्णीं निनयेत्। तन् न हुतं नाहुतम्। अद्भिर् अनुनिनयेत्। अद्भिर् एवैनद् आप्नोति। अथ यद् अन्यद् विन्देत् तेन जुहुयात्॥

अथो खल्व् आहुर् यद् अववर्षेत् किं तत्र कर्म का प्रायश्चित्तिर् इति। स विद्याद् उपरिष्टान् मा शुक्रम् आगात् प्रजातिर्[3] मे भूयस्य् अभूच् छ्रेयान् भविष्यामीति। तथा हैव स्यात्॥

अथो खल्व् आहुर् यत् पूर्वस्याम् आहुतौ हुतायाम् अङ्गारा अनुगच्छेयुः कोत्तरां जुहुयाद् इति। य एव तत्र शकलो ऽन्तिकस् स्यात् तम् अध्यस्यन्[4] जुहुयात्। दारौदारौ ह्य् अग्निः। स यदि तस्यां न तिष्ठेद् धिरण्यम् अभिजुहुयात्। अग्नेर् वा एतद् रेतो यद् धिरण्यम्। य उ वै पिता स पुत्रः। तस्माद् धिरण्यम् अभिजुहुयात्[5]॥

अथो खल्व् आहुः— ॥ ५६ ॥

अस्मिन् खण्डे ल-कोशस्य पाठा उदाहर्तुं न शक्याः ॥ [१] ष सिंचत् [२] व ष एव [३] सर्वेषु कोशेषु प्रजापतिर् [४] ष-वर्ज सर्वेषु कोशेषु अध्यस्य [५] व ष अभिजुहुयाद् इति

—यद् अधिश्रिते यजमानो म्रियेत किं तत्र कर्म का प्रायश्चित्तिर् इति । पर्यायैवैनद् विष्यन्दयेत् । एतद् एवात्र कर्म । अथो खल्व् एषैव सर्वेषां हविर्यज्ञानां प्रायश्चित्तिः ॥

अथो खल्व् आहुर् यत् प्राच्य् उद्द्रुते यजमानो म्रियेत किं तत्र कर्म का प्रायश्चित्तिर् इति । यद् एवादयग्[१] चतुर्गृहीतम् आदिष्टं स्यात् तत्रैवैनद् अभ्युन्नयेत् । एतद् एवात्र कर्म ॥

अथो खल्व् आहुर् यत् पूर्वस्याम् आहुतौ हुतायां यजमानो म्रियेत किं तत्र कर्म का प्रायश्चित्तिर् इति । तद् उ हैके होतव्यम् एव मन्यन्ते कृत्स्नं वा एतस्याग्निहोत्रं[२] हुतं भवति यस्य पूर्वा हुताहुतिर्[३] भवतीति वदन्तः । तद् उ तथा न विद्यात् । न वै प्रेतस्याग्निहोत्रं जुहोति[४] । यद् एवादयग्[५] चतुर्गृहीतम् आदिष्टं स्यात् तत्रैवैनद् अभ्युन्नयेत् । एतद् एवात्र कर्म ॥ ५७ ॥

अस्मिन् खण्डे ल-कोशस्य पाठा उदाहर्तुं न शक्याः ॥ [१] ? एवं सर्वेषु कोशेषु [२] य व ष °होत्रा [३] र हुतिभिर् श हुताहुतिभिर् [४] य श जुहति [५] ? य र श एवादश

तद् आहुर् यद् एतस्य दीर्घसत्त्रिणो ऽग्निहोत्रं जुह्वतो ऽग्निहोत्री दुह्यमानोपविशेत् किं तत्र कर्म का प्रायश्चित्तिर् इति । ताम् उ हैके यजुषोत्थापयन्ति । अनृतिं वा एषा यजमानस्य पाप्मानं प्रतिदृश्योपविशति यस्याग्निहोत्री दुह्यमानोपविशति । ताम् उत्थापयन्ति उद् अस्थाद् देव्य् अदितिः इति । इयं वै देव्य् अदितिः । इमाम् एवास्मै तद् उत्थापयन्ति । आयुर् यज्ञपतात्र् अधात् इत्य् आयुर् एवास्मिंस्[२] तद् दधति । इन्द्राय कृण्वती भागम् इतीन्द्रियम् एवास्मिंस् तद् दधति । मित्राय वरुणाय च इति— प्राणापानौ न्वै[३] मित्रावरुणौ— प्राणापानाव् एवास्मिंस् तद् दधति । तां तस्याम् एवाहुतौ हुतायां ब्राह्मणाय ददति । यं संवत्सरम् अनभ्यागमिष्यन्तो भवन्त्य् अनृतिम्[४] अस्मिन् पाप्मानं निवेशयाम इति वदन्तः[५] ॥ ५८ ॥

अस्मिन् खण्डे ल-कोशस्य पाठा उदाहर्तुं न शक्याः ॥ [१] य ष प्रतिदित्योप° र प्रतिद्रभ्योप° [२] श एवास्य [३] य र व ष न वै श स वै [४] सर्वेषु कोशेषु अं° [५] र श वदन्ति

तद् उ होवाच वाजसनेयो ऽश्रद्दधानेभ्यो हैभ्यो गौर् अपक्रामति । अवृत्या हि तं विध्यन्ति । इत्थम् एव कुर्यात् । दण्डम् एव लब्ध्वा तेनैनां चिपिष्योत्थापयेत् । तद् यथा वा अदो धावयतो ऽश्वतरो गदायते युक्तो वा बलीवर्द उपविशति तेन दण्डप्रजितेन[१] तोत्त्रप्रजितेन[१] यम् अध्वानं कामयते तं समश्नुत । एवम् एवैतया दण्डप्रजितया[२] तोत्त्रप्रजितया[२] यं स्वर्गं लोकं कामयते तं समश्नुते । ताम् आत्मन्न् एव कुर्वीत । आत्मन्न् एव तच् छ्रियं धत्त इति ॥ ५९ ॥

अस्मिन् खण्डे ल-कोशस्य पाठा उदाहर्तुं न शक्याः ॥ [१] सर्वेषु कोशेषु °प्रचितेन [२] सर्वेषु कोशेषु °प्रचितया

तद् आहुर् यद् एतस्य दीर्घसत्त्रिणो ऽग्निहोत्रं जुह्वतो ऽग्निहोत्रीवत्सो नश्येत् किं तत्र कर्म का प्रायश्चित्तिर् इति । तद् उ होवाचारुणिर् द्यौर् वा अग्निहोत्री तस्या आदित्य

एव वत्स इयम् एवाग्निहोत्रस्थाली। न ह वा एवंविदो ऽग्निहोत्रीवत्सो नश्यति। क[1] ह्य् एष नश्येत्। नो वा एवंविदो ऽग्निहोत्रं दुह्यमानं स्कन्दति। अस्यां ह्य् एवं प्रतितिष्ठति। नो घा एवंविदो ऽग्निहोत्री दुह्यमानोपविशति। यदा[2] वा एषा[2] सुस्पृष्टं[3] वर्षत्य् अभि-निपद्य् एव वैतावर्षीद् इत्य् एनाम् आहुः ॥

अथो खल्व् आहुर् यद् एषा लोहितं दुहीत[4] किं तत्र कर्म का प्रायश्चित्तिर् इति। अत्र्तिं वा एषा यजमानस्य पाप्मानं प्रतिदृश्य दुहे या लोहितं दुहे। स व्युत्क्रामते ऽस्युक्त्वान्वाहार्यपचनं परिच्छादयितवै ब्रूयात्। तद् अधिश्रित्य मेक्षणं कृत्वा श्रपयेत्। तत्सद्[5] एव तूष्णीं निनयेत्॥

अनिरुक्तो वै प्रजापतिः। प्राजापत्यम् अग्निहोत्रम्। अथो भूर् भुवस् स्वर् इत्य् एता-भिर् व्याहृतिभिः। एता वै व्याहृतयस् सर्वप्रायश्चित्तयः। तद् अनेन सर्वेण प्रायश्चित्तिं कुरुते ॥

अथो खल्व् आहुः— ॥ ६० ॥

अस्मिन् खण्डे ल-कोशस्य पाठा उदाहर्तुं न शक्याः ॥ [१] य त्त र त्ता व ष कत्त्वं श त्वं [२] एवं सर्वेषु कोशेषु [३] ? व सुस्पष्टं श सपृष्ठं ष सुस्पुष्टं [४] र त्व० व स० [५] य र व ष दुहित श दुहेत [६] एवं सर्वेषु कोशेषु

—यद् अग्नयो ऽनुगच्छेयुः किं तत्र कर्म का प्रायश्चित्तिर् इति। तम् उ हैक उल्मुकाद्[1] एव निर्मन्थन्ति[2]। यतो वै मनुष्यस्यान्ततो नश्यति ततो वाव स तस्य प्राय-श्चित्तिम् इच्छत इति वदन्तः। तद् उ तथा न विद्यात्। उल्मुकं ह्य् एव तत आदाय चरेद् उल्मुकस्य वावब्रश्चम्[4]। इत्थम् एव कुर्यात्। उल्मुकाद् एवाच्छिद्यारण्योर् अभि-विमन्थेत्। उप[5] ह तं कामम् आप्नोति य उल्मुकमथ्यायाम् उपो तं यो ऽरण्योः ॥

अथो खल्व् आहुर् यद् आहवनीय उद्धृतो ऽनुगच्छेत् किं तत्र कर्म का प्रायश्चित्तिर् इति। अनुगतो वा एष तावद् भवति यावद् गार्हपत्यो नानुगच्छति। स यद्य् अपि बहु इव कृत्वो ऽनुगच्छेत् पुनःपुनर् एवैनम् उद्धरेत्। एतद् एवात्र कर्म ॥

अथो खल्व् आहुर् यद् आहवनीय उद्धृत गार्हपत्यो ऽनुगच्छेत् किं तत्र कर्म का प्रायश्चित्तिर् इति। तम् उ हैके तत एव प्राञ्चम्[6] उद्धरन्ति। तद् उ तथा न कुर्यात्। यो ऽङ्ग[7] तत्र ब्रूयात् प्राचो न्वा अयं यजमानस्य प्राणान् प्रावृक्षन् मरिष्यत्य् अयं यजमान इति तथा हैव[8] स्यात् ॥

तम् उ हैके तत एव प्रत्यञ्चम् आहरन्ति। प्राणो वै गार्हपत्यो ऽपान आहवनीयः। संविदानौ वा इमौ प्राणापानाव् अन्नम् अत्त इति वदन्तः। अथो गृहो वै गार्हपत्यः। प्रतिष्ठो वै गृहाः। स य एनं तत्र ब्रूयात् प्र न्वा अयम् अस्यै प्रतिष्ठाया अच्योष्ट मरिष्यत्य् अयं यजमान इति तथा हैव[9] स्यात् ॥

तम् उ हैके गार्हपत्य एवम् अवधित्वोपसमादधति। तद् उ तथा न कुर्यात्। यो ह तत्र ब्रूयाद् अग्नाव् अध्य् अग्निम् अजीजनत्[10] क्षिप्रे ऽस्य[10] द्विषन् भ्रातृव्यो जनिष्यत इति तथा हैव[11] स्यात् ॥

तम् उ हैके ऽनुगमय्य मन्थन्ति। तद् उ तथा न कुर्यात्। यो ह तत्र ब्रूयाद् अपि यत् परिशिष्टम् अभूत् तद् अजीजसन् नास्य दायादश् चन परिशेक्ष्यत[12] इति तथा हैव स्यात् ॥

इत्थम् एव कुर्यात् । अरण्योर् एव समारोहयेत

अयं ते योनिर् ऋत्वियो यतो जातो अरोचथाः ।
तं जानन्न् अग्न आरोहाथा नो वर्धया रयिम् अथा नो वर्धया गिरः ॥

इति । वास उदवसाय जुह्वद् वसेत् । नवावसाने हास्योभयतोरात्रं हुतं भवति नो कां चन परिचक्षां कुरुते ॥

स प्रातर् भस्मोद्धृत्य शकृत्पिण्डेन परिलिप्य यथायथम् अग्नीन् आदधीत । एतद् एवात्र कर्म ॥

अथो खल्व् आहुर् यद् आहवनीयम् अनुद्धृतम्— ॥ ६१ ॥

अस्मिन् खण्डे ल-कोशस्य पाठा उदाहर्तुं न शक्याः ॥ [१] य व श ष उन्मुकाद् र उजुकाद् [२] ष निर्मन्थयन्ति [३] कोशेषु उन्मु॰, उम्मु॰ वा [४] य र व वावश्चिन्न् श वावम्रश्चिन्न् ष वावृश्चन्न् [५] सर्वेषु कोशेषु उपा- [६] सर्वेषु कोशेषु प्रत्यांचम् [७] य व ष ह [८] श-वर्जं सर्वेषु कोशेषु हैवा [९] र व श हैवा [१०-१०] ? सर्वेषु कोशेषु क्षिप्रस्य [११] व ष हैवा [१२] सर्वेषु कोशेषु ॰शेक्षत

—अभ्य् अस्तम् इयात् किं तत्र कर्म का प्रायश्चित्तिर् इति । एतस्माद् ध वै विश्वे देवा अपक्रामन्ति यस्याहवनीयम् अनुद्धृतम् अभ्य् अस्तम् एति । स दर्भेण सुवर्णं हिरण्यं प्रबध्य पश्चाद् धरेत् । तद् एतस्य रूपं क्रियते य एष तपति । अह्नो वा एतद् रूपम् । तद् अह्नो रूपं क्रियते । अथेध्मम्[१] आदीप्य प्राञ्चं हरेयुः । तम् उपसमाधाय चतुर्गृहीतम् आज्यं गृहीत्वा विश्वेभ्यो देवेभ्यस् स्वाहा इति जुहुयात् । तद् यथा वा अदवद्[२] आवसथवासिनं क्रुद्धं यन्तम् उक्षवेहता वानुमन्त्रयेतान्येन वा प्रियेण धाम्नैवम् एव तद् विश्वान् देवान् अनुमन्त्रयते । ते हास्मै सर्व एवाक्रुद्धा भवन्ति ॥ अथो खल्व् आहुर् यद् आहवनीयम् अनुद्धृतम्[३]— ॥ ६२ ॥

अस्मिन् खण्डे ल-कोशस्य पाठा उदाहर्तुं न शक्याः ॥ [१] व ष तथेध्मम् [२] ? एवं सर्वेषु कोशेषु [३] य-वर्जं सर्वत्र उद्धृतम्

—अभ्युदियात् किं तत्र कर्म का प्रायश्चित्तिर् इति । एतस्माद् ध वै विश्वे देवा अपक्रामन्ति यस्याहवनीयम् अनुद्धृतम् अभ्युदेति । स दर्भेण रजतं हिरण्यं प्रबध्य पुरस्ताद् धरेत् । तच् चन्द्रमसो रूपं क्रियते । रात्रेर् वा एतद् रूपम् । तद् रात्रे रूपं क्रियते । अथेध्मम्[१] आदीप्यान्वञ्चं हरेयुः । तम् उपसमाधाय चतुर्गृहीतम् आज्यं गृहीत्वा विश्वेभ्यो देवेभ्यस् स्वाहा इति जुहुयात् । यत्र वै दीप्तं तत्रैतद् इह गार्हपत्य इत्य् एव विद्वान् उद्धरेत् । असाव् एव बन्धु[२] । अथ[३] हैक आहुर् एत ह[४] वै स्वर्गं लोकं पश्यन्तो जुह्वति य आदित्यम् इति । स यो वा त्वै गतश्रीस् स्याद् यो वास्माल्[५] लोकात्[६] क्षिप्रे प्रजिगांसेत् स उदितहोमी स्यात् ॥

अथो खल्व् आहुः— ॥ ६३ ॥

अस्मिन् खण्डे ल-कोशस्य पाठा उदाहर्तुं न शक्याः ॥ [१] य र अथेश्मम व ष यथेद्भम् श अथेकिलम् [२] य र बद्धा श बद्धां [३] श नास्ति [४] व ष अधिपाठः यदग्नय संसृज्येरन् [५] र-वर्जं सर्वेषु कोशेषु अस्मान् [६] सर्वेषु कोशेषु लोकान्

—यद् अग्नयस् संसृज्येरन् । किं तत्र कर्म का प्रायश्चित्तिर् इति । स यदि परस्ताद् अन्यो ऽभिदहन्न् एयात् स विद्यात् परस्तान् मा शुक्रम् आगात् प्रजातिर् मे भूयस्य् अभूच् छ्रेयान् भविष्यामीति । तथा हैव स्यात् । यदि त्व् अस्य हृदयं विलिखेद् अग्नये विविचय इष्टिं निर्वपेत् । एता एव पञ्चदश सामिधेनीर् वार्त्रघ्नाव् आज्यभागौ [1]विराजौ संयाज्ये[1] । अथैते याज्यापुरोनुवाक्ये

वि ते विष्वग् वातजूतासो अग्ने भामासश् शुचे शुचयश् चरन्ति ।
तुविम्रक्षासो दिव्या नवग्वा[2] वना वनन्ति धृषता रुजन्तः ॥

इति । अथ याज्या

त्वाम् अग्ने मानुषीर् ईळते विशो होत्राविदं विविचिं रत्नधातमम् ।
गुहा सन्तं सुभग विश्वदर्शतं तुविष्मणसं सुयजं घृतश्रियम् ॥

इति । अथो हैनया पाप्मना व्यावृत्स्यमानो यजेत । क्षिप्रे हैव पाप्मनो व्यावर्तते ॥

यदि त्व् अयम् इतो ऽभिदहन्न् एयाद् अग्नये संवर्गायेष्टिं निर्वपेत् । एता एव पञ्चदश सामिधेनीर् वार्त्रघ्नाव् आज्यभागौ [4]विराजौ संयाज्ये[4] । अथैते याज्यापुरोनुवाक्ये-—॥ ६४ ॥

अस्मिन् खण्डे ल-कोशस्य पाठा उदाहर्तुं न शक्याः ॥ [१-१] य-वर्जं सर्वत्र विराज्ये [२] सर्वेषु कोशेषु तुविम्र॰ [३] य व ष नवश्वा र वश्वा श वश्वा [४-४] सर्वेषु कोशेषु विराज्ये

—मा नो अस्मिन् महाधने परा[1] वर्ग् भारभृद् यथा ।
सं वर्गं सं रयिं जय ॥

इति । अथ याज्या

परस्या अधि संवतो[2] अवरं अभ्य् आ तर ।
यत्राहम् अस्मि तं अव ॥

इति । अथो हैनया यद् भ्रातृव्यस्य संविवृक्षेत तत्कामो यजेत । क्षिप्रे हैवास्य संवृङ्क्ते ॥

अथो खल्व् आहुर् यद् अग्नाव् अग्निम् अभ्युद्धरेत् किं तत्र कर्म का प्रायश्चित्तिर् इति । अग्नये ऽग्निमत इष्टिं निर्वपेत् । एता एव पञ्चदश सामिधेनीर् वार्त्रघ्नाव् आज्यभागौ [3]विराजौ संयाज्ये[3] । अथैते याज्यापुरोनुवाक्ये

अग्निनाग्निस् समिध्यते कविर् गृहपतिर् युवा ।
हव्यवाड् जुह्वास्यः ॥

इति । अथ याज्या

त्वं ह्य् अग्ने अग्निना विप्रो विप्रेण सन् सता ।
सखा सख्या समिध्यसे ॥

इति । अथो हैनया ब्रह्मवर्चसकामो यजेत । तेजस्वी हैव[4] ब्रह्मवर्चसी भवति ॥

अथो खल्व् आहुर् यद् आहवनीयगार्हपत्यौ संसृज्येयातां किं तत्र कर्म का प्रायश्चित्तिर् इति । अग्नये वीतय इष्टिं निर्वपेत् । एता एव पञ्चदश सामिधेनीर् वार्त्रघ्नाव् आज्यभागौ विराजौ संयाज्ये । अथैते याज्यापुरोनुवाक्ये

अग्न आ याहि वीतये गृणानो हव्यदातये ।
नि होता सत्सि बर्हिषि ॥

इति । अथ याज्या

यो अग्निं देववीतये[5] हविष्मं आविवासति ।
तस्मै पावक मृडय ॥

इति तस्मै पावक मृडय इति ॥ ६५ ॥[6]

अस्मिन् खण्डे ल-कोशस्य पाठा उदाहर्तुं न शक्याः ॥ [१] **सर्वेषु कोशेषु** चरा [२] **सर्वेषु कोशेषु** संपतो [३-३] **य-वर्जं सर्वेषु कोशेषु** विराज्ये [४] **व श** ह वै [५] **सर्वेषु कोशेषु** °पीतये [६] **य** हरिः ओम्। इत्यग्निहोत्रं **स्व** अग्निहोत्रिसमाप्तम् **श** अग्निहोत्रं समाप्तम् **ष** हरिः ओं। शुभमस्तु ॥ श्रीगुरुभ्यो नमः। जैमिन्याचार्याय नमः। अग्निहोत्रि समाप्तम् ॥

[1] प्रजननं ज्योतिः । अग्निर् देवतानां ज्योतिः । विराड् वाच्य् अग्नौ संतिष्ठते । विराजं संपद्यते[2] । तस्माद् एष ज्योतिर् उच्यते । द्वौ स्तोमौ प्रातस्सवनं वहतो यथा चक्षुश् च प्राणश् च तथा तत्[3] । द्वौ स्तोमौ माध्यंदिनं सवनं वहतो यथा च श्रोत्रं च बाहू च तथा तत्[4] । द्वौ स्तोमौ तृतीयसवनं वहतो यथा मध्यं च प्रतिष्ठा[5] च तथा तत् ॥

हिंकारेण वै ज्योतिषा देवास् त्रिवृते ब्रह्मवर्चसाय ज्योतिर् अदधुः । त्रिवृता ब्रह्मवर्चसेन पञ्चदशायौजसे वीर्याय ज्योतिर् अदधुः । पञ्चदशेनौजसा वीर्येण सप्तदशाय प्रजायै[6] पशुभ्यः प्रजननाय[7] ज्योतिर् अदधुः । सप्तदशेन प्रजया पशुभिः प्रजननेनैकविंशाय प्रतिष्ठायै ज्योतिर् अदधुः ॥

स्तोमो[8] वा एतत् । स्तोमे ज्योतिर् दधत इति । तस्माज् ज्योतिष्टोम इत्य् आख्यायते । अथ यत् स्तोमंस्तोमं सवनम् अभिप्रणयति तस्माज् ज्योतिष्टोम इत्य् आख्यायते । अथो यद् यज्ञस् संस्तुतो विराजम् अभिसंपद्यते—ज्योतिर् विराट्—तस्माज् ज्योतिष्टोम इत्य्[10] आख्यायते ॥ ६६ ॥[11]

[१] प्रारम्भे व ष हरिः ओम् [२] व ष °पद्यन्ते [३] ल₂ तत । अन्यत्र नास्ति [४] श नास्ति [५] ल₁ व ष प्रतिष्ठं [६] य र ल₁ व ष प्रयाजायै [७] ल₁ व ष प्रजनाय [८] य स्तोमे [९] ल व ष स्तोमं [१०] य ष इत्येवा [११] र ष ॥ १ ॥

अस्थूरिर् वा एष यज्ञः पुरुषसंमितः । यत्काम एनम् आहरते[2] सम् अस्मै काम ऋध्यते । अस्थूरिणा हि तत्र गच्छति यत्र जिगमिषति ॥

प्रजापतिर् यत् प्रजा असृजत ता अग्निष्टोमेनासृजत । दशमेन च वै[4] सं ता[5] अग्निष्टोमस्य स्तोत्रेणासृजत दशमेन च मासा संवत्सरस्य । ता द्वादशेन चैवाग्निष्टोमस्य स्तोत्रेण पर्यगृह्णाद् द्वादशेन च मासा संवत्सरस्य । तस्मात् पशवो दशमासो गर्भान् बिभ्रति । त[6] एकादशम् अनुप्रजायन्ते । न का[7] चन द्वादशम् अतिहरति । परिगृहीता हि तेन ॥

तासां परिगृहीतानाम् अश्वतरो ऽत्यप्लवत[8] । तस्यानुहाय रेत आदत्त । तद् गर्दभे[10]न्यमार्ट् तद्[10] बडबायां तत् पशुषु तद् ओषधीषु । तस्माद् गर्दभो द्विरेतास् तस्माद् बडबा द्विरेताः । तस्मात् पशवो द्वौ द्वौ जनयन्ति । तस्माद् ओषधयो [11]ऽनभ्यक्ता रेभन्ति[11] । तस्माद् अश्वतरो बर्हिषि न देयः । अति ह्य् अप्लवताप ह्य् अक्रामत् । आत्त-रेता ह्य् अप्रजा हि । षोडशिनस् स्तोत्रे देयः । अतिरिक्तो वै षोडशि स्तोत्राणाम् अतिरिक्तो ऽश्वतरः पशूनाम् । अतिरिक्त एवा तद् अतिरिक्तं दधाति यज्ञस्य सलोमतायै[12] । स[13] य एवं विद्वान् अग्निष्टोमेनोद्गायति प्राजाताः प्रजा जनयति परि[14] प्रजाता[15] गृह्णाति । ज्येष्ठयज्ञो वा एष प्रजापतियज्ञो यद् अग्निष्टोमः । अश्नुते ज्यैष्ठ्यं श्रैष्ठ्यं य एवं वेद ॥ ६७ ॥[16]

[१] सर्वेषु कोशेषु पुरुषस् [२] ? र आरोहते श आरोहयते [३] ल₂ °ष्टोमेनैवा° [४] र व श नास्ति [५-५] ल ष स्ता [६] र श नास्ति [७] र श कदा [८] र श तिप्लवति ल₁ स्यप्रवत व तिप्लवत [९] व ष तस्यान° [१०-१०] ? य ल न्यमार्र्ा तद्वत् र न्यमार्त्तत व न्यमार्तद्वित् श

ऽस्यतमार्त ष न्यमार्तद्वत् [११-११] ? य व श नभ्यक्तारे भवन्ति र नभ्यक्तारो भवन्ति ल नभ्यत्तारे भवन्ति श नभ्यतारो भवन्ति [१२] ? ल श सलोकतायै [१३] र ल व श नास्ति [१४] ल श नास्ति [१५] र ल श प्रजा [१६] र ष ॥२॥ व ॥१॥

प्रजापतिर् वावेदम् अग्र आसीत्। जनो[1] ह वै प्रजापतिर् देवता। सो ऽकामयत बहुस् स्याम प्रजायेय भूमानं गच्छेयम् इति। स शीर्षत एव मुखतस् त्रिवृतं स्तोमम् असृजत गायत्रीं छन्दो रथन्तरं सामाग्निं देवतां ब्राह्मणं मनुष्यम् अजं पशुम्। तस्माद् ब्राह्मणो गायत्रीछन्दा आग्नेयो देवतया। तस्माद् उ मुखं प्रजानाम्। मुखाद् ध्य् एनम् असृजत ॥

सो ऽकामयत प्रैव जायेयेति। स बाहुभ्याम् एवोरसः पञ्चदशं स्तोमम् असृजत त्रिष्टुभं छन्दो बृहत् सामैन्द्रं देवतां राजन्यं मनुष्यम् अश्वं पशुम्। तस्माद् राजन्यस् त्रिष्टुप्छन्दा ऐन्द्रो देवतया। तस्माद् उ बाहुभ्यां वीर्यं करोति। बाहुभ्यां ह्य् एनम् उरसो वीर्याद् असृजत ॥

सो ऽकामयत प्रैव जायेयेति ॥ ६८ [2]॥

[१] ? व ष मनो [२] र ष ॥ ३॥

स उदराद् एव मध्यतस् सप्तदशं स्तोमम् असृजत जगतीं छन्दो वामदेव्यं साम विश्वान् देवान् देवतां वैश्यं मनुष्यं गां पशुम्। तस्माद् वैश्यो जगतीछन्दा वैश्वदेवो देवतया। तस्माद् उ प्रजनिष्णुः। उदराद् ध्य् एनं प्रजननाद् असृजत ॥

सो ऽकामयत प्रैव जायेयेति। स पद्भ्याम् एव प्रतिष्ठाया एकविंशं स्तोमम् असृजतानुष्टुभं छन्दो यज्ञायज्ञीयं साम न कां चन देवतां शूद्रं मनुष्यम् अविं पशुम्। तस्माच् छूद्रो ऽनुष्टुप्छन्दा वेश्मपतिदेवः। तस्माद् उ पादावनेज्येनैव जिजीविषति। पद्भ्यां ह्य् एनं प्रतिष्ठाया असृजत ॥

एतया वै सृष्ट्या प्रजापतिः प्रजा असृजत। स य एतद् एवं वेद भूमानम् एव प्रजया पशुभिर् गच्छति। तस्माद् [1]व् एतं[1] यज्ञं भूयिष्ठं प्रशंसन्ति यद् अग्निष्टोमम्[2]। प्रजापतियज्ञो ह्य् एषः ॥ ६९ ॥[3]

[१-१] ? य वेदय् र श वेदैर् ल₁ वेद ल₂ वैतं व वेदय् ष वेदं [२] य श °ष्टोमः [३] र ष ॥ ४ ॥

प्रजापतिः प्रजाभ्य ऊर्जं व्यभजत्। तद् उदुम्बरस् समभवत्। प्रजापतिर् उद्गाता प्राजापत्य उदुम्बरः। वृणुते ऽन्यान् ऋत्विजो नोद्गातारम्। यद् उद्गाता प्रथमेनं कर्मणौदुम्बरीम् अन्वारभते स्वयैव तद् देवतयात्मानम् आर्त्विज्याय वृणीते। ताम् अन्वारभते आयोष् ट्वा सदने सादयाम्य् अवतश् छायायां समुद्रस्य हृदये ॥ नमस् समुद्राय नमस् समुद्रस्य चक्षसे ॥ मा मा योनोर्वा[2] हासीः इति। यद् आह आयोष् ट्वा सदने सादयामि इति—यज्ञो वा आयुः—तस्यैतत् सदनं क्रियते। अवतश् छायायाम् इति। यज्ञो वा अवतिः[3]। तस्यैषा छाया क्रियते यत् सदः। समुद्रस्य हृदये इति। मध्यतो वा आत्मनो हृदयम्। तस्मान् मध्यतस् सदस औदुम्बरीम् ईयते। नमस् समुद्राय नमस् समुद्रस्य चक्षसे इति। वाग् वै समुद्रो मनस् समुद्रस्य चक्षुः। एताभ्याम् एवैतद् देवताभ्यां नमस्करोति। आर्त्विज्यं कारष्यन् मा मा योनोर्वा[4] हासीः इति—साम वै योनोर्वाम्[5]—सा.म्न एवैतन् नमस्करोति। आर्त्विज्यं करिष्यन् नेत्

सामावहते। न सामन्याम् आर्तिम् आर्छति। न साम्नो हीयते य एवं विद्वान् साम्ने नमस्करोति। य एवैनम् उपवदति स आर्तिम् आर्छति ॥ ७० ॥[६]

[१] ल व ष प्रजाभ्यां [२] ? र योनोवां ल व श योनेर्वा [३] ल श अपतीस [४] ? ल व श योनेर्वा [५] ? र योनोवां श योनेर्वा [६] र ष ॥ ५ ॥

प्रजापतेर् वा एतद् उदरं यत् सदः। ऊर्ग् उदुम्बरः। यन् मध्यतस् सदस औदुम्बरीम् ईयते मध्यत एवैतत् प्रजानाम् अन्नम् ऊर्जं दधाति। तस्मान् मध्यतो ऽशनम् अशितं[१] धिनोति। तस्माद् यत्रैषा यातयाम्नी क्रियते तत् प्रजा अशनायुका भवन्ति। पोषुका[२] ह त्वै भवन्ति ॥

[३]उपस्पृश्यां नोपस्पृश्याम्[३][४] इति मीमांसन्ते। सर्वं वावेदम् आत्मन्वत्। यस् त्वा अन्नम् अभीव कामयते तम् एवैतद् भूयिष्ठं द्वेष्टि। यद् उपस्पृशेद् अन्नाद्यं प्रथमेत्[५]। यन् नोपस्पृशेद् अन्नाद्याद् आत्मानम् अन्तर्यात्। उपस्पृश्य नस्वास्पृष्टेनैवोद्वेयन्[५] नान्नाद्यं प्रथमति[५] नान्नाद्याद् आत्मानम् अन्तरेति ॥

साम देवानाम् अन्नम् ऊर्ग् उदुम्बरः। यद् उद्गातौदुम्बरीं श्रयते[६] सामन्न् एवैतद् देवानाम् अन्नम् ऊर्जं दधाति। तस्माद् यत्र साम्नार्त्विज्यं[७] कुर्वन्ति तद् एव देवा भूयिष्ठम् इवादन्ति ॥ ७१ ॥[८]

[१] ल₁ व ष अशनितं ल₂ अश्वितं [२] ल व ष पोष्ठका [३-३] सर्वेषु कोशेषु उपस्पृश्यान्नोप° [४] य र ल श °स्पृश्यामि [५] ? एवं सर्वेषु कोशेषु [६] श श्रयेत [७] व ष साम्नोर्त्विज्यं [८] र ष ॥ ६ ॥

प्रजापतिर् उद्गातोर्ग् उदुम्बरः। स एष ऊर्जि श्रितः प्रजापतिः प्रजाभ्य ऊर्जम् अन्नाद्यं विभजति। उदङ्ङ् आसीन उद्गायति। उदीचीम् एव तद् दिशम् ऊर्जा भाजयति। प्रत्यङ्ङ् आसीनः प्रस्तौति। प्रतीचीम् एव तद् दिशम् ऊर्जा भाजयति। दक्षिणासीनः प्रतिहरति। दक्षिणाम् एव तद् दिशम् ऊर्जा भाजयति। प्राञ्चो ऽन्य ऋत्विज आर्त्विज्यं कुर्वन्ति। प्राचीम् एव तद् दिशम् ऊर्जा भाजयन्ति। तस्माद् एषा दिशां वीर्यवत्तमोपजीवनीयतमा भूयिष्ठैः प्रीता।[१] तस्माद् यत् प्रजा अवृत्तिं[२] नीयन्ति[३] प्राचीर् एव यन्ति। एषा हि दिशां वीर्यवत्तमोपजीवनीयतमा भूयिष्ठैः प्रीता ॥

यद् उदीचीनदेवत्या उद्गातारो ऽथ कस्माद्[४] विपर्यावृत्य दिश आर्त्विज्यं कुर्वन्तीत्य् आहुः। ब्रूयाद्[५] दिशाम् अभिप्रेत्यै दिशाम् अभिप्रेत्यै। तस्मात् सर्वासु दिक्ष्व् अन्नं विद्यत इति ॥

उद् दिवं स्तभानान्तरिक्षं पृण पृथिवीम् उपरेण दृंह ॥ द्युतानस् त्वा मारुतो मिनोतु मित्रावरुणयोर् ध्रुवेण धर्मणा ॥ घृतेन द्यावापृथिवी आ प्रीणाथाम् ॥ सुपिप्पला ओषधीः कृधि स्वाहा इत्य् औदुम्बरीम् अभिजुहोति। इमान् एवैतल् लोकान् रसेनानक्ति ॥ ७२ ॥[६]

[१] ल₁-वर्जम् अन्यत्राधिपाठः यदुदीचीनदेवत्या उद्गातारो [२] ? ल₂ °त्तिन् व ष अवृत्तीन् [३] ? ल₂ नयन्ति [४] व ष तस्माद् [५] ष स ब्रूयाद् [६] र ष ॥ ७ ॥

प्रजापतिः प्रजा असृजत। सो ऽग्निम् अपि मुखाद् असिसृक्षत। सो ऽग्निर् मुखाद् बीभत्समान ऊर्ध्व उद्द्रुत्य[१] मस्तिष्कम् उद्धृत्यासृज्यत[२]। तं देवाश् चर्षयश् चोपसमेत्याब्रुवन् वितुन्नो[३] ऽयं[४] मस्तिष्को मामुया भूत् करवामेमं कस्यां चिताचितीति[६]। ते बृह-

स्पतिम् अब्रुवन् सोमम् अस्मिन् गृहाणेति । स बृहस्पतिर् अब्रवीत् स वा अयं क्रूर इवा-
पूतो ऽमेध्यो[7] ऽश्रृतंकृत[8] इति । वयं त एतं 'पूतं मेध्यं' श्रृतंकृतं कुर्म इत्य् अब्रुवन् । तं वै
म आहरतेति । तथेति । तम् अस्मै प्रायच्छन् । तं प्रत्यगृह्णात् देवस्य त्वा सवितुः प्रसवे ऽश्विनोर्
बाहुभ्यां पूष्णो हस्ताभ्यां प्रतिगृह्णामि इति । देवाङ्गैर् वावैनं तत् प्रत्यगृह्णात् । तं प्रतिगृह्यापवयत्

वसवस् त्वा पुनन्तु गायत्रेण छन्दसा सुप्रजावनिं रायस् पोषवनिम् ॥
रुद्रास् त्वा पुनन्तु त्रैष्टुभेन छन्दसा सुप्रजावनिं रायस् पोषवनिम् ॥
आदित्यास् त्वा पुनन्तु जागतेन छन्दसा सुप्रजावनिं रायस् पोषवनिम् ॥

इति । छन्दोभिश् च वावैनं तद् देवताभिश् चापवयत् । तं पवयित्वा पश्चाद् अक्षं सादयति
बार्हस्पत्यम् असि[11] वानस्पत्यं प्रजापतेर् मूर्धात्यायुपात्रम् इति । यद् आह बार्हस्पत्यम् असि इति बृह-
स्पतिर् ह्य् एतम् अग्रे प्रत्यगृह्णात् । यद् आह वानस्पत्यम् इति वनस्पतिभ्यो ह्य् एनम् अधि-
कुर्वन्ति । यद् आह प्रजापतेर् मूर्धा इति प्रजापतेर् ह्य् एष मूर्धासीत्[12] । यद् आह अत्यायु-
पात्रम् इत्य् अति ह्य् एतद् अन्यानि पात्राणि पात्रम् । यद् एतद् देवपात्रं प्रथमं युज्यत उत्तमं
विमुच्यते तेनैवात्य् अन्यानि पात्राणि । प्र श्रेयसः पात्रम् आप्नोति य एवं वेद । तं पश्चाद्
अक्षं[13] सादयित्वा गायत्रं विश्वरूपासु गायति ॥ ७३ ॥[14]

[१] य श उर्द्दृय र उद्दृध ल उद्दृत्य व ष उद्द्दृत्य [२] ? य उददिंह्यासज्यत र ल व ष उदिदंह्यासज्य (र ज)त श उदितह्यासृजत [३] ? य नितुर्नो ल नितुनो व ष वितुर्नो श निक्रन्नो [४] सर्वेषु कोशेषु य [५] य ल व ष मू° [६] ? र श °च्वित्रीति [७] ल मेध्य अन्यत्र मेध्ये [८] ? य र ल ष श्रितंकृत व ष श्रितंश्रित [९-९] य र श पूतमेध्यं ल व ष पूतमेमध्यं [१०] ष-वर्जम् अन्यत्र श्रितं [११] ल, ष अधिपाठः वानस्पत्य-मसि [१२] ? र व श मूर्धाविशद् [१३] र श अक्षरं [१४] र ष ॥८॥

नमः पितृभ्यः पूर्वसद्भ्यो[1] नमस् साकंनिषद्भ्यः ।
युञ्जे वाचं शतपदीं गाये सहस्रवर्तनीं[2] ॥
गायत्रं त्रैष्टुभं जगद् विश्वा रूपाणि संभृतम् ।
देवा ओकांसि चक्रिरे ॥

इति । यत् नमः पितृभ्यः पूर्वसद्भ्यः इति पितरो वा अत्र पूर्व उपसीदन्ति । न तेभ्य एवैतन्
नमस्करोति नमस् साकंनिषद्भ्यः इति यैर् एव ब्राह्मणैस् सहोपसीदत्य् आर्त्विज्यं करिष्यंस्
तेभ्य एवैतन् नमस्करोति । युञ्जे वाचं शतपदीम् इति वाचम् एवैतच् छतपदीं युङ्क्ते । गाये
सहस्रवर्तनीम् इति युक्ताम् एवैनाम् एतत् सहस्रवर्तनीं भूतां गायति । गायत्रं त्रैष्टुभं जगत्
इति—एतानि वै त्रीणि सवनानि—तान्य् एवैतान्य् आत्मनं परिगृह्णीते । विश्वा रूपाणि
संभृतम् इति—यज्ञो वै विश्वा रूपाणि—यज्ञम् एवैतेन संभरति । देवा ओकांसि चक्रिरे इति
सदेवम् एवैतेन यज्ञं कुरुते ॥ ७४ ॥[6]

[१] र श पूर्ववत्सेभ्यो ल पूर्वं सद्धयो [२] व ष °निंम् [३] र श पूर्वसत्स्य [४] य र व ष °निम् [५-५] ? ल१ व ष एवैनात्मन् ल२ एवैतेनात्मन् [६] र ष ॥९॥

कुसुर्विन्दो[1] हौद्दालकिस् सोमानाम् उज्जगौ । तम् उ हासितमृगा[2] कश्यपानां पुत्रा
ऊचुः को ऽनु नो ऽयं नृशंसको ऽन्त उद्गायत्य् एतेमम्[3] अनुव्याहरिष्याम इति । ते
ऽनुव्याहरिष्यन्त आस्तावम् उपसेदुः । स होवाच नमो ब्राह्मणा अस्तु पुरा वा अहम्
अद्य प्रातरनुवाकाद् गायत्रेण विश्वरूपासु यज्ञं समस्थापयम् । स यथा गोभिर् गवागम्

इत्वा[४] श्रमणम् अबलम् अनुसंनुदेद् एवं वावेदं यज्ञशरीरम् अनुसंनुदाम इति। ते होत्थाय प्रवव्रजुर् नमो ऽस्मै ब्राह्मणायास्तु विदां वा अयम् इदं चकारेति। पुरा ह वा अस्य प्रातरनुवाकाद् गायत्रेण विश्वरूपासु यज्ञस् संस्थितो भवति य एवं वेद ॥ ७५ ॥[५]

[१] ? य कुपुविंदो र ल, श अतुविंदो ल, आमुविंदो व ष आमुविंदो [२] य व ष अधिपाठः इति [३] य-वर्जं सर्वत्र एतेमाम् [४] ल श इत्यप [५] र ष ॥ १० ॥

तद् आहुः अध्वर्यो किं स्तुतं स्तोत्रं होता प्रातरनुवाकेनान्वशंसीत् इति। अकर्म वयं तद् यद् अस्माकं कर्म इत्य् आह होतारं पृच्छत इति। होतः किं स्तुतं स्तोत्रं प्रातरनुवाकेनान्वशंसीः इति। अकर्म वयं तद् यद् अस्माकं कर्म इत्य् आह उद्गातारं पृच्छत इति। उद्गातः किं स्तुतं स्तोत्रं होता प्रातरनुवाकेनान्वशंसीत् इति। अकर्म वयं तद् यद् अस्माकं कर्म इति ब्रूयाद् अगासिष्म[१] यद् अत्र गेयम् इति। तं[२] यदि ब्रूयुः तमांसि वा अगासीर् न ज्योतींषि इति ज्योतींष्य् एवाहम् अगासिषम् इति ब्रूयात् न तमांसि इति। ज्योतिस् तद् यद् ऋग् ज्योतिस् तद् यत् साम ज्योतिस् तद् यद् देवता। एतानि वा अहं ज्योतींष्य् अगासिषं युष्मान् एव तमसा पाप्मना विध्यानि इति। तमसा चैवैनांस् तत् पाप्मना च विध्यति ॥ ७६ ॥[३]

[१] सर्वेषु कोशेषु अगासिष्ठ [२] ल श ते [३] र ष ॥ ११ ॥

पश्चात् प्राञ्च उपसीदन्ति। वाचम् एवैतन् मुखतो ऽवरुन्धते। यत् पुरस्तात् प्राञ्च उपसीदेयुर् वाचं पृष्ठतः कुर्वीरन्। वाग् एषाम् उपदासुका स्यात् ॥

वाग् वै देवेभ्यो ऽपाक्रामत्। सा वनस्पतीन् प्राविशत्। सैष याक्षे। यद् अधोऽधो ऽक्षं द्रोणकलशं प्रोहन्ति दैवीम् एवैतद् वाचम् अवरुन्द्धे। उद्गातार उद्गीथायाधोऽधो ऽक्षं द्रोणकलशं प्रोहन्ति। अस्माद् एवैतल लोकाद् द्विषन्तं भ्रातृव्यम् अन्तरेति। उपरिष्टाच् छुकम् अपहरति। अमुष्माद् एव तल् लोकाद् द्विषन्तं भ्रातृव्यम् अन्तरेति य एवं वेद ॥

नाक्षम्[१] उपस्पृशेत्। यद् अक्षम्[२] उपस्पृशेद् भ्रातृव्ये[३] श्रियम् ऋञ्ज्यात्। अन्तरा चक्रौ प्रोहति। तस्माद् यद् अन्तरा चक्राव् अनसस्[४] तद् उपजीवनीयतमम्। तस्माद् अन्तरा शम्ये युक्तो[५] भुनक्ति ॥ ७७ ॥[६]

[१] ल, श नाक्षरम् ल२ नाक्षत्रम् [२] र श अक्षरम् [३] ल व ष भ्रातृव्य- [४] ? सर्वेषु कोशेषु अमनसस् [५] ल, व ष भुक्ते [६] र ष ॥ १२ ॥

वसवो वा एतम् अग्रे प्रौहन्। ते ऽश्राम्यन्। ते रुद्रान् आह्वयन्। तं रुद्राः प्रौहन्। ते ऽश्राम्यन्। त आदित्यान् आह्वयन्। तम् आदित्याः प्रौहन्। तं प्रोहति वसवस् त्वा प्रोहन्तु गायत्रेण छन्दसा ॥ रुद्रास् त्वा प्रोहन्तु त्रैष्टुभेन छन्दसा ॥ आदित्यास् त्वा प्रोहन्तु जागतेन छन्दसा इति। देवतानाम् एवैनं तत् प्रौढिम्[१] अनुप्रोहति। देवस्य त्वा सवितुः प्रसवे ऽश्विनोर् बाहुभ्यां पूष्णो हस्ताभ्यां प्रोहामि इति वा प्रोहेत्। देवाङ्गैर् एवैनं तत् प्रोहति ॥ बृहस्पतिर् वा एतम् अग्रे प्रौहत। स रूपेण वर्चसा व्यार्ध्यत[२]। स ऐक्षत कास्य प्रायश्चित्तिर् इति। तां द्रोणकलश एव पर्यपश्यत्। तम् अभ्यमृशत् तनूपा असि तन्वं मे पाहि ॥ वर्चोधा असि वर्चो मे धेहि ॥ आयुर्धा अस्य् अयुर् मे धेहि ॥ वयोधा असि वयो मे धेहि इति। यद् एवास्य तत्रा[३]त्मनो मीयते तद् एतेनाप्यायनम्। एतेनैवोद्गाताभिमृशति तनूपा असि तन्वं मे पाहि ॥ वर्चोधा असि वर्चो मे धेहि ॥ आयुर्धा-अस्य आयुर मे धेहि ॥ वयोधा असि वयो मे धेहि इति। यद् एवास्यात्रात्मनो मीयते तद्

एतेनैवाप्यायते । इयं वावेदं ब्रह्म चैव क्षत्रं च । तद् उभयं द्रोणकलशे[४] । उभयं ब्रह्म च क्षत्रं चावरुन्द्धे य एवं वेद ॥ ७८ ॥[५]

[१] व ष प्रोढिं [२] य र श व्यार्धत [३] ल व ष तत्र नास्ति [४] ? कलशः वा साधीयान् पाठः [५] र ष ॥१३॥

संमुखान् ग्राव्णः कृत्वाभिमृशति श्येना अजिरा ऋतस्य गर्भाः प्रयुता नपातः पर्वतानां ककुभ आ नस् तं वीरं वहत यं बहव उपजीवामो अभिशस्तिकृतम् अनभिशस्तेन्यम्[१] अन्यस्याभिशस्त्याः कर्तारम् इति । आ हैवास्य वीरो जायते ऽभिशस्तिकृद् अनभिशस्तेन्यो ऽन्यस्याभिशस्त्याः कर्ता ॥

द्रोणकलशम् अध्यूहति इदम् अहं मां ब्रह्मवर्चसे ऽध्यूहामि इति । यद्य् अस्यावरुद्धो[२] राजन्यस् स्याद् विमुखान् ग्राव्णः कृत्वा तूष्णीं द्रोणकलशम् अध्यूह्य तम् अवह्वारयन् दक्षिणा निरूहेत् इदम् अहम् असुं विशो निरूहामीदम् अस्य राष्ट्रं न्युब्जामि इति न्यञ्चं द्रोणकलशं न्युब्जेत् । संमुखान् ग्राव्णः कृत्वा यो ऽस्य राजन्यस् स्यात् तस्य नाम गृहीत्वा द्रोणकलशम् अध्यूहेत् इदम् अहम् असुं विश्य् अध्यूहामि इति । अपेतरो रुध्यते ऽवेतरो गच्छति । स यद्य् एनम् अवगत्य नाद्रियेत तं कामयेत अत्रैवान्तर् अवरुद्धो ऽस्तु इति । विमुखान् ग्राव्णः कृत्वा तूष्णीं द्रोणकलशम् अध्यूह्य [३]इमा पांसुसवनः[३] इति ग्रावा । तम् उपरिष्टाद् अभिनिदध्यात् इदम् अहम् अमुष्मिन् विश्य्[४] अध्यूहामि इति । अभिप्रक्षीणानाहीनं[५] वितिष्ठति । स यद्य् एनं विदित्वोपधावेद् अस्मिन् वावेदं ब्राह्मणे ऽध्यास यद् इदम् अस्मै वचने वचेति[६] । संमुखान् ग्राव्णः कृत्वा द्रोणकलशम् अध्यूहेत् इदम् अहम् असुं विश्य् अध्यूहामि इति । ईशे स्वानाम् अथैनं स्वाश् चायन्त्य् अनन्तरम् अवरुद्धो भवति ॥ ७९ ॥[७]

[१] सर्वेषु कोशेषु अनभिशस्त्यन्यम् [२] ल व ष °रुन्धो [३–३] ? ल श एमाहशुसवन [४] य र श विश्यम् अन्यत्र विशम् [५] ? य °क्षीणानाहैनं र ल श °क्षीणानानहिन [६] ? ल[२] वदेति [७] र ष ॥ १४ ॥

राष्ट्रं वै द्रोणकलशो विशो ग्रावाणः । यद् द्रोणकलशश् शिथिलस् स्याद् राष्ट्रं शिथिलं स्यात् । तद् अनु विशो विशम् अनु यजमानो यजमानम् अनु प्रजाः । तं दृंहति देवी त्वा धिषणे निपातां ध्रुवे सदसि सीदेष ऊर्जे सीद इति । इमे वै देवी धिषणे इदं ध्रुवं सदः । एभिर् एवैनं तल् लोकैर् दृंहति इष ऊर्जे सीद इति—वर्षं वा इषे यद् उपरिष्टाद् वर्षस्यैधते तद् ऊर्जे—तद् एवैतेनावरुन्द्धे ॥

स्वर्भानुर् वा आसुर आदित्यं तमसाविध्यत् । तं देवाश् चर्षयश् चाभिषज्यन् । [२]ते ऽत्रिम् अब्रुवन् ऋषे त्वम् इदम् अपजहीति । तथेति । तद् अत्रिर् अपाहन् । त ऽब्रुवन् यो नस् तमसा विद्धेभ्यो ज्योतिर् अविद[३]ज् ज्योतिर् अस्य भागधेयम् अस्त्व् इति । तद् एतद् अत्रिहिरण्यं ह्रियते । शतमानं ह स्म पुरा ह्रियते । अथैतर्हि यावद् एव कियच् च ददति तत् । एतद् ध वाव सर्वेषु लोकेषु ज्योतिर् [४]यद् धिरण्यम् । सर्वेषु लोकेषु ज्योतिर्[४] धत्ते य एवं विद्वान् अत्रिहिरण्यं ददाति ॥ ८० ॥[५]

[१] सर्वेषु कोशेषु तमसा° [२–२] ? य र श तोत्रीयं ल नास्ति । व ष तोत्रीं [३] य र ल श अभिदज् [४–४] य र ल श नास्ति [५] र ष ॥ १५ ॥

स यत् प्रथमम् अपाहन् सा कृष्णाविर् अभवत् । यद् द्वितीयम् अपाहन् सा धूम्रा-

त्रिर् अभवत् । यत् तृतीयम् अपाहन् सा फाल्गुन्य् अविर् अभवत् । स यं कामयेत पापीयान् स्याद् इति कृष्णम् अस्य पवित्रे ऽप्यस्येत् पापीयान् एव भवति । अथ यं कामयेत नार्वाङ् न परस् स्याद् इति धूम्रम् अस्य पवित्रे ऽप्यस्येन् नैवार्वाङ् न परो भवति । अथ यं कामयेत श्रेयान् स्याद् रुचम् अश्नुवीतेति[1] फाल्गुनम् अस्य पवित्रं कुर्याच् छ्रेयान् एव भवति रुचम् अश्नुते ॥

अस्ति हि तत्राप्य् आदित्यस्य न्यक्तम् । तद् अन्तरेषे अवहत्य संमार्ष्टि वसवस् त्वा संमृजन्तु गायत्रेण छन्दसा ॥ रुद्रास् त्वा संमृजन्तु त्रैष्टुभेन छन्दसा ॥ आदित्यास् त्वा संमृजन्तु जागतेन छन्दसा इति ॥

तद् उदीचीनदशं पवित्रवत्या वितनोति पवित्रं ते विततं ब्रह्मणस् पते इति समष्ट्यै । तपोष् पवित्रं विततं दिवस् पदे इति स्वर्गकामस्य । अरूरुचद् उषसः पृश्निर् अग्रयुः[2] इति प्रजाकामस्य । सर्वाभिर् एव वितनुयाद् एतेषां सर्वेषां कामानाम् उपाप्त्यै ॥

राजानम् आनयति । तम् अभिमन्त्रयते स पवस्व सुधामा देवानाम् अभि प्रियाणि धाम ॥ त्रिर् देवेभ्यो ऽपवथास् त्रिर् आदित्येभ्यस् त्रिर् अङ्गिरोभ्यः ॥ येन तुर्येण ब्रह्मणा बृहस्पतये ऽपवथास् तेन मह्यं पवस्व ॥

स नः पवस्व शं गवे शं जनाय शम् अर्वते ।
शं राजन्न् ओषधीभ्यः ॥

इति । शम् एवोद्गात्रे भवति शं यजमानाय शं प्रजाभ्यः ॥

अध्वर्युर् आग्रायणं ग्रहं गृह्णन् हिंकरोति । तद् एव हिंकृतं भवति । अथोद्गात्रैकर्चो[3] गायत्रं गायति उच्चा ते जातम् अन्धसा इति । स उदित्यैवेतो देवेभ्यो हव्यं वहति दिवि सद् भूम्य् आ ददे इत्य् अमुतो वृष्टिम् आच्यावयति । ताव् इमौ लोकौ सवासिनौ[4] करोति । ताव् अस्मै कामं पिन्वाते । कामम् अस्मा इमौ लोकौ पिन्वाते य एवं वेद ॥ ८१ ॥[5]

[१] य अश्नुपीतेतेति र व ष अश्नुपीयेतति ल श अश्नुवीयेतेति [२] एवं सर्वेषु कोशेषु [३] ? य ल व ष एकर्चे [४] ? य सावासिनौ र श स्वाविनौ [५] र ष ॥ १६ ॥

क्रूरम् इव वा एतद् यज्ञस्य कुर्वन्ति यद् धविर्धाने[1] ग्रावभिस् सोमं राजानं हत्वा बहिष्पवमानं सर्पन्ति । का तस्य[2] प्रायश्चित्तिर् इत्य् आहुर् अप उपस्पृशेयुः । आपो वै सर्वस्य शान्तिः । अद्भिर् एवैनत् तच् छमयन्ति । वाग् वा एतस्मा अग्रे ऽध्वने ऽतन्द्रायत[3] बहिष्पवमानं सर्पन्ती । तां प्रजापतिर् अब्रवीद् भागधेयं ते करोम्य् अथ सर्पेति । बहिष्पवमानं सप्स्यन् होमं[4] जुहुयात् जुष्टो वाचो भूयासं जुष्टो वाचस्पत्युः ॥ देवि[5] वाग् यत् ते वाचो मधुमत् तस्मिन्[6] मा धाः ॥ स्वाहा सरस्वत्यै इति । यत् सरस्वत्यै स्वाहा इति जुहुयाद् वाचं सरस्वतीं स्वाहाकारेण परिगृह्णीयात् । अथ यत् स्वाहा सरस्वत्यै इति जुहोति वाचं तद् उत्तरां स्वाहाकाराद् दधाति । तया परिगृहीतया यज्ञं तनुते । वाचा ह्य् ऊर्ध्वो यज्ञस् तायते । वेकुरा नामासि प्रेषिता दिव्याय कर्मणे शिवा नस् सुयमा भव । सत्याशीर् यजमानाय स्वाहा इति वा जुहुयात् । वाग् वै वेकुरा । ब्रह्म[7] वाक् । ब्रह्मण एव तद् वाचे होमं हुत्वा सर्पति नार्तिम् आर्छति ॥ ८२ ॥[8]

[१] य-वर्जम् अन्यत्र ०धानो [२] श तत्र [३] ? र ल श तंदायत व ष तंदा [४] र हेमं ल श हेम [५] सर्वेषु कोशेषु देवी [६] सर्वेषु कोशेषु तमस्मिन् [७] ? सर्वेषु कोशेषु ब्रह्मण [८] र ष ॥ १७ ॥

अरण्यम् इव वा एते यन्ति ये बहिष्पवमानं सर्पन्ति । तान् ईश्वरो रक्षो वा हन्तोर् अन्या वा नंष्ट्रा । अथ द्वितीयं जुहोति सूर्यो मा देवो दिव्येभ्यो रक्षोभ्यः पातु वात आन्तरिक्षेभ्यो

ऽग्निः पार्थिवेभ्यस् स्वाहा इति । य एवैषां लोकानाम् अधिपतयस् तेभ्य एवैतद् आत्मानं परिदाय सर्पति नार्तिम् आर्छति ॥

प्रजापतिर् यद् यज्ञम् असृजत तं हविर्धान एवासृजत । स सृष्ट उदङ् प्राद्रवत् । तम् एतद्[1] अत्राप्त्वास्तुवन् । यत्रैतद्[2] उदञ्चयित्वा बहिष्पवमानेन स्तुवन्ति यज्ञम् एवैतद् आप्त्वा स्तुवन्ति ॥

यो वै दैव्यं वाजिनं वेद वाजी भवति । यज्ञो वाव दैव्यो वाजी । य इन् नु मानुषं वाजिनम् अशान्तम्[3] असंमृष्टम्[4] आरोहति तम् इन् नु स हिनस्ति वा प्र वा क्षिणोति । अथ किं यो दैव्यं वाजिनम् अशान्तम्[3] असंमृष्टम्[4] आरोहात्[5] ॥ ८३ ॥[6]

[१] ? सर्वेषु कोशेषु एद् [२] ? य इयतद् र ग्यत्वेतद् ल त्रैतद् श भ्यत्वेतद् [३] व ष शान्तं [४] व ष संमृष्टं [५] व रोहात् [६] र ष ॥१८॥

अध्वर्युः प्रस्तरं हरन् सर्पति । तम् अनुमन्त्रयते एतद् अहं दैव्यं वाजिनं संमाज्मि इति । संमृष्टम् एवैनं शान्तम् आरोहति नार्तिम् आर्छति ॥

देवक्षेत्रं वा एषो ऽभ्यवस्यति यस् सोमस्योद्गायति । य इन् नु मानुषाय क्षेत्रपतये प्रोच्यावस्यति तम् इन् नु स हिनस्ति वा प्र वा यापयति । अथ किं यो दैव्याय क्षेत्रपतये प्रोच्यावस्यात् । सोमोद्गायोद्गाय सोम इत्य् आह । सोमो वै देवानां क्षेत्रपतिः । सोमायैव तद् देवानां क्षेत्रपतये प्रोच्योद्गायति नार्तिम् आर्छति । मह्यं तेजसे मह्यं ब्रह्मवर्चसाय मह्यम् अन्नाद्याय मह्यं भूम्ने मह्यं पुष्ट्यै मह्यं प्रजननाय प्रजानां भूम्ने प्रजानां पुष्ट्यै प्रजानां प्रजननाय सोमस्य राज्ञो राज्याय मम ग्रामणेयाय इति ॥

ग्रावो[1] ह स्माह मैत्रेयः किं मम एकस्मा आगास्यामि किम् एकस्मा इति । एतेन ह स्म वै स तद् आह सोमोद्गायोद्गाय सोमेदम् अमुष्मा इदम् अमुष्मै इति । ते ह स्मास्मै कामास् समृध्यन्ते ॥

देवपाशा वा एते वितायन्ते यद् धिष्ण्या अग्नयो विह्रियन्ते । तान् यो विद्वान् अभ्यवैति देवपाशान् प्रतिमुञ्चते । एषा वै यज्ञस्य द्वार् यद् अन्तराग्नीध्रं च चात्वालं च । तयाभ्यवेयात् । तयोदियात्[3] । धा वै नाम वेदिः । ताम् अभ्यवयन् ब्रूयात् धा असि सुधां मे धेहि ॥ आयुष्मन्तस् त्वद् वर्चस्वन्त उद्गेष्म इति । न देवपाशान् प्रतिमुञ्चते नार्तिम् आर्छति ॥ ८४ ॥[4]

[१] ल श प्रहरन् [२] र श ग्रासो ल व ष ग्राहो [३] ? ये र ल व ष तयोदेया श तयोर्दवा [४] र ष ॥१९॥

प्राणान् वै तत् संतत्य स्वर्गं लोकं सर्पन्ति यद् अन्तर् हविर्धाने ग्रहान् गृहीत्वा बहिष्पवमानं सर्पन्ति । [1]संततास् सर्पन्ति[1] । संतत इव वै स्वर्गो लोकः । स्वर्गस्यैव लोकस्य संतत्या अव्यवच्छेदाय । प्रावभ्रा[2] इव सर्पन्ति । प्रतिकूलम्[3] इव वा इतस् स्वर्गो लोकः । तद् यथा वा अदः प्रतिकूलम् उद्यन् प्रावभ्र इव भवत्य् एवम् एवैतत् । स्वर्गस्य लोकस्य समष्ट्या अनपभ्याधाय[4] ॥

अध्वर्युः प्रथमस् सर्पति प्राणो यज्ञस्य । तस्माद् यद् अवच्छिद्येरन् प्राणाद् अवच्छिद्येरन् प्रमायुकास् स्युः । प्रस्तोता द्वितीयस् सर्पति मुखं साम्नः । तस्माद् यद् अवच्छिद्येरन् मुख्याम् आर्तिम् आर्छेयुः । उद्गाता तृतीयस् सर्पति सर्वदेवत्यः प्रजापतिः । तस्माद् यद् अवच्छिद्येरन् सर्वज्यानिं जीयेरन् । प्रतिहर्ता चतुर्थस् सर्पति तुरीयं साम्नः ।

तस्माद् यद् अवच्छिद्येरंस् तुरीयेणात्मनो यातयेयुः। यजमानः पञ्चमस् सर्पति ।पांक्तो यज्ञः पांक्ताः पशवः। तस्माद् यद् अवच्छिद्येरन् यज्ञात् पशुभ्यो ऽवच्छिद्येरन् ॥ ८५ ॥[५]

[१-१] य र ल श नास्ति [२] ? र ल श प्रवम्रा [३] सर्वेषु कोशेषु °कूल [४] एवं सर्वेषु कोशेषु [५] र ष ॥ २० ॥

ब्रह्मा षष्ठस् सर्पति। षड् वै छन्दांसि। छन्दोभिर् एव तद् रक्षः पाप्मानम् अपघ्नते। सर्वं वा एतद् ब्रह्म। यद् ब्रह्मा पश्चाद् भवति ब्रह्मणैव तद् रक्षः पाप्मानम् अपहत्य स्वर्गं लोकं सर्पन्ति ॥

प्रस्तरं हरन्तस् सर्पन्ति। यजमानो वै प्रस्तरो बर्हिः प्रजाः। यद् उपर्युपरि बर्हिः प्रस्तरं हरन्ति यजमानम् एव तत् प्रजास्व् अध्यूहन्ति। तस्माद् यजमान उपर्युपर्य् एवान्याः प्रजाः ॥

यद् उपास्येत् स्वर्गलोको यजमानस् स्याद् अवास्माल् लोकाच् छिद्येत। यद् अत्यस्येद् अस्मिन् लोके प्रतितिष्ठेद् अव स्वर्गाल् लोकाच् छिद्येत ॥

तद् आहुर् अर्धात्मा वा एष यजमानस्य यत् पत्नी। यत् सा बहिर्वेदि भवति तेनास्माल् लोकान् नावच्छिद्यते। उपैवास्येद् इत्य् उत वै पत्नी न भवति। अथो यद्य् अपि स्याद् उपैवान्यद् अस्येद् अत्य् अन्यद् अस्येत्। यद् उपास्यति तेन स्वर्गलोको यद् अत्यस्यति तेनास्माल् लोकान् नावच्छिद्यते ॥ ८६ ॥[२]

[१-१] ? य यजमानस्यादवास्मान् ल यजमानस्यादवास्मात्ं व ष यजमानस्यदवास्माल श यजमानस्यदवस्मांल [२] र ष ॥२१॥

आदित्यो वा एतद् अत्राग्र आसीद् यत्रैतच् चात्वालम् अदो ऽग्निः। स इदं सर्वं प्रातपत्। तस्य देवाः प्रदाहाद् अबिभयुः। ते ऽब्रुवन् सर्वं वा अयम् इदं प्रधक्ष्यति वीमौ परिहरामेति। तम् अतस् तिसृभिर् आददत तिसृभिर् अन्तरिक्षात् तिसृभिर् दिवम् अगमयन्। स ततः पराङ् एवातपत्। त एतद् आवद् उत्तमम् अक्षरम् अपश्यन्। तेनैनम् अर्वाञ्चम् अकुर्वन्। तत एतद् अर्वाङ् तपति। एतेनो एवावताक्षरेणाग्निम् अस्मिन् लोके ऽदधुः। स यं कामयेत यजमानस् स्वर्गलोकस् स्याद् इति चात्वालम् एवैनम् अवख्याप्योद्गायेत्। तम् अतस् तिसृभिर् एवाददते[१] तिसृभिर् अन्तरिक्षात् तिसृभिर् दिवं गमयन्ति। स्वर्गलोको यजमानो भवति। ईश्वरो ह तु प्रमायुको भवितोः। पराचीभिस्[२] स्तुवन्ति। सदैव[३] सर्वाभिस् स्तुयुर् अथोत्तमाम् अग्रे ब्रूयाद् अथावराम् अथावराम्। तास् सर्वा अर्वाचीः। तद् उ वा आहुस् सत्रैतत् प्रत्यवरूढं स्वर्गकाम्या वै यजत इति। यद् एवाद आवद् उत्तमम् अक्षरं भवति तेनास्माल् लोकान् नावच्छिद्यते ॥ ८७ ॥[४]

[१] र ल श एवावददत्रे व ष एवावददत्ते [२] ? य र ल श पराचीपुभि व ष पराचीपुहि [३] ? र-वर्जं सर्वत्र स यदैव [४] र ष ॥२२॥

रथन्तरवर्णाम् उत्तमां गायन्ति। इयं वै रथन्तरम्। अस्याम् एवैतत् प्रतितिष्ठति। प्रजापतिः प्रजा असृजत। ता एनं सृष्टा अन्नकाशिनीर् अभितस् समन्तं पर्यविशन्। ताभ्यो हिंकारेणान्नाद्यम् असृजत। तद् ओंकारेण सृष्टम् अवारयत ॥

प्रजापतिर् एष यद् उद्गाता तम् एतत् प्रजा अन्नकाशिनीर् अभितस् समन्तं परिविशन्ति। ताभ्यो हिंकारेणैवान्नाद्यं सृजते। तद् ओंकारेण सृष्टं वारयते। स यद् धिंकृत्येनोंकुर्यात् पराङ्[1] देवान्नाद्यम्[2] इयात्। यत् साम प्रथमम् अभिव्याहरेत् क्षत्रं बलम् ऋच्छेत्। क्षत्रं हि साम। यद् ऋचं प्रथमम् अभिव्याहरेद् विशं बलम् ऋच्छेत्। विड् ढ्य् ऋक्। यद् यजुः प्रथमम् अभिव्याहरति —ब्रह्म वै यजुः — ब्रह्मवर्चसम् एतत् करोति। भूर् भुवस् स्वः॥ मधु करिष्यामि॥ मधु जनयिष्यामि॥ मधु भविष्यति॥ भद्रंभद्रम्॥ इषम् ऊर्जम् इति। यद् भूर् भुवस् स्वः इत्य् एतद् वै ब्रह्मैतद् यजुः। यत् मधु करिष्यामि इति—प्रजा वै मधु—ता एव तत् करोति। यत् मधु जनयिष्यामि इति प्रैवैनास् तज् जनयति। यत् मधु भविष्यति इति भूतिम् एवैनास् तद् गमयति। भद्रंभद्रम् इति— यद् वै पुरुषस्य वित् तद् भद्रं गृहा भद्रं प्रजा भद्रं पशवो भद्रं—तद् एवैतेनावरुन्द्धे। इषम् ऊर्जम् इति—वर्षं वा इषे यद् उपरिष्टाद् वर्षस्यैधते तद् ऊर्जे—तद् एवैतेनावरुन्द्धे॥ ८८॥[3]

[१] ? सर्वेषु कोशेषु परां [२] ? सर्वेषु कोशेषु देवान्नाद्यम् [३] र ष ॥२३॥

प्रजापतिं कल्पयित्वोद्गायेत्। यो ह वै प्रजापतिं कल्पयित्वोद्गायति कल्पते ऽस्मै दिशः प्रदिश आदिशो विदिश उद्दिशो दिश इति। दिशो वै प्रजापतिः। प्रजापतिम् एव तत् कल्पयित्वोद्गायति। कल्पते ऽस्मै य एवं वेद॥

कपिवनो ह स्माह भौवायनः किं ते यज्ञं गच्छन्ति[2] यद्[3] एव सोमस्याभक्षयित्वा प्र वा सर्पन्ति प्र वा धावयन्तीति। बहिष्पवमानम् उपसन्नेषु ब्रूयाद् यं ब्रह्माणं शुचिम् इव मन्येताहरहस् तम् इति। तेन समुपहूयाथानुमन्त्रयेत

> यो देवानाम् इह सोमपीथो ऽस्मिन् यज्ञे बर्हिषि वेद्याम्।
> तस्येदं भक्षयामसि॥

इति। यदि च ह प्रधावयति यदि च नाथ हास्य भक्षित एव देवस्[5] सोमो भवति॥

एतदायतना वा आरण्याः पशवः। यद् बहिष्पवमानम् अरण्ये स्तुवन्ति तस्माद् आरण्याः पशवो ऽरण्यं सचन्ते। पराचीषु स्तुवन्ति। तस्माद् आरण्याः पशवो ऽरण्याद् एवारण्यम् अभिप्रेरते। एकरूपासु स्तुवन्ति। तस्माद् आरण्याः पशव एकरूपाः। आवद् उत्तमम् अक्षरं भवति। तस्माद् एकैको ऽन्यो ऽचलो ग्रामे ऽधिगम्यते। अथो अरण्ये[6] हतं ग्रामम् अभ्यवहरन्ति॥

स्तुत्वोदद्रवन्ति[7]। यजमानम् एव तत् स्वर्गं लोकं गमयन्ति। बाहून् उद्गृह्णन्ति। यजमानम् एव तत् स्वर्गे लोके समादधति। ते वै तद् अनृतं कुर्वन्ति ये मर्त्यं सन्तम् अमृतत्वं गमयन्ति। ते रूपेण वर्चसा व्यृध्यन्ते। स य एतद् एवान्य उत्तिष्ठेत् तम् उत्तिष्ठन्तम् आरभ्यानूत्तिष्ठेत्। न रूपेण वर्चसा व्यृध्यते नार्तिम् आर्छति॥

भविष्यद् विजानीयात्। यद्य् एताः प्रजा दोद्रुवा[8] इव [9]स्युर् दोद्रुवो[9] योगक्षेमो भविष्यति। तथायम् उद्गातोदगासीदिति विद्यात्। यद्य् उ शान्ता इव स्युश् शान्तो योगक्षेमो भविष्यति। तथायम् उद्गातोदगासीद् इति विद्यात्। एषो ह विज्ञा॥ ८९॥[10]

[१] ल श गौवा° [२] ? व-ष-वर्जं गछति [३] ? व-ष-वर्जं वेद् [४] सर्वेषु कोशेषु धार° [५] सर्वेषु कोशेषु देव- [६] ? सर्वेषु कोशेषु अरण्यो [७] सर्वेषु कोशेषु स्तुत्वोदवन्ति [८] ? य द्रोद्रुवा र द्रोद्रवा ल श द्रोत्रंवा [९-९] य ल श स द्रोद्रवो र स्युर्द्रो द्रवो [१०] र ष ॥२४॥

उपास्मै गायता नरः इति ग्रामकामो भूतिकामः प्रजननकामः प्रतिपदं कुर्वीत । अस्यै वावेदम् उपगायन्ति । उप वावेदम् अस्यां सर्वम् । उपैवास्यां प्रजया पशुभिः प्रजायते य एवं वेद । नरो ह वै देवविशः क्षत्रं सोम इन्दुः । विशं चैवैतेन क्षत्रं चावरुन्द्धे । अभि देवं इयक्षते इति सर्वा एवैतेन देवता अनन्तरायम् अभियजते ॥

उपो षु जातम् अप्तुरम् इति प्रजाकामः प्रतिपदं कुर्वीत । उपेवै[2] वा आत्मन्[3] प्रजया पशुभिः प्रजायते । एताम् एवापरेद्युः[4] प्रतिपदं कुर्वीत । अप्तुरम् इति ह्य् अस्या आप्त्वा श्रेयांसं वसीयान् आत्मना भवति । गोभिर् भङ्गं परिष्कृतम् इति । यज्ञो वै गोभिर् भङ्गः पशवः परिष्कृतः । यज्ञं चैवैतेन पशूंश् चावरुन्द्धे । इन्दुं देवा अयासिषुः इति । यजमानो वै सोमो राजेन्दुस् स्तोमा देवाः । स्तोमा एवैनं स्वर्गं लोकं गमयन्ति ॥ ९० ॥[5]

[१] ? ल व ष इन्द्रं [२] ल श उपैव [३] सर्वेषु कोशेषु अधिपाठः प्रजेवैवात्मन् [४] ? सर्वेषु कोशेषु ०परेयुः [५] र ष ॥२५॥

पवस्व वाचो अग्रियः इति श्रैष्ठ्यकामः प्रतिपदं कुर्वीत । प्रजापतिः प्रजा असृजत । ता एनं सृष्टा नापाचायन् । सो ऽकामयत श्रैष्ठ्यम् आसां प्रजानां गच्छेयम् इति । स एतां प्रतिपदम् अपश्यत् । तयास्तुत । ततो वै स तासां प्रजानां श्रैष्ठ्यम् अगच्छत् । गच्छति स्वानां श्रैष्ठ्यं य एवं वेद । एषो[1] ह वै समृद्धा स्तोत्रिया यस्यै पवस्व इत्यारम्भः । समृद्धयैवास्य स्तोत्रियया स्तुतं भवति । यो वै दैव्यं मिथुनं वेद प्र मिथुनेन जायते । पवस्व इति च वाचः इति च दैव्यं मिथुनम् । प्र मिथुनेन जायते य एवं वेद । सर्वेषां वा एषा त्रयाणां साम्नां प्रतिपत्—पवस्व इति वामदेव्यस्य वाचः इति रथन्तरस्य अग्रियः[2] इति बृहतः । सर्वेषाम् अस्य साम्नां प्रतिपदा स्तुतं भवति । सोम चित्राभिर् ऊतिभिः इति—सोमो वै देवानां चित्रं— सोमेनैव देवानां चित्रेण बहुर् भवति प्रजायते । अभि विश्वानि काव्या इति विश्वम् एवैतेन काव्यम् अवरुन्द्धे ॥ ९१ ॥[3]

[१] र श एषा [२] य ल व श अग्र्य र श अग्र [३] र ष ॥ २६ ॥

पवस्वेन्दो वृषा सुतः इति जने प्रतिष्ठाकामः प्रतिपदं कुर्वीत । कृधी नो यशसो जनः इति ह्य् अस्यै यशस्य् एव जने भवति । वृषा सुतः इति वृषेव वै प्रजनितेवाधिपतिर् इव तस्यां जनतायां भवति यस्याम् ऋध्यते । वृषेवैव प्रजनितेवाधिपतिर् इव तस्यां जनतायां भाति यस्यां भवति य एवं वेद ॥

सर्वो ह वै जने बुभूषते ऽरातीयति । विश्वा अप द्विषो जहि इति विश्वा एवैतेन द्विषो ऽपहते । तया पवस्व धारया इति संग्रामं संयतिष्यमाणस्य प्रतिपदं कुर्यात् । यया गाव इहागमन् जन्यास उप नो गृहान् इति जन्या वा एष गा आजिहीर्षति यस् संग्रामं संयतते । आ जन्या गा हरति ॥

एताम् एव प्रतिपदं कुर्वीत सनिं प्रैष्यन् । जन्या वा एष गा आजिहीर्षति यस् सनिं प्रैति । आ जन्या गा हरत्य् उपैनं जन्या गावो नमन्ति य एवं वेद ॥

अग्न आयूंषि पवसे इत्य् आमयाविनः प्रतिपदं कुर्यात् । अग्निं वा एतस्य शरीरम् अप्येति वायुं प्राणः । अग्निनैवास्य पवमानेन शरीरं प्राणेन संदधाति ॥

एताम् एवं प्रतिपदं कुर्वीरन् येषां दीक्षितानां प्रमीयेत । अपूता इव वा एते ऽमेध्या मन्यन्ते येषां दीक्षितानां प्रमीयते । अग्निनैवैनान् पवमानेन पूतान् मेध्यान् करोति ॥

एताम् एव प्रतिपदं कुर्वीत— ॥ १.२ ॥[2]

[१] व ष गाति [२] र ष ॥२७॥

—ब्रह्मवर्चसकामः । अग्निर् वै देवानां ब्रह्म । अग्निनैव देवानां ब्रह्मणा वर्चसी भवति ॥

एताम् एव प्रतिपदं कुर्वीताभिचरन् । अग्निर् वै देवानां ब्रह्म । अग्निनैव देवानां ब्रह्मणा यं द्वेष्टि तं स्तृणुते ॥

एताम् एव प्रतिपदं कुर्वीतान्नाद्यकामः । आ सुवोर्जम् इषं च नः इति ह्य् अस्या इषं चैवैतेनोर्जं चावरुन्द्धे ॥

एताम् एव प्रतिपदं कुर्वीताभिचर्यमाणः । यो वा अभिचरति यो ऽभिदासति यः[1] पापं[1] कामयते स वै दुच्छुनः । आरे बाधस्व दुच्छुनाम् इत्य् आराद् एवैतेन द्विषन्तं पाप्मानं भ्रातृव्यम् अवाञ्चम् अपबाधते ॥

दविद्युतत्या रुचा इति ब्रह्मवर्चसकामः प्रतिपदं कुर्वीत । दविद्युतती वै गायत्री । गायत्री ब्रह्मवर्चसम् ओजो वीर्यं त्रिष्टुप् प्रजननं जगती । ब्रह्मवर्चस्य् ओजस्वी वीर्यवान् प्रजया पशुभिर् जायते य एवं वेद । परिष्टोभन्त्या कृपा सोमाश् शुक्रा गवाशिरः इति । यज्ञो वै सोमाश् शुक्राः पशवो गवाशिरः । यज्ञं चैवैतेन पशूंश् चावरुन्द्धे ॥

अस्य प्रत्नाम् अनु द्युतम् इति प्रतिपदं कुर्वीत यस्य पिता वा पितामहो वा श्रेयान् स्याद् अथात्मना पापीयान् इव मन्येत । यैवास्य पित्र्या पैतामही श्रीस् ताम् एवाश्नुते ॥

शुक्रं दुदुह्रे अह्रयः इति । यज्ञो वै शुक्रः पशवो ऽह्रयः । यज्ञं चैवैतेन पशूंश् चावरुन्द्ध ॥

पयस् सहस्रसाम् ऋषिम् इति । पयस्वान् एव भवत्य् आस्य सहस्रसा वीरो जायते ॥ ९३ ॥[3]

[१-१] एवं य र ष । अन्यत्र यं चापं [२] ल₂ व ष अव° [३] र ष ॥२८॥

एते असृग्रम् इन्दवः इति बहूनां संयजमानानां प्रतिपदं कुर्यात् । एते इत्य् एवैनान्[1] ज्यैष्ठ्यायाभिवदति छन्दसैवैनान् रूपिणा समावद्भाजः करोति । समावत्य् एनान् यज्ञस्याशीर् आगच्छति । प्रजापतिर् यत् प्रजा असृजत ता एतयैव प्रतिपदासृजत । एते इत्य् एव देवान् असृजत असृग्रम् इति मनुष्यान् इन्दवः इति पितॄन् तिरः पवित्रम् इति ग्रहान् आशवः इति स्तोमान् विश्वानि इत्य् उक्थानि अभि सौभगा इत्य् एवैनान् जातान् सौभाग्येनाभ्यानक्[2] । प्रजापतिर् एव भूतः प्रजास् सृजते य एवं विद्वान् एतया प्रतिपदोद्गायति । अथो हैनास् तत् सौभाग्येनैवाभ्यानक्ति ॥

असृक्षत प्र वाजिनः इति त्रयाणां संयजमानानां प्रतिपदं कुर्यात् । छन्दसैवैनान् रूपिणा समावद्भाजः करोति । समावत्य् एनान् यज्ञस्याशीर् आगच्छति । गव्या सोमासो अश्वया इति गोअश्वम्[4] एवैभ्य एतेनावरुन्द्धे । शुक्रासो वीरयाशवः इति—यज्ञो वै शुक्रः प्रजा वीरः— यज्ञं चैवैभ्य एतेन प्रजां चावरुन्द्धे । युवं हि स्थः स्वःपती इति द्वयोस् संयजमानयोः प्रतिपदं कुर्यात् । छन्दसैवैनौ रूपिणा समावद्भाजौ करोति । समावत्य् एनौ यज्ञस्याशीर् आगच्छति ॥ ९४ ॥[5]

[१-१] ? य र ल एत एत इत्येवै (ल इत्यंतैना) व ष एत इत्येवैनां श एत एव इत्येवै [२] व ष अधिपाठः श्रैष्ठ्याय [३] य र व ष °नर्द ल₂ °नक्र्क ल₁श °नर्श [४] एवं सर्वेषु कोशेषु [५] र ष ॥२९॥

इन्द्रश् च सोम गोपती ईशाना पिप्यतं धियः इति । इन्द्रश् च वै सोमश् चाकामयेतां सर्वासां प्रजानाम् ऐश्वर्यम् आधिपत्यम् अश्नुवीवहीति । ताव् एतां प्रतिपदम् अपश्यताम् । तयास्तुवताम् । ततो वै तौ सर्वासां प्रजानाम् ऐश्वर्यम् आधिपत्यम् आश्नुवाताम् । अश्नुते ह वै स्वानाम् ऐश्वर्यम् आधिपत्यम् एतया प्रतिपदा तुष्टुवानः ॥

इन्द्रायेन्दो मरुत्वते इति राजन्यबन्धोः प्रतिपदं कुर्यात् । ऐन्द्रो वै राजन्यो मारुतीर् विशः । क्षत्रायैव तद् विशम् अनुवर्त्मानं कुर्वन्ति । तस्मात् क्षत्रस्य विड् अनुवर्त्मा ॥

यो जिनाति न जीयते इति वा जिनात्य् एव न जीयते । हन्ति शत्रुम् अभीत्य इत्य् अन्यतो वात्येवाभीत्य शत्रुं हन्ति नैनं शत्रुः प्रत्युद्यामी भवति । स पवस्व सहस्रजित् इति । यो वै सर्वं जयति विजयते सः[२] । सर्वजित् सर्वम् एव जयति । विजयत एतया[३] प्रतिपदा तुष्टुवानः ॥ ९५ ॥[४]

[१-१] ? एवं र । य अन्यतो धात्ये° ल अन्यतो व्यात्ये° व ष अतन्यतोधात्ये° श अत्यन्यष्टोधात्ये° [२] य व श ष नास्ति [३] सर्वेषु कोशेषु या [४] र ष ॥३०॥

अपघ्नन् पवते मृधः इत्य् अभिशस्यमानस्य प्रतिपदं कुर्यात् । मृधो वा एतम् अजुष्टास् सचन्ते[१] यम् अभिशंसन्ति । अप पापीर् मृधो हते । अप सोमो अराव्णः इति । अरावाण इव ह्य् एतं सचन्ते यम् अभिशंसन्ति । गच्छन्न् इन्द्रस्य निष्कृतम् इति । अनिन्द्रियो वा एषो ऽपदेवो भवति यम् अभिशंसन्ति । इन्द्रियावन्तम् एवैनम् एतेन सदेवं कुर्वन्ति ॥

आग्नावारुणीम् आमयाविनो ज्योगामयाविनः प्रतिपदं कुर्यात् । अग्निना वा एष वरुणेन गृहीतो भवति य आमयावी ज्योगामयावी । अग्निनैवैनम् आग्नेयान् मुञ्चन्ति वरुणेन वारुणात् ॥

यस्यां [२]वर्षीयस्याम् ऋचि ह्रसीयो ह्रसीयस्यां वा वर्षीयस् ताम् आनायकामः[२] प्रतिपदं कुर्वीत । वर्षीयसा वा एष ह्रसीयः प्रेप्स्यतीति ह्रसीयसा वर्षीयः । प्र ह्रसीयसा वर्षीय आप्नोति य एवं वेद ॥

एष देवो अमर्त्यः इति प्रतिपदं कुर्वीत यः कामयेताहम् एवैकधा श्रेष्ठस् स्वानां स्यां रुचम् अश्नुवीयेति । एष एषः इत्य् एवैनां ज्यैष्ठ्याय श्रैष्ठ्यायाभिवदति । एकधैव श्रेष्ठस् स्वानां भवति रुचम् अश्नुते । ईश्वरो ह त्व् अस्यापरः प्रजायाम् एतादृङ् वीरो नाजनितोः । एष एव नातो ऽन्य इतीव ह्य् एनं वाग् अभिवदति । तद् उ [३]त्व् एतन्[३] न तथा । देवो अमर्त्यः इति वा आह । अदेवश् च ह वै स मर्त्यश् च यस्य वीरस्य सतो वीरो वीर्यवान् नाजायते । अथ ह वै स एव देवस् सो ऽमर्त्यो यस्य वीरस्य सतो वीरो वीर्यवान् आजायते । आ हास्य वीरस्य सतो वीरो वीर्यवान् जायते संधीयते प्रजया न व्यवच्छिद्यते ॥ ९६ ॥[४]

[१] सर्वेषु कोशेषु सचयन्ते [२-२] ? य र ल श विषु (य विषी र वृषी) यस्यांमृर्वां (य च्छं र चिं ल, चीं) ह्रसीयस्या (य र सा) मस्यां वा ह्रसीयस्यां वर्षीयस्तामानय (ल नाया) कामः । व ष अविर्वीध स्यामृचं ह्रसीयस्यामस्यां वा ह्रसीयस्यां वर्षांस्तात्राना-याकामः [३-३] ? सर्वेषु कोशेषु त्वैतं [४] र ष ॥३१॥

देवासुरा अस्पर्धन्त । ते[१] देवा वज्रं क्षुरपविम् असृजन्त पुरुषम् एव । तम् असुरान् अभ्यवृञ्जन् । सो ऽसुरान् अपोह्य[२] देवान् अभ्यावर्तत । तस्माद् देवा अबिभयुः । तम् अभि-

पद्य त्रेधा समश्र्नणन् । स त्रेधा संशीर्ण उद् एवातिष्ठत् । तम् आरभ्य पर्यैक्षन्त । तस्मिन् देवताश्[3] छन्दांसि पुरुषे प्रविष्टा अपश्यन् । ते ऽब्रुवन् देवता वै छन्दांसीमा अस्मिन् पुरुषे प्रविष्टाः । अस्मिन् वा अयं लोके पुण्यं जीवित्वेष्टापूर्तेन तपसा सुकृतेनास्मान् अन्वागमिष्यतीति । ते वै तथा करवामेत्य् अब्रुवन् यथा नो नान्वागच्छाद्[4] इति । तस्मै व पाप्मानम् अन्ववदधामेति । तस्मा एतं पाप्मानम् अन्ववादधुः—॥ ९७ ॥[5]

[१] ष-वर्जम् अन्यत्र नास्ति [२] एवं सर्वेषु कोशेषु [३] य र देवता। अन्यत्र देव- [४] सर्वेषु कोशेषु °न्न् [५] र ष ॥३२॥

—स्वप्नं तन्द्रीं[1] मन्युम् अशनयाम् अक्षकाम्यां स्त्रीकाम्याम् इति । एते ह वै पाप्मानः पुरुषम् अस्मिन् लोके सचन्ते । य एतद् अग्ने तीर्त्वास्मिन् लोके साधु चिकीर्षात्[2] तत्[3] त्वम् अस्मिन् लोके धीप्सताद् इत्य् अग्निम् अस्मिन्[4] लोके ऽदधुः । वायुम् अन्तरिक्ष आदित्यं दिवि ॥

उग्रदेवो ह स्माह राजनिर् नाहं[5] मनुष्यायारातीयामि यान् अस्मै त्रीन् देवानां श्रेष्ठान् अरातीयतो ऽश्नृणोम् । अरातीतमरातीतं ह्य् एव तस्मै यस्मा एता देवता अरातीयन्तीति । अथो हास्मा एता देवता नारातीयन्ति य एवं वेद । अथो ह तम् एव धीप्सन्ति य एवं विद्वांसं धीप्सतीति ॥

ते देवा अब्रुवन् या एवेमा देवताश् छन्दांसि पुरुषे प्रविष्टा एताभिर् एवासुरान्[6] धूर्वामेवेति ॥ ९८ ॥[7]

[१] सर्वेषु कोशेष्व् अधिपाठः निद्राम् [२] सर्वेषु कोशेषु °न्द् [३] य र ल श नास्ति [४-४] य र व ष अग्नीन् ल श अग्नीन् [५] ? य ल श णीतां र णिता व ष तान् [६] सर्वेषु कोशेषु एवान् [७] र ष ॥३३॥

तेषां प्राणम् एव गायत्र्यावृञ्जत चक्षुस् त्रिष्टुभा श्रोत्रं जगत्या वाचम् अनुष्टुभा । अस्माद् एवैनान् लोकाद् गायत्र्यान्तरायन्न् अन्तरिक्षात् त्रिष्टुभामुष्माज् जगत्या पशुभ्यो ऽनुष्टुभा । तान् सर्वस्माद् एवान्तरायन् । ततो वै देवा अभवन् परासुराः । भवत्य् आत्मना परास्य द्विषन् भ्रातृव्यो भवति य एवं वेद ॥

यद् देवा असुरान् अधूर्वंस् तद् धुरां धूस्त्वम् । धूर्वति द्विषन्तं भ्रातृव्यं य एवं वेद । प्रजापतिर् यत् प्रजा असृजत ता धूर्भिर् एवासृजत । रेत एव रेतस्ययासिञ्चत् प्राणं गायत्र्या समैरयच् चक्षुस् त्रिष्टुभा श्रोत्रं जगत्या वाचम् अनुष्टुभा । आत्मानम् एव पंक्त्या प्रत्युपादधात् । प्रजापतिर् एव भूतः प्रजास् सृजते य एवं विद्वान् धूर्भिर् उद्गायति ॥ ९९ ॥[1]

[१] र ष ॥३४॥

रेतस्यां गायति । रेतस् तत् सिञ्चति । संततम् इव गायति । संततम् इव वै रेतः । परोक्षम् एव प्रथमे गायति । परोक्षम् इव वै रेतः । नर्चम् उपस्पृशेत् । यद् ऋचम् उपस्पृशेद् रेतो विच्छिन्द्यात् ॥

त्र्युदासां गायति । प्राणम् एव प्रथमेनोदासेन परिगृह्णात्य् अपानं द्वितीयेन व्यानं तृतीयेन । त्र्युदासां गायति । आत्मानम् एव प्रथमेनोदासेन परिगृह्णाति जायां द्वितीयेन प्रजां तृतीयेन । त्र्युदासां गायति । इमम् एव लोकं प्रथमेनोदासेनाभ्यारोहत्य् अन्तरिक्षं

द्वितीयेनामुं तृतीयेन। स यो हैवं विद्वांस् व्युदासां गायत्य् अभि ह भ्रातृव्यलोकाय विजयते ॥

स यो भ्रातृव्यलोकं चिच्छित्सेद् व्ययुदासाम्[1] एव गायेत्। ओषम् अस्य द्विषन् भ्रातृव्यः पराभवति श्रियम् आत्मनाश्नुते। ईश्वरो ह तु प्रमायुको भवितोः। प्राणेभ्यो ह्य् एति व्युदासायै। स तथैव चिकीर्षेद् यथा सर्वम् आयुर् इयात्। अन्येन भ्रातृव्यलोकं चिच्छित्सेत्। व्युदासाम् एव गायेत्। न हिंकुर्यात्। यद् धिंकुर्याद् वज्रेण हिंकारेण रेतो विच्छिन्द्यात् ॥१००॥[2]

[१] सर्वेषु कोशेषु व्युदासाम् [२] र ष ॥३५॥

तद् आहुर् हिंकारेण वै प्रजापतिः प्रजाभ्यो ऽन्नाद्यम् असृजत। यन् न हिंकुर्याद् अशनायुकाः प्रजास् स्युः। हिंकुर्याद् एव...[1] भूः इति। यन् न हिंकारं विसृजति तेन रेतो विच्छिनत्ति न[2] हिंकारम् अन्तरेतीति। तद् उ वा आहुः ममृदीय[3] इव वा अतो रेतो दारुणतर इव। हिंकारो ऽपि वैनद् वालेन[4] विच्छिन्द्यात्। हिंकारस्यैव काले हिंकारं मनसा ध्यायेत्। तन् न रेतो विच्छिनत्ति न हिंकारम् अन्तरेतीति। भूः इति निधनं करोति। प्रजापतिर् यद् अग्रे व्याहरत् स भूः इत्य् एव व्याहरत्। स इमाम् असृजत। स यत् भूः इति निधनं करोत्य् अस्याम् एवैतद् रेतः प्रतिष्ठापयत्य् अथो एनत् तद् भूतिम् एव गमयति ॥ १०१ ॥[5]

[१] ? कोशेषु इत्य(र ष नास्ति)भायि (य र श य) दार्यां(र ल व ष यि)वं ओ या हिं क्ष (ल$_{2}$ क)ते [२] ? ल नास्ति [३] ? एवं कोशेषु [४] ? एवं र ल$_{1}$ व ष। य श वातेन ल$_{2}$ कालेन [५] र ष ॥३६॥

गायत्रीं[1] गायति। प्राणो वै गायत्री[2]। तस्यै द्वे अक्षरे[3] व्यतिषजति। प्राणापानाव् एव तद् व्यतिषजति। तस्मात् प्राणापानौ व्यतिषक्तौ प्रजा अनुसंचरत आ च परा चायातयामानौ। सत्[4] इति निधनं करोति। प्राणो वै सन्। प्राण एव तत् प्रतितिष्ठति ॥

त्रिष्टुभं गायति। चक्षुर् वै त्रिष्टुप्। तस्यै द्वे अक्षरे द्योतयति। चक्षुषी एव तद् दधाति। तस्माद् युक्ते इव चक्षुषी। ज्योतिः इति निधनं करोति। चक्षुर् वै ज्योतिः। चक्षुष्य् एव तत् प्रतितिष्ठति ॥

जगतीं गायति। श्रोत्रं वै जगती। तस्यै चत्वार्य् अक्षराणि द्योतयति। श्रोत्रम् एव तद् दधाति। श्रोत्रे द्वे परिश्रवणे द्वे। तस्मात् समानत्र सन् सर्वा अनुदिशश् शृणोत्य् अपि पराङ् यन् पश्चाद् वदतश् शृणोति। इळा इति निधनं करोति। पशवो वा इडा। पशुष्व् एतत् प्रतितिष्ठति ॥

अनुष्टुभं गायति। वाग् वा अनुष्टुप्। ताम् अर्वाचीम् अभिनुदन् गायति वाचो ऽनपक्रमाय। यत् पराचीम् अपनुदन् गायेद् वाचं प्रधमेद् वाग् अस्माद् अपक्रामुका स्यात्। तां यद् अर्वाचीम् अभिनुदन् गायत्य् आत्मन्न् एव तद् वाचं प्रतिष्ठापयति। तस्यै निरुक्तं चानिरुक्तं च पदे गायति। निरुक्तेन वै वाचो भुञ्जते। निरुक्तम् अस्या उपजीवनीयम्। भुंक्ते वाचोप चैनां जीवति य एवं वेद। स यन् निरुक्तम् एव गायेद् वदेयुर् एव प्रजा न तूष्णीम् आसीरन्। अथ यद् अनिरुक्तं गायेत् तूष्णीम् एव प्रजा आसीरन् न वदेयुः। यस्मान् निरुक्तं चानिरुक्तं च पदे गायति तस्मात् प्रजा वदन्ति च तूष्णीं चासते। वाक् इति निधनं करोति। वाग् वै ब्रह्म। वाच्य् एव तद् ब्रह्मन् प्रतितिष्ठति ॥

पंक्तिं गायति। ऋतवो वै पंक्तिः । तस्यै षड् अक्षराणि द्योतयति । षड् वा ऋतवः । ऋतुष्व् एव तत् प्रतितिष्ठति ॥ १०२ ॥[6]

[१] य र श °त्रं [२] सर्वेषु कोशेषु गायत्रं [३] व ष अधिपाठः द्योतयति [४] व ष सन्द्
[५] ? य श °दिशं [६] र ष ॥३७॥

तद् आहुस् समदम् इव वा एतच् छन्दोभ्यः कुर्वन्ति यद् गायत्रे सति प्रातस्सवने सर्वाणि छन्दांस्य् अभिगीयन्ते[2] योधुकाः प्रजा भवन्तीति । स यः कामयेत शान्ताः प्रजा एधेरन्न् इति न धुरो विगायेत् । अपशीर्षाणं तु यज्ञं यजमानस्य कुर्याद् अनृतेन दक्षिणाः प्रतिगृह्णीयात् । [3]ब्रह्म वै करद् इति वै यजमानो दक्षिणा ददाति । स तथैव चिकीर्षेद् यथा नापशीर्षाणं यज्ञं यजमानस्य कुर्यान् नानृतेन दक्षिणाः प्रतिगृह्णीयात्[3] । वि एव गायेत् । यस् त्वा एना विजिगासन् न शक्नोति विगातुम् आर्तिम् आर्छति । यदि रेतस्यां न शक्नोति विगातुम् अरेतस्क आत्मना भवत्य् अरेतस्का गर्भा जायन्ते । यदि गायत्रीं न शक्नोति विगातुं प्रमायुक आत्मना भवति मृता गर्भा जायन्ते । यदि त्रिष्टुभं न शक्नोति विगातुम् अन्ध आत्मना भवत्य् अन्धा गर्भा जायन्ते । यदि जगतीं न शक्नोति विगातुं बधिर आत्मना भवति बधिरा गर्भा जायन्ते । यद्य् अनुष्टुभं न शक्नोति विगातुम् अजिह्व आत्मना भवति अजिह्वा गर्भा जायन्ते । यदि पंक्तिं न शक्नोति विगातुम् ऋतवो लुभ्यन्ति । स य एना नाशंसेत विगातुं परोक्षेणैवैनास् स रूपेण गायेत् । उभयेन त्वाव रेतस्या गीयते ॥ १०३ ॥[4]

[१] व ष नास्ति [२] य श °धीयन्ते [३-३] य र श नास्ति [४] र ष ॥३८॥

गायत्र्यां प्रस्तुतायां गायत्रम् एव गायन् पृथिवीं मनसा गच्छेत् । प्राण्यापान्या-न्यात् । सत् इति निधनं करोति । परोक्षेणैवैनान् तद् रूपेण गायति ॥

त्रिष्टुभि स्तुतायां गायत्रम् एव गायन्न् अन्तरिक्षं मनसा गच्छेत् । दिदृक्षेतैवाक्षि-भ्याम् । ज्योतिः इति निधनं करोति । परोक्षेणैवैनान् तद् रूपेण गायति ।

जगत्यां प्रस्तुतायां गायत्रम् एव गायन् दिशः पशून् मनसा गच्छेत् । शुश्रूषेतैव कर्णाभ्याम् । इळा इति निधनं करोति । परोक्षेणैवैनान् तद् रूपेण गायति ॥

अनुष्टुभि[1] प्रस्तुतायां गायत्रम् एव गायन् दिवं मनसा गच्छेत् । वाचा गायन् वाक् इति निधनं करोति । परोक्षेणैवैनान् तद् रूपेण करोति[2] ॥

पंक्त्यां[3] प्रस्तुतायां गायत्रम् एव गायन्न् ऋतून् मनसा गच्छेत् । परोक्षेणैवैनान् तद् रूपेण गायति ॥

ओषम् एवैतद् उत्तमं तृचं गायति । प्रजननो वा एष तृचः । ओषम् एव प्रजया पशुभिः प्रजायते य एवं वेद । प्रजापतिर् यत् प्रजा असृजत ता एतेनैव तृचेनासृजत । पवमानस्य ते कवे वाजिन् सर्गा असृक्षत इति सर्गश एवासृजत । असृग्रं वारे अव्यये इति चासृ-जत । तासां सृष्टानां परावापाद् अबिभेत् । स एताम् उत्तमां समुद्रवतीम् अपश्यत् । तयैनाः अच्छा समुद्रम् इन्दवः इत्य् एव समुद्रेण समन्तं परिण्यदधात् । ता अस्य न परो-प्यन्त । नास्य वित्तं परोप्यते य एवं वेद । अग्मन्न् ऋतस्य योनिम् आ इति । ग्रहा ह वा ऋतस्य योनिः । एतस्य ह[4] वा इदम् अक्षरस्य कृतो[5] जाताः प्रजा गच्छन्ति चा च गच्छन्ति ॥ १०४ ॥[6]

[१] व ष यद्यनुष्टुभि [२] ? य ल गायति [३] व ष यदि पंक्त्यां [४] य व श भ [५] ? य र ल व ष कृतोर् श क्रतोर् [६] र ष ॥३९॥

देवासुरा वा एषु लोकेष्व् अस्पर्धन्तास्मिन्[१] भुवने । ते देवा अकामयन्तेमान् लोकान्[२] जयेमासुरान् स्पर्धां भ्रातृव्यान् इति । त एतान्य् आज्यानि स्तोत्राण्य् अपश्यन् । तैर् अस्तुवत । तैर् इमान् लोकान् आजयन् । इमम् एव लोकम् आग्नेयेनाजयन्न् अन्तरिक्षं मैत्रावरुणेनामुम् ऐन्द्रेण दिश एवैन्द्राग्नेन । तद् यद् इमान् लोकान् आजयंस् तद् आज्यानाम् आज्यत्वम् । एमान् लोकान् जयति[३] स्पर्धां द्विषन्तं भ्रातृव्यं य एवं वेद ॥

ते देवा अब्रुवन् वीमानि भजामहा इति । तेषां ह विभागे न समपादयन् । ते ऽब्रुवन्न् आजिम् एषाम् अयाम गिरिं काष्ठां कृत्वेति । यद् अब्रुवन्न् आजिम् एषाम् अयामेति तद् एषां द्वितीयम् आज्यत्वम् । यद् उ गिरिं काष्ठाम् अकुर्वन् तस्माद् असौ गिरिः काष्ठो नाम ॥ १०१ ॥[४]

[१] सर्वेषु कोशेषु अस्पर्धन्त (य र न्ता) यस्मिन् [२] व ष अधिपाठः जयेम [३] य अधिपाठः जयति [४] र ष ॥४०॥

[१]तेषां पच्छो[१] ऽसृज्यन्त । तेषाम् अग्निः प्रथम उदजयत् । अथ मित्रावरुणाव् अथेन्द्रः । अथैकम् अनुज्जितम् आसीत् । तद् इन्द्रो ऽवेद् अग्निर् वावेदम् उज्जेष्यतीति । सो ऽब्रवीद् अग्ने यतर आवयोर् इदम्[२] उज्जयात् तन् नौ सहासद् इति । तथेति । तद् अग्निर् उदजयत् । तद् एनयोस् सहाभवद् अध्यर्धम् अन्यस्य स्तोत्रम् अध्यर्धम् अन्यस्य । ऐन्द्राग्नो यज्ञः । स य एवम् एता देवानाम् उज्जितीर् वेद यत्र कामयत [३]उद् इह[३] जयेयम् इत्य् उत् तत्र[४] जयति ॥

तद् आहुर् यद् आज्यानि सर्वाणि समाननिधनानि केनाजामि क्रियन्त इति । नानादेवत्यानीति ब्रूयात् तेनाजामीति । अथो यन् नानारूपाणीति ब्रूयात् तेनो एवेति ॥

ते वा एते पशव एव । यद् आज्यान्य् अन्तस्सदसं स्तुवन्ति तस्माद् ग्राम्याः पशवो ऽन्तर् ग्रामे न्योकसः । पराचीषु पुनर् अभ्यावर्तन्[५] । तस्माद् ग्राम्याः पशवः पराञ्चः प्रातः प्रेरते ते सायं समावर्तन्ते । नानारूपासु स्तुवन्ति । तस्माद् ग्राम्याः पशवो नानारूपाः । नानादेवत्यासु स्तुवन्ति । तस्माद् ग्राम्याः पशवो [६]नाना । ते[६] यथायथं सायं गृहान् अभ्युपायन्ति ॥ १०६ ॥[७]

[१-१] ? एवं य ल श । र तेषां पच्छक्षो व ष तेषां वर्चो [२] ल श इतरम् [३-३] सर्वेषु कोशेषु त उदितह [४-४] य र ल श उत्तरत्र व ष उक्तं [५] व ष °वर्तंत [६-६] ? कोशेषु नाना न [७] र ष ॥४१॥

देवासुरास् संयत्ता ज्योङ् न व्यजयन्त । तेष्व् असुरेष्व् इदं सर्वम् आसीत् । अथैकम् एवाक्षरं देवेष्व् आसीत् । वाग् एव । सो ऽग्निर् अब्रवीद् अहं वा इदम् अदर्श यथेदं जेष्यामीति । तद् वै ब्रूहीत्य् अब्रुवन् । सो ऽब्रवीद् अक्षरेणैवेदं सर्वं संनिधाय धुराधुरम् आसजामेति । यद् अब्रवीद् अक्षरेणैवेदं सर्वं संनिधाय धुराधुरम् आसजामेति तद् आज्यधुराम् आज्यधूस्त्वम् । ते ऽक्षरेणैवेदं सर्वं संनिधाय धुराधुरम् आसजन् । तान् अजयन् । जयति स्पर्धां द्विषन्तं भ्रातृव्यं य एवं वेद ॥

स यदीतरा धुरो विगायेद् व्य् एवाज्यधुरो गायेत् । स यो हैवं विद्वान् संग्रामयोस्

संनिहितयोर् ब्रूयाद् अक्षरेण त्वा संनिदधामीति परं ग्रामं स हैव तं ग्रामं जयति। अथो यस्मिन्न् एवं विद् ग्रामे भवति स उ हैव तं ग्रामं जयति॥

ते देवा अब्रुवन् वीमानि भजामहा इति। [2]तस्माद् उ गिरिः[2] काष्ठो नाम॥ १०७ ॥[3]

[१] र व ष अधिपाठः तिद्विं। श द्वे अक्षरे त्रुटिते [२-२] ? य र श तस्मादु ग(र गी)ताः व ष तें वां तस्माद्रगितः ल ते वां तस्मादु गताः [३] र ष ॥४२॥

स[1] [2]तेशां सकृद् एवं सर्वेषाम्[2] असृज्यन्त[3]। तेषाम् अग्निर् एवोदजयत्। तस्याप-गमनम् अगतस्याक्षो ऽछिद्यत। तस्य रथचक्रं पतित्वा कृष्णाधिकां[4] कोशान्तेन[5] पर्यवर्तत। तम् अब्रुवन्न् ईक्षित्वान्नादो वा[6] अयं[7] श्रेष्ठो भविष्यति पाप्मा[8] वा अस्य पर्यवर्तीति। स यो हैवं विद्वान् परिवर्तयते[9] ऽन्नाद एव श्रेष्ठस् स्वानां भवत्य् अथो हास्य तं पाप्मानम् एव परिवर्तयन्ति॥

सो ऽग्निर् उज्जित्य प्राद्रवत्। तम् इन्द्रो ऽब्रवीत् सह नाव् अस्त्व् इति। नेत्य् अब्रवीत्। यद् वा एको गृह्याणां विन्दते सर्वेशां वै[10] तत् सह भवति। सहैव [11]नाव् अस्त्व् इति[11]। नेत्य् एवाब्रवीत्। स वै माभि [12]चिद् अवेक्षस्वेति[13]। तम् अभ्यवैक्षत[14]। सो ऽब्रवीत् सान्त्वाय माभ्यवैक्षिष्ठास्[15] सह नाव् अभूद् इति। यंयं [16]त्व् एवाहम् अभ्य-वेक्षिष्य[17] इत्य् अब्रवीत् तेनतेनैव मे सह भविष्यतीति। नेत्य् [18]एवाब्रवीत्। सान्त्वाय वै [19]मां त्वम् [20]एनद् अभ्यवैक्षिष्ठास्[21] सहैव नाव् अभूद् इति॥ १०८ ॥[22]

[१] य व ष नास्ति [२-२] ? एवं सर्वेषु कोशेपु
[३] य र ल श असृजन्त [४] ? य कृष्णाडिकां
ल व ष कृष्णाटिकां [५] ? ल व श ष कोशांतेन
[६] य र व ष पा [७] र ल श अधि [८]
कोशेषु पाप्मानं [९] कोशेषु अपरिवर्ततेयते
[१०] ल श एव [११-११] र नावस्त्रिति
[१२] ? कोशेषु जिद् [१३] कोशेषु अपे° [१४]
व र ष अभ्यपै° [१५] कोशेषु माभ्यपै°
[१६] र त्व् ल श च [१७] य र ल श °पेक्षिष
व ष °पेक्षिष्ठ [१८] य र एव नास्ति [१९]
र-वर्जम् अन्यत्र मां [२०] व ष एतद् [२१]
कोशेषु अभ्यपै° [२२] र ष ॥४३॥

तौ वै पृच्छावहा इति। तौ प्रजापताव् अपृच्छेताम्। स[1] प्रजापतिर् अब्रवीत् सान्त्वाय वै वां[2] त्वम् एतम्[3] अभ्यवैक्षिष्ठास्[4] सहैव वाम् अभूद् इति। तथेति। तद् एनयोस् सहाभवद् अध्यर्धम् अन्यस्य स्तोत्रम् अध्यर्धम् अन्यस्य। ऐन्द्राग्नो यज्ञः॥

तौ मित्रावरुणौ प्राणापानौ पशुभ्यो ऽपाक्रामताम् अनुवी[5] मन्यमानौ नावाभ्याम् [6]अनुवीभ्यां पशवः प्राणिष्यन्तीति। ते पशवो ऽप्राणन्त आध्मायमाना अशेरत[7]। तद् आभ्याम् आचक्षताप[8] मित्रावरुणौ प्राणापानौ पशुभ्यो ऽतामिष्ठां[9] त इमे ऽप्राणन्त आ-ध्मायमानाश् शेरत इति। ताव् आद्रुत्याब्रूतां प्राणन्तु नौ युवाभ्यां पशव इति। नावाभ्याम् [6]अनुवीभ्याम् इत्य् अब्रूताम्। ताभ्याम् एतं मैत्रावरुणम् आज्यम् अवाक्लपयन्। ततो वै ताभ्यां पशवः प्राणन्। स य एवम् एताम् अग्नेर् उज्जितिं वेद यत्र कामयत उद् इह जयेयम् इत्य् उत् तत्र जयति। य उ[10] एवैताम् इन्द्रस्याधितां वेद यत्र कामयते ऽर्धी ह स्याम् इत्य् अर्धी तत्र भवति। य उ[10] एवैतां मित्रावरुणयोर् अवक्लृप्तिं[11] वेद यत्र कामयते ऽव म इह कल्पेतेत्य्[12] अवास्मै तत्र कल्पते[13]॥ १०९ ॥[14]

[१] य अधिपाठः ह [२] ? व ष नास्ति। अन्यत्र मां [३] ? य र ल श एतद् व ष एनद् [४] य र ल श अभ्यपै° [५] ? य र ल श अनची व ष अनवी [६] कोशेषु अन [७-७] कोशेषु °मानाश् शेरत [८] व ष °व [९] य र तमिष्ठां। अन्यत्र थमिष्ठां [१०] र ल श नास्ति [११] कोशेषु क्लृप्तिं [१२] कोशेषु कल्पयतेत्य् [१३] य-वर्जम् अन्यत्र कल्पयते [१४] र ष ॥ ४४ ॥

तानि वा एतान्य् ऐन्द्राग्नान्य् एव सर्वाणि यद् आज्यानि । आग्नेयीषु स्तुवन्ति । तेनाग्नेयं गायत्री[१] छन्दस् तेनाग्नेयं पञ्चदशस्तोमस् तेनैन्द्रम् ॥

तद् एतद् ऐन्द्राग्नम् एव मैत्रावरुणीषु स्तुवन्ति । तेन मैत्रावरुणं गायत्री छन्दस् तेनाग्नेयं पञ्चदशस्तोमस् तेनैन्द्रम् ॥

तद् एतद् ऐन्द्राग्नम् एवैन्द्रीषु स्तुवन्ति । तेनैन्द्रं गायत्री छन्दः । [२]ऐन्द्राग्नम् एवैन्द्राग्नीषु स्तुवन्ति । तेनैन्द्राग्नं गायत्री छन्दस्[२] तेनाग्नेयं पञ्चदशस्तोमस् तेनैन्द्रम् ॥

तद् एतद् ऐन्द्राग्नम् एवैन्द्राग्नीषु स्तुवन्ति । तेनैन्द्राग्नं गायत्री छन्दस् तेनाग्नेयं पञ्चदशस्तोमस् तेनैन्द्रम् ॥

तद् एतद् ऐन्द्राग्नम् एव । इन्द्राग्नी यज्ञस्य देवता । स्वायाम् एवैतद् देवतायां प्रातस्सवने यज्ञं प्रतिष्ठापयन्ति ॥ ११० ॥[३]

[१] व ष °त्रं　　[२-२] एवं सर्वेषु कोशेषु　　[३] र ष ॥४५॥

प्रजापतिः प्रजा असृजत । ता अप्राणा असृजत । ताभ्य एतेनैव साम्ना प्राणम् अदधात् । [१]प्राणो वै[१] गायत्रम् । सर्वम् आयुर् एति य एवं वेद । ताः प्राणं विविदाना रक्षांस्य् अन्वसचन्त । ता एतद् एव साम गायन्न् अत्रायत । यद् [२]गायन्न् अत्रायत तद्[२] गायत्रस्य गायत्रत्वम् । त्रायत एनं सर्वस्मात् पाप्मनो य एवं वेद ॥

तद् ऊर्ध्वम् इव गेयम् । ऊर्ध्वो वै स्वर्गो लोकः । स्वर्गस्यैव लोकस्य समष्ट्यै । त्र्यावृद् गेयम् । त्रयो वा इमे लोकाः । एषां लोकानाम् आप्त्यै । त्र्युदासं गेयम् । त्रयो वै प्राणापानव्यानाः । तेषां संतत्यै । सम् अस्मै प्राणापानव्यानास् तायन्ते य एवं वेद । त्र्यावृद् गेयम् । त्रयो वा इमे लोकाः । एषां लोकानां संतत्यै । सम् अस्मा इमे लोकास् तायन्ते य एवं वेद ॥ १११ ॥[३]

[१-१] कोशेषु प्राणोद　　[२-२] ? कोशेषु गायत तद्यन्न प्रास(र श त्रा)　　[३] र ष ॥४६॥

पितृदेवत्यं त्व् अस्य नोपशवस्तवा[१] इत्य् आहुः । एतद् ध वा अस्य पितृदेवत्यं [२]यत् तान्तौकरोति । यदि सामिताम्ये[३] मध्य ऋचो वान्यान् । प्राणो वा ऋक् प्राणो गायत्रम् । प्राणस्यैतन् मध्ये प्राणं समानयते ॥

यद्य् उ [४]च इयात्[४] प्राणापानव्यानान् गायेत् । प्राण इति द्वे अक्षरे अपान इति त्रीणि व्यान इति त्रीणि । तद् अष्टौ[५] संपद्यन्ते । अष्टाक्षरा गायत्री । [६]तेन गायत्र्यै[६] नैति ॥

साम्नो ऽन्तर् अरण्यनापत्यं[७] । यो ह वै साम्नो ऽन्तर् अरण्यम् अवैति सर्वज्यानिं वा जीयते प्र वा मीयते । एतद् ध वै साम्नो ऽन्तर् अरण्यं यत् प्रस्तुतम् अनभिस्वरितम् आदीयते ॥

स्वरेण संपाद्योद्गायेत् । एतद् वै साम्नस् स्वं यत् स्वरः । स्वेनैवैनत् तत् समृद्धयति[८] । एतद् वै साम्नो ऽन्नाद्यं यत् स्वराः । अन्नाद्येनैवैनत् तत् समृद्धयति[८] । एतद् वै साम्न आयतनं यत् स्वरः । आयतनेनैवैनत् तत् समृद्धयति[८] । एतद् वै साम्नः प्रियं धाम यत् स्वरः । प्रियेणैवैनत् तद् धाम्ना समृद्धयति[८] ॥ ११२ ॥[९]

[१] ? य ल₂ नोपगन्तवा र ल₁ व ष नोपशवंतवा　[२-२] ? य यत्तंना व ष यज्ञांता　[३] ? श °तोम्ये　[४-४] एवं कोशेषु　[५] श अष्टा　[६-६] र ल श नास्ति । व ष °त्री　[७] ? य र °पेत्यं ल °पैत्यं व ष °प्त्यै　[८] एवं कोशेषु　[९] र ष ॥४७॥

देवान् वै यज्ञस्याहुतिर् नागच्छत् । स प्रजापतिर् ऐक्षत कथं नु देवान् यज्ञस्याहुतिर् गच्छेद् इति । स एते द्वे अक्षरे गायत्र्या उदखिदत्[1] । स एव द्व्यक्षरो वषट्कारो ऽभवत् ततो वै देवान् यज्ञस्याहुतिर् अगच्छत्[2] । अन्नं वै वषट्कारः । अत्त्य् अन्नं य एवं वद ॥

इन्द्रो वृत्राय वज्रम् उदयच्छत् । तस्यैते अक्षरे चक्राव् आस्ताम् । वज्रो वा एषः । य एते निस्पृशेद् वज्रं निस्पृशेत् ॥

यो वै दुग्धाद् दुग्धम् उपैति न स आप्यायते । अथ यो ऽदुग्धाद् दुग्धम् उपैति स आप्यायते । अदुग्धाद् वा एष दुग्धम् उपैति य एते अक्षरे उपैति । तस्माद् एते अक्षरे नोपोत्ये[3] । यस्य[4] वै सर्वा [5]गायत्री गीयते[5] [6]सर्वम् अस्य गृहे[6] अधिगम्यते । यस्यो नागीयत ईश्वरो रूक्षो भवितोः । अन्यतरद् अक्षरम् अवगृह्य वाचं चतुर्विंशीम् उपायान् । नास्योनाँ गायत्री[8] गायते नि च स्पृशति न च ॥ ११३ ॥[9]

[१] ? य र इदखिदत् श इदभिदत् अन्यत्र उदभिदत् [२] कोशेष्व् अधिपाठः तद् [३] ? व ष नोने-बोवंत्य श नोक्ये [४] श तस्य [५-५] ? ल गायतीमियते व ष गायतीतियते [६] ? ल₂ सर्व-स्यामी गृहे व ष सर्वस्यमस्य् अन्यत्र स`स्यस्य् [७] ? य श नास्येना ल तास्योना व ष तामस्याना [८] व ष गायती [९] र ष ॥४८॥

यो वा अंशुम् एकाक्षरं [1]वेदाम्नाद एव श्रेष्ठस् स्वानां भवति । अथो सह एव तस्यै जनताया उद्गायति । वाग् वा अंशुर् एकाक्षरः । तद् एव गायत्रम् । गायत्र्यै प्रस्तुतायै यद् आदिर् उत्तरम् अक्षरं[1] स[2] स्थाणुः । यस् तद् उद्गायन्न् आरभते स्थाणुम् आरभते । य एनं निर्हरति गायत्रीं छिद्रां करोति । गायत्रीं छिद्राम् अनु यज्ञस् स्रवति[3] यज्ञम् अनु यजमानो यजमानम् अनु प्रजाः ॥

सध्यञ्चो ह स्माह तैग्मायुधिः क उ स्विद् अद्य रसदिहाव् उरसि निमृदिष्यत इति । एते ह वै रसदिहौ[4] ये एते गायत्र्या उत्तमे अक्षरे । यस् ते उद्गायन्न् आरभते रसदिहाव् उरसि निमृदते । य उ एने निर्हरति गायत्रीं छिद्रां करोति । गायत्रीं छिद्राम् अनु यज्ञस् स्रवति यज्ञम् अनु यजमानो यजमानम् अनु प्रजाः ॥ ११४ ॥[5]

[१-१] र श नास्ति [२] कोशेषु असं- [३] श द्रवति [४] श °हा [५] र ष ॥४९॥

तानि सर्वाण्य् अक्षराण्य् उद्धृत्य वाचं दध्यात् । वाग् वै ब्रह्म । तद् यथा चर्मणा [1]कृतिकण्टकान्[2] प्रा[3]वृत्यातीयाद् एवम् एवैतद् वाचा ब्रह्मणा यज्ञ[4]स्थाणुं प्रमृध्य[5] स्वस्त्य् अतिक्रामति नार्तिम् आर्छति ॥

अव वा एतत् प्रतिहर्ता [6]साम्नश् छिद्यते[6] यद् गायत्रस्य न प्रतिहरति । प्रस्तूयमानं मनसा प्रतिहिंकुर्यात् । अपान्य वाक् इति ब्रूयात् । तथा साम्नो नावच्छिद्यते नार्तिम् आर्छति । यो वा अक्षरम् अंशुमद् वेद वहन्त्य् एनम् अंशुमतीस् संयुक्ताः । वाग् वा अक्षरम् । तस्यै प्राण एवांशुः । वहन्त्य् एनम् अंशुमतीस् संयुक्ता य एवं वेद ॥ ११५ ॥[8]

[१] ? र आदि ल कृदि व ष क्रीद [२] ? कोशेषु कन्दकान् [३] व श व्या° [४] व ष यज्ञस्य [५] य °मृध्य र श °मध्य ल समृज्य [६-६] य र श सामु छिद्यते व ष साम्नच्छिन्मृयते [७] व ष अधिपाठः एव [८] र ष ॥५०॥ य रिहः ओम् ॥ शुभमस्तु ॥ व ष हरिः ओम् ॥ शुभमस्तु ॥ श्रीगुरुभ्यो नमः ॥ जैमिन्याचार्याय नमः ॥ तलवकाराय नमः ॥

—⊂⊃—

[1]मरुत्वतीः प्रतिपदो भवन्ति। मरुत्वन्तं ग्रहं गृह्णन्ति। मरुत्वान् वा इन्द्रो वृत्रम् अहन् वार्त्रहत्याय। उच्चा ते जातम् अन्धसा इत्य् अन्धस्वतीर् भवन्ति। अहर् वा अन्धः। अह्ना एव रम्भः। यज्ञो वा अन्धः। यज्ञस्यैवारम्भः। त्रीणि यज्ञे ऽन्धांसीति ह स्म पूर्वे ब्राह्मणा मीमांसन्ते उच्चा ते जातम् अन्धसा॥ वसोर् मन्दानम् अन्धसः॥ पुरोजिती वो अन्धसः इति। त्रयः पशुषु भोगाः प्रातर् मध्यंदिने सायम्। तान् एवैतेनावरुन्द्धे॥

इमे वै लोका सह सन्तौ व्यैताम्। तयोर् न किं चन समपतत्। ते देवमनुष्या अशनायन्। इतःप्रदानाद् धि त[2] देवा जीवन्त्य् अमुतःप्रदानान् मनुष्याः। स एताः प्रजापतिर् [3]इति चोपश्यद्[3] उच्चा ते जातम् अन्धसा इति। स उदित्येवैतो देवेभ्यो हव्यम् अवहत् दिवि सद् भूम्य् आ ददे इत्य् अमुतो वृष्टिम् अच्यावयत्। ताव् इमौ लोकौ सवासिनाव् अकरोत्। ताव् अस्मै कामम् अपिन्वाताम्। कामम् अस्मा इमौ लोकौ पिन्वाते य एवं वेद॥ तासु गायत्रम् उक्तब्राह्मणम्॥ ११६॥[4]

[१] आरम्भे य व ष ओं [२] य र श नास्ति [३-३] ? एवं कोशेषु
[४] र ॥१॥ ष ॥५१॥

अथामहीयवम्। प्रजापतिः प्रजा असृजत। [1]ता अनशना असृजत[1]। ता अशनायन्तीर् अन्यान्याम् आदन्। स प्रजापतिर् ऐक्षत कथं नु म इमाः प्रजा नाशनायेयुर् इति। स एतत् सामापश्यत्। तेनाभ्यो ऽन्नाद्यं प्रायच्छद् वर्षम् एवापनिधनेन। ताभ्यो ऽवर्षद् एव नोदगृह्णात्। स एतन् निधनम् अपश्यत्। तद् उपैत्। तत आभ्य उदगृह्णात्। एतस्य ह वा इदं साम्नः कृतो[2] वर्षति च पर्जन्य उच् च गृह्णाति[3]॥

यो[4] वृष्टिकामस् स्याद् एतेनैवापनिधनेन स्तुवीत। वर्षुको हास्मै पर्जन्यो भवति। स यद्य् अतीव वर्षेद् एतद् एव निधनम् उपेयाद् उद् अहास्मै[5] गृह्णाति। वर्षति च हास्मै पर्जन्य उच् च गृह्णाति य एवं वेद॥

ता यद् एनं प्रजास् सुहिता अशिता आमहीयन्त तद् आमहीयवस्यामहीयवत्वम्। एनं भार्यास् सुहितास् सुहितं महीयन्ते य एवं वेद॥

ता एनम् अन्नं विविशाना नापाचायर्न्। सधमादम् इवैवासन्। अन्नं हि श्रीः। सो ऽशोचत्। स नामहीयत। स ऐक्षत कथं न्व् इमा अहं प्रजास् सृजेय ता मा सृष्टा नापचायेयुर् इति। स एतत् सामापश्यत्। तेनास्तुत॥ ११७॥[7]

[१-१] र नास्ति [२] ? य व ष कृतोर् र ल श कृतो [३] व ष ग्राभाति [४] व ष स यो [५] व ष अधिपाठः पर्जन्य उच्च [६] एवं य ल। र पत्रायन् व ष पालायन् श पवियन् [७] र ॥२॥ ष ॥५२॥

स स्तौषे इत्य् एव निधनम् उपैत्। ता अतोषयत्। ता अस्य वशम् आयन्। तोषयति द्विषतो भ्रातृव्यान् वशम् अस्य स्वा आयन्ति य एवं वेद। स यद् आमहीयमाना[1] अपश्यत् तद् आमहीयवस्यामहीयवत्वम्। यद् व् एवैना वशे कृत्वामहीयत तद् व् एवामहीयवस्यामहीयवत्वम्। आ स्वान् वशे कृत्वा महीयते य एवं वेद। तद् ये ऽस्य

स्वा अवशीकृता इव स्युर् एतद् एवैषां मध्य आसीनो ऽधीयीत । वश एवैनान् कुरुते ॥

उत्तरकुरवो हाहुर् अवषट्कृतस्यैव सोमस्य कुरुपञ्चाला भक्षयन्तीति । एकैकस्यै देवतायै होता वषट्करोति सर्वाभ्य उद्गाता । सर्वदेवत्यो ह्य् उद्गाता । आमहीयवस्य[1] निधनेन वषट्कुर्याद् इति । वषट्कृतस्यैव सोमस्य भक्षयन्ति । तद् उ ह स्माह मार्जग् शैलनो भ्रातृव्यान् वाव निधनेन तोषयतीति[3] । पुरस्ताद् एव निधनस्य वषट्कुर्यात् वौषड्[4] भूमी ओ दद्रा इति । वषट्कृतस्यैव सोमस्य[5] भक्षयति[6] ॥ ११८ ॥[7]

[१] ? कोशेषु अमहीयमानम् [२] य व ष °पा° [३] य ल श °न्तीति [४] य र व ष वौषाट्
[५] य ल श सोम [६] र ल श °न्ति [७] र ॥३॥ ष ॥५३॥

यो वै यज्ञस्योधर् वेद दुहे यज्ञम् । पवमानो वाव यज्ञः । तस्य गायत्र्य् एवोधः । गायत्रीं चतुर्ऋचां[1] कुर्यात् । यज्ञस्यैव तद् ऊधर् दधाति दुहे यज्ञम् । यो वै यज्ञस्य प्रतिष्ठां वेद प्रति यज्ञं स्थापयति प्रत्य् आत्मना तिष्ठति ॥

पवमानो वाव यज्ञः । तस्य गायत्र्य् एव प्रतिष्ठा । गायत्रीं चतुर्ऋचां[2] कुर्याद् । यज्ञस्यैव तत् प्रतिष्ठां दधाति । प्रति यज्ञं स्थापयति प्रत्य् आत्मना तिष्ठति ॥

उच्चा ते जातम् अन्धसा ॥ अस्य प्रत्नाम् अनु द्युतम् ॥ एना विश्वान्य् अर्य आ इत्य् एतासु गायत्रं कुर्यात् । तास्व्[3] आमहीयवम् । [4]स यद् धार्यां[4] चतुर्थीं दधाति तेन[5] चतुर्ऋचं[6] भवति प्रतितिष्ठतीभः[7] । प्रति यज्ञं स्थापयति प्रत्य् आत्मना तिष्ठति ॥ ११९ ॥[8]

[१] ? कोशेषु चतुरिरिचान् [२] ? कोशेषु चतुरिरिचां व ष अधिपाठः च [३] कोशेषु स्वास्व् [४-४] ? य स्व° ल श स्वयद्धार्यां [५] श नास्ति [६] ? कोशेषु चतुरिरिचं [७] ? ल व ष °तिष्ठति भः [८] र ॥४॥ ष ॥५४॥

त्रीणि ह वै छन्दांसि यज्ञं वहन्ति गायत्री त्रिष्टुब् जगती । तद् एवानुष्टुब् आन्ताद् अन्वायत्ता । तया देवास् स्वर्गं लोकम् अजिगांसन् । तया न व्याप्नुवन् । तस्यां चतुष्पदः पशून् उपादधुर् गां चाश्वं चाजां चाविं च । तया व्याप्नुवन् । ते ऽब्रुवन् स्वर्गं लोकं गत्वा बृहती वा इयम् अभूद् ययेदं व्यापामेति । तद् एव बृहत्यै बृहतीत्वम् । न ततः पुरा बृहती नाम छन्द आस । सा वा एषा पशव एव यद् बृहती ॥

येन निधनम् उपयन्ति तेन प्रस्तौति । तेनो एव पुनर् आदिम् आदत्ते । तस्मात् पशवो यत एव प्रजायन्ते ततस् संभवन्ति । ते तत एव पुनः प्रजायन्ते ॥

न बृहत्या वषट्कुर्यात् पशूनाम् अप्रवर्गाय । यद् बृहत्या वषट्कुर्याद् वज्रेण वषट्कारेण पशून् प्रवृञ्ज्यात् ॥ १२० ॥[1]

[१] र ॥५॥ ष ॥५५॥

देवा वा असुरान् हत्वापूता इवामेध्या अमन्यन्त । ते ऽकामयन्त पूता मेध्याश् श्रितास् स्याम गच्छेम स्वर्गं लोकम् इति । त एता ऋचो ऽपश्यन् । ताभिर् अपुनत । पुनानस् सोम धारयापो वसानो अर्षसि इति । आपो वै पवित्रम् । अद्भिर् एवापुनत । आ रत्नधा योनिम् ऋतस्य सीदसि इति । अन्तरिक्षं वा ऋतम् । अन्तरिक्षम् एवैनेनात्यायन् । उत्सो देवो हिरण्ययः इति । असौ वै[1] लोक उत्सो देवः । अमुम् एवैतेन लोकम् उपासीदन् । ततो वै

ते पूता मेध्याश् श्रिता अभवन्न् अगच्छन् स्वर्गं लोकम् । पूतो मेध्यश् श्रितो भवति गच्छति स्वर्गं लोकम् एताभिर् ऋग्भिस् तुष्टुवानः ॥ १२१ ॥[१]

[१] र ल श नास्ति [२] र ॥६॥ ष ॥५६॥

तासु रौरवम् । अग्निर् वै रूरुर् एतत् सामापश्यत् । यद् अग्नी रूरुर् एतत् सामापश्यत् तद् रौरवस्य रौरवत्वम् ॥

रूर इतिवृष्भः पशुकामस् तपो ऽतप्यत । स एतत् सामापश्यत् । तेनास्तुत । स एताम् इळाम् उपैत् । पशवो वा इळा । ततो वै पशून् अवारुन्द्ध । तद् एतत् पशव्यं साम । अव पशून् रुन्द्धे बहुपशुर् भवति य एवं वेद । यद् उ रूर इतिवृभो ऽपश्यत् तस्माद् व् एव रौरवम् इत्य् आख्यायते ॥

अथ यौधाजयम् । इन्द्रो वै युधाजीवन्न् एतत् सामापश्यत् । यद् इन्द्रो युधाजीवन्न् एतत् सामापश्यत् तद् यौधाजयस्य यौधाजयत्वम् । अयुध इव द्विषन्तं भ्रातृव्यं जयति य एवं वेद ॥

युधाजीवो वैश्वामित्रः प्रतिष्ठाकामस् तपो ऽतप्यत । स एतत् सामापश्यत् । तेनास्तुत । ततो वै स प्रत्यतिष्ठत् । तद् एतत् प्रतिष्ठा साम । प्रतितिष्ठति य एवं वेद । यद् उ युधाजीवो वैश्वामित्रो ऽपश्यत् तस्माद् व् एव यौधाजयम् इत्य् आख्यायते ॥ १२२ ॥[१]

[१] र ॥७॥ ष ॥५७॥

यौधाजयेन वै देवा असुरान् संविच्य रौरवेणैषां रवमाणानां स्वम् आददत । यौधाजयेनैव द्विषन्तं भ्रातृव्यं संविच्य रौरवेणास्य रवमाणस्य स्वम् आदत्ते य एवं वेद ॥

रौरवेण वै देवा [१]ऊर्ध्वास् स्वर्गं लोकम् आरोहन् । तान् असुरा ओ वा[१] इत्य् एवान्वारोहन् । तद् देवाः प्रत्यबुध्यन्त । त एतं स्तोभम् अपश्यन् । तेनैनान् ओ हा उ[२] वा इत्य् अवाचो ऽवाघ्नन् । उत्सो देवो हिरा हा उ[३] वा इति भूमिस्पृश एवाकुर्वन् । अन्तगतम् इव सामासीत् । रौरवस्[४] स्वर्गो लोक एव यच्छेत् । ऊर्ध्वं प्रतिहाराद् उद्गाता । स्वर्गस्य लोकस्य समष्ट्यै । प्याया औ हो वा हो इळा[५] इति । स्वरेणैव संततस् स्वर्गं लोकं समश्नुते ॥

एतावन्ति ह खलु वै सामान्य् एतावती सामक्लृप्तिर् एतावान् उ सामबन्धुः । स्वारं भवति । प्राणो वै स्वरः । अथ निधनवत् । आत्मा वै निधनम् । अथैळम् । पशवो वा इळा । प्राणम् आत्मानं पशूंस् तान् एवैतत् संदधाति । सर्वयास्य सामक्लृप्त्या सर्वेण सामबन्धुना स्तुतं भवति य एवं वेद ॥ १२३ ॥[६]

[१-१] एवं य व ष । अन्यत्र असुरान् संविच्य रौरवेणैषां रवमाण [२] व ष वु श ह [३] य ल श होवु व ष वु [४] ? य र ऊरुव ल रविव ष दूर इव श रव [५] र इवा श हुवुवा [६] र ॥८॥ ष ॥५८॥

द्वे उ ह वाव सामनी स्तोभवच् चैवास्तोभवच् च । तयोर् यत् स्तोभवत् तत् क्षत्रम् अथ यद् अस्तोभवत्[१] तद् ब्रह्म । उभयं ब्रह्म च क्षत्रं चावरुन्द्धे य एवं वेद ॥

अथ यौधाजयं त्रिणिधनं[२] सवनानां क्लृप्त्यै । पवमानेन वै देवेभ्यो ऽन्नाद्यं प्रदीयते । तन् मध्यनिधनं भवत्य् अन्नाद्यस्य[३] विशेषाय । यद् धि देवेभ्यस् सर्वम् अन्नाद्यं प्रदीयेत न तद् इहान्नाद्यं परिशिष्येत यन् मनुष्याश् च पशवश् चोपजीवेयुः[४] । तद् यन् मध्ये-

निधनं भवत्य् अन्नाद्यस्यैव विशेषाय ॥

देवानां वा असुरा यज्ञवशासम् अचिकीर्षन् । यावत्य् एतद् दक्षिणानां काले न स्तुवन्ति [५]न शंसन्ति[५] । तद् देवाः प्रत्यबुध्यन्त । त एतत् सामापश्यन् । तेनास्तुवत । ते प्रातस्सवनम् एव प्रथमेन निधनेन पर्यगृह्णन् माध्यंदिनं द्वितीयेन तृतीयसवनं तृतीयेन । तान् एव वज्रान् उदयच्छन्[६] । तान् एव वज्रान् उद्यतान् असुरा नोपाधृष्णुवन्[७] । ततो वै देवा अभवन् परासुराः । भवत्य् आत्मना परास्य द्विषन् भ्रातृव्यो भवति य एवं वेद ॥

अथ ह स[९] क्लृप्त एव पवमानो यस्मिन्नावि[१०] त्रिणिधनं भवति सवनानाम् एव क्लृप्त्यै ॥ १२४ ॥[११]

[१] कोशेषु अस्तोभं [२] य र ल श °निधनं [३] य-वर्जम् अन्यत्र अन्नाद्यस्यै [४] व ष °सीदेयुः [५-५] र ल श नास्ति [६] य उदेच्छ र अच्छेदंछंस् ल श अच्छेदुच्चं व ष उच्छेदुछंस् [७] व ष °वुस् [८] य व ष स य [९] ? कोशेषु सो [१०] ? र श °धि [११] र ॥९॥ ष ॥५९॥

देवासुरास् संयत्ता ज्योङ् न व्यजयन्त । बृहस्पतिर् देवानां पुरोहित आसीद् उशना काव्यो ऽसुराणाम् । तद् यद् एवावस्ताद् ब्रह्माक्रियत तत् परस्ताद् अक्रियत । तत् समानं ब्रह्म न व्यजयत । तेषां ह त्रिशीर्षगन्धर्वो विजयस्यावेत् । [१]स हैषास । तस्य हाप्स्व् अन्तर् नौनंगरं परिप्लवम् आस । तद् इन्द्रो ऽन्वबुध्यत त्रिशीर्षा वै नौ विजयस्य वेदेति । तस्य जायाम् आर्छद्[२] एतस्यैव विजयस्य कामाय । ताम् अब्रवीत् पृच्छतात् पतिं य इमे देवासुरास् संयत्ता ज्योग् अभूवन् कतर एषां जेष्यन्तीति[३] । तद् धैव संवदमानावाजगाम । स ह तद् एव नौमण्ड[५] उपशिश्लेष[६] जलायुका वा [७]तृणकं[८] वा भूत्वा[७] । सेयं पतिं पप्रच्छ य इमे देवासुरास् संयत्ता ज्योग् अभूवन् कतर एषां जेष्यन्तीति ॥ १२५ ॥[९]

अस्मिन् खण्डे ल-कोशस्य पाठा उदाहर्तुं न शक्याः ॥ [१-१] ? य स हेष्टयुरा स तस्या हाप्स्वं तन्नौ र स ऐषासतस्या हाप्स्वं तंन्नौ व ष स हेषासतस्यहाश्वेन्तश्नौ [२] ? य र पौच्छद् व ष अपृच्छद् श पाच्छद् [३] ? व ष °तीति [४] ? र संप° व ष संपा° [५] य र श मंध [६] ? व ष उपविश्येतृणंक [७-७] व ष भूत्वा [८] य तृणायुका [९] र ॥१०॥ ष ॥६०॥

मोच्चैर् इति होवाच कर्णिनी वै भूमिर् इति । तद् इदम् अप्य् एतद्[१] आहुर् मोच्चैः कर्णिनी वै भूमिर् इति । नेति होवाच ब्रूह्य् एवेति । स होवाच ब्राह्मणाव् इमौ समं विदतुर् बृहस्पतिर् अयं देवेषूशना काव्यो ऽसुरेषु । तौ यत् कुरुतस् तत् समम् एव यच्छति । या इतर आहुतीर् जुहोति ता इतरः[२] । तास् समेत्य यथायथम् एव पुनर् विपरायन्ति । तयोर् यतरो यतरान् उपसमेष्यति ते जेष्यन्तीति । तद् धैवेन्द्रो ऽनुबुध्य शुको[३] भूत्वोत्पपात । तं हान्वीक्ष्य पतन्तम् उवाच येषाम् असौ हरितवर्णकः पतति ते जेष्यन्तीति । स होशनसं काव्यम् आजगामासुरेषु । तं होवाचर्षे कम् इमं जनं वर्धयस्य् अस्माकं वै त्वम् असि वयं वा तवास्मान् अभ्युपावर्तस्वेति । कथेति होवाच केन मोपमन्त्रयस इति । या इमा विरोचनस्य प्राह्लादेः कामदुघस् ताभिर् अतितभिर्ह[४] प्रतिवत्वेव[५] प्रदुद्रुवतुः[६] । तौ हासुरा अन्ववजह्रिरे । तौ हान्वाजग्मुः । स होवाचर्षे ऽनु वै नाव् इमे ऽसुरा अग्मन्न् इति । स वै तथा कुर्व् इति होवाच यथा नाव् एतेनान्वागच्छान् इति । तौ हैतत् प्रतिपेदाते— ॥ १२६ ॥[७]

अस्मिन् खण्डे ल-कोशस्य पाठा उदाहर्तुं न शक्याः ॥ [१] व ष एनर्ध्रु [२] व ष °राः [३] ? र श रुको व ष शुक्रो [४] ? एवं कोशेषु [५] ? य व ष °त्येव [६] ? व ष प्रतु° [७] र ॥११॥ ष ॥६१॥

स्वायुधः पवते देव इन्दुर् अशस्तिहा वृजना रक्षमाणः ।
पिता देवानां जनिता सुदक्षो विष्टम्भो दिवो धरुणः पृथिव्याः ॥

इति । आ दिवो विष्टम्भम् उच्छिश्रियतुः । तं हैवासुरान् नातीयुः । तौ हाभिः कामदुघाभिर् देवानां जग्मतुः । तौ हागतौ महयांचक्रे

ऋषिर् विप्रः पुरएता जनानाम् ऋभुर् धीर उशना काव्येन ।
स चिद् विवेद निहितं यद् आसाम् अपीच्यं गुह्यं नाम गोनाम् ॥

इति । ता एताः पशव्या ऋचः । अव पशून् रुन्द्धे बहुपशुर् भवत्य् एताभिर् ऋग्भिस् तुष्टुवानः । तास्व् औशनम्[1] । उशना वै काव्यो देवेष्व् अमर्त्यं गन्धर्वलोकम् ऐच्छत् । स एतत् सामापश्यत् । तेनास्तुत । ततो वै स देवेष्व् अमर्त्यं गन्धर्वलोकम् आश्नुत । तद् एतल् लोकवित् साम । अश्नुते देवेष्व् अमर्त्यं गन्धर्वलोकम् एते तुष्टुवानः । यद् उशना काव्यो ऽपश्यत् तस्माद् औशनम् इत्य् आख्यायते ॥

तत् स्वारं भवति । स्वरेण वै देवेभ्यो[2] ऽन्नाद्यं प्रदीयते । ऋक्समं पवमानान्ते भवति । नर्चा सामातिरेचयन्ति नर्चं साम्ना । तद् [3]यद् इहेव चेहेव[3] च पवमानेन स्तुवत एतस्यैव समतायै समं क्लृप्त्यै । पदानुस्वारं पुरस्ताद् गायत्रं भवति पदानुस्वारम् उपरिष्टात् पवमानान्ते । तस्माद् उभयतःप्राणाः प्रजा ऊर्ध्वाश् चावाचीश् च ॥

द्विषाम्णी गायत्री । यो ऽयम् अवाङ् प्राण एष एव सः । तस्माद् एतेन द्वयं प्राणेन करोति[4] भस्म च करोति वातं च ॥

द्विषाम्णी बृहती । यो ऽयं प्राङ् प्राण एष एव सः । तस्माद् एतेन द्वयं प्राणेन करोति रेतश् च सिञ्चति मेहति च ॥

एकसाम्नी त्रिष्टुप् । नाभिर् एव सा[5] । तस्याम् एकं साम । तस्माद् एतेनैकम् एव प्राणेन करोति यद् एव प्राणान् उदन्तो ऽनूदनिति ॥ १२७ ॥[6]

अस्मिन् खण्डे ल-कोशस्य पाठा उदाहर्तुं न शक्याः ॥ [1] य श औशनसम् [2] कोशेषु देवेभ्यो ततो [3-3] ? य र श यति हेव चेहेव व ष यदिहेवद्वेहेव [4] कोशेष्व् अधिपाठः रेतश्च सिंचति [5] कोशेषु स्या [6] र ॥१२॥ ष ॥६२॥

प्रजापतिर् यद् बृहद्रथन्तरे असृजत स मन एवाग्रे बृहद् अपश्यत् । वाचं रथन्तरम् अभिव्याहरत् । [1]तद् यद् वाचं रथन्तरम् अभिव्याहरत्[1] तस्माद् उ[3] रथन्तरं पूर्वं योगम् आनशे । अथ यन् मनो ऽग्रे बृहद् अपश्यत् तस्माद् उ[3] बृहद्रथन्तरे इत्य् आख्यायेते ॥

मनो व पूर्वम् अथ वाक् । मनो वै बृहद् वाग् रथन्तरम् । ऋग् वै रथन्तरं साम बृहत् । ब्रह्म वै रथन्तरं क्षत्रं बृहत् । इदं वै रथन्तरम् अदो बृहत् ॥

यद् वा एजत इव तद् राथन्तरं यद् उपस्थितं तद् बार्हतम् । ये वा अन्यतोदन्ताः पशवस् ते राथन्तरा य उभयतोदन्तास् ते बार्हताः । या वै तिरश्ची विद्युत् सा राथन्तरी योर्ध्वा सा बार्हती ॥

रथन्तरस्य महिम्नस् संभृत्य रथन्तरेणोद्गायेत् यस् ते अग्नौ महिमा यस् ते अप्सु रथे यस् ते महिमा स्तनयित्नौ य उ ते वाते यस् ते महिमा तेन संभव रथन्तरं द्रविणस्वन् न एधि इति । द्रविणस्वद् एवोद्गात्रे भवति द्रविणस्वद् यजमानाय द्रविणस्वद् एवोद्गात्रे भवति द्रविणस्वद् यजमानाय द्रविणस्वत् प्रजाभ्यः ॥ १२८ ॥[4]

अस्मिन् खण्डे ल-कोशस्य पाठा उदाहर्तुं न शक्याः ॥ [1-1] र श नास्ति [2] र व ष नास्ति [3] व ष नास्ति [4] र ॥१३॥ ष ॥६३॥

देवासुरा अस्पर्धन्त । ते देवा वज्रं क्षुरपविम् असृजन्त पुरुषम् एव । तम् असुरान् अभ्यवृञ्जन् । सो ऽसुरान् अपोह्य देवान् अभ्यावर्तत । तस्माद् देवा अबिभयुः । तम् अभिपद्य बृहद्रथन्तरयोः प्रौहन् । स एष वज्रः क्षुरपविर् बृहद्रथन्तरयोः पुरुष एव । स यं द्विष्याद् बृहद्रथन्तरयोर् एनम् मुखे[1] ऽपिदध्यात् । यदि राथन्तरस् सोमस् स्याद् रथन्तरे प्रस्तुते ब्रूयात् नमो मात्रे पृथिव्यै रथन्तर मा मा हिंसीः इति । यदि बार्हतस् सोमस् स्याद् बृहति प्रस्तुते ब्रूयात् दिवं पितरम् उपश्रये बृहन् मा मा हिंसीः इति । अथानुमन्त्रयेत प्राणैर् अमुष्य प्राणान् वृङ्क्ष्व ॥ तक्षणेनै[2] तेक्षणीयसायुर् अस्य प्राणान् वृङ्क्ष्व ॥ कुद्ध एनं मनुन्या दण्डेन जहि[3] ॥ धनुर् एनम् आतत्येष्वा विध्य इति । बृहद्रथन्तरयोर् एवैनं मुखे ऽपिदधाति[4] । यं द्वेष्टि तं पुरा संवत्सरात् प्राणो जहाति ।

यो वै देवरथं वेद रथी भवति । यज्ञो वाव देवरथः । तस्य बहिष्पवमानम् एव रथमुखं बृहद्रथन्तरे अश्वाव् आज्यानि योक्त्राण्य्[5] अभीशू पवमानौ पक्षसी— ॥ १२९ ॥[6]

अस्मिन् खण्डे ल-कोशस्य पाठा उदाहर्तुं न शक्याः ॥ [१] कोशेषु मुख्ये [२] ? कोशेषु तिक्षणेन, तीक्षणेन [३] कोशेषु जनि [४] कोशेषु विद° [५] य र श योक्त्रा व ष योक्त्राव् [६] र ॥१४॥ ष ॥६४॥

—औशनकावे आणी नौधसकालेये वन्धुराधिष्ठानं[1] वामदेव्यम् उपस्थो यज्ञायज्ञीयम् अध्यास्थाता[2] स एष पुरुषः । एष वै देवरथः । रथी भवति य एवं वेद । यदि राथन्तरस् सोमस् स्याद् बृहन् नान्तर्यात् । यदि बार्हतस् सोमस् स्याद् रथन्तरं नान्तर्यात् । हो वै बृहद्राथन्तरम् । रथन्तरे प्रस्तुते हो इत्य् उक्त्वादिम् आददीत । बृहद् एव तद् रथन्तरस्य मुखतो युनक्ति । [आ वै रथन्तरं बार्हतम् ।] बृहति प्रस्तुते आ इत्य् उक्त्वादिम् आददीत । रथन्तरम् एव तद् बृहतो मुखतो युनक्ति । अस्थूरिं देवरथं करोति प्रति यज्ञं स्थापयति प्रत्य् आत्मना तिष्ठति ॥

एष वै[3] देवरथो यद् रथन्तरम् । रथन्तरे प्रस्तुते पृथिवीं हस्ताभ्यां गच्छेद् देवरथस्यानपव्याथाय ॥ १३० ॥[4]

अस्मिन् खण्डे ल-कोशस्य पाठा उदाहर्तुं न शक्याः ॥ [१] कोशेषु °ने [२] व ष °स्ताता [३] कोशेषु वा [४] र ॥१५॥ श ॥६५॥

एकम् अक्षरं स्तोभति । तस्माद् अरेणारेण रथः प्रतितिष्ठन्न् एति ॥

द्वे अक्षरे स्तोभति । द्वे रथस्य[1] पक्षसी । पक्षाभ्याम् एव तद् देवरथं प्रतिष्ठापयति ॥

त्रीण्य् अक्षराणि स्तोभति । द्विपाद् वै यजमान आत्मा तृतीयः । यजमान एव तत् प्रतितिष्ठति । अथो त्रय इमे लोकाः । तान् एव तद् आप्नोति ॥

चत्वार्य् अक्षराणि स्तोभति । चतस्रो दिशश् चतुष्पादाः[2] पशवः । दिक्षु चैतत् पशुषु च प्रतितिष्ठति ॥

पञ्चाक्षराणि स्तोभति । पांक्तो यज्ञः पांक्ताः पशवः । यज्ञे चैतत् पशुषु च प्रतितिष्ठति ॥

षड् अक्षराणि स्तोभति । षड् वा ऋतवः । ऋतुष्व् एव तत् प्रतितिष्ठति । अथो षड् वै छन्दांसि । तान्य् एव तद् आप्नोति ॥

सप्ताक्षराणि स्तोभति । सप्तपदा वै शक्वर्यः । शाक्वराः पशवः । पशुष्व् एव तच् छक्वर्यां प्रतितिष्ठति । अथो सप्त चतुरुत्तराणि छन्दांसि सप्त मुख्याः प्राणाः । तान्य् एव

तद् आप्नोति ॥

अष्टाक्षराणि स्तोभति । अष्टाक्षरा वै गायत्री । तेजो ब्रह्मवर्चसं गायत्री । तेजस्य् एव तद् ब्रह्मवर्चसे प्रतितिष्ठति । अथो अष्टाशफेष्व् एव पशुषु ॥ १३१ ॥[४]

[१] व ष रथन्तरस्य [२] य व ष चतुष्पदाः [३] य र अष्टाव° [४] र ॥१६॥ ष ॥६६॥

नवाक्षराणि स्तोभति । नव वै पुरुषे प्राणाः । प्राणान् एवैनद् द्विषतो भ्रातृव्यस्य वृञ्ज्यात् । प्राणान् आत्मन् धत्ते ऽथो भ्रातृव्यस्य । त्रिवृत एव स्तोमस्य स्तोत्रम् आप्नोति ॥

दशाक्षराणि स्तोभति । दशाक्षरा विराड् अन्नं विराट् । विराज्य् एव तद् अन्नाद्ये प्रतितिष्ठन्ति । अथो दश प्राणाः । तान् एव तद् आप्नोति ॥

एकादशाक्षराणि स्तोभति । एकादशाक्षरा त्रिष्टुप् । इन्द्रियं वीर्यं त्रिष्टुप् । इन्द्रियम् एव तद् वीर्ये प्रतितिष्ठति ॥

द्वादशाक्षराणि स्तोभति । द्वादशाक्षरा वै जगती । पशवो जगती । पशुष्व् एव तज् जगत्यां प्रतितिष्ठति । अथो द्वादश मासाः । तान् एव तद् आप्नोति ॥

त्रयोदशाक्षराणि स्तोभति । य एवासाव् अधिचरस्[२] त्रयोदशो मासस् तम् एव तद् आप्नोति ॥

चतुर्दशाक्षराणि स्तोभति । संवत्सरो वै चतुर्दशः । संवत्सर एव तत् प्रतितिष्ठति ॥

पञ्चदशाक्षराणि स्तोभति । पञ्चदश वा अर्धमासस्य रात्रयः । अर्धमासश एव संवत्सरम् आप्नोति ॥

षोडशाक्षराणि स्तोभति । षोडशकलो वै पुरुषः । कला एव तद् छिषन्तं पाप्मानं भ्रातृव्यम् अवाञ्चम् अपवहन्ति[३] श्रियम् आत्मनाश्नुते । अथो षोडशिन एव स्तोमस्य स्तोत्रम् आप्नोति ॥

सप्तदशाक्षराणि स्तोभति । प्रजापतिर् वै सप्तदशः । प्रजापताव् एव तत् प्रतितिष्ठति ॥ १३२ ॥[५]

[१] कोशेषु इधि° [२] य श °चर [३] ? व ष अपहन्ति [४] र श आत्मानम°
[५] र ॥१७॥ ष ॥६७॥

एतद् अन्यत् स्तोभेत् । ऋचम् एवान्य[१] गायेत् । स यद् ऋचम् एव गायति तेन रथन्तरस्य रूपं नैति । [२]ऋग् घि[३] रथन्तरं साम[२] बृहत् । यद्य् उ स्तोभेद् अष्टाव् एवाक्षराणि स्तोभेत् । तद् व् एव संप्रति[४] । स्वर् दृशं प्रतिविपश्येच् चक्षुषो ऽप्रवर्हाय ॥

[५]यद् ईशानम्[५] इन्द्र इति प्रतिहरेद् ईशानो यजमानस्य पशून् अभिमानुकस् स्यात् । अथ यत् शानम् इन्द्र इति प्रतिहरति नेशानो यजमानस्य पशून् अभिमन्यते शान्ताः प्रजा एधन्ते ॥

प्रतिहारेप्रतिहार उद्गाता इळा इति ब्रूयात् । पशवो वा इळायतनं रथन्तरम् । आयतन एव तद् एतान् पशून् प्रतिष्ठापयति । नस्थुषः इति ब्रूयात् । यत् तस्थुषः इति ब्रूयात् स्थायुकास्य श्रीस् स्यात् । अथ यत् नस्थुषः इत्य् आह नास्य श्रीस् तिष्ठति वहवो[६] ऽस्य स्वायातेन[७] यान्ति ॥

बृहद्रथन्तरे व्यावर्तयेत् । यद् ध वै बृहद्रथन्तरे न व्यावर्तयेद् यथा महावृक्षौ समृत्य शाखा विपरिश्रृणीत[८] एवं प्रजाः पशून् विपरिश्रृणीयाताम् । हो वा हा वै बृहद् ओ वा

हा रथन्तरम् । बृहद्रथन्तरे एवैतद् व्यावर्तयति वि पाप्मना वर्तते य एवं वेद ॥ १३३ ॥[९]

[१] ? र एवाक्ष [२-२] ? ब अक्रग्वी र उश्वशु ल क्रवशुन्वि व ष उर्वी क्ष उदवश [३] र व श ष नास्ति [४] ? एवं कोशेषु । संमीलते इति साधीयान् पाठः स्यात् [५-५] कोशेषु शानम् [६] श पशवो [७] ? एवं कोशेषु [८] ? ब र ल श °श्रीणाते व ष °श्रुणुत [९] र ॥१८॥ ष ॥६८॥

यथा स्याद्[१] एवं बुभूषन्न्[२] उपेयात् । यथास्येद्[१] एवं भ्रातृव्यवान्[३] । जयत्य् आत्मना परास्य द्विषन् भ्रातृव्यो भवति य एवं वेद ॥

बृहद्रथन्तरे यद् असृज्येतां ताभ्यां भीषा प्रजाः पशव उदवेपन्त । ते आत्मानम् एव पर्यैक्षेतां किं नु नाव् इदं क्रूरम् इवात्मनो यस्माद् भीषा प्रजाः पशव उदवेपिषतेति । ते निधने एवापश्यताम् । ते अरण्ये निधाय ग्रामम् अभ्यवैताम् । तद् एव स्वकृतम् इरिणम् अभवत् । तस्माद् आहुर् न स्वकृतम् इरिणम् अध्यवसेयम् । ईश्वरः पापीयान् भवितोर् यत् स्वकृतम् इरिणम् अध्यवस्यतीति । बृहद्रथन्तरयोर् ह वा एतन् निधनाभ्यां निर्दग्धम् । ते ह वा एते ग्रामेगेये[१] एवापनिधने यद् बृहद्रथन्तरे । कामं ह वा एताभ्याम् अपनिधनाभ्यां ग्रामे स्तुवीत ॥ १३४ ॥[४]

[१] एवं कोशेषु [२] य बभ्रू° र बभु° ल, बभ्र° ल₂ वभू व ष बुभू° श भ्रू° [३] कोशेषु °वा [४] र ॥१९॥ ष ॥६९॥

अष्टाक्षरेण प्रस्तौति । द्व्यक्षरेणोत्तरे प्रस्तौत्य् अभिक्रान्त्या अनपभ्रंशाय ॥

अष्टाक्षरेण प्रस्तौति । द्व्यक्षरेणोत्तरे प्रस्तौति । द्विपादम् एव तद् अष्टाशफेषु पशुष्व् अध्यूहति । तस्माद् द्विपाद् अष्टाशफान् पशून् अधितिष्ठति ॥

अष्टाक्षरेण प्रस्तौति । द्व्यक्षरेणोत्तरे द्वे प्रस्तौति । तद् द्वादश संपद्यन्ते । द्वादश मासास् संवत्सरः । संवत्सरः प्रजापतिर् यज्ञः । संवत्सरम् एवैतेन प्रजापतिं यज्ञम् आप्नोति ॥

अक्षरेषु रथन्तरं करोति । तस्माद् अरेणारेण रथः प्रतितिष्ठन्न् एति ॥

रथन्तरेण वै देवा असुरान् संविच्य बृहता जालेनेवाभिन्यौब्जन् । रथन्तरेणैव द्विषन्तं भ्रातृव्यं संविच्य बृहता जालेनेवाभिन्युब्जति य एवं वेद ॥

रथन्तरेण वै देवा ऊर्ध्वास् स्वर्गं लोकम् आयन् । तान्य् असुररक्षसानि नव नवतय इमान् लोकान् अवृण्वन् । रथा ह नामासुः । ते देवा रथन्तरेणैव[१] स्तुत्वा रथन्तरं समारुह्य स्वर्गं लोकम् अगच्छन् । ते ऽब्रुवन्न् [२]अतारिष्म वा इमान् रथान्[२] इति । तद् एव रथन्तरस्य रथन्तरत्वम् । तरति द्विषन्तं भ्रातृव्यं य एवं वेद ॥ १३५ ॥[३]

[१] कोशेषु °रेण वै [२-२] य र ल श अतारिष्ठ वा इमा रथा व ष अराष्मेवा इमौ रथा [३] र ॥२०॥ ष ॥७०॥

अशनया ह[१] वै 'रथा अन्नम्' उ वै रथन्तरम् । अन्नेनाशनयां घ्नन्ति । तांताम् अशनयाम् अन्नेन हत्वा स्वर्गं लोकम् आरोहन् । बृहता वै देवास् स्वर्गं लोकम् अजिगांसन् । तेन न व्याप्नुवन् । तस्मिन्न् उष्णिक्ककुभा उपादधुः । तेन व्याप्नुवन् । ते ऽब्रुवन् स्वर्गं लोकं गत्वा बृहद् वावेदम् अभूद् येन स्वर्गं लोकं व्यापामेति । तद् एव बृहतो

बृहत्त्वम् ॥

द्वादश बृहतो रोहान् रोहेत् स्वर्गकाम उदधिम् अर्धयेद् वृष्टिकामः । यावन्त्य् उ ह वै बृहत्या अक्षराण्य् उष्णिक्ककुभोश् च तावद् इतस् स्वर्गो लोकः । प्र स्वर्गं लोकम् आप्नोति य एवं वेद ॥ १३६ ॥[3]

[१] य-र-वर्जम् अन्यत्र ए [२-२] कोशेषु रथासाम्नम् [३] र ॥२१॥ ष ॥७१॥

अथो बृहत् । मनो बृहत् । द्वादशाक्षरः प्रस्तावः । तावद् धि साम । द्वादश मासास् संवत्सरः । संवत्सरस् साम । त्रयो बृहतो रोहा इम एव लोकाः । ते पुनर् नव[1] भवन्ति प्राणा एव । मनो दशमम् । द्वादश बृहतस् तन्वो मासा एव । मासा रश्मयः । रश्मयो मरुतः । तैर् असाव् आदित्यो धृतः । स य एतद् एवं वेद यत्र कामयत इह ध्रियेयेति ध्रियते तत्र । यो वै बृहतो बार्हतं पदं वेदोरु प्रजया पशुभिः प्रथते ॥

द्वादशाक्षरं वाव बृहतो बार्हतं पदम् । तद् आयच्छते ऽवगेयम् । यो वै बृहति त्रिवृतं सदेवं प्रोढं वेद गच्छति क्षत्रमात्राम् । रोहा ह वाव बृहतस् त्रिवृत्सदेवाः । ब्रह्मणो ऽस्य सतः क्षत्रस्येव प्रकाशो भवति य एवं वेद ॥

इन्द्रो वृत्रं वज्रेणाध्यस्य नास्तृषीति मन्यमानः परां परावतम् अगच्छत् । तं प्रजापतिर् अकामयत तत् स्याद् इति । तम् ओ हो इत्य् अन्वाह्वयत् । सो ऽभवत् । ओ हों इत्य् एवावरुद्धो राजन्यः[2] कुर्वीत । अव[3] हैव गच्छति ॥ १३७ ॥[4]

[१] कोशेषु न [२-२] कोशेषु °रुध्य राजन्यं [३] कोशेषु प [४] र ॥२२॥ ष ॥७२॥

देवा वा असुरान् युधम् उपप्रयन्तो ऽब्रुवन् यन् नो वामं वसु तद् अर्पनिधाय युध्यामहै यद् अद्य कस्मिंश् चिद् भूते ऽभ्यवधावामेति । पशवो वाव तेषां वामं वस्व् आसीत् । तद् अर्पनिधाय युधम् उपपरायन् । ते देवा असुरान् अजयन् । ते विजिग्यानाः पुनर् आयन्त एकं भूतम् अभ्यवायन् । तन् न व्यजानतेदं मम वामम् इदं ममेति । ते ऽब्रुवन् वीदं भजामहा इति । तस्य विभागे न समपादयन् । ते ऽब्रुवन् प्रजापताव् एव पृच्छामहा इति । ते प्रजापताव् अपृच्छन्त । स प्रजापतिर् अब्रवीत् सर्वेषाम् [5]एव व एतद्[5] वामं सह सर्वान् व एतेन स्तोष्यन्ति[6] सर्वान् व एतद् अवष्यति मा विभग्ध्वम् इति ॥

तद् यद् गायत्रीषु स्तुवन्ति तेनाग्नेयम् । गायत्र्यो ह्य् अग्निर् इति । यत् पृष्ठं माध्यंदिनं तेनैन्द्रम् । यत् ककतीषु स्तुवन्ति तेन प्राजापत्यम् । यद् अनिरुक्तं तेन वैश्वदेवम् । यन् मैत्रावरुणाय स्तुवन्ति तेन मैत्रावरुणम् । तद् वा एतत् पशव्यं[7] यद् वामदेव्यम् ॥

अनेजन्न् उद्गायेत् पशूनाम् अपरावापाय । यद् एजन्न् उद्गायेत् पशून् परावपेत् । तद् आहुः प्रावृतो ऽनेजन्न् उद्गायेन् नेम् मोपद्रष्टानुव्याहराद् इति । तद् उपकार्यरूपम् । प्रावृत[8] एवानेजन्न् उद्गायेत् ॥ १३८ ॥[9]

अस्मिन् खण्डे ल-कोशस्य पाठा उदाहर्तुं न शक्याः ॥ [१] कोशेषु उप° [२] ? य र भ्यवधा° [३] र श उप° [४-४] कोशेषु °भागौ सं° [५-५] कोशेषु एव एतद् [६] कोशेषु °ति [७] कोशेषु पशव [८] र श °वृतम् [९] र ॥२३॥ ष ॥७३॥

अक्षं ह स्म वा एतत् पुरा विशश् शीर्षन् निदधति[1] य एव[2] तम् उद्गायन् नाव-

पातयिष्यति स न उद्गास्यतीति । तद् उ तद् उपकार्यरूपम्[३] एव । कामम् एवोद्गेयम् ॥

तस्य त्रीण्य् अक्षराणि छन्नानि गायति । त्रयो वा इमे लोकाः । प्रजापतिर् वामदेव्यं प्रजापतिर् लोकानाम् अभिनेता । स नो लोकानाम् अभिनेता स नो लोकान्[४] अभिनयाद् इति । वामदेव्यस्य स्तोत्र ऋषभम् अप्यर्जेत्[५] । सौ हौ खा[६] इत्य् एवर्षभः । योनिर् वामदेव्यं प्रजननम् ऋषभः । योन्याम् एवैतत् प्रजननेन प्रजननम् अपिसृजति प्रजात्यै ॥

तत् परोक्षम् इव गेयम् । नर्चम् उपस्पृशेत् । वयो वै वामदेव्यम् । यद् ऋचम् उपस्पृशेद् यथा वयो ऽन्तरिक्षेण पतद् वृक्षम् ऋच्छेत् तादृक् तत् ॥

पदे अन्तरा [७]नावान्यात् । यत् पदे अन्तरावान्याद् यथा कर्ते[८] पतेत् तादृक् तत् । उत्तरस्य पदस्यारभ्यावान्यात् । स यथाक्रमणाद् आक्रमणम् आक्रम्योदन्यात् तादृक् तत्
॥ १३९ ॥[९]

अस्मिन् खण्डे ल-कोशस्य पाठा उदाहर्तुं न शक्याः ॥ [१] व ष °धाति [२] एवं व ष । अन्यत्र एवं [३] य उपाकार्यरूपमुल र °रूपमम व श ष °रूपंमम [४] कोशेषु लोकानाम् [५] कोशेषु °जेत् [६] य होवा व ष धा [७] र व श ष न नास्ति [८] व ष भर्ते (गर्ते इति मूलपाठः स्यात्) [९] र ॥२४॥ ष ॥७४॥

विच्छिन्नम् इव वा एतत् साम । [१]प्रतिहारं प्रति कयाश्रयिवा तोंहायीति[१] संक्रामेद् अनादृत्य प्रतिहारम् । तद् उ तद्[२] दुष्कररूपम्[३] । सामितार्म्[४] एतत् । प्रतिहार एव प्रतिह्रियमाणः वाक् इत्य् उद्गाता ब्रूयात् । वाग् वै ब्रह्म । वाचैवैनत् तद् ब्रह्मणा संदधाति[५] ॥

आपो वै देवानां पत्नय आसन् । ता मिथुनम् ऐच्छन्त । ता मित्रावरुणाव् उपैताम् । ता गर्भम् अदधत । ततो रेवतयः पशवो ऽसृज्यन्त । रेवतीषु पशुकामस्य कुर्यात् । पशुमान् एव भवति । ईश्वरो ह त्व् अप्रजापतिर् भावतोः । कवतीभ्यो ह्य् एति प्राजापत्याभ्यः । अथ ह वा एतद् भरद्वाजः पृश्निस्तोत्रं ददर्श पशुकामः कया नश् चित्र आ भुवत् ॥ रेवतीर् न सधमादे ॥ अभी षु णस् सखीनाम् इति । स यद् एकां रेवतीं मध्यतो ऽपिसृजति तेन पशुभ्यो नैति । यद् उ कवत्यौ प्राजापत्ये अभितो भवतस् तेनो प्रजायै नैति ॥

तत् स्वारं भवति । प्राणो वै स्वरः । प्राणान् एवैतत् पशुषु दधाति । ईश्वरो ह तु स्वरेण यजमानस्य पशून् निस्वरितोः । यद्य् अनिधनं कुर्यात् प्राणम्[६] अपिहन्यात्
॥ १४० ॥[७]

[१-१] ? एवं कोशेपु [२] ल नास्ति [३] ? य °रूपमुल र श °रूपममत ल तरूपन्मत व ष दुष्करम्मत [४] ? व ष °ताम् [५] ल व ष °दधति [६] एवं कोशेषु [७] र ॥२५॥ ष ॥७५॥

अविता जरायितृणाम् आ औ हो हा यि शतां भवस्य् औ हो हुं मा ता या हुं मा इत्य् उत्तमाया उत्तरार्धे कुर्यात् । स यथा व्रजे गा अनेपाद्य् अर्गलेनापिहन्यात् तादृक् तत् । तद् आहुस् स्वयोनाव् एव तत् स्वारं कार्यम् । य एनम् एवं चक्रुवांसम् उपमीमांसेत स्वरेण यजमानस्य पशून् निरस्वारीर् इति तं ब्रूयान् निधनवत् पुरस्ताद् रथन्तरं निधनवद् उपरिष्टान् नौधसम् । ताभ्यां म एतद् उभयतः प्रजाः पशवः परिगृहीताः । प्राणम् एवैतद् अधा मध्यतः पशूनाम् इति । य एवैनम् एवं चक्रुवांसम् उपमीमांसते स आर्तिम् आर्छति ॥

अष्टाक्षरा गायत्र्य् अष्टौ वसवः । गायत्रं प्रातस्सवनम् । अक्षरेऽक्षरे देवतान्वायत्ता ॥

एकादशाक्षरा त्रिष्टुब् एकादश रुद्राः । त्रैष्टुभं माध्यंदिनं सवनम् । अक्षरेऽक्षरे देवतान्वायत्ता ॥

द्वादशाक्षरा जगती । द्वादशादित्याः । जागतं तृतीयसवनम् । अक्षरेऽक्षरे देवतान्वायत्ता ॥

अथ किं प्रतियञ्चं यजमानम् अपिनयन्तीति । स ब्रूयात् प्रजापतिर् यद् वामदेव्यम् असृजत तस्य त्रीण्य् अक्षराण्य् उदखिदत् । स एव त्र्यक्षरः पुरुषो ऽभवत् । वामदेव्यस्य स्तोत्रे पुरुषः इति ब्रूयात् ॥

तत् प्रतियञ्चं यजमानम् अपिनयन्तीति तद् आहुर् न पुरुषः इति ब्रूयात् परोक्षम् एव ध्यायेन् मनसैव नियच्छेद् इति । तद् उ वा आहुर् नैव परोक्षं ध्यायेन् न मनसा नियच्छेद् यद् वात्र वेद तेनैवाप्तम् इति ॥ १४१ ॥[2]

[1] य व प अनु° [2] र व ॥२६॥ प ॥७६॥

देवा वा असुरान् युधम् उपप्रयन्तो ऽब्रुवन् यन् नो वामं वसु तद् अपनिधाय युध्यामहै यद् अद्य कस्मिंश् चिद् [1]भूते ऽभ्यवधावामेति[1] । प्राणा वात्र तेषां वामं वस्व् आसीत् । तद् अपनिधाय युधम् उपपरायन् । तद् एकधा भूत्वासृजमानम् अतिष्ठद् ऋचस् सामानि यजूंषि गाम् अश्वम् अजाम् अविं व्रीहिं यवं ब्राह्मणं राजन्यं वैश्यं शूद्रं यद् इदं किं चित् तत् सर्वम् । तद् [2]एभ्य आचक्षतेदं वै वस् तद् वामं वस्व् एकधा भूत्वासृजमानं तिष्ठतीति[3] । ते देवा असुरान् अजयन् । ते विजिग्यानाः पुनर् आयन्त एकं भूतम् अभ्यवायन् । तन् न व्यजानतेदं मम वामम् इदं ममेति । ते ऽब्रुवन् वीदं भजामहा इति । तस्य विभागे न समपादयन् । तद् एवैनान्[4] अब्रवीत् सर्वान् एव वो मया स्तोष्यन्ति सर्वान् वो ऽहम् अवैष्यामि मा मा विभजध्वम् इति ॥

तद् यद् गायत्रीषु स्तुवन्ति तेनाग्नेयम् । गायत्रो ह्य् अग्निः । यत् पृष्ठं माध्यंदिनं तेनैन्द्रम् । यत् कवतीषु स्तुवन्ति तेन प्राजापत्यम् । यद् अनिरुक्तं तेन वैश्वदेवम् । यन् मैत्रावरुणाय स्तुवन्ति तेन मैत्रावरुणम् ॥

तद् एनान् अब्रवीत् सृजध्वं मद् इति । तथेति । तद् अभ्यस्वरन् । ते ऽब्रुवन् सृजस्वेति ॥ १४२ ॥[5]

अस्मिन् खण्डे ल-कोशस्य पाठा उदाहर्तुं न शक्याः ॥ [1-1] कोशेषु भूतेभ्यः पधा (र व ष धा)वामति [2-2] व प अभ्या° श अभा° | [3] र-वर्जम् अन्यत्र तिष्ठन्तीति [4] य र अवानान् व प अवान् श देवान् [5] र ॥२७॥ प ॥७७॥

तद् रथन्तरम् असृजत । तद् रथघोषो ऽन्वसृज्यत । ते ऽब्रुवन्न् अरात्स्मानेन स्तोत्रेणेति । तस्माद् रथन्तरस्य स्तोत्रे रथघोषं कुर्वन्ति । अरात्स्मानेन स्तोत्रेणेत्य् एव तद् विद्यात् ॥

तद् अब्रुवन् सृजस्वैवेति । तद् बृहद् असृजत । तत् पर्जन्यस्य घोषो ऽन्वसृज्यत । ते ऽब्रुवन्न् अरात्स्मानेन स्तोत्रेणेति । तस्माद् बृहतस् स्तोत्रे दुन्दुभीन् उद्वादयन्ति[1] । वर्षुकः पर्जन्यो भवति । अरात्स्मानेन स्तोत्रेणेत्य् एव तद् विद्यात् ॥

तद् अब्रुवन् सृजस्वैवेति । तद् वैरूपम् असृजत । तद् ग्रामघोषो ऽन्वसृज्यत । ते

ऽब्रुवन्न् अरात्स्मानेन स्तोत्रेणेति । तस्माद् वैरूपस्य स्तोत्रे ग्रामघोषं कुर्वन्ति । अरात्स्मानेन स्तोत्रेणेत्य् एव तद् विद्यात् ॥

तद् अब्रुवन् सृजस्वैवेति । वैराजम् असृजत । तद् अग्नेर् घोषो ऽन्वसृज्यत । तेऽब्रुवन्न् अरात्स्मानेन स्तोत्रेणेति । तस्माद् वैराजस्य स्तोत्रे ऽग्निं मन्थन्ति । अरात्स्मानेन स्तोत्रेणेत्य् एव तद् विद्यात् ॥

तद् अब्रुवन् सृजस्वैवेति । तच् छाकरम् असृजत । तद् अपां घोषो ऽन्वसृज्यत । तेऽब्रुवन्न् अरात्स्मानेन स्तोत्रेणेति । तस्माच् छाकरस्य स्तोत्रे ऽप उपनिधाय स्तुवन्ति । अरात्स्मानेन स्तोत्रेणेत्य् एव तद् विद्यात् ॥

तद् अब्रुवन् सृजस्वैवेति । तद् रैवतम् असृजत । तत् पशुघोषो ऽन्वसृज्यत । तेऽब्रुवन्न् अरात्स्मानेन स्तोत्रेणेति । तस्माद् रैवतस्य स्तोत्रे पशुघोषं कुर्वन्ति वत्सान् मातृभिस् संवाशयन्ति । अरात्स्मानेन स्तोत्रेणेत्य् एव तद् विद्यात् ॥

तद् अब्रुवन् सृजस्वैवेति ॥ १४३ ॥[३]

[१] य र ल श उद्गायन्ति [२] एवं कोशेषु [३] र ॥२८॥ ष ॥७८॥

तन् नासृजत । तद् ऊर्ध्वम् उदैषद् यथा पृष्ठं यथा ककुद् एवम् । तद् देवास् संगृह्योर्ध्वा उद्गायन् । ते ऽब्रुवन्न् इयद् वावेदम् आसेदं वाव नो देवानां वामम् इति । यद् अब्रुवन्न् इयद् वावेदम् आसेदं वाव नो देवानां वामम् इति वामदेव्यस्य तद् वामदेव्यत्वम् ॥

तद् वा एतत् पिता माता साम्नां यद् वामदेव्यम् । यद् वै पुत्रो ऽतिपादयति पिता वै तस्य शमयिता पिता निषेद्धा ॥

तद् यन् मध्यतः क्रियते शान्त्या एव निषिद्ध्यै । तद् यानि ह वै स्तुतानि सामानि पश्चात्त्वं तेषां वामदेव्यम् । अथ यान्य् अस्तुतानि पुरस्त्वं तेषाम् । तेषाम् उभयेषां शान्त्यै निषिद्ध्यै ॥

तत् स्वधूर् गेयं नोच्चैर् इव न नीचैर् इव । यद् उच्चैर् गायेच् छ्रेयसो भ्रातृव्यस्य निधनेन गायेत्[१] । यन् नीचैर् गायेत् पापीयसो भ्रातृव्यस्य नियानेन[३] यायात्[४] । इयं वावैतस्य धूर् इदम् अन्तरिक्षम् । एतद् एवैनं धूर्वति य एवं विद्वांसं[५] धूर्वतीति ॥

तद् आहुः प्रादेशमात्राद् वा एतद् इदं लोकं न स्पृशति प्रादेशमात्राद् 'अमुं नैति[६] ॥

अथो आहुर् यावद् एव गोस् सूताया उल्बं[७] तावतैवेमं लोकं न स्पृशति तावतामुं नैति[८] । अथो आहुर् यावद् एव शकृत्य् उल्बं[९] तावतैवेमं लोकं न स्पृशति तावतामुं नैति[१०] । तद् एवम् इवैव[११] मन्यमानेन गेयम् । तद् उ वा आहुर् यथा वा अक्षेण चक्रौ[१२] विष्टब्धाव्[१३] एवम् एतेनेमौ लोकौ विष्टब्धौ[१४] । नीवेमं[१५] लोकं स्पृशति नीवामुम् इति ॥

नो हान्यस्यानुवर्त्म गेयम् । ईश्वरो हाप्रजीवी भवितोर् यो ऽन्यस्यानुवर्त्मा गायति । स्वधूर् एव गेयम् ॥

यो वै देवानां मधु वेद मधव्यो भवति । वामदेव्यं वै देवानां मधु । मधव्यो भवति य एवं वेद ॥ १४४ ॥[१६]

[१] ? य नियानेन र निधानेन ल व ष निषोनेन निधनेन [२] ? य ल यायत् र ग्रायात् व ष गृह्णाद् श गायत् [३] ? य नियानेन र निधानेन अन्यत्र निधनेन [४] ? एवं सर्वेषु कोशेषु [५] ? र विन् श विद् [६-६] ? य ल अमुन्निति र श अमुमिति व ष अमुनैति [७] ? र नमस्सं अन्यत्र

उद्दं [८] य नयसि र ल श नेति [९] ? कोशेषु उद्दं (र उद्बकं ले डकं) [१०] कोशेषु नयति [११] ? कोशेषु इवै [१२] ल चक्रेम व ष चक्रं श नास्ति [१३] य र विष्कब्धौ व श विक्षुब्धौ। य र व श ष अधिपाठः अक्षेण वा चक्राव् [१४] य र विष्कब्धौ व ष निष्कब्धौ [१५] ? य र व ष नीवीवेमं ल श नीविवेमं [१६] र ॥२९॥ ष ॥७९॥

इमौ वै लोकौ सह सन्तौ व्यैताम्। तयोर् न किं चन समपतत्। ते देवमनुष्या अशनायन्। इतःप्रदानाद् धि देवा जीवन्त्य् अमुतःप्रदानान् मनुष्याः। ते बृहद्रथन्तरे अब्रूतां ये नाव् इमे प्रिये तन्वौ ताभ्यां विवहावहा इति। श्यैतं ह वा अग्ने रथन्तरस्य प्रिया तनूर् आस नौधसं बृहतः। ताभ्यां व्यवहेताम्। ऊषान् एवासाव् अमुतो ऽस्यै शुल्कम् अकरोद् धूमम् इत इयम् अमुष्यै। वर्षम् एवासाव् अमुतो ऽस्यै शुल्कम् अकरोद् देवयजनम् इत इयम् अमुष्यै। स वहतोरुहैने[1] वेद[2] य एवं वेद॥

मेनामेनं वाव ते तद् व्यवहेताम्। तस्माद् आहुर् न मेनामेनं व्यूह्यम् इति। बृहद्रथन्तरयोर् ह वा एष विवाहम् अभ्यारोहति। स ईश्वरः पराभवितोः। ते तन्वाव् अब्रूताम् आवं नु निधनाभ्यां विवहावहा इति॥ १४५ ॥[3]

[१] ? र ह्वहतोआहैने ल वहतोत्रिहैने व ष वहतोकृहैनै श हतोरूहैने [२] श नास्ति
[३] र ॥३०॥ प अपरिसमाप्तः खण्डः

पदनिधनं ह वा अग्रे श्यैतम् आस वसुनिधनं नौधसम्। ताभ्यां व्यवहेताम्। ततो ह वा इदम् अर्वाचीनम् अन्योन्यस्य गृहे वसन्ति। यथागृहं ह वाव ततः पुरोगुर् यथाज्ञाति वा॥

रथन्तरेण स्तुवन्ति। इदं वै रथन्तरम्। अथ वामदेव्येन। इदं वा अन्तरिक्षं वामदेव्यम्। अथ नौधसेन। अदो वै नौधसम्। अनन्तर्हितान् एवेतं ऊर्ध्वान् लोकान् जयति॥

बृहता स्तुवन्ति। अदो वै बृहत्। अथ वामदेव्येन। इदं वा अन्तरिक्षं वामदेव्यम्। अथ श्यैतन। इदं वै श्यैतम्। अनन्तर्हितान् एवामुतो ऽवाचो लोकान् जयति। उभयान् लोकान् जयति ये चोर्ध्वा ये चार्वाचो य एवं वेद॥ १४६ ॥[2]

[१] कोशेषु एवेयत [२] र ॥३१॥ ष ॥८०॥

अथ नौधसम्। नोधा वै काक्षीवतो ज्योग् अप्रतिष्ठितश् चरन् सो ऽकामयत प्रतितिष्ठेयम् इति। स ह देवान् ब्रह्म विभजमानान् उपावपपात। स होवाचर्षिर् अस्मि मन्त्रकृत् स ज्योग् अप्रतिष्ठितो ऽचार्षं तस्मै म एतद् दत्त यन प्रतितिष्ठेयम् इति। तस्मै ह ब्रह्मणो रसस्य ददुः। तद् एव नौधसम् अभवत्। तेनास्तुत। ततो वै स प्रत्यतिष्ठत्। तद् एतत् प्रतिष्ठा साम। प्रतितिष्ठति य एवं वेद। ब्रह्मणो ह वा एष रसो यन् नौधसम्। ब्रह्मणो[1] हास्य रसेन स्तुतं भवति य एवं विद्वान् नौधसेन स्तुते॥

तद् द्व्यक्षरणिधनं भवति प्रतिष्ठायै। द्विपाद् वै यजमानः प्रतिष्ठित्यै। यद् उ नोधाः काक्षीवतो ऽपश्यत् तस्मान् नौधसम् इत्य् आख्यायते॥ १४७ ॥[2]

[१] कोशेषु मह्मणा [२] र ॥३२॥ ष ॥८१॥

श्यैतं पशुकामः कुर्वीत। प्रजापतिः पशून् असृजत। ते ऽस्मात् सृष्टा अपाक्रामन्। सो ऽकामयत न मत् पशवो ऽपक्रामेयुर् अभि मावर्तेरन्न् इति। स एतत् सामापश्यत्।

[1]तेनास्तुत । तस्य[2] वसु इत्य् एव निधनम् उपैत् । तत् पशवो वै वसु । ततो वै तं पशवो ऽभ्यावर्तन्त । ततो ऽस्माद् अनपक्रामिणो ऽभवन् ॥

सो ऽब्रवीच् छ्येती वा इमान् पशून् अकृषीति । तद् एव श्यैतस्य श्यैतत्वम् । तद् एतत् पशव्यं साम । श्येतीकृता एनं पशव उपतिष्ठन्ते ऽभ्य् एनं पशव आवर्तन्ते नास्मात् पशवो ऽपक्रामन्ति य एवं वेद । तद् द्व्यक्षरणिधनं भवति प्रतिष्ठायै । द्विपाद् वै यजमानः प्रतिष्ठित्यै ॥ १४८ ॥[3]

[१] र श मां ल, मं [२-२] कोशेषु तेनास्तुतेततेस [३] र ॥३३॥ ष अपरिसमाप्तः खण्डः

गोतमस्य मनायै मनोऽपक्रान्तः कुर्वीत । गोतमाद् वै मनो ऽपाक्रामत् । सो ऽकामयत न मन्[2] मनो ऽपक्रामेत् पुनर् मा[3] मन आविशेद् इति । स एते सामनी अपश्यत् । ताभ्याम् अस्तुत । ततो वै तं पुनर् मन आविशन् नास्मान् मनो ऽपाक्रामत् । ऐनं पुनर् मनो विशति नास्मान् मनो ऽपक्रामति य एवं वेद । तत् पिबा इति रथन्तरसाम्नः पिबाई इति बृहत्साम्नः । यद् उ गोतमो ऽपश्यत् तस्माद् गोतमस्य मनायै इत्य् आख्यायेते ॥ १४९ ॥[5]

[१] य-वर्जम् अन्यत्र गौ° [२] व-ष-वर्जम् अन्यत्र मां [३] व ष मां [४] सर्वेषु कोशेषु गौ° [५] र ॥३४॥ ष ॥८२॥

वसिष्ठस्य जनित्रे प्रजननकामः कुर्वीत । वसिष्ठो वै जितो[1] हतपुत्रो ऽकामयत बहु[1] प्रजया पशुभिः प्रजायेयेति । स एते सामनी अपश्यत् । ताभ्याम् अस्तुत । ततो वै स बहु[1] प्रजया पशुभिः प्राजायत । ते एते प्रजननी सामनी । बहु[1] प्रजया पशुभिः प्रजायते य एवं वेद । तत् जानित्रम् इति रथन्तरसाम्नः जानित्राम् इति बृहत्साम्नः । यद् उ वसिष्ठो ऽपश्यत् तस्माद् वसिष्ठस्य जनित्रे इत्य् आख्यायेते ॥ १५० ॥[2]

एष खण्डो व-ष कोशयोर् नास्त्य् एव ॥ [१] एवं कोशेषु [२] र ॥३५॥

पौरुमीढं दक्षोणिधनम् आयुष्कामः कुर्वीत । तरन्तपुरुमीढौ वै वैतदश्वी माहेयौ महा आर्चनानस्यै[2] पुत्रौ । तौ ह यन्तौ स्त्री पर्येत्योवाच पुत्रस्य वै त्वस्या उपतपति [3]तं स्म[3] मे चिकित्सतम् इति । तौ ह क्रुध्यन्ताव् इवोचतुः कथं नाव् इत्थं ब्रूयाद् इति तं वा अर्वीष उपवपेति । सा हेयं स्त्री श्रद्धाय देवर्षी मा मन्त्रकृताव् अवोचताम् इत्य् अर्वीष उपोवाप । तौ ह पुनर् आयन्तौ पर्येत्योवाच यं वै कुमारम् अवोचतम् अर्वीष उपवपेत्य् अयं वै सो ऽर्वीष उपोप्तश् शेत इति । तौ हासाध्व् इव कृत्वा मेनाते । ताव् अकामयेताम् उद् इत इयाव गातुं नाथं विन्देवहि सम् अयं कुमारो जीवद् इति । स एतत् पुरुमीढस् सामापश्यत् । तेनास्तुत

अग्निम् ईळिष्वावसे गाथाभिश् शीरशोचिषम् ।
अग्निं राये पुरुमीढ श्रुतं नरः ॥

को नाम कुमार इति । सुदीतिर् नामेति । तम् अग्निस् सुदीतये छर्दिः इत्य् एवाभ्यमृशत् । स तान्तो निरवर्तत । तम् एतेन निधनेन समैरयत् दक्षायै इति । प्राणा वै दक्षाः । प्राणान् एवास्मिंस् तद् अदधात् । तद् एतद् गातुविन् नाथवित् साम । गातुं वै स तन् नाथम् अविन्दत । विन्दते गातुं नाथं य एवं वेद । यद् उ पुरुमीढो ऽपश्यत् तस्मात् पौरुमीढं दक्षो-

णिधनम् इत्य् आख्यायते ॥ १५१ ॥[४]

[१] य र ल श ॰नि॰ [२] ? य र ल श आर्चेनानसस्यै व ष आर्चनानस्मस्वे [३-३] ? कोशेषु तस्मै [४] र ॥३६॥ ष ॥८३॥

जमदग्नेस् सप्ताहम्[१] अभिचरन् वा भ्रातृव्यवान् वा कुर्वीत । जमदग्निर् ह वै माहेनानां[२] पुरोहित आस । तान् ह वित्तेनात्यादधौ । त उ हैनम् उपजिहिंसुः । स हेक्षांचक्रे कथं न्व् अहम् एषां सप्तसप्तैकाहनि ग्राम्याणां पशूनां हन्याम् इति । स एतत् सामापश्यत् । तेनास्तुत । ततो वै स तेषां सप्तसप्तैकाहनि ग्राम्याणां पशूनाम् अहन् । तथो एवैषाम् एतद् घ्नन्ति । तद् उ भ्रातृव्यहा । हन्ति द्विषन्तं भ्रातृव्यं य एवं वेद । यद् उ जमदग्निर् अपश्यत् तस्माज् जमदग्नेस् सप्ताहम्[३] इत्य् आख्यायते । तद् एषोपगीता

अतिमात्रम् अवर्धन्त [४]नोद् इव[४] दिवम्[५] अस्पृशन् ।
भृगुं हिंसित्वा माहेना असंहेयं पराभवन् ॥

इति । असंहेयं ह वै स[६] पराभवति य एवं विद्वांसं हिनस्ति ॥ १५२ ॥[७]

[१] र सप्तहम् [२] ल व श ष माहै॰ [३] य र ल श सप्तहम् [४-४] ? य ल श नो (दिव नास्ति) अन्यत्र नवदिव [५] ? एवं कोशेषु [६] य र ल श नास्ति [७] र ॥३७॥ ष ॥८४॥

देवासुरा यज्ञे ऽस्पर्धन्त । ते देवा असुरान् बहिष्पवमानान् निरवाघ्नन्[१] । ते ऽसुरा आग्नेयम् आज्यं पर्यवायन् । ते देवा मैत्रावरुणम् । ते ऽसुरा ऐन्द्रम् । ते देवा ऐन्द्राग्नम् । ते ऽसुरा माध्यंदिनं पवमानम् । ते देवा रथन्तरम् । ते ऽसुरा वामदेव्यम् । ते देवा नौधसम् । ते ऽसुराः कालेयम् । तान् कालेय एवान्वभ्यवायन् । तान् कालेयेनैव कालेयाद् अकालयन्त । यद् अकालयन्त तत् कालेयस्य कालेयत्वम् । कालयते वै द्विषन्तं भ्रातृव्यं य एवं वेद ॥

ते दिशो व्युदसीदन् । तान् कालेयेनैवानुपर्यायम् अकालयन्त । यद् अनुपर्यायम् अकालयन्त [२]तच् चैव[२] कालेयस्य कालेयत्वम् । अनुपर्यायम् एव द्विषन्तं भ्रातृव्यं कालयते य एवं वेद ॥

तरो वै यज्ञस् स्तोमो विवद्मसुः । यज्ञेन च वाव ते तान् स्तोमेन चाकालयन्त । यज्ञेन चैव[३] स्तोमेन च द्विषन्तं भ्रातृव्यं कालयते य एवं वेद ॥ १५३ ॥[४]

[१] ? य निरपा॰ श निरव॰ [२-२] य र तदतद्वेव व ष तदेव [३] व ष वै [४] र ॥३८॥ ष ॥८५॥

ऋचा वा असुरा आयन् साम्ना देवाः । ते देवा असुरान् [१]ऋच्य् एवं[२] परिगृह्य साम्नापीडयन्तेव[३] [४]पीडयत् पीडतो[४] भ्रातृव्यस्य व्यधाय । इन्द्रा सबाध उतो[५] याः इति बृहद् गायन्तः[६] । सुतसोमे धीरो इति रथन्तरसाम्नः धोरो[७] इति बृहत्साम्नः । उभे ह वा एते एतद् अनु । तस्माद् उभे रूपे गायेद् यच् च राथन्तरं यच् च बार्हतम् । नाना वा एतयोर् ब्रह्मसामनी भवतः । अथैतद् उभे अनु । तस्माद् उभे एव रूपे गायेत् ॥

तद् एळं भवति । पशवो वा इळा । पशुभिर् वाव ते तान् अकालयन्त । तस्माद् यत् पशुमांश् चापशुश् च भ्रातृव्यौ स्पर्धेते य एव पशुमान् भवति स एव तयोर् अभिभवति ॥

एतद् ध वै साम प्रजा इमा अनुव्य्[८] आस । ते तस्यैतां नितताम् इळाम् अन्तत[९] उपयन्ति प्रजानां यथायतनाद् अनुद्धाताय । तस्मात् प्रजा यथायतनाद् अनुद्धताः ॥

देवाः पितरो मनुष्यास् ते ऽन्यत आसन्न् असुरा रक्षांसि पिशाचा अन्यतः। त एषु लोकेष्व् अस्पर्धन्त। अथ ह कलयो गन्धर्वा अन्तस्थां चेरुर् नेतरान् नेतरान् आद्रियमाणाः। ते देवाः पितरो मनुष्या असुरान् रक्षांसि पिशाचान् अभ्यभवन्। त इमान् लोकान् व्यभजन्त देवलोकम् एव देवा अभजन्त पितृलोकं पितरो मनुष्यलोकं मनुष्याः। तत्[11] कलयो गन्धर्वा एत्याब्रुवन्न् अनु न एषु लोकेष्व् आभजतेति। नेत्य् अब्रुवन्। अनाद्रियमाणा वै यूयम् अचारिष्ट नेतरान् नेतरान् आद्रियमाणा इति। अथ वै वो मनसान्वासिष्मह[12] इत्य् अब्रुवन्न् अन्व् एव न आभजतेति ॥ १५४ ॥[13]

[१-१] ? य र ल श ऋच्ये व ष मध्ये [२] ? व ष वनि° [३] ? य ल व ष °पीळ्यंनैव र °नेव [४-४] ? र पीडयद्वीळतो व ष वीळयद्विषतो [५] ? व ष उता [६] कोशेषु °न्तास् [७] ? य ल श योनिरा [८] र अन° [९] कोशेषु अन्तित [१०] कोशेषु आदि° [११] व-ष वर्जं तरन् (तान् इति साधीयान् पाठः स्यात्) [१२] ? कोशेषु अन्वाविष्ठह [१३] र ॥३९॥ ष ॥८६॥

नेत्य् अब्रुवन्। साधुविभक्ता नो लोकास् तान् न शक्ष्यामस् संलोभयितुम् इति। ते ऽब्रुवन् यद् वयम् इह स्वयं पश्यामस् तद् अस्माकम् असत्व् इति। तेभ्य एता कलिन्दाः प्रायच्छन्न् एतासु श्राम्यतेति। तद् यत् कलिभ्यः कलिन्दाः प्रायच्छंस् तत् कलिन्दानां कलिन्दत्वम्। स एतत् कलिर् वैतदन्यस् सामापश्यत्। तेनास्तुत। तेनेमम् अवान्तरदेशं तुर्यन्तं लोकम् अपश्यत्। तम् अजयत्। तद् एतल् लोकवित् साम। विन्दते लोकम् एतेन तुष्टुवानः। गन्धर्वलोकतां ह त्वाव नातिजयति गन्धर्वलोकताम् इवैव जयति। [1]यद् उ[1] कलिर् वैतदन्यो ऽपश्यत् तस्मात् कालेयम् इत्य् आख्यायते ॥

देवा वै पूर्वाभ्यां सवनाभ्यां तृतीयसवनं प्रवृह्य स्वर्गं लोकम् आयन्। त इमे लोका व्यवृह्यन्त वि यज्ञो ऽवृह्यत[2]। ते देवा अकामयन्त सम् इमान् लोकान् दध्याम सं यज्ञं दध्यामेति। त[3] एतत् सामापश्यन्। तेनास्तुवत। तेनेमान् लोकान् समदधुस् सं यज्ञम् अदधुः। तद् यद् इमान् लोकान् समदधुस् तद् वा अस्य स्वर्ग्यम्। तेन गन्धर्वलोकताम् अतिजयति। तरो वै यज्ञस् स्तोमो विदद्वसुः। यज्ञेन च वाव ते तत् स्तोमेन चेमान् लोकान् समदधुस् सं यज्ञम् अदधुः। यज्ञेन चैवास्य स्तोमेन च यज्ञस् संहितो भवतीमे च लोका य एवं वेद ॥

सोमो ह खलु वै राजा कालेयम्। सदेवो हास्य यज्ञो भवति। यथा ह वा इदं बद्धवत्सा हिंकरी तुरीयत्य्[4] एवं ह वाव तम् इन्द्रस् सोमम् आगच्छति यस्मिन् कालेयेन स्तुवन्ति। तस्माद् उ हैतस्मात् साम्नो नैव कदा चनेयात् सेन्द्रो मे सदेवो यज्ञो ऽसद् इति। सेन्द्रम् एवैतेन सदेवं यज्ञं कुरुते ॥

तद् ऐळम् अच्छावाकसाम भवति। पशवो वा इळा। पशुष्व् एव तत् प्रतितिष्ठति ॥ १५५ ॥[5]

[१-१] ? य यद् र यतद् ल श यदतु व ष यतः [२] य पवृह्यत [३] र-वर्जम् अन्यत्र स [४] ? य ल श तुलायावत्य् र तुतीयावत्य् व ष कृतीधावत्य् [५] र ॥४०॥ ष ॥८७॥

[1]द्वे वावेदम् अग्रे सवने आस्ताम्। द्वाभ्यां वावेदं सवनाभ्यां देवा अग्रे व्यजयन्त। तान् विजित्य यथालोकम् आसीनान् इन्द्र[2] एत्याब्रवीत् त्रीणि छन्दांसि त्रयः प्राणापानव्यानास् त्रय इमे लोकास् त्रिर् देवेष्व् इत्य् आहुः। एतेमानि त्रीणि सवनानि करवामेति। ते ऽब्रुवन् न शक्ष्यामो ऽनेन न्वाव वयं पूर्वेण कर्मणा परिश्रान्तास् स्म इति। स इन्द्रो ऽब्रवीत् स वा अहं मद् एवाधि तृतीयसवनं निर्मिमा इति। स आत्मन एवाधि तृतीयसवनं निरमिमीत। तद् इन्द्रो ह वा एतद् देवतानां यत् तृतीयसवनम्। इन्द्रेण हास्य देवतानां स्तुतं भवति य एवं विद्वांस् तृतीयसवनेन स्तुते॥

धीतम् इव वै तृतीयसवनम्। जागतं सुपर्ण आहरन्न् अधयत्। तद् एतद् पीडितम् इव। स्वादिष्ठया इति। स्वदयन्त्य् एवैनत् तेन[3]। मदिष्ठया इति। रसम् एवास्मिंस् तन् मदं दधति। आशिरम् अवनयन्ति पशुना चरन्त्य् एवैतेन प्यायन्ति॥

रक्षोहा विश्वचर्षणिर् अभि योनिम् अयोहते इति पूर्वयोर् एवैष सवनयोर् अभिसंक्रमः। तासु गायत्रम् उक्तब्राह्मणम्॥ १५६॥[4]

[१] प्रारम्भे य ल व श हरिः ओम् [२-२] ? य ल श °न्यादिंद्र र °न्वाद्र [३] ल श त्येन [४] र ॥१॥ ष ॥८८॥

अथ संहितं द्व्यक्षरणिधनं[1] प्रतिष्ठायै। द्विपाद् वै यजमानः प्रतिष्ठित्यै॥

देवासुरा अस्पर्धन्त। ते ऽब्रुवन् यन् न इदम् उभयं धनं तत् संनिदधामहै। तेषां नो यतरे जयन्ति तेषां न एतद् उभयं धनं संहितम् अस्तव् इति। तद् यद् एषाम् उभयं धनम् आसीत् तत् संन्यदधत। तं देवा अकामयन्तोभयम् इदं धनं संहितं जयेमेति। त एतत् सामापश्यन्। तेनास्तुवत। तेनोभयं धनं संहितम् अजयन्। तद् यद् उभयं धनं संहितम् अजयंस् तत् संहितस्य संहितत्वम्। उभयम् एव[2] संहितं द्विषन्तं भ्रातृव्यं जयति य एवं वेद॥

तद् उ होवाचारुणिर् अश्वो वाव स संहित आसीत्। तस्मिन्न् एवैषां तद् धनं संहितम् आसीत् तम् एव तद् असुराणाम् अवृञ्जत प्रजापतिं वावैषां तद् अवृञ्जतेति। ततो वै देवा अभवन् परासुराः। भवत्य् आत्मना परास्य द्विषन् भ्रातृव्यो भवति य एवं वेद॥१५७॥[3]

[१] य ल श °निधनं [२] व ष अधिपाठः धनं [३] र ॥२॥ ष ॥८९॥

अथो हैतद् अविच्छिन्नम् इव वै माध्यंदिनात् सवनात् तृतीयसवनम्। ते देवा एतद् व्यवेक्ष्याविदुर अविच्छिन्नम् इव वा इदं माध्यंदिनात् तृतीयसवनम् इति। त एतत् सामापश्यन्। तेनैतत् समदधुः। यत् समदधुस्[1] तद् व् एव संहितस्य संहितत्वम्। संहितं हास्यैतत् तृतीयसवनम् अनवच्छिन्नं भवति य एवं वेद॥

उष्णिक्ककुब्भ्यां वा इन्द्रो वृत्राय वज्रम् उदयच्छद् गायत्र्योस् तिष्ठन्। ते एनं नोदयच्छताम्। तयोश् चतुष्पादः[1] पशून् उपादधाद् गां चाश्वं चाजां चाविं च। ते एनम् उदयच्छताम्। स उष्णिक्ककुभोस् तिष्ठन् सभपौष्कले बाहू कृत्वा प्राहरत्। तम् अहन्। हन्ति द्विषन्तं भ्रातृव्यं य एवं वेद॥ १५८॥[3]

[१] व-ष-वर्जम् अन्यत्र समधुर् [२] व ष °ष्पदः [३] र ॥३॥ ष ॥९०॥

स प्राचान्येन पदा प्राभ्रंशत प्रतीचान्येन । येन प्राचा प्राभ्रंशत सा ककुब् अभवत् । तस्मात् ककुभः पूर्वार्धे ऽक्षराणि भूयिष्ठानि । अथ येन प्रतीचा प्राभ्रंशत सोष्णिग् अभवत् । तस्माद् उष्णिहो जघनार्धे ऽक्षराणि भूयिष्ठानि । ते वा एते छन्दसी धेनुश् चैवानड्वांश् च । तस्मात् पशवः पूर्वार्धेन च जघनार्धेन च भूयिष्ठं भाजयन्ति[२] वहन्ति पूर्वार्धेन दुह्रे च जघनार्धेन प्र च जनयन्ति । उभयं धेनुपयसं चानडुत्पयसं चावरुन्द्धे य एवं वेद ॥ १५९ ॥[३]

[१] केषु चित् कोशेषु जघन्या° [२] एवं व ष । अन्यत्र भुंजंति [३] र ॥४॥ ष ॥९१॥

तासु सभं यज्ञस्यैव सभतायै । यद् ध वै किं च यज्ञस्य दुष्टुतं दुश्शस्तं विधुरं तस्य ह वा एतत् सभतायै । सभम् अविभम् असद् इति ह वा एतेन स्तुवन्ति । साभं ह वा एतन् नाम ॥

सभेन वै देवा असुराणां तेजो बलम् इन्द्रियं वीर्यं पशून् अन्नाद्यं सभेन सभम् आत्मानम् अध्यकुर्वत । तत् सभस्य सभत्वम् । सभेनैव द्विषतो भ्रातृव्यस्य तेजो बलम् इन्द्रियं वीर्यं पशून् अन्नाद्यं सभेन सभम् आत्मानम् अधिकुरुते य एवं वेद ॥

प्रजापतिः पशून् असृजत । ते ऽस्मात् सृष्टा अपाक्रामन् । सो ऽकामयत न मत् पशवो ऽपक्रामेयुर् अभि मा वर्तेरन्न् इति । स एतत् सामापश्यत् । तेनास्तुत । ततो वै तं पशवो ऽभ्यावर्तन्त ततो ऽस्माद् अनपक्रामिणो ऽभवन् । सो ऽब्रवीत् सभो वै पशुभिर् अभूवम् इति । तद् व् एव सभस्य सभत्वम् । सभो हाधिभः पशुभिर् भवति य एवं वेद ॥

तद् उ काकुभं स्वारं भवति । प्राणो वै स्वारं पुरुषच्छन्दसं ककुभ । ज्यैष्ठ्यं वै प्राणो ज्यैष्ठ्यं पुरुषः । ज्यैष्ठ्येनैव तज् ज्यैष्ठ्यं संदधाति ज्यैष्ठ्येन ज्यैष्ठ्ये प्रतितिष्ठति । अथो यजमानम् एव तत् प्राणेन समृद्धयन्ति[१] । सम् अस्मा ऋध्यते य एव वेद ॥

तान् एकरूपान् न व्यजानात् । स एतत् पौष्कलं सामापश्यत् । तेनैषां रूपाणि व्यकरोत्[२] । ते नानारूपा अभवन् श्वेतो रोहितः कृष्णः । एकरूपा ह वात्र ते तनः पुरास् रोहिता एव । बहुरूपान् नानारूपान् पशून् अवरुन्द्धे [३]बहुपशुर् भवति[३] य एवं वेद ॥

अथ पौष्कलम् । पुष्कल आङ्गिरसः पशुकामस् तपो ऽतप्यत । स एतत् सामापश्यत् । तेनास्तुत । [४]ततो वै[४] पशून् अवारुन्द्ध । तद् एतत् पशव्यं साम । अव पशून् रुन्द्धे बहुपशुर् भवति य एवं वेद । यद् उ पुष्कल आङ्गिरसो ऽपश्यत् तस्मात् पौष्कलम् इत्य् आख्यायते । तच् चतुरक्षरणिधनं भवति । चतुष्पदा वै पशवः । पशव इव उष्णिक् । अभि पूर्वाणाम् एव पशूनाम् अवरुद्धयै ॥ १६० ॥[५]

[१] ल, व ष °ति [२] य व्या° [३-३] र एव नान्यत्र [४-४] व-ष-वर्जम् अन्यत्र ततस
[५] र ॥५॥ ष ॥९२॥

यद् यथापूर्वं छन्दांस्य् उपेयुर् अनुष्टुभ उत्तमाः कुर्युः । वाग् वा अनुष्टुप् । तां वै यज्ञाद् बहिर्धा कुर्युः । ताम् एवैतद् यज्ञस्य मध्यत आभजन्ति । ता एता भवन्ति पुरोजिती वो अन्धसः इति । पुरस्ताद् ध वा एताः पाप्मानं जयन्ति पुरस्तात् पाप्मानम् अपघ्नन्त्यो यन्ति । जितं ह वा एताभिः । विजितम् अन्ववस्यति

सुताय मादयित्नवे ।
अप श्वानं श्नथिष्टन सखायो दीर्घजिह्व्यम् ॥

इति । दीर्घजिह्वी ह वा असुर्य् आस । सा ह स्म सोमंसोमम् अवलेढि । उत्तरे ह समुद्र आस । स यो ह स्म दक्षिणे समुद्रे सूयते यः पूर्वे यो ऽपरे तं ह स्म तत एवावलेढि । तां हेन्द्रो जिघृक्षन् न शशाक गृहीतुम् । स होवाच मा कश् चन यष्टेयं वै दीर्घजिह्वी सोमंसोमम् एवावलढीति ॥ १६१ ॥[1]

[१] र ॥६॥ ष ॥९३॥

अथ ह सुमित्रः कौत्सो दर्शनीय आस । स तं होवाच सुमित्र दर्शनीयो वा असि । सुलापा वै दर्शनीयेन स्त्रियः । इमां दीर्घजिह्वीं लिलापयिषस्वेति । तां हेत्योवाच दीर्घजिह्वि कामयस्व मेति । सा होवाचैकं तव शेपो ऽङ्गेऽङ्गे मम मुष्का न वै तत् संपद्यत इति । स ह पुनर् एत्योवाचैकं तव शेपो ऽङ्गेऽङ्गे मम मुष्का न वै तत् संपद्यत इति वै माम् इयम् आहेति । अङ्गेऽङ्गे वा अहं तव शेपांसि करोमीति होवाच । तानि हाभिप्रावृत्येयाय । तां होवाच दीर्घजिह्वि कामयस्व मेति । सा होवाचैकं तव शेपो ऽङ्गेऽङ्गे मम मुष्का न वै तत् संपद्यत इति । अङ्गेऽङ्गे वाव मम शेपांसीति होवाच । अङ्ग ते पश्यानीति ॥ १६२ ॥[1]

[१] र ॥७॥ ष ॥९४॥

तानि हास्यै दर्शयांचकार । तानि हास्यै छन्दयांचक्रुः । स वा एहीति होवाच । को नामासीति । सुमित्रो नामेति । कल्याणं वै ते नामेति होवाच । तौ ह संनिपेदाते । तस्यां 'ह यदार्थं' चक्रे ऽथ हैनां तद् एवाभिसंजग्राह । सा होवाच नन्व् अरे त्वं सुमित्रो ऽवोचथा इति । स होवाच सुमित्र एवाह सुमित्रायाह्मि दुर्मित्रो दुर्मित्रायेति ॥

स एतानि सौमित्राणि सामान्य् अपश्यत् । तैर् अस्तुत । तैर् इन्द्रम् आह्वयत् । स इन्द्र एताम् अनुष्टुभं वज्रम् उद्यत्याद्रवत्

पुरोजिती वो अन्धसस् सुताय मादयित्नवे ।
अप श्वानं श्नथिष्टन सखायो दीर्घजिह्व्यम् ॥

इत्य् एवास्यै प्राहन् । ता एता भ्रातृव्यघ्न्यो रक्षोघ्न्य ऋचः । हन्ति द्विषन्तं भ्रातृव्यम् अप रक्षः पाप्मानं हत एताभिर् ऋग्भिस् तुष्टुवानः ॥

यो धारया पावकया परिप्रस्यन्दते सुतः ।
इन्दुर् अश्वो न कृत्वियः ॥
तं दुरोषम् अभी नरस् सोमं विश्वाच्या धिया ।
यज्ञाय सन्त्व् अद्रयः ॥

इति । पूर्वयोर् एवैष सवनयोर् अभिसंक्रमः ॥

तासु[2] श्यावाश्वम् । श्यावाश्वं वा आर्चनानसं समिद्धारं परेतं प्रतिसत्त्रिणो हित्वा स्वर्गं लोकम् आयन् । सो ऽकामयतानूत्पतेयं स्वर्गं लोकं प्रतिसत्त्रिभिस् संगच्छेयेति । स एतत् सामापश्यत् । तेनास्तुत ॥ १६३ ॥[3]

[१-१] ? व ष हतदार्थं श अयथार्थं [२] एवं व ष । अन्यत्र तानु [३] र ॥८॥ ष ॥९५॥

पुरोजिती वो अन्धस एह्याँ । सूताय मादयित्नवा एह्याँ । आप श्वानं श्नाथीष्टाना । तम् ऐहो वा एह्या इत्य् एव मरुतस् स्वर्गे लोक उपाह्वयन्त । ततो वै स प्रतिसत्त्रिभिस् समगच्छत । स हैष मरुद्भिर् एव सह श्यावाश्वः । तद् एतत् स्वर्ग्यं साम । अश्नुते स्वर्गं लोकं य एवं वेद । यद् उ श्यावाश्व आर्चनानसो[2] ऽपश्यत् तस्माच् छ्यावाश्वम् इत्य् आख्यायते ॥

इन्द्रो वै तृतीयसवनाद् बीभत्समान उदक्रामत् । धीतम् [3]इव ह्य् आसीत्[3] । तम् एतेन विश्वे देवास् साम्नाह्वयन्त ओ३होइया इति । ततो वा इन्द्रस् तृतीयसवनम् उपावर्तत । ततो ऽस्माद् अनपक्रम्य् अभवत् । तद् एतत् सेन्द्रं साम । सेन्द्रो हास्य सदेवो यज्ञो भवति । अभ्य् अस्येन्द्रो[5] यज्ञम् आवर्तते नास्येन्द्रो यज्ञाद् अपक्रामति य एवं वेद ॥

तत् स्वारं भवति । प्राणो वै स्वरः[6] । वीव वा एते [7]प्राणैर् ऋध्यन्ते[7] ये यज्ञीयस्य कर्मणो ऽतिपादयन्ति यदि वा नातिपादयन्ति । को हि तद् वेद यदि ते ऽति वा पादयन्ति न वा । तद् यत् स्वारं भवति प्राणैर् एव तत् समृध्यन्ते ॥ १६४ ॥[8]

[१] व ष एहिया [२] ल श आर्चनानो [३–३] व ष इवाभ्यांसुत् [४] य साम्नान्यं र साम्नाद्यं ल साम्नान्यं व श ष सामान्यं [५] ? य र ल, श अन्यस्येन्द्रो ल, अव्यसेन्द्रेद्रा व ष अभ्यसेन्द्रो [६] य ल व ष स्वारः [७–७] सर्वत्र प्राणैरिध्यन्ते [८] र ॥९॥ ष ॥९६॥

अथान्धीगवम् । मध्येनिधनं भवति प्रतिष्ठायै । समुद्रं वा एते ऽनारम्भणं[1] प्रप्लवन्ते य आर्भवं पवमानम् उपयन्ति । तद् यन् मध्येनिधनं भवति प्रतिष्ठित्या एव । तद् यथा वा अदस् समुद्रं प्रस्नाय द्वीपं विरवोपोत्स्नाय विश्राम्यन्न् आस्त एवं ह वा एतन् निधनम् उपेत्य कामं विश्राम्यन्त आसीरन्न् अस्तुवानाः[3] ॥

तद् ऐळं भवति । पशवो वा इळा पशवः कृत्स्नम् अन्नाद्यम् । यो वा अनवसो ऽध्वानं प्रैति नैनं स समश्नुते । अथ यस् सावसः प्रैति स एवैनं समश्नुते ॥

अयं वाव समुद्रो ऽनारम्भणो यद् इदम् अन्तरिक्षम् । तस्य नानवसेनेत्थं गतिर् अस्ति नेत्थम् । तद् एतत् पशून् एव कृत्स्नम् अन्नाद्यम् अवसं कृत्वा यन्ति ॥

शाक्त्या अन्नाद्यकामा अदीक्षन्त । स एतद् अन्धीगुश् शाक्त्यस् सामापश्यत् । तेनास्तुत । तस्यैतां दशाक्षरां विराजं मध्यत उपैत्[4] । दशाक्षरा विराड् अन्नं विराट् । ततो वै ते विराजम् अन्नाद्यम् अवारुन्धत । तद् एतद् विराजो ऽन्नाद्यस्यावरुद्धिस् साम । अव[5] विराजम् अन्नाद्यं रुन्द्धे[6] ऽन्नादश् श्रेष्ठस् स्वानां भवति य एवं वेद । यद् व् अन्धीगुश् शाक्त्यो ऽपश्यत् तस्माद् आन्धीगवम् इत्य् आख्यायते ॥ १६५ ॥[7]

[१] ल श °म्भणेन [२] ल श नास्ति [३] ? य ल श °ना र अस्मावाना व ष स्तवेनाना [४] ? कोशेषु उप(व ष उवै)यन्ति [५] र ल श नास्ति [६] य र ल श अवरुंधे [७] र ॥१०॥ ष ॥९७॥

अथैता भवन्ति अभि प्रियाणि पवते चनोहितः इति । प्रजापतिः प्रजा असृजत । ता अप्राणा असृजत । ताभ्य एताभिर् एवर्ग्भिः प्राणान् अदधात् । अभि प्रियाणि पवते चनोहितः इति । प्रजायै वै प्रियंश्[1] अभि इत्य् एव प्राणेनाभ्यपवत । नामानि यह्वो अधि येषु वर्धते इति । महां[2] वै प्रजानामानि । आ सूर्यस्य बृहतो बृहन्न् अधि रथं विष्वञ्चम् अरुहद् विचक्षणः इति । प्राणो वै विष्वङ् । सो ऽयं विष्व्[3] अञ्चति[4] । ता एता आयुष्या ऋचः । सर्वम् आयुर् एत्य् एताभिर् ऋग्भिस् तुष्टुवानः ॥

तासु कावम् । कविर् वै भार्गवो देवेष्व् अमर्त्यं गन्धर्वलोकम् ऐच्छत । स एतत् सामापश्यत् । तेनास्तुत । ततो वै स देवेष्व् अमर्त्यं गन्धर्वलोकम् आश्नुत । तद् एतत् लोकवित् साम । अश्नुते देवेष्व् अमर्त्यं गन्धर्वलोकम् एतेन तुष्टुवानः । यद् उ कविर् भार्गवो ऽपश्यत् तस्मात् कावम् इत्य् आख्यायते ॥

तत् स्वारं भवति । स्वरेण वै देवेभ्यो ऽन्ततो ऽन्नाद्यं प्रदीयत ऋक्साम[5] पवमानान्ते भवति । नर्चा सामानि रेचयन्ति नर्चं साम्ना । तद् यद् इहेव चेहेव च पवमानेन स्तुवन्ति

तद् एतस्यैव समतायै समं क्लृप्त्यै। पदानुस्वारं पुरस्ताद् गायत्रं भवति पदानुस्वारम् उपरिष्टात् पवमानान्ते। तस्माद् उभयतःप्राणाः प्रजा ऊर्ध्वाश् चावाचीश् च ॥

यां ह खलु वै पितापुत्रौ नावम् अजतो न सा रिष्यति। दैव्य् एषा नौर् यद् यज्ञः। ताव् एतत् पितापुत्राव् एवाजतः। औशनं पुरस्ताद् भवति कावम् उपरिष्टाद् यज्ञस्यैवारिष्ट्यै। तस्माद् [6]यद् अदाशां[6] नावम् अधिरोहान्त पितापुत्रौ हैवाग्रे ऽधिरोहतः ॥

पञ्चैतानि छन्दांस्य् आर्भवे[7] पवमाने भवन्ति सप्त सामानि। तद् द्वादश संपद्यन्ते। द्वादश मासास् संवत्सरः। [8]पञ्चो वा एवामूनि[8] सामानि माध्यंदिने पवमाने भवन्ति। [9]ऋतव एव[9] मासा एवार्भवे[10] पवमाने कल्पन्त ऋतवो माध्यंदिने। स हैष संवत्सर एव व्यूढो यद् यज्ञः ॥ १६६ ॥[11]

[१] ? र प्रियश्ना ल प्रियंन्त व ष प्रियंत [२] ? य र ल$_{2}$ श माह [३] व ष नास्ति [४] ? य र श अंचतीर्ते ल अंचतिर्ते तथा व ष तिर्ते [५] ? य र ल$_{2}$ श °सामं [६-६] ? व ष यदाश [७] ? य ल$_{2}$ आभवै र आहावे ल$_{1}$ अविभवे व ष अविभः वे श आभावे [८-८] ? य पञ्चो वा एमूनि र ल$_{1}$ पञ्चो वामूनि ल$_{2}$ श पंचैवामूनि व ष पंचैवा एवामूनि [९-९] ? य अश्वृतव एव र उतव ल रितव एव श उदव [१०] र श एवंदुवे [११] र ॥११॥ ष ॥९८॥

प्रजापतिर् ह खलु वा एष यस् संवत्सरः। स ह षण् मासो ऽन्यतरमन्यतरं पादम् उद्ग्राहं[1] तिष्ठति। स यदोष्णम् उद्गृह्णात्य् अथ हेदम् उपर्य् उष्णो भवत्य् अध उ ह तदा शीतो भवति। तस्माद् ग्रीष्म उपर्य् उष्णो ऽधश् शीतम् अधिगम्यते। तस्माद् उ ग्रीष्म शीताः कूप्या अप उदाहरन्ति। अथ यदा शीतम् उद्गृह्णात्य् अथ हेदम् उपरि शीतो भवत्य् अध उ ह तदोष्णो भवति। तस्माद् धेमन्न् उपरि शीतो ऽध उष्णम् अधिगम्यते। तस्माद् उ हेमन्न् उष्णाः कूप्या अप उदाहरन्ति। एवं ह वा एष प्रजापतिस् संवत्सरः प्रजा बिभर्ति ॥

अथ ह वा एतं सौम्यं चरुम् आहरन्ति। यद् ध वा उद्गातुर् यज्ञ ऊनं वातिरिक्तं वा कुर्वतो मीयते यमलोकं ह वा अस्य तद् गच्छति। तद् धापि मृतोदीरिण आहुर् यमस्यैतत् सभायाम् अपश्याम इति। तद् एतेन पुनर् आह्रियते यद् एतं सौम्यं चरुम् आहरन्ति ॥

तं हावेक्षेत

यन् मे मनो यमं गतं यद् वा मे अपरागतम्।
राज्ञा सोमेन तद् वयं पुनर् अस्मासु दध्मसि ॥
मनसि मे चक्षुर् अथाश् चक्षुषि मे मनः ॥
आयुष्मत्या ऋचो माच्छैत्सि[2] मा साम्नो भागधेयाद् वियोषम् ॥

इति। तद् धापि छायां पर्यवेक्षेतात्मनो ऽप्रणाशाय ॥

अथो सर्पिषोर् अक्ष्योर् आदधीत चक्षुष आप्यायनाय। तद् अपि विज्ञानम् आसाद्[3]। य आत्मानं न परिपश्येद् अपेतासुस् स स्यात्। तस्मात् सत्याद् अप्य् आज्यं भूय आनीय पर्य् एवात्मानं दिदृक्षेत सर्वस्यायुषो ऽवरुद्ध्यै ॥ १६७ ॥[4]

[१] व ष °ग्राभन्। अन्यत्र °ग्राहन् [२] ? कोशेषु माच्छैत्सि, °त्सी, मात्वेत्सी, °त्सि [३] ? य र श असद् [४] र ॥१२॥ ष खण्डो न परिसमाप्तः

अङ्गिरसां वै सत्त्रम् आसीनानां शर्करा अक्षिष्व् अजायन्त। ते ऽकामयन्तानन्धास्[1] स्याम प्रपश्येमेति। स एतं सौम्यं श्यामं चरुम् अक्षिष्व् आदधत। तम् एतेन मन्त्रेणादधत

येने[2] ह्य् आजिम् अजयन् नृचक्षा येन श्येनं शकुनं सुपर्णम् ।
यद् आहुश् चक्षुर् अदिताव् अनन्तं सोमो नृचक्षा मयि तद् दधातु ।।

इति । ततो वै ते ऽनन्धा अभवन् प्रापश्यन् । अनन्धो हैव भवति प्रपश्यति य एवं वेद ॥

तद् आहुः प्राश्या३ न प्राश्या३ इति । स यो ऽनूचानस् सन्न् अयश ऋतस् स्यात् स हि तं प्राश्नीयात् । अनूचाना इह वा अलं यशसे । स यो ऽनूचानस् सन्न् अयश ऋतो भवति—अमुं ह वै तस्य लोकं यशो गतं भवति—तद् एतेन पुनर् आह्रियते । यद् एतं[3] सौम्यं श्यामं चरुं प्राश्नाति तद् उ होवाच शाट्यायनिर् नैवैष प्राश्यः कस् ततो यश आहरेद् यत्र भूयसी रात्री वत्स्यन् स्याद् इति । तस्माद् उ हैतन् नैव प्राश्नीयात् ॥ १६८ ॥[4]

[१] कोशेषु °नद्धा [२] पञ्चविंशब्राह्मणे १.५.१९ येना, अजयद्दिचक्ष्य [३] व ष एतौ
[४] र ॥१३॥ ष ॥९९॥

तुरीयं वा एतत् साम्नः । सामन्न् एवैतद् यज्ञं प्रतिष्ठापयन्ति । तनूर् वा एषा साम्नाम् । सतनून्य् एवैतद् सामानि कुर्वन्ति । यो ह[1] वा एतस्मात् साम्न इयाद् [2]दुश्चर्मा वा[2] स्यात् पापी वैनं कीर्त्तिर् अभिवदेत् ॥

गायत्री वा एषा वयो भूत्वोदेति । दिवम् अपतत् । अनुष्टुभि वा एतस्यै सते[3] दिशश् शुक्रम् अहरन् । शुक्रहृता[4] अस्मै प्रजा भवन्ति । दिग्भ्यो ऽस्मै शुक्रो[5] ह्रियते य एवं वेद ॥

वयो यज्ञा वो अग्नये इति प्रस्तौति । [6]ओ यिरा यिरा[6] च दक्षसे पोप्रिं वयम् अमृतं जातोवाहोयि-विदोसम् इति प्रतिहरति । यज्ञा इति द्वे अक्षरे गिरा इति द्वे पोप्रिम् इति द्वे । तत् षद् संपद्यन्ते । षडक्षरस् तूष्णींशंसः । तूष्णींशंस एवैतद् आग्निमारुते विमुच्यन्ते । स ह्य् अन्तः ॥

अग्निर् वैश्वानरः प्रजा अभ्युदतिष्ठत् । स इदं सर्वं प्रातपत् । तस्य देवाः प्रदाहाद् अबिभयुः । ते ऽब्रुवन् सर्वं वा अयम् इदं प्रधक्ष्यति—॥ १६९ ॥[7]

[१] ? ल व श न [२-२] ल व ष दुश्चर्मवां [३] ल व ष सतो [४] ल व ष °भूता । अन्यत्र हुतो [५] ल शुक्लं व ष शुक्ल्यं [६-६] य र श उपोयिगिरा ल उबेयिरा व ष उयिरा [७] र ॥१४॥ ष अपरिसमाप्तः खण्डः

—एतस्यै[1] हरो ऽपैरयामेति । तस्य हरो ऽपैरयन् । तद् यत् प्रथमम् अपैरयंस् तस्मिन् व्यवदन्त क्वेदं भविष्यतीति । यज्ञेयज्ञे नो भविष्यतीत्य् अब्रुवन् । तद् यज्ञायज्ञीयम् अभवत् । तद् यज्ञायज्ञीयस्य यज्ञायज्ञीयत्वम् ॥

यद् द्वितीयम् अपैरयंस् तन् नार्मेधम् अभवत् । यत् तृतीयम् अपैरयंस् तद् दाशस्पत्यम् अभवत् । यच् चतुर्थम् अपैरयंस् तद् विशोविशीयम् अभवत् । यत् पञ्चमम् अपैरयंस् तद् वारवन्तीयम् अभवत् ॥

अग्निर् वा एष वैश्वानरो यद् यज्ञः । तद्वद् एतान्य् अग्निष्टोमसामानि भवन्ति । हरस्यैवैतद् अग्निं वैश्वानरं प्रतिष्ठापयन्ति ॥ १७० ॥[2]

[१] व-ष-वर्जम् अन्यत्र एतास्य [२] र ॥१५॥ ष ॥१००॥

नार्मेधं नाथकामः कुर्वीत । नृमेधश् च वै सुव्रतश् च भ्रातरौ । तौ ह निकातिविया-

दधाते[1]। स ह नृमेधस् सुव्रतस्योज्जगौ। तद् ध यज्ञायज्ञीयेनैवास्तुतम् आस। अथ हैनम्[2] आसस्नुः[3]। यजमानस्य वै त उद्गातुः पुत्रौ पुत्रम् अभीमरताम् अन्तकध्रुतिं सौव्रतिं नकिरर्श्[4] च[5] शकपूतश् चेति। तं ह बाहू परामृशन्न् उवाच ब्राह्मणा एष वो यज्ञस् तेन यं कामयन्ते[6] तं याजयतानेन त्वा अहं तद् याजयिष्य[7] इति। तं हौदुम्बर्याम् अनुवेष्ट्य शणशलाकाभिर् उपादीपयांचकार। सो ऽकामयतोद् इत इयां गातुं नाथं विन्देय न मायम् अग्निर् दहेद् इति। स एतत् सामापश्यत्। तेनास्तुत। ततो वै स गातुं नाथम् अविन्दत नैनम् अग्निर् अदहत्। अपि ह तच् छुल्बकं प्रददाह येनानुवेष्टित आस। तद् एतद् गातुविन् नाथवित् साम। गातुं वै स नाथम् अविन्दत। विन्दते गातुं नाथं य एवं वेद। यद् उ नृमेधो ऽपश्यत् तस्मान् नार्मेधम् इत्य् आख्यायते॥ १७१ ॥[8]

[१] ? व ष म्निकान्यदादधाते [२] व ष हैंनस् [३] ? य र आसस्नुः पुर् ल श आसहूः पुर् व ष त्रिपहूः [४] व ष नरकश् [५] व ष चेति [६] व-ष-वर्जम् अन्यत्र °ते [७] ? व ष जजातइष्ये अन्यत्र जातयिष्ये [८] र ॥१६॥ ष ॥१०१॥

दाशस्पत्यं श्रैष्ठ्यकामः कुर्वीत। देवासुरा अस्पर्धन्त। ते देवा इन्द्रम् उपाधावंस् त्वयाधिपत्येदं जयामेति। स इन्द्रो ऽकामयत जयेमासुरान् इति। स एतत् सामापश्यत्। तेनास्तुत। ततो वै देवा असुरान् अजयन्। तस्मै विजित्यासीनाय दशपतये-दशपतय आ इत्य् एवोद्धारान् उदहरन्। तद् एव दाशस्पत्यस्य दाशस्पत्यत्वम्। उद्धारं हरत उद्धार्यो भवति य एवं वेद॥

विशोविशीयम् अन्नाद्यकामः कुर्वीत। अग्निर् वा अकामयत विशोविश एवान्नादश् श्रेष्ठो ऽधिपतिस् स्याम् इति। स एतत् सामापश्यत्। तेनास्तुत। ततो वै स विशोविश एवान्नादश् श्रेष्ठो ऽधिपतिर् अभवत्। तत एनम् विशोविशो व्यवाहरन्त। [1]तद् यद् एनं विशोविशो व्यवहरन्ति[1] तद् विशोविशीयस्य विशोविशीयत्वम्। स हैष विशोविश एवान्नादश् श्रेष्ठो ऽधिपतिः। विशोविश एवान्नादश् श्रेष्ठो ऽधिपतिर् भवति य एवं वेद॥

वारवन्तीयं पशुकामः कुर्वीत। प्रजापतिः पशून् असृजत। ते ऽस्मात् सृष्टा अपाक्रामन्। तान् वारवन्तीयेनैवावारयत। यद् अवारयत तद् वारवन्तीयस्य वारवन्तीयत्वम्। तद् यद् वारवन्तीयम् अग्निष्टोमसाम भवति पशूनाम् एवोपस्थित्यै पशूनाम् अनपक्रमाय ॥ १७२ ॥[2]

[१-१] ल व ष नास्ति [२] र ॥१७॥ ष ॥१०२॥

यो वै यज्ञस्योधर् वेद प्रत्तं[1] यज्ञं दुहे। यज्ञायज्ञीयं वाव यज्ञस्योधः। तस्यैते स्तना गायत्रं रथन्तरं च बृहच् च वामदेव्यं च। तद् गायत्रम् इव प्रस्तुयात्। रथन्तरस्येव स्तोभान् स्तोभेत्। बृहत इव रोहान् रोहत्। हिंकारो वामदेव्यं स्वयम् एव यज्ञायज्ञीयम्। एतद् वै यज्ञं यजमानो दुहे। स हेष्ट्वैव श्रेयान् भवति। यज्ञायज्ञा वो अग्नये इति भवति। एष ह वै यज्ञोयज्ञो यद् यज्ञायज्ञीयम्। यज्ञंयज्ञं वहतीति ह वै यज्ञायज्ञीयस्य यज्ञायज्ञीयत्वम्॥

एतेन ह स्म वै पुरा सर्वाणि स्तोत्राणि स्तुवन्ति। तद् आहुर् ऊर्ध्वा वा एते स्वर्गं लोकं रोहन्ति[2] ये यजन्ते। [3]तं ईश्वराः पराञ्चो ऽति[4]पत्तोर्[5] इति तद् यज्ञायज्ञीयेनोपरिष्टात् स्तुवन्ति। इयं वै यज्ञायज्ञीयम्। अस्याम् एवैतत् प्रतितिष्ठन्ति। अप उपनिधाय स्तुवन्ति —अग्निर् वा एष वैश्वानरो यद् यज्ञायज्ञीयं—तस्य शान्त्या अप्रदाहाय॥

ऊरुभ्यां पत्न्य् उपप्रवर्तयति। अग्निम् एव तद् वैश्वानरं शमयति। नग्नम् इवोरुं[6]

कृत्वोपप्रवर्तयति । नग्नम् इव ह्य् ऊरुं कृत्वा पत्नी वीर्यं करोति । तां संख्यापयन्ति रेतोधेयाय । तद् आहुर् आ वा एतत् प्रत्युद्गातुः प्रजां दत्ते यद् विगीते सामन् संख्यापयन्तीति ॥ १७३ ॥[७]

[१] य प्रन्त ल, व्रतं व ष प्रतनं अन्यत्र प्रत्य [२] व ष आरोहन्ति [३] व ष तं [४] ल तित व ष तिते [५] य ल °पतोर् र °पत्योर् व ष वत्तोर् [६] ।≈ इतोऽवधिः ष [७] र ॥१८॥

तां प्रतिसमीक्षेत वामी नाम संदृशि विश्वा वामानि धीमहि इति । प्रजा वै वामम् । प्रजाम् एव तद् आत्मन् धत्ते । वृष्णस् ते वृष्ण्यावतो विश्वा रेतांसि धीमहि इतीतरा प्रतिसमीक्षते ॥

तद् आहुः प्रावृत उद्गायेत्—अग्निर् वा एष वैश्वानरो यद् यज्ञायज्ञीय—तस्य शान्त्या अप्रदाहायेति । ईश्वरो ह तु पितृदेवत्यो भवितोर् यत् प्रावृत उद्गायेत् । अथो आहुर् यावद् एव श्रोत्रं तावत् प्रावृत्योद्गायेद् इति । तद् उ वा आहुः कर्णाभ्यां वै शृणोत्य् अक्षिभ्यां पश्यति । तस्माद् आत्मानम् अन्तर्याद् यत् प्रावृत उद्गायेत् । अथो आशिरं वै तृतीये[१] सवने[२] ऽवनयन्ति[३] । प्रजा वै पशव आशीः । तस्मात् सर्वस्माद् आत्मानम् अन्तर्यात् प्रावृत उद्गायेत् । अप्रावृत एवोद्गायेद् इति ॥ १७४ ॥[४]

[१] र श तृतीयेन [२] र व श सवनेन [३] र व श यान्ति [४] र ॥१९॥

वयो वै यज्ञायज्ञीयम् । स यं कामयेत यजमानं स्वर्गलोकस् स्याद् इति वयो यज्ञा वो अग्नये इत्य् अस्य प्रस्तुयात् । वय एवैनं शकुनो भूत्वा स्वर्गं लोकं वहति । तद् उ तद् अनायुष्यम् इव । प्रधमितम्[१] इव वा एतद् यद् वयो ऽनालयम्[२] इव । तस्माद् एवं न प्रस्तुयात् ॥

ओ यिरा यिरा चा दाक्षासा इति । यत् गिरा गिरा च इति ब्रूयाद् अग्निर् वैश्वानरो यजमानं गिरेत् । अथ यत् ओ यिरा यिरा चा दाक्षासा इत्य् आह—अन्नं वा इरा—अन्नाद्यम् एव तद् अग्नेर् वैश्वानरस्य मुखतो ऽपिदधाति । ईश्वरो ह तु रूक्षो भवितोर् यद् ओ यिरा यिरा चा दाक्षासा इति ब्रूयात् । ओ यिरा इहा चा दाक्षासा इत्य् एव ब्रूयात् ॥ १७५ ॥[३]

[१] ? य प्रमथितम् र प्रमधितम् ल व श प्रथयितम् [२] कोशेषु नालयनम् [३] र ॥२०॥

तथा ह न रूक्षो भवति ॥

एतद् ध स्म वै तत् पूर्वे ब्राह्मणा मीमांसन्ते क उ स्विद् अद्य शिंशुमार्यै व्यात्तम् अतिप्रोष्यत इति । एषा ह वा एकायने शिंशुमारी प्रतीपं व्यादाय तिष्ठति यद् यज्ञायज्ञीयम् । तस्या एतद् अन्नाद्यम् एव मुखतो ऽपिधाय स्वस्त्य् अत्येति ॥

पोप्रिं वयम् अमृतं जातो वा इति । यत् प्रप्र वयम् इति ब्रूयात् प्रमायुको यजमानस् स्यात् । अथ यत् पोप्रिम् इत्य् आहैष एवास्मै पोप्रिर् भवति ॥

हिं मायि दायिवम् इति । यत् दासम् इति ब्रूयाद् दंसुको[३] यजमानस् स्यात् । अथ यत् दायिवम् इत्य् आह—दिवं संस्तुतो यज्ञो गमयितव्य इत्य् आहुः—दिवम् एवैतत् संस्तुतं यज्ञं गमयन्ति ॥

प्रियं मित्रं नु शंसिषम् इति । यत् प्रियं मित्रं न शंसिषम् इति ब्रूयान् न प्रियं मित्रं शंसेत ।

अथ यत् प्रियं मित्रं नु शंसिषम् इत्य् आह प्रियम् एव मित्रं शंसते ॥ १७६ ॥[४]

[१] कोशेषु तं [२-२] कोशेषु प्रवायम् [३] एवं कोशेषु [४] र ॥२१॥

प्रायां मायित्रान् नू शांसीषाम् ऊर्जो नपातं स ह्य् आयुमा इति । यत् नायुमा इति ब्रूयान् नायुष्मान् यजमानस् स्यात् । अथ यत् आयुमा इत्य् आहायुर् एवैतद् उद्गातात्मंग् च यजमाने च दधात ॥

हिं मायास्मायूः आशेमा हव्यदातायाउवा इति । यत् दाशेम इति ब्रूयाद् दंशुका[१] एनं स्युः । अथ यद् आशेमा इत्य् आहाश्नुत एव ॥

आशेमा हाव्यादातायायि भुवद् वाजेष्व् अविता भूवाद् धिं मायि वार्धा इति । वृद्ध इव ह्य् एतर्हि यज्ञो भवति ॥

उत त्राता बहूनाम् इति । यत् तनूनाम् इति ब्रूयात् तनुर् इव यजमानस् स्यात् । अथ यत् बहूनाम् इत्य् आह बहूनाम् एवैनम् एतत् त्रातारं करोति ॥ १७७ ॥[२]

[१] ल श दाशुका [२] र ॥२२॥

तद् आहुर् यज्ञायज्ञीयस्यैकाद् अक्षराद् ऊना ऋचः । तद् यज्ञस्य छिद्रम् । यस् तद् उद्गायन् नापिदधात यज्ञायज्ञीयं छिद्रं करोति । यज्ञायज्ञीयं छिद्रम् अनु यज्ञस् स्रवति यज्ञम् अनु यजमानो यजमानम् अनु प्रजाः । तस्मिन् वाचं दध्यात् । वाग् वै ब्रह्म । उत त्राता वाग् बहूनाउवा इति । गौः इति हैके दधति—गौर् वै कृत्स्नम् अन्नाद्यम्—कृत्स्नस्यैवान्नाद्यस्यावरुद्ध्यै । तद् आहुर् नैतद् आद्रियेत । यद् वाव वाङ्निधनं भवति तेनैव संधीयत इति ॥

तद् आहुर् यथापूर्वं यथाज्यैष्ठ्यं छन्दांसि विमुच्यानि [२]छन्दसां क्लृप्तिं विमुक्तिम् अनु प्रजाः कल्पान्ता[२] इति । यज्ञा वो अग्नये इति षड्भिर् अक्षरैः प्रस्तौति । गिरा च दक्षसे इति षड्भिर् अक्षरैर् आदिम् आदत्ते । तद् द्वादश संपद्यन्ते । द्वादशाक्षरा जगती[३] । जगतीं प्रथमतः पर्यूहन्ति । तज् जगत्या विमुच्यन्ते । प्र वयम् अमृतं जातवेदसम् इत्य् एकादशाक्षराणि संपद्यन्ते । एकादशाक्षरा त्रिष्टुप् । तत् त्रिष्टुभा विमुच्यन्ते । प्रियं मित्रं नु शंसिषम् इत्य् अष्टाभिर् अक्षरैर् निधनम् उपयन्ति । अष्टाक्षरा गायत्री । तद् गायत्र्या विमुच्यन्त । तद् यथापूर्वं यथाज्यैष्ठ्यं छन्दांसि विमुच्यमानानि यन्ति । छन्दसां क्लृप्तिं विमुक्तिम् अनु प्रजाः कल्पन्ते नापरामारी पूर्वो म्रियते ॥ १७८ ॥[४]

[१] य ल श आद्रियेत र आमियेत व आभ्रियेत [२-२] ? एवं कोशेषु [३] र जगतीपर्तर् व जगतीपतेर् [४] र ॥२३॥

देवासुरा यज्ञे ऽस्पर्धन्त । ते देवा असुरान् यज्ञान् निरवाघ्नन् । ते ऽसुरास् त्रयाणां सवनानां रसं वीर्यं प्रवृह्यान्धं तमः प्राविशन् । यद् ध वै किं च पराचीनम् अग्निष्टोमात् तद् अन्धं तमः । यत् पराचीनं संवत्सरात् तद् अन्धं तमः । एतावान् वाव यज्ञो यावान् अग्निष्टोमः । एतावान् उ संवत्सरः । द्वादश वा अग्निष्टोमस्य स्तोत्राणि द्वादश मासास् संवत्सरः । द्वादश स्तोत्राणि द्वादश शस्त्राणि । द्वादश पूर्वपक्षा द्वादशापरपक्षाः । अथ यत् ततः पराचीनं तद् अन्धं तमः । तत् प्राविशन् । ते देवा असुरान्

अन्वभ्यवायन्। तान् असुरान् एतैर् एवोक्थैः प्रत्युदतिष्ठन्। यद् उक्थैः प्रत्युदतिष्ठंस् तद् उक्थानाम् उक्थत्वम्। तांस् ततो निर् एवावाघ्नन्। ते ऽन्धम् एव तमः प्राविशन् रात्रिम् एव॥

स इन्द्रो ऽब्रवीत् कश् चाहं चेदम् अन्वभ्यवैष्याव इति॥ १७९॥[1]

[१] र ॥२४॥

अहं चेत्य् अब्रवीद् वरुणः। अहं वां[1] ज्योतिर् धारयिष्यामीत्य् अग्निर् अब्रवीत्। ताव् अन्वभ्यवैताम्। ताव् एकं तृतीयम् उदाहरताम्। तेन प्रातस्सवनम् आप्याययन्। तस्माद् ऐन्द्रीषु स्तुवन्ति। ऐन्द्रावरुणम् अनुशस्यते। तस्माद् उ गायत्रीषु स्तुवन्ति। गायत्रं हि प्रातस्सवनम्॥

स एवाब्रवीत् कश् चाहं चेदम् अन्वभ्यवैष्याव इति। अहं चेत्य् अब्रवीद् बृहस्पतिः। ताव् अन्वभ्यवैताम्। ताव् एवैकं तृतीयम् उदाहरताम्। तेन माध्यंदिनं सवनम् आप्याय-यन्। तस्माद् ऐन्द्राषु स्तुवन्ति। ऐन्द्राबार्हस्पत्यम् अनुशस्यते। तस्माद् उ ककुप्सु स्तुवन्ति। काकुभं हि माध्यंदिनं सवनम्॥

स एवाब्रवीत् कश् चाहं चेदम् अन्वभ्यवैष्याव इति। अहं चेत्य् अब्रवीद् विष्णुः। ताव् अन्वभ्यवैताम्। ताव् एवैकं तृतीयम् उदाहरताम्। तेन तृतीयसवनम् आप्याययन्। तस्माद् ऐन्द्रीषु स्तुवन्ति। ऐन्द्रावैष्णवम् अनुशस्यते। तस्माद् अनुष्टुप्सु स्तुवन्ति। आनुष्टुभं हि तृतीयसवनम्॥

तान् सर्वस्माद् एवान्तरायन्। ते ऽतो तद् अभि प्रणयन्तीति प्रवतीभ्यः प्रणयन्त्य् एहिवतीषु। प्रेति च वा इदं सर्वम् एति च। ततो वै देवा अभवन् परासुराः। भवत्य् आत्मना परास्य द्विषन् भ्रातृव्यो भवति य एवं वेद॥ १८०॥[2]

[१] एवं र। अन्यत्र वा [२] र ॥२५॥

तानि वा एतानि त्रीणि सन्ति द्विदेवत्यान्य् ऐन्द्रावारुणम् ऐन्द्राबार्हस्पत्यम् ऐन्द्रा-वैष्णवम् इति। एतावतैताष्[1] षद् कामदुघा उदाहरन् गां चाश्वं चाजां चाविं च व्रीहिं च यवं च। उपैनम् एताष् षद् कामदुघास् तिष्ठन्ति[2] य एवं वेद॥

एतावान् वाव यज्ञो यावान् अग्निष्टोमः। तद् आहुर् यद् एतावान् एव यज्ञो यावान् अग्निष्टोमस् तस्मिन्न् अन्तर्गते किम् अभ्युक्तानि प्रणयन्तीति। स ब्रूयाद् यज्ञायज्ञीयस्यैकाद् अक्षराद् ऊना ऋचः। तद् यज्ञस्य छिद्रं [3]तद् अभिप्रणयन्तीति। प्रवतीभ्यः प्रणयन्त्य् एहिवतीषु। प्रेति च वा इदं सर्वम् एति च[3]। यज्ञम् एवास्मिंस् तत् सम्यञ्चं दधाति॥

आग्नेयीषु प्रणयन्त्य् आग्नेयीभ्यः। यथाग्राव् अग्नीन् अभिसमादध्यात् तादृक् तत्। यो वा एकम् अग्निं सन्तं बहुधा विहरेद् बहवस् स्युः। य एनान् बहून् सतस् सार्धं संहरेद् एक एव स्यात्। स यथाग्राव् अग्नीन् अभिसमादध्यात् तादृक् तत्॥ १८१॥[4]

[१] कोशेषु एतावातेतत् [२] कोशेषु °न्ते [३-३] र श नास्ति [४] र ॥२६॥

तासु साकमश्वम्। देवा वै स्वर्गकामास् तपो ऽतप्यन्त। त एतत् सामापश्यन्। तेनास्तुवत। तद् एनान् अश्व एव भूत्वा स्वर्गं[2] लोकम् अवहत्। ते ऽब्रुवन् स्वर्गं[3] लोकं गत्वा साकं वा अश्वेन[4] स्वर्गं लोकम् अगन्मेति। तद् एव साकमश्वस्य साकमश्वत्वम्।

तद् एतत् स्वर्ग्यं साम । अश्नुते स्वर्गं लोकं य एवं वेद ॥

प्रमंहिष्ठीयं भ्रातृव्यवान् कुर्वीत । इन्द्रो वृत्राय वज्रम् उदयच्छत् । तं नाशक्नोत् प्रहर्तुम् । स यदैव प्र इत्य् अपश्यद् अथैनम् अहन् । हन्ति द्विषन्तं भ्रातृव्यं य एवं वेद । यद् उ प्र इत्य् अपश्यत् तस्मात् प्रमंहिष्ठीयम् इत्य् आख्यायते ॥

सत्रासाहीयं कुर्वीत यस्य त्वद् इवाजितं स्यात् । इन्द्रो ऽसुरान् अजयत् । तेषां त्वान् इव नाजयत् । सो ऽकामयत सत्रा सर्वान् असुरान् सहेयेति । स एतत् सामापश्यत् । तेनास्तुत । तेन सत्रा सर्वान् असुरान् असहत । तद् यत् सत्रा सर्वान् असुरान् असहत तत् सत्रासाहीयस्य सत्रासाहीयत्वम् । सत्रा द्विषन्तं भ्रातृव्यं सहते य एवं वेद ॥

दैवोदासं पुरोधाकामः कुर्वीत । आग्नेयो ब्राह्मण ऐन्द्रो राजन्यः । आग्नेयैन्द्रम् एतत् साम । ब्रह्म वा अग्निः क्षत्रम् इन्द्रः । ब्रह्मणैवैतत् क्षत्रं दधार क्षत्रेण ब्रह्म । तथा हास्माद् राष्ट्रम् अनपक्रामि भवति गच्छति पुरोधां पुर एनं दधते ॥ १८२ ॥[५]

[१] र व स्वर्ग [२] य र स्वर्ग- [३] व स्वर्ग- [४] कोशेषु अश्वो नस् [५] र ॥२७॥

हारिवर्णं ब्रह्मसाम रक्षोगृहीतः कुर्वीत । आङ्गिरसस् स्वर्गं लोकं यत एभ्यो लोकेभ्यो रक्षांस्य् अन्वसचन्त । ते ऽकामयन्ताप रक्षांसि हनीमहीति । स एतद् धरिवर्ण आङ्गिरसस् सामापश्यत् । तेनास्तुत । तेनैभ्यो लोकेभ्यो रक्षांस्य् अपाघ्नत । हरिश्रियम् इत्य् एवास्माल् लोकात् विराजसि इत्य् अन्तरिक्षात् दिवेदिवे इत्य् अमुष्मात् । ततो वै ते सर्वेभ्य एभ्यो लोकेभ्यो रक्षांस्य् अपहत्य स्वर्गं लोकम् आरोहन् । सर्वेभ्य एवैभ्यो लोकेभ्यो रक्षांस्य् अपहत्य स्वर्गं लोकम् आरोहति य एवं वेद । यद् उ हरिवर्ण आङ्गिरसो ऽपश्यत् तस्माद् धारिवर्णम् इत्य् आख्यायते ॥ १८३ ॥[१]

[१] र ॥२८॥

त्रैतं नाथकामः कुर्वीत । आप्त्यान् साते[१] नयतो ऽरण्ये पिपासाविन्दत् । ते धन्वन् कूपम् अविन्दन् । तन् नैकतो ऽवरोढुम् अकामयत न द्वितः । तत् त्रितो ऽवारोहत् । तौ यदापिबताम् अतृप्यताम् अथ हैनं तद् एव रथचक्रेणापिधाय गोभिः प्रैताम् । सो[२] ऽकामयतोद् इत इयां गातुं नाथं विन्देयेति । स एतत् सामापश्यत् । तेनास्तुत । स सम् इन्दुभिः इत्य् एव निधनम् उपैत् । तं पर्जन्यो वृष्ट्योर्ध्वम् उदप्लावयत् । अभि हि तद् रथचक्रम् उत्प्लावयांचकार येनापिहित आस । तद् एतद् गातुविन् नाथवित् साम । गातुं वै स तं नाथम् अविन्दत । विन्दते गातुं नाथं य एवं वेद ॥

स पदेनान्वैत् । तं प्रतिख्यायायन्तम् ऋक्षो ऽन्यो भूत्वा मर्कटो ऽन्यो वनम् अवास्कन्दताम् । तद् उ भ्रातृव्यहा साम । भ्रातृव्यतां वाव तस्य ताव् अगच्छतां याव् ऋक्षं च मर्कटं चाकरोत् । अथो हास्मै वर्षुक एव पर्जन्यो भवति[३] । तद् उ पशव्यम् एव । केवलान् वै स तान् पशून् अकुरुत । अव पशून् रुन्द्धे बहुपशुर् भवति य एवं वेद ॥

यद् उ त्रित आप्त्यो ऽपश्यत् तस्मात् त्रैतम् इत्य् आख्यायते ॥ १८४ ॥[४]

[१] ? एवं कोशेषु [२] ल-वर्जम् अन्यत्र सेसा [३] र भूत्वति व श भूत्वा [४] र ॥२९॥

त्रैककुभम् अन्नाद्यकामः कुर्वीत । इन्द्रो यतीन् सालावृकेभ्यः प्रायच्छत् । तेषाम् अधमानानां त्रयः कुमाराः पर्यशिष्यन्त रायोवाजः पृथुरश्मिर् बृहद्गिरिः । त इन्द्रम् अस्तु-

वन्। तान् अब्रवीत् किंकामाः कुमारास् स्तुथेति[1]। बिभृह्य् एव नो मघवन्न् इत्य् अब्रुवन्। तान् अन्तरांसयोर् अध्यास्यत। ता अस्य तिस्रः ककुभो ऽलम्बन्त। इमे वै लोकास् सह सन्तस् त्रेधा व्यायन्। तांस् ते सान्नाद्यम्[2] अनुव्यैनो[3] उ। एषां त्रयाणां लोकानां तिस्रः ककुभो ऽन्नाद्यम् अवलम्बर्तं[4]। स ऐक्षतैषां चेद् वै त्रयाणां लोकानां तिस्रः ककुभो ऽन्नाद्यम् अवारुन्धते[5] नेमास् तिस्रः ककुभो[6] ऽवहरेयेति। स एतत् सामापश्यत्। तेनास्तुत। तेनैषां त्रयाणां लोकानां तिस्रः ककुभो ऽन्नाद्यम् ऽवारुन्धत। तेनेमास् तिस्रः ककुभो[6] ऽवाहरत। तद् यद् एतेषां त्रयाणां लोकानां तिस्रः ककुभो ऽन्नाद्यम् अवारुन्धत तत् त्रैककुभस्य त्रैककुभत्वम्। तद् एतद् अन्नाद्यस्यावरुद्धिस् साम। अवानाद्यं रुन्द्धे[7] ऽन्नादश् श्रेष्ठस् स्वानां भवति य एवं वेद ॥ १८५ ॥[8]

[१] य ल श स्तुतेति [२] ? ल व श °द्याम् [३] ? एवं कोशेषु (य र °ता।) [४] ? एवं कोशेषु [५] ? य अवरुन्धीयते [६–६] य एव। नान्यत्र [७] कोशेषु अवरुंधे [८] र ॥३०॥

त्रीन्द्रियं वा एतत् साम। ऐन्द्रीर् ऋच ऐन्द्रस् साम। इन्द्रः इति निधनं भवति। त्रीणि पुरुष इन्द्रियाण्य् आत्मा प्रजाः पशवः। तान्य् एवैतेनात्मन् परिगृह्णीते ॥

तान् अब्रवीत् किंकामो वा एकः किंकाम एकः किंकाम एक इति। सो ऽब्रवीद् रायोवाजः पशुकामो ऽहम् अस्मीति। तस्मा इळां प्रायच्छत्। पशवो वा इळा। अथाब्रवीत् पृथुरश्मिः क्षेत्रंकामो ऽहम् अस्मीति। तस्मै क्षेत्रं प्रायच्छत्। स एव पृथुर् वैन्यः। अथाब्रवीद् बृहद्गिरिर् अन्नाद्यकामो ऽहम् अस्मीति। तस्मा अर्थंकारं[3] प्रायच्छत्। अन्नं वा अर्थंकारः ॥

सौभरं प्रजाकामः कुर्वीत। हुस् इति निधनम् उपेयात्। सौभरम् अन्नाद्यकामः कुर्वीत। ऊर्क् इति निधनम् उपेयात्। सौभरं वृष्टिकामः कुर्वीत। हिस् इति निधनम् उपेयात्। सौभरम् उद्ग्रहणकामः कुर्वीत। उत् इति निधनम् उपेयात्। सौभरं स्वर्गकामः कुर्वीत। ऊ इति निधनम् उपेयात् ॥

भारद्वाजायनान् ह सत्त्रम् आसीनान् पप्रच्छुः केन प्रजाकामा अस्तोढ्वम् इति। सौभरेणेति। केनान्नाद्यकामा इति। सौभरेणेति। केन वृष्टिकामा इति। सौभरेणेति। केनोद्ग्रहणकामा इति। सौभरेणेति। केन स्वर्गकामा इति। सौभरेणेति। एवम् इव वा एतत् साम। एते वा एतस्मिन् कामाः। एतान् एव कामान् अवरुन्द्धे। यत्काम एवैतेन साम्ना स्तुते सम् अस्मै स काम ऋध्यते ॥ १८६ ॥[4]

[१] य र व क्षत्र° [२] ? श रथ° [३] र °कामं [४] र ॥३१॥

सौभरं ब्रह्मसाम कुर्वीत यः कामयेता मे प्रजायां सूपकाशो दर्शनीयः क्षत्रियरूपं पुरुषरूपो जायेतेति। तेजो वै पुरुषस्य प्रजा तेजस् सौभरम्। बृहत् क्षत्रम्। बृहतः क्षत्रियस्यो एषा प्रजा। आ हैवास्य प्रजायां सूपकाशो दर्शनीयः क्षत्रियरूपं पुरुषरूपो जायते य एवं वेद ॥

प्रजापतिः प्रजा असृजत। ता अस्य सृष्टाः पराभवन्। तद् इदं सरीसृपम् अभवद् यद् अन्यत् सर्पेभ्यः। स द्वितीया असृजत। ता अस्य परैवाभवन्। ते मत्स्या अभवन्। स तृतीया असृजत। ता अस्य परैवाभवन्। तानि वयांस्य् अभवन्। स चतुर्थीर् असृजत। स ऐक्षत कथं नु म इमाः प्रजास् सृष्टा न पराभवेयुर् इति। स एतत् सामापश्यत्।

तेनैना ऊर्क् इत्य् एवाभ्यमृशत्। ता अस्योर्जा समक्ता अवर्धन्त। सो ऽब्रवीत् सुभृतं[४] वा इमाः प्रजा अभार्षम् इति। तद् एव सौभरस्य सौभरत्वम्। सुभृतां प्रजां बिभर्ति य एवं वेद ॥ १८७ ॥[६]

[१] ? कोशेषु बृहत् [२] कोशेषु ऐषा [३] कोशेषु °रो°, °नो° [४] एवं य। अन्यत्र °ब्रतं, °ब्रताः [५] एवं य। अन्यत्र सं- [६] र ॥३२॥

नामैधेनातिरात्रे ऽच्छावाकाय स्तुवन्ति। इळया रात्रिम् अभिसंतन्वन्ति। तद् आहुर् यन्ति[१] वा एते ऽनुष्टुभो य उष्णिक्ष्व् अच्छावाकसाम कुर्वन्तीति। अर्वाग् उष्णिहश् च खलु वा एतासाम् एका मध्य उष्णिग् एकापर उष्णिग् एका। नवधृतं छन्दो नवधृतं वाग् वदति। वाग् अनुष्टुप्। तेनो[२]नुष्टुभो न यन्ति। यैतासाम् उत्तमा सा प्रत्यक्षानुष्टुप्। तेनो वावा[३]नुष्टुभो न यन्ति। यथा ह वा इदं मधुकृतः पुष्पाणां रसान् संभरन्त्य् एवं ह वा एता देवताश् छन्दसां रसान् समभरन्। छन्दसां हास्य रसेन स्तुतं भवति य एवं वेद ॥

अहोरात्रयोर् ह खलु वा एतद् रूपं साम। [४]ऐन्द्राग्नेयं तत् साम[४]। ऐन्द्रम् अहर् आग्नेयी रात्रिः। यो ह वा एतस्मात् साम्नो ऽतिरात्र इयाद् अहोरात्रयोर् ह वै स रूपेण विवृह्येत। स य एनं तत्र ब्रूयाद् अहोरात्रयोर् एनं रूपेण व्यवृक्षद् इति तथा हैव स्यात्। तस्माद् उ हैतस्मात् साम्नो ऽतिरात्रे नैतव्यम् ॥ १८८ ॥[५]

[१] ? एवं य। अन्यत्र यत्त [२] य तेनो एवा- [३] ? कोशेषु ववा- (एवा- साधीयान् पाठः स्यात्) [४-४] ? कोशेषु ऐन्द्रीरिरिव आग्नेयं दत् साम [५] र ॥३३॥

क्षेपीयसी ह खलु वै रात्रिर् अह्नः। एहीळं भवत्य् अप्रवर्हाय ॥

यद् ऋचश् च साम्नश् चात्यरिच्यत तद् उद्वंशीयम् अभवत्। स हर्चा च साम्ना च प्रतितिष्ठति य एवं वेद। तद् अनृशंसस्य कुर्यान् न नृशंसस्य—परिमितजीवी हि नृशंसो ऽतिरिक्तजीव्य् अनृशंसः—अतिरिक्तस्यैवावरुद्ध्यै। अथ ह वा एतेन देवास् साम्ना वंशम् इवोद्यत्यासुरान् अभ्यत्यक्रामन्। यद् उद्वंशम् इवोद्यत्यासुरान् अभ्यत्यक्रामंस् तद् उद्वंशीयम् अभवत्। तद् उद्वंशीयस्योद्वंशीयत्वम्। अभ्य् अजितं जयति न जितं पराजयते य एवं वेद ॥

सर्वेषां वा एतत् पृष्ठानां रूपं साम गायन्ति त्वा गायत्रिणः इति गायत्रस्य अर्चन्त्य् अर्कम् अर्कीविणा[१] इति रथन्तरस्य ब्रह्माणस् त्वा होयि शतक्रताव् इति बृहतः उद्वंशम् इव यायिमिरायि इति वैरूपस्य उद् वंशामि इति पुनर् निव्त्तिर्न्वं[२] वैराजस्य वायावुवांउम् इति महानाम्नीनां या इरा इति रेवतीनां हाई इति वामदेव्यस्य। सर्वस्मिन्न् एवैतत् पृष्ठरूपो रसे तेजस्य् अपराजिते छन्दसि यज्ञस्यान्ततः प्रतितिष्ठति ॥ १८९ ॥[३]

[१] र व चाला° [२] ? एवं कोशेषु [३] र ॥३४॥

सर्वो ह खलु वै षोडशिमान्। यत्रोद्वंशीयं क्रियत उत्तमं पदं पुनर् अभ्यस्यति। षोडश्य् एव तेन रूपेण क्रियते। वज्रो वै भ्रातृव्याय षोडशी.। वज्रम् एवैतद् क्षिपते भ्रातृव्याय प्रहरति स्तृत्यै ॥

तमो वै देवासुरान् अन्तरासीत्। ते देवा एतम् अर्धेळम् अपश्यन्। तेनैनद् व्द्वियानम्[१]। यं द्विष्यात् तं मनसा ध्यायेत्। एतम् अर्धेळम् उपावयन्त्य् एव। एनम् एत्य्

अध्यर्धेळं[1] स्वरति तस्माद् धूपर्धरा[1] अतिक्षरन्ति ॥

अषाढो ह सावयसो ऽतिरात्रेणेजे । तद् उ हातिधन्वश् शौनकः प्रसुप्त आस । स होद्धंशीयम् अतिरात्रे ऽच्छावाकसाम चक्रे । तं होवाच मैवं कुरुतै पलित्तेळै स्वरः परस्ताद् अप्रतिष्ठितः पारिचर्यस्य रूपम् इति । स होवाच तां वै वयं कृत्स्नाम् इळाम् उपेत्य स्वरेणैव संतत्य रात्रिं[4] प्रवत्स्यामहा इति । नेति हेतरं उवाच । इन्द्रो वाव तेन साम्ना-सुरान् अन्वभ्यवैत् । ते बलं स्वरं विदित्वा प्रत्याद्रवन् । तं प्राकुर्वत । स प्रकृत एतम् अर्धेळं न्यह्रन् । त्राणाय वा एष यद् अर्धेळम् इति ॥ १९० ॥[6]

[१] ? एवं कोशेषु [२] य र कुरुथ [३] ? य वलिमप्तेळ व पलंप्रष्ट [४] कोशेषु रात्रिम- [५] कोशेषु हेतर् [६] र ॥३५॥

नार्मेधम् एव [1]कार्यम् । तद् ऐळं[1] भवति । पशवो वा इळा । [2]पशुर् वा एतेतान् रात्रेर् निरवाघ्नन्[2] । तस्मान् नार्मेधम् एव कार्यम् इति ॥

आष्टादंष्ट्रे ऋद्धिकामः कुर्वीत । अष्टादंष्ट्रो वै वैरूपः पश्चेवान्येभ्य ऋषिभ्य एते सामनी अपश्यत् । सो ऽबिभेद् अस्तोत्रीयं मे सामनी भविष्यत इति । सो ऽब्रवीद् ऋध्नवात् स यो मे ध्यामनि[3] सोमस्य तर्पयाद् इति । उष्टिप्राशुभिते[4] वा एते सामनी । ऋध्नुवन्त्य् एवैताभ्यां तुष्टुवानाः ॥

अष्टादंष्ट्रो वैरूपः पशुकामस् तपो ऽतप्यत । स एते सामनी अपश्यत् । ताभ्याम् अस्तुत । स एताम् इळाम् उपैत् । पशवो वा इळा । ततो वै स पशून् अवारुन्ध । ते एते पशव्ये सामनी । अव पशून् रुन्द्धे बहुपशुर् भवति य एवं वेद । यद् व् अष्टादंष्ट्रो वैरूपो ऽपश्यत् तस्माद् आष्टादंष्ट्रे इत्य् आख्यायेते ॥

तद् ऐळम् अच्छावाकसाम भवति । पशवो वा इळा । पशुष्व् एवैतत् प्रतितिष्ठति ॥ १९१ ॥[5]

[१–१] ? य ल का...ष्ठेळं र कायु...ष्ठेळं व कायु...देष्ठं श का...ष्ठेष्ठं [२–२] ? एवं कोशेषु (किं पशुर् वाव ते तान्... इति साधीयान् ??) [३] ? र-वर्जम् अन्यत्र ध्यामनी [४] ? य र उषि° व आषि° [५] र ॥३६॥

प्रजापतिर् यद् देवेभ्यस् तन्वो व्यभजत् ततो या हरिवत्य् आसीत् ताम् आत्मने ऽशिंषत् । ताम् इन्द्राय प्रायच्छत् । तयेन्द्रो ज्यैष्ठ्यम् अगच्छत् । तद् यद् धरिवतीषु स्तुवन्ति तद् ध्य् एव ज्यैष्ठ्यम् । हरिवतीः परोक्षम् अनुष्टुभस् संपद्यन्ते । तास् संस्तुताश् चतुस्त्रिंशदक्षरा भवन्ति । ततो ये चतुस्त्रिंशे अक्षरे साम्नस् ताभ्यां लोको विधीयत इत्य् आहुः । यत् पञ्चत्रिंशदक्षरासु स्तुयुः परं रूपम् उपपद्येरन् बार्हतम् । यत् त्रयस्त्रिंशदक्षरासु स्तुयुर् अवरं रूपम् उपपद्येरन् आनुष्टुभम् । यत् सप्तदशस्तोमस् स्यात् परम् रूपम् उपपद्येरन् । यत् पञ्चदशस्तोमस् स्याद् अवमं रूपम् उपपद्येरन् । यत षोडशिना षोडशस्तोमेन चतुस्त्रिंशदक्षरासु स्तुवन्ति स्वेनैवैनं तद् आयतनेन समृद्धयन्ति । तेनैभ्यस् समृद्धेन 'स्वायां जनतायाम्'[2] अर्धुकं भवति ॥

षोडश स्तोत्राणि षोडश शस्त्राणि । तद् द्वात्रिंशत् । द्वात्रिंशदक्षरानुष्टुप् । आनुष्टुभष् षोडश्य् अनुष्टुभं संपन्नः । देवछन्दसानि वा अन्यान्य् आसन्न् असुरछन्दसान्य् अन्यानि ॥ १९२ ॥[3]

[१] प्रारम्भे र श हरिः ओम् ॥ व शुभमस्तु ॥ वेदव्यासशिष्याय जैमिन्याचार्याय नमः ॥ [२-२] एवं य ल व । र श स्वारान् निरतायाम् [३] र ॥१॥

एकाक्षरं देवानाम् अवमम् आसीत् सप्ताक्षरं परमम् । नवाक्षरम् असुराणाम् अवमम् आसीत् पञ्चदशाक्षरं परमम् । ते देवा अकामयन्त कनीयसा भूयो ऽसुराणां वृञ्जीमहीति । त एकाक्षरेण पञ्चदशाक्षरम् अवृञ्जत । ते द्व्यक्षरेण चतुर्दशाक्षरं त्र्यक्षरेण त्रयोदशाक्षरं चतुरक्षरेण द्वादशाक्षरं पञ्चाक्षरेणैकादशाक्षरं षडक्षरेण दशाक्षरं सप्ताक्षरेण नवाक्षरम् । अष्टाक्षरे वाष्टौ । तानि यत् षोडशषोडश समपद्यन्त तत् षोडशिनष् षोडशित्वम् । तद् गायत्र्य् एव सप्तदश्य् उपसमपद्यत । तस्माद् आहुस् सप्तदशः प्रजापतिर् इति ॥

इन्द्रो वै वृत्रम् अजिघांसत् । स प्रजापतिम् उपाधावद् धनानि वृत्रम् इति । तस्मा एतं षोडशिनं वज्रं प्रायच्छद् यद् अस्य वीर्यम् आसीत् तद् आदाय शक्वर्यः । तं नाशक्नोद् धन्तुम् । तं पुनर् उपाधावद् धनान्य् एव वृत्रम् इति ॥ १९३ ॥[1]

[१] र ॥२॥

तस्मै शक्वर्यः प्रायच्छत् । ततो वा इन्द्रो वृत्रम् अहन् । हन्ति द्विषन्तं भ्रातृव्यं य एवं वेद ॥

स ऐक्षत यद्य् अस्मै दिवा प्रदास्यामि रात्रिम् एषां भ्रातृव्यलोको ऽभ्यधिरेक्ष्यते । यद्य् अस्मै नक्तं प्रदास्याम्य् अहर् एषां भ्रातृव्यलोको ऽभ्यधिरेक्ष्यत इति । स एतद् अपश्यत् । यावत्य् एतद् आदित्यो विषितो भवति तस्मै तावत्य् एव प्रायच्छत् । तेनासुरान् उभाभ्याम् अहोरात्राभ्याम् अन्तरैत् । उभाभ्याम् एवाहोरात्राभ्यां द्विषन्तं भ्रातृव्यम् अन्तरेति य एवं वेद ॥

यथा ह वै सूर्मत्याधायैवं[1] षोडशी स्तोत्राणां स्वर्गलोकस्य समष्ट्यै । प्र स्वर्गं लोकम् आप्नोति य एवं वेद ॥ १९४ ॥[2]

[१] ? कोशेषु सूर्मे (व सूमम) त्याधा यैसं (य व यैवम) [२] र ॥३॥

तद् आहुस् त्रिवृद् एव स्तोमः कार्य इति । स त्रिवृद् वै वज्रः । वज्रष् षोडशी । अथो आहुष् षोडश[1] एव कार्य इति । पञ्चदशो वै वज्रः[2] । इन्द्रो वज्रस्योद्यन्ता षोडशः । सेन्द्रेण वज्रेण वृत्रं पाप्मानं हनानीति । सेन्द्रेण हैव वज्रेण द्विषन्तं पाप्मानं भ्रातृव्यं हन्ति य एवं वेद ॥

अथो आहुस् सप्तदश एव कार्य इति । पञ्चदशो वै वज्रः । इन्द्रो वज्रस्योद्यन्ता षोडशः । प्रजापतिर् एव सप्तदशः । सो ऽनुष्ठाता सो ऽभिगोप्ता सो ऽभिवादयिता प्रहर जहि मापक्रमीः इति । सेन्द्रेण वज्रेण सप्रजापतिकेन वृत्रं पाप्मानं हनानीति । सेन्द्रेण हैव वज्रेण सप्रजापतिकेन द्विषन्तं पाप्मानं भ्रातृव्यं हन्ति य एवं वेद ॥

अथो आहुर् एकविंश एव कार्य इति । सर्वाभ्यो वा एतं सप्तभ्यो होत्राभ्य इन्द्रो वज्रं निरमिमीत तिस्रस् तिस्र एव होत्रायै । स एकविंशष् षोडशी समपद्यत । तेनेन्द्रो वृत्रम् अहन् । हन्ति द्विषन्तं भ्रातृव्यं य एवं वेद ॥

तद् उ होवाच यामनो भ्रातलायनो विराजो वा एष संपदे षोडशी । वैराजो वै षोडशी विराजिविराजि प्रतिष्ठितः । स यत्रैवैतं विराजं संपद्यमानं मन्येत तद् एवैतेन स्तोतव्यम् ॥ १९.५ ॥[3]

[१] ? कोशेषु पंचदश [२] ? कोशेष्वू अधिपाठः वज्रष्षोडश्यथो आहुष्षोडश पंचदश (य नास्ति) एव कार्यं इति पंचदशो वै वज्र [३] र ॥४॥

अहोरात्रयोर् वै देवासुरा अधि संयत्ता आसन् । ते देवा अहर् अभ्यजयन्न् अथासुरा रात्रिम् अभ्युपाधावन् । ते देवा अब्रुवन्न् अर्धिनो[1] वा अस्य भुवनस्याभूम कथं सत्रा रात्रिम् अभिजयेमाभिप्रयुनजामहा इति । ते ऽभ्ययुञ्जत । अह्नो जघनार्धे ऽयतन्त । अथासुरा रात्र्या उदासृत्य[2] पूर्वार्धे ऽयतन्त । एष ह वा अह्नो जघनार्धो यत् सायम् । एष उ वै रात्रेः पूर्वार्धो यत् सायम् । स्वायाम् अन्ये मर्यादायाम् अयतन्त स्वायाम् अन्ये । छन्दांसि वाव तेषां स्वम् आसीत् । छन्दस्स्व् अधि संयत्ता आसन् ॥ १९६ ॥[3]

[१] ? य तर्द्धत्रिनो र अर्द्धविनो ल श तद्धविनो व अद्धीनो [२] ल व श °हृत्य [३] र ॥५॥

एकाक्षरं देवानाम् अवमम् आसीत् सप्ताक्षरं परमम् । नवाक्षरम् असुराणाम् अवमम् आसीत् पञ्चदशाक्षरं परमम् । सप्ताक्षरं च नवाक्षरं च संनिहिते आस्ताम् ईभ्यरूच्य्[1] अन्यानि यत्तान्य् आसन्न् ईभ्यरूच्य्[1] अन्यानि । तान् प्रजापतिर् आनुष्टुभो ऽन्तरा विक्रम्यातिष्ठत् । ते समीक्षमाणास् संचाकशतो ऽतिष्ठन्न् अन्योन्यस्यारम्भम्[3] इच्छन्तः ॥

ते देवाः प्रजापतिम् उपाधावन् जयामासुरान् इति । तेभ्य एतं षोडशिनं वज्रं प्रायच्छत् । एतेनैषां छन्दोभिश् छन्दांसि संवृज्य माम् उपसंपादयथेति । त एकाक्षरेण पञ्चदशाक्षरम् अवृञ्जत द्व्यक्षरेण चतुर्दशाक्षरम् । सानुष्टुब् अभवत् । तां प्रजापतिम् उपसमपादयन् । त्र्यक्षरेण त्रयोदशाक्षरं चतुरक्षरेण द्वादशाक्षरम् । सानुष्टुब् अभवत् । तां प्रजापतिम् उपसमपादयन् । पञ्चाक्षरेणैकादशाक्षरं षडक्षरेण दशाक्षरम् । सानुष्टुब् अभवत् । तां प्रजापतिम् उपसमपादयन् । सप्ताक्षरेण नवाक्षरम् अष्टाभिर् एवाष्टौ । सानुष्टुब् अभवत् । तां प्रजापतिम् उपसमपादयन् । तेषां छन्दोभिर् एव[4] छन्दांसि संवृज्यासुरान्[5] निरवाघ्नन् । तान् निरवहतान् दारान् यतः प्रजापतिर् अश्वो ऽरुण-

पिशङ्गो भूत्वा पराप्रोथत्। त एत उदन्तेष्व् अधिगम्यन्त एकैक इव। ततो वै देवा अभवन्
परासुराः। भवत्य् आत्मना परास्य द्विषन् भ्रातृव्यो भवति य एवं वेद ॥ १९७ ॥[६]

[१] ? कोशेषु इंद्रियं च [२] य-वर्जम् अन्यत्र अ° [३] ? एवं कोशेषु [४] र एवं
[५] कोशेषु संवृज्यदारान् [६] र ॥६॥

कनीयस्विन इव वै देवा आसन् भूयस्विनो[१] ऽसुराः। कनीयसा वै तेषां त्व् एतद्
भूयो ऽवृञ्जन। तस्मात् कनीयान ग्रामो ज्यायांसं ग्रामं प्रतिसंयतते। तस्माद् उ कनीयांसो
भूयसो ऽमित्रान् जयन्ति। कनीयस्वी भूयस्विनं वृङ्क्ते य एवं वेद ॥

एषा ह खलु वै प्रत्यक्षं पंक्तिर् यत् पञ्चाक्षरा पञ्चपदा। पंक्तिषु षोडशिना
स्तुवन्ति। पुरुषच्छन्दसं वै पंक्तिः। यत् पांक्तः पुरुषः पुरुषाद् एवैतद् आप्तां वाचं
निर्मिमते। तस्मात् पुरुषस् सर्वा वाचो वदति। आप्त इव वा एतर्हि सर्ववाक्। तद् यद्
अनुष्टुप्सु स्तुवन्ति यथा कुम्भ्यासूपदस्तासु महोदधीन् उपधावयेत् तादृक् तत् ॥

कनीयांसि छन्दांसि ज्यायस्सु छन्दस्स्व् अध्यूहन्ति। जितदेवत्यानि वा एतानि यत्
कनीयांसि। तस्माज् ज्यायस्सु छन्दस्स्व् अध्यूहन्ति। एषां ह खलु वै छन्दसां वीर्यवत्तमा
या त्र्यक्षरैकपदा। ताभिर् यच् छन्दांस्य् उपसृजन्ति वीर्यस्यैवावरुद्ध्यै। निधनम् अभ्य-
तिस्वरति। अह्नो वै देवा रात्रिम् अभ्यत्यक्रामन्। अभि भ्रातृव्यलोकं जयति य एवं वेद।
भ्रातृव्यभाजिनम् इव ह्य् एषा यद् रात्रिः ॥ १९८ ॥[३]

[१] कोशेषु भूयस्वानो [२] र-वर्जम् अन्यत्र उत [३] र ॥७॥

अधिकर्ण्या सोमं क्रीणन्ति। यथा ह वै कर्णकर्णे ऽधिरूढम् एवं षोडशी स्तोत्राणाम्।
सह वै षोडशिनं क्रीणीम इति वदन्तष् षोडशिनं क्रीणन्ति। यद् अधिकर्णी सोमक्रयणी
भवति तेनैवैषां षोडशी क्रीतस् तेनावरुद्धः ॥

अधिकर्ण्या सोमं क्रीणन्ति। सवनात्सवनात् सोमम् अतिरेचयन्ति। जनद्वतीषु
स्तुवन्ति। सर्वाणि रूपाण्य् अनुशास्यन्ते। यद् अधिकर्ण्या सोमं क्रीणन्ति यजमान एनं
तेन प्रजनयति। यत् सवनात्सवनात् सोमम् अतिरेचयन्त्य् अध्वर्युर् एनं तेन प्रजनयति।
यज् जनद्वतीषु स्तुवन्त्य् उद्गातैन तेन प्रजनयति। यत् सर्वाणि रूपाण्य् अनुशास्यन्ते
होतैन तेन प्रजनयति। एतानि वै षोडशिनः प्रजननानि। प्र प्रजया पशुभिर् जायते य
एवं वेद ॥ १९९ ॥[१]

[१] र ॥८॥

इन्द्रं वै हरो ऽत्यरिच्यत। स देवान् अब्रवीत् कथं मा हरो नातिरिच्येतेति। तं विश्वे
देवा अब्रुवन् वयं त्वा हरिवता मन्त्रेण स्तोष्यामस् तथा त्वा हरो नातिरेक्ष्यत इति। तं
विश्वे देवा हरिवता मन्त्रेणास्तुवन्। ततो वा इन्द्रं हरो नात्यरिच्यत। तद् यद् धरिवतीषु
स्तुवन्ति इन्द्रम् एवैतद् धरसा समृद्धयन्ति। एषा ह खलु वै यजमानस्य नेदिष्ठं देवता
यद् इन्द्रः। तद् यद् धरिवतीषु स्तुवन्ति यजमानम् एव तद् धरसा तेजसा समृद्धयन्ति।
सम् अस्मा ऋध्यते य एवं वेद ॥ २०० ॥[१]

[१] र ॥९॥

'प्रष्टिर् इव'[1] ह खलु वा एतत् स्तोत्राणां यत् षोडशी । यद् वै प्रष्टिर्[1] अनियुक्तो वहत्य् अप वा वै स छिनत्ति निर् वा मार्ष्टि । अन्त्येन स्तोत्रेण समस्तोमो भवति । स यथा प्राष्टिं[3] प्रष्टियुगाय नियुञ्ज्याद् एवम् एवैतत् पूर्वेषु स्तोत्रेषु षोडशिनम् अनुनियु[न]-क्त्य् अनिर्मार्गाय[4] ॥

अक्षीवं ह खलु वा एतत् स्तोत्राणां यत् षोडशी । अन्त्येन[6] स्तोत्रेण समस्तोमो भवत्य् अनाक्षितायैव ॥

जामीव[7] ह खलु वा एतत् स्तोत्राणां यत् षोडशी । अन्त्येन[6] स्तोत्रेण समस्तोमो भवत्य् अजामितायै ॥

पशवो वा उक्थानि वज्रः षोडशी । यद् उक्थानाम् अन्ततः षोडशिना स्तुवन्ति वज्रेणैव तत् पशून् परिगृह्णन्त्य् अपरावापाय । नास्य वित्तं परोप्यते य एवं वेद ॥२०१॥[8]

[१-१] सर्वत्र प्रष्टीव (र प्र०) [२] सर्वेषु कोशेषु पृ० [३] कोशेषु पृष्ठिमम [४] य-वर्जं अनिर्वा० [५] ! कोशेषु अक्षिव [६] कोशेषु अन्तेन [७] ? कोशेषु जामिव [८] र ॥१०॥

तद् आहुर् नोक्थः षोडशी कार्य इति । पशवो वा उक्थानि वज्रः षोडशी । वज्रं पशुषु विवर्तयेत् । अतिरात्र एव कार्यः । आपो वै सर्वस्य शान्तिः । अद्भिर् एवैनत् तच् छमयन्ति ॥

यद्य् अभिचरणीयस् सोमस् स्याद् धिरण्मयं वज्रं भृष्टिमन्तं कृत्वा योग्र एव कर्म कुर्यात् तस्मैतस्मा उपप्रवर्तयेत् । सस एवास्मै वज्रं प्रहरति स्तृत्यै । संस्थिते सोमे न्यञ्चं द्रोणकलशं पर्यस्य करम्भमयान् वा पुरुषान् कृत्वा हरितानां वा तृणानां तेषां नामग्राहं ग्रीवा अपिकृन्तेत् इदम् अहम् अमुष्य ग्रीवा अपिकृन्तामीदम् अमुष्येदम् अमुष्य इति । यावताम् एव नामानि गृह्णाति तावतां ग्रीवा अपिकृन्तति । तं ब्रह्मणे ददाति । ब्रह्म वै ब्रह्मा । ब्रह्म वज्रः । ब्रह्मण्य् एवैतद् वज्रं प्रतिष्ठापयति ॥ २०२ ॥[1]

[१] र ॥११॥

इन्द्रश् च वै बृहच् च समभवताम् । इन्द्रं बृहद् '....अत्यरिच्यत । तस्या अबिभेद् अनयैव माभिभविष्यतीति । सं[2] देवान् अब्रवीत् षोडश्य् अयं यज्ञक्रतुर् अस्त्व् इति । तथेति । स षोडश्य् अभवत् । तत् षोडशिनो जन्म । अति श्रिया द्विषन्तं भ्रातृव्यं रिच्यते य एवं वेद ॥

गायत्रीषु द्विपदासु बृहता षोडशिना तुष्टुवानः उप नो हरिभिस् सुतम् इति । एता वै गायत्र्यो द्विपदाः । इन्द्रो वै वृत्रम् अजिघांसत् । स प्रजापतिम् उपाधावद् धनानि वृत्रम् इति । तस्मा एताम् अपहरसम् अनुष्टुभं प्रायच्छत् । तया नास्तृणुत । स यद् अस्तृत्वा व्यनदत् तन् नानदम् अभवत् । तन् नानदस्य नानदत्वम् । तस्माद् आहुर् नानदं षोड-शिसाम कार्यं न हि तेनास्तृणुतेति । तं पुनर् उपाधावद् धनान्य् एव वृत्रम् इति । तस्मै सप्तानां होत्राणां[3] हरो निर्माय प्रायच्छत् । तिस्र एव होत्रायै । स एकविंशः षोडशी समपद्यत । तेनो वृत्रम् अहन् । हन्ति द्विषन्तं भ्रातृव्यं य एवं वेद । एकविंशायतनो ह खलु वै षोडशी । सप्त वै होत्राः प्रातस्सवने वषट्कुर्वन्ति सप्त माध्यंदिने सवने सप्त तृतीयसवने ऽथो यद् एवास्मै हरो निर्माय प्रायच्छत् ॥ २०३ ॥[4]

[१-१] ! कोशेषु एतन्वात्यति [२] य ल व श नास्ति [३] कोशेषु अहोरात्राणां [४] र ॥१२॥

गौरीवितिर् वा एतच् छाक्त्यो ऽतिरिक्तं ब्रह्मणो ऽपश्यत् । तद् गौरीवितम् अभवत् । अतिरिक्तं वा एतद् ब्रह्मणो यद् गौरीवितम् अतिरिक्तष् षोडशी स्तोत्राणाम् । यद् गौरीवितेन षोडशिना स्तुवन्त्य् अतिरिक्त एव तद् अतिरिक्तं दधति यज्ञस्य सलोमतायै ॥

औपोदितिर्[२] ह स्माह गौपालयो विशालं लिबुजयाभ्यधाद् अनुष्टुभि नानदम् अक्रत्[३] गौरीवितेन षोडशिनम् अतुष्टुवन् न श्रियावपद्य इति । न ह वै श्रियावपद्यते य एवं वेद ॥

तद् उ श्वस्तनवद् अपि प्रजाया उपक्लृप्तम् । शक्वरीषु षोडशिसाम कुर्वीत पशुकामः । वज्रो वै षोडशी पशवश् शक्वर्यः । वज्रेणैव पशुं स्पृणोति पशुमान् भवति । शाक्वरीषु षोडशिसाम कुर्वीत यः कामयेत वज्री स्याम् इति । वज्रो वै षोडशी वज्रश् शक्वर्यः । वज्रेणैव वज्रं स्पृणोति वज्री भवति । विराट्स्व् अन्नाद्यकामष् षोडशिसाम कुर्वीत । वज्रो वै षोडश्य् अन्नं विराट् । वज्रेणैवान्नाद्यं स्पृणोत्य् अत्त्य् अन्नम् अन्नादो भवति । तास् त्रयस्त्रिंशदक्षरा भवन्ति । ततो यान्य् एकविंशतिः प्रतिष्ठा सा । अथ यानि द्वादश प्रजननं तत् । प्रति प्रतिष्ठायां तिष्ठति प्रजायते नो चान्तस्थायां जीयते य एवं वेद ॥२०४॥[४]

[१] ल श सलोक॰ [२] कोशेषु औपवदतिर् [३] ? एवं र । अन्यत्र अक्रत् [४] र ॥१३॥

प्र वो महे महेवृधे भरध्वम् इत्य् एता वै विराजः । अनुष्टुप्सु षोडशिसाम कुर्वीत यः कामयेत न मान्या वाग् अतिवदेद् इति । वज्रो वै षोडशी वाग् अनुष्टुप् । वज्रेणैव वाचं स्पृणोति नैनम् अन्या वाग् अतिवदति । आ तिष्ठ वृत्रहन् रथम् इत्य् एता वा अनुष्टुभः । अथैतास् त्र्यक्षरा एकपदा भवन्ति । विष्णोश् छन्दो भूरिजश् शक्वर्य इति । एताभिर् वा इन्द्रो वृत्रम् अहन्न् एताभिश् श्रियम् आश्नुतैषम् एव । द्विषन्तं भ्रातृव्यं हन्त्य् ओषं श्रियम् अश्नुते य एवं वेद ॥

हिरण्यं संप्रदायं षोडशिना स्तुवन्ति । षोडशिनम् एव तज् ज्योतिष्मन्तं कुर्वन्ति ॥

अश्व उपतिष्ठते साम्येक्षयाय । भ्रातृव्यलोकं वावैषां[१] तद् विधमंस् तिष्ठति ॥

यस्माज् जातो न परो ऽन्यो अस्ति य आ बभूव भुवनानि विश्वा ।
प्रजापतिः प्रजया संरराणस् त्रीणि ज्योतींषि सचते स षोडशी ॥

इति षोडशिग्रहम् अवेक्षते ॥

इन्द्रश् च सम्राड् वरुणश् च राजा तौ ते भक्षयांचक्रतुर् अग्र एतम् ।
तयोर् अहं भक्षम् अनुभक्षयामि वाग् जुषाणा सोमस्य तृप्यतु ॥

इति ॥

एकाक्षरं देवानाम् अवमम् आसीत् सप्ताक्षरं परमम् । नवाक्षरम् असुराणाम् अवमम् आसीत् पञ्चदशाक्षरं परमम् । ते देवा अकामयन्त कनीयसा भूयो ऽसुराणां वृञ्चीमहीति । त एकाक्षरेण पञ्चदशाक्षरम् अवृञ्जत द्व्यक्षरेण चतुर्दशाक्षरं त्र्यक्षरेण त्रयोदशाक्षरं चतुरक्षरेण द्वादशाक्षरं पञ्चाक्षरेणैकादशाक्षरं षडक्षरेण दशाक्षरं सप्ताक्षरेण नवाक्षरम् । अष्टाभिर् एवाष्टौ । एवं कनीयसा ज्यायसो द्विषतो भ्रातृव्यस्य वृंक्ते य एवं वेद ॥२०५॥[२]

[१] कोशेषु चैवैषां [२] ग इति षोडशीखंड र षोडशी ॥१४॥ व षोडशी

[1]अह्नो ऽसुरा नुत्ता रात्रिं प्राविशन्। ते देवा एतम् अनुष्टुप्शीर्षाणं वज्रं समभरन्। तेनैनान् अभ्यवायन्। वाग् वा एषा। वाचा ज्योतिषान्वभ्यवायन्। विराड् वा एषा। विराजा ज्योतिषान्वभ्यवायन्। न वै सुयज्ञ इवातिरात्रः। तद् यत् पान्तं[2] भवति तेनैव यज्ञः क्रियते। अह्नश् च सुलम्बो[3] रात्रेश् च संतत्या अव्यवच्छेदाय। यानि छन्दांस्य् अहर् वहन्ति तानि रात्रिं वहन्ति। एषा गायत्र्य् एषा विराड् एषा ककुव् एषानुष्टुप्॥

बृहतीषु स्तुवन्ति। तेन बृहतीभ्यो नयन्ति। तासां यद् द्वादशाक्षराणि पदानि तेन जगतीभ्यो नयन्ति। त्रिष्टुभा वषट्करोति। तेन त्रिष्टुभो नयन्ति। तान् संधिनाभिपलायन्त आश्विने नासंहेयम् अगमयन्। असंहेयं ह वै द्विषन्तं भ्रातृव्यं गमयति य एवं वेद॥

एषा वा अग्निष्टोमस्य संमा[4] यद् रात्रिः। द्वादश वा अग्निष्टोमस्य स्तोत्राणि द्वादश रात्रेः। एषा वा उक्थस्य संमा[5] यद् रात्रिः। त्रीण्य् उक्थानि त्रिदेवत्यस् संधिः। एषा वा अग्निष्टोमस्य च संवत्सरस्य च संमा यद् रात्रिः। द्वादश वा अग्निष्टोमस्य स्तोत्राणि द्वादश मासास् संवत्सरः। रात्र्या त्वाव त्रयोदशो मास आप्यते। एषा वै ब्रध्नस्य विष्टपं यद् रात्रिः। गच्छति ब्रध्नस्य विष्टपं य एवं वेद॥ २०६॥[6]

[१] प्रारम्भे य हरिः ओम्। शुभमस्तु। श्रीगुरुभ्यो नमः॥ ल श ॥ हरिः ओम्॥ व श्रीगुरुभ्यो नमः॥ श्रों [२] कोशेषु पात्तं [३] ? य व संलम्बो [४] कोशेषु साममा [५] कोशेषु सममा [६] र ॥१॥

एष वाव सर्वगायत्रो[1] यद् अतिरात्रः। न वै रात्र्या ऋते ऽहर् न रात्रिर् ऋते ऽह्नः। नैषां लोकानाम् एक एकः। अहोरात्रे वा इदं सर्वम् इमे लोकाः। भूतं भव्यं प्रजनयतः। तद् आहुर् न प्रथमं यजमानो ऽतिरात्रेण यजेतेति। स्वं च ह्य् अतिमन्यते। द्वौ यज्ञक्रतू। ब्रह्म वा अग्निष्टोमः। ब्रह्म वै ब्राह्मणस्य स्वम्। अग्निष्टोमं च ह्य् अतिमन्यत उक्थं च षोडशिनम्। तद् उ वा आहुर् अग्निष्टोममात्रं वावाग्निष्टोमेनाभिजयत्य् उक्थमात्रम् उक्थेन षोडशिमात्रं षोडशिना रात्र्या त्वाव सर्वम् अवरुन्द्ध इति। स यो हैवं विद्वान् एकेन यज्ञक्रतुना चतुरो यज्ञक्रतून् संतनोत्य् आस्य चत्वारो विराजयन्ते सर्वेषु पशुषु प्रतितिष्ठति॥ २०७॥[2]

[१] ? य र व °गायत्रो [२] र ॥२॥

अह्नो ऽसुरा नुत्ता रात्रिं प्राविशन्। ते देवा एतानि सामान्य् अपश्यन्न् एतान् पर्यायान्। तैर् एनान् अन्वभ्यवायन्। तान् पर्यायम् अघ्नन्। यत् पर्यायम् अघ्नंस् तत् पर्यायाणां पर्यायत्वम्। पर्यायम् एव द्विषन्तं भ्रातृव्यं हन्ति य एवं वेद॥

ये प्रथमरात्रेण छन्ना आसंस् तान् प्रथमेन पर्यायेणाघ्नन्। यत् प्रथमस्य पर्यायस्य प्रथमानि पदानि पुनरादीनि भवन्ति ये प्रथमरात्रेण छन्ना भवन्ति तान् एव तेन घ्नन्ति। ये मध्यरात्रेण छन्ना आसंस् तान् मध्यमेन पर्यायेणाघ्नन्। यन् मध्यमस्य पर्यायस्य मध्यमानि पदानि पुनरादीनि भवन्ति ये मध्यरात्रेण छन्ना भवन्ति तान् एव तेन घ्नन्ति। ये ऽपर-

रात्रेण छन्ना आसंस् तान् उत्तमेन पर्यायेणाघ्नन्। यद् उत्तमस्य पर्यायस्योत्तमानि पदानि पुनरादीनि भवन्ति ये ऽपररात्रेण छन्ना भवन्ति तान् एव तेन घ्नन्ति। पुनरभिघातं वावैनांस् तद् अघ्नन्। यथा वै हत्वा पुनर् हन्यात् तादृक् तत्। पुनरभिघातम् एव द्विषन्तं भ्रातृव्यं हन्ति य एवं वेद ॥ २०८ ॥[1]

[१] र ॥३॥

शर्वरी वै नाम रात्रिः। ते देवा अब्रुवन्न् अपि वै नश् शर्वर्याम् अभूद् इति। तद् एवापिशर्वराणाम् अपिशर्वरत्वम्। अपि ह वा अस्य शर्वर्यां भवति य एवं वेद ॥

असुरेषु वा इदम् अग्र आसीत्। तद् देवा अभिजित्याब्रुवन् केन न्व् अहोरात्रे उपरिष्टात् संदध्यामेति। त एतद् राथन्तरं संधिम् अपश्यन्। तेनाहोरात्रे उपरिष्टात् समदधुः। यत् समदधुस् तत् संधेस् संधित्वम्। आश्विनं ह खलु वै संधेर् उक्थम्। महति रात्रे सन्धिना स्तुवन्ति। आ सूर्यस्योदेतोर् आश्विनम् अनुशस्यते ऽहोरात्रयोर् एव संतत्या अहोरात्रयोस् समारम्भाय ॥

अहोरात्रे देवा अभिजित्य त वज्रम् एव परिधिम् अकुर्वत पशूनां गुप्त्या असुराणाम् अनभ्यवचाराय। तद् यद् एता उष्णिहो ऽन्ततः क्रियन्ते—वज्रो वा उष्णिहः—वज्रेणैव तत् पशून् परिगृह्णात्य् अपरा[वा]पाय। नास्य वित्तं परोप्यते य एवं वेद ॥ २०९॥[1]

[१] र ॥४॥

असुरेषु वा इदम् अग्र आसीत्। तद् देवा अभिजित्याब्रुवन् वीदं भजामहा इति। तस्य विभागे न समपादयन्। ते ऽब्रुवन्न् आजिम् अस्यायामेति। त आजिम् आयन्। अग्नेः प्रथमो रथ आसीद् अथोषसो ऽथाश्विनोः। ताव् अश्विनाव् अश्वी अश्वयाम् अत्यकुरुताम्। तौ द्रवन्ताव् अग्निः पर्युदतिष्ठत्। ताव् अब्रूताम् अति नौ सृजस्वेति। नेत्य् अब्रवीद् अनु नु मा भजतम् इति। तृतीयं त इत्य् अब्रूताम् आवाभ्यां त्व् एवाख्यायताद् इति। तथेति ताव् अत्यार्जत। तौ द्रवन्ताव् उषाः पर्युदतिष्ठत्। ताव् अब्रूताम् अति नौ सृजस्वेति। नेत्य् अब्रवीद् अनु नु मा भजतम् इति। तृतीयं त इत्य् अब्रूताम् आवाभ्यां त्व् एवाख्यायताद् इति। तथेति ताव् अत्यार्जत। ताव् उदजयेताम्। स य एवम् एताम् अश्विनोर् उज्जितिं वेद यत्र कामयत उद् इह जयेयम् इत्य् उत् तत्र जयति। य उ एवैताम् अग्नेश् चोषसश् चान्वाभक्तिं वेद यत्र कामयते ऽन्वाभक्त इह स्याम् इत्य् अन्वाभक्तस् तत्र भवति। तस्मान् नानादेवत्यास् संस्तुवन्ति। अथाश्विनम् इत्य् एवाख्यायते। वारेवृतं[1] हि तत् तयोः ॥ २१० ॥[2]

[१] कोशेषु °व्रतं [२] र ॥५॥

अहोरात्रयोर् वै देवासुरा अधिसंयत्ता आसन्। ते देवा अहर् अभ्यजयन्। अथासुरा ऋत्वं च रात्रिं च प्राविशन्। ते देवा अब्रुवन्न् अर्धिनो वा अस्य भुवनस्याभूम कथं सत्रा रात्रिम् अभिजयेम रत्नैर् अन्वभ्यवायामेति। तव छन्दसेत्य् अग्निम् अब्रुवन्। तव स्तोमेनेतीन्द्रम्। तव संपदेति प्रजापतिम्। युष्माकम् आयतनेनेति विश्वान् देवान्। यद् अग्निम् अब्रुवंस् तव छन्दसेति तस्माद् गायत्रीषु स्तुवन्ति। यद् इन्द्रम् अब्रुवंस् तव स्तोमेनेति

तस्मात् पञ्चदशस्तोमो रात्रेः । यत् प्रजापतिम् अब्रुवंस् तव संपदेति तस्माद् अनुष्टुभं संपद्यते । यद् विश्वान् देवान् अब्रुवन् युष्माकम् आयतनेनेति तस्माज् जगत्यो ऽनुशंस्यन्ते । तान् संधिनाभिपलायन्त । आश्विनेनासंहेयम् अगमयन् । असंहेयं ह वै द्विषन्तं भ्रातृव्यं गमयति य एवं वेद ॥ २११ ॥[१]

[१] र ॥६॥

अहोरात्राभ्यां वै देवा असुरान् निर्हृत्य तांस् त्रिवृतैव वज्रेणाभिन्यदधुः । इमे वै लोकास् त्रिवृतः । एभिर् एवैनांस् तल् लोकैर् अभिन्यदधुः । तस्माद् आहुर् नैव तावद् असुरा अन्वाभवितारो यावद् इमे लोका भवितार इति । एभिर् हि[१] लोकैर् अभिनिहिताः ॥

एषा वा अग्निष्टोमस्य च संवत्सरस्य च संमा[२] यद् रात्रिः । चतुर्विंशत्यर्धमासस् संवत्सरश् चतुर्विंशति राव्या उक्थामदानि । त्रीणि सवनानि त्रयः पर्यायाः । रात्रिम् एव तत् त्रिषवणां कुर्वन्ति । अथो एनां तद् अह्न इव समुत्कल्पयन्ति । अहोरात्रे देवा अभिजित्य ते ऽमुम् आदित्यं सवनैर् एव प्रत्यञ्चम् अनयन् । तं पर्यायैः पुनः प्राञ्चम् । तम् आश्विनेन पुरस्ताद् उदस्तभ्नुवन् । तस्माद् आहुर् नोदिते सूर्य आश्विनम् अनुशस्यम् इति । वि हैनं गमयति । स य[३] एतद् एवं वेद नीतो ऽस्य सवनैर् असाव् आदित्यः प्रत्यङ् भवत्य् आनीतः पुनः पर्यायैः प्राङ् उत्तब्धः पुरस्ताद् आश्विनेन । उभे[४] ऽस्याहोरात्रे स्पृते अवरुद्धे भवतो भोगायास्मा आदित्या केतूंश् चरति ॥ २१२ ॥[५]

[१] र व श ह [२] कोशेषु सममा [३] ल स अन्यत्र य [४] ल अधिपाठः हैअ (=ह्य)
[५] र ॥७॥

अथैष राथन्तरस् संधिर् भवति । प्रजापतिर् उषसं स्वां दुहितरं बृहस्पतये प्रायच्छत् । तस्या एतत् सहस्रम् आश्विनं वहतुम् अन्वाकरोत् । स देवान् अब्रवीद् इयम् एव मम युष्माकम् एतद् इतरद् इति । तस्माद् यदानृशंसो[१] जायां विन्दते ऽय् एव वहतुम् आदिशति[२] । ते देवा अब्रुवन् वीदं भजामहा इति । तस्य विभागे न समपादयन् । ते ऽब्रुवन् आजिम् अस्यायामेति । त आजिम् आयन् । अग्नेः प्रथमो रथ आसीद् अथोषसो ऽथाश्विनोः । ताव् अश्विनाव् अश्वी अश्वीयाम्[३] अत्यकुरुताम् । तौ देवा अब्रुवन् वारो ऽयं वाम् अथ नस् सहास्त्व् इति । तस्मान् नानादेवत्यास्[४] स्तुवन्ति । अथाश्विनम् इत्य् आख्यायते । अग्नये प्रथमाय स्तुवन्त्य् अथोषसे ऽथाश्विभ्याम् । एवं ह्य् एषाम् एता उज्जितयः ॥

एकं साम द्वे छन्दसी । द्विपदम् एव तच् चतुष्पात्सु पशुष्व् अध्यूहति । तस्माद् द्विपाच् चतुष्पदः पशून् अधितिष्ठति ॥

अनुदिते सूर्ये परिदध्याद् यं कामयेत पापीयान् स्याद् इति । पापीयान् एव भवति । व्युषिते परिदध्याद् यं कामयेत नार्वाङ् न परस्[५] स्याद् इति । नैवार्वाङ् न परो भवति । बहुवर्षी ह तु पर्जन्यो भवति । उदिते परिदध्याद् यं कामयेत श्रेयान् स्याद् रुचम् अश्नुवीतेति । श्रेयान् एव भवति रुचम् अश्नुते ॥२१३॥[६]

[१] कोशेषु यनृशंसो [२] ल-वर्जम् अन्यत्र आविशति [३] ? र ल अश्वियाम् [४] ल व °देवत्यासु
[५] ल व श परा [६] र ॥८॥

पान्तम् आ वो अन्धसः इत्य् अन्धस्वतीर् भवन्ति । अहर् वा अन्धो रात्रिः पान्तम् । अहोरात्रयोर् एव संतत्या अहोरात्रयोस् समारम्भाय ॥

तास्य् ओकोनिधनं वैतहव्यम् । ओकोनिधनेन वै वैतहव्येन देवा असुरान् ओकस-ओकसो ऽनुदन्त । ओकसओकस एव द्विषन्तं भ्रातृव्यं नुदते य एवं वेद । प्राणा ह खलु वा ओकः[1] । प्राणान् एवैतद् द्विषतो भ्रातृव्यस्य वृंक्ते प्राणान् आत्मन् धत्ते ॥

तद् आहुः प्रेव वा एते ऽस्माल् लोकाच् च्यवन्ते ये ऽतिरात्रम् उपयन्तीति । तद् यद् ओकोनिधनं भवति—अयं वै लोकः पुरुषस्यौकः—अस्मिन्न् एवैतल् लोके प्रतितिष्ठति ॥

वीतहव्य आश्रायसो ज्योग् अपरुद्धश् चरन् । सो ऽकामयताव स्व ओकसि गच्छेयम् इति । स एतत् सामापश्यत् । तेनास्तुत । स ओकाय[2] इत्य् एव निधनम् उपैत् । ततो वै सो ऽव स्व ओकस्य् अगच्छत् । एतत् कामसनि साम । एतं वै स कामम् अकामयत । सो ऽस्मै कामस् समार्ध्यत । यत्काम एवैतेन साम्ना स्तुते सम् अस्मै स काम ऋध्यते । यद् उ श्रीर् एव राज्यं वै स तद् अगच्छत् । अश्नुते श्रियं गच्छति राज्यं य एवं वेद । यद् उ वीतहव्य आश्रायसो ऽपश्यत् तस्माद् ओकोनिधनं वैतहव्यम् इत्य् आख्यायते ॥ २१४ ॥[3]

[१] कोशेषु ओकाः [२] ? एवं कोशेषु (य ओका) [३] र ॥९॥

प्र व इन्द्राय मादनम् इति मद्वतीर् भवन्ति । रसो वै मदः । धीतेवैषा यद् रात्रिः पीडितेव । नाभिषुण्वन्ति । यद् एवादस् तृतीयसवनाद् ऋजीषम् अतिरेचयन्ति तेनास्यां चरन्ति । तद् यद् एता मद्वतीर् भवन्ति रसम् एवास्याम् एतद् दधत्य् एव । एनाम् एतेनाप्याययन्ति ॥

तासु शाक्त्यम् । शाक्त्येन वै शाक्त्याः पशून् अवारुन्धत । तच् छाक्त्यस्य शाक्त्यत्वम् । तद् एतत् पशव्यं साम । अव पशून् रुन्द्धे बहुपशुर् भवति य एवं वेद । शाक्त्या अन्नाद्यकामास् तपो ऽतप्यन्त । त एतत् सामापश्यन् । तेनास्तुवत । ततो वै ते ऽन्नाद्यम् अरुन्धत । तस्य वा एतस्यास्ति यथैव गौरीवितस्यैवम् । अन्नं वै गौरीवितम् । अन्नम् उ वै श्वस्तनम् । अन्नम् उ ह वा इदं सर्वम् अतिरिरिचे[1] । अतिरिक्तेवैषा यद् रात्रिः । अतिरिक्तं रात्र्याम् अन्नाद्यं दधति । तत् स्वारं भवति । प्राणो वै स्वरः । अन्नम् उ वै प्राणाः । तद् एतद् अभिपूर्वस्यैवान्नाद्यस्यावरुद्धिस् साम । अवान्नाद्यं रुन्द्धे ऽन्नादश् श्रेष्ठस् स्वानां भवति य एवं वेद । यद् उ शाक्त्या अपश्यंस् तस्माच् छाक्त्यम् इत्य् आख्यायते ॥ २१५ ॥[2]

[१] कोशेषु अतिरिचे [२] र ॥१०॥

वयम् उ त्वा त्वदिदर्थाः इति काण्वम् । कण्वो वै नार्षदो ज्योग् अप्रतिष्ठितश् चरन् सो ऽकामयत प्रतितिष्ठेयम् इति । स एतत् सामापश्यत् । तेनास्तुत । स रन्ताया[1] इत्य् एव निधनम् उपैत् । अरत इव वा एष भवति यो न प्रतितिष्ठति । लेलेव वै रात्री रतिर् वा एषा । ततस् स प्रत्यतिष्ठत् । तद् एतत् प्रतिष्ठा साम । प्रतितिष्ठति य एवं वेद । यद् उ कण्वो नार्षदो ऽपश्यत् तस्मात् काण्वम् इत्य् आख्यायते ॥

इन्द्राय मद्वने सुतम् इति मद्वतीर् भवन्ति । रसो वै मदः । धीतेवैषा यद् रात्रिः पीडितेव । नाभिषुण्वन्ति । यद् एवादस् तृतीयसवनाद् ऋजीषम् अतिरेचयन्ति तेनास्यां चरन्ति । तद् यद् एता मद्वतीर् भवन्ति रसम् एवास्याम् एतद् दधत्य् एव । एताम् एतेनाप्याययन्ति ॥ २१६ ॥[2]

[१] कोशेषु रन्तया [२] र ॥११॥

तासु श्रौतकक्षम् । श्रुतकक्षः काक्षीवतः पशुकामस् तपो ऽतप्यत । स एतत् सामापश्यत् । तेनास्तुत । स एताम् इळाम् उपैत् । पशवो वा इळा । ततो वै स पशून् अवारुन्द्ध । तद् एतत् पशव्यं साम । अव पशून् रुन्द्धे बहुपशुर् भवति य एवं वेद ॥

पुनर्नितुन्नंछन्दो भवति । यत्रयत्र वै देवाश् छन्दसां रसम् अन्वविन्दंस् तत् पुनर्नितुन्नम्[1] अकुर्वन् । तत् पुनर् अभ्याघ्नन् । धीनवैषा यद् रात्रिः । तद् यत् पुनर्नितुन्नंछन्दो भवति रसम् एवास्याम् एतद् दधति । रसस्यैवैषानुवृत्तिः । यद् उ श्रुतकक्षः काक्षीवतो ऽपश्यत् तस्माच् छ्रौतकक्षम् इत्य् आख्यायते ॥

तदैळम् अच्छावाकसाम भवति । पशवो वा इळा । पशुष्व् एवैतत् प्रतितिष्ठति ॥ २१७ ॥[2]

[१] कोशेषु नाना पुनन्नीतीन्न°, पुनर्नीतिन्न°, पुर्नर्नितिन्न° [२] र ॥१२॥

अयं त इन्द्र सोमः इति । पुनःप्रोक्तिर् ह वा एषा हविषो यन् नुते । परो यज्ञ इति ह वा एतद् इन्द्राय प्राहुः । द्वितीयं ह्य् एतद् धविः क्रियते यद् रात्रिः ॥

तास्व् और्ध्वसद्मनम् । और्ध्वसद्मनेन वै देवा एषु लोकेषूर्ध्वा असीदन् । यद् एषु लोकेषूर्ध्वा असीदंस् तद् और्ध्वसद्मनस्यौर्ध्वसद्मनत्वम् । तद् एतत् स्वर्ग्यं साम । ऊर्ध्व एवैतेन स्वर्गे लोके सीदति य एवं वेद । और्ध्वसद्मनेन वै देवा असुराणां सुवृक्तिभिः इति पशून् अवृञ्जत नृमादनम् इति वज्रं प्राहरन् भरेष्व् आ इति स्वर्गं लोकम् आरोहन् । और्ध्वसद्मनेनैव द्विषतो भ्रातृव्यस्य सुवृक्तिभिः इत्य् एव पशून् वृंक्ते नृमादनम् इति वज्रं प्रहरति भरेष्व् आ इति स्वर्गं लोकम् आरोहति ॥

तान्य् आहुर् नानोपेत्यानि । नानेव वा इमे लोका । एषां लोकानां विधृत्या इति । सुवृक्तिभिः इति वा अयं लोकः नृमादनम् इत्य् अन्तरिक्षं भरेष्व् आ इत्य् असौ । तस्मान् नानोपेत्यान्य् एषां लोकानां विधृत्यै ॥ २१८ ॥[1]

[१] र ॥१३॥

तद् उ होवाच जानश्रुतेयो वीर्यं वा एतत् साम्नो यन् निधनम् । तद् विक्षुभ्णुयुस्[1] तद् वियुञ्ज्युर्[2] यन् नानोपेयुः । सार्धम् एवोपेत्यानि साम्नस् सवीर्यत्वायेति । तानि चतुरक्षराणि भवन्ति । याश् चतस्रो दिशो ऽस्मिन् लोके तासु सर्वासु प्रतितिष्ठाम याश् चतस्रो दिशो ऽन्तरिक्षे लोके तासु सर्वासु प्रतितिष्ठाम याश् चतस्रो दिशो ऽमुष्मिन् लोके तासु सर्वासु प्रतितिष्ठामेति ॥

और्ध्वसद्मनेन ह खलु वै रात्रिः पृष्ठिनीदं[4] वै रथन्तरम् अन्तरिक्षं वामदेव्यम् अद एव बृहत् । य उ ह वा एषां लोकानां श्रेष्ठास् ते पृष्ठानि । तेषाम् एको भवति य एवं वेद । प्रजापतिर् ह खलु वा ऊर्ध्वसद्म । अश्नुत प्रजापतितां य एवं वेद ॥ २१९ ॥[5]

[१] यरव °भ्रुयुस लश °स्नुयुस् [२] ? यलश विक्षुंचुर् र °पुंचुर् व विषद्धुर् [३] यर प्र° [४] ? यरवश °दा [५] र ॥१४॥

आ तू न इन्द्र क्षुमन्तम् इति वैणवम् । वेणुर् वै वैश्वामित्रो ऽकामयताद्यो मुख्यो ब्रह्मवर्चसी स्याम् इति । स एतत् सामापश्यत् । तेनास्तुत । ततो वै सो ऽद्यो मुख्यो ब्रह्म-

वर्चस्य् अभवत् । अध्यो मुख्यो ब्रह्मवर्चसी भवति य एवं वेद । यद् वेणुर् वैश्वामित्रो ऽपश्यत् तस्माद् वैणवम् इत्य् आख्यायते ॥

तद् व् एवाचक्षत आपालम् इति । अपाला ह वा आत्रेयी तिलका वा रुछ्वसाप्यास[1] । साकामयताप पापं वर्णं हनीयेति । सैतत् सामापश्यत् । तेनास्तुत । सा तीर्थम् अभ्यवयती सोमांशुम् अविदन्त् । तं समखादत् । तस्यै ह ग्रावाण इव दन्ता ऊदुः । स इन्द्र आद्रवद् ग्रावाणो वै वदन्तीति । साभिव्याहरत् कन्या वार् अवायती सोमम् अपि सुताविदत् । अरतं भरन्त्य् अब्रवीत इन्द्राय सुनवै त्वा शक्राय सुनवै त्वा इति । अस्यै वा इदं ग्रावाण इव दन्ता वदन्तीति विदित्वेन्द्रः पराङ् आवर्तत । तम् अब्रवीत्

असौ य एषि वीरको गृहंगृहं विचाकशत् ।
इमं जम्भसुतं पिब धानावन्तं करम्भिणम् अपूपवन्तम् उक्थिनम् ॥

इति । अनाद्रियमाणैवैतम् अब्रवीत्

आ चन त्वा चिकित्सामो ऽधि चन त्वा नेमसि ।

इति । पुरा मा सर्वयर्चापाला[2] स्तौतीत्य् अपपर्यावर्तत ।

शनैर् इव शनकैर् इवेन्द्रायेन्दो परि स्रव ।

इत्य् एवास्यै मुखात् सोमं निरधयत् । सोमपीथ इव ह वा अस्य स भवति य एवं विद्वांस् स्त्रियै मुखम् उपाजघ्राति ॥ २२० ॥[3]

[१] ? य रुछश्वासा° (दुष्टत्वचा साधीयान् पाठः स्यात्) [२] १ कोशेषु °परा, °वरा
[३] र ॥१५॥

ताम्[1] अब्रवीद् अपाले किंकामासीति । साब्रवीत्

इमानि त्रीणि विष्टपा तानीन्द्र विरोहय ।
शिरस् ततस्योवर्राम् आद् इदं म उपोदरे ॥
सर्वा ता रोमशा कृधि ॥

इति । खलतिर् हास्यै पितास । तं हाखलतिं चकार । उर्वरा हास्य न जज्ञे । सो ह जज्ञे । उपस्थे हास्यै रोमाणि नासुः । तान्य् उ ह जज्ञिरे । तां खे रथस्यात्यबृहत् । सा गोधाभवत् । तां खे ऽनसो ऽत्यबृहत् । सा कृकलास्य् अभवत् । तां खे युगस्यात्यबृहत् । सा संश्लिष्टिकाभवत् । तद् एषाभ्यनूच्यते

खे रथस्य खे ऽनसः खे युगस्य शतक्रतो ।
अपालाम् इन्द्र त्रिष् पूत्व्य् अकृणोस् सूर्यत्वचम् ॥

इति । तस्यै ह यत् कल्याणतमं रूपाणां तद् रूपम् आस । तद् एतत् कामसनि साम । एतं वै सा कामम् अकामयत । सो ऽस्यै कामस् समार्ध्यत । यत्काम एवैतेन साम्ना स्तुते सम् अस्मै स काम ऋध्यते । यद् व् अपालात्रेय्य् अपश्यत् तस्माद् आपालम् इत्य् आख्यायते ॥ २२१ ॥[2]

[१] कोशेषु काम् [२] र ॥१६॥

अभि त्वा वृषभा सुते इत्य् आर्षभम् । इन्द्रो वा अकामयतर्षभस् सर्वासां प्रजानां स्याम् ऋषभतां गच्छेयम् इति । स एतत् सामापश्यत् । तेनास्तुत । ततो वै स ऋषभस् सर्वासां प्रजानाम् अभवद् ऋषभताम् अगच्छत् । तद् एवार्षभस्यार्षभत्वम् । ऋषभ एव स्वानां

भवत्य् ऋषभतां गच्छति य एवं वेद ॥

तद् व् एवाचक्षते दैवोदासम् इति । दिवोदासो वै वाध्र्यश्विर् अकामयतोभयं ब्रह्म च क्षत्रं चावरुन्धीय राजा सन्न् ऋषिस् स्याम् इति । स एतत् सामापश्यत् । तेनास्तुत । ततो वै स उभयं ब्रह्म च क्षत्रं चावारुन्द्ध राजा सन्न् ऋषिर् अभवत् । उभयम् एव ब्रह्म च क्षत्रं चावरुन्द्धे राजा सन्न् ऋषिर् भवति य एवं वेद । यद् उ दिवोदासो वाध्र्यश्विर् अपश्यत् तस्माद् दैवोदासम् इत्य् आख्यायते ॥ २२२ ॥[1]

[१] र ॥१७॥

इदं वसो सुतम् अन्धः इति गारम् । देवेभ्यो वा असुरा गरान् प्राकिरन्[1] । तान् अविद्वांसो[2] ऽगिरन्न् अन्नम् एव मन्यमानाः । ते गरगिरो[3] ऽमन्यन्त । ते ऽकामयन्तेमान् गरान् गीर्णान् हनीमहीति । त एतत् सामापश्यन् । तेनास्तुवत । तेनेमान् गरान् गीर्णान् अपाघ्नत । [4]त एवेमे गिरयो[5] ऽभवन् । तद् यद् गरान् गीर्णान् अपाघ्नत[4] तद् एव गारस्य गारत्वम् । स यो गरगीर्[6] मन्येताप्रतिगृह्यस्य प्रतिगृह्य[7], अनाश्यान्नस्यान्नम् अशित्वा स एतेन स्तुवीत । अप हैव तं गरं गार्णं हते । यद् अनेन किं च पापं कृतं भवति तद् अपहते ॥

तद् ऐळम् अच्छावाकसाम भवति । पशवो वा इळा । पशुष्व् एवैतत् प्रतितिष्ठति ॥ २२३ ॥[8]

[१] ? कोशेषु प्रागिरंस् (य व °रास्) [२] कोशेषु विद्वांसो [३] कोशेषु गरशिरो [४–४] र ल श नास्ति [५] य व गरयो [६] ? य ल श गौभीर् र गाभिर् व गरभिर् [७] कोशेषु नास्ति [८] र ॥१८॥

इदं ह्य् अन्व् ओजसा इति घृतश्चुन्निधनम् । घृतश्चुता च वै मधुश्चुता च देवा यत्रयत्रैषां यज्ञस्योपादस्यत[1] तद् आप्याययन्त । तस्माद् आहुस् सोमस्यैवांशुर् आप्यायस्वेति । उपदस्तेवैषा यद् रात्रिः । तद् यद् घृतश्चुन्निधनं भवत्य् ऐवैतम् एतेन प्याययन्ति ॥

घृतश्चुच् च वै मधुश्चुच् चाङ्गिरसां स्वर्गं लोकं यताम् अहीयेताम् । ताव् अकामयेताम् अनूत्पतेव स्वर्गं लोकम् इति । तौ तपो ऽतप्येताम् । ताव् एते सामनी अपश्यताम् । ताभ्याम् अस्तुवाताम् । तौ स्तुत्वैव घृतश्चुते मधुश्चुत इत्य् एव स्वर्गं लोकम् अनूदपतताम् । अन्तो वै पयसां घृतम् अन्तस् स्वर्गो लोकानाम् । अन्तो वै रसानां मध्व् अन्तस् स्वर्गो लोकानाम् । अन्त्याभ्यां वाव तौ तत् सामभ्याम् अन्त्यं स्वर्गं लोकम् आश्नुवाताम् । अन्त्याभ्याम् एवैतत् सामभ्याम् अन्त्यं स्वर्गं लोकम् अश्नुते य एवं वेद ॥

पशवो ह खलु वै घृतश्चुतः पशवो मधुश्चुतः । पशून् वाव तौ तद् एताभ्याम् अवारुन्धाताम्[2] । तैर् उ पशुभिर् इष्ट्वा स्वर्गम् एव लोकम् अगच्छताम् । ते एते पशव्ये स्वर्ग्ये सामनी । अव पशून् रुन्द्धे गच्छति स्वर्गं लोकं य एवं वेद ॥ २२४ ॥[3]

[१] एवं य । अन्यत्र °पदास्यात् [२] कोशेषु अवरुंधेतां [३] र ॥१९॥

यज्ञस्तनौ[1] वा एते सामनी । एताभ्यां वा इन्द्रो यज्ञं सर्वान् कामान् अदुग्ध । दुहे ह वै यज्ञं सर्वान् कामान् य एवं वेद । यजुर्निधनं वा एतयोर् अन्यतरत् सामनिधनम्

अन्यतरत् । तद् यद् घृतश्चुन्निधनं तद् यजुर्निधनम् अथ यन् मधुश्चुन्निधनं तत् साम-निधनम् । या यजुषश् च साम्नश् चर्धिर् ऋध्नोति ताम् ऋद्धिम् आप्नोति तान् कामान् य एवं वेद ॥

तद् आहुर् यद् आज्येन दिवा चरन्त्य् अथ केनैषां रात्रिर् आज्यवती भवतीति । घृतश्चुन्निधनेनेति ब्रूयात् । एतेन ह वै रात्रिर् आज्यवती भवति । यद् उ घृतश्चुच् च मधुश्चुच् चाङ्गिरसाव् अपश्यतां तस्माद् एवम् आख्यायते ॥ २२५ ॥[२]

[१] कोशेषु °स्तनो [२] र ।'२०॥

अथ मैधातिथम् । काण्वायनास् सत्राद् उत्थायायन्त आयुञ्जानाः । ते होद्गीथा[१] इति किमुद्वस्थैतद्भनाम्[२] उर्वारुबहुप्रवृत्तं[२] [३]शयानम् उपेयुः[३] । ते ऽकामयन्तेमान् एव पशून् भूतान् उत्सृजेमहीति । स एतन् मेधातिथिः काण्वः सामापश्यत् । तेनोपन्यषीदन्

आ त्व् एता नि षीदतेन्द्रम् अभि प्र गायत
सखायस् स्तोमवाहसः ॥
पुरूतमं पुरूणाम् ईशानं वार्याणाम् ।
इन्द्रं सोमे सचा सुते ॥
स घा नो योग आ भुवत् स राये स पुरन्ध्याम् ॥

इति । पशवो वै रयिः । ततो वै ते तान् पशून् भूतान् उदसृजन्त । हिंकारेण हैवैनान् उत्ससृजिरे । ते हैते ऽत्र पश्चाद् उर्वारुपृक्षय इति पशवः । तद् एतत् पशूनाम् उत्सृष्टिस् साम । अव पशून् रुन्द्धे बहुपशुर् भवति य एवं वेद । यद् उ मेधातिथिः काण्वो ऽपश्यत् तस्मान् मैधातिथम् इत्य् आख्यायते ॥ २२६ ॥[४]

[१] ? य र होऽगथा [२] ? एवं कोशेषु [३-३] एवं य । र शयानोपेयुस् ल व श शयनोपेयुस् [४] र ॥२१॥

अथ सौमेधम् । देवा वा असुरान् हत्वापूता इवामेध्या अमन्यन्त । ते ऽकामयन्त पूता मेध्यास् स्यामेति । त एतत् सामापश्यन् । तेनास्तुवत । ततो वै पूता मेध्या अभवन् । ते ऽब्रुवन् सुमेध्या वा अभूमेति । तद् एव सौमेधस्य सौमेधत्वम् । पूतो मेध्यो भवति य एवं वेद ॥

तद् व् एवाचक्षते पौर्वतिथम् इति । पूर्वतिथिर् वा आर्चनानसश् श्यावाश्वात् कनीयान् । सो ऽकामयताव पशून् रुन्धीय भूमानं पशूनां गच्छेयम् इति । स एतत् सामापश्यत् । तेनास्तुत ।

आ घा गमद् यदि श्रवत् सहस्रिणीभिर् ऊतिभिः ।

इति । सहस्रम् एव पशून् अवारुन्द्ध भूमानं पशूनाम् अगच्छत् । तद् एतत् पशव्यं साम । अव पशून् रुन्द्धे भूमानं पशूनां गच्छति य एवं वेद । यद् उ पूर्वतिथिर् आर्चनानसो ऽपश्यत् तस्मात् पौर्वतिथम् इत्य् आख्यायते ॥

इन्द्र सुतेषु सोमेषु इत्य् उष्णिहो भवन्ति । देवपुरा वा एषा यद् उष्णिहः । ता यद् अन्ततः क्रियन्ते देवपुराम् एवैतद् अन्ततः परिहरन्ति पशूनां गुप्त्या असुराणाम् अनभ्यव-चाराय ॥ २२७ ॥[१]

[१] र ॥२२॥

तासु कौत्सम्। कुत्सश् च लुशश् चेन्द्रं व्यह्वयेताम्। स कुत्सस्य हवम् आगच्छत्। तं शतेन वार्ध्रीभिर् आण्डयोर् अबध्नात्। तं लुशो ऽभ्यवदत्

स्ववृजं हि त्वाम् अहम् इन्द्र शुश्रवानानुदं वृषभ रध्रचोदनम्।

प्र मुञ्चस्व परि कुत्साद् इहागहि किम् उ त्वावान् मुष्कयोर् बद्ध आसते॥

इति ताम् सर्वास् संलुप्य लुशम् अभि प्राद्रवत्। तं कुत्सः इन्द्र सुतेषु सोमेषु इत्य् अन्वाह्वयत्। तम् अभ्यावर्तत। तं लुशः इन्द्रा होयी हावे होयी इति। ताव् अन्तरातिष्ठत्। ताव् अब्रवीद् अंशम् आहरेताम् आत्मना वाम् अन्यतरस्य पास्यामि महिम्नान्यतरस्येति। तथेति। ताव् अंशम् आहरेताम् आत्मानम् अन्यतर उदजयन् महिमानम् अन्यतरः। आत्मानं कुत्स उदजयन् महिमानं लुशः। आत्मनान्यतरस्यापिबन् महिम्नान्यतरस्य। आत्मना कुत्सस्यापिबन् महिम्ना लुशस्य। उभा उ ह त्वाव तस्य ताव् आत्मानौ यद् आत्मा च महिमा च। तद् एतत् सेन्द्रं साम। सेन्द्रो हास्य सदेवो यज्ञो भवत्य् अभ्य् अस्येन्द्रो यज्ञम् आवर्तते नास्येन्द्रो यज्ञाद् अपाक्रामति य एवं वेद। यद् उ कुत्सो अपश्यत् तस्मात् कौत्सम् इत्य् आख्यायते॥

तद् एळम् अच्छावाकसाम भवति। पशवो वा इळा। पशुष्व् एवैतत् प्रतितिष्ठति॥ २२८॥[1]

[1] य खण्डम् २ ॥२३॥

—⁓—

[1]तद् आहू रथन्तरम् एव प्रथमे तृचे स्याद् वामदेव्यं द्वितीये बृहत् तृतीय एषां लोकानां समारोहायेति । इमे वै लोका एतानि सामानि । अयम् एव लोको रथन्तरम् अन्तरिक्षं वामदेव्यम् असाव् एव बृहत् । तस्माद् एवम् एव कार्यम् एषां लोकानां समारोहायेति । प्राणव्यानोदाना ह खलु वा एतानि सामानि । प्राण एव रथन्तरं व्यानो वामदेव्यम् उदानो बृहत् । तस्माद् एवम् एव कार्यं प्राणव्यानोदानानां संतत्या अव्यवच्छेदायेति ॥

अथ यः कामयेत प्रजा मे श्रेयसी स्याद् इति रथन्तरम् एव प्रथमे तृचे कुर्याद् वामदेव्यम् उत्तरयोः । प्रजापतिर् वै वामदेव्यम् । प्रजापतिम् एव तत् स्वरम् अन्तत उपयन्ति प्रजननाय ॥

बृहता श्रीकामस् स्वर्गकामस् स्तुवीत । श्रीर् वै स्वर्गो लोकः । बृहद् अश्नुते श्रियं गच्छति स्वर्गं लोकं य एवं वेद । अथो ह भ्रातृव्यलोकम् एव नावजहाति । भ्रातृव्यभाजनम् इव ह्य् एषा यद् रात्रिः ॥

रथन्तरेण प्रतिष्ठाकामस् स्तुवीत । प्रतिष्ठा वै रथन्तरम् । प्रत्य् एव तिष्ठति ॥

गायत्रीषु संधिना ब्रह्मवर्चसकामस् स्तुवीत । ब्रह्म वै गायत्री । ब्रह्मवर्चस्य् एव भवति ॥

ककुप्सु पुरुषकामः । पुरुषो वै ककुप् । पुरुषवान् एव भवति ॥

उष्णिक्षु पशुकामः । पशवो वा उष्णिक् । पशुमान् एव भवति ॥

विराट्स्व् अन्नाद्यकामः । अन्नं वै विराट् । अन्नाद एव भवति ॥

अनुष्टुप्सु प्रतिष्ठाकामः । प्रतिष्ठा वा अनुष्टुप् । प्रत्य् एव तिष्ठति ॥

पंक्तिषु यज्ञकामः । यः कामयेत पुनर् मा यज्ञ उपनमेद् इति । यज्ञो वै पंक्तिः पुनर् एवैनं यज्ञ उपनमति ॥

त्रिष्टुप्स्व् ओजस्कामः वीर्यकामः । ओजो वै वीर्यं त्रिष्टुप् । ओजस्व्य् एव वीर्यवान् भवति ॥

जगतीषु पशुकामः । पशवो वै जगती । पशुमान् एव भवति ॥

तद् आहुर् एकस्मिन् वावैतस्य छन्दस्य् एकस्मिन् कामे स्तुतं भवति य एवं स्तुते । अथैतस्य[3] सर्वेषु छन्दस्सु सर्वेषु कामेषु स्तुतं भवति यो बृहतीषु स्तुते । बृहती ह्य् एवैतानि सर्वाणि छन्दांस्य् अभिसंपद्यन्त इति । गायत्री च जगती च ते द्वे बृहत्यौ । उष्णिक् च त्रिष्टुप् च ते द्वे बृहत्यौ । अनुष्टुप् च पंक्तिश् च ते द्वे बृहत्यौ । बृहत्य् एव बृहती । तस्माद् बृहतीष्व् एव स्तोतव्यम् एतेषां सर्वेषां छन्दसां सर्वेषां कामानाम् अवाप्त्यै ॥२२९॥[4]

[१] प्रारम्भे य श ॥ हरिः ओम् ॥ व ॥ हरिः ओम् ॥ शुभमस्तु ॥ ओम् [२] ? एवं ल । अन्यत्र °भाजि° [३] ल श अथैकस्य [४] र ॥१॥

तद् आहुर् यत् त्रिवृद् एव स्तोमानां लघिष्ठो रथन्तरं साम्नाम् । आश्विनम् उ वै शस्त्राणां गरिष्ठम् । अथ कस्मात् त्रिवृद् एव स्तोमानां रथन्तरं साम्नाम् आश्विनस्य शस्त्रं प्रत्युद्यन्तुम् अर्हत इति । स ब्रूयात् प्राणो वै त्रिवृतः प्राणेष्व् इदं सर्वं प्रतिष्ठितं

प्राणा इदं सर्वं प्रत्युद्यच्छन्ति प्राणा इदं सर्वं प्रतिप्रति । इमे वै लोकास् त्रिवृतः । एष्व् इदं लोकेषु सर्वं प्रतिष्ठितम् । इम इदं लोकास् सर्वं प्रत्युद्यच्छन्ति । इम इदं लोकास् सर्वं प्रतिप्रति । वाग् वै रथन्तरम् । वाचीदं सर्वं प्रतिष्ठितम् । वाग् इदं सर्वं प्रत्युद्यच्छति । वाग् इदं सर्वं प्रतिप्रति । इयं वै रथन्तरम् । अस्याम् इदं सर्वं प्रतिष्ठितम् । इयम् इदं सर्वं प्रत्युद्यच्छति । इयम् इदं सर्वं प्रतिप्रति । तस्मात् त्रिवृद् एव स्तोमानां रथन्तरं साम्नाम् आश्विनस्य शस्त्रं प्रत्युद्यन्तुम् अर्हत इति ॥ २३० ॥[1]

[१] र ॥२॥

तद् आहुर् यत् पवमानवन्तो ऽन्ये यज्ञक्रतवो ऽथ केनैषां रात्रिः पवमानवती भवतीति । रथन्तरेण संधिनेति ब्रूयात् । एतेन ह वै रात्रिः पवमानवती भवति । तेन सकृद् धिंकृतेन पराचा स्तुवते । सकृद् ध्य् एव परस्तात् त्रिवृते हिंकुर्वन्ति यत् प्रायणं तद् उदयनम् असद् इति ॥

रेतस्सिक्तिर् ह त्वै पूर्वस् त्रिवृत् प्रजापतिर् उत्तरः । आत्मा वै प्रजा पशव एतानि तृचानि । प्रजापतिर् वै रथन्तरम् । यथा रेत एव सिक्तं स्यान् न प्रजायेत तादृक् तद् यत् सकृद् धिंकृतैस् स्तुवीरन् । तद् यत् तृचायतृचाय हिंकुर्वन्ति प्रजात्या एव । बहुर् भवति प्रजायते य एवं वेद ॥

अथो हैषाम् एक एव पर्याय आयतनवान् स्यात् । आयतनौ द्वौ स्यातां यत् सकृद् धिंकृतैस् स्तुवीरन् । तद् यत् तृचायतृचाय हिंकुर्वन्ति तेनैवैषां सर्वरात्रिर् आयतनवती पवमानवती[1] भवति । यथा वा अहस् तथा रात्रिर् यथा रात्रिस् तथाहः । पूर्वाह्णो मध्यंदिनो ऽपराह्णः पूर्वरात्रो मध्यरात्रो ऽपररात्रः । तद् यत् तृचायतृचाय हिंकुर्वन्त्य् अहोरात्रयोर् एव विधृत्यै ॥ २३१ ॥[2]

[१] र व श °मती [२] र ॥३॥

तद् आहुर् यद् एकविंशम् अनु सर्वे यज्ञक्रतवस् संतिष्ठन्ते ऽत्य् उ वा एकविंशान्य् उक्थानि रात्रिर् एत्य् अथ केनैषाम् एकविंशम् अनु रात्रिस् संतिष्ठत इति । स ब्रूयाद् यद् एवैत एकविंशतिश् च त्रिवृतो भवन्ति नव चैकविंशा इति ॥

अथ ह स्माह भाल्लवेयः[1] क उ स्विद् अन्योभयतो ज्योतिषा यज्ञक्रतुना यक्ष्यत इति । एष ह वा उभयतोज्योतिर् यज्ञक्रतुर् यद् अतिरात्रस् त्रिवृत् पुरस्ताद् बहिष्पवमानं भवति । त्रिवृद् उपरिष्टाद् रथन्तरस् संधिः । अग्निर् वै पूर्वस् त्रिवृद् आदित्य उत्तरः । अग्निना वा अयं लोको ज्योतिष्मान् आदित्येनासौ । उभयतो ज्योतिषास्य यज्ञक्रतुनेष्टं भवति ज्योतिष्मान् अस्मिंश् च लोके ऽमुष्मिंश् च भवति य एवं वेद ॥

तौ वा एतौ ब्रह्म चैव क्षत्रं च । ब्रह्म वै त्रिवृत् क्षत्रं पञ्चदशः । तद् एतद् ब्रह्म च क्षत्रं च संधाय रात्रिं वहतः । तद् एतद् ब्रह्म च क्षत्रं च संधायान्ततः पाप्मानम् अपहतस् तद् यद् एतौ स्तोमाव् अन्ततः क्रियेते । पाप्मानं हते य एवं वेद । तौ यद् गायत्रीं संपद्येते —तेजो वै ब्रह्मवर्चसं गायत्री—तेजस्य् एव तद् ब्रह्मवर्चसे प्रतितिष्ठति । अथो यजमानम् एव तद् आयुषि प्रतिष्ठापयति सर्वायुष्ट्वाय । प्राणो हि गायत्री । सर्वम् आयुर् एति य एवं वेद ॥ २३२ ॥[2]

[१] कोशेषु भाह्लभेयः [२] र ॥४॥

विराट्संपदैव यज्ञेन यजेतेत्य् आहुः । अन्नं वै विराट् । [१]अन्नं ह[१] वै देवानां सोमो राजा । अन्नम् एव तत् [कृ]त्वा देवेभ्यस् सोमं राजानं प्रयच्छति । न ह वा एषो ऽनभिषुतो देवानाम् अन्नम् । तम् एतद् अभिषुत्यान्नं कृत्वा देवेभ्यः प्रयच्छति । यद् ध वा इह देवेभ्यः करोति तद् अस्मै देवाः कुर्वन्ति । त एनं समृद्धाः प्रजया पशुभिर् अन्नाद्येन समृद्धयन्ति ॥

विराण् नातियष्टव्येत्य् आहुः । यो ह वै विराजम् अतियजते पुनर् ह सो ऽमुष्मिन् लोके यजमान आस्ते । स रूक्षः पुरुषो विराजं संपिपादयिषन्न् ईप्सन्न् अनाप्नुवन्न् आस्ते । क[२] हि तद् आप्स्यति[३] यद् इतो नाप्त्वा[४] प्रैति ॥

पुरुषान् इव हासीनान् असितो दैवल उवाच क एत आसत इति । ये विराजम् अत्ययजामहीति[५] होचुः । तान् हाभ्युवाद

स रथाद् अवपद्यते—॥ २३३ ॥[८]

[१-१] कोशेषु अन्नम्मह [२] ? यर त्त लवश त्वं [३] कोशेषु आप्स्यसीति [४] कोशेषु नाप्सा [५] कोशेषु दे° [६] कोशेषु °यजामहिषत इति [७] कोशेषु हना° [८] र ॥५॥

—पुरश् चक्रं पथ्यो व्रिले[१] ।
तं चक्रम् अभिवर्तते यो ऽसंपन्नेन यजते ॥
पाको यज्ञेन देवयुर्[२] यद् ददाति तद् एवास्य न लोकम् अभिगच्छति ॥

इति । पाकास् सन्तो ऽविजानन्तो ऽदेवायत इति हैनांस् तद् उवाच ये विराजम् अत्ययजध्वम् इति ॥

तद् आहुः कुतो यज्ञम् अतथाः कैनं प्रत्यतिष्ठिप इति । यत एवैनम् अतसीति ब्रूयात् तद् एवैनं प्रत्यतिष्ठिपम् इति । पुरुषाद् ध वै यज्ञस् तायते पुरुषे प्रतितिष्ठति ॥

अथ ह हत्स्वाशया आल्लकेयो महावृषो राजा पुत्रं दीक्षयांचकार । तस्य ह सोमशुष्मस्[३] सात्ययज्ञिर् उद्गीथायोढ आस । तम् उ ह महावृषाणां दूता[५] आसस्तुर् आगच्छ समितिर् वा इयम् इति । तद् ध प्रधावयन्न्[६] उवाचोद्गातर् एतं ते पुत्रं परिददानीति । स हेष्टा[७] पुनर् आजगाम । स होवाचोद्गातः क यज्ञं प्रत्यतिष्ठिपः क यजमानं कास्य पशून् इति । तद् ध न प्रत्युवाच । स होवाच पुनर् मे पुत्रं दीक्षयत न वै विघ्न[८] यत्र मे पुत्रम् अक्रद् इति । तमं अह पुनर् दीक्षयांचक्रुः । तस्य ह स्वयम् एवोज्जगौ । स यत् प्रत्यवक्ष्यद् यजमान एव यज्ञं प्रत्यतिष्ठिपं यजमानं वामदेव्ये रथन्तरे ऽस्य पशून् इति[१०]
॥ २३४ ॥[११]

[१] ? कोशेषु भिले [२] ? कोशेषु देवैर् [३] कोशेषु °शुष्मिः [४] कोशेषु स° [५] र ल श ज्ञाता [६] कोशेषु प्रधावाव (र प व नास्ति) यन्न् [७] ? य हेष्णं र हेष्ट्वं व हेष्वा ल श हेष्टवं [८] य विध्म । अन्यत्र विम [९] कोशेषु तम्म् [१०] य एवास्ति [११] र ॥६॥

एतद् ध वै परमं वाचः क्रान्तं यद् दशेति । एतावद् ध परमं वाक् चक्रमे । तद् यत् परमं वाचः क्रान्तं तत् सर्वम् आप्नवानीति । अथ यद् अत ऊर्ध्वं विंशतिश् शतं सहस्रम् इत्य् अङ्गान्य् एवास्यै तानि पर्वाणि । वाच एव सा प्रभूतिः । तद् उ हात्रैव सर्वां विराजम् आप्नोति । पुरुषसंपद् ध खलु वा एषा दशाक्षरा विराट् । दश पुरुषे प्राणाः ।

सा वा एषैतासाम् एव नवतिशतस्य स्तोत्रियाणां प्रशंसा। नवतिशतं ह्य् एवैषो ऽग्निष्टोमः। संस्कृतस्तोत्रिया भवन्ति। कृतं तद् यद् अशीतिशतं कृतम् इदं[1] दशकृतं[2] सत्। तद् उ ह कुरव आहुर् द्वापर एष यन् नवतिशतं स्तोत्रियास् त्रयाणाम् अयानाम् अधमः। कृतं वै त्रेताद्वापरम्। द्वे स्तोत्रिये उपप्रस्तुत्ये। स कृतस् स्तोमस् संपद्यते। कृतेन तज् जयति यज् जिगीषति। कृतेनोद्भिनत्ति। अथो पक्षाव् एतौ यत् पवमानौ। ताव् एव तत् समौ करोति। अथो विश्वज्योतिर् एव यज्ञक्रतुर् भवति। अथो द्व्यतिष्टुतः। ताव् एव विराजस् स्तनौ। स द्विपाद् यजमानः प्रतिष्ठित्यै॥ २३५॥[3]

[१] ? य र ल इदु [२] व श ०शतं [३] र ॥७॥

तद् उ ह स्माह कहोळः कौषीतकेयो दीर्घस्तनी बत तेषां विराट् येषां स्तोत्रिये विराजस् स्तनाव् इति। अपि नूनम् एतां विराजं प्रतिवेशतो दुह्र इति ह स्माह। अक्षय्याम्[2] एवैतां संपदं देवा उपासत। ताम् ऋषय उपासत। ताम् उ एव वयं परोऽवर उपास्महे। एतासाम् एव नवतिशतस्य स्तोत्रियाणां पञ्च च सहस्राण्य् आ चत्वारिंशतानि द्वासप्ततिर् अक्षराणि। तद् ये [3]एव ते द्वासप्ततितमे[3] अक्षरे ताव् एव विराजस् स्तनौ। स द्विपाद् यजमानः प्रतिष्ठित्या इति। तद् आहुर् यद् द्वापरस् स्तोमो ऽथ केन कृतस् स्तोम इति। अक्षरैर् इति ब्रूयात्। अथो स्तोत्रैर् इति। अथो स्तुतशस्त्रैर् इति। अथो यद् दशकृतम् इति ब्रूयात् तेनो एव कृतस् स्तोम इति। [4]अयं ह[4] वाव दशकृतम् उपाप्नोति॥ २३६॥[5]

[१] य कहोड्ः र ल श कामोगः व कहोटः [२] ल व अक्षर्याम [३-३] ? य एत्र तेद्द्वा० र एतद्वे० ल एव ते द्वा० व एव तद्वो० श एतद् द्वा० [४-४] ? य र श अयमहं ल व अयमयंहं [५] र ॥८॥

आपो वा इदम् अग्रे महत् सलिलम् आसीत्। तद् अपाम् एवैश्वर्यम् आसीत्। यद् अपाम् एवैश्वर्यम् आसीद् अपां राज्यम् अपाम् अन्नाद्यं तद् अग्निर् अभ्यध्यायन् ममेदम् ऐश्वर्यं मम राज्यं ममान्नाद्यं स्याद् इति। स एताम् अग्निष्टोमसंपदम् अपश्यत्। तयेमा अपो व्युदौहद् ऊर्ध्वाश् चावाचीश् च। स एतम् एव दिनर्दिनं स्तोमं[1] गायन्[2] केवलीदम् अन्नाद्यम् अकुरुत। स नवभिर् एकविंशैर् अमूर् ऊर्ध्वा उदतभ्नोत्। ताः परेण दिवं पर्यौहत्। ता एताः पर्यूढा ऋतुशो वर्षन्तीस् तिष्ठन्ति। एकविंशत्या [3]त्रिवृद्भिर् इमा[3] अवाचीर् अभ्यतिष्ठत्। ताः परेण पृथिवीं पर्यौहत्। ता एताः पर्यूढा अनूत्खायैक[4] उपजीवन्ति—॥ २३७॥[5]

[१] ? य र व स्तोभन् ल श स्तोहन् [२] र ल व श नायन् [३-३] ल श ऋग्भिरिष्ट्वा [४] ? कोशेषु अनघायैक [५] र ॥९॥

—तिष्ठन्तीर् एके स्रवन्तीर् एके। स एवम् एता अपो व्यूह्य विनुद्यास्मिन्[1] लोके ऽन्नम् आदत्ते[2]। तौ[3] नाल्पकं न मध्यमं न महद् इवान्नाद्यम् अभ्यतिरिच्यत। एवम् एव द्विषन्तं भ्रातृव्यं व्यूह्य विनुद्यास्मिन् लोके ऽन्नम् अत्ति तं नाल्पकं न मध्यमं न महद् इवान्नाद्यम् अभ्यतिरिच्यते य एवं वेद। तम् एतम् अन्नं जिगीवांसं सर्वे देवा अभिसमगच्छन्त। ते वै तन् नाविन्दन्त। या ह्य् असौ यज्ञायज्ञीयस्यैकार्विंशी ताम् आसु बहि-

ष्पवमानीषु नवसु प्रत्युपधाय शये ऽनन्तो भूत्वा परिगृह्यैतद् अन्नाद्यम् ॥

अथो यथा पात्रे ऽङ्गारा ओप्तास् स्युर् एवम् एवैषु [4]लोकेषु हशे[4] ऽनन्त आस। तान् अविन्दमानान् अब्रवीत् स्तुत मेति ॥ २३८ ॥[5]

[१] ल श विनुद्याद्यस्मिन् [२] कोशेषु अत्ति [३] कोशेषु तन् [४-४] ? एवं कोशेषु
[५] र ॥१०॥

तं वसवो गायत्र्या छन्दसा गायत्रेण साम्ना प्रातस्सवनेनास्तुवन् । तांस् तस्मिन्न् एव सवन उपाह्वयत । तं रुद्रास् त्रिष्टुभा छन्दसा त्रैष्टुभेन साम्ना माध्यंदिनेन सवनेनास्तुवन् । तांस् तस्मिन्न् एव सवन उपाह्वयत । तम् आदित्या जगत्या छन्दसा जागतेन साम्ना तृतीयसवनेनास्तुवन् । तांस् तस्मिन्न् एव सवन उपाह्वयत । तं विश्वे देवा वाङ् मनश् च प्रजापतिर् अनुष्टुभा छन्दसा यज्ञायज्ञीयेन साम्नास्तुवन् । तांस् तस्मिन्न् एव स्तोत्र उपाह्वयत । एवम् एते देवा एतं यज्ञक्रतुम् अन्वायतन्त । अथ य एनं नान्वायतन्त— ॥ २३९ ॥[1]

[१] र ॥११॥

—शश्वद् ध ते पराभूता देवानाम् अशनया । अथ य एनम् अन्वायतन्त इम एतर्हि परिशिष्टाः । त उ एवाप्युर्षिभवितारः[1] ॥

स हैष वैश्वदेवस् स्तोमः । विश्वेषां हैव देवानां पुरा स्तोम आस। तेन यद् अग्निम् अस्तुवन् सास्याग्निष्टोमता । अग्निं हैनेनास्तुवन् । स्तुवते हैनेन स्वा[1] स्तुवते ऽरणी । स्तुवते हैनेन जने[2] स्वा य एवं वेद ॥

स हैष नवैकविंशान् अभिसंपद्यते द्वादश मासाः पञ्चर्तवस् त्रय इमे लोका असाव् आदित्य एकविंशः । एका स्तोत्रियातिरिच्यते । यजमानो हैव सो ऽतिरिच्यते यो वैवं वेद । यथा ह गिरौ ज्योतिर् भायाद् एवं तस्यां जनतायां भाति यस्यां भवति य एवं वेद ॥

स उ एवैकविंशतिस् त्रिवृतो ऽभिसंपद्यते । अग्निर् वै त्रिवृत् । तद् यद् वै किं च त्रिवृत् तत् सर्वम् अग्निम् एवाभिसंपद्यते । याश् च ह महत्यस् संपदो याश् च क्षुल्लिकास् ता ह सर्वा एवंविदम् अभिसंपद्यन्ते । सर्वे एनं कामा अभिसंपद्यन्ते य एवं वेद । स एष एकविंशत्या त्रिवृद्भिर् अमुष्मिन्न् आदित्ये प्रतिष्ठितो नवभिर् असाव् एकविंशैर् अस्मिन् । ताव् एताव् एवम् अन्योन्यस्मिन् प्रतिष्ठितौ । प्रतितिष्ठति य एवं वेद ॥ २४० ॥[3]

[१] एवं कोशेषु [२] व जनेन [३] र ॥१२॥

नासाव् अस्तम् एति नायम् अनुगच्छति । इमम् एवासाव् अभ्य् अस्तम् एति । तद् अस्यास्तत्वम् । इमं ह्य् एवासाव् अभ्य् अस्तम् एत्य् अमुम् एवायम् अभ्यनुगच्छति । तद् अमुष्यामुत्वम् । अमुं ह्य् एवायम् अभ्यनुगच्छति न हास्तम् एति नानुगच्छति य एवं वेद ॥

ते हैते सवासिन्यौ देवते । गच्छति हैताभ्यां सवासित्वम् । अथो हास्यैते एव देवते । एषु लोकेषु सर्वपाप्मानम् अपघ्नत्यौ तिष्ठतः ॥

यावद् उ ह वा अयम् अग्निर् अस्मिन् लोके दीप्यते तावद् अमुष्मिन् लोक आदित्यः

न हैव तावद् एवंविदो लोकः क्षय्यः ॥

यथा ह वा इदम् आयतनम् आयतनीं प्रेप्सेद्[3] एवम् इमं लोकम् आपः प्रेप्सन्ति[4] याश् चामूर् याश् चेमाः । तायन्नं संभिन्दन्त्यू[5] एतस्यव स्तोमस्य क्रतोः[7] । एष एवैनास् स्तोमो ऽपिर्ददते । स यो न्वावैकस्य राज्यस्यं त्राता द्वयोर् यस् त्रयाणां लोकी वाव स तेन[10] मन्येत । अन्त्ये[11] तु सलोक्य् असद् यस् तेषाम् एको ऽसद् ये ऽस्य लोकस्य त्रातारः । अस्य ह स लोकस्य त्रातॄणाम् एको भवति य एवं वेद । तन लोकी सः । यावद् ध वा अप्य् एवंविदो ब्राह्मणा भवितारो न हैव तावद् याश् चामूर् आपो याश् चेमास् ता उभयीस् संपद्येमं लोकं निर्मृष्टारः ॥ २४१ ॥[12]

[१] र व श नासाम् [२] व श एवासाम् [३] र ल प्राप्ससेद् य व श प्राप्स्येद् [४] कोशेषु प्रेप्स्यन्ति [५] ? एवं कोशेषु [६] ? य श वंहिदंत्य् र ल संहिदंत्य् व संभिदत्य [७] ? र क्रतोर् [८] व श वि° [९] र व श राज्ञस्य [१०] ? य र व श ते नु [११] ? र अन्ते ल अन्ये [१२] र ॥१३॥

तस्य वा एतस्याग्निष्टोमस्य गायत्रीम् एव प्रातस्सवनं संपद्यते त्रिष्टुभं माध्यंदिनं सवनं जगतीं तृतीयसवनम् । तद् एतत् स्वयंसंपन्नं प्रातस्सवनम् । गायत्रम् एव सर्वम् ॥

अथ चत्वारि छन्दांसि माध्यंदिनं सवनं गायत्री बृहती ककुप् त्रिष्टुप् । तस्या एतस्यै ककुभो ऽष्टाविंशत्यक्षरायै विंशतिम् अक्षराणि गायत्र्याम् उपदधाति । सा त्रिष्टुप् संपद्यते । अथ यान्य् अष्टाव् अतिरिच्यन्ते तानि बृहत्याम् उपदधाति । सा त्रिष्टुप् संपद्यते । त्रिष्टुब् एव त्रिष्टुप् ॥

अथ षट् छन्दांसि तृतीयसवनं गायत्र्य् उष्णिक्ककुभाव् अनुष्टुब् जगती बृहती । तस्या एतस्यै गायत्र्यै चतुर्विंशत्यक्षरायै विंशतिम् अक्षराणि ककुभ्य् उपदधाति । सा जगती संपद्यते । अथ यानि चत्वार्य् अतिरिच्यन्ते तान्य् उष्णिह्य् उपदधाति । सा द्वात्रिंशदक्षरानुष्टुप् संपद्यते । अनुष्टुब् एवानुष्टुप् । तां द्वेधा व्यूहति । तस्यै षोडशाक्षराण्य् अनुष्टुभ्य् उपदधाति । सा जगती संपद्यते । स्वयम् एव परस्ताज् जगती । अथ यानि षोडशातिरिच्यन्ते तानि यज्ञायज्ञीयस्य बृहत्याम् उपदधाति । सा द्वापञ्चाशदक्षरा जगती संपद्यते । चत्वार्य् अक्षराणि जगतीम् अतियन्ति य एते चतुष्पादाः पशवः । अथो स्तना एव विराजो दोहः । अथो प्रतिष्ठैव । यथा चतुष्पदी प्रतिष्ठात्[1] तथा । तद् व् अत्रैवानुव्येति । न किं चनातिरिच्यते । वामदेव्यस्य न्यूने[2] त्रीण्य् उपदधाति—॥ २४२ ॥[3]

[१] ? य ल व श प्रतिष्ठिते र प्रतितिष्ठं [२] कोशेषु न्यूनेन [३] र ॥१४॥

—यज्ञायज्ञीय एकम् ॥

गायत्रं वै प्रातस्सवनं त्रैष्टुभं माध्यंदिनं सवनं जागतं तृतीयसवनम् । ब्रह्मणो ऽस्य सतः क्षत्रस्येव प्रकाशो भवति वैश्यस्येव रयिः पुष्टिर् य एवं वेद ॥

तस्यो एवाक्षरशो गायत्रीम् एव प्रातस्सवनं संपद्यन्ते त्रिष्टुभं माध्यंदिनं सवनं जगतीं तृतीयसवनम् । एकान्नसप्ततिः प्रातस्सवनस्य स्तोत्रियाष् षष्टिस् त्रिष्टुभो माध्यंदिनं सवनं चतुर्विंशतिश् च जगतीस् तृतीयसवनम् । एका च ककुप् । पुरुषो वै ककुप् । स ह स यजमान एवैतस्यां संपद्य् अध्यूढः । तद् व् अत्रैवानुव्येति । न किं चनातिरिच्यते । एकस्यै ककुभो ऽष्टाविंशत्यक्षरायै चत्वार्य् अक्षराण्य् आदाय वामदेव्यस्य न्यूने[1] त्रीण्य्

उपदधाति यज्ञायज्ञीय एकम् । अथ या गायत्री परिशिष्यते ताम् अद एकान्नसप्तत्यां प्रातस्सवनस्य स्तोत्रियासु प्रत्युपदधाति । तद् उ हानन्तम् । अनन्तां श्रियं जयति य एवं वेद ॥ २४३ ॥[2]

[१] य र व श त्रीण्यूने ल त्रीण्यन्ते [२] र ॥१५॥

तस्यो एव द्वे सवने बृहतीं संपद्येते । यथैव पुरा तृतीयसवनं तथा तृतीयसवनम् । एकान्नसप्ततिः प्रातस्सवनस्य स्तोत्रियाः । ताष् षट्चत्वारिंशद् बृहत्यस् संपद्यन्ते । या हि तिस्रो गायत्र्यस् ते द्वे बृहत्यौ । न ताष् षट्चत्वारिंशद् बृहत्यस् संपद्यन्ते । तद् एतद् आयद् एव प्रातस्सवनं बृहतीम् अभिसंपद्यते । यस्माद् आयद् एव प्रातस्सवनं बृहतीम् अभिसंपद्यते तस्माद् ब्राह्मणो जायमान एव लोकी जायते । तं वा त्वै चरणेन भूयांसं कुरुते तं वा कनीयांसम् ॥

अथैतद् द्वौ माध्यंदिनं सवनं संपादयत उद्गाता च होता च । चत्वारि छन्दांस्य् उद्गाता युनक्ति । तानि च होतानुशंसत्य् उप च त्रीण्य् आहरत्य् अनुष्टुभं पंक्तीं जगतीम् । गायत्री च जगती च ते द्वे बृहत्यौ । उष्णिक् च त्रिष्टुप् च ते द्वे बृहत्यौ । अनुष्टुप् च पंक्तिश् च ते द्वे बृहत्यौ । बृहत्य् एव बृहती । यस्माद् एतद् द्वौ माध्यंदिनं सवनं संपादयतस् तस्माद् राजन्यस्य कार्यो लोक इष्टापूर्तेन श्रद्धया ब्रह्मण्यतया । अथ यस्माद् यथैव पुरा तृतीयसवनं तस्माद् उ ब्राह्मणाच् च राजन्याच् च वैश्यो लोकी । इतरो न हि तथा लोकी यथा ब्राह्मणश् च राजन्यश् च ॥ २४४ ॥[1]

[१] य ॥खण्डम्॥ र ॥१६॥

—⊂⊃—

[1]क्लप्तं ह वै लोकं यजमानो ऽभिजायते। पशून्[2] एव प्रथमस्य तृचस्य प्रथमया स्तोत्रियया जयति भूमिं द्वितीययाग्निं तृतीयया। अन्तरिक्षम् एव द्वितीयस्य च तृचस्य प्रथमया स्तोत्रियया जयति वायुं द्वितीयया प्राणं तृतीयया। दिवम् एव[3] तृतीयस्य तृचस्य प्रथमया स्तोत्रियया जयत्य् आदित्यं द्वितीयया नक्षत्राणि तृतीयया। नवैता बहिष्पवमान्यो भवन्ति नव देवलोकाः। तान् एवैताभिर् आप्नोति ॥

ता एतास् तिस्रो विराजो दैवी यज्ञिया मानुषी। एतासु ह सुचित्तश् शैलनो जनकं वैदेहं समूदे। स होवाच श्रद्धाम् आविदद् ऋत्विजो मे ह्वयन्त्व् इति। तस्मै ह कुरुप[4]ञ्चालान् ऋत्विज ऊहुः। तेषु हागतेषु शैलनो बिभयांचकार ग[5]च्छद् ब्राह्मणा[6] इवोदन्तायं[7] वाहन[8]लघूयेद्[8] इति। स होवाच सम्राड् वाक्यम् एवम्[8] अस्तीति। तिस्रो वा इमा विराजो तृष्यन्तीस् सर्वकामा अन्नाभिधानाः। तासु स्म त्वा यो ऽन्तर् अवदधात तस्मै वोद्गातारं वृणीष्व। स वाव तेषां कामानाम् अभिवोढा। य एतासु[6] कामास्[6] स उ एव पुनर्मृत्योर् अतिवोढा य एवं वेदेति ॥ २४५ ॥[9]

[1] प्रारम्भे य ल श ॥ हरिः ओम् ॥ व ॥ हरिः ओम् ॥ ओम् [2] ? य र व श व ल पशव [3] य र व श एवं [4] कोशेषु °पा° [5] य आग° [6] ? एवं कोशेषु [7] ? एवं कोशेषु(र व °यां) [8] ? य र ल व एम् [9] र ॥१॥

अथ ह प्रधावयांचकार। तस्मिन् ह प्रैष्यन्नैमान्[1] ह स्म पृच्छत्य् आसां विराजाम् ऋद्धिम्। ते ह स्मानाभ्यावयन्ति[1] य उ ह स्माभ्यावयन्तीति[1]। यां ह स्मैकाम् अभ्यावयन्ति स ह स्मात्[1] ते ब्राह्मणं बताहं ब्राह्मणम् एतासु मीमांसमानम् अपश्यं मच् च धावत शैलनम् इति। तद् व्यचरं[2] हास यथा शैलन इयेष ॥

ता एतास् तिस्रो विराजो दैवी यज्ञिया मानुषी। सैषा दैवी विराड् यद् इमे लोकाः। सा न्यूना। यजमानावधानायैव तन् न्यूना। तद् अन्तर् यजमानम् अवदधाति। तस्या एतस्यै चन्द्रमा एवापिधानम्। एतद् धि देवानां प्रत्यक्षम् अन्नाद्यं यच् चन्द्रमाः ॥

अथैषा यज्ञिया विराड् यद् एता बहिष्पवमान्यः। सा न्यूना। यजमानावधानायैव तन् न्यूना। तद् अन्तर् यजमानम् अवदधाति। तस्या एतस्यै हिंकार एवापिधानम्। हिंकारेण ह्य् एव देवेभ्यो ऽन्ततो ऽन्नाद्यं प्रदीयते ॥

अथैषा मानुषी विराड् यद् इमे पुरुषे प्राणाः। सा न्यूना। स उ एव यजमानप्रत्यक्षम्[1]। तस्या एतस्या अन्नम् एवापिधानम् ॥

नाभिर् वा एतास् तिस्रो विराजः। अभि ह तान् कामान् आप्नोति य एतासु कामा[1] अपि त्व् इह तेषु भवत्य् अति ह पुनर्मृत्यु[1] मुच्यते बहुपुरुषम् अस्मिन् लोके ऽन्नम् अत्ति। न ह्य् एतद् एकपुरुषायान्नाद्यं यद् एतासु। यद् ध वै किं चेदम् अस्मिन् लोक आत्मन्वत् तद् ध सर्वं मृत्युर् एवाभिव्यादाय तिष्ठति। स यो ह स मृत्युस् संवत्सर एव सः। तस्य ह्य् ऋतव एव मुखानि। तद् यद् वै किं च म्रियते न हास्यानृतौ म्रियते य एवं वेद। ऋतुषु हाव प्रजायते प्रजया पशुभिर् य एवं वेद ॥ २४६ ॥[3]

[1] ? एवं कोशेषु [2] ? य विचनं ल विचरं [3] र ॥२॥

ता एता नव बहिष्पवमान्यः । ताष् षड् बृहत्यः । षड् उ मृत्योर् मुखान्य् ऋतव एव । अथ ह वा एतानि मृत्योर् मुखानि बृहत्य् एव प्रतिविभवितुम् अर्हति नान्यच् छन्दः । स बृहत्यैवर्तोर् मुखम् अपिदधाति । बृहत्य् ऋतोर् बृहत्य् ऋतोः । स यथा समेन विषमम् अतीत्य प्रत्यवेक्षेतैवम् एवैतं मृत्युं पराङ्[1] अतीत्य प्रत्यवेक्षते ॥

तम् एव तं त्रिवृतं वज्रम् उपप्रवर्तयति । स एषो ऽहरहर् इमान् लोकान् अनुवर्तते । तद् ध स्माह नगरी जानश्रुतेयो न हैव तावद् देवासुरं भविता यावद् एष त्रिवृद् वज्रो ऽहरहर् इमान् लोकान् अनुवर्तत इति । ऊर्ध्वो ह्य् अयम् अग्निर् दीप्यते तिर्यङ्ङ् अयं वायुः पवते ऽर्वाङ् असाव् आदित्यस् तपति । त एते ऽनिमेषम् अन्योन्यम् ईक्षन्ते । कथम् एतेष्व् एवं सत्सु देवासुरं[2] स्याद् इति । एष उ एवास्य त्रिवृद् वज्रो ऽहरहर् इमान् लोकान् अनुवर्तमानस् सर्वं पाप्मानम् अपघ्नन् पल्ययते[3] य एवं वेद ॥ २४७ ॥[4]

[१] ? कोशेषु पराद् [२] कोशेषु दै॰ [३] य र पल्येते व पल्वेते ल श पव्येते [४] र ॥३॥

तद् आहुस् स वाद्य[1] यजेत[2] स वान्यं याजयेद् यच् चतुष्टोमेन याजयन् सर्वस्तोमेन याजयति । नवैता बहिष्पवमान्यो भवन्ति । तासां सप्तविंशतिः पदानि । तेन त्रिणवं स्तोमं नान्तर्यन्ति । नवैवैता बहिष्पवमान्यो भवन्ति । चतुर्विंशत्यक्षरा गायत्री । तत् त्रयस्त्रिंशत् । तेन त्रयस्त्रिंशं स्तोमं नान्तर्यन्ति । एतद् वै चतुष्टोमेन याजयति ॥

यो वै स्तोमानाम् अवमं परमं वेद गच्छति परमताम् । त्रिवृद् वाव स्तोमानाम् अवमस् त्रिवृत् परमः । तद् उ होवाच प्रकुर् वार्ष्णस् त्रिवृतं स्तोमं त्रयस्त्रिंशं भवन्तम् अपश्यं तस्माद् अहं परमताम् अगच्छम् इति । गच्छति परमतां य एवं वेद ॥

अथ ह स्माहारुणिः किं सो ऽभिचरेत् किं वाभिचार्यमाण आद्रियेत य एतं त्रिवृतं वज्रं त्रिभृष्टिम् अच्छिद्रम् अच्छम्बट्कारिणम् अहरहर् इमान् लोकान् अनुवर्तमानं वेद । स्वयम् अभिचरितो वाव स यम् एवंविद् द्वेष्टि यो वैवंविदं द्वेष्टीति । एष उ एवैनं त्रिवृद् वज्रस् त्रिभृष्टिर् अच्छिद्रो ऽच्छम्बट्कार्य् अहरहर् इमान् लोकान् अनुवर्तमानो ऽभिवर्तते । तस्य न भूत्य् अलिपकेव[3] चनाशास्ति परापरैवं[4] भवतीति ॥ २४८ ॥[5]

[१] ल श अधिपाठः एव [२] कोशेषु ॰ता [३] कोशेषु अल्पकेवज [४] य र परैपरैव व परैपरेव ल श परैव [५] र ॥४॥

तद् उ ह स्माहोपजीवः खाळायनो ऽहम् एवैतं त्रिवृतं वज्रं प्रत्यक्षं वेद तस्माद् यम् अहं द्वेष्मि यो मां द्वेष्टि ताव् उभौ शश्व[द्] एव पापीयांसौ भवत इति । अग्निर् वा अस्य लोकस्य वज्रो वायुर् अन्तरिक्षस्यादित्यो दिवः । तद् इद् अध्यात्मम् । यो ऽग्निर् वाग् एव सा यो वायुः प्राण एव स य आदित्यश् चक्षुर् एव तत् । तस्माद् यद् अहं द्विषन्तम् अभिवदामि यद् अभिप्राणिमि यद् अभिवीक्षे वज्रम् एवाहं तस्मै तं प्रहरामि । तस्य हरश्वेस्णेतिमिकेव[1] चनाशास्ति[2] । एता उ एवैनं देवता धूर्वन्ति य एवं विद्वांसं धूर्वतीति ॥

अथ ह स्माह श्वेतकेतुर् आरुणेयो यथाश्वस्य श्वेतस्य कृष्णकर्णस्येत्थादानीतस्य[3] रूपं स्याद् एवम् एवाहम् एतस्य स्तोमस्य रूपं वेद । तावद् दर्शन्यं[4] तावद् वपुषेण्यम्[5] । [6]तस्माद् आत्मा[6] । य एव पूर्वाह्णे दिदृक्षन्ते ते ऽपराह्णे दिदृक्षन्ते । नैव सुदर्शन्यम्[7] इव [8]सन्तं नाहं[8] कदा[9] चन चक्षुष्मन्तं पर्यैमीति ॥

तद् उ होवाच शाट्यायनिः को[10] ऽश्वश्[11] श्वेतः किम् एकम् इति । यथैवास्याग्ने

रूपं यथा त्विषिर् यथास्य वायोर् यथामुष्यादित्यस्यैवम् एवैतस्य स्तोमस्य रूपम् एवं त्विषिः । तद् एवैतत् प्रजा अभिवार्य दिदृक्षमाणास् तिष्ठन्ति । तस्माद् बहिष्पवमाने ये च विजानन्ति ये च न ते सर्वे ऽनीशाना अभिपरिवार्य दिदृक्षमाणास् तिष्ठन्तीति । अथो हैता यश एव । अप्य् अन्यासां देवतानाम् । तासाम् एतद् इन्द्रियं वीर्यं रसस् तेजस् संभृतं यद् एता बहिष्पवमान्यः । स य एवम् एतद् देवतानाम् इन्द्रियं वीर्यं रसं तेजस् संभृतं वेदेन्द्रियवान् एव वीर्यवान् यशस्वी त्विषिमान् भवति ॥ २४९ ॥[१२]

[१] ? य नश्वेम्णोप्लिकेव र हरश्ये म्णेत्यिकेव ल नम्नेश्नेमाप्लिकेव [२] ? एवं कोशेषु [३] ? ल इत्थादानीतरस्य [४] य श दृश्यें र व दृण्यें [५] य श वेषिषेण्य र वषिषेण्य व वषिषेण्यत [६-६] ? य व श तस्मान् माय् र तस्माम्माय् [७] य ल सुदृश्येण्यं [८-८] य श संतताहं र व संतन्नाह ल संतन्याहं [९] र व कना [१०] ? व के [११] र व श श्च ल श्वं [१२] र ॥५॥

तद् आहुर् यत् पुरुषो योषां संभविष्यन् परोक्षं निलयनम् इच्छते ऽन्त एवान्ये पशवो ऽन्योन्यस्य स्कन्दन्ति किं तद् यज्ञे क्रियते यस्मात् तत् तथेति ब्रूयाद् यस्मात् त्रिवृत् स्तोमो बहिष्पवमाने प्राङ् इवोत्क्रम्य धिष्ण्येभ्यो निलीय गायत्रीं स्कन्दति मध्य एवान्य ऋत्विजो धिष्ण्यानां यद् अन्त आसते तस्मात् तत् तथेति । त्रिवृतं हि स्तोमं पुरुषो ऽन्वायत्तो धिष्ण्यान् अन्ये पशव इति ॥

तद् व् एवाहुर् यत् स त्रिवृत् स्तोमो गायत्रीं स्कन्दति किं सा ततः प्रजनयतीति । इळान्तं यज्ञं सप्तनाभिम् इति ब्रूयात् । गायत्री गर्भं धत्ते । सा पुरोनुवाक्यां प्रजनयति । पुरोनुवाक्या याज्या याज्या वषट्कारं वषट्कार आहुतीर् आहुतयो दक्षिणा दक्षिणास् स्वर्गं लोकम् । तद् यथा वित्तं प्रवाहं क्षिप्रं प्रवहेद् एवम् एवैनम् एता देवतास् स्वर्गाय लोकाय प्रवहन्ति । त्रिवृद् एवैनं स्तोमो गायत्र्यै प्रयच्छति गायत्री पुरोनुवाक्यायै पुरोनुवाक्या याज्यायै याज्या वषट्काराय वषट्कार आहुतीभ्य आहुतयो दक्षिणाभ्यो दक्षिणास् स्वर्गं लोकं गमयन्ति ॥

स एष इळान्तो यज्ञस् सप्तनाभिः । तस्य ह त्रिवृद् एव स्तोमो नाभिर् गायत्री नाभिः पुरोनुवाक्या नाभिर् याज्या नाभिर् वषट्कारो नाभिर् आहुतयो नाभिर् दक्षिणा नाभिः । उप हैनम् एष यज्ञो नमति य एवं वेद ॥ २५० ॥[१]

[१] र ॥६॥

पञ्चदशान्य् आज्यानि भवन्ति पञ्चदशापूर्यमाणस्यार्धमासस्य रात्रयः । तद् एव तेनाप्नोति । दश हस्त्याङ्गुलयश् चत्वार्य् ऊर्वष्ठीवानि यद् ऊर्ध्वं नाभेस् तत् पञ्चदशम् । तद् एवात्रोपसंदधाति ॥

पञ्चदशो माध्यंदिनः पञ्चदशापोक्षतो ऽर्धमासस्य रात्रयः । तद् एव तेनाप्नोति । दश पद्याङ्गुलयश् चत्वार्य् ऊर्वष्ठीवानि यद् अवाचीनं नाभेस् तत् पञ्चदशम् । तद् एवात्रोपसंदधाति ॥

सप्तदशानि पृष्ठानि । द्वादश मासाः पञ्चर्तवः । तद् एव तेनाप्नोति । दश हस्त्याङ्गुलयस् सप्त शीर्षन् प्राणाः । तत् सप्तदशम् । तद् एवात्रोपसंदधाति ॥

सप्तदशार्भवः । द्वादश मासाः पञ्चर्तवः । तद् एव तेनाभिपूर्वम् आप्नोति । दश पद्याङ्गुलयश् चत्वार्य् ऊर्वष्ठीवानि त्रयो ऽवाचः प्राणाः । तत् सप्तदशम् । तद् एवात्रोप-

संदधाति ॥

एकविंशम् अग्निष्टोमसाम । द्वादश मासाः पञ्चर्तवस् त्रय इमे लोका असाव् आदित्य एकविंशः । तद् एव तेनाप्नोति । दश हस्त्याङ्गुलयो दश पद्या आत्मैकविंशः । तद् एवात्रोपसंदधाति ॥ २५१ ॥[1]

[१] र ॥७॥

स हैवं विद्वान् अहोरात्रयोर् अर्धमासशो मासश ऋतुशस् संवत्सरश एतस्मिन् सर्वस्मिन्न् आत्मानम् उपसंधाय तं मृत्युं तरति यस् स्वर्गे लोके । न हैवंवित् पुनर् म्रियते । तस्य हर्ङ्मयान्य् अस्थानि[1] भवन्ति साममयानि मांसानि । स एषो ऽपहतपाप्मा धूतशरीरो ऽतीत्यैतं मृत्युं शरीरं धूनुते ॥

अथैते दैवी च मानुषी च विराजौ । तयोर् एष एतद् आदित्यो ऽध्यूढस् तपति । चतस्रो दिशश् चत्वारो ऽवान्तरदेशा द्वाव् इमौ लोकौ । एषा दैवी विराट् । अथ मानुषी । चत्वारो ऽत्तारष् षड् आद्याः । ब्राह्मणश् च राजन्यश् च वैश्यश् च शूद्रश् चैते ऽत्तारः । गौश् चाश्वश् चाजाश् चाविश् च व्रीहिश् च यवश् चैत आद्याः । एतयोर् एष एतद् आदित्यो ऽध्यूढस् तपति । तन् न शोको न हिमो नाशनायति न पिपासति नास्य का चनावृत्तिर् अस्ति । न ह वा अशनायति न पिपासति नास्य का चनावृत्तिर् भवति य एवं वेद ॥ २५२ ॥[2]

[१] एवं सर्वेषु कोशेषु [२] र ॥८॥

यजमानं ह वा एतद् उद्गाता रेतो भूतं सिञ्चति यद् बहिष्पवमानं गायति । मन एव रेतस्यया समीरयति प्राणं गायत्र्या चक्षुस् त्रिष्टुभा श्रोत्रं जगत्या वाचम् अनुष्टुभा । आत्मानम् एव पंक्त्या प्रत्युपदधाति । अथ यद् एतद् उत्तमं तृचं जन्मैव तत् । प्रैव तेन जनयति ॥

यस्माद् एतद् घोषीवोपब्दिमद् इव गायते तस्माद् घोषीवोपब्दिमद् इव गर्भा जायन्ते । तद् उ वा आहुर् अघोषम् एव गेयम् । यदा वै विजायमाना क्रूरिकुरुते ऽथ सा घोषाकरोति । अथो शनैर् इव वा अघोषम् इव मागामृष्टिर्[2] विजायते । अथो हैतत् सत्यं यद् गायत्रम् । तस्य संपदं लोभयेद् रथन्तरवर्णाम्[3] अभ्यस्येत् । तस्माद् अघोषम् एव गेयम् इति ॥

अथाग्नेयम् आज्यम् एकदेवत्यम्[4] । प्रेतिर् एव सा । अथैन्द्राग्नं द्विदेवत्यम् । प्रतिष्ठितिर् एव सा । सा वा एषा प्रेतिश् चैव प्रतिष्ठितिश् च । प्रतितिष्ठति य एवं वेद ॥

त्रिवृत्पञ्चदशाभ्यां[5] पुरुषो ऽस्मिन् लोके प्रतिष्ठितः । स यम् एव हरति स त्रिवृद् येन प्रतितिष्ठति स पञ्चदशः । तौ वा एताव् उभाव् एव त्रिवृताव् उभौ पञ्चदशौ । तेजो वै ब्रह्मवर्चसं त्रिवृत् स्तोम ओजो वीर्यं पञ्चदशः । ओजसैव तद् वीर्येण प्रतिष्ठाय तेजो ब्रह्मवर्चसं हरति य एवं वेद ॥ २५३ ॥[6]

[१] एवं कोशेषु [२] ? य मागागृष्टिर् ल महाभृषिर् [३] र व श °र्णम् [४] ल अधिपाठः प्रेतिर् एव सा । अथ मैत्रावरुणं द्विदेवत्यम् । प्रतिष्ठितिर् एव सा । अथैन्द्रम् एकदेवत्यम् । [५] ल अधिपाठः उ ह वै स्तोमभ्यं (= °भ्यां) [६] र ॥९॥

अथ माध्यंदिनस्य पवमानस्य गायत्री। यो ऽयम् अवाङ् प्राण एष एव सः। तस्यां द्वे सामनी। तस्माद् एतेन द्वयं प्राणेन करोति भस्म च करोति वातं च। नाना प्रस्तावो नाना निधने हिंकारो ऽन्तरेण। तस्मान् नेतर इतरम् अनुनिनर्दति नेतर इतरम्। एतेन हि तद् विहृतम्॥

अथ बृहती। यो ऽयं प्राङ् प्राण एष एव सः। तस्यां द्वे सामनी। तस्माद् एतेन द्वयं प्राणेन करोति रेतश् च सिञ्चति मेहति च। नाना प्रस्तावो नाना निधने हिंकारो ऽन्तरेण। तस्मान् नेतर इतरम् अनुनिनर्दति नेतर इतरम्। एतेन हि तद् विहृतम्॥

अथ त्रिष्टुप्। नाभिर् एव सा। तस्याम् एकं साम। तस्माद् एतेनैकम् एव प्राणेन करोति यद् एव प्राणान् उदनतो ऽनूदनिति॥

अथ पृष्ठानि। इन्द्रियं वै वीर्यं पृष्ठानि। तस्माद् ये के चानूकभाजो गोर् अश्वस्य पुरुषस्य तेषाम् अनूकम् एव बलिष्ठम्। इन्द्रियं ह्य् एतद् वीर्यं यत् पृष्ठानि। तानि बृहतीषु भवन्ति। तस्माद् इमा बृहतीर् इव कीकसा बृहतीर् इव पशवः पृष्ठम् [1]अभिसमायन्ति॥[1]

अथार्भवस्य पवमानस्य[1] गायत्री। यो ऽयं प्राण एष एव सः। तस्यां द्वे सामनी। तस्माद् द्वयं प्राणेन करोति प्राण्यापानिति। नाना प्रस्तावो नाना निधने हिंकारो ऽन्तरेण। तस्मान् नेतर इतरम् अनुनिनर्दति नेतर इतरम्। एतेन हि तद् विहृतम्॥

अथोष्णिक्ककुभौ। चक्षुषी ते। समानं छन्दः। द्वे सामनी। तस्माद् द्वे अक्ष्यौ समानं पश्यतः। त्रिपदोर् ऋचोर् भवतः। तस्मात् त्रिवृच् चक्षुश् शुक्लं कृष्णं कनीनिका। परोवरीयसोर् ऋचोर् भवतः। तस्मात् परोवरीयः पुरुषः पश्यति। नाना प्रस्तावो नाना निधने हिंकारो ऽन्तरेण। तस्मान् नानावीर्ये चक्षुषी॥

अथानुष्टुप्। वाग् एव सा। तस्यां द्वे सामनी। तस्माद् द्वयं वाचा करोत्य् अन्नं चैनयात्ति वदति च। नाना प्रस्तावो नाना निधने हिंकारो ऽन्तरेण। तस्मान् न सर्वं सत्यं वाचा वदति न सर्वम् अनृतम्। एतेन हि तद् विहृतम्॥

अथ जगती। श्रोत्रम् एव तत्। तस्याम् एकं साम। तस्माद् एतेनैकम् एव श्रोत्रेण करोति यद् एव शृणोति। चतुष्पदायाम् ऋचि भवति। तस्मात् समानत्र सन् सर्वा अनुदिशश् शृणोति। अपि पराङ् यन् पश्चाद् वदतश् शृणोति॥

अथ यज्ञायज्ञीयम्। शिर एव तत्। अध्यूढं वा एतद् अन्येष्व् अङ्गेषु यच् छिरः। अध्यूढम् अन्येषु स्तोत्रेषु यज्ञायज्ञीयम्। अध्यूढो ऽन्येषु स्वेषु भवति य एवं वेद। उपरि वा एतद् अन्येभ्यो ऽङ्गेभ्यो यच् छिरः। उपर्य् अन्येभ्यस् स्तोत्रेभ्यो यज्ञायज्ञीयम्। उपर्य् अन्येभ्यस् स्वेभ्यो भवति य एवं वेद॥

स एषो ऽपहतपाप्मा यज्ञ एव प्रत्यक्षम्। तस्य ह नोपवदंश् च न पापं कर्तास्ति। यद्य् एनं बहिष्पवमाने ऽनुव्याहरेद् यज्ञस्य रेतस् सिक्तम् अचीक्लृपं यज्ञमारो ऽरेतस्का ते प्रजा भविष्यतीत्य् एनं ब्रूयात्। यद्य् एनम् एकदेवत्य आज्ये ऽनुव्याहरेद् यज्ञस्य प्रेतिम् अचीक्लृपं यज्ञमारः प्रेत्य् अजनयं मरिष्यसीत्य् एनं ब्रूयात्। यद्य् एनं द्विदेवत्य आज्ये ऽनुव्याहरेद् यज्ञस्य प्रतिष्ठाम् अचीक्लृपं यज्ञमारो ऽप्रतिष्ठितो भविष्यसीत्य् एनं ब्रूयात्। यद्य् एनं माध्यंदिनस्य पवमानस्य गायत्र्याम् अनुव्याहरेद् यज्ञस्यावाञ्चं प्राणम् अचीक्लृपं यज्ञमारो वीघातस्[3] त्वा हनिष्यतीत्य् एनं ब्रूयात्। अथो ह ब्रूयाद् अवस्रावस् त्वा हनिष्यतीति। यद्य् एनं बृहत्याम् अनुव्याहरेद् यज्ञस्य शिश्नम् अचीक्लृपं यज्ञमारो

मूत्रग्राहस् त्वा हनिष्यतीत्य् एनं ब्रूयात् । अथो ह ब्रूयाद् अरेतस्को भविष्यसीति । यद्य् एनं त्रिष्टुभ्य् अनुव्याहरेद् यज्ञस्य नाभिम् अचीक्लृपं यज्ञमार उदावर्तस् त्वा हनिष्यतीत्य् एनं ब्रूयात् । यद्य् एनं पृष्ठेष्व् अनुव्याहरेद् यज्ञस्येन्द्रियं वीर्यम् अचीक्लृपं यज्ञमारो वज्रस् त्वा हनिष्यतीत्य् एनं ब्रूयात् । अथो ह ब्रूयाद् अनाज्ञातवधस् त्वा हनिष्यतीति ॥ २५४ ॥[४]

[१-१] य एव [२] य अधिपाठः ॥१०॥ [३] ! कोशेषु हरि° [४] र ॥१०॥

यद्य् एनम् आर्भवस्य पवमानस्य गायत्र्याम् अनुव्याहरेद् यज्ञस्य प्राणम् अचीक्लृपं यज्ञमारः प्राणस् त्वा हास्यतीत्य् एनं ब्रूयात् । अथो ह ब्रूयात् प्रमायुको भविष्यसीति । यद्य् एनम् उष्णिक्ककुभोर् अनुव्याहरेद् यज्ञस्य चक्षुषी अचीक्लृपं यज्ञमारो ऽन्धो भविष्यसीत्य् एनं ब्रूयात् । यद्य् एनम् अनुष्टुभ्य् अनुव्याहरेद् यज्ञस्य वाचम् अचीक्लृपं यज्ञमारो वाक् ते ऽपक्रमिष्यतीत्य् एनं ब्रूयात् । अथो ह ब्रूयाद् अशनया मरिष्यसीति । यद्य् एनं जगत्याम् अनुव्याहरेद् यज्ञस्य श्रोत्रम् अचीक्लृपं यज्ञमारो बधिरो भविष्यसीत्य् एनं ब्रूयात् । यद्य् एनं यज्ञायज्ञीये ऽनुव्याहरेद् यज्ञस्य शिरो ऽचीक्लृपं यज्ञमारश् शिरस् ते विपतिष्यतीत्य् एनं ब्रूयात् ॥ २५५ ॥[१]

[१] र ॥११॥

एते ह वै प्रतिव्याहाराः । न हैवंविद्[१] यज्ञियाम् आर्तिम् आर्छति । य एवैनम् उपवदति स आर्तिम् आर्छति । स य एनम् उपवदेत् तं ब्रूयात् पूर्णम् एवाहम् एतं साङ्गं सतनुं सर्वं यज्ञं वेद स यत् त्वम् अत्रोनं वेत्थ तत् त्वयैवापिदधानीति । स एवार्तिम् आर्छति य एवं विद्वांसम् उपवदति ॥

स एष प्रजापतिर् अग्निष्टोमो ऽमूम् एकविंशीं यज्ञायज्ञीयस्यासु बहिष्पवमानीषु नवसु प्रत्युपधाय शय एता द्विष्टना विराजो दुहानः पञ्च पञ्चदशानि पञ्च[२] सप्तदशानि । ता एव पञ्च द्वात्रिंशिनीर् विराजः । दुहे ह वै विराजं सर्वान् कामान् य एवं वेद । स[३] हैवंविदो ऽनृतं चन वदतो यज्ञस् स्रवति । स्रवति ह वा अनृतं वदतो यज्ञो ऽथो ह पूयति । नो ह त्व् एवंविदो यज्ञस् स्रवति न पूयति । तस्मात् कुरुपञ्चाला द्विष्टनां न दुह्रे । प्रजापतेर् ह सा । तस्माद् व् अन्य उदन्ता दुह्रे । न हि ते तां विदुः । तस्माद् व् अन्य उदन्ता अशनायुकतरा इव ॥

स एष प्रजापतिर् अग्निष्टोमः— ॥ २५६ ॥[४]

[१] कोशेषु हैनं° [२] कोशेषु नास्ति [३] य र व स न [४] र ॥१२॥

—परिमण्डलो भूत्वानन्तो भूत्वा शये[१] । तदनुकृतीदम्[२] अप्य् अन्या देवताः परिमण्डलाः । परिमण्डल आदित्यः परिमण्डलश् चन्द्रमाः परिमण्डला द्यौः परिमण्डलम् अन्तरिक्षं परिमण्डलेयं पृथिवी । अपि यद् इदं पुरुषे दिव्यं तत् परिमण्डलम् । एतस्यैव न्यङ्गम् अनुन्यञ्जानः परिमण्डलां महतीम् अनन्तां श्रियं जयति य एवं वेद ॥

स एष यज्ञ ऊर्ध्वं एव पुरुषम् अन्वायत्तः। तस्य पादाव् एव बहिष्पवमानम्। इमान्य् एव चत्वार्य् ऊर्वष्ठीवान्य् आज्यानि। यद् अर्वाचीनं नाभेस् स त्रिछन्दा माध्यंदिनः। पृष्ठान्य् एव पृष्ठानि। अयम् आर्भव इदम् अग्निष्टोमसाम॥

तद् ध नगरिणं दाल्भ्यं ब्राह्मणः पप्रच्छ कद्र्यङ् यज्ञ इति। स होवाचोर्ध्व एव पुरुषम् अन्वायत्त इति। एवं ह तद् उवाच। स य एवम् एतद् ऊर्ध्वम् आत्मन् यज्ञं तायमानं वेदोर्ध्व एव प्रजया पशुभी[3] [4]रोहन्न् एति[4]। य उ एनं प्रत्यञ्चं वेद प्रत्यङ् भूतिं भवति। तस्येदम् एव बहिष्पवमानम् इमान्य् आज्यान्य् अयं माध्यंदिनः पृष्ठान्य् एव पृष्ठान्य् अयम् आर्भवः प्रतिष्ठैव यज्ञायज्ञीयम्। प्रत्यङ् भूतिं भवति। य एवम् एताव् आत्मन् यज्ञौ[5] तायमानौ वेदोप हैनं यज्ञौ नमतः॥ २५७॥[6]

[१] ? र व श शयेत् [२] ? य °कृतीमप् र व श °कृतीमद् ल °कृतीदमप् [३] कोशेपु °भि [४-४] ? कोशेपु रोहंतेति [५] र व श यज्ञेन [६] र ॥१३॥

तस्यैष श्लोकः

यद् अस्य पूर्वम् अपरं तद् अस्य यद् व् अस्यापरं तद् व् अस्य पूर्वम्।
अहेर् इव सर्पणं शाकलस्य न विजानामि यतरत् पुरस्तात्॥

इति। शाकलो ह गौपायनो यज्ञं मिमान इयाय। स ह स्मैतन् न विजानाति कतरद् यज्ञस्य पूर्वं कतरद् अपरं कतरद् अणीयः कतरत् स्थवीय इति। तद् आहुः कुतो यज्ञस्याणिष्ठम् इति। यतो वरिष्ठम् इति। कुतो वरिष्ठम् इति। यतो ऽणिष्ठम् इति। बहिष्पवमानं वाव प्रति यज्ञो ऽणिष्ठः। तद् इदं पादाव् अवोचत्। पादौ वै प्रति पुरुषो ऽणिष्ठः। तद् वै वरिष्ठः। पद्भ्यां ह्य् एति। कुतो वरिष्ठ इति। यतो ऽणिष्ठ इति। यज्ञायज्ञीयं वाव प्रति यज्ञो ऽणिष्ठः। तद् इदं शिरो ऽवोचत्। शिरो वै प्रति पुरुषो ऽणिष्ठः। तद् वै वरिष्ठः। अक्षिभ्यां हि पश्यन्न् एति॥

तद् आहुर् यद् ऊर्ध्वो यज्ञस् तायेत देवा एव जीवेयुर् न मनुष्याः। यद् अर्वाङ् तायेत मनुष्या एव जीवेयुर् न देवा इति। ऊर्ध्वश् च ह वै यज्ञस् तायते ऽर्वाङ् चाथो ह तिर्यङ्। तद् यत् पृच्छेयुः कद्र्यङ् यज्ञ इत्य् ऊर्ध्व इति ब्रूयाद् अथो ऽर्वाङ् इत्य् अथो तिर्यङ्ङ् इति। सर्वा एव दिश इति ब्रूयात्। सर्वा उ ह वै दिश एवंविदो यज्ञस् ततो भवति॥

कुरुपञ्चाला ह ब्रह्मोद्यम् ऊदिरे। ते ह श्वानं संवेष्टितं शयानम् उपेयुः। ते होचुर् अस्मिन् न्व् एव नो विजयो ऽध्य् अस्त्व् इति। ते ह पञ्चालाः कुरून् पप्रच्छुः किम् अस्य यज्ञस्येवेति। तद् ध न प्रत्यूचुः। स होवाच वसिष्ठश् चैकितानेयो यथा वा असाव् अदो ऽमूम् एकविंशीं यज्ञायज्ञीयस्यासु बहिष्पवमानीषु नवसु प्रत्युपधाय शय एवं वा अयम् इदम् उभाव् अन्तौ संधाय शये। तस्य वा अयं यज्ञक्रतोर् अनया शय्ययो रूपं निगच्छतीति। तस्माद् इदम् अनर्थ्यं सन्तं बिभृतेति। तेन ह जिग्युः॥ २५८॥[1]

[१] र ॥१४॥

द्विर् ह वै यजमानो जायते मिथुनाद् अन्यज् जायते यज्ञाद् अन्यत्। तद् यन् मिथुनाज् जायते तद् अस्मै लोकाय जायते। अथ यद् यज्ञाज् जायते तद् अमुष्मै लोकाय जायते गन्धर्वलोकाय जायते देवलोकाय जायते स्वर्गलोकाय जायते॥

यज्ञो वै यजमानो यज्ञस् सोमो राजा। तद् यद् धविर्धाने ग्रावभिस् सोमं राजानम्

अभिषुण्वन्ति यजमानम् एव तद् रेतः कुर्वन्ति ॥

प्रजापतिर् एष यद् उद्गाता। स त्वष्टा स रेतसस् सेक्ता स रूपाणां विकर्ता। तद् यद् बहिष्पवमान रेतस्यां गायति यजमानम् एव तद् रेतो भूतं सिञ्चति। यद् ऋचम् असाम्नीं गायेद् अस्थ्य् एव जायेत न मांसम्। यत् सामानृचं गायेन् मांसम् एव जायेत नास्थि। ऋचं साम्नाभिलिप्तां गायति। तस्माल् लोम्ना त्वचा मांसेन पुरुषो ऽभिलिप्तो जायते ॥

तस्यां न हिंकुर्यात्। यद् धिंकुर्याद् वज्रेण हिंकारेण रेतो विच्छिन्द्यात्। यो हि तद् अपि वालेन[1] वीयात् स एवैनद् विच्छिन्द्यात्। ताम् अधीयन् गायेत्। यद् अनधीयन् गायेद् अरेतस्का गर्भा जायेरन्। अरेतस्का ह वै दुरुद्गातुर् वर्तन्यां गर्भा जायन्ते॥ २५९॥[2]

[१] ? एवं सर्वेषु कोशेषु [२] र ॥१५॥

गायत्रीं गायति। प्राणो वै गायत्री। तस्यै द्वे अक्षरे व्यतिषजति। प्राणापानाव् एव तद् व्यतिषजति। तस्मात् प्राणापानौ तद् व्यतिषक्तौ प्रजा अनुसंचरत आ च परा चायातयामानौ। ताम् अधीयन् गायेत्। यद् अनधीयन् गायेन् मृता गर्भा जायेरन्। मृता ह वै दुरुद्गातुर् वर्तन्यां गर्भा जायन्ते ॥

त्रिष्टुभं गायति। चक्षुर् वै त्रिष्टुप्। तस्यै द्वे अक्षरे द्योतयति। चक्षुषी एव तद् दधाति। तस्माद् युक्ते इव चक्षुषी। ताम् अधीयन् गायेत्। यद् अनधीयन् गायेद् अन्धा गर्भा जायेरन्। अन्धा ह वै दुरुद्गातुर् वर्तन्यां गर्भा जायन्ते ॥

जगतीं गायति। श्रोत्रं वै जगती। तस्यै चत्वार्य् अक्षराणि द्योतयति। श्रोत्रम् एव तद् दधाति। श्रोत्रे द्वे परिश्रवणे द्वे। तस्मात्[1] समानत्र सन् सर्वा अनुदिशश् शृणोति। अपि पराङ् यन् पश्चाद् वदतश् शृणोति। ताम् अधीयन् गायेत्। यद् अनधीयन् गायेद् बधिरा गर्भा जायेरन्। बधिरा ह वै दुरुद्गातुर् वर्तन्यां गर्भा जायन्ते ॥

अनुष्टुभं गायति। वाग् वा अनुष्टुप्। ताम् अर्वाचीम् अभिनुदन् गायति वाचो ऽनपक्रामाय। यत् पराचीम् अपनुदन् गायेद् वाचं प्रधमेद् वाग् अस्माद् अपक्रामुका स्यात्। तां यद् अर्वाचीम् अभिनुदन् गायत्य् आत्मन्न् एव तद् वाचं प्रतिष्ठापयति। तस्यै निरुक्तं चानिरुक्तं च पदे गायति। निरुक्तेन वै वाचो भुञ्जते ऽनिरुक्तम् अस्या उपजीवनीयम्। भुंक्ते वाचोप चैनं जीवति य एवं वेद। स यन् निरुक्तम् एव गायेद् वदेयुर् एव प्रजा न तूष्णीम् आसीरन्। अथ यद् अनिरुक्तं गायेत् तूष्णीम् एव प्रजा आसीरन् न वदेयुः। यस्मान् निरुक्तं चानिरुक्तं च पदे गायति तस्मात् प्रजा वदन्ति च तूष्णीं चासते॥ २६०॥[2]

[१] कोशेष्व् अधिपाठः समात् [२] र ॥१६॥

तां बलवद् उपब्दिमतीं[1] निघातं[2] गायेत्। [3]निघ्नद् इव[3] ह खलु वा एतच् छन्दो यद् अनुष्टुप्। अनुष्टुभा वै वाचा छन्दसा देवा असुरान् अवाचो ऽवाघ्नन्। तां[4] यद् बलवद् उपब्दिमतीं निघातं गायति—भ्रातृव्यो वै पाप्मा—भ्रातृव्यम् एतत् पाप्मानं वाचम् अवहन्ति श्रियम् आत्मनाश्नुते। ताम् अधीयन् गायेत्। यद् अनधीयन् गायेद् अजिह्वा गर्भा जायेरन्। अजिह्वा ह वै दुरुद्गातुर् वर्तन्यां गर्भा जायन्ते ॥

पंक्तिं गायति। ऋतवो वै पंक्तिः। तां गायत्रीम् एव प्रस्रुतां गायति। तस्माद् गर्भा

जायमानाः प्रसार्यन्ते। ताम् अधीयन् गायेत्। यद् अनधीयन् गायेत् सामि गर्भाः पतेयुः। सामि ह वै दुरुद्गातुर् वर्तन्यां गर्भाः पतन्ति। अथ यद् एतद् उत्तमं तृचं जन्मैव तत्। प्रैव तेन जनयति ॥

मनो वै रेतस्या प्राणो गायत्री चक्षुस् त्रिष्टुप् श्रोत्रं जगती वाग् अनुष्टुप्। स यो मनो रेतस्येति विद्वान् उद्गायति महामना मनस्व्य् अस्माद् आजायते। अथ यः प्राणो गायत्रीति विद्वान् उद्गायति महामना मनस्व्य् अस्माद् आजायते। अथ यः प्राणो गायत्रीति विद्वान् उद्गायति सर्वम् आयुर् एति। अथ यो ऽस्माद् आजायते स सर्वम् आयुर् एति। अथ यश् चक्षुस् त्रिष्टुब् इति विद्वान् उद्गायत्य् अह्नीतं[5]मुखी पश्यो दृष्ट्या[6]स्माद् आजायते दर्शनीयः। अथ यश् श्रोत्रं जगतीति विद्वान् उद्गायति शुश्रूषुश् श्रोत्रियेणास्माद् आजायते श्रवणीयः। अथ यो वाग् अनुष्टुब् इति विद्वान् उद्गायति शस्तोद्गाता वाचोराद्धर्य्[7] अस्माद् आजायते— ॥ २६१ ॥[8]

[१] कोशेषु °तीं [२] य र व श निघानता ल नीप्यातं [३-३] श निर्वयतिदिपे [४] र व श तं [५] ? य व श अंह्नीत° र उह्नित° | ल अभ्रीत° [६] कोशेषु दृष्टा° [७] ? र वाचोराय्यॅ् व श वाचोरार्यॅ् (वाचोराधीति साधीयान् पाठः प्रतीयते) [८] र ॥१७॥

—सभेयः[1] ॥

एवं[2] ह्य् एतत् कुरुप[3]ञ्चाला अविदुः। तस्मात् कुरुप[4]ञ्चालेषु सर्वैर् वीरैस् सह वीर आजायते। अथ यर्ह्य् एतद् उदन्ताः पुरा नावेदिषुस् तस्माद् उदन्तेषु पुरा सर्वैर् वीरैस् सह वीरो नाजनि। अथ यत इदम् उदन्तान् एवंविदश् च सचन्त एवंविदश् चैनान् याजयन्ति ततो हार्वाचीनम् उदन्तेषु सर्वैर् वीरैस् सह वीर आजायते ॥

कुरुप[4]ञ्चाला ह ब्रह्मोद्यम् ऊदिरे। ते ह प[4]ञ्चालाः कुरून् पप्रच्छुः किं वयं तद् यक्षे ऽकुर्म येनास्मासु सर्वैर् वीरैस् सह वीर आजायत इति। तद् ध न प्रत्यूचुः। तेन हैनान् जिग्युः। ते यत् प्रत्यवक्ष्यन् यस्माद् वयम् एवंविदश् च स्म एवंविदश् च नो याजयन्ति तेनास्मासु सर्वैर् वीरैस् सह वीर आजायत इति। सर्वैर् ह वा अस्माद् वीरैस् सह वीर आजायते य एवं वेद ॥

तद् आहुर् विगेया धुरा न विगेया इति। विगेया इत्य् आहुः— ॥ २६२ ॥[5]

[१] र व श संतेय ल सहेय [२] र ल व श अधिपाठः वेद [३] य ल व श °पा° [४] कोशेषु °पा° [५] र ॥१८॥

—कुरवः ॥

गायत्रं वै प्रातस्सवनं त्रैष्टुभं माध्यंदिनं सवनं जागतं तृतीयसवनम्। तद् एवानुष्टुब् अन्वायत्ता। स यद् गायत्रे सति प्रातस्सवने गायत्रीं गायति—ब्रह्म वै गायत्री ब्रह्म प्रातस्सवनं—स्व एव तद् आयतने ब्रह्म दधाति ॥

अथ यत् त्रिष्टुभं गायति—क्षत्रं वै त्रिष्टुप्। एतानि वै क्षत्रे शिल्पानि हस्तिनिष्को ऽश्वतरीरथो ऽश्वरथो रुक्मः कंसः—तान्य् एव तद् आहृत्य ब्रह्मण्य् अनक्ति ॥

अथ यज् जगतीं गायति—विड् वै जगती। एतानि वै विशि शिल्पानि गोऽश्वं हस्तिहिरण्यम् अजाविकं व्रीहियवास् तिलमाषास् सर्पिः क्षीरं रयिः पुष्टिः—तान्य् एव

तद् आहृत्य ब्रह्मण्य् अनक्ति ॥

तद् एवानुष्टुब् अन्वायत्ता । अथ यद् अनुष्टुभं गायति—आनुष्टुभो वै शूद्रः—शूद्राद् एव तद् आहृत्य ब्रह्मण्य् अनक्ति ॥ २६३ ॥[1]

[१] र ॥१९॥

तद् यथा तूष्णीं कशनैर् विहन्याद् एवम् एवैतानि सर्वाणि शिल्पान्य् आहृत्य ब्रह्मण्य् अनक्ति । तस्माद् विगेया इति ॥

यतो ह वा इदम् एता विगीयन्ते ततो 'हेदं ब्राह्मणा जीयन्ते । अथ यर्ह्य् एता न[1] विजगुर् अन्नाद्या ह ब्राह्मणा आसुः । एकापच्चांदेवा[2] हर्वाशत[3] एकशकटे वशे[4] हस्मद्[5] अमाथत्वा सत्यंयज्ञः पौलुषिर् याति । अथ यत इदम् एता विगीयन्ते ततो हैतानि[7] शिल्पानि ब्राह्मणेष्व् अधिगम्यन्ते ॥

गायत्रीं पुरस्ताद् गायति गायत्रीम् उपरिष्टात् । ब्रह्म वै गायत्री । ब्रह्मणैव तद् एतान्य् उभयतश् शिल्पानि परिगृह्णाति । ब्रह्मणा हैनम् एतान्य् उभयतश् शिल्पानि परिगृहीतान्य् उपतिष्ठन्ते य एवं वेद ॥

न विगेया इत्य् आहुः पञ्चालाः । स्वयं विगीता वा एता यद् धुरः । अनुसवनं वा एता विगायन्न् अभ्यारोहति । अथ यद् एनान् पापी कीर्तिर् अनुतिष्ठति व्यगासिषुर् इति । यौ वै युध्येते याव् ऋतीयेते ताव् आहुर् व्यगासिष्टाम् इति । अथो ये राष्ट्रे[8] व्यवभिन्दाने[9]—॥२६४॥[10]

[१-१] ल हैतानि शिल्पानि ब्राह्मणेष्वधिगम्यन्ते यहेयतानि [२] ? र °छा° ल °श्चा° [३] ? य हमस्मासत र °सत ल अहमस्मासत [४] ? ल ववशे [५] ? ल हसमद [६] ल सत्यः [७] य र व श हैताग्नि [८] र राष्ट्रे [९] ? एवं कोशेषु [१०] र ॥२०॥

—तिष्ठत इति ॥

गायत्रं वै प्रातस्सवनं त्रैष्टुभं माध्यंदिनं सवनं जागतं तृतीयसवनम् । तद् एवानुष्टुब् अन्वायत्ता । स यद् गायत्रे सति प्रातस्सवने गायत्रीं गायति—ब्रह्म वै गायत्री—ब्रह्मैव तद् ब्राह्मणस्य स्वे ऽन्वाभजति । सो ऽस्यादित्सत उपजिहीर्षते । अथो ऽस्यैव तत् । स्वेनं[1] ह्य् एनम् आभजति ॥

अथ यत् त्रिष्टुभं गायति—क्षत्रं वै त्रिष्टुप्—क्षत्रियम् एव तद् ब्राह्मणस्य स्वे ऽन्वाभजति । सो ऽस्यादित्सत उपजिहीर्षते । अथो ऽस्यैव तत् । स्वेनं[2] ह्य् एनम् आभजति ॥

अथ यज् जगतीं गायति—विड् वै जगती—वैश्यम् एव तद् ब्राह्मणस्य स्वे ऽन्वाभजति । सो ऽस्यादित्सत उपजिहीर्षते । अथो ऽस्यैव तत् । स्वेनं[3] ह्य् एनम् आभजति ॥

तद् एवानुष्टुब् अन्वायत्ता । अथ यद् अनुष्टुभं गायति—आनुष्टुभो वै शूद्रः—शूद्रम् एव तद् ब्राह्मणस्य स्वे ऽन्वाभजति । सो ऽस्यादित्सत उपजिहीर्षते । अथो ऽस्यैव तत् । स्वेनं[4] ह्य् एनम् आभजति ॥

यद्य् आवृड्ं नाथो पाके[6] नैव लिप्सते । तस्मान् न विगेया इति । यतो ह वा इदम् एता विगीयन्ते ततो हेदं ब्राह्मणा जीयन्ते । अथ यर्ह्य् एता न विजगुर् अजेयाँ ह ब्राह्मणा आसुः ॥ २६५ ॥[8]

[१] ? य ल व श स्वेनूं र सेनु [२] ? य श स्नें र रवेनुं ल अन्नेनु व स्वनुं [३] ? य र श स्वेनं ल व स्वेनुं [४] ? य श स्वेनं र व स्वेनुं ल तेनु [५] ? ल आविर् [६] ? य ल पवंके र पंके [७] कोशेपु अज्येया [८] र ॥२१॥

गायत्रं वै प्रातस्सवनं त्रैष्टुभं माध्यंदिनं सवनं जागतं तृतीयसवनम् । तद् एवानुष्टुब् अन्वायत्ता । स यद् गायत्रं सत् प्रातस्सवनं सर्वम् एव गायत्रं गायति ब्रह्मण एव तं केवलम् उद्धारम् उद्धरति । सो ऽस्य ब्रह्मणः केवल उद्धार उद्धतो भवति ॥

अथ यत् त्रैष्टुभं सन् माध्यंदिनं सवनं गायत्रेणैवानुप्रतिपद्यते ब्राह्मणम् एव तत् क्षत्रियस्य स्वे ऽन्वाभजति । सो ऽस्मै दित्सति श्रद्धया कर्मणोपचारेण । यदा वै क्षत्रियं श्रद्धा विन्दति ब्राह्मणं वाव स तर्हीछति । सो ऽस्मै ददाति ॥

अथ यज् जागतं सत् तृतीयसवनं गायत्रेणैवानुप्रतिपद्यते ब्राह्मणम् एव तद् वैश्यस्य स्वे ऽन्वाभजति । सो ऽस्मै दित्सति श्रद्धया कर्मणोपचारेण । यदा वै वैश्यं श्रद्धा विन्दति ब्राह्मणं वाव स तर्हीछति । सो ऽस्मै ददाति ॥

तद् एवानुष्टुब् अन्वायत्ता । अथ यद् अनुष्टुभं गायति—आनुष्टुभो वै शूद्रः—ब्राह्मणम् एव तच् छूद्रस्य स्वे ऽन्वाभजति । सो ऽस्मै दित्सति श्रद्धया कर्मणोपचारेण । यदा वै शूद्रं श्रद्धा विन्दति ब्राह्मणं वाव स तर्हीछति । सो ऽस्मै ददाति । केवलं स्वं कुरुते ऽपित्वी क्षत्रे भवत्य् अपित्वी विशि । यात्य् अन्तस्थान्तस्थायां[1] जीयते । उप हैनं शतं[2] परिस्कन्दास्[3] तिष्ठन्ते ऽथो भूयांसो य एवं विद्वान् धुरो न विगायतीति । स यदि विगायेद् अदो विद्वान् विगायेत् । यद्[4] उ न विगायेद् इदं विद्वान् न विगायेत् । आर्तिस् सा यो ऽन्यतरद् एव वेदेति ह स्माह शाट्यायनिः ॥ २६६ ॥[5]

[१] ? य र व श अन्तस्थाम्नांस्थायां ल अंतस्थान्तान्तस्थायामान् [२] व श शता [३] ल °ष्कन्दास् [४] ल यद्य् [५] र ॥२२॥

रेतस्यां गायति । रेतस् तत् सिञ्चति । तद् रेतस् सिक्तं गायत्र्योद्वर्धयति वर्षीयसा छन्दसा । तत् त्रिष्टुभोद्वर्धयति वर्षीयसा छन्दसा । तज् जगत्योद्वर्धयति वर्षीयसैव छन्दसा । तद् यद् वर्षीयसा छन्दसोद्वर्धयति तस्माद् वर्धमानस्य भूयोभूयो वीर्यं भवति ॥

अनुष्टुभाणिष्ठं गच्छति ह्रसीयसैव छन्दसा । तस्माद् उत्तरवयसे प्रतितराम् इवाववर्धते । पंक्त्याणिष्ठां गच्छति । तस्मात् पञ्चमे मासि गर्भा विक्रियन्ते । अनुष्टुभा वाचाणिष्ठां गच्छति । तस्माद् उ जीर्णस्य वाचं शुश्रूषन्ते । शिरो वा एतद् यज्ञस्य यद् बहिष्पवमानम् । तद् वै तत् । रेतस्यैवापि सर्व आत्मा । स यद् बहिष्पवमाने—॥ २६७ ॥[1]

[१] र ॥२३॥

—गायत्रीं गायति प्राणो वै गायत्रो गायत्रं शिर एव । तदायतनो वै प्राणः । यच् छिरस् स्व एव तद् आयतने प्राणं दधाति ॥

त्रिष्टुभं गायति । चक्षुर् वै त्रिष्टुप् । ताम् एव तद् आहृत्य शीर्षन् नियुनक्ति । यन् नियुनक्ति तस्मान् नियुक्तम् इव चक्षुः । ताम् अन्यत्रायतनां सतीं नियुनक्ति । तस्माद् उत जीवत एव चक्षुर् अपक्रामति ॥

जगतीं गायति । श्रोत्रं वै जगती । ताम् एव तद् आहृत्य शीर्षन् नियुनक्ति । यन् नियुनक्ति तस्मान् नियुक्तम् इव श्रोत्रम् । ताम् अन्यत्रायतनां सतीं नियुनक्ति तृतीय-

सवनायतनां वा । तां यद् अन्यत्रायतनां सतीं नियुनक्ति तस्माद् उत जीवत एव श्रोत्रम् अपक्रामति ।

अनुष्टुभं गायति । वाग् वा अनुष्टुप् । ताम् एव तद् आहृत्य शीर्षन् नियुनक्ति । यन् नियुनक्ति तस्मान् नियुक्तेव वाक् । ताम् अन्यत्रायतनां सतीं नियुनक्ति तृतीयसवनायतनां वा सर्वायतनां वा । तां यद् अन्यत्रायतनां सतीं नियुनक्ति तस्माद् उत जीवत एव वाग् अपक्रामति । अवान्ये प्राणाः क्रामन्ति न प्राणः ॥ २६८ ॥[१]

[१] र ॥२४॥

तद् आहुः किं तद् यज्ञे क्रियते यस्माज् जीवत एवान्ये प्राणा अपक्रामन्ति न प्राण इति । स ब्रूयाद् यस्मात् स्व आयतने गायत्रीं गायति तस्माद् यावज् जीवति तावत् प्राणो नापक्रामतीति ॥

अथ ह वै धुरां विज्ञाश् च संज्ञाश् च । मानो वै रेतस्या प्राणो गायत्री चक्षुस् त्रिष्टुप् श्रोत्रं जगती वाग् अनुष्टुप् । मनसा सुहार्दसं च दुर्हार्दसं च विजानाति । प्राणेन सुरभि चासुरभि च विजानाति । चक्षुषा दर्शनीयं चादर्शनीयं च विजानाति । श्रोत्रेण श्रवणीयं चाश्रवणीयं च विजानाति । वाचा स्वादु चास्वादु च विजानाति । एता इह विज्ञाः । वि ह वै ज्ञायते श्रेयान् भवति य एवं वेद ॥

ता उ एव संज्ञाः । मनो वै रेतस्या प्राणो गायत्री चक्षुस् त्रिष्टुप् श्रोत्रं जगती वाग् अनुष्टुप् । रेतस्यायां प्रस्तुतायां यस्य कामयेत— ॥ २६९ ॥[१]

[१] र ॥२५॥

—तस्य मनसा मनो ध्यायेत् । गायत्र्यां प्रस्तुतायां यस्य कामयेत तस्य प्राणेन प्राणं ध्यायेत् । त्रिष्टुभि प्रस्तुतायां यस्य कामयेत तस्य चक्षुषा चक्षुर् ध्यायेत् । जगत्यां प्रस्तुतायां यस्य कामयेत तस्य श्रोत्रेण श्रोत्रं ध्यायेत् । अनुष्टुभि प्रस्तुतायां यस्य कामयेत तस्य वाचा वाचं ध्यायेत् । एता उ ह संज्ञाः । सं ह वै तेन जानीते येन कामयते ऽनेन संजानीयेति[१] य एवं वेद ॥

अथैता देवधुरश् च मनुष्यधुरश् च संदधाति । मनो वै मनुष्यधुर आपो देवधुरः । रेतस्यायां प्रस्तुतायां मनसापस् संदध्यात् । तद् अन्तरा यजमानस्य मनो ऽवयातयेत् । प्राणो वै मनुष्यधूर् वायुर् देवधूः । गायत्र्यां प्रस्तुतायां प्राणेन वायुं संदध्यात् । तद् अन्तरा यजमानस्य प्राणम् अवयातयेत् । चक्षुर् वै मनुष्यधूर् आदित्यो देवधूः । त्रिष्टुभि प्रस्तुतायां चक्षुषादित्यं संदध्यात् । तद् अन्तरा यजमानस्य चक्षुर् अवयातयेत् । श्रोत्रं वै मनुष्यधूर् दिशो देवधूः । जगत्यां प्रस्तुतायां श्रोत्रेण दिशस् संदध्यात् । तद् अन्तरा यजमानस्य श्रोत्रम् अवयातयेत् । वाग् वै मनुष्यधूः पृथिवी देवधूः । अनुष्टुभि प्रस्तुतायां वाचा पृथिवीं संदध्यात् । तद् अन्तरा यजमानस्य वाचम् अवयातयेत् । एतद् वै देवधुरश् च मनुष्यधुरश् च संदधाते । तद् वै देवधुरश् च मनुष्यधुरश् च संधाय तं मृत्युं तरति यस् स्वर्गलोके । न हैवंवित् पुनर् म्रियते । देवतास्व् आत्मानम् उपसंदधाति ॥ २७० ॥[२]

[१] ? र श नास्ति । य व संजानीयेति अन्यत्र संजोसमतेति [२] र ॥२६॥

अथैतेषां महतां ब्राह्मणानां समुदितम् आरुणेर् जीवलस्य कारीरादेर् अषाढस्य

सावयसस्येन्द्रद्युम्नस्य भाल्लवेयस्येति । जीवलश् च ह कारीरादिर् इन्द्रद्युम्नश् च भाल्लवेयस् तौ हारुणेर् आचार्यस्य सभाग आजग्मतुः । ते हाषाढस्य गृहेषु शिश्यिरे[1] । स होवाचाषाढ आम् आरुणे यत् सहैव ब्रह्मचर्यम् अचराव सहान्वाब्रवीवह्य् अथ केनेदं त्वम् अस्मान् अत्यनूचिषे । यद् इदं त्वम् इयत्प्रियः कीर्तेर् इयत्प्रियश् चक्षुष इयत्प्रियस् सनेर् असि केन त्वम् इदं प्रापिथेति । स होवाच धूर्ष्व् एवाहं तद् उपास इति । किं त्वं तद् धूर्षूपास्स इति । प्रियम् इति । य आसां प्रियम् उपास्ते किं स भवतीति । प्रिय एव स कीर्तेः प्रियश् चक्षुषः प्रियस् सनेर् भवतीति । एवम् एव त्वम् असीति होचुः ॥

अथ होचुर् जीवलं कारीरादिं यद् इदं त्वम् एव तस्यार्धस्य श्रेष्ठो ऽसि यस्मिन्न् अस्य् अपि त्वा राजानो ऽधस्ताद् उपासते केन त्वम् इदं प्रापिथेति । स होवाच धूर्ष्व् एवाहं तद् उपास इति । किं त्वं तद् धूर्षूपास्स इति । श्रियम् इति । य आसां श्रियम् उपास्ते किं स भवतीति । यस्मिन्न् एवार्धे भवति तस्य श्रेष्ठो भवत्य् अप्य् एनं राजानो ऽधस्ताद् उपासत इति । एवम् एव त्वम् असीति होचुः ॥

अथ होचुर् अषाढं सावयसं यत् त्वं [2]शार्कराक्षाणां वात्र[3] ग्रामण्य् एवासि केन त्वम् इदं प्रापिथेति । स होवाच धूर्ष्व् एवाहं तद् उपास इति । किं त्वं तद् धूर्षूपास्स इति । जातम् इति । य आसां जातम् उपास्ते किं स भवतीति । यत्रैव सजातो भवति तद् ग्रामणीर् भवतीति । एवम् एव त्वम् असीति होचुः ॥

अथ होचुर् इन्द्रद्युम्नं भाल्लवेयं यद् इदं तवोपर्युपर्य् अन्यान् कीर्तिश् चरति विवचनम्[4] एवासि केन त्वम् इदं प्रापिथेति । स होवाच धूर्ष्व् एवाहं तद् उपास इति । किं त्वं तद् धूर्षूपास्स इति । यश इति । य आसां यश उपास्ते किं स भवतीति । उपर्युपर्य् एवान्यान् कीर्तिश् चरति विवचनम्[4] एव भवतीति । एवम् एव त्वम् असीति होचुः ॥

ते होचुर् इत्थं चेद् इदम् अभूद् एतेदं संप्रब्रवामहा इति ॥ २७१ ॥[5]

[१] य ल श शिशिशरे र शिशिरे [२] ? कोशेषु श° [३] ? य र पाव ल व श पाप
[४] ? कोशेषु वचनम् [५] र ॥२७॥

ते हारुणिम् ऊचुस् त्वं वै न आचार्यो ऽसि त्वं प्रथमो ब्रूष्वति । स होवाच गायत्रीम् एवाहं प्रियम् उपास इति । प्राणो वै गायत्री प्राणो वै प्रियम् । न वै प्राणात् प्रेयः किंचनास्ति । स य एवम् एतां गायत्रीं प्रियम् उपास्ते यथा प्रिय एव प्राण आत्मन एवं प्रिय एव स कीर्तेर् एवं प्रियश् चक्षुष एवं प्रियस् सनेर् भवतीति ॥

अथ होवाच जीवलः कारीरादिस् त्रिष्टुभम् एवाहं श्रियम् उपास इति । क्षत्रं वै त्रिष्टुप् क्षत्रं वै श्रीः । स य एवम् एतां त्रिष्टुभं श्रियम् उपास्ते यस्मिन्न् एवार्धे भवति तस्य श्रेष्ठो भवत्य् अप्य् एनं राजानो ऽधस्ताद् उपासत इति ॥

अथ होवाचाषाढस् सावयसो जगतीम् एवाहं भूमानं प्रजातिम् उपास इति । भूमा वै प्रजातिर् जगती छन्दसाम् । स य एवम् एतां जगतीं भूमानं प्रजातिम् उपास्ते भूमानम् एव प्रजया पशुभिर् गच्छति यत्रैव सजातो भवति तद् ग्रामणीर् भवतीति ॥

अथ होवाचेन्द्रद्युम्नो भाल्लवेयो ऽनुष्टुभम् एवाहं यश उपास इति । वाग् वा अनुष्टुब् वाग् उ वै यशः । वाग् उपर्युपर्य् अन्यान् कीर्तिश् चरति । स य एवम् एताम् अनुष्टुभं यश उपास्त एषैवास्य वाग् अनुष्टुब् उपर्युपर्य् एवान्यान् कीर्तिर् विहरन्त्य् एति विवचनम्[1] एव भवतीति ॥ २७२ ॥[2]

[१] कोशेषु निवचनम् [२] र ॥२८॥

ते ह वै ते तथैकैकेनैवासुः । अथ य एवम् एतानि सर्वाण्य् एकधा वेदैवं ह्य् एतानि सर्वाण्य् एकधा भवन्त्य् एकधैव श्रेष्ठस् स्वानां भवति ॥

तद् उ होवाच वासिष्ठश् चैकितानेयः पश्चैवानुबुध्य[1] धुरो ह वा इमे ब्राह्मणा मीमांसमानास् ताम् एव धुरं नावागमन् यस्याम् एता धुरि सर्वा अधीति । रेतस्यां ह वै स तद् उवाच । यां ह वा आहुर् एका धूर् इति रेतस्या ह वै सा धुरां धूः । अन्नं तद् धुराम् । अलंकरणं सुरभिर् गन्धो गायत्र्यै दर्शनीयस् त्रिष्टुभश् श्रवणीयो जगत्यै । यद् एव वाचा पुण्यं वदति तद् अनुष्टुभः । स ह वा एना अन्नम् आदधाति य एना एतैस् समृद्धयति । ता एनम् अन्नाद्यमाना अन्नादं श्रेष्ठं स्वानां कुर्वन्ति । अन्नादश् श्रेष्ठस् स्वानां भवति य एवं वेद ॥२७३॥[2]

[१] ? ल पश्वेवानुबुध्न्य श पश्चैवानुष्टुबुध्य [२] र ॥२९॥

त्रयो ह वा एते समुद्रा यत् पवमाना अग्निर् वायुर् असाव् आदित्यः । तैश् छन्नैर् उद्गायेत् । स यर्हि वै प्रजापतिः प्रजाभ्यो वृष्टिम् अन्नाद्यं प्रयच्छति छाद्यन्त एते तर्हि । प्रजापतिर् एष सः । यद् उद्गास्यन् पवमानैश् चान्यैर् उद्गायति छादयत्य् एव यजमानम् अन्नाद्येन छादयत्य् आत्मानं छादयति प्रजा बहुवर्षी तत्र पर्जन्यो भवतीति ह स्माह कूटश् शैलनो यत्राहम् उद्गायामीति । यत्र वै बहुवर्षी पर्जन्यो भवति कल्याणो वै तत्र बलीवर्दो ऽश्वतरो हस्ती निष्कः पुरुषः । रूपंरूपं वाव तत्र कल्याणम् आजायत इत्य् एतद् ध तद् विद्वान् उवाच । यो वै देवांश च मनुष्यांश् च व्यावर्तयति वि पाप्मना वर्तते ॥

देवा वै पवमानाः प्रजाः पृष्ठोक्थानि । तैश् छन्नैः परोक्षम् अनिरुक्तैः पवमानैर् उद्गायेत् । छन्ना इव हि परोक्षम् अनिरुक्ता इव देवाः प्रजाः पृष्ठोक्थानि । तैर् अच्छन्नैः प्रत्यक्षं निरुक्तैर् उद्गायेत् । अच्छन्ना इव हि प्रत्यक्षं निरुक्ता इव मनुष्याः । एतद् वै देवांश् च व्यावर्तयति वि पाप्मना वर्तते य एवं वेद ॥ २७४ ॥[1]

[१] र ॥३०॥

दैवीं ह वा एष संसदम् एति यः पवमानैर् उद्गायति । स यथा श्रेयांसम् अभ्यायन्न् एवं शिक्षन्न् एवोपशिक्षन्न् इवोपनमस्यन्न् इव । संसिद्धैश् शक्नुवन्न् उपहन्यमान उद्गायेत् । यथायन्तम् आभिवेद् यथा यद् याचेत् तद् दद्यात् तादृक् तत् । अथ य एतैर् असंसिद्धैर् अशक्नुवन्न् उपहन्यमान उद्गायेद् यथायन्तं प्रतिमिवेद् यथा यद् याचेत् तन् न दद्यात् तादृग् उ तत् । तद् उ हात्रैव यज्ञस्य समृद्धं च व्यृद्धं च विज्ञायते ॥

अतिहार्या ह वा एषा यत् पवमाना । यो वा अतिहार्याम् असंवीतो ऽतिगाहते मृदा वै स लिप्यत आयति वा । अथ यस् संवीतो ऽतिगाहते न मृदा लिप्यते नायति[1] । एवम् इव वै पवमाना उपचर्याः ॥

तद् आहुर् यद् अन्यानि स्तोत्राणि स्तोत्रियप्रतिपदो ऽथ कस्मात् पवमाना अस्तोत्रियप्रतिपद इति । स ब्रूयात् प्राणा वै पवमानाः प्राणा उ पावमान्यः । तद् यत् पवमानान् पावमानीभिर् एवानुप्रतिपद्येरन् पराञ्च एव प्राणान् निर्मृज्युर् इति । तान् यद् अनुष्टुभानुप्रतिपद्यन्ते—वाग् वा अनुष्टुप् । वाच्य् अपानो नियतः—वाचैव तद् अपानं दधार[2] ॥२७५॥[3]

[१] कोशेषु न आयतिं [२] र-वर्जम् अन्यत्र दाधार [३] र ॥३१॥

तद् आहुर् अशान्तम् इव वा एतत् स्तोत्रं यत् स्तोत्रियेण नानुप्रतिपद्यन्ते । केनैषां स्तोत्रियप्रतिपदोऽनितं भवतीति । स ब्रूयाद् वाग् वा अनुष्टुब् वाच्य् उ वै सर्वाणि छन्दांसि । यद् आग्नेयम् ऐन्द्रं पवमानं तेनैषां स्तोत्रियप्रतिपदोऽनितं भवति ॥

जया ह वै नामैते स्तोमा यत् पवमानाः । पवमानैर् वै देवा असुरान् पराञ्च एव जयन्त आयन् । तद् यत् पवमानाः पराञ्च एव भवन्ति यथा पराङ् एव जयन्न् इयात् तादृक् तत् । तान् यद् अनुष्टुभानुप्रतिपद्यन्ते—वाग् वा अनुष्टुब् वाग् उ वै वाचयित्री—वाचा वा आह प्रेहि जयाभिक्राम मापक्रमीर् इति । स यथा वाचा ब्रूयाद् प्रेहि जयाभिक्राम मापक्रमीर् इति तादृक् तत् ॥

देवा वै पवमानाः । [तानि] देवानां स्तोत्राणि । तानि देवा अन्वायत्ताः । प्रजाः पृष्ठोक्थानि । तानि प्रजानां स्तोत्राणि । तानि प्रजा अन्वायत्ताः । तद् यत् पवमानैः पराचीनैर् एव स्तुवते तस्मात् पराञ्चो देवाः । पराङ् आदित्य एति पराङ् चन्द्रमाः पराञ्चि नक्षत्राणि पराङ् अग्निर् दहन्न् एति । अथ यस्मात् पृष्ठोक्थैः पराचीनैश् चार्वाचीनैश् च स्तुवते तस्माद् उ पराचीश् चार्वाचीश् च प्रजाः । पराञ्चः प्रातः प्रेरते । ते सायं समावर्तन्ते । परागू रेतस् सिक्तम् । तद् अर्वाक् प्रजायते ॥ २७६ ॥[2]

[१] कोशेषु न नास्ति [२] र ॥३२॥

पृथुर् ह वैन्यो दिव्यान् व्रात्यान् पप्रच्छ

यज्ञस्य धाम परमं गुहायां[1]
निर्मितं महतोऽन्तरिक्षात् ।
कस्माद् यन्ति पवमानाः पराञ्चः
कस्माद् उक्थ्याः पुनर् अभ्याकनिक्रति ॥

इति ।

देवा अन्यां वर्तनिम् अध्वरस्य
मानुषास उपजीवन्त्य् अन्याम् ।
तस्माद् यन्ति पवमानाः पराञ्चस्
तस्माद् उक्थ्याः पुनर् अभ्याकनिक्रति ॥

इति ह प्रत्यूचुः । यो वै देवान् मनुष्येष्व् आभक्तान् वेद मनुष्यान् उ देवेष्व् आभक्त एव देवेषु भवत्य् आभक्तो मनुष्येषु । गच्छति तं लोकं यत्र देवा नास्माद् देवता अपक्रामन्ति ॥

देवा वै पवमानाः प्रजाः पृष्ठोक्थानि । साम वै देवाः प्रजाश् छन्दांसि । तद् यत् पवमानसामानि पराञ्च्य् एव भवन्त्य् अथेयम्[2] अनुनिवेष्टते । तेन देवा मनुष्येष्व् आभक्ताः । अथ यद् अभ्यावर्तिष्व् ऋचं निवेष्टमानां सामानुनिवेष्टते तेनो मनुष्या देवेष्व् आभक्ताः । स य एतद् एवं वेदाभक्त एव देवेषु भवत्य् आभक्तो मनुष्येषु । गच्छति तं लोकं यत्र देवा नास्माद् देवता अपक्रामन्ति ॥ २७७ ॥[3]

[१] य र गुहायं [२] य ब अथेमम् [३] र ॥३३॥

यो वै देवरूपं च मनुष्यरूपं च व्यावर्तयति वि पाप्मना वर्तते । देवा वै पवमानाः प्रजाः पृष्ठोक्थानि । तद् यत् पवमानान् पावमानीष्व् एव स्तुवते तस्माद् देवा एकरूपास्

सर्वे शुक्लः । अथ यस्मात् पृष्ठोक्थैर् नानारूपा असुराः । नानादेवत्यासु स्तुवते । तस्माद् उ प्रजा नानारूपाश् श्वेतो रोहितः [२]कृष्णः । एतद् वै[२] देवरूपं च मनुष्यरूपं च व्यावर्तयति वि पाप्मना वर्तते य एवं वेद ॥

यो वै देवानाम् उद्धारं वेदोद् उद्धारं हरत उद्धार्यो भवति । बहिष्पवमानं वाव देवानाम् उद्धारः । तेन सकृद् धिंकृतेन पराचा स्तुवते । तस्मात् पराङ् उद्धारः । स एष एव देवानां श्रेष्ठः । तस्योद्धारः प्रजाः । प्रजापतेर् एवोद् उद्धारं हरत उद्धार्यो भवति य एवं वेद ॥

तम् एतं यज्ञस्य रसं प्रवृह्य परान् यस्मात् प्रजापतये प्रयच्छति तस्माद् बहिष्पवमानेन स्तोष्यन्तः प्रह्वारा इव प्रकुपिता इव सर्पन्ति । एवम् इव वै श्रेयस उपचारः । तस्माद् उ तस्य स्तोत्रेण व्याहरेत् । को हि श्रेयसः परिवेषणम् उप[३]वदितुम् अर्हति । यो वै श्रेयसः परिवेषणम् उप[४]वदति यथा वै स तम् आर्त्या कामयते तथैनं निनयति । अथ यत् ततो ऽध्वर्युस् संप्रैषान् वदति प्रजापतय एव तद् यज्ञस्य रसं प्रदाय तम् आप्याययति । तेनास्याप्पीनेन रसवता स्तुतं भवति ॥ २७८ ॥[५]

[१] कोशेषु उप [२-२] र व कृष्णसितद्वै ल श कृष्णसितद्वे [३] ल श अप० [४] कोशेषु अप० [५] र ॥३४॥

यो वै देवयशसं च मनुष्ययशसं च वेद यश एव देवेषु गच्छति यशो मनुष्येषु । पवमाना वै देवयशसम् । ते ह ते प्राणा एव । त एनं देवेषु निवेदयन्ते । अभ्यावर्ता मनुष्ययशसम् । ते ह ते ऽपाना एव । त एनं मनुष्येषु निवेदयन्ते । एतद् वै देवयशसं च मनुष्ययशसं च । स य एवम् एतद् देवयशसं च मनुष्ययशसं च वेद यश एव देवेषु गच्छति यशो मनुष्येषु ॥

यो वै मितं चामितं च वेद मितं च हास्यामितं च बहु भवति । देवा वै पवमानाः प्रजाः पृष्ठोक्थानि । साम[१] वै देवाः प्रजाश् शस्त्राणि । तद् वा एतत् । एत एवापि सर्वे देवा यत् स्तोत्राणि । तद् यन् मितानि स्तोत्राणि भवन्ति तस्मान् मिता देवाः । अष्टौ वसव एकादश रुद्रा द्वादशादित्याः । अथ यस्माद् अमितानि शस्त्राणि तस्माद् व् अमिताः प्रजाः । न तान् विद्म यावन्तो ब्राह्मणा यावन्तो राजन्या यावन्तो वैश्या यावन्तश् शूद्रा इति । एतद् वै मितं चामितं च । मितं हास्यामितं च बहु भवति य एवं वेद ॥

ये अर्वाञ्चस् तं उ पराच आहुर् ये पराञ्चस् तं उ अर्वाच आहुः ।
इन्द्रश् च या चक्रथुस् सोमश् च तानि धुरा नियुक्ता रजसो वहन्ति ॥

इति । पवमाना वै पराञ्चः । तेषां चमसा अर्वाञ्चः । ते ह ते प्राणा एव । तस्मात् प्राण्यापानितुं शक्नोति । अभ्यावर्ता अर्वाञ्चः । तेषां पराञ्चश् चमसाः । ते ह ते ऽपाना एव । तस्माद् व् अपान्य प्राणितुं शक्नोति ॥ २७९ ॥[२]

[१] कोशेषु सामा [२] र ॥३५॥

यो वै सवनानां ज्यैष्ठ्यं वेद गच्छति ज्यैष्ठ्यं न ज्यैष्ठ्याद् अवरोहति । गायत्री वै प्रातस्सवनस्य ज्यैष्ठ्यम् । तद् यत् तत्रान्यदन्यच् छन्दः क्रियते ऽथ तद् गायत्रम् इत्य् आख्यायते । त्रिष्टुप् माध्यंदिनस्य सवनस्य ज्यैष्ठ्यम् । तद् यत् तत्रान्यदन्यच् छन्दः क्रियते ऽथ तत् त्रैष्टुभम् इत्याख्यायते । जगती तृतीयसवनस्य ज्यैष्ठ्यम् । तद् यत्

तत्रान्यदन्यच् छन्दः क्रियते ऽथ तज् जागतम् इत्य् आख्यायते । एतद् वै सवनानां ज्यैष्ठ्यम् । स य एवम् एतत् सवनानां ज्यैष्ठ्यं वेद गच्छति ज्यैष्ठ्यं न ज्यैष्ठ्याद् अवरोहति ॥

यो वै देवानां गृहान् वेद गृही भवति विन्दते गृहान् । छन्दांसि वाव देवानां गृहाः । अष्टाक्षरा गायत्र्य् अष्टौ वसवः । गायत्र्यैव वसवो गृहिणः । एकादशाक्षरा त्रिष्टुब् एकादश रुद्राः । त्रिष्टुभैव रुद्रा गृहिणः । द्वादशाक्षरा जगती द्वादशादित्याः । जगत्यै-वादित्या गृहिणः । अनुष्टुभैव विश्वे देवाः । सवनैर् इन्द्राग्नी । स य एवम् एतान् देवानां गृहान् वेद गृही भवति विन्दते गृहान् ॥

यो वै देवानां तृप्तीर् वेद तृप्यत्य् आत्मना तृप्यत्य् अस्य प्रजा ॥२८०॥[१]

[१] र ॥३६॥

तद् उ ह स्माहेयपिस् सौमापस् स वाद्य यजेत स वान्यं याजयेद् यो यथा महति तीर्थे सिक्ते गा असंबाधमानास् संतर्पयेद् एवं सर्वा देवता अनुसवनं छन्दस्स्व् अक्षर-मक्षरम् अनुसंबाधमानास् संतृप्यन्तीर् विद्याद् इति । अष्टाक्षरा गायत्र्य् अष्टौ वसवः । वसूनां गायत्रं प्रातस्सवनम् । तत् ते प्रातस्सवने छन्दस्स्व् अक्षरमक्षरम् अनुसंबाध-मानास् संतृप्यन्ति । एकादशाक्षरा त्रिष्टुब् एकादश रुद्राः । रुद्राणां त्रैष्टुभं माध्यंदिनं सवनम् । तत् ते माध्यंदिने सवने छन्दस्स्व् अक्षरमक्षरम् अनुसंबाधमानास् संतृप्यन्ति । द्वादशाक्षरा जगती द्वादशादित्याः । आदित्यानां जागतं तृतीयसवनम् । तत् ते तृतीय-सवने छन्दस्स्व् अक्षरमक्षरम् अनुसंबाधमानास् संतृप्यन्ति । अनुष्टुभैव विश्वे देवाः । सवनैर् इन्द्राग्नी । स य एवम् एतां देवानां तृप्तीर् वेद तृप्यत्य् आत्मना तृप्यत्य् अस्य प्रजा ॥ २८१ ॥[१]

[१] र ॥३७॥

यद् यत्र ह वा एवंविद् यजत एवं विद्वान् याजयति न हैव तस्य देवा ईशते । यत् तन् नाना गच्छेयुर् यदि च ह भक्षयिष्यन्तो भवन्ति यदि च नाथ हैव गच्छन्ति । यद् इह शुचिर्[१] भवति भक्षयन्ति यद्य् अशुचिः प्रेक्षयान्त । तद् धापि पणाय्यं यस्य प्रेक्षिवायन्[२] ॥

यो वै देवानां पात्रं वेद पात्र्यस् स्वानां भवति । ब्राह्मणो ह वाव देवानां पात्रम् । पात्र्यस् स्वानां भवति य एवं वेद ॥

तद् यथा ह वै शुद्धेन शुचिना पात्रेण पिपासन्त्य् एवं ह वाव देवा[३] ब्राह्मणेन शुद्धेन शुचिना पिपासन्ति । तस्माद् उ ह ब्राह्मणेन शुद्धेनैव शुचिना बुभूषितव्यम् ॥ २८२ ॥[४]

[१] र व शुचिर् अन्यत्र शुद्धिर् [२] ? व प्रेक्षी° [३] कोशेषु देव [४] र ॥३८॥

प्रजापतिर् देवान् असृजत । तान् मृत्युः पाप्मान्वसृज्यत । ते देवाः प्रजापतिम् उपेत्याब्रुवन् कस्माद् उ नो ऽसृष्टा मृत्युं चेन् नः पाप्मानम् अन्वस्रक्ष्यन्न् आसिथेति । तान् अब्रवीच् छन्दांसि संभरत तानि यथायतनं प्रविशत ततो मृत्युना पाप्मना व्याव-र्त्स्यथेति । वसवो गायत्रीं समभरन् । तां ते प्राविशन् । तान् साछादयत् । रुद्रास् त्रिष्टुभं समभरन् । तां ते प्राविशन् । तान् साछादयत् । आदित्या जगतीं समभरन् । तां ते प्रावि-

शन् । तान् साछादयत् । विश्वे देवा अनुष्टुभं समभरन् । तां ते प्राविशन् । तान् साछादयत् । मरुतः पंक्तिं समभरन् । तां ते प्राविशन् । तान् साछादयत् । साध्याश् चाप्त्याश् चातिच्छन्दसं समभरन् । तां ते प्राविशन् । तान् साछादयत् ॥ २८३ ॥[1]

[१] र ॥३९॥

सवनान्य् एवेन्द्राग्नी अनुप्राविशताम् । ततो वै तान् मृत्युः पाप्मा न निरजानात् । कुतो हि तस्य मृत्युः पाप्मेशिष्यते यं न निर्जानाति । न हैनं मृत्युः पाप्मानुविन्दति य एवं वेद । छन्दांसि वाव तान् मृत्योः पाप्मनो ऽछादयन् । तद् यद् एनान् छन्दांसि मृत्योः पाप्मनो ऽछादयंस् तच् छन्दसां छन्दस्त्वम् । छादयन्त्य् एवैनं छन्दांसि मृत्योः पाप्मनो य एवं वेद । तद् येनयेन ह वै छन्दसैवंविद् आर्त्विज्यं करोति तत्तद् एव स तर्हि प्रपन्नो भवति । येनयेन ह्य् एवैनं छन्दसा कुर्वन्तम् उपवदति तस्माद् आवृश्च्यते[1] । तस्य हैतस्य नैव का चनार्तिर् अस्ति य एवं वेद । य एवैनम् उपवदति स आर्तिम् आर्छति ॥

अथ होर्जो जानायनः कपिवनं भौवायनं पप्रच्छ यद् गायत्रं प्रातस्सवनं त्रैष्टुभं माध्यंदिनं सवनं जागतं तृतीयसवनम् अथ केयम् अनुष्टुब् अयातयाम्नी सवनमुखान्य् उपापतत्य् आन्ताद् यज्ञं वहतीति । स होवाच वाग् वा अनुष्टुब्[2] वाचो यज्ञस् तायते[3] । तद् यथा वा अदो भद्रबलीवर्दैन रज्ज्वभिहितेन पुनःपुनः प्रतिधावन्ति प्रतिकूलाय वा कुरवे[4] वोढ्वोढ[5] एवं वा एतां वाचम् अनुष्टुभं सवनमुखेषु पर्याणाय युञ्जन्ति । प्रतिकूलानि वा एतानि यत् सवनमुखानि। सैषा वाग् एषायातयाम्न्य् आन्ताद् यज्ञं वहति । यो वा अनुष्टुभं सर्वत्रापीनं[6] वेद सर्वत्र हास्यापि पुण्यो[7] भवति ॥

अष्टाक्षरा गायत्र्य् एकादशाक्षरा त्रिष्टुब् द्वादशाक्षरा जगती वाग् इति यज्ञायज्ञीयस्य निधनम् । तद् द्वात्रिंशदक्षरा ऽनुष्टुप् । अपि वा एतस्यै प्रातस्सवने ऽपि माध्यंदिने सवने ऽपि तृतीयसवने ऽपि वा एतस्यै ब्रह्मण्य् अपि क्षत्रे ऽपि विश्य् अपि वा एतस्या अस्मिन् लोके ऽप्य् अन्तरिक्षे ऽप्य् अमुष्मिन्—स य एवम् एताम् अनुष्टुभं सर्वत्रापीनं[1] वेद सर्वत्र हैवास्यापि पुण्यो भवति ॥ २८४ ॥[8]

[१] य ल श आपृक्ष्यते र व °पृच्छ्यते [२] ? ब र व अनुष्टुब्बु ल श अनुष्ढुबु [३] कोशेषु तायके [४] ? व कू° [५] ? एवं कोशेषु | [६] ? य ल श °तं र व °दं [७] कोशेषु पुण्ये [८] र ॥४०॥

अथ हाहीनं[1]सम् आश्वत्थिं केशी दार्भ्यः केशिनस्[2] सात्यकामिनः[2] पुरोधाया अपरुरोध । स ह स्थविरतरो ऽहीना आस कुमारतरः केशी । तं होवाचां केशिन्[3] किं मे विद्वान् राजन्यम् उपाहृथा इति । स होवाच[4] दहेद्[5] अनुष्टुभम् एव सर्वाणि छन्दांस्य् उपास्महे बृहतीं पशून् यज्ञं स्वर्गं लोकम् इति । तं हास्मै विवेद । स ह कृपयांचक्रे । तं होवाच मा कृपयथाः । यदि राजन्यकाम्या कृपयस एष ते राजन्यः । अपि वै वयम् अन्यं राजन्यम् एषिष्यामहा[6] इति । स होवाच नैतत् केशिन् राजन्यकाम्या ब्रह्मचर्यम् एव वै मा[7] तद् अनुसंस्मृत्यास्नम्[8] अविदत्[9] । चचार वै ब्रह्मचर्यम् । उपचरसं वावेदम् अश्नम यद् अयम् इयत्कुमारको ऽभिवेदयत[10] इति । एवम् एवैतद् अनुसंस्मृत्यास्नम्[11] अविदद् इति ॥

स यद् अनुष्टुभं सर्वाणि छन्दांस्य् उवाचाष्टाक्षरा गायत्र्य् एकादशाक्षरा त्रिष्टुब् द्वादशाक्षरा जगती वाग् इति यज्ञायज्ञीयस्य निधनम् । तद् द्वात्रिंशत् । द्वात्रिंशदक्षरा-

नुष्टुप्। एतद् अनुष्टुभं सर्वाणि छन्दांस्य् उवाच बृहतीं पशून् इति। या वा अनुष्टुप् सा बृहती। चतुष्पात्सु वा एषा पशुषूपहितेषु बृहत्य् अभवत्। यज्ञम् इति। यो ह्य् एव पशुमान् भवति तं यज्ञ उपनमति। स्वर्गं लोकम् इति। बृहती ह्य् एव स्वर्गो लोकः॥

अथ ह संगमन क्षैमिस् सत्ययज्ञं पौलुषिं पप्रच्छाचार्येण प्रहित आरुणिना सत्ययज्ञ पौलुषे यत् स्तुता गायत्री भवति स्तूयते त्रिष्टुब् अस्तुता जगती कथं तास् सर्वास् संपद्य माध्यंदिनं सवनम् उद्यच्छन्तीति। तद् ध न प्रत्युवाच। तेन हैनं जिगाय। स यत् प्रत्यवक्ष्यद् यस्माद् ब्राह्मणश् च वैश्यश् च क्षत्रियम् अधस्ताद् उपासाते अथो यद् अस्याद्याव् अभवताम् अथो यद् एवैतद् द्वादशाक्षरं पदम् इति॥ २८५॥[१२]

[१] कोशेषु °ना° [२] कोशेषु °ना [३] य केशि र ल व श केशं [४] य र ल श °चा [५] ? य इय्यद् [६] ? एवं कोशेषु [७] कोशेषु म [८] य व °स्मृत्यांस्रम् र °स्कुत्यांसम् ल श °स्कुत्यांस्रम् [९] य ल श अविंदत् [१०] कोशेषु °वेदत [११] य ल श °स्कुत्यांसम् र व °स्मृत्यांस्रम् [१२] र ॥४१॥

छन्दांसि यद् इमान् लोकान् व्यभजन्तेमम् एव लोकं गायत्र्य् अभजतान्तरिक्षं त्रिष्टुब् अमुं जगती। ब्रह्म वै गायत्री क्षत्रं त्रिष्टुब् विड् जगती। सेयं त्रिष्टुब् अस्मिन्न् अन्तरिक्षे नालनैंतुपादनेनारारण्यत[१]। सेमां गायत्रीं प्राङ् अभ्यविध्यत्। ताम् अभ्यतपत्। तस्या अबिभेद् आयतनं म उपहरिष्यत इति। ताम् अब्रवीन् नमस् ते ऽस्तु किंकामा माभिविध्यसीति। प्रदानं मे प्रयच्छेत्य् अब्रवीत्। तस्यै द्वे अष्टाक्षरे पदे प्रायच्छत्। सामूं जगतीम् उपपल्यायत। ताम् अभ्यविध्यत्। ताम् अभ्यतपत्। तस्या अबिभेद् आयतनं म उपहरिष्यत इति। ताम् अब्रवीन् नमस् ते ऽस्तु किंकामा माभिविध्यसीति। प्रदानं मे प्रयच्छेत्य् अब्रवीत्। तस्यै द्वादशाक्षरं पदं प्रायच्छत्। सेमाम् एव गायत्रीं पुनर् उपपल्यायत। ताम् अब्रवीद् यत् ते प्रदानं[४] प्रादां किम् उ न्व् एवेछसीति। सर्वम् एव म आत्मानं प्रयच्छेत्य् अब्रवीत्। अथ किम् उ मे[५] भविष्यतीति। समानं नाव् अन्नाद्यं भविष्यति पुरस् त्वा धास्य इति। तथेति। तां पुरो ऽधत्त। तस्यै सर्वम् आत्मानं प्रायच्छत्। तद् यद् गायत्री सर्वम् आत्मानं प्रायच्छत् तस्माद् ब्राह्मणस् सर्वेणात्मना क्षत्रियम् अभ्येति[६]। अथो यज् जगती न सर्वम् इवात्मानं प्रायच्छत् तस्माद् उ क्षत्राद् विड् अपक्रामम् इव चरति। यांयाम् एव तां गायत्री च जगती च संप्रायच्छतां सैवैषा बृहत्य् अभवत्। तस्माद् बृहत्यै त्रीणि चाष्टाक्षराणि पदानि द्वादशाक्षरं च। सैषा गायत्री प्रथमतो[७] युज्यते उच्चा ते जातम् अन्धसा इति। एषा पुरोहितावसाने। विन्दते पुरोधां वा पुरोधामात्रं वा या एवं वेद॥ २८६॥[९]

[१] ? एवं कोशेषु (य र व नालनैंनु°) [२] श अध्य° [३] य ल श अप° [४] कोशेषु नास्ति [५] कोशेषु म [६] कोशेषु इय् [७] कोशेषु प्रथमको [८] कोशेषु °धं° [९] र ॥४२॥

अथ बृहत्य् अथ त्रिष्टुप्। तद् एतद् ब्रह्मणा च क्षत्रेण चोभयतो ऽन्नाद्यं परिगृहीतम्। ब्रह्मणा च ह वा एनं क्षत्रेण चोभयतो ऽन्नाद्यं परिगृहीतम् उपतिष्ठते य एवं वेद। तस्माद् ब्राह्मणेन क्षत्रियाय न द्रोग्धव्यं न क्षत्रियेण ब्राह्मणाय। समानं ह्य् एनयोर् अन्नाद्यम्। तस्माद् यद् ब्राह्मणो महद् इव गच्छति क्षत्रियम् एव स तस्यान्नाद्यस्य द्वितीयं गोप्तारम्

इच्छते । यत् क्षत्रियो ब्राह्मणम् उ एव । विन्दते क्षत्रियं भर्तारं य एवं वेद ॥

चतुरक्षराणि ह वा अग्रे छन्दांस्य् आसुर् अयज्ञवाहानि । अथ हेन्द्रस्य त्रिदिवे सोम आस । तं हाग्न्यो गन्धर्वा जुगुपुर् एत एव धिष्णयाः । त उ एवाशीविषाः । स हिरण्मय्योः कुश्योर्[1] आस । ते ह स्म निमेषमात्रम् अभिसंपततः । तानीमानि छन्दांस्य् अब्रुवन् सोमम् आहराम यज्ञं तनवामहा इति । सा जगती प्रथमोदपतद् ओजिष्ठा बलिष्ठा भूयिष्ठा वीर्यवत्तमा मन्यमाना । तस्यै[2] परेतायै सोमपालास् त्रीण्य् अक्षराण्य् अविन्दन्त । सैकाक्षरा पुनर् आगच्छद् दीक्षां च पशूंश् चाहरन्ती । तस्माद् य एव पशुमान् भवति तं दीक्षोपनामुका ॥

अथ त्रिष्टुब् उदपतत्[3] । तस्यै परेतायै सोमपाला एकम् अक्षरम् अविन्दन्त । सा त्र्यक्षरा पुनर् आगच्छत् तपश् च दक्षिणाश् चाहरन्ती । तस्मात् त्रिष्टुभो लोके दक्षिणा नीयन्ते । तस्माद् उ तम् एव तपस् तप्यमानं मन्यन्ते— ॥ २८७ ॥[4]

[१] र कुश्शोर् ल श कुण्ड्योर् [२] र व ते स्यै [३] र व उदप्तत् [४] र ॥४३॥

—यो ददत् ॥

अथ गायत्र्य् उदपतत् । ताम् अनुष्टुम् माता प्रत्यन्वैक्षत । तस्मान् माता पुत्रं जनं यन्तं प्रत्यन्वीक्षेत जीवन्न् आहरन्न् आगच्छतीति । सा नानैव हस्ताभ्यां सवने समगृह्णाद् इमानि चानयोर् अक्षराणि मुखेनैकं सवनं सह सर्वेणैव यज्ञेनागच्छत् । तद् एतद् आहुर् धीतम् इव वै तृतीयसवनम् । मुखेन हि तद् आहरद् इति । सा सोमम् आहृत्याब्रवीद् इमे इतरे छन्दसी आ वा अहम् इमं सोमम् अहार्षम् एतं यज्ञं तनवा इति । ते अब्रूतां विवृहे वा आवं स्वो न तस्मा अलम् इति । सैतद् गायत्री प्रातस्सवनम् उपयुञ्जानाब्रवीद् अहं वा इदं वक्ष्यामीति । तद् अवहत् । तत् समस्थापयत् । तस्माद् गायत्रं प्रातस्सवनम् इत्य् आख्यायते ॥

सैतं माध्यंदिनं सवनम् उपायुंक्त । तस्यै तृचेन कृतम् आसीत् । अथ त्रिष्टुब् भीयमानामन्यत । साब्रवीद् अप्य् अहम् ऐमीति । अपीहीत्य् अब्रवीत् । अहं ते वक्ष्यामि त्वं तु ब्रुवाणेति । तां त्रिभिर् अक्षरैर् उपपरैत् । सैतत् त्रिष्टुब् एकादशाक्षरा भूत्वा माध्यंदिनं सवनम् अवहत् । तत् समस्थापयत् । सा यत् त्रिष्टुभम् अब्रवीद् अहं ते वक्ष्यामि त्वं तु ब्रुवाणेति तस्मात् त्रैष्टुभं माध्यंदिनं सवनम् इत्य् आख्यायते ॥

सैतत् तृतीयसवनम् उपायुंक्त । तस्यै तृचेन कृतम् आसीत् । अथ जगती हीयमानामन्यत । साब्रवीद् अप्य् अहम् ऐमीति । अपीहीत्य् अब्रवीत् । अहं ते वक्ष्यामि त्वं तु ब्रुवाणेति । ताम् एकेनाक्षरेणोपपरैत् । सैतज् जगती द्वादशाक्षरा भूत्वा तृतीयसवनम् अवहत् । तत् समस्थापयत् । सा यज् जगतीम् अब्रवीद् अहं ते वक्ष्यामि त्वं तु ब्रुवाणेति तस्माज् जागतं तृतीयसवनम् इत्य् आख्यायते ॥ २८८ ॥[1]

[१] र ॥४४॥

गायत्री वै प्रातस्सवनं वहति गायत्री माध्यंदिनं सवनं गायत्री तृतीयसवनम् । स य एतद् एवं वेद गायत्री प्रातस्सवनं वहति गायत्री माध्यंदिनं सवनं गायत्री तृतीयसवनम् इत्य् आ जरसं हास्य यशः कीर्तिर् न व्येति । तद् उ होवाचारुणिर् गायत्रीं वा अहं सर्वाणि सवना निवहन्तीं वेद तस्मान् मे आ जरसं यशः कीर्तिर् न व्येतीति । आ जरसं हैवास्य यशः कीर्तिर् न व्येति य एवं वेद ॥

तानीमानि छन्दांस्य् अब्रुवन्न् इयं वाव नश् श्रेष्ठेयं वीर्यवत्तमा या सोमम् आहार्षीद् या यज्ञं तैतैतौम्[1] एवाप्ययामेति[2]। तान् त्रिष्टुब्जगत्यौ सवनाभ्याम् अप्यैताम् । अथ यद् उष्णिक्ककुभोर् द्वे अष्टाक्षरे पदे तेन ते अप्यैताम् । अथ यद् बृहत्यै त्रीण्य् अष्टाक्षराणि पदानि[3] तेन साप्यैद् । अथ यद् अनुष्टुभश् चत्वार्य् अष्टाक्षराणि पदानि तेन साप्यैत् । अथ यत् पंक्तेः पञ्चाष्टाक्षराणि पदानि तेन साप्यैत् ॥ २८९ ॥[4]

[१] य माम् [२] ? एवं कोशेषु (य अततै°) [३-३] य एव [४] र ॥४५॥

दशाक्षरा ह साग्र आस । साप्येनकाम्याद्[1] अष्टाक्षराणि पदानि चक्रे । यद्य् अति-छन्दसि यदि विराजि यस्मिन् कस्मिंश् चिच् छन्दस्य् अष्टाक्षरं पदम् अधिगम्यते गायत्रीम् एव तेन सर्वाणि छन्दांस्य् अपियन्ति । स य एतद् एवं वेद गायत्रीं सर्वाणि छन्दांस्य् अपियन्तीत्य् अभि हैनं स्वास् संजानते श्रेष्ठतायै । तद् आहुर् अति त्रिवृतं स्तोमा यन्ति न गायत्रीं छन्दांसीति । नाहैव त्रिवृतं स्तोमा अतियन्तीति ब्रूयान् नो गायत्रीं छन्दांसीति । त्रिप्रयाणा हि स्तोमास् त्रिमध्यास् त्र्युदयाः । एतद् उ गायत्रीं सर्वाणि छन्दांसि नाति-यन्ति ॥

अथ हौपाविर् आरुणिं पप्रच्छारुणआरुणे कस्मै कम् अनुष्टुब् यज्ञम् उद्यच्छतीति । तद् ध न प्रत्युवाच । स होवाचाजिनमिम्[2] अजिनात[1] कं प्र ते ब्रवीमि मामथा[1] इति वाव मे गौतमं[3] प्रोच्यमानं न मनुत[4] इति । स यत् प्रत्यवक्ष्यत्—प्रजापतिर् वा अनुष्टुप् प्रजापतिर् वै कः—प्रजापतये कम् उद्यच्छतीति ह प्रत्यवक्ष्यद् इति । तद् उ ह शश्वन् न तथा । यद् एव बृहतीं सर्वाणि छन्दांस्य् अभिसंपद्यन्ते—बृहती स्वर्गो लोकः— स्वर्गाय लोकाय कम् उद्यच्छतीति ह प्रत्यवक्ष्यद् इति ॥ २९० ॥[5]

[१] ? एवं कोशेषु [२] ? व °जिनम् [३] य व °मः र °म [४] र ल श मनते
[५] र ॥४६॥

रथन्तरसाम्ना यष्टव्यां३ बृहत्साम्ना३ इति मीमांसन्ते । रथन्तरसाम्नेति हाहुस् सावयसाः । इदं रथन्तरम् इदं विद्म । को विदिताद् अविदितम् उपेयात् । यथा ह वै कूपस्य खातस्य गम्भीरस्य परस् तमिस्रम् इव ददृश[1] एवं ह वै शश्वत् परस्ताद् अन्त-रिक्षस्यासौ लोकः । तत् कस् तद् वेद यदि तत्रास्ति वा न वा । अध्य् उ ह वै शश्वद् अस्मिन्न् एव लोके ऽसौ लोकः । इतःप्रदानाद् ध्य् असौ लोको जीवति । या हीत आहुतयो गच्छन्ति ता असौ लोक उपजीवति । स यो ऽपि दश कृत्वो यजेत रथन्तरसाम्नैव यजेतेति ॥

बृहत्साम्ना यष्टव्यम् इत्य् आहुर् आरुणिसात्ययज्ञयो ऽदो बृहत् । तद् अद उत्क्रान्तम् अपहतपाप्मं श्वोवसीयसं नाधिष्ठीवन्ति नाधिचरन्ति नाध्यासते । बहुर् इमं लोकम् अपवदति बहुर् अवमोंसत[1] उभाव् अस्मिन् जीवतः पुण्यकृच् च पापकृच् च । अथाद उत्क्रान्तम् अपहतपाप्मं श्वोवसीयसम् । नामुष्मिन् पापकृज् जीवति । अध्य् उ ह वै शश्वद् अमुष्मिन्न् एव लोके ऽयं लोकः । अमुतःप्रदानाद् ध्य् अयं लोको जीवति । या ह्य् अमुतो वृष्टिः प्रदीयते ताम् अयं लोक उपजीवति । स यो ऽपि दश कृत्वो य जेत बृहत्साम्नैव यजेतेति ॥

उभयसाम्ना यष्टव्यम् इति ह स्माह शाट्यायनिर् एतयोर् उभयोः कामयोर्

उपाप्त्यै । तथेति ताव् उभौ कामाव् उपाप्नोतीति । तद् अस्यैतत् साम कृत्स्नं युक्तं यज्ञं वहति ॥२९१॥[3]

[१] य व दृशी र ल श दर्श [२] ? य °मांसत श °योंसत [३] र ॥४७॥

[1]तस्य गायत्रम् एव हिंकारो रथन्तरं प्रस्तावो वामदेव्यम् उद्गीथो बृहत् प्रतिहारो यज्ञायज्ञीयं निधनम् । एकैकम् उ ह वा एतेषां स्वर्गस्य लोकस्येशे । अश्नुते स्वर्गं लोकं य एवं वेद ॥

अथो हैतद् एवार्क्यम् एतन् महाव्रतम् । तस्य गायत्रम् एव शिरो बृहद्रथन्तरे पक्षौ वामदेव्यम् आत्मा यज्ञायज्ञीयं पुच्छम् । स यावद् अर्क्यवता महाव्रतवतावरुन्द्धे तावद् अवरुन्द्धे य एवं वेद ॥

अथो हैषायुष्यैव क्लृप्तिः । आयुर् वै गायत्रं विश्वायू रथन्तरं समायुर् वामदेव्यं सर्वायुर् बृहद् अत्यायुर् यज्ञायज्ञीयम् । आयुष्मन्तो ह भवन्त्य् एनया तुष्टुवानाः ॥

अथो हास्यैतान्य् एव पञ्च ज्योतींषीद्धान्य् एषु लोकेषु दीप्यन्ते ऽग्निः पृथिव्यां वायुर् अन्तरिक्ष आदित्यो दिवि चन्द्रमा नक्षत्रेषु विद्युद् अप्सु । अग्निर् एव रथन्तरस्य वायुर् वामदेव्यस्यादित्यो बृहतश् चन्द्रमा गायत्रस्य विद्युद् यज्ञायज्ञीयस्य । आपो हि यज्ञायज्ञीयम् । एतान्य् अस्य पञ्च ज्योतींषीद्धान्य् एषु लोकेषु दीप्यन्ते य एवं वेद ॥ २९२ ॥[2]

[१] प्रारम्भे र ल व श ओं [२] र ॥४८॥

यो वै बृहद्रथन्तरयोर् अन्तवच् चानन्तं च वेदान्तं[1] हि श्रियै[2] परिगृह्णात्य् अनन्तं स्वर्गं लोकं जयति । इयं वै रथन्तरम् । तस्या अस्यै समुद्रो ऽन्तः । अदो बृहत् । तस्या अमुष्या अन्तो नास्ति । एवं ह वा एतत् परेणापि समुद्रं ददृशे । स य एवम् एते बृहद्रथन्तरयोर् अन्तवच् चानन्तं च वेदान्तं हि श्रियै परिगृह्णात्य् अनन्तं स्वर्गं लोकं जयति ॥

यो वै बृहद्रथन्तरयोस् स्तोम्यां च स्तोत्रियां च वेद स्तोम्यो ह भवति स्तुवत एनेन स्वा अयं नश् श्रेष्ठ इति ।

अभि त्वा शूर नोनुमो ऽदुग्धा इव धेनवः ।
ईशानम् अस्य जगतस् स्वर्दृशम् ईशानम् इन्द्र तस्थुषः ॥

इति स्तोम्या ।

न त्वावं अन्यो दिव्यो न पार्थिवो न जातो न जनिष्यते ।

इति स्तोत्रिया ।

अश्वायन्तो मघवन्न् इन्द्र वाजिनो गव्यन्तस् त्वा हवामहे ॥

इति याचितम् इवैतया वीर्यम् इव प्रोक्तम् । स य एवम् एते बृहद्रथन्तरयोस् स्तोम्यां च स्तोत्रियां च वेद स्तोम्यो ह भवति स्तुवत एनेन स्वा अयं नश् श्रेष्ठ इति । अथो हास्यैतेनैव विज्ञानेन सर्वे तृचा विज्ञाता भवन्ति ॥२९३॥[3]

[१] र व वेदान्ता [२] श श्रियं [३] र ॥४९॥

बृहद्रथन्तरे वा असृज्येताम् । तद् अनु पशवो ऽसृज्यन्त । ये राथन्तरा आसन्

रथन्तरं ते ऽन्वसृज्यन्त ये बार्हता बृहत् ते । तान् समद् अविन्दत् । तद् व्यवभिन्दानम् अतिष्ठत् । ते अब्रूताम् इत्थं चेद् वै भविष्यावो न वै तर्हि शक्ष्यावः प्रजा भर्तुम् । हन्त रूपाणि व्यतिषजावहा इति । ते रूपाणि व्यत्यषजेताम् । या राथन्तरी वाग् आसीद् बार्हतान् सा पशून् आविशद् या बार्हती राथन्तरान् सा । गौर् वै राथन्तरी नीचीव न्युब्जिता । सा बार्हतीं वाचं वदति भा इति पराचीम् एव । अविर् वै राथन्तरीं वाचं वदति क्रन्देन । अजा वै बार्हत्य् ऊर्ध्वेवाक्रान्ता । सा राथन्तरीं वाचं वदति—॥२९४॥[१]

[१] र ॥५०॥

—मार्क्ककारेण[१] । ते पुरुषे[२] न[२] समपादयेताम् । ते अब्रूताम् उभे इमम् आविशावेति । तथेति । तम् उभे आविशताम् । तस्मात् पुरुष उभयीं[३] वाचं वदति या च राथन्तरी या च बार्हती । ते ये राथन्तराः पशवो राथन्तरीम् अस्य ते वाचं पश्यन्त उपतिष्ठन्ते ये बार्हता बार्हतीं ते । पुरुषो वै बृहद्रथन्तरयोस् संक्रोशः । स य एतद् एवं वेद पुरुषो बृहद्रथन्तरयोस् संक्रोश इत्य् उभे हास्मिन् पशवस् संक्रोशन्ते ये च राथन्तरा ये च बार्हताः । स यो ह स बृहद्रथन्तरयोस् संक्रोशः पुरुषो य एवं वेदैवंविदो वैनयोस् संक्रोशः ॥ २९५ ॥[४]

[१] र मार्क्कु° ल श मार्क° [२-२] कोशेषु पुरुषेण [३] य र व उवैभं ल श उहैवं
[४] र ॥५१॥

आरुणिं ह यान्तम् उदीच्याः परिप्रजिघ्न्युर्[१] आरुणआरुणे कियता बृहद्रथन्तरे[२] प्रजाः प्रजनयतः कियता देवयशसम् आनशाते इति । तद् ध न प्रत्युवाच । [३]स होवाच[३] वेदाहम् एतद् यन् मे ब्रह्म लिप्सध्वे[४] तद्[५] व् एवाहं युष्मभ्यं न वक्ष्यामीति । तम् उ हान्तेवासिन ईक्षांचक्रिरे ऽमेधयेदम् इत्थं प्रत्यवोचद्[६] अनवगतम् अह स्विद् अस्याभूद् धन्तैनं पृच्छाम इति । तं होचुर् यत् प्रत्यवक्ष्यः कथं प्रत्यवक्ष्य इति । स होवाच यद्[७] अष्टाक्षरेण प्रथमस्या ऋचः प्रस्तौत्य् अष्टाशफांस् तेन पशून् प्रजनयतः । यद् द्व्यक्षरेणोत्तरयोर् द्विपदस् तेन । निधनेनैव देवयशसम् आनशाते इति प्रत्यवक्ष्यम्[८] इति होवाच यत् प्रत्यवक्ष्यम् इति ॥

यो वै बृहद्रथन्तरयोर् देवहूती वेद यन्त्य् अस्य देवा हवम् । ऊर्ध्वा वै रथन्तरस्य देवहूतिर् अर्वाची बृहतः । तद् यद् रथन्तरस्यचैवापरिष्टुभ्योर्ध्वम् इव प्रस्तौति तस्माद् अयम् ऊर्ध्वो लोक ऊर्ध्वो ऽयम् अग्निर् दीप्यत ऊर्ध्वा ओषधय ऊर्ध्वा वनस्पतयस् सर्वम् एवोर्ध्वम् । अथ यस्माद् बृहतस् [९]स्तोभेन परिष्टुभ्यौ[९] हो इत्य् अर्वाङ् प्रस्तौति तस्माद् असाव् अर्वाङ् लोको ऽर्वाङ् असाव् आदित्यस् तपत्य् अर्वाङ् चन्द्रमा अर्वाञ्चि नक्षत्राण्य् अर्वाची वृष्टिर् एति सर्वम् एवार्वाक् । स य एवम् एते बृहद्रथन्तरयोर् देवहूती वेद यन्त्य् अस्य देवा हवम् ॥ २९६ ॥[१०]

[१] ? य °जिध्यु ल श °जिघ्नः [२] कोशेषु °रथन्तरयोः [३-३] य एव [४] कोशेषु °ध्वं [५] कोशेषु यद् [६] र व °चाद् [७] य र व यदा [८] कोशेषु °वक्ष्यामि [९-९] कोशेषु स्तौभौपपरिष्टुभौ [१०] र ॥५२॥

बृहद्रथन्तरे वा असृज्येताम् । तद् अनु पशवो ऽसृज्यन्त । ये राथन्तरा आसन्

रथन्तरं ते ऽन्वसृज्यन्त ये[1] बार्हता बृहत् ते । ते ये राथन्तराः पशवस् त आद्या अथ ये बार्हतास् ते ऽत्तारः । तद् यद् रथन्तरस्यर्चैवापरिष्टुभ्य प्रस्तौति तस्माद् राथन्तराः पशवो ऽस्थिप्रतिष्ठाना आद्याः । अथ यस्माद् बृहतस् स्तोभेन परिष्टुभ्य प्रस्तौति तस्माद् बार्हताः पशवो मांसप्रतिष्ठाना अत्तारः । अत्तुर् हास्य सतो बह्व् आद्यं भवत्य् आस्माद् अत्ता वीरो जायते य एवं वेद ॥

बृहद्रथन्तरे वै मध्यतः प्रजासु गर्भान् धत्तः । तस्माद् यज्ञायज्ञीयेनैवान्ततः[2] प्रजनयतः । तद् यद् अष्टाक्षरेण प्रथमस्या ऋचः प्रस्तौत्य् अष्टाशफांस् ते पशून् गर्भान् धत्तः । यद् द्व्यक्षरेणोत्तरयोर् द्विपदस् तेन । तद् यद् एवंविदा[3] यज्ञायज्ञीयम् अन्ततः क्रियते जन्मैव तत् । प्रैव तेन जनयति । तस्माद् यज्ञायज्ञीयस्य स्तोत्रे वरं दद्यात् । यथा पुत्रे जाते वरं ददाति तथा । तद्[4] धि यजमानस्य जन्म । अथ या एता अपः पत्न्य् उपप्रवर्तयति या एव तत्र वस्तेर् भिद्यमानस्यापो यन्ति ता एव ताः । अथो अन्नं वा आपः । यद् एव जाताभ्यो ऽन्नाद्यं प्रतिधीयते तद् एवैतत् । तद् उ वाङ्निधनं भवति । तस्माद् उ कुमारो जायमान एव वाचम् अभिव्याहरति ॥ २९७ ॥[5]

[१] कोशेषु नास्ति [२] य °वान्तरतः र ल व श °वान्तरः [३] कोशेषु एवंविधि
[४] कोशेषु यद् [५] र ॥५३॥

बृहद्रथन्तरे वा असृज्येताम् । ते समाने[1]निधने असृज्येताम् अन्तर्निधने वा बहिर्निधने वा । ते अब्रूताम् आजिम् अनयोर् निधनयोर् अयावेति । तथेति । ते आजिम् एताम् । तद् बृहद् उदजयत् । तद् रथन्तरं हीयमानम् अमन्यत । तद् अब्रवीन् मिथुने ऽन्ते सानुपूर्वं मे योगं प्रयच्छेति । तथेति । तद् अस्य मिथुनम् अभवत् । तस्मा एतं पूर्वं योगं प्रायच्छद् एतं पूर्वाह्णम् । पूर्वाह्णो ह वै रथन्तरस्य योगो ऽपराह्णो बृहतो अस[2] इति ह[3] रथन्तरस्य हस् इति बृहतः । न हैते अहर्निधने सत्यनिधने । सत्यं ह वा एतयोर् निधनम् । तस्माद् उभयसाम्ना यजमान आ सायम् एव यजेत । उभयम् एव बृहद्रथन्तरे आत्ते । स तमिति । उभे हैवास्य बृहद्रथन्तरे आत्ते भवतः ॥

तद् आहुर् अन्तर्निधने३ बृहद्रथन्तरे बहिर्निधने३ इति । उभयम् इति ब्रूयाद् अन्तर्निधने च बहिर्निधने चेति । इदं वै रथन्तरम् अदो बृहत् । तयोर् इदम् एवान्तरिक्षं निधनम् । तेनान्तर्निधने । अथ यत् परेण दिवम् अन्तरिक्षं मन्यन्त एवं परेण पृथिवीम् आपस् तेनो बहिर्निधने इति ॥

तद् आहुर् बृहद्रथन्तरयोर् अन्तर् वामदेव्यां३ वामदेव्ये ऽन्तर् बृहद्रथन्तरे३ इति । उभयम् इति ब्रूयाद् बृहद्रथन्तरयोर् अन्तर् वामदेव्यं वामदेव्ये ऽन्तर् बृहद्रथन्तरे इति । इदं वै रथन्तरम् अदो बृहत् । इदम् एवान्तरिक्षं वामदेव्यम् । तेन बृहद्रथन्तरयोर् वामदेव्यम् । अथ यत् परेण दिवम् अन्तरिक्षं मन्यन्त एवं परेण पृथिवीम् आपस् तेनो वामदेव्यं तेन बृहद्रथन्तरे इति ॥२९८॥[4]

[१] य र व समासमा समान ल श समासमान- [२] ? य नास्ति । र व ग्वू ल श स्स्त्वू । तथा च ताण्ड्यमहाब्राह्मणे १२.३.२१ अस् इति वै राथन्तरं रूपं हस् इति बार्हतम् ॥ [३] य ल श नास्ति [४] य ॥खण्डम् ॥ र ॥५४॥

—⊂⊃—

[1]प्रजापतिर् यस्माद् योनेः प्रजा असृजत-सो ऽलेलायद् एव । स दीप्यमानो भ्राजमानो ऽतिष्ठत् । सो ऽवेद् अस्ति न्वा [2]अन्तर् इति[2] । स देवान् अब्रवीद् अस्ति वा इदम् [3]अन्तर् इतस्[3] सृजध्वम् इति । सो ऽग्निर् गायत्र्या स्वाराण्य् असृजतेन्द्रस् त्रिष्टुभा निधनवन्ति विश्वे देवा जगत्यैळानि प्रजापतिर् अनुष्टुभर्क्समानि । तद् यद् गायत्रं स्वारम् आग्नेयं तद् देवतया यत् त्रैष्टुभं निधनवद् ऐन्द्रं तद् देवतया यज् जागतम् ऐळं वैश्वदेवं तद् देवतया यद् आनुष्टुभम् ऋक्समं प्राजापत्यं तद् देवतया ॥

तद् उ ह स्माहेश्वरिस् सौमापो न बृहद्रथन्तरे यज्ञं कल्पयतः । उभे वै ते अन्तर्निधने वा बहिर्निधने वा । स्वारर्क्समे वाव यज्ञं कल्पयत इति । तद् यद् ऋच्य् अन्तस् संतिष्ठते तद् राथन्तरम् अथ यद् ऋचम् अतिस्वरति तद् बार्हतम् ॥ २९९ ॥[4]

[१] प्रारम्भे य ल श ॥हरिः ओम्॥ व ॥ शुभमस्तु ॥ जैमिन्याचार्याय नमः ॥ तलवकारगुरवे नमः ॥ ओं ॥ [२-२] कोशेषु अन्तरिक्षति [३-३] व-वर्जम् अन्यत्र अन्तरिक्षतस् [४] र ॥१॥

तद् आहुः कति सामानीति । चत्वारीति ब्रूयात् । चत्वार्य् उ ह वै सामानि स्वारं निधनवद् ऐळम् ऋक्समम् । चतस्रो दिशश् चतुष्पादाः पशवः । चत्वारि छन्दांसि यज्ञवाहानि गायत्री त्रिष्टुब् जगत्य् अनुष्टुप् ॥

तान्य् उ ह वै त्रीण्य् एव स्वारं निधनवद् ऐळम् । यद् ऋक्समं स्वारम् एव तत् । त्रिषवणो यज्ञस् त्रयः प्राणापानव्यानास् त्रय इमे लोकाः ॥

ते उ ह द्वे एव स्वारं चैव निधनवच् च । या हीळा निधनम् एव तत् । द्वाव् इमौ लोकाव् आविष्टमाव् इव द्वौ प्राणापानौ द्विपात् पुरुषः ॥

तद् उ ह वा एकम् एव स्वारम् एव । यद् धि निधनं येळा यद् ऋक्समं स्वारं एव तद् इति । तद् एतद् एकम् एव साम स्वारम् एव । य एवायं पवते तत् । याश् च ह वा अमूर् उपरि पतन्ति याश् चाधस् सर्पन्ति ता एतम् एव स्वारं प्राणम् उपजीवन्ति । स य एतद् एवं वेद सर्वम् एवायुर् एति ॥

स यो हैवं विद्वान् जामि कल्पयत्य् अजाम्य् एवास्य तत् क्लृप्तं भवति । तत् तूपर्युपर्य् अजाम्य् एव चिकल्पिषेत् । अमिथुनं तद् अप्रजननं यज् जामि । यथा पुमांसो वा सह शयातां स्त्रियौ वा । किं पुमांसौ सह शयानौ प्रजनयेतां किं स्त्रियौ तौ चेन् मिथुनीकर्तारं न लभेयाताम् । अथो यद् एवाजामि तन् मिथुनं तत् प्रजननम् ॥

आत्मा वै स्वरः प्रजा निधनं पशव इळा जायर्क्समम् । समानौ वा आत्मा च जाया च । तं एतम् आत्मनोभयतः प्रजाः परिगृहीता अपरावापाय । नास्य वित्तं परोप्यते य एवं वेद ॥ ३०० ॥[3]

[१] य र व ०वाहो [२-२] ? एवं कोशेषु [३] र ॥२॥

तान्य् एतानि निधनानि न समर्पयेत् । न स्वारे सह कुर्यात् । प्राणस् स्वरः । प्राणेन तत् प्राणं समर्पयेत् । प्रमायुको यजमानस् स्यात् ॥

यन् निधने सह कुर्यात्—वज्रो वै निधनम्—वज्रेण तद् वज्रं समर्पयेन् महा-

संग्रामस् तस्मिन्न् अर्धे संनिधीयेत दण्ड उद्गातारम् ऋच्छेद् इषुर् यजमानम् ॥

यद् ऐळे सह कुर्यात्—पशवो वा इळा—पशुभिस् तत् पशून् समर्पयेन् महादेवस् तस्यार्धस्य पशून् शमयेत् सर्वज्यानिम् उद्गाता जीयेतावृत्तिं यजमानो नीयात् ॥

यद् ऋक्समे सह कुर्यात् पत्नी वास्य प्रमायुका स्याद् अन्त्यो वा मृत्युर् यजमानं हन्यात् । एष ह वा अन्त्यो मृत्युर् यद् अहन्[1] नंष्टूः[2]— ॥ ३०१ ॥[3]

[१] ? एवं कोशेषु [२] ? र नाष्टुः [३] र ॥३॥

—शार्दूलस् तस्करः । तस्माद् एतानि निधनानि न समर्पयेन् नेद् असानीति ॥

एतान्य् उ ह वै चत्वारि सामानि चतुरार्षेयाणि । तद् उ वा आहुः को ह्यप्रमादस्येश उत वै प्रैव माद्यतीति । स यदि स्वारे सह कुर्यात्—प्राणस् स्वरः—प्राण एवैतत् प्राणं भूयांसम् अकृषि ज्योग् जीविष्यामीत्य् एव तत्राध्यायेत्[1] ॥

[तत्] सह कुर्यात्—प्रज' वै तत्—प्रजायाम् एवैतत् प्रजां प्रत्यतिष्ठिपं प्रजावान् एतेन भविष्यामीत्य् एव तत्राध्यायेत् ॥

अथो वज्रो वै निधनम् । वज्रम् एवैतद् द्विषते भ्रातृव्याय प्राहार्षम् इति ॥

यद् एवैळे[2] सह कुर्यात्—पशवो वा इळा—पशुष्व् एवैतत् पशून् भूयसो ऽकृषि बहुपशुर् भविष्यामीत्य् एव तत्राध्यायेत्[1] ॥

ऋक्समे सह कुर्यात् । प्रजननं वा ऋक्समम् । प्रजनन एवैतत् प्रजननं भूयो ऽकृषि जायां जायायाम् अभ्यावक्ष्ये बहुर् भविष्यामि प्रजनिष्य इत्य् एव तत्राध्यायेत् । तथा हैनं तन् नात्येति ॥

स य एनम् एवं चकृवांसम् उपमीमांसेत तं ब्रूयात् साध्व् एवाहम् एतद् वेद नासाधु । स यत् त्वम् अत्रासाधु वेत्थ तुभ्यम् एव तद् भविष्यति । यद्य् उ वै पुरा साम्नार्त्विज्यं चकर्थ जाम्य् उ एव त्वया तत् कृतम् इति । स एवार्तिम् आर्छति य एवं विद्वांसम् उपवदति ॥३०२॥[3]

[१] कोशेषु तत्र ध्यायेत् [२] य ऐळे र ल श एवैमेळि व ऐमेळि [३] र ॥४॥

अथैतेभ्यस् त्रिभ्यो रूपेभ्यो मध्यंदिनान् नेयाद् अन्धस्वतो मरुत्वतः प्रत्नवतः । अन्नं वा अन्धो वीर्यं मरुतस्[1] स्वर्गो लोकः प्रत्नः । यद् अन्धस्वत इयाद् अन्नाद्यात् तद् इयात्[2] । यन् मरुत्वत इयाद् वीर्यात् तद् इयात्[2] । यत् प्रत्नवत इयात् स्वर्गात् तल् लोकाद् इयात् । स यद्य् एतेषां सर्वेषाम् अवकाशं न विन्देन् मरुत्वत एव नेयात् । वीर्यं वै मरुत्वतः । वीर्येण वै कर्म क्रियते वीर्येण सर्वम् अभ्यश्नुते । तस्मान् मरुत्वत एव नेयाद् इति ॥

अथैतां स्वरेण गायत्रीम् अभ्यारोहति । प्राणस् स्वरः । प्राणेनैवैतत् प्राणम् अभ्यारोहति । न वै प्राणः प्राणं हिनस्ति । स यत् स्वरेण गायत्रीम् अभ्यारोहति प्राणम् एव तत् प्रथमतो यज्ञस्य दधाति । तस्माद् अयं प्राणः प्रथमतो हितः ॥

अथो आग्नेयम् एतद् देवतया यत् स्वारम् । आग्नेयम् एतच् छन्दो यद् गायत्री । अग्निनैव तद् अग्निम् अभ्यारोहति । अग्निर् वै पथिकृद् देवतानाम् । येन वै केन चाग्निर् एति पन्थानम् एव कुर्वन्न् एति । स यत् स्वरेण गायत्रीम् अभ्यारोहत्य् अग्निम् एव तत् पथिकृतं प्रथमतो यज्ञस्य युनक्ति । सो ऽग्निनैव कृतं पन्थानम् अन्वेति । स [3]यथा पथा[3]

यन्न् एवम् एव स्वस्त्य् अरिष्ट उदृचं समश्नुते य एवं विद्वान् स्वरेण गायत्रीम् अभ्यारोहति ॥ ३०३ ॥[४]

[१] ? कोशेषु मरुत्वतस् [२] कोशेषु ई° [३-३] व यथापपथा [४] र ॥५॥

निधनेन द्वितीयेनाभ्यारोहति । इन्द्रो[१] वै निधनम् । इन्द्रो वै श्रेष्ठी[२] देवतानाम् । यत्र वै श्रेष्ठी[२] ग्रामाग्रं प्रतिपद्यते न वै तत्र रिष्टिर् अस्ति । सो ऽरिष्टस् स्वस्त्य् उदृचं समश्नुते य एवं विद्वान् निधनेन द्वितीयेनाभ्यारोहति ॥

अथो एतौ ह वा आशिष्ठौ देवतानां यद् इन्द्राग्नी । स यथाशिष्ठौ वहिष्ठौ वृत्वोपयुञ्जीत तादृक् तत् ॥

अथैताम् इळया बृहतीम् अभ्यारोहति । पशव इळा पशवो बृहती । पशुभिस् तत् पशून् समाकुरोति । भूयो वै पशवः पशुभिस् समाकृताश् शोभन्त इति ॥

स यन् निधनेनाभ्यारोहेत्—वज्रो वै निधनम्—वज्रं पशुषु विवर्तयेत् । स यद्[३] इळाया अवकाशान् न विन्देत् स्वरेणाभ्यारोहेत् । प्राणस् स्वरः पशवो बृहती । प्राणम् एव तत् पशुषु दधाति ॥

अथैनत् त्रिणिधनं द्वितीयं भवति । त्रयो वा इमे लोका वज्रा एते । यन् निधनान्य् एभ्यो लोकेभ्य एतैर् वज्रैस् सर्वं पाप्मानम् अपहते । अथो हास्यैत एव वज्रा एषु लोकेषु सर्वं पाप्मानम् अपसेधन्तस् तिष्ठन्ति । अथो त्रीणि यज्ञस्य छिद्राणि । [४]तद् द्वे अपि यत् तस्य आयतन एकं भवति[४] ॥ ३०४ ॥[५]

[१] कोशेषु इन्द्रोनिधनं [२] एवं कोशेषु [३] र व यदि [४-४] ? एवं कोशेषु [५] र ॥६॥

अथैतां स्वरेण त्रिष्टुभम् अभ्यारोहति । प्राणस् स्वरः । पुरुषसंमित एष यत् पवमानः । स्वारं पुरस्ताद् भवति स्वारम् उपरिष्टात् । ताव् इमौ पुरुषस्य प्राणापानौ विपर्यूढौ । ताभ्यां विष्वञ्चि स्वरति[१] ॥

अथ रथन्तरम् । रेतस्सिक्तिर् एव सा ॥

अथ वामदेव्यं स्वारम् । प्राणो वै स्वरः । अस्मिन्न् एवैतद् रेतसि सिक्ते प्राणं प्रतिदधाति ॥

अथ नौधसं निधनम् । जन्मैव तत् । प्रैव तेन जनयति ॥

अथ कालेयम् ऐळम् । पशवो वा इळान्नं पशवः । यद् एव जाताभ्यो ऽन्नाद्यं प्रतिधीयते तद् एवैतत् ॥

अथार्भवस्य पवमानस्य गायत्र्य् उक्तब्राह्मणा ॥

अथैतां स्वरेण ककुभम् अभ्यारोहति । प्राणस् स्वरो विबृहः ककुप् । विबृह एव तत् प्राणं दधाति । स यन् निधनेनाभ्यारोहेत्—वज्रो वै निधनम्—यथोपतापिनं[२] दण्डेन हन्यात् तादृक् तत् । अथ यत् स्वरेणाभ्यारोहति प्राणम् एवास्याम् एतद् दधाति । भिषज्यत्य् एवैनाम् एतेन ॥

अथैतां निधनेनोष्णिहम् अभ्यारोहति । वज्रो वै निधनं पशव उष्णिक् । जीर्णा इवैतर्हि तृतीयसवने पशवो भवन्ति । तस्माज् जीर्णं पशुम् आहुर् अर्थम् एनेम क्रमिंतति[३] । अथो वज्रेणाभिपत्य शासने[४] विकारं[५] भुञ्जसे[६] ॥

अथ यन् निधनेन बृहतीं परिचक्षते युवान इवैतर्हि पशवो भवन्त्य् अजीर्णा इव ।

तस्माद् युवानं पशुम् आहुर् जीवत्वरर्णी[७] न[८] इति ॥ ३०५ ॥[९]

[१] ? कोशेषु रस्वरति [२] कोशेषु यथा पिता-दिनं [३] ? य व कुर्वींतति र क्रर्मीनति [४] ? व शासेन [५] ? य ल श विद्धारं र विकारा [६] ? व भुंजते [७] ? य व °चरणी [८] ? एवं कोशेषु [९] र ॥७॥

अथ तां स्वरेणानुष्टुभम् अभ्यारोहति। प्राणस् स्वरो वाग् अनुष्टुप्। तद् वै दैव्यं मिथुनं यद् वाक् च प्राणश् च। दैव्यम् एव तन् मिथुनं दधाति। स यन् निधनेनाभ्यारोहेत्—वज्रो वै निधनम्—वज्रेण दैव्यं मिथुनं वीयात्। स यदि स्वरस्यावकाशं न विन्देद् वाङ् निधनेनाभ्यारोहेत्। वाग् अनुष्टुब् वाङ् निधनम्। न वै वाग् वाचं हिनस्ति॥

अथैतन् मध्येनिधनं द्वितीयं भवति। वाग् वा अनुष्टुप्। तद् वाचो ऽनुष्टुभो मध्येनिधनं भवति। रेतस्सिक्तिर् एव सा। तत् सहिंकारं भवति। नाभिर् वै हिंकारः। नाभ्यो ह वै धृता गर्भा अवाचीनबिलेभ्यो नावपद्यन्ते। नाभिधृता[१] ह वै गर्भाः॥

तस्यैतद् दशाक्षरं मध्येनिधनं भवति। दशाक्षरा विराड् अन्नं विराट्। एतद् ध वै तद् गर्भा अन्नम् अनश्नन्त उपजीवन्ति॥

अथैतां स्वरेण जगतीम् अभ्यारोहति। प्राणस् स्वरः। पुरुषसंमित एष यत् पवमानः। स्वारं पुरस्ताद् भवति स्वारम् उपरिष्टात्। ताव् इमौ पुरुषस्य प्राणापानौ विपर्यूढौ। ताभ्यां विष्वञ्चि[२] स्वरति॥

अथ यज्ञायज्ञीयम्। रेतस्सिक्तिर् एव सा॥

अथ साकमश्वं स्वारम्। प्राणो वै स्वरः। अस्मिन्न् एवैतद् रेतसि सिक्ते प्राणं प्रतिदधाति॥

अथ सौभरं निधनम्। जन्मैव तत्। प्रैव तेन जनयति॥

अथ नार्मेधम् ऐळम्। पशवो वा इळान्नं पशवः। यद् एव जाताभ्यो ऽन्नाद्यं प्रतिधीयते तद् एवैतत्॥

एवं प्रथमः पर्याय एवं द्वितीय एवं तृतीयः॥ ३०६ ॥[३]

[१] य ल व श °भृता र °तृता [२] य र व विवत्रि ल श विष्वग्नि [३] र ॥८॥

त्रीणि ह वै निधनानीळा स्वरो निधनम् एव निधनम्। अथ यद् ऋक्समं स्वारं वाव तन् मन्यन्ते। समाना ह्य् ऋक्समस्य च [स्वारस्य च] जाम्यजामिता। अयं वै लोक इळा पशव इळा पशवो ऽयं लोकः। इदम् एवान्तरिक्षं स्वरः प्राणस् स्वरः। प्राणो वा अन्तरिक्षम्। असाव् एव लोको निधनं गतिः प्रतिष्ठा। तान्य् उ ह वै यो जामि[१] यथापूर्वं कल्पयेत्। ऐळम् एव प्रथमं कुर्यात्। अथ स्वारम् अथ निधनवत्। एवं[२] हीमे लोका यथापूर्वम्। आत्मा ह खलु वै निधनम्। प्राणस् स्वरः। पशव इळा। तद् यद् ऐळं च निधनवच् चान्तरेण स्वारं क्रियते तथा हास्यैतानि सर्वाणि प्राणसंततानि भवन्ति। मध्यतो ह्य् अयं प्राणः प्रजाः पशून् भुवनानि विवस्ते॥

अथ ह वै यद् बृहद्रथन्तरे सामानि व्यभजेताम्—॥ ३०७ ॥[३]

[१] ? र जीनी [२] य र व एवंम ल श एवा [३] र ॥९॥

—तानि राथन्तराण्य् एवान्यान्य् आसन् बार्हतान्य् अन्यानि। अथ येषु सम-

पादयेतां तानि राथन्तरबार्हतानि चाभवन् बार्हतराथन्तराणि च ॥

तद् यद् ऋचा प्रस्तावम् अन्तर्निधनं तद् राथन्तरम् । अथ यत् पुरस्तात् स्तोभं बहिर्निधनं तद् बार्हतम् । अथ यद् ऋचा प्रस्तावं बहिर्निधनं तद् राथन्तरबार्हतम् । अथ यत् पुरस्तात् स्तोभम् अन्तर्निधनं तद् बार्हतराथन्तरम् ॥

तद् आहुः कति सामानीति । चत्वारीति ब्रूयात् । चत्वार्य् अह वैव सामानि राथन्तरं बार्हतं राथन्तरबार्हतं बार्हतराथन्तरम् । तान्य् उ ह वै यो[1] जामि यथापूर्वं कल्पयेद् राथन्तरम् एव प्रथमं कुर्याद् अथ बार्हतम् अथ राथन्तरबार्हतम् अथ बार्हतराथन्तरम् । तद् उ चतुर्णां साम्नां षड् रूपाणि व्यतिषजति । सर्वे[2] ह खलु वै निधना[3] जामि कल्पयति यो वै रूपा[4] जामि कल्पयेत् ॥ ३०८ ॥[5]

[१] य ल श या· [२] ? य सर्वो [३] ? य निधन [४] ? एवं कोशेषु [५] र ॥१०॥

तत् सुक्लृप्तिः[1] । निधनवता गायत्रीम् आरभेत । वीर्यं निधनं वीर्यं गायत्री । वीर्येण तद् वीर्यं समृद्धयति ॥

ऐळेन बृहतीम् आरभेत । पशव इळा पशवो बृहती । पशुभिस् तत् पशून् समृद्धयति ॥

स्वारम् अन्त्यं भवति । प्राणस् स्वरः प्राणो ऽन्त्यम् । सर्वम् आयुर् एति य एवं वेद ॥

निधनवद् रथन्तरं वा बृहद् वा पृष्ठं क्रियते । वीर्यं निधनं वीर्यं पृष्ठम् । वीर्येण तद् वीर्यं समृद्धयति ॥

स्वारं मैत्रावरुणसाम । प्राणस् स्वरः प्राणो मैत्रावरुणसाम ॥

ह्रुयक्षरणिधनं ब्रह्मसाम । ह्रुन्द्वं प्रतिष्ठा प्रतिष्ठा ब्रह्मसाम ॥

ऐळम् अच्छावाकसाम । पशव इळा पशवो ऽच्छावाकसाम ॥

अन्तर्निधनेन रथन्तरसाम्नार्भवस्य गायत्रीम् आरभेत । बहिर्निधनेन बृहत्साम्ना ॥

स्वरेण ककुभम् आरभेत । प्राणस् स्वरः । विवृह एव ककुप् । विवृह एव तत् प्राणं दधाति ॥

ऐळेन वा निधनवता वोष्णिहम् आरभेत । वीर्यं निधनं वीर्यम् उष्णिक् । पशव इळा पशव उष्णिक् । येनैव कामयेत तेन ताम् उपेयात् ॥

स्वरेणानुष्टुभम् आरभेत । प्राणस् स्वरो वाग् अनुष्टुप् । प्राणेनैवैतद् वाचम् अनुसंतनोति प्राणेन वाचम् आरभते ॥

स्वारम् अन्त्यं भवति । प्राणस् स्वरः प्राणो ऽन्त्यम् । सर्वम् आयुर् एति य एवं वेद ॥ ३०९ ॥[2]

[१] य व °सं [२] र ॥११॥

वाङ्निधनं यज्ञायज्ञीयम् अन्ततः क्रियते । तद् एतत् सर्वं यज्ञं समिष्टं वाच्य् एव संनिधत्ते न हास्येष्टापूर्तं प्रमीयते य एवं वेद । नो हि वाचः प्रमयो ऽस्ति ॥

मरुत्वन् मध्यंदिनान् नान्तर्यात् । तेन हि स रूपी तेन वीर्यवान् । गायत्रीषु रथन्तरसाम्नः कुर्यात् त्रिष्टुप्सु बृहत्साम्नस् त्रिणिधनं बृहत्साम् उत्तमं करोति । यद् एवात्र यज्ञस्य विधुरं भवति तद् एव तेन शमयति ॥

मह्रद् अन्धस्वद् आर्भवान् नान्तर्यात् । तेन हि स रूपी तेन वीर्यवान् । गायत्रीषु

रथन्तरसाम्नः कुर्याद् अनुष्टुप्सु बृहत्साम्न ऐळं मध्येनिधनम् अनुष्टुभ्य् उत्तमं करोति । यद् एवात्र यज्ञस्य विधुरं भवति तद् एव तेन शमयति ॥

तद् यन् मरुत्वच् च त्रिणिधनं च मध्यंदिनान् नान्तरेति यदि च मद्वद् अन्धस्वद् यदि चैळं मध्येनिधनम् आर्भवान् नान्तरेति तथा हास्यैतानि सर्वाण्य् अनन्तरितानि भवन्ति ॥

अथ ह वै नैकर्चे गायत्रं कुर्यात् । [1]ऐळं मध्येनिधनम् अनुष्टुभ्य अकाम एवैते त्रिवृति स्तोम एकर्चयोः कुर्यात् । ये एवैते उष्णिक्ककुभोस् सामनी ते वैव तृचयोः कुर्यात् ते वैकर्चयोः । नो तु तृचैकर्चं नाम । न वा ऋक्तो[2] न सामतो ऽन्त्यम् एकर्चाय तस्थानं नार्भवस्य गायत्रो नाग्निष्टोमसाम[1] ॥ ३१० ॥[3]

[१-१] ? एवं कोशेषु [२] ? र व ऋक्केका ल श ऋक्सा [३] र ॥१२॥

त्रीणि ह वै यज्ञस्योदराणि गायत्री बृहत्य् अनुष्टुप् । अत्र ह्य् एवावपन्त्य् अत उद्धरन्ति । तद् उ यथायं मध्येन पुरुषस् सुहितो वा स्याद् अशनायेद् वा तथा तत् । अथ यथेतराण्य् अङ्गानि स्थितान्य् एवम् अन्यानि स्तोत्राणि स्थितान्य् एव ॥

चत्वार्य् उ ह वै सामान्य् एकर्चेभ्यो[2] तस्थानानि[2] बृहद्रथन्तरे वामदेव्यं यज्ञायज्ञीयम् इति । तानि यत्र क्व चानुपरिप्लवेरंस् तानि तृचेष्व् एव कल्पयेन् नैकर्चेषु । अथ ह वै नैकर्चकल्पी स्यात् । अवीर्य इव वा एष यद् एकर्चः । अयं वै लोक एकर्चः । अवच्छिन्न इव वा अयम् आभ्यां लोकाभ्याम् ॥

वीर्यसंततर इव तृचः । त्रयो वा इमे लोकाः । इमे हि लोकास् तृचः । त्रयो वा एकस्माद् वीर्यवत्तराः । एतस्माद् ध वा इदं भूयस्वी कनीयस्विनम् अतिमन्यते । या हि भूयसी गव्यूतिर् भूयस्य् ऋद्धिस् तां तृचेनर्ध्नोति । अथ या कनीयसी गव्यूतिः कनीयस्य् ऋद्धिस् ताम् एकर्चेनर्ध्नोति ॥

एकर्चो ह त्वाव तृचाज् ज्यायान् । एकर्च इति त्रीण्य् अक्षराणि तृच इति द्वे । यो ह त्वावैतान्य् ऋक्तृचांश् चाक्षरतृचांश् च वेदोभये मे तृचाः कृता भवन्तीत्य् उभे हैवास्य तृचाः कृता भवन्ति । अथो यद् एवर्क्साम हिंकारस् तेनास्य तृचाः कृता भवन्ति । अथो यद् एव प्रस्तावः प्रतिहारो निधनं तेनो एव तृचेभ्यो नैति ॥ ३११ ॥[3]

[१] य र व एव नास्ति [२] १ एवं कोशेषु [३] र ॥१३॥

प्रजापतिर् ह वा एतत् प्रातस्सवने प्रजाः प्रजनयंस् तिष्ठति यद् एतद् बहिष्पवमानम् । स ह सैव देवता भूत्वैतम् आस्तावम् आसीदति । यो हैतस्यै देवतायै लोकस् स हैवंविदो लोकः ॥

अथाग्नेयम् आज्यम् । स ह सो ऽभिजिद् एव स्तोमः । अग्निर् एव सः । स हीदं सर्वम् अभ्यजयत् । स ह सैव [देवता भूत्वैतम् आस्तावम् आसीदति । यो हैतस्यै देवतायै लोकस् स हैवंविदो] लोकः ॥

अथ मैत्रावरुणम् आज्यम् । स ह स विश्वजिद् एव स्तोमः । अहोरात्रे एव ते । अहर् वै मित्रो रात्रिर् वरुणः । तद् ये के चादित्याद् अर्वाञ्चो लोकास् तान् ह सर्वान् अहोरात्रे एवाप्नुतः । ते उ ह त्व् एवंविदो लोकं नाप्नुतः । स ह सैव [देवता भूत्वैतम् आस्तावम् आसीदति । यो हैतस्यै देवतायै लोकस् स हैवंविदो] लोकः ॥

अथैन्द्रम् आज्यम् । स ह स सर्वजिद् एव स्तोमः । इन्द्र एव सः । स हीदं सर्वम् अजयत् । स ह सैव [देवता भूत्वैतम् आस्तावम् आसीदति । यो हैतस्यै देवतायै लोकस् स हैवंविदो] लोकः ॥

अथैन्द्राग्नम् आज्यम् । स ह स उद्भिद् एव स्तोमः । इन्द्राग्नी एव तौ । तौ हीदं सर्वम् आजिसृत्यायाम् उदभिन्ताम् । स ह सैव [देवता भूत्वैतम् आस्तावम् आसीदति । यो हैतस्यै देवतायै लोकस् स हैवंविदो] लोकः ॥ ३१२ ॥[1]

[१] र ॥१४॥

अथ माध्यंदिनः पवमानः । स ह स धनजिद् एव स्तोमः । वायुर् एव सः । स हीदं प्राणो भूत्वा सर्वं धनम् अजयत् । तद् यद् वै किं च [1]प्राणि जीयते[1] तस्मिन् सर्वस्मिन्न् अपित्वी भवति य एवं वेद । [स ह सैव देवता भूत्वैतम् आस्तावम् आसीदति । यो हैतस्यै देवतायै लोकस् स हैवंविदो] लोकः ॥

रथन्तरं वा बृहद् वा पृष्ठम् । स ह स श्रीर् एव स्तोमः । श्रीर् हि पृष्ठम् । स ह सैव [देवता भूत्वैतम् आस्तावम् आसीदति । यो हैतस्यै देवतायै लोकस् स हैवंविदो] लोकः ॥

अथ वामदेव्यम् । स ह सा शान्तिर् एव स्तोमः । आप एव ताः । यद् ध वा इमां पृथिवीम् अग्निर् वैश्वानरो ददाह तं हाद्भिर् एव शमयांचक्रुः । उभा उ ह वा एतौ वैश्वानरौ यन् निदाघश् च शिशिरश् च । तद् यद् अन्तरेण वर्षा व्यवहिताश् शान्त्या एव । स ह सैव [देवता भूत्वैतम् आस्तावम् आसीदति । यो हैतस्यै देवतायै लोकस् स हैवंविदो] लोकः ॥

अथ नौधसं वा श्यैतं वा ब्रह्मसाम । स ह स सर्वच्छन्दा एव स्तोमः । ब्रह्मैव तत् । ब्रह्म हि सर्वाणि छन्दांसि । स ह सैव [देवता भूत्वैतम् आस्तावम् आसीदति । यो हैतस्यै देवतायै लोकस् स हैवंविदो] लोकः ॥

अथ कालेयम् । स ह स रस एव स्तोमः । अन्नम् एव तत् । स यो हान्नस्य रसस्य लोकस् सो ऽस्य लोको भवति य एवं वेद । स ह सैव [देवता भूत्वैतम् आस्तावम् आसीदति । यो हैतस्यै देवतायै लोकस् स हैवंविदो] लोकः ॥

अथार्भवः पवमानः । स ह सो ऽसित एव स्तोमः । दिश एव ताः । दिशो ह वै व्युत्क्रामन्ति पाप्मा न सिषाय । न हैनं पाप्मा सिनोति य एवं वेद । स ह सैव [देवता भूत्वैतम् आस्तावम् आसीदति । यो हैतस्यै देवतायै लोकस् स हैवंविदो] लोकः ॥

अथ यज्ञायज्ञीयम् । स ह स नाक एव स्तोमः । आदित्य एव सः । एष हि न कस्मै चनाकम्[2] उदयति । स ह सैव देवता भूत्वैतम् आस्तावम् आसीदति । यो हैतस्यै देवतायै लोकस् स हैवंविदो लोकः । एतद् ध वै स्तोमेन्द्रियम् । एते ह वै स्तोमानाम् इन्द्रियावन्तः । इन्द्रियवान् भवत्य् अपित्व्य् अस्मिन् सर्वस्मिन् भवति य एवं वेद ॥ ३१३ ॥[3]

[१-१] ? र प्राणि जयते [२] ? एवं कोशेपु [३] र ॥१५॥

प्रजापतिर् वावेदम् अग्र आसीत् । सो ऽकामयताहम् एवेदं सर्वं स्याम् अहम् इदम् अभिभवेयम् इति । सो ऽग्निर् एव भूत्वा पृतना असहत । भूमिर् भूत्वा भूतं भव्यम् अभवत् । आपो भूत्वा सर्वम् आप्नोत् । मनो भूत्वा सर्वम् अमनुत । वाग् भूत्वा सर्वं व्यभवत् ।

चक्षुर् भूत्वा सर्वं व्यपश्यत्। श्रोत्रं भूत्वा सर्वम् अश्रृणोत्। वायुर् भूत्वा प्रजानां प्राणो ऽभवत्। अन्तरिक्षं भूत्वा दिवम् अस्तभ्नोत्। द्यौर् भूत्वा सर्वम् अनुव्यभवत्। विराड् भूत्वादित्यो ऽभवत्। कामो भूत्वानन्तो ऽभवत्। अनन्तो भूत्वा मृत्युर् अभवत्। संवत्सरो भूत्वा नादस्यत्। न ह दस्यति य एवं वेद। चन्द्रमा भूत्वार्धमासान् पर्यगृह्णात्। पर्जन्यो भूत्वा प्रजानां जनित्रम् अभवत्। यज्ञो भूत्वा देवान् बिभर्ति॥

ता अस्येमाः प्रजास् सृष्टा न समजानत। ता नाम भूत्वानुप्राविशत्। ता एता नाम्ना संजानते ऽसौ वा अयम् अमुष्य पुत्र इति॥

स एष वाग्निष्टोमो य एष तपत्य् एष इन्द्र एष प्रजापतिर् एष एवेदं सर्वम् इत्य् उपासितव्यम्॥ ३१४॥[1]

[१] र ॥१६॥

[1]रेतस्यां गायति। रेतो वै रेतस्या। रेतसस् संतत्या अव्यवच्छेदाय। अहिंकृतां गायति। वज्रो वै हिंकारः। यद् धिंकुर्याद् वज्रेण हिंकारेण रेतो विच्छिन्द्यात्॥

स यद्य् एकाहस् स्यात् तस्मिन्न् अहिंकृतां गायेत्। एकं हि तद् अहः॥

यदि द्व्यह उभयोर् अह्नोर् अहिंकृतां गायेत्। प्रायणं हि तयोर् अन्यतरद् उदयनम् अन्यतरत्॥

यदि त्र्यहस् तस्मिन् मीमांसन्ते हिंकुर्या३न् न हिंकुर्या३द् इति। तद् धैक आहुः कामम् एवाप्य् अन्वहं संवत्सरं रेतस्याम् अहिंकृतां गायेत्। संवत्सरं वै सिक्तम् अभिक्रियते। रेतस एवाभिकृत्या इति। तद् उ होवाच शाट्यायनिर् यद् वाव प्रथमाहन् रेतस् सिच्यते स गर्भस् संभवति। अथ यत् त[त]स् सिच्यते ऽमुयैव तत् परासिच्यत इति। तस्माद् उ प्रथमाहन्न् एव रेतस्याम् अहिंकृतां गीत्वा हिंकृताम् उत्तरेष्व् अहस्सु गायेत्। अथो अन्नं वै हिंकारः—अन्नेन वै गर्भो ऽभिवर्धते—अभिवृद्ध्या एवेति। ताम् उदयने गायेद् यत् प्रायणं तद् उदयनम् असद् इति॥३१५॥[2]

[१] प्रारम्भे य ॥हरिः ओं॥ व ॥ओं॥ [२] र ॥१७॥

ता हैता गळ्नुना आक्षाकायणश् शालापत्य आरुणेर् अध्य् अधिजगे। ता एता आरुणेया धुरः। तद् आहुः किं छन्दो रेतस्येति। बृहतीति ब्रूयात्। कथं बृहतीति। मनो हि रेतस्येति ब्रूयात्। नो मनसो बार्हीयः किं चनास्ति। अथो सर्वे प्राणा मनो ऽभिसंपन्नाः। सर्वाणि छन्दांसि बृहतीम् अभिसंपन्नानि। तस्माद् बृहती रेतस्येति। सा केन वृद्धेत्य् आहुः। वृद्धा तेनेति ब्रूयाद् यद् रेतस्या। रेतस्यो हीदं सर्वं वृद्धम्। वृद्धा तेन यन् मनो वृद्धा तेन यच् चन्द्रमा एषा देवतेति। सा हैषा चन्द्रमा एव यद् रेतस्या। स एष रेतसः प्रतिरूपो देवभक्षस् सोमो राजा। सर्वस्यास्य रसस् समुढः। तं सर्वे देवा उपजीवन्ति। तस्माद् आहुस् सोम एव राजा ब्रह्म सर्वे ह्य् एनं देवा उपजीवन्ति। सा हैषा ब्रह्मैव यद् रेतस्या। ब्रह्मणा हास्य स्तुतं भवति य एवं विद्वान् रेतस्यया स्तुते॥ ३१६॥[2]

[१] ? य बर्हीयः र बर्हियः [२] र ॥१८॥

गायत्रीं गायति। प्राणो वै गायत्री। तस्यै द्वे अक्षरे व्यतिषजति। ओ३र्वाणो[1] अशिश्रा

देश्युर्व[1] देवाय दा[3] इति व्यतिषजति । स प्राणः । स वायुः ॥

त्रिष्टुभं गायति । चक्षुर् वै त्रिष्टुप् । तस्यै द्वे अक्षरे द्योतयति । षोधा[4] इत्य् एते द्योतयति । तद् इदं चक्षु । सो ऽसाव् आदित्यः ॥

जगतीं गायति । श्रोत्रं वै जगती । तस्यै चत्वार्य् अक्षराणि द्योतयति । सोमाश् शुक्राः इति शुक्रवती पदे द्योतयति । तद् इदं श्रोत्रम् । ता इमा दिशः ॥

अनुष्टुभं गायति । वाग् वा अनुष्टुप् । ताम् अर्वाचीम् अभिनुदन् गायति । ओ३[5] वाजं वाज्य् अक्रामा३[6] इति निरुक्तं पदं गायति । नुषः इति निराह । सा वाक् । स प्रजापतिः ॥

पंक्तिं गायति । ऋतवो वै पंक्तिः । तस्यै षड् अक्षराणि द्योतयति । पवस्वा सूर्या[8] इति सूर्यवती पदे द्योतयति ॥ ३१७ ॥[9]

[१] ? एवं य । अन्यत्र ओसर्वाणो [२] ? एवं य । अन्यत्र देसयुर्व [३] जैमिनीयायां संहितायां ३.१.४ अथर्वाणो अशिश्रयुः । देवं देवाय देवयुम् [४] एवं य व । अन्यत्र षोढा । जै. सं. ३.१.५ ओषधीभ्यः [५] एवं य । अन्यत्र ओ [६] एवं य । अन्यत्र अक्रमा । जै. सं. ३.१.७ आ वाजं वाज्य् अक्रमीत् [७] जै. सं. ३.१.७ वनुषः [८] जै. सं. ३.१.८ पवस्व सूर्यः [९] र ॥१९॥

ते षड् ऋतवः । षड् द्वुर एता देवताः । एताभिस् तद् देवा असुरान् अधूर्वन् । यद् अधूर्वंस् तस्माद् धुरो ऽभवन् । एताभिर् अस्य सर्वाभिर् देवताभिस् स्तुतं भवति य एवं वेद । ताभ्य उ एव सर्वाभ्यो देवताभ्य आवृश्च्यते य एवं विद्वांसम् उपवदति । तां हैताम् एते पंक्तिं विगायन्ति नाविकृता गर्भा जायन्त इति वदन्तः सांजग्मानो दायिवा कोवा पवस्वा सूर्याः इति । तद् उ होवाच शाट्यायनिर् एतां[1] विगायन्ति तत इदं गर्भा मुह्यन्ति[2] । यतो वै गर्भाः प्रसार्यन्ते [3]ऽथ जायन्ते[3] । तस्माद् एषा गायत्रम् एव प्रसृता गेयेति । तद् आहुस् स चाद्य[4] धुरो विगायेद् य एनास् संगातुं विद्याद् इति । तद् धैक आहुर् बहिष्पवमाने वाव वयं विगायन्तस् संगायामः यदो ओवा[5] इति वाङ्निधनाः कुर्मस् तेनैव नस् संगीता भवन्तीति । तेनाज्येष्व् [6]आद्रियन्ते न[6] पवमानयोः । अथ हैक आहुर् आज्येष्व् एव वयं विगायन्तस् संगायाम इति ॥

जगतीं होतुर् आज्ये । जागतो हि होता ॥ ३१८ ॥[7]

[१] एवं य व । अन्यत्र एतदथ [२] ? एवं य र व । अन्यत्र -यूंति [३-३] य ल श नास्ति [४] र व वाद्य [५] ? एवं कोशेषु [६-६] एवं य व । अन्यत्र आदियंतो [७] र ॥२०॥

सैषा भवति अग्न आ याहि वीतये इति ॥

गायत्रीं मैत्रावरुणस्य । गायत्रो हि मैत्रावरुणः । सैषा भवति आ नो मित्रावरुणा इति ॥

त्रिष्टुभं ब्राह्मणाच्छंसिनः । त्रैष्टुभो हि ब्राह्मणाच्छंसी । सैषा भवति आ याहि सुषुमा हि ते इति ॥

अनुष्टुभम् अच्छावाकस्य । आनुष्टुभो ह्य् अच्छावाकः । तस्यैषा भवति इन्द्राग्नी आ गतं सुतम् इति ॥

तद् उ हात्रैव यथारूपं गीता भवन्ति । अथ य एनाः प्रातस्सवने गीत्वा माध्यंदिने च सवने तृतीयसवने च गायति तस्य हैव यथायतनं गीता भवन्ति । इदं वा एना एष तद् आयतनाच् च्यावयति य एना माध्यंदिनायतनाश् च सतीस् तृतीयसवनायतनाश् चाथ

प्रातस्सवन एव गायति । अथ य एवैनाः प्रातस्सवने गीत्वा माध्यंदिने च सवने तृतीयसवने च गायति स एवैना आयतनेषु प्रतिष्ठापयति । ता अस्यायतनवतीर् गीता भवन्त्य् अत्रैवैतास् संगीता भवन्ति ॥ ३१९ ॥[१]

[१] र ॥२१॥

इति ह स्माहाह्रियस्[१] सात्ययज्ञिर् ऋद्धुकम्[२] अस्मै स्वायां जनतायां भवति य एवं विद्वान् धुरो न विगायतीति । तस्माद् यदीतरा धुरो विगायेद् व्य् एवाज्यधुरश् च पवमानधुरश् च गायेद् इति । तद् उ होवाच शाट्यायनिर् विकर्षन्त एते धुरो ये विगायन्ति । यदि त्रिष्टुभो माध्यंदिने यो रसस् तं प्रातस्सवने दधाति । यदि रथन्तरवर्णां गायति यो रथन्तरस्य पृष्ठेषु रसस् तं प्रातस्सवने दधाति । यदि जगतीं गायति यो जगत्यै तृतीयसवने रसस् तं प्रातस्सवने दधाति । यद्य् अनुष्टुभं गायति—वाग् वा अनुष्टुप्—तां प्रातस्सवने दधाति । सेयं वाग् अनुष्टुप् प्रातस्सवने बद्धा न कस्मै चनालं भवति ॥

यद्य् अप्य् आग्नेयम् एवाज्यम् अपिवहेच् छून्ये अमू सवने यातयाम्नी स्याताम् । यद्य् उ वै समाने यस् समाने यज्ञक्रतौ द्वेधा जिगासति विषिक्ता इमे रसा यातयामानो भवन्ति । तद् उ तद् विकृष्टम् उ एव साध्व् एतस्यै नोपपादो[२] ऽस्ति । तस्मात् ओवा ओवा इत्य् एव गायेत् ॥

अथो द्व एव धुरौ मनश् चैव वाक् च । मनसो हि वाक् प्रजायते । सा मनोनेत्रा[१] वाग् भवति । तन् मनो वाचम् अभिप्रवहति । वाग् उ पुनर् मन एवाभिप्रवहति । स यो मनसश् च वाचश् च स्वरो जायते— ॥ ३२० ॥[३]

[१] ? एवं कोशेषु [२] एवं य र व । अन्यत्र °वादो [३] र ॥२२॥

—स इन्द्रः । इन्द्रस् सर्वे देवाः । स हैव देवलोकं गमयति य एवं विद्वान् उद्गायति । अथ हान्ये गन्धर्वलोकं वा पितृलोकं वा गमयन्ति । अथो हास्यै ताभ्याम् एव धूर्भ्यां सर्वा धुर उपाप्ता भवन्ति ॥

प्रजापतिर् यज्ञम् असृजत । तं देवेभ्यः प्रायच्छत् । गायत्रेणैव प्रातस्सवनं प्रायच्छत् सामभिर् माध्यंदिनं सवनं तृतीयसवनं च । आमहीयवप्रतिपद् एव माध्यंदिनं सवनम् आसीत् संहितप्रतिपत् तृतीयसवनम् । तेनायजन्त । तेषां यद् एव गायत्रं शिर आसीत् तत् समभवत् । ते देवाः प्रजापतिम् उपेत्याब्रुवन्न् एकं वाव किल सामास गायत्रम् एव । यद् वाव नो गायत्रं शिरो ऽभूत् तत् समभूत् । तथा न इदं यज्ञं विधेहि यथा सर्व एव साङ्गास् सतनवो ऽमृतास् संभवामेति । स एतस्माद् एव प्रातस्सवनात् षड् गायत्राण्य् उदखिदत् । त्रीणि माध्यंदिनं सवनम् अवहरत्[१] त्रीणि तृतीयसवनम् । तम् अब्रुवन् यत इदम् आदिथाः किम् अह भविष्यतीति । सो ऽब्रवीच् छन्दांस्य् अत्र प्रतिवक्ष्यामि छन्दोभिर् एता आख्यायिष्यन्त इति । यद् अब्रवीच् छन्दांस्य् अत्र प्रतिवक्ष्यामि छन्दोभिर् एता आख्यायिष्यन्त इति तस्माद् एता गायत्रीस् सतीश् छन्दोभिर् आख्यायन्ते ॥

अथोपगीतनैव ते ऽयजन्त । ते सर्व एव साङ्गास् सतनवो ऽमृतास् समभवन् । सर्वो हैव साङ्गस् सतनुर् अमृतस् संभवति य एवं वेद । एतस्मिन्[३] तद् यद् विद्वान् श्रेयान् भवतीति ह स्माह शाट्यायनिः ॥ ३२१ ॥[४]

[१] ? कोशेषु वहर, अवहर [२] ? एवं य । अन्यत्र ययंत, जयंत [३] ? य र व एतस्माद्
[४] र ॥२३॥

अथैतद् आग्नहीयवं प्राजापत्यं सवनमुखे क्रियते । तद् एतत् स्वयं[१] प्रशस्तं यत् प्राजापत्यम् । तस्मिन्न् उ प्रशस्त एव सत्य् एषा भूयसी प्रशंसा क्रियते यद् एतद् ओम् इत्य् आदत्ते । असौ वा आदित्य एतद् अक्षरम् । तद् एतत् त्रयस्य वेदस्यापीळितम् अक्षरम् । स यद् ओम् इत्य् आदत्ते ऽमुम् एवैतद् आदित्यं मुख आधत्ते । स यथा मधुना लाजान् प्रयुयाद् एवम् एवैतेनाक्षरेण सामन् रसं दधाति । तद् आप्याययति । तेनास्यापीनेन रसवता स्तुतं भवति ॥

प्रतिह्रियमाणं सामावसीदतीत्य् आहुः कुरवस् स यद् ऊर्ध्वं प्रतिहाराद् उद्गृह्णाति तद् उत्थापयतीति । सामन्न् उ हैवैतत् सामभिर् गीयते । तद् ध वै सुगीतं यत् सामन् सामाभिगायात् । सामन्न् एवेदं सामाभिगायामीत्य् एव तद् विद्याच् छ्रेष्ठताम् अनेन स्वानां गमिष्यामीति ॥

पुनानस् सोम धारया इति प्रस्तौति । अपो वसानो अर्षसि इत्य् अष्टाक्षराणि । आ रत्नधा योनिम् ऋत- इत्य् अष्टेन[२] तानि षोडश । -स्य सीदसि इति चत्वारि । ततो यानि षोडश स एव षोडशकलः पशुः । अथ यानि चत्वारि त एतस्य [३]पशोस् स्तनाः[३] । स यथा पशुं स्तनिनं प्रत्तं[४] दुहीतैवम् एवैतेन गीतेनैतद् दुहे यं कामं कामयते । तत् पशव्यम् इति ह स्माह सुचित्तश् शैलनस् स पशुमान् भवति य एवं विद्वान् रौरवं गायतीति ॥ ३२२ ॥[५]

[१] श स्वर्य्यं [२] ? य अष्टो न [३-३] कोशेषु पशोनास्स [४] एवं कोशेषु [५] र ॥२४॥

प्रस्तूयमानं साम प्रजाकामो ऽभ्युद्गायेद् विहृते प्रस्तावे क्षत्रकामः । प्रतिह्रियमाणम् एव पशुकामो ऽभ्युद्गायेत् । निधनम् एव स्वरम् उपयन् ब्रह्मवर्चसं ध्यायेत । ब्रह्मवर्चसं हि स्व[रः] । ते चत्वारस् सामन् कामा इति ह स्माह जानश्रुतेयः । अथ ह स्माह वैतहव्यस् त्रय एव सामन् कामाः । यद् एव वाचा करोति सा प्रजा । मनसो हि वाक् प्रजायते । स यद् वाचा करोमि—प्रजा म एषा—प्रजावान् एतेन भविष्यामीत्य् एव तद् विद्यात् । अथ यद् ऋचं गायति ते पशवः । पशवो ह्य् ऋक् । स यद् ऋचं गायामि—पशवो म एते—पशुमान् एतेन भविष्यामीत्य् एव तद् विद्यात् । अथ यन् निधनं स्वरम् उपैति तद्[१] ब्रह्मवर्चसम् । ब्रह्मवर्चसं [२]हि स्वरम् उपैमि—ब्रह्मवर्चसं म एतत्[२]—ब्रह्मवर्चस्य् एतेन भविष्यामीत्य् एव तद् विद्यात् । अत्रैवैते सर्वे कामा उपाप्यन्त एवं विदुष इति ॥

तद् एतत् सत्यम् अक्षरं यद् ओम् इति । वज्रा ह खलु वा एते यद् यौधाजयस्य साम्नो निधनानि । ते देवा एतेन सत्येनाभिगीय ओम् इत्य् एतैर् यौधाजयस्य निधनैर् असुरान् पाप्मानं भ्रातृव्यान् अघ्नन् । एवम् एवैवं विद्वान् एतेन सत्येनाभिगीय ओम् इत्य् एतैर् यौधाजयस्य निधनैर् द्विषन्तं पाप्मानं भ्रातृव्यं हन्ति ॥

तत् त्रिणिधनं भवति । त्रयो वा इमे लोकाः । वज्रा एते यन् निधनानि । एभ्यो लोकेभ्य एतैर् वज्रैस् सर्वं पाप्मानम् अपहते । अथो हास्यैत एव वज्रा एषु लोकेषु सर्वं पाप्मानम् अपहत्य ओम् इत्य् एव स्वर्गं लोकम् आरोहति ॥ ३२३ ॥[३]

[१] कोशेषु तं [२-२] व एव [३] र ॥२५॥

अथैतद् औशनं त्रैष्टुभम् । तद् यत्र देवासुरास् संयत्ता आसंस् तद् [1]एष्व् अब्रवीत्[1] त्रिर् अहं ष्टुब् अस्मीति । यद् अब्रवीत् त्रिर् अहं ष्टुब् अस्मीति तस्मात् त्रिष्टुप् । ते देवा एतया त्रिस् स्तुत्वा द्विषन्तं पाप्मानं भ्रातृव्यम् अघ्नन् । एवम् एवैवं विद्वान् एतया त्रिस् स्तुत्वा द्विषन्तं पाप्मानं भ्रातृव्यं हन्ति । तस्य त्रिः प्ररोहति । त्रैष्टुभो वा असाव् आदित्यश् शुक्लं कृष्णं पुरुषः । त्रैष्टुभम् इदं चक्षुश् शुक्लं कृष्णं पुरुषः । तच् छ्रेष्ठया देवतया संपाद्योद्गायति । स श्रेष्ठतां स्वानाम् अश्नुते य एवं विद्वान् औशनं गायतीति ॥ ३२४ ॥[2]

[१-१] ? यरव एष ब्रवीक् [२] र ॥२६॥

अथ निर्बाधापस्तम्भौ । साम्नो हिंक्रियमाण एतां दिशं यं द्विष्यात् तं मनसा निर्बाधेत । तत एव स पराभवति । प्रतिह्रियमाण एताम् उ एव दिशं यं द्विष्यात् तं मनसापस्तभ्नुयात् । तत उ एव स पराभवति ॥

अथो त्रयस् साम्नस् स्वर्गास् त्रयो नारकाः । प्रस्तुते पुरादेस् स नारकः । तद् द्विषन्तं भ्रातृव्यं पातयित्वादिस् स्वर्गो लोकः । तस्मिन्न् आत्मानं दध्यात् । प्रतिहृते पुरोपद्रवात् स नारकः । तद् द्विषन्तं भ्रातृव्य पातयित्वोपद्रवस् स्वर्गो लोकः । तस्मिन्न् आत्मानं दध्यात् । उपद्रुते पुरा निधनात् स नारकः । तं द्विषन्तं भ्रातृव्यं पातयित्वा निधनं स्वर्गो लोकः । तस्मिन्न् आत्मानं दध्यात् ॥

तद् उ होवाच शाट्यायनिर् अपहतपाप्मैनत् साम्नो यद् ऊर्ध्वं प्रस्तावात् स्वर्ग एषु लोकः । कस् तस्मिन् द्विषन्तं भ्रातृव्यम् आभजेत । प्रस्तुत एव पुरादेस् स एवैको नारकः । तद् द्विषन्तं भ्रातृव्यं पातयित्वा सर्वास्मिन्न् एव सामन्न् आत्मानं दध्यात् । अथो यजमानम् । सो ऽपहत्य पाप्मानं स्वर्गं लोकम् एति । एतत् तद् यत् कृत्वा श्रेयान् मन्यत इति ॥ ३२५ ॥[1]

[१] र ॥२७॥

यो वा ऋक्सामाभ्याम् आयतनवद्भ्याम् आर्त्विज्यं करोत्य् आयतनवान् भवति । प्रस्ताव एवर्चस् सामन्न् आयतनम् । यद् ऊर्ध्वं प्रस्तावाच् छन्नं गायति तत् साम्न ऋच्य् आयतनम् । प्रतिहार एवर्चस् सामन्न् आयतनम् । यद् ऊर्ध्वं प्रतिहाराच् छन्नं गायति तत् साम्न ऋच्य् आयतनम् । निधनम् एवर्चस् सामन्न् आयतनम् । यन् निधनम् अतिस्वरति तत् साम्न ऋच्य् आयतनम् । स य एवम् एताभ्याम् ऋक्सामाभ्याम् आयतनवद्भ्याम् आर्त्विज्यं करोत्य् आयतनवान् एव भवति ॥

तद् वा एतद् द्वयम् एवर्क् च साम च । तयोर् यत् सत्यं प्रजासु भवति जयति तं लोकं यस् सत्येन जेयः । वाग् वा ऋचस् सत्यं मनस् साम्नः । एते ह वा ऋक्सामयोस् सत्ये । सत्यं प्रजासु भवति जयति तं लोकं यस् सत्येन जेयः । [ऋचस्] सत्येन साम गायात् साम्नस् सत्येनर्चम् । ऋक्साम्ने उ ह वै स्वर्गस्य लोकस्येशाते । तं ह वा एते स्वर्गं लोकं गमयतः । स स्वर्गस्य लोकस्येशे य एने एवं गायति । तस्माद् एवम् एव गेये ॥ ३२६ ॥[1]

[१] र ॥२८॥

रथन्तरेण स्तोष्यमाणः पृथिवीम् अभिमृशति नमो मात्रे पृथिव्यै रथन्तर मा मा हिंसीः **इति । अथ महिम्नस् संभरति** यस् ते अग्नौ महिमा यस् ते अप्सु रथे यस् ते महिमा स्तनयित्नौ य उ ते वाते यस् ते महिमा तेन संभव रथन्तर द्रविणस्वन् न एधि **इति । अथ वामदेव्यं पुरस्ताच् छान्तिम् अभिव्याहरति** प्रजापतिर् असि वामदेव्यं ब्रह्मणश् शरण तन् मा पाहि **इति । अथैता अमृतव्याहृतीर्**[1] **अभिव्याहरति** भूर् भुवस् स्वः ॥ क इदम् उद्गास्यति स इदम् उद्गास्यति **इति । प्रजापतिर् वै कः ।** तम् एवादाव् आर्त्विज्याय वृणीते । स य एवं तद् उद्गायति वाचैवास्य कृतं भवत्य् अनृण आत्मना भवति । अथाभ्यनिति । प्राणे वै शान्तिर् अग्निर् वै बृहद्रथन्तरे । ते प्राणेन शमयति । अथ ये शान्ते बृहद्रथन्तरे गायति ते हैते युवानश् श्रोत्रियाः प्रमीयन्ते स्वयम् उपरिष्टाद् वामदेव्यम् ॥ ३२७ ॥[2]

[१] व अमृतस्य [२] र ॥२९॥

स यथा गर्भं ततं शफाभ्यां परिगृह्य हरेद् एवम् एवैतद् बृहद्रथन्तरे वामदेव्याभ्यां परिगृह्य हरति । ते एनं नोदोषतः । स सर्वम् आयुर् एति य एवं विद्वान् बृहद्रथन्तरे गायति । इयं वै रथन्तरम् । तस्या असौ वत्सो यो ऽसौ तपति । स यत् भा भा इति '[1]स्तोभ्य् एतम्'[1] एव तद् आदित्यं मुख आधाय गायति । स यथा धेनुं वत्सेनोपसृज्य प्रत्तां[2] दुहीतैवम् एवैतेन गीतेन रथन्तरं दुहे यं कामं कामयते ॥

श्रीर् वै रथन्तरम् । तस्या इमे स्तोभा यद् अस्यां पृथिव्याम् अधि । सैषा श्रीर् नान्यत्राक्षरेभ्य आप्तव्या[3] । स यद् अक्षरेषु [4]स्तोभ्य् एताम्[4] एव तच् छ्रियम् आप्त्वै-तस्यां प्रतितिष्ठति । सा हैषैकस्था श्रीर् यद् अक्षरेषु । तस्माद् अक्षरेषु स्तोभ्धव्यम् ॥ ३२८ ॥[5]

[१-१] ? कोशेषु स्तेभ्ध्यै॰, स्तोभ्ध्यै॰, स्तेभ्यै॰, स्तेभ्ये॰ [२] श प्रक्तां अन्यत्र प्रत्नां
[३] ? कोशेषु आप्त्वा [४-४] ? कोशेषु स्तोभ्ध्ये॰, स्तोभ्ये॰, स्तोभ्यो॰ [५] र ॥३०॥

तद् एतद् अमूलं रथन्तरं यद् अन्यत्राक्षरेभ्यः । एतस्माद् धीदम् आयतनात् प्रच्यवन्ते ये ऽन्यत्राक्षरेभ्यस् स्तोभन्ति । अथ यो ऽक्षरेषु स्तोभ्धि स्व एव तद् आयतने प्रतितिष्ठति । तस्माद् अक्षरेष्व् एव स्तोभ्धव्यम् ॥

देवतागायिनः कुरुपञ्चाला आयतनाद् अच्यवन्तेति ह स्माह शाट्यायनिः । मनो वै पूर्वम् अथ वाक् । मनो वै बृहद् वाग् रथन्तरम् । तद् यत्र बृहद्रथन्तरे आजिम् ऐतां तद् बृहद् उदजयद् रथन्तरं हीयमानम् अमन्यत । तद् यत् क्षिप्रं रथन्तरं गायति मनश् च वै तद् वाचं च समे करोति । तद् इदं रथन्तरम् ईक्षते यो माम् अनेन समम् अकृद् धन्तायं[1] क्षिप्रे पाप्मानं निजहात्व् इति । स क्षिप्रे पाप्मानं विजहाति य एवं विद्वान् क्षिप्रं रथन्तरं गायति ॥ ३२९ ॥[2]

[१] य-वर्जम् अन्यत्र धातायं [२] र ॥३१॥

तत् पूर्णमुखेन प्रधून्वन् क्षिप्रं गायेत् । श्रीर् एषा यद् रथन्तरम् । श्रियम् एतद् आत्मन् धत्ते । अथो अग्निर् एष यद् रथन्तरम् । तस्मात् क्षिप्रं मुमुक्षितव्यम् । यत्र वा अग्निर् उपतिष्ठमानो दहति दूर इव वै तत्रौषधयः प्रजायन्ते । यत्रोपधून्वन्न् एति क्षिप्रं तत्रौषधयः प्रजायन्ते । क्षिप्रं प्रजया पशुभिः प्रजाया इति प्रतिहारेप्रतिहार उद्गाता इळ् इति ब्रूयात् । पशवो वा इळायननं रथन्तरम् । आयतन एव तद् एतान् पशून् प्रतिष्ठापयति ॥

तद् धैतद् एक एकरूपम् एव भा भा इति स्तोभन्ति। असौ वा आदित्यो भा इति। तद् उ होवाच शाट्यायनिर् अमिथुनम् एतद् अप्रजननं यद् एकरूपम्। भगो वा असौ भिद् इयम्। पुमान् वा असौ स्त्रीयम्। यदा वा असौ वर्षत्य् अथेयं प्रजायते। यद्वो वै[1] पुमान् योषायां रेतस् सिञ्चत्य् अथ सा प्रजायते। तस्मात् अभुभाभिभभेभभ इत्य् एवं मिथुनं प्रजननं स्तोब्धव्यम्। यावत् स्तोभेत् तावत् पृथिव्यां हस्तौ स्यातां देवरथस्यानपव्याधाय ॥ ३३० ॥[2]

[१] व श हैव [२] र ॥३२॥

षोडशाक्षराणि स्तोभति। षोडशकलो वै पुरुषः। कलाश[1] एव तद् यजमानम् एतस्यां देवयोन्यां सिञ्चति। स एतस्यै देवयोन्यै जायते देवान् अधि। चतुर्दशचतुर्दशोत्तरयोः। ततो यानि दश सा विराड् अन्नं विराट्। अथ यानि चत्वारि त एव चतुष्पादाः पशवः। चतुष्पदः पशून् अवरुन्द्धे ॥

षोडशाक्षराणि स्तोभति। ततो यानि पञ्चदश स वज्रः पञ्चदशः। अथ यत् षोडशम् अक्षरं स इन्द्रः। इन्द्रो वज्रस्योद्यन्ता षोडशः। तम् इन्द्रं यजमानम् अकृत। तद् उद्गाता यजमानस्य पञ्चदशेन वज्रेण द्विषन्तं पाप्मानं भ्रातृव्यं स्तृणाति। चतुर्दशचतुर्दशोत्तरयोः। स ह स वज्र ऊनो नारम्भणः। तद् उद्गाता यजमानस्य भ्रातृव्यायतने भ्रातृव्यं वितक्ष्णोति भ्रातृव्यायतने भ्रातृव्यं विनाशं नयति। न हास्य कश् चन भ्रातृव्यो भवति य एवं वेद ॥

षोडशाक्षराणि स्तोभति। चतुर्दशचतुर्दशोत्तरयोः। तानि चतुश्चत्वारिंशद् अक्षराणि संपद्यन्ते। चतुश्चत्वारिंशदक्षरा त्रिष्टुप्। त्रैष्टुभ इन्द्रः। स ह स इन्द्रश् छन्दसां मध्यत प्राबसितो[2] बहूनि छन्दांसि पुरस्ताद् बहून्य् उपरिष्टात् ॥ ३३१ ॥[3]

[१] ? य श कलश [२] ? एवं कोशेषु [३] र ॥३३॥

छन्दांसि वै सर्वे स्तोमास् सर्वे पशवस् सर्वे देवास् सर्वे लोकास् सर्वे कामाः। तत् सर्वान् स्तोमान् सर्वान् पशून् सर्वान् देवान् सर्वान् लोकान् सर्वान् कामान् आप्नोति ॥

अग्निर् एष यद् रथन्तरम्। अग्निर् वै मृत्युः। स यो ऽन्यत्राक्षरेभ्यस् स्तोब्धि स एवोद्गाता यजमानं मृत्योर् आस्ये ऽप्यस्यति। अथो यो ऽक्षरेषु स्तोब्धि—अन्नम् उ वै स्तोभः—स्तोभेनस्तोभेनैव मृत्योर् आस्यम् अपिधायैतं मृत्युम् अतितरति। अथो समुद्र एष यद् रथन्तरम्। अथ यो ऽन्यत्राक्षरेभ्यस् स्तोब्धि स एवैतं समुद्रं प्रविशति। अथ यो ऽक्षरेषु स्तोब्धि यथा नावा वा प्लवेन वा द्वीपाद् द्वीपं संक्रामेद् एवम् एवैतं समुद्रम् अतितरति ॥

स्वर्दृशम् इति निराह। यदा वै स्वर् गच्छत्य् अथामृतो भवति। तं सर्वेभ्यो देवेभ्यस् सर्वेभ्यो भूतेभ्यः प्राह स्वर् अयं ब्राह्मणो ऽगन्न् अमृतो ऽभूद् इति। सर्वे देवास् सर्वाणि भूतान्य् अनुबुध्यन्ते ॥ ३३२ ॥[1]

[१] र ॥३४॥

अथैतद् वामदेव्यम्। आ प्रतिहाराद् अनवानं गेयम्। प्राणो हि वामदेव्यम्। प्राणान् नेद् अवच्छिद्या इति ॥

नो ह्यन्यस्यानुवर्त्म गेयम् । ईश्वरो होपजीवी भवितोर् यो ऽन्यस्यानुवर्त्म गायति । स्वधूर् एव गेयम् ॥

तद् ध स्माह ब्रह्मदत्तश् चैकितानेयो रूक्षितम् इवैतद् यद् वामदेव्यं निर्धूतम् इव । सामानि ह्य् अस्मात् सृष्टानि यथा जरत्कोशो वा स्याद् अश्वतरा वा विच्छिद्वहा[1] । पृष्ठंपृष्ठं हि प्रतिवहतीति । तस्मिन् पृष्ठरूपं वा गायेद् एता वा व्याहृतीर् व्याहृत्योद्गायेद् गौश् चाश्वश् चाजा चाविश् च व्रीहिश् च यवश् चेति । गौर् एव रथन्तरम् अश्वो बृहद् अजा वैरूपम् अविर् वैराजं व्रीहयश् शक्वर्यो यवा रेवतयः । तद् ये ऽस्माद् रसात् सृष्टा भवन्ति तान् अस्मिन् दधाति । तद् आप्याययति । तेनास्यापीनेन रसवता स्तुतं भवति ॥

स यदि वृष्टिकामस् स्यात् आपो वायुर् आपो वायुः इति पुरस्ताद् व्याहृत्य वामदेव्येन स्तुवीत । तथो हैवास्मै वर्षति ॥

अथो पशवो वै वामदेव्यम् । स पशुमान् भवति य एवं विद्वान् वामदेव्येन स्तुते ॥

तद् ध वै सुगीतं ब्रह्मसाम्नो यद् एनद् ब्रह्मलोकेम् संपाद्योद्गायति । सप्त कृत्वो ब्रह्मसाम्नः प्ररोहति । सप्तम उ लोके ब्रह्म । वासो मान्दानो वा इति चतुः प्रारुक्षत् आन्धासा भी वात्सान् नो वा इति त्रिः । तत् सप्त संपद्यते[2] ॥ ३३३ ॥[3]

[१] ! एवं य र । व विच्छिद्वाह श विच्छिद्वा [२] कोशेषु °न्ते [३] र ॥३५॥

उपोदको नाम लोको यस्मिन्न् अयम् अग्निर् ऋतधाम यस्मिन् वायुर् अपराजितो यस्मिन्न् आदित्यो ऽभिद्युर् यस्मिन् वरुणः प्रद्युर् यस्मिन् मृत्यू रोचनो यस्मिन्न् अशर्या । विष्टप एव सप्तमो ब्रह्मलोको यस्मिन्न् एतद् ब्रह्म । तत् सप्तमेन प्ररोहेण विष्टपे ब्रह्मलोक आत्मानं दध्याद् अथो यजमानम् । अथो हैनद् गमयति । यद् एनत् स्पृशतीव तद् धैनत् प्रियेण धाम्ना समृद्धयति । यद् ध स्म सुचित्तश् शैलन उद्गृह्णाति स्वासाराधिपु[1] धेनो[1] वा इत्य् अभि ब्रह्मलोकम् आरोहयति प्रियेण धाम्ना समृद्धयति । तद् उ हैनत् समृद्धं प्रियेणो एव धाम्ना समृद्धयति । तद् व् इमं लोकम् आगमयति तेनो सर्वम् आयुर् एति ॥ ३३४ ॥[2]

[१] ! एवं कोशेषु [२] र ॥३६॥

अथैतत् कालेयं विस्तृणन्न् इव व्यवसायन्न् इवासंदन्धन्न् इव गायेत् । यथा यवाचितं वा स्वाचितं यायान् भाषाचितं वेति ह स्म पुरा कुरूणां ब्राह्मणा मीमांसन्त एवम् एतद् यत् कालेयं तद् विकर्षतेव गेयम् इति ॥

तद् धैतद् एतद् एके रथन्तरसाम्न ऊर्ध्वम् इळाम् उपयन्ति नकारिणाम्[1] ओयिळा[1] इति । तद् उ होवाच शाट्यायनिर् उद्धतेवैषेळा प्रच्युतेव नितताम् एव । इळाम् अन्तत उपयन् बृहत्साम्नो द्वितीयस्यै स्तोत्रियायै धोरो[1] इत्य् उद्गृह्णीयात् । तद् एव बृहतो रूपान् न यन्ति । अथ हैके रथन्तरसाम्नश् चैव बृहत्साम्नश् चोर्ध्वाम् एवेळाम् उपयन्त्य् अनवध्मातैषेळा स्वर्ग्येति । तद् उ होवाच शाट्यायनिर् अग्निर् वै रथन्तरं वायुर् वामदेव्यम् इन्द्रो नौधसं विश्वे देवाः कालेयम् । अथैष स्वर्ग एव लोको विश्व एव देवाः । स्वर्ग एव तल् लोके विश्वेषु देवेषु प्रतितिष्ठति स य एनांस् तथा चक्रुषो ऽनुव्याहरेद् इति वेति वा भविष्यन्तीति । तथा हैव स्युः । तस्माद् एषा[2] नितततैवेळान्तत उपेत्या सर्वायुत्वाया अस्य लोकस्यानुद्धातायेति ॥ ३३५ ॥[3]

[१] ! एवं कोशेषु [२] कोशेषु एता [३] र ॥३७॥

अथैतत् संहितं ब्रह्म सवनमुखे क्रियते। तद् एतत् स्वयं प्रशस्तं यद् ब्रह्म। तस्मिन्न् उ प्रशस्त एव सत्य् एषा भूयसी प्रशंसा क्रियते यद् एतद् ओम् इत्य् आदत्ते। असाव् आदित्य एतद् अक्षरम्। तद् एतत् त्रयस्य देवस्यापीळितम् अक्षरम्। स यद् ओम् इत्य् आदत्ते ऽमुम् एवैतद् आदित्यं मुख आधत्ते। स यथा मधुना लाजान् प्रयुयाद् एवम् एवैतेनाक्षरेण सामन् रसं दधाति। तद् आप्याययति। तेनास्यापीनेन रसवता स्तुतं भवति। प्रतिह्रियमाणं सामावसीदतीत्य् आहुः कुरवस् स यद् ऊर्ध्वं प्रतिहाराद् उद्गृह्णाति तद् उत्थापयतीति। सामन्न् उ हैवैतत् सामाभिगीयते। तद् ध वै सुगीतं यत् सामन् सामाभिगायात्। सामन्न् एवेदं सामाभिगायामीत्य् एव तद् विद्याच् छ्रैष्ठताम् अनेन स्वानां गमिष्यामीति॥ ३३६॥[1]

[१] र ॥३८॥

अथैते उष्णिक्ककुभाव् आ प्रतिहाराद् अनवानं गेये। [1]संशीर्णम् इवैतच् छन्दः पुरुषछन्दसम् उष्णिक्ककुभौ[1]। तद् ध शमस्तोमी बालाकिस् सायकं जानश्रुतेयम् अन्तेवासिनम् उद्गापयन् स्वयक्षे ऽनुव्याजहार। तथा त्वा अयं जानश्रुतेयम् सामागासीद् यथास्येदानीं रुधिरम् उत्पतिष्यतीति। अथ हाजिनवासिनो युध्यमानास् सदः प्रपेदुः। तस्य ह दण्डः पतित्वा रुधिरम् उत्पातयांचकार। स होवाचाथ कथं गायेद् इति। तस्मै हैतद् उवाच असृक् इत्य् एत्र न निर्योतयेत् हो इत्य् एव गायेत्। नो ह सर्वं तृतीयसवनं छन्नं गायेत्। यो हैनं छादयन्तं ब्रूयाद् अधक्षन् वा अयम् उद्गातात्मानं च यजमानं चेति तथा हैव स्याद् दंह्याम्[2] एव निर्योतयेद् [3]दंहीमानीति वै पशन्त्य सन्ति[3]॥

अथैतच् छ्यावाश्वम्। ऐहो वा एहि या इत्य् एवैते[4] गायन्ति। वाग् एषा वाग् अनुष्टुब् वाच्य् एतद् वाचा प्रतितिष्ठामेति। तद् ध तथा गायन्तं ब्रह्मदत्तं चैकितानेयं गळुना आर्क्षाकायणो ऽनुव्याजहार तथा त्वा अयं दाल्भ्यश् श्यावाश्वम् अगासीद् यथैनं स्वः पामाभ्यागेक्ष्यतीति। तद् उ हेतरो ऽनुबुध्योवाच तथो वाव स वामदेव्यम् अगायद् यथा रूक्ष एवापशुश् चरिष्यतीति॥

अथ ह ब्रह्मदत्तं चैकितानेयं ब्रह्मदत्तः प्रासेनजितः—॥ ३३७॥[5]

[१-१] ? एवं कोशेषु [२] ? श दंप्याम् [३-३] ? एवं कोशेषु [४] श एते वै [५] र ॥३९॥

—कौसल्यो राजा पुरो दधे। तस्य ह पुत्रः प्राच्यवद् बभाषे। स होवाच प्रमेयो वा अयम्। युंक्त मे पुनर् यास्यामीति। स ह प्रययौ। अथ हास्य जैमवं सजातं वैळूनय आनिन्यिरे[1]। तेषां ह समितिम् आजगाम। स ह सं तृणेभ्यो ऽनूत्तस्थौ। उत्पतति ह स्म[2] पुरा। तं ह बहु प्रदाय बह्वाधेतौ[4] समाजग्मतुः। स होवाचेत्थं चेद् इदम् अभूद् एहीदं संप्रब्रवावहा इति। स होवाच गळुनाश् श्यावाश्वं वा आर्चनानसं समिद्धारं परेतं प्रतिसत्रिणो[6] हित्वा स्वर्गं लोकम् आयन्। तं हैनं श्यावाश्वेनैव ऐहो वा एहि या इत्य् उदाह्वयन्। हीन इवैष यत् सजातः। स यत् ऐहो वा एहि या इति गायति स्वेनैवैनत् तत् पाप्मनाभ्यारोहयत इति। तस्मै हैतद् उवाच ओहोइया इत्य् एव गायेत्। ओहो वै नामेन्द्रः। य एवासौ तपत्य् एष एवेन्द्रः। स उ एव सः। तस्यै सर्वे देवा अनुवर्त्मानः। सर्वे हास्य स्वा अनुवर्त्मानो भवन्ति य एवं विद्वान् श्यावाश्वं गायतीति॥ ३३८॥[7]

[१] कोशेषु आनिन्त्रिरे [२] कोशेषु स्म [३] कोशेषु ॠत्प० [४] कोशेषु बबाधेतौ [५] कोशेषु आर्च्छ० [६] कोशेषु ॰णं [७] र ॥४०॥

अथैतद् आन्धीगवं मध्येनिधनं प्रतिष्ठायै । तद् यद् एवात्र यज्ञस्य दुष्टुतं दुश्शस्तं विधुरं तद् एवैतेनानुवस्ते । अथैतस्य कावस्य पञ्च कृत्वः प्ररोहति । पञ्चदशो वै पंक्तिः पांक्ताः पशवः पशवो जगती । तान् एतान् पशुषु पशून् वितनोति । तत् पशव्यम् इति ह स्माह सुचित्तश् शैलनस् स पशुमान् भवति नास्य तन्तिः कुलाच् छिद्यते य एवं विद्वान् कावं गायतीति । तन्तिर् इति ह स्मैतद् गीतम् आचष्टे ऽथो स्वर्गस्य लोकस्य व्याप्तिर् इति ॥

इयं वै गायत्र्य् अन्तरिक्षं त्रिष्टुब् असौ जगती । तत् तृतीयेन प्ररोहेण स्वर्गं लोकम् आरोहति । तत् पशव्यं स्वर्ग्यम् इति ह स्माह । एताव् उभौ कामाव् उपाप्नोति ॥३३९॥[1]

[१] र ॥४१॥

यो वै यज्ञस्योधर् वेद प्रत्तं[1] यज्ञं दुहे । यज्ञायज्ञीयं वाव यज्ञस्योधः । तस्यैते स्तना गायत्रं च रथन्तरं च बृहच् च वामदेव्यं च । तद् गायत्रम् इव प्रस्तुयाद् रथन्तरस्येव स्तोभान् स्तोभेद् बृहत इव रोहान् रोहेत् । हिंकारो वामदेव्यं स्वयम् एव यज्ञायज्ञीयम् । एतद् वै यज्ञं यजमानो दुहे । [2]स ह्येष्ट्वैव[2] श्रेयान् भवति ॥

तस्य दश कृत्वः प्ररोहति । षड् कृत्वः पूर्वयोश् चतुर् उत्तमायै । ते दश प्ररोहास् संपद्यन्ते । दशाक्षरा विराड् अन्नं विराट् । य एवासौ तपत्य् एष एव विराट् । एतस्मिन्न् एव तत् स्वर्गे लोके ऽन्ततः प्रतितिष्ठन्ति ॥

अथोक्थानि छन्नमिश्राणीव गायेत् । अह्नो ह्य् उक्थानि । अथ रात्रिम् आविर् एव गायेत् । छन्नेवाह्नो रात्रिः । तद् आहुः उद्गातर् अहन् रात्रिम् अगासी३ रात्र्याम् अहा३ः इति । उभयम् इति ब्रूयात् अहन्न् एव रात्रिम् अगासिषं रात्र्याम् अहः इति । आविर् वा अहः । तस्मिन् यच् छन्नं गायति मिथुनम् एव तत् प्रजननं दधाति । छन्ना वै रात्रिः । तां यद् आविर् गायति यथा तमसि ज्योतिर् दध्यात् तादृक् तत् । तस्माद् रात्र्या एव रूपेणाहर् गायेद् अह्नो रूपेण रात्रिम् ॥ ३४० ॥[3]

[१] कोशेषु प्रत्नमा, प्रत्तं, प्रत्तमं [२–२] ? कोशेषु ष्टेव, ष्टेवव [३] र ॥४२॥

तद् एव सूद्गीतम् । अथो अहोरात्रे एव तद् अन्योन्यस्मिन् प्रतिष्ठापयन् गायति । तद् यद् अहर् आविस् सत् तच् छन्नं गायति तस्माद् असाव् आदित्य इदं सर्वं न प्रदहति । अथ यद् रात्रिं छन्नां सतीं ताम् आविर् गायति तस्माद् उ हेदं नक्तं किं च निर्ज्ञायते । यद् ध तां छन्नाम् एव गायेद् अन्धम् एव तमस् स्यात् ॥

अथ राजानो ऽग्निष्टोमसामानि राजपुत्रा द्वादशाहीयानि विशश् छन्दस्यानि । तस्माद् एतानि त्रयाणि सामानि संवत्सरे कार्याणि । यद् वै क्षत्रं विड्वद् राजपुत्रवद् भवति तत् समृद्धम् । स यथा क्षत्रं विड्वद् राजपुत्रवत् स्यात् तादृक् तत् ॥

तद् यद् एतानि सामानि संवत्सरे क्रियन्ते ऽथातो ऽग्निष्टोमसाम्नाम् एव गानम् । यथा राज्ञः परिष्कारश् शार्दूलाजिनं मणिहिरण्यं हस्ती निष्को ऽश्वतरीरथो ऽश्वरथो रुक्मः कंसस् त एवम् एष एतेषां साम्नां परिष्कारः । तस्माद् अग्निष्टोमसामान्य् एव गानी-कृत्य गायेद् यथागीतम् इतराणि यथागीतम् इतराणि ॥ ३४१ ॥[1]

[१] य व ॥ खण्डम् ॥ हरिः ॥ र ॥४३॥

यदि सोमौ संस्तुतौ स्यातां महारात्रे प्रातरनुवाकम्[1] उपाकुर्यात्। पूर्वो वाचं पूर्वो देवताः पूर्वश् छन्दांसि वृंक्ते। छन्दांसि वै सर्वा देवताः। सर्वा एवैषां देवता वृञ्जते। पूर्वो वसतीवरीर् जिग्राहयिषेत्[2]। एता वै सर्वा देवता यद् वसतीवर्यः। सर्वा एवैषां देवता वृञ्जते॥

सुषमिद्धे होतव्यम्। अग्निर् वै सर्वा देवताः। सर्वा एव तद् देवताः पश्यन्तो यजन्ते छन्दोभ्यो ऽभिभूत्यै[3]॥

आग्नीध्रे होतव्यम्। संवेशायोपवेशाय गायत्र्यै छन्दसे ऽभिभूत्यै स्वाहा इति प्रातस्सवने जुहुयात्। संवेशायोपवेशाय त्रिष्टुभे छन्दसे ऽभिभूत्यै स्वाहा इति माध्यंदिने सवने जुहुयात्। संवेशायोपवेशाय जगत्यै छन्दसे ऽभिभूत्यै स्वाहा इति तृतीयसवने जुहुयात्। छन्दोभिर् वै देवा असुरान् अभ्यभवन्। सपत्नायन्तीवैते ये संसुन्वन्ति। छन्दोभिर् एवैनान् अभिभवन्ति। प्रजापतेर् ऋग्भिर् होतव्यम्[4]। प्रजापतिर् वै सर्वा देवताः। सर्वा एवैषां देवता वृञ्जते॥ ३४२॥[5]

[१] श-वर्जम् अन्यत्र प्रातरोवाकम् [२] ? कोशेषु जागृहयिषेद्, जिगृ° [३] ? कोशेषु °भूत्वा
[४] एवं कोशेषु [५] र ॥४४॥

यदि कामयेरन्न् अध्वर्युर् एषां म्रियेतेत्य् अध्वर्युं प्रातस्सवने ब्रूयुः प्रजापतेर् ऋग्भिर् जुहुधि इति। यदि कामयेरन् होतैषां म्रियेतेति होतारं माध्यंदिने सवने ब्रूयुः प्रजापतेर् ऋग्भिर् जुहुधि इति। यदि कामयेरन्न् उद्गातैषां म्रियेतेत्य् उद्गातारं तृतीयसवने ब्रूयुः प्रजापतेर् ऋग्भिर् जुहुधि इति। एवमायतना वा ऋत्विजः। अध्वर्युः प्रथमो युज्यते। तस्य प्रातस्सवनम् आयतनम्। अथ होता। तस्य माध्यंदिनं सवनम् आयतनम्। अथोद्गाता। तस्य तृतीयसवनम् आयतनम्। यथायतनम् एवैनान् स्पृणवते। यदि कामयेरन् यजमान एषां म्रियेतेति यजमानं ब्रूयुः प्रजापतेर् ऋग्भिर् जुहुधि इति। यदि कामयेरन् सर्व एव म्रियेरन्न् इति सर्व एव सर्वेषु सवनेषु जुहुयुः॥

उभे बृहद्रथन्तरे भवतः। इन्द्रस्य वा एतौ हरी। यद् उभे बृहद्रथन्तरे—यज्ञो देवरथः—इन्द्रस्यैव हरिभ्यां यज्ञेन देवरथेनाजिम् उज्जयति। इदं वै रथन्तरम् अदो बृहत्। अस्माद् अमुष्माद् अद्यश्वात्[1] सुमिथुनाद्[2] एवैनान् अन्तर्यन्ति॥ ३४३॥[3]

[१] ? कोशेषु द्यश्वात् [२] एवं कोशेषु [३] र ॥४५॥

प्र वो वाजा अभिद्यवः इत्य् आग्नेयम् आज्यं भवति। प्रवत् त्यद् देवतानां रूपम् अभिभूत्यै रूपम्। अभ्य् एवैनान् भवन्ति। आभीकम् अभिनिधनम् अभीवर्तम् आभीशवम् इत्य् एतानि सामानि भवन्ति अभिभूत्यै रूपम्। अभ्य् एवैनान् भवन्ति। विहवीयं सजनीयम् अगस्त्यस्य कयाशुभीयम् इत्य् एतानि शस्त्राणि भवन्ति। ततो यद् विहवीयम् इन्द्रम् एव तेन देवान् आह्वयन्ते। सम् एवैनं सजनीयेन वृञ्जते। अगस्त्यं वै रक्षांसि अन्वसचन्त। सो ऽकामयताप रक्षांसि हनीयेति। स एतत् कयाशुभीयं शस्त्रम् अपश्यत्। तेन रक्षांस्य् अपाघ्नत। रक्षांसीव वा एतान् सचन्ते ये संसुन्वन्ति। कयाशुभीयं शस्त्रं भवति रक्षसाम् एवापहत्यै॥

यदीतरे ऽग्निष्टोमं कुर्वीरन्न् अथात्मनोक्थ्यं कुर्वीरन्। यदीतर उक्थ्यं कुर्वीरन्न् अथात्मना षोडशिनं गृह्णीरन्। यदीतरे षोडशिनं गृह्णीरन्न् अथात्मनातिरात्रं कुर्वीरन्। यदीतरे ऽतिरात्रं कुर्वीरन्न् अथात्मना द्विरात्रं कुर्वीरन्। यदीतरे द्विरात्रं कुर्वीरन्न् अथात्मना त्रिरात्रं कुर्वीरन्। भूयांसि स्तोत्राणि भूयांसि शस्त्राणि भूयसीर् देवता उपयन्ति। अभिभूत्यै रूपम्। अभ्य् एवैनान् भवन्ति। यथा ह वा इदं सेनयोस् संतिष्ठानयोर् ऽनु योधा भूयांस आयन्ति तादृक् तत्। तद् उ वा आहुर् इयम् एवाग्रे मनसा यज्ञक्रतुम् आकुवेतम्[1] एवोज्जिगीषेत्। यो वै सह पलायितयोः[2] पूर्वः काष्ठां गच्छति स वाव तयोर् जयति। पूर्व एव संस्थां प्रेप्सेद् इति ॥ ३४४ ॥[3]

[१] ? र कुवेततम् व कुवेतदम् [२] ? कोशेपु पालयितयोः [३] र ॥४६॥

यद् दीक्षितानां प्रमीयेत तं दग्ध्वास्थान्य् उपनह्यापभज्य सोमं यो ऽस्य नेदिष्ठतमस् स्यात् तेन सह दीक्षयित्वा याजयेयुः। समानाय वा एते यज्ञाय समानाय सुकृताय समारभ्य दीक्षन्ते। तेनैवैनं निरवदयन्ते। एतद् अन्यत् कुर्युः। अभिषुत्य सोमम् अन्यद् अगृहीत्वा ग्रहान् या दक्षिणास् स्रक्तीस् तद् अस्थानि निधाय मार्जालीये स्तुवीरन्। अर्बुदस्यर्ग्भिस् स्तुवते। अर्बुदो वै सर्पः। एताभिर् मृतां त्वचम् अपाहत। म्रियन्त इव वा एते ये मृताय कुर्वन्तीति। मृताम् एवैताभिस् त्वचम् अपघ्नते॥

तिसृषु स्तुवन्ति। तृतीयो वा इतः पितृलोकः। पितृलोकम् एवैनं गमयन्ति। पराचीषु स्तुवन्ति। पराञ्चम् एवैनं [1]तद् अमुं[1] लोकं गमयन्ति॥

यामं साम भवति। यमलोकम् एवैनं गमयन्ति। अप्रस्तुतम् अप्रतिहृतं साम भवति। प्रस्तावप्रतिहाराभ्यां वै यजमानो धृतः। तद् यद् अप्रस्तुतम् अप्रतिहृतं साम भवत्य् अमुष्मिन्न् एवैनं तल् लोके प्रतिष्ठापयन्ति। स्तुतम् अनुशंसन्त्य् एता ऋचो ऽनुब्रुवन्तो दक्षिणान् ऊरून् उपाघ्नानाः। त्रिर् अपसलैर्[2] मार्जालीयं पर्यपयन्ति। अमुष्मिन्न् एवैनल् लोके निधुवते। अभ्य् एनम् अमुष्मिन् लोके वायुः पवते। तद् आहुर् यन्ति वा एते पथो ये मृताय कुर्वन्तीति ॥ ३४५ ॥[3]

[१-१] ? कोशेपु तमुदं [२] कोशेषु अवसला (°लि, ली वा) [३] र ॥४७॥

ऐन्द्रवायवाग्रान् ग्रहान् गृह्णन्ति पुनः पन्थानं पर्यवयन्ति। असंमितं सर्वं स्तोत्रं भवति। असंमिते ह्य् असौ लोकः। अमुम् एवैतेन लोकम् उपसीदन्ति। तद् आहुस् त्रिवृत एव पवमानास् स्युः। सप्तदशान्य् उत्तराणि स्तोत्राणि। प्राणा वै त्रिवृतः। प्राणैर् वा एते व्यृध्यन्ते ये मृताय कुर्वन्तीति। तद् यत् त्रिवृतः पवमाना भवन्ति प्राणैर् एव तत् समृध्यन्ते। सप्तदशान्य् उत्तराणि स्तोत्राणि। प्रजापतिर् वै सप्तदशः प्रजापतिस् स्वर्गस्य लोकस्याभिनेता। स यस् स्वर्गस्य लोकस्याभिनेता स मा स्वर्गं लोकम् अभिनयाद् इति। सप्तदशा उ एवान्यत्[1] पवमानास् स्युः। त्रिवृन्त्य् उत्तराणि स्तोत्राणि। अभिह्वातारं वावमुध्य[1] ऋच्छन्ति। तद् यथा प्रथमेनैवं ह्य् अर्वाङ् इत्य् अभिह्वयेत् तादृक् तत्। त्रिवृन्त्य् उत्तराणि। प्राणा वै त्रिवृतः। प्राणान् एव तद् अभ्युत्क्रामन्तो यन्ति। तद् आहुर् वीव वा एते प्राणापानाभ्याम् ऋध्यन्ते ये मृताय कुर्वन्तीति ॥ ३४६ ॥[2]

[१] ? एवं कोशेपु [२] र ॥४८॥

मैत्रावरुणाग्रान् ग्रहान् गृह्णन्ति । प्राणापानौ वै मित्रावरुणौ । प्राणापानाभ्याम् एव तत् समृध्यन्ते । तद् आहुर् न पुरा संवत्सराद् अस्थानि याज्यानि । यत् पुरा संवत्सराद् अस्थानि याजयेयुर् वाचं क्रूराम् अरिष्कृताम् ऋच्छेयुः । उपरिष्टाद् एव संवत्सरस्यास्थानि याज्यानि । वाचं क्रूराम् अरिष्कृतां नेद् ऋच्छामेति ॥

अथो खल्व् आहुर् यत्रैवेतरे ऽवभृथम् अभ्यवेयुस् तद् अस्थान्य् अवहरेयुः । समा हि वा एतेषां युक्तिश् च विमुक्तिश् च । यैवामीषां विमुक्तिस् ताम् एवानुविमुच्यत इति ॥ ३४७ ॥[1]

[१] र ॥४९॥

यदि सामि सत्त्राद् उत्तिष्ठेयुर् विश्वजितातिरात्रेण सर्वपृष्ठेन सर्ववेदसेन यजेरन् । ऋतवो वै पृष्ठानि संवत्सर ऋतवः । तेनैवैषां संवत्सर आप्तो भवति । अथ या दक्षिणा ददति ताभिर् अतिप्रयुञ्जते । अथो खल्व् आहुर् य एवायं वैश्वानरः प्रायणीयो ऽतिरात्रस् तेनैव यजेरन्न् इति । अहोरात्रे वै परिवर्तमाने संवत्सरम् आप्नुतः । तेनैवैषां संवत्सर आप्तो भवति । अथ या दक्षिणा ददति ताभिर् अतिप्रयुञ्जते ॥

यद्य् एकस्मिन् पर्याये ऽस्तुते ऽभिव्युच्छेत् पञ्चदशभिर् होत्रे स्तुयुः पञ्चभिः-पञ्चभिर् इतरेभ्यः । यदि द्वयोः पर्याययोर् अस्तुतयोर् अभिव्युच्छेद् धोत्रे च मैत्रावरुणाय च पूर्वे स्तुयुर् ब्रह्मणे चाच्छावाकाय चोत्तरे । यदि सर्वेषु पर्यायेष्व् अस्तुतेष्व् अभिव्युच्छेत् षड्भिर् होत्रे स्तुयुस् तिसृभिस्तिसृभिर् इतरेभ्यः । सर्वेभ्य एतद् अन्यत् कुर्युः । एकादशान् यद् एकर्चान् उपेत्यैन्द्रं दशां[1] सर्वं तृचम् एवं[2] ह चक्रे मौञ्जस् साहश्रवसः ॥ ३४८ ॥[3]

[१] ? एवं कोशेषु [२] य-वर्जम् अन्यत्राधिपाठः हि [३] र ॥५०॥

तम् उ ह न[1] कपिवनो भौवायन उवाचागवायनीभिर्[2] बत[2] महा[2] साहश्रवसो ऽगाद् उन्मदिष्णुर् अस्य प्रजा भविष्यतीति ब्रह्मवर्चसिनी त्व् एव भविष्यतीति । यन् माम् आमन्त्रयिष्यतेति होवाच । द्वादशैवैतान् एकर्चान् उपेत्यैन्द्र[2] द्वादशम्[2] अग्ने विवस्वद् उषसः इत्य् एतस्मिंस् तृचे राथन्तरं संधिम् अस्तोष्यत् । अग्ने इति तेनाग्नेयाद् रूपान् नैष्यत्[3] । उषसः इत्य् उषस्यात् सजूर् अश्विभ्याम् इत्य् आश्विनात् । नास्योन्मदिष्णुः प्रजा-भविष्यद् ब्रह्मवर्चसिनी त्व् एवाभविष्यद् इत्य् उत हैनम् उवाच । नैतद् अपि प्रस्नान्तम्[4] इव[5] ईयन्त्व् इति । तद् वै नानूक्ता इति होवाच । अथ हैके ऽभ्युदिताप्येव[2] निलिल्यिरे । ते हावरां रात्रिं समेत्य तुष्टुवुर् इयं वाव सा या नः पूर्वात्यगाद् इति । ते ह रराधुः । ते य एवं विद्वांसः कुर्वन्ति राध्नुवन्त्य् एव ॥ ३४९ ॥[7]

[१] य नास्ति [२] ? एवं कोशेषु [३] कोशेषु नयिष्यद् [४] ? व प्रस्नन्तम् [५] य-वर्जम् अन्यत्र इवं [६] य-वर्जम् अन्यत्र वै० [७] र ॥५१॥

यदि प्रातस्सवनात् सोमो ऽतिरिच्यते गौर् धयति मरुताम् इति माध्यंदिनस्य पवमानस्य पुरस्तात् स्तुयुः । गायत्रीषु स्तुवन्ति । गायत्राद् धि सवनात् सोमो ऽतिरिच्यते । मरुत्वतीषु स्तुवन्ति । मरुत्वद् धि सवनम् अभि सोमो ऽतिरिच्यते । धयद्वतीषु स्तुवन्ति । मरुताम् एवैनद् गावो धयन्ति । यावद् आज्यानां स्तोत्रं तावत् स्तोत्रं भवति । यत एवातिरिच्यते तद् एवावकल्पयन्ति ॥

यदि माध्यंदिनात् सवनात् सोमम् अतिरिच्यते बण् महाँ असि सूर्य इत्य् आर्भवस्य पवमानस्य पुरस्तात् स्तुयुः । बृहतीषु स्तुवन्ति । बार्हताद् धि सवनान् सोमो ऽतिरिच्यते । सौरीषु स्तुवन्ति । सौर्यं हि सवनम् अभि सोमो ऽतिरिच्यते । यावत् पृष्ठानां स्तोत्रं तावन् स्तोत्रं भवति । यत एवातिरिच्यते तद् एवावकल्पयन्ति ॥

यदि तृतीयसवनात् सोमो ऽतिरिच्यते ऽतो[1] उक्थ्यं कुर्वीरन् । यद्य् उक्थ्यम् अतिरिच्येत षोडशिनं गृह्णीरन् । यदि षोडशिनम् अतिरिच्येतातिरात्रं कुर्वीरन् । रात्रिं ह त्वाव नातिरिच्यते स्वकामेन ॥

पशुकामः पशून् अभ्यतिरेचयेत् । वैश्यस्य पशुमतः पशून् अभ्यतिरेचयेत् । त्रिष्टुप्सु स्तुवन्ति बृहत्साम । क्षत्रं वै त्रिष्टुप् । क्षत्रिय उ वै पशूनां प्रदाता । स यः पशूनां प्रदाता स नः पशून् प्रयच्छाद् इति ॥ ३५० ॥[2]

[१] ? एवं कोशेषु । अथो इति साधीयान् पाठस् स्यात् [२] र ॥५१॥

अतिरिक्तम् अनुबुध्यन्ते । अथ ब्रूयान् मानु वषट्कार इति । तान् सर्वाहुतो[1] हुत्वाभ्युत्पूर्यानु वषट्कारे जुहुयात् । यद्य् उ भूयान् एवातिरिच्येत सहैव कलशेन प्रतितिष्ठेत् । यदि राजानम् अववर्षेत् इन्दुर् इन्दुम् अवागात् तस्य त इन्दव् इन्द्रियावतो मधुमतो विचक्षणस्योपहूतस्योपहूतो भक्षयामि ॥ वाग् जुषाणा सोमस्य तृप्यतु इति । तद् आहुः कृत्स्नं वा एतद् अमृतम् अन्नाद्यम् इमं लोकम् आगच्छति यद् आपः । कृत्स्नं वेदम् अमृतम् अन्नाद्यम् इमं लोकम् अगाद् इत्य् एव मन्यमानो भक्षयेत् । सैव तत्र प्रायश्चित्तिः ॥

यदि चमसम् अभ्युपाकुर्युस् तम् उत्तरवर्गेणाभिप्रवृत्यासीत । राजा हैतद् ऋचा मिथुनीभवति । तम् अध्वर्युः प्रत्याकीर्य[2] यन् नादायेयाद्[2] यद्य् उ मार्त्विज्यस्याद्य[2] एवैनं संप्रति धिष्ण्यस्[2] स्यात् तं प्रतिसदसो ऽपियुत्य प्रयच्छेत् । तं मार्जयित्वा यद्विधा इतरे चमसास् तद्विधं कुर्युः । सैव तत्र प्रायश्चित्तिः ॥ ३५१ ॥[3]

[१] ? एवं कोशेषु [२] ? र त्र °गीर्यं [३] र ॥५३॥

यदि प्रातस्सवने कलशो दीर्येत विश्वेत् ता विष्णुर् आ भरत् इति वैष्णवीर् बृहतीर् माध्यंदिने कुर्युः । यदि माध्यंदिने सवने कलशो दीर्येत पवस्व वाजसातये इति वैष्णवीर् अनुष्टुभ आर्भवपवमाने कुर्युः । यदि तृतीयसवने कलशो दीर्येतोक्थ्यं कृत्वा यत् सोमम् इन्द्र विष्णवे इत्य् एतासु ब्रह्मसाम कुर्युः । छिद्रं वा एतद् यज्ञस्य यतः कलशो दीर्यते । तद् विष्णुनैव यज्ञेनोपयच्छान्ति । तद् ध्य् अस्य सदेवं[1] वषट्कारणिधनं साम भवति । उभौ वा एताव् अग्नी [2]यद् इयं[2] च वषट्कारश् च । साम्नैवास्यां[3] समिद्धे[3] हूयते ॥

श्रायन्तीयं ब्रह्मसाम । सम् एवैनत् तच् छृणन्ति । यज्ञायज्ञीयम् अनुष्टुप्सु प्रोहन्ति । वाग् वै यज्ञायज्ञीयं वाग् अनुष्टुप् । वाचैवैनत् तत् समृद्धयन्ति ॥

वारवन्तीयम् अग्निष्टोमसाम । इन्द्रियं वै वीर्यं वारवन्तीयम् । इन्द्रियेणैवैनत् तद् वीर्यं समृद्धयन्ति ॥

दीर्णस्य परिलाप्स्येतापि[4] । अथ उपस्थितम् इच्छेत् । स ब्रूयाद् अन्यं कलशम् आहरतेति । तद् उदीचीनदशं पवित्रं वितत्य शल्कम् अस्याथ राजानम् आनयेत् । अथाग्रयणस्य ग्रहस्याश्चोतयेत् । अथैकधनम् अवनयेत् । एकं वा द्वौ वा यावद् अलं मन्येत । सैव तत्र प्रायश्चित्तिः ॥ ३५२ ॥[5]

[१] ? कोशेषु संदेव [२-२] ? कोशेषु यदीयं [३] ? एवं कोशेषु [४] ? य परिलिप्सैतापि व पलिनिस्पेतापि [५] र ॥५४॥

यदि ध्रुवः प्रवर्तेत संलिख्य[1] न्युब्ज्य यच् छुद्धं तेनाभ्युत्पूरयेत् । यद्य् आग्रयणो ग्रहः प्रवर्तेतेतरेभ्यो ऽभ्युत्पूरयेत् । आत्मा वा आग्रयणो ग्रहः प्राणा इतरे । प्राणेभ्यो वा आत्मा संभवत्य् आत्मनो वा प्राणाः । स एष सर्वाणि सवनानि परिशये यज्ञस्यैवारिष्ट्यै ॥

यदि पृषदाज्यं प्रवर्तेताभ्युत्पूर्य पुनर् गृह्णीयात् ॥

यदि श्वावलिह्याद्[2] अहविष्यं वा स्यात् । तद् उत्तरवेद्यां निनीय मार्जयित्वा स्रुचम् अन्यद् गृह्णीयात् ॥

यदि नाराशंसं सन्नं चमसम् अभ्युन्नयेरन् नाह सो ऽहुतो भक्षाय नो भक्षितो होमाय । तम् अन्तरा परिधींश् चमसं च निनयेत् हुतस्य चाहुतस्य चाहुतस्य हुतस्य च पीतापीतस्य सोमस्येन्द्राग्नी पिबतं सुतं स्वाहा इति यजुषा हैके निनयन्ति । तूष्णीम् एवेति ह स्माह शाट्यायनिः । मार्जयित्वा चमसं येनाध्वर्युर् ग्रहेण प्रतिष्ठेत तस्य लिप्सेत[3] । प्राणं वा एतस्योपदासयन्ति यस्य चमसम् उपदासयन्ति । प्राणो वै ग्रहः । प्राणेनैवैनं तत् समृद्धयन्ति ॥

यदि पर्युन्नयेरन् पुनस् समवनयध्वम् इति ब्रूयात् । अथ तम् एवानून्नयेरन् । यद्य् उद्गायेयुर् अपि तेषाम् एव संप्रच्छिन्द्युः । यदि परिभक्षयेयुर् उपहवम् इच्छेत ॥

यदि बहिर्वेदि चरन्तम् अभ्य् अस्तम् इयाद् अपि वा श्रावयेयुर् गृहपतये उपहवम् इच्छेत । प्रजापतिर् वै गृहपतिः । प्रजापतिनैवैनं तद् उपह्वयते ॥

यदि ग्रावा विशीर्येत द्युतानस्य मारुतस्य ब्रह्मसाम्ना स्तुवीरन् । यदि वान्यो ग्रावा स्यात् तेनाभिषुणुयुः । यदि तन् न विन्देयुर् औदुम्बरं वा पालाशं वा कृत्वा तेनाभिषुणुयुः । सैव तत्र प्रायश्चित्तिः ॥ ३५३ ॥[4]

[१] व-वर्जम् अन्यत्र संल्हाख्यन् [२] व-वर्जम् अन्यत्र °लाह्याद् [३] य-र-वर्जम् अन्यत्र लाप्सेत [४] र ॥५५॥

यद्य् अक्रीतं राजानम् उपहरेयुर् आ वेत्तोर्[1] इच्छेयुः । अपि गिरिं[2] धावेयुर् यद् दीक्षित एव तावद् आसीत । यदि क्रीतम् अपहरेयुर् यम् एव कं चाधिगत्याभिषुणुयुः । येनैवास्य पूर्वक्रयेण[3] क्रीतो भवति तेनैवास्यायं क्रीतो भवति । सोमविक्रयिणे तु किं चित् कं देयं नेन् नो [4]ऽभिषवो हतो[4] ऽसद् इति ॥

यदि तं न विन्देयुर् बभ्रुतूलानि फाल्गुनान्य् अभिषुणुयुः । इन्द्रो वृत्रं वज्रेणाहन् । तस्य यो नस्तस् सोमो निरद्रवत् तान्य् एव बभ्रुतूलानि फाल्गुनान्य् अभवन् । अथ यो वपायाम् उत्खेदनतस् तानि रोहिततूलानि । तस्माद् बभ्रुतूलान्य् एवाभिषुत्यानि मेध्यतराणि ॥

असुर्यस् तेनानभिषुत्य इत्य् आहुः । असुरेषु वा इदम् अग्र आसीत् । तद् देवा अभिजित्यात्मन्न् अकुर्वत । तस्माद् अभिषुत्य एवेति ॥

यदि तं न विन्देयुर् ऊतीकान् अभिषुणुयुः । इन्द्रो वृत्रं वज्रेणाध्यस्य नास्तृषीति मन्यमानस् स ऊतीकान् एव प्राविशत् । तस्मै त एवोतिम् अविन्दन् । ऊतिर् वा एतस्य नश्यति यस्य राजानम् अपहरन्ति । ऊतिम् एवास्मै विन्दन्ति । यज्ञस्य वै यत्र शिरो ऽछिद्यत तस्य यो रसः प्राणेदत् त एवोतीका अभवन् । तम् उ तद् यज्ञम् एव प्रत्यक्षम्

अभिषुण्वन्ति यद् ऊतीकान् ॥
यदि तं न विन्देयुः—॥ ३५४ ॥[५]

[१] श वेत्रोर् [२] ? कोशेषु मिरिं [३] कोशेषु °क्रयण- [४-४] कोशेषु भीषहेवात्तो
[५] र ॥५६॥

—शुक्लाश् शादो ऽभिषुणुयुः । सोमो वै राजा यद् इमं लोकम् आजगाम स शात्स्व् एव तद् उवास । स एवास्य संन्यङ्गः । तम् एव तद् अभिषुण्वन्ति ॥

यदि तं न विन्देयुः पर्णम् अभिषुणुयुः । सोमं वै राजानं यत् सुपर्ण आजहार तस्य यत् पर्णम् अपतत् स एव पर्णो ऽभवत् । स एवास्य संन्यङ्गः । तम् एव तद् अभिषुण्वन्ति ॥

यदि तं न विन्देयुर् या एव काश् चौषधीर् अभिषुणुयुः । सोमं वै राजानं यत् सुपर्ण आहरन् समभिनत् तस्य वा विप्रुषो अपतंस् ता एवेमा ओषधयो ऽभवन् । सर्वा उ ह वै सौम्या ओषधयः । स एवास्य संन्यङ्गः । तम् एव तद् अभिषुण्वन्ति ॥

प्रतिधुक् प्रातस्सवने ऽवनयेच् छ्रितं माध्यंदिने सवने दधि तृतीयसवने । तम् उ तं सोमम् एव प्रत्यक्षं भक्षयन्ति यत् पयः । ओषधीनां हि स रसः ॥

पञ्च दक्षिणा दद्यात् । पांक्तो यज्ञः । यावती यज्ञस्य मात्रा तस्याम् एवैतत् प्रतितिष्ठन्ति । अवभृथाद् उदेत्य पुनर् दीक्षेत । स यावद् दास्यन् स्यात् तद् दद्यात् । सैव तत्र प्रायश्चित्तिः ॥ ३५५ ॥[१]

[१] र ॥५७॥

यद् अर्वाक् स्तुतम् अस्तुतं तत् । यद् अतिष्टुतं दुष्टुतं तत् । यत् संप्रति तत् स्तुतम् । यद् अर्वाक् स्तुयुर् उत्तरे स्तोत्रे तावतीर् वोपप्रस्तुयुर् भूयोक्षरासु वा स्तुवीरन् । न्यून एव तद् अतिरिक्तं दधति मिथुनत्वाय प्रजननाय ॥

यद्य् अतिष्टुयुर् उत्तरे स्तोत्रे तावतीभिर् वा न स्तुवीरन् कनीयोक्षरासु वा स्तुवीरन् । अतिरिक्त एव वा तन् न्यूनं दधति न्यूने वातिरिक्तं मिथुनत्वाय प्रजननाय । मिथुनेन जायते य एवं वेद ॥

यद् अर्वाक् स्तुयुस् त्रीळम् अग्निष्टोमसाम कुर्युः । द्वे यज्ञस्य छिद्रम् अपिधत्तः । स्व[१] आयत[१] एका भवति । यद्य् अतिष्टुयुस् स्वारम् अग्निष्टोमसाम कुर्युः । न्यूनो वै स्वरः । अत्य् एतद् रेचयन्ति यद् अतिष्टुवन्ति । यद् एकयातिष्टुतं विराट् सा लोमशा । यद् द्वाभ्यां स्तनौ तौ । यत् तिसृभिर् [२]दोहस् सः[२] । दोग्धा[३] ह्य् एव यत् तृतीयः । यच् चतसृभिस् स्तनास् ते । यत् पञ्चभिर् [४]दोहः सः[४] । दोग्धा[५] ह्य् एव पञ्चमः । षष्ठ्या वा त्वै सप्तम्या वातिष्टुतम् ॥ ३५६ ॥[६]

[१] ? एवं कोशेषु [२-२] कोशेषु दोहस्व [३] ? कोशेषु दोग्ध्वा [४-४] कोशेषु दोहस्व
[५] व श दोग्ध्वा [६] र ॥५८॥

अथ प्रजापतिः प्राजिजनिषत । स तपो ऽतप्यत । स ऐक्षत हन्तै नु प्रतिष्ठां जनये ततो याः प्रजास् स्रक्ष्ये ताम् एतद् एव प्रतिष्ठास्यन्ति नाप्रतिष्ठिताश् चरन्तीः प्रदर्पिष्यन्त इति । स इमं लोकम् अजनयद् अन्तरिक्षलोकम् अमुं लोकम् इति ॥

तान् इमांस् त्रीन् लोकान् जनयित्वाभ्यश्राम्यत् । तान् समतपत् । तेभ्यस् संतप्तेभ्यस् त्रीणि शुक्राण्य् उदायन्न्[3] अग्निः पृथिव्या वायुर् अन्तरिक्षाद् आदित्यो दिवः ॥

स एतानि शुक्राणि पुनर् अभ्य् एवातपत् । तेभ्यस् संतप्तेभ्यस् त्रीण्य् एव शुक्राण्य् उदायन्न् ऋग्वेद एवाग्नेर् यजुर्वेदो वायोस् सामवेद आदित्यात् ॥

स एतानि शुक्राणि पुनर् अभ्य् एवातपत् । तेभ्यस् संतप्तेभ्यस् त्रीण्य् एव शुक्राण्य् उदायन् भूः इत्य् एवर्ग्वेदात् भुवः इति यजुर्वेदात् स्वः इति सामवेदात् । तद् ध वै त्रय्यै विद्यायै शुक्रम् । एतावद् इदं सर्वम् । स यो वै त्रयीं विद्यां विदुषो लोकस् सो ऽस्य लोको भवति य एवं वेद ॥ ३५७ ॥[4]

[१] र व नास्ति [२] र व हन्ता- [३] कोशेषु उदानयन्न् [४] र ॥५९॥

स वै खलु प्रजापतिर्[1] यज्ञं सृष्ट्वोर्ध्व उदक्रामत्[2] । स देवान् अब्रवीद् एतेन यूयं त्रयेण वेदेन यज्ञं तनुध्वम् इति । ते देवा अनेन त्रयेण वेदेन यजमाना अप पाप्मानम् अघ्नत[3] प्र स्वर्गं लोकम् अजानन् । ते ऽब्रुवन् [4]यन् नु वयम्[4] अनेन त्रयेण वेदेन यजमाना अप पाप्मानम् अवधिष्माभि[5] प्र स्वर्गं लोकम् अज्ञासिष्म । यन् नु नो ऽयायं[6] यज्ञो ह्रेषं नीयात् केनैनं भिषज्यामेति । तान् प्रजापतिर् अब्रवीद् यद् वा एतस्य त्रयस्य वेदस्य तेज इन्द्रियं वीर्यं रस आसीद् इदं वा अहं तत् समुदयच्छम् इत्य् एता व्याहृतीः प्रयच्छन्न् एताभिर् एनं भिषज्याथेति । स यदि यज्ञ ऋक्तो ह्रेषं नीयात् भूस् स्वाहा इति गार्हपत्ये जुहवाथ । सैव तत्र प्रायश्चित्तिः । अथ यदि यजुष्टः भुवस् स्वाहा इत्य् आग्नीध्रे जुहवाथ । सैव तत्र प्रायश्चित्तिः । अथ यदि सामतः स्वस् स्वाहा इत्य् आहवनीये जुहवाथ । सैव तत्र प्रायश्चित्तिः । अथ यदीष्टिपशुबन्धेषु वा दर्शपूर्णमासयोर् वा भुवस् स्वाहा इत्य् अन्वाहार्यपचने जुहवाथ । सैव तत्र प्रायश्चित्तिः । अथ यद्य् अनुपस्मृतात् कुत इदम् अजनीति भूर् भुवस् स्वस् स्वाहा इत्य् आहवनीये जुहवाथ । सैव तस्य सर्वस्य प्रायश्चित्तिः । तद् यथा शीर्णं तत् पर्वणा पर्व संधाय भिषज्येद् एवम् एवैवं विद्वांस् तत् सर्वं भिषज्यति । अथ यस्यैतद् अविद्वान् प्रायश्चित्तिं करोति यथा शीर्णेन शीर्णं संदध्याच् छीर्णं वा भरम् अध्याद्ध्यात्[7] तादृक् तत् । तस्माद् उ हैवंविदम् एव प्रायश्चित्तिं कारयेत ॥

तद् आहुर् यद् ऋचा होतृत्वं क्रियते यजुषाध्वर्यवं साम्नोद्गीथो ऽथ केन ब्रह्मत्वं क्रियत इति । अनया त्रय्या विद्ययेति ह ब्रूयात् । तस्माद् उ यम् एव ब्रह्मिष्ठं मन्येत तं ब्रह्माणं कुर्वीत । स ह वाव ब्रह्मा य एवं वेद ॥ ३५८ ॥[8]

[१] कोशेषु प्रतिर्, प्रति [२] कोशेषु °न् [३] ए॑य । अन्यत्र अपघ्नत [४-४] कोशेषु न्यन्वयम्, न्यत्स्वयम् [५] ? कोशेषु वधिष्ठीमहि, वधिष्ममभि, वधिष्ममहि [६] कोशेषु थायेन् [७] र व अध्याद्रप्स्यात् [८] र ॥६०॥

तद् आहुर् यत् पूर्वपक्षं मनुष्यास् सुन्वन्त्य् अपरपक्षं देवा अथ सत्त्रिण उभौ पूर्वपक्षापरपक्षौ सुन्वन्त आसते । यो न्वावैकेन मनुष्येण संसुनोति तं न्व् एव परिचक्षते । अथ किं य उभयैर् देवमनुष्यैः । कथं तेषां तद् असंसुतं भवतीति । स ब्रूयाद् अमुं वै लोकं मनुष्याः पूर्वपक्षे वर्धयन्त्य् अमुम् आप्याययन्त्य् अमुं प्रजनयन्ति । पूर्वपक्षे यजमानो विद्याद् अमुम् इदं लोकं वर्धयाम्य् अमुम् आप्याययाम्य् अमुं प्रजनयामि देवानाम् अनु-

षेणो ऽस्मीति । यो वै श्रेयसो ऽनुषेणो भवति न वै स रिष्यति ॥

इमम् उ वै लोकं देवा अपरपक्षे वर्धयन्तीमम् आप्याययन्तीमं प्रजनयन्ति । अपरपक्षे यजमानो विद्याद् इदम् इमं लोकं वर्धयामीमम् आप्याययामीमं प्रजनयामि मनुष्याणाम् अनुषेणो ऽस्मीति । यो वै श्रेयसो ऽनुषेणो भवति न वै स रिष्यति ॥ ३५९ ॥[1]

[१] र ॥६१॥

अथ ह स्माह भाल्लवेय इमं ह वै लोकं देवा अपरपक्षे वर्धयन्तीमम् आप्याययन्तीमं प्रजनयन्ति तस्मात् प्र पूर्वाः प्रजाः पशव ओषधयो वनस्पतयो 'दध्यं तथापराः'[1] कल्याणी-तराः[2] प्रतिधीयन्तीति' । एतद् धि तद् विद्वान् उवाच । तद् आहुर् यद् रथाह्न्यं[3] वा नदीं वा गिरिभिदम्[4] असंसवं मन्यन्ते ऽथ सत्रिणस् सामान्यां शालायां बहवस् सुन्वन्त आसते । यदि वै ते मन्यन्ते नानेदं यजामहा इति सं तर्हि सुन्वन्ति । यद्य् उ वै मन्यन्ते गृहपतिम् इदं याजयाम इत्य् अन्तरितास् तर्हि यज्ञाद् भवन्ति ॥

कथं तेषां तन् नानेष्टं भवति कथम् असंसुतम् इति स ब्रूयात्— ॥ ३६० ॥[5]

[१-१] ? र व दध्यन्त्य (र न्त) थापराः (र थापराह) [२] ? एवं कोशेषु [३] व अधिपाठः वन्यं [४] व श भिरभिदं [५] र ॥६२॥

—प्राणो वै सोमो राजा । तद् यद् धविर्धाने ग्रावभिस् सोमं राजानम् अभिषुत्य नानाग्रहान् गृह्णन्ति नानाप्रवरान् प्रवृणते नाना यजन्ति तेनैवैषां तन् नानेष्टं भवति । अथो यद् एवैषा समाना सती देवता नाना प्रजासु प्रतिष्ठितातो नो असंसुतम् इति । यो ह त्वै संसवे संसवं वेद स हैव संसुन्वतोर् अभिभवति । अयम् एव यो ऽयं पवत एष एव संसवे संसवः । एतं हि सर्वे देवा अनुयन्ति । तस्माद् याम् एष दिशं वाति तां दिशम् ओषधयो वनस्पतयो ऽनुप्रतिहते । स एव वा आपो यदा ह्य् 'एष ऋच्छति' । अथ वर्षास् तिष्ठन्ति । स एव ताव् अन्तरेणावकाशः । सैव सा नदी गिरिभिद् भवत्य् असंसवाय । तस्माद् उ हैव विद्वान् अप्य् उत्काशो दीक्षेत । स हैव संसुन्वतोर् अभि-भवति । स एतां देवताम् उपतिष्ठेत शिवो ऽसि प्र त्वा पद्ये नमस् ते अस्तु मा मा हिंसीः ॥ यो मां द्वेष्टि स आर्तिम् आर्छतु इति । यो हैवैवंविदं द्वेष्टि स आर्तिम् आर्छति ॥ ३६१ ॥[2]

[१-१] ? कोशेषु एषर्च्छ (र्च्छ वा) ति [२] र ॥६३॥

तद् आहुः कतिधावकीर्यमाणः प्रविशतीति । चतुर्धेति ब्रूयात् । चतुर्धा ह वा एष प्रविशति यो ऽवकीर्यते । इन्द्रं बलेन मरुतः प्राणेन बृहस्पतिं ब्रह्मवर्चसेनाग्निम् एवेतरेण सर्वेण ॥

अथाशुक्रः परिशिष्यते । तस्यैषा प्रायश्चित्तिः । अमावास्यां रात्रिम् अग्निम् उप-समाधाय परिस्तीर्य परिषिच्यैते आहुती जुहुयात् कामावकीर्णो ऽस्म्य् अवकीर्णो ऽस्मि काम कामाय स्वाहा ॥ कामाभिद्रुग्धो ऽस्म्य् अभिद्रुग्धो ऽस्मि काम कामाय स्वाहा इति । सो ऽञ्जलिं कृत्वा त्रिर् उपतिष्ठेत

सं मा सिञ्चन्तु मरुतस् सम् इन्द्रस् सं बृहस्पतिः ।
सं मायम् अग्निस् सिञ्चत्व् आयुषा च बलेन च ।
दीर्घम् आयुः कृणोतु मे ॥

इति । स यद् आह सं मा सिञ्चन्तु मरुतः इति मरुत एवास्मै तत् पुनः प्राणं दधति य एवं वेद तस्मै । स यद् आह सम् इन्द्रः इति इन्द्र एवास्मै तत् पुनर् बलं ददाति य एवं वेद तस्मै । स यद् आह सं बृहस्पतिः इति बृहस्पतिर् एवास्मै तद् ब्रह्मवर्चसं ददाति य एवं वेद तस्मै । स यद् आह सम् अग्निः इत्य् अग्निर् एवैनं तत् सर्वेणेतरेण समृद्धयति येनावकीर्यमाणो व्यृध्यते । स त्रिर् अभिमन्त्रयते । त्रय इमे लोकाः । आप्नोतीमांस् त्रीन् लोकान् सर्वम् आयुर् एत्य् अव पाप्मानं हते गच्छति स्वर्गं लोकम् ॥ ३६२ ॥[3]

[१] केषुचित् कोशेषु ऽसि [२] कोशेषु °न्तु [३] र ॥६४॥

अथ ह वै नैमिशीया इति सत्त्रिणस् सोमशुष्मगृहपतयस् सत्त्रं निषेदुः । तेषां महेन्द्रो व्यर्धयिष्यन् मर्कटरूपेण पुरोडाशं प्रममाथ । अथ हैषां शितिबाहुर् ऐषकृतो ऽध्वर्युर् अनूचाना[1] आस । स हैतं त्रय्यै विद्यायै शुक्रं रसं प्रबृढं विदांचकार सर्वस्य प्रायश्चित्तिं[2] भूर् भुवस् स्वः इत्य् एताभिर् व्याहृतिभिः । एता वै व्याहृतयस् सर्वप्रायश्चित्तयः । तद् यथा वा अदस् समुद्रो ऽनन्तो ऽपारो ऽक्षितो द्यावापृथिवी सर्व इमे लोका एवं वा एता व्याहृतयो ऽक्षिताः—॥ ३६३ ॥[3]

[१] एवं कोशेषु [२] र श °तं [३] र ॥६५॥

—अदुग्धा अनन्ता अक्षरा[1] इति । तद् यद् वै भूः इति तद् अयं लोको यद् भुवः इति तद् इदम् अन्तरिक्षं यत् स्वः इति तद् असौ लोकः । एता वै व्याहृतयः । एता वै देवता एता व्याहृतय इत्य् एतद् धि तद्विदुषश् शितिबाहोर् ऐषकृतस्य नैमिशे मर्कटः पुरोडाशं प्रममाथ । स होवाच चतुर्गृहीतम् आज्यं गृहीत्वाऽऽ वाहर[3] जुहोमि वेति । स होवाच तद् अह त्वम् इत्थं चामुथा च[2] यदि त्वम् अनूचिषे मर्कटः पुरोडाशं प्रमथिष्यति तस्य प्रायश्चित्तिम् इति । स होवाच तद् अहाहं वसीयान् भूयासं यद् अहम् अव्यभ्रव्यसमाज्ञातस्य[3] प्रायश्चित्तिम् आ वाहर[3] जुहोमि वेति । आहराणीति होवाच महौषीर्[3] इति । तम् उ हाजहार । तद् यस्यैवं विद्वान् ब्रह्मा भवति [4]दक्षिणतो हास्योदङ् यज्ञः प्रणवो भवति दक्षिणतो हास्योदङ् यज्ञः प्रणवस् संतिष्ठते यस्यैवं विद्वान् ब्रह्मा भवति य उ चैनम् एवं वेद[4] य उ चैनम् एवं वेद ॥ ३६४ ॥[5]

[१] य श अपरा [२] ? कोशेषु चात्य [३] एवं कोशेषु [४] र व नास्ति [५] य ॥खण्डं॥ इति महाब्राह्मणम् । आदिकेशवाय त्रयीमूर्त्तये नमः ॥ हरिः ओम् ॥ अविघ्नमस्तु । श्रीगुरुभ्यो नमः । करकृतमपराधं क्षन्तुमर्हन्ति सन्तः । दुन्दुभिनामसंवत्सरं कार्तिके मासे ६ महाब्राह्मणं ३६० खंडमुं पंचनदिमीनाक्षि सुंदरेश्वरन् स्वहस्तलिखितम् । शुभमस्तु । जैमिन्याचार्याय नमः । अस्मद् गुरोभ्यो नमः । श्रीवेदव्यासाय नमः । हरि ओम् ॥ र श लोके प्रख्याति । अग्निष्टोमं समाप्तं ॥ हरिः ओम् ॥ उज्जहारागमांभोधेर्यो धर्म्मामृतमञ्जसा । न्यायैर्निर्म्मथ्य भगवान् स प्रसीदतु जैमिनिः ॥ ओम् ॥ व लोकप्रख्याति । अग्निष्टोमं समाप्तं ॥ हरिः ओम् ॥ श्रीमद्गुरुभ्यो नमः । सामब्राह्मणमिति यल्लोके विख्यातमस्ति । जैमिन्याविरचितमलिखत् भक्त्या भारद्वाजगोत्रशेषाख्यः । हरि ओं । शुभमस्तु ॥

अथ

जैमिनीयब्राह्मणे

द्वितीयं काण्डम्

वाग् एषा यत् पृष्ठानि । ताम् एतां विप्रयुञ्जते । तां विहरन्ति[१] ।

सा[२] प्रथमम् अहः प्राप्य रथन्तरं भवति । इयम् एव पृथिवी । वाग् वै रथन्तरम् । सैषा वदति ।

सा द्वितीयम् अहः प्राप्य बृहती भवति याम् इमां श्रेष्ठी[३] वाचं[४] वदतीत्य् अवोचद् इति । सा हि दूराच् छ्रूयते ।

सा तृतीयम् अहः प्राप्य वैरूपा[५] भवति यद् इदं तिर्यग् वाच एहि [६]प्रेह्य् आहरोपाहराशय[६] पाययेति ।

सा चतुर्थम् अहः प्राप्य विराड् भवति । तूर्ष्णीं निषद्यम्[७] । एतद् ध वै वैराज्यं[८] वाचो यत्[९] तूर्ष्णींनिषद्यं[७] याम् इमां श्रेष्ठिनस् तूष्णीम् आसीनस्यैव[१०] जिज्ञासन्ते ।

सा पञ्चमम् अहः प्राप्य शक्वरी भवति यया प्रशिष्टश्[११] शक्नोति ।

सा षष्ठम् अहः प्राप्य रेवती भवति ययान्नाद्यं प्रदीयते ।

सा न मासि-[१२]मास्य् आत्तव्या[१२] । लेलिभस्यैतद्[१३] आजानं याम् इमां लेलिभा[१४] वाचं वदन्ति । इमां वा अयं ह्यो ऽवदद् इमां पूर्वेद्युर् इमां पूर्वसमाम् । समानीं बत वाचं वदति[१५] न[१६] बतैनं पर्येतीति । एवं तद् यन् मासि-मासि पृष्ठान्य् उपयन्ति ॥ १ ॥

[१] ग विहन्ति [२] ग या वि स [३] क ग श्रेष्ठं [४] ख वाच वि वाचं नास्ति [५] ग वि विरूपा [६–६] क प्रेह्याहरो अवहराशेय ख प्रेह्याहरोपहराशेय ग प्रेह्याहरोवहराशे वि प्रेह्याहरोपाहराशे [७–७] ग तूष्णींनिषिद्यम् [८] वि वैराज्यम् क ख ग वैराजम् [९] क ख ग य वि यत् [१०] क आसीनस्सीव ग आसीनस्यैवं [११] क ख प्रशिष्ठ ग यया प्रशिष्टश् नास्ति [१२–१२] क मास्यत्तव्या ख ग मास्यात्तव्या वि मास्यात्तद्या [१३] क ख लैलिभ्य- त्रि लेलिभ्य- (लेलीभ्य-) [१४] क ख वि लेलिभा ग ललोभा [१५] क वदन्ति [१६] ख ग न नास्ति

अथ यथा तूष्णीम् आसित्वा यद् एव कल्याणं यत् पुण्यं [१]तद् व्याहरेत्[१] । [२]सा व्याहृतं[२] बत व्याहार्षीद् व्याहर्ता बतेति । एवं [३]तद् यद् उपरिष्टात्[३] संवत्सरस्य पृष्ठान्य् उपयन्ति । [४]अभ्य् एव[४] रथन्तरेण क्रन्दति, रेत एव बृहता सिञ्चति[५], गर्भान् एव वैरूपेण दधाति, जनयत्य्[६] एव वैराजेन, वर्धयत्य्[७] एव शक्करीभिर्, अन्नाद्यम् एव रेवतीभिः प्रदीयते[८] । तत् कुतो[९] मासि-मासि जनिष्यते । यो वै मास्यो गर्भो ऽवपद्यते— ऽस्रावीद्[१०] इति [११]वै तम् आहुः[११] । स यथा सामि गर्भाः[१२] पतेयुर् यथा वामा[१३] [१४]ओषधीर् लिलियुस्[१४] ताः किंदिता[१५] स्युश् शुष्येयुर्[१६] एवैवं [१७]तद् यन् मासि-मासि पृष्ठान्य् उपयन्ति ॥ २ ॥

[१–१] ग तद्व्याहरेत् [२–२] क ख सा व्याहृतं ग सुव्याहृतं [३–३] क ख ग तद्युपरिष्टात् [४–४] ग अद्यैत्र [५] ग सिञ्चर्ति [६] ग जनयेत्य् [७] ख वर्धयन्त्य् [८] ग पदीयते [९] ग कुतो [१०] क ख ग अस्रावीर् [११–११] ग चैतमाहुः [१२] ग गर्भा [१३] ग वा [१४–१४] क ओषधीर्लायुस् ख ओषधीर्लिलियुस् ग ओषधंल्लायुस् त्रि ओषधीर्लिलियुस् (ओषधीर्लेलियुस्) [१५] ग किदिता त्रि किदितास् [१६] क शिष्येयुर् [१७–१७] ग तद्यजासि

अथ यथो संवत्सरं भृत्वा[१] गर्भं [२]जनयेद् ऋतौ[२] पक्वा[३] ओषधीः प्रचिनुयुस्[४] तासां

कामान् [५]कुर्वीरन्न् एवं[५] तद् यद् उपरिष्टात् संवत्सरस्य पृष्ठान्य् उपयन्ति । अथ ह स्माह चित्रो[६] गांग्यायनि[७] स्पन्दनैषा[८] बहुदोहिनी[९] यत् पृष्ठानि । को ऽहग्ह[१०] स्पन्दनायै धारयितॄन् एषिष्यति । न वा एतान्य् अव्यूढे[११] दुह्रे[१२], नो वा एतान्य् [१३]उपरिष्टाद् व्यूढे[१३] दशरात्रे गायत्र्या परिह्वतानि दुह्रे । स यथा स्पन्दनां[१४] [१५]रज्जुभिर् व्यपतत्य दुहयुर्[१५] एवम् एतान्य् उपरिष्टाद् व्यूढे दशरात्रे गायत्र्या परिह्वतानि[१६] दुह्रे । स यथा उपसृजेद् एवं तद् यद् गायत्रमुखस् त्र्यहो[१७], यथाभिदध्याद्[१८] एवं तद् यद् गायत्रमध्यो, यथापहृत्य दुह्याद् एवं [१९]तद् यद् गायत्रोत्तमः[१९] । तस्माद् उपरिष्टाद् एवोपेत्यानीति ।

तद् उ होवाच शाट्यायनिर् यो वा एष चन्द्रमा एष वाव संवत्सर, एष प्रजापतिर्, एष मास इति । एतावान् वावैष यावान् मासः । एतं वावैष आप्त्वा पुनः पल्ययेते । स पञ्चदश[२०] रात्रीर् ऊर्ध्व एति पञ्चदशार्वाङ् । या आपूर्यते ता ऊर्ध्व[२१] एत्य्, अथ या अपोछस्[२२] ता अर्वाङ् । स आपूर्यमाणो ऽमुं लोकं गच्छति । सो ऽमुना लोकेन संस्पृश्यान्नं भवति । स यद् अस्य तत्र स्वद्यं तत् स्वद इत्यपोछन्न्[२३] इमं लोक आगच्छति । स इमा अप[२४] ओषधीः प्रविशति । स इमा अप[२४] ओषधीः प्रविश्यास्व् अप्स्व् ओषधीष्व् आत्मान न्युह्यापूर्यमाणो[२५] ऽमुं लोकं गच्छति ॥ ३ ॥

[१] ग सत्वा [२–२] क जनयेद्दृनौ ग जनयदृतौ [३] क पक्त्र [४] क ख ग प्रचिनियुस् [५–५] क ख ग कुर्वीरन्नैव [६] क चीत्रो ग नास्नि [७] क ख गांग्यायनि ग गार्ग्यायनि [८] ग स्पन्दनिनैषा [९] क ख ग बहुगोहिनि [१०] क ग हर [११] ग अप्यूढे [१२] ग दुभ्रे [१३–१३] क उपरिष्टद्व्यूढे [१४] ग स्पन्दनं [१५–१५] क रज्जुर्वपतत्युदुहुर् ख रज्जुर्व्यपतत्यदह्युर् ग रज्जुभि पतत्युदुह्युर् [१६] ख पहृतानि [१७] क त्रयहो ग त्र्यहे [१८] ग यथाहिदध्याद् [१९–१९] क तद्यद्गायत्रमद्धयो ख तद्यत्गायत्रमद्धयो ग तद्यत्गायत्रमध्यो [२०] ग पञ्चदशं [२१] ग और्ध्व [२२] क आपोच्चर्चस् ख आपोच्छस् ग अपोर्चस् [२३] क ख इत्वा- [२४] क ख ग आप [२५] क नह्या- ख न्यह्या- ग ह्या-

स एवम् एव [१]पुनः पल्ययमानस्[१] संवत्सरम् आप्नोति । स यावद् ध वै द्वादशभिस् [२]संवत्सरैर् अवरुन्द्धे[२] तावद् एकेनैव संवत्सरेणावरुन्द्धे[३], य एवं विद्वान् मासि-मासि पृष्ठान्य् उपैति ।

तान् एतांश् चतुरो ऽभिप्लवान् उपयन्ति । तेषां [४]चतुर्विंशती रात्र्यः[४] । चतुर्विंशत्यर्धमासस् संवत्सरः । तद् एषां मासि-मासि संवत्सर आप्तो भवति ।

पृष्ठ्यं पञ्चमम् उपयन्ति । तद् एषाम् उपरिष्टात् संवत्सरस्य मासि-मासि पृष्ठान्य् उपेतानि भवन्ति ।

अथ ह स्माह [५]महित्थश् शैन्मिषिर् यं[५] वा [६]इमम् आहुर् अपृष्ठो ऽध्रुवकोष्णीषः[६] कुलस्य-कुलस्योद्भिदा वेष्टत इत्य् एष ह वाव सो ऽपृष्ठो ऽध्रुवकोष्णीषो य [७]एव निर्ह्वतपृष्ठ्यष् षडहः[७] । ते किं तत् पृष्ठ्यस्य षडहस्य [८]स्तोमान् एव[८] [९]कुर्वन्त आद्रियेरन्[९] । अभिप्लवान् एवैतान् [१०]पञ्चोपेत्योपरिष्टाद् एव[१०] पृष्ठान्य् उपेत्यानीति ॥ ४ ॥

[१–१] क पुनस्वव्ययमान ख ग पुनस्पव्ययमानस् [२–२] क संवत्सरैःरवरुन्द्धे ख संवत्सरःरवरुन्धे ग संवत्सरैःनवरुन्वे [३] क ख ग अवरुन्धे [४–४] क ख ग चतुर्विंशतिरात्रेः [५–५] क मिहित्थशैन्मिषीष्य ख गिहित्थ- ग महित्थश्शन्मिषिर्या [६–६] क -धावकोष्णीषः ग इमाहुतिरपृष्ठोधु कोष्णिषः [७–७] क एनिर्ह्वनपृष्ठ्यश्शडहः ख एनिह्वनपृष्ठश्शडहः ग एनिह्वतपृष्ठ्ष डहः [८–८] ख स्तोमान्येव [९–९] क ख कुवंन्त आदियेरन् ग कुर्वमून्दियेरन् [१०–१०] ख पञ्चोपेत्योपरिष्टादे

ग पञ्चोपत्योपरिष्टादेव

असौ वा आदित्यो ऽत्राग्र आसीद् [1]यत्रैनच् चात्वालम्[1] । स इदं सर्वं प्रातपत्[2] । तस्य देवाः प्रदाहाद् अबिभयुः[3] । ते ऽब्रुवन्—सर्वं वा अयम् इदं प्रधक्ष्यति[4] । [5]एतेम् ऊर्ध्वम् उदूहामेति[5] । तं षड्भिर् मासैर् ऊर्ध्वम् उदौहन् । तम् एकविंशे विषुवत्य् अध्यादधुः । स एष एकविंशे विषुवत्य् अध्याहितः[6] तपति । तद् ये च ह वा इत ऊर्ध्वा[7] लोका ये चामुतो ऽर्वाञ्चस् तेषाम् एष एतद् उभयेषां[8] विषुवति । तद् यद् उभयेषां विषुवति तस्माद् विषुवान् सः । यथा वै रथनाभाव्[9] अरास् समग्रा एवं हैतस्मिन् सर्वे लोकास् समग्राः । तान् वा एतान् एके परस्ताद्[10] विषुवत ऊर्ध्वान् एव षडहान् उपयन्ति । यथैवैत आ विषुवत उपयन्त्य्[11] एवम् एवापि पराञ्चः । पराङ् वै स्वर्गो लोकः । पराञ्च एतं स्वर्गं लोकं रोहाम । प्रत्यवरोहस् स [12]यद् अर्वाञ्च[12] उपेयाम । अथैवम् अप्रत्यवरूढम् इति वदन्तस् ते ये ह ने तथोपयन्ति य एवं[13] तस्माद् आदित्याद् अर्वाञ्चो लोकास् तान् एवानुवन्ति । यद्य् अपि बहून् संवत्सरान् उपयन्त्य् अथ तान् एवाप्नुवन्ति । अथ य[14] एवैनान्[15] पराचश् चार्वाचश्[16] च षडहान् उपयन्ति त एवैतान् उभयान्[17] लोकान् आप्नुवन्ति पराङ् इयान्[18] अर्वाङ् इति ॥ ५ ॥

[१–१] क यत्रैच्चात्वालम् ग यत्रैद्धयात्वालम् [२] ग प्रापतत् [३] क ख ग आभबिभयुः [४] क ख ग प्रधक्षति [५–५] ! क एतेम्मूर्द्ध्वमुदूह मेति ख एतेम्मूदूर्द्ध्वमुदूहामेति ग एतेम्मूर्द्ध्वमुदूहामेति [६] ग अध्याहि [७] ग ऊध्व [८] ग उहएषां [९] क रथानाभाव् [१०] ग पारस्ताद् [११] ग उपयत्य [१२–१२] ग यर्वाञ्चि [१३] ग एव सन् [१४] ग य नास्ति [१५] ख एवैता [१६] ग चार्वाश् [१७] ग उय नुभयान् [१८] ? क ख ग इयन्न्

स इमं लोकम् अन्तिकाद् अभ्यतपत् । ते वायुम् अवस्तात् पर्यौहन् । तेनैनम् अशमयन् । अपो ह वा एष [1]एतद् बिभर्ति । ते ऽद्भिर्[1] एवैनं तद् अशमयन् । [2]सो ऽमुं परं[2] लोकं प्रातपत् । ते चन्द्रमसं परस्तात् पर्यौहन् । तेनैनम्[3] अशमयन् । प्रजापतिर् वै चन्द्रमाः । प्रजापतिनैवैनं[4] तद् अशमयन्[5] ।

त्रिषु ह वा अयम् इदं लोकेषु पवते । त्रिषु तत आदित्यस्, त्रिषु नक्षत्राणि, तस्मात् तान्य् अणिष्ठानि[6] [7]पराध्यर्नीत्य् एते[7] ह वाव द्वादश देवलोकाः । अथ यथोषसो[8] वा यद् वैवम् एवान्ये लोकाः ।

स इमं लोकम् ओकं प्रजानन्न् [9]अभ्यवाविध्यत् तन्त्रिभिः[9] । स्वरसामभिर् अवस्ताद्[10] उपादधुः । [11]सो ऽमुं परं लोकं[11] प्रापश्यत् । तम् उ देवा विध्यत् तन्त्रिभिः । स्वरसामभिः परस्ताद् उपादधुः । तम् एतद् अत्रास्पृण्वन् । यद् अस्पृण्वंस् तत् स्वराणां स्वरत्वम् ।

सप्तदशा स्वरसामानो भवन्ति । अन्नं वै सप्तदशम् । अन्नाद्य एवैनं तद् अध्यादधुः । अथो प्रजापतिर् वै सप्तदशः । प्रजापतिनैवैनं तद् अन्नाद्ये ऽध्यादधुः । स [12]एषो हि[12] पूर्वं ऽन्नाद्ये ऽध्याहितस् तपति । ते वा एते स्वरसामान एकपञ्चाशत् सत्रिंशिनीर्[13] विराजस् संपद्यन्ते[14], पञ्चविंशतिर् अवस्तात् पञ्चविंशतिः परस्तात् । अथ यैकपञ्चाशी तस्याम् एष एतन् मध्य[15] व्यूह्याध्याहितस्[16] तपति । तं न शोको[17] न हिमो नाशनायति[18] न पिपासति[19] नास्य[20] का चनार्त्तिर् अस्ति । न ह वा अशनायति[21] न पिपासति नास्य का चनार्त्तिर्[21] भवति य एवं वेद ॥ ६ ॥

[१-१] क एतत् बिभृतीयतेद्भिर् ख ग एतत् विभृतीयतेत्भिर् [२-२] ? क ख सोमं परं ग सोमापरं [३] ग तनैनम् [४] क ख ग प्रजापतिमेवैनं [५] ग अशमन् [६] क ख ग अनिष्ठानि [७-७] क ख पराध्यानीह्येते ग पराच्यानीत्येते [८] ग पथोषसो [९-९] ग अस्यवाविद्धयत्तन्तिभिः [१०] क ख असस्ताद् [११-११] ? क ख सोमं परं लोकं ग सोमं परं लोक [१२-१२] ग एषाभि [१३] क सत्रिंशिनीर् ग सत्रिंशनिर् [१४] ख सम्पन्ते [१५] ग मध्य [१६] क व्यह्याद्ध्यापितस् ग व्यूह्याद्ध्यहितस् [१७] क ख ग शोका [१८] ग नाशायति [१९] ग पिपास [२०] ग नोस्य [२१] ग अशनाइति [२२] क चनादवृत्तिर्

स यथा [१]सर्पिषः कुम्भं[१] वा मधुकुम्भं वा जालोदितशयं[२] ह्रियेरन्न् एवम् एवैष एताभिर्[३] विराड्भिः परिगृहीतः[४]। प्राङ् च प्रत्यङ् च यत एताभिर्[५] धृतः। तान् वा एतान् एके स्वरसाम्नो ऽग्निष्टोमान् एव कुर्वन्ति, स्तोत्रबृहतीम्[६] इदं कुर्म[७] इति वदन्तः। ये[८] वै त्रयो ऽग्निष्टोमाष्[९] षट्त्रिंशत् तानि स्तोत्राणि। द्वादशैकस्य द्वादशैकस्य द्वादशैकस्य तत् षट्त्रिंशत्। षट्त्रिंशदक्षरा[१०] वै बृहती। बृहती स्वर्गो लोकः। सैतं स्पृशति। ते बृहत्यैतं स्वर्गं लोकं गच्छामेति। ते ह ते गच्छन्त्य् एव यथा[११] त्व् ऋते ऽन्नाद् गच्छेद् एवम्।

अथ यद् उक्थ्या भवन्ति। पशवो वा उक्थ्यानि[१२]। अन्नं पशवः। स यथान्नेन सह श्रेयांसं प्रतिनन्दन्तम्[१३] उपेयाद् एवम् एवैनम् एतद् उक्थ्यैः स्वरसामभिर् उपयन्ति। अथो हैतौ देवतत्वाव्[१४] एव यद् विश्वजिदभिजितौ। अन्नम् एतद् यत् स्वरसामानः। स यथा सूनायाम् अन्नम् आधाय श्रेयस उपहरेद् एवम् एवास्मा एतद् विश्वजिदभिजिद्भ्याम् एतद् अन्नम् उपहरति। अथो हैषा शान्तिर् एव क्रियते। अग्निष्टोमसाम [१५]स्याद् आग्निमारुतं[१५] शस्त्रं विषुवान्[१६]। क एतांस्[१७] त्रीन् अग्नीन् अभ्युपेत्य[१८] शोभयतः प्रदग्धो[१९] हैव शयीत। तद् यद् उक्थान्य् अन्तरेण भवन्ति। पशवो[२०] वा उक्थानि। अन्नं पशवः। अन्नेनैतम् अशमयन्। नार्मेधेनैवैनं[२१] तच् छमयित्वा ऽन्तत उपयन्ति ॥ ७ ॥

[१-१] ख ग सर्पिष्कुम्भं [२] ग जलोदितशयं [३] ग एताभि [४] क परिगृहीत ग परिहृतः [५] ख ग एताभि [६] ग स्तोतृबृहती [७] क कुन्म [८] क ख ग ए [९] ग ग्निस्तोमाष् [१०] ग षट्त्रिंशदक्षरं [११] क ग यथ [१२] ग उक्थानि [१३] ग प्रतिनदन्त [१४] ? क देवातत्पाव् ख ग देवतत्पाव् [१५-१५] ग स्याग्निमारुतं [१६] ग विषुवा [१७] ग तांस् [१८] क ख ग अभ्यवेत्य [१९] क प्रदग्ध्यो [२०] ग परवो [२१] क नार्मेधेनैनैवैनं

[१]ता उ[१] वा एतौ विश्वजिदभिजितौ[२]। [३]अष्टाव् अन्यस्[३] सत्रिंशिनीर्[४] विराजस् संपद्यन्ते ऽष्टाव् अन्यः। अयं[५] वै लोको ऽभिजिद् असौ विश्वजित्। पशव स्वरसामानः। तद् यद् अभिजिता स्तुत्वा स्वरसामभि स्तुवते [६]ऽस्मिन्न् एवैतल्[६] लोके पशून्[७] प्रतिष्ठापयन्ति। अथ यत्[८] स्वरसामभि स्तुत्वा विश्वजिता स्तुवते तस्माद् अमुतःप्रदानात् पशवो जीवन्ति। तस्य वा एतस्य वैषुवतस्याह्नो[९] दश च पञ्चविंशानि स्तोत्राणि भवन्ति द्वे च स्तोत्रिये[१०]। ततो यानि दश पञ्चविंशानि स्तोत्राणि[११] महाव्रतं तत्। तैर्[१२] अस्य वैषुवते ऽहनि महाव्रतम् उपेतं भवति। अथ ये द्वे स्तोत्रिये[१३] आदित्य एव स एतस्मिन्न् अहन् प्रतिष्ठितः।

अथ ह स्म[१४] वा एतत् पुरा त्रिर् महाव्रतम् उपयन्त्य् आरम्भणीये ऽहन् वैषुवते महाव्रतीये। तस्य वा एतस्यारम्भणीयस्याह्नश्[१५] चतुर्दश च पञ्चविंशानि स्तोत्राणि

भवन्ति दश च[१६] स्तोत्रियाः[१७]। ततो यानि चतुर्दश पञ्चविंशानि स्तोत्राणि महाव्रतं[१८] तत्। तैर्[१९] अस्यारम्भणीये ऽहनि महाव्रतम् उपेतं भवति। अथ या दश स्तोत्रिया[२०] दशाक्षरा विराट्। अन्नं विराट्। तेनो [२१]हावसेन यन्त्य् आ[२१] वैषुवताद् अह्नः। अथ ये द्वे स्तोत्रिये[२२] विषुवतो ऽतिरिच्येते तद् उ हान्नपानम्। द्वयम्[२३] उ ह[२४] वा अन्नस्य रूपं यच् चैवाश्नाति[२५] यच् च पिबति। स यथाश्नंश् च पिबंश् चेयाद् एवम् एवैतद् एताभ्यां यन्त्य् आ महाव्रतीयाद् अह्नः। त एतं स्वर्गं लोकम् आगच्छन्ति। एतन् महाव्रतीयम् अहः। एष वाव स्वर्गो लोको यन् महाव्रतीयम् अहः। स य एतद् एवं वेद [२६]त्रिरुपेतम् अस्य[२६] महाव्रतं भवति, गच्छति स्वर्गं लोकम् ॥ ८ ॥

[१-१] ? क ख ग त उ [२] क विश्वदभिजितौ [३-३] क अष्टावन्यास् ग अष्टान्याम् [४] क सत्रिंशनीर् [५] क न्ययं ख ग न्यं [६-६] ग रिमनवैतल्र [७] ख पशु ग पशू [८] ग यत् नास्ति [९] क °ह्वोथ ग °ह्वोदश [१०] क स्तोत्रीय्ये [११] क अधिपाठः भवन्ति दश च स्तोत्रीय्यास्ततो [१२] क तेर् [१३] क स्तोत्रीय्ये [१४] ग स्म्य [१५] ग -हश् [१६] ग व [१७] क स्तोत्रीयाः ख श्रोत्रियाः ग श्रोत्रियः [१८] क ख महाव्रत ग महावृ [१९] क ख ग तर् [२०] क स्तोस्त्रीय्य [२१-२१] क ख ग हावसेनेन्त्या [२२] क स्तोत्रीये [२३] ग चयम् [२४] क ख ग हा [२५] ग चैवान्नाति [२६-२६] क ख त्रिरुपेमेस्य ग त्रिरूपमेस्य

तद् आहुस् तम् ईं हिन्वन्त्य् अग्रुव इत्य् एवैतस्याह्नः[१] प्रतिपत् कार्येति। तम् अर्केभिस् तं सामभिर् इति शीर्ष्णस्[२], तद् इद् आस भुवनेषु ज्येष्ठम् इत्य् आत्मनः। तत् तद् इतीव वा एते-नाह्ना चरन्ति। ततो[३] ह वै प्रजापतिः। ततो ह वा एष सर्वासां देवतानाम्। तत् पितैतद् अहः, प्रजतराणि। स यथा पुत्रः पितरम् आगत्य तत ततेति ह्वयेत्[४], तादृक्[५] तत्। सो वा उभयरूपा भवति। तम् इति वै पुंसो रूपम्, अग्रुव इति स्त्रियै। उभयम् उ ह वा एतद्[६] भूत्वा प्रजापतिः[७] प्रजज्ञे। तद् आहुर् अभ्युदिते वैषा प्रतिपत्। योगे[८] त्व् आगते पवस्व वाचो अग्रिय इत्य् एव प्रतिपत् कार्येति। मनो वै प्रजापतिः। मनो वै वाचो ऽग्रम्। [९]तद् एनं[९] तत् स्वेनैव रूपेणारभन्ते। सो वै मिथुना-भवति[१०]। पवस्वेति वै पुंसो रूपं[११], वाच इति स्त्रियै। तद् एतन् मिथुनं प्रजननं क्रियते। मिथुनेन जायते[१२] य एवं वेद। तस्माद् एषैव प्रतिपत् कार्या। उपास्मै गायता नर इति द्वितीया। तद् एतस्माद् अह्नो[१३] नयन्ति। दविद्युतत्या रुचेति तृतीया[१४], प्रत्यक्षम् एतस्याह्नो रूपम्। तम् ईं हिन्वन्त्य् अग्रुव इति चतुर्थी, याभ्युदिता प्रतिपत् तां[१५] नेद् अन्तरयामेति ॥ ९ ॥

[१] क -स्याह्नः ग -स्यहं [२] क ख ग शीर्ष्णुः [३] क ते ख ग तो [४] ग ह्वायेत् [५] क तत्तत्तादृक् ग त्तातादृक् [६] क ख ग एतत् [७] ग प्रजापति [८] क योग [९-९] ग तेनं [१०] ग मिथुनं° [११] ग रूपा [१२] ग जायन्ते [१३] ग अत्रेना [१४] क वृतीयया [१५] ग तं

सना च[१] सोम जेषि[२] चेति दशर्चं[३] भवति। ऋषयो वा एतद् ऋद्धिकामा उपोत्थानं प्रियं वाचो ऽपश्यन्। अथा नो वस्यसस् कृध्य्[४] अथा नो वस्यसस् कृधीति तेनास्तुवत[५]। ततो वै ते सर्व एवार्ध्नुवन्[६]। सर्वे हैवर्ध्नुवन्ति य एवं विद्वांस एतेन दशर्चेन स्तुवते। तस्मिन् ह स्माह शक्तिर् [७]विराजं गेयां[७] सना च सोम [८]जेषि च[८] पवमान महि श्रव एकं द्वे त्रीणि चत्वारि

पञ्च षट् सप्ताष्टौ नव दश [9]हुंभा ओइ[9] भूर् इति । तद् आहुः कृत्रिमेवैषा[10] विराड् उपा-कार्येव । संपदं लोभयति[11] । ओम् इत्य् [12]एतद् एवाक्षरं[12] गेयम् इति । एतद् ध वा इदं[13] सर्वम् अक्षरम् । यथा सूच्या पलाशानि संतृण्णानि स्युर् एवम् एतेनाक्षरेणेमे[14] लोकास् संतृण्णाः । दशधा वा[15] एतद् अतिविध्येमान्[16] क्षरति[17] शतधेमान्[18] सहस्रधेमान्[19] । तस्माद् एतद् एवाक्षरं गेयम् इति पर्यासो भवति । यः[20] पर्यासे कामस् स न उपाप्तो ऽसद् इति । ताः[21] पञ्चविंशति[22] स्तोत्रियास् संपद्यन्ते । पञ्चविंशो[23] वै प्रजापतिः[24] । प्राजापत्यं महाव्रतं तत् तत्सलक्ष्म क्रियते ॥ १० ॥

[१] क ख ग म　[२] क ख जेशि ग जेन्नि　[३] क दशर्च्चं ख दर्च्चां ग दशर्चं　[४] क अथ नो वस्यमस्कृध्य् नास्ति　[५] ग तेनास्तुत　[६] क ख -दृध्नु ग -ध्नु-　[७-७] ग विराजाग्रयां　[८-८] ख जिषि चा ग जषि चा　[९-९] ग हंभा ओयि　[१०] क कृत्रिमवैषा ख कृत्तं-मेवैषा ग कृत्तमेवैषा　[११] क लोभयेति　[१२-१२] ग एनवाक्षरं वि -दक्षरं　[१३] क ख ग इमं वि इदं　[१४] क ग -क्षरेणमे　[१५] ग व　[१६] क ख अतिविध्येमां ग अतिविद्धेमां　[१७] ग रक्षति　[१८] क ख ग शतधेमां　[१९] ? क सहस्रधारं ख सहस्रधामून् ग सहस्रधामून्　[२०] ग यं　[२१] ग तां　[२२] ख पाञ्च-विंशति　[२३] ग पञ्चाविंशो　[२४] ग प्रजापतिं

अथ ह स्माहार्यकचित्[1] सर्वम् एवैतद् अहश् चतुर्विंशं[2] कार्यम् । एकम् एवैतत् स्तोत्रं पञ्चविंशं[3] कुर्युः । अभ्यारोहो वा एष एकस्य स्तोत्रस्य यत् सर्वं पञ्चविंशं कुर्वन्ति । तथैतत् स्तोत्रम् अनभ्यारूढं[4] भवतीति ।

तद् उ होवाच शाट्यायनिः कर्तपत्यम् वैतद् यन् न्वावैकस्यै स्तोत्रियायै छिद्यते[5] [6]यद् द्वाभ्यां[6] यत् तिसृभ्यः । तस्य न्व् एव प्रायश्चित्तिं विन्दन्ति[7] वा न वा ऽथ किं यद् एकादशभ्यश् छिद्यते[8] । को तस्य प्रायश्चित्तिः । एकदेवत्यं वा एतद् अहः[9] प्राजापत्यम् एव । प्रजापतिं वावैतेनाह्ना[10] परिवेविषति । तस्मात्[11] सर्वम् एवैतद् अहः[12] पञ्च-विंशं[13] कार्यम् इति ।

तस्य त्रीणि शतानि स्तोत्रिया[14] भवन्ति द्वाषष्टिश्[15] च । तनो यानि[16] हि त्रीणि शतानि विराट् सा । अथ [17]या षष्टिर् ऊधस्[17] तत् । अथ ये द्वे स्तनाव् एव ताव् एतस्यैवाह्नो दोहाय ॥ ११ ॥

[१] क स्माहाश्यकञ्चित् ख ग स्माहार्य्यकच्चित्　[२] क ख ग चतुर्वंश　[३] ग पञ्चशं　[४] ग अनभ्या　[५] ग चिद्यते　[६-६] क यद्वाभ्यां ख यत्व भ्यां ग -यत्वाभ्या　[७] क विदन्ति ग विभन्ति　[८] क छिद्रयते ग चिद्यते　[९] ग अह　[१०] ग -हा　[११] क ख ग कस्मात्　[१२] ग अह　[१३] क ख ग पञ्चविंशं　[१४] क स्तोत्रीय्या　[१५] ग त्वाषष्टिश्　[१६] क ख यान् ग या　[१७-१७] क ख याष्षष्टिरूधस् ग याषष्टिरइथस्

सुषमिद्धो न आ[1] वहेत्य् आप्रीर्[1] आज्यं भवति । यत्र ह वै [3]क चाप्रीर्[3] आज्यं प्रजा-पतेर् एव तत् । प्रजापतिम् एव तेनाप्रीणन्ति ।

ता नश् शक्तं पार्थिवस्येति मैत्रावरुणम् । [4]तद्वद् अह[4] भवति[5] । अनिरुक्तम्[6] उ वै प्राजापत्यम् । प्राजापत्ये ऽहंस् तत् तत्सलक्ष्म क्रियते ।

महं[7] इन्द्रो य ओजसेत्य् ऐन्द्रं भवति । निष्कस्य[8] हैतन् मणे रूपम् । तस्मान् [9]निष्कं मणिं स्रज पुरस्ताद् बिभ्रत[9] ।

[10]तद् इद् आस[10] भुवनेषु ज्येष्ठम् इति रथस्य हैतद् रूपम् । तस्मात् तम् अभिहायैव

तिष्ठन्ति । मह स्तवानो अद्रिव[11] इति हस्तिनो[12] हैतद् रूपम् । तस्मात् तं पार्श्वेन इवाधिरोहन्ति । तानि वा एतानि महद्रूपाणि संपद्यन्ते । महद्रूपो वै प्रजापतिः[13] । प्राजापत्यं महाव्रतं[14] तत् तत्सलक्ष्म क्रियते । उप हैनम् एतानि रूपाण्य् अक्रीतानि तिष्ठन्ते य एवं वेद ।

इयं[15] वाम् अस्य मन्मन[16] इत्य् ऐन्द्राग्नं भवति । इन्द्राग्नी पूर्व्यस्तुतिर् अभ्राद्[17] वृष्टिर् इवाजनीति वा [18]आहुर् जातम्[18] । जायन्त[19] उ एतेनाह्ना[20] । यथा ह वा [21]इदम् आण्डान्[21] निर्भिद्येरन्न् एवम् एवैनस्माद् अह्नो[22] निर्भिद्यन्ते ।

शृणुतं जरितुर् हवम् इन्द्राग्नी वनतं गिरः ।
ईशाना [23]पिप्यतं धियः[23] ॥
मा पापत्वाय[24] नो नरेन्द्राग्नी माभिशस्तये[25] ।
मा नो रीरधतं[26] निदे ॥

इति पाप्मन[27] एवैषोपहतिः ॥ १२ ॥

[१] क ख ग क [२] ख आव्रीर् ग आविर् [३–३] क ख त्व चाव्रीर् ग त्व चाप्रीर् [४–४] ग तत्वदह [५] ग भव [६] ग नुरुक्तम् [७] क महां ग तमहं [८] ग निष्क्रस्य [९–९] क निष्कन्मणिं स्रज पुरस्ताद्बिभ्रनि ख निष्कन्मणिं स्रजं पुरस्ताद्विभ्रनि ग निष्कन्माणंस्रजा पुरस्तादि नृनि [१०–१०] ग तदिन्द्रास [११] क ग कन्द्रव ख अन्द्रिव [१२] ग हस्तिने [१३] ग प्रजापतिं [१४] ग महंवृतं [१५] ग यं [१६] ग मन्यन [१७] ग अभ्रात् [१८–१८] ग आहुजत्नातम् [१९] क ख जयन्त ग जयत [२०] ग एतेनाप्ना [२१–२१] ख इदमाण्डोन् [२२] ग -हो [२३–२३] ग पिप्यतद्धियाः [२४] ग पापक्पाय [२५] क ख ग माभिशस्तप [२६] ग नीरधन्तं [२७] ग पाप्मान

उच्चा ते जातम् अन्धसेति माध्यंदिनस्य पवमानस्यान्धस्वतीर् गायत्र्यो भवन्ति प्राजापत्याः । प्राजापत्ये ऽहंस् तत् तत्सलक्ष्म क्रियते । तासु[1] गायत्रम् उक्तब्राह्मणम् । अथामहीयवं प्राजापत्यं साम[2] प्राजापत्ये ऽहन् क्रियते । अहर् एव तद्रूपेण समृद्धयन्ति । तेनैश्यस् समृद्धेन स्वायां [3]जनतायाम् अर्धुकं[3] भवति । अथ दोहादोहीयं दुग्ध्या एव, एतस्याह्नो दोहाय । अथ हरिश्रीनिधनम् । श्रीर् वै हरिश्रीनिधनम् । एतेन वा इन्द्रस् सर्वेषां देवानां श्रियम् अगच्छत् । श्रियम् एवैतेन गच्छन्ति । ता दश स्तोत्रिया गायत्र्यां संपद्यन्ते । दशाक्षरा विराट् । अन्नं विराट् । मुखं गायत्री छन्दसाम् । मुखत एवैतद् आत्मनो ऽन्नाद्यं दधते । पुनानस् सोम धारयेत्य् उभयरूपा बृहती भवति । एष ह वा उभे सामनी[4] उच्याम । तस्माद् एतां कुर्वन्त्य् एव बृहत्साम्नः कुर्वन्ति रथन्तरसाम्नः ।

आ पृच्छ्येन सधस्थेन प्रत्नेन धरुणेन च ।
पिबाच्युद् इन्द्र त्वं सोमम् [5]ऋचोर् गर्भे[5] अध्याहितः ॥

इति यत्र ह वै क्व चैषा बृहती क्रियते न हैव [6]तस्येन्द्र ईशीत तं नागच्छेत्[6] ॥ १३ ॥

[१] क ख ग सासु [२] ग सोम [३–३] क -मर्द्धुकं ख -मृर्द्धुकं ग जगतायामद्धुकं [४] क उभयासामनी ख ग उभयसामनी [५–५] क ख ऋचोर्गेर्भे ग ऋचार्गेर्भो [६–६] क ख ग तस्यैन्द्र इशीत्तनागच्छेत्

तासु रौरवं प्रज्ञानम् अग्निष्टोमसाम नेद् अन्तरयामेत्य् अथार्कपुष्पम्[1]—अन्नं वा अर्कः । तस्यैतत् पुष्पं यद् आरण्यम् । तद् [2]ध्य् अरण्ये[2] जायत—आरण्यस्यैवान्नाद्यस्यावरुद्धयै । अथाभीशवं तृप्त्या[3] एव । तर्पयन्त्य्[4] एवनम् एतेन[5] । अथ पञ्चविंशत्यक्षरनिधनम्[6]

आङ्गिरसम्। अङ्गिरसो वा ऋद्धिकामास् तपो ऽतप्यन्त। त एतत् सामापश्यन्। तेनास्तुवत। ततो[७] वै ते[८] सर्व[९] एवार्ध्नुवन्[१०]। सर्वे हैवर्ध्नुवन्ति[११] य एवं विद्वांस एतेन साम्ना स्तुवते। तत् पञ्चविंशत्यक्षरनिधनं[१२] भवति। पञ्चविंशो[१३] वै प्रजापतिः। प्राजापत्यं महाव्रतं तत् तत्सलक्ष्म क्रियते। अथ नौधसं प्रज्ञातं ब्रह्मसाम। प्रज्ञातं ब्रह्मसाम[१४] नेद् अन्तरयामेत्य्[१५] अथ पृश्नि—अन्नं वै पृश्नि—अन्नाद्यस्यैवावरुद्ध्यै। अथ[१६] रौहिणकम्[१७]। एतेन वै प्रजापतिर् एकशफानां[१८] पशूनां कामम् आरोहत्[१९]। तद् यत् कामम् आरोहत्[१९] तद् रौहिणकस्य रौहिणकत्वम्। कामं पशूनां रोहति य एवं वेद। यथा ह वा इम आरण्याः पशवो मृगा एवम् एते ऽग्र एकशफाः[२०] पशव आसुः। तान् एतैर् एव रौहिणकस्य किट्किटाकारैर्[२१] ग्रामम् उपानयत्। तत्[२२] त्रयोदशनिधनं भवति त्रयोदशस्य मास उपाप्त्यै। तद् वा अशीतिभिस् संपन्नम्। आशयन्त्य्[२३] एवैनम् एतेन। अथ दैर्घश्रवसम्[२४]—[२५]अन्नं वै दैर्घश्रवसम्[२५]—अन्नाद्यस्यैवावरुद्ध्यै। अथ समन्तम्, समन्ताः प्रजापशुभिर् असामेति[२६]। अथ यौधाजयं त्रिणिधनं[२७], सवनानां क्लृप्त्यै। अथौशनम् अन्त्यं[२८] साम। अन्त्येन साम्नान्त्यं स्वर्गं लोकम् अश्नवामहा इति ॥ १४ ॥

[१] ग अथापुष्पम् [२] क धरण्ये [३] क ख ग तृप्या [४] ग तर्पयन्त् [५] क एनेन [६] क ख ग -त्रिधनम् [७] क ग ततो वैतो [८] क ख ग तैस् [९] ग सर्वा [१०] क एवार्द्ध्नुनवन् [११] ग हैवध्नुवन्ति [१२] क ख ग -क्षरा- [१३] क ख ग पञ्चविंशा [१४] ख प्रज्ञातं ब्रह्ममाम नास्ति [१५] ग अन्तनयामेत्य् [१६] ग अथे [१७] क ख ग गौहिणक्रम् [१८] क एकशाफानां ग एकशपानां [१९] क ख आरोहत् ग अरोहत् [२०] ग एकशपाः [२१] ग क्रिट्क्रिटाकारैं [२२] ग तत्र [२३] ग आशयन्त् [२४] ग दैर्घश्रमसव् [२५–२५] ग अन्नं वै दैर्घश्रवसम् नास्ति [२६] ग असमेति [२७] क ख ग त्रीणिधनं [२८] ग अन्त्र्यं

तद् आहुस् तवश्शाव्यम् एवैतस्याहः पृष्ठं कार्यम् इति। तस्यैषा कल्याण्य् एव प्रशंसा, न त्व् एवास्मिन्[१] द्वौ संपादयतः। वामदेव्यम् एवेत्य् आहुः। वामदेव्यं हि[२] (?)। तद् ध वै प्रत्यक्षं वामदेव्यं यद् राजनम्। तस्य प्राणेन प्रस्तौति। ऋचा वै वामदेव्यस्य प्रस्तौति। प्राणेनैतस्य हिं हिं हिं[३] प्राणो ऽसद् इति वै हिंकुर्वन्ति। यथा ह वै वयस आशय एवं राजनस्य वामदेव्यम्। प्रजापतिर् वै पितादित्यः[४] पुत्रः। प्रजापतिर् वामदेव्यम् आदित्यो राजनम्[५]। तस्माद् एष[६] [७]एतयोर् आभावत्तरं तपति। एतद् ध्य् अस्मात् तेजो[७] निर्भिन्नम्। तद् वा अशीतिभिस्[८] संपन्नम्। एकैकस्यां स्तोत्रियायां द्वे द्वे अशीत्यौ संपद्येते। ताः पञ्चाशद्[९] अशीतयस् संपद्यन्ते। द्वे ह वा अशीत्याव्[१०] अहश् चैव रात्रिश् च। ताभ्याम् एनम् आशयन्ति। आशयन्त्य् एवैनम् एताभ्याम्। तस्य यन्[११] निधन पृष्ठान्य् एव तानि[१२] ॥ १५ ॥

[१] क ख -रिंम ग -रिंम [२] क ख ही ग हि हि [३] ग हुं हुं हुं [४] क ख ग पितादित्वाः [५] क ख ग राजानम् [६] ग एत [७–७] क एतयोराभावत्तरन्तपत्येतद्ध्यस्मात्तेजो ख एतयोराभावत्तरन्तपत्येद्ध्यस्मात्तेजो ग एषतयोरभावत्तरन्तपत्तेतद्ध्यस्मातेजो [८] ग अशीतिस् [९] ग पञ्चशद् [१०] ग अशीतया [११] ग यन् नास्ति [१२] ग-कोशे तानि इत्य आगामि-खण्डे वर्तते

वाग् इति रथन्तरम्। इळेति वैरूपम्। तच् छक्वर्यस् तद् रेवतयः। स्वर् इति वैराजम्। बृहद् इति बृहत्। भा[१] इत्य् असौ वा आदित्यः। भा इत्य् एतद् एवास्य निधनम्। एतस्य सलोमताम्[२] अश्नुते य एवं वेद। तद् एतत् सर्वाणि [३]पृष्ठान्य् अभि-

वदत्य् एतेन[3] सामनिधनेन । त उ वै[4] पञ्च पञ्चविंशास् सामनिधनानां संस्तुतानां संपद्यन्ते । तान् उ एतान् निधनैर् एव होतानुशंसति ।

तद् आहुर् आत्मनाग्रे प्रतिपद्यम् अथ शीर्ष्णा[5] । आत्मा वा अग्रे ऽथ शिर इति । तद् उ ह तद् यथा कर्तं पतेत् तादृक् तद् यत् पञ्चविंशाद् आत्मनस् त्रिवृच् छिरो ऽभि प्रत्यवरोहेयुः[6] । शीर्ष्णैव[7] प्रतिपद्यम् । सर्वा ह वा एतद् देवता [8]स्तोत्रं प्रत्युपतिष्ठन्ति[8]—मया प्रतिपत्स्यते मया मयेति । स यदि शीर्ष्णा प्रतिपद्येत यैव शिरःप्रतिपद्देवता[9] भवति[10] ताम् एव तेनर्ध्नोति । यदि पक्षेण यैव पक्षौप्रतिपद्देवता[11] भवति ताम्[12] एव तेनर्ध्नोति[13] । यदि पुच्छेन यैव पुच्छंप्रतिपद्देवता[14] भवति[10] ताम् एव तेनर्ध्नोति । यद्य् आत्मना यैवात्मनःप्रतिपद्देवता[15] भवति ताम् एव तेनर्ध्नोति[16] । अन्तरिता[17] इतरा देवता भवन्ति । सर्वा[18] उ ह वै देवता(श्) शीर्षन्न्[19] एव—इमे वै वसवः[20] ॥ १६ ॥

[१] क भ ग भ्य [२] ख ग सलोताम् [३–३] ग पृष्टान्त्रंवेदत्येदेन [४] क ख ग पै [५] क ख शीर्पा [६] क ख पत्यवरोहेयुः ग प्रत्यवरोहयुः [७] ख शीष्णेत्र ग शीष्णैव [८–८] ग स्तोत्रा व्युत्युपतिष्टन्ति [९] ख शिरःप्रतिदेवता ग शिरः-प्रतिपदेवतं [१०] ग भवन्ति [११] क ग पक्षौप्रतिपदेवता ख पक्षौप्रतिदेवता वि पक्षौदेवता [१२] क तान् [१३] ग तेनाध्नोंति [१४] क ख ग पुच्छंप्रतिपदेवता [१५] क ग यैवात्मनः-प्रतिपदेवता ख यैवात्मानःप्रतिपदेवता [१६] ग तेनद्धथेति [१७] ग अन्तरिक्षता [१८] क ग सर्व [१९] ग शीर्ष्णन् [२०] ख-कोशे इमे वै वसवः इत्य् आगामि-खण्डे वर्तते

इमे रुद्रा इम आदित्या इमे विश्वे देवाः । अयम् एवायं लोक इदम् अन्तरिक्षम् अयम् असौ लोक इमा दिश[1] श्रोत्रम् इदं रथन्तरम्[2] इदं वामदेव्यम् इदं बृहद् इदं यज्ञायज्ञीयम्[3] । [4]तद् एतच् छीर्ष्णा[4] प्रतिपद्यमानस्[5] सर्वाभिर् देवताभिस् सर्वैर् एभिर् लोकैस् सर्वैस् सामभिर्[6] अनन्तरायं प्रतिपद्यते । स [7]यद् इतो ऽन्येनांगेन[7] प्रतिपद्येत यैव तत्प्रतिपद्देवता[8] स्यात् ताम् एवर्ध्नुयात्[9] । अन्तरिता इतरा [10]देवता स्युः[10] । [11]अथै-तच् छीर्ष्णा[11] प्रतिपद्यमानस् सर्वाभिर् एव देवताभिर् अन्तरायं प्रतिपद्यते । अथो हैतद् देवतानां प्रियं यच् छीर्ष्णा प्रतिपद्यते—सर्वा नो नापरात्सीर् इति ॥ १७ ॥

[१] क ख दिशश् [२] ग रथन्तरंतरम् [३] ग यज्ञायाज्ञीय [४–४] क तदेतत्शीर्ष्णा ग तदेच्छीर्ष्णा [५] क -ना ख -नः ग -न [६] ख सामाभिर् [७–७] ग वि यदतोन्येनांगेन [८] क ख तत्प्रतिदेवता ग तत्प्रतिपदेवता [९] ग एवध्नुयात् [१०–१०] ग तेवता सुः [११–११] वि अथ तच्छीर्ष्णा

रेतो[1] वा एतद् अग्रे प्रविशति[2] यद् गायत्रम् । ततो ऽन्यान्य् अंगानि विक्रियन्ते[3] । प्राणो वा एष प्रविशति यद् गायत्रम् । [4]तम् अन्यान्य् अंगान्य् उपसंसीदन्ति[4] । स इमान् [5]प्राणान् आकाशान् अभिनिर्मन्थति[5] । प्राणो वै गायत्रः[6] । गायत्रं शिर एव[7] । तदायतनो वै प्राणो यच् छिरः । तस्मात्[8] त्रिवृतैव[9] शीर्ष्णा प्रतिपद्यम् अथ पञ्चदशेन पक्षेणाथ सप्तदशेनाथैकविंशेन[10] पुच्छेनाथ[11] पञ्चविंशेनात्मना । तद् ऊर्ध्वाः कीर्तिम्[12] ऊर्ध्वा श्रियम् ऊर्ध्वा स्वर्गं लोकं रोहन्ति । अथो हैषां तैर् एव ज्योतिष्टोमस्य [13]स्तोमैश् शिवैश् शान्तैर् एतद् अहः[13] परिष्टुतं भवति । अथो हैषाम् एत एव ज्योतिष्टोमस्य स्तोमाश् शिवाश् शान्ताः परिमाद्माजनं[14] भवन्ति[15] ॥ १८[16] ॥

[१] ग रेता [२] ग प्रविनति [३] क ख ग विक्रीयन्ते [४-४] ग तमन्न्यान्न्यागानुपसीदन्ति [५-५] क प्रणाः ख प्रणानाकारान् ग प्रणानाकाशानभिनिर्मन्थन्ति वि प्राणा- [६] एवं कोशेषु [७] ग ए [८] ग तस्मा [९] क ख ग तृवृतैन [१०] क -थैकविकविंशेन [११] ग पुछनाधि [१२] ग कीर्तीम् [१३-१३] ग स्तोमैशिवैश्शान्तैनेतदहः [१४] ग परिमत्भाजां [१५] क भवति [१६] ग '१८' नास्ति

[१]तद् एतत् सर्वपृष्ठं सर्वस्तोमम् अहः । तद् यद् एतेन सामनिधनेन सर्वाणि[२] पृष्ठान्य् अभिवदति तेन[३] सर्वपृष्ठम् । अथ यद् एते ज्योतिष्टोमस्य स्तोमाश् शिवाश् शान्ताः परिमाद्भाजनं भवन्ति[१] तेन सर्वस्तोमम् । [४]संपदा हैव[४] त्रिणवत्रयस्त्रिंशौ[५] [६]स्तोमाव् अभि पद्येते[६] । सर्वपृष्ठेन हास्य सर्वस्तोमेनैतेनाह्ना[७] स्तुतं भवति य एवं वेद । तेन [८]हैतेनैके ऽपि[८] तृतीयं कृत्वा स्तुवत एकं वावेदं सामेति वदन्तः । तेषां ह तेषाम् अमुष्मिन् लोके नैव शिरश् चान्यानि चांगानि विज्ञायन्ते[९] ॥ १९ ॥

[१-१] ग तदेतत् सर्वपृष्ठं ... परिमाद्भाजनं भवन्ति नास्ति [२] क सर्वा [३] क तेन नास्ति [४-४] क ख ग संपादा हेव [५] क त्रिणवत्रयस्त्रिंशौ [६-६] क ख स्तोमाभविसम्पद्येते [७] ख -नह्ना ग -नहा [८-८] ग हैतेनैकेवि [९] क विज्ञायते ग विज्ञयन्ते

पिण्डाः[१] पिण्डा इव हि भवन्त्य् अकृताः[२] । यथाङ्गम् एव स्तोतव्यम्[३] । ते हैवामुष्मिन् लोके साङ्गास् सतनवो ऽमृतास् संभवन्ति ।

अथ हैके सकृद् एव शीर्ष्णे हिंकुर्वन्ति—पराङ्[४] एतद् यच् छिर इति वदन्तः । त्रिस् त्रिर् इतरेभ्यो ऽङ्गेभ्यः । ते[५] त्रयोदश हिंकारास् संपद्यन्ते । एवं त्रयोदशास्य मास उपाप्तिर् इति । तद् उ ह शश्वन् न तथा । त्रिर्[६] एव शीर्ष्णे हिंकुर्वन्तस्[७] त्रिस् त्रिर् इतरेभ्यो ऽङ्गेभ्यः । ते पञ्चदश हिंकारास् संपद्यन्ते । पञ्चदशो वा इन्द्रः । ऐन्द्रं महाव्रतं तत् तत्सलक्ष्म क्रियते ॥ २० ॥

[१] क पिण्डः [२] एवं कोशेषु [३] ग स्तोतव्य [४] ग पनाङ [५] क ख ग तो [६] क ख ग तिर् [७] ख ग हिंकुर्वस्

तद् आहुर् नौधसम् एवैतस्याह्नो ब्रह्मसाम[१] कार्यम् इति । तद् ध तत् पक्षम् अनुवदति[२] । रथन्तरम् एव श्यैतम् एव कार्यम् इति । तद् उ ह तत् पक्षम् एवानुवदति । बृहद् एव पञ्चनिधनम् एव वामदेव्यं कार्यम् इति । आत्मानं[३] हैव तद् अनुवदति । श्रायन्तीयम् एव कार्यम् इति । न ह वै किं चन श्रायन्तीयम् अनुवदति । [४]महावैष्टम्भम् एव[४] कार्यम् । [५]तद् दिङ्निधनं[५] भवति । दिशो वै पृष्ठानि । इयम् एव प्राची दिग् रथन्तरम् इयं बृहद् इयं वैरूपम् इयं वैराजम् अमूर् मह नाम्नीर् इमा रेवतयः । दिग्भ्यो[६] वा एतस्मा अन्नाद्यं हरन्ति[७] । [८]दिग्भ्यो वा अस्मा[८] अन्नाद्यं ह्रियते य एवं वेद[९] । अथो हैषाम् एतेनैव सर्वाणि पृष्ठानि ब्रह्मसामवन्ति भवन्ति[१०] । तस्माद् उ हैतत् सामैतस्माद् अह्नो[११] नान्तरित्यम् । तद् उ सतोबृहतीषु [१२]भवत्य् उत्क्रान्त्या[१२] एवानपभ्रंशाय ॥ २१ ॥

[१] ग मह्मसा [२] ग अधिपाठः महावैष्टभ [३] ग आत्मानम [४-४] ख महावैष्टम्भ ग महावैष्टभवे [५-५] क तददिङ्नधनं ग तद्दिन्निधनं [६] क ख हिंग्भ्यो ग हिंश्यो [७] ग हरति [८-८] क दिग्भ्यो अस्मा ख दिग्भ्योस्मा ग दिग्भ्यो वास्मा [९] ग वद [१०] ग भवन्ति नास्ति [११] ग अहो [१२-१२] क ख भवत्युक्रान्त्या ग भवत्युक्रान्त्या

तद् आहुर् इलान्दम् एवैतस्याह्नो[1] अग्निष्टोमसाम कार्यम् इति । तस्यैषा कल्याण्य् एव प्रशंसा । अतिरिच्यते [3]यद् व्यवच्छिन्न्युगमणीय[3] तद् यद् अदः पक्षम् । इलान्दं तद् आर्भवस्य पवमानस्यानुष्टुभि कार्यं, यद् अभ्युदितं[4] [5]तन् नेद् अन्तरयामेति[5] ।

वारवन्तीयम् एव [6]कार्यम् इति[6] । तस्यैषा [7]कल्याण्य् एव[7] प्रशंसा । निषिद्धम् इव तु यावद्[8] धैव कृत्वो यजते[9] तावद् बुभूर्षा [10] तावत् कामयते— श्रेयान्[11] स्यां श्रेयान् स्याम् इति । तद् आर्भवस्यैव पवमानस्य गायत्र्यां कार्यं[12], [13]यद् अभ्युदितं[13] [14]तन् नेद् अन्तरयामेति[14] ।

तद् उ वा आहुर् यद् वावान्या[15] वाङ् नातिवदति[16] तद् एतस्याह्नो[17] ऽग्निष्टोमसाम [18]कार्यम् । यज्ञायज्ञीयं वावान्या[19] वाङ् नातिवदति । वाग् वै यज्ञायज्ञीयम् । कुतो हि वाग् वाचम् अतिवदिष्यति । तस्माद् एतस्याह्नो यज्ञायज्ञीयम एवाग्निष्टोमसाम[18] कार्यम् इति । अथैतच् चतुस्त्रिंश-संमितम् अनुष्टुभि[20] कुर्वन्ति । त्रयस्त्रिंशद् वै देवताः । प्रजापतिश् चतुस्त्रिंशः[21] । सप्रजापतिका[22] एवैतेन देवा[23] ऋध्नुवन्ति । अथ यद् आरम्भणीये [24]ऽहंस् त्रयस्त्रिंशत्संमितं[24] भवति देवता एव तेनर्ध्नुवन्ति[25] । अथैतेन सप्रजापतिका एवैतेन देवता अन्तत ऋद्ध्वाप्त्वोत्तिष्ठन्ति[26] ॥ २२ ॥

[१] क -ह्नो नास्ति ग अवैतस्याह्नो [२] ? क ख तुरिच्यते ग रिछ्यते [३-३] क यद्यव-च्छिद्यन्थरमणीयं ख यद्व्यवच्छिद्यन्युरामणीयं ग यद्व्यवचिन्युरमणीयं [४] क अभ्युदि [५-५] क ख ग तन्नोन्तरयामेति [६-६] ग कार्यमेवति [७-७] ग कल्याण्यैव [८] क याद् [९] क ख ग यजतो [१०] क बभूषति [११] क श्रेया [१२] क कार्य्यं [१३-१३] क यदि-युदितं ख ग यदयदितं [१४-१४] ख तन्नो-दन्तरयामेति [१५] क ख ग वावा अन्या [१६] क नोतिवदति [१७] क ख ग -ह्नो [१८] ग कार्यम्...... -साम नास्ति [१९] क वावन्या [२०] क -भी [२१] ग चतुस्त्रिश [२२] ग संप्रजापतिका [२३] क देवी ख ग देव [२४-२४] क ख हा- ग हास्त्रयस्त्रिंशसम्मितं [२५] ग तेन स्तुवन्ति [२६] ? क ख ऋध्वाप्तो-स्तिष्ठन्ति ग ऋध्वाप्तोस्तिष्ठति

तद् आहुः कां देवतां दीक्षमाणा अनुनिषीदन्ति काम् अनूत्तिष्ठन्तीति[1] । स ब्रूयाद्[2] अग्निं देवतानां दीक्षमाणा अनुनिषीदन्त्य् आदित्यम् अनूत्तिष्ठन्तीति । तस्माद् दीक्षितान् सत आहुर् आसत इति, यद्य् अपि ते शयीरन्न्[3] अथोत्तिष्ठेयुः[4] । अग्निर् हि देवानाम्[5] आसीनानां श्रेष्ठः । अग्निदेवत्या हि तर्हि भवन्ति । तस्माद् उत्थितान् सत[6] आहुर् [7]उद-स्थुर् इति[7] यद्य् अपि त आसीरन्न् अथो शयीरन् । आदित्यो हि देवानाम्[8] उत्थितानां श्रेष्ठः । आदित्यदेवत्या ह[9] तर्हि भवन्ति ।

तद् आहुः के[10] भूत्वोत्तिष्ठन्तीति[11] । स ब्रूयान् मनुष्या भूता दीक्षन्ते देवा भूत्वोत्तिष्ठन्तीति ।

त [12]एतद् ऋग्रेतसं[12] यजूरेतसं[13] ब्रह्मणि योनौ[14] रेतो दधतो यन्ति । अग्नाव् एव तद् आहुतीभिर् अभिजुह्वतो[15] यन्ति । तस्माद् दीक्षोपसत्सु[16] वीव ग्लायन्ति[17] । तरुणम् इव तर्हि रेतो भवति । तस्माद् उ स्त्री[18] दुर्हृदिनी[19] [20]वीव ग्लायति[20] । तरुणम् इव हि तर्हि रेतो भवति । तान् स्तुतिशस्त्रैस् त्रिर्[21] वर्धयन्तो ऽभिशृण्वन्तो[22] यन्ति । तस्माद् गर्भा अनश्नतस् संभवन्ति ॥ २३ ॥

[१] ख आनु- [२] क ख ग त्रयद् [३] क ख ग शयिरन्न् [४] एवं कोशेषु [५] ग देवता-नाम् [६] ख आसत [७-७] ख ऊदस्थुरिति ग ऊदस्थुरीति [८] क ग देवनाम् [९] ग हि [१०] क ख को [११] क ख ग भूत्वो-तिष्ठन्तीति [१२-१२] क एतदुग्रेतसं ख एतदग्रे-

तसं ग एतद्ग्रेतसं [१३] ख ग यज्ञरेतसं [१४] ग योन्नौ [१५] ग अभिजुन्वतो [१६] क दीक्षितोपसत्सु ग दीक्षोप्सत्तु [१७] क श्लायन्ति ग श्यायन्ति [१८] ग स्त्रि [१९] ख ग दुह्-दिनी [२०-२०] ग वीप श्यायन्ति [२१] ग त्रिर् नाह्ति [२२] ग भिश्रण्वन्तो

त ऋङ्मया यजुर्मयास्[1] साममया ब्रह्ममया हिरण्मया [2]अमृतास् संभवन्ति[2] । ऋङ्मयो ह वै यजुर्मयस् साममयो ब्रह्ममयो हिरण्मयो ऽमृतस् संभवति[3], [4]ऋङ्मयान्य् अस्यास्थानि[4] भवन्ति य एवं वेद । तान् उद्गाता पुरस्तात् संवत्सरस्य[5] जनयित्वा होत्रे प्रयच्छति । तान् होता सूक्तैस् सूते[6] । तत् सूक्तानां सूक्तत्वम् । [7]ताञ् छस्त्रैः[7] प्रशास्ति[8] । तच् छस्त्राणां शस्त्रत्वम् । तान् उक्थैर् उत्थापयति[9] । [10]तद् उक्थानां उक्थत्वम्[10] । तेभ्य एतद् देव्यं मध्व् अशीतीर्[11] अन्नाद्यं प्रयच्छति । मधु हास्यास्मिंश् च लोके ऽमुष्मिंश् चान्नं[12] भवति य एवं वेद । अक्षरेणाक्षरेणो[13] हास्मै विद्यास् सर्वान् कामान् दुहे[14] । तस्मात् संवत्सर एव शस्यं संवत्सरे प्रोच्यम् । तस्माद् ब्राह्मणो हतो न स्तायाद्भवति[15] । तस्माद् रेतस् सिक्तं न स्तायाद्भवति । तस्माद् उ हैवं[16] विद्वान् न स्तायाद्भवति । अशीतिभिर् वै देवा इमान् लोकान् इमान् अध्वन आश्नुवत । [17]तद् अशीतीनाम्[17] अशीतित्वम् । तिसृभिर् एवेमं लोकम् आश्नुवत[18], तिसृभिर्[19] अन्तरिक्षं, तिसृभिर्[20] अमुं, चतसृभिर् एव दिश आश्नुवत, चतसृभिर् अवान्तरदेशान्, [21]एकयामूम् ऊर्ध्वां[21], द्वानवाशीतयो[22] ऽभवन् । नव प्राणाः । अश्नुते प्राणान् । सप्राणस्[23] संभवति । [24]सर्वम् आयुर्[24] एति । नाकामो म्रियते ॥ २४ ॥

[१] क ख ग यजुर्मया [२-२] क ग अमृतस्सम्भवति [३] क ग सभवंति [४-४] ग ऋङ्मयास्यास्थानि [५] ख ग संवत्सरय्य [६] क ख ग वि सुतेति [७-७] क ताच्छस्त्रै [८] ख ग प्रतिशास्ति [९] वि उत्थापयन्ति [१०-१०] ग तदुत्थानामुत्थित्वम् [११] क अशीतिर् [१२] ग चान्तं [१३] वि अक्षरेणाक्षरेण [१४] ग दुभ्रे [१५] क ख ग स्तायात्भवति, [१६] ग हेवं [१७-१७] ग तदीतीनाम् [१८] क आश्नुवतं [१९] क त्रिसृभिर् [२०] क ख त्रिसृभिर् [२१-२१] क ख एकयामूमूर्ध्वां ग एकमामूर्ध्वां [२२] क ख ग त्वानवा· [२३] क ख ग संप्राणस् [२४-२४] ग सर्वायुर्

अथैषौदुम्बरी राजासन्दी । तस्यै बृहद्रथन्तरे पूर्वौ पादौ, वैरूपवैराजे अपरौ[1], शाक्वररैवते अनूच्यानि, ऋचः[2] प्राचीनम् आताना, यजूंषि तिरश्चीनं, सामान्य्[3] आस्तरणं, वाकोवाक्यम् अतीरोका[4], [5]श्रीर् उपबर्हणम्[5] । तस्यै प्रजापतिश् च बृहस्पतिश् च[6] पूर्वौ पादाव् अधारयेतां, सोमश् च वरुणश् चापरौ । [7]तस्याम् एतम् आदित्यम् अभ्यषिञ्चन्त[7] । वसवो राज्याय रुद्रा वैराज्यायादित्या स्वाराज्याय[8] विश्वे देवास् साम्राज्याय मरुतस् सार्ववश्याय साध्याश् चाप्त्याश् च पारमेष्ठ्याय । तन् न हैतावत् कयाचन देवतया जितं यावद् आदित्येन । ये हि सुता देवानाम्[9] आसंस् त एनम् असुवत । तस्मिन् दिशो अपित्वम् ऐच्छन्त[10] यथा राजनि [11]विजितिन्य् अपित्वम् इच्छन्त[11] एवम् । ता अब्रवीत्[12]—[13]प्रदानं मे[13] प्रयच्छतेति[14] । सेयं प्राची दिक् प्रायच्छन्[15] मद् उदयेत्य् अहश् च सत्यं च । माम् [16]अभ्य् उदयेत्य् ऊर्ध्वा[16] दिक्[17] प्रायच्छत्[18] क्षत्रं च राष्ट्रं च । माम् अभ्य् अपक्रामेति[19] दक्षिणा[20] दिक् प्रायच्छद् अन्नं च रथं च । माम् अभ्य् अपक्रामेत्य् उदीची दिक् प्रायच्छद् रूपं च वर्णं च । समया माम् अयेत्य् अन्तरिक्षं प्रायच्छत्[21] प्रकाशं चासंबाधं[22] च । माम् अभ्य् अस्तम् अयेति प्रतीची[23] दिक् प्रायच्छद् ऋतं च रात्रिं[24] च । अनु माम् आ तपेति[25] पृथिवी प्रायच्छत्—॥ २५ ॥

[१] क ख ग अपरो [२] ग ऋचाः [३] ग समान्य् [४] क ख अतीरोको ग अतीरोका [५-५] ग श्रीरूपबर्हणम् [६] ग च नू [७-७] ख तस्यनमेतमादित्य- ग तस्यनमेतदादित्यमभ्यषिञ्चन्त्य [८] ख ग स्वराज्याय [९] ग देवतानाम् [१०] ग ऐछिन्त [११-११] क ख विजितिन्व- ग विजितिन्वपित्वमिछिन्त [१२] क अब्रवी [१३-१३] ग प्रदानमेम [१४] ? क प्रायच्छतेति ग प्रयछितेति [१५] ग प्रायछित् [१६-१६] क ख अभ्युदेत्यूर्ध्वा ग अभ्युदेन्यूर्ध्वा [१७] ग अधिपाठः एनमस्तुवत तस्मिभिशोपित्वमैछन्त यथा राजनि विजितिन्वपित्व [१८] क प्रायच्छ ग प्रायछित् [१९] ग अभ्युपक्रामेति [२०] क ख दक्षिण [२१] क प्रायच्छ ग प्रायछत् [२२] ख चासम्बाधां [२३] ग उदीची [२४] ? क ख ग -रात्रं [२५] क ख ग तत्रेति

—क्षेमं च विमोकं च। अथ हाप श्रेयसीर् मेनिरे। ताः प्रति त्वा वयम् आतपाम इति यात्रां[1] च प्रयां च प्रायच्छन्। अद्भिर् ह वा एष एतद् एत्य् अपाम् एवायनेन। तासाम् एतासाम् [2]ऊर्ध्वाश् छायाः[2], प्रति हैनं तद् आतपन्ति[3]। स एवम् एता दिश उपाप्नोति[4]। अस्यै प्राच्यै दिश उदेति। अभ्य् उदेतीमाम् ऊर्ध्वां[5] दिशम्[6]। षड् इत्थं मास एति, षड् इत्थ(म्)। समयान्तरिक्षम्[7] एति। अभ्य् अस्तम् एतीमाम्[8] अपरां दिशम्। अन्व् इमां पृथिवीम् आतपति। तद् यथा पतिर् जाया अनुसंचरेद् एवम् एवैना एष एतद् अनुसंचरति।

स ऐक्षताहम् एवेदं[9] सर्वं संवृणजा[10] इति। स वशम्[11] एव दिव[12] आदत्त, क्षत्रं नक्षत्राणाम्, आत्मानम्[13] अन्तरिक्षस्य, रूपं वायोर्, आज्ञां[14] मनुष्याणां, चक्षः[15] पशूनाम्, ऊर्जम् अपां, रसम् ओषधीनां, चरथं[16] वनस्पतीनां, शिश्नं[17] वयसाम्, अर्चिषम् अग्नेर्[18], हृदयं पृथिव्यै, गन्धं हिरण्यस्य, स्तनयित्नुं वाचस्, सङ्गमं पितॄणां[19], भां[20] चन्द्रमसः। तद् यद् एतेषां भूतानाम् आदत्त, तद् आदित्यस्यादित्यत्वम्। स य एतद् एवं वेदैष[21] एवादित्यो भूत्वैतस्यां राजासन्द्याम् आस्ते ॥ २६ ॥

[१] ग धात्रां [२-२] क ख ऊर्ध्वच्छायाः ग ऊर्ध्वछायाः [३] क ख ग आतपतन्ति [४] ग उपाप्नाति [५] क ख ग ऊर्ध्वा [६] क ख ग निशम् [७] क समाया- [८] ग एतिमाम् [९] ख एदं [१०] क सममृणजा ख ग सम्मृणजा [११] क वंशम् ख ग पशम् [१२] ग दिशव [१३] ग आमानम् [१४] क ख ग आज्ञा [१५] ग चक्ष [१६] क ख ग चरसं [१७] क ख ग शिस्नं [१८] क ख अन्न ग अस्नु [१९] ग पितृणा [२०] ग भं [२१] क वेदै

न ह ब्रूयात्—सत्त्रम् आसिष्य इति। आसिष्यामीत्य्[1] एव वक्तव्यम्। द्वे ह वाव देवते [2]सत्त्रम् आसाते[2] प्राणापानाव् एव। तयोस् सो ऽभ्यारोहः। तद् यत् ताव् इदं सत्त्रायेते तस्मात् तौ सत्त्रसदौ। तस्माद् उ [3]आसिष्यामीत्य् एव[3] वक्तव्यम्[4]। तस्यैष श्लोकः[5]—

सप्तर्षयः प्रतिहितास्[6] सुभूते
सप्त पश्यन्ति बहुधा निविष्टौ।
सप्तैतं लोकम् उपयन्त्य् आपो
ऽस्वप्नजौ सत्त्रसदौ यत्र देवा ॥

इति। सप्तर्षयः[7] प्रतिहितास् सुभूत इति पुरुषो वै सुभूतम्। त इमे सप्तर्षयः प्रतिहिताः प्राणा[8] एव। सप्त पश्यन्ति बहुधा निविष्टाव् इति बहुधा ह्य् एतौ निविष्टौ पश्यन्ति यत् प्राणापानौ। सप्तैतं लोकम् उपयन्त्य् आप इतीमा द्वयीर् [9]आप इमा द्वयीर्[9] इमा एका इमा द्वयीर् अवाचीः। अस्वप्नजौ सत्त्रसदौ यत्र देवा इत्य् एते एव ते देवते। स य एतद् एवं वेद—॥ २७ ॥

[१] ग श्रमिष्यामित्य् [२–२] ख सत्रमासते ग सत्रसासाते [३–३] ग श्रमिष्यामीत्तिव [४] ग वक्तव्य [५] ग इयोक [६] क ख ग प्रतिहिता [७] ग अधिपाठः इयन्ति यत्प्राणापान सप्तैत [८] ग प्रणा [९–९] क आप इमा द्वयीर् नास्ति ख अवाचीर्

—यदि च स ह सत्त्रम् आस्ते यदि च नाथ हास्यासितम्[1] एव सत्त्रं भवति । य उ एवं विद्वाञ् [2]छ्रमम् उपपरैत्य्[2] एते एवास्य देवते भागास् सत्त्रम् आसाते सो ऽनार्तस्[3] संवत्सरस्योदृचं गच्छति ।

असाव् एव संवत्सरो यो ऽसौ तपति । तस्य यद् भाति तत् संवद्[4], यन् मध्ये कृष्णं मण्डलं तत् सर इत्य् अधिदेवतम् । अथाध्यात्मम् । अयम् एव संवत्सरो यो ऽयं चक्षुषि पुरुषः । तस्य यच् छुक्लं तत् संवद्[5], यन् मध्ये कृष्णं मण्डलं तत् सरः । तस्यैष श्लोकः—

मद् एवोदेति[6] सूर्यो ऽस्तं[7] [8]मद् उ[8] च[9] गच्छति ।
मां सर्वे देवा अन्वायत्ता माम् उ नात्येति किं चन ॥

इति । मद् एवोदेति[9] सूर्य इत्य् एवंविदो ह वाव सूर्य उदेति । अस्तं[10] मद् उ च गच्छतीत्य् एवंविदो[11] ह वावास्तम् एति । मां सर्वे देवा अन्वायत्ता[12] इत्य् एवंविदं ह वाव सर्वे देवा अन्वायत्ता । [13]माम् उ[13] नात्येति[14] किं [15]चनेत्य् एवंविदं[15] ह वाव न किं चनात्येति[16] ॥ २८ ॥

[१] ग हास्यासितेम् [२–२] ख छ्रमम्मुवपरैत्य् ग चम्मुरवपरैत्य् [३] ग नार्त [४] क ख ग संपद् [५] ख संपद् ग वेत् [६] क एवेदेति [७] क ख ग स्त [८–८] क ग मूदु ख मुदु [९] क ग प [१०] ग अस्तम [११] ग एविदो [१२] क ख ग अधिपाठः इत्येवंविद ह वोदेति सूर्य इत्येवंविदो ह वाव सूर्य उदेत्यस्तम मदु च गच्छतीत्येवविदो ह वावास्तमेति मां सर्वे देवा अन्वायत्ता [१३–१३] ग मामा [१४] क ख ग नान्येति [१५–१५] ग चनेत्यवंविदं [१६] ग चनात्येदि

तद् आहुः किं संवत्[1] किं सरं[2] किम् अयनम् इति । स ब्रूयात् त्रय्य् एव विद्या संवत्[3] । तां हि सर्वे देवास् संवान्ताः । अहोरात्रे एव सरः[2] । ते हीदं सर्वं सरतः । आदित्य एवायनम् । स ह्य् एषु [4]लोकेष्व् एति[4] । इत्य् अधिदेवतम्[5] । अथाध्यात्मम् । अन्नम् एव संवत् । तद् धीदं[6] सर्वं संवान्तम् । वाग् एव सरः[2] । वाचा[7] हि पुरुषस् सरति । प्राण एवायनम् । स ह्य् अस्मिन्[8] , ऽस्मिन्न् एति । स य एवम् एतद् अधिदेवतं चाध्यात्मं च संवत्सरायणं[9] वेदानार्तो[10] एव संवत्सरस्योदृचं गच्छति ।

तद् आहुः कथं संवत्सर एकच्छन्दा बार्हतो भवतीति—॥ २९ ॥

[१] ग सवत् [२] एवं कोशेषु [३] ग संवत्स [४–४] क ग वि लोकेष्वति [५] ग अधीदेवतम् [६] ख धीतं [७] ग वाचपा [८] क ख अस्मि [९] क संवत्सरा वि संवत्सरायनं [१०] ग देवदानार्तो

—अहोभिर् इति ब्रूयात् । कथम् अहोभिर् इति । अतिरात्राव्, आरम्भणीय-महाव्रतीये अहनी, [1]पृष्ठ्याभिप्लवाव्, अभिजि(त्)[1], त्रय स्वरसामानः[2], प्रत्यञ्चस् त्रय स्वरसामानो, विश्वजिद्, गोआयुषी, दशरात्रो, वैषुवतम्[3] एव सप्तत्रिंशम् एतस्मिन् स्वर्गे लोके ऽध्यूढम् । तस्यैष श्लोकः —

[४]तां विंशति(स्) सप्तशतानि[४] चाहु(ष्)
षट्त्रिंशिनीं बृहतीं[५] कल्पमानाम् ।
सानुष्टुब् भूत्वा पशुभिस् सयोनिर्
देवान् पितॄन् ददते मनुष्यांश् च ॥

इति । तां विंशतिस् सप्तशतानि[६] चाहुर् इत्य् अहोरात्रा एव ते । षट्त्रिंशिनीं[७] बृहतीं कल्पमानाम् इत्य् एवं ह तद् अहोभि(ष्) षट्त्रिंशिनी बृहती कल्पते । सानुष्टुब् भूत्वा पशुभिस् सयोनिर् इतीयम्[८] एव दिग् [९]गाम् आहरद्[९] इयम् अश्वम् [१०]इयम् अजाम्[१०] इयम् अविम् । अनुष्टुभे[११] वा एतस्यै सत्यै[१२] दिशश् शुल्कम् आहरन्न्[१३] इत्य् एवं ह तत्[१४] । देवान् पितॄन् ददते मनुष्यांश् चेति[१५] । [१६]वाग् वा[१६] अनुष्टुप् । वाचो वा इदं सर्वं यतम् । एवं वै संवत्सर एकच्छन्दा[१७] बार्हतो भवतीति ॥ ३० ॥

[१–१] ग पृष्ठ्याभिजि [२] ग स्वरसामान [३] ग वैषुतेम् [४–४] क ता विंशतिसप्तदशतानि ग तन् विशतिसप्तशतानि [५] क ख ग बृहती [६] ग सप्तशतिशतानि [७] क षट्त्रिंशनीं [८] ग इतियम् [९–९] क भामहरद् [१०–१०] क इयमजम् ग इयमजाम् नास्ति [११] क ख अनुष्टुभि ग अनुष्टुभिर [१२] क ख सते ग तते [१३] क ख ग अहरन्न् [१४] क तन् [१५] क ख ग चोति [१६–१६] ग वाधा [१७] क ख ग एकश्छन्दा

अयम् एव स्पृष्ट्यो यो ऽयं पवते एतेन हीदं सर्वं स्पृष्टम् । स्पृष्ट्यो ह वै नामैषः । तं पृष्ठ्य इति परोक्षम् आचक्षते । सर्वान् कामान् स्पृशति य एवं वेद ।

असाव् एवाभिप्लवो यो ऽसौ तपति । एष हीदं सर्वम्[१] अभिप्लवते ।

तद् आहुर् यत् पृष्ठ्याभिप्लवाव इत्य् आचक्षते[३] ऽभिप्लवम् उ वै पूर्वम् उपयन्ति । कथं पृष्ठ्यः पूर्व उपेतो भवतीति । स ब्रूयाद् यद् एवायम् अवरो वायुः पवते पर आदित्यस् तेनेति । अथो यत् परं[४] सन्तम् अभिप्लवम् अवरम्[५] उपयन्ति व्यतिषंगायानिर्मार्गाय[६] सर्वायुष्ट्वायै[७] ।

तद् आहुर् यच् चत्वारो ऽभिप्लवस्य स्तोमाष् षट् पृष्ठ्यस्य कथं तत् सभारम् इति । स ब्रूयाद् यद् एवैते सदृशि[८] देवते वायुश् चादित्यश् च तेन सभारम् इति । अथो यद् ब्रह्माभिप्लवः क्षत्रं पृष्ठ्यस् तेनो एवेति ॥ ३१ ॥

[१] ग -प्लवो योऽसौ तपति । एष हीदं सर्वमभि- नास्ति [२] क स्वर्वम् [३] ग आचक्षत [४] क ख ग पर [५] ग वि अवरम् नास्ति [६] क ख व्यतीषंगाया- ग प्यतिषंगाया- [७] ग सर्वाय्यष्टायै [८] ? एवं कोशेषु

तद् आहुर् यद् एते पृष्ठ्यस्य विषमा स्तोमास् त्रिवृत् पञ्चद[श]स् [१]सप्तदश एकविंशस्[१] त्रिणवस् त्रयस्त्रिंश इति, कथम् एतत् समात् समम् उपेतं भवतीति । स ब्रूयाद् ब्रह्म वै त्रिवृत् । क्षत्रं पञ्चदशः । ब्रह्म वै क्षत्रा[ज्] ज्यायः । तेन समात् समम् उपेतं भवति[२] । विट्[३] सप्तदशः । क्षत्रम् उ वै विशो ज्यायः । तेन समात्[४] समम् उपेतं भवति । एकविंशं[५] स्तोमम् अनु शूद्रः । वैश्यो वै [६]शूद्राज् ज्यायान् । तेन[६] समात् समम् उपेतं भवति । त्रिणवं स्तोमम् अनु ग्राम्याः पशवः । शूद्रो वै ग्राम्येभ्यः पशुभ्य श्रेयान् । अत्ता[७] हि स तेषाम् । तेन समात् समम् उपेतं भवति[८] । त्रयस्त्रिंशं[९] स्तोमम् अन्व् आरण्याः पशवः । ग्राम्या वै पशव आरण्येभ्यः पशुभ्य श्रेयांसः । बिभ्यत इतरे चरन्त्य् अधिगन्तेतरेषां हन्ता । तेन समात् समम् उपेतं भवति ।

तद् आहुः कस्माद् [१०]एकरूपो ऽभिप्लवो[१०] द्विरूपः पृष्ठ्यस् समान[११] एव सन् व्यूढश् च समूढश् चेति। स [१२]ब्रूयाद् यस्माद्[१२] इदं ब्रह्म ब्रह्मैव[१३]। अथ यस्माद् उ क्षत्रियस् सन् ब्राह्मणो भवति तस्माद् एकरूपो[१४] ऽभिप्लवो द्विरूपः पृष्ठ्य इति[१५]।

तद्[१६] धैतद् एके ऽभिप्लवस्य षष्ठम् अहर् उक्थ्यं कुर्वन्त्य् एवं सभारम् इति। तद् उ होवाच शाट्यायनिर् मोहयन्ति[१७] ते ऽभिप्लवं ये तथा कुर्वन्ति। अब्रह्म तर्हि[१८] भवति। तस्मात् तथा न कार्यम् इति।

अथ हैके पृष्ठ्यस्य षष्ठाद् अह्नो द्विपद[१९] उद्धरन्त्य् एवं सभारम् इति। तद् उ होवाच शाट्यायनि[२०] स्वर्ग एष लोको यत् पृष्ठ्यष् षडहः। यजमान एष निदानेन[२१] यद् द्विपदः। तम् आयतनाच् च्यावयन्ति। स य एनांस् तथा चक्रुषो[२२] ब्रूयाद् आयतनाद् वा च्योष्यन्ते ऽस्माद् वा लोकाद् इति, तथा हैव स्युः। तस्मात् तथा न कार्यम् इति ॥ ३२ ॥

[१-१] क सप्तदशैकविंशस् [२] ग अधिपाठः विट् सप्तदशः क्षत्रमु वो विशो ज्यायस्तेन समात् सममुपेतं भवतीति स ब्रूयात् [३] क विराट् [४] ग समत् [५] क एकविंश [६-६] क शूद्राज्ज्यायांस्तन ग शूद्राज्यायास्तन [७] ख अत्तात्ता ग अन्तानत्ता [८] ग अधिपाठः तदाहुः कस्मादेकरूपोभिप्लवे द्विरूपः पृष्ठ्यस्सामान एव सन् व्यूढश्च समूढश्चेति स ब्रयादस्मादिदं [९] क ख ग त्रयस्त्रिंश [१०-१०] ख एकरूपाभिप्लवो ग एकरूपाभिप्लव [११] ग सामान [१२-१२] क ब्रयदस्माद् ख ब्रयद्यस्माद् ग बूयदस्माद् [१३] क ब्रह्मेव [१४] ख ग एकरूपा [१५] ग इते [१६] ग त- नास्ति [१७] क ग मेहयन्ति [१८] क ख ग तहि [१९] क द्विवद [२०] ग पुनःपाठः मेंहयन्ति तेभिप्लवं ये तथा कुर्वन्त्यब्रह्म तर्हि भवति तस्मात्तथा न कार्यमित्यथ हैके पृष्ठ्यास्य षष्ठादह्नो द्विपद उद्धरन्त्येवं सभारमिति तदु होवाच शाट्यायनि [२१] क ख ग निदादेन [२२] ग चक्रशो

तद् आहुर् यद् इदं प्रायणीयम् अहस् त्रिवृद् आचक्षते, प्रायणीयम् इत्य् अदश् चतुर्विंशं, कथम् एतत् त्रिवृता प्रयतं भवतीति। स ब्रूयाद् यद् एवैते चत्वारिंशत् त्रिवृतस् संपद्यन्ते तेन त्रिवृता प्रयतं भवतीति। अथो यच् चतुर्विंशत्यक्षरा गायत्री तेनो एवेति।

तद् आहुः कथम् [१]एतद् वैषुवतीयम् अहश् छन्दोम्यं[१] भवतीति। स ब्रूयाद् यावन्ति सप्तानां चतुरुत्तराणां छन्दसाम् अक्षराणि तावत्य् एतस्याह्न स्तोत्रियाः। तेन[२] छन्दोम्यं भवतीति।

तद् आहुर् यद् उपरिष्टाद्[३] विषुवतश् छन्दोमान् उपयन्ति कथं पुरस्ताद् विषुवतश् छन्दोमा उपेता भवन्तीति। स ब्रूयाद् य एवैष आरम्भणीयस्याह्नश्[४] चतुर्विंश[श्] छान्दोमिकस्तोमस् तेन[५] पुरस्ताद् विषुवतश्[६] छन्दोमा उपेता भवन्तीति। अथो यद् एव पृष्ठ्यस्य द्वे द्वे अहनी समस्ते छन्दोमास् संपद्यन्ते तेनो[७] एवेति ॥ ३३ ॥

[१-१] ग एतंद्वेषुवतीयमहछन्दोम्यं [२] ग ते [३] ग उपरिष्टोद [४] ग -स्याह्नश् [५] ग तोन [६] क ख विपुवतच् ग विषुवत [७] ग तेन

तद् आहुर् यत् षट्कृत्वः पुरस्ताद् विषुवतः पृष्ठ्यान्य् उपयन्ति विश्वजिति सप्तमम् उपरिष्टात् कथं तत् सभारम् इति। स ब्रूयाद् यद् वा अर्वाचीनं विषुवतस् तद् अयं लोको,[१] यद् ऊर्ध्वं[१] विषुवतस् तद् असौ लोकः। [२]आसन्न[३] इव वा अयं लोकः[२]। प्ररिक्त[४] इवासाव् अन्यः। द्वितीयो ह्य् अयं लोकः। तद् यद्[५] विश्वजिति सप्तमम् उपरिष्टात्

पृष्ठ्यान्य् उपयन्त्य् एवं सभारम् इति । अथो य एवम् उ य एव विश्वजित् पृष्ठमयम् एव । गौर् वै रथन्तरम्[6] अश्वो बृहद् अजा वैरूपम् अविर् वैराजं व्रीहयश् शाक्वर्यो यवा रेवतयः । स एष [7]रसस् संसिक्तो[7] यत् पृष्ठानि[8] । तस्यैषो ऽक्षो यद् गायत्रीषु बृहद् अग्निष्टोमसाम भवत्य् एतस्य रसस्यानपवर्दाय[9] । अथ य एतन् निर्हृतपृष्ठम्[10] उपयन्ति विषिक्तरसं ते विश्वजितं शून्यं उपयन्ति । ते न किं चन व्यश्नुवते[11] । तस्मात् पृष्ठमय एव विश्वजित् कार्य इति ॥ ३४ ॥

[१] क ख विषुवतस्तदयं लोको यदूर्ध्वं नास्ति [२-२] ग नास्ति [३] ख असन्न [४] क प्ररिक्ता [५] ग य [६] क ख ग रथन्तर-न्तरम् [७-७] एवं कोशेषु [८] ग पृष्ठ्येन [९] ? क रसस्यानपवर्द्दय ग रसस्यानव-वर्द्दय [१०] ग निर्वृतपृष्ठम् [११] ग व्याशुवते

तद् धैतद् एके स्वरसाम्नां स्वराण्य् एव पृष्ठानि कुर्वन्ति । पृष्ठेन वा अहर् आख्यायते, स्वरसामान इत्येत आख्यायन्ते । तस्मात् स्वरसाम्नां स्वराण्य् एव पृष्ठानि कार्याणीति । ते चेत् स्वराणि पृष्ठानि कुर्युर् यानि छं (?) भवन्ति तान्य् एकबृहतीषु कुर्युः । तद् उ होवाच शाट्यायनिर् वयं वाव प्रत्यक्षं स्वराणि पृष्ठानि कुर्मो ये बृहद्रथन्तरे कुर्मः । इदं वै रथन्तरम् अदो बृहत् । आभ्याम् उ वै लोकाभ्याम् इदं सर्वं स्पृतम्[1] । तस्माद् बृहद्रथन्तरे एव पृष्ठे[2] कार्ये इति ।

अथो हैते विच्छिन्नान् स्वरसाम्न उपयन्ति ये त्रीण्य् उपयन्ति । सर्वाण्य् एव कार्याणि । तथा[3] द्वाभ्यां द्वाभ्याम् अहस् तायते । एवं संगृहीता स्वरसामानो भवन्त्य् अविच्छिन्ना, अथो [4]पापवस्यसस्य व्यावृत्त्या[4] इति ।

तद् धैतद् एके विषुवतो बृहतीष्व् एव[5] बृहत् पृष्ठं कुर्वन्ति—॥ ३५ ॥

[१] ग स्पृणवम् [२] ग पृष्ठ [३] ग तथा तथा [४-४] क ख वापवस्य व्यावृत्त्या ग वापवस्यसस्य व्यापृत्या [५] क ए

—बार्हतो विषुवान्, बार्हतो वासाव् आदित्यः । बृहत्याम् एव[1] एतद् अध्यूढस्[2] तपति । तस्माद् बृहतीष्व् एव बृहत् पृष्ठं कार्यम् इति ।

अथ हैके बृहतीष्व् एव दिवाकीर्त्यं पृष्ठं कुर्वन्ति । बृहत्यायतनानि पृष्ठानि । इदं[3] वा अन्तरिक्षं बृहती । तस्याम् अयं वायुर् अन्तः पवते । तत् पृष्ठं[4], तस्या उ एव यद् द्वादशाक्षरं पदं तेन, जगतीषु[5] कृतं भवति । एवं तृतीयसवनम् अयातयाम क्रियत इति । तद् उ होवाच शाट्यायनिर् जागतो विषुवान्[6] । जागतम् एतत् साम । जागतो ऽसाव् आदित्यः । यदा[7] ह्य् एष उदेत्य् अथ जगद् एतस्यैव [8]प्रयाणम् अनु प्रैति[8] । तस्माज् जगतीष्व्[9] एव दिवाकीर्त्य[10] पृष्ठं कार्यम् इति । ततो यास् तिस्रो[11] जगत्यश् चतस्रस् ता बृहत्यः । तेन बृहतीषु कृतं भवति । तास् संस्तुता अष्टाविंशतिर् बृहत्यस् संपद्यन्ते । तेनो एव बृहत्य् अन्तरिता भवति । अथो हैतत् प्राणस्यैव रेतो निर्मितं यद् दिवाकीर्त्यम् । प्रजननं[12] जगती । सो ऽसाव् आदित्यः । तद् यज् जगतीषु दिवाकीर्त्यं पृष्ठं[13] कुर्वन्ति[14] स्वेनैवैनं[15] तद् आयतनेन समृद्धयन्ति । तेनैभ्यस् समृद्धेन स्वायां जनतायाम् ऋधुकं[16] भवति ॥ ३६ ॥

[१] ग एषु [२] ग अध्यूढ [३] कोशेषु इयं [४] ग पृष्ठाँ [५] ग जागतीषु [६] ग विषुवा [७] ग यद [८-८] ख प्रयणमनुप्रैति ग प्रायण-मनुप्रैती [९] क ख ग जागतीष्व् [१०] ख ग दिकीर्त्यं [११] ग तस्रो [१२] ग प्रजनन [१३] ग पृष्ठा [१४] ग अधिपाठः ते [१५] ग स्वेनैनैवं [१६] क ख ऋर्धुक ग अर्धुकं

तद् एतत् पृच्छन्ति किं तद् दिवाकीर्त्यं ऽहन् क्रियते येन प्रजाः प्रजनयति येन च प्रजा दाधारयति। स ब्रूयात् प्राणस्यैव रेतो निर्मितं यद् दिवाकीर्त्यम्। प्रजननं जगती। तेन प्रजाः प्रजनयति। अथ यत् प्राणो[१] भूत्वा पराणि चावराणि चाहानि[२] दाधर्ति[३] तेनो एव प्रजा दाधारयति[४]। प्राण[५] एव दिवाकीर्त्यम्। चक्षुषी भ्राजाभ्राजे। श्रोत्रं विकर्णम्। वाग् दशस्तोभम्। त इमे प्राणा [६]मध्यतो हिताः[६]। तद् धै[त]द्[७] एक उदित एवाज्यग्रहान् गृह्णन्ति। उदिते प्रातरनुवाकम् उपाकुर्वन्ति। दिवाकीर्त्यं वै नामैतद् अहः। तन् न राज्या संसृजेयुर्[८] इति। तद् उ होवाच शाट्यायनिस् सामभिर् वा [९]अह्नान्य् अभिष्टुतान्य् ऋग्भी[९] रात्रयः। सैषां रात्रिर् अनभिष्टुता[१०] शून्या[११] भवति[१२]। अथो प्रजापतिर् एष यत् प्रातरनुवाकः। तम् आयतनाच् च्यावयन्ति[१३]। स य एनांस् तथा चक्रुषो ब्रूयाद् आयतनाद् वा च्योष्यन्ते ऽस्माद् वा लोकाद् इति, तथा हैव स्युः। तस्माद् यथैवेतरेषाम्[१४] अह्नां तथा कार्यम्।

प्राणापानाव्[१५] उपांश्वन्तर्यामौ। उदिते ऽन्यं जुह्वत्य् अनुदिते ऽन्यम्। बहिर्[१६] वै सन्तं प्राणम् उपजीवन्त्य् अन्तस् सन्तम् अपानम्। तद् यद् उदिते ऽन्यं जुह्वत्य् अनुदिते ऽन्यं, बहिस् सन्तं प्राणम् उपजीवामान्तस् सन्तम् अपानम् इति। अथ य [१७]एताव् उदिते[१७] जुह्वति, प्राणापानाव् उत्खिदन्ति। स य एनांस् तथा चक्रुषो ब्रूयात्[१८] प्राणापानाव् उदखात्सुर्[१९] मरिष्यन्तीति, तथा हैव स्युः। तस्माद् यथैवेतरेषाम् अह्नां[२०] तथा कार्यम् ॥ ३७ ॥

[१] ग प्राणे [२] त्रि अहानि नास्ति [३] क ख ग दाधर्त्ती त्रि दाधर्त्ति [४] ग अधिपाठः स ब्रूयात् [५] ग प्राणा [६-६] क मध्यते हिताः ग मध्यते एताः [७] ख धैतद् नास्ति वि धै [८] ? संसृजेयुर्, संसजेयुर् ? [९-९] क अहान्य-भिषुतोन्य्· ख अहान्यभिषूतान्य्· ग अहन्यभिषूता-नृग्भि [१०] क अनभिष्टुत ख अभिष्टुता ग अभिष्टुत [११] क ख न्या [१२] ग भवन्ति [१३] ग च्यवयन्ति [१४] क यथैवैतरेषाम् [१५] क ख ग प्राणापाना [१६] ग बर्हि [१७-१७] क ख ग एता उदिते त्रि एतावुदिते [१८] ग ब्रूया [१९] क उदुःखवांसुर् ख ऊदुःखांसुर् ग उदकत्वांसुर् [२०] ख अर्ह्नि

तानि वा एतानि दीक्षमाणाद् उत्क्रामन्त्य्[१] अग्निहोत्रं दर्शपूर्णमासौ चातुर्मास्यानि पशुबन्धः पितृयज्ञो[२] गृहमेधो ब्रह्मौदनो मिथुनम्[३]। तद् यद् दीक्षोपसत्सु स्वाहेति व्रत-यति[४], तेनास्य[५] दीक्षोपसत्स्व् अनन्तरितम्[६] अग्निहोत्रं भवति। यद् [७]उपांश्वन्तर्यामाव् उदिते ऽन्यं[७] जुह्वत्य् अनुदिते ऽन्यं, तेन सुत्यायाम्। यत् पुरोडाशस् तेन पौर्णमासम्। य[द्] दधि[८] तेनामावास्यम्[९]। यत्[१०] पयस्या तेन चातुर्मास्यानि। यत् पशुम् आ-लभन्ते तेन पशुबन्धः। यद् उपासनान्य् उपास्यन्ति[११] तेन पितृयज्ञः[२]। यद् धानाः करम्भो भवति तेन गृहमेधः। यत् [१२]सौम्यम् आहरन्ति[१२] तेन ब्रह्मौदनः। यत् पत्नीस् संख्यापयन्ति[१३] तेन मिथुनम्[१४]।

तद् धैक आहुः प्राणेन त्वा संभवामनीत्य् एव प्रतिष्णाम् अभिप्राण्यानीति। तद् उ होवाच शाट्यायनिर् अवकीर्णरूपम् इवैतत्। एको वाव पुमान् प्राणावे विद्ययैवैतद् अनन्तरितम् अथो [१५]यद् एव[१५] यज्ञायज्ञीयस्य[१६] स्तोत्रे संख्यापयन्ति[१७] ॥ ३८ ॥

[१] ग युरुक्रामन्त्य् [२] क ख ग पितुर्यशो [३] क ग मिथुन [४] क ख त्रयेति ग प्रतेति [५] क ग तानास्य [६] ग भान्तरितम् [७-७] क ख उपांश्वन्तर्यामावुदितेन्य ग उपांश्वन्तर्यामाधदितेन्य [८] ग दधिस् [९] क ख तेनामावास्यां ग तेनेमावास्य [१०] क यत् यत् [११] क ख ग उपास्यति [१२-१२] क सौम्यमाहति ख सौम्यामाहरन्ति ग सोम्यामाहरन्ति [१३] ग संख्यापयति [१४] क ग मिथुन [१५-१५] क ख यवैव [१६] ग यज्ञायाशीयस्य [१७] ग संख्यापयन्तीति

तद् आहुर् यद् अन्यैर् अन्यैः[१] सामभि स्तुवते ऽन्या अन्या अनुशंसन्त्य्[२] अथ कस्मात् समाना[३] गृहा इति । स ब्रूयाद् अन्नं वै साम । अन्नम् ऋक् । प्राणा गृहाः । अन्यद् अन्यद् वै प्राणेभ्यो ऽन्नम् आहरन्ति । तस्माद् अन्यैर् अन्यैः सामभि स्तुवते ऽन्या अन्या अनुशंसन्ति समाना एव गृहा इति ।

प्राणा एव साम । तन् मूलम् । अथ यथा वृक्षस्य स्कन्धांसि वा [४]शाखा वा[४] पलाशानि वैवम् अन्यानि सामानि[५] । स य एतद् एवं वेद सर्वाण्य् एवास्य सामानि विदितानि[६] भवन्ति ।

वाग् एवर्क् । तन् मूलम् । अथ यथा वृक्षस्य स्कन्धांसि वा शाखा वा पलाशानि वैवम् अन्या ऋचः । स य एतद् एवं वेद सर्वा एवास्यर्चो विदिता भवन्ति ।

मन[७] एव यजुः । तन् मूलम् । अथ यथा वृक्षस्य स्कन्धांसि वा शाखा वा पलाशानि वैवम्[८] अन्यानि यजूंषि । स य[९] एतद् एवं वेद सर्वाण्य् एवास्य यजूंषि विदितानि भवन्ति ॥ ३९ ॥

[१] क ग अन्यै [२] ग अनुशंसत्य् [३] क ख ग सामाना [४-४] ग शाखो [५] ग नास्ति [६] ग विदतानि [७] ग मान [८] ग वैम् [९] ग नास्ति

तद् आहुः किं नातिष्टुवन्ति[१], किं नातिशंसन्ति, किं नातिगृह्णन्तीति[२] । स ब्रूयात् प्राणम् एव नातिष्टुवन्ति[१] । स्तुते वै प्राण एव परिशिष्यते । वाचम् एव नातिशंसन्ति । शस्ते वै वाग् एव परिशिष्यते । मन एव नातिगृह्णन्ति । गृहीते[३] वै मन एव परिशिष्यते । नातिष्टुतं नातिशस्तं नातिगृहीतम् एवंविदस्[४] संपन्नम् एव भवति ।

अथ ह वै समृद्ध एव यज्ञ उपासितव्यः । यद् अधीयन्न् अनुपहन्यमानः[५] करोति तत् स्वर्ग्यम् । स्वर्ग्य[६] म एतत्, स्वर्गलोक एतेन भविष्यामीत्य् एव[७] तद् विद्यात् । अथ यद् दुरधीयन्न्[८] उपहन्यमानो विषिञ्चन् करोति, पुष्टिस् सा प्रजननम् । पुष्टिर् म एषा प्रजननं, बहुर् भविष्यामि प्रजनिष्य इत्य् एव तद् विद्यात् ॥ ४० ॥

[१] क ख ग नातिष्टुवन्ति वि नातिस्तुवन्ति [२] ग नातिगृह्णन्तीती, वि नातिगृह्णन्ति [३] क गृहीत [४] क ग एवंविद [५] ग अनुपनन्यमानः [६] क ग स्वर्गम ख स्वर्गम् [७] ग अव [८] क ग दूरधीयन्न्

अथ ह वै त्रयः पूर्वे ऽग्नय[१] आसुर् भूपतिर् भुवनपतिर्[२] भूतानां पतिः । अयं वै लोको भूपतिर्, अन्तरिक्षं[३] भुवनपतिर्, असाव् एव लोको भूतानां पतिः । अथ[४] हायं भूतिर्[५] नाम । तेषां ह वषट्कारश् शीर्षाणि चिच्छेद । त[६] इमास् तिस्रः पृथिवीः[७] प्रविविशुः । तस्माद् यद् अग्निहोत्रस्य वाज्यस्य वावस्कन्देत् तद् अभिमृशेद् भूपतये स्वाहा, भुवनपतये स्वाहा, भूतानां पतये स्वाहेति । एतेषु हैवास्याग्निषु हुतम् अस्कन्नं भवति ।

अथ ह वै त्रयः पूर्व ऋषय आसुश् शूर्पयवम् अध्वाना अन्तर्वान् कृषिस् सोल्वाला:[८]। ते ह यज्ञस्य कृन्तत्राणि[९] ददृशुः। तस्यैताः प्रायश्चित्तीर्[१०] ददृशुः—शं च म, उप च म, आयुश् च मे, भूयश् च मे, यज्ञ[११] शिवो मे संतिष्ठस्व, यज्ञ स्विष्टो मे[१२] संतिष्ठस्व, यज्ञारिष्टो[१३] मे संतिष्ठस्वेति। तस्माद् एता दर्शपूर्णमासाभ्यां वा चातुर्मास्यैर् वा पशुबन्धेन वा सौम्येनं[१४] वाध्वरेणष्ट्वोपरिष्टाज्[१५] (व) जपेत। यद् एवात्र यज्ञस्य विधुरं भवति तद्[१६] एव तेन शमयति।

प्राण एवाविषुवतो व्यानो विषुवान् अपानो यद् ऊर्ध्वं विषुवतः। अपानो वा इदं सर्वम् आहरति। तस्माद् वयं परस्ताद्[१७] विषुवतोऽर्वाचष् षडहान् उपैमः ॥ ४१ ॥

[१] ग ग्न [२] ख भुवनस्पतिर् [३] ग अन्तरिक्ष [४] ग अस [५] ? क ख भूपतिर् [६] क ख ग म [७] क ख ग पृथिवीं [८] ग सोल्लोला: [९] क ख ग कृन्तन्त्राणि [१०] क ख ग प्रायश्चित्तिर् [११] क ख ग यज्ञश् [१२] ग मेव [१३] ग यज्ञारिशो [१४] ग साम्येन [१५] ग वाध्वरेणेष्ट्वापरिष्टा [१६] क ख ग ताद् [१७] क पुरस्ताद्

तद् ध क्रतुजिज् जानकिर् ह्यापिं[१] सौमापं[२] पप्रच्छ—प्राणेन [३]स्वी[३]द् अपानेना[३][३] अस्मिञ् जीवति मर्त्यः। [४]तद् ब्रूतात्[४] संगतेभ्यः कुरूणां ब्राह्मणेभ्य इति। स होवाचेहैवाहं त्वां प्रतिवक्ष्यामीति। तं ह प्रत्युवाच—न प्राणेन नापानेन। अस्मिञ् जीवति मर्त्ये व्यानोऽध्यक्षः पशोस् सतं [५]विष्वंचमीय्यत इति। पुरुषो वै पशुः। पशुरुत् पशुस् सः। व्यानो ह वा एतं विष्वंचमीय्यते।

तान् वा[६] [७]एतान् एके[७] परस्ताद् विषुवत ऊर्ध्वान् एव षडहान् उपयन्ति। यं वावैतं[५] पृष्ठ्यं पूर्वम् उपैमस् तेन व्यावृत्ता भवन्ति। अथो एवम् अजामीति[८]। तद् उ होवाच शाट्यायनिर् उभये वा एत ऊर्ध्वा भवन्ति ये चोर्ध्वा ये चार्वाञ्चः। सवनैर् वा एत ऊर्ध्वा भवन्त्य् आप्नुम उ तं कामं य आवर्तैष्व् इति।

तद् आहुर् यद् यथापां विवर्त[९] एवम् एते यद् गोआयुषी। कतरेषाम् एते अह्ना(म्)। परेषाम् अवरेषाम्[१०] इति। उभयेषाम् एवेति ब्रूयात्। उभयानि ह वा एते अहानि संगृह्य तिष्ठतः पराणि चावराणि[११] च। तस्मात् त्र्यहेणान्यत् तनुमहे त्र्यहेणान्यत्[१२]। स द्व्यहस् सन् षडहो भवति। तद् ऊर्ध्वे गोआयुषी भवत ऊर्ध्वो[१३] दशरात्रः।

तद् धैतद् एके विहृते गोआयुषी उपयन्ति—उपरिष्टाद् विश्वजित आयुः पुरस्ताद् दशरात्रस्य गाम्। एवम् अजामीति[१४]। अथो एवम् एवैतयोः पुरोपाययनम्[१५]। तत् प्रमत्ता नैमिशीया अतीयुः। तेऽत्र पुरस्ताद् दशरात्रस्य सहोपेयुः। तत इदम् अर्वाचीनम् एवोपयन्ति।

तद् उ होवाच शाट्यायनिः [१६]प्राणापानाव् एतौ[१६] यद् गोआयुषी। अन्नपाने[१७] ते विच्छिन्दन्ति[१८] ये विहरन्ति। अथो एष वाव देवयानः पन्था यद् गोआयुषी। स्वर्ग एष लोको यद् दशरात्रः। त एतेन देवयानेन पथैतं स्वर्गं लोकं गच्छन्ति। अथ य एते विहरन्त्य् एतं देवयानं[१९] पन्थानं विच्छिन्दन्ति[२०] ते न किं चन व्यश्नुवते[२१]। तस्मात् सहैवोपेत्ये इति ॥ ४२ ॥

[१] क य्यपिं ख ग य्यापिं [२] ग सौमापी [३-३] ग स्वीनुदपानेनागु [४-४] ग स ब्रूयात् [५-५] ? ग विष्वंचमीय्यत...यं वावैतं नास्ति [६] क व [७-७] क एतेनके ख एतेतेके [८] ग अजामिति [९] ग विवतेते [१०] क अपरेषाम् ग अवरेषाम् नास्ति [११] ख ग चापराणि

[१२] क ग ञ्यहेणान्य ख ञ्यहेणान्यस् [१३] ग ऊर्ध्वा [१४] ग अजामिति [१५] ? एवं कोशेपु [१६-१६] ग प्राणापानास्तौ [१७] ग अन्नत्राने [१८] क ख विछन्दन्ति [१९] ग देवयान [२०] क विच्छन्दन्ति ग विछन्दन्ति [२१] ग व्याश्नुवंते

गोबलं ह वार्ष्णं[1] शाट्यायनिर् उवाच—पितृमान् असि[2] भगवः पितामहवान्[3]। संवत्सराय दीक्षिष्ये ऽनु मा शाधीति। तथेति होवाच। अयनं ते वक्ष्यामि, यद् विद्वान् अनार्तस् संवत्सरस्योदृचं गच्छत्य्[4] उत्थायो योगक्षेमी पणाय्यो[5] भवतीति। तान् वा एतान् द्वादश मासो यन्तीति होवाच। ततो[6] यांश् चतुरो मासो यन्त्य् अग्नेर् एव[7] तान् अयनेन यन्ति। अग्निं चैव तेन देवतानाम् उपाप्नुवन्तीमं च[8] लोकम् इति। अथ यान् अपरांश्[9] चतुरो मासो यन्ति वायोर् एव तान् अयनेन यन्ति[10]। वायुं चैव देवतानाम् आप्नुवन्त्य् अन्तरिक्षलोकं[11] चेति। यान् अपरांश् चतुरो मासो यन्त्य् आदित्यस्यैव तान् अयनेन [12]यन्ति। आदित्यं[12] चैव तेन देवतानाम् उपाप्नुवन्त्य् अमुं च लोकम् इति ॥ ४३ ॥

[१] क वार्ष्णं ग वार्ष्णि [२] क ग असी [३] ग त्रि पितामहान् [४] क ख ग गच्छन्त्य् [५] ग पणांयो [६] ग तता [७] ग एम् [८] ग च नास्ति [९] क अपुरांश् [१०] ख ययन्ति [११] ग अन्तरिक्षं लोकं [१२-१२] ग यञ्चादित्यं

एतद् वा अयनम् इति होवाच। तद् यद् वा इदम् आहुर् अनयनेनागाद्[1] इति। य एवैतद् [2]अविद्वांसस् संवत्सराय[2] दीक्षन्ते ते[3] ऽनयनेन यन्ति। अथ य एतद् एवं वेदानार्त[4] एव संवत्सरस्योदृचं गच्छत्य्[5] उत्थायो योगक्षेमी[6] पणाय्यो[7] भवति। त एतं स्वर्गं लोकम् आगच्छन्ति।

एतन् महाव्रतीयम् अहः। एष वाव[8] स्वर्गलोको यन् महाव्रतीयम् अहः। तत् पञ्चविंशं भवति। ततो या[9] विंशतिर्[10] विराट् सा। अथ[11] याश् चतस्र इमा एव ताश् चतस्रो दिशः। अथ या पञ्चविंशीयम्[12] एव सोर्ध्वा दिक्। दिशो वै यत्र[13] समुदश्रयन्त[14] तद् एषो ऽत्यग्रो नाम लोको ऽभवद् य एष तपति। एतम् एवैतत् पञ्चविंश्याभ्यारोहन्ति[15]। एतस्य सलोकतां गच्छन्ति।

तद् आहुर् यद् एतेनाह्ना भूयिष्ठम् [16]ईप्सन्ति यन्[16] महाव्रतीयेनाथ कस्माद् अयं वारणः पञ्चविंशस्तोमः क्रियत इति। कृत्स्नस्यान्नाद्यस्यावरुद्ध्या इति ब्रूयात्। पुरुषम् एव पञ्चभि स्तोत्र्याभिर्[17] अवरुन्द्धे[18] गां पञ्चभिर् अश्वं पञ्चभिर् अजां पञ्चभिर् अविं पञ्चभिः। स एष कृत्स्नस्यैवान्नाद्यस्यावरुद्ध्या अन्ततः पञ्चविंशस्तोमः क्रियत इति।

अथ [19]याव् अतिरात्रौ[19] प्रतिष्ठैव सा। अस्मिन्न् एव लोके प्रायणीयेनातिरात्रेण प्रतिष्ठाय प्रयन्ति। अमुष्मिन् लोके[20] उदयनीयेनातिरात्रेण[21] प्रतिष्ठायोद्यन्ति। ते ह्याप्य् अनुभूषन्त इव भवन्ति, प्रत्य् इव तिष्ठन्ति ॥ ४४ ॥

[१] ग अवनेनागाद् [२-२] ग अविद्वांससंवत्सरंय [३] ग ते नास्ति [४] क वेदानात्त ग वेदानान्त [५] ग गछन्त्य् [६] क ख ग योगछेमी [७] ग पणांयो [८] क ख ग वावा [९] ग वया [१०] ग विंशति [११] क ग अध [१२] ग पञ्चाविंशतीयम् [१३] क गायत्र [१४] क ख समुदुदश्रयन्त [१५] ग पञ्चविंशा· [१६-१६] क ईप्सन्तीयन् [१७] क ग स्तोत्र्यभिर् [१८] क ख ग अवरुन्धे [१९-१९] ग यावतीरात्रौ [२०] ख ग लोके [२१] क उदयनीयातिरात्रेण

अथैषौदुम्बरी राजासन्दी। तां हैके प्राचीम् एव निदधति[1]। उदीचीम् एव नि-

दध्यात्। तस्या इमाव् अवान्तरदेशौ पूर्वौ पादाव् इमाव् अपरौ। तां हैके प्राचीम् एवाधिरोहन्ति। तद् उ होवाच शाट्यायनिर् उदञ्चो वै सामार्त्विज्यं कुर्वन्ति। उदीचीनदेवत्या उद्गातारः। उदीच्यैवारुह्येति[2]। तां हैके नमस्कारेणैवाधिरोहन्ति[3] नमस् ते ऽस्तु भगवति विघ्न त्वा सा नश् शिवैधीति। तूष्णीं हैवैके[4] अधिरोहन्ति। मनो वै प्रजापतिः। प्राजापत्यम् एतद् अहर् इति। ताम् अनेनाग्रे ऽधिरोहेद्[5] अथानेनाथानेनाथानेनामृतं गमयेयम् इति।

अथास्मा आरूढाय वाणं[6] शततन्त्रिम् आहरन्ति। तम् एतेन संतानेन संतनोति—

भूर् भुव स्वर्
वदा वदा वदा[7] वदी वदा वदोरुः[8]
पृथुस् सुगस् सुगन्तुः
कर्मः करणः करः करिष्यन्।
ऐन्द्रीं [9]वाचं बृहतीं[9] विश्वरूपाम्।
शतायुषं प्रवद देव वाण॥

इति। अथेन्द्रणतया चैषीकया[10] वेतसशाखया[11] चोल्लिखति—मनो ज्योतिर् इति, वाक् सत्यम् इति[12], मानो भद्र इति। तं प्रयच्छति॥ ४५॥

[१] क निदधाति ख नीधति ग निधति [२] क ख उदि- ग उदिच्यैसारुह्येति [३] ग -रोहन्त्य [४] क हैवेके [५] क ख धिरोहोव् ग धीरोहोद् | [६] ग वणं [७] क ख ग ववद [८] ग वदोरूः [९-९] ग वावं हहतीं [१०] क ख ग चैषीकया [११] ग वेतसनाखया [१२] ग इन्ति

अथैता अन्याः परिमादः कुरुते। अथ स्तुते। अथ शीर्ष्णाग्रे स्तुते ऽथ दक्षिणेन पक्षेणाथोत्तरेणाथ पुच्छेनात्मनोत्तमेन। तत् सलोमाय।

शीर्ष्णोद्गाता[2] प्रतिपद्यत आत्मना होता। यां ह्य् एव प्राह[3] तया प्रतिपद्यते। अथ यद् अन्यां प्राहान्यया प्रतिपद्यते, विलोम तत्।

अथ हैक आत्मनैवाग्रे प्रतिपद्यन्ते। तद् उ होवाच शाट्यायनिर् यथान्धो द्वारम् ऋच्छेत् तादृक् तद् इति।

अथ हैके [4]स्तुत्वैवोपावरुह्यैतद्[4] अहश् शस्यमानम्[5] ईक्षमाणा आसते। तद् उ होवाच शाट्यायनिर् ईश्वरः पापीयान् भवितोर् यस् तथा करोति। क्षत्रं वै साम। विद् छत्रम्[6]। [7]उपर्य् एवासीत[7]। राजानम् एवाह्रियमाणं[8] प्रत्यवरोहेत्। तथास्य राजा प्रत्यवरूढो भवति। तस्यै[9] प्रत्यवरोहो—

मही द्यौः पृथिवी च न इमं यज्ञं मिमिक्षताम्[10]।
पिपृतां[11] नो भरीमभिः॥

इति। ताम् एताम् आसन्दीम् उत्तरतः पर्याहृत्य निदधति॥ ४६॥

[१] क ग -ण- [२] क ख छीर्षोत्गाता ग छीष्णोत्गाता [३] क ख आह [४-४] ग स्तुत्वैवोपावरूह्येतद् [५] ग शस्यमनानम् [६] क ग च्छत्रम् ख च्छस्त्रम् [७-७] ग उपर्यो- | वासीत [८] क एवाह्रीयमाणं ग एवाह्रीयमाणं [९] ग द्विरुक्तिः प्रत्यवरूढो भवति तस्यै [१०] क ग मिमिक्षता [११] क विवृतां

तद् आहुर् यद् विहृतम् एतद् अहश् शस्यते, विहृतासु स्तुध्वा[३][1] अविहृतासू[३] इति। विहृतास्व् इति ब्रूयात्। य एता राजन्यस्य देवतास् ताभिर् विहृतं भवति।

तद् यद् गायत्रीषु शिरो भवति, बृहतीषु च ककुप्सु च पक्षौ, द्विपदासु च पुच्छं, त्रिष्टुप्स्व् आत्मा, कथम् अतो विहृतं भवतीति। एतस्यात्मनः पञ्चविंशं[2] शतं त्रिष्टुभो

भवन्ति। ततो यच् छतम् आयुष् टत्। अथ याः पञ्चविंशतिः पुरुषस् सः। पञ्चेमाः पञ्चेमाः पञ्चेमाः पञ्चेमाश् चत्वारि प्राङ्गाणि। आत्मा पञ्चविंशः। स एष शतायुः[३] पुरुषः।

तद् आहुर् यद् अन्यास् त्रिष्टुभस् संपूर्णाक्षरासु स्तुवत[४] इति। स ब्रूयात् त्रैष्टुभो[५] वै पुरुषस् त्रिष्टुब्योनिः[६]। तानीमानि पुरुषस्यान्यूनानि। तस्माद् व्यूनाक्षराः[७]। अथ यद् विषमेण समस् तेनो संपूर्णाक्षरा इति।

तद् आहुर् यत् पञ्चविंशः पुरुषः पुरुषस्यैतत्[८] स्तोत्रम् इत्य् आहुः[९]। अथ कस्माद् एतानि विषमाणि सामानि[१०] क्रियन्ते[११] [१२]पुरुषस्य सर्वतताया[१२] इति। स ब्रूयान् मनो वै प्रजापतिः। प्रजापतिः पुरुषः। तस्यैषो अन्तर् आत्मा यद् एताः पञ्चविंशति स्तोत्र्याः। अथो यथा पुरुषस्य केशा नखा लोमानि श्मश्रूणि तादृक् तत्। यद् एतानि विषमाणि[१३] सामानि क्रियन्ते पुरुषस्य सर्वतताया इति ॥ ४७ ॥

[१] क ग स्तुर्द्ध्वा ख स्तुद्ध्वा [२] क पञ्च-विंश [३] ग इशतायुः [४] ग स्तुचत [५] क ख तृष्टुभो [६] ग -ब्व्योनिः [७] ग यूनाक्षराः [८] ग स्यैतत् [९] ग आहः [१०] ग समानि [११] ग क्रियन्त [१२-१२] क ग पुरुषस्य सर्वतताया नास्ति [१३] क ख ग विषमानि

तद् आहुर् यद् बृहत्यायतनानि पृष्ठानि कथम् अतो बृहतीषु कृतं भवतीति। एतस्यात्मनो द्वापञ्चाशं शतं बृहतयो[१] भवन्त्य्[२] एका च ककुप्। तेन बृहतीषु कृतं भवति। तेनो एव ककुप् [३]पृष्ठेभ्यो न[३] च्यवत इति।

तद् आहुः[४] किंछन्दाः[५] पञ्चविंश स्तोम इति। पंक्तिछन्दा इति ब्रूयात्। एतद् ध वै प्रत्यक्षं पञ्चविंशस्य स्तोमस्य छन्दो यत् पंक्तिः। एतस्यात्मनस् सप्तत्रिंशं शतं पंक्तयो भवन्त्य् अर्धपंक्तिश् च। तेन [६]पंक्तिश् छन्दाः[६]। ता उ एव द्वानवतिर्[७] अतिछन्दसः। अतिछन्दा वै सर्वाणि छन्दांस्य् अभिभवति। तद् वा अस्य तत् सर्वाण्य् एव छन्दांस्य्[८] उपेतानि भवन्ति।

तद् आहुः कथम् एतत् सर्वम् अहः पञ्चविंशं भवतीति। संपदेति ब्रूयात्[९]। कथं संपदेति। पद्येति नव[१०] शीर्ष्णो[११] गायत्र्यः। तासां सप्तविंशतिः पदानि। षट् छतं[१२] पक्षयोर् द्वाचत्वारिंशत् पुच्छस्य[१३]। तद् यानीमानि सप्तविंशतिश् शीर्ष्णः पदानि ततो द्वे आदाय षट् छत[१४] उपदधति। अथ पञ्चविंशः[१५] परिशिष्यते। ततो यच् छतं चत्वारस् ते पञ्चविंशाः। अथ यान्य् अष्टाव् अतिरिच्यन्ते तानि द्वाचत्वारिंशत्य् उपदधति। तौ द्वौ पञ्चविंशौ। पञ्चविंश एव पञ्चविंशम्। सर्वं पञ्चविंशं भवतीति ॥ ४८ ॥

[१] एवं कोशेषु [२] क ग भवत्य् [३-३] ग पृष्ठेस्मोनु [४] ख ग आहु [५] ग किंछान्दाः [६-६] ग पङ्क्तिछन्दाः [७] ग द्वारवतिर् [८] क ग छन्दास्य् [९] ख ग ब्रयत् [१०] ग नच [११] क शीष्ण्यो ग शीष्णो [१२] क ख च्छतं ग छ्छतं [१३] ग पक्षस्य [१४] ग छ्छत [१५] क ग पन्चविंश

एष वाव यज्ञानां विषुवान् यद् अग्निष्टोमः। ते ये प्राञ्चो 'हविर्यज्ञा औपवसथात्' ते ऽपियन्ति। अथ य उत्तरे यज्ञक्रतवस् सुत्यायां ते ऽपियन्ति। यत्[२] त्रिवृद् बहिष्पवमानं ये त्रिवृत स्तोमास् तेन ते ऽपियन्ति। यत् पञ्चदशान्य् आज्यानि पञ्चदशो माध्यंदिनो ये पञ्चदशा स्तोमास् तेन ते ऽपियन्ति। यत् सप्तदशानि पृष्ठानि सप्तदश आर्भवो[३]

ये सप्तदशा स्तोमास् तेन ते ऽपियन्ति । यद् एकविंशम् अग्निष्टोमसाम य एकविंशा स्तोमास् तेन ते ऽपियन्ति । यद् एकविंशं सर्वे स्तोमा अभिसंपद्यन्ते तेन सर्वे स्तोमा अपियन्ति ।

अयम् एवाग्निष्टोमो यो ऽयं पवते । ते[४] ये प्राञ्चो [५]यज्ञक्रतवो ऽग्निस् ते[५] निदानेन । अथ य उत्तरे यज्ञक्रतव आदित्यस् ते निदानेन । यदा वा अग्निर् उद्वायति[६] वायुम् एवाप्येति । यद् आदित्यो ऽस्तम् एति वायुम्[७] एवाप्येति[८] । तस्य[९] वा एतस्य[१०] तथैव[११] वाग्निष्टोमस्य चतुर्विंशति स्तुतशस्त्राणि । एवं[१२] चतुर्विंशतिः पुरोवातो दक्षिणतोवातः[१३] पश्चाद्वात उत्तरतोवात ऊर्ध्वोवात इति । प्राण एवाग्निष्टोमस्तोमः । ते ये प्राञ्चो यज्ञक्रतवो वाक् ते निदानेन । अथ य उत्तरे यज्ञक्रतवश् चक्षुस् ते निदानेन—॥ ४९ ॥

[१] क हविर्यज्ञादौपवसथात् ख हविर्यज्ञा ओपवसथात् [२] क ख यं [३] क आभेवा [४] ग ते नास्ति [५-५] ख ग यज्ञक्रतवोग्निस्तेग्नी [६] ग ऊद्वायति [७] क ख ग वायुर् [८] ग अधिपाठः यदादित्योप्येति [९] क स्तस्य [१०] क ख ग एतस्या [११] ग तथैवन् [१२] ग एव [१३] क -वातं

—यदा वै तूष्णीम् आस्ते प्राणम् एव वाग् अप्येति । यदा स्वपिति प्राणम् एव चक्षुर् अप्येति[१] । तद् यद् एवंविद् वदति हविर्यज्ञैर् अस्य तद् इष्टं[२] भवति । यत् प्राणित्य् अग्निष्टोमेनास्य[३] तद् इष्टं भवति । यद् वीक्षत उत्तरैर् अस्य तद् यज्ञक्रतुभिर् इष्टं भवति । तद् यद् एवंविद् वदति यत् प्राणिति[४] यद् वीक्षत एतैर् हास्य[५] तत् सर्वैर् यज्ञक्रतुभिर् इष्टं भवति ।

स एष समानप्रायणस्[६] समानसंबन्धनस्[७] संवत्सरः । तस्य मन एव प्रायणं, वाक् संबन्धनम् । स एष संवत्सरो ऽग्निष्टोमान् एवाभिसंपद्यते । षड् अतिरात्रस्यातियन्ति, त्रीण्य् उक्थानि त्रिदेवत्यस् सन्धिः । त्रीण्य् आरम्भणीयस्याह्नो[८] ऽतियन्ति । अथ यत्र [९]ह क्व[९] चाभिप्लवस् सप्त ते ऽग्निष्टोमाः । षट्कृत्वः पृष्ठ्यम् उपयन्ति[१०] । द्वयोष् षड् अतियन्ति द्वयोष् षट् । सो ऽग्निष्टोमः[११] । द्वयोष् षट् । तद् अमूनि षड् उपदधाति । सो ऽग्निष्टोमः । अग्निष्टोमो ऽभिजित् । नव[१२] स्वरसाम्नाम् अतियन्ति । तद् अमूनि त्रीण्य् उपदधाति । सो ऽग्निष्टोमः । अग्निष्टोमो विषुवान् । प्रतीचां स्वरसाम्नां नवातियन्ति । पञ्चकृत्वः पृष्ठ्यम् उपयन्ति । द्वयोष् षड् अतियन्ति[१३] द्वयोष् षट् । सो ऽग्निष्टोमः । एकस्य त्रीणि । तान्य् एषु नवसूपदधाति । सो ऽग्निष्टोमः । अग्निष्टोमो विश्वजित् । गोआयुषोष् षड् अतियन्ति । द्वादशाग्निष्टोमा[१४] दशरात्रः । अग्निष्टोमो महाव्रतीयम्[१५] अहः । षड् अतिरात्रस्यातियन्ति । तद् अमूनि षड् उपदधाति । सो ऽग्निष्टोमः । द्वादशकृत्वष् षोडशिनम् उपयन्ति । [१६]सो ऽग्निष्टोमः । यद्य् उ वा अतिरात्रे षोडशिनम्[१७] उपयन्ति[१६], मोहयन्त्य् असूं विराजस्[१८] संपदम् । अतीमाम् अग्निष्टोमसंपदं रिच्यते । स ह सो ऽनिधानो वज्रो हिनस्ति । अथ वा अनिधानो वज्रः । स एष समानप्रायणस् समानसंबन्धनस् संवत्सरः । तस्य मन एव प्रायणं, वाक् संबन्धनम् । स एष संवत्सरो ऽग्निष्टोमान् एवाभिसंपद्यते । संपदा हाग्निष्टोमायनं भवति । उपाप्तान्य् उ तान्य् अहानि भवन्ति यानि संवत्सरे चित्रियाणि[१९] । तेन हैतेनायनेनोभौ[२०] कामाव् उपाप्नोति यश् चाग्निष्टोमायने यश् च मासि पृष्ठे ॥ ५० ॥

॥ महाव्रतत्रयं[२१] समाप्तम् ॥

[१] क आप्येति [२] क ग इष्टु [३] ग अग्नि-स्तोमेनास्य [४] क ख ग प्राणीति [५] क ह्यास्य [६] ख ग समानप्रायंण [७] क समान-संबन्धस् ग समानस्संबन्धनस् [८] ग -हो [९–९] क ख कृ क्क ग कृ [१०] ग मुपयन्ति [११] सर्वेषु कोशेष्ववग्रहो दृश्यते [१२] ग अधिपाठः पवस्सप्त तेग्निष्टोमा [१३] क ख अति-यति ग द्वयोष्षडतियन्ति नास्ति [१४] ग द्वादशाग्निष्टोमो । अधिपाठः न्नवतियन्ति पञ्चकृत्वः पृष्ठ्यमुपयन्ति द्वयोष्षट् सोग्निष्टोम [१५] ग महा-वृतीयम् [१६–१६] क सोऽग्निष्टोमः ...उपयन्ति नास्ति [१७] ख ग षोडशीनम् [१८] ग विराजिस् [१९] ग च्चित्रीयाणि [२०] क ग -नोहौ [२१] ग महालक्ष्म

द्वया[१] ह वै पूर्व ऋतव[२] आसुः —प्राणर्तवो[३] देवर्तवः[४]। अथेम एतर्ह्य् ऋतव एव। प्राण एव वसन्त आस। वाग् ग्रीष्मः। चक्षुर्[५] वर्षाः। आर्द्रम्[६] इव वै चक्षुर्, आर्द्रा इव वर्षाः। श्रोत्रं शरत्। मनो हेमन्तः। या इमाः पुरुष आपस् स शिशिरः[७]। अथ देवर्तवः। वायुर् एव वसन्त आस। अग्निर् ग्रीष्मः[८]। पर्जन्यो वर्षाः। आदित्यश्[९] शरत्। चन्द्रमा हेमन्तः। या अमूर्[१०] दिव्या आपस् स शिशिरः। स यस् स प्राणो[११] वसन्त आस, यो वायुर् वसन्तस्, सो ऽयम् एतर्हि वसन्तः। अथ या वाग्[१२] ग्रीष्म[१३] आस[१४], यो ऽग्निर्[१५] ग्रीष्मस्, सो[१६] ऽयम् एतर्हि ग्रीष्मः। अथ यश् चक्षुर् वर्षा[१७] आसुर्[१८], याः पर्जन्यो वर्षास्, ता[१९] इमा एतर्हि वर्षाः[१७]। अथ[२०] [२१]यच् छ्रोत्रं[२१] शरद् आस, य आदित्यश् शरत्, सेयम् एतर्हि शरत्। अथ यन् मनो हेमन्त आस, यश् चन्द्रमा हेमन्तस्, सो[२२] ऽयम् एतर्हि हेमन्तः। अथ या इमाः पुरुष आपश् शिशिर आसुर्[२३], या अमूर् दिव्या [२४]आपस् स[२४] शिशिरस्, सो ऽयम् एतर्हि शिशिरः ॥ ५१ ॥

[१] क ख ग द्वाया [२] ग ऋत [३] ग प्राणात्र्तंवो [४] ग नास्ति [५] क ख ग चक्षुः [६] क ग आर्दम् [७] ख सशिरः [८] ख ग्रीष्मं [९] क ख ग आदित्य [१०] ग अमू [११] ग प्राणे [१२] क ख ग वा [१३] ग ग्रीष्मे [१४] क ख ग अस [१५] ग ग्नि [१६] ग से [१७] ग वषा [१८] ग आसीर् [१९] ग त [२०] ग अव [२१–२१] ग यवोत्रं [२२] ग से [२३] ग आसूर् [२४–२४] ग नास्ति

त एते षड् ऋतवष्[१] षड् दिशः। त एत ऋतवो[२] दिग्भिर् मिथुना—वसन्तेनेयं प्राची दिङ् मिथुना, ग्रीष्मेणेयं, वर्षाभिर् इयं, शरदेयं[३], हेमन्तेनासौ[४], शिशिरेणेयम्। तद् यथा पतिं[५] जाया अनिमेषम्[६] ईक्षेरन्न् एवम् एवैना एवंविदं दीक्षमाणम् ईक्षन्ते। तद् यद् दिग्भिर्[७] ईक्षितस् तस्माद्[८] दीक्षितः[९]। स दीक्षिष्यमाण[१०] आदित्यम् उपतिष्ठेत त्वं देवत दीक्षितासि। सा दीक्षमाणस्य तेज इन्द्रियं वीर्यं यश [११]आदत्से। मा मे तेज इन्द्रियं वीर्यं यश[११] आदिथाः। तव दीक्षाम् अनु दीक्ष इति[१२]।

अथर्तून् अन्व् आरोहति।

य ऋतव ऋतुभ्यो ऽध्य् आसन्
पुरा[१३] सूर्याचन्द्रमसश् च पूर्वे।
येभिः[१४] प्रजानन् प्रदिशो दिशश् च
तान् अन्व् आरोहामि तपसा ब्रह्मणा च॥

इति प्राणर्तून्[१५] अन्व् आरोहति।

य ऋतवश् चन्द्रमसो ऽधि पूर्वे
ऋचं वाचं ब्रह्माणम् आबभूवुः[१६]।

इत्य् एवंविदं ह्य् आभवन्[१७]।

येभिः[18] प्रजानन् प्रदिशो दिशश् च
तान् अन्व् आरोहामि तपसा ब्रह्मणा च ॥

इति देवर्तून्[19] अन्व् आरोहति ।

य [20]एक ऋतुस् त्रय[20] ऋतवश् च
ये षट् [21]चतुर्विंशतिर् ऋतवो[21] ये
द्वादश सप्तदशान्य् उत विंशतिश् च
तान् अन्व् आरोहामि तपसा ब्रह्मणा च ।

इतीमान् ऋतून् अन्व् आरोहति । स एवम् एतैस् तैर्[22] ऋतुभिः परिगृहीतः । स यथा तैर्[22] ऋतुभिः परिगृहीत एवम् एवानार्तस्[23] संवत्सरस्योदृचं[24] गच्छति । ऋतुर् ऋतुर् हैवंविदे[25] कल्पते ॥ ५२ ॥

[१] ग ऋतव [२] ख ऋतवे [३] ग नास्ति [४] एवं सर्वेषु कोशेषु [५] ग पति [६] ग अग्निमेषम् [७] ख दृग्भिर् [८] क ख ग तस्मा [९] ग दितः [१०] ग द्रिक्षिष्यमाण [११–११] ख नास्ति [१२] ग अधिपाठः त [१३] ग पूरा [१४] क ख ग एभि [१५] ? क प्रातानर्त्तून् ख प्रतानर्त्तून् ग व्रतानआन् [१६] ग आवभूव्यः [१७] ग आहवत् [१८] क ख ग एभिः [१९] ग देवआन् [२०–२०] ग एक ऋतुस्त्रय नास्ति [२१–२१] ग चतुर्विंशति-रुतवा [२२–२२] क ख ग नैर् [२३] ख ग -नर्त्तस् [२४] ग -दृशचं [२५] ख हेवंविदे ग हैवाविदे

केशी ह दार्भ्यो दर्भपर्णयोर् दिदीक्षे[1] । अथ ह सुत्वा याज्ञसेनो हंसो[2] हिरण्मयो भूत्वा यूप उपविवेश । तं[3] ह केशी शुनीति[4] नाम्नाभ्युवाद[5] । स ह चुक्रोध–स्थविरो ऽस्मि[6] पञ्चालानां[7] राजा । स उ वै दीक्षितो ऽस्मि । को नु [8]मार्हन् नाम्नैवाभिवदितुम्[8] इति[9] । स होवाच—मा क्रुधः[10] । अभिवदिता ते तेनास्मि, यद् अहम् एतस्यै[11] विशस् त्वत्पूर्वो राजासम् । अभिवदितो वाव[12] ते तेनास्मि, यद् दीक्षितो ऽसि । [13]इष्टापूर्तस्य त्वम् अक्षितिं वेत्थ[13] । दीक्षाम्[14] अहं वेद । संप्रब्रवामहा[15] इति । स होवाच— अग्निर् दीक्षितः[16] पृथिवी दीक्षा, वायुर् दीक्षितो ऽन्तरिक्षं दीक्षा, आदित्यो दीक्षितो[17] द्यौर् दीक्षा, प्रजापतिर् दीक्षित मनो दीक्षा[18] । स दीक्षेत—यया दीक्षयाग्निर् दीक्षितस् तया दीक्षया [19]दीक्षे, यया[19] दीक्षया वायुर् दीक्षितस् तया [20]दीक्षया दीक्षे, यया[20] दीक्षयादित्यो दीक्षितस् तया दीक्षया[20] दीक्षे, यया[21] दीक्षया प्रजापतिर् दीक्षितस्[22] तया दीक्षया दीक्ष[23] इति ॥ ५३ ॥

[१] क ददीक्षे [२] ग हासो [३] ग ता [४] क ग निति [५] क ग -भ्युपाद [६] ग ऽस्मि नास्ति [७] क पाञ्चालानां [८–८] ? क मान्नाम्नेवाभि- ख मारुहेयन्नाम्नैवाभि- ग मारिहेयन्नाम्नैबाभि- [९] ख अति ग अर्हति [१०] ग क्रूधः [११] ग एतव्यै [१२] ग वाप [१३–१३] ग इष्टापूर्त्तस्यावमक्षितिमवेत्थ क ख °मअवेत्थ [१४] ग अधिपाठः आत्तस्यत्व [१५] एवं कोशेषु [१६] ग अधिपाठः तया दीक्षया [१७] ख दीक्षितर् [१८] ग अधिपाठः आत्तस्य-त्वमक्षितिमवेत्थ [१९–१९] ग दीक्षयेया [२०–२०] ग नास्ति [२१] ग अधिपाठः दीक्षय [२२] ग दीदितस् [२३] ग दीक्षत

अथ हेतर[1] उवाच । ब्रह्मणे ददद् ब्रूयाद् ब्रह्मन्[2] मनस् ते ददानि, तद् अनेन निष्क्रीणानि[3], ब्रह्मन्न् इदं ददानीति—यद् दास्यन् स्यात् । स यन् मनो ददाति—चन्द्रमा वै मनश्[4]—चन्द्रमसम् एवास्मै तद् ददाति । तद् यावच् चन्द्रमा न क्षीयते, तावद् अस्य तद् दत्तं न क्षीयते ।

होत्रे ददद् ब्रूयाद् धोतर् वाचं ते ददानि, ताम् अनेन निष्क्रीणानि[५], होतर् इदम् ददानीति—यद् दास्यन् स्यात्। स यद् वाचं ददात्य्—अग्निर् वै वाग्[६]—अग्निम् एवास्मै तद् ददाति। तद् यावद् अग्निर् न[७] क्षीयते, तावद् अस्य तद् दत्तं न क्षीयते।

अध्वर्यवे[८] ददद् ब्रूयाद् अध्वर्यो प्राणं ते ददानि, तम् अनेन निष्क्रीणान्य्[९], अध्वर्यो इदं ददानीति[१०]—यद् दास्यन् स्यात्। स यत् प्राणं ददाति—वायुर् वै प्राणो—वायुम् एवास्मै तद् ददाति[११]। तद् यावद् वायुर्[१२] न क्षीयते, तावद् अस्य तद् दत्तं न क्षीयते।

उद्गात्रे ददद् ब्रूयाद् उद्गातश् चक्षुस् ते ददानि, तद् अनेन निष्क्रीणान्य्, उद्गातर् इदं ददानीति—यद् दास्यन् स्यात्। स यच् चक्षुर् ददात्य्—आदित्यो वै चक्षुर्—आदित्यम् एवास्मै तद् ददाति। तद् यावद् आदित्यो न क्षीयते, तावद् अस्य तद् दत्तं न क्षीयते।

सदस्याय ददद् ब्रूयात् सदस्यात्मानं ते ददानि, तम् अनेन निष्क्रीणानि, सदस्येदं ददानीति—[१३]यद् दास्यन्[१३] स्यात्। स यद् आत्मानं[१४] ददात्य्—आकाशो वा आत्मा—आकाशम् एवास्मै तद्[१५] ददाति। तद् यावद् आकाशो न क्षीयते, तावद्[१६] अस्य तद् दत्तं न क्षीयते।

होत्रकेभ्यो ददद् ब्रूयाद् धोत्रका[१७] श्रोत्रं वो[१८] ददानि, तद् अनेन निष्क्रीणानि[१९], होत्रका इदं ददानीति—यद् दास्यन् स्यात्। स यच् छ्रोत्रं ददाति—दिशो वै श्रोत्रं—दिश एवैभ्यस् तद् ददाति। तद् यावद् दिशो न क्षीयन्ते, तावद् अस्य तद् दत्तं न क्षीयते।

प्रसर्पकेभ्यो ददद् ब्रूयात् प्रसर्पका लोमानि वो[२०] ददानि, तान्य् अनेन निष्क्रीणानि, प्रसर्पका इदं ददानीति—यद् दास्यन् स्यात्। स यल् लोमानि ददात्य्[२१]—ओषधिवनस्पतयो वै लोमान्य्—ओषधिवनस्पतीन्[२२] एवैभ्यस् तद् ददाति। तद् यावद् ओषधिवनस्पतयो[२३] न क्षीयन्ते, तावद् अस्य तद् दत्तं न क्षीयते।

सैषेष्टापूर्तस्याक्षितिः[२४]। स य एवम् एताम् इष्टापूर्तस्याक्षितिं वेद, न हास्येष्टापूर्तं क्षीयते।

तद् उ वा आहुर् [२५]वाग् वाव[२५] दीक्षितो, वाग् दीक्षा, वाग् इदं सर्वं क्षियति[२६]। वाचि वावेदं सर्वं क्षितम् इति वाव तौ तत् संप्रोचाते[२७]।

तद् उ होवाच शाट्यायनी रथन्तरेण दीक्षे, वामदेव्येन दीक्षे, बृहता दीक्ष इत्य् [२८]एव दीक्षेत[२८]। अथ विमुञ्चेत बृहता विमुञ्चे, वामदेव्येन विमुञ्चे, रथन्तरेण विमुञ्च इति। सैषा दीक्षायै युक्तिश् च विमुक्तिश् च। स य एवम् [२९]एतां दीक्षायै[२९] युक्तिं च विमुक्तिं च वेद, वसीयान् एव भवति ॥ ५४ ॥

[१] ग हैतन [२] ग म्रह्मन्न [३] ग निष्क्रीणामि [४] ग मनु [५] ग निष्क्रीणाति [६] ग वा [७] क ख ग न्न [८] ग ध्वर्य्युवे [९] क ख निष्कृणान्य् ग रिष्कृणान्य् [१०] ग अधिपाठः निष्क्रीणान्युत्गातरिदन्ददानीति [११] ग ददाती [१२] क ग वायुन् [१३–१३] क यददास्यन् [१४] क आत्मानंन् ख ग आत्मानंन [१५] ग त [१६] ख ग तवद् [१७] क ख धोतृका [१८] ख ग त्वे [१९] ग निष्क्रीणाति [२०] ग वे [२१] ख ददान्य् [२२] ग -वानस्पतीन् [२३] क ख ओषधी- ग ओषधीपनस्पतयो [२४] ख सैषो- ग -स्याक्षीति [२५–२५] ख वाग्वा ग वार्श्वाव [२६] क ख क्षीयति ग क्षायति [२७] ख संप्रोचते [२८–२८] ग एवन्दीक्षत [२९–२९] ग एताभीक्षायै

हृत्स्वाशया[१] आल्लकेयो दन्तालस्य धौम्यस्यान्तेवास्य्[२] आस। अथ ह दन्तालो[३] धौम्यस्[४] त्रयं वेदम् आ प्रपदं विदां चकार। तस्माद् ध सामवेदम् अनूच्य व्याजहार—

संवत्सराय दीक्षिष्य इति । अथ ह स्म ततः पुरो विपृच्छमानाश्[५] [६]चरन्ति— संवत्सराय[६] दीक्षिष्यामह[७] इति । अथो ह स्म[८] समवसायान्योऽन्यस्य वरणम् आक्रोशमाना[९] निभृत्यम् अनुपृच्छन्त आसते । ते ह स्म यावन्तस् संपादयन्ति, ते ह स्म दीक्षन्ते । शश्वद् धैषा तद् आशीर् एव । तत् सत्त्रं भवति, यत् तम् एव ब्राह्मणं कृत्वोत्तिष्ठन्ति येनाब्राह्मणोक्तेन[१०] सह दीक्षन्ते । तस्माद् अब्राह्मणोक्तेन सह[११] दीक्षेत[१२] । तस्य ह स्मास्य राजन्यबन्धोश्[१३] शार्दूलाजिनं[१४] मणिं हिरण्यम् उपावहितं भवति । तद् घ स्म श्रोत्रियायोपप्रहित्याह—संवत्सराय दीक्षिष्ये[१५], ऽनु मा शाधीति । तस्मै ह स्म राजन्यबन्धवे वक्तव्यं मन्यन्ते ॥ ५५ ॥

[१] ख हृत्स्वाशका [२] क ख धौम्म्यस्या- ग सौम्यस्या- [३] क ख ग तन्दालो [४] ख धौम्म्यम् [५] ? क ख ग वपृच्छमानाश [६–६] ख चरन्त्यसंवत्सराय [७] ग दीक्षस्यामह [८] ग स्मा [९] क ख आक्रोशनमा ग आक्रोशमा [१०] ग येनाब्राह्मणानाक्तेन [११] ग सतह [१२] ग दीक्षत [१३] ग राजन्यबन्धो [१४] ? ग शामूलाजिनं [१५] ग दीक्षिष्यो

स ह तथैव पल्ययमानस्[१] सोमशुष्मं[२] सात्ययज्ञिम्[३] आजगाम । तं होवाच— प्राचीनयोग्य, संवत्सराय दीक्षिष्ये । भगवो[४] ऽनु नश्[५] शाधीति । तथेति तं ह वदन्न् अभिराधयां चकार । तं होपेयाय । तस्मै यदेमां क्लृप्तिं प्रोवाचाभ्यूहम् अनुजगौ प्रस्तावप्रतिहारान् विदधाव्[६] अथ हैनम् अनुशशास । अयं[७] वाव संवत्सर इति होवाच । तस्यायम् एव देवयानः पन्था, इमे वर्तन्याव्, इयं गतिर् इति । स यद् एतद्[८] एवं वेद, अनार्त एवं संवत्सरस्योदृचं गच्छति[९] । पुरुषो वै प्रजापतिः । प्रजापतिस् संवत्सरः । स यो ह पुरुषो, य एवायम् अन्तरिक्ष आकाश, एष एव स पुरुषः । [१०]तद् यद् दृश्वद्[१०] अन्तरिक्षे न रमते पूर्णत्वैतन्[११] न रमते । अथो यद् अस्मिन् सर्वस्मिन् अन्तर् ईक्षते[१२] तस्माद् अन्तरिक्षम् । अथो यद् इदं सर्वं युते तस्माद् वायुः । अथो यद् इदं सर्वं वाति[१३] तस्माद् वातः । तस्यैतस्याकाशस्यात्मा[१४] दमुमूढो[१५] यद् असाव् आदित्यः । स एष[१६] आदित्ये पुरुषः । अथ[१७] यत् ततः[१८] पर आकाशस् तस्यैष आत्मा समुमूढो[१९] यच् चन्द्रमाः । स एष चन्द्रमसि पुरुषः । स न नाना मन्तव्य इति ह स्माह शाट्यायनिः । य एवायं चक्षुषि पुरुष, एष[२०] एवादित्य, एष चन्द्रमसीति । तम् अनयैव पुरुषविधयाप्नोति ॥ ५६ ॥

[१] ख पल्यार्यमानस् [२] क सोमशूष्मं [३] ख सात्ययज्ञम् ग सत्ययज्ञिम् [४] ग भगो [५] ख नाश् [६] क ख ग विदधाध् [७] ग अयम [८] ग नास्ति [९] क ख ग गच्छन्ति [१०–१०] क तद्यदृश्वद् ख तद्यदृशद् ग तद्यदृश्यद् [११] ? एवं कोशेषु [१२] ? क ख ग इक्षते [१३] क ख ग वातेति [१४] ग तस्यैषस्या- [१५] ? ख दममूढो [१६] ग एव [१७] ग य [१८] क ग तः [१९] ! ग समामुमूढो [२०] ख ए

प्राण एव प्रायणीयो ऽतिरात्रः । प्राणो हीदं सर्वं [१]प्राणेत । तद्[१] यत् प्राणेत तस्मात् प्राणः । वाग् एवारम्भणीयम्[२] अहः । वाचा हि[३] सर्वस्[४] संवत्सरस् सर्वे यज्ञक्रतव आरब्धाः । तस्माद् आरम्भणीये ऽहन् सर्वाणि रूपाणि क्रियन्ते । सर्वाणि ह[५] रूपाणि वाचि । अयम् एको ऽभिप्लवो ऽयम् एको [६]ऽयम् एको[६] ऽयम् एकः । तस्यास्याभिप्लवस्येदं[७] प्रथमम् अहः । तस्येदम् एव प्रातस्सवनम्, इदं [८]माध्यंदिनं सवनम्, इदं तृतीयसवनम् । इदम् एव द्वितीयम् अहः । तस्येदम् एव प्रातस्सवनम्, इदं माध्यंदिनं

सवनम्, इदं तृतीयसवनम् । इदम् एव वैरूपं तृतीयम् अहः । तस्येदम् एव प्रातस्सवनम्, इदं [९]माध्यंदिनं सवनम्, इदं तृतीयसवनम्[९] । इदम् एव वैराजं चतुर्थम् अहः । तस्येदम् एव प्रातस्सवनम्, इदं[१०] [११]माध्यंदिनं[१२] सवनम्, इदं तृतीयसवनम्[११] । इदम् एव शाकरं पञ्चमम् अहः । तस्माद् अनेनोपसंगृह्य[१३] शक्नोति[१४] । तस्येदम् एव प्रात-[१५]स्सवनम्, इदं माध्यंदिनं सवनम्, इदं तृतीयसवनम् । इदम् एव रैवतं षष्ठम् अहः । तस्माद् [१६]अनया प्राश्नाति[१६] । तस्येदम् एव प्रातस्सवनम्, इदं माध्यंदिनं सवनम्, इदं[१५] तृतीयसवनम् । एवम् अस्याभिप्लवस्यैवम् अस्यैवम्[१७] अस्य । अयम् एवात्मा पृष्ठ्यः । इम एव नव[१८] प्राणाः । त्रिवृत्[१९] प्रायणीयम् अहर्, यत् प्राणा इदं सर्वं प्राणेत[२०] । तद् यत् प्राणेत[२०] [२१]तस्माद् अप्य् एतत्[२१] प्रायणीयम् अहः । इमा एव ग्रीवाः[२२] पञ्चदशम् [२३]अहः । ओजो[२३] वै वीर्यम् । ग्रीवा ओजः[२४] । वीर्यं पञ्चदशः । तस्मात् पशवो ग्रीवाभिर् भारं वहन्ति[२५] । अष्टाव् इमे जत्रवो, ऽष्टाव्[२६] इम, ऊर्ध्वो जत्रस् सप्तदशः[२७] । तद् एव सप्तदशम् अहः । इदम् एवोदरम् एकविंशम् अहः । सर्वे वै स्तोमा एकविंशम् अभिसंपन्नाः । सर्वम् अन्नाद्यम् उदरे प्रतिष्ठितम् ॥ ५७ ॥

[१-१] ग प्राणेतःद् [२] ग एतवारम्भणीयम् [३] ख नास्ति [४] ग एष [५] ग हि [६-६] ग नास्ति [७] ग -दा [८] ग तृतीयसवनम्[११] यावन्नास्ति [९-९] ख ध्यंदिनं सवनमिदं तृतीयसवनम् नास्ति [१०] ख इद [११-११] ख माध्यंदिनं सवनमिदं तृतीयसवन नास्ति [१२] क माध्यंदिन [१३] ग -संग्राह्य [१४] ग शक्नोमि [१५-१५] ग -रसवनम्... इदं नास्ति [१६-१६] ख अनेनोपसंगृह्य शक्नोति [१७] ग अस्यैवम् नास्ति [१८] ग अधिपाठः तमिदमेव रैवतं षष्ठमहस्तस्मादननेनोपसंगृह्या [१९] क ख ग त्रृवृत् [२०] क ख प्रायणत वि प्राणेत [२१-२१] ग तस्माद्यप्येतत् [२२] ग ग्रीवः [२३-२३] ग अहरोरोजो [२४] ग आजः [२५] ग विहन्ति [२६] क ख अष्टाव् [२७] ख सप्तः

त्रयोदशेमाः[१] परिशवस्[२], त्रयोदशेमा, अण्डपरिशुस् सप्तविंशी । तद् एव त्रिणवम् अहः । त्रयस्त्रिंशद् इमानि पृष्टिकाण्डानि[३] सह किंकालुकाभिः[४] । तद् एव त्रयस्त्रिंशम् अहः । अयम् अभिजिद् अयं विश्वजिच् छुक्लं कृष्णं कनीनिका । त इमे त्रय स्वरसामान, इमे त्रयो, ऽयं विषुवान् । [५]प्राणापानाव् एव[५] गोआयुषी । इम एव दश प्राणा दशरात्रः । मन एव महाव्रतीयम् अहः । उदान एवोदयनीयो ऽतिरात्रः ।

त एते दश प्राणा[६] दश स्तोमा दश छन्दांसि । इमे ह सप्त मुख्याः प्राणा, द्वाव् अवाञ्चौ, नाभ्यां दशमः । इमे ह पृष्ठ्यस्य षडहस्य स्तोमाः[७] । छन्दोमाः पञ्चविंशः[८] । चतुर्धा[९] इमान्य् उ ह सप्त चतुरुत्तराणि छन्दांसि सद्विपदाविराडतिच्छन्दाः[१०] । प्राण एव गायत्री, चक्षुषी उष्णिक्ककुभौ, श्रोत्रं जगती, वाग् अनुष्टुब्[११], मनो बृहत्य्, आत्मा पंक्तिर्, बलं त्रिष्टुप् । प्रतिष्ठा[१२] द्विपदा, मांसानि विराट्, शरीराण्य् अतिच्छन्दाः । तेषाम् एषां सप्तानां चतुरुत्तराणां छन्दसां द्वादशैकविंशास् संपद्यन्ते ॥ ५८ ॥

[१] ग -मां [२] क ख पशवस् [३] क ख पृष्ठिकाण्डानि ग पृष्ठिकान्धानि [४] ग क्किकालकाभिः [५-५] ग प्राणापानावैव [६] ग प्रा [७] ग स्तोमाच् [८] क ग पञ्चविंश [९] क ख ग चतुर्थ्या [१०] ग स- नास्ति [११] ग अनुष्टुम् [१२] ग पृष्ठा

गायत्र्या उष्णिहो ऽनुष्टुभश् चतुरशीतिर् अक्षराणि । ते चत्वार एकविंशाः । पंक्तेश् च त्रिष्टुभश्[१] च चतुरशीतिर् अक्षराणि । ते चत्वार एकविंशाः । बृहत्यै च जगत्यै

च चतुरशीतिर् अक्षराणि। ते चत्वार एकविंशाः। अथ [२]त्रयाणां छन्दसां[२] दशशतम् अक्षराणि। विंशत्यक्षरा द्विपदा। त्रिंशदक्षरा विराट्। षष्ट्यक्षरातिच्छन्दाः[३]। तानि दशशतम् अक्षराणि संपद्यन्ते। ततो द्वे आदत्ते। अथ द्वादश[४] त्रिवृतस् संपद्यन्ते। तान् इमान्[५] द्वादश त्रिवृतो द्वादशस्यैकविंशेषूपदधाति[६]। ते[७] द्वादश सत्रिंशिनो मासास् संपद्यन्ते। तद् एतच् छन्दांसि त्रिवृतं चैव स्तोमम् अभिसंपद्यन्ते—॥ ५९॥

[१] क त्रिष्टुभिश् [२-२] ग त्रयाणा छन्दसा [३] ग षष्ठयक्षातिछान्दाः [४] क ख ग द्वादशे [५] क ख ग इमां [६] क ख ग द्वादशस्यैक- [७] ग स

—एकविंशं च वा पञ्च प्राणं चाग्नीञ् चादित्यं च। अथ ये द्वे अक्षरे ते बृहद्रथन्तरे, ते अहोरात्रे[१]। सो ऽर्धमासस्[२] स मासस्[३] स [४]ऋतुस् स[४] संवत्सरः[५]। तद् आहुर् यत् प्राणाश्[६] छन्दांसि[७] छन्दांसि स्तोमा[८] इत्य् आहुः, कथं[९] यजमानः[१०] प्राणैश्[११] छन्दांस्य् अप्येति। छन्दोभि स्तोमान्, स्तोमैर् बृहद्रथन्तरे, बृहद्रथन्तराभ्याम् अहोरात्रे[१२], अहोरात्राभ्याम्[१३] अर्धमासम्[१४], अर्धमासेन मासं[१५], मासेनर्तुम्[१६], ऋतुना संवत्सरम्। कुतस् संवत्सरो[१७] जायते, क्व प्रतिष्ठित इति। स विद्याद्—अहम् एव संवत्सरो ऽस्मि, मयि प्रतिष्ठित इति। एवंविदो ह वाव[१८] संवत्सरो जायत, एवंविदि प्रतिष्ठितः।

अथो आहुर्—आदित्य एव संवत्सरः। एतं हि सर्वा श्रीस्[१९] सर्वं यशस् सर्वे देवास्[२०] समेतास्, तस्माद् आदित्य[२१] एव संवत्सर[२२] इति। तस्य यद् भाति तत् संवद्[२३], यन्[२४] मध्ये कृष्णं मण्डलं[२५] तत् सर इत्य् अधिदेवतम्[२६]। अथाध्यात्मम्[२७]। अयम् एव संवत्सरो यो ऽयं चक्षुषि पुरुषः। तस्य यच् छुक्लं तत् संवद्[२८], यन्[२४] मध्ये कृष्णं मण्डलं तत् सरः। अथो आहुर्—आदित्य एव संवच्, चन्द्रमास् सरः। तम् एष सरति। तं[२९] पौर्णमास्याम् आप्नोतीति। तद् उ वा आहुः—प्राण एव संवद्[३०], वाक्[३१] सरः। एताभ्यां हि समश्नुत इति।

तस्य वा एतस्य संवत्सरस्याग्निष्टोमसामान्य् एव देवयानः[३२] पन्थाः—॥ ६०॥

[१] ग अहोराश्र [२] ग र्यमासास् [३] क ख ग मंसस् [४-४] क ख ग ऋतु [५] क ख ग संवत्संवत्सरस् [६] क ख ग प्राणा [७] ख नास्ति [८] ग तोमा [९] ग कं [१०] क ग यजमान ख यजमा [११] क ख प्राणैच् ग प्राणै [१२] ग अहोरात्रो [१३] ग -भ्यम् [१४] क ख ग अर्धमास [१५] ग मास [१६] ग मासेनऋक्रुम् [१७] क ख संवत्सरे [१८] ग षा [१९] ख श्रीदस् ग ग्रीस् [२०] ख ग देवा [२१] ख आदित्यं [२२] ग अधिपाठः एतं हि सर्वा शी सर्वं यशस्सर्वे देवास्समेतास्तस्मादादित्य एव संवत्सर [२३] क ख ग संपद् [२४] क ख ग यम् [२५] ग मण्डं [२६] ख अधिदैवतम् [२७] ख अधा- ग अथध्यात्मम्मम् [२८] ख सम्पद् [२९] ग रं [३०] ख संविद् [३१] ग वान् [३२] ग देवयानम

—तानि वा एतानि रौहिणकानि[१] नाम[२]। एतैर् वै देवा स्वर्गं लोकम् आरोहन्। यद् अरोहंस्[३] तस्माद् रोहिणकानि। तस्माद् वयम् अन्वहम् एवाग्निष्टोमसामानि कुर्मः।

अथ वर्तन्यौ बृहद्रथन्तरे[४]। एताभ्यां[५] ह वा एष एतद्[६] वर्तते। तस्माद् वयम् अतिरात्र उभे बृहद्रथन्तरे कुर्मः—कृत्स्नं नस्[७] साम युक्तं यज्ञं वहत्[८], कृत्स्नेन साम्नोदृचम् अश्नवामहा[९] इति। अथ गतिः। [१०]यश् चैवासाव् आदित्ये[१०] पुरुषो यश् चायम् अध्य् आत्मन् तद् एतत् प्रजापत्ययनम् इत्य् एवोपासितव्यम्। एतेन वा अयनेन प्रजापतिर् इमाम् ऋद्धिम् आर्ध्नोद् इमां व्यष्टिं[११] व्याश्नुत। तद् याम् एव प्रजापतिर्[१२] ऋद्धिम्

आर्ध्नोद् यां व्यष्टिं व्याश्नुत, ताम् एवर्द्धिम् ऋध्नोति तां व्यष्टिं व्यश्नुते य एवं वेद ॥ ६१॥

[१] ग राहिणकानि [२] ग राम [३] ग अरोहन् [४] ख बृहद्रथन्तरेण [५] ख ताभ्यां [६] ग एत [७] ख ग न [८] एवं कोशेषु [९] ग अन्नवामहा [१०–१०] क यश्चैवासावावादित्यो ख यश्चैवासावावादित्ये ग यचैवासावावादित्ये [११] क ख ग व्युष्टिं [१२] क प्रजापतिः ख ग प्रजापति

एष वाव दीक्षितो य एष तपति। स एष इन्द्रियं[१] ज्यैष्ठ्यं[२] श्रैष्ठ्यम् अभि दीक्षितः। तस्य ये ऽर्वाञ्चो रश्मयस् तानि श्मश्रूणि[३], य ऊर्ध्वास् ते केशाः। अहोरात्रे एव कृष्णाजिनस्य रूपम्। अहर् एव शुक्लस्य रूपं, रात्रिः कृष्णस्य। अथ यद् एतन् मण्डलं[४] ता आपस् तद् अन्नं तद् अमृतम्। तस्मिन्न् एतस्मिन्[५] मण्डले तेजोमयश्[६] छन्दोमयः[७] पुरुषः। स[८] प्राणस्, स इन्द्रस्, स प्रजापतिस्[९], स दीक्षितः। तद् एतद् दीक्षयैव संगृहीतम्। तत आभ्यः प्रजाभ्यो ऽन्नाद्यं विसृजते। तस्येमा एव दिशः पत्नय आसन्। तं हेमास्[१०] तिस्रो दिशो ऽतिचेरुः[११]। इयं हैवास्यानुव्रततमास येयं[१२] दक्षिणा दिक्। तस्माद् एष एताम् एवाभ्युपावर्तते[१३]। यद्य् अप्य् उत्तरत उदेत्य् अथैताम् एवाभ्युपावर्तते[१४]। तस्माद् यास्य प्रिया जाया[१५] स्यात् तां दक्षिणाध्यां[१६] कुर्यात् ॥ ६२॥

[१] ग इन्द्रयं [२] क ख ग ज्येष्ठ्यं [३] ग श्मश्रुणि [४] क ग मण्डल [५] क ख नास्ति [६] क तेजोमयः ख ग तेजोमय [७] क ख ग छन्दोमणयः [८] क सः [९] क प्रजापतिः ख ग प्रजापति [१०] ग होमोस् [११] ग तिचेरूः [१२] ग एव [१३] ग एवात्यु- [१४] ग एवासु- [१५] ग जाय [१६] ग दक्षिणार्दूध्या

प्रथमां संनह्यति, प्रथमां वाचयति, प्रथमां पूर्णपात्र आगच्छत्य्, अनन्तरिताः पत्नय[१] स्थ। उदग् उ यज्ञियं कर्म संतिष्ठते। इति न्व् अधिदेवतम्[२]।

अथाध्यात्मम्। अयम् एव दीक्षितो यो ऽयं चक्षुषि पुरुषः। तस्य यान्य् अर्वाञ्चि[३] पक्षाणि तानि श्मश्रूणि, यान्य् ऊर्ध्वानि ते केशाः[४]। यद् एव शुक्लं च कृष्णं च तत् कृष्णाजिनस्य[५] रूपम्। शुक्लम् एव शुक्लस्य रूपं, कृष्णं कृष्णस्य। अथ यद्[६] एतन्[७] मण्डलं ता आपस् तद् अन्नं[८] तद् अमृतम्। तस्मिन्न् एतस्मिन् मण्डले तेजोमयश्[९] छन्दोमयः[१०] पुरुषः। स प्राणस्, स इन्द्रस्[११], स प्रजापतिस्[१२], स दीक्षितः। स[१३] हैवंविद् दीक्षमाणो, यथैवैष एतद् इन्द्रियं ज्यैष्ठ्यं श्रैष्ठ्यम् अभि दीक्षित, एवम् एवेन्द्रियं ज्यैष्ठ्यं[१४] श्रैष्ठ्यम् अभि दीक्षितो भवति। तस्माद् उ हैवंविदि[१५] दीक्षित ईश्वरो राष्ट्राणि[१६] समुत्कम्पितोः[१७] क्षामरन्ध्र इव हि[१८] समाभवति। एवं ह्य् एतद् इन्द्रियं ज्यैष्ठ्यं श्रैष्ठ्यम्[१९] अभि दीक्षितो भवति। तस्माद् उ सर्वम् एवाभिवदत्य्—आचार्यं पितरं क्षत्रियम्। एवं ह्य् एतद् इन्द्रियं ज्यैष्ठ्यं श्रैष्ठ्यम् अभि दीक्षितो भवति[२०] ॥ ६३॥

[१] एवं कोशेषु [२] ख अधिदैवतम् [३] ग अर्वाञ्चि [४] ग कोशा [५] ग कृष्णंजिनस्य [६] क ख ग याद् [७] ग एत [८] क ग अन्न [९] ग तेजोमय [१०] ख छन्दोमयं [११] ग न्द्रस् [१२] क ग प्रजापति [१३] ग अधिपाठः दीक्षितेथ [१४] क ज्यैष्ठ्य ग जैष्ठ्य [१५] ग हैवंविद् [१६] क राष्ट्रानि ख ग राष्ट्रानु [१७] ख ग समुत्कम्पितो [१८] ग भि [१९] ख ग इन्यैष्ठ्यम् [२०] ग भवन्ति

विचक्षणवतीं[१] वाचं[२] वदति । अन्नं वै विचक्षणम् । अन्नवतीम् एव तद् वाचं वदति । विचक्षणवतीं वाचं वदति । सोमो वै विचक्षणः । अन्नम् उ वै सोमः । अन्नवतीम् एव तद् वाचं वदति । विचक्षणवतीं वाचं[२] वदति । प्राणो वै विचक्षणः । तस्य वाग् एव मिथुनम् । मिथुनवतीम् एव तद् वाचं वदति । विचक्षणवतीं वाचं वदति । अन्नं वै विचक्षणम् । अन्नेन हीमाः[३] प्रजा विपश्यन्ति । तत आभ्यः प्रजाभ्यो ऽन्नाद्यं प्रयच्छति । स यदास्मै व्रतं प्रयच्छेत्, सर्वम् एव व्रतयेत्[४]—सर्वस्यान्नाद्यस्यावरुद्ध्यै । यद्य् उ परिशिंष्याद्[५], व्रतप्रदं[६] ब्रूयाद्—अशान वा पिब वेति । यद्य् उ व्रतप्रदो[७] ऽनुच्छिष्टाशी[८] वा स्यात् परि वा शिंष्यात्, तद् अद्भिर् अभ्युक्ष्य छायायां निषेक्तवै[९] ब्रूयात् । तद् ओषधीभिर् अभिसंछादयितवै[१०] ब्रूयात् । तद् ओषधीनां मूलान्य् उपसिञ्चति[११] । वर्षुकः[१२] पर्जन्यो भवति यत्रैवंविद्वान् दीक्षते[१३] । दीक्षिता उदशुश्रूषन्न्[१४] इतीहाहुः[१५] । स यदा दीक्षणीयेष्टिस् संतिष्ठेत[१६], यदैनम् अध्वर्युर् अभ्यञ्जयेद् यदा संप्लवयेद् अथैतम् आदित्यम् उपतिष्ठेत त्वं देवता दीक्षितासि । सा दीक्षमाणस्येन्द्रियं ज्यैष्ठ्यं श्रैष्ठ्यं यश आदत्से । मा म इन्द्रियं ज्यैष्ठ्यं श्रैष्ठ्यं यश आदिथाः[१७] । तव दीक्षाम् अनु दीक्षे[१८] इति । तस्यैषा देवता दीक्षमाणस्येन्द्रियं ज्यैष्ठ्यं श्रैष्ठ्यं[१९] यशो नादत्ते ॥ ६४ ॥

[१] ग विचक्षणावतीं [२] ग नास्ति [३] ग हिमां [४] क व्रतंयत् ख व्रतयत् ग वृतयत् [५] ख परिशिंष्या ग परिशिष्या [६] क ख ग व्रतपदं [७] क व्रतेवृदो ख व्रतवृदो [८] ग -शि [९] क ख ग निषेक्तवै [१०] ग अभिसछादयितवै [११] क उपसिञ्चन्ति [१२] ग वर्षकः [१३] ग दीक्षिते [१४] क उदशुशूषन्न् ख उदशूशुषन्न् [१५] ग इति हाहुः [१६] ग सन्तिष्ठत [१७] ग आदिताः [१८] ग दीक्षित [१९] ग नास्ति

तम् अध्वर्युर् अभ्यज्य प्रपाद्यौद्ग्रहणानि[१] जुहोति । यद् औद्ग्रहणानि जुहोति यद्[२] अस्मा औदुम्बरदण्डं प्रयच्छत्य्[३] अथैतम् आहवनीयम् उपतिष्ठेत वाचा मे वाग् दीक्षताम्[४] अग्नये[५] समष्ट्वा उ, प्राणेन मे प्राणो दीक्षतां वायवे समष्ट्वा उ, चक्षुषा मे चक्षुर् दीक्षतां सूर्याय समष्ट्वा उ, मनसा मे मनो दीक्षतां[६] प्रजापतये समष्ट्वा व् इति । तद् एताभिर् अनार्ताभिर् देवताभिर् इमा स्वा देवता दीक्षयति । अथाह अग्निर् दीक्षितः[७], पृथिवी दीक्षा, सा मा दीक्षा दीक्षेत, तया दीक्षया दीक्षे । वायुर् दीक्षितो[८], ऽन्तरिक्षं दीक्षा, सा मा दीक्षा दीक्षेत, तया दीक्षया दीक्षे । आदित्यो दीक्षितो, द्यौर् दीक्षा, सा मा दीक्षा दीक्षेत[९], तया दीक्षया दीक्षे । प्रजापतिर् दीक्षितो, मनो दीक्षा, सा मा दीक्षा दीक्षेत, तया दीक्षया[१०] दीक्षे । वाचं[११] म ऋचो ऽनु दीक्षन्तां, मनो[१२] यजूंषि, प्राणं सामानि । श्रद्धां मे सोमो राजानु दीक्षताम् । ऋचा दीक्षे, यजुषा दीक्षे, साम्ना दीक्षे, पृथिव्या दीक्षे, ऽन्तरिक्षेण दीक्षे, दिवा दीक्ष इत्य् अत्र कृत्स्नो दीक्षितः । अथ यस्यादीक्षिता इमे लोका अदीक्षितानि छन्दांस्य् अदीक्षितस् सोमो राजा— ॥ ६५ ॥

[१] क ग प्रपाद्यौत्गृहणानि ख प्रपाद्योंत्गृण्हानि [२] ग यदा [३] क ख ग प्रायच्छत्य् [४] ग दीक्षिताम् [५] क ग अग्नु [६] ग दीक्षतं [७] ख दीक्षित [८] ख दीक्षो [९] ग दीक्षा [१०] क ग अधिपाठः दीक्षया दीक्षया ख अधिपाठः दीक्षेया दीक्षया [११] ख ग वाचम [१२] ग ममनो

—तं सकामम् अभ्यश्नुवीत[१] । अथ हैवंविद् दीक्षमाण एव सर्वान् कामान् उपाप्नोति[२] । तस्माद्[३] दीक्षासु न राजानं परिवेविष्यात्[४] । यद्व्रतो[५] 'ह्य् एवैष[६] भवति तद्व्रता इमे लोकास् तद्व्रतानि छन्दांसि तद्व्रतस् सोमो राजा । अथाह भूर् भुव स्वस् सुपोषः

पोषैस्[7] सुवीरो वीरैस् सुप्रजः प्रजयासम्[8] इति। तद् एताम् अपरिमिताम् आशिषम् अन्त[9] आशास्ते तपो मे[10] प्रतिष्ठेति। तत् तपः प्रतिष्ठां कुरुते। श्रद्धा मे ऽक्षितिर् इति तच् छ्रद्धाम् अक्षितिं[11] कुरुते। [12]सत्यं मे[12] गृहपतिर् इत्य् एष वै सत्यम्। सत्यं य एष तपति। सैषानार्ता देवता। [13]तद् एताम्[13] अनार्तां देवतां गृहपतिं कुरुते। स वा एष सुव्रतः[14]। यद् ध्य् एषा[15] खला[16] स्यात् सर्वम् इदं प्रदहेत्। तस्माद् गृहपतिस् सुव्रत[17] स्यात्। स यद् व् अदीक्षितव्रतं[18] चरेद् अपापवद्यं वा पापं वदेन् मिथुनं वा चरेद् अन्यद् वा मिथ्याकुर्याद्[19] एतम् एवादित्यम् [20]एतैस् सर्वैर्[20] जपैर्[21] उपतिष्ठेत। ततो हैव दीक्षितः। स वा एष एतर्ह्य्[22] अदीक्षितः। यद् व् एवास्मिन् दीक्षिते[23] यश आसीत् तद् व् एवास्मिन्न् अप्य् एतर्हि[24] यशः। तद् आहुस्[25]—स वाद्य[26] दीक्षेत [27]स वान्यं[27] दीक्षयेद्, य एतस्य दीक्षितयशसस्य[28] व्यवच्छित्तिं विद्याद् इति। कृष्णाजिनं वाव दीक्षितयशसम्। एतद् धि[29] सर्वेषां वेदानां रूपम्। यानि शुक्लानि तानि साम्नां रूपं, यानि कृष्णानि तान्य् ऋचाम्। यदि वेतरथा[30] यान्य् एव बभ्रूणीव[31] हरीणि तानि यजुषाम्। तस्माद् यद्य् अप्य् एनद्द्रुक्तो[32] वरते दिदृक्षन्त एवैनम्। एतद् ध्य् अस्मिन् दीक्षितयशसं[33] भवति ॥ ६६[34] ॥

[१] ग अभ्यह्नुपीत [२] ग अवाप्नोति [३] ग तस्मा [४] ग परिवेष्टयात् [५] क ख यद्वृतो ग यभ्यद्वृतो [६–६] ग ह्यवै [७] ख पेषैस् [८] ख प्रजयाम् [९] ग अन्ततः [१०] ग मो [११] क ग अक्षतिं [१२–१२] ख सत्यमेम [१३–१३] ग तदेता नास्ति [१४] ग सुतः [१५] ख एषो [१६] क ख ग खल [१७] ग सुग्रहत [१८] ग अदीक्षितप्रतश्च [१९] ग मिथ्याआर्य्याद् [२०–२०] ग एतैर्वैर् [२१] ग जपैद् [२२] क ख ग एतह्य [२३] ख दीक्षते [२४] क एतर्हीं ख एतहि [२५] क ख ग आ [२६] ग एवाद्य [२७–२७] क ग स्वान्य ख स्वान्यं [२८] ख ग यशस्या [२९] ग हिं [३०] ख ग वेतरसा [३१] क ख ग बभ्रणिव [३२] क एनद्द्रुक्तो ख एनदद्रुक्तो ग एनदद्राक्तो [३३] ग दीक्षिताम्यशसं [३४] ख ग ॥ ६६॥ नास्ति

ते[1] ये सकृष्णाजिना[2] अपो ऽभ्यवयन्ति, य एतस्माद् दीक्षितयशसाद् अवच्छिद्यन्ते[3], ते सर्वम् आत्मानं प्रप्लाव्य पाप्मना[4] सहोदायन्ति। स यदावभृथेष्टिस्[5] संतिष्ठेताथोन्मुच्य कृष्णाजिनम् अद्भिर् अभ्युक्षेद्[6] इन्द्रियाज्[7] ज्यैष्ठ्याच् छ्रैष्ठ्यान् मा योषम् इति। अथ [8]यम् अरातिं[8] मन्यते, तस्मै प्रयच्छति। अथाप आचामति भक्षस्यावभृथो ऽसि, भक्षणस्यावभृथो[9] ऽसि, भक्षितस्यावभृथो[10] ऽसीति। स [11]यद् एवात्रर्जीषे[11] किं चित् सक्तं भवति, तस्यैष भक्षः[12]। अथापः प्रविशति। न्यञ्चनं वा एतत् प्रपदनं यद् आपः[13]। न्यञ्चनम् एवैतत् [14]प्रपदनं प्रपद्यते[14] पाप्मनो ऽनन्ववायाय[15]। यद्य्[16] आप[17] स्यन्देरन्, प्रतिस्रोतं गाहेत पाप्मानं[18] मे निर्वहान् इति। सर्वा उ ह त्वा[19] आप स्यन्दन्ते। या[20] उ ह स्थावरा[21] अवाचीस् ता स्यन्दन्ते, ऽवाञ्चम्[22] एवास्य ताः पाप्मानं निर्वहन्ति।

अन्यो ऽन्यस्य जायापती पृष्ठं[23] प्रधावतः। वज्रो वा आपः। वज्रेणैव तत् सर्वं पाप्मानम् अपघ्नाते[24]। अथो द्वन्द्वम्[25] एव तन् मिथुनं प्रजननं कुर्वाते, प्रजात्यै। स्नात्वा [26]क्षिप्र उदेयात्[26], क्षिप्रे पाप्मनो व्यावृत्त्या[27] इति ॥ ६७ ॥

[१] ग दे [२] ग कृष्णाजिना [३] ग अवच्छिछ्यते [४] क ख ग पाप्मान [५] क ख यदावभृथेष्टि ग दावभृथेष्टि [६] ख अद्भ्युक्षेद् [७] ग इन्द्रिया [८–८] ग यं रातिन् [९] क ख ग -भृतो [१०] क ख ग -भृथे [११–११] क देवात्रर्जीषे ख देवोत्रञ्जिषे ग एवोत्रजिषे [१२] क ख ग

भक्तः [१३] क ख ग आप्रः [१४-१४] ग प्रपद्य प्रतिपद्यते [१५] ग नन्ववावाय [१६] ग याद्य [१७] एवं कोशेषु [१८] ग पाप्मानुम् [१९] ग त्वा नास्ति [२०] ग य [२१] ग स्थवर [२२] ग पुनःपाठः वाञ्चमे [२३] ग पृष्ठंम [२४] ग अपहना [२५] ख द्रुञ्चम् ग द्रुञ्चम् [२६-२६] ग क्षिप्रं देयात् [२७] क ख व्यावर्त्ता ग व्यावृत्ता

उन्नेतर् उन् मा नयेत्य् आह। विष्णुर् वा उन्नेता। यज्ञो वै विष्णुः। यज्ञ एवैनं तत् सर्वस्मात् पाप्मनो विमुच्योन्नयति[1]।

उद् वयं तमसस् परि सुवः पश्यन्तो ज्योतिर् उत्तरम्।
देवं देवत्रा सूर्यम् अगन्म ज्योतिर् उत्तमम्॥

इत्य् एतां जपन्न् उदैति। एतद् वै[2] ज्योतिर् उत्तमं य एष तपति। सैषानार्ता[3] देवता। तद् [4]एताम् अनार्ता[4] देवताम् आरभ्योदैति। औदुम्बरीर् आर्द्रास् सपलाशास् समिधः कुर्वत एधो ऽस्य् एधिषीमहीति। गत्वाहवनीये समिधम् अभ्यादधाति समिद् असि, तेजो ऽसि, तेजो मयि धेहि, स्वाहेति। अभ्याधायोपतिष्ठते

अपो[6] ऽन्व् अचारिषं रसेन समसृक्ष्महि।
पयस्वं[7] अग्न आगमं तं[8] मा संसृज वर्चसा॥

इति। एवम् एव पत्नी[9] गार्हपत्ये ऽभ्याधायोपतिष्ठते[10]। आज्यस्थालीं[11] स्रुवाम्[12] आदायोत्तरेणाग्नीध्रं च सदश् च परीत्यापरेण[13] [14]गार्हपत्यम् उपविश्योपस्थे[14] कृष्णाजिनम् आधाय[15] चतुर्गृहीतम् आज्यं गृहीत्वा जुहोति मयीन्द्रियं[16] ज्यैष्ठ्यं श्रैष्ठ्यम् अग्निर् दधातु स्वाहेति। स यद् एवास्मिन् दीक्षिते यशो[17] भवति, तद् अस्मिन्न् उत्थिते यशो भवति। तत् कृष्णाजिनं नातिपादयेत्, स्रुगवधानं वैनत् कुर्वीत, हविषो वाधिपेषणं[18], पुनर्दीक्षायै[19] वैनन् [20]निदधीत। एषा[20] वै कैशिनी[21] दीक्षा। एतां ह केशी[22] दार्भ्यो दीक्षाम् उपनिषसाद॥ ६८॥

[१] क ख ग -नयति [२] एवं कोशेषु [३] ग सैषानर्त्ता [४-४] ग एतानामर्त्ता [५] ग एधे [६] ख अधिपाठः अद्य [७] ग पयस्वा [८] ग तम [९] ग पकि [१०] ख ग अभ्यधा- [११] ख ग आज्यस्थाली [१२] ख स्रुवाम् ग सुस्रूवाम् [१३] ग परि- [१४-१४] ख गार्हपत्योप- [१५] ख आदाय [१६] ख मयीन्द्रिय ग मैन्द्रिय [१७] ख ग दीक्षितयशो [१८] क ख वातिपेषगं ग वाधिपेषण [१९] क ख पुनर्दीक्षाया ग पुनर्दीक्षा [२०-२०] ख निदिधीतेषा [२१] क ख ग कैषिनी [२२] क ख ग केषी

मृत्युप्रजापती[1] यद् अयजेतां[2], तौ यज्ञाभ्याम् एवास्पर्धेताम्[3]। अथ ह तर्हि [4]यज्ञायुधान्य् आसुर्[4] [5]यथेमान्य् एतर्हीष्टीष्व् आयुधानि[5]। तद् यद् यज्ञे स्तूयते यच्[6] छस्यते यत् प्रचर्यते[7], सा प्रजापतेस् सेनास। अथ यद् वीणायां गीयते यन् नृत्यते[8] यद् वृथाचर्यते, सा मृत्योस्[9] सेनास[10]। तयोर् ह समावत्याव्[11] एव सेने आसतुर्[12]— यावत्य्[13] एवेतरस्य तावतीतरस्य[14]। तौ ह ज्योग् एवाविजयमानौ[15] चेरतुर्[16] बह्वन्य् एव वर्षाणि। स प्रजापतिर् अकामयत—जयेयं[17] मृत्युम् इति। स एतां यज्ञे संपदम् अपश्यद् एतत् संख्यानम्। तेन मृत्युम् अजयत्। तस्य पराजितस्य[18] राजाशुच्यत्[19]। स प्रत्यङ् पतित्वा पत्नीशालां प्रापद्यत। तस्मात् [20]पत्नीभ्य इय च यस् संपदासुत[20] इत्य् असुत इति हैतन्, न हि सो ऽसूयत[21]। तस्य यानि[22] स्तुतशस्त्राण्य् [23]आसन् यद्[23] एवैतद् [24]वीणायां गीयते यन् नृत्यते यद् वृथाचर्यते[25], तान्य् एव तानि[24]— ॥ ६९॥

[१] क ख ग -पति [२] ख अजयेतां [३] ग -स्पर्वेताम् [४-४] ख -सूर् ग यज्ञायुधान्यौ-सूर् [५-५] ? क यथेमान्येतर्हीष्वायुधानि ख यथेमान्येतर्ह्रिष्वायुधानि ग यथेमान्नेतर्हिष्वायुधानी [६] ग य [७] ग प्रच्चार्य्यते [८] ग भृत्यथे [९] ग मृत्यो [१०] ग सेनास् [११] क ख समावत्योव् ग समापत्योव् [१२] ख आस्तुर् [१३] ख यात्य् [१४] ख तावतीतरस्य नास्ति [१५] क ख ग -मनौ [१६] ग चरतुर् [१७] ग यजेयम् [१८] ख पराजित्य [१९] ख ग राजाशूच्यत् [२०-२०] ? क ग पत्नी सहच्चयस् स यदासुत [२१] ख आयत [२२] ग यान [२३-२३] ग आसह्याद् [२४-२४] ग वीणायां गीयते...तान्येव तानि नास्ति [२५] क ख वृधा-

—[१]अथ यो यूप आसीद्, य एवैष वीणायै दण्डस्, स एव सः। अथ या रशना आसन्, यान्य् एवैतानि[१] वीणाया उपवाणानि, ता एव ताः। अथ यो द्रोणकलश आसीद्, यैवैषा वीणायै सूना, स एव सः। अथ यद् अधिषवणं[२] चर्मासीद्[३], यद् एवैतद् वीणायै चर्म, तद् एव तत्। अथ य उपरवा आसन्, य एवैते वीणाया [४]आकाशास्, त एव[४] ते। अथ ये[५] ग्रावाण आसन्, यान्य्[६] एवैतानि वीणायै वादनानि, त एव ते। अथ यानि सप्त चतुरुत्तराणि [७]छन्दांस्य् आसन्[७], या एवैतास्[८] सप्त वीणायै तन्त्र्यस्[९], तान्य्[१०] एव तानि। अथ ये [११]दशरात्रे स्तोमा[११] आसन्, या एवैता दशांगुलयस्[१२] त एव ते। तद् आहुर्—नेतर्हि संसवो ऽस्ति। यो हि द्वितीयो यज्ञ आसीद्, अशुच्यत्[१३] सः। एक एव यज्ञः। प्रजापतिर्[१४] यज्ञ एवेति ॥ ७० ॥

[१-१] ग अथ यो यूप...यान्येवैतानि नास्ति [२] ग अधिष्वणं [३] ग चमासीद् [४-४] ग आकाशानव [५] ग य [६] ग यान्न् [७-७] क ग छन्दास्यासन् ख छन्दास्यन् [८] ख ऐवैता [९] ग तन्त्र्यास् [१०] ग तान्न् [११-११] क ख ग दशरात्रस्तोमा [१२] ग दशांगुलायस् [१३] क अशुच्यत ख ग अशूच्यत [१४] क ग प्रजापति

अथ [१]वा अतस्[१] संख्यानस्यैव। तस्य वा एतस्य संवत्सरस्य सप्त विंशतिशतान्य् अहोरात्राणां भवन्ति। ता नवाशीतयः। अथास्य[२] सवनानाम् अशीतिश् च सहस्रं च त्रीणि च। तावन्तः पवमानाः। तद् एतच्[३] छ्लोकेनाभिगीतम्[४]—

अष्टाव् एता नवतयो भवन्त्य् अहोरात्राणां परिवत्सरस्य।
अशीतिर् अस्मिन् सवनानि त्रीणि च सहस्रं च, पवमानाश् च सर्वे ॥

इति।

अथास्य स्तुतशस्त्राणां षष्टिशते[५] च[६] द्वे दश च सहस्राणि। अथास्मिन् [७]धिष्णिया य[७] अग्नयो विह्रियन्ते दश चैव सहस्राण्य् अष्टौ[८] च शतानि त्रिंशतं च। [९]तद् एतच् छ्लोकेनाभिगीतम्[९]—

षष्टिशते[१०] द्वे मासि पृष्ठे स्तुतशस्त्राणाम् आ शतं चा शतानि।
दश सहस्राणि शतान्य् अष्टौ संवत्सरे धिष्णियास्[११] त्रिंशतं च ॥

इति ॥ ७१ ॥

[१-१] ख मात्रतः [२] ग अथस्य [३] ग एत [४] ग छो- [५] ग पष्टिशते [६] ख च नास्ति [७-७] क धिषणय य ख ग धिष्ण्या [८] क अष्टं [९-९] ग तदेवाताश्लोकेनाभिगीतं [१०] क ख ग षष्ठिशते [११] ख ग धिष्ण्यास्

तावन्ति तारकनक्षत्राणि[१] तावन्ति ज्योतींषि तावन्तो ऽर्काः। आप्नोति ह वा एतानि तारकनक्षत्राण्य् आप्नोति ज्योतींष्य्[२] आप्नोत्य् अर्कान् य एवं वेद। अथास्य स्तोत्र्याणां[३]

नवतिश्[४] च सहस्राणि त्रीणि च शतानि षण्णवतिश् च । तद् एतच् छ्लोकेनाभिगीतम्[५]—

> [६]स्तोत्र्या अस्य[६] नवतिस् सहस्रा त्री[७] च शता नवतिश् चोप षट् च ।
> ताभिस् संस्तुतो विवसान एति[८] भूतं भविष्यद्[९] भुवनं[१०] प्रजापतिः ॥

इति ।

अथास्य पदानां चत्वारि च [११]सहस्रा त्रिंशं चायुतानि[११] सप्त शतानि[१२] पञ्चाशतं पदानि । तद् एतच् छ्लोकेनाभिगीतम्[१३]—

> चत्वारि [१४]सहस्रा त्रिंशं चायुतानि[१४] सप्त शतानि पञ्चाशतं पदानि ।
> संवत्सरस्य कविभि स्तुतस्यैतावती मध्यमा देवमात्रा ॥

इति ॥ ७२ ॥

[१] ग तारकानक्षत्राणि [२] ग ज्योतींष् [३] ख स्तोत्राणां [४] ग भवतिश् [५] ख छ्लोकेन सामाभिगीतम् [६-६] क ख ग स्तोत्र्यास्य [७] ख त्रि ग ती [८] ग ति [९] क ख ग भविष्यत् [१०] ग विचनं [११-११] ख ग सहस्राण्ययुतानि त्रिंशतं [१२] ख दशानि [१३] ग -गीत [१४-१४] ख सहस्राणि त्रिंशतं चायुतानि ग सहस्राणि सप्त सहस्राणि त्रिंशतं चायुतानि

अथास्याक्षराणाम् अयुतम् एकं[१] प्रयुतानि षष्टिर् नियुते द्वे नव चाक्षराणि सप्त सहस्राणि [२]दशतो दश[२] । तद् एतच्[३] छ्लोकेनाभिगीतम्—

> अयुतम् एकं[४] प्रयुतानि षष्टिर् नियुते द्वे नव चाक्षराणि ।
> सप्त सहस्राणि[५] दशतो दशैतावान् आत्मा परमः प्रजापतेः ॥

इति । तद् एतद् अनन्तं यत् संख्यानम् । तद् एतद् अमृतं यत् संख्यानम् । स एष सुकृतस्[६] सो यत् संख्यानम्[७] । अथ यद् [८]असंख्यानं मर्त्यं[८] तत् । तस्माद् उ सम् एव चक्षीत । सा हैषा देवानां सेना यत् संख्यानम् । मनुष्यसेनया वाव नु तं स्तृणुते यं तिस्तीर्षते । तादृग् इह तं स्तृणवा तं यं देवसेनया तिस्तीर्षाता[९] इति । अथैते त्रयः पन्थानस् सुकृता देवयाना अक्षय्यः[१०] पद्यक्म्यम्[११] च । ते विद्वांसो ऽभिवहन्ति ब्राह्मणं यत्र मृत्युर् भवत्य् अन्नम् अस्य । तद् एतच् छ्लोकेनाभिगीतम्[१२]—

> त्रयः पन्थानस् सुकृता देवयाना अक्षय्यः[१३] पद्यक्म्यश्[१४] च[१५] ।
> ते विद्वांसो ऽभिवहन्ति [१६]ब्राह्मणं यत्र[१६] मृत्युर् भवत्य् अन्नम् अस्य ॥ **इति ।**
> अक्षरशः पच्छो ऽमृतं लिहानाः[१७]— ॥ ७३ ॥

[१] ग एक्र [२] ग नास्ति [३] ग एत [४] क एकतं [५] क ख ग सहाणि [६] क सुकृतेतर ख सुकृत ग सुकृततेन । क **अधिपाठः** प्रजापतिरित्यथास्य पदानां चत्वारि च शतान्ययुतानि त्रिंशतं सप्त शतानि पञ्चाशतं पदानि तेदतत् श्लोकेनाभिगीतं चत्वारि सहस्राणि त्रिंशतं चायुतानि सप्त शतानि पञ्चाशतं पदानि संवत्सरस्य कविभिः स्तुतस्यैता प्रजापतिरित्यथायिनःवल्तिल......(**अपाठ्यम्**) [७] क संख्यानाम् [८-८] क ख असंख्यातममर्त्यं [९] ग -त [१०] ख अक्षय्यं [११] ख पद्यक्मिश् ग पद्यक्ष्मिश् [१२] ख -गीत [१३] क ख -यं [१४] क पद्यऋक्म्यश् ख पद्यक्मिश् ग पद्यत्मिश् [१५] ग **अधिपाठः** ते विद्वांसोभिवहन्ति ब्राह्मणं यत्र मृत्युर्भवत्यन्नमस्य तदेतच्छ्लोकेनाभिगीतं त्रयः पन्थानस्सुकृति देवयाना अक्षय्यः पद्यत्मिश्च [१६-१६] क ब्राह्मणय्यत्र ख ग ब्राह्मणो यत्र [१७] ? क लिशानाः ग लालिशानाः

> —सुवर् आयन् देवता देवसत्रात् ।
> तपसा कर्म कवयो ऽनुगत्य
> आह्वाय[१] मृत्युम् अति मेधयायन् ॥

विजानन्तो दहन्तो[२] यन्ति शोकम्
मनीषिणो [३]यद् अपक्षाः[३] पतन्ति ।
यत्रामृतं विद्यते नोत मृत्युस्
तत्र विद्वांसः कवयः क्षियन्ति[४] ॥

एवंविद्वांसो यजमानम् ऋत्विजो[५] लोकान् पशून् अभि कामान् वहन्ति । स यज्ञेषु स्तुतशस्त्रम् अश्नुते ऽक्षय्या यस्य [६]भवन्त्य् ऋत्विजो[६] ऽध्वर्युर् होतोत सामगः[७] । तस्मै छन्दांसि मधुधाराः क्षरन्ति । स यज्ञेषु स्तुतशस्त्रम् अश्नुते ऽक्षय्या यस्य [८]भवन्त्य् ऋत्विजो[८] ऽध्वर्युर् होतोत[९] सामगः । तस्मै छन्दांस्य्[१०] अमृतकुल्या अभिवहन्ति[११] ऊर्मिणी[१२] स्तोत्रशस्त्रैर् इति ॥ ७४ ॥

[१] ग आन्हाय [२] क ख ग दहतो [३–३] ग वदपक्षाः [४] ख क्षीयन्ति [५] ग ऋत्युद्विजो [६–६] ग भवन्तर्वित्विजो [७] क ख ग सामकः [८–८] ग भवन्त्रर्त्विजे [९] ग होतो [१०] ग छ्छन्दांस् [११] क ग भिवहन्ति ख भिभवन्ति [१२] ख ऊर्मेणि ग ऊर्मीणी

एकैकम् उ ह वा एतेषाम् अक्षराणां यावतीयं पृथिवी तावत् । ऊर्जो ऽन्नाद्यस्य[१] मधुनो ऽमृतस्य कामस्य-कामस्य पूर्णं[२] पिन्वमानं[३] तिष्ठति । तद् धैवंविद्वान् ब्राह्मणस् सहस्रं-सहस्रं देवयुगान्य् उपजीवति । तद् यद् आप्यते ऽथेतरद् उपसंक्रामत्य्[४] अथेतरत्[५] पुनर् आप्यायते । तस्माद् उ हैवंविदे ब्राह्मणाय दित्सन्त्य्[६] अस्योर्जो ऽन्नाद्यस्य मधुनो ऽमृतस्य कामस्य-कामस्य लिप्सामहा इति । यथा ह वा इदं क्षेत्रपादं वा क्षेत्ररज्जुं वावक्रियासत[७] एवम्[८] एवैवंविदो ब्राह्मणाल्[९] लोकम् अवक्रीणते । स यथा क्रये पर्यवेते क्षेत्रिणम्[१०] एव क्षेत्राण्य् अपियन्त्य्[११] एवं लोकिनम् एव लोका अपियन्ति । स यद् [१२]ध वा[१२] अप्य् एवंविद्वान् ब्राह्मणः पूर्णां पृथिवीं प्रतिगृह्णीयाद्, एकम् एव तस्याक्षरं ज्यायः । तस्माद् उ हैवंविद्वान् ब्राह्मणो दद्याच् चैव प्रतिगृह्णीयात् ॥ ७५ ॥

[१] ख न्नाद्य [२] ख पूर्ण [३] ग पिम्द्मान [४] ग उपसंक्रामन्य् [५] ग अथेतनत् [६] क ख ग दिक्सन्त् [७] ग वाक्रियास्ति [८] ग एवतस्मादु हैवंविदेम् [९] क ब्राह्मणल् ख ब्राह्मणात् ग ब्राह्मण [१०] ख क्षेत्रणम् ग क्षत्रिणम् [११] ग अप- [१२–१२] ख ध्वा ग द्ध्वा

जनको ह वैदेहो बहुदक्षिणेन यज्ञेनेजे । ते[१] तद् उ ह कुरुपञ्चालानां ब्राह्मणा अभिसमाजग्मुः । स ह सहस्रं गवाम् अवरुन्धान[२] उवाच—ब्राह्मणा एता वो, यो ब्रह्मिष्ठस् स उदजताम् इति । स होवाच वाजसनेयो, ऽर्वाचीर् एतास् सोम्येति । तं [३]होचुस् त्वं नु[३] नो ब्रह्मिष्ठो [४]ऽसी३ इति[४] । स होवाच नमो वो ब्रह्मिष्ठायास्तु । गोकामा एव वयं स्म इति । ते होचुः को न इमं प्रक्ष्यतीति । स होवाच विदग्धश् शाकल्यो ऽहम् इति । तं ह पुरस्कृत्येयुः । तं ह प्रतिख्यायायन्तम् उवाच त्वां[५] स्विच् छाकल्य ब्राह्मणा उल्मुकावक्षयणम्[६] अक्रता३ इति । स होवाच—यदि तेनोल्मुकावक्षयणं[६] स्मः प्रक्ष्यामो न्वै त्वाम् इति । तं ह पप्रच्छ कति देवा याज्ञवल्क्येति । स होवाच त्रयश् च त्रिंशच् च, त्रयश् च त्री च शता, त्रयश् च त्री च सहस्रा, यावन्तो निविदाभ्याहृता[७] इति । ओम् इति होवाच ॥ ७६ ॥

[१] ग तं [२] ग अवरुन्धंन [३-३] क होचुस्तन्नु ग होचुःस्वन्नु [४-४] क ख ग सीति [५] क ख त्वं [६] कोशेषु उन्मुका- [७] क नुविदोभ्याहूता ख नुविदेभ्योहुता ग नुविदोभ्यहूता

कत्य् एव देवा इति। त्रय इति। ओम् इति होवाच। कत्य् एव देवा इति। द्वाव् इति। ओम् इति होवाच। कत्य् एव देवा इति। एक इति। [[१]ओम् इति होवाच।

कतमे त्रयश् च त्रिंशच् च, त्रयश् च त्री च शता, त्रयश् च त्री च सहस्रेति[१]]। महिमान एवैषां त इति होवाच। त्रयस्त्रिंशद् त्वेवेति। कतमे त्रयस्त्रिंशद् इति। अष्टौ वसव एकादश रुद्रा द्वादशादित्या इन्द्रश् चैव प्रजापतिश् च त्रयस्त्रिंशाव् इति।

कतमे वसव इति। अग्निश् च पृथिवी च वायुश् चान्तरिक्षं चादित्यश् च द्यौश् च चन्द्रमाश् च नक्षत्राणि चैते वसवः। एतेषु हीदं सर्वं वसु हितम् इति। तस्माद् वसव इति।

कतमे रुद्रा इति। दश पुरुषे प्राणा इति होवाच। आत्मैकादशः। ते यदोत्क्रामन्तो[२] यन्त्य् अथ रोदयन्ति। तस्माद् रुद्रा इति।

कतम आदित्या इति। द्वादश मासास् संवत्सर इति होवाच। एत आदित्याः। एते हीदं सर्वम् आददाना यन्ति। तस्माद् आदित्या इति।

कतमे त्रय इति। इम एव लोका इति।

कतमौ द्वाव् इति। अहोरात्राव् इति।

कतम इन्द्रः, कतमः प्रजापतिर् इति। वाग् एवेन्द्रो, मनः प्रजापतिर् इति।

कतमैका देवतेति। प्राण इति। स होवाचानतिप्रश्न्यां वै मा देवताम् अत्यप्राक्षीः, पुरैतावतिथ्या[३] मर्तासि। न ते शरीराणि चन गृहान् प्राप्स्यन्तीति। तद् ध तथैवास। स ह तथैव ममार। तस्य हापहारिणो ऽनन्तरेण[४] शरीराण्य् अपजह्रुर् अन्यन्[५] मन्यमानाः। तस्माद् उ ह नोपवदेत्। अपि ह्य् एवंवित् परो भवतीति ॥ ७७ ॥

[१-१] क ख ग नास्ति [२] क यदोत्क्रामन्ते यन्त्य् ख यदोत्क्रामत्य् ग यदोत्क्रामन्तो यन्त्य् [३] ख पुरोतावतित्थ्या ग पुरेतावतिथ्या [४] कोशेषु न्तरेण [५] क ख ग अन्यम्

ब्रह्म च ह वै सुब्रह्म चैषु लोकेष्व् आसतुर् अस्मिन् भुवने। ततस्[१] सुब्रह्मोच्चक्राम। असौ वा आदित्यो[२] ब्रह्माथो वाग् एव सुब्रह्म। ते देवा इहैव वेद्या अन्तर्वेदि यज्ञेन ब्रह्म पर्यगृह्णन्। तद् इदम् अप्य् एतर्हि वेद्या अन्तर्वेदि यज्ञेन ब्रह्म परिगृहीतम्।

तद् आहुर् यद् अन्या होत्रा अन्तर्वेदि कुर्वन्त्य् अथ कथं सुब्रह्मण्यो बहिर्वेदि करोतीति। स ब्रूयाद् एष वेद्या आत्मा यद् उत्कर, एतत् प्रत्यक्षं ब्रह्म यत् सुब्रह्मण्या। यद् उत्करम् आस्थाय सुब्रह्मण्याम् आह्वयति तेनास्यान्तर्वेदि कृतं भवतीति।

सुब्रह्मण्यों सुब्रह्मण्यों सुब्रह्मण्योम् इति त्रिर् आह। वाग् वै सुब्रह्मण्या। तद् एतां वाचं प्रथमत आरभते। अथो ब्रह्म वाग्, रस ओंकारः। ताम् एतां वाचं रसेन प्रीणाति। तद् धैतद् एक ओं सुब्रह्मण्येत्य् आह्वयन्ति—॥ ७८ ॥

[१] क ख नत ग तता [२] क ख आदित्ये

—प्राणो ह्य् अग्रे ऽथ वाग् इति। तद् ध तन् न तथा। यथा मध्व् आसिच्य लाजान्

आवपेत्, तद् अन्यथेव[1] स्यात्, तादृक् तत्। तस्मात् सुब्रह्मण्योम् इत्य् एवाह्वयेत्।

इन्द्रागच्छेति। इन्द्रम् एव तद् यज्ञ आह्वयति।

हरिव आगच्छेति। हरिभ्याम् आयाहीति वावैनं तद् आह। प्राणापानौ [2]वास्य[2] हरी। तौ हीदं सर्वं हर्तारौ हरतः। अथो[3] अहोरात्रौ [2]वास्य[2] हरी। तौ हीदं सर्वं हर्तारौ हरतः।

मेधातिथेर् मेषेति। मेधातिथेर् ह मेषो[4] भूत्वा राजानं पपौ।

वृषणश्वस्य मेन इति। वृषणश्वस्य ह मेना भूत्वा मघवा कुल उवास।

गौरावस्कन्दिन्न् इति। ततो हैव गौरो भूत्वार्णवम् अवचस्कन्द।

अहल्यायै जारेति। अहल्यायै ह मैत्रेय्यै जार आस।

कौशिक ब्राह्मण कौशिक ब्रुवाणेति। यद् ध वा असुरैर् महासंग्रामं संयेते तद् ध वेदान् निराचकार। तान् ह विश्वामित्राद् अधिजगे। ततो हैव कौशिक ऊचे।

अथ ह वा एके कौशिक ब्राह्मण गौतम ब्रुवाणेत्य् आह्वयन्ति— ॥ ७९ ॥

[१] ग अन्यथैव [२–२] एवं कोशेषु [३] ग अथोथो [४] ग मेषा

—तद् उ ह वा आरुणिनैव यशस्विनोपज्ञातम्। तस्माद् उ तस्याशां नेयात्। तस्मात् कौशिक ब्राह्मण कौशिक ब्रुवाणेत्य् एवाह्वयेत्।

देवा ब्रह्माण आगच्छतागच्छतेति देवांश् चैव तद् ब्राह्मणांश् च समामन्त्रयन्ते। ते हास्मै समामन्त्रितास् सुमतिम् इच्छन्ते। तस्माद् उ ह समामन्त्र्य [1]मापराध्नुयान्, नेन् मोपवदाद् इति[1]।

तद् आहुः—किंछन्दस् सुब्रह्मण्येति। त्रिष्टुब् इति ब्रूयात्। ऐन्द्री हि त्रिष्टुब् इति।

तद् आहुः—किंदेवत्या सुब्रह्मण्येति। ऐन्द्रीति ब्रूयात्। इन्द्रं ह्य् एनयाह्वयतीति। अथो ह ब्रूयाद् वैश्वदेवीति। विश्वान् ह्य् एनया देवान् आह्वयतीति।

तद् आहुर्—यद् अन्या होत्रा स्तोत्रवत्यश् शस्त्रवत्यो ऽथ क्व सुब्रह्मण्यायै स्तोत्रं क्व शस्त्रम् इति। स ब्रूयाद् एतस्याम् एवैतत् सर्वं यद् ऋक् साम यजुः। तेनास्य सुब्रह्मण्या स्तोत्रवती शस्त्रवती भवतीति।

तद् आहुः—किम् इव स्वित् सुब्रह्मण्यर्ग् इव स्वी३त् सामेवा३ उताहो यजुर् इवा३ इति। स ब्रूयान् नैवैषर्ङ् न यजुर् न साम। सर्वम् इवैव। सर्वम् इव ह्य् एव ब्रह्मेति।

अथ यां क्रीते राजनि सुब्रह्मण्याम् आह्वयति याम् एतां दक्षिणासु नीयमानासूत्करे तिष्ठन् सुब्रह्मण्याम् आह्वयति सैवेयम्। अथो यत् प्रायणं[2] तद् उदयनम् असद् इति। अथो आगत एवेद्रस्, तं मा निर्वोचामेति। एषा ह वै धेनुः पञ्चवत्सा पञ्चपदा[3]। [4]यद् ध वा[4] इदम् आहुः पांक्ताः पशव इत्य् एतद् ध तत्।

तां ह वा एके यथादेवताम्[5] आह्वयन्ति। सर्वाग्नेयीम् अग्निष्टुत, ऐन्द्रीम् इन्द्रस्तोमस्य, वैश्वदेवीं वैश्वदेवस्य, अनिरुक्ताम् अनिरुक्तस्य। तद् उ ह शश्वन् न तथा। नो हि ब्रह्मणो व्यापादो ऽस्ति। यथानिपतितम् एवाह्वयेद् यथानिपतितम् एवाह्वयेत् ॥ ८० ॥[6]

[१] ख मापरध्नुयान्नेमेन्मोपवदानीति ग मुपारध्नुयान्नेतिन्मोपवदानि [२] ग प्राणत् [३] ग पञ्चपादा [४–४] ग यध्वा [५] ग -देवतम् | [६] क ख हरिः ॐ श्रीगुरुभ्यो नमः ग हरिः ॐ शुभमस्तु ॐ

एकाहाः

अथैष उपशदः[1]। कश्यपो वा अकामयत—उपोप मा प्रजाः पशवः शीयेरन्न्[2], उपोप[3] प्रजया पशुभिः प्रजायेयेति। स एतं यज्ञम् अपश्यत्। तम् आहरत्। तेनायजत। ततो वै तम् उपोप[4] प्रजाः पशवो ऽशीयन्त, उपोप[5] प्रजया पशुभिः प्रजायत[6]। उपोप ह वा एनं प्रजाः पशवः शीयन्त, उपोप प्रजया पशुभिः प्रजायते य एवं वेद। तस्य त्रिवृद् बहिष्पवमानं भवति। न्यूनं वै [7]त्रिवृत्। न्यूनं[7] प्रजननम्। तद् यत् प्रजननं तन् मा प्रजनयाद् इति। तस्यैकोत्तरा स्तोमा भवन्ति। अनन्तर्हिताद्[8] अनन्तर्हितात् प्रजननात् प्रजाया इति। यद् व् एवैषैकैका[9] स्तोत्र्योपशीयते, तस्माद् उपशदः[10]। तस्योभये स्तोमा [11]भवन्त्य् अयुजश् च युग्मन्तश् च[11]। एतद् वै दैव्यं[12] मिथुनं प्रजननं यद् उभये स्तोमाः। तद् [13]यद् दैव्यं[13] मिथुनं[14] प्रजननं, तन् मा प्रजनयाद् इति। तस्योभे बृहद्रथन्तरे सामनी भवतः। एतद् वै दैव्यं[15] मिथुनं प्रजननं यद् उभे बृहद्रथन्तरे। [16]तद् यद् दैव्यं[16] मिथुनं प्रजननं, तन् मा प्रजनयाद् इति ॥ ८१ ॥

[१] क ख ग उपदशः [२] क ख ग °न् [३] क ख ग उपोप× [४] ख उपो [५] ग उपेप [६] क प्राजायत [७–७] क तृवृन्न्यूनं ख त्रिवृन्यूनं ग तृवृन्यूनं [८] ग नास्ति [९] ग एवैषैकाका [१०] ग उपशदं [११–११] ग भवन्त्ययुग्मतश्च [१२] ख देव्यं ग दैव्य [१३–१३] क ख यदैव्यं ग यद्दैव्य [१४] ग अधिपाठः प्रजननं यदुभये स्तोमास्तद्यद्दैव्यं मिथुनं [१५] ख ग देव्यं [१६–१६] ग तदुद्दैव्यं

तस्य वसिष्ठस्य जनित्रे आदिष्ट-सामनी पवमानयोर् भवतः। [1]एतद् वै[1] दैव्यं[2] मिथुनं प्रजननं यद् वसिष्ठस्य जनित्रे। [3]तद् यद्[3] दैव्यं मिथुनं प्रजननं, तन् मा प्रजनयाद् इति। तस्य[4] सविंशम् अग्निष्टोमसाम[5] भवति। सा विराट्। अन्नम् विराट्। विराज्य् एव तद् अन्नाद्ये[6] यज्ञस्यान्ततः प्रतितिष्ठति। तद् आहुर्—अप्रजननी स्तोमो विराजम् अभि सम्पन्नो, नैनेन यजेतेति। [7]तद् उ[7] वा आहुः—प्रजनन एव। अन्नं वै विराट्। अशिताद् वै रेतस् सिच्यते। रेतसः प्रजाः प्रजायन्ते। तस्मात् प्रजनन एवेति[8]। अथो आहुर्—अष्टादशम् एवाच्छावाकस्य[9] कृत्वा सविंशम् आर्भवम् एकविंशम्[10] अग्निष्टोमसाम कुर्याद् इति। तद् उ प्रज्ञात एकविंशे स्तोमे ऽन्तत स्तोत्राणां[11] प्रतितिष्ठति।

अथैष शदः[12]। आदित्यो वा अकामयत[13]—अवशात्यैव सर्वं पाप्मानं स्वर्गं लोकम् अभ्य् उत्क्रामेयम्[14] इति। स एतं यज्ञम् अपश्यत्। तम् आहरत्। तेनायजत। ततो वै सो ऽवशात्यैव सर्वं पाप्मानं स्वर्गं लोकम् अभ्य् उदक्रामत्[15]। स एषो ऽपहत-पाप्मा तपति। अवशात्य[16] हैव सर्वं पाप्मानं स्वर्गं लोकम् अभ्य् उत्क्रामति[17] य एवं वेद। यद् व् एवैषैकैका स्तोत्र्यावशीयते[18], तस्माच् छदः ॥ ८२ ॥

[१–१] ख दैद्व ग दैत्व [२] ख ग देव्यं [३–३] ग तद्य [४] क ख ग तन्य [५] ग अधिपाठः साम साम [६] ख अन्ना एतद् [७–७] ग तदुहो [८] ग एवोति [९] ग एवेछावाकस्य [१०] क ख एकविंशतिम् [११] ग स्तोत्राणा [१२] क ख ग दश [१३] ग अकामयतत [१४] क ख ग उत्क्रामेयद् [१५] क ख ग उदक्रामन् [१६] ग अवशान्य [१७] ख उत्क्रामयति [१८] क ख ग °शीयन्ते

अथैष पुनस्तोमः[1]। स हायम्[2] ऋषिर् आगत्य न[3] शशाकोत्थातुम् असुराशनेन। गरो हैनम् आविवेश, यद् वा मित्राय दुद्रोह, यद् वा विद्विषाणानाम् अशनम् आश। स हेन्द्रम् उवाच—न वै शक्नोम्य् उत्थातुम् इति। स एतं यज्ञम् अपश्यत्[4]। तम् आहरत्। तेनैनम् अयाजयत्। तस्य त्रिवृत् प्रातस्सवनं भवति, त्रिवृत् तृतीयसवनम्। [5]न्यूनं वै[5] [6]त्रिवृन्, न्यूनान् न क्षरति[6]। तम् एताभ्यां त्रिवृद्भ्यां सवनाभ्यां यथा दृतिम्[7] उभयत आदृत्य निक्षालयेद्, एवं हैवास्य सर्वं पाप्मानं[8] निक्षालयांचकार। इतश् च[9] ह वै [10]स तद्[10] ऊर्ध्वं इतश् चावाञ्चं पाप्मानम् अपजघ्ने। इतश् च हैवोर्ध्वम् इतश् चावाञ्चं पाप्मानम् अपहते[11] य एवं वेद।

स[12] हातिप्ररिक्तो न शशाकोत्थातुम्। स हेक्षांचक्रे[13]—कथं[14] न्व् अहम् इमं पुनस् संश्रीणीयाम्[15] इति। [16]तम् एतेनैव[16] पुनर् अयाजयत्। तेनैनं पुनस् समश्रीणात्[17]। सास्य पुनस्तोमता[18]। तस्य द्वादशं[19] माध्यंदिनं सवनं भवति। द्वादश मासास् संवत्सरः। संवत्सरेणैवास्य [20]तद् रिक्तम्[20] आत्मानं मध्यतः पुनस् समश्रीणात्। स यथा [21]जात्व् अप्रतिजगृहिवान्[21] स्याद्, एवम् आस। यथा छिदतः कुमारस्य सातं स्याद्, एवं[22] हैवास्य सातम् आस। स यो गरगीर् मन्येताप्रतिगृह्यस्य प्रतिगृह्यानश्यान्नस्यान्नम्[23] अशित्वा, स एतेन यजेत। एताभ्याम् एव त्रिवृद्भ्यां सवनाभ्याम् इतश् चोर्ध्वम् इतश् चावाञ्चं[24] विश्वञ्चं गरं व्यस्यते ॥ ८३ ॥

[१] ? क ख ग पुनस्सोमः [२] क ग हाय ख हायः [३] ग ना [४] ग अपर्य्यत् [५-५] ग न्यूनमित्वै क न्यूनवै [६-६] ग तृवृन्यूनान्निरक्षरति [७] ग वृतिम् [८] क ग पाप्मान [९] ख व [१०-१०] ग स्तद् [११] क ख ग हते [१२] क ख ग सहु [१३] ग होक्षान्तिक्रे [१४] ग कथ [१५] क ख संश्रीणियाम् ग संग्रीणियाम् [१६-१६] ग मेतेनैव [१७] ग समश्रिणात् [१८] ? क ख ग पुनस्सोमता [१९] क ख द्वादश ग द्वादशन् [२०-२०] क ख तदिक्तम् ग तदित्तम् [२१-२१] क ख -जग्र- ग जात्यप्रतिजग्रहिवान् [२२] क एव ग एवम [२३] क ग प्रतिगृह्यानाश्यान्नस्यान्नश्यान्नम् ख प्रतिगृह्याना- [२४] क चावाञ्चं ख च्यावाञ्चं

तस्य बृहत् पृष्ठं भवति। इदं वै रथन्तरम्, अदो बृहत्। आसन्नम् इव वा इदं, प्ररिक्तम् इवादः—प्ररिक्त्या[1] एव। तस्य प्र यो रिरिक्ष ओजसेत्य् एतासु गारं ब्रह्मसाम भवति—गरस्यैवापहत्यै[2]।

तद् उ वा आहुर्—या इद् वै ताः कामदुघा आसन्न् एतेन वाव ता [3]यज्ञेन परिगृह्याहरताम्[3] इति। तस्य त्रिवृत् प्रातस्सवनं भवति, त्रिवृत् तृतीयसवनं, द्वादशं माध्यंदिनं सवनम्। द्वादशाक्षरा वै जगती। पशवो जगती, पशवः कामदुघाः। ब्रह्म वै त्रिवृत्। ब्रह्मणा वा एनास् तद् उभयतः परिगृह्याजहतुः[4]। तासाम् एका श्रवणा दुहे[5]। तां [6]भूमाव् उपोपतुः[6]। [7]ताम् एतां[7] वक्रेण दारुणान्विच्छन्ति लांगलेन, दिश एका तां वणिज्यया[8], ब्रह्मैका तां[9] ब्रह्मचर्येण, क्षत्रम् एका तां राजानुचर्येण। अथ [10]यास् तिस्रः[10] परिशिष्टा आसुस् तानि हैवोक्थानि[11] चक्रतुः।

स एष उक्थ्यो यज्ञः[12]। शश्वद् धैव एव प्रथम उक्थ्यानाम्—अथ ततो ऽग्निष्टोमा एव पराञ्चः। स यः पशुकाम स्यात्, स एतेन यजेत। तस्मिन्न् उ ह तर्ह्य्[13] उभे बृहद्रथन्तरे कु ः[14]। द्वया उ ह वै पशवः। राथन्तरा[15] अन्ये, बार्हता अन्ये। ये ह वा[16] अन्यतोदन्ताः पशवस् ते राथन्तरा, य उभयतोदन्तास् ते बार्हताः। उभयेषाम्[17] एव पशूनाम्[18] अवरुद्धयै। स उक्थ्यो भवति—पशवो वा उक्थानि—पशूनाम् एवावरुद्धयै।

तस्योद्वंशीयम् अच्छावाकसाम भवति सर्वं पृष्ठरूपम्—पृष्ठानि वै पशवो—ऽभिपूर्वाणाम् एव पशूनाम् अवरुद्ध्यै ॥८४॥

[१] ग प्ररिक्ता [२] ग -हत्य [३-३] क ख -परिगृह्य हरताम् ग यज्ञेनाम् [४] क ख ग -जह्रतुः [५] ग दहे [६-६] क भूमावुपोपतस् ख भूमवुपोप्तुस् ग भूमाव्यपोपतुस् [७-७] ख तामेव तां ग तमेतां [८] क ख ग वणिज्जया [९] ग ता [१०-१०] क ख यास्तिसृः ग यातास्तिसृः [११] ग हैवोत्थानि [१२] क ख ग यज्ञ [१३] क ख ग तद्य् [१४] एवं कोशेषु [१५] ग रथन्तरा [१६] क ख व [१७] ग उभयेकाम् [१८] क ख ग पशुनाम्

अथैतौ[१] विराट्स्वराजौ[२]। देवा वा अकामयन्त—विराजम् अन्नाद्यम् अवरुन्धीमहि, विराज्य् अन्नाद्ये प्रतितिष्ठेमेति। त एतं विराजं यज्ञम् अपश्यन्[३]। तम् आहरन्[४]। तेनायजन्त[५]। ततो[६] वै ते[७] विराजम् अन्नाद्यम् अवारुन्धत, विराज्य् अन्नाद्ये प्रत्यतिष्ठन्। विराजम्[८] एवान्नाद्यम् अवरुन्द्धे विराज्य् अन्नाद्ये प्रतितिष्ठति य एवं वेद। स ह वै विराड् यत्रान्यस्य लोकं नाभिध्यायति। तम् एवैतेन जयति। तस्य दश त्रिवृन्ति[९] स्तोत्राणि भवन्ति, तास् तिस्रो विराजः पञ्चदशे[१०] द्वे[११]। सो विराट्। ताश् चतस्रो विराजस् संपद्यन्ते। अन्नं विराट्। विराज एवान्नाद्यस्यावरुद्ध्यै। तस्य रथन्तरं पृष्ठं भवति[१२]। इयं वै रथन्तरम्। इयम् उ वै विराट्। य उ वा अस्यै भूयिष्ठं परिगृह्णाति स विराजति। अन्नं विराट्। विराज एवान्नाद्यस्यावरुद्ध्यै। तस्येन्दुस् समुद्रम् उर्विया[१३] विभातीत्य् एतद् आदिष्टसाम माध्यंदिने पवमाने भवति पृथिव्यै साम। स्तोमम् एव तद्रूपेण समृद्धयन्ति ॥८५॥

[१] ख अथेतौ [२] ख ग -स्वाराजौ [३] ख पश्यंस् [४] ग आरंस् [५] ग तेनायजंत [६] ग तस्तो [७] क नास्ति [८] ग विराज्यम् [९] ग त्रीवृन्ति [१०] ग पञ्चदश [११] ग द्वे [१२] ग अधिपाठः इयं स्तोत्राणि भवन्ति [१३] ग उर्वीया

त उ वा अकामयन्त—विराजम् अन्नाद्यम् अवरुध्य स्वराज्यं लोकं गच्छेमेति। त एतं स्वराजं यज्ञम् अपश्यन्। तम् आहरन्। तेनायजन्त। ततो[१] वै ते विराजम् अन्नाद्यम् अवरुध्य स्वाराज्यं[२] लोकम् अगच्छन्। विराजम् एवान्नाद्यम् अवरुध्य स्वाराज्यं लोकं गच्छति य एवं वेद। स ह वै स्वराड् यत्रान्यस्य लोकं नाभिध्यायति। तम् एवैतेन जयति[३]। तस्य दश त्रिवृन्ति स्तोत्राणि भवन्ति। तास् तिस्रो विराजः। पञ्चदशं च सप्तदशं च द्वे। सो ऽनुष्टुप्। एषो ह[४] वै छन्दसां स्वाराज्यं लोकम् आनशे यद् अनुष्टुप्[५]। 'प्रजापतिर् वा अनुष्टुप्'। प्रजापतिर्[७] वै स्वाराज्यम्। अन्नम् उ वै विराट्। [८]विराज्य् एव[८] तद् अन्नाद्ये प्रतिष्ठाय स्वाराज्यं लोकम् अगच्छन्। विराज्य् एव तद् अन्नाद्ये प्रतिष्ठाय स्वाराज्यं[९] लोकं गच्छति य एवं वेद। तस्य बृहत् पृष्ठं भवति। अदो वै बृहत्। अदो वै स्वाराज्यम्। अमुम् एवैतेन स्वाराज्यं लोकम् अगच्छन्[१०]। अमुम् एवैतेन स्वाराज्यं लोकं गच्छति य एवं वेद। तस्येन्दुस्[११] समुद्रम् उर्विया विभातीत्य् एतद् आदिष्टसामार्भवे पवमाने [१२]न भवतीति[१२] दिवस् सामैकारवद् भवति। [१३]अर्वाङ् इव[१३] ह्य् असौ लोकः। स्तोमम् एव तद्रूपेण [१४]समृद्धयन्ति। अथो यद् एकारवद्[१४] भवति स्वर्गाल्[१५] लोकान् नेत्[१६] पराञ्चो ऽतिपद्यामहा[१७] इति ॥८६॥

[१] ग ततौ [२] ग स्वराज्यं [३] क ग यजति [४] ग ह ह [५] ग अनुष्टु [६] ख ग नास्ति [७] ग प्रजापति [८-८] ग विराज्ये [९] क ख ग स्वराज्यं [१०] क गच्छन् ग आगच्छन् [११] क ख ग तस्य ए इन्दुस् [१२-१२] ग भवति [१३-१३] ग अर्वान्दिव [१४-१४] ग समृद्धयन्त्ययोदेकारवत् [१५] क ख ग स्वर्गा [१६] क ग नेतत् [१७] ग -पाद्यामहा

अथैष[१] ऋषभः। इन्द्रो वा अकामयत[२] ऋषभस् सर्वासां प्रजानां स्याम् ऋषभतां गच्छेयम् इति। स एतं [३]यज्ञम् अपश्यत्[३]। तम् आहरत्। तेनायजत[४]। ततो वै स ऋषभस् सर्वासां प्रजानाम् अभवद् ऋषभताम् अगच्छत्। ऋषभ एव स्वानां प्रजानां भवत्य् ऋषभतां गच्छति य एवं वेद। तच् छ्रीर् वा ऋषभः। श्रियं वै स तद् अगच्छत्। ऋषभो वै [५]राजा मनुष्याणाम्[५]। ऋषभ ऋषभः पशूनाम्। ऋषभो ऽश्ववृषो वळवानाम्[६]। ऋषभो बस्तो ऽजानाम्। ऋषभो वृष्णिर् अवीनाम्। ऋषभः कृष्ण एणीनाम्। ऋषभ ऋष्यो रोहितानाम्। एते[७] ह वा आसां श्रियः[८]। श्रियं ह गच्छति य एवं वेद। स पञ्चदशो भवति। वज्रो वै पञ्चदशः। वज्र इन्द्रः। ऐन्द्र एष यज्ञस् तत् तत्सलक्ष्म क्रियते। तस्यैकविंशो माध्यंदिनो[९] भवति। सा[१०] हास्य [११]ककुप्। य[११] उ[१२] ह वा एषां लोकानां श्रेष्ठास् ते [१३]ककुभः। अग्निर्[१३] वा अस्य लोकस्य ककुब्, वायुर् अन्तरिक्षस्य, आदित्यो दिवः[१४]। ककुभाम् एको भवति य एवं वेद। तस्य बृहत् पृष्ठं भवति[१५]। इन्द्रो वै बृहत्। श्रीः पृष्ठानि। इन्द्रम् एव तच् छ्रिया[१६] समृद्धयन्ति। तस्य ऋषभः पावमान[१७] ऋषभो वैदन्वत इत्य् एते आदिष्टसामनी[१८] पवमानयोर् भवतः। स्तोमम् एव तद्रूपेण समृद्धयन्ति ॥ ८७ ॥

[१] ग अथैक [२] ग अकायत [३-३] क ख ग यज्ञ×पश्यत् [४] ग तेनापजत [५-५] ग राजाम्मनुष्याणां [६-६] क बिळबानां ख बळबानां ग नास्ति [७] क ग अते [८] क ख ग श्रियं [९] ख मध्यंदिनो [१०] ख ग सा सा [११-११] ग नास्ति [१२] ग इ [१३-१३] क ख ग ककुभोनिर् [१४] ग वः [१५] ग भवतीति [१६] ख छ्रिय [१७] ग पावमानि [१८] ग आदिष्टसमनी

अथैष व्योमा। देवा वा अकामयन्त [१]व्योम स्याम, व्योमानं[१] लोकं गच्छेमेति। त एतं यज्ञम् अपश्यन्। तम् आहरन्। तेनायजन्त। ततो [२]वै ते व्योमासन्[२] व्योमानं लोकम् [३]अगच्छन्। व्योमा[३] हैव भवति व्योमानं लोकं गच्छति य एवं वेद। स ह वै व्योमा यत्रान्यस्य लोकं नाभिध्यायति। तम् एवैतेन जयति। [४]सप्तदशो भवति। प्रजापतिर् वै सप्तदशः। प्रजापतिर् वै व्योमा। व्योम्ना व्योमानं[५] साम व्योम्ना व्योमानं लोकं गच्छामेति। [६]तस्योभे बृहद्रथन्तरे सामनी भवतः। न ह वा एतयोर् अन्यतरद् व्योम। उभे ह वा एते व्योम। व्योम्ना व्योमानं[५] साम व्योम्ना व्योमानं लोकं गच्छामेति[६]। तस्यैकविंश आर्भवः पवमानो भवत्य् अग्निष्टोमसाम वा। द्वादश मासाः पञ्चर्तवस् त्रय[७] इमे लोका असाव् आदित्य एकविंशः। एष उ ह वै व्योमा ये ऽर्वाञ्चः प्रजापतेर्[८] देवाः। तेषां व्योम्ना व्योमानं[९] साम व्योम्ना व्योमानं लोकं गच्छामेति। तस्यार्को देवानां परमे व्योमन्, अर्कस्य देवाः परमे[१०] वियोमन्न् इत्य् एते आदिष्टसामनी पवमानयोर् भवतः। स्तोमम् एव तद्रूपेण समृद्धयन्ति ॥ ८८ ॥

[१-१] क ख ग व्योमरयाम्मानो [२-२] ग वे
तो व्यामासन् [३-३] क ख ग अगछन्योम [४]
क ख ग अधिपाठः स [५] क ख व्योमानो,
व्योमनो [६-६] ग नास्ति [७] ख तूय
[८] क ग प्रजापतर् [९] क ख व्यामानो
[१०] कख ग पपरमे

[१]अथैताव् उद्भिद्[१]वलभिदौ । प्रजननकामो हैताभ्यां यजेत । त्रिवृत्पञ्चदशौ स्तोमौ भवतस् सप्तिसप्तदशाः । ऊनातिरिक्तौ मिथुनौ प्रजननी[२] । ऊनम् अन्यस्यातिरिक्तम् अन्यस्य । ऊनातिरिक्ताद् वै मिथुनात् प्रजाः पशवः प्रजायन्ते । तत् तत् प्रजननं क्रियते[३] । तस्माद् उ हाभ्यां[४] प्रजननकामो यजेत । अथो आहुर्[५]—ब्रह्मवर्चसकाम[६] एवाभ्यां यजेतेति । षड् वा एतयोर् अन्यतरो[७] गायत्रीर् अभिसंपद्यते, षड् अन्यतरः । ब्रह्म वै गायत्री[८] । गायत्रीम् एतौ यज्ञाव् अभिसंपन्नौ । तस्माद् [९]उ हाभ्यां[९] ब्रह्मवर्चसकामो यजेत । अथो आहुर्—आयुष्काम एवाभ्यां यजेतेति[१०] । प्राणो वै गायत्री । गायत्रीम् एतौ यज्ञाव् अभिसंपन्नौ । तस्माद् उभाभ्याम् आयुष्कामो यजेत । अथो आहुस्—तेजस्काम एवाभ्यां यजेतेति । तेजो वै गायत्री । गायत्रीम् एव तौ यज्ञाव् अभिसंपन्नौ । तस्माद्[११] [१२]उ हाभ्यां[१२] तेजस्कामो यजेत । अथो आहु—स्वर्गकाम एवाभ्यां यजेतेति । या वै षड् गायत्र्यश् चतस्रस् ता बृहत्यः । बृहती वै स्वर्गं लोकम् आनशे । [१३]तस्माद्[१४] [१५]उ हाभ्यां[१५] स्वर्गकामो[१६] यजेत[१३] । अथो[१७] आहुः —पशुकाम एवाभ्यां यजेतेति । या वै षड् गायत्र्यस्[१८] तिस्रस् ता जगत्यः[१९] । पशवो जगती । तस्माद् उ हाभ्यां पशुकामो यजेत ॥ ८९ ॥

[१-१] ग तथैताव्युत्भिद् [२] क ख ग प्रजनी
[३] ग क्रियन्ते [४] क हाभ्यं ग ह.भ्यां
[५] क ग आहु [६] ग -कामो [७] ख
अन्यतयो ग अन्यतरे [८] ग नास्ति [९-९]
ग उभाभ्यां [१०] ग यजतेति [११] ग
तस्याद् [१२-१२] ख उभाभ्यां [१३-१३] ग
नास्ति [१४] ख त तस्माद् [१५-१५] ख
उभाभ्यां [१६] ख स्वगमामो [१७] ग ताथे
[१८] ख गायत्र्यास् [१९] ग जगत्य

ते देवा एताव् उद्भिद्वलभिदाव् अपश्यन् । [१]ताभ्यां एना अभिप्रावयन्[२] । ते वलभिदैव [३]वलम् अभिन्दन्[३] । उद्भिदा गा[४] उदसृजन्त[५] । स वा एष त्रिवृत् पञ्चदशो वलभिद् भवति रथन्तरसामोत्सेधब्रह्मसामा । अथैष[७] उद्भित् सप्तिसप्तदशो भवति बृहत्सामा निषेधब्रह्मसामा[८] । तद्[९] यथा ह[१०] वै[११] मयूखो[१२] वा तीक्ष्णश् शंकुर् वैवम् एष यत् त्रिवृत् स्तोमः । तद् यथा मयूखेन वा तीक्ष्णेनाभिनिधाय शंकुना वा कूटेनाभिहन्याद्, एवमेवैतेन त्रिवृता स्तोमेन वलम् अभिनिधाय पञ्चदशेन वज्रेण[१३] [१४]व्यासुः । अथो[१४] आहुर्—अग्निर् एवैष[१५] यत् त्रिवृत् स्तोमः[१६] । वज्र एष[१७] यत् पञ्चदशः । तद्[१८] यथाग्निनाश्मानम् अभ्योष्य तं[१९] [२०]कूटेन भिन्द्याद्[२०], एवम् एवैतेन त्रिवृताग्निना स्तोमेन वलम् अभ्योष्य पञ्चदशेन वज्रेण[२१] व्यासुर् इति । [२२]ता हान्तर[२२] एव तस्थुर् अयनम् अविन्दमानाः । ता [२३]होत्सेधेनैवोत्सिषिधुः । अथैष[२३] [२४]उद्भित् सप्ति[२४]सप्तदशो भवति । ततो याः सप्त एव सप्ततयाः [२५]पशवो ऽथ[२५] यास् सप्तदश, स एव सप्तदशः[२६] प्रजापतिः । ताः[२७] पितरम् एव[२८] प्रजापतिं पश्यन्तीः प्रतिमोदमाना उदेयुः । ता होदेत्य[२९] महद् एवाभि विसस्रृजिरे । तासां ह देवाः परावापाद् बिभयांचक्रुः[३०] । ता[३१] होत्सेधेनैवोत्सिध्य[३२] निषेधेन[३३] निषिध्यात्मन् दधिरे । स यः पशुकाम स्यात्, स एताभ्यां यजेत । वलभिदैव वलं[३४] [३५]भिनत्त्य्, उद्भिदा गा[३५] उत्सृजते[३६] । उत्सेधेनैवैना उत्सिध्य निषेधेन [३७]निषिध्यात्मन् धत्ते[३७],

अव पशून् रुन्द्धे, बहुपशुर् भवति ॥ ९० ॥

[१] ग ऋद्धिद् [२-२] क -अभिप्रायन् ग ताभ्यां-स्ताभ्यामेनाभिप्राग्वयंस् [३ ३] ग वलभिदन् [४] ग °गाय [५] ग उत्सृजन्त [६] ग रथन्तरसां सामोत्सध [७] ख अंथष [८] ख -ब्रह्मसाम ग निषेब्रह्मसामा [९] ग तद [१०] ग हा [११] क ख वे [१२] ग मयूखे [१३] क ख ग वज्रेन [१४-१४] ग व्यासारथो [१५] ग अवैष [१६] ख स्तोमोव [१७] ख ए [१८] ख ग तद [१९] ग तः [२०-२०] क कूटेनाभि-न्धाद् ग कूटेनाभिर्वाद् [२१] ग वज्रेन [२२-२२] ग तदह्रान्तर [२३-२३] क होत्सेधेनैवोत्सिधि-पुधुरथैष ख होत्सेधेनैवोत्सिधिषुधुरतैष ग होत्सेधेनैवो-त्सिषियुरेथैष [२४-२४] ग उत्सिप्ति [२५-२५] ग पशवोश्वा [२६] ग सप्तदश [२७] ग ता [२८] क ख ग एत्वं [२९] ग होदैत्य [३०] क बिभियाञ्चक्रुः ख त्रिभिवयाञ्चक्रुः ग विभासाञ्चक्रुः [३१] ग त [३२] ग होत्सेदे- [३३] क ख ग निषधेन [३४] ग वल [३५-३५] क भिनन्त्युद्भिदा गा ख भिनक्त्यदभिदा गा ग भिनन्त्यु-त्भिगाता [३६] क ख ग उदत्सृजत [३७-३७] ग निषिध्यात्मयत्ते

अथैतौ सत्राजित्पृतनाजितौ[१]। देवासुरा[२] वै संवत्सरे प्रजापताव् अस्पर्धन्तैषु च लोकेषु। ते देवा अकामयन्त—जयेम पृतनाम् इति। त एतं पृतनाजितं[३] यज्ञम् अपश्यन्। तम् आहरन्। तेनायजन्त। ततो वै ते तां पृतनाम् अजयन्। यत् पृतनाम् अजयंस् तत् पृतनाजितः पृतनाजित्त्वम्। जयति पृतनां[४] द्विषन्तं भ्रातृव्यं य एवं वेद। स चतुर्विंशो भवति। चतुर्विंशत्यर्धमासस् संवत्सरः। संवत्सराद् एवैनांस् तद् अजयन्[५]। तस्य रथन्तरं पृष्ठं भवति। इदं वै रथन्तरम्। अस्माद् एवैनांस् तल् लोकाद् अजयन्। तस्य द्वादश स्तोत्राणि भवन्ति। द्वादश मासास् संवत्सरः। मासश एवैनांस् तत् संवत्सराद् अजयन्। तस्य चतुर्विंशति स्तुतशस्त्राणि भवन्ति। चतुर्विंशत्यर्धमासस् संवत्सरः। अर्धमासश एवैनांस् तत् संवत्सराद् अजयन् ॥ ९१ ॥[६]

[१] ख -प्रतनाजितौ [२] ख देवा असुरा [३] ख प्रतनाजितं [४] ख पृतना [५] ख अजयीस् [६] ग-कोशे एष खण्डो न दृश्यते

ते जिताः[१] पञ्चविंशम् एव पितरं प्रजापतिं[२] प्रापद्यन्तामुं[३] च लोकम्। तान् अकामयन्तात एनान् सत्रा[४] जयेमेति। त एतं[५] सत्राजितं यज्ञम् अपश्यन्[६]। तम् आहरन्। तेनायजन्त। तत एनान् [७]सत्राजयम्। यत्[७] सत्राजयंस् तत् सत्राजितस् सत्राजित्त्वम्। सत्रा द्विषन्तं भ्रातृव्यं जयति[८] य एवं वेद। स पञ्चविंशो भवति। चतुर्विंशत्यर्धमासस् संवत्सरः। प्रजापतिः पञ्चविंशः। संवत्सराद् एवैनांस् तत् प्रजापतेर् [९]अजयन्। तस्य[९] बृहत् पृष्ठं भवति। अदो वै [१०]बृहत्। अमुष्माद्[१०] एवैनांस् तल् लोकाद् अजयन्। तस्य द्वादश स्तोत्राणि भवन्ति। द्वादश मासास् संवत्सरः। मासश[११] एवैनांस् तत् संवत्सराद् अजयन्। तस्य चतुर्विंशति स्तुतशस्त्राणि भवन्ति। चतुर्विंशत्यर्धमासस् संवत्सरः। अभि पूर्वम् एवैनांस् तद् अर्धमासशस् संवत्सराद् अजयन्। ततो वै देवा अभवन् परासुराः। भवत्य् आत्मना परास्य द्विषन् भ्रातृव्यो भवति य एवं वेद ॥ ९२ ॥

[१] ग जिन्ना [२] ग प्रजापति [३] ग प्रपद्यन्तामुं [४] सत्रा 'together with, throughout, always, by all means' MW. [५] ग एत [६] क ग अपश्यस् [७-७] ग सत्रा जयत्यत् [८] ग यजति [९-९] ग अजयत् स्तस्य [१०-१०] ग बृहतमुष्माद् [११] ग मास

अथो आहुः प्रजाकाम[१] एव प्रजापतिर् एतं पृतनाजितं यज्ञम् अपश्यत्। तम् आ-

हरत् । तेनायजतेति । तस्य द्वे अष्टाशीतिशते स्तोत्रिया भवन्ति । [2]तन् न्यूनम् । न्यूनात्[2] प्रजननम् । द्वे[3] हि ते स्त्रिया ऊने यतः[4] सा प्रजायते[5] । तत् तत् प्रजननं क्रियते । स चतुर्विंशो भवति । चतुर्विंशत्यर्धमासस् संवत्सरः । संवत्सरः प्रजननं क्रियते । तस्य रथन्तरं पृष्ठं भवति । प्रजननं वै रथन्तरम् । तत् तत् प्रजननं क्रियते । तस्य द्वादश स्तोत्राणि भवन्ति । द्वादश मासास् संवत्सरः । संवत्सरः प्रजननम् । तत्[6] तत् प्रजननं क्रियते । तस्य चतुर्विंशति स्तुतशस्त्राणि भवन्ति । चतुर्विंशत्यर्धमासस् संवत्सरः । संवत्सरः प्रजननम् । तत् तद् अभिपूर्वं[7] प्रजननं क्रियते । प्र प्रजया[8] पशुभिर् जायते[9] य एवं वेद । ताः प्रजन्याकामयतान्नवतीर् म इमाः प्रजा स्युर् इति । स[10] एतं सत्राजितं यज्ञम् अपश्यत् । तम् आहरत् । तेनायजत । स पञ्चविंशो भवति । चतुर्विंशत्यर्धमासो वै संवत्सरः । अन्नाद्यं[11] [12]पञ्चविंशी । अन्नाद्यम्[12] एवाभ्यस् तत् पञ्चविंश्या प्रायच्छत् । तस्य त्रीणि शतानि स्तोत्र्या भवन्ति । सा विराट् । अन्नं विराट् । एतद् एवाभ्यस् तद् अन्नाद्यं प्रायच्छत् । ता अस्यान्नवतीः प्रजा अभवन् । स यः कामयेत बहुभिः प्रजया पशुभिः प्रजायेयान्नवतीर्[13] म इमाः प्रजा स्युर् इति, स एताभ्यां यजेत । बहुर् एव प्रजया पशुभिः प्रजायते ऽन्नवतीर् अस्य प्रजा भवन्ति[14] ॥ ९३ ॥

[१] क ख ग प्रजापतिकाम [२-२] क तन्न्यून-न्यूनत् ख तन्न्यूनन्यून ग तन्न्यूनन्यूनाः [३] ग ञ्च [४] ग भवत [५] ग प्रजाते [६] ख नास्ति [७] ख अभिपूर्व [८] ग प्रजनया [९] क ख जयते [१०] ख त [११] ख अन्नाद्य [१२-१२] ग पञ्चविंशन्नाद्यम् [१३] ग प्रजाये-यान्नभवतीर् [१४] क ख ग भवति

अथैष विराट्स्वराजौ[1] । [2]भ्रातराव् एतेन[2] यज्ञेन यजेयाताम् । [3]यौ कामयेयातां[3] राज्यं नाव् अन्यतरो गच्छेत् स्वाराज्यम् अन्यतर इति, स वा एष विराजं चानुष्टुभं चाभिसंपद्यते । एतद् ध वै राज्यं [4]यद् विराट् । अथैतत् स्वाराज्यं यद् अनुष्टुप् । विराजैव कनीयान् राज्यं[5] गच्छति[4], अनुष्टुभा ज्यायान् स्वाराज्यं लोकम् । तस्योभे बृहद्रथन्तरे सामनी भवतः । एतद् ध वै राज्यं यद् रथन्तरम् । अथैतत् स्वाराज्यं यद् बृहत् । रथन्त-रेणैव कनीयान् राज्यं गच्छति । बृहता ज्यायान् स्वाराज्यं लोकम् । तस्य त्रीणि त्रिवृन्ति स्तोत्राणि भवन्ति, त्रीणि पञ्चदशानि, त्रीणि सप्तदशानि, [6]त्रीण्य् एकविंशानि[6] । त्रिवृद्भिर् एव कनीयान् राज्यं गच्छति, पञ्चदशैर्[7] ज्यायान् स्वाराज्यं लोकम् । सप्तदशैर् एव[8] कनीयान् राज्यं गच्छत्य्, एकविंशैर्[9] ज्यायान् स्वाराज्यं लोकम् ॥ ९४ ॥

[१] ? ग सराजौ [२-२] ग भ्रातरं वेतेन [३-३] ग नास्ति [४-४] ग यद्रथन्तरमथैतत् स्वाराज्यं यत्बृहद्रथन्तरेणैव कनीयान्राज्यं गच्छति [५] ख राजं [६-६] ग नास्ति [७] ख ग पञ्चदशैः [८] ग अव [९] ख एकविंशै ग एकविंश्यै

तद् आहुर्—भूतस्यैवैष यज्ञो न बुभूषतः । [1]प्रजननी स्तोमो[1] विराजं चानुष्टुभं चाभिसंपद्यते । संपन्नम् इव वा एतच् छन्दः पूर्णम् इव[3] प्रजननं यद् विराट् । अन्त उ वा एष छन्दसां यद् अनुष्टुब् इति । तद् उ वा आहुर्—उभयोर् एवैष यज्ञो भूतस्य च बुभूष-तश्ँ चेति । तस्यैते त्रिवृत्पञ्चदशा स्तोमा[5] भवन्ति सप्तदशैकविंशा [6]ऊनातिरिक्ता मिथुनाः[6] प्रजनयः । ऊनम् अन्यस्यातिरिक्तमँ अन्यस्य । ऊनातिरिक्ताद् वै मिथुनात् प्रजाः पशवः प्रजायन्ते । [8]त्रिवृच् च पञ्चदशश् च[8] तन् मिथुनं प्रजननम् । सप्तदशश्[9] चैक-विंशश् च तन् मिथुनं प्रजननम् । [10]तद् यन्[10] मिथुनं प्रजननं[11] [12]तन् मा[12] प्रजनयाद्

इति। अथो यद् उभे[13] बृहद्रथन्तरे सामनी भवत—[14]एतद् वै[14] दैव्यं[15] मिथुनं[16] प्रजननं यद् उभे बृहद्रथन्तरे—तद् यद्[17] [18]दैव्यं मिथुनं[18] प्रजननं तन् मा प्रजनयाद् इति। अनेन हत्वाप[19] प्रजननतमो यद् विराजम् अभिसंपद्यते। अन्नं वै विराट्। अशिताद् वै रेतस् सिच्यते। रेतसः प्रजाः[20] प्रजायन्ते। अथो यद् अनुष्टुभम् अभिसंपद्यत—आनुष्टुभो[21] वै प्रजापतिः, प्रजापतिः प्रजननं—[22]स यः प्रजननं[22] स मा प्रजनयाद्[23] इति ॥ ९५ ॥

[१] क ख बुभूषुतः [२–२] क प्रजनीस्तोमः [३] क ख ग इवा [४] ख बुभूषश्च ग बभूषतश्च [५] ख स्तोमामा [६–६] क ख ऊनातिरिक्ताप-मिथुनाः [७] ख अन्नस्या° [८–८] ग तृवृत पञ्चदशञ्च [९] ग सप्तदशं [१०–१०] ख ग तद्ययन् [११] ग प्रजनन [१२–१२] ग तन्मा [१३] ग उहे [१४–१४] ख एतव [१५] ख ग देव्यं [१६] क ख ग मिथुननं [१७] क ख ग य [१८–१८] ग दैव्यन्मिथुनं [१९] ? ग हत्वाप्र [२०] ग प्रजापतिः [२१] ख ग अनुष्टुभो [२२–२२] ग नास्ति [२३] ग प्रजनयाम्

तस्य युवं हि स्थ स्वःपती इत्य् एषो[1] प्रतिपत् [2]कार्या। एषा[2] वै द्वयोस् संयजमानयोः [3]प्रतिपत्। तद् उ वा आहुः पवस्व वाचो अग्रिय[4], उपास्मै गायता नर[5] इत्य् एते एव प्रतिपदौ कार्ये। एते वाव द्वयोः संयजमानयोः[3] प्रतिपदौ। अथो उभे ह्य् अत्र सामनी क्रियेते। तस्माद् एते एव प्रतिपदौ कार्ये इति। तस्मिन्न्[6] एतानि [7]सामान्य् अवकल्पयन्ति[7] गौषूक्ताश्वसूक्ते[8] हाविष्मत-हाविष्कृते। ये[9] द्वे द्वे सामनी यानि द्वयोस् संयजमानयोस् सामानि तानि। तस्य विराट्-स्वराजम् आर्भवस्य पवमानस्यानुष्टुभि कुर्वन्ति। विराट्-स्वराजो[10] ह्य् एष यज्ञः। स्तोमम् एव समृद्धयन्ति[11] ॥ ९६ ॥

[१] क ग एषा [२–२] ख कार्य्येषा [३–३] क ख ग नास्ति [४] क अग्र्य [५] क नव [६] ख तस्मिन्य् [७–७] ग समानिवकल्पयन्ति [८] ग गौषूक्ताश्वसूक्ते [९] ग य [१०] क स्वाराजो [११] क समर्धयन्ति

अथैष ज्यैष्ठ्ययज्ञः। यो ज्यैष्ठ्यकाम[1] स्यात् स एतेन यजेत। स वा एषो ऽष्टाव् एकविंशान् अभिसंपद्यते। द्वादश मासाः, पञ्चर्तवस्, त्रय इमे [2]लोका, असाव्[2] आदित्य एकविंशः। एष[3] उ ह वा अग्रं ज्यैष्ठ्यम्[4]। [5]स यो ऽग्रं ज्यैष्ठ्यं[5] स[6] माग्रं ज्यैष्ठ्यं[7] गमयाद्[8] इति। तस्य सप्तदशाः पवमाना भवन्ति। प्रजापतिर् वै सप्तदशः। प्रजापतिर् वा अग्रं ज्यैष्ठ्यम्[9]। सो यो ऽग्रं ज्यैष्ठ्यं[9] [10]स माग्रं[10] ज्यैष्ठ्यं[9] गमयाद् इति। तस्योत्तरावन्ति स्तोत्राणि भवन्ति। उत्तरावतीम्[11] एवैनं तच् छ्रियम् उत्तरावन्तं स्वर्गं लोकं गमयन्ति। तस्य बृहत् पृष्ठं भवति। श्रीर् वै बृहज् ज्यैष्ठ्यम्। अदो वै बृहद् अदो वै ज्यैष्ठ्यम्[12]। [13]तद् एनं तच् छ्रियाम्[13] एव मध्यतो[14] ज्यैष्ठ्ये प्रतिष्ठापयन्ति। तस्य द्वादश[15] स्तोत्राणि भवन्ति। द्वादश मासास् संवत्सरः। संवत्सरो वा अग्रं ज्यैष्ठ्यम्[7]। स यो ऽग्रं ज्यैष्ठ्यं[16] [17]स माग्रं ज्यैष्ठ्यं[17] गमयाद् इति। तस्य चतुर्विंशति स्तुतशस्त्राणि भवन्ति। चतुर्विंशत्यर्धमासस्[18] संवत्सरः। संवत्सरो वा अग्रं ज्यैष्ठ्यम्। स यो ऽग्रं ज्यैष्ठ्यं[7] स माग्रं ज्यैष्ठ्यं[7] गमयाद् इति। स यो ज्येष्ठो[19] ज्यैष्ठिनेयस्[20] समग्रिय[21] [22]स्यात्, स[22] एतेन यजेत गच्छति ज्यैष्ठ्यं[7], न ज्यैष्ठ्याद् अवरोहति ॥ ९७ ॥

[१] ख जैष्ठ्यकाम [२-२] ख लोकासाव् [३] ग एषा [४] ख ज्यैष्ठं [५-५] क ·ज्यैष्ठं ख ग नास्ति [६] ख ग सा [७] ग जैष्ठ्यं [८] ग गमयाम् [९] क ख ज्यैष्ठं [१०-१०] ग अदो वै बृहदो वै [११] ग उत्तराभवतीम् [१२] ग ज्येष्ठ्यं [१३-१३] ख तदेनतच्छ्रियाम् ग तदेनश्छ्रियाम् [१४] ग अधिपाठः वै [१५] ख ग दश [१६] ख ज्येष्ठ्यं ग जैष्ठ्यं [१७-१७] ग नास्ति [१८] ख -मासाम् ग -मास [१९] ख ज्ज्यैष्ठो ग जैष्ठो [२०] क ज्यैष्ठियैस् [२१] ग समश्रिय [२२-२२] ग स्याअस

अथैष दुराशः[१] । पौर्णमासेन[२] [३]हविषेष्ट्वा आदित्याय[३] चरुं[४] निर्वपति[५] । तस्मिञ्
व
छतमानं हिरण्यं ददाति सुवर्णं चन्द्रमसेऽपराह्णे । तस्मिञ् छतमानं हिरण्यं ददाति रजतम्[६] । स एवम् एतौ पूर्वाह्णापराह्णाव्[७] एतम् अपरपक्षं[८] यजते । [९]तस्याम् अमावास्यायां[९] दीक्षोपरिष्टात्[१०] सुत्या[११] । तद् वा एतत् सूर्याचन्द्रमसोर्[१२] एवायनम् । सूर्याचन्द्रमसौ वा अकामयेताम्[१३] । समानेन यज्ञेन समानीम् ऋद्धिम् ऋध्नुयाव । अहर् एव[१४] नाव् अन्यतरोऽभिजयेद्, रात्रिम् अन्यतर इति । ताव् एतं यज्ञम् [१५]अपश्यताम् । तम् आहरताम्[१५] । तेनायजेताम् । ततो वै तौ समानेन[१६] यज्ञेन समानीम् ऋद्धिम् आर्ध्नुताम्[१७] । अहर् एवैनयोर् अन्यतरोऽभ्यजयद्, रात्रिम् अन्यतरः । एषा ह वा एनयोः[१८] [१९]समान्य् ऋद्धिर्[१९], यत् समाने लोके पूर्वाह्णापराह्णौ यजते । अहर् वै पूर्वाह्णो, रात्रिर् अपराह्णो—ऽहोरात्रयोर् एवाभिजित्यै[२०] । [२१]पूर्वपक्षापरपक्षौ यजते । अहर् वै पूर्वपक्षो, रात्रिर् अपरपक्षो—ऽहोरात्रयोर् एवाभिजित्यै[२१] । बृहद्रथन्तरे [२२]भवतः । अहर् वै[२२] बृहद्, रात्री[२३] रथन्तरम्—अहोरात्रयोर् एवाभिजित्यै । रजतसुवर्णे[२४] [२५]भवतः । अहर् वै[२५] सुवर्णं, रात्री रजतम्—अहोरात्रयोर् एवाभिजित्यै । शतमाने[२६] भवतः । शतायुर् वै पुरुषः शतेन्द्रियः शतवीर्यस्—तस्यैवेन्द्रियस्य[२७] वीर्यस्यावरुद्ध्यै ॥ ९८ ॥

[१] क ख ग दुराषः [२] ख पौर्णमास्येन [३-३] ग हविषेष्वादित्याय [४] ग चरु [५] ख ग निर्वपैति [६] ग रजता [७] ग पूर्वान्हपरान्हाव् [८] ख अपरपक्ष्यं [९-९] क ख ग तस्यामावास्यायां [१०] क ख दीक्ष्योपरिष्टात् [११] ख सत्या [१२] ख ग सूर्याचन्द्रमसयोर् [१३] ग अकामयेता [१४] ग एवा [१५-१५] क अपश्यतां तमाहरेतां ग अपश्यत्तान्नमाहरेता [१६] ग समुनेन [१७] ख आध्नुताम् [१८] ख अन्यो [१९-१९] ख ग समानृद्धिः [२०] ख एवातिजित्यै [२१-२१] ख ग नास्ति [२२-२२] ख ग भवतु हवैं [२३] क ख ग रात्रि [२४] ख ग रजत्सुवर्णे [२५-२५] ख ग भवतु हवैं [२६] क अधिपाठः व [२७] ख ग तस्येन्द्रियस्य

सप्तदश स्तोमो भवति । प्रजापतिर्[१] वै सप्तदश । प्रजापति स्वर्गस्य लोकस्याभिनयिता[२] । स मा स्वर्गं लोकम् अभिनयाद् इति । तस्य शतम् अनडाहो[३] दक्षिणा भवन्ति ।
व
शतायुर् वै पुरुषः शतेन्द्रियः शतवीर्यस्—तस्यैवेन्द्रियस्य वीर्यस्यावरुद्ध्यै[४] । सर्वे वह्नयो भवन्ति । वह्निना हि तत्र गच्छति यत्र जिगमिषति । सर्वे वरा भवन्ति । वर इव वै स्वर्गो लोकः स्वर्गस्यैव लोकस्याप्त्यै[५] । एतद् [६]अन्यद् दध्याद्[६] अन्यथान्य[७] स्तोत्रे स्तोत्रे सप्तदश सप्तदश निष्कान् दध्यात् । देवासुरा यज्ञेऽस्पर्धन्त । ते यद् यद् एव देवा यज्ञेऽकुर्वत, [८]तत् तद् व् एवासुरा[८] अन्वकुर्वत[९] । ते देवा अब्रुवन्—यद् यद् वाव वयं यज्ञे कुर्महे, तत् तन् नोऽसुरा अनुकुर्वते । एत, हिरण्यसोमेन यजामहा इति । अथ ह तर्हि देवेष्व् एव हिरण्यम् आस, नासुरेषु । संवृक्तं[१०] ह देवैर् असुराणां हिरण्यम् आस । ते हिरण्यसोमेनायजन्त । ते स्तोत्रे स्तोत्रे सप्तदश सप्तदश निष्कान् अददुः । तद् एषाम् असुरा

नोदाश्नुवत। ते ऽब्रुवन्—दुराशं बतेदं देवा अक्रतेति। तद् एव दुराशस्य दुराशत्वम्। ततो वै देवा अभवन्[11], परासुराः। भवत्य् आत्मना, परास्य द्विषन् भ्रातृव्यो भवति य एवं वेद। तस्य शुक्रचन्द्रे आदिष्टसामनी पवमानयोर् भवतः। सूर्याचन्द्रमसोर्[12] ह्य् एष यज्ञः। स्तोममम् एव तद्रूपेण समर्धयन्ति ॥ ९९ ॥

[१] क ख ग पजापतिर् [२] क लोकस्याभिनयता [३] ख ग अनब्वाहु [४] ख ग वीर्यस्यावरुद्धय [५] ख ग लाकस्य- [६–६] क अन्यद्द्याद् [७] क अथान्य [८–८] क तत्तद्त्रेवासुरा ग तत्तद्देवासुरा [९] ख ग अन्नकुर्वत [१०] क संपृत्नं [११] ख ग अब्रुवन् [१२] क सूर्याचन्द्रमसो ख ग सूर्याचन्द्रमसौर्

अथैषो ऽपचितिः। प्रजापतिः प्रजा असृजत। ता एनं[1] सृष्टा नापाचायन्। सो ऽकामयत—अपचितिम् आसु प्रजासु गच्छेयम् इति। स[2] एतं यज्ञम् अपश्यत्। तम् आहरत्। तेनायजत। ततो वै तं ता अपाचायन्[3]। इन्द्रम् उ वै देवा नापाचायन्[4]। स[5] प्रजापतिम् उपाधावत्—न वै मेमे देवा अपचायन्तीति। तस्मा एतम् अपचितिं यज्ञं व्यदधात्[6]। तम् [7]आहरत्। तेनायजत[7]। ततो वै तं[8] देवा अपाचायन्[9]। [10]दर्भम् उ ह[10] वै शातानीकिं पाञ्चाला[11] राजानं सन्तं नापचायांचक्रुः। अपि ह स्मैनं कुमारा दर्भ[12] दर्भेति ह्वयन्ति। तस्य हैतौ ब्राह्मणाव्[13] आसतुर् [14]अहीना आश्वत्थिः[14] केशी सात्यकामिर् इति। तौ हैनम् उपसमेयतुः। स ह ध्यायन् निषसाद। तं होचतुः। किं नु राजन्यो[15] ध्यायतीति। स होवाच—न हि मे[16] ध्येयम्। पाञ्चाला[17] वै मेमे राजानं सन्तं[18] नापचायन्त्य्[19], अपि मा[20] [21]कुमारा दर्भ दर्भेति[21] ह्वयन्ति। तद् एवैतद् ध्यायामीति[22]। तं होचतुर्[23]—अपचितिर् इति वा अयं यज्ञक्रतुर् अस्ति, तेन त्वा याजयावेति। तथेति। तेन[24] हैनं याजयांचक्रतुः। स हैषु तथामात्रम् अपचितिं जगाम, यद् अप्य् एतर्हि पाञ्चाला[25] दर्भान् कुशा इत्य् एवाचक्षते[26] ॥ १०० ॥

[१] ख एतं [२] ग नास्ति [३] ख अपाचयन् [४] ख ग नापाचयन् [५] ग नास्ति [६] ग व्यदधतात् [७–७] ख आहरत तेनायजत ग आहरंस्तेनायजन्त [८] ख तां [९] ग अपाचाय [१०–१०] ग दर्भ अह [११] ख ग पञ्चाला [१२] ख नास्ति [१३] क ख ग ब्रह्मणाव् [१४–१४] ग अर्हिनाश्वत्थि: [१५] ख राज्ञो [१६] ख ने [१७] ख पञ्चाला [१८] ख ग नास्ति [१९] ख नापनापचायन्त्य् [२०] ग नास्ति [२१–२१] ग कुमारदात् दर्भेति [२२] क ध्यायानीति ख ध्यायमीति ग ध्यायनीति [२३] ख होचुर् [२४] ग वतन [२५] ख पञ्चाला ग पन्चाल [२६] ख एवाचक्ष्यते

अस्य[1] वा एतस्य गायत्रीम्[2] एव प्रातस्सवनं संपद्यते, त्रिष्टुभं माध्यंदिनं सवनं, जगतीं[3] तृतीयसवनम्। तद् यद् गायत्रीं प्रातस्सवनं संपद्यते—अष्टाक्षरा गायत्र्य्, अष्टौ वसवो—गायत्र्यैव[4] तच् छन्दसा प्रजापतिश् चेन्द्रश् च वसुषु[5] देवेषु प्रातस्सवने अध्य् अपचितिम् अगच्छताम्[6]। अथ यत् त्रिष्टुभं माध्यंदिनं सवनं[7] संपद्यत—एकादशाक्षरा त्रिष्टुप्, एकादश रुद्रास्—त्रिष्टुभैव तच् छन्दसा प्रजापतिश् चेन्द्रश् च रुद्रेषु देवेषु माध्यंदिने सवने ऽध्य् अपचितिम् [8]अगच्छताम्। अथ यज् जगतीं[3] तृतीयसवनं संपद्यते—द्वादशाक्षरा जगती, द्वादशादित्या—जगत्यैव तच् छन्दसा प्रजापतिश् चेन्द्रश् चादित्येषु देवेषु तृतीयसवने ऽध्य् अपचितिम्[8] अगच्छताम्[9]। अष्टाक्षरा गायत्री। एकादशाक्षरा त्रिष्टुप्। द्वादशाक्षरा जगती। वाग् इति यज्ञायज्ञीयस्य निधनम्। तद्

द्वात्रिंशत्[१०] । द्वात्रिंशदक्षरानुष्टुप् । विश्वेषां देवानाम् अनुष्टुप् । अनुष्टुभैव तच् छन्दसा प्रजापतिश् चेन्द्रश् च विश्वेषु देवेषु तृतीयसवने ऽध्य् अपचितिम् अगच्छताम्[११] । एतावन्तो वै देवाः । एतावन्ति देवजातानि । तेष्व् एव तद् अध्य् अपचितिम् अगच्छताम् ॥ १०१ ॥

[१] क ख तस्य [२] ख गायत्रिम् [३] ख जगति [४] क गायत्र्येव [५] ग अधिपाठः उ [६] ख अगच्छां ग गच्छतां [७] ग सवन [८-८] ग नास्ति [९] ग आगच्छतां [१०] ख ग नास्ति [११] क ग गच्छताम्

गायत्रो वै ब्राह्मणः[१] । त्रैष्टुभो राजन्यः । जागतो[२] वैश्यः । आनुष्टुभः शूद्रः । तद् यद् गायत्रीं प्रातस्सवनं संपद्यते, गायत्र्यैव तच् छन्दसा दर्भः शातानीकिर् ब्राह्मणे[३] मनुष्ये ऽध्य् अपचितिम् अगच्छत् । अथ यत् त्रिष्टुभं माध्यंदिनं सवनं संपद्यते, [४]त्रिष्टुभैव तच् छन्दसा[४] दर्भः शातानीकी[५] राजन्ये[६] मनुष्ये ऽध्य् अपचितिम् अगच्छत् । अथ यज् जगतीं[७] तृतीयसवनं संपद्यते, जगत्यैव तच् छन्दसा दर्भः शातानीकिर् वैश्ये मनुष्ये ऽध्य् अपचितिम् अगच्छत् । अष्टाक्षरा गायत्री । एकादशाक्षरा त्रिष्टुप् । द्वादशाक्षरा जगती । वाग् इति यज्ञायज्ञीयस्य[८] निधनम् । तद् द्वात्रिंशत्[९] । द्वात्रिंशदक्षरानुष्टुप् । आनुष्टुभः शूद्रः । अनुष्टुभैव तच् छन्दसा दर्भः शातानीकिः[१०] शूद्रे मनुष्ये ऽध्य् अपचितिम् अगच्छत् । एतावन्तो[११] वै मनुष्याः । एतावन्ति मनुष्यजातानि[१२] । तेष्व् एव [१३]तद् अध्य् अपचितिम्[१३] अगच्छत् ॥ १०२ ॥

[१] ख ब्राह्मणाः [२] ख ग जगतो [३] ख ग ब्रह्मणे [४-४] ग नास्ति [५] ग शातानीकि [६] ग वैश्ये [७] ग जगती [८] ग यज्ञच्छायज्ञीयस्य [९] ख ग नास्ति [१०] ख शातानीति ग शातानीकि [११] ख एतावन्तु [१२] ग मनुष्याजातानि [१३-१३] क तद्ध्यपचितिम्

तद् आहुः कैतस्य यज्ञस्य विधृतिः कापचितिर्[१] इति । स ब्रूयाद् यद् एव सवनात्[२] [३]सवनं न समैति[३] । यद् अमैव सवनं संपद्यते सैवैतस्य[४] यज्ञस्य विधृतिस् सापचितिर्[५] इति । तस्य[६] आहुर् दविद्युतत्या रुचेत्य्[७] एव प्रतिपदं कार्याम् । एषा वै गणिनी[८] प्रतिपद् बहुरूपा । गणा इव वै तं सचन्ते य श्रियम्[९] अश्नुत इति । तद् उ वा आहुः पवस्व वाचो अग्रिय[१०], उपास्मै गायता नर इत्य् एते एव प्रतिपदौ कार्ये । एते वाव[११] गणिन्यौ प्रतिपदौ बहुरूपे । [१२]अथो उभे[१२] [१३]ह्य् अत्र[१३] सामनी क्रियेते । तस्माद् एते एव प्रतिपदौ कार्ये इति । बृहद्रथन्तरे भवतः । ब्रह्म वै रथन्तरं[१४], क्षत्रं बृहत् । ब्रह्म च वै[१५] क्षत्रं चापचितेरूपम् । भद्रश्रेयसी भवतः । भद्रेण वै देवा भद्रा अभवञ्[१६] छ्रेयसा श्रियम् अगच्छन् । सहोमहसी भवतः । सहसा वै देवा असुरान् असहन्त । महसा[१७] महो ऽभवन्[१८] । भर्ग[१९]यशसी भवतः । भर्गेण[२०] वै देवा भर्गो ऽभवन् । यशसा यशो ऽगच्छन् । उत्सेधनिषेधौ भवतः । उत्सेधेन वै देवा औत्सेध्यम् उदसेधन् । निषेधेन निषेध्यं न्यषेधन्[२१] । सदोविशीयं च विशोविशीयं[२२] च भवतः । सदोविशीयेन[२३] वै देवा विशम् असीदन्[२४] । विशोविशीयेन[२५] विशो विशो राजानो ऽभवन् । धर्मविधर्मणी[२६] भवतः । धर्मेण वै देवा धर्मो ऽभवन् । विधर्मणा[२७] विधर्मापाघ्नत[२८] । तस्मिन् एता उभयीर्[२९] द्विपदातिच्छन्दसः क्रियन्ते, ज्येष्ठानि च ह्रसिष्ठानि च छन्दांसि ।

पशवो वै छन्दांसि। तस्माद् भूतम् उभये पशव उपतिष्ठन्ते ज्येष्ठाश् च ह्रसिष्ठाश् च। उभये ह वा एनं पशव उपतिष्ठन्ते ज्येष्ठाश् च ह्रसिष्ठाश् च य एवं वेद। तस्याश्वरथश् चतुर्युग् दक्षिणा भवति। सर्वे शतक्रियो [३०]ऽश्वाः। स रुक्मी[३०] प्रावेपी[३१] [३२]सर्वाभरण्य् अंशुमान्[३२] भवति। तस्य वैयाघ्रः[३३] परिवारो भवति, द्वैपो [३४]धन्वधिर्, आर्क्ष[३४] उपासंगः। खाड्ग[३५]-कवचो ऽध्यास्थाता भवति संनद्धस् संनद्धसारथिर् आवृतः[३६] प्रतिहिताभ्याम्[३७]। निष्की[३८] स्रग्वी संग्रहीता[३९] भवति। एतद् वै त्विषे[४०] रूपम्[४१] एतद् अपचितेः। तस्मिन्न् एतद् अपचितं [४२]धनं ददाति[४२]। अपचिता एवापचितं[४३] धनं[४४] ददानीति[४५]। स्तोमम् एव तद्रूपेण समृद्धयन्ति[४६] ॥ १०३ ॥

[१] ख कापचतिर् [२] ख सवात् [३-३] ख ग सवन समैति [४] ख तसैवेतस्य ग स्यैवेतस्य [५] ख ग सापचिति [६] ग तद् [७] ग रिचेत्य् [८] क ख ग गणनी [९] ख श्रिम् [१०] ग आग्रिय [११] ख ग वा [१२-१२] क अथोभे [१३-१३] ख ग यत्र [१४] ख रथन्तर [१५] ग नास्ति [१६] ग अभव [१७] ख महासा [१८] ख वन् [१९] ग गर्भ [२०] ग गर्भेण [२१] ग न्यषेधत् [२२] ग विशोवशीयं [२३] ग सदोवशीयेन [२४] ग असिदन् [२५] ग विशोवशीयेन [२६] ग -विधर्म्मणी [२७] ख ग अधिपाठः विधर्म्मा [२८] क विधर्म्मावाम्नत ग विधर्म्मापावनत [२९] ख ग उभेद [३०-३०] क श्वासरुक्मी ख श्वास्सरूगी ग श्वास्सारूर्गा [३१] ग प्रवेपी [३२-३२] ग सर्वाभरण्यं पशुमान् [३३] ग वध्याघ्रः [३४-३४] क ख धन्वधिराक्ष ग धन्वधिनाक्ष [३५] एवं सर्वत्र कोशेषु [३६] क ख ग आवर्त्त [३७] ख ग प्रतिहिताभ्या [३८] क ख ग निष्की [३९] क संगृहीता ग संगृभीता [४०] ग त्विषो [४१] ग उपम् [४२-४२] ग धन्ददाति [४३] ख ग एवपच्चितं [४४] ग धन [४५] ग ददानिति [४६] क समर्धयन्ति

अथैताव्[१] अभिभूश् च [२]विनुत्तिश् च[२]। देवासुरा अस्पर्धन्त। ते देवा अकामयन्त—अभीमान् असुरान् भवेमेति। त एतम् अभिभुवं यज्ञम् अपश्यन्[३]। तम् आहरन्। तेनायजन्त। तेनासुरान् अभ्यभवन्[४]। यद् अभ्यभवंस् तद् अभिभुवो ऽभिभूत्वम्[५]। अभि ह वै द्विषन्तं भ्रातृव्यं भवति य एवं वेद। तस्य त्रिवृताव् अभितो भवतः। ब्रह्म वै त्रिवृत्। ब्रह्मणा वा एनांस्[६] तद् अभ्यभवन्। ब्रह्मणैव द्विषन्तं भ्रातृव्यम् अभिभवति य एवं वेद। ते जितास् त्रयस्त्रिंशम् एव पितरं प्रजापतिं प्रापद्यन्त। यथा ज्येष्ठायां वरिष्ठायां[७] पर्ययेतरंस्[८] तथा तान् अकामयन्तात एनान् विनुदहेमहीति। त एतं विनुत्तिं[९] यज्ञम् अपश्यन्। तम् आहरन्[१०]। तेनायजन्त। तत एनान् व्यनुदन्त। [११]यद् व्यनुदन्त[११] तद् [१२]विनुत्तेर् विनुत्तित्वम्[१२]। वि ह वै द्विषन्तं भ्रातृव्यं नुदते य एवं वेद। तस्य त्रिवृतौ मध्ये[१३] भवतः। ब्रह्म वै त्रिवृत्। ब्रह्मणा वा एनांस् तद् व्यनुदन्त। ब्रह्मणैव द्विषन्तं भ्रातृव्यं विनुदते[१४] य एवं वेद ॥ १०४ ॥

[१] ख अथोताव् [२-२] क ख ग विनुक्तिश्च [३] ग अपश्यस् [४] ख अभ्यवन् [५] ख मिर्भूत्वम् [६] क ख ग एनंस् [७] ग वरिष्ठा [८] क पुरियर्य्यतेरंस् ग पुर्य्यतेरंस् [९] ख ग विनुक्तिं [१०] ग आहरत् [११-११] ख ग नास्ति [१२-१२] ग विनुत्ते वीनुक्तित्वम् [१३] क ख ग मद्ये [१४] क ग व्यनुदते ख व्यदनुदते

अथो आहुर् अग्निर् एवैष यत् त्रिवृत् स्तोमः। तद् यथा भ्रमलान् संसन्नान् अग्निना ऽभ्यौषेद् एवम् एवैनांस् तत्[१] त्रिवृता अग्निना स्तोमेन त्रयस्त्रिंशाभ्याम्[२] [३]उभयत उपमार्याभ्यौषन्। ते[३] विपलाय्येमाम्[४] उपासर्पन्न् इति। [५]ततो वै[५] देवा अभवन् परा-

सुराः । भवत्य् आत्मना परास्य द्विषन् भ्रातृव्यो भवति य एवं वेद । अथो आहुः पुरोधाकाम एवैनेन यजेत यद् अभिभूर् इति । तस्य त्रिवृताव् अभितो भवतस् त्रयस्त्रिंशौ मध्ये । ब्रह्म वै त्रिवृत्, क्षत्रं त्रयस्त्रिंशः । ब्रह्मणैव तद् उभयतः क्षत्रं[६] परिगृह्णाति । यदो वै ब्रह्मणा क्षत्रं परिगृह्णात्य् अथ स[७] तस्य पुरोधां गच्छति । गच्छति पुरोधां पुर एनं दधते । अथो आहुर् अन्तरस्थाकाम एवैनेन यजेत यद् विनुत्तिर्[८] इति । तस्य त्रिवृतौ मध्ये भवतस्, त्रयस्त्रिंशाव् अभितः । ब्रह्म वै त्रिवृत्, क्षत्रं त्रयस्त्रिंशः । क्षत्रेणैव तद् उभयतो ब्रह्म परिगृह्णाति । यदो वै क्षत्रेण ब्रह्म[९] परिगृह्णात्य् अथ स तस्यान्तस्थान् तिष्ठति । तिष्ठत्य्[१०] अन्तस्थान् नान्तस्थायां[११] जीयते[१२] । अथो आहु[१३] राजानौ हेद् वा एतौ स्तोमौ स्तोमराजाव् इति ॥ १०५ ॥

[१] क नास्ति ख ग त [२] ख ग त्रयस्त्रिंशाभ्या [३–३] क ख उभयतमुपमार्य्याभ्यौष्ठंस्ते ग उभयतमुपमाय्यर्याभ्यौष्ठंस्त [४] ग विपल्य्येमाम् [५–५] ग ततो ततो वै [६] ख क्षत्राः [७] ग नास्ति [८] ग विनुत्तिर् [९–९] ग द्विरुक्तिः ब्रह्म [१०] ख ग अतितिष्ठ- [११] ख ग नान्तस्थाया [१२] ख ग जियते [१३] ख ग आहु

तस्य वा एतस्याभिभुवस् [१]त्रिवृताव् अभितो[१] भवतस्[२] त्रयस्त्रिंशौ[३] मध्ये[४] । तयोष् षद्षष्टि स्तोत्रयाः । ततो[५] याष् षष्टिर् आसन्दी सा । अथ याश् चतस्र आसन्दीपादास् ते । अथ ये[६] द्वे यजमान एवैष द्विपाद् एतस्यां राजासन्द्याम् अध्यूढः[७] । गच्छति राज्यं य एवं वेद, यद्य् अस्मिन् लोके नाथ वा अमुष्मिन् । अथो आहुर् यस्य द्वाव् एतौ त्रिवृतौ मध्ये सा हेद् वा अप्य् आसन्दीति । मध्ये विनतेव वा आसन्दी । मध्ये विनत इवैष । सा[८] ह वै सुषिमत्तरा[९] या मध्ये विनता । गच्छति राज्यं य एवं वेद, यद्य् अस्मिन् लोके नाथ वा अमुष्मिन् । अथो आहुः पुनर् असौ हेद् वा एतौ यज्ञक्रतू इति । षड् वा एतयोर् इति [१०]ऊर्ध्वा स्तोमा[१०] उद्यन्ति । षड् अमुतो ऽर्वाचष् षड्भिर्[११] एवेत[१२] ऊर्ध्वं[१३] स्वर्गं लोकं गच्छति, प्रत्य् एवामुतष् षड्भिर्[१४] अवरोहति, गच्छति स्वर्गं लोकं, प्रत्य् अस्मिन् लोके तिष्ठति । अथो ह वेद यो ऽसाव् आसं सो[१५] ऽयम् अस्मीति पुनर् हैवास्मिन् लोक आजायते । अथो आहु स्वर्गकाम [१६]'इद् य आभ्याम्[१६] अपियजेतेति[१७] ॥ १०६ ॥

[१–१] ख त्रिवृताभितो [२] ग भवस [३] क ख ग त्रयत्रिंशौ [४] ख ग मद्वे [५] ख ग तते [६] ख ग य [७] ग अद्धूढः [८] ख ग स [९] क सुराशीमतर ख ग सुशीतरा [१०–१०] ख ग ऊर्ध्वस्तोमा [११] ग षड्गिर् [१२] ख ग एवत [१३] क ख ग ऊर्ध्वं [१४] ग षड्गिर् [१५] ग यो [१६–१६] क इया आभ्याम् ख ग यिरयाभ्याम् [१७] ख ग अपियजतेति

तयोर् वा एतयोस् सह त्रिवृतौ सह पञ्चदशौ सह सप्तदशौ सहैकविंशौ सह त्रिणवौ [१]सह त्रयस्त्रिंशौ[१] । स यथा द्वाभ्यां द्वाभ्यां[२] प्रतितिष्ठन्न् इयाद्[३], एवम् एवैताभ्यां स्वर्गे लोके प्रतितिष्ठति । अथो आहुर् अन्विष्टीनां हेद् वा एतौ यज्ञक्रतू इति । स यत् संवत्सरभृता वा संवत्सरभृता [४]वाग्निना चित्येन[४] यजेत । स एताभ्यां यजेत । सद्यो हैवास्य संवत्सर ऋतुशो मासशो [५]ऽर्धमासशो ऽन्विष्टो[५] भवति । [६]तद् यत्[६] पृष्ठ्यस्य[७] षडहस्य स्तोमा [८]भवन्त्य्—ऋतवो[८] वै पृष्ठानि । संवत्सर ऋतवस्—तेनर्तुशः[९] । अथ यद् द्वादश स्तोत्राणि भवन्ति द्वादश मासास् संवत्सरस् तेन मासशः । अथ यष् चतु-

विंशति स्तुतशस्त्राणि भवन्ति, चतुर्विंशत्यर्धमासस्[१०] संवत्सरस्—तेनार्धमासशः। सद्यो हैवास्य संवत्सरो ऽन्विष्टो भवति य एवं वेद ॥१०७॥

[१-१] क सहत्रयास्त्रिंशै ख ग सहस्त्रयस्त्रिंशौ [२] ग द्वभ्यां [३] ख ग ईयात् [४-४] ख ग वाहिनात्ये [५-५] क र्धमासशो निविष्टो ग र्धमासशो निष्टा [६-६] ग यत् [७] ख ग पृष्ठपृष्ठस्य [८-८] ख ग भनन्त्यरितवो [९] क ख तेनत्तुशो [१०] ख -मासास्

[१]अथैष मनुस्तोमः[१]। मनुर् वा अकामयत—बहुः प्रजया[२] पशुभिः प्रजायेय, मानवीः प्रजास् सृजेयेति। स एतं यज्ञम् अपश्यत्[३]। तम् आहरत्। तेनायजत। ततो वै स बहुः प्रजया पशुभिः प्रजायत[४]। [५]ता इमा[५] मानवीः प्रजा असृजत। स यः कामयेत[६]—बहुः प्रजया पशुभिः प्रजायेय मानवीः प्रजाः सृजेयेति, स एतेन यजेत। बहुर् एव प्रजया पशुभिः प्रजायते मानवीः प्रजास् सृजते। तस्य पृष्ठयस्य षडहस्य स्तोमा [७]भवन्ति। ऋतवो[७] वै[८] पृष्ठानि। संवत्सर ऋतवः। संवत्सरः प्रजननम्। स यः प्रजननं स मा प्रजनयाद् इति।

तस्योभये स्तोमा भवन्त्य् अयुजश् च युग्मन्तश् चैव। तद् वै दैव्यं[९] मिथुनं प्रजननं यद् उभये स्तोमाः। [१०]तद् यद् दैव्यं[१०] मिथुनं प्रजननं तन् मा प्रजनयाद् इति।

[११]तस्य [१२]व्यतिषिक्ता स्तोमा भवन्ति[१२]—व्यतिषिक्ताद्[१३] वै मिथुनात् प्रजाः पशवः प्रजायन्ते—प्रजात्या एव। तस्योभे बृहद्रथन्तरे सामनी भवतः। एतद् वै दैव्यं मिथुन प्रजननं यद् उभे बृहद्रथन्तरे। तद् यद् दैव्यं मिथुनं प्रजननं तन् मा प्रजनयाद् इति[११]।

तस्य छन्दोमाः पवमाना भवन्ति। पशवो वै[१४] छन्दोमाः। पशवः[१५] प्रजननम्। तद् यत् प्रजननं तन् मा प्रजनयाद् इति।

तस्य मानवं ब्रह्मसाम भवति। ब्रह्म वै ब्रह्मसाम। यजमानकामो[१६] एष यद् ब्रह्मसाम, स्व [१७]एव तद्[१७] आयतने[१८] यजमानं कामैस् समृद्धयन्ति[१९]।

स उक्थ्यो भवति। प्रजा वै पशव उक्थानि। प्रजा वै पशवः प्रजननम्। तद् यत् प्रजननं[२०] तन् मा प्रजनयाद् इति ॥१०८॥

[१-१] ख ग तथैष म्नस्तो स्तोमः [२] ग प्रजाया [३] ग अपश्य [४] एवं कोशेषु [५-५] ख ग नास्ति [६] ख ग कामयेत् [७-७] ख ग भवन्तृतवो [८] ख वे [९] ख ग देव्यं [१०-१०] ख ग तद्यदैव्यं [११-११] ग नास्ति [१२-१२] ख नास्ति [१३] ख वतिषक्ताद् [१४] ख वे [१५] क ग पवशः [१६] ख -कामे [१७-१७] एतद् [१८] ख आयते [१९] क समर्धयन्ति [२०] क ख ग प्रजनरं

अथो आहुर् अन्विष्टीनां ह्येद् वा एष एको यज्ञक्रतुर् इति। स यस् संवत्सरभृता वा संवत्सरभृता वाग्निना चित्येन[१] यजेत स एतेन यजेत। सद्यो हैवास्य संवत्सर ऋतुशो ऽर्धमासशो मासशो रात्रिशो ऽन्विष्टो भवति। तद् यत् पृष्ठयस्य[२] षडहस्य स्तोमा [३]भवन्त्य्—ऋतवो[३] वै पृष्ठानि, संवत्सर ऋतवस्—तेनर्तुशः[४]। अथ यत् पञ्चदश स्तोत्राणि भवन्ति—पञ्चदश वार्धमासस्य रात्रयस्—तेनार्धमासशः। अथ यत् त्रिंशत् स्तुतशस्त्राणि भवन्ति—त्रिंशन् मासस्य रात्रयस्—तेन मासशः। अथ यत् त्रीणि शतानि स्तोत्रिया भवन्ति—तावतीः संवत्सरस्य रात्रयस्—तेन [५]रात्रिशः। सद्यो[५] हैवास्य संवत्सरो ऽन्विष्टो भवति य एवं वेद। ताः प्रजन्याकामयत स्वर्गं[६] लोकं गच्छेयम् इति। स एतम् उत्तरम् मनुस्तोमम् अपश्यत्। तम् आहरत्[७]। तेनायजत। तस्य पृष्ठयस्य[८] षड-

हस्य स्तोमा भवन्त्य्—ऋतवो वै पृष्ठानि । संवत्सर ऋतवः । संवत्सर स्वर्गो लोक—स्वर्गस्यैव लोकस्य समष्ट्यै । तस्योर्ध्वा स्तोमा भवन्त्य्—ऊर्ध्वो वै स्वर्गो लोक—स्वर्गस्यैव लोकस्य समष्ट्यै[८] । तस्योभे[९] बृहद्रथन्तरे सामनी[१०] भवत [११]स्वर्ग्ये, स्वर्गस्यैव लोकस्य[११] समष्ट्यै । तस्य छन्दोमाः पवमाना भवन्ति—पशवो वै छन्दोमाः । पशव स्वर्गो लोक—स्वर्गस्यैव लोकस्य समष्ट्यै[१२] । तस्य पञ्चविंशं[१३] ब्रह्मसाम भवति । अन्नं वै पञ्चविंशम्[१४] । यजमानकामो वा[१५] एष यद् ब्रह्मसाम । स्व एव तद् आयतने यजमानम् अन्नाद्येन समृद्धयन्ति[१६] । स उक्थ्यो[१७] भवति—प्रजा वै पशव उक्थानि । प्रजा वै पशव स्वर्गो लोक—स्वर्गस्यैव लोकस्य समष्ट्यै ॥ १०९ ॥

[१] ग चित्तेन [२] ख ग पृष्ठस्य [३-३] ख ग भवन्तृतवो [४] ग तेनाकृशो [५-५] ख ग रात्रिश सद्यो [६] क ख ग स्वर्ग [७] ख ग आहरस् [८] ग समष्ट्ये [९] ग तस्यो [१०] ख ग सामनि [११-११] क स्वर्ग्ये स्वर्गस्य लोकस्य ख स्वर्गे स्वर्गस्य लोकस्य ग स्वर्गे लोकस्थ [१२] ग समष्टे [१३] क पञ्चविंश [१४] ग -विंशं वै [१५] ख नास्ति [१६] क समर्धयन्ति [१७] ख उक्थो

अथो आहुर् अन्विष्टीनां ह्येद् वा एष एको यज्ञक्रतुर् इति । तत एव रात्रिम् उपयन्ति । अतिरात्रेण[१] वै देवा ऊर्ध्वा स्वर्गं लोकम् आयन्[२] । ते स्वर्गं लोकं गत्वा सार्धमेवाव्यवसिता[३] आसत । दिशो प्रजानानास्[४] ते अकामयन्त—दिशः प्रजानीयामेति[५] । अहोरात्रयोर् ह वै परस्तात् स्वर्गो[६] लोकः । त एतान्य् उपरिष्टाद् रात्रेश् चत्वारि [७]स्तोत्राण्य् अपश्यन्[७] । तैर् अस्तुवत । तैर् एव स्तुत्वा दिशः प्राजानन्[८] । ततो वै ते यत्र यत्र स्वर्गस्य लोकस्याकामयन्त तत् तद् व्यवास्यन् । यत्र यत्र ह वै स्वर्गस्य लोकस्य कामयते तत् तद् व्यवस्यति य एवं वेदेति ह स्माह जानश्रुतेयः[९] । अथ ह स्माह वैतहव्यः । प्रजापतिः पशून् असृजत । [१०]तेऽस्मात्[१०] सृष्टाः प्राद्रवन् । तान् अग्निष्टोमेनाविवारयिषत । ते तद् अत्याद्रवन् । तान् उक्थ्येना[११]विवारयिषत । [१२]ते [१३]तद् अत्याद्रवन्[१३] । तान् षोडशिनाविवारयिषत । ते तद् अत्य् एवाद्रवन् । तान् पर्यायैः[१४] [१५]पर्यायम् ऐत् । यत्[१५] पर्यायैः पर्यायम् [१६]ऐत् तत्[१६] पर्यायाणां पर्यायत्वम्[१७] । तान् आश्विनेन क्रतुना पर्यगृह्णात् । तेषां परिगृहीतानां यथा क्षुद्रा मत्स्या अक्ष्योर्[१८] अक्ष्य् अतिशीयेरन्[१९] एवम् एव ये क्षुद्राः पशव आसुस् ते अतिशेरुः । तान् अकामयताप्त्वैनान्[२०] आत्मन् यच्छेयम् इति । स एतान्य् उपरिष्टाद् रात्रेश् चत्वारि स्तोत्राण्य् अपश्यत्[२१] । तैर् अस्तुत । तैर् एवैनान् [२२]आप्त्वात्मन्य् अयच्छत्[२२] । यद् [२३]आप्त्वात्मन्य् अयच्छत्[२३] तस्माद् अप्तोर्यामः[२४] । यद् व् एवातश इव सोमस्य प्रभावयन् नन्वेतस्माद् अप्तोर्यामः ॥ ११० ॥

[१] ख अतिरात्रेणै [२] ग आयास् [३] ग -मेवव्यवसिता [४] ख ग प्रजननास् [५] ग प्रजानियामेति [६] ख स्वर्गे [७-७] ख ग स्तोत्राणि पश्यन् [८] ख प्रजानन्त ग प्रजननन् [९] ग जानश्रूतेय: [१०-१०] क ग तेस्मा ख तस्मा [११] ख ग उक्थ्येना- [१२] ख अधिपाठः ते तदस्याद्रवंस्तानुक्थ्येनाविहरयिषत स ते तदस्याद्रवस्तानुक्थयेनाविवारयिषत [१३-१३] ख तद्व्याद्रवन् [१४] ख पर्यायैः [१५-१५] ख ग पर्य्यायमषत् [१६-१६] ख ग ऐतत् [१७] क पर्यायात्वं [१८] क अन्योर् ख ग अक्ष्ये [१९] ख ग अतीशीयेरन् [२०] ख अकामयतप्त्वैनान् ग अकामयेता- [२१] ख ग अपश्य [२२-२२] ख आप्त्वात्मन्नयच्छत् [२३-२३] ख ग आप्त्वात्मन्नयच्छत् [२४] ग आप्तोर्य्यामः

ता द्वाषष्टि[1] स्तोत्रियास् संपद्यन्ते । ततो याष्[2] षष्टिस् सा[3] विराद् । पशवो विराद् । अथ ये[4] द्वे[5] यजमान एवैष द्विपात् परस्तात् पर्यूढः । पशूनां गुप्त्यै[6] पशूनाम् [7]अपरावापाय । नास्य[7] वित्तं परोप्यते[8] य एवं वेद । अथो आहुर् एकम् एवैतत् स्तोत्रं [9]सत् तच् चतुर्धा[9] विहृत्य स्तुयुष्[10], षड्भिर् एव[11] होत्रे स्तुयुष्[12], षड्भिर् मैत्रावरुणाय, षड्भिर् ब्राह्मणाच्छंसिने, षड्भिर् अच्छावाकाय । तद् उ होतैवानुशंसेद् इति । ताश् चतुर्विंशति स्तोत्र्यास्[13] संपद्यन्ते । चतुर्विंशत्यर्धमासस् संवत्सरः । संवत्सरः प्रजापतिः । प्रजापतिर् एवैष परस्तात् पर्यूढः । पशूनां गुप्त्यै[14], पशूनाम् अपरावापाय[15] । नास्य वित्तं परोप्यते य एवं वेद । तद् उ वा आहुस् त्रिवृत् पञ्चदशं सप्तदशम् एकविंशम् इत्य् एवैतानि स्तोत्राणि स्युः[16] । एकविंशं वा अनु सर्वे यज्ञक्रतवस् संतिष्ठन्ते । अथो एष वाव दृढः प्रतिष्ठित स्तोमो यद् एकविंशः । तस्माद् एकविंश एव स्तोमो [17]ऽन्तकः कार्य[17] इति । तद् आहुः पृष्ठरूपैर्[18] एवान्वियुर्[19] इति ॥ १११ ॥

[१] क ख ग द्वाषष्ठि [२] ख ग या [३] क ख ग स [४] ख ग ए [५] ख द्वै [६] ग घुप्त्यै [७-७] ग अपरावापायन्तास्य [८] ख ग वरोप्यते [९-९] ग सक्तच्चतुर्धा [१०] ग स्तुयु [११] ग अव [१२] ग स्तुयु [१३] ख ग स्त्रोत्र्या [१४] ख गुप्त्ये [१५] ग अपरवापाय [१६] ग सुः [१७-१७] ग न्तर्क्कार्य्यं [१८] ग पृष्ठरूपेर् [१९] ग एवानंयुर्

अभि त्वा वृषभा सुत इत्य् आर्षभम् । अभीति रथन्तरस्य[1] रूपम् । तेन रथन्तरस्य रूपान् न यन्ति । यद् अद्य कच् च [2]वृत्रहन्न् इति[2] शाकलं हिंकारवद्[3], वामदेव्यस्य रूपम् । तेन वामदेव्यस्य[4] रूपान् न यन्ति । तम् इन्द्रं वाजयामसीत्य् एदावसुनिधनं बहिर्निधनं बृहतो रूपम् । तेन बृहतो रूपान् न यन्त्य्—अथो[5] पशवो वै वसु—पशूनाम् एवावरुद्ध्यै । अथो हैनांस् तद् इदं वस्व् इत्य् एवाप्त्वोपेयायेदं विष्णुर् विचक्रम इतीळानां संक्षारः[6]—पशवो वा इळानां संक्षारः[7]— पशूनाम् एवावरुद्ध्यै । एतद् ध वा एनांस् तन् निजुह्व[8] एहीळा एहीळा इति—पशवो वा इळा—तस्माद् एतान्य् अतिरिक्तोक्थानि[9] कार्याणीति । तद् उ होवाच ताण्ड्यः—प्रजापतिः पशून् असृजत । ते ऽस्मात् सृष्टा अपाक्रमन् । सो ऽग्निम् अब्रवीद् एतान् मे वारयस्वेति । तान् स जराबोधीयेन[10] नावारयत । स इन्द्रम् अब्रवीद् एतान्[11] मे वारयस्वेति । [12]तान् स सत्रासाहीयेन[13] नावारयत । स ईशानं[14] देवम् अब्रवीद् एतान् मे वारयस्वेति । तान्[15] स मार्गीयवेण[16] नैवावारयत[17] । स विष्णुम् अब्रवीद् एतान् मे वारयस्वेति[12] । तान् स वैष्णवीषु वारवन्तीयेनैवावारयत[18] । यद् अवारयत तद् वारवन्तीयस्य वारवन्तीयत्वम् । तस्माद् एतान्य् अतिरिक्तोक्थानि कार्याण्य् एवेति ॥ ११२ ॥

[१] क ख ग रथन्तरन्तरस्य [२-२] क ख ग वृत्रहन्नति [३] ख हिकारवद् ग हिंकरवद् [४] क ख ग वामदेवस्य [५] ख ग यथो [६] ग सक्षार [७] ख ग अधिपाठः पशवो वा इळानां संक्षारः [८] ग निजाह [९] ग अतिरिक्तोत्थानि [१०] ख ग जराबोधियेन [११] ग एता [१२-१२] ग नास्ति [१३] क सत्र· ख सहा· [१४] ख ईशानां [१५] ख नास्ति [१६] ख मार्गीयवण [१७] क नैवारायत ख नैवारयत [१८] ख ग वारयन्तियेनैवावारयत

अथैष गोसवः । स्वर्गकामो हैतेन यजेत[1] । स वा एष षट्त्रिंशो भवति । षट्त्रिंशद्-

क्षरा वै बृहती। बृहती[२] स्वर्गो लोकः। साम्राज्यं बृहत्याम् एव। तत् स्वर्गे लोके साम्राज्ये प्रतितिष्ठन्तो यन्ति। बृहत्य् उ ह वा इमान् सर्वान्[३] लोकान् अक्षरैर् व्याप्नोति—दशभिर् एवाक्षरैर् इमं लोकं व्याप्नोति, दशभिर् अन्तरिक्षं, दशभिर् अमुं, [४]चतुर्भिर् दिशो[४], द्वाभ्याम् अहोरात्रे। सा येमांल् लोकान् व्याप्नोति तयेमांल् लोकान् व्याप्नवानीति[५]। तस्य स्तोत्रं स्तोत्रं चतुरश् चतुरस् त्रिवृतो ऽभिसंपद्यते। त्रिवृतं वा अन्ये स्तोमा अभिसंपद्यन्ते त्रिवृत् स्वर्गं लोकम्। स[६] यथा क्षिप्राश्वेन[७] चतुर्युजा[८] यत्र जिगमिषेत् तद् गच्छेद् एवम् एवैतेन स्वर्गं लोकं गच्छति। तस्योभे बृहद्रथन्तरे सामनी भवत स्वर्ग्यै, स्वर्गस्य लोकस्य समष्ट्यै। स उक्थ्यो भवति—प्रजा वै पशव उक्थानि। प्रजा वै पशव स्वर्गो लोक—स्वर्गस्यैव लोकस्य समष्ट्यै। तस्य द्वादश सहस्राणि दक्षिणा भवन्ति—द्वादश मासास् संवत्सरस्, संवत्सर स्वर्गो लोक—स्वर्गस्यैव लोकस्य समष्ट्यै। तस्य व्रतम्। उप मातरम् इयाद् उप स्वसारम् उप सगोत्राम्। उपावहायोदकम् आचामेद्, उपावहाय तृणान्य् आछिन्द्यात्। यत्र यत्रैनं[९] विष्ठा विन्देत्, तत् तद् वितिष्ठेत[१०]। अनडुहो ह लोकं जयति। तेन हैतेन जनको वैदेह इयाक्षांचक्रे[११]। तम् उ ह [१२]ब्राह्मणा अभितो[१२] निषेदुः[१३]। स ह पप्रच्छ[१४]—क स्तोम इति। स होवाच सुदक्षिणः क्षैमिर्[१५] नायं त्रिवृद्[१६] [१७]एवाहुर् इति[१७]। तस्य किं व्रतं, का दक्षिणा इति। तस्मा उ हैतत् प्रोवाच[१८]। स होवाच—उद् एवास्य दक्षिणा आशंसे, व्रतं [१९]त्व् एवास्य[१९] नोदाशंस इति। तेनो[२०] ह स नोपदधर्षेष्टुम्[२१]। तेनो[२२] ह पुण्यकेशो [२३]यौधेनिर् ईजे[२३] शैब्यो[२४] राजा। तं ह सभायाम् एव विष्ठा विवेद। स ह तद् एवोदावृणान उवाच— स्थविरयज्ञो[२५] वाव किलायम् आस। [२६]स्थविर एवानेन[२६] यज्ञेन यजेत। स्थविरस्य ह्य् एवेदं सर्वम् अनुज्ञातम् इति। स हैष स्थविरयज्ञ[२७] एव। तेन हैतेनोत्तरवयस्ये[२८] यजेत ॥ ११३ ॥

[१] ग यमेत [२] बृहति [३] ख ग सवान् [४-४] ख ग चतुर्दिशो [५] ग व्याप्नुवानीति [६] ख ग सा [७] ख ग क्षिप्राश्छेन [८] ख ग चक्रुर्य्युंजा [९] ख यत्रैमं [१०] क ख विशिष्ठेत [११] ख यक्ष्यामचक्रे [१२-१२] ख ग ब्रह्मणाभितो [१३] ख ग निषेधुः [१४] ख ग पप्रक्ष [१५] ख ग क्षामिर् [१६] ख ग तिवृद् [१७-१७] क एव इति [१८] ख प्रवोच [१९-१९] ग चैवास्य [२०] ग तेना [२१-२१] ? क नोपादधष यष्टुं [२२] ख केनो [२३-२३] ग यौधेनिजीजे [२४] ख ग शैभ्यो [२५] ख ग स्थविर्यज्ञो [२६-२६] ख ग स्थविर्ये वानेन [२७] ख ग स्थविर्यज्ञ [२८] ख हेतेनो-

अथैष विदघः[१]। पशुकामो[२] हैतेन यजेत। स वा [३]एष षद् च पंक्तीर्[३] अभिसंपद्यते दश च स्तोत्र्याः। ततो याष् षद् पंक्तयः पशवस् ते। अथ या दश स्तोत्र्याः पशूनाम् एव [४]स दोहः[४]। पय एवैषां[५] तत्। ते उ एव[६] द्वे पञ्च[७] पञ्च पञ्चिन्यौ पंक्त्यौ संपद्येते। त उ ते पशव एव। [८]तस्य साविंशं[८] प्रातस्सवनं भवति, सदशं[९] माध्यंदिनं सवनं, साविंशं[१०] तृतीयसवनम्। तद् यथा ह वै विवधस्योभयतस्[११] स गुरु सविवधतायै, तादृक्[१२] तद् यत् सदशं[१३] माध्यंदिनं सवनं भवति। साविंशो ऽभितः पूर्वार्धं च जघनार्धं च भूयिष्ठं[१४] भाजयन्ति। तस्मात् पशवः पूर्वार्धेन च जघनार्धेन च भूयिष्ठं भुञ्जन्ति[१५] वहन्ति। पूर्वार्धेन दुह्रे च[१६] जघनार्धेन प्र च जनयन्ति। उभयं धेनुपयसं चानुडुत्पयसं चावरुन्धे य एवं वेद। तस्मिन्न् उ ह [१७]तर्ह्य् उभे[१७] बृहद्रथन्तरे [१८]कुर्युर्—द्वया[१८] उ ह वै पशवो राथन्तरा[१९] अन्ये बार्हता अन्ये। ये ह वा अन्यतोदन्ताः पशवस् ते राथन्तरा, य उभयतो-

दन्तास् ते बार्हता—उभयेषाम् एव पशूनाम् अवरुद्ध्यै । स उक्थ्यो भवति—पशवो वा उक्थानि—पशूनाम् एवावरुद्ध्यै । तस्योद्वंशीयम् अच्छावाकसाम भवति सर्वपृष्ठरूपं—पृष्ठानि वै पशवो—ऽभिपूर्वाणाम् एव पशूनाम् अवरुद्ध्यै ॥ ११४ ॥

[१] ख विध: ग विविध: [२] ख पशुकाममो [३-३] ग ए षट्पङ्क्तीर् [४-४] ख स्तदेह: ग सदेह: [५] ग एवंषा [६] ख षव [७] ख ग नास्ति [८-८] ख तस्यन् सविंशं ग तस्यन् सविशं [९] क ख ग सदश [१०] ख ग सविंश [११] ख विविधभ्यो- ग विविध-स्योभयत [१२] ख ग तद्दृक् [१३] ख सदशम [१४] ख ग भूयिष्ट [१५] ख भजन्ति ग भजन्त [१६] ख ग नास्ति [१७-१७] क तुद्युभे ख ग तभ्युभे [१८-१८] क कुर्य्यु-र्द्धद्या ख ग कुर्य्युर्द्धत्र [१९-१९] ग वा रथन्तरा

अथैष [१]सद्यःक्रीः । ते[१] वृता[२] नापाक्रामन् । त एत्यायाजयन्[३] । तेभ्य एतां[४] वाचं वळवां श्वेतां[५] भूतां अश्वाभिधान्यभिहिताम् आनयन्[६] — इमां प्रतिगृह्णीतेति । [६]ते ऽब्रुवन्[६]— श्रेयसीयम्[७] [८]अस्मन्, नो इमाम्[८] उद्वंस्याम इति । सा क्रुद्धा— न मा प्रत्यगृह्णन्[९] इति सिंह्य्[१०] उभयतोमुखी भूत्वोर्ध्वोदक्रामत्[११] । सोभयान् देवासुरान् अन्तरातिष्ठद् यं देवानाम् उपाप्नोद् यं असुराणां तद्[१२] आददाना । ताम् उपैव[१३] देवा आमन्त्रयन्तोपासुराः[१४] । सा देवान् अभ्युपावर्तमानाब्रवीत्— किं मे तत स्याद्[१५], यद् वो[१६] ऽभ्युपावर्तेयेति । पूर्वा त्वाग्नेर्[१७] आहुतिर् अश्नुवीतेति[१८] । ताम् अध्वरे ऽवाकल्पयन् । सैषोत्तरवेदिः । ताम्[१९] एतां पूर्वाम् अग्नेर् आहुतिर् अश्नुते ॥ ११५ ॥

[१-१] ख सद्यःक्रीमा [२] क व्रता [३] ख एत्यायजयन् [४] ख ग एतं [५] क ख ग श्वेतं [६-६] ख अब्रुवन् [७] ख श्रेयसीयियं [८-८] क ख अस्मिन्नेमां ग असमन्नो इमां [९] ख प्रत्यगृहन् [१०] क सींहय् [११] ख भूतो धोदक्रामत् ग भूतोर्धोदक्रामत् [१२] क ग तम् [१३] क ख उपैवै [१४] क अमन्त्रयन्तोवासुराः ख ग अमन्त्रयन्तोपासुराः [१५] क ग स्यद् [१६] ख यो [१७] ? क ख चाग्नेर् [१८] ? क ख अश्नुत्रीयेति [१९] ग तोम्

धारयन्त्य् अग्निं, व्याघारयन्त्य्[१] उत्तरवेदिम् । एतद् एनां[२] तत् पूर्वाम् अग्नेर् [३]आहुतिर् अश्नुते[३] । अथैतेभ्य[४] [५]एतम् आदित्या आदित्यम्[५] एवाश्वं श्वेतं भूतम् अश्वाभिधान्यभिहितम् आनयन्न्[६]—इमम्[७] उ वै प्रतिगृह्णीतेति । ते ऽब्रुवन्[८] श्रेयान् उ वावायम् अस्मन्, नो वावेमम् उद्वंस्याम[९] इति । तान्[१०] देवाश् चर्षयश् चोपसमेत्याब्रुवन्—विच्छेतस्यन्ते[११] वा अदक्षिणा यज्ञाः, प्रतिगृह्णीतेति । तद् एषाभ्यनूच्यते[१२]—

आदित्या ह जरितर् [१३]अंगिरोभ्यो ऽश्वं[१३] दक्षिणाम् अनयंस्
तं ह जरितर् न प्रत्यायंस् तं ह जरितर् न प्रत्यगृह्णंस्
ताम्[१४] उ ह जरितः प्रत्यायंस् ताम्[१५] उ ह जरितः प्रत्यगृह्णन्न्
अहा नेद् असन्न् अपुरोगवाणि[१६] यज्ञा[१७] नेद् असन्न् अविचेतनासः[१८] ॥ ११६ ॥

[१] क व्याधार- ख व्यान्वायन्त्य् [२] ख एवान् [३-३] ख आहुतिहुतिरश्नुते [४] क ख अथैभ्य [५-५] ख एतदादित्यादित्यं ग एतमादित्यं [६] ख आनयन्ति [७] ग इमाम् [८] क ख ग ते ऽब्रुवान् [९] ख उदुंस्याम [१०] क ता [११] ख निच्छेतस्यन्ते ग विच्छतस्यन्ते [१२] ख ग एषाप्यनुच्यते [१३-१३] ख अंगिरेभ्योश्वं [१४] ख ग तं [१५] ख ग तं [१६] ख ग अपुरोगवणि [१७] ख यज्ञ [१८] ग अविचेतनासहः

आदित्या रुद्रा वसवस् त्वेळत[1] इदं राधः[2] प्रतिगृह्णीह्य् अंगिर[2]
इदं राधो बृहत् पृथु देवा ददतु वो वरम्
तद् वो अस्तु सुचेतनं[3]
युष्मे अस्तु दिवे दिवे प्रत्य् एव गृभायत ॥

इत्य् एवैनान्[4] प्रत्यग्राहयन् । ततो वा आदित्याः पूर्वे स्वर्गं लोकम् अगच्छन्न्, अहीयन्तांगिरसः । स यो भ्रातृव्यवान्[5] स्याद्[6], [7]यो ऽभिचरेद्, य[7] स्पर्धेत, स एतेन यजेत । हीयते ऽस्य पाप्मा भ्रातृव्यो, गच्छति स्वर्गं लोकम् । यवोर्वरा वेदिर् भवति । सा हि पुराकृता[8] हि भवति । यवानाम् उत्तरवेदिः । यवैर् वा आदित्या अंगिरसां यज्ञम् अयुवत । यद् यज्ञं यवैर् अयुवत तद् यवानां यवत्वम् । यवैर् एव द्विषतो भ्रातृव्यस्य यज्ञं युते । खलेवला यूपस्फ्याग्रो[9] भवत्य् ऐन्द्रः । विजित्यै सह [10]पशू आलभन्ते[10] समष्ट्यै । पुमान् गौस् सोमक्रयणो भवति—वीर्यं वै पुमान्—वीर्यवन्तो ऽसामेति । साण्डो भवति सेन्द्रत्वाय । कुंभ्या[11] वसतीवर्यो भवन्ति यः पुरंजानस् तस्य गृहेभ्यः । ता हि पुरागृहीता भवन्ति । सर्पिष्मन्तम् अशित्वा निपद्यते[12] । यम् एवामुं दीक्षणीयम् अश्नाति स एवास्य सो ऽशितो भवति । प्रियायै जायाया अन्तरोरु[13] शेते निपद्यमानः । तपस्यम् एवास्य तद् धिरण्यम् मुख आधाय[14] शेते । सत्यं वै[15] हिरण्यम् । सत्यम् एवास्य तद् उदितं भवति ॥ ११७ ॥

[१] ख त्वेत ग तेळत [२–२] क प्रतिगृभ्णीह्यं-गिर [३] ख सुचेतुनं [४] ख ग एवैनां [५] ग भ्रातृव्यां [६] ख स्वाद् [७–७] ग योभिचरेॅह्य [८] क पुराक्रता ख ग पुनाक्रता [९] क यूपस्प्याग्रो ख यूपस्फयाग्रे ग यूपस्प्याग्रे [१०–१०] ग पशू कुलन्तन्ते [११] ख कुभ्या ग कुंभ्या [१२] ग निवपद्यते [१३] एवं कोशेषु [१४] ख आधय [१५] ख ग नास्ति

[1]अश्व श्वेतो[1] दक्षिणा भवति—स्वर्ग्यो वा अश्व—स्वर्गस्यैव लोकस्य समष्ट्यै । अश्वरथस् सोमप्रवाको भवति योजनं परमम् । एतद् ध वै परमाणाम् अध्वानाम्[2] अवमं यद् योजनम्[3] अवमानां वा परमम् । तस्मिन् दधिद्दतिर् उपावहितो भवति । तस्य[4] यत् सर्पिस्[5] संपतति तद् आज्यकुंभे[6] ऽवास्यन्ति । तद् धि सद्योजम् इव द्विक्रोशम् इत्थं[7] द्विक्रोशम् इत्थम् ऋत्विजो[8] विनिहिता भवन्ति । त[9] एनं प्रातर् [10]उपसमेत्य याजयन्ति[10] । स जुह्वत् त्रिर्[11] निमीलयति त्रिर् वीक्षते । ता एव दीक्षोपसदः[12] ॥ ११८ ॥

[१–१] ख ग अश्वश्चेतो [२] एवं कोशेषु [३] ग येजनम् [४] ख ग तस्या [५] क ख सर्पीस् [६] ख ग आज्यं कुम्भे [७] ख ग इत्थ [८] ग ऋत्थजो [९] ग नास्ति [१०–१०] क उपसमेत्याजायन्ति (उपसमेत्य ज्यायन्ति) ख उपसमेत्याजायन्ति ग उपसमेत्य याजन्ति [११] ग त्रिन् [१२] क दीकोपसदः ग दीपकोपसदः

स त्रिवृद् रथन्तरसामा भवति—ब्रह्म वै त्रिवृत् । ब्रह्म रथन्तरं—ब्रह्मणा स्वर्गं लोकं गच्छामेति । अथो आहुस् त्रिवृद् एव बृहत्साम स्याद् इति । ब्रह्म वै त्रिवृत्, क्षत्रं बृहत् । ब्रह्मणा च क्षत्रेण च संयुग्भ्यां स्वर्गं लोकं[1] गच्छामेति । तद् उ वा आहुस् त्रिवृद् एव रथन्तरसामा स्यात् । ब्रह्म वै त्रिवृत् । ब्रह्म वै रथन्तरम् । ब्रह्म वै स्वर्गस्य लोकस्येशे । तस्मिस् त्रिवृद् एव रथन्तरसामा[2] स्याद् इति । तस्मिन्न् आहुर् इयवन्ति सामानि कार्याण्य्—इयवद्भिर्[3] वै देवा स्वर्गं लोकम् अगच्छन्न्[4]—इयवद्भि स्वर्गं लोकं गच्छा-

मेति । अथो आहुर् [५]यान्य् एवाग्नियोनीनि[५] सामानि [६]तानि कार्याणि[६] । अश्रृत इव वा एष यत् सद्यःक्रीः । अग्निर् वा अश्रृतस्य श्रपयितेति । तद् उ वा आहुर् अग्निष्टोमसामान्य् एव कार्याणीति । एतानि वा अग्नियोनीनि यद् अग्निष्टोमसामानि । [७]तस्माद् अग्निष्टोम-सामान्य्[७] एव कार्याण्य्—इत्यथैष क्षिप्रात् क्षेपीयान्—क्षिप्रात्[८] क्षेपीय स्वर्गं लोकं गच्छामेति । तस्य द्वादश स्तोत्राणि भवन्ति—द्वादश मासास् संवत्सरस्, संवत्सर स्वर्गो लोक—स्वर्गस्यैव लोकस्य समष्ट्यै । तस्य[९] चतुर्विंशति स्तुतंशस्त्राणि भवन्ति—चतुर्विंशत्यर्धमासस्[११] संवत्सरः । संवत्सर स्वर्गो[१२] लोक—स्वर्गस्यैव लोकस्य समष्ट्यै ॥ ११९ ॥

[१] ग लोक [२] ख रथन्तरसाम ग रथन्तर-स्यामा [३] ख ग यवत्मिर् [४] ख ग गच्छन्न् [५–५] ख ग यान्नेत्रा- [६–६] क ख ग कानि कार्य्याकाद्र्याणि [७–७] ग नास्ति [८] ख ग क्षप्रात् [९] ग अधिपाठः च [१०] ख स्तुत नास्ति [११] ख –मासास् [१२] ख ग स्वर्गे

अथैताव् अनुक्रियौ । आदित्याश् च वा अंगिरसश् च स्वर्गे लोकेऽस्पर्धन्त । त आदित्याः पूर्वे स्वर्गं[१] लोकम् अगच्छन् । तेऽङ्गिरसोऽकामयन्त—वयम् अपि तं लोकं गच्छेम यम् आदित्या अगमन्न्[२] इति । त एतं यज्ञम् अपश्यन् । तम् एव सन्तं परोक्षणैव[३] तम् आहरन् । तेनायजन्त । ते वळवाम्[४] एव श्वेतां दक्षिणां[५] नीत्वादित्यैस् सलोका[६] अभवन् । ते हैत आदित्याश् चांगिरसश्[७] च सलोकाः । सलोको ह वा [८]आदित्यैश् चांगिरोभिश् च[८] भवति य एवं वेद । अथो आहुर्—यस्माद् एव श्रेयान् भ्रातृव्य स्यात् [९]सोऽनेन[९] यजेतेति । पूर्वप्रेत इव ह वा एष य श्रेयान् । पूर्वप्रेतान् इव वा एतेन ते तान् आप्नुवन् । आप्त्वा श्रेयांसं वसीयान् आत्मना भवति ॥ १२० ॥

[१] ख स्वर्ग [२] ग अश्मन्न् [३] क ख परोक्षेणेव [४] ख विळाबाम् ग बिळबाम् [५] ख ग दक्षिणा [६] ग सलोकाक [७] ख ग चांगिरश् [८–८] ख आदित्यश्चांगिरोभिश्च ग आदित्यश्चांगिरोहिश्च [९–९] क ख ग सनेन

गोधूमोर्वरा[१] वेदिर् भवति । सा हि पुराकृता भवति । गोधूमानाम्[२] उत्तरवेदिः परोक्षतायै । खलेवला[३] यूपस्फ्याग्रो भवत्य् ऐन्द्रः । विजित्यै सह पशू[४] आलभन्ते समष्ट्यै । स्त्रीगौस् सोमक्रयणी[५] भवति परोक्षतायै । कुंभ्या[६] वसतीवर्यो भवन्ति यः पुरेजानस्[७] तस्य गृहेभ्यः । ता हि पुरागृहीता भवन्ति । सर्पिष्मन्तम् अशित्वा निपद्यते । [८]यम् एवामुं[८] दीक्षणीयम् अश्नाति स एवास्य सोऽशितो भवति । प्रियायै जायाया अन्तरोरु[९] शेते निपद्यमानः । तपस्यम् एवास्य तद् धिरण्यम् मुख आधाय शेते । सत्यं वै हिरण्यम् । सत्यम् एवास्य तद् उदितं भवति । रजतं भवति परोक्षतायै । वळवा[१०] श्वेता[११] दक्षिणा भवति परोक्षतायै । अश्वतरीरथस्[१२] सोमप्रवाको भवति त्रैपदं परमं परोक्षतायै । तस्मिन् दधिद्दतिर् उपावहितो[१३] भवति । तस्य[१४] यत् सर्पिस् संपतति तद् आज्यकुंभेऽवास्यन्ति । तद् धि सद्योजम् इवाध्यर्धक्रोशेऽध्यर्धक्रोश [१५]ऋत्विजो विनिहिता[१५] भवन्ति । त एनं प्रातर् उपसमेत्य याजयन्ति । स जुह्वत् त्रिर् निमीलयति त्रिर् वीक्षते[१६] । ता एव दीक्षोपसदः[१७] । स वा एषोऽष्टादशपवमानो[१८] भवति । परोक्षं[१९] त्रिवृत् । अग्निष्टोमयज्ञा[२०] वा आदित्या उक्थ्ययज्ञा अंगिरसः । स एष उक्थ्यो निदानेन सन्न् अग्निष्टोमः प्रत्याह्रियते क्षिप्रतायै । अथैष[२१] चतुर्विंशपवमानो भवति । परोक्षं[२१]

[22]त्रिवृद् उ एव[22] । स वा एषो [23]ऽतिरात्रो निदानेन[23] सन् षोडशीमान्[24] वा अग्निष्टोमः प्रत्याह्रियते क्षिप्रतायै ॥ १२१ ॥

[१] क गोधूमोतरा ग गोधूमोमार्वरा [२] ख ग गूधूमानां [३] ख ग खलोखला [४] ख ग पुशु [५] क ग सोमक्रयिणी ख सोमक्रीयणी [६] ख ग कूंभ्या [७] क पुरोजानस् ख परोजानस् [८-८] ख ग यमोवामुं [९] क ख अन्तरोरू [१०] क ख ग बिळ्वा [११] ग श्वेता [१२] ग अश्वतरीरथ [१३] क ग ऊपावाह्रितो [१४] ग अधिपाठः तस्य [१५-१५] क ख ग ऋत्विजोपनिहिता [१६] ग विक्षिते [१७] ख दीक्षोपदः [१८] ख -पवमाने [१९] क ख ग परोक्ष [२०] ख ग अग्निष्टोमयज्ञ [२१] ग अथेष [२२-२२] ग तृवृदग्नि एव [२३-२३] क ख ग -रात्रोग्निदानेन [२४] ख षोडशिमन् ग षोडशिमान्

अथैष परिक्रीः[1] । खण्डिकश् च हौद्भारिः केशी च[2] दार्भ्यः पाञ्चालेषु[3] पस्पृधाते । स ह खण्डिकः केशिनम् अभिप्रजिघाय । सद्यःक्रिया वै स्यो यक्ष्यत इति । अथ हैतेन प्रोच्य[4] भ्रातृव्याय यजन्ते । तस्य हैते ब्राह्मणा आसुर्—अहीना आश्वत्थिः[5], केशी सात्यकामिर्, गङ्गिना राहक्षितो[6], लुशाकपिः खार्गलिर् इति । ते हैनम् उपसमेयुः । स ह ध्यायन् निषसाद[7] । तं होचुः—किं नु राजन्यो ध्यायतीति । स होवाच—न[8] हि मे[9] ध्येयम् । यूयं ब्राह्मणा अनुब्रूथ[10]—आदित्याश् चाङ्गिरसश्[11] च स्वर्गे लोके ऽस्पर्धन्त । त आदित्याः पूर्वे स्वर्गं लोकम् अगच्छन्न् अहीयन्ताङ्गिरस[12] इति । स य एतेन प्रोच्य भ्रातृव्याय यजते, स एव भवति, परास्य द्विषन् भ्रातृव्यो भवति ॥ १२२ ॥

[१] ग प्रक्रीः [२] ख ह [३] ख ग पञ्चालेषु [४] ख प्राच्य [५] क ख आश्वत्थि [६] ख राहधितो [७] क ख ग निशसाद [८] ख नास्ति [९] क नास्ति [१०] ख अनुबूत ग अबूत [११] ग चाङ्गिरसाश् [१२] ग अहियन्त-

तम् उ वै मायं खण्डिको ऽभिप्राहैषीत्—सद्यःक्रिया वै स्यो यक्ष्यत[1] इति । स एव नूनं भविष्यति, परा स्यो भविष्यतीत्य् एवैतद् ध्यायामीति[2] । तं होचुः—परिक्रीर्[3] इति वा अयं यज्ञक्रतुर् अस्ति । तेन त्वा याजयामेति । तथेति । तेन हैनं याजयांचक्रुः । तस्य [4]वा एतस्य[4] तृचस्य तृचस्यैकैकया[5] स्तुवन्ति । ब्रह्म वै प्रथमा स्तोत्रिया, क्षत्रं द्वितीया, विट् तृतीया । अवलम्ब उ ह वै ब्रह्मणः[6] क्षत्रं च विट् च । क्षत्रं चो ह वै विशं चानु भ्रातृव्यलोकः । स ये द्वे अवचिच्छेद, भ्रातृव्यलोकम् एव तद् अवचिच्छेद । आत्मा वै प्रथमा स्तोत्रिया, जाया द्वितीया, प्रजा [7]तृतीया । अवलम्ब[7] उ ह वा आत्मनो जाया च प्रजा च । जायां[8] चो ह वै प्रजां चानु भ्रातृव्यलोकः[9] । स ये द्वे अवचिच्छेद, भ्रातृव्यलोकम् एव तद् अवचिच्छेद ॥ १२३ ॥

[१] ख ग यक्षत [२] क ध्यायानीति ख धायायानीति [३] ख परिक्रिर् [४-४] ख नास्ति [५] क ख तृचस्यैतैकया [६] क ब्रह्मणाः [७-७] ख तृतीयाऽविलम्ब [८] ख प्रजयां [९] क भ्रातृव्येलोकः

ततो वै स[1] खण्डिकं निःसारयांचकार । ततो वै केशी दार्भ्यो[2] ऽभवत्, परा खण्डिकः । भवत्य् आत्मना, परास्य[3] द्विषन् भ्रातृव्यो भवति, य एवं वेद[4] । तस्य तिसृषु बहिष्पवमानं भवति, चतसृष्व्[5] आज्यानि, पञ्चसु[6] माध्यंदिनः पवमानश्[7], चतसृषु पृष्ठानि, सप्तस्व् आर्भवः पवमान, एकस्याम् अग्निष्टोमसाम । ताश् चतुर्विंशति स्तोत्रियास्[8]

संपद्यन्ते। चतुर्विंशत्यर्धमासस् संवत्सरः। संवत्सराद् [9]एव तत्[9] खण्डिकम् औद्भारिं[10] केशी दार्भ्यो[11] नुनुदे, संवत्सराद् अन्तरियाय[12]। संवत्सराद् एव द्विषन्तं भ्रातृव्यं[13] नुदते, संवत्सराद् अन्तरेति[14], य एवं वेद ॥ १२५ ॥

[१] ग नास्ति [२] क ख दाभ्यो [३] ग परस्य [४] क ग देव [५] ख वदसृष्व् [६] ख पञ्चासु [७] ख पवमानञ् [८] ग स्तोत्रियाः [९-९] ग एतत् [१०] क ख औद्धारिः [११] ख दाभ्यो [१२] क अन्तर्याय [१३] ख भ्रातृव्य [१४] ख अन्नरेति

अथैष एकत्रिकः[1]। प्रजननकामो[2] हैतेन यजेत। प्रजापतिर्[3] वा अकामयत—बहुः प्रजया पशुभिः प्रजायेयेमां व्यष्टिं व्यश्नुवीयेति। स एतं यज्ञम् अपश्यत्[4]। तम् आहरत्। तेनायजत। स ऐक्षत केन स्तुवीयेति। स [5]आत्मानम् अपश्यत्[5]। तेनास्तुत। स ऐक्षत केन न्वेव स्तुवीयेति। स प्राणापानव्यानान् अपश्यत्[6]। तैर् अस्तुत। स आत्मना स प्राणापानव्यानैस्[7] स आत्मना स प्राणापानव्यानैस् स एवम् एव विपर्यासं यज्ञं समस्थापयत्। ततो वै स बहुः प्रजया पशुभिः प्रजायतेमां[8] व्यष्टिं व्याश्नुत यास्येयम्। बहुर् एव प्रजया पशुभिः प्रजायत[9] इमां व्यष्टिं व्यश्नुते य एवं वेद ॥ १२६ ॥

[१] ख कत्रिकः [२] ग प्रजननुकामो [३] ग प्रजापति [४] क ख ग अपश्य [५-५] ख आत्मन्मपश्यत् ग आत्मानमपश्य [६] ग अपश्य [७] ग प्राणापानव्याने [८] एवं कोशेषु [९] ख ग प्रजयात

तेन हैतेनोदरश्[1] शाण्डिल्य इयक्षाञ्चक्रे। तस्य ह मनस्य् एवास—एकत्रिकेण यजेयेति। न ह तु कस्मै चनोवाच[2]। अथ हास्य जाया[3] [4]गन्धर्विण्य् आस। तां[4] हायं गन्धर्व उपन्येयाय[5]। तां होवाचैकत्रिक[6] इति वै यज्ञक्रतुर् दारुण इवास्ति। तेन वै [7]ते पतिर् यक्ष्यत[7] इति। सा हेयं[8] पतिं पप्रच्छ—एकत्रिक इति वै यज्ञक्रतुर् दारुण इवास्ति। सत्यं त्वं तेन[9] यक्ष्यसा३ इति। स होवाच—यद् अहम् इदम् नैव[10] कस्मै चनावोचं[11], मनस्य् एव मे ऽभूत्, कस् त [12]इदम् अवोचद्[12] इति। यो मायं गन्धर्व उपन्यैतीति[13]। तं वै त्वं पृच्छताद्[14] इति होवाच। [15]यष्टव्यं तेना३, न यष्टव्या३म् इति[15]। [16]तं ह पप्रच्छ[16]—यष्टव्यं तेना३, न यष्टव्या३म् इति। स होवाच—यथा वा एनं स वेदैवम्[17] एनं वयं विद्मः। अन्यतर इति वा एनं स वेदान्यतर इति वा एनं स वेदान्यतर[18] इत्य् एनं वयं विद्मः। यस् त्व् अस्येत्थं[19] स्तोत्रं विद्यात्, स एनेन[20] यजेतेति, यथैनेनादः प्रजापतिस् तुष्टुवे। तेनो ह स नोपदधर्षिष्टुम्[21] ॥ १२७ ॥

[१] क ख ग हैतेनोदर [२] ग चनोवावाच [३] ख ग ज्याया [४-४] ख गन्धर्विन्यास्तां ग गन्धर्विन्यासतां [५] ख ग उपन्नेयाया [६] क ख होवाचेकत्रिक ग -चेकतृक [७-७] क ख तेचतिर्य्यक्षत ग तेनतिर्य्यक्षत [८] ग हैयं [९] एवं सर्वेषु कोशेषु [१०] ग नेव [११] क ग चानावोचं [१२-१२] क ख इममवोचद् ग उम्ममोचद् [१३] क ख ग उपन्येतीति [१४] क ख पृच्छाताद् ग प्रच्छताम् [१५-१५] क यष्टव्यन्तेनायष्टव्यमिति ख यष्टव्यन्तेनानयष्टव्यमिति [१६-१६] ग तंभवप्रच्छ [१७-१७] ख ग वैदेवम् [१८] ख देवान्यतर [१९] क आस्येत्थं ख आस्येक्थं ग अस्येक्थं [२०] क ख ग ऐनेन [२१] ग नोपदधर्षेपु

शश्वद् [1]धोदरश् शाण्डिल्यस्[1] तेनैव पणाय्यतां[2] जगाम यद् अस्य मनस्य् एवासैकत्रिकेण यजेयेति। स वा एषो ऽन्यतर इव यज्ञक्रतुस् सुपणाय्यो[3] वैनेनेष्ट्वा[4] भवति

सुपापीयान् वा । तस्यैकस्यां बहिष्पवमानं संपद्यते उपास्मै गायता नर इति । तिसृषु माध्यंदिनः पवमानो—गायत्रम् एव गायत्र्याम्; उत्सेधस् सतोबृहत्याम्, सैवेळा, तन् निधनम्; औशनम् एव त्रिष्टुभि । एतस्याम् आर्भवः पवमानो ऽया रुचा हरिण्या पुनान इति । एतस्याम् अतिच्छन्दसि गायत्रपार्श्वम् । स एव स्वरस्[१] तन् निधनम् । सप्तपदा भवति । सप्त वै छन्दांसि । अतिछन्दा[६] वै सर्वाणि छन्दांस्य् अभिभवति । [७]तद् अस्य[७] तत् सर्वाण्य् एव छन्दांस्य् उपेतानि भवन्ति । तद् आहुः पञ्चनिधनम् एव वामदेव्यं कार्यम् । पञ्चछन्दा[८] आर्भवः पवमानस्[९] सप्तसामा । यद् अह पञ्चनिधनानि, तेन[१०] छन्दांसि प्रति विभवति । यद् उ वै सप्तपदा तेन सामान्य् अत्रेव विभवतीति । तद् उ वा आहुर् गायत्रपार्श्वम् एव [११]कार्यम् । स एव स्वरस्, तन् निधनम् । आत्मा वै स्वरः, प्रजा निधनम् । एतद् एव समृद्धतरम् इव यद् गायत्रपार्श्वम् । तस्माद् गायत्रपार्श्वम् एव[११] कार्यम् इति । ताश् चतुर्विंशति स्तोत्र्यास्[१२] संपद्यन्ते । चतुर्विंशत्यर्धमासस्[१३] संवत्सरः । संवत्सरः[१४] प्रजननम् । स यः प्रजननं स मा प्रजनयाद् इति ॥ १२७ ॥

[१-१] क ख ग धोदरशाण्डिल्यस् [२] ख ग पर्णांय्यतां [३] ख ग सुपर्णांयो [४] क ख ग वैनेनष्ट्वा [५] ख स्वर [६] क ग अतिछन्दां [७-७] क तद्वा अस्य ख ग अस्य [८] ख ग पञ्चदशा [९] क ग पवमान [१०] क ते [११-११] ख ग नास्ति [१२] ख ग स्तोत्र्या [१३] ख चतुर्विंशत्यर्धमासास् [१४] ख ग नास्ति

अथैष बृहस्पतिसवः । प्रजापतिः प्रजास् ससृजानस् स व्यस्रंसत[१] । सो ऽन्नं भूतो ऽशयत्[२] । तस्य सर्वे देवा ममत्विन[३] आसन्—मम ममेति । ते ऽब्रुवन्—वीदं भजामहा इति । तस्य विभागे न[४] समपश्यन् । ते ऽब्रुवन्—आजिम् अस्यामेति । त आजिम् आयन् । स[५] बृहस्पतिर् आजिसरणं पन्थानम् अपश्यत् । स पूर्वः परीत्य रथेन वृत्वातिष्ठत् । ते देवास् तन्[६] नाविन्दन् येनात्यसरिष्यन्[७] । शश्वद् ध यावान् एव रथयानाय तावान् [८]आजिर् आस[८] । ततो वै स तम् आजिम् उदजयत् । यद् बृहस्पतिर् उदजयत्, तस्माद् बृहस्पतिसवः । तम् आजिम् उज्जिगिवांसम्[९] इन्द्रो ऽब्रवीत्—[१०]पुरस् त्वा दधे[१०] । माम् अनेन यज्ञेन याजयेति । तथेति[११] । तं पुरो ऽधत्त । तेनैनम् अयाजयत् । ततो वा इन्द्रस् सर्वेषां देवानां [१२]श्रैष्ठ्यम् अगच्छत्[१२] । गच्छति स्वानां श्रैष्ठ्यं य एवं वेद ।

स वा एष द्वयोर् एव यज्ञो—ब्राह्मणस्य चैव[१३] राजन्यस्य च । यद् बृहस्पतिर् उदजयत्, तेन ब्राह्मणस्य[१४] । यद् इन्द्रो ऽयजत, तेनो राजन्यस्य । स उ हेन्द्रस्यैवैकस्य[१५] पुरोहित आस[१६], नेतरेषां देवानाम् । सो ऽकामयत—सर्वेषां देवानां पुरोधां गच्छेयम्[१७] इति । स एतेनैव यज्ञेनायजत[१८] । ततो वै स सर्वेषां देवानां पुरोधाम् अगच्छत् । बृहस्पतिर् वै देवानां पुरोहितः ॥ १२८ ॥

[१] ख व्यस्रंस्त [२] ग सयत् [३] क ममर्त्विन ख ममर्त्वीन [४] ग ना [५] ख नास्ति [६] ख त [७] ख नेनात्यसरिष्यन् [८-८] ख आरास् ग आकाशस् [९] क उज्जिवांसम् ख उज्जिवांसम् [१०-१०] ख पुनरस्त्वादधे ग पूर्वस्त्वादधे [११] क नास्ति [१२-१२] ख श्रैष्ठ्यदुगच्छत् [१३] ख वैव [१४] ख ब्राह्मस्य [१५] ग इन्द्रस्यैवैकस्य [१६] ख आह [१७] ग गछयम् [१८] ख यज्ञेनाजयत

स त्रिवृद् रथन्तरसामा भवति । ब्रह्म वै त्रिवृद्, ब्रह्म रथन्तरम् । ब्रह्मणा वाव स तद् ब्रह्मवर्चसम् आर्ध्नोत्[१] । ब्रह्मणैव ब्रह्मवर्चसम् ऋध्नोति य एवं वेद ।

तस्य त्रयस्त्रिंशद्[१] दक्षिणा भवति[२] । त्रयस्त्रिंशद् वै देवताः । देवतानाम् एव पुरोधाम् आश्नुत । अश्वस् चतुस्त्रिंशः[४] । प्रजापतेर् वा एतद् रूपं यद् अश्वः । सप्रजापतिकानाम् एव तेन देवतानां पुरोधाम् आश्नुत । तस्यैता यथापूर्वम् अनुसवनं दक्षिणा ददात्य्—अष्टौ प्रातस्सवने ददात्य्, एकादश माध्यंदिने सवने, द्वादश तृतीयसवने, ऽनूबंध्यायाम्[५] एकाम्, उदवसानीयायाम् एकाम् । अनुसवनम् अश्वं तृतीयशः । तद् या अष्टौ प्रातस्सवने ददात्य्—अष्टौ वसवो[६]—वसूनाम् एव पुरोधाम्[७] आश्नुत । अथ या एकादश माध्यंदिने सवन—एकादश रुद्रा—रुद्राणाम् एव तेन[८] पुरोधाम् आश्नुत । अथ या द्वादश तृतीयसवने—द्वादशादित्या—आदित्यानाम् एव तेन पुरोधाम् आश्नुत । अथ[९] याम् अनूबंध्यायाम्[१०] एकां[११]—मित्रावरुणयोर् एव तेन[१२] पुरोधाम् आश्नुत । अथ याम् उदवसानीयायाम् एकां—कर्म कर्म मे [१३]दक्षिणावद् असद्[१३] इति । अथ यम् अनुसवनम्[१४] अश्वं तृतीयशः— प्रजापतेर् एव तेन पुरोधाम् आश्नुत[१५] ॥ १२९ ॥

[१] क ग आर्धोत् ख आद्धर्योत् [२] ग त्रयस्त्रिंश [३] ग भवन्ति [४] ख चतुर्विंशः [५] क अनू· बद्धयायाम् ख अनूबुद्धयायाम् [६] ख अधिपाठः वा [७] ख पुराधाम् [८] क ख ते [९] ख अधि [१०] क ग अनुबन्ध्यायां ख अनूनूबध्यायां [११] ख ग एकां [१२] ख तो [१३-१३] क दक्षिणावसद् [१४] ख अनसवनं [१५] ख आश्नुते

तद् आहुर्—मनसैव[१] प्रातस्सवने[२] दद्यान्[३], मनसा तृतीयसवने, माध्यंदिन[४] एव[५] सवने दद्याद् इति । तद् उ वा आहुर्—अतीर्थं वै प्रातस्सवनं दक्षिणानाम्, अतीर्थं तृतीयसवनम् । [६]माध्यंदिन एव[६] सवने दद्यात् । तद् एव तीर्थं, तद् आयतनम् । नैवेतरयोः सवनयोर् मनसा[७] चन ददद् आद्रियेतेति[८] । ब्रह्मणे ऽश्वं ददाति । ब्रह्मणो ह्य् एवैकं दक्षिणा । तद् यदा[९] माध्यंदिनीयाश् चमसाः प्रतिष्ठेरन्न् अथ जघनेनाहवनीयं प्राचीनग्रीवं[१०] कृष्णाजिनम् उपस्तृणीतेति ब्रूयाद् उदीचीनग्रीवं वा । तद् यजमान आस्ते । स[११] हुतानां चमसानाम् उन्मार्ष्टि[१२]—देवस्य त्वा सवितुः प्रसवे ऽश्विनोर्[१३] बाहुभ्यां पूष्णो हस्ताभ्यां सरस्वत्यै[१४] त्वा वाचो यन्तुर् यन्त्रेण बृहस्पतेस् त्वा साम्राज्येन ब्रह्मणाभिषिंचामीति[१५] । मुखं विमार्ष्टि । स सोमाभिषिक्तस् तेजस्वी ब्रह्मवर्चसी भवति । त्रिर् उत्क्रोशन्ति[१६]—त्रयो[१७] वा इमे लोका—एष्व् एवास्य तल् लोकेषु श्रुतिं दधति ॥ १३० ॥

[१] ग मनस्वैव [२] ख प्रातस्सने [३] क ख ददान् [४] ख ग मांध्यंदिने [५] ख ग नास्ति [६-६] ग माध्यन्दिनेव [७] ख मासा [८] क आदियेतेति [९] ग यथा [१०] ख प्राचीरग्रीवं [११] क तस [१२] ख उत्मार्ष्टि ग उनमार्ष्टि [१३] ख -श्विनेर् [१४] ग सररवैत्यै [१५] ख ग -भिशिञ्चामीति [१६] ख ग उत्क्रोषन्ति [१७] ख ग त्रय

तस्याष्टशतं[१] स्तोत्रिया भवन्ति । ततो यच् छतं सा विराट् । क्षत्रं विराट् । अथ या अष्टौ सा गायत्री । तेजो ब्रह्मवर्चसं गायत्री । तेज एव तद् ब्रह्मवर्चसं क्षत्रस्य पुरस्ताद् दधाति । तस्माद् ब्राह्मणः क्षत्रियस्य पुरोहितः । स यः पुरोधाकाम स्यात्[२] स एतेन यजेताश्नुते पुरोधाम् । तं हैक एकछन्दसम् एव कुर्वन्ति, गायत्रम् एव सर्वम्—गायत्रो वै [३]बृहस्पतिः । ब्रह्म[३] वै गायत्री । ब्रह्म बृहस्पतिर्—ब्रह्मणा वा[४] ब्रह्मवर्चसम् ऋध्नवामेति । ते ये ह ते तथा कुर्वन्त्य् अग्निं चैव तेन देवतानाम्[५] उपाप्नुवन्ति, गायत्रीं च छन्द,

इमं च लोकम् । अन्तरिता हैषाम् [६]इतराश् च[६] देवता भवन्तीतराणि च छन्दांसीतरे च देवा इतरे च लोका इतरे च कामाः । तस्माद् यथाछन्दसम्[७] एव कार्यं सर्वासां देवतानां सर्वेषां छन्दसां सर्वेषां देवानां सर्वेषां लोकानां सर्वेषां कामानाम् उपाप्त्यै । तस्य बृहद् बार्हस्पत्यम् आदिष्टसामार्भवे[८] पवमाने भवति । बृहस्पतिसवो [९]ह्य् एषः[९] । स्तोमम् एव तद्रूपेण समृद्धयन्ति[१०] ॥ १३१ ॥

[१] ग तस्याष्टाशतं [२] क ख ग स्या [३-३] क बृहस्पतिब्रह्म ग बृहस्पतिर्ब्रह्मणो [४] ख ग नास्ति [५] ख देवाम् ग देवानाम् [६-६] ख इतितराश्च [७] ग यथाछन्दम् [८] ग उद्दिष्टसामार्भवे [९-९] ख ह्यषः [१०] क समर्धयन्ति

अथैष[१] इन्द्राग्न्योः[२] कुलायः[३] । इन्द्राग्नी[४] वा अकामयेतां[५]—सदृशानाम् एव सतां[६] देवानां [७]श्रेष्ठतां गच्छेव[७], समानेन यज्ञेन समानीम् ऋद्धिम् ऋध्नुयावेति । ताव् एतं यज्ञम् अपश्यताम् । तम् आहरताम्[८] । तेनायजेताम् । ततो वै तौ सदृशानाम् एव सतां[६] देवानां श्रेष्ठताम् अगच्छतां, समानेन यज्ञेन समानीम् ऋद्धिम् आध्नुताम्[९] । तद् ब्रह्म वा अग्निः । क्षत्रम् इन्द्रः । स वा एष त्रिवृत् पञ्चदशो भवति । ब्रह्म वै त्रिवृत् । क्षत्रं पञ्चदशः । त्रिवृतैवाग्निः श्रेष्ठताम् अगच्छत्[१०] पञ्चदशेनेन्द्रः । तस्योभे बृहद्रथन्तरे सामनी भवतः । ब्रह्म वै रथन्तरं, क्षत्रं बृहत् । रथन्तरेणैवाग्निः श्रेष्ठताम् अगच्छद्[११], बृहतेन्द्रः । तौ[१२] यौ ब्राह्मणश्[१३] च राजन्यश् च कामयेयातां, सदृशानाम् एव सतां[६] स्वानां श्रेष्ठतां गच्छेव, समानेन यज्ञेन समानीम्[१४] ऋद्धिम् [१५]ऋध्नुयावेति, ताव् एतेन यजेयाताम् । सदृशानाम् एव सतां[६] स्वानां श्रेष्ठतां गच्छतस्, समानेन[१६] यज्ञेन समानीम् ऋद्धिम्[१५] ऋध्नुतः[१७] । त्रिवृतैव ब्राह्मण[१८] श्रेष्ठतां गच्छति, पञ्चदशेन राजन्यः । रथन्तरेणैव ब्राह्मण श्रेष्ठतां गच्छति, बृहता राजन्यः । तद् यद् एतानि त्रिवृत्-पञ्चदश-[१९] स्तोत्राणि व्यतिषक्तानि[२०] भवन्ति—॥ १३२ ॥

[१] ख ग अथैषा [२] ग इन्द्राइयोः [३] ख कुला [४] ग इन्द्राग्नि [५] क अतनुमेयातां ख अतनुमयेतां ग अतनुमधेतां [६] ख स्तां [७-७] ग श्रेष्ठतामगछेव [८] ग आहरतां [९] ग आध्नुताम् [१०] क ख ग अगच्छत [११] ख ग अगच्छत [१२] ख ग तो [१३] ग ब्राह्मणाश् [१४] ग सामनीम् [१५-१५] ग नास्ति [१६] ख समाने [१७] क ख ग ऋध्नुत [१८] ख ब्राह्मगा [१९] क ख ग -पञ्चदशा- [२०] ग व्यतिषिक्तानि-

—तस्माद् इन्द्राग्न्योः कुलायः । तद् आहुस् [१]सत्रे तद् व्यतिषक्तं[१] यत्[२] त्रिवृत्-पञ्चदशम् । त्रिवृत्पञ्चदशम् इत्य् एवैतानि स्तोत्राणि व्यतिषक्तानि[३] भवन्ति । षड् एव त्रिवृन्ति स्तोत्राणि स्युः, षट् पञ्चदशानीति[४] । यान्य् एवार्वाञ्चि[५] माध्यंदिनात्[६] तान्य् एव त्रिवन्ति [७]स्युर्, यान्य् ऊर्ध्वं[७] तानि पञ्चदशानीति[८] । पञ्चदशस् त्व् एव माध्यंदिन स्यात्[९], त्रिवृद् धोतुः पृष्ठम् । तस्मिन् पञ्चदशे माध्यंदिने[१०] रथन्तरम् अवकल्पयन्ति । ब्रह्म वै रथन्तरं, क्षत्रं पञ्चदशः[११] । ब्रह्मैव तत् क्षत्रे प्रतिष्ठापयन्ति । अथ यत् त्रिवृद् धोतुः पृष्ठं भवति—ब्रह्म वै त्रिवृत्, क्षत्रं बृहत्—क्षत्रम् एव तद् ब्रह्मन् प्रतिष्ठापयन्ति । ताव् एताव् एवम् अन्यो ऽन्यस्मिन् प्रतिष्ठाय श्रेष्ठताम् अगच्छताम्[१२] । तयोर् हैतयोर् [१३]अजय्यम् एव[१३] । अजय्यां ह वै कीर्तिम् [१४]अजय्यां श्रियम्[१४] अजय्यं[१५] स्वर्गं लोकं जयति[१६] य एवं वेद । यद् व् एवैते त्रिवृत्पञ्चदशे स्तोत्रे व्यतिषक्ते भवतो—

व्यतिषक्ताद्[१७] वै मिथुनात्[१८] प्रजाः पशवः प्रजायन्ते—प्रजात्या एव। अथो प्राणा वै स्तोमा, व्यतिषक्ता[१९] वा इमे प्राणा अनिर्मार्गाय[२०]। तस्मात् त्रिवृत्पञ्चदशान्य् एवैतानि स्तोत्राणि व्यतिषक्तानि[२१] स्युर् इति। तस्यैन्द्राग्नं[२२] सामादिष्टसाम[२३] माध्यंदिने पवमाने भवति। इन्द्राग्न्योर्[२४] ह्य् एष यज्ञः। स्तोमम् एव तद्रूपेण समृद्धयन्ति[२५] ॥ १३३ ॥

[१-१] क सत्रैतद्व्यतिषिक्तं ख सत्रैतद्व्यतिषिक्तं ग सत्रे तद्व्यतिषिक्तं [२] क ख ग यं [३] ख ग व्यतिषिक्तानि [४] ख ग पञ्चदशानि [५] क एवर्वाञ्चि ख एवप्राञ्चि ग एवप्राञ्च [६] ख मध्यन्दिनात् [७-७] ग स्युयारूर्ध्वं [८] ख ग पञ्चादशानीति [९] क ख ग स्या [१०] क ख ग मध्यन्दिने [११] क ग पञ्चदशे [१२] ग अगछता [१३-१३] ख नास्ति [१४-१४] ग नास्ति [१५] क ख ग अजय्यां [१६] ख जयन्ति [१७] ग व्यतिषिक्ताद् [१८] ग मिधुनात् [१९] ग व्यतिषिक्ता [२०] क अग्निर्मागायं ख ग अग्निमार्गय [२१] क ग व्यतिषिक्तानि [२२] क ख ग तस्यैन्द्रागत [२३] ग ष्टसुम् [२४] ख ग इन्द्राग्न्यो [२५] क समर्धयन्ति

अथैषो ऽग्निष्टुत्। इन्द्रं वै भूतानि[१] पर्यचक्षत[२] त्रिशीर्षाणं त्वाष्ट्रम् [३]अवधीद्, यतीन्[३] सालावृकेभ्यः[४] प्रादाद्, अरुर्मुखान्[५] अवधीद्, बृहस्पतेः प्रत्यवधीत्[६], संधां संहिताम् अतीत्य नमुचेर् आसुरस्य शिरः प्राच्छैत्सीद्[७] इत्य् एतेभ्यो देवकिल्बिषेभ्यस्[८] स हारण्य एव चचारानभ्यवयन्[९] देवान्। स उ ह देवान् उवाच—याजयत[१०] मेति। नेति होचुः। एता वै त्वया संधा अतीता एतानि देवकिल्बिषाणि कृतानि न त्वा याजयिष्याम इति। अथो[११] हास्याग्निर् एव सखितम[१२] इवास देवेषु। स उ हाग्निम् उवाच त्वं[१३] मा याजयेति। तथेति होवाच। स वै नु तं देवेष्व् इच्छामि येन त्वा सह याजयेयम् इति। स ह तं देवेषु न विवेद येनैनं सहायाजयिष्यत्। स होवाच न[१४] वै नु[१५] तं देवेषु विन्दामि येन त्वा सह याजयेयम्[१६] इति। तं[१७] वै मा त्वम् एव याजयेति। तथेति। सो ऽग्निर् आत्मन एवाध्य् एतम् अग्निष्टुतम् अतनुत। तेनैनम् अयाजयत्। तस्य सद्यस् सर्वं पाप्मानं निरदहत्। स यथाहिर् अहित्वचो निर्मुच्येत यथा [१८]मुञ्जाद् इषीकां[१८] विवृहेद् एवम् एव सर्वस्मात् पाप्मनो निरमुच्यत। स एषो ऽपहतपाप्मा तपत्य् एष ह वा इन्द्रः[१९]। स य उत्कोक्त[२०] स्याद् यो अभ्याख्यायेत स एतेन यजेत। सद्यो[२१] हैवास्य सर्वं पाप्मानं निर्दहति[२२]। स यथाहिर् अहित्वचो निर्मुच्येत[२३] यथा मुञ्जाद् इषीकां विवृहेद् एवम् एव सर्वस्मात् पाप्मनो निर्मुच्यते ॥ १३४ ॥

[१] ग भूतान् [२] क ख ग पर्यचक्ष्यत [३-३] ख अवशीत्यतीन् [४] ग शालावृकेभ्यः [५] ख अरूर्जखान् ग अदुर्मुखान् [६] क प्रत्यावधीत् [७] ख प्रच्छैत्सीद् ग प्रचैत्सीद् [८] ख ग देवकिल्बिषभ्यः [९] ग चचारानभ्यावयन् [१०] ग याजयतु [११] क ख अथ [१२] ख सखित [१३] क ग त्वां [१४] ख र [१५] ख न [१६] ग याजयेम् [१७] ग त्वां [१८-१८] ख मन्जादिष्वंकाम [१९] ख म्मन्द्रः [२०] ख उत्कोत्तर [२१] क ख अधिपाठः ह [२२] ख निदधा ग निर्धहाति [२३] क नर्मुच्येत

स यो मुखेन पापं कृत्वा मन्येत, त्रिवृताग्निष्टुता [१]यजेत। एष[१] ह वै मुखेन पापं करोति, यो[२] ऽवाद्यं वदति। मुखं वै त्रिवृत् स्तोमानाम्। मुखाद् एव तेन पाप्मानम् अपघ्नते। [३]अथ यो बाहुभ्यां पापं कृत्वा[४] मन्यते, पञ्चदशेनाग्निष्टुता यजेत। एष ह वै बाहुभ्यां पापं करोति, यो ऽनिघात्यस्य[५] निहन्ति। बाहू[६] वै पञ्चदश स्तोमानाम्। बाहुभ्याम् एव तेन पाप्मानम् अपघ्नते। अथ उदरेण पापं कृत्वा मन्येत, सप्तदशेनाग्निष्टुता

यजेत। एष ह वा उदरेण पापं करोति, यो[7] ऽनाश्यान्नस्यान्नम् अत्ति। उदरं वै सप्तदश स्तोमानाम्। उदराद् एव तेन पाप्मानम् अपघ्नते। अथ यः[8] पद्भ्यां पापं कृत्वा मन्येत, एकविंशेनाग्निष्टुता यजेत। एष ह वै पद्भ्यां पापं करोति, यो जनम् एति। प्रतिष्ठा वा एकविंश स्तोमानाम्। पद्भ्याम् एव तेन पाप्मानम् अपघ्नते[3]। अथो आहुर् य एवायं[9] ज्योतिष्टोमो ऽग्निष्टोमस् तेनैव यजेतेति। तस्य यत् त्रिवृद् बहिष्पवमानं भवति मुखाद् एव तेन पाप्मानम्[10] अपघ्नते। अथ यत् पञ्चदशान्य् आज्यानि भवन्ति पञ्चदशो माध्यंदिनो[11] बाहुभ्याम्[12] एव तेन पाप्मानम् अपघ्नते। [13]अथ यत् सप्तदशानि पृष्ठानि भवन्ति, सप्तदश आर्भव, उदराद् एव तेन पाप्मानम् अपघ्नते। अथ यद् एकविंशम्[14] अग्निष्टोमसाम भवति, पद्भ्याम् एव तेन पाप्मानम् अपघ्नते[13] ॥ १३५ ॥

[१-१] क यजेतेष [२] ख वो [३-३] ग नास्ति [४] ख अधिपाठः पाप [५] ख यो ऽनिपाल्यस्य [६] ख बाहु [७] ख ये [८] ख नास्ति [९] ख ग एवाय [१०] ग पाप्मान् [११] क ख मध्यन्दिनो [१२] ग बाहुम् [१३-१३] ग नास्ति [१४] ख एवकविंशम्

त्रिवृता तेजस्कामो ब्रह्मवर्चसकामो[1] ऽग्निष्टुता यजेत, पञ्चदशेन वीर्यकामस्, सप्तदशेन पशुकामः प्रजननकाम, एकविंशेन प्रतिष्ठाकामस्, त्रिणवेनौजस्कामस्, त्रयस्त्रिंशेन श्रीकामः। तद् उ वा आहुर् वदनम् एवैतत् सर्वं[2] य एवायं चतुष्टोमो ऽग्निष्टोमः। तेनैव यजेतेति। अयं वै त्रिवृद् अयं पञ्चदशो[3] ऽयं सप्तदशो ऽयम् एकविंशः। इमान् वै प्राणान् [4]अग्निर् अन्वायत्तः[4]। स [5]यो ऽनूचानस् सन्[5] न विरोचेत[6], सं एतेन यजेतेति[7]। यथा ह वै निष्कश्[8] शमलगृहीत, एवं स यो ऽनूचानस् सन् न विरोचते। अग्ना उ वा एतं प्रास्यन्ति[9] यम् अग्निष्टुता याजयन्ति। तद् यथा निष्कं[10] शमलगृहीतम्[11] अग्नौ[12] प्रास्य[13] तस्यायोघनेन सर्वं शमलं निर्हन्याद्, एवं हैवास्य सर्वं[14] पाप्मानं निर्घ्नन्ति[15]। सो ऽपहतपाप्मा तेजस्वी ब्रह्मवर्चसी भवति।

अथो आहुर्—यस्मिन्न् एव पशव्ये सति पशवो[16] न रमेरन्, स एतेन[17] यजेतेति। यथा ह वै जरत्कक्ष[18], एवं स यस्मिन्[19] पशव्ये सति पशवो[20] न रमन्ते[21]। तस्य रेवतीष्व् अग्निष्टोमसाम भवति। आपो वै रेवतयः[22]। अग्ना उ वा एतं प्रास्यन्ति, यम् अग्निष्टुता याजयन्ति ॥ १३६ ॥

[१] ग ब्रह्मवर्चसकामे [२] ख ग सर्व [३] ग पञ्चदशे [४-४] ख ग अग्निहोमरन्वायत्त [५-५] ग योनूचःसन् [६] ख वरोचेत [७] क ख यजेत [८] क ख ग निष्क [९] ख प्रास्यति [१०] ख निष्क [११] ग समलगृहीतम् [१२] ख अन्नौ [१३] ख प्रास्यत [१४] ख सर्व [१५] ख निघ्नन्ति [१६] ग पशव्यो [१७] ख ग एतेन [१८] क ख जरत्कक्षं ग जरत्कक्ष्य [१९] ख ग यास्मन् [२०] ख ग पशव्यो [२१] ख रमन्त [२२] ग रेवत्यः

तद् यथा जरत्कक्षम्[1] अग्निनोपदीप्य तम् अद्भिर् उपसिञ्चेत्, तस्मिन् कल्याण्य ओषधयो जायेरंस्[2], तासु पशवो रमेरन्न्, एवं हैवास्मिन् सर्वे पशवो रमन्ते। तस्याम्[3] आयूंषि पवस इत्य् एषाग्निपावमानी[4] प्रतिपद् भवति। तद् आहुर् वीव वा एतैः [5]प्राणैर् ऋध्यन्ते[5] ये पावमानीभिः[6] प्रतिपद्यन्त इति। तद् यद् एषाग्निपावमानी[7] प्रतिपद् भवतीति—प्राणो वै वायुः—प्राणैर् एव तत् समृद्धयन्ते। अग्ने पावक रोचिषेत्य्—अन्नं[8] वै पावकम्—अन्नाद्येनैवैनं तत् समृद्धयन्ति। अथो वायुर् वै पावकः, प्राणो वै वायुर्, अभिपूर्वम् एवैनं तत् [9]प्राणैस् समृद्धयन्ति[9]। [10]अग्निश् शुचिव्रततम[10] इत्य् [11]अशुचिर्

इव[11] वा एष भवति यो ऽभ्याख्यायते। शुचिम् एवैनम् एतेन पूतं मेध्यं कुर्वन्ति। तस्य यज्ञायज्ञा वो ऽग्नय इत्य् एता माध्यंदिनस्य पवमानस्य बृहत्यो भवन्ति[12]। अग्ना उ वा एतं प्रास्यन्ति यम् अग्निष्टुता याजयन्ति। उत त्राता तनूनाम् इत्य् अग्नय एव तद् वैश्वानराय यजमानस् तन्वं परिदत्ते। तस्य पाहि नो [13]अग्न एकये[13] त्य् एतासु नार्मेधस्यर्क्षु[14] रथन्तरं पृष्ठं भवति। एताभिर् वै नृमेधा औशिजो[15] ऽग्नेर् हरांस्य् अपैरयत[16]। अग्नेर् एवैताभिर् [17]हरांस्य् अपेरयते[17]। तस्य शं नो देवीर् अभिष्टय इत्य् एतास्व् अपोनप्त्रियास्व् अग्निष्टोमसाम भवति। आपो वा अपोनप्त्रियः। अग्ना उ वा एतं प्रास्यन्ति यम् अग्निष्टुता[18] याजयन्ति ॥ १३७ ॥

[१] ख जरवतृक्षं [२] ग यजेरंस् [३] ग तस्य स्त्वाग्न [४] क ख ग एताग्निपवमानी [५-५] ख प्राणैरिरुध्यन्ते [६] ख पवमानीभिः ग पवमानीभिं [७] ख ग पवमानी [८] ग अहं [९-९] क प्राणैस्समर्धयन्ति ख प्राणेनस्समृद्धयन्ति [१०-१०] क अग्निःशुचिप्रततम ख अग्निशुचिव्रततम् ग अग्निशुचिवृततम [११-११] ख अशुचीरिव ग अशुचिव [१२] क ख ग भवति [१३-१३] ख अग्न य एकये ग अग्न एतये [१४] ख नार्म्मेधस्यक्षु ग नाम्मेयस्यक्षु [१५] ख औशिजौ [१६] ग अपैरशत [१७-१७] क हरांस्यपैरयते ख हरास्यपेरयते ग भरास्यपैरयते [१८] ख ग अग्निष्टुताय

तद् यथाग्निदग्धम् अद्भिर् अभिषिंचेत् तादृग् एव तच् छान्त्यै। तद् आहुर्—योम् वा अग्निदग्धम् अद्भिर् अभिषिञ्चति भूयो वैतत् प्रमृच्यति किलासं वा भवति। [1]आ नो[1] यज्ञं[2] दिविस्पृशं[3] वायो याहि सुमन्मभिर्[4] इत्य् एतास्व् एव वायुमतीषु[5] कार्यं—वायुर् वै[6] शान्तिश्—शान्त्या एवानिर्दाहायेति। तद् आहुर् यो वा [7]अग्नीन् उपदीप्य[7] वातेनोपवाजयति भूयो वै तद् दीप्यते। दीप्तिर् वावैषेति। तद् उ वा आहुस्—तद् [8]वाव यजमान[8] इच्छेद् यत् स दीप्येत[9]। यद् उ दीप्त्यै, वायुर् एव दीप्त्यै। यद् उ शान्त्यै, वायुर् एव शान्त्यै। तस्माद् एतास्व् एव वायुमतीषु कार्यम् इति। तस्याजा च हिरण्यं च दक्षिणा। आग्नेयी वा अजाग्नेयं हिरण्यम्। अथो आहुर्—अनड्वान् दक्षिणेति। वहति वा अनड्वान्, वहत्य् अग्निर् देवेभ्यो हविः। स्तोमम् एव तद्रूपेण समृद्धयन्ति[10] ॥ १३८ ॥

[१-१] ख ग आत्मनो [२] ग यश [३] ख ग दिवस्पृशं [४] ग सुमन्वमिर् [५] ग वायुमतिषु [६] ख वैश [७-७] ग अग्निनापदीप्य [८-८] ख ग वापजयमान [९] ग दीप्यत [१०] क समर्धयन्ति

अथैष इन्द्रस्तोमः। इन्द्रो वा अकामयत—सर्वेषां देवानां श्रेष्ठतां गच्छेयम् इति। स एतं यज्ञम् अपश्यत्। तम् आहरत्। तेनायजत। ततो वै स सर्वेषां देवानां श्रेष्ठताम् अगच्छत्। गच्छति स्वानां श्रेष्ठतां य एवं वेद। इन्द्रे ह वा अग्रे यज्ञ आस। श्रीर् ह वा अस्मिंस्[1] तद् आस। यज्ञम् उ ह वाव[2] देवानां श्रीः। तम् उ ह वृत्रो ऽभिववृधे। स देवान् उपाधावद्–युष्माभिर् बलेनेमं वृत्रं हनानीति। तम् अब्रुवन्—स वै नो यस् ते ऽयं निष्केवल्यो[3] यज्ञस्, तं प्रयच्छेति। तस्माद् राजनि विजिगीषमाणे विशः प्रदानम् इच्छन्ते। तस्माद् उ राजा विजिगीषमाणो विश एव प्रदानं प्रयच्छति। स वसुभ्य एव प्रातस्सवनं प्रायच्छद्, रुद्रेभ्यो माध्यंदिनं सवनम्, आदित्येभ्यस् तृतीयसवनं [4]विश्वेभ्यश् च देवेभ्यः[4]। तैर्[5] बलेनेन्द्रो वृत्रम् अहन्। अजयन् देवा असुरान्। स [6]वृत्रं हत्वा[6] विजित्य[7] पृथग् एवैषाम् इमा श्रियो दीप्यमाना अपश्यत्। तम्[8] अभिशस्तिर् अविन्दन्।

स ऐक्षत—कथं न्व् अहम् एषाम्[९] इमा श्रियस् संवृञ्जीयेति[१०]। स एतेनैव यज्ञेनायजत। तेनैषां सर्वा[११] श्रियस् समवृंक्त। वृंक्ते[१२] द्विषतो भ्रातृव्यस्य श्रियं य एवं वेद ॥१३९॥

[१] ख ग अरिमस् [२] ग वा [३] ख निष्क-वल्यो ग निष्कबल्यो [४-४] ग विश्वभ्यो देवेभ्यः [५] ख तै [६-६] ग वृत्रहन्त्वा [७] ख ग विजत्य [८] ख ग तद् [९] ग एषोम् [१०] ख ग संवृञ्जीयति [११] ख सर्वः [१२] ग नास्ति

स ऐन्द्रीष्व् एव सर्वो भवति। ऐन्द्रीष्व् एव प्रातस्सवनं भवत्य्, ऐन्द्रीषु माध्यंदिनं सवनम्, ऐन्द्रीषु तृतीयसवनम्[१]। तद् यद् गायत्रं सत् प्रातस्सवनम् ऐन्द्रीषु क्रियते वसूनाम् एव तेन यज्ञं समवृंक्त[२]। अथ यत् त्रैष्टुभं सन् माध्यंदिनं सवनम् ऐन्द्रीषु क्रियते, रुद्राणाम् एव तेन यज्ञं समवृंक्त। अथ [३]यज् जागतं[३] सत्[४] तृतीयसवनम् ऐन्द्रीषु क्रियत, आदित्यानाम् एव तेन यज्ञं समवृंक्त, विश्वेषां च देवानाम्। त एनम्[५] आत्तयज्ञा[६] उपासीदन् विशस्, ते सामयज्ञनो ऽन्वाभजेति, यथा [७]भर्तारं भार्या[७] उपसीदन्ति तथा। स वसून् एव प्रातस्सवने ऽन्वाभजद्, रुद्रान् माध्यंदिने सवने, आदित्यांस् तृतीयसवने विश्वांश् च देवान्। यथा राजा विजित्य स्वे वित्ते भार्यान् अन्वाभजेद् एवम् एवैनांस् तद् अन्वाभजत्। तस्माद् इन्द्राय वसुमते रुद्रवत आदित्यवते विश्वदेव्यावत इत्य् अन्वाहुस्। स पञ्चदशो भवति। वज्रो वै पञ्चदशः। वज्र इन्द्रः। ऐन्द्र एष यज्ञस् तत् तत्सलक्ष्म क्रियते। स उकथ्यो भवति। विड् वा उकथानि। क्षत्रम् एव तद् विश्य् अध्यूहन्ति। तस्मा[त्] क्षत्रियो [८]विश्य् अध्यूढः[८]। स य श्रीकाम[९] स्यात् स एतेन यजेत। क्षत्रं श्रीः, क्षत्रयज्ञ एषो, ऽश्नुते श्रियम् ॥ १४० ॥

[१] ग तृतीयसवन [२] ख असमवृंक्त [३-३] ग यज्ञागतं [४] क ख ग स [५] ग एव तम् [६] ख ग आत्तयज्ञ [७-७] ग भर्त्तार-स्त्वार्य्या [८-८] क ख ग विश्वध्यूढः [९] क ग श्रिकाम

अथैष विघनः[१]। प्रजापतिर् देवान् असृजत—वसून् रुद्रान् आदित्यान्। तेभ्यो यज्ञं चेमांश् च लोकान् प्रायच्छत्। वसुभ्य एव प्रातस्सवनं प्रायच्छद्, रुद्रेभ्यो माध्यंदिनं सवनम्, आदित्येभ्यस्[२] तृतीयसवनम्। वसुभ्य एवेमं[३] लोकं प्रायच्छद्, रुद्रेभ्यो ऽन्तरिक्षम्, आदित्येभ्यो ऽमुम्। अथेन्द्रम् असृजत। स इदम् एषां सर्वं[४] विभक्तम् अपश्यत्[५]। सो ऽब्रवीद् यद् इदम् एषां सर्वं[४] विभक्तम्, अथ कस्मै माम् असृष्टा इति। एतेषां [६]त्वा, इत्य् अब्रवीच्[६], छैष्ठ्यायाधिपत्यायासृक्षीति[७]। सो ऽहं कथम् एषां श्रेष्ठो ऽधिपति स्याम् इति। परेह्य् एनान् ब्रूहीत्य् अब्रवीद्[८], युष्माकं[९] मा प्रजापति श्रैष्ठ्या-याधिपत्यायासृष्टेति। स एत्याब्रवीद्[१०]—युष्माकं मा प्रजापति श्रैष्ठ्यायाधिपत्याया-सृष्टेति[११]। ते ऽब्रुवन्—वयं वाव श्रेष्ठा[१२] स्मो, वयम् अधिपतयो, ये ज्येष्ठा स्म इति नाजानन्। स पुनर् एत्याब्रवीन्—न वा अमी तज् जानन्ति यत् त्वम् आत्थेति। स एतं यज्ञम् अपश्यत्। तम् आहरत्। तेनैनम् अयाजयत्। स हेष्ट्वैव[१३] सर्वा मृधो[१४] व्यहत। यद् व्यहत, तद् विघनस्य विघनत्वम्। वि ह वै द्विषन्तं भ्रातृव्यं हते य एवं वेद ॥ १४१ ॥

[१] ख विघ्न [२] ख ग आदित्येभ्य [३] ग एवेनं [४] ख सर्व ग सर्वस्वं [५] ग अप-शव [६-६] क त्वेवाब्रवीच् [७] ख छैष्ठ्यायाधिपत्यायासक्षिति ग ज्रैष्ठ्याधिपत्यासृक्षीति

[८] ख अबुम् [९] ख युष्माकं [१०] ख एत्यब्रवीत् [११] क ग श्रैष्ठ्याधिपत्याया- [१२] ख श्रेष्ठो [१३] ख हष्ट्वैव [१४] ख समृधो

तं विजिग्यानं[१] सर्वे देवा अभितस् समन्तं पर्यविशन्[२]—वसवः[३] पुरस्ताद्, रुद्रा दक्षिणत, आदित्याः पश्चान्, मरुत उत्तरतो, विश्वे देवा उपरिष्टात्, साध्याश् चाप्त्याश्[४] चाधस्ताद्, अभितो ऽङ्गिरसः[५]। एषा वै दैवी श्रीर् दैवी[६] सभा[७] दैवी[८] संसत्[९]। गच्छति ह वा एतां[१०] दैवीं[११] श्रियं दैवीं[१२] सभां दैवीं संसदं य एवं वेद। स वा एष षड् बृहतीर् अभिसंपद्यते[१३]। षड् वा ऋतवस् संवत्सरश्रीः। श्रियां वावैनं तद् अध्यौहत्[१४]। स एष ऋतुषु[१५] च संवत्सरे चैनस्यां [१६]श्रियाम् अध्यूढस्[१६] तपति। तस्य प्रत्नं पीयूषं[१७] पूर्वं यद् उक्थ्यम् इत्य् एताः सतोबृहतयो भवन्ति गायत्रीभाजनम्। ब्रह्म वै गायत्री। क्षत्रं बृहती। ब्रह्मैव तद् यशसानक्ति। [१८]ब्रह्मणो ऽस्य त[त्] सतः[१८] क्षत्रस्येव[१९] प्रकाशो भवति य एवं वेद ॥ १४२ ॥

[१] ख विजिज्ञानं [२] ख ग पर्यविषन् [३] ख सवमः [४] ख ग चापत्याश् [५] ग ग्निरस [६] ख देवी [७] ख सहा [८] ख देवी [९] ख संवत्स [१०] ख एता [११] ख देवीं [१२] ख देवं]१३] ग अभिसंपद्यन्ते [१४] ग अध्यौहत [१५] ख ग ऋषु [१६-१६] क ख ग श्रियमाध्यूढस् [१७] ग अधिपाठः पूर्वं [१८-१८] ख ब्रह्मणोस्य सतः ग ब्रह्मणोस्या सतः [१९] क क्षत्रस्यैव

तासु व्यतिषक्तासु स्तुवन्ति—व्यतिषक्ताद्[१] वै मिथुनात् प्रजाः पशवः प्रजायन्ते[२]—प्रजात्या [३]एव। अथो[३] व्यतिषक्तो वै पुरुषः[४]। पाप्मभिर् व्यतिषक्ताभिर् एव तद् व्यतिषक्तान् [५]पाप्मनो ऽपहते। तासु[५] गायत्रम् उक्तब्राह्मणम्। अथामहीयवम् उक्तब्राह्मणम्। अथ सौपर्णम् उक्तब्राह्मणम्। अथ सत्रासाहीयं विजित्यै। सत्रा तम् अभिषहा तं यो ऽस्याभिषं ह्यो ऽसद् इति। अथोत्सेधनिषेधौ पापवस्यसस्यैवोत्सिद्ध्यै[६] च निषिद्ध्यै च। अथ विशोविशीयं च सदोविशीयं च। विशोविशीयेन वा इन्द्रो[७] देवान् अभ्यारोहत्[८]। तान् सदोविशम् इत्य् एव सदोविशीयेन विशम् [९]अकुरुत। अथैतास् त्रिष्टुभो[९] भवन्ति[१०]। तासु[११] ब्रह्मसाम। ब्रह्म वै ब्रह्मसाम। क्षत्रं[१२] त्रिष्टुप्। यजमानकामो वा एष यद् ब्रह्मसाम[१३]। स्व एव तद् आयतने यजमानं कामैस् समृद्धयन्ति[१४] ॥ १४३ ॥

[१] ख ग व्यतिषिक्ताद् [२] ग नास्ति [३-३] ग एवार्थो [४] ग पुरुषं [५-५] ग पाप्मानोपहतासु [६] ग पापवस्यसस्यैवोत्विद्धै ख -वोत्विद्ध्यै [७] क ख ग इन्द्रे [८] ग अभ्यारोहन् [९-९] ग अरुतास्त्रिष्टुभो [१०] ख वन्ति [११] ग नास्ति [१२] ग क्षत्र [१३] ग पुनःपाठः क्षत्रन्त्रयष्टुब्य्यजमानकामो वा एष यत् ब्रह्मसाम [१४] क समर्धयन्ति

ताः पदब्राह्मणा भवन्ति। तद् इद् आस भुवनेषु ज्येष्ठम् इति प्रजापतिर् हि सः। [१]प्रजापतिर् ह्य् एष[१] भुवनेषु ज्येष्ठः। यतो जज्ञ[२] उग्रस् त्वेषनृम्ण[३] इति इन्द्रो ह सः। सद्यो [४]जज्ञानो नि रिणाति शत्रून् इति[४] सद्यो ह्य् एव स जज्ञानस् सर्वा मृधो[५] व्यहत[६]। अनु यं विश्वे मदन्त्य् ऊमा इत्य् ऋतवो वा ऊमास्—[७]त एवैनं[७] तद् अनुमदन्ति। वावृधानश् शवसा [८]भूर्योजाश् शत्रुर् दासाय[८] भियसं दधातीतीन्द्रो ह [९]सः। अव्यनच् च व्यनच् च[९] सस्नि सं ते नवन्त प्रभृता[१०] मदेष्व् इति यच् च ह वै व्यनिति[११], यच् च न, तत् सर्वम् एतस्यैव[१२] श्रियै तत् स्थानम्[१३]। त्वे क्रतुम् अपि वृञ्जन्ति[१४] विश्वे द्विर् यद् एते त्रिर् भवन्त्य् ऊमा इति— ऋतवो वा ऊमास्[१५]—त

एवैते द्विस् त्रिर् भवन्ति[१६]। स्वादो स्वादीय स्वादुना सृजा सम् इति प्रजा वै स्वादुः प्रजायै[१७] या प्रजा सा स्वादो[१८] स्वादु। अदः सु मधु मधुनाभि योधीर् इति प्रजा वै[१९] मधु प्रजायै [२०]या प्रजा सा मधोर् मधु। अपि ह प्रजायै[२०] प्रजां पश्यते य एवं वेद। तासु श्यैतम् उक्तब्राह्मणम् ॥ १४४ ॥

[१-१] ख प्रजापतिहर्यष ग प्रजापतिहर्य्येष [२] ग यश [३] ख त्वेषानृम्ण [४-४] ख जशानोग्निरिणातिशत्रश्इनिति ग जशानोग्निरिणाशेत्र इनिति [५-५] क ख ग मुधो [६] क ख ग व्यवहत [७-७] ग तणवैनं [८] ग भूर्य्योजाशद्दुद्द्रांसाय [९-९] क सोव्यनच्च ग सोव्यनच्यव्यनच्च [१०] क वृभृता ग विभृता [११] ख अधिपाठः यच्चहवैव्यनिति [१२] ग एवतस्यैव [१३] ग स्थनम् [१४] ख वृजंति ग वृञ्जति [१५] क ग इमासु [१६] ग भवति [१७] क प्रजाये [१८] क स्वदो [१९] क प्रवावै [२०-२०] ख ग नास्ति

अथैतानि गोनामानि[१] भवन्ति—पशवो वै गोनामानि—पशूनाम् एवावरुद्ध्यै। एकपदा[२] प्रथमा भवति, त्रिपदे उत्तरे द्वे। तानि सप्तपदानि संपद्यन्ते। सप्तपदा वै शाक्वर्यः। शाक्वराः पशवः। अभिपूर्वाणाम् एव पशूनाम् अवरुद्ध्यै। तद् आहुर् अपावमान्यो न पवमाने कार्या इति। तद् उ वा आहुः—पावमान्य एवामुष्य[३] वा एताश् चन्द्रमस ऋचः। एष वै पवमान, एष सोमो राजा। तस्मात् कार्या एवेति।

सुमन्मा[४] वस्वी [५]रन्ती सूनरी[५] सुरूप[६] [७]वृषन्न् आ गहि।
इमौ[७] [८]भद्रौ धुर्याव् अभि ताव् इमा[८] उपसर्पतः॥
नीव[९] शीर्षाणि[१०] [११]मृद्वं मध्य[११] आपस्यति[१२]।
शृंगेभिर्[१३] दशभिर् दिशन्॥

इति ये ह[१४] वा एत आदित्यस्य रश्मय एतानि ह वा एतस्य शृंगाणि। मध्य उ ह वा एष एतद् अपाम्। तासु वारवन्तीयम्[१५]। यद् अनेन कर्मणावारुत्स्महि[१६], तन् नो[१७] वारवन्तीयेन[१८] वारितम् अन्तत उपतिष्ठाता[१९] इति। तद् उ वा आहुर् यद् वावान्या[२०] वाङ् नातिवदति तद् एतस्याह्नो ऽग्निष्टोमसाम कार्यम्। यज्ञायज्ञीयं वावान्या वाङ् नातिवदति। वाग्[२१] वै यज्ञायज्ञीयम्। कुतो हि वाग्[२२] वाचम् अतिवदिष्यति। तस्माद् एतस्याह्नो[२३] यज्ञायज्ञीयम् एवाग्निष्टोमसाम कार्यम् इति ॥ १४५ ॥

[१] क ग गोम्नानामानि [२] ख ग एकपादा [३] ग एवमुष्य [४] ग समन्मा [५-५] ख रन्तीस्सूनरी ग रन्तीस्सूनरि [६] क ख ग सरूप [७-७] क वृषन्नगाहीमौ ख ग वृषन्नागहिमौ [८-८] क ख भद्रो· ग सुर्य्याविभिताविम [९] क ग नीवषी [१०] क ख ग शीर्ष्णाणि [११-११] क मीढ्वं सध्य ख मृद्वंसध्य ग मृद्दविमसध्य [१२] क ख ग आवस्यतिष्ठति [१३] ग श्रंगेभिर् [१४] ख ग हं [१५] ख ग वारवन्तियं [१६] ख कर्मणारुत्स्महि [१७] ग ना [१८] ग वारवन्तियेन [१९] ख उपतिष्ठता [२०] ख वान्या [२१] ख ग वाश् [२२] ग वाश् [२३] ख ग एस्याह्नो

अथैष वैश्वदेवः। प्रजननकामो हैतेन[१] यजेत। प्रजापतिर् वा अकामयत—बहुः प्रजया[२] पशुभिः प्रजायेय, वैश्वदेवीः प्रजास् सृजेयेति। स एतं यज्ञम् अपश्यत्। तम् आहरत्। तेनायजत। ततो वै स बहुः प्रजया पशुभिः प्रजायत[३], वैश्वदेवीः प्रजा असृजत। स यत्[३] कामयेत बहुः प्रजया पशुभिः प्रजायेय, वैश्वदेवीः प्रजास् सृजेयेति, स एतेन यजेत। बहुर् एव प्रजया पशुभिः प्रजायते, वैश्वदेवीः प्रजास् सृजते। तद् यद् एष वैश्वदेवो[४] भवति वैश्वदेवीनाम् एव प्रजानां सृष्ट्यै। स सर्व एव वैश्वदेवीषु भवति

वैश्वदेवीनाम् एव प्रजानां प्रजात्यै ।

स त्रिवृद् भवति—न्यूनं वै त्रिवृत् । न्यूनं प्रजननम्—तद् यत् प्रजननं तन् मा प्रजनयाद् इति ।

तस्य रथन्तरं पृष्ठं भवति—प्रजननं वै रथन्तरं—तद् यत् प्रजननं तन् मा प्रजनयाद् इति ।

स उक्थ्यो भवति—प्रजा वै पशव उक्थानि । प्रजा वै पशवः प्रजननं—तद् यत् प्रजननं तन् मा प्रजनयाद् इति ॥ १४६ ॥

[१] ग हैते [२] ग प्रजा [३] एवं कोशेषु [४] ग वैश्वदेविवा

अथो आहुस् सप्तदश एव[1] स्याद् इति—प्रजापतिर् वै सप्तदशः । प्रजापतिः प्रजननं —स यः प्रजननं स मा प्रजनयाद् इति ।

अथो आहुस् त्रिणव एव स्याद् इति । त्रयो ह ते त्रिवृतः[2] । न्यूनं वै त्रिवृत् । न्यूनं प्रजननम् । तद् यत् प्रजननं तन् मा प्रजनयाद् इति ।

अथो आहुस् त्रयस्त्रिंश एव स्याद् इति । प्रजापतिर्[3] वै त्रयस्त्रिंशः[4] । प्रजापतिः प्रजननम् । स यः प्रजननं स मा प्रजनयाद् इति ।

तद् उ वा आहुस् सप्तदश एव स्यात् । एष ह वाव प्रजापतिर् यत्[5] सप्तदशः । तस्मात्[6] सप्तदश एव स्याद् इति । स उ एव [7]त्रिवृतं च स्तोमं गायत्रीं च छन्दो ऽभिसंपद्यते[7] । [8]एतद् वै दैव्यं[9] मिथुनं प्रजननं यत् त्रिवृच् च स्तोमो[10] गायत्री च छन्दः । तद् यद् दैव्यं मिथुनं प्रजननं तन् मा प्रजनयाद् इति ।

स उक्थ्यो भवति—विड्[11] वा उक्थानि—वैश्वदेवीनाम् एव प्रजानां प्रजात्यै । स हैष भूर् एव नाम यज्ञक्रतुः । एतेन ह वै यज्ञेनेष्ट्वा प्रजापतिर् अभवत् । यद् अभवत् तस्माद् भूः । भवति य एवं वेद । स वा एष वैश्यस्येव यज्ञो, ब्राह्मणस्याग्निष्टुद्, राजन्यस्येन्द्रस्तोमः[12] । यर्हि[13] वा एतैर् एवं व्याकृतैर्[14] ईजिरे, प्रोक्ता ह स्म मनुष्या विज्ञायन्ते । ब्राह्मणो[15] वदति, राजन्यो वदति[16], वैश्यो[17] वदतीति । अथ यद्[18] इदम् एतर्हि यथोपवादम् एतैर्[19] यजन्ते ततो ह नाप्रोक्ता[20] विज्ञायन्ते ॥ १४७ ॥

[१] ख ग एवा [२] ग तृवृतोर् [३] ग प्रजापति [४] ग त्रयस्त्रिशः [५] ग यत [६] ख तमात् [७–७] ख ...छन्दोसिसंपद्यते ग नास्ति [८] ग अधिपाठः तृत्रृद्यत् [९] ख ग देव्यं [१०] ख स्तोमा [११] ग विध् [१२] ख ग राजन्यसेन्द्रस्तोमः [१३] ख यहि [१४] ख व्राकृतैर् [१५] ख ग ब्राह्मणे [१६] ग भवति [१७] क ख ग वैश्यो [१८] क ख ग यत [१९] ग एतेर् [२०] ग न प्रोक्ता

अथैष उपहव्यः । प्रजापतिः प्रजा असृजत । तासां सृष्टानां नावेन्वो एव प्रजा अविदुः [1]प्रजापतिर् नो[1] ऽसृष्टेति । स ऐक्षत [2]कथं न्व् इमा[2] [3]अहं प्रजास् सृजेय तासां सृष्टानां[3] [4]न विद्याम् इति । स एतं यज्ञम् अपश्यत् । तम् आहरत् । तेनायजत । ततो ऽनेनैव ता उपाह्वयत । यद् उपाह्वयत तद् उपहव्यस्योपहव्यत्वम् । स सप्तदशो ऽनिरुक्तासु भवति[4] । यथा[5] ह वै वना कक्षा[6] एवं[7] सप्तदशो[8] ऽनिरुक्तासु[9] । स यथा वनात्[10] कक्षात् परीत्याविर्भवेद्[11] एवम् एवैताभिर् दृष्टवतीभिर्[12] [13]आविर्बभूव । यद् आदर्शि[13] गातुवित्तम इत्य् एतासु दृष्टवतीष्व्[14] अग्निष्टोमसाम भवति । ततो वै तं ता अविदुर् अस्य वै वयं [15]स्मो ऽयं वास्माकम्[15] [16]आसेति । अथो[16] हाभ्यो ऽन्नम् एव [17]भूतो ददृशे[17] । ता एनम्

अन्नकाशिनीः[१९] प्रजा अभ्युपावव्रृधुः[१९]। तद् यस्माद् राजन्याद् विशो ऽपक्रामेयुर् ब्राह्मणाद्[२०] वा स जातास् स एतेन यजेत। तस्मिन्न् ऋत्विज उपह्वयेत। एता उ ह वै यजमानस्य विशो यद्[२१] ऋत्विजः ॥ १४८ ॥

[१-१] ग प्रजापतिन्नो [२-२] कथञ्चिया ख कथंन्वियं ग कथंनायं [३-३] ख ग नास्ति [४-४] ख नास्ति [५] ख ग नास्ति [६] ख ग कक्ष्या [७] क एव [८] ख स्तदशो [९] क ख नुरुक्तासु ग नुरक्तासु [१०] ख ग वरात् [११] ग परित्याविर्भवेद् [१२] ख दृष्टभवतीभिर् [१३-१३] क आविर्बभूवयद्दर्शि ख आविर्बभूयददर्शि ग अविर्बभूयद्दर्शि [१४] ख दृष्टभवतीष्व् [१५-१५] ख ग स्मोयं स्मोयं वासगाकं [१६-१६] ख आसेत्येथो [१७-१७] ग भूतितादद्दृशे [१८] ग अन्नाकाशिनिः [१९] क ख अभ्युपावव्रतुधुः ग अभ्युपावृधुः [२०] ग बाह्मणाद् [२१] ग य

तस्य रथन्तरं पृष्ठं[१] भवति। अन्नं वै रथन्तरम्। अथो हास्मिन् बह्व् एव पक्वान्नं[२] दद्यात्। ता एनम्[३] अन्नकाशिनीः[४] प्रजा अभ्युपावर्तन्ते[५]। प्रजापतिर् यज्ञम् असृजत। तं देवेभ्यः प्रायच्छत्। स यज्ञं प्रदाय रिरिचानो[६] ऽमन्यत। [७]स ऐक्षत[७] [८]कथं न्व् अहम्[८] इमं यज्ञं पुनर् [९]उपह्वय इति[९]। स एतेनैव यज्ञेनायजत। तेनैनं[१०] पुनर् उपाह्वयत। यद्[११] उपाह्वयत तद् व्[१२] एवोपहव्यस्योपहव्यत्वम्। तद् यं सकृदिष्टिनं यज्ञो[१३] नोपनमेत्, स एतेन यजेत। अपक्रान्तो ह[१४] वा एतस्माद् यज्ञो भवति। यं सकृदिष्टिनं यज्ञो नोपनमत्य्, एतेन हैवैनं पुनर् उपह्वयते। उप हैनं[१५] यज्ञो नमति य एवं वेद ॥ १४९ ॥

[१] ग पृष्ठ [२] ग पक्वान्न [३] ग येतम् [४] ग अन्नकाशीनी: [५] ख अभ्युपवर्तन्ते ग अभ्युपावर्तते [६] ग रिरिवानो [७-७] ग नास्ति [८-८] क कथञ्चहम् [९-९] क उपह्वयेतेति ख ग उपह्वयतेति [१०] ग तेनैनां [११] ग तद् [१२] =उ [१३] ख यज्ञे [१४] क नास्ति [१५] ख ग हव्यं

द्वया उ ह वा अग्रे प्राजापत्या आसुर् देवाश् चैवासुराश् च। ततो हाभिराधयत्तरा इव देवा [१]आसुर् अनभिराधयत्तरा[१] इवासुराः। स प्रजापतिर् अकामयत देवा एव स्युः, परासुरा भवेयुर् इति। स एतं यज्ञम् अपश्यत्। तम् आहरत्। तेनायजत। तेस्मिन् देवान् उपाह्वयत। अथासुरान् दीर्घवंशेनान्तरगृह्णात्। ततो वै देवा अभवन्[२], परासुराः। भवत्य् आत्मना, परास्य द्विषन् भ्रातृव्यो भवति य एवं वेद। स यो भ्रातृव्यवान्[३] स्याद् [४]यो ऽभिचरेद्[४] [५]य स्पर्धेत[५] स एतेन यजेत। तद् [६]ये ऽस्य[६] प्रति कामीना इवर्त्विज स्युस् तान् उपाह्वयेत। अथेतरान्[७] दीर्घवंशेनान्तर्गृह्णीयात्[८]। तेषाम् एवानुपहवम् अनु द्विषन्न् अस्य भ्रातृव्यः पराभवति, श्रियम् आत्मनाश्नुते ॥ १५० ॥

[१-१] क ख ग असुरानभिराधयत्तरा [२] ग अभवत् [३] ख भ्रातृव्यान् ग भ्रातृव्यस्यान् [४-४] क योपिचरेद् [५-५] ग यस्पतिर्द्धेत [६-६] क ग येस्ये [७] क अथैतरान् [८] क ख ग दीर्घवंशेनन्तगृण्हीयात्

अथैष तीव्रसोमः[१]। प्रजाकामो हैतेन यजेत। तनुर् इव ह वा एष यो ऽप्रजः। प्रजयो ह वै पुरुषस् तीव्रो बहुलः। प्रजया तीव्रो बहुलो ऽसानीति। अथो आहुः पशुकाम एवैनेन यजेतेति। तनुर् [२]इव ह वा एष यो ऽपशुः[२]। पशुभिर् ह वै पुरुषस् तीव्रो बहुलः। पशुभिस् तीव्रो बहुलो ऽसानीति[३]। स सप्तदशो भवति। एष ह वै तीव्रो बहुलो यत्[४]

सप्तदशः । प्रजया पशुभिस् तीव्रो बहुलो ऽसानीति । तस्योभे बृहद्रथन्तरे सामनी भवतः । एते ह वै तीव्रे बहुले [5]यद् उभे बृहद्रथन्तरे[5] । प्रजया पशुभिस् तीव्रो बहुलो ऽसानीति । तस्य वडवा[6] गर्भिणी[7] दक्षिणा भवति । एषा ह वै तीव्रा बहुला यद् वडवा[8] । तीव्रा[9] तेन बहुला यद् गर्भिणी । [10]तीव्रा तेन[10] बहुला यद् उभयतोदती । तीव्रा तेन बहुला यद् एका सती बह्वीर् गा अर्हति । प्रजया पशुभिस् तीव्रो बहुलो ऽसानीति । अथो आहुर् धेनुशतम् एवास्य नानावत्सं[11] दक्षिणा स्याद् इति । एतद्[12] ध वै [13]तीव्रं बहुलं[13] यद् धेनुशतम् । तीव्रं तेन बहुलं यच् छतम् । तीव्रं तेन बहुलम् यद् अस्य पयः । तीव्रं तेन बहुलं यद् अस्य शतं वत्साः । प्रजया पशुभिस् तीव्रो बहुलो ऽसानीति ॥ १५१ ॥

[१] ख ग तीवृसोमः [२-२] ख नास्ति [३] ख सनीति [४] ग यं [५-५] क यदभे बृहद्रथन्तरे ख यदुभे बहद्रथन्तरे ग यदभे द्रथन्तरे [६] क ख ग बिडवा [७] ग गर्भिणि [८] क ख ग बिडवास् [९] ग तीव्रास् [१०-१०] क ख तिव्रातेन ग तिव्रातोन [११] ख नानात्सं [१२] ग एवतद् [१३-१३] क तीव्रबहुलं ख तीव्रद्बहुला ग तीव्रबहुला

इन्द्रो वृत्रं वज्रेणाध्यस्य नास्तृषीति मन्यमानः परां परावतम् अगच्छत् । तं देवा अन्वैच्छन्[1] । तं नान्वविन्दन्[2] । ते ऽब्रुवन् अभिषुणवामैव । तत आगमिष्यतीति । ते ऽभ्यषुणवन्[3] । तेषां ह सर्वम् एव प्रातस्सवनं नाजगाम । ते ह स्म [4]चमसान् उरस्य्[4] उपनिग्राहम् अभ्युन्नयन्ते—नेद् अपेन्द्रस्य सोमस्य भक्षयामेति[5] । स उ ह माध्यंदिने सवन आजगाम । ते होत्क्रोदं[6] चक्रिरे यथा श्रेष्ठिन्य् आगत उत्क्रोदं कुर्वते तथा । तद् उ वा आहुर् अच्छावाकस्येद्[7] वाव स्तोत्रे प्रातस्सवन आजगाम । अन्तरितो वै तथा यज्ञाद् अभविष्यद्[8], यद् अच्छावाकस्य[9] स्तोत्रे प्रातस्सवने नागमिष्यद् इति । तस्माद् एतस्य यज्ञस्याच्छावाकस्य स्तोत्रे भक्षयन्ति । तस्माद् व् अच्छावाकायोभाव्[10] अध्वर्यू[11] प्रत्यागृणीतः[12] सर्वे चमसाध्वर्यवः । उत्क्रोदम् एव तत् कुर्वते । तद् यस्माच् छ्रीर्[13] अपक्रामेत्, स एतेन यजेत । श्रीर् वै तेषां सापाक्रामद् यद् एषां श्रेष्ठ्य् अपाक्रामत् । ताम् एतेनैवान्वविन्दन् । अनु ह तां श्रियं विन्दति[14] नास्मात्[15] सा श्रीर् अपक्रामति य एवं वेद ॥ १५२ ॥

[१] ख अन्वैच्छस् ग अवैच्छंस् [२] ख नान्वविदुस् [३] ग भ्यषुणवन् [४-४] क चपसनिरस्य् ख चनिरस्य् ग चमसां उरस्य् [५] क ख भक्षयामीति [६] क ख होत्क्रोशं ग हस्क्रोदं [७] ख ग अच्छावाकश्येद् [८] ख अभविष्यंद् [९] ग अच्छावागस्य [१०] क ग अच्छावाकयोभाव् [११] क ख ग अध्वर्यु [१२] क प्रत्यगृणीत ख प्रत्यागृणीत ग प्रत्यागृह्णीतः [१३] ग छ्रिर् [१४] ग विन्दते [१५] ख ग नास्मत्

त्रिशीर्षा[1] ह वै त्वाष्ट्र आस । तस्य[2] ह त्रीणि मुखान्य् आसुस्[3] सोमपानम् एकं सुरापानम् एकम् अन्नादनम् एकम् । प्रस्तौति ह स्मैकेनैकेन[4] गायति प्रतिहरत्य् एकेनाश्रावयत्य्[5] एकेन प्रत्याश्रावयत्य्[6] एकेन शंसत्य् एकेन । स ह स्मैकात्येवानुपरि सर्वं[7] यज्ञं संस्थापयति । स हेयद्वीर्यवान्[8] आस । स उ हासुरीपुत्र आस[9] । स ह स्म प्रत्यक्षं देवेभ्यो वदति, परोक्षम् असुरेभ्यः । यस्मा उ ह वै भूयः कामयते तस्मै परोक्षं वदति । तस्माद् उ हेन्द्रो बिभयांचकार यच् चासुरीपुत्र आस, यद् उ [10]चेयद्वीर्यवान् आस[10] । स हेक्षांचक्रे[11]—असुर्यो वा अयम् आसुरीपुत्रः । स प्रत्यक्षम् अस्मभ्यं वदति परोक्षम्

असुरेभ्यः । हन्तैनं हनानीति ॥ १५३ ॥

[१] ख त्रिशीर्ष्णा ग शीर्ष्णा [२] ग पुनःपाठः तस्य [३] ख ग आसु [४] ख स्मैकेनेदकेन [५] ग एकैना- [६] क ख ग प्रत्याश्रावत्य | [७] क ख ग सर्वं [८] ग वीर्य्यवान् [९] ख आस् ग आह [१०-१०] ख चेवींद्वीर्य्यापानास ग चेयद्वीर्य्यापानां [११] क हैक्षाञ्चक्रे

तस्य ह वज्रेण शीर्षाणि प्रचिच्छेद । तान्य् एव वयांस्य्[१] अभवन्[२] । तद् यत् सोमपानम् आसीत् स कपिञ्जलो ऽभवत् । तस्मात् स [३]बभ्रुर् इव[३] । बभ्रुर्[४] इव हि सोमः । अथ यत् सुरापानम् आसीत् स कलविंको[५] ऽभवत् । तस्मात् स मत्त इवावक्रन्दति । अथ यद् अन्नादनम्[६] आसीत् स तित्तिरिर्[७] अभवत् । तस्मात् स बहुरूप इव । बहुरूपम् इव ह्य् अन्नम्[८] । तस्माद् उ तस्य वृश्चिकश् शंकुलिष्ठ इत्य् एतद् अन्नम् । स[९] त्वष्टा हतपुत्रो ऽपेन्द्रं सोमम् आजह्रे । स इन्द्र[१०] ईक्षांचक्रे[११]—[१२]अस्माच् चेद्[१२] वै मा यज्ञाद् अन्तरेत्य्, अन्तरितो वै तथा यज्ञाद् भवानि, हन्तैनं हनानीति ॥ १५४ ॥

[१] ग वयास्य् [२] क ख अभवस् [३-३] ग नास्ति [४] क बभुर् ख ग बभ्रूर् [५] ख कलपिंको ग कपिलपिंको [६] ग अन्नादानम् [७] ख ग तित्त्रिरिर् [८] क ख ग अन्नस् | [९] ख ब [१०] ख ग इन्द्रं [११] ख ग इक्षाञ्चक्रे [१२-१२] क स्माच्चैद् ख ग स्माचैद्

तं ह वज्रहस्तो ऽभिदुद्राव । स त्वष्टा प्रत्यङ् पतित्वा पत्नीः प्रपेदे । तं ह तत्र नानुप्रपेदे । तस्मात् त्वष्टारं पत्नीषु[१] संयजन्ति । तस्माद् उ पत्नीः प्रपन्नं न हन्यात्[२] । उदेयायेन्द्रः । स हविर्धानयोर्[३] एव [४]द्रोणकलशे सोमं राजानं संपवितुम् उपेयाय । तं ह[४] द्रोणकलशेनैव प्रतिधाय पीत्वा[५] [६]प्रवव्राज । अनूदेयाय[६] त्वष्टा । स ह पप्रच्छ—अस्ति किंचित् परिशिष्टाउम्[७] इति । [८]अस्त्य् अयं[८] संस्राव इति होचुः । तं हाग्नौ[९] [१०]प्रवर्तयांचकारेन्द्रशत्रुर्[१०] वर्धस्व स्वाहेति । तं यत् प्रावर्तयत् स एव वृत्रो ऽभवत् । स वर्तमान[११] एवाग्नीषोमाव्[१२] अभिसंबभूव । तस्माद् आहुर्[१३] [१४]अग्नीषोमाव् असुर्याव् इति[१४] । [१५]सहस्रेषु मात्रमूर्ध्वमुददिति[१६] । ततो ह स्मानावच्छां[१७] क्षितिस् त्रयीविद्भ्यां[१८] सर्वां श्रियं सर्वम् अन्नाद्यम् अपि यद् इदं त्रिरात्रे सहस्रं प्रोच्यते [१९]तद् अभिसंबभूव[१९] । तस्य हेदं सर्वं बलिकृद्[२०] आस । कीलालं ह स्मास्मै नद्यो वहन्ति । अथ हाभियुग्वानो[२१] नामाष्टौ देवानां सहचरा आसुर्, अष्टौ पितॄणाम्[२२], अष्टौ मनुष्याणाम्[२३], अष्टाव् असुराणाम्[२४] । तेषां ह[२५] स्मेन्द्रो[२६] मायया ऽष्टमो भवति वृत्रं जिघांसन् । तस्माद् उ हैनम्[२७] इन्द्र एव[२८] जघान । यद् इन्द्रशत्रुर्[२९] वर्धस्व स्वाहेति प्रवर्तयांचकार, [३०]अथ यद्[३०] ध[३१] प्रावर्तयिष्यद् इन्द्रस्य शत्रुर् वर्धस्व स्वाहेति ॥ १५५ ॥

[१] ग पत्नीशिशु [२] ग हस्ताभिद्रवन्यात् [३] ग हविर्य्यानयोर् [४-४] ग नास्ति [५] ग वीत्वा [६-६] क ख प्रवव्राजानुदेयाय ग प्रवप्राजानुदेयाय [७] क ख परिशिष्टाम् ग परिशिष्टागुम् [८-८] ख ग अस्तयं [९] क ख ग हग्नौ [१०-१०] क प्रवर्त्तयाञ्चकारेन्द्रेश्शत्रुर् ख प्रवर्त्तयाञ्चकारेद्रेश्शक्रु ग प्रवरत्तयञ्चकरेद्रेश्शक्रु [११] ग वत्तमान [१२] क ग एवाग्निषोमाव् [१३] ग आहुतीर् [१४-१४] क अग्नीशोमावासुर्य्याविति ख अग्नीशोमावसुर्य्याविति ग अग्नीशामावासुर्य्याविति [१५] ग अधिपाठः सह [१६] क ख मात्रमूर्द्धमुददिति ग मात्रमूद्धमिददिति [१७] क ख ग स्मानावच्छ्वां [१८] ? क त्रयीं विद्भ्यां ख त्रयीविद्भ्यां ग त्रयीं विद्यां [१९-१९] ग

तदिसंबभूव [२०] ख बलिक्रद् ग बलाक्रद् [२१] ग हाहिश्वानो [२२] ख ग पितृणाम् [२३] ख ग मनुष्यानाम् [२४] ग असुरान् [२५] ख ग नास्ति [२६] ग स्मेन्द्रा [२७] ख ग हेनम् [२८] ग व [२९] क ख गं इन्द्रशत्रुर् [३०-३०] ग नास्ति [३१] ग द्ध

शश्वद् धैनं नाहनिष्यत् । तम् अयम् इन्द्रं सोमो राजा पीतो[1] [2]अनुपहूतो ऽहिनोत्[2] । तस्य ह सर्वेभ्य एव छिद्रेभ्यः प्रेयाय[3], मुखाद् एव न । तस्माद् उ ह भिषज्य आस[4] । तस्येदवायोय सैव सुरावारिटका बभूव । यच् छिश्नात्[5] सा [6]परिस्रुक् । त्रिर् निरष्ठीवत्[6] । तद् यत् प्रथमं निरष्ठीवत्[7] तद् एव कर्कन्धव् अभवद्, यद् द्वितीयं तद् बदरं, यत् तृतीयं तत् कवलम् । तस्माद् एतेषाम् अन्नं चैव रसाः खादकृत्य[8] [9]चतुर्थं निरष्ठीवत्[9] । तद्[10] एवाम्रम्[11] अभवत् । तम् एवं सन्तं देवा अभितो निषेदुः । अयं न एको वीरो ऽभूत् । स इत्थं न्यगात् । क्व भवाम इति । स होवाच न वै [12]विद्म य भुवम्[12] इति । किम् इति । चुक्षुषामि वा[13] इति । अथ ह स्म ततः पुरा क्षुत्वैव[14] म्रियन्ते । तं होचुः—क्षुहि, जीवेति त्वा वक्ष्याम इति । स ह क्षुवाव । तं ह जीवेत्य् ओचुः[15] । स ह[16] जिजीव[17] । तस्माद् इदम् अप्य् एतर्हि[18] चुक्ष्वांसम् आहुर्[19] जीवेति । [20]तस्माद् उ यम्[20] एव मन्येत तं ब्रूयाज्[21] जीवेति । तस्य यन् नस्त इयाय[22]— ॥ १५६ ॥

[१] ख वीतो ग वितो [२-२] ग अनुपहूतोनुपहुतोनिहोत् [३] क ग प्रोयाय [४] ख ग आस् [५] ग छिश्नान् [६-६] ग परिस्रन्तर्न्निष्टीव [७] ग निरष्टिवत् [८] क ग खाटकृत्य [९-९] ग चतुर्थयन्निरष्टीवत् [१०] क तेद् [११] ख ग एवामृम् [१२-१२] ? ख वित्मयभूवम् [१३] ग वाशु [१४] क चक्षुत्वैव ग क्षुद्वैव [१५] ? एवं कोशेषु [१६] ग नास्ति [१७] ग जिजिव [१८] ग ओतर्हि [१९] ग आशुर् [२०-२०] क ख ग तस्मादुदयम् [२१] ग ब्रुयाज [२२] ग इयंय

—ताव् एव[1] सिंह्याव् [2]अभवताम् । यद्[2] अक्षिभ्यां तौ शार्दूलौ, यत् कर्णाभ्यां तौ वृकौ वैलूषौ, यद् उपपक्षाभ्यां[3] ताव् अपाष्ठिहौ[4] । तस्माद् एते वयसां वीर्यावत्तराः[5] । इन्द्रो ह्य् एतेषाम् आजानम् । अथ यद् अवाङ्[6] इयाय तद् इदं क्षुद्रं श्वापदं बभूव । स[7] ह [8]विषिक्तश् शिश्ये । अपि[8] ह तृणैर् अभिविलूढ आस । तं होचुः क्वेवालि क्वेव[9] त्वाभिषज्याम इति । तस्माद् इदम् अप्य् एतर्हि[10] उपतापिनं पृच्छन्ति क्वेव[11] ते रुजति[12] क्वेव[13] ते ऽभिषज्याम[14] इति[15] । स ह तृणान्य् अभिपरिविशन्न्[16] उवाचेदम् इवैवम् आभितो[17] ऽस्मीदम् इवैवम् आभितो ऽभिषज्यतेति । तद् अग्निम् अब्रुवन् इदं दहेति । तद् अग्निर् अदहत् । तत् पर्जन्यम् अब्रुवन् इदम् अभि वर्षेति । तत् पर्जन्यो ऽभ्यवर्षत् । तत् कल्याण्य ओषधयो ऽजायन्त । ता धेनूभिर् आधयन्[18] । तत् पयो ऽदुहन् । त [19]एतं यज्ञम्[19] अपश्यन् । तम् आहरन्[20] । तेनैनम् अयाजयन् । तस्य प्रतिधुक् प्रातस्सवने वानयत्[21] । प्रतीव[22] वा अनेनाधायीति तस्मात् प्रतिधुक् । श्रितं[23] माध्यंदिने सवने, श्रेष्ठेव वा[24] अनेनेति तस्माच् छ्रितम् । दधि तृतीयसवने, ऽधायीव[25] वा अनेनेति तस्माद् दधि । स यथा च ह पुर आसातितरां ह तत आस । स यस् सोमवामी वा सोमातिपवितो[26] [27]वा स्यात्[27] स एतेन यजेत । यथा च ह पुरा भवत्य् अतितरां ह ततो भवति । तस्माद् उ ह सोमवामिनं वा सोमातिपवितं[28] वा न परिचक्षीत । इन्द्रो ह्य् अपि तथास ॥ १५७ ॥

[१] ख ऐश [२–२] क ख अभवताय्यद् ग अभवतार्य्यद् [३] ग उपवक्ष्यभ्यां [४] ख अपादिष्टिसौ ग अपादिष्टिहौ [५] ख ग वीर्य्यावर्त्तराः [६] एत्र कोशेषु [७] क ग तम [८–८] क ख विषिक्तशिश्शेपि ग विशक्तशिश्शेपि [९] ग त्वेव [१०] क ग एतर्हं ख एतहि [११] ख ग त्वेव [१२] क ग रुजति [१३] क ग त्वेव [१४] ग अभिषध्याम [१५] क ग धिति [१६] ख अभिपरिदिश्न् [१७] ग आभिरतो [१८] ख ग अधारयन् [१९–१९] ख ग एंय्यश्नम् [२०] ख ग आहरम् [२१] ग वायत् [२२] ग प्रतिव [२३] ग छितम [२४] ग वाव [२५] ख ग दायीव [२६] क सोमोतिवापितो ख सोमावपितो ग सोमावविता [२७–२७] ग वा...त् [२८] ग सोमातिपरितं

अथैष ऋतपेयः[१] । देवेभ्यो वा ऊर्ग्[२] अन्नाद्यम् उदक्रामत्[३] । सोमाहुतिर् ह वा एभ्यस् सोच्चक्राम । सो एव विराट् । ते देवा अब्रुवन्न् एतेमां विराजम्[४] अन्विच्छामेति । ते तपो ऽतप्यन्त । त एत[५] विराजं यज्ञम् [६]अपश्यन् । तम् आहरन्त । तम् अभ्य् अदीक्षन्त । त एकम् अहर् नाश्नन् । तस्यै नियानम् अन्ववापश्यन्[७] । ते ऽब्रुवन् भूयो न्व् एव तपस् तप्यामहा इति । ते द्वितीयम् अहर् नाश्नन् । तस्यै घोषम्[६] उपाशृण्वन्[८] । ते ऽब्रुवन् भूयो न्व् एव तपस् तप्यामहा इति । ते तृतीयम्[९] अहर् नाश्नन् । तां परापश्यन् यथा महान्तं गिरिम् उ दीक्षितं यथा वा महद् अभ्रम् एवम्[१०] । ताम् अभिक्रामम् [११]अपक्रामम् अभ्यत्सरन्[११] । य उ[१२] ह वै मृगं पराङ्[१३] एवाभित्सरति, नैनं स[१४] गृह्णाति । अथ य एनम्[१५] अभिक्रामम् अपक्रामम् अभित्सरति, स[१६] एवैनं गृह्णाति । तां दशमेनैवाह्नावरुन्धत[१७] । दशाक्षरा विराट् । अन्नं विराट् । विराज एवान्नाद्यस्यावरुद्ध्यै ॥ १५८ ॥

[१] ख ऋतपयः [२] ख ऊर्भ् [३] ग उदक्रमत् [४] ग विरजम् [५] ग एतां [६–६] ख नास्ति [७] क ग अन्यवापश्यन् [८] ख अश्रृण्वन् [९] ख त्रयम् [१०] क एवां [११–११] क ख अपक्रममपक्राममभ्यत्सरन् [१२] ख इ [१३] ख पराद् ग पराण् [१४–१४] ख ग स स [१५] ग एवं [१६] ख य [१७] ख -ह्नायरुन्धत ग देशमे-

तस्यापश् च घृतं च व्रतम् । अशरीरा वा आपो ऽशरीरं घृतम् अशरीरा स्वधा । अशरीरेणाशरीरां[१] स्वधाम् अवरुणधामहा[२] इति । एतावच्छो व्रतयति । एतावती वै पुरुषस्य मात्रा—नेत्[३] पुरुषम् अतिव्रतयानीति । अथो हैतत्[४] पर्वश एवात्मनो ऽङ्गानि प्रतिसंदधाति । सर्पिष्मान् अन्तरेण भवति—समष्ट्यै । सप्तदशस्तोमो भवति । प्रजापतिर् वै सप्तदशः । प्रजापतिर् नष्टस्यानुवेत्ता । स यो नष्टस्यानुवेत्ता, तेनेमां स्वधाम् अनुविन्दामेति । तस्योभे[५] बृहद्रथन्तरे सामनी[६] भवतो—यद् अस्मिन् लोके[७] रथन्तरेणानुविन्दाम, यद् अन्तरिक्षे वामदेव्येन, यद् अमुष्मिन् लोके बृहतेति । तस्यौदुम्बरस् सोमचमसो[८] दक्षिणा भवत्य्—ऊर्ग्[९] वा अन्नम् उदुंबरम्—ऊर्ज एवान्नाद्यस्यावरुद्ध्यै[१०] । अथो अशरीरो वै सोमो, ऽशरीरा स्वधा—ऽशरीरेणाशरीरां स्वधाम् अवरुणधामहा[११] इति ॥ १५९ ॥

[१] ख ग -शरीरं [२] ग अवरुन्धामहा [३] ख नोत् [४] ख हैत [५] ख तस्येभो ग तस्येभे [६] ग सामानी [७] ग लाके [८] ख सोमचमसे [९] ख ऊर्श् [१०] ख -वरुद्धयो [११] ख अरुणयामहा

तं ब्रह्मणे[१] ददाति[२] । ब्रह्मणो[३] ह्य् एवैकदक्षिणा ।

तद् आहुर्[4] हुतो देया३ अहुता३[5] इति[6]। अहुत इत्य् आहुः। यातयामेव[7] वै तथा स्याद्[8] यद् धुतं दद्याद् इति। तद् उ वा आहुर् हुत एव देयः। देवानां वा एष भागः। को देवानां भागं दातुम्[9] अर्हति। तस्माद् धुत एव देय[10] इति। यादृग्[11] अह वा अस्मिन् लोके अन्नं ददाति, तादृग्[12] अस्यामुष्मिन् लोके ऽन्नं भवति। एतद्[13] उ ह वा अमुष्मिन् लोके[14] परमम् अन्नाद्यं यत् सोमपीथः। एषा हैवास्य सोमाहुतिर् अमुष्मिन् लोके ऽन्नं[15] भवति।

ऋतं सत्यं वदन्तो भक्षयन्ति। ऋतेन[16] हि ते तां[17] [18]सत्येनान्वविन्दन्। ऋतम्[18] अमृतम् इत्य् आह। ऋतेन हि ते तद् अमृतम् अन्वविन्दन्। ओ यि ज्वरा ओयि ज्वेति[19] सामनिधने[20] भवतो वाचस् सत्ये। वाचो हि ते तां[21] सत्येनान्वविन्दन्।

तेन हैतेनाथो दिवो गार्ग्य ईजे[22] केशी दार्भ्य ऋजिश्वा वातवात इति। स हर्जिश्वा[23] वातवातो ऽवततामं। तम्[24] उ[25] ह वृषशुष्मेण कुमारेणार्जिश्वनेनाक्ताक्षेणोपनिषेदुर्—यद्य अयम् [26]उ रिष्यत्य्[26] अनेनेदं समापयिष्याम इति। स ह ततामं। स ह तान्तः परं लोकं जगाम। स हामुष्मिन्[27] [28]लोके पितरम् आजगाम[28] ॥ १६० ॥

[१] क ब्रह्मणो [२] ग दधाति [३] ग ब्रह्मणा [४] क आह [५] ख अहुतगु [६] क नास्ति [७] ग यातयामे [८] ख ग स्यद् [९] ख दतुम् [१०] ख देव [११] ख ग यदृग् [१२] ग तदृग् [१३] क ग एदद् ख एवतद् [१४] ख अधिपाठः अन्नं भवत्येव तदु ह वा अमुष्मिन् लोके [१५] ख न्यं [१६] ग ऋतून् [१७] क तान् [१८-१८] क ख सत्येनान्वविन्दन्नेर्तम् ग सत्येनानुविन्दनृतम् [१९] ख ज्ञवेति [२०] ख सोमनिधने [२१] क तान् [२२] ग इजे [२३] ख हज्जिश्वा [२४] ग ताम् [२५] ख ऋ [२६-२६] ग मरिष्यत्य् [२७] ग हमुष्मिन् [२८-२८] ख लोकेपिपितरमुंजगाम

तस्य ह कल्याणो लोक आस। स होवाच—तत, कस्यायं लोक इति। ममेति होवाच। अथ हान्यो[1] लोकः कल्याणतर[2] आस[3]। कस्यो असाव् इति। तवेति[4] होवाच। स होवाच—तत, [5]यत् त्वं[5] मद् भूयो ददिवान् असि, भूयस् ते मद् अनूक्तम्[6]। अथ कथं तवायं लोको, ऽसौ ममेति। स होवाच—व्रतोपयोद्ध्यो[7] वै किल पुत्रकासौ लोक आस। व्रतोपयोधितर एव नौ त्वम्[8] असि। तस्माद् अयं मम लोको ऽसौ तवेति। गच्छेति होवाच, सं वावाप्स्यसि। यं वाव कामं कमितासि, स ते कामस् समर्धिता[9]। [10]वङ्क्रितास् त्व् एवांगुलीः[10] कुरुताद् इति। स ह समाप। स[11] ह समाप्योवाचा[12]पिपात्र एव स्यो [13]ब्राह्मणानाम् अस्त्व् इति[13]। स हापिपात्र एव ब्राह्मणानाम् आस। ततो ह वा इदम् अर्वाचीनम् आर्जिश्वना[14] अपिपात्राः ॥ १६१ ॥

[१] क ख हान्ये [२] ग कल्याणेतर [३] ग आसः [४] ख तेवेति ग तेनेति [५-५] ग यत्वा [६] ग अनूक्तम् [७] क व्रतोपयोद्धर्यो [८] ग तम् [९] क संमृद्धिता ख समद्धिता ग समर्ध्यता [१०-१०] क वङ्क्रिकान्त्वेवाङ्गुलिं ख वङ्क्रिकान्त्वेवाङ्गुलि [११] क स स [१२] ख समाप्ये- [१३-१३] क ब्राह्मणानारित्वति ख ब्राह्मणानासित्वति [१४] क ख आर्जिष्वना ग अर्जिष्वना

अथैष चितिस्तोमः। प्रजननकामो यजेत। तस्य पृष्ठस्य[1] षडहस्य स्तोमा भवन्त्य्—ऋतवो वै पृष्ठानि। संवत्सर ऋतवः। संवत्सरः प्रजननं—स यः प्रजननं स मा प्रजनयाद् इति। तस्योभये[2] स्तोमा भवन्त्य् अयुजश् च युग्मन्तश्[3] च। एतद् वै दैव्यं मिथुनं

प्रजननं यद् उभये[4] स्तोमाः । तद् यद्[5] दैव्यं[6] मिथुनं प्रजननं तन् मा प्रजनयाद् इति । तस्योभे बृहद्रथन्तरे सामनी भवतः[7] । एतद् वै दैव्यं मिथुनं प्रजननं यद् उभे बृहद्रथन्तरे । तद् यद् दैव्यं मिथुनं प्रजननं तन् मा प्रजनयाद् इति । तस्य द्वादश स्तोत्राणि भवन्ति—द्वादश मासास् संवत्सरः । संवत्सरः प्रजननं—स यः प्रजननं स[8] मा प्रजनयाद् इति । तस्य चतुर्विंशति स्तुतशस्त्राणि भवन्ति—चतुर्विंशत्यर्धमासस्[9] संवत्सरः । संवत्सरः प्रजननं—स यः प्रजननं स मा प्रजनयाद् इति । अथो आहु स्वर्गकाम एवैनेन यजेतेति[10] । तस्य पृष्ठ्यस्य[11] षडहस्य स्तोमा [12]भवन्त्य्—ऋतवो[12] वै पृष्ठानि । संवत्सर ऋतवः । संवत्सर स्वर्गो लोक—स्वर्गस्यैव लोकस्य समष्ट्यै । [13]तस्योर्ध्वा स्तोमा भवन्त्य्—ऊर्ध्वो वै स्वर्गो लोक—स्वर्गस्यैव लोकस्य समष्ट्यै । तस्योभे बृहद्रथन्तरे सामनी भवत स्वर्ग्ये[14], स्वर्गस्यैव लोकस्य समष्ट्यै[13] । तस्य द्वादश स्तोत्राणि भवन्ति—द्वादश मासास् संवत्सरः । संवत्सर स्वर्गो लोक—स्वर्गस्यैव लोकस्य समष्ट्यै । तस्य चतुर्विंशति स्तुतशस्त्राणि भवन्ति—चतुर्विंशत्यर्धमासस् संवत्सरः । संवत्सर स्वर्गो लोक—स्वर्गस्यैव लोकस्य समष्ट्यै ॥१६२॥

[१] ख ग पृष्ठ्यस्य [२] क ग तस्योभयो ख स्तोभयो [३] ग युश्मन्तश् [४] ग उभयो [५] क ख ग य [६] ग दैव्य [७] ख भव [८] ग सा [९] ख -मासांस् [१०] ग यजतेति [११] ख ग पृष्ठस्य [१२–१२] ख ग भवन्तृतवे [१३–१३] ग नास्ति [१४] ख स्वर्गे

तस्य द्व्युत्तराण्य्[1] उत्तराणि स्तोत्राणि[2] भवन्ति । द्विपाद् वै यजमानः । यजमानम् एव तत् स्वर्गे लोके प्रतिष्ठापयति । अथो आहुर् इष्टके एवैते उपधीयेतेति । अथो द्यावापृथिवी एवाथो बृहद्रथन्तरे एवाथो अहोरात्राव् एवाथो अवस्रवाव्[3] एवाथो अपच्छादावैव[4] । छदिर् इव ह खलु वा एष यज्ञक्रतुः । न ह वै छदिष्मतो गृहान्[5] अतिवर्षति । नैनं[6] पाप्मातिवर्षति य एवं वेद । अथो आहुर् अन्विष्टीनां[7] हेद् वा एष एको यज्ञक्रतुर्[8] इति । स यस् संवत्सरभृता[9] वा[10] संवत्सरभृता वाग्निना चित्येन यजेत, स[11] एतेन यजेत । सद्यो हैवास्य संवत्सर ऋतुशो मासशो[12] ऽर्धमासशो रात्रिशो ऽन्विष्टो भवति । तद् यत् पृष्ठ्यस्य षडहस्य स्तोमा[13] भवन्त्य्—ऋतवो वै पृष्ठानि । संवत्सर ऋतवस्—[14]तेनर्तुशः । अथ[14] यद् द्वादश स्तोत्राणि भवन्ति—द्वादश मासास् संवत्सरस्—तेन मासशः । अथ यच् चतुर्विंशति स्तुतशस्त्राणि भवन्ति—चतुर्विंशत्यर्धमासस् संवत्सरस्—तेनार्धमासशः । अथ यत् त्रीणि षष्टिशतानि स्तोत्र्या भवन्ति—तावतीस् संवत्सरस्य रात्रयस्—तेन रात्रिशः । सद्यो हैवास्य संवत्सरो[15] ऽन्विष्टो भवति य एवं वेद ॥१६३॥

[१] ख ग द्यु- [२] ख स्तोत्रा [३] ग अवस्रात्राव् [४] ख ग अवच्छादावेव [५] ख ग्रहान् [६] ग मूननं [७] ख ग अनिष्टीनां [८] ख ग यज्ञक्रतुर् [९] ग संवत्सरभता [१०] क ग वाग्नि [११] ख ग सय [१२] क माससो ख ग नास्ति [१३] ख सोमा [१४–१४] ग तेनक्रशोथ [१५] ख ग संवत्रो

अथैतौ[1] राशि-मरायौ । प्रजननकामो हैताभ्यां[2] यजेत । प्रजापतिर् वा अकामयत बहुः प्रजया पशुभिः प्रजायेय । द्वन्द्वं[3] प्रजाः पशून् सृजेयेति । स[4] एतौ यज्ञाव् अपश्यत् । ताव् आहरत । ताभ्याम् अयजत[5] । ततो वै स बहुः प्रजया पशुभिः प्रजायत[6] । द्वन्द्वं प्रजाः पशून् [7]असृजत । स यः कामयेत बहुः प्रजया पशुभिः प्रजायेय, द्वन्द्वं प्रजाः पशून्

सृजेयेति, स एताभ्यां यजेत । बहुर् एव प्रजया पशुभिः प्रजायते, द्वन्द्वं प्रजाः पशून्[7] सृजते । स राशिश् चतुश्चत्वारिंशो भवति, रथन्तरसामा[8] । ब्रह्म[9] वै रथन्तरं, क्षत्रं चतुश्चत्वारिंशः । ब्रह्मणा च क्षत्रेण च सयुग्भ्यां[10] बहुः प्रजया पशुभिः प्रजाया[11] इति । यद् व् एवैतानि स्तोत्राणि बहुलान्य् उदपद्यन्त[12] इव तस्माद् राशिः । अष्टाचत्वारिंशो[13] मरायो[14] भवति बृहत्सामा । ब्रह्म वा अष्टाचत्वारिंशः, क्षत्रं [15]बृहत् । द्वे[15] हि ते गायत्र्यौ यद् अष्टाचत्वारिंशः । ब्रह्मणा च क्षत्रेण च सयुग्भ्यां[16] बहुः प्रजया पशुभिः प्रजाया इति । यद्[17] व् एवैतानि स्तोत्राणि ज्यायांसीव[18] च[19] भवन्ति तस्मान् मरायः । ज्यायान्[20] ह्य् एव राशेर् मरायो भवति ॥ १६४ ॥

[१] ख अथेतौ [२] क ह्यैताभ्यां [३] ख ग यद्वंद्वं [४] ख नास्ति [५] ख अयज [६] ख ग प्राजायत [७–७] ग नास्ति [८] क ख ग रथन्तरसाम्ना [९] ख बृह [१०] ग सयु... [११] क प्राजाया [१२] ख ग उद्प्यन्त [१३] ख ग अष्टाचत्वारिंश [१४] ख ग नास्ति [१५–१५] ग बृहद्वै [१६] ग सयु... [१७] क येद् [१८] ख ज्याया... ग ज्याया च [१९] ख नास्ति [२०] क ज्यायान् ग ज्याया

तौ वा एतौ भूमैव स्तोमानाम् । तौ यौ भूमा स्तोमानां ताभ्यां बहुः प्रजया पशुभिः प्रजाया[1] इति । तयोस् सह दीक्षा, सह क्रयस्[2], सहोपसदः । क्रीत्वा तु नानोपनह्यन्ति । नानर्त्विजो भवन्ति । तद् आहुस् संसवो वा एष [3]यन् नानर्त्विजो[3] भवन्ति । [4]यन् न्वाव[4] दूरात् संसूयते तद् अरमणीयम् । अथ किं यद् अन्तिकात् समाना[5] एवर्त्विज स्युर् इति । नो ह तु तथा सद्यस् संतिष्ठेयातां नानैवर्त्विज स्युः । ते वाव समानं[6] प्रवरं प्रवृणते, समानीम्[7] आशिषम् आशासते[8] । तस्मान् नानैवर्त्विज स्युर्[9] इति । अथो आहु[10] राशिनैव पूर्वेणेष्ट्वावभृथाद् उदेत्य[11] मरायाय दीक्षेतेति[12] । अयमौ ह तु तथा स्याताम् । समानो हि यमयोर्[13] योनिस्, सह जायेते, सह वर्धेते । तस्मात् सहैव स्याताम् इति । ताभ्यां हैताभ्याम् उग्रायुधो[14] मानश्चित्त[15] ईजे[16] । अथो अलन्दो[17] वात्स्यस्[18] तयोर् ह परश्शता अन्यस्मिन् समा[19] आसुः[20], परश्शता अन्यस्मिन् । तथा बहुर् ह प्रजज्ञाते । बहुः प्रजया पशुभिः प्रजायते[21] य एवं वेद ॥ १६५ ॥

[१] क प्राजाया ख ग प्रजया [२] ख क्रिययस् ग त्र्यस् [३–३] क ग यन्नर्त्विजो ख यन्नार्त्विजो [४–४] क ख ग यन्वाव [५] ग समन्न [६] क ख सामानं ग समानां [७] ग समानिम् [८] ख आशास्ते [९] ख ग सुर् [१०] क ख ग आहु [११] ग एत्य [१२] ख ग दीक्षतेति [१३] ग यमायो [१४] ग उश्रायुधो [१५] ख ग मानश्चित्तम् [१६] ख ग रंजे [१७] ग आलन्दे [१८] ग वात्स्यस् [१९] ग सहा [२०] ग आश्वः [२१] ख ग प्रजयते

अथैते ज्योतिर् [1]गौर् आयुर्[1] इति स्तोमा भवन्ति । गौर् [2]आयुर् अस्कन्दत्[2] । ततो ज्योतिर् अजायत[3] । अयं वै लोक आयुर् असौ गौर् इदम् एवान्तरिक्षं[4] ज्योतिः । तम् एतं पुरस्ताद् अकुर्वातां, यथा पुत्रम् एवम् । इतो वा अयम् ऊर्ध्वो लोको ऽर्वाङ्[5] असाव् अमुतः । तद् इदम् एनयोः पुरस्ताज् ज्योतिः [6]पर्यूढं, तेन[6] पश्यामः । तौ योगम् उपप्रयन्ताव् अन्तम् अभि ज्योतिर् व्युदौहताम् । स यथा पितरौ पुत्रं पूर्वं यन्तं पश्चाद् अन्वियातां, तादृक् तत् । एतन्[7] मिथुनीस्तोमा[8] भवन्ति यद् विजयन्ते । मध्ये वै जायापत्योः पुत्रः शेते । तौ यथा मिथुनीभविष्यन्ताव्[9] इत्थाद् वेत्थाद् वा पुत्रं परिहरेयातां तादृग् एवैतत् । त एत ऊनातिरिक्ता[10] मिथुना प्रजनय स्तोमाः । स यः कामयेत बहुः प्रजया

पशुभिः प्रजायेयेति स एतैर् यजेत । बहुर् एव प्रजया पशुभिः प्रजायते ॥ १६६ ॥

[१-१] क गौरवायुर् [२] ख ग आयुस्कन्दत् [३] ख ग अजयत [४] ख ग एवान्तरिक्ष [५] ग वर्भि [६-६] ग पर्य्यूथन्तेन [७] क ख ग एतं [८] ख ग मिथुनिस्तोमा [९] ख ग मिथुनिभविष्यन्ताव् [१०] ख ग ऊनातिक्ता

अथैष शुनस्कर्णस्तोमः । शुनस्कर्णो[1] ह वै वाष्णर्यकः[2] पुण्यकृद् अपापकृद् आस[3] । स[4] ह चकमे—पुण्यम् एवास्मिन् लोके कृत्वापापंकृत्य[5] स्वर्गं लोकं[6] गच्छेयम्[7] इति । स एतं यज्ञम् अपश्यत् । तम् आहरत्[8] । तेनायजत । ततो वै स पुण्यम् एवास्मिन् लोके कृत्वापापंकृत्य[9] स्वर्गं[10] लोकम् अगच्छत्[11] । [12]स यः पुण्यकृत् कामयेत पुण्यम् एवास्मिन् लोके कृत्वापापंकृत्य स्वर्गं लोकं गच्छेयम् इति, स एतेन यजेत । पुण्यम् एवास्मिन् लोके कृत्वापापंकृत्य स्वर्गं लोकं गच्छति[12] । स त्रिवृद् भवति । पराङ् इव[13] ह वा एषः । स्वर्गम् एव लोकम् अभिनिर्मृष्टो[14] यत् त्रिवृत् स्तोमः । पराङ् एवैतेन[15] स्वर्गं लोकम् एति । तस्य [16]परांच्य् एव[16] स्तोत्राणि भवन्ति, पराञ्चि शस्त्राणि, पराञ्चि[17] पृष्ठानि, [18]पराचीर् विष्टुतयः[18] । पराङ्[19] एव सर्वो[20] भवति । प्रवतीषु स्तुवन्ति । पराञ्चम् एवैनं तद् अमुं लोकं गमयन्ति ॥ १६७ ॥

[१] ख शुनस्कर्णे [२] ? क ख वाष्कयहः ग वाष्णयहः [३] ग अस [४] ग नास्ति [५] क ख ग कृत्या- [६] क कं ख लोके [७] ग गछेत्यम् [८] ख ग आहत् [९] ग कृत्या- [१०] क स्वर्ग [११] ख ग गच्छति [१२-१२] ख ग नास्ति [१३] ख ग व [१४] ख ग अभिनिममृष्टो [१५] ख इवैतेन ग वंतेन [१६-१६] ख पराङ्येव ग पराभ्येव [१७] ग पराञ्छ [१८-१८] ग पराचीमीष्टुतयाः [१९] ग पराभ्र्य् [२०] ग सर्वे

तस्य वामदेव्यं पृष्ठं[1] भवति[2] स्वारम् । स्वाराणि सर्वाणि[3] सामान्य् अवकल्पयन्ति । प्राणो वै स्वरः । प्राणैर् एव तत् प्राणान् उद्गाता यजमानस्य निस्वरति[4] । तद् आहुर् यज्ञायज्ञीयस्य स्तोत्रे जघनेन गार्हपत्यं[5] दक्षिणा प्रावृत्य निपद्येत[6] । तत[7] एव[8] स्वर्गं लोकम् एतीति । तद् उ वा आहुर् विकर्षो[9] वै तथा यज्ञस्य भवति [10]यद् असंस्थिते[10] निपद्येत[11] । यदैव सर्वं कर्म संतिष्ठेत[12] यदा वशाया चरेयुः । अथ जघनेनाहवनीयं[13] दक्षिणा प्रावृत्य[14] निपद्येत । तत एव स्वर्गं लोकम् एतीति । असौ वा आदित्य आहवनीयः । एष वै स्वर्गो लोकः । एतस्मिन्न् एव तत स्वर्गे [15]लोके ऽन्तत प्रतितिष्ठति[15] ॥ १६८ ॥

[१] ख ग पृष्ठयं [२] ख ग नास्ति [३] ख सर्वाण्य [४] ग निस्सरति [५] ग गर्हपत्य [६] ग निपत्येत [७] ग त [८] ग एवं [९] ग विकषो [१०-१०] ग यतसंस्थिते [११] ग निपद्यत [१२] ख ग सन्तिष्ठत [१३] ग जघनेनाभवनीयं [१४] ग प्रवृत्य [१५-१५] ख लोकेंततिष्ठति ग लोकेततिष्ठति

अथैष[1] मनुस्तोमः[2] । मनुश् च वै यमश् च वैवस्वताव् आस्ताम्[3] । सो ऽकामयत मनुर् अस्मै मां लोकाय राज्याय देवास्[4] सुवीरन्न् अमुष्मै[5] यमम् इति । स एतं यज्ञम् अपश्यत् । तम् आहरत् । तेनायजत । ततो वै [6]तम् अस्मै[6] लोकाय राज्याय देवा असुवतामुष्मै[7] यमम् । स वा एष सदशो भवति । सदंशो[8] ह वा एष यत् सदशः । स यथा

संदंशेन[9] संदश्य हरेद् एवम् एवैनम् एतेन संदंशे।[10] संदश्यास्माल् लोकाद् अमुं लोकं जहार। तस्य रथन्तरं पृष्ठं भवति। वज्रो वै रथन्तरम्। वज्रेणैवैनं [11]तद् अस्माल्[11] लोकाद् अमुं[12] लोकम् अभिनिर्जघान[13]। स यो भ्रातृव्यवान्[14] स्याद् [15]यो अभिचरेद्[15] य स्पर्धेत स एतेन यजेत। एतेनैवैनं संदंशेन संदश्यास्माल् [16]लोकाद् अमु[16] लोकं हरति। वज्रो वै रथन्तरम्। वज्रेणैवैनं [17]तद् अस्माल्[17] लोकाद् अमुं लोकम् अभिनिर्हन्ति। तस्मिन्न्[18] एतानि घोराणि सामान्य् अवकल्पयन्ति[19] ॥ १६९ ॥

[१] ख अथैषम [२] क मनुस्तो स्तोमः [३] ख अस्वता वा ग अस्वतापास्ता [४] ख ग देवा [५] ग अनुष्मै [६–६] ग तस्मै [७] ख ग असुवतामसुष्मै [८] क ख ग सन्देशो [९] ग सन्दंश्येन [१०] ग सन्दंश्येन [११–११] ख ग तस्माल [१२] क ग अमु [१३] क अभिनिज्जघान ख ग अभिनिर्ज्रघान [१४] ग भ्रातृव्यव्यान् [१५–१५] ग योहिचरेद् [१६–१६] ग लोकामुं [१७–१७] क ख ग तस्माल [१८] ग तास्मन्न् [१९] ग अयकल्पयन्ति

जमदग्नेस् सप्तहं त्रिद्रथं चक्षूंषीति[1] यान्य् अभिचरणीयस्य रूपं[2] सामानि तानि स्तोमम् एव तद्रूपेण समृद्धयन्ति[3]। अथो आहुर् अन्नाद्यकाम[4] एवैनेन[5] यजेतेति[6]। सर्वो ह वा अन्यो विराजम् अतिष्ठौति। एष ह वाव विराजं नातिष्ठौति यो दशभि स्तुते। दशाक्षरा विराद्। अन्नं विराट्। विराज एवान्नाद्यस्यावरुद्ध्यै। तस्य रथन्तरं पृष्ठं भवत्य्—अन्नं वै रथन्तरम्—अन्नाद्यस्यैवावरुद्ध्यै[7]। तस्मिन्न् एतानि सामान्य् अवकल्पयन्त्य्—अर्कार्कपुष्पे[8] दैर्घश्रवसम् इति यान्य् अन्नाद्यस्य रूपं सामानि तानि। स्तोमम् एव तद्रूपेण समृद्धयन्ति ॥ १७० ॥

[१] ख ग चक्षुंषीति [२] क रूप [३] ख ग समृधयन्ति [४] ग अन्नाद्यकामा [५] ग एवनेने [६] ख ग यजतेति [७] ग अन्नाद्यस्यावरुद्ध्यै [८] ख अर्कानर्कपुष्पे

अथैष[1] गायत्रः। तस्य त्रिवृति प्रातस्सवने पञ्चदशम् अच्छावाकस्याज्यं, सप्तदशं[2] माध्यंदिनं सवनम्, एकविंशं तृतीयसवनम्। उक्थ्यो[3] [4]यज्ञ उभय सामनी[4]। पुरोधाकामो हैतेन[5] यजेत। तद् यत् त्रिवृति प्रातस्सवने पञ्चदशम् अच्छावाकस्याज्यं[6] भवति—ब्रह्म वै त्रिवृत्। क्षत्रं पञ्चदशो—ब्रह्मैव तत् क्षत्रस्य पुरस्ताद् दधाति। तस्माद् ब्राह्मणः क्षत्रियस्य पुरोहितः। अथो हैतत् ब्रह्मण एव क्षत्रम् अनु वर्त्म करोति। सप्तदशं[7] माध्यंदिनं सवनम्। विड् वै सप्तदशः। एष उ ह वै द्वितीयो राजा[8] यत् पुरोहितः[9]। विशो वा एष ऐश्वर्यम् आधिपत्यं [10]गच्छति य श्रियम् अश्नुते। विश ऐश्वर्यम् आधिपत्यं[10] गच्छानीति तस्मात् सप्तदशं[11] माध्यंदिनं[12] सवनं भवति। अथो हैतद् ब्रह्मणे चैव क्षत्राय च विशम् अनुयुवं करोति ॥ १७१ ॥

[१] ग अथष [२] ख सप्तदश [३] ग उक्थ्या [४–४] ख यज्ञमुभयसामानी ग यज्ञमुभयसमानी [५] ख हैते [६] क ख अच्छवाकस्याज्यं [७] ग सप्तदश [८] ग रोज [९] ग अधिपाठः हितो [१०–१०] ग नास्ति [११] ख ग सप्तदश [१२] ख ग माध्यंदिन

तस्य रथन्तरं पृष्ठं भवति, बृहद् ब्रह्मसाम। ब्रह्म वै रथन्तरम्। क्षत्रं बृहत्। ब्रह्मैव तत् क्षत्रस्य पुरस्ताद् दधाति। तस्माद् ब्राह्मणः क्षत्रियस्य पुरोहितः। अथो हैतत् ब्रह्मण एव[1] क्षत्रम् अनु वर्त्म[2] करोति। स उक्थ्यो भवति। विड् वा उक्थानि। एष उ ह वै[3]

द्वितीयो[४] राजा यत् पुरोहितः। विश उ वा एष ऐश्वर्यम्[५] आधिपत्यं गच्छति य श्रियम् आश्नुते[६]। विश ऐश्वर्यम् आधिपत्यं गच्छानीति [७]तस्माद् उक्थ्यो[७] भवति। अथो हैतद् ब्रह्मणे चैव क्षत्राय च[८] विशम् अनुयुवं करोति। तान्य् एकविंशानि भवन्ति। द्वादश मासाः पञ्चर्तवस् त्रय इमे लोका असाव् आदित्य एकविंशः। एष उ ह[९] वै श्रीः। एताम् एव तच् छ्रियम् अन्ततो ऽभ्यारोहति। स [१०]उ एव[१०] सर्वस् संस्तुतो [११]गायत्रीम् एवाभिसंपद्यते[११]। ब्रह्म वै गायत्री। यदो वै ब्रह्मवर्चसम् ऋध्नोत्य् अथ [१२]स तस्य[१२] पुरोधां गच्छति। स यदा पुरोधां गच्छेद् अथ[१३] कामयेताच्याव्यो[१४] ऽस्यै पुरोधायै स्यां, न [१५]च्यवेयेत्य् एतस्यैव[१५] सतः[१६], पंचदशं ब्राह्मणाच्छंसिन[१७] आज्यं कुर्यात् तत्। ब्रह्म वै त्रिवृत्[१८]। क्षत्रं पंचदशः। तद् एतद् ब्रह्मणोभयतः क्षत्रं परिगृह्णाति। स हाच्याव्यः[१९] पुरोधायै भवति, न च्यवते॥ १७२॥

[१] ग व [२] ख वत्य [३] ग द्वै [४] ग द्वितीये [५] ग ऐश्वयम् [६] ग अश्नुते [७-७] ग तस्मादुक्थ्यो [८] ख ग नास्ति [९] ग है [१०-१०] ख ग ए उ [११-११] ख ग गायति...।भिसंपद्येते [१२-१२] ग स्तस्य [१३] ग अधि [१४] ख काम एतच्या।व्यो ग काम एतंच्याव्यो [१५-१५] ख ग च्यवेयेव [१६] ख स्ताः [१७] ग बाह्मगाछन्दांसिन [१८] ग तृवृज [१९] ग हाच्याव:

[१]अथैष गौतमस्य[१] चतुष्टोमः। गौतमो[२] वा अकामयताव[३] पशून् रुन्धीय[४] भूमानं पशूनां गच्छेयम् इति। स एतं यज्ञम् अपश्यत्। तम् आहरत्। तेनायजत। ततो वै सो ऽव पशून् रुन्ध[५] भूमानं पशूनाम् अगच्छत्। स यः कामयेताव[६] पशून् रुन्धीय भूमानं पशूनाम् गच्छेयम् इति स एतेन यजेत। अव हैव पशून् रुन्द्धे भूमानं[७] पशूनां गच्छति। तस्य चतसृषु बहिष्पवमानं भवति। चतुष्पादा[८] वा अश्वास्[९] सन्तश् चतुश्शफाः। ते ये चतुष्पादाः[८] पशवश् चतुश्शफास् तान् एवैतेनावरुन्द्धे। अष्टास्व् अष्टास्व् आज्यानि[१०]। अष्टशफा वै[११] पशवः। ते ये ऽष्टाशफाः पशवस् तान् एवैतेनावरुन्द्धे। द्वादशो माध्यंदिनः[१२]। द्वादशाक्षरा वै[१३] जगती। पशवो जगती। यत् क्षुद्रं[१४] पशूनां तज् जागतम्। तद् एवैतेनावरुन्द्धे। षोडशानि पृष्ठानि। षोडशकला वै पशवो यांश् च विद्म[१५] यांश् च न। तान् एवैतेन कलशो[१६] ऽवरुन्द्धे। स विंश आर्भवः पवमानः। द्वे वा एते दशदशिन्यौ विराजौ यद् विंशतिः। विंशतिप्रतिष्ठाना वै पशवो वैराजाः। ते[१७] ये विंशतिप्रतिष्ठाना[१८] पशवो वैराजास् तान् एवैतेनावरुन्द्धे[१९]। अथ चतुर्विंशम् अग्निष्टोमसाम। चतुष्पादा[८] वै पशवो वैराजाः। ते ये चतुष्पादाः[८] पशवो वैराजास् तान् एवैतेनावरुन्द्धे। अथो चतुर्विंशत्यर्धमासस् संवत्सरः। संवत्सरेणैवैनांस् तत् परिगृह्यात्मन्न् अधत्त। न ह खलु वा एषो ऽग्निष्टोमो नोक्थ्य उभयम् इवैव। नो वा एते ग्राम्याः पशवो नारण्या उभयम् इवैव। तान् एवैतेनावरुन्द्धे॥ १७३॥

[१-१] ख अ ैनुतमस्य ग अथैतमस्य [२] क ख गोतमो ग गातमो [३] ख ग अकामयता [४] ग न्धीय [५] ? एवं कोशेषु [६] ख कामयेता ग कामयेत [७] ग मानं [८] ख ग चतुष्पदा [९] ग अश्वस् [१०] ख ग अज्यानि [११] ख चै [१२] क माध्यन्दिने [१३] ग वा [१४] ख क्षुद्र [१५] क ख ग पित्म [१६] क ग कलाशो [१७] ग त [१८] ग चतुष्पदाः [१९] ग एवैतेनवरुन्धे

अथैषो ऽपूर्वः। प्रजननकामो हैतेन यजेत। प्रजापतिर् वा अकामयत बहुः प्रजया[१]

पशुभिः प्रजायेय[2], न [3]मद् अन्यः[3] पूर्वं स्याद् इति । स एतं यज्ञम् अपश्यत् । तम् आहरत् । तेनायजत । ततो वै स बहुः प्रजया पशुभिः प्रजायत[4] । नास्माद्[5] अन्यः पूर्व आसीत् । स यः कामयेत बहुः प्रजायेय[6] न मद् अन्यः पूर्वं स्याद् इति स एतेन यजेत । बहुर् एव प्रजया पशुभिः प्रजायते नास्माद् अन्यः पूर्वो भवति । स त्रिवृद् रथन्तरसामा भवति । न ह वै त्रिवृत[7] स्तोमाद् अन्यः पूर्वं स्तोमो ऽस्ति[8], न रथन्तरात् पृष्ठाद् अन्यत् पूर्वं पृष्ठम् अस्ति, न प्रजापतेर् अन्या पूर्वा देवतास्ति । तद् यद् एतान्य् अपूर्वाणि तस्माद् अपूर्वः । अथो[9] मनो[10] वै प्रजापतिः । नो वै मनसो ऽन्यत् किं चन पूर्वम् अस्ति । तस्माद् उ एवापूर्वः[11] । स त्रिवृद् भवति—न्यूनं वै त्रिवृत् । न्यूनं प्रजननम्—तद् यत् प्रजननं तन् मा प्रजनयाद् इति । तस्य रथन्तरं पृष्ठं भवति—प्रजननं वै रथन्तरं—तद् यत् प्रजननं तन् मा प्रजनयाद् इति । तस्य द्वादश स्तोत्राणि भवन्ति[12]—द्वादश मासास् संवत्सरः । संवत्सरः[13] [14]प्रजननम्—स यः[14] प्रजननं स[15] मा प्रजनयाद् इति । तस्य चतुर्विंशति स्तुतशस्त्राणि भवन्ति—चतुर्विंशत्यर्धमासस् संवत्सरः । संवत्सरः [14]प्रजननं—स यः[14] प्रजननं स मा प्रजनयाद्[16] इति ॥ १७४ ॥

[1] ग प्रजा [2] ख ग प्रजायेये [3-3] क ग मनद्यः [4] एवं कोशेषु [5] ख ग नस्माद् [6] ग प्रजायेये [7] ख ग अधिपाठः स्तोमा भवति न ह वै तृवृत [8] क विति [9] ख ग अथ [10] ग मन्ना [11] ख ग वापूर्वः [12] ग अधिपाठः तस्य द्वादश स्तोत्राणि भवन्ति [13] क ख ग नास्ति [14-14] ग नास्ति [15] ग सा [16] ख ग प्रजनायाद्

अथैष पञ्चशारदीयः । मरुतो वा अकामयन्तौजिष्ठा बलिष्ठा भूयिष्ठा वीर्यवत्तमा [1]देवानां स्याम[1], जयेम[2] स्वर्गं लोकम् इति । त एतं यज्ञम् अपश्यन् । तम् आहरन् । तेनायजन्त । ततो वै त ओजिष्ठा[3] बलिष्ठा भूयिष्ठा वीर्यवत्तमा देवानाम् आसन्न्, अजयन् स्वर्गं[4] लोकम् । ओजिष्ठो बलिष्ठो भूयिष्ठो[5] वीर्यवत्तम स्वानां भवति, जयति स्वर्गं लोकं य एवं वेद । स वा एष विशाम् एव यज्ञः । विशो वै मरुतस् तस्माद् विशां यज्ञः । तेन हैतेनैकयावा कांदम[6] ईजे[7] । स [8]हौजिष्ठश् चैव[8] बलिष्ठश् च भूयिष्ठश् च वीर्यवत्तमश् च स्वानाम्[9] आस, जिगाय वा लोकं[10] न वा । स सप्तदशो भवति—प्रजापतिर् वै सप्तदशः[11] । प्रजापतिः प्रजननं—[12]स यः प्रजननं[12] स मा प्रजनयाद् इति । तस्य रथन्तरं पृष्ठं भवति—प्रजननं वै [13]रथन्तरं—तद् यत्[13] प्रजननं[14] तन् मा प्रजनयाद् इति । स उक्थ्यो भवति—प्रजा[15] वै पशव उक्थानि—प्रजया पशुभिः प्रजाया[16] इति ॥ १७५ ॥

[1-1] ख ग नास्ति [2] ख मजयेम ग मामजयेम [3] ख ग ओयिष्ठा [4] क ख ग स्वर्ग [5] ख ... ग नास्ति [6] ख ग कामदं [7] ग रंगे [8-8] ग हौजिंष्ठ [9] ख ग धानाम् [10] ग लोक [11] ग सप्तदशं [12-12] ख ग नास्ति [13-13] ग रथन्तरद्यत् [14] ग प्रजनन [15] क प्राजा [16] ग प्रजया

तस्य पञ्च शरदः पञ्चोक्षाणः प्रोक्षिताश्[1] चरन्ति । तद् यत् पञ्चशरदः[2] पञ्चोक्षाणः[3] प्रोक्षिताश् चरन्ति, तस्मात् पञ्चशारदीयः । त उ सर्वे पृश्नयो[4] भवन्ति । मरुतः पृश्निमातर इति वा आहुः । अथो[5] ऋचाभ्यनूच्यते मरुतः पृश्निमातर[6] इति । तस्मात् पृश्नयो[4] भवन्ति । वीर्यं वै देवानां हविः । तद् आत्मभ्य एवागृह्णत । तद् यन् मरुद्भ्य एव भवति

वीर्यम् एव तद् आत्मसु दधते । मरुद्भ्य उज्जेषिभ्य इति मरुद्भ्य स्वापिभ्य इति मरुद्भ्य स्वतवद्भ्य इति मरुद्भ्य[7] एव मरुद्भ्य इति मरुद्भ्यो ऽभिष्टिभ्य इति । तद् यन् मरुद्भ्य उज्जेषिभ्य इति यथा तं कामम् उज्जयेद् यत्कामो यजेत । अथ यन् मरुद्भ्य स्वापिभ्य इति यथा तं कामम् स्वाभ्याप्तम्[8] अभ्याप्नुयाद् यत्कामो यजेत । अथ यन् मरुद्भ्य[9] स्वतवद्भ्य इति मरुतो[9] ह वा इदं सर्वं स्वम् । तान् एवैतत् स्वेन प्रीणाति । तस्मै प्रीता स्वं[10] प्रत्यवर्जन्ति । तेन प्रत्यवसृष्टेन यजते । अथ यन् मरुद्भ्य एव मरुद्भ्य इति[11]—॥ १७६ ॥

[१] ग प्राषिताश्च् [२] ख पञ्चशारदः [३] ग पञ्चोक्षाणां [४] ख ग प्रश्नयो [५] ग अथ [६] ख ग प्रश्निमातर [७] ख ग मरुत्भ [८] ख ग स्वभ्याप्तम् [९] क ख ग मरुता [१०] ख ग स्सं [११] ☞ ख इति ॥ हरिः ओम् ॥

—बहवो ह वै मरुतो यांश् च विद्म यांश् च न । [1]ते नस् सर्वे[1] प्रीता आसन्न्[2] इति । अथ यन् मरुद्भ्यो ऽभीष्टिभ्य[3] इति यथा तं कामं स्वाभ्याप्तम्[4] अभ्यश्नुवीत[5] तत्कामो यजेत । तान् एतान् पशून् आलभेत[6] । दीक्षिष्यमाण एकम्[7] उपवसथ एकं प्रसुत[8] एकम् अनूबन्ध्यायाम्[9] एकम् उदवसानीयायाम् एकम् एवम् एतान् पशून्[10] आलभेत । अथ हैक आहुः पञ्चरात्र एवैष स्यात्[11] । तत्रैवैतान् अन्वहं पशून् आलभेतेति । तद् उ होदर शाण्डिल्य स्थविरम् एकयावानं[12] पप्रच्छ यद् इदं विवदन्ते पञ्चरात्र एवासेत्य् एक, उक्थ्य एव सप्तदश [13]इत्य् एके[13] कथं स आसेति । स होवाचोक्थ्यम् एव नस् तं सप्तदशम् एकाहम् अभ्यवेदयन्तेति । अथ हैक आहुर् अतिरात्र एवैष स्यात्[14] । कथं पञ्च वर्षाणि यज्ञ आगूर्णो[15] ऽनतिरात्र स्याद् इति । तद् ध तन् न तथा । अग्निष्टोम एव[16] स्याद् इत्य् एके । अग्निष्टोमाद् वै सर्वे [17]यज्ञक्रतवस् तायन्त[17] इति । तद् उ ह तन् नो एव तथा । उक्थ्यो[18] हैव स सप्तदश स्यात् । विड्[19] वा उक्थ्यानि । विट् सप्तदशः । विशाम्[20] एव[21] यज्ञः । तस्माद्[22] उक्थ्य एव[23] सप्तदश स्याद् इति । तस्य मरुतां चार्कौ मरुतां च संस्तोभ इत्य् एते आदिष्टसामनी[24] [25]पवमानयोर् भवतः[25] । स्तोमम् एव तद्रूपेण समृद्धयन्ति ॥ १७७ ॥

[१–१] ग तेस्सर्वे [२] ग असन्न् [३] ग मिष्टिभ्य [४] ग स्वभ्याप्तम् [५] क अभ्यश्नुवीवत ग अभ्यश्नुवीव [६] ग आलभते [७] क ग एक [८] एवं कोशेषु [९] ग अनूबन्ध्यायाम् [१०] क पशुन् [११] क ग स्या [१२] क एकयावावनं ग एकयावावानं [१३–१३] ग इत्यके [१४] ग स्यान् [१५] ग आश्वूर्णो [१६] ग नास्ति [१७–१७] ग यज्ञक्रतपस्तायन्त [१८] ग उक्थ्य [१९] ग विध् [२०] ग विषाम् [२१] ग एष [२२] ग तमाद् [२३] ग अधिपाठः स [२४] ग आदिष्टसामनी॰ [२५–२५] ग पवमानयोस्सवत

अथैषो[1] ऽभिजित् । देवासुरा वा एषु लोकेष्व् अस्पर्धन्त । अस्मिन् भुवने ते देवा अकामयन्ताभीमान्[2] लोकान् जयेमासुरान् स्पर्धाम[3] भ्रातृव्यान् इति । त एतं यज्ञम् अपश्यन् । तम् आहरन् । तेनायजन्त । तेनेमान् लोकान् अभ्यजयन्न् अजयन् स्पर्धां[4] भ्रातृव्यान् असुरान् । तद् यद् इमान् लोकान् अभ्यजयंस्, तद् अभिजितो ऽभिजित्त्वम् । अभीमान् लोकान्[5] जयति, जयति स्पर्धां[6] द्विषन्तं भ्रातृव्यं य एवं वेद । तस्य त्र्युत्तरिण स्तोमा [7]भवन्ति—त्रयो वा इमे लोका—एषां लोकानाम् अभिजित्यै । [8]चतुरावृतो भवन्ति—चतस्रो दिशो—दिशाम् एवाभिजित्यै । अभिवतीषु[9] स्तुवन्त्य्[10] [11]एषाम्

एव[११] लोकानाम् अभिजित्यै । आभीकम्[१२] अभिनिधनम् अभीवर्त आभीशवम्[१३] इत्य् एतानि सामानि भवन्त्य्, एषाम् एव लोकानाम् अभिजित्यै[८] ॥ १७८ ॥

[१] ग अथैषा [२] ग कामयन्ताभीमान् [३] ग स्पर्द्धां [४] ग स्पर्धं [५] ग लोकं [६] ग स्पर्धा [७] इतः प्रभृति १८१ खण्डस्थ अग्निष्टोम साम्नो ये त्रयस्त्रिंशं[२४] इत्येतत्पर्यन्तो भागः ख ग पुस्तकयोः १६८ खण्डस्थ जघनेनाहवनीयं[१३] इत्यनु दृश्यते । स च लेखकप्रमादः प्रतिभाति [८-८] ग नास्ति [९] क ख अभिवतिषु [१०] ख स्तुव [११-११] ख नास्ति [१२] क अभीकम् [१३] ख अभीषवम्

तस्य रथन्तरं पृष्ठं भवति, वामदेव्यं मैत्रावरुण[१]साम, बृहद् आर्भवे पवमाने । इदं वै रथन्तरम् । अन्तरिक्षं वामदेव्यम् । अद एव [२]बृहत् । एषाम्[२] एव लोकानाम् अनन्तर्हितानाम्[३] अभिजित्यै[४] । तस्मिन्न् एतानि परोक्षं पृष्ठरूपाण्य् अवकल्पयन्ति[५], विश्वजितः प्रत्युद्यमाय । इन्द्रो वै[६] वृत्रम्[७] अहन् । तं वृत्रं जघ्निवांसम्[८] एभ्यो लोकेभ्यस् तमो[९] ऽन्ववृणोत् । सो[१०] ऽकामयतापेदं तमो हनीयेति । स एतम् अभिजितं यज्ञम् अपश्यत् । तम् आहरत् । तेनायजत । तस्य त्र्युत्तरिण[११] स्तोमा भवन्ति । त्रयो वा इमे लोकाः । तेनैभ्यो लोकेभ्यस् [१२]तमो ऽपाहत[१२] । तं चतुर्थाल् लोकात्[१३] तमो ऽन्व् एवावृणोत् । सो [१४]ऽकामयतापैवेदं तमो[१४] हनीयेति । स एतं विश्वजितं यज्ञम् अपश्यत् । तम् आहरत् । तेनायजत । तस्य चतुरुत्तरिण[१५] स्तोमा भवन्ति । चतस्रो[१६] दिशः । एष[१७] उ ह वै चतुर्थो लोको[१८] यद् दिशः । तेन चतुर्थाल् लोकात् तमो ऽपैवाहत[१९] । ततो वै स सर्वेभ्य[२०] एभ्यो लोकेभ्यस् तमः पाप्मानम् अपहत्य स्वर्गं लोकम् आरोहत्[२१] । सर्वेभ्य एवैभ्यो लोकेभ्यस् तमः पाप्मानम् अपहत्य स्वर्गं लोकम् आरोहत्[२१] । सर्वेभ्य एवैभ्यो लोकेभ्यस् तमः पाप्मानम् अपहत्य स्वर्गं लोकम् आरोहति य एवं वेद ॥ १७९ ॥

[१] ग मैत्रावरुणा- [२-२] ख बृहद्दशाम् ग बृह-देक्षाम् [३] ख ग अन्तर्हितानाम् [४] ख अभित्यै [५] ख अवैकल्पयन्ति [६] ख ग नास्ति [७] ख ग मैत्रम् [८] ख जघ्निवाम् [९] ग तमेवा [१०] ख ग सा [११] क ख च्युत्तरण ग त्तरण [१२-१२] ग तमेवापहत [१३] ख लो ग लोका [१४-१४] ख ग कामयत पैवेंदयन्तमो [१५] क ख ग ·त्तरण [१६] ख अधिपाठः जित् [१७] ग इ [१८] ग लोके [१९] ख पैवोहत [२०] ग सर्विर्वभ्य [२१] क ख ग आरोहन्

अथैष विश्वजित् । इन्द्रो ऽसुरान् अजयत् । तेषां[१] त्वानिव नाजयत् । तम् एतेन देवा अयाजयन् । स विश्वम्[२] अजयत् । इन्द्रो वै विश्वजित् । यद् वा एतेन शिल्पेनाजयत्[३] तद् विश्वजितो विश्वजित्त्वम्[४] । देवा वा असुरेभ्यो बिभ्यतस् सर्वम् इदं[५] संगृह्योर्ध्वा स्वर्गं लोकम् उदक्रामन्[६] । यो वै सर्वं विन्दमानः सर्वं न ददाति स सर्वपरादायी[७] । अथ यस् सर्वं विन्दमानस् सर्वं ददाति स सर्ववेदसी[८] । सर्वं वा एष विन्दते यत्[९] सर्वान् स्तोमान्[१०] सर्वान् ग्रहान्[११] सर्वाणि[१२] पृष्ठानि सर्वाणि छन्दांसि विन्दते । तस्य चतुरुत्तरिण[१३] स्तोमा[१४] भवन्ति । इमान् एव लोकांस् त्रिभिर् अभिजयति । यश् चतुर्थो[१५] विश्वा एव तेनाशास्[१६] संभार्या भवन्ति । पृष्ठानाम् एव संयोगो[१७] नानादेवत्या भवन्ति, तेन युज्यं तेन[१८] रूपेण । [१९]तद् आहुर्[१९] अपथम् इव वा एते यन्ति[२०] ये [२१]पावमानीभिः प्रतिपद्यन्त[२१] इति । पवमानस्य ते कव इति[२२] पर्यासो भवति । पुनः पन्थानं पर्यवयन्ति । न चत्वारि षड्भ्यो[२३] भवन्ति ।

तेन विभवन्ति ॥ १८० ॥

[१] ग तेषा [२] ग भश्वम् [३] ख शिल्पोनाजयत् [४] ख विश्वजित्व [५] ख ग इमं [६] ग उद्क्रामन् [७] ख सर्वपारादायी ग सर्वपारादा [८] ख सर्वेदसी ग सर्ववेदवेदसी [९] ख धंत् [१०] ख ग स्तोमोन् [११] क ख गृहान् ग गृहन् [१२] ग स्ववर्ाणि [१३] क चतुरत्तरण ख ग -त्तरण [१४] ग स्तामा [१५] क चर्थो [१६] क अधिपाठः स [१७] ख सधोगो ग सयोगो [१८] ग ते [१९-१९] ग द्दाहुर् [२०] ख ग यन्त्रि [२१-२१] ख पावमानीभिपतिपद्यन्त ग -पेतिपद्यन्त [२२] ख ति [२३] ग षट्भ्या

[1]अथैतान्य् आप्रीर्[1] आज्यानि भवन्ति । प्रजापतिः प्रजा असृजत । स सृष्ट्वा रिरिचानो[2] ऽमन्यत । स एतान्य्[3] आप्रीर् आज्यान्य्[4] अपश्यत् । तैर्[5] आत्मानम्[6] आप्रीणीतायातयामतायै । रिच्यत[7] इव वा[8] एष यत् सर्वं ददाति । तद् यद् एतान्य् आप्रीर् आज्यानि[9] भवन्त्य् आत्मानम् एवैतैर्[10] यजमान आप्रीणीते[11] ऽयातयामतायै[12] । तद् आहुर् वीव वा एते [13]प्राणैर् ऋध्यन्ते[13] य एतानि नानारूपाणि[14] नानादेवत्यानि नानाछन्दःसु समाने[15] यज्ञक्रतौ संप्रोहन्तीति । तद् यद् गायत्रीषु बृहद् भवति—प्राणो वै बृहत् । प्राणो गायत्री—प्राणैर् एव तत् समृध्यन्ते । यद्[16] यथापूर्वं[17] पृष्ठान्य् उपेयू[18] रेवतीर् उत्तमाः कुर्यू रेवतीनाम् एता रूपम् ऋचस्, तेनैव रेवतीनां[19] रूपान्[20] न यन्ति । तद् [21]आहुर् यन्ति वा[21] एते[22] ऽग्निष्टोमसाम्नो[23] ये त्रयस्त्रिंशं[24] स्तोमं कुर्वन्तीति । एकविंशत्यक्षरा एता ऋचो भवन्ति । तेनैवाग्निष्टोमसाम्नो[25] न यन्ति । तद् आहुर् यन्ति वा एते[26] यज्ञायज्ञीयाद् ये[27] बृहद् अग्निष्टोमसाम[28] कुर्वन्तीति । तद् यत् त्वम् अग्ने यज्ञानां होतेति भवति तेनैव यज्ञायज्ञीयस्य रूपान् न यन्ति, तेन तृतीयसवनान् न यन्ति[29] । तद् आहुर् वीव[30] वा एष [31]पशुभिर् ऋध्यते[31] यत् सर्वं ददातीति ॥ १८१ ॥

[१-१] ग अथतान्नाप्रीर् [२] क ख रिरिवानो ग रुरुवान्मनो [३] ख ग एवान्य् [४] ख आज्यान् [५] ग तेर् [६] ग आत्मनम् [७] क ख रिच्यन्त ग नचिच्यन्त [८] क स [९] ग आज्यनि [१०] ग एतैर् [११] क आप्रीणिते [१२] ख यातयामायै ग धातयामैव [१३-१३] क ख प्राणैरिरिध्यन्ते ग प्राणैरुरुध्यन्ते [१४] ख ग नारूपाणि [१५] ग समानेन [१६] एवं कोशेषु [१७] क यथापूर्वं [१८] ख उपेधू ग उपेयु [१९] ग नेवतीनां [२०] क रूपं [२१-२१] ख ग आहुयतन्निव [२२] ख ग नास्ति [२३] ख ग अग्निष्टोमसामो [२४] ख त्रस्त्रिशं ग त्रतृंश [२५] क ग तनैवा- [२६] ग येते [२७] क ग यैर् [२८] ग अग्निष्टोमोवाम [२९] क ग सन्ति [३०] क ग विव [३१-३१] क पशुभिरिरिध्यते ग पशुभिरुरुध्यते

रोहिणीं[1] छविं परिधत्ते । एतद् वै पशूनां प्रियं रूपं यद् रोहितम् । पशूनाम् एव तत् प्रियेण रूपेण समृध्यते । खनति खनित्रम् अवृत्तिम् अपजयति[2] । उभयतःक्ष्णुद्[3] अभ्रिर्[4] भवत्य्—उभयत एवास्मा अन्नाद्यं ददाति । अरण्ये तिस्रो वसति[5]—यद् आरण्यम् अन्नाद्यं तद् एव ताभिर् अवरुन्द्धे । न ग्रामे नारण्ये तिस्रो—यन् न ग्रामे नारण्ये ऽन्नाद्यं तद् एव ताभिः । जने[6] तिस्रो—जन्यं ताभिः । सजने[7] तिस्रः—सजन्यं ताभिः[8] । ता द्वादश संपद्यन्ते । द्वादश मासास् संवत्सरः । संवत्सराद् एवान्नाद्यम् अवरुन्द्धे । रोहिणीं[9] छविं परिधत्ते । एषा ह वा[10] अग्रे पशूनां त्वग् आस या पुरुषस्य, या पशूनां सा पुरुषस्य । ते पशव आतपं[11] वर्षं[12] दशान्[13] मशकान् न[14] धारयन्ति । ते [15]पुरुषम् एत्याब्रुवन्[15] —[16] पुरुषेयं तव त्वग्[17] अस्त्व् एषास्माकम् इति । किं तत स्याद् इति । आद्या ते स्याम

इत्य् अब्रुवन्। इदं ते वास इति वासः प्रायच्छन्। तद् यद् रोहिणीं छविं[१८] परिधत्ते स्वेनैव[१६] तद्रूपेण समृध्यते। तथा हैनम् अमुष्मिन् लोके पशवो नादन्ति[१९]। अदन्ति ह वा अमुष्मिन् लोके पशवः पुरुषम्। तस्माद् उ ह गोर् अन्ते नग्नो न स्यात्। ईश्वरो हास्माद्[२०] अपक्रमितोस्[२१] त्वचम् अस्य बिभर्मीति[२२] ॥ १८२॥

[१] ग रोहिणी [२] क उपजयति। ताण्ड्यमहाब्राह्मणे १६. ६. ५ खनित्रेण जीवत्यवृत्तिमपजयति [३] क उभयतःक्ष्णोर् ख ग उभयतःक्ष्णूर् [४] क ख अभिर् [५] क वासयति ख वसती [६] क ख जनय [७] क सजनय [८] ख तास् [९] ग रोहिणिं [१०] क व [११] ग अतपं [१२] क वर्पा [१३] क दाशान् [१४] क ख ना [१५-१५] ख ग पुरुषत्योन्नव [१६-१६] ख ग नास्ति [१७] क त्वभ् [१८] क छर्वी। ताण्ड्यमहाब्राह्मणेऽपि १६.९.१ दीर्घ ईकारः [१९] क नाद्यन्ति [२०] ख ग हास्मद् [२१] क ख अपक्रमितो [२२] ख बिभमिति

सा सपुच्छा भवति कृत्स्नत्वाय। अथो सर्वे वाव स्म प्राजापत्याः। यस् त्वाव पुत्राणां कृपणतमो भवति, स पितुर् हृदयम् आप्येति[१]। कृपणताम् इवैव[२] न्येति यस् सर्वं ददातीति[३], गच्छति प्रजापतेर् अनुबोधम्। तद् या अरण्ये वसेद् उदुम्बर [४]हैव ता[४] वसेत्। प्रजापतिर् यत् प्रजाभ्य ऊर्जम् अन्नाद्यं व्यभजत्[५], ततो यः संशेषः समशिष्यत[६], स एष वनस्पतिर् अभवत्। [७]उर्ग् वा[७] उदुम्बरो[८] ऽन्नम्। अरण्यं वा एतस्यान्नाद्यम् इतं भवति यस् सर्वं ददाति। स यो ऽत्र प्रजापतिर्न्यंगो [९]यद् अन्नाद्यम्[९]। तद् एव ताभिर् अवरुन्द्धे। अथ या न[१०] ग्रामे नारण्ये वसेत्, निषादेषु हैव ता वसेत्। एष[११] ह वै न ग्रामे नारण्ये[१२] यन् निषादाः। एताभिर्[१३] ह वा उभयम् अन्नाद्यं समभ्यवैति[१४] यच् च ग्राम्यं यच् चारण्यम्। स यो ऽत्र प्रजापतिर्न्यंगो यद् अन्नाद्यं तद् एव ताभिर् अवरुन्द्धे। अथ या जने वसेद्, वैश्ये वा ह ता भ्रातृव्ये[१५] वा वसेत्। एष ह वै ब्राह्मणस्य जनो यद् वैश्यो वा भ्रातृव्यो वा। जनं वा एतस्यान्नाद्यम् इतं भवति यस् सर्वं ददाति। स यो ऽत्र प्रजापतिर्न्यंगो यद् अन्नाद्यं, तद् एव ताभिर् अवरुन्द्धे। अथ यास् सजने वसेद्, राजनि हैव ता वसेत्। एतद् ध वै सजनं यद् राजा। अन्त उ वा अन्नाद्यस्य श्रीर्, अन्त एव तद् अन्नाद्यस्य श्रियाम्[१६] अन्ततः प्रतितिष्ठति ॥ १८३॥

[१] ग अप्येति [२] क ख इमेषि [३] ग ददादीति [४-४] ग हैवैता [५] क विभजत् [६] क समःशिष्यत ख समशित्यत [७-७] क ग ऊर्गवा ख ऊर्म्वा [८] ख उदुम्बरा [९-९] ख यदन्नाद्य ग यद्यन्नाद्यं [१०] ख नं [११] ग एषा [१२] क नारण्यं [१३] ख एतानि [१४] क असगभ्यवैति [१५] ख भ्रातृव्यो [१६] ग श्रियम्

प्रजापतिः प्रजा असृजत। स एतेनैव विश्वजितेदम् असृजत विश्वम्। तद् यद् एता नानारूपाः प्रतिपदो[१] भवन्ति, तस्माद् उ हेदं[२] विश्वं भूतं नानारूपम्। पृष्ठानां वावैष[३] योगः। उपवत्यैव[४] रथन्तरं युज्यते। सरस्वता[५] वैराजस् सारस्वत्या महानाम्न्यो[६] ब्राह्मणस्पत्यया[७] वैरूपं सावित्र्या रेवतयः[८] आग्निपावमान्या[९] बृहत्। तद् यद् एता नानारूपाः प्रतिपदो भवन्ति [१०]पृष्ठान्य् एवैतत्[१०] प्रातस्सवने युक्तानि। तानि माध्यंदिने सवने ऽभ्यारोहन्ति। तद् आहुर् वीव वा एते [११]प्राणैर् ऋध्यन्ते[११] ये पवस्विनीभिः[१२] प्रतिपद्यन्त[१३] इति। तद् यद् एषा[१४] वायव्या[१५] प्रतिपद्[१६] भवति—प्राणो वै वायुः—प्राणैर् एव तत् समृध्यन्ते ॥ १८४॥

[१] ग प्रतिपतो [२] ग हेतं [३] ग खावैस [४] एवं कोशेषु [५] एवं कोशेषु [६] ? क महानाम्नयो ग महानाम्नोयो [७] ग ब्रह्मण-स्पत्यया [८] ग रवतय [९] क अग्निपवमान्या ग अग्निपवमान्य [१०-१०] ग पृष्ठान्वैषत् [११-११] क प्राणैरिरिध्यन्ते ग प्राणैरुरुध्यते [१२] क ग पवस्वनीभिः [१३] ग प्रतिपद्यत [१४] ग एष [१५] ग स्वायन्या [१६] ग प्रतिपन्

अथैते सरस्वतश् च सरस्वत्याश् च । एतद् वै दैव्यं[1] मिथुनं प्रजननं यत् सरस्वांश् च सरस्वती च । दैव्येन[2] मिथुनेन प्रजाया इति । तद् आहुः पुंसः[3] पूर्वा कार्या स्त्रिया उत्तरा । तथा यजमानस्यानपगद्भ्यैः प्रजा जायत इति । तद् उ वा आहुर् [4]वायुर् वै[4] रेतोधाः, प्रजननं सरस्वती[5] । तौ सरस्वन्तं[6] मिथुनात् प्रजनयतः । अथो वाशिता वै पूर्वा धावत्य् अन्वम् ऋषभः[7] सरस्वत्या एव पूर्वं [8]कार्येति । एतद्[8] उ हैतत् सरस्वतस् त्व् एव पूर्वा कार्या । अथैषा ब्राह्मणस्पत्या प्रतिपद् भवति । प्रजापतिर् या ऋते ब्रह्मणः[9] प्रजा असृजत, ता अस्य सृष्टाः पराभवन्[10] । स एतां[11] ब्राह्मणस्पत्यां प्रतिपदम्[12] अपश्यत् । तया ब्रह्मण्वतीः प्रजा असृजत । ता[13] अस्य [14]सृष्टा न[14] पराभवन् । तद् यद् एषा ब्राह्मणस्पत्या प्रतिपद् भवति, ब्रह्मण्वतीर् एवैतया प्रजास् सृजते, ता अस्य [14]सृष्टा न[14] पराभवन्ति ॥ १८५ ॥

[१] ग देव्यं [२] ग दैवैन [३] ग नास्ति [४-४] ग वायुव [५] क ग सरस्वति [६] ग सरस्वन्त [७] ग ऋषभ [८-८] ग कार्य्यैते-तद् [९] क ग ब्रह्मग [१०] क ग पराहवन् [११] ग एता [१२] ग प्रतिपादम् [१३] ग ताम् [१४-१४] क ग सृष्टान्

अथ सावित्रीप्रसवाः[1] । यद् इह विषुरूपम् इमा नानारूपाः प्रतिपद उपागाम[2] तन् नस् सवितृप्रसूतम् असद् इति । अथाग्निपावमान्यः[3] । पथम् इव वा एते यन्ति ये पावमानीभिः[4] प्रतिपद्यन्त इति । अग्निर् वै पथिकृद्[5] देवतानाम् । येन वै केन चाग्निनैति पन्थानम् एव कुर्वन्न् एति । तद् यद् एषाग्निपावमानी प्रतिपद् भवत्य् अग्निनैव तत् पथिकृता पन्थानं पर्ययन्ति । पवमानस्य ते कव इति पर्यासो भवति । एतत् पुनः पन्थानं पर्ययन्ति[6] । यो वै पृष्ठानां[7] धुर्यं वेद धुर्यं स्वानां भवति । वैराजं वाव[8] पृष्ठानां धुर्यम्[9] । धुर्यं स्वानां भवति य एवं वेद ॥ १८६ ॥

[१] क ग सावित्रीप्रसवाय [२] ग उपागतम [३] क ग -पावमान्य [४] ग पावमानीह्वि [५] ग पथिक्रमेद् [६] ग पर्य्यपन्ति [७] ग पृष्ठाना [८] ग वावा [९] ग नास्ति

तद् आहुः पापवस्यसम् इव वा एतत् क्रियते यद् बृहद्रथन्तरे अभितो भवतो, मध्ये पृष्ठानि । यथा वै पापीयांसम् उपर्यासीनं श्रेयान् अधस्ताद् उपासीत तादृक् तद् यद् एते बृहद्रथन्तरे अभितो भवतो मध्ये पृष्ठानीति । बृहद्रथन्तरे एव[1] मध्ये स्याताम्[2] अभितः [3]पृष्ठानि पापवस्यसस्य व्यावृत्त्यै । अथो यथा श्रेयांसम् उपर्यासीनं पापीयान् अधस्ताद् उपासीत तादृक् तद् यद् बृहद्रथन्तरे मध्ये भवतोऽभितः[3] पृष्ठानीति । असर्वपृष्ठो ह तु तथा स्यात् । सर्वेषां वै पृष्ठानां वैराजम् एव पूर्वं योगम् आनशे । अथो यद्यपि चरमं[4] यन्तं [5]पृच्छेयुर् उप पृष्ठान्य् अगूर्णा[5] इति, नेत्य् एव ब्रूयात् । बृहद्रथन्तरे एवाभित स्यातां[6], मध्ये पृष्ठानि सर्वपृष्ठतायै[7] । इदं वै रथन्तरम्, अदो बृहत् । पशवः पृष्ठानि । आभ्याम्[8] एवैतल् लोकाभ्याम् उभयतः पशून् परिगृह्णीते ऽपरावापाय । नास्य वित्तं परोप्यते[9] य एवं वेद ॥ १८७ ॥

[१] ग नास्ति [२] क भवतो साताम् ग भवतः [३-३] ग नास्ति [४] ग चरमा [५-५] ग प्रछेयुरूपवृष्ठान्यशृर्णं [६] ग स्याताम [७] क सर्वपृष्ठतया [८] ग अभ्याम् [९] ग परोप्यन्त

अथो यथा पिता मातैवं बृहद्रथन्तरे, यथा पुत्रा एवं पृष्ठानि । यद् वै पुत्रो ऽतिपादयति[1] पिता वै तस्य शमयिता पिता निषेद्धा । तद् यद् बृहद्रथन्तरे अभितो भवतश् शान्त्या[2] एव निषिद्ध्यै । अथो यथा पितरौ पुत्रान् अभितः परिशय्यातां तादृक् तद् यद् बृहद्रथन्तरे अभितो भवतो, मध्ये पृष्ठानि । यथा ह वा इदम् ऋषभा वा परस्वन्तो वा समुत्क्रुद्धास् तिष्ठेयुर् एवम् एतद् यद् एतानि मध्यतः पृष्ठानि भवन्ति, तद् [3]यच् छ्यैतनौधसे[3] अभितो भवतः । ब्रह्म वै नौधसम्[4] । ब्रह्मणैवैनांस् तत् पुरस्ताच् छमयित्वा श्यैतेनोपरिष्टाच् छ्येतीकुर्वन्ति[5] । तस्मात् पुरस्ताद् एव[6] नौधसं[7] स्याद् उपरिष्टाच् [8]छ्यैतम् । तद् आहुर् यत्[8] समाननिधनानि पृष्ठानि, केनाजामी[9] क्रियन्त[10] इति । वैराजं च महानाम्न्यश् च वैरूपं च रेवत्यश् चैतेनाख्यानेनाजामीति[11] । अथो [12]यद् एवैतानि[12] मध्ये निधनानि भवन्ति तेनो एवेति[13] । तस्मिंस् त्रयस्[14] सप्तदशा भवन्ति । ता एकपञ्चाशत् स्तोत्र्याः[15] । तद् गोः प्रातस्सवनम् । एकान्नवतिशतं रात्रेस्[16] सा ज्योतिष्टोमस्य[17] रात्रिः । तद् एतन् मिथुनं प्रजननं क्रियते । प्र मिथुनेन जायते य एवं वेद । ता उभयी स्तोत्र्यास्[18] संपद्यन्ते द्वे चत्वारिंशच्छते । सा विराट् । अन्नं विराट् । विराज्य् एव तद् अन्नाद्ये यज्ञस्यान्ततः प्रतितिष्ठति[19] ॥ १८८ ॥

[१] ग -पादयन्ति [२] ग शात्या [३-३] ग यछेद्नौधसेलसे [४] ग सौधसम् [५] क छ्येतिकुर्वन्ति ग छैतिकुर्वन्ति [६] ग अत्र [७] क ग नोधसं [८-८] ग चैतन्तदाहुयन् [९] ग केनाजामि [१०] ग त्रियत [११] ग चैते- राख्याने- [१२-१२] ग यदैवैतानि [१३] ग ऐवेति [१४] ग त्रय [१५] ग स्तात्रियाः [१६] ग रात्रें [१७] ग ज्यातिष्ठोमस्य [१८] ग स्तोत्रास् [१९] ग प्रतिष्ठति

देवासुरा अस्पर्धन्त । अथ ह तर्हि प्रजापताव् एवैतानि शिल्पान्य् आसुर्[1] नेतरेषु देवेषु । स इन्द्रः[2] प्रजापतिम् उपाधावज्[3] जयामासुरान् इति । तस्मा एव तच् छिल्पं प्रायच्छत् । तद् अस्मिन् प्रत्यमुञ्चत् । यथा [4]निष्कं मणिं[4] स्रजं प्रतिमुञ्चेद्[5] एवं तन्वोदयच्छत् । तस्माद् एतच् छिल्पं निरमिमीतैतानि[6] पृष्ठानि । अथ यद् इतरत् तेज आसीद् येनैष एतत् तपति । ते ऽसुरा इदं रूपं ज्ञात्वा[7] सो[8] नः पिता हन्ति सो नः पिता हन्तीत्य् एव भवन्तः पराजयन्त । ततो वै देवा अभवन् परासुराः । भवत्य् आत्मना परास्य द्विषन् भ्रातृव्यो[9] भवति य एवं वेद ॥ १८९ ॥

[१] ग असुर् [२] ग इन्द्रं [३] ग उपाधावज् [४-४] क निष्कर्मणिं ग निष्कममणिं [५] ग प्रतिमुञ्चद् [६] क निरममीततनि ग निरममी- तेतानि [७] ग जात्वा [८] ग सा [९] ग भ्रतृव्यो

तद् आहुर् नातिष्टुत्यम् । यथा वै [1]निष्कं मणिं स्रजं[1] प्रतिमुच्य तत् पुनर् उन्मुञ्चत् तादृक्[2] तद् यो ऽग्निष्टोमे ऽतिष्टौतीति[3] । अन्यतरद्[4] घ त्वाव स विश्वयोर् जयति । अहोरात्रे वै सर्वं विश्वम् । अथो यथा महावृक्षस्याग्रं रूढ्वा[5] प्रत्यवरोढुं न विन्देत् तादृक् [6]तद् यद् अग्निष्टोमो[6] भवति । तद् यत् प्रत्यवरोहीणि स्तोत्राणि भवन्त्य्—एषा वै कृत्स्ना प्रतिष्ठा यद् अतिरात्रस्—तेनैवास्यां प्रतितिष्ठति । तद् आहुः प्रेव वा एते

ऽस्माल् लोकाच् च्यवन्ते ये ऽतिरात्रम् उपयन्तीति । तद् यद् गायत्रीषु बृहद् भवति—इयं[7] वै गायत्री—अस्याम् एवैतत् प्रतितिष्ठन्ति ॥ १९० ॥

[१-१] क निष्कर्मणिसृजं ग निष्काममणिसृजं [२] ग तदृक् [३] ग तिष्ठौती [४] ग न्यतरद् [५] ग रूथवा [६-६] ग तद्यग्निष्टोमो [७] क ग यं

अथो यथा रथाक्षे रथचक्रं प्रतिमुञ्चेद्[1] एवम् एवैतानि सर्वाणि शिल्पान्य् आहृत्य[2] ब्रह्मन्[3] प्रतिष्ठापयन्ति ये[4] गायत्रीषु बृहद् अग्निष्टोमसाम कुर्वन्ति । तस्माद् गायत्रीष्व् एव बृहद् अग्निष्टोमसाम कार्यम्[5] इति । तद् आहुस् सहस्रम् एव दद्यात्[6] तद् एव विश्वम् इति । अथो आहुर् यावतीर्[7] एवैतस्य विश्वजित स्तोत्र्यास् तावद् एव दद्यात्[8] । तद् एव विश्वम् इति । तद् उ वा आहुर् यद् एवास्य किंचित् स्वं[9] स्यात् तद्[10] दद्यात् । यत्[11] परिशिनष्टि स पाप्मेति । यथा वैनं[12] मिथुनात् स्रवत्य् एवम् एनं तस्मात् सर्वस्मात् पाप्मा स्रवति यत् परिशिनष्टि । तस्मात् सर्वम् एव देयम् इति ॥ १९१ ॥

[१] ग प्रतिमुञ्चैद् [२] ग असृत्य [३] ग ब्रुवन् [४] ग यो [५] ग कुर्य्याम् [६] ग तद्यात् [७] क यवतीर् [८] ग तद्यान् [९] ग स्व [१०] ग त [११] क तत् [१२] ? क वैनावं ग वैनाव

अथैष वाजपेयः । वाजपेयेनान्नाद्यकामो यजेत । अन्नपेयो ह वा एष यद् वाजपेयः । अन्नं वै वाजः । यदा वै गौर् अश्वः पुरुषो ऽन्नस्य सुहितो भवत्य् अथ स वाजी भवति । अग्निष्टोमेन ब्रह्मवर्चसकामो यजेत—ब्रह्म वा अग्निष्टोमो—ब्रह्मवर्चसस्यैवावरुद्ध्यै । ऋतूनां च ह[1] खलु वै[2] पशूनां च कामायाभिषिच्यमानो[3] ऽभिषिच्यते । तस्य पञ्च स्तोत्राणि चतुस्त्रिंशानि कुर्युस् सर्वान् पवमानान् उभे ब्रह्मसामनी । तावतीर् उक्थ्यस्य स्तोत्र्याः । आप्नुवन्ति तं कामं य उक्थ्ये[4] । नो वा[5] अग्निष्टोमाद् यन्ति । न ह खलु वा एषो ऽग्निष्टोमो नोक्थ्यो[6] न षोडशिमान्[7] नातिरात्रः[8] । अतिरिक्तयज्ञो ह वा एषः । अतिरिक्तो वै प्रजापतिः । प्राजापत्य एष यज्ञः । प्रजापतेर् एवाप्त्यै[9] । तस्य बृहच् छिपिविष्टवती भवति । पशवो वै शिपिविष्टाः । क्षत्रं बृहत् । क्षत्रियस्यो अयं लोकः । अस्य नो लोकवतस्[10] साम्नः[11] पशवो लोकम् अनूपतिष्ठन्ता[12] इति । त्रिष्टुप्सु स्तुवन्ति बृहत् साम । क्षत्रं वै त्रिष्टुप् । क्षत्रेणाभिषिच्यमानो ऽभिषिच्याता[13] इति । वैष्णवीषु स्तुवन्ति—विष्णुर् वै परमो देवतानां—परमया देवतयाभिषिच्यमानो ऽभिषिच्याता इति । आजिं धावन्ति, प्रजापतेर्[14] एवाप्त्यै स्वर्गस्य च लोकस्योज्जित्यै[15] । सप्तदश प्रव्याधान् धावन्ति । सप्तदशो वै प्रजापतिः । प्राजापत्य एष यज्ञः प्रजापतेर् एवाप्त्यै ॥ १९२ ॥

[१] क नास्ति [२] ग पै [३] ग कामायामिषिच्यमाना [४] ग उक्थ्यो [५] ग पो [६] ग नोत्थ्या [७] क षोडशिनमान् [८] ग नाद्यकामोतिरात्रः [९] ग आप्त्यै [१०] ग लोकवत [११] ग साम्नं [१२] क अनूपतिष्ठान्ता ग अनुपतिष्ठान्ता [१३] क भिषिषच्याता ग भिषिषच्यता [१४] क ग प्राजापतेर् [१५] ग लाकस्योजित्ये

तद् आहुस् तिसृष्व् एवास्तुतासु धावेयुः । त्रयो वै प्राणापानव्यानाः । तेषां संतत्या अव्यवच्छेदायेति । अथो आहुर् एकस्याम् एवास्तुतायां धावेयुः । को ह्य् एवैष यत् प्राणो ऽपानो व्यान इति । तद् उ वा आहुस् सर्वास्व् एवास्तुतासु धावेयुर्[2] एतयोर्

आज्योर् असंसर्गायेति[3] । तद् आहुर् यन्ति वा एते यज्ञाद् ये बहिर्वेदि प्रसुते[4] धावयन्ति । एतावान् वाव यज्ञो यावान् अन्तर्वेदि । ऐव वेद्यन्ताद् धावेयुर् इति । अथो आहू रथोपस्थ एव पादम् आधाय[5] तं पुनर् एव[6] हरेत् । तद् एव सृतं चासृतं चेति । तद् उ वा आहुर् धावयेयुर्[7] एव । रथन्तरेण वै दैव्यम्[8] आजिम् उज्जयति, रथेन मानुषम् । तस्माद् धावयेयुर् एवैतयोर् आज्योर् उज्जित्या[9] इति । ब्रह्मा रथचक्र आसीनस् [10]सामभिर् गायत्य्[10] अग्म[11] वाजं वाजिन इति[12] । त आ वाजं वाजिनो ऽग्मन्न्[13] इति । अमृतो ऽन्नं वै वाजो ऽन्नाद्यस्यैवावरुद्ध्यै[14] । वर्तमाने गायति । वर्तमानो हि तत्र गच्छति यत्र जिगमिषति[15] । [16]वयश्वो ददाति[16] । वयश्वो वा इदं विहितम् । प्रजापतेर् वा इदं सर्वम् । प्राजापत्य एष यज्ञः, प्रजापतेर् एवाप्त्यै । वयसो वयसस् सप्तदश सप्तदश ददाति[17] । सप्तदशो वै प्रजापतिः । प्राजापत्य एष यज्ञः । प्रजापतेर् एवाप्त्यै । तस्यानिरुक्तं[18] प्रातस्सवनं भवति । अनिरुक्तो[19] वै प्रजापतिः । प्राजापत्य एष यज्ञः । प्रजापतेर् एवाप्त्यै । वाजवन् माध्यंदिनं सवनम्[20] । वाजपेयो ह्य् एषः । चित्रवत् तृतीयसवनम् । चित्रतमो ह्य् एष यज्ञः । उच्चा[21] ते जातम् अन्धसेति माध्यंदिनस्य[22] पवमानस्य अन्धस्वतीर् गायत्र्यो[23] भवन्ति । अन्नं वा अन्धः । तद् एनं तत् सुष्वाणम्[24] एव पवमानमुखे[25] अन्नाद्येन समृद्धयन्ति ॥ १९३ ॥

[१-१] क हयैवेष [२] क धावेर् ग धावेन् [३] ग असंस्वर्गयेति [४] क प्रसुते [५] क आधायं [६] ग अव [७] ग यावयेयुर् [८] ग देव्यम् [९] ग ऊजित्या [१०-१०] क ग सामभिगायन्त्य् [११] ग अश्म [१२] क इती [१३] ग श्मन्न् [१४] ग -वाववरुध्यै [१५] ग जिगमषति [१६-१६] ग वयश्वोछाति [१७] ग छाति [१८] क ग तस्यानुरुक्तं [१९] क ग अनुरुक्तो [२०] ग नास्ति [२१] ग उचा [२२] ग मध्यन्दिनस्य [२३] ग गयत्यो [२४] क स्वष्वाणम् [२५] ग पश्वानमुखे

तासु गायत्रम् उक्तब्राह्मणम् । अथामहीयवम्[1] । प्रजापतेर् वा आमहीयवम् । प्राजापत्य एष यज्ञः । प्रजापतेर् एवाप्त्यै । अथ सैन्धुक्षितं क्षत्रसाम । क्षत्रेणाभिषिच्यमानो ऽभिषिच्याता[2] इति । अथाभीकम् अभिषिक्त्यै[3] रूपम् । पुनानस्[4] सोम धारयेत्य् उभयरूपा बृहती भवति । एषा उभयसाम्नी उद्यामस्[5] तस्माद् एताम् । कुर्वन्त्य् एव बृहत्साम्नः कुर्वन्ति रथन्तरसाम्नः । तासु रौरवं प्रज्ञातम् अग्निष्टोमसाम । 'प्रज्ञातम् अग्निष्टोमसाम' नेद् [6]अन्तरयामेत्य् अथ[7] वाजजिद्[8]—अन्नं वै वाजो[9]—ऽन्नाद्यस्यैवावरुद्ध्यै[10] । [11]अथ दैर्घश्रवसम्[11]—अन्नं वै दैर्घश्रवसम्[12]—अन्नाद्यस्यैवावरुद्ध्यै । अथार्कपुष्पम्—अन्नं वा अर्को—ऽन्नाद्यस्यैवावरुद्ध्यै । अथ समन्तम् । समन्तैनं[13] श्रीर् असद् इति । अथ यौधाजयं[14] त्रिणिधनं[15] सवनानां[16] क्लृप्त्यै । अथौशनम् अन्त्यं साम, अन्त्येन[17] साम्नान्त्यं[18] स्वर्गं लोकम् अश्नवाता इति । अथ रथन्तरम् । ब्रह्म वै रथन्तरम् । ब्रह्मसव एषः । ब्रह्मणाभिषिच्यमानो ऽभिषिच्याता इति । अथ वामदेव्यं शिवं शान्तं सुष्वाणम्[19] अनुवर्तता इति । अथो पशवो वै वामदेव्यं, पशूनाम् एवावरुद्ध्यै । अथ [20]नौधसं प्रज्ञातं[20] ब्रह्मसाम । [21]'प्रज्ञातं ब्रह्मसाम'[21] नेद् अन्तरयामेति । अथ कालेयं कं सुष्वाणायासद् इति । अथो कालं सुष्वाणो ऽश्नवाता[22] इत्य् अथो तं कालयातं यो ऽस्य काल्यो[23] ऽसद् इति । यस् ते मदो वरेण्य इत्य् आर्भवस्य पवमानस्यान्धस्वतीर्[24] गायत्र्यो भवन्ति[25] । अन्नं वा अन्धः[26] । तद् एनं तत् सुष्वाणम् एव पवमानमुखे ऽन्नाद्येन[27] समृद्धयन्ति ॥ १९४ ॥

[१] ग अथोमहीयत्रम् [२] ग भिषिच्य [३] ग अभिषित्यै [४] ग पुंनान [५] ग उद्ययाम [६-६] ग नास्ति [७-७] ग अन्तरयामेत्य [८] ग वाज्जिद् [९] ग वान्नो [१०] ग न्नाद्यस्यावरुद्धयं [११-११] ग अर्थश्रवसम् [१२] ग दैर्श्वश्रवसम् [१३] ग समन्त्यैनं [१४] ग यौयाजयं [१५] ग त्रीणिधनं [१६] क सवनां ग सवानां [१७] ग अन्त्यैन [१८] क ग साम्नान्त्य [१९] ग सुष्वाण्वम् [२०-२०] ग नाधसमप्रज्ञातं [२१-२१] ग नास्ति [२२] क श्नपाता ग न्नपाता [२३] ग काल्यौ [२४] ग पवमानस्यन्धस्वतीर् [२५] क ग भवति [२६] ग कन्धः [२७] ग न्नाद्यमिमव

तासु गायत्रम् उक्तब्राह्मणम्। अथो संहितम्। ब्रह्म वै संहितम्। [1]ब्रह्मसव एषः[1]। ब्रह्मणाभिषिच्यमानो ऽभिषिच्याता इति। अथ वाजदावर्य्यः। अन्नं[2] वाजः। अन्नदावर्य्य एता[3] अन्नाद्यस्यैवावरुद्धयै। अथ वारवन्तीयं, वारितैनं श्रीर् उपतिष्ठाता इति। अथो पशवो वै वारवन्तीयम्। पशूनाम् एवावरुद्धयै। अथ सभम्। सभमविभं सुष्वाणायासद्[4] इति। अथो सभं सुष्वावो ऽश्नवाता[5] इति। अथ श्रुधीयं कीर्तिमत् साम। पुण्यैनं[6] कीर्तिर् उत्तस्थिवांसम्[7] अनूत्तिष्ठाद्[8] इति। पुरोजिती वो अन्धस इत्य् अन्धस्वतीर् अनुष्टुभो भवन्ति। अन्नं वा अन्धः। तद् एनं तत् सुष्वाणाम्[9] एवान्नाद्येन समृद्धयन्ति। तासु नानदम्। षोडशी[10] ह्य् अत्रापि क्रियते। अथ विशोविशीयं क्षत्रसाम, क्षत्रेणाभिषिच्यमानो ऽभिषिच्याता[11] इति। अथो अयं सुष्वाणो विशः। विशो राजासद् इति। [12]अथ श्यावाश्वं[12] स्वर्ग्यं[13] साम, स्वर्गस्य लोकस्य समष्ट्यै। अथान्धीगवम्—अन्नं वा आन्धीगवम्—अन्नाद्यस्यैवावरुद्धयै। अथ[14] कावं, कं सुष्वाणायासद् इति। अथो कावं सुष्वाणो ऽश्नवाता इति। अथ यज्ञायज्ञीयं[15] प्रज्ञातम् अग्निष्टोमसाम। प्रज्ञातम् अग्निष्टोमसाम नेद् अन्तरायेमेत्य् अथो ज्यैष्ठ्यम्[16]। [ज्यैष्ठ्यं] वै यज्ञायज्ञीयम्[17]। ज्यैष्ठ्य एवैनं तत् प्रतिष्ठापयति। अथ साकमश्वं स्वर्ग्यं साम, स्वर्गस्य लोकस्य समष्ट्यै। अथ सौभरं बृहतस् तेजः। सतेजस्केन नो बृहता स्तुतम् असद्[18] इति। अथ नार्मेधम्[19] अतिरात्रसामातिरात्रसाम नेद् अन्तरयामेति। अथो पशवो वै नार्मेधं, पशूनाम् एवावरुद्धयै[20]। अथ षोडशी, यत् षोडशिनि कामस् स म उपाप्तो ऽसद् इति। अथ बृहच् छिपिविष्टवतीषु[21] भवति। मनो वै [22]बृहत्। मनः[22] प्रजापतिः। सप्तदशम् एतत् स्तोत्राणां भवति। [23]सप्तदश एष स्तोमः[23]। प्रजापतिर् वै सप्तदशः। प्रजापति स्वर्गो लोकः। श्रीस् तत्। एनं[24] तत् प्रजापताव् एव स्वर्गे लोके श्रियाम् अन्ततः प्रतिष्ठापयन्ति ॥ १९५ ॥

[१-१] ग नास्ति [२] ग अन्ना [३] ग णता [४] क सुष्वाणायाद् ग सुष्वाणयाद् [५] ग श्नवाता [६] ग पुण्येनं [७] ग उत्तसुवांसम् [८] ग अनुत्तिष्ठाद् [९] एवं कोशेषु [१०] क ग षोडशीं [११] ग भिषिच्यता [१२-१२] ग अश्यावाश्वं [१३] क ग स्वर्ग [१४] ग कथय [१५] ग यशायाज्ञीयं [१६] ग ज्यैष्ठं [१७] ग यज्ञायज्ञीय [१८] ग असिद् [१९] ग नामेमधम् [२०] क ग एववरुद्धयै [२१] ग छिपिविष्टवतिपु [२२-२२] ग ब्रह्मनः [२३-२३] ग सप्तदशषरतामः [२४] ग एन

अथैष[1] राजसूयः। वरुणो वा अकामयत—सर्वेषां देवानां[2] राज्याय सूयेयेति। स एतं यज्ञम् अपश्यत्। तम् आहरत्। तेनायजत। ततो वै सर्वेषां देवानां राज्यायासूयत[3]। सूयते[4] स्वानां श्रेष्ठतायै य एवं वेद। तस्य चतुस्त्रिंशाः पवमाना भवन्ति। स्वराड् वै [5]देवलोकः। स्वाराज्यम्[5] उ चतुस्त्रिंशी[6]। तद् एनं तत् सुष्वाणम् एव पवमानमुखे स्वाराज्येन लोकेन समृद्धयन्ति। अनुष्टुप् प्रतिपद् भवति। [7]वाग् वा[7] अनुष्टुप्। क्षत्रम् उ वै वाक्। क्षत्रेणाभिषिच्यमानो ऽभिषिच्याता इति। अथैताः[8] पंच संभार्या नानादेवत्या

भवन्ति। पञ्चानां ह वै पुरुषाणां राज्यायाभिषिच्यमानो ऽभिषिच्यते—राज्ञे राजन्याय सूताय ग्रामण्ये शूद्राय दासाय[९]। उद् अतस् त्रिवृतं स्तोमं हरन्त्य् उद् आग्नेयीं[१०] संभार्यभ्यः। तस्माद् ब्राह्मणयो[११] राजन्यस्याज्येयो[१२] ऽस्मार्यो ऽदण्ड्यो ऽघात्यः। [१३]यद् अत्र[१३] त्रिवृतं स्तोमं कुर्युर् उद् आग्नेयीं संभार्यास्व्[१४] अब्रह्मज्य[१५] एव राजन्यो ब्राह्मणाञ् जिनीयाद् अभ्रूणहत्यै[१६] मारयात् ॥ १९६॥

[१] ग अथैषा [२] ग दवनां [३] ग राज्यायासूयते [४] ग नास्ति [५-५] क देवलोकस्याराज्यम् ग देवलोकस्याराज्याम् [६] ग चतुरिंत्रशीति [७-७] ग वाश्व [८] ग अथेताः [९] ग दासय [१०] ग आग्नेयी [११] क ब्राह्मणो [१२] ग -ज्येया [१३-१३] ग यद [१४] ग स्वंभार्यास्व् [१५] ग अब्रह्मन्त्य [१६] ? ग अभ्रूणत्ये

तद् आहुर् नैतद् राजभ्यो[१] वेदयेत। यथा वै श्रेष्ठी[२] कामयते तथा करोति। यस् स ब्रूयात्—त्रिवृतम् एव[३] स्तोमं कुरुताग्नेयीं[४] संभार्यास्व् इत्य् अब्रह्मज्य[५] एव राजन्यो ब्राह्मणाज्[६] जिनीयाद्[७] अभ्रूणहत्यै[८] मारयात्[९]। तद्[१०] उ[११] वा आहुर् य एवैतद् राजभ्यो[१२] वेदयेत तम् एवाब्रह्मज्यो[१३] जिनीयात्[१४]। तम् अभ्रूणहत्यै[१५] मारयाद् इति। तद् आहुर् यन्ति वा एते प्राणेभ्यो ये त्रिवृत स्तोमाद् यन्तीति। त्रिवृताग्निष्टोमेन[१६] पुरस्ताद् यजेत। प्राणो वै त्रिवृतः। तेनैव[१७] प्राणेभ्यो न यन्ति। ब्रह्म पुरस्ताद् उ क्षत्रं सूयते। अथो [१८]आहुर् अपचितिर्[१८] इति यज्ञक्रतुः। तेनैव यजेतेति। तस्य यद् द्वे[१९] त्रिवृती[२०] स्तोत्रे भवतस् तेनैव प्राणेभ्यो न यन्ति। अपचितिम् उ सुष्वाणो ऽश्नुते। तद् उ वा आहुर् यद् एवैषा वायव्या प्रतिपद् भवति—प्राणो वै वायुः—प्राणैर् एव तत् समृध्यन्ते[२१]। वायो शुक्रो अयामि[२२] त इति शुक्रवती[२३] भवति। ज्योतिर् इव ह वा एषो ऽन्येषु मनुष्येष्व् अतिभाति यस् सूयते यं सुष्वाणो ज्योतिर् इवासद् इति। मध्वो[२४] अग्रं [२५]दिविष्टिष्व् इति तद् एतन्[२५] मधव्यम्[२६] एवाग्र्यं कुर्वन्ति। आ याहि सोमपीतय[२७] इति सौमी। तेन पावमानी क्रियते। स्पार्हो[२८] देव नियुत्वतेति। क्षत्रं वै स्पार्हः। विशो नियुत्वतीः[२९]। क्षत्रायैव तद् विशम् अनु वर्त्मानं[३०] कुर्वन्ति। तस्मात् क्षत्रस्य[३१] विड् अनु[३१] वर्त्मा ॥ १९७ ॥

[१] एवं कोशयोः [२] क श्रैष्ठी ग श्रष्ठी [३] क मे ग एम [४] ग कुरुताग्नेयी [५] ग अब्रह्मन्ध [६] ग ब्रह्मणा [७] ग जिनियाद् [८] ? क अभ्रूणहत्यै ग अभ्रूणहत्ते [९] क ग मारया [१०] ग तद [११] ग नास्ति [१२] एवं कोशयोः [१३] क ग एवाब्रह्मज्ये [१४] क जनीयात् ग जनीयत् [१५] ? ग अभ्रूणहत्ये [१६] ग -ग्निष्ठामेन [१७] ग स्तोमेनैव [१८-१८] ग आहूपचितिर् [१९] ग वै [२०] ग तृवृति [२१] ग समृद्धन्ते [२२] ग अयमि [२३] ग अधिपाठः भवन्ति [२४] ग मथो [२५-२५] ग दिविष्टिष्वितेदेनतन् [२६] ग मधभ्यम् [२७] ग सामपीतय [२८] ग स्पर्हो [२९] क ग नियुत्वती [३०] ग चत्मानं [३१-३१] ग विद्धनु

अथैते सरस्वतश् च [१]सरस्वत्याश् च। एतद्[१] वै दैव्यं मिथुनं प्रजननं यत् सरस्वांश्[२] च सरस्वती च। दैव्येन मिथुनेन प्रजाया[३] इति। तद् आहुः पुंसः पूर्वा कार्या स्त्रिय उत्तराः। तथा सुष्वाणस्यानपगदृभ्यो[४] राजपुत्र आजायत इति। तद् उ वा आहुर् वायुर् वै रेतोधाः, प्रजननं सरस्वती। तौ सरस्वन्तं मिथुनात् प्रजनयतः। अथो वाशिता वै पूर्वा धावत्य् अन्वम् ऋषभः[५]। सरस्वत्या एव पूर्वा[६] कार्येति। एतद्

उ हैतत् सरस्वतस्[७] त्व् एव पूर्वा कार्या। अथ ब्राह्मणस्पत्या[८], ब्रह्मण्य[९] क्षत्रं सूयाता इति। अथ सावित्री, सवितृप्रसूतस् सूयाता इति। अथैते[१०] उभे प्रतिपदौ भवतः। उभे ह्य् अत्र सामनी क्रियेते। [११]अभिवन् नवर्च[११] भवत्य् अभिषिक्त्यै[१२] रूपम्। अथो तेनैव त्रिवृत स्तोमान् न यन्ति। सवत् षड्ऋचं भवति। सामानं[१३] वदन्तीभिस्[१४] सूयाता इति। वृषण्वद् भवति। अयं वृषाभिषिच्यमानो ऽभिषिच्याता इति। चतुर्ऋचं भवति—चतुष्पदां[१५] पशूनाम् अवरुद्ध्यै। परोक्षं[१६] द्विपदा भवन्ति, द्विपदां पशूनाम् अवरुद्ध्यै। पर्यासो[१७] भवति[१८]—यः[१९] पर्यासे कामस्[२०] स मा[२१] उपास्तो ऽसद् इति ॥ १९८ ॥

[१-१] ग सरस्वत्याश्यैतद् [२] क ग सरस्वाश् [३] क ग प्रजया [४] क ग -नपगत्भो [५] ग ऋषभ [६] क ग पूर्वं [७] ग सरस्वस् [८] ग ब्रह्मणस्पत्या [९] क ग ब्रह्मण्त्र [१०] ग अथैतेन [११-११] ग अभिवन्नवर्च। अभिवद् इत्य् अभि-युक्तम् [१२] ग -भिषित्त्यै [१३] ग समानं [१४] ग वदन्तिभिस् [१५] ग चतुष्पादं [१६] ग परोक्ष [१७] ग पय्यासो [१८] ग भवन्ति× [१९] ग नास्ति [२०] ग कार्य्यस् [२१] क ग म

अथ[१] क्षपा परिष्कृत इत्य् अनुष्टुब् अन्त्या भवति[२]। स ह वा उद्गाता राजानं राजसूयेन याजयेद् य एनं बहिष्पवमान एव देवानां देवासन्दीम् आरोहयेत्[३]। अनुष्टुप् प्रतिपद् भवति अनुष्टुब् अन्त्या। तयोश् चतुष्षष्टिर् अक्षराणि। ततो यानि षष्टिर् आसन्दी सा। अथ यानि चत्वार्य् आसन्दीपादास् [४]ते। एतद् वै[४] राजानम् उद्गाता बहिष्पवमान एव देवानां[५] देवासन्दीम् आरोहयति। उभयान्य् आज्यानि भवन्ति। उभे ह्य् अत्र सामनी क्रियेते। तद् आहुर् अन्यतराण्य् एव [६]कार्याणि यान्य् एव[६] बार्हतानि। विड्-भाजनानि वा आजान्य् अपि वाजिन्या विशः क्षत्रं सूयाता इति। तद् उ वा आहुर् उभयान्य् एव कार्याणि। सर्वेषां वै राज्यायाभिषिच्यमानो ऽभिषिच्यते। तस्माद् उभयान्य् एव कार्याणीति। तानि पञ्चदशानि भवन्ति—क्षत्रं वै पञ्चदशः— क्षत्रेणाभिषिच्यमानो ऽभिषिच्याता इति ॥ १९९ ॥

[१] ग अथ [२] क ग भवन्ति [३] ग आरोहयत् [४-४] ग तयेद्वै [५] क ग अधिपाठः देवानां [६-६] ग कार्यानियोन्येव

अवभृथाद् उदेयुषे द्वादशपुष्करां स्रजं[१] प्रतिमुञ्चति। आपो वै देवानां[२] पत्नय आसन्। ता मिथुनम् ऐच्छन्त[३]। ता देवा उपायन्[४]। ता गर्भम्[५] अदधत[६]। ततः पुष्कराण्य् अजायन्त। सत्यं वा आपः। सत्यं दीक्षा[७]। सत्यस्यैव तत् सत्यं यत् पुष्कराणि। सत्यस्यैवास्मै तत् सत्येन तपो दीक्षां प्रतिमुञ्चति। सा [८]द्वादशपुष्करा भवति[८]। द्वादश मासास् संवत्सरः। संवत्सरो यज्ञः। यज्ञम् एवास्मिंस् तत् प्रतिमुञ्चति। अथो आहुस् सप्तपुष्करैव स्याद् इति। सप्त वै छन्दांसि। छन्दोभिर्[९] यज्ञस् तायते[१०]। यज्ञम् एवास्मिंस् तत् प्रतिमुञ्चति। अथो आहुष् षट्पुष्करैव स्याद् इति। षड् वा ऋतवस् संवत्सरः। संवत्सरो यज्ञः। यज्ञम् एवास्मिंस् तत् प्रतिमुञ्चति। अथो आहुः पञ्चपुष्करैव स्याद् इति। पांक्तो यज्ञः। पांक्ताः पशवः। पशवो यज्ञः। यज्ञम् एवास्मिंस् तत् प्रतिमुञ्चति। [११]अथो आहुश् चतुष्पुष्करैव स्याद् इति। चतस्रो दिशः। चतुष्पदाः पशवः। पशवो यज्ञः[१२]। यज्ञम् एवास्मिंस् तत् प्रतिमुञ्चति। अथो आहुस् त्रिपुष्करैव स्याद्

इति । त्रिषवणो यज्ञः । यज्ञम् एवास्मिंस् तत् प्रतिमुञ्चति । तद् उ वा आहुर् द्वादश-पुष्करैव स्याद् इति[१३] । द्वादशसु वावैतानि सर्वाणि । तस्माद् द्वादशपुष्करैव[१४] स्याद् इति ॥ २०० ॥

[१] क ग स्रुजं [२] ग मिदवानां [३] ग ऐच्छन्ता [४] ग पुपायस् [५] ग गर्भं [६] ग अषत [७] ग दीक्ष [८-८] ग नास्ति [९] ग छभोभिर् [१०] ग तायत [११] ग अधिपाठः तदु वा आहु द्वादशपुष्करैवस्या द्वादशसु वावैतानिति [१२] ग यज्ञे [१३] ग नास्ति [१४] क ग पुष्करैव (द्वादश इत्येतं विना)

अथैतास् संसृप इष्टयो भवन्ति । वरुणस्य ह वै सुष्वाणस्य षोडशतयैर् आपो भर्ग[१] निरघ्नन् । तद् इमां दशम् अपतत्[२] । तच्[३] चतुर्धाभवद्—भृगुस् तुरीयं[४] सरस्वती[५] तुरीयं दशपेयस् तुरीयं श्रायन्तीयं[६] तुरीयम् । तस्माद् एतस्य यज्ञस्य[७] भार्गवो होता भवति, सरस्वतीर् आपो ऽभिषेचनीया, दशपेयो यज्ञ, श्रायन्तीयं[८] ब्रह्मसाम । ते देवा अब्रुवन् एतेदं भर्गम् अनुविन्दामेति । त एतास् संसृप इष्टीर् अपश्यन् । ताभिर्[९] एनद् अनु समसर्पन् । यद् अनु समसर्पंस्[१०] तत् संसृपां[११] संसृप्त्वम्[१२] । तद् विष्णुनैव देवतया दशम्याम् अन्वविन्दन् । तस्माद् एतस्य यज्ञस्य वैष्णवं दशमं हविर् निरूप्यते। दशम्यां ह्य् अन्वविन्दन् । दशमीं प्रसुतो भवति । दशम्यां ह्य् अन्वविन्दन् । दश चमसा भवन्ति । दशम्यां ह्य् अन्वविन्दन् । [१३]दश दश चमसम्[१३] अनु प्रसृप्ता भवन्ति । दशम्यां ह्य् अन्वविन्दन् । यो दशपुरुषं सोमपीथाद्[१४] अव्यवच्छिन्नस् स भक्षस्य कर्ता । दशम्यां ह्य् अन्वविन्दन् । तद् अनुविद्याग्निना पर्यैन्धत । [१५]मरुतो यं श्रायन्तीयेनैनद्[१५] अश्रीणंस्, तच् छ्रायन्तीयस्य श्रीयन्तीयत्वम्[१६] । तस्य यज्ञायज्ञीयस्यर्क्षु बहिष्पवमानं भवति । अग्निर् वै यज्ञायज्ञीयस्यर्चः[१७] । अग्निनैवैनत् तत् परीन्धते ॥ २०१ ॥

[१] ग गर्भं [२] ग अपत् [३] क ग त [४] ग तुवीयं [५] क ग सरस्वति [६] क श्रायन्तीयन्तीयं ग श्रायन्तियं [७] ग अधिपाठः निरघ्नस्तदिमान्दशमपतत्त चतुर्धाभवत् भृगुस्तुरीयं सरस्वतिस्तुरीयन्दशपेयस्तुरीयन्तस्मादेतस्य [८] ग श्रावयन्तियं [९] क ग ताभिन् [१०] ग समर्पंस [११] एवं कोशयोः [१२] क संसृपत्वं [१३-१३] ग दशमसम् [१४] ग सामपीथाद् [१५-१५] क ग मरुतोधमज्ञायन्तियेनैनद् । यं = यत् ? [१६] ग श्रयन्तित्वं [१७] ग यज्ञायज्ञीयस्यर्छः

श्रायन्तीयं ब्रह्मसाम । सम् एवैनत्[१] तच् छ्रीणन्ति[२] । यज्ञायज्ञीयम् अनुष्टुप्सु प्रोहन्ति । वाग् वै यज्ञायज्ञीयम् । वाग् अनुष्टुप् । वाचैवैनत् तत् समृद्धयन्ति । वारवन्तीयम् अग्निष्टोमसाम । इन्द्रियं वै वीर्यं वारवन्तीयम् । इन्द्रियेणैवैनत्[३] तद् वीर्येण समृद्धयन्ति । सप्तदशस्तोमो भवति—प्रजापतिर् वै सप्तदशः । प्रजापतिर् नष्टस्यानुवेत्ता[४]—स यो नष्टस्यानुवेत्ता तेनेदं भर्गम्[५] अनुविन्दामेति । अग्निष्टोमो [६]यज्ञस्—संवत्सरो[६] वा एष यद् अग्निष्टोमस्—संवत्सरेणैवैनांस् तत् परिगृह्यात्मस्व्[७] अदधत[८] । तस्मिन्न् एता[९] यथारूपं दक्षिणा नीयन्ते—स्रग् उद्गातृ, रुक्मो[१०] होतुः, प्राकाशाव्[११] अध्वर्योर्[१२], द्वादश पष्ठौहीर्[१३] ब्रह्मणे[१४], धेनुर्[१५] मैत्रावरुणाय, ऋषभो ब्राह्मणाच्छंसिने[१६], वाससी नेष्टापोत्रो, [१७]स्थूर् यवाचितम्[१७] अच्छावाकाय, अनड्वान् अग्नीधः । तद् यत् स्रग् उद्गातुर् भवति[१८]—सौर्या वै स्रक्—सौर्य उद्गाता तत् तत्सलक्ष्म क्रियते ॥ २०२ ॥

[१] ग ऐत्रैनत् [२] ? क ग त्रीणयन्ति [३] ग इन्द्रियेणैवंन [४] ग नेष्टस्यानुवत्ता [५] ग गर्भम् [६-६] ग यज्ञसंवत्सरे [७] एवं कोशयोः [८] ग अदयत [९] ग एथा [१०] क रुत्मो ग रुत्मा [११] एवं कोशयोः [१२] ग अध्वर्यो [१३] क पष्ठौंही ग पक्षौहि [१४] ग ब्राह्मणे [१५] ग धनुर् [१६] ग ब्राह्मणाच्छिसिने [१७-१७] ग सूर्य्यमाच्चितम् [१८] क भवंति

सा पटरणी[1] भवति। पटरीव[2] ह्य् असाव् आदित्यः। अथ [3]यद् रुक्मो[3] होतुर् भवति, त्रीणि वा एतानि सम्यञ्चि[4] सन्धीयन्ते। रुक्म[5] आहवनीयो ऽसाव् आदित्यः। तद् यद् एतानि सम्यञ्चि सन्धीयन्ते समृद्ध्या[6] एव। सम् अस्मा ऋध्यते य एवं वेद। [7]अथ यत्[7] प्राकाशाव्[8] अध्वर्योर्[9] भवतो रूपेणेन्ततम् आह्वयन्तीति वा आहुः। अथो यद् एव तौ प्रकाशैव चरतस् तत् तत्सलक्ष्म क्रियते। अथ यद् द्वादश पष्ठौहीर् ब्रह्मणे भवन्ति—प्रजननं वै पष्ठौहीः— प्रजननं[10] ब्रह्मा तत् तत्सलक्ष्म[11] क्रियते। अथ यद् धेनुर् मैत्रावरुणाय भवति—पयस्या वै धेनुः— पयस्याभाजसौ मित्रावरुणौ तत् तत्सलक्ष्म क्रियते। अथ यद् ऋषभो ब्राह्मणाच्छंसिने भवत्य्—ऐन्द्रो वै [12]ब्राह्मणाच्छंस्य्—ऐन्द्र[12] ऋषभस् तत् तत्सलक्ष्म[13] क्रियते। अथ यद् वाससी नेष्टापोत्रोर्[14] भवतो—मारुते वै[15] वाससी—मारुतौ नेष्टापोतारौ तत् तत्सलक्ष्म क्रियते। अथो भूमा वै मरुतो[16], भूमा तन्तुभिर् वासः। अथ यत् स्थूर्[17] यवाचितम् अच्छावाकाय भवति, धीतेव ह वा एषा होत्रायातयाम्नी[18] यद् अच्छावाकीया। ताम् एतैर् एव यवैर् आप्याययन्ति। तत् स्थूरि भवति क्षेमस्य रूपम्। होत्रा अनुविमुच्यागता इति। अथ यद् अनड्वान् अग्नीधे भवति—वहति[19] वा अनड्वान्, वहत्य् अग्निर् देवेभ्यो हविस्—तत् तत्सलक्ष्म क्रियते। तद् यद् एता यथारूपं दक्षिणा नीयन्ते समृद्ध्या[6] एव। सम् अस्मा ऋध्यते य एवं वेद ॥ २०३ ॥

[१] ग पटारणी [२] ग पटारीव [३-३] ग यदूक्वो [४] ग सौम्यञ्चि [५] ग रुत्म [६] ग समृद्धा [७-७] ग अथत् [८] ग प्राकाशा [९] ग उध्वर्यो [१०] ग प्रजनन [११] ग तत् लक्ष्म [१२-१२] ग ब्राह्मणाउंस्यै [१३] ग तत्सरुक्ष्म [१४] ग नेष्टापोत्रो [१५] ग व [१६] ग मरुते [१७] ग स्पूर् [१८] क ग होत्रायतयाम्नी [१९] ग वहती

अवभृथाद् उदेत्य श्मश्रूण्य् एव वपते[1] [2]न केशान्। श्रीर् वै[2] शिरः। शिर उ[3] ह वै सुष्वाणस्य श्रीर् गच्छति। स यत् पुरा संवत्सरात् केशान्[4] वपेत श्रियम् एव वपेत न केशान्। अथ यद् उपरिष्टात् संवत्सरस्य केशान् वपते[5] संवत्सरेणैव तद् [6]आत्मन् श्रियं[6] परिगृह्य केशान् एव वपते, न श्रियम्। तस्माद् उपरिष्टाद् एव वपेत। सो[7]ऽतिरात्रो भवति। एतद् वै केशानां रूपं यद् अतिरात्रः। ये शुक्ला अह्नस् ते रूपं, ये[8] कृष्णा रात्र्यै ते। तस्माद् अतिरात्रो भवति। तस्यैते प्रतिलोमा भवन्ति। तदा श्रेयांसं[9] वा एषो ऽभ्यारोहति यस् सूयत इति। तस्यैकविंशं[10] प्रातस्सवनं[11] भवति। द्वादश मासाः, पञ्चर्तवस्, त्रय इमे लोका, असाव् आदित्य एकविंशः। एष[12] वै वरुणः। वरुणसव एष एतर्ह्य् अभ्यारोहति[13] यो वै श्रेयांसम् अभ्यारुह्याथास्मै न निह्नुते[14]। यथा वै स तम् आर्त्या[15] कामयते तथैनं निह्नोति[16]। तद् यद् एते प्रतिलोमा स्तोमा[17] भवन्ति निह्नवाना एवैतद् अपविजानानाः पुनर् अर्वाञ्च[18] स्तोमा आयन्ति। यो वै श्रेयांसम् अभ्यारुह्याथास्मै निह्नुते ऽयेहि[19] मापक्रमीर्[20] इति वै[21] स तम् आह तद् यद् आश्विनाः

क्रतवः पुनर् ऊर्ध्वा उद्यन्ति यथा निह्नुवानं ब्रूयाद् व्येहि[22] [23]मापक्रमीर् इति[23] तादृक् तत्। तस्य [24]रथन्तरं माध्यंदिने[24] भवति। इयं वै रथन्तरम्। अस्याम् एवैतत् प्रतितिष्ठति॥ २०४॥

[१] ग पवते [२–२] क सकेशान्- ग सकेशा-इछीवैं [३] ग इ [४] ग केशन् [५] ग वपति [६–६] ग आत्मछियं [७] ग सा [८] ग ध्ये [९] ग श्रेयांस [१०] ग -विंश [११] ग -सवन [१२] क एक [१३] ग आम्यारोहति [१४] ग ननूते [१५] ग आत्या [१६] क ग निनेति [१७] क स्तो [१८] ग वाञ्च [१९] एवं कोशयोः [२०] ग माप्रक्रमीर् [२१] ग नास्ति [२२] क वेहि ग अवेहि [२३–२३] ग मापक्रमीति [२४–२४] क रथन्तर-माध्यन्दि

अथैष द्विरात्रः। प्रजाकामो[1] हैतेन यजेत। तस्योभये स्तोमा भवन्त्य्, अयुजश् च युग्मन्तश् च—एतद् वै दैव्यं[2] मिथुनं[3] प्रजननं[4] यद् उभये स्तोमास्—तद् यद् दैव्यं मिथुनं प्रजननं [5]तन् मा[5] प्रजनयाद् इति। तस्योभे बृहद्रथन्तरे सामनी भवत—एतद् वै दैव्यं मिथुनं प्रजननं यद् उभे बृहद्रथन्तरे—तद् यद्[6] दैव्यं मिथुनं प्रजननं तन् मा प्रजनयाद् इति। तस्य पञ्चविंशं[7] ब्रह्मसाम भवति। पुरुषो वै पञ्चविंशः। यजमानकामो[8] वा एष यद् ब्रह्मसाम। प्रजाम् एव तत् पुरुषतां गमयति। तस्य सप्त च शतानि विंशतिश्[9] च स्तोत्र्या भवन्ति। तावन्तस् संवत्सरस्याहोरात्राः। अहोरात्रा वा[10] इदं सर्वं प्रजनयन्ति। ते य इदं सर्वं प्रजनयन्ति [11]ते य इदं सर्वं प्रजनयन्ति[11] ते मा प्रजनयाद्[12] इति॥ २०५॥

[१] ग प्रजाकामेन [२] ग देव्यं [३] ग मिथुननं [४] क ग नास्ति [५–५] ग तत्ता (तन्मा) [६] ग य [७] ग पञ्चविंश [८] ग यजमानकामा [९] ग विंशतिञ् [१०] क व [११–११] ग नास्ति [१२] ग प्रजनयानि

अथैष त्रिष्टोमो[1] ऽग्निष्टोमः। प्रतिष्ठाकामो हैतम् आहरेत। तद् आहुः प्रेव वा एषो ऽस्माल् लोकाच् च्यवते यस् सूयत इति। तद् [2]यत् त्रिष्टोमो[2] भवति—त्रयो वा इमे लोका—एष्व् एव तल् लोकेषु प्रतितिष्ठति। अथो हैष धृतिर् एव नाम यज्ञक्रतुः। तस्य रथन्तरं पृष्ठं भवति। तेन[3] हैतेनाभिप्रतारणो राजा नेजे। द्विरात्रान्तं हैव चक्रे। [4]तम् उ ह[4] ब्राह्मण उवाच परा कुरवः[5] कुरुक्षेत्रं जेष्यन्ते[6]। प्रजाम् एवाहरत, न क्षेत्राणीति[7]। त एते कुरवः [8]कुरुक्षेत्रं पराजित्य चरन्ति, सत्वा एते[8] कुरुक्षेत्रे[9]। स वा एष क्षेत्राणाम् एव धृत्या ह्रियते यत् त्रिष्टोमो ऽग्निष्टोमः॥ २०६॥

[१] ग त्रितिष्टोमो [२–२] क ग यतिष्टोमो [३] ग तेने [४–४] ग तममह [५] ग गुरवः [६] ग ज्यष्यन्ते [७] ग क्षत्राणीति [८–८] ग नास्ति [९] ग कुरुक्षेत्र

अथैते नाकसदः। स्वर्गं ह वै लोकं [1]देवा अभ्यारुरुहुः[1]। ते स्वर्गं लोकं गत्वा सार्धम् [2]एवाव्यवसिता[2] आसन्। ते ऽकामयन्त नाके स्वर्गे लोके व्यवस्येमेति। त एतान् नाकसद स्तोमान् अपश्यन्। तान् आहरन्त। तैर् अयजन्त[3]। ततो वै ते नाके स्वर्गे लोके व्यवास्यन्। यन् नाके स्वर्गे लोके व्यवास्यंस्[4] तन् नाकसदां नाकसत्त्वम्। वि ह वै नाके स्वर्गे लोके वस्यति[5] य एवं वेदेति ह स्माह जानश्रुतेयः। अथ ह स्माह वैतसव्यो (?) ऽस्मिन्न् एवाग्रे लोके प्रजापतिर् देवान् असृजतेति[6]। अथ हेम ऊर्ध्वा लोकाः कृन्तत्राण्य्[7]

अवासुर् अरथयाना यथा वनावक्षा[८] एवम् अप्रेताः । ते देवा अकामयन्त स्वर्गं लोकम् इयामेति ॥ २०७ ॥

[१-१] क देवा अभ्यारुरुहन् ग देवात्यभ्यारुरुहुः [२-२] ग एवाव्यस्तिता [३] ग अजयन्त [४] ग व्यवास्यस्तंस् [५] क व्यवस्यति ग वस्यती [६] ग असुजेति [७] क कृन्तत्रारण्य् ग कृतन्त्रा-तारण्य् [८] ग वनागक्षा

ते वसवः प्रथम आयन् । ते त्रिभिर् एव त्रिवृद्भिर् इमं लोकं प्रायुवन्न्, एकेन[१] पंचदशेनान्ववास्यन्[२] । त्रिभिर् एव त्रिवृद्भिर् इमम् अन्तरिक्षं[३] लोकं प्रायुवन् । एकेन सप्तदशेनान्ववास्यन् । त्रिभिर् एव त्रिवृद्भिर् अमुं[४] लोकं प्रायुवन् । एकेनैकविंशेनान्ववास्यन्[५] । [६]तद् यथा[६] ह वै परशोस् तिग्म[७] यथाग्निर्[८] देवतानाम् [९]एवम् एष यत्[९] त्रिवृत् स्तोमः[१०] । तद् यथा परशुना पुरस्तात् [११]संवृश्चयन्न् इयाद्[११] अग्निना पश्चात् समं कुर्वन्न्, एवम् एव तद् [१२]वसवस् त्रिवृता[१३] स्तोमेनेमान् लोकान् प्रायुवन्[१४] । तद् यद् इमान् लोकान् प्रायुवंस् तस्माद् उ हैते प्रयुतो नामापि स्तोमाः । तद् यथाग्निदग्धेषु[१५] गेवस्यन्न्[१६] इयाद् एवम् एव तद्[१२] वसव आयन् । तस्मात् ते पराध्यां[१७] देवानाम् । ते हि प्रथम आयन् ॥ २०८ ॥

[१] ग ऐकेन [२] ग पञ्चदशेनाववास्यन् [३] क अन्तरिक्ष ग अन्तरिक्षे [४] ग इमं [५] ग ऐकेनेकाविंशेना- [६-६] ग तवृधा [७] ग मिग्म [८] ग यथग्निर् [९-९] ग एवमेव-मेषय [१०] ग स्तोम [११-११] ग संवृच्य-न्याद् [१२-१२] ग नास्ति [१३] क त्रीश्रता [१४] क प्रायुवस् [१५] क यथाग्निदग्धेसु [१६] ? एवं क [१७] ग पराध्या

अथ रुद्राः कृततरं पन्थानम् अपश्यन् । त एकेनैव त्रिवृतेमं लोकं प्रायुवन्[१] । [२]त्रिभिः पञ्चदशैर्[२] अन्ववास्यन् । एकेनैव त्रिवृतेमम् अन्तरिक्षं लोकं प्रायुवन् । त्रिभिस् सप्तदशैर् अन्ववास्यन् । एकेनैव त्रिवृतामुं लोकं प्रायुवन्[३] । त्रिभिर् एकविंशैर् अन्ववास्यन् । तद् यथा ह वै कृतस्य[४] पथो[५] यत् तत् त्रिविषमम् । तत् पश्चात्[६] समं कुर्वन्न् एवम्[७] एव तद् रुद्रा आयन् । अथादित्याश्[८] चतुर्भिर् एव त्रिवृद्भिश् चतुर्भिः पञ्चदशैस् त्रिभिस् सप्तदशैर् एकेनैकविंशेन कृतेन[९] पथायन् । अथाङ्गिरसस् त्रिभिर् एव त्रिवृद्भिः पञ्चदशैस् त्रिभिस् सप्तदशैस् त्रिभिर् एकविंशैर् विराट् स्वराजेन पृथग् एवायन् । त्रिणवेनैव [१०]मरुत आयन्[१०] । ओजो वै वीर्यम् । मरुत ओजो वीर्यम् । त्रिणवस् ते ऽत [११]ओजसैव वीर्येणायन्[११] । त्रयस्त्रिंशेनैव विश्वे देवा आयन् । ते स्वर्गं लोकं गत्वा सार्धम् एवाव्यवसिता[१२] आसन् । ते ऽकामयन्त वयम् अपि नाके स्वर्गे लोके सीदेमेति ॥ २०९ ॥

[१] ग प्रायुवस् [२-२] ग त्रिभिमपञ्चदशैर् [३] क ग प्रयुवन् [४] ग कृनो [५] ग पथा [६] ग पश्चा [७] ग नास्ति [८] ग अथादित्यश् [९] ग कृत्यो [१०-१०] ग मरुतायन् [११-११] ग आजसोवपीर्य्येणायन् [१२] ग एवाव्य-धिता क एवाव्यसिता

त एतं विश्वे देवास्[१] त्रयस्त्रिंशं स्तोमम्[२] अपश्यन्[३] । तम् आहरन्त । तद् आहुः कतमे[४] विश्वे देवा [५]इति । एता[५] एव पञ्च देवतास् संपद्य एव विश्वे देवा भवन्तीति ह ब्रूयात् । त एतेन विश्वे देवास् त्रयस्त्रिंशेन स्तोमेन समयजन्त[६] । तत्[७] त्रयस्त्रिंशद् वै

देवतास्, त्रयस्त्रिंशद् देवलोकाः[८] । ततो[९] वै ते नाके स्वर्गे लोके ऽसीदन् । ते [१०]ऽब्रुवन् न सदाम[१०] वै स्वर्गे लोके नाक इति । [११]यद् अब्रुवन् न सदाम[११] वै स्वर्गे लोके नाक इति तन् नाकसदां नाकसत्त्वम् । वि ह वै नाके स्वर्गे लोके सीदति य एवं वेद । तेषूभे उभेसाप्नी भवत, उभाभ्यां हि तत्र गच्छति यत्र जिगमिषति । तेषु यानि[१२] सुवर्निधनानि यानि[१३] ज्योतिर्निधनानि सामानि तान्य् अवकल्पयन्ति स्वर्ग्याणि, स्वर्गस्य[१४] लोकस्य समष्ट्या, अहोरूपाणां च समृद्ध्यै ॥ २१० ॥

[१] ग देवा आयंस् [२] ग स्तामं [३] ग पश्यन् [४] क ग कतमो [५-५] ग इत्यता [६] ग यजन्त [७] ग तस् [८] क ग दैवलोकाः [९] ग तदो [१०-१०] ? क ब्रुवन्नसदाम ग ब्रुवन्सदाम [११-११] ! क यदुब्रुवन्नसदाम ग यदुब्रुवन् सदाम [१२] ग याने [१३] ग नास्ति [१४] क ग स्वर्ग्यस्य

अथैत ऋतुष्टोमाः[१] । ऋतवो वा अकामयन्त समानेन यज्ञेन समानीम् ऋद्धिम् ऋध्नुयामावान्नाद्यं[२] रुन्धीमहि[३], पुनर्नवाः पुनर्नवा[४] स्यामेति । त एतान् यज्ञान् अपश्यन् । तान् आहरन्त । तैर् अयजन्त[५] । स[६] वसन्तः प्रथमो ऽयजत । स एतेनायजत । स एताम् एवर्द्धिम्[७] आर्ध्नोद् एतद् अन्नाद्यम् अवारुन्द्धैतां[८] पुनर्नवतां यैषा वसन्तस्य । अथ शिशिर ऐक्षत—येनैवेमे [९]पूर्वा इष्ट्वारात्सुस्[९] तेनो एवाहं यजा इति । स एतेनैवायजत । स एताम् एवर्द्धिम्[१०] आर्ध्नोद् एतद् अन्नाद्यम् अवारुन्द्धैतां[८] पुनर्नवतां यैषा शिशिरस्य ॥ २११ ॥

[१] ग ऋतुष्टामाः [२] ग आप्नुयामुवान्नाद्यं [३] ग रुन्धीमही [४] ग पुनन्नव [५] क ग अजयन्त [६] ग नास्ति [७] क ऋद्धिम् ग अवर्द्धीम् [८] क अवरुन्धैतां [९-९] ग पूर्वयिष्वारात्सुसुस् [१०] ग एवधीम्

शश्वद् धैषाम् एष एवर्द्धतमः[१] । एतं [२]ह्य् एव[२] प्राप्य गोर् अश्वस्य पुरुषस्यैतम् एव रूपम् अभ्यवैति । तद् एतद् [३]अनन्तं देवचक्रम्[३] अक्षितं पुनर्नवम् आ च परा च परिवर्तते । स य एतद् [४]एवं वेदैताम्[४] एवानन्तताम् एताम् अक्षितिम् एतां पुनर्नवतां जयति । स यः कामयेत समानेन यज्ञेन समानीम् ऋद्धिम्[५] ऋध्नुयामावान्नाद्यं[६] रुन्धीय पुनर्नवः पुनर्नव स्याम् इति स एतैर् यजेत । स वसन्ते प्रथमेन यजेत । स एताम् एवर्द्धिम्[७] ऋध्नोति एतद् अन्नाद्यम् अवरुन्द्ध एतां पुनर्नवतां[८] यैषा वसन्तस्य । ग्रीष्मे द्वितीयेन यजेत । वर्षासु तृतीयेन[९] यजेत । शरदि चतुर्थेन यजेत । हेमन्[१०] पञ्चमेन यजेत । शिशिरे षष्ठेन यजेत । स एताम् एवर्द्धिम्[११] [१२]ऋध्नोत्य् एतद्[१२] अन्नाद्यम् अवरुन्द्ध एतां[१३] पुनर्नवतां यैषा शिशिरस्य ॥ २१२ ॥

[१] ग एवद्धतम [२-२] ग ह्ये [३-३] ग अनन्देवचक्रम् [४-४] ग एवैनुतदाम् [५] ग नास्ति [६] ग ऋध्नुयामावान्नाद्य [७] ग एवर्द्धीम् [८] ग पुनन्नवतां [९] ग त्रयेन [१०] ग हमन्न [११] ग अवर्द्धीम् [१२-१२] ग ऋध्नोत्तेतद् [१३] ग एषां

स [१]हर्तूनाम् एवैको[१] भवति । ऋतून् एवाप्येत्य् अक्षय्यं हास्याव्यवच्छिन्नं सुकृतं भवति । पुनर्नवः पुनर्नवो हैव सुकृतेनाप्यायमान एति । ते पञ्च स्तोत्र्या भवन्ति । यः[२] पांक्तो यज्ञो, ये[३] पांक्ताः पशवो, यत्[४] पांक्तम्[५] अन्नाद्यं, ये पंचर्तवो, यत् किं च पञ्च पञ्च तस्यैषा सर्वस्यर्द्धिस्[६] तस्योपाप्तिः । तेषाम् उ एकैकस्य षष्टिं षष्टिं स्तोत्र्या

भवन्ति । तावतीर्[6] ऋतो रात्रयः । तेनर्तून्[8] नातिष्टुवन्ति । तेषाम् उ सर्वेषां त्रीणि षष्टिशतानि स्तोत्र्या भवन्ति । तावतीस्[7] संवत्सरस्य रात्रयः । रात्रिश एव तत् संवत्सरम् आप्नुवन्ति । तद् आहुः—[9]पृष्ठान्य् एवोपेत्यानीति[9] । पृष्ठाद् वाव पृष्ठम् उपेयात् । पृष्ठानि ह्य् ऋतव इति । स रथन्तरसामैव प्रथम स्याद् अथ बृहत्सामाथ वैरूपसामाथ[10] वैराजसामाथ शाक्करीसामाथ रेवतीसामोत्तम[11] स्याद् इति । तद् उ वा आहुर् [12]दीक्षोपसद्भिस् सुत्यायै[12] पृष्ठानि व्यवच्छिद्येरन् । यद् एवं कुर्युर् दूरे [13]दूर इव[13] वै पृष्ठान्य् उपयन्ति । पृष्ठं वाव पृष्ठम् अभिवोढुम् अर्हति । उपजो वा एषा बृहद्रथन्तरयोर् यद्[14] एतानि सामानि । बृहद्रथन्तरे वै विच्छिन्नस्य यज्ञस्य सन्तत्यौ[15] । तस्माद् बृहद्रथन्तराभ्याम् एव स्युर् इति । स रथन्तरसामैव प्रथम स्याद् अथ बृहत्सामाथ रथन्तरसामाथ बृहत्सामाथ रथन्तरसामाथ बृहत्सामोत्तम स्याद् इति । तेषु यान्य् ऋतुनिधनानि यान्य् ऋतुनिधनानि सामानि तान्य् अवकल्पयन्ति स्वर्ग्याणि, स्वर्गस्य लोकस्य[16] समष्ट्या अहोरूपाणां च समृद्ध्यै ॥ २१३ ॥

[१-१] ग हर्त्तूनमवँको [२] ग या× [३] ग पेच [४] क यः [५] ग पाइम् [६] ग सवस्येर्द्धो [७] ग तावन्ती [८] क ग तेनर्तूर् [९-९] ग पृष्ठन्नेपोपेत्यानीति [१०] ग पैरूप- [११] ग सामोक्तर [१२-१२] ग दीक्षोपसत्भिसुत्यायै [१३-१३] ग दुरुव [१४] ग यज् [१५] ग सन्तन्त्यौ [१६] ग नास्ति

अथैते दिशां स्तोमाः । दिशो वा अकामयन्त—समानेन यज्ञेन समानीम्[1] ऋद्धिम् ऋध्नुयाम[2] प्रतितिष्ठेमानन्तं स्वर्गं लोकं जयेमेति । ता एतान् यज्ञान् अपश्यन् । तान् आहरन्त । तैर् अयजन्त[3] । सेयं प्राची[4] दिक् प्रथमायजत । सैतेनायजत । सैताम् एवर्द्धिम्[5] आर्ध्नोद्, एतां प्रतिष्ठाम्[6] एतम् अनन्तं स्वर्गं लोकम् अजयत् । स[7] एष एतस्यानन्त स्वर्गो लोको जितः । स यो ह वा अपि [8]बहून्य् एवाहानि[8] प्राङ् [9]इयान् नैवैतस्या[9] अन्तं विन्देत् । अथेयम् ऊर्ध्वा दिग् ऐक्षत [10]येनैवेमाः पूर्वा[10] इष्ट्वारात्सुस् तेनो[11] एवाहं यजा इति । सैतेनैवायजत[12] । सैताम् एवर्द्धिम्[13] आर्ध्नोद् एतां प्रतिष्ठाम् एतम् अनन्तं स्वर्गं [14]लोकम् अजयत्[14] । स एष एतस्यानन्त स्वर्गो लोको जितः । स यो ह वा अपि [15]बहून्य् एवाहान्य्[15] ऊर्ध्वं इयान्[16] नैवैतस्या अन्तं[17] विन्देत् ॥ २१४ ॥

[१] ग समनिंम् [२] ग ऋदध्नुयात् [३] ग अजयन्त [४] ग प्राछी [५] ग एवद्धीम् [६] ग प्रतितिष्ठाम् [७] ग अधिपाठः स [८-८] ? क बहून्येवाहून्यानि ग बहून्नेवानिमान्यानि [९-९] ग यानैवैतस्याद् [१०-१०] ग येनैवे-मानपूर्वा [११] ग तेन [१२] ग स्तैनै- [१३] ग एवध्निम् [१४-१४] ग लोकयजत् [१५-१५] ? क बहून्येवाद्न्यान्य् ग बहून्नेवान्यान्य् [१६] ग इया [१७] ग अन्ता

तद् आहुः पृष्ठान्य्[1] एवोपेत्यानीति[2] । पृष्ठाद् वाव पृष्ठम् उपेयात्[3] । [4]पृष्ठानि हि[4] दिश इति । स रथन्तरसामैव प्रथम स्याद् अथ बृहत्सामाथ वैरूपसामाथ वैराजसामाथ शाक्करीसामा च रेवतीसामा चोत्तम स्याद् इति । तद् उ वा आहुर् दीक्षोपसद्भिस्[5] सुत्यायै पृष्ठानि व्यवच्छिद्येरन् । यद् एवं कुर्युर् दूरे [6]दूर इव[6] वै पृष्ठान्य् उपयन्ति । पृष्ठं वाव पृष्ठम् अभिवोढुम् अर्हति । उपजो[7] वा एषा बृहद्रथन्तरयोर् यद् एतानि

सामानि । बृहद्रथन्तरे वै विच्छिन्नस्य यज्ञस्य सन्तत्यौ[८] तस्माद् बृहद्रथन्तराभ्याम् एव स्युर् इति । स रथन्तरसामैव प्रथम स्याद् अथ बृहत्सामाथ [९]रथन्तरसामाथ बृहत्सामाथ[९] रथन्तरसामा च बृहत्सामा चोत्तम स्याद् इति ॥ २१५ ॥

[१] ग पृष्ठान्न् [२] क एवोप्त्योनीति [३] ग उपेयान् [४-४] ग पृष्ठनिः [५] ग दीक्षाप्वसत्-भिस् [६-६] ग दूरुव [७] ग आपजो [८] ग सन्तत्यौ [९-९] ग नास्ति

त उ वै पंच पंचविंशा भवन्ति । ततो या विंशतिर् विराद् सा । अथ याश् चतस्र इमा एव ताश् चतस्रो दिशः । अथ या पञ्च[१] पंचविंशीयम् एव सोर्ध्वा दिक् । दिशो ह वै दिवं दुहे, द्यौर् वा दिशो दुहे । प्र ह वै दिशां[२] च दिवश् च दोहम्[३] आप्नोति य एवं वेद । स यः कामयेत समानेन यज्ञेन समानीम् ऋद्धिम्[४] ऋध्नुयां प्रतितिष्ठेयम् अनन्तं स्वर्गं लोकं जयेयम् इति स एतैर् यजेत । स ह [५]महद् एवाभि देवयजनं[६] जोषयेत[७] । तत् पंच शालाः[८] कर्तवै ब्रूयाद् इहैकाम् इहैकाम्[९] इहैकाम् इहैकां[१०] मध्य एकाम्[११] । सो ऽनेन रथन्तरसाम्ना यजेत । स एताम्[१२] एवर्द्धिम् ऋध्नोत्य् एतां प्रतिष्ठाम् एतम् अनन्तं स्वर्गं लोकं जयति । अथानेन बृहत्साम्ना[१३] यजेताथानेन रथन्तरसाम्ना यजेताथानेन बृहत्साम्ना यजेताथानेनोभयसाम्ना यजेत । स [१४]एताम् एवर्द्धिम्[१४] ऋध्नोत्य् एतां प्रतिष्ठाम् एतम् अनन्तं स्वर्गं[१५] लोकं जयति एताम् एव दिशम् अप्येति । स ह दिशाम् एवैको भवति दिश एवाप्येति । तस्यैषो ऽनन्त स्वर्गो लोको जितो[१६] भवति । य एष दिशां तेषु यानि दिङ्निधनानि यानि विणिधनानि सामानि तान्य् अवकल्पयन्ति स्वर्ग्याणि[१७], स्वर्गस्य लोकस्य समष्ट्या अहोरूपाणां च समृद्ध्यै ॥ २१६ ॥

[१] ग नास्ति [२] ग दिशाश् [३] ग दोहाम् [४] ग ऋध्नीम् [५] ग अधिपाठः मह [६] ग देवयजमानं [७] ग जोषयत [८] ग शाल्याः [९] ग इहैकम् [१०] ग इहैकाम [११] ग एका [१२] क ग एवताम् [१३] ग बृहत्सामा [१४-१४] ग एमेबर्द्धिम् [१५] ग स्वर्ग [१६] ग नितो [१७] ग स्वर्गाणि

[१]अथैत ऋषिष्टोमाः[१] । ऋषयो ह वै स्वर्गं लोकं जिग्युः श्रमेण तपसा व्रतचर्येण । ते ऽकामयन्त—प्रजा अस्मिन् लोके विधाय स्वर्गं[२] लोकं गच्छेमेति[३] । स वसिष्ठो ऽकामयत अग्र्या[४] मे मुख्या[५] प्रजा स्याद् इति । स [६]एतं त्रिवृतं स्तोमम्[६] अपश्यत् । तम् आहरत् । तेनायजत । अग्रं[७] वै मुखं[८] त्रिवृत् स्तोमानाम् । ततो वै तस्याग्र्या[९] मुख्या[१०] प्रजाभवत् । त[११] एते[१२] अप्य् एतर्हि वसिष्ठाः कुरुष्व् अग्र्याश्[१३] चैव मुख्याश् च मन्यन्ते । अग्र्यो[१४] मुख्यो भवति य एवं वेद । अथाकामयत भरद्वाज—ओजिष्ठा मे[१५] बलिष्ठा प्रजा स्याद् इति । स एतं पञ्चदशं स्तोमम् अपश्यत् । तम् आहरत् । तेनायजत । ओजो वै बलं पञ्चदश स्तोमानाम् । ततो वै तस्यौजिष्ठा बलिष्ठा प्रजाभवत् । अपि ह स्म तेन पथा पुरा कुरवो न यान्ति येन भरद्वाजा[१६] ययुः । अथो[१७] ह स्मोत्क्रोशन्ति भारद्वाजबलम् इति । तस्माद् उ भारद्वाज एवानुज्ञातः[१८] सभायां दण्ड्यं प्रहरेत् । ओजिष्ठो बलिष्ठो भवति य एवं वेद ॥ २१७ ॥

[१-१] क अथैषऋषिष्टोमा [२] घ स्वर्ग [३] ग गच्छेयमेति [४] क ग्या [५] क मुख्याः [६-६] घ एतत्रिवृतथस्तामम् [७] ग अग्रां [८] क ग मुखां [९] ग तस्याग्रिया [१०] क

मुख्याः [११] घ नास्ति [१२] ग घ नास्ति [१३] घ अग्रीवायाश् [१४] क ग्रीयो घ त्रयो | [१५] क मेव [१६] ग भारद्वाजा [१७] क घ अधिपाठः ह [१८] क एवानुशातं

अथाकामयत जमदग्निर् भूमानं प्रजया पशुभिर् गच्छेयम् इति । स एतं सप्तदशं स्तोमम् अपश्यत् । तम् आहरत् । तेनायजत । भूमा वै प्रजापतिः सप्तदश स्तोमानाम् । ततो वै स भूमानं[१] प्रजया[२] पशुभिर् अगच्छत् । भूमानम्[३] एव प्रजया पशुभिर् गच्छति य एवं वेद । अथाकामयत गौतम[४]—श्रद्धानीया मे [५]प्रजा ब्रह्मवर्चसिनी[५] स्याद् इति । स एतम् एकविंशं स्तोमम् अपश्यत् । तम् आहरत् । तेनायजत । श्रद्धा वै ब्रह्मवर्चसम् एकविंश स्तोमानाम् । असौ हि स आदित्यः । ततो वै तस्य श्रद्धानीया ब्रह्मवर्चसिनी प्रजाभवत् । त इमे ऽप्य् एतर्हि गौतमा[६] श्रद्धानीयाश् चैव ब्रह्मवर्चसिनश् च । श्रद्धानीयो ब्रह्मवर्चसी[७] भवति य एवं वेद ॥ २१८ ॥

[१] क ग भूमानां [२] घ प्रजयाया [३] ग भूमानाम् [४] ग गोतमः [५-५] क ब्रह्मवर्चसिनी प्रजा घ ब्रह्मवर्चसीनी [६] ग गोतमः [७] ग ब्रह्मवर्चसि

अथाकामयतात्रिर् भूयिष्ठा म ऋषयः प्रजायाम् आजायेरन्न्[१] इति । स एतं[२] त्रिणवं स्तोमम् अपश्यत् । तम् आहरत् । तेनायजत । तेजो वै त्रिणव स्तोमानाम् । ततो वै तस्य[३] भूयिष्ठा[४] ऋषयः प्रजायाम् आजायन्त—परस्सहस्रा हास्य प्रजायां मन्त्रकृत आसुर्, अपि हास्य स्त्रियो मन्त्रकृत आसुः । तस्माद् यो ऽप्य् आत्रेयीं स्त्रियं हन्ति, तं पर्य् एव चक्षते[५] । तेजस्वी भवति य एवं वेद । अथाकामयत विश्वामित्रो—राज्यं[६] मे प्रजा गच्छेद्[७] इति । स एतं त्रयस्त्रिंशं स्तोमम् अपश्यत् । तम् आहरत् । तेनायजत । क्षत्रं वै त्रयस्त्रिंश स्तोमानाम् । ततो वै तस्य राज्यं प्रजागच्छत् । अष्टको हास्य प्रजायाम् अभिषिषिचे[८] । गच्छति राज्यं य एवं वेद । ततो वै ते प्रजा अस्मिन् लोके विधाय स्वर्गं लोकम् अगच्छन् । प्रजाम् एवास्मिन् लोके विधाय स्वर्गं लोकं गच्छति य एवं वेद ॥ २१९ ॥

[१] ग आजेरन्न् [२] घ एतान् [३] ग सत्य [४] घ भूयिष्ठां [५] क ग चक्ष्यते [६] ग राजन्यं [७] ग गच्छद् [८] ? क अभिषिषिरे

तद् उ वावागस्त्यः[१] पश्येवानुबुबुध[२]—ऋषयो ह वा इमे प्रजा अस्मिन् लोके विधाय स्वर्गं लोकम् अग्मन्न्[३] इति । सो ऽकामयताहम् अपि प्रजा[४] अस्मिन् लोके विधाय स्वर्गं लोकम् अनुगच्छेयम्[५] इति । स एतं षोडशं[६] स्तोमम् अपश्यत् । तम् आहरत् । तेनायजत । स्वर्गो[७] लोकष् षोडश स्तोमानाम् । ततो वै स प्रजा[४] अस्मिन् लोके विधाय स्वर्गं लोकम् अन्वगच्छत् । प्रजाम् एवास्मिन् लोके विधाय स्वर्गं लोकम् अनुगच्छति य एवं वेद । तस्माद् यद्[८] आगस्त्यो ब्राह्मणान् प्राप्नोत्य् अनुचर [९]इवैव भवति । अनुचर इव ह्य् एष[९] स्तोमानां यत् षोडशः । तस्माद् व् अगस्तयो बहिर्धेव कुरुपाञ्चालेभ्यः[१०] । बहिर्धेव[११] ह्य् एष स्तोमेभ्यो यत् षोडशः ॥ २२० ॥

[१] क हागस्त्यः घ वाहागस्त्यः [२] क घ पश्येवा- [३] ग अगच्छन्न् [४] ग प्रजाम् [५] ग गच्छेयम् [६] ग षडशं [७] घ स्वर्ग | [८] ग यद्य् [९-९] ग इवैष [१०] ग -पञ्चालेभ्या घ पञ्चालेभ्यो [११] क बहिर्धेवं

अथैते व्रात्यस्तोमाः। दिव्या वै '[1]व्रात्या व्रात्याम् अधावयन्[1]' बुधेन स्थपतिना। त '[2]एते व्रात्या आर्छन्न् इमं[2]' वैव यो ऽयं पवत[3] ईशानं वा देवम्। तान् यज्ञस्यार्त्याविध्यत्। ते स्वर्गं लोकं न प्राजानन्। ते[4] ऽकामयन्त—प्र[5] स्वर्गं लोकं जानीयामेति। ते प्रजापतिम् एवोपाधावन्। तेभ्य एतं व्रात्यस्तोमं यज्ञं व्यदधात्[6]। तम् आहरन्। तेनायजन्त। ततो वै ते स्वर्गं लोकं [7]प्राजानन। मुह्यन्तीव[7] वा एते ये व्रात्यां धावयन्ति। तद् यद् [8]व्रात्यस्तोमेन यजन्ते स्वर्गस्यैव लोकस्यानुख्यात्यै। तस्य द्वात्रिंशाः पवमाना भवन्ति। द्वात्रिंशदक्षरानुष्टुप्। वाग् अनुष्टुप्। वाचो वा एते व्यृध्यन्ते[9] ये व्रात्यां धावयन्ति। तद् यद्[8] द्वात्रिंशाः पवमाना भवन्ति, वाचैव[10] तत् समृध्यन्ते। अनुष्टुप् प्रतिपद् भवति। वाग् वा अनुष्टुप्। वाचो[11] वा एते व्यृध्यन्ते[12], ये व्रात्यां धावयन्ति ॥ २२१ ॥

[१-१] क व्रात्यां अधावयन् ग वात्या व्रात्यायां अधावयं घ प्रत्योमधावयँ [२-२] क एक व्रात्यं आर्च्छन्निमं ग एते व्रात्या आर्च्चैन्निमं घ एकप्रात्या मार्च्छन्निमं [३] क परवत [४] क तो [५] ग नास्ति [६] ग व्यदहात् [७-७] घ प्रजानतमह्यन्तीष [८-८] ग नास्ति [९] क व्यिरिद्धयन्ते [१०] क ग वाचै घ वावै [११] घ वाजो [१२] घ विरुध्यन्ते

वाचा ह्य् अपूतम्[1] अमेध्यं[2] वदन्ति। तेषाम् इन्द्रियं वीर्यं वाचो ऽपक्रामति[3]। तद् यद् अनुष्टुप् प्रतिपद् भवति, अभिपूर्वम् एव तद् वाचा[4] समृध्यन्ते[5]। सो वा अर्बुदस्यर्क्षु[6] भवति। अर्बुदो वै सर्प एताभिर् मृतां त्वचम् अपाहत। म्रियन्त इव वा एते ये व्रात्यां धावयन्ति। उत हि "[7]स्थविरतरस्यान्त आहनस्यं[7]" वदन्ति। मृताम् एवैताभिस् त्वचम् अपघ्नते ॥ २२२ ॥

[१] ? ग अव्रतं घ अपृतं [२] घ मेध्यं [३] क ग प्रक्रामति [४] क वावाचा [५] ग संमृध्यन्ते घ संमृध्यते [६] ग अर्बुदस्यर्क्षु [७-७] ग स्थविरतरस्यास्यं

सो वा[1] आग्नेयी भवति। अग्निर् वै लोकानां प्रज्ञपयिता[2]। स यो लोकानां प्रज्ञपयिता स नो लोकान् प्रज्ञपयाद् इति। न हि ते अग्ने तन्वै क्रूरं विवेद मर्त्य इति यद् इह क्रूरम् अशान्तम् अचारिष्म[3] तद् एतयापहनामहा इति। [4]कपिर् बभस्ति[4] तेजनं पुनर् जरायु [5]गौर् इवेति[5] '[6]पुनर् एवैतयापियन्ति[6]'। अग्ने विश्वेभिर् अग्निभिर् इति वैश्वाग्नम्[7] आज्यं भवति। अग्नयो वै विश्वे देवाः। विश्वान् एव[8] तेन देवान् अपियन्ति। तद् आनुष्टुभं भवति सवनमुखे—सवनमुखे[9] वाचा समृध्नामहा[10] इति। तत् त्रिवृद् भवति। ब्रह्म वै त्रिवृत्। ब्रह्मणो वा एते व्यृध्यन्ते[11] ये व्रात्यां धावयन्ति। राजपुत्रा[12] इति ह्य् एनान् आचक्षते। तद् यत् त्रिवृद् भवति ब्रह्मणैव तत् समृध्यन्ते। पञ्चदशं मैत्रावरुणस्य। क्षत्रं वै पञ्चदशः। अपभ्रंशो ह वै ब्रह्मणः क्षत्रम्। क्षत्रेणैव तत् समृध्यन्ते[13]। सप्तदशं ब्राह्मणाच्छंसिनः। प्रजापतिर् वै सप्तदशः। प्रजापतिनैव तत् समृध्यन्ते[13]। षोडशम् अच्छावाकस्य। इन्द्रियं वै वीर्यं षोडशी[14]। इन्द्रियेणैव तद् वीर्येण समृध्यन्ते[13] ॥ २२३ ॥

[१] ग मो [२] ग प्रज्ञपिता [३] क अचारिष्मत ग अचारुष्मत [४-४] क ग कविर्बिभस्ति [५-५] ग गौरीवेति [६-६] ग पुनरिति पुनरेवैतयपियन्ति [७] एवं कोशयोः [८] क अव [९] ग नास्ति [१०] ग समृध्यंमह [११] ग व्यृध्यते [१२] क ग राजा पुत्रा [१३] ग समृध्यते [१४] ग षोडशीम्

अथैते उष्णिक्ककुभौ माध्यंदिनं सवनम् अभि प्रत्याहरन्ति । प्रजा वै छन्दसां उष्णिक्ककुभौ । तयोर् बृहतो मारुतस्य सामनी भवतः । द्यौताने[३] वा देवसामे । छन्दांसि वै स्वर्गो लोकः । स यथा प्रियं पुत्रम् आरभ्य[४] याचेत्, सखा वा सखायम् अनुसंविदम्, एवम् एवैतत्[५] सर्वाणि छन्दांस्य् आरभ्य मध्यतो वियन्ति । तयोर् अन्यतरस्यां ब्रह्मसाम । ब्रह्म वै ब्रह्मसाम । यजमानकामो वा एष यद् ब्रह्मसाम । [६]स्व एव [७]तद् आयतने[७] यजमानं कामैस् समृद्धयन्ति । सप्तदशं[८] होतुः पृष्ठं भवति । प्रजापतिर् वै सप्तदशः । प्रजापतिम् एवैतन् मध्यतो वियन्ति । एकविंशं[९] मैत्रावरुणस्य । द्वादश मासाः, पञ्चर्तवस्[६], त्रय[१०] इमे लोका, असाव् आदित्य एकविंशः । एतम् एवैतन् मध्यतो वियन्ति । त्रिणवं[११] ब्राह्मणाच्छंसिनः । त्रिणवा इमे लोकाः । इमान् एवैतल् लोकान् मध्यतो वियन्ति । [१२]षोडशम् अच्छावाकस्य[१२] । इन्द्रियं वै वीर्यं षोडशी । इन्द्रियेणैव तद् वीर्येण समृध्यन्ते । षोडशम् उ एवादो ऽच्छावाकस्य । [१३]तद् द्वात्रिंशत्[१३] । द्वात्रिंशदक्षरानुष्टुप् । यो ऽनुष्टुभि कामस् स न उपाप्तो ऽसद् इति ॥ २२४ ॥

[१] ग उष्णि [२] ग उष्णिक [३] ग द्यौताने [४] एवं कोशयोः [५] ग एवैतछ्छजात् [६-६] क नास्ति [७-७] ग तदा [८] ग सप्तदश [९] ग एकंविंश [१०] क य [११] ग एत्रा [१२-१२] ग षोडशवछ्छा· [१३-१३] क तद्वात्रिंश ग नास्ति

अथैता [१]नर्द व ओदतीनाम्[१] इत्य् उष्णिहाभाजनम् आर्भवे पवमाने क्रियन्ते[२] । तास् सप्ताक्षरपदा भवन्ति । [३]सप्त प्राणाः[३] । प्राणैर् एव तत् समृध्यमाना यन्ति । प्राणेषु प्रतितिष्ठन्ति । उत ह्य् अहिंस्यं[४] ब्राह्मणं हिंसन्ति[५] श्रोत्रियं[६] वा गृहमेधिनं वा । तद् यत् सप्ताक्षरपदा[७] भवन्ति [८]प्राणैर् एव तत् समृध्यन्ते । तास् चतुष्पदा भवन्ति प्रतिष्ठायै । चतुष्पदीव प्रत्यष्ठाद् इति वा आहुः । सुप्रतिष्ठितं तास्व् अभीवर्तः । वाग् वा अभीवर्तः । वाचो वा एते व्यृध्यन्ते[९] ये व्रात्यां धावयन्ति[८] । तद् यद् अभीवर्तो भवति वाचैव तत् समृध्यन्ते । अग्न आ याह्य् अग्निभिर् इत्य् अग्निष्टोमसाम[१०] भवति । अग्नयो[११] वै सर्वे[१२] देवाः । सर्वान् एव तेन देवान् अपियन्ति । तत् त्रयस्त्रिंशं भवति । त्रयस्त्रिंशद् वै सर्वा देवताः । सर्वास्व् एवैतद् देवतासु यज्ञस्यान्ततः प्रतितिष्ठन्ति ॥ २२५ ॥

[१-१] क ग वो अदतीनाम् [२] ग कीयन्त [३-३] क सप्तसप्तप्राणैव प्राणाः ग सप्तप्राणः [४] क अहिंस्य [५] क हंसन्ति ग हसन्ति [६] ग श्रोत्रियो [७] क सप्ताक्षरावदा [८-८] ग नास्ति [९] क विरिध्यन्ते [१०] ग अग्निष्टोसाम साम [११] ग अयो [१२] ग सर्वा

ताः केशिनीर् भवन्ति । ऊर्जो नपातं [१]घृतकेशम् ईमहे[१] ऽग्निं यज्ञेषु पूर्व्यम्[२] इति केशैर्[३] इव ह्य् एते चरन्ति । अथैष कुषीतगृहपतीनाम् ऐषीकपावानां षोडशपवमानः । इन्द्रियं[४] वै वीर्यं षोडशी[५] । आरभमाणा[६] एवेन्द्रियेण वीर्येण समृध्यामहा इति । त्रीणि पञ्चदशान्य् आज्यानि भवन्ति । क्षत्रं[७] वै पंचदशः । क्षत्रेणैव[८] तत् समृध्यन्ते । षोडशम् अच्छावाकस्य । इन्द्रियं वै वीर्यं षोडशी[९] । इन्द्रियेणैव तद् वीर्येण समृध्यन्ते । षोडशो माध्यंदिनः[१०] । द्वात्रिंशद्[११] द्वात्रिंशदक्षरानुष्टुप् । यो ऽनुष्टुभि कामस् स न उपाप्तो ऽसद् इति । त्रीणि[१२] सप्तदशानि पृष्ठानि भवन्ति । प्रजापतिर् वै सप्तदशः । प्रजापतिनैव तत् समृध्यन्ते । षोडश[१३]म् अच्छावाकस्य । इन्द्रियं वै वीर्यं षोडशी । इन्द्रियेणैव तद् वीर्येण समृध्यन्ते । षोडश आर्भवः । तद् द्वात्रिंशद्[१४] द्वात्रिंशदक्षरानुष्टुप् । यो ऽनुष्टुभि

कामस् स न उपाप्तो ऽसद् इति । एकविंशम् अग्निष्टोमसाम[15] । द्वादश मासाः, पञ्चर्तवस्, त्रय इमे लोका, असाव् आदित्य एकविंशः । एतस्य वा एते सलोकतां[16] गच्छन्ति एतम् अभ्यारोहन्ति ॥ २२६ ॥

[१-१] क घृतेकेशमिमहे [२] क ग पूवम् [३] ग कशैर् [४] ग इन्द्रिया [५] ग षाडशी [६] ग आभरमाणा [७] ग क्षेत्रा [८] ग क्षेत्रेणैव [९] ग षोडशीम् [१०] क ग मध्यन्दिनः [११] ग नास्ति [१२] ग त्राणि [१३] ग षाडश- [१४] ग नास्ति [१५] ग अग्निष्टोमसामा [१६] ग सलोकता

अथैष कनिष्ठानाम् अग्रकामाणाम्[1] । तस्य त्रिवृतस् सतश् चतुर्विंशं बहिष्पवमानम् । ते ये कनिष्ठा अग्रकामा[2] स्युस् त एतेन यजेरन् । तद् यत् त्रिवृतस् सतश् चतुर्विंशं बहिष्पवमानं भवति—चतुर्विंशत्यर्धमासस् संवत्सरः । संवत्सरो वा अग्रं ज्यैष्ठ्यं[3]—स यो ऽग्रं ज्यैष्ठ्यं स नो ऽग्रं ज्यैष्ठ्यं गमयाद् इति । स त्रिवृद् भवति । त्रिवृद् वै स्तोमानाम् अग्रं ज्यैष्ठ्यम् । स यो ऽग्रं ज्यैष्ठ्यं स नो ऽग्रं ज्यैष्ठ्यं गमयाद् इति । स गायत्रीषु भवति । गायत्री वै छन्दसाम् अग्रं ज्यैष्ठ्यम् । [4]सा याग्रं ज्यैष्ठ्यं[4] सा नो ऽग्रं ज्यैष्ठ्यं गमयाद् इति । तस्य रथन्तरं पृष्ठं[5] भवति । रथन्तरं वै पृष्ठानाम् अग्रं ज्यैष्ठ्यम् । तद् यद् अग्रं ज्यैष्ठ्यं तन् नो ऽग्रं ज्यैष्ठ्यं गमयाद् इति । तस्य द्वादश स्तोत्राणि भवन्ति । द्वादश मासास् संवत्सरः । संवत्सरो वा अग्रं ज्यैष्ठ्यम् । स यो ऽग्रं ज्यैष्ठ्यं स नो ऽग्रं ज्यैष्ठ्यं गमयाद् इति । तस्य[6] चतुर्विंशति स्तुतशस्त्राणि भवन्ति । चतुर्विंशत्यर्धमासस् संवत्सरः । संवत्सरो वा अग्रं ज्यैष्ठ्यम् । स यो ऽग्रं ज्यैष्ठ्यं स नो ऽग्रं ज्यैष्ठ्यं गमयाद् इति । गच्छन्ति[7] ह कनिष्ठास्[8] सन्तो ज्यैष्ठताम् ॥ २२७ ॥

[१] एवं कोशयो [२] ग अग्रकामा [३] ग ज्यैष्ठ्या [४-४] ग नास्ति [५] ग पृष्ठा [६] ग रथन्तरं पृष्ठं भवति इत्यारभ्य गमयादिति इत्यन्तमावृत्तिः [७] क गच्छति [८] ग निष्ठास्

अथैते चातुर्मास्याः । प्रजापतिः प्रजा असृजत । ता अस्य सृष्टाः पराभवन् । तद् इदं सरीसृपम् अभवद् यद् अन्यत् सर्पेभ्यः । स द्वितीया असृजत[1] । ता अस्य [2]परैवाभवन् । ते मत्स्या[2] अभवन् । स तृतीया असृजत । ता अस्य परैवाभवन् । तानि वयांस्य् अभवन् । स ऐक्षत या इमास् त्रयीः प्रजा [3]असृक्ष्य् ऋते[3] [4]ब्रह्मण ऋते[4] ऽन्नाद्याद् ऋते यज्ञात् [5]परा ता[5] अभूवन्[6] । [7]हन्तो न्वेव[7] ब्रह्मणो ऽन्नाद्याद् यज्ञात् प्रजास् सृजा[8] इति । सो ऽन्नाद्यम्[9] आत्मन्न्[10] अधत्त[11] । तद् अभ्यस्तनयत् । तत् प्राक् प्रैषत् । तौ स्तनाव् अभवताम् । यद् अभ्यस्तनयत् तत् स्तनयो स्तनत्वम् । तद् अत्यक्षरत् । तत् क्षीरम् अभवत्[12] । यद् अत्यक्षरत् तत् क्षीरस्य क्षीरत्वम् । व्रीहियवौ ह वाव स तद् आत्मन् दधे[13] । तद् एतद् व्रीहियवयोः[14] क्षीरम् । स ऐक्षतालं वै[15] तस्मा अस्मि[16], सृजेयेत्[17], तद् अन्नं लभेत यत् सृजेय, हन्त सृजा इति ॥ २२८ ॥

[१] ग असृज [२-२] ग -परैवाभवास्तोमत्स्या [३-३] क असृक्ष्यते ग असृक्ष वृते [४-४] ग ब्रह्मणिमते [५-५] ग परात् [६] ग आभवन् [७-७] एवं कोशयोः [८] ग सृजा [९] ग ऽनाद्यम् [१०] क ग आत्मन [११] ग यत्त [१२] ग अभ्यवत् [१३] ग धत्ते तयेत [१४] क व्रीहिवयोः ग व्रीहिपवयोः [१५] क बै [१६] क ग अस्मियत् [१७] ग सृजयेत् । सृजेयेत् = सृजेय + इद् अवधारणार्थे ।

स एतांश् चातुर्मास्यान् यज्ञान् अपश्यत् । तान् आहरत[1] । तैर् अयजत । तैर् इमाः प्रजा असृजत । या इमा[2] स्तनवैतीस् ताभ्यो ऽन्नाद्यं प्रायच्छत् । ता अस्यान्नवतीः प्रजा अभवन् । स यः कामयेत बहुः प्रजया पशुभिः प्रजायेयान्नवतीर् म इमाः प्रजा स्युर् इति स एतैर् यजेत । बहुर् एव[3] प्रजया[4] पशुभिः प्रजायते, ऽन्नवतीर् अस्य प्रजा भवन्ति । तद् एषाभ्यनूच्यते—

तिस्रो ह प्रजा अत्यायम् ईयुर्
न्य् अन्या अर्कम्[5] अभितो विविश्युः ।
बृहद्[6] ध[7] तस्थौ रजसो[8] विमाने[9]
पवमानो हरित आ विवेश ॥

इति । तद् यद् आह तिस्रो ह प्रजा अत्यायम् ईयुर् इति या एव ताः प्रजा अत्यायम् आयंस् ता एव ताः । न्य् अन्या अर्कम् अभितो विविश्युर्[10] इति —अग्निर् वा अर्कस्—तम् इमाः प्रजा अभितो विष्टाः । [11]बृहद् ध तस्थौ रजसो[11] विमाने पवमानो हरित आ विवेशेति[12] । दिशो वै हरितः । ता[13] अयं वायुः पवमान आविष्ट इति वाजसनेयः । अथैकादशाक्षी[14] । तिस्रो ह प्रजा अत्यायम्[15] ईयुर् इति । या एव ताः प्रजा अत्यार्यम् आयंस् ता एताः । न्य् अन्या अर्कम् अभितो विविश्युर् इत्य्[16]—अन्नं वा अर्कस्[17]—तद् इमाः प्रजा अभितो विष्टाः । बृहद् ध तस्थौ रजसो विमान इति । मनो वै बृहत् । तद् इदं रजसो विमाने मध्य आत्मनो हृदयं तत् । पवमानो हरित आ विविशेति । प्रजा वै हरितः । ता अयं प्राणः पवमान आविष्ट इति ॥ २२९ ॥

[१] एवं कोशयोः [२] ग मा [३-३] ग नास्ति [४] ग या [५] ग अर्क्काम् [६] क ग बृहन् [७] क ग ह [८] ग राजसो [९] क विमानेव ग विमानैव [१०] ग विविश्युर् [११-११] ग बृद्धतस्तौ राजसो [१२] ग विवेशति [१३] क त [१४] ? ग अथैकन्दशाक्षी [१५] ग जत्यायम् [१६-१६] ग नास्ति [१७] ग अर्क्क

सो ऽकामयत वैश्वदेवीः प्रजास्[1] सृजेयेति । स एतं वैश्वदेवं यज्ञम् अपश्यत् । तम् आहरत् । तेनायजत । तेन वैश्वदेवीः प्रजा असृजत । स यः[2] कामयेत वैश्वदेवीः प्रजास्[3] सृजेयेति स एतेन यजेत । वैश्वदेवीर् एव प्रजास् सृजते । स त्रिवृद् रथन्तरसामा भवति । ब्रह्म वै त्रिवृत् । ब्रह्म रथन्तरम् । ब्रह्मणा वा एनास् तद् असृजत । ब्रह्मणैव प्रजास्[1] सृजते य एवं वेद । तस्याग्नेयश् च बार्हस्पत्यश् च पशू भवतः । ब्रह्म वा अग्निः । ब्रह्म बृहस्पतिः । ब्रह्मणा वा एनास्[4] तद् अभिपूर्वम् असृजत[5] । ब्रह्मणैवाभिपूर्वं प्रजास्[1] सृजते य एवं वेद । तस्य मैत्रावरुण्य् अनूबन्ध्या[6] भवति । मित्रो वै यज्ञस्य स्विष्टं[7] गृह्णाति वरुणो दुरिष्टम् । तद् यन् मैत्रावरुण्य् अनूबन्ध्या[8] भवति पुनर् एवास्मै मित्रो ददाति । स्विष्टम् अस्मै वरुणः करोति । द्यावापृथिव्योपालंभ्या भवति । द्यावापृथिवी वा ऐक्षेतां[9] यद् वा अयम् इदं सृजत आवं वा अयम् इदं प्रतिष्ठे पश्यन् सृजते हन्तास्मिन् भागधेयम् इच्छावहा इति । ते ऽस्मिन्[10] भागधेयम् ऐच्छेताम्[11] । ताभ्याम् एतां द्यावापृथिव्याम्[12] उपालंभ्याम् अकल्पयत्[13] । तद् यद् एता द्यावापृथिव्योपालंभ्या भवति द्यावापृथिवी एवैतेन भागधेयेन निरवदयन्त[14] । आग्नेयः पशुर्—यज्ञो वा अग्निर्—नेद् यज्ञाद् अग्नेर् अयामेति[15] ॥ २३० ॥

[१] ग प्रजा [२] ग य [३] क ग प्रजा [४] ग शनास् [५] ग असृजतत [६] ग अनुबन्ध्यं [७] ग स्विष्टा [८] क अनु॰ ग अनुबन्ध्य [९] ग ऐक्षतां [१०] क ग अस्मिन्

[११] ग ऐच्छैताम् [१२] एवं कोशयोः [१३] ग आकलयत् [१४] ग निरवदन्त [१५] क अयामीति ग अयामिति

ता अस्य[1] प्रजास् सृष्टा वरुणस्य यवम् आदन् । ता वरुणो वरुणपाशेनागृह्णात्[2] स ऐक्षत—या अमूः पूर्वाः प्रजा असृक्षि परा ता अभूवन् । यदीमाः[3] पराभवन्ति क्व ततो भवानि, हन्तैना अभितो[4] ऽभिषज्यानीति[5] । स एतौ[6] द्विदिवौ[7] वरुणप्रघासाव् अपश्यत् । ताव् आहरत । ताभ्याम् अयजत[8] । ताभ्याम् एना वरुणीयाद् एनसो विमुञ्चत्[9] । तद् यद् एतौ द्विदिवौ वरुणप्रघासौ[10] भवतो वरुणीयाद्[11] एवैताभ्याम् एनसः प्रजा मुञ्चति । मरुत्वती[12] पूर्वस्याह्न[13] प्रतिपद्[14] भवति । आग्नेयश् च मारुतश् च पशू । ता[15] अस्य प्रजा वरुणगृहीता मरुतो रन्ध्या[16] अन्ववपातिनो व्यमिमथिषत । तद् यन् मरुत्वती प्रतिपद् भवति मरुत एवैतेन भागधेयेन निरवदयन्त । आग्नेयः पशुर्—यज्ञो वा अग्निर्—नेद् यज्ञाद् अग्नेर् अयामेति । कवत्य् उत्तरस्याह्नः[17] प्रतिपद् भवति कायोपालंभ्या, आग्नेयश् च वारुणश् च पशू । तद् यत् [18]कवती प्रतिपद् भवति[18] कायोपालंभ्या—प्रजापतिर् वै कः—प्रजापतिम् एव तद् अन्ततः प्रीणन्ति । प्रजापतिर् वा ऐक्षत—कं वै प्रजाभ्यो ऽभूवम् [19]कम् आत्मने[19] ऽसानीति । स एताम् कवतीं प्रतिपदम् अपश्यत् कायाम्[20] उपालंभ्याम् । ततो वै स कं प्रजाभ्यो ऽभवत् कम्[21] आत्मने । कं हैव प्रजाभ्यो भवति कम्[21] आत्मने य एवं वेद । आग्नेयः पशुर्—यज्ञो वा अग्निर्—नेद् यज्ञाद् अग्नेर् अयामेति ॥ २३१ ॥

[१] ग कस्य [२] ग -नावृह्णात् [३] ग यष्टमाः [४] ग कभितो [५] क अभिपिज्यानीति ग भिषिन्ध्यानीति [६] ग अधिपाठः स एतौ [७] क विदिवौ ग द्विदिवो [८] ग यजत [९] क विंमुञ्चत् [१०] ग -प्रवासौ [११] ग वरुणयोद् [१२] क नास्ति [१३] ग पूर्वस्यनम [१४] ग प्रतिवत् [१५] ग ना [१६] ? क ग रन्ध्रा [१७] ग उत्तरस्यह्नं [१८-१८] क कवतीं प्रतिपदमपश्यत् कावति ग कुर्वता प्रतिपत् भवति [१९-१९] ग कामात्मने [२०] ग कायम् [२१] क ग काम्

अथ यद् वारुणो ऽग्निर् वरुणताया एव । ता अस्य[1] प्रजा वरुणान् मुमुचाना वृत्रः पाप्मा ऽगृह्णात्[2] । स ऐक्षत—हन्तो न्वेवैना अतो ऽभिपन्यानीति[3] । स एतांस् त्रिदिवान् साकमेधान् अपश्यत् । तान् आहरत । तैर् अयजत । तैर् एना वृत्रात् पाप्मनो[4] ऽभि-मुञ्चत् । तद् यद् एते त्रिदिवास् साकमेधा भवन्ति वृत्राद् एवैतैः पाप्मनः[5] प्रजा मुञ्चति । ता अस्य प्रजा वृत्रात् पाप्मनो[6] मुमुचानास् सर्वास् साकं समैधयन्त[7] । यत् साकं समैधयन्त[8] तत् साकमेधानां साकमेधत्वम् । साकं ह वै प्रजया पशुभिर् एधते य एवं वेद । अनीकवती[9] प्रथमस्याह्नः[10] प्रतिपद् भवति । आग्नेयः पशुः । अग्निना वा अनीके-नेन्द्रो वृत्रं पाप्मानम् अहन् । तद् यद् अनीकवती प्रतिपद् भवत्य् अग्निनानीकेन वृत्रं पाप्मानं हनानीति । अग्निनैवानीकेन[11] द्विषन्तं पाप्मानं भ्रातृव्यं हन्ति य एवं वेद । क्रीडनी[12] द्वितीयस्याह्नः प्रतिपद् भवति । आग्नेयश् चैन्द्राग्नश् च पशू । तद् यत् क्रीडनी[13] प्रतिपद् भवति यद् एव प्रजा वृत्रात् पाप्मनो[6] मुमुचाना आक्रीडन्त तस्मात् क्रीडनी[14] । अथो हेन्द्रो वृत्रं हनिष्यन्[15] मरुत उवाच—परशुवधहस्ता [16]माम् अभितः[16] परिक्रीडत, स वीतभीर् वृत्रं पाप्मानं[17] हनानीति । तम् उ ह मरुतः परशुवधहस्ता अभितः परिचिक्रीडुः[18] । स ह [19]वीतभीर् वृत्रं[19] पाप्मानम् अहन् । [20]वीतभीर् ह वै[20] द्विषन्तं पाप्मानं भ्रातृव्यं हन्ति य एवं वेद । आग्नेयः पशुर्—यज्ञो वा अग्निर्—नेद् यज्ञाद् अग्नेर् अयामेति ॥ २३२ ॥

[१] ग कस्य [२] ग गृह्णन् [३] ग अभिन्ध्यानीति [४] ग पाप्मना [५] क ग पाप्मानो [६] ग पाप्मानो [७] ग समधयन्त [८] ग समैधयन् [९] क अनीकवतीः ग नीकवती [१०] ग प्रथस्याहं [११] ग ग्निनेवानीकेन [१२] क ग क्रिळिनी [१३] ग क्रिळिनी [१४] क ग क्रीळिनी [१५] ग इरिष्यन् [१६-१६] ग माहितः [१७] ग पापानं [१८] क परिचक्रीरु ग परिचक्रीळ [१९-१९] ग वीतभीष्पुत्रं [२०-२०] ग वीतहीर्भवे

अथ यद् ऐन्द्राग्नो[१]—ब्रह्म वा अग्निः। क्षत्रम् इन्द्रो— ब्रह्मणा च ह वाव[२] स तत् क्षत्रेण च सयुग्भ्यां वृत्रं पाप्मानं हनानीति। ब्रह्मणा च हैव क्षत्रेण च सयुग्भ्यां द्विषन्तं पाप्मानं भ्रातृव्यं हन्ति य एवं वेद। वैश्वकर्मणी तृतीयस्याह्नः प्रतिपद् भवति। वैश्वकर्मण्य् उपालंभ्याग्नेयश् च माहेन्द्रश् च पशू। तद् यद् वैश्वकर्मणी प्रतिपद् भवति, वैश्वकर्मण्य् उपालंभ्या—प्रजापतिर् वै विश्वकर्मा[३]—प्रजापतिम् एव तद् अन्ततः प्रीणन्ति। अथो यद् एव प्रजा वृत्रात् पाप्मनो[४] मुमुचाना विश्वं कर्मोपाक्रमन्त तस्माद् वैश्वकर्मणी[५]। आग्नेयः पशुर्—यज्ञो वा अग्निर्—नेद् यज्ञाद् अग्नेर् अयामेति॥ २३३॥

[१] ग ऐन्द्राग्न्यो [२-२] क वा [३] १ क ग विश्वकर्म [४] क ग पाप्मानो [५] ग वैश्वकर्माणि

अथ यन् माहेन्द्रः। इन्द्रो ह वा एष पुरा वृत्रस्य वधाद् आस। स वृत्रं हत्वा महेन्द्रोऽभवत्। भूयो ह्य् एव ज्यायसा[१] कर्मणा[२] ऽभ्यश्नुते। तस्माद् उ राजानं [३]विजितिनम् आचक्षते महाराज इति[३]। अथैष शुनासीर्यो, यद् वा इन्द्रस्य वृत्रं जघ्नुष इन्द्रियं वीर्यम् आसीत् तच् छुनम्। यत् संवत्सरस्य प्रजितस्य[४] [५]पयस् तत्[५] सीरम्। तद् यद् इन्द्रस्य वृत्रं जघ्नुष इन्द्रियं वीर्यं, यत् संवत्सरस्य प्रजितस्य[६] पयस्[७], तद् उभयम् अवरुन्धामहा[८] इति। संवत्सरसद् ध खलु वा एष [९]यश् चातुर्मास्ययाजी। तस्य शुनासीर्यं मे महाव्रतं[१०] भाजनम्। स यावत्[११] संवत्सरेण महाव्रतवतावरुन्द्धे तावद् अवरुन्द्धे य एवं वेद। तस्य सौरी प्रतिपद् भवति, सौर्य् उपालंभ्या। असौ वा आदित्यः। सूर्य एष[९] इन्द्रः। ऐन्द्रं[१२] महाव्रतं[१३] तत् तत्सलक्ष्म क्रियते। ऋतुषु ह खलु वा एष संवत्सरं स्वर्गं लोकम् अप्येति यश् चातुर्मास्ययाजी[१४]। स[१५] वसन्तम् एव प्रथमेनाह्नाप्येति, ग्रीष्मं[१६] द्वितीयेन, वर्षास् तृतीयेन, शरदं चतुर्थेन, हेमन्तं पञ्चमेन, शिशिरं षष्ठेन। संवत्सरम् एव शुनासीर्येणाप्येति[१७]। स सर्वस्तोमो[१८] भवति। सर्वं हि तद् यत् सर्वस्तोमः। सर्वम् एवैतेनाप्येति। तस्य त्र्येणी[१९] शलली[२०] भवति, लौहायसः क्षुरः। स चतुर्षु चतुर्षु[२१] मास्सु केशान् परिवर्तयते ऽनन्ततायै—असौ वा आदित्यो ऽनन्तः। अनन्तो वा असौ भूत्वेदं सर्वम् अभ्यश्नुते—ऽनन्तो भूत्वेदं सर्वम् अभ्यश्नवा इति। अनन्तो भूत्वेदं सर्वम् अभ्यश्नवा इति॥ २३४॥

[२२]इत्य् एकाहं समाप्तम्[२२]

[१] ग जायसा [२] क कर्मणो [३-३] ग विजितिन महाराजा इति [४] क व्रजितस्य ग वृजितस्य [५-५] क पयतस्य पयस्तत् [६] एवं क ग प्रवृजितस्य [७] ग वयस् [८] ग अवरुणयामहा [९-९] ग नास्ति [१०] क महाव्रत [११] क यत् [१२] क ग ऐन्द्र [१३] क महाव्रत ग महावृत्रं [१४] ग चातुर्मासयाजि [१५] क नास्ति [१६] ग ग्रीष्मा [१७] ग पञ्चना शीर्य्यणाप्येति [१८] ग सर्वैस्तोमो [१९] ग त्रेणी [२०] ग शशाली [२१] ग नास्ति [२२-२२] क इति एकाहं शुभमस्तु श्रीगुरुभ्यो नमः आदिकेशवाय त्रयीमूर्तये नमः श्रीपद्मनाभो रक्षतु अविघ्नमस्तु आरोग्यमस्तु

अहीनम्

[1]अथैते द्विरात्राः । हविष्मांश् च वै हविष्कृच् चाङ्गिरसाव् आस्ताम् । ताव् अस्मिन् लोके स्त्रीचर्यम् प्रमत्तौ चरन्ताव् ऋषयो ऽङ्गिरसः पितरश् च पितामहाश् च सुकृतो हित्वा स्वर्गं लोकम् आयन् । तौ यदा सा चर्या परैद्[2], अथाकामयेतां[3]—[4]कथं न्व् इद्[4] यत्र नाव् ऋषयो ऽङ्गिरसः पितरश् च पितामहाश् च सुकृत स्वर्गं लोकम् इतास्—तद् अनुगच्छेवेति । तौ तपो ऽतप्येताम्[5] । ताव् एतद् द्विरात्रं यज्ञम् अपश्यताम् । तम् आहरेताम्[6] । तेनायजेताम् । ततो वै तौ यत्रैनयोर् [7]ऋषयो ऽङ्गिरसः[7] पितरश् च पितामहाश् च सुकृत स्वर्गं लोकम् इता आसंस्[8], तम्[9] अन्वगच्छताम् । स यः कामयेत—यत्र मे पितरश् च पितामहाश् च सुकृत स्वर्गं लोकम् इतास् तद् अनुगच्छेयम् इति, स एतेन यजेत । यत्र हैवास्य पितरश् च पितामहाश् च सुकृत[10] स्वर्गं लोकम् इता भवन्ति तम्[9] एवानुगच्छति । अथो आहुर् यस्माद् एव श्रेयान् भ्रातृव्य स्यात् स एतेन यजेतेति । पूर्वप्रेत इव ह वा एष य श्रेयान् । पूर्वप्रेतान् इव वा एतेन तौ तान् आप्नुताम् । आप्त्वा श्रेयांसं वसीयान् आत्मना भवति । अथो आहुः प्रजाकाम एवैनेन यजेतेति । आत्मा वै पूर्वम् अहः प्रजोत्तरम् । आत्मानम् एव पूर्वेणाह्ना संस्कुरुते, प्रजाम् उत्तरेण ॥ २३५ ॥

[१] क शुभमस्तु । श्रीगुरुभ्यो नमः । आदिकेशवाय त्रयीमूर्तये नमः । श्रीपद्मनाभो रक्षतु । अविघ्नमस्तु । आरोग्यमस्तु । शुभमस्तु । [२] क पर्ययीद् [३] क अथाकामयेता [४–४] क कथनं ग कथंन्विद यत्र [५] ग तप्यतां [६] ग आहरताम् [७–७] ग ऋषयोरंगिरसः [८] ग असंस् [९] ग तत् [१०] ग नास्ति

स दुष्वज[1] इव[2] ह खलु वा एष यज्ञक्रतुर् यद् द्विरात्रः । यदि ज्योतिर् अग्निष्टोमः पूर्वम् अहर् भवति सर्वस्तोमो ऽतिरात्र उत्तरं स्तोत्राणि विच्छिन्दन्ति । अथ यदि ज्योतिर् अग्निष्टोमः पूर्वम् अहर् भवति सर्वस्तोम उ एवातिरात्र[3] उत्तरं स्तोत्राणि विच्छिन्दन्ति[4] । अथ यदि ज्योतिर् उक्थ्यः पूर्वम् अहर् भवति सर्वस्तोम उ एवातिरात्र[3] उत्तरं यज्ञमुखं छम्बट्कुर्वन्ति[5] । तद् यज् ज्योतिर् भवति तेन यज्ञमुखं न छम्बट्कुर्वन्ति[5] । अथ यद् उक्थ्यस् तेन स्तोत्राणि न विच्छिन्दन्ति । आप्त इव ह खलु वा एष यज्ञक्रतुर् यो विराजम् अभिसंपन्नः । स पुनर् आरभ्यो भवति । तद् यद् उत्तरस्याह्नश् चतुर्विंशं बहिष्पवमानं भवति—[6]चतुर्विंशत्यर्धमासस् संवत्सरः । संवत्सरो यज्ञो—यज्ञम् एवैतद् यज्ञमुख आरभन्ते । अथो चतुर्विंशत्यक्षरा वै गायत्री । गायत्र्यो वा आप्तं यज्ञक्रतुं पुनस् तन्वते । नो ह्य् अन्या गायत्र्या आप्तं[6] यज्ञक्रतुम् उद्यन्तुम् अर्हति । तद् आहुः कथं न चतुश्चत्वारिंशो नाष्टाचत्वारिंशो मुखं युग्मतां स्तोमानां भवितुम् अर्हति । कथं चतुर्विंश एवेति । स ब्रूयात् त्रिपदा वै गायत्री । तत्[7] त्रिपदा प्रतिपद्यन्त इति । सर्वस्तोमो ऽतिरात्रो भवति, सर्वेषां लोकानाम् अभिजित्या[8] अभिक्रान्त्यै । सर्वं[9] हीदं स्तोमा एव । अथो यान् इमान् एकैकान् स्तोमान् उपागाम[10] तान् सार्धम्[11] ऋद्ध्वा एषु प्रतिष्ठायोदृचम् अश्नवामहा[12] इति ॥ २३६ ॥

[१] एवं कोशयोः [२] क एव [३] ग ऐवातिरात्र [४] क ग विच्छिन्दति [५] ग छंत्रषट्कुर्वन्ति [६-६] ग नास्ति [७] ग तत्र [८] ग अधिपाठः कामो [९] ग सर्वा [१०] क उपगाम [११] ग स्वार्धम् [१२] एवं कोशयोः

विच्छिन्न इव ह खलु वा एष यज्ञक्रतुर् यद् द्विरात्रः। गायत्रीं पूर्वम् अहस् संपद्यते त्रिष्टुभम् उत्तरम्। अथ क्व जगती चानुष्टुप् चेत्य् आहुः। गायत्रीं[१] चैव पूर्वम् अहस् संपादयेत् त्रिष्टुभं च जगतीं चानुष्टुभं चोत्तरं छन्दसां सन्तत्या अव्यवच्छेदाय। उच्चा ते जातम् अन्धसेत्य् अन्धस्वतीर् भवत्य् अन्धस्वद् वै जगत्यै [२]रूपं—तेन जगत्यै[२] रूपान् न यन्ति। वैखानसं भवति जागतं साम। तेनैव जगत्यै रूपान् न यन्ति। द्वैगतं[३] भवति। द्विर्हिंकारं भवति। [४]द्विरात्ररूपं सामनी[४] द्विरात्ररूपाद् एव तन् न यन्ति। ये द्वे[५] सामनी तयोर् अन्यतरद् भवति—यथोभयापदी प्रतितिष्ठेत् तादृक्[६] तत्। सुवर् ज्योतिर् भवति। सुवर् वै पूर्वम् अहर्, ज्योतिर् उत्तरम्, अह्नोर् एव सन्तत्या अह्नोस् समारंभाय। हाविष्मत-हाविष्कृते स्वर्ग्ये[७] सामनी, स्वर्गस्य लोकस्य समष्ट्यै। तद् आहुः क्षिप्रे सामनी यद् उभे कुर्युर् ईश्वरो यजमानं पुरायुषः प्रमथितोर् अनादृत्य हि ताव् इमं लोकम् अमुम् एव लोकम् अभिसंप्रैताम् इति। हाविष्मतम् एवोत्तरस्याह्न उक्थेषु ब्रह्मसाम कुर्युः। तथा सर्वम् आयुर् एति, गच्छति स्वर्गं लोकम् ॥ २३७ ॥

[१] क ग गायत्रिं [२-२] क नास्ति [३] ग द्वगतं [४-४] ग नास्ति [५] क ग द्वे [६] ग तद्दृक् [७] क ग स्वर्गे

अथ यस्यैतस्य ज्योतिर् उक्थ्यः पूर्वम् अहर् भवत्य् आयुर् अतिरात्र[१] उत्तरम्, एतेनो हाभिप्रतारण ईजे राजा प्रजाकामश् च खलती च दैवोवाती अवचिच्छित्समानः। ततो वै सो ऽव खलतीर्दैवोवाती अच्छित्त। इमाम्[२] इयतीं प्रजाम् अध्यगच्छत्। त्रीण्य्[३] अन्यस्यातिरिच्यन्ते, द्वाभ्याम् अन्य ऊनः। [४]त्रीणि तानि[४] पुंसो[५] ऽतिरिक्तानि यैस् स प्रजनयति। द्वे ते स्त्रिया[६] ऊने यतस् सा प्रजायते। तद् एतन् मिथुनं प्रजननं क्रियते। मिथुनेन प्रजननेन[७] प्रजायते[८] य एवं वेद। ता[९] उभे स्तोत्र्यास्[१०] संपद्यन्ते सप्त च शतान्य् एकविंशतिश् च—तावन्ति संवत्सरस्याहोरात्राणि[११]। अहोरात्रे वै कृत्स्नः प्रजापतिः—कृत्स्नं प्रजापतिम् ऋध्नवाम कृत्स्नो[१२] नः प्रजापतिर् उपेतो ऽसद् इति। अथ यैका[१३] स्तोत्र्यातिरिच्यते[१४], यजमानलोको हैव सः। शश्वद् धैनं ब्राह्मण उवाच—नास्यापरः प्रजायाम्[१५] एतादृङ्[१६] वीरो नानाजनितोः[१७]। आत्मन एव लोकम् अकृत न प्रजाया, एकम् इमं[१८] ह्य् [१९]एव लोकम्[१९] अभ्युपागाद् इति ॥ २३८ ॥

[१] क इतिरात्र [२] ग इमान् [३] ग त्रीन्य् [४-४] ग त्रीण्येतानिं [५] ग पुनसो [६] क स्त्र्या [७] क नास्ति [८] क जायते [९] ग तौ [१०] ग स्तोत्रियास् [११] क संवत्सरस्याहोरात्रा [१२] ग कृत्स्ना [१३] क यैंत [१४] क स्तोत्र्यातिरिच्यंते ग स्तोत्रियातिरिच्यते [१५] क प्रजयाम् [१६] ग एतार्द्रि [१७] क नानाजरितोः [१८] ग इमां [१९-१९] ग एवं

[१]तद् धानुबुध्योवाच[१]—यथादैवं[२] त्यस्य[३] प्रजाया अस्तु। खलती देवेदेवो[४] ऽहं दैवोवाती अवाच्छैत्सीति[५]। तथा हैनं ताव् अभितेपतुस्[६] तथापि[७] शुशुचतुः। तद् इदं तद् एव। इमे हाभिप्रतारणा इयन्तो[८], नो अपरस् तादृङ्[९] वीर आजायते[१०]। अथ यस्यैतस्य

त्रिवृत्पञ्चदशाभ्यां विपर्यासम्। पूर्वम् अहर् अग्निष्टोमो[११] भवति। सर्वस्तोमो ऽतिरात्र[१२] उत्तरम्। प्रजननकामो हैतेन यजेत। त्रिवृत्पञ्चदशौ स्तोमौ[१३] भवत ऊनातिरिक्तौ मिथुनौ प्रजनी। ऊनम् अन्यस्यातिरिक्तम् [१४]अन्यस्य। ऊनातिरिक्ताद्[१४] वै मिथुनात् प्रजाः पशवः प्रजायन्ते। तत् तत्प्रजननं क्रियते। तस्य रथन्तरं पृष्ठं भवति। प्रजननं वै रथन्तरम्। तत् तत्प्रजननं क्रियते। तस्य द्वादश स्तोत्राणि भवन्ति। द्वादश मासास् संवत्सरः। संवत्सरः प्रजननम्। तत् तत्प्रजननं क्रियते। तस्य चतुर्विंशति स्तुतशस्त्राणि भवन्ति। चतुर्विंशत्यर्धमासस् संवत्सरः। संवत्सरः प्रजननम्। तत् तद् अभिपूर्वं[१५] प्रजननं क्रियते[१६]। प्र प्रजया पशुभिर् जायते य एवं वेद। सर्वस्तोमो ऽतिरात्रो भवति सर्वेषां लोकानाम् अभिजित्या अभिक्रान्त्यै। सर्वं हीदं स्तोमा एव। अथो यान् इमान् एकैकान् स्तोमान् उपागाम तान् सार्धम् ऋद्ध्वा तेषु प्रतिष्ठायोदृचम् अश्नवामहा[१७] इति ॥ २३९ ॥

[१-१] क तद्धानुबद्धयोवाच ग तद्धानुबुद्धयोवाचो घ तद्यानुबुध्योवाव [२] क घ यथादेवं [३] क घ तस्य [४] क चेदेवो [५] ग अवच्छैत्सीति [६] क घ अभितेवतुस् ग अभितेपत्तुस् [७] ग तथामि [८] क यन्ते ग यन्तो [९] क ग तादृं [१०] ग आजायत [११] क अग्निष्टोमा [१२] क अतिरात्रम् [१३] ग स्तामौ [१४-१४] ग अन्यस्योन्यातिरिक्ताद् [१५] ग नास्ति [१६] ग अधिपाठः तस्य चतुर्विंशतिस्तुतशस्त्राणि...... प्रजननं क्रियते [१७] क आश्नवामहा

अथ यस्यैतस्य त्रिवृत् पञ्चदशः सप्तदश इति पूर्वम् अहर् भवत्य्, एकविंशस् त्रिणवस् त्रयस्त्रिंश इत्य् उत्तरं, स्वर्गकामो हैतेन[१] यजेत। ऊर्ध्वा एते स्तोमा भवन्ति। ऊर्ध्वो वै स्वर्गो लोकः। स्वर्गस्यैव लोकस्य समष्ट्यै। अभिक्रान्तस्तोमा[२] भवन्ति[३]। अभिक्रान्तेन ह वै यज्ञस्य भुञ्जते। एतेन ह वै तद् धविष्मांश् च हविष्कृच् च सद्य स्वर्गं लोकम्[४] इयतुः। तस्य पराञ्च्य्[५] एव स्तोत्राणि भवन्ति, पराञ्चि शस्त्राणि भवन्ति[६], पराञ्चि पृष्ठानि, पराचीर्[७] विष्टुतयः, पराङ् एव सर्वो भवति। तेन हैतेनोत्तरवयस्य् एव यजेत यद् एमं लोकं न प्रत्यवकांक्षेद्, यदास्मिन् लोके न निधित्सेद्, यद् अस्माल्[८] लोकाद् अमुम् एव लोकम् अभि संप्रजिगांसेत्[९]। स[१०] हैनेन [११]यजेत। इष्ट्वा[११] हैव स्वर्गं[१२] लोकम् एति। तस्मिन्न् उ ह तर्ह्य् उभे हाविष्मत[१३]-हाविष्कृते कुर्यु स्वर्ग्ये, स्वर्गस्य लोकस्य समष्ट्यै[१४]। तस्याहुस् सप्त च शतानि [१५]विंशतिश् च[१५] स्तोत्र्यास् संपादयेयुर् इति। तावन्ति संवत्सरस्याहोरात्राणि। संवत्सराद् एव तन् न यन्ति। अथो आहुर् यावतीर् एवैतस्य ज्योतिर् गौर् आयुर् इति त्र्यहस्य स्तोत्र्यास्[१६] तावतीर् अस्य स्तोत्र्यास् संपादयेयुर् इति। तेन त्र्यहरूपान् न यन्ति। अथो आहुस् सहस्रम् एवास्य स्तोत्र्यास् संपादयेयुर् इति। सहस्रं वै त्रिरात्रस्य स्तोत्र्याः। त्रिरात्ररूपाद् एव तन् न यन्ति। एष ह वै[१७] समृद्धो द्विरात्रो यस् त्रिरात्रस्य संपदा तायते यो वा त्रिरात्रश् चतूरात्रस्य[१८] ॥ २४० ॥

[१] ग हतेन [२] क अभिक्रामन्त- [३] ग भवत्य् [४] ग नास्ति [५] ग पराञ्च् [६] ग भवति [७] ग पराञ्चीर् [८-८] क यद्यास्माल [९] क संप्रजिशांसेद् [१०] क ग अश [११-११] ग यजतेष्ट्वा [१२] ग स्वर्ग [१३] ग होविष्म [१४] ग समेष्ट्यै [१५-१५] क ग विंशतिश्च [१६] क ग स्तोत्रियास् [१७] क है [१८] क ग चतुरात्रस्य

अथैते त्रिरात्राः। त्रिरात्रेण वै देवा एषु लोकेष्व् आर्ध्नुवंस् त्रिरात्रेण स्वर्गं लोकम्

आयन् । वाग् वै त्रिरात्रः । वाचो रूपेणाऽह्यानि चाहानि विभज्यन्ते । एकाक्षरा वै वाक्, ऽयक्षरम् अक्षरम् । अक्षरस्य रूपेण विभज्यन्ते । त्रयो गन्धर्वाः । तेषाम् एषा भक्तिर्—अग्नेः पृथिवी, वायोर् [1]अन्तरिक्षम्, असाव्[1] आदित्यस्य द्यौः । तद् एषाभ्यनूच्यते—

त्रयः कृण्वन्ति भुवनेषु रेतस् तिस्रः प्रजा आर्या ज्योतिर् अग्राः ।
त्रयो घर्मास[2] उषसं[3] सचन्ते [4]सर्वां इत् ताँ[4] अनु विदुर् वसिष्ठाः ॥

इति । तद् यद् आह त्रयः कृण्वन्ति भुवनेषु रेत इत्य् अग्निः पृथिव्यां रेतः कृणोति, वायुर् अन्तरिक्ष, आदित्यो दिवि । तिस्रः[5] प्रजा आर्या ज्योतिर् अग्रा इति— ॥ २४१ ॥

[१–१] ग अन्तरिक्षमसावाव् [२] क घर्मस [३] क ग उषसस् [४–४] क सर्वं इत्तम् ग सर्वं उक्तम्
[५] क त्रिस्रः

—वसवो रुद्रा आदित्याः । तेषाम् एतज्[1] ज्योतिर् अग्रं यद् असाव् आदित्यः । त्रयो[2] घर्मास उषसं सचन्त[3] इत्य् अग्निर् उषसं सचते, वायुर् उषसं सचत, आदित्य उषसं सचते । [4]सर्वां इत् ताँ[4] अनु विदुर् वासिष्ठा इति ये वै ब्राह्मणाश् शुश्रुवांसस्[5] ते वसिष्ठास्, ते ह्य् एतत् सर्वं अनु विदुः । एतावान् वाव त्रिरात्रः । गायत्रः प्राणस्, त्रैष्टुभं चक्षुर्, जागतं श्रोत्रम् । त्रीणि मिथुनानि तान्य् एषु मिथुनं द्वे सम्भवतो यन् मिथुनात् प्रजायते तत् तृतीयम् । इन्द्रो वृत्राय वज्रम् उदयच्छत् । तं विष्णुर् अन्वतिष्ठत् । सो ऽब्रवीद् अस्ति वा इदं त्यस्मिंस् तेज इन्द्रियं वीर्यम् । तत् त आहराणि । मा मे प्रहार्षीर् इति । तथेति । तद् अस्मै प्रायच्छत् । तद् विष्णुः प्रत्यगृह्णात् । तस्मै द्वितीयम् उदयच्छत् । [6]तं विष्णुर् अन्वतिष्ठत् । सो ऽब्रवीद् अस्ति वा इदं त्यस्मिंस् तेज इन्द्रियं वीर्यम् । तत् त आहराणि । मा मे प्रहार्षीर् इति । तथेति । तद् अस्मै प्रायच्छत् । तद् विष्णुः प्रत्यगृह्णात् । तस्मै तृतीयम् उदयच्छत् । तं विष्णुर् अन्वतिष्ठत् । सो ऽब्रवीद्— अस्ति वा इदं त्यस्मिंस् तेज इन्द्रियं वीर्यम् । तत् त आहराणि । मा मे प्रहार्षीर् इति । तथेति । तद् अस्मै प्रायच्छत् । तद् विष्णुः प्रत्यगृह्णात् । [7]तस्मिन् होदाते— सर्वं ममेतीन्द्रस्, तृतीयं ममेति विष्णुः ॥ २४२ ॥

[१] क ग एति [२] ग त्रया [३] ग सचन्ति [४–४] क ग सर्वं इत्तं [५] ग शुश्रूवांसस्
[६] क अधिपाठः तस्मै तृतीयमुदयच्छत् [७] ग अधिपाठः तस्मै तृतीयमुदयच्छत्...... तद्विष्णुः प्रत्यगृह्णात्

तौ वै पृच्छावहा इति । तौ ह[1] प्रजापताव् अपृच्छेताम् । ताभ्यां हैतया व्युवाच—

उभा जिग्यथुर्[2] न परा जयेथे न परा जिग्ये कतरश् चनैनोः ।
इन्द्रश् च विष्णो यद् अपस्पृधेथां[3] त्रेधा सहस्रं वि तद् ऐरयेथाम् ॥

इति । द्वौ तव भागाव्[4] इतीन्द्रम् अब्रवीत्, तृतीयं तवेति[5] विष्णुम् । एतद् आभ्यां तत् सहस्रं प्रायच्छत् । तस्यैषाप्तिर् यो बन्धुमान् अनूचान स्यात् तस्मै प्रथमे ऽहनि दद्यात् । यथा इयं पृथिव्य् एवं सः । प्रतिष्ठिता वा इयं, प्रतिष्ठितस् सः । अथ यो ऽबन्धुर् अनूचान स्यात् तस्मै द्वितीये ऽहन् दद्यात् । यथा वा इदम् अन्तरिक्षम् एवं सः । अन्तरिक्षम् इति वा इदं विदुर् वेदं[6] तस्य विदुः । अथ यो बन्धुमान् अनूचान स्यात् तस्मै तृतीये ऽहनि दद्यात् । यथा वा असौ द्यौर् एवं सः । द्यौर् इति वा अमुं विदुर् बन्धुं[7] तस्य विदुः । अन्वहं दशतो दीयन्ते[8] । दशाक्षरा विराट् । वैराजो यज्ञः । सैव सा व्यवच्छिन्ना[9] दीयते । अन्वहं

शतानि दीयन्ते । एषा वै यज्ञस्य मात्रा यच् छतम् । सैव सा[10] ऽव्यवच्छिन्ना' दीयते । त्रयस्त्रिंशतं च त्रीणि च शतानि प्रथमे ऽहनि दद्यात् । त्रयस्त्रिंशतं च त्रीणि च शतानि द्वितीये ऽहनि दद्यात् । त्रयस्त्रिंशतं च त्रीणि च[11] शतानि तृतीये ऽहनि दद्यात् । अथैषा[12] सहस्रतमी त्रिरूपा द्विदेवत्या । तस्यै द्वौ भागौ ब्रह्मण एको[13] ऽग्नीधः ॥ २४३ ॥

[१] क नास्ति [२] ग विग्यथुर् [३] क ग अपस्पृवेतां [४] ग भाग्याव् [५] ग त्वेति [६] ग वेद [७] ग बन्धु [८] एवं पञ्चविंशे ब्राह्मणे २०.१५.१२ । क ग नीदयन्ते [९] ग व्यवछिन्नं [१०] ग का [११] ग नास्ति [१२] ग यथैषा [१३] ग एके

प्रजापतिर् वा इदम् अग्र आसीत् । नान्यं[1] द्वितीयं पश्यमानस्—तस्य वाग् एव स्वम् आसीद्, वाग्[2] द्वितीया—स ऐक्षत हन्तेमां वाचं विसृजे । इयं वावेदं विसृष्टा सर्वं विभवन्त्य्[3] एष्यतीति । तां वाग् इत्य् एव व्यसृजत । सोर्ध्वाद् आतनोद् यथापां धारा सन्ततैवम् । तस्या एत्य् एकम्[4] अक्षरम् अच्छिनत्[5] । तद् इदम् अभवत्[6] । [7]अभूद् वा[7] इदम् इति । तद् भूमेर् भूमित्वम् । केति[8] द्वितीयम् । तद् इदम् [9]अन्तरिक्षम् अभवत्[9] । अन्तरेव वा इदम् उभयम्[10] अभूद् इति । तद् अन्तरिक्षस्यान्तरिक्षत्वम् । हो इति तृतीयम् ऊर्ध्वम् उदस्यत्[11] । तद् अदो[12] ऽभवत् । अद्युतद् इव वा अद इति । तद् दिवो[13] दिवत्वम् । प्रजापतिर् वा[14] इदम् अग्र एकाक्षरां[15] वाचं[16] त्रेधा व्यभजत् । त इमे लोका अभवन् रूक्षा अनुपजीवनीयाः । सो ऽशोचत्, सो ऽतप्यत । स ऐक्षत कथम् इमे लोका लोम गृह्णीयुः, कथम् उपजीवनवन्त[17] स्युर् इति । स एतं त्रिरात्रं यज्ञम् अपश्यत् । तम् आहरत् । तेनायजत । तम् एषु लोकेष्व् अन्वायातयत्[18] । ततो वा[19] इमे लोका लोमा-गृह्णंस्[20], तत उपजीवनवन्तो[21] ऽभवन् । त्रिरात्रस्य ह खलु वा इदं पुष्टं, त्रिरात्रस्योदरणं यद् एषु लोकेष्व् अधि । गच्छति पशूनां द्विपदां चतुष्पदां भूमानं य एवं वेद ॥ २४४ ॥

[१] एवं कोशयोः [२] ग वान् [३] एवं कोशयोः [४] क ग अधिपाठः क्षक्षरम् [५] ग अछिन्नत् [६] ग अभत् [७–७] ग अभूत्वा [८] क ग के [९] ग अन्तरिक्षं भवत् [१०] ग नास्ति [११] ग उदरास्यत् [१२] ग अधिपाठः र्ध्वमुदाशस्यत्तदो [१३] ग दिवा [१४] ग अधिपाठः ए [१५] क एकाक्षरं [१६] ग वाच [१७] ग उपजीवनन्त [१८] क ग अन्वायतयत् [१९] क ग या [२०] ग लोमागृह्णांस् [२१] ग उपजीवनन्तो

यथो[1] ह वै मणौ मणिसूत्रम् ओतं स्याद् एवम् एषु लोकेषु त्रिरात्र ओतः[2] । शोभते ऽस्य मुखं य एनं वेद । एषा ह खलु वै प्रत्यक्षं वाग् यज् जिह्वाग्रेणैतद् वाचो वदति यद् एति । मध्येनैतद् वाचो वदति यत् केति । सर्वेयैतद्[3] वाचो रसो ऽध्य् ऊर्ध्वं उद्वदति यद् धो इति । हो इति हि सर्वा[4] वाक् । तद् यद् एतानि रूपाण्य् आज्येषु चाहस्सु च नियुज्यन्ते । मुखत एवैतद् वाचं विसृजन्ते, मुखतो यास्रियं[5] कर्म । प्रजापतिर् यद् वाचं व्यसृजत साक्षरद् एव । तस्या एत्य् एव प्रथमम् अक्षरं, क्षेति[6] द्वितीयं, रद् इति [7]तृतीयम् । तद्[7] येन येन वै रूपेण प्रजापतिर् वाचं व्यसृजत तेन तेन रूपेणाज्यान्य् आरभ्यन्ते, तेन तेनाहान्य् आप्यन्ते[8] । अक्षरेष्ठा[9] ह खलु वा[10] एष यज्ञो यस् त्रिरात्रः । अक्षरं ऽव्यक्षरम्[11] । ऽव्यक्षरस् त्रिरात्रः । अक्षरं त्रिरात्रः । स ह वा एनं वेद य एनं पुरुषसम्मितं वेद— पुरुषस् त्रिरात्रः ॥ २४५ ॥

[१] ग शा [२] ग ओदः [३] क सर्व- धैतत्। पञ्चविंशे २०.१४.३ सर्वया [४] ग स९ [५] ग याज्ञीयं [६] ग क्षति [७-७] ग न्तद् [८] ग आप्यन्ते [९] ग अक्षरेष्व। [१०] ग व [११] ग नास्ति

इदम् एव प्रथमेनाह्ना व्यकरोद् यद् अस्याम् आयत्तमूलम्, इदं द्वितीयेन [१]यत् प्राणाद् एजत्य्, अदस् [२]तृतीयेन[१] यद् वर्षति, यन् नक्षत्राणि [३]यद् अमुं[३] लोकं भेजे। महाव्रतं वा एतद् यद् एष त्रिरात्रस्य। यान्य् एतेषाम् अह्नां बहिष्पवमानानि[४] तच् छिरः। ये ऽभितो ऽहनी तौ पक्षौ। यन् मध्यमम् अहस् स आत्मा। अग्निष्टोमसामान्य् एव पुच्छम्। अथो आहुर् यद् एवासाव् उदेति तच् छिरः। ये ऽभितो ऽहनी तौ पक्षौ। यन् मध्यमम्[५] अहस् स आत्मा। अग्निर् एव पुच्छम्। अथो आहुर् य एवासाव् उदेति तच् छिरः। ये ऽभितो ऽहनी तौ पक्षौ। यन् मध्यमम् अहस् स आत्मा। यद् एवास्तम् एति तत् पुच्छम् इति ॥ २४६ ॥

[१-१] ग नास्ति [२] क तृतीयेण [३-३] ग यदुमुं [४] क ग बहिष्पवमानि [५] क मध्यम्

वाग्देवत्यं[१] वै त्रिरात्रस्य प्रथमम् अहः, प्राणदेवत्यं द्वितीयं, चक्षुर्देवत्यं तृतीयम्। तद् आहुः कियांस् त्रिरात्र [२]इति। इयान् इति[२] ब्रूयात्। इयद् ध्य् एवैतद् इति। अथो इयान् इति ब्रूयात्। इयद् ध्य् एवैतद् इति। तद् आहुर् अर्वाङ् त्रिरात्रः[३] पराङ्[४] इति। पराङ् इति ब्रूयात्। पराङ्[५] हि वदति, पराङ् प्राणिति, पराङ् पश्यति, पराङ् छृणोति। अथो[६] ह ब्रूयाद् अर्वाङ् च पराङ् चेति। अर्वाङ् च हि पराङ् च वदत्य्, अर्वाङ् च पराङ् च प्राणित्य्, अर्वाङ् च पराङ् च पश्यत्य्[७], अर्वाङ् च पराङ् च शृणोति। तद् आहुर् [८]एकस् त्रिरात्रा३ उ द्वा३ उ त्रया३ उ[८] इति। एक इति ब्रूयात्। एको ह्य् एवैष यत् प्राणो ऽपानो व्यान इति। तद् आहुर् एकं[९] भूयास् सहस्रा३म्[१०] इति। एकम् इति ब्रूयात्। एकं ह्य् एव[११] भूयस् सहस्रात् संख्यानेव[१२] भवति ॥ २४७ ॥

[१] ग वाहेवत्यं [२-२] ग इतियानिति [३] क ग त्रिरात्रा१ [४] ग पराज् [५] ग परां [६] क ग अधो [७] क ग पश्यत्त् [८-८] क एकत्रिरात्रा वद्वौ ग एकस्त्रिरात्रागु द्वौगु त्रयाद्गु [९] ग एक। [१०] क सहस्रा ग सहस्रांशुम् [११] ग एवं [१२] ग संख्याने

वाग् एवेति। गायत्रं वै त्रिरात्रस्य प्रथमम् अहस्, त्रैष्टुभं द्वितीये, जागतं तृतीयम्। यद् वा अन्यस्य त्रिरात्रस्य विलोम [तद् अस्य सलोम][१], यद् अस्य सलोम तद् अन्यस्य विलोम। तद् यद् एतत् परं सद् अहर् अवरं क्रियते, यजमानायैव तत् पशून् प्रजनयन्ति, न ह्य् अमुष्मिल् लोके पशवः प्रजायन्ते। एते ह खलु वै छन्दसां वीर्यवत्तमे[२] यद् गायत्री च त्रिष्टुप् च[३]। तद् यद् गायत्री च त्रिष्टुप् चाभितो भवतो, मध्ये पशवो जगती, वीर्यवद्भ्याम् एवैतच् छन्दोभ्यां[४] यजमानायोभयतः पशून् परिगृह्णन्त्य्[५] अपरावापाय[६]। नास्य वित्तं[७] परोप्यते[८] य एवं वेद। असाव् एव त्रिरात्रो यो ऽसौ तपति। स यथोदेत्य् एवम् अस्य प्रथमम् अहर्, यथा माध्यन्दिन[९] एवं[१०] द्वितीयम्, यथास्तम् एत्य् एवं तृतीयम्। स य एतद् एवं वेद गच्छत्य् एतस्य सायुज्यं सांवेश्यम् ॥ २४८ ॥

[१] पञ्चविंशे २०·१६·७— यद्वै त्रिरात्रस्य सलोम तदस्य विलोम यदस्य विलोम तदस्य सलोम। [२] ग संवीर्य्यवत्तममे [३] ग नास्ति [४] ग छन्दाभ्यां [५] ग परिगृह्णत्य् [६] क अपारा- [७] ग फत्तं [८] क परोप्यंते [९] क मध्यन्दिन [१०] ग एव

इन्द्रो वै मरुतस् समजिनोत् स्वां विशं सोमाय राज्ञे प्रतिप्रोच्य। [१]तदनुकृतीदम् अप्य् एतर्हि[१] राज्ञे प्रतिप्रोच्य[२] विशं जिन्वन्ति। तद् यमो ऽन्वबुध्यत सहस्रम्[३] अज्यासिष्टाम् इति। स आगच्छत्[४]। स एत्याब्रवीत् उप मास्मिन् सहस्रे ह्वयेथाम् इति। तथेति। तम् उपाह्वयेताम्। स यमो ऽस्मिन् सहस्रे[५] [६]ऽपि गाम् अपश्यत् सहस्रस्य[६] गवां पयो बिभ्रतीम्। ताव्[७] अब्रवीत् इयम् एव मम युवयोर् [८]एतद् इतरद्[८] इति। ताव् इतराव् अब्रूतां[९] यद् वाव त्वम् एतस्यां पश्यसि[१०] तद् आवं पश्याव इति। सो [११]ऽब्रवीत् तया वा एता एव[११] विकरवामहा[१२] इति। ते तयैव व्यकुर्वत। ते ऽब्रुवन्न् अंशान् हरामहै यस्मै नः प्रथमैष्यतीति[१३]। ते ऽंशान्[१४] आहरन्त। सोमस्य[१५] प्रथमैत्[१६]। अथैन्द्रस्याथ यमस्य। ताम्[१७] अप्सु प्रावेशयन्॥ २४९॥

[१-१] ग तदानुक्रीतिदमप्येन्तर्हि [२] ग प्रतिप्रोच्च [३] ग सहस्रजम् [४] ? क ग आगत्यछत् [५] ग सहस्रेस्य [६] ग नास्ति [७] ? क ग ताम् [८-८] ग एतदितरदितरद् [९] ग ब्रूता [१०] ग पश्यसी [११-११] क अब्रवीत्ते वा एतानेव ग अब्रवीत्येवा- [१२] ग विकारवामहा [१३] क ग प्रथमेष्यतीति [१४] क ग शाना [१५] ग सामे [१६] ग प्रथमेत् [१७] ? क ग तासाम्

ताम् अब्रुवन्—सोमायोदेहि तृतीयेन चात्मनस् तृतीयेन च सहस्रस्येति। सा बभ्रुः पिंगाक्ष्य् उदैत्, तृतीयेन [१]चात्मनस् तृतीयेन[२] च[१] सहस्रस्य। सैषा सोमक्रयणी। तृतीयेन च ह वै तस्यै तृतीयेन च सहस्रस्य सह [३]सोमो राजा[३] क्रीतो भवति। तां पुनर् एवाप्सु प्रावेशयन्। ताम् अब्रुवन्न्—इन्द्रायोदेहि तृतीयेन चात्मनस् तृतीयेन च सहस्रस्येति। सा शबली पष्ठौह्य्[४] उदैत् तृतीयेन चात्मनस् तृतीयेन च सहस्रस्य। सैषेन्द्रैष्या[५] दीयते। तृतीयेन च ह[६] वै तस्यै तृतीयेन च सहस्रस्य सह[७] सा दत्ता[८] भवति। तां पुनर् एवाप्सु प्रावेशयन्[९]। ताम् अब्रुवन्—यमायोदेहि[१०] तृतीयेन चात्मनस् तृतीयेन च सहस्रस्येति। सा [११]धूम्रा दित्यौह्य्[११] उदैद् ईर्मतो[१२] ह्रसीयसी पश्चाद् वर्षीयसी[१३] जरतीव[१४] कुष्ठाऽशृंगी तृतीयेन[१५] चात्मनस् तृतीयेन[१६] च सहस्रस्य। सैषानुस्तरणी। तृतीयेन च ह वै तस्यै तृतीयेन च सहस्रस्य सह सानुस्तरणी कृता[१७] भवति, नो हाचक्रुर्[१८] इव मन्येत॥ २५०॥

[१-१] क त्मनस्तृतीयेन च नास्ति [२] ग अधिपाठः चात्मनस्तृतीयेन च [३-३] ग सामेरा [४] ग पक्षौह्य [५] पञ्चविंशे २१.१.५ इन्द्रियैष्या [६] ग स अधिपाठः [७] ग सहस्र [८] क दत्त [९] ग प्रावशयस् [१०] ग ययमायोदहि [११-११] क ग धूम्भ्रादध्य् [१२] क ग ईर्मद्रो [१३] क ग वर्षीयसी [१४] क ग जरतीवा [१५] ग आवीयन [१६] ग स सुतीयेन [१७] क ग हता [१८] क ग चक्रुर्

तद् आहुर् नामुष्मिन् लोके सहस्रस्यावकाशो ऽस्ति। आत्मन् एवैव[१] न वात्मने च[२]। नेति। तद् आहुः कियद् इत स्वर्गो लोक[४] इति। यावत् सहस्रं गौर् गव्य् अधि प्रतिष्ठिता[३] तावद् इति ब्रूयात्। अथो यावत् सहस्रं प्राणैस् सं प्राणन्तीत्य्, अथो यावत् सहस्रम् आश्वीनानीत्य्[४], अथो यावत् सहस्रं योजनानीत्य्, अथो यावत् सहस्रम् अह्न्यानीति[५]। तद् गवा गवैवाप्नोति। सा यैषा शबली पष्ठौह्य् उपन्नम् एषामुष्मिन् लोके कामदुघा भूत्वा तिष्ठते। य एवं वेद तार्प्यं[६] प्रत्यस्य दक्षिणा नयति, सहस्रस्य सयोनितायै। सहस्रं वै यद् असृज्यत[७]। तस्य तार्प्यम् एव योनिर् आसीत्। तद् यत् तार्प्यं प्रत्यस्य स दक्षिणा नयति[८] सयोन्य् एव तत् सहस्रं करोति। उप हैनं सहस्रं ददिवांसं[९]

योनिसहस्रं तिष्ठते य एवं वेद । सा या सहस्रतमी स्यात् तस्यै [१०]कर्णम् आजपेद्[१०] इळे रन्ते[११] महि[१२] विश्रुति शुक्रे चन्द्रे हव्ये काम्ये ऽदिते सरस्वत्य् एतानि[१३] ते ऽघ्न्ये[१४] नामानि, देवेषु नस् सुकृतो[१५] [१६]ब्रूताद् इति[१६] । सुकृतं ह वा एनं देवेष्व् आह । ताम् कलशम् अपघ्रापयत्य् अपाजिघ्र कलशं[१७], मह्या त्वा विशन्त्व् इन्दवस्, सा नो धुक्ष्स् सहस्रम् उरुधारा[१८] पयस्वतीति[१९] । उप हैनं सहस्रं ददिवांसं[२०] सहस्रं तिष्ठते य एवं वेद ॥ २५१ ॥

[१] ग एववै [२] ग चा [३] क प्रतिष्ठितं ग प्रतिष्ठित [४] क ग आश्विना- [५] ग अवह्वयानीति [६] क ग ताप्यं [७] ग असृजत [८] ग अधिपाठः सहस्रस्य सयोनितायै सहस्रं वै यदसृजत तस्म तार्प्यमेव योनिरासीत्तद्यत्तार्प्यं प्रत्यस्य सदक्षिणा नयति [९] ग दिवासं [१०-१०] क कर्णमाजपेद् ग णमजापेद् [११] ग रन्त [१२] ग मह [१३] ग एत्यानि [१४] ग घ्न्या [१५] क सकृतो [१६-१६] ग भूतादति [१७] क ग कलश [१८] ग अरुधारा [१९] क ग पयस्वतिति [२०] ग दिवांसं

प्रजापतिर् वा इदम् अग्र आसीत् । सो ऽकामयत—बहु स्यां, प्रजायेय, भूमानं गच्छेयम् इति । स तपो ऽतप्यत । स वाचम् असृजत । वाचो गां निरमिमीत । स ऐक्षतालं वै तस्मा अस्मि यत् सृजेयेत्[१] । तद् अन्नं लभेत यत् सृजेय, हन्त सृजा इति । स वसून् असृजत, स रुद्रान्, स आदित्यान् । तं वसव उपासीदन्न् अस्तु न स्वम्[२] इति । तेभ्य एतां गां प्रायच्छत् । तां संवत्सरम् अरक्षन्त । सैभ्यस् संवत्सरे त्रयस्त्रिंशतं च त्रीणि च शतानि प्राजनयत्[३] । तां पुनर् आजायत[४] । तं रुद्रा उपासीदन्न् अस्तु न स्वम् इति । तेभ्य[५] एतां गां प्रायच्छत् । तां संवत्सरम् अरक्षन्त[६] । सैभ्यस् संवत्सरे त्रयस्त्रिंशतं च त्रीणि च शतानि प्राजनयत्[३] । तां पुनर् आजायत । तम् आदित्या उपासीदन्न् अस्तु न स्वम् इति । तेभ्य एतां गां प्रायच्छत् । तां संवत्सरम् अरक्षन्त । सैभ्यस्[७] संवत्सरे त्रयस्त्रिंशतं च त्रीणि च शतानि प्राजनयत्[३] । तत् सहस्रम् अभवत् । सैव सहस्रतमी[८] । तां पुनर् आजायत[४] । स यो हैवं विद्वान् गा रक्षते प्र हैवास्य सहस्रम् आप्नुवन्ति । तस्माद् उ हैवंविदा[९] रक्षितव्या एव । गावस् ते ऽब्रुवन्न्—अलं वै तस्मै स्मो यत् सहस्रेण यजेमहि । एत सहस्रेण यजामहा इति ॥ २५२ ॥

[१] ? क ग सृजयेत् [२] ग स्वयम् [३] ग प्रजानयत् [४] ग आजन [५] ग तेभ्ये [६] ग अक्षन्त [७] ग सैभ्य [८] ग सहस्रधातमी [९] ग हैवविदा

तत् सार्धं[१] सहस्रं[२]सामाकुर्वन् । तद् एषां सहस्रं संख्यान एकैकस्यै[३] [४]गोर् नोदभवत् । ते[४] ऽब्रुवन् प्रजापतिम् एवेमां[५] सहस्रतमीं[६] याचामहा इति । ते प्रजापतिम् एव तां सहस्रतमीम्[७] अयाचन्त । स प्रजापतिर् ऐक्षत यद्य् एभ्यः [८]प्रदास्यामि रेक्ष्ये[८], यद्य् एभ्यो न प्रदास्याम्य्[९] ऊनम् एषां सहस्रं भविष्यति । हन्तैनान् सहैवानयाभ्युपयानीति । तान् अब्रवीत् [१०]सहैव वो[१०] ऽहम् अनयाभ्युपयानीति । तथेति । तांस् तयैव सहाभ्युपैत् । त एतं त्रिरात्रं यज्ञम् अपश्यन् । तम् आहरन्त । सो ऽब्रवीत्— समेनानेन[११] यज्ञेन [१२]यक्षामहा३ असमेना३ इति[१२] । समेनेत्य्[१३] अब्रुवन् । यत् समेनेत्य्[१३] अब्रुवन् समम् एव तद् वर्षम् अकुर्वत समं[१४] राष्ट्रं संज्ञाम् एव तद् अकुर्वत । अथ यद् अवक्ष्यन्न्[१५] असमेनेत्य् [१६]असमम् एव वर्षम् अभविष्यद् असमं[१६] राष्ट्रम् [१७]असंज्ञाभविष्यत् । ते केन[१७] समेष्याम इति । यज्ञायज्ञीयेनेति । तस्माद्[१८] यज्ञायज्ञीयेनैव संयन्ति । वाग् वै

यज्ञायज्ञीयम्। वाग् इमे लोकाः। वाचैव तद् वाचम् अरोहन्। ते त्रयस्त्रिंशतं च त्रीणि च शतानि प्रथमे[19] ऽहन् न ददुः[20]। [21]तेनास्मिन् लोके वसुभिर् अराध्नोत्[22]। त्रयस्त्रिंशतं च त्रीणि च शतानि द्वितीये ऽहन् न ददुः। तेनास्मिन्न् अन्तरिक्षे लोके रुद्रैर् अराध्नुः[23]। त्रयस्त्रिंशतं च त्रीणि च शतानि तृतीये ऽहन् न ददुः[21]। तेनामुष्मिन् लोक आदित्यैर् अराध्नोत्[24]। स यो हैवं विद्वान् एतेन यज्ञक्रतुना यजत, एतासु चैव[25] [26]देवतास्व् ऋध्नोत्य्[26] एतांश् च लोकान् आप्नोति ॥ २५३ ॥

[१] ग साध्यं [२] ग सहस्रं [३] ग एकैकसै [४-४] ग गोर्न्नोभवत्ये [५] ग एव मां [६] क ग सहस्रतमी [७] ग सहस्रगीम् [८-८] ग प्रदास्यामेरेक्षे [९] ग बृदास्याम्य् [१०-१०] ग सहैवा आ [११] क समेनानेन [१२-१२] क यक्ष्यामहा असमेना इति ग यक्षामहाहु असमैराहु इति [१३] क ग समैनेत्य् [१४] क समै [१५] क ग अवक्षन्न् [१६-१६] ग समैय्येववषमभविष्यदसम [१७-१७] ग ·भविष्यतेकेर [१८] ग तास्माद् [१९] ग तृतीये [२०] ग दस् [२१-२१] ग नास्ति [२२] एवं क [२३] एवं क [२४] क ग अराध्नेत् [२५] क ग वैव [२६-२६] क देवतास्पृध्नोत्य् ग देवतास्पृध्नोत्

प्रजापतिर् यद् अग्रे सहस्रम् असृजत तत् प्रजाभ्यः प्रायच्छद्—एतद् वस् सहेति। यत् सहेत्य् अब्रवीत् तत् सहस्रस्य सहस्रत्वम्। तस्माद् उ ह सहस्रीव सतिर्[1] एव स्यात्। सहेति ह्य् अब्रवीत्। स यो हैनस्[2] तत्रावास्यमानो ब्रूयाद् आ[3] ते सहस्रस्य [4]पयो दद[4] इति तथा हैव स्यात्[5]। ते देवा ईशानं देवम् अब्रुवंस्[6] त्वं वै न श्रेष्ठो ऽसि। तम् उद्धारम्[7] उद्धरस्वेति। स एतानि त्रीणि सामानि सहस्रस्य रसं प्रावहतर्त्तनिधनम्[8] ईनिधनं[9] त्रिणिधनम्[10] इति। तानि वा एतानि सामानि सहस्रत्रिरात्रेण कार्याणीशानस्य देवस्योद्धार उद्धृतानि। उद्[11] उद्धारं हरत, उद्धार्यो[12] भवति य एवं वेद। तस्माद् एतानि सामानि सहस्रत्रिरात्रेण[13] कार्याणीशानस्य देवस्याखलस्य सामानीश्वरो यजमानस्य पशून् अभिमन्तोर् इति। अपरसम् इव[14] तु हास्य सहस्रं दत्तं[15] स्यात्। कार्याण्य् एव सहस्रस्य धरतायै। प्रजापतिर् यद् देवेभ्यस् सहस्रं प्रायच्छत्[16] तद् [17]अप्रतीक्षमाणा एवादन्। तद् एभ्यो[17] ऽद्यमानं तिरो ऽभवत्। तं न्व् अमन्त्रयन्त। तद् अब्रवीत्—क्षयाद् वै बिभेमीति। नेत्य् अब्रुवन्। तथा[18] वै त्वात्स्यामो[19] यथा नो ऽद्यमानं पीयमानं न क्षेष्यस[20] इति। तस्मै [21]वै म ऋतं[21] कुरुतेति। तस्या[22] ऋतनिधनेनैवर्तम् अकुर्वन्, ईनिधनेनापायन्[23], प्र चैवैनं[24] त्रिणिधनेनाजायन्[25], अक्षितिं चास्मा अकुर्वन्। [26]अद्यमानम् अस्य[26] पीयमानं सहस्रं न क्षीयते य एवं वेद ॥ २५४ ॥

[१] ग सतीर् [२] ग हैस् [३] ग ए [४-४] ग प्रयोद् [५] ग स्या [६] ग अब्रु· वास् [७] ग नास्ति [८] ग प्रावहतत्त- [९] ग निधन [१०] क ग त्रीणिधनम् [११] ग नास्ति [१२] ग उधःर्य्यो [१३] ग ·तिरात्रेण [१४] ग ईव [१५] ग दत्ता [१६] ग प्रयछत् [१७-१७] ग अप्रदीक्षमाणा एवं· दस्तद्देवेभ्यो [१८] ग तता [१९] ग त्वास्य· तास्यामो [२०] क ग क्षेष्यथ [२१-२१] क वे म ऋतं ग वे म वृतं [२२] क ग तस्मा [२३] क ईनधनेना· ग इधिधनेना· [२४] ग चैवनं [२५] क त्रीणि· ग त्रीणिधनेनायजन्न् [२६-२६] ग घद्यमानस्य

अन्वहम् आजिदोहानि भवन्ति। प्राणा वा आजिदोहानि। यद् अन्वहम् आजिदोहानि भवन्ति प्राणेष्व् एव तत् प्रतितिष्ठति। अन्वहम् आजिदोहानि भवन्ति। पशवो वा आजिदोहानि। यद् अन्वहम् आजिदोहानि भवन्ति पशुष्व् [1]एव तत्[1] प्रतितिष्ठति।

अन्वहम् आजिदोहानि भवन्ति । इमे वै लोका आजिदोहानि । यद् अन्वहम् आजिदोहानि[१] भवन्त्य् एष्व् एव तल् लोकेषु प्रतितिष्ठति । अग्निर् आजिदोहं वायुर् आजिदोहम् असाव् आदित्य आजिदोहम्[३] । यद् अन्वहम् आजिदोहानि [४]भवन्त्य् एतास्व्[४] एव तद् देवतासु प्रतितिष्ठति । इमे वै लोका आजयो नाम । एतेषाम्[५] एते दोहाः । दुह इमान् लोकान् य एवं वेद । अन्वहम् अर्का भवन्त्य्— अन्नं वा अर्को— ऽन्नाद्यस्यैवावरुद्ध्यै । स्वाशिरम् अर्कः प्रथमे ऽहनि भवति । आपो[६] वै स्वाशिरः । अन्नम् उ वा आपः । नो वा अनवसो ऽध्वानं समश्नुते । अग्नेर् अर्को द्वितीये ऽहनि भवति । अन्तरिक्षायतनं[७] वै द्वितीयम् अहः । [८]अस्तम् एवान्तरिक्षं[८] तमस्सहचयानि[९] रक्षांसि— अग्निर् वै रक्षसाम्[१०] अपहन्ता— रक्षसाम् एवापहत्यै । दीर्घतमसो ऽर्कस् तृतीये ऽहनि भवति । जागतो वै दीर्घतमसो ऽर्कः । जागतं तृतीयम् अहः । अहर् एव तद्रूपेण समृद्धयन्ति ॥ २५५ ॥

[१–१] ग एवत् [२] ग ऊजि- [३] ग आदि- [४–४] ग भवन्ति तास्व् [५] ग तेषाम् [६] ग आपा [७] ग अन्तरिक्षायतां [८–८] क अस्तमेवा अन्तरिक्षं ग अस्तमोवा अन्तरिक्षं [९] क तमस्सहचयान्वि ग नमस्सहपयान्वि [१०] ग रक्षासाम्

अन्वहं सौपर्णानि भवन्ति स्वर्ग्याणि, स्वर्गस्य लोकस्य समष्ट्यै । तद् आहुः— क्षिप्राणि सामानीश्वरो यजमानं [१]पुरायुषः प्रमथितोः[१] । द्वे एव कार्ये पतनायैवेति । सं वा एनं[२] तत् साधयन्तीत्य्[३] आहुः । एकम् एव कार्यं, समष्ट्या एवेति । किम् उ य एनं प्रथमधुर् अपि[४] सर्वाण्य् एव कार्याणि । त्रिरात्रेण वै देवा ऊर्ध्वा स्वर्गं लोकम् आयन् । स एषाम् असंगृहीतो वीवावृह्यत । तं गायत्रपार्श्वेनैवोदस्तभ्नुवन्[५], संतनिना समतन्वन्, संकृतिना समकुर्वंस्, त्रिषन्धिना समदधु, श्रायन्तीयेन समश्रीणन्न्, अरिष्टेनारिष्टताम् अगमयन् । तद् यद् एतानि सामानि भवन्ति त्रिरात्रस्यैवोत्तब्ध्यै, त्रिरात्रस्य सन्तत्यै, त्रिरात्रस्य संकृत्यै[६], त्रिरात्रस्य संहित्यै, त्रिरात्रस्य संश्रित्यै, त्रिरात्रस्यारिष्टतायै[७] । ऐळं[८] ककुभि, स्वारम् उष्णिहि । त्रिरात्रम् एवैतन् मध्यतो व्यतिषजन्त्य् अवस्रंसाय ॥ २५६ ॥

[१] ग पुरावपुषः प्रमथिता [२] ग हनं [३] क ग साधन्तीत्य् [४] ग अवि [५] क ग -नैवोदत्तभ्नुवन् [६] ग संस्कृत्यै [७] क ग त्रिरात्रस्यारिष्टतया। [८] ग णेळं

षद् च वै गायत्रीः प्रथमम् अहस् संपद्यते दश च स्तोत्र्याः[१] । षट् च वै त्रिष्टुभो द्वितीयम् अहस् संपद्यत एकां च स्तोत्र्याम्[२] । अथ यत् तृतीयम् अहस् तस्य द्वे सवने जगतीस् संपद्यते ऽनुष्टुभः । तृतीयसवनम् एकविंशष् षोडशी । षोडशी वै पूर्वयोर् अह्नोर् अपित्वम्[३] ऐच्छत । षोडशिनि[४] पूर्वे ऽहनी अपित्वम् ऐच्छेताम्[५] । तम् एताभिर् एकादशभि स्तोत्र्याभिर्[६] उपसंपरैताम् । स आनुष्टुभष्[७] षोडशी समपद्यत । स यो वै षोडशिनं पूर्वयोर् अह्नोर् अपित्विनं वेद षोडशिनि[८] पूर्वे ऽहनी अपित्विनी, अपित्वी ह तत्र भवति[९] यत्र कामयते ऽपित्वी ह स्याम्[१०] इति । तद् आहु—स्तोमैर् एव पृष्ठ्यं षडहम् आप्नोति, संपदा छन्दोमान्, रात्र्या दशमम् अहर् इति । स एवद्वादशाहेन[११] दक्षिणावतावरुन्द्धे य एवं वेद । अथैषा सहस्रतमी, तां [१२]यद् दद्याद् रिच्येतानु[१२] गर्भाश् शुष्येयुर्, यन् न दद्याद् ऊनम् अस्य सहस्रं दत्तं स्यात् । कलां[१३] चादेयं च न दद्यात्[१४] । तन् मिथुनम् । तद् अनु प्रजायते । तद् आहुर् अदत्तं वै तथा भवत्य्, उत वै

कलाम् एवान्व् अवजयति । तत् तत् कलां वानु सहस्रम् इयात् । कलावानु[१५] सहस्रं तत्[१६] तद् अविज्ञानं दत्वैवैनाम् अध्यया गवा निष्क्रीणीयाद्[१७] इति । तद् उ वा आहुर् दत्तं वै तथा भवति । गौर् इतरा गौर् इतरोर्णास् त्रयस्यैवैनाम्[१८] आविकस्य यावद् अर्हन्तीम् मन्येत[१९] तावता निष्क्रीणीयाद् इति । ऊर्णासूत्रम् उ वै[२०] गोः[२१] किञ्चिद् इव दत्तम् अस्य सहस्रं भवति, नात्मना रिच्यते । स यथा वागरया वा रज्ज्वा[२२] वा [२३]वज्रं परितनुयाद्[२३] एवम् एवैतत् पशून् परिगृह्णीते[२४] ऽपरावापाय[२५] । नास्य वित्तं परोप्यते य एवं वेद ॥ २५७ ॥

[१] ग स्तोत्र्या [२] एवं कोशयोः [३] क अत्वम् ग अपित्वमं [४] क ग षोडशिनि [५] ग ऐच्छताम् [६] क ग स्तोत्राभिर् [७] ग अनु- ष्टुभय् [८] क षोडशिनी ग षडशिनि [९] ग भवन्ति [१०] ग स्यम् [११] एवं कोशयोः [१२–१२] ग यद्द्याद्विच्यतानु [१३] क कालां [१४] क ग द्यात् [१५] = कलावान् + उ । [१६] क तत् ग न्तत् [१७] क ग कुलावानु [१८] एवं कोशयोः [१९] क ग निष्क्रीणियाद् [२०] क इवै ? [२१] क अमन्येत ग अमन्यैत [२२] ग रज्ञा [२३–२३] क व्रजन् क ग गो वरितनुयाद् ग प्रजान् वरितनुयाद् [२४] ग परिह्णीते [२५] ग परवापाय

शबलि[१] समुद्रो ऽस्य् अक्षितिर् ब्रह्मदेवी प्रथमजा ऋतस्यैकम् अक्षरं क्षरसि विभावर्य् अभीमान् लोकान्[२] अमृतं दुहाना तां [३]त्वा विद्म[३] सरमे दीयानाम् अक्षितिं देवेभ्यो भासा तपन्तीम् । तेजो ऽसि, शुक्रम् अस्य्, अमृतम् अस्य्, अन्नम् असि, महद् अस्य् एषासि महि, तां [४]त्वा तथा[४] वेद । तस्यां त्वय्य् एतां दक्षिणां[५] निदधे ऽक्षितिम् अक्षीयमाणां श्रियं[६] देवानां बृहज् ज्योतिर् वसानां प्रजानां शचिष्ठाम् आ व्रतम्[७] अनुगेषम् इति । एषा ह वै शचिष्ठावृद् यद् असाव् आदित्यः । तस्या एते द्वे पदे अहश् चैव रात्रिश् च, सत्यं चानृतं च । तद् धास्या एतत्[८] सत्यं पदं यद् अहः । तद् एतद् अत्यायु नाम । स यो हास्य एतद् अत्यायु नाम पदं वेदात्य् एवान्यान्[९] प्रजया पशुभि श्रिया[१०] कीर्त्यायुषा भवति ॥ २५८ ॥

[१] ग शबली [२] ग लोकाम् [३–३] ग त विदु [४–४] ग त्वो तथो [५] ग दक्षिणा [६] ग श्रीयं [७] ग वृतम् [८] क एत [९] ग वान्यान् [१०] क अधिपाठः श्रिया ग श्रीया

अथास्या[१] एतत् पृश्नि शबलं पदं यद् रात्रिः । स यो हास्या एतत् पृश्नि शबलं[२] पदं वेद पृश्निर् एव प्रजया पशुभि श्रिया कीर्त्यायुषा भवति । तद् यथाग्निं[३] दीप्यमानम् उप- वाजिनेनोपवाजयेद् एवम् एवैतद् ब्राह्मण आत्मानं संदयते सत्यं वदन् । स सत्यम् एव वदेत्, सत्यं चरेत्, सत्यं चिकीर्षेत्, सत्यम् एव भवति । उत त्वैनम् अमृतस्य कामो विन्देज्, जीवनकाम्या[४] वा, स्त्रीकाम्या[५] वा, नर्मकाम्या वा, [६]सख्यकाम्या वा[६] । रात्र्यां वा हैनं[७] छायायां वा वदेत् । तथा हैनं तन् न दृणोते[८] । स्वे ह्य् एनद् आयतने वदति पृथ्वी बेकुर इति । हेति हेसिनीं एरिमन्थादित्ये मनस् ते अुवो युवस् ते यज्ञस्याज्यम् असि धीष्णस् त्व् ऋतुस्था मनस्था[९] मनसो [१०]ग्रामस्यामाविशनाभृत् ते[१०] ऽस्मि रन्तिर् असि रमतिर् असीमे स्वर्गस्य ऊर्जस्वती पयस्वती शबल्य् एह्य् अराभुर् अस्मि सिकताः पुरोमि वत्सा[११] बिभर्मि सहस्रमातरं विद्म त्वा पुरुष तल्लक स न इदं ब्रूहि यथेदं भविष्याते ॥ २५९ ॥

[१] ग अथास्य [२] ग बलं [३] ग यथाग्नीं [४] क ग जीवेनकाम्या [५] क स्त्रिकाम्या [६–६] क सखकाम्या वा ग नास्ति [७] ग हैन [८] ? ग दृणाते [९] क मनुस्था [१०–१०] ग -विशनावभृत्ये [११] क वत्सं

अग्ने देवानां होतस्[१] त्वं, देवानां होतास्य्, अहं मनुष्याणां, स न इदं[२] ब्रूहि यथेदं भविष्यति—
न साम समेति, न स्तोत्र्या[३], नो मे लोकास् संक्रामन्ति, वरीयान् यजमानस्य लोको
भवति। यत् साम समेयाद्, यत् स्तोत्र्यो, यद् इमे लोकास् [४]संक्रामेयुर् अंहीयाद्[४] यज-
मानस्य लोक स्यात्। गायत्रं समेति। प्राणो वै गायत्रम्। सर्वत्र ह्य् एव प्राणः समेति[५]।
यज्ञायज्ञीयं समेति। वाग् वै यज्ञायज्ञीयम्। सर्वत्र ह्य् एव वाक् च प्राणश् च समेतः। द्वे
सामनी समेतः — द्विपाद् यजमानः — प्रतिष्ठित्यै[६]। प्रतितिष्ठति य एवं वेद ॥ २६० ॥

[१] ग होतास् [२] ग इदा [३] ग स्तोत्र्यो [४-४] ग संक्रामेयूरंहीयाद् [५] ग समोत
[६] क ग प्रतितिष्ठित्यै

प्रजापतिर् वावेदम् अग्र आसीत्। सो ऽकामयत[१]—बहु स्यां, प्रजायेय, भूमानं
गच्छेयम् इति। सो ऽशोचत्[२]। सो ऽतप्यत। तं शोचन्तं तप्यमानं प्राणा[३] अभ्यवदन्—
वयं[४] वा इमं यज्ञम् अदृश्म[५] तेन त्वा याजयामेति[६]। सो ऽब्रवीत्—तं कथम् अद्राष्ट[७],
कतमम् अद्राष्टेति। ते ऽब्रुवन्—आश्रावयास्तु श्रौषट्। यजये यजामहे। वौषड् इत्य् एतम्
अदृश्मेति[८]। सो ऽवेद्—अदृशन्[९] वा इति। यत् पञ्चासन्, पांक्तो यज्ञः। तेनावेद्—
अदृशन्[९] वा इति। तेषाम्[१०] उ यत् पञ्चानां सतां सप्तदशाक्षराण्य् आसन्—सप्त-
दशः प्रजापतिः—प्राजापत्यो[११] यज्ञः। तेनो एवावेद् अदृशन्[१२] वावेति। सो ऽब्रवीत्—
ते केन होष्यामः, कस्मिन् होष्याम इति। ते ऽब्रुवंस्—तवैव वपाम्[१३] उत्खिद्य तां तवैव
हृदये ऽग्नौ सर्वहुतां होष्याम इति। ते प्रजापतेर् एव वपाम्[१४] उदखिदन्। वाचम् एव तेषां
प्राण [१५]एवाश्रावयद्, अपानः प्रत्याश्रावयत्[१५]। मन एव होतासीत्। प्रजापतिर् एव
चतुर्थो ब्रह्मा दक्षिणत[१६] आस्त[१७]। तां प्रजापतेर् एव हृदये ऽग्नौ सर्वहुताम् अजुहवुः[१८]।
तां यद् अवपंस् तद् वपायै[१९] वपात्वम्। यद् वो एनां तद् अजुहवुस् तद् एनाम् अवपन्।
तस्माद् उ ह वप्तव्यम् एव। [२०]उप्ताद् ध्य् एवेदं[२०] सर्वं जायते। तस्यै[२१] हुताया
अजः—॥ २६१ ॥

[१] ग अकामय [२] क ऽशोत् [३] ग प्राणो [४] ग वं [५] क अदृग्म [६] ग याजा-
यमेति [७] ग अद्रंष्ट [८] क ग अदृग्मेति [९] एवं कोशयोः [१०] ग तषोम् [११]
ग प्रजापत्यो [१२] क अदृशान् [१३] क पाम् ग वाम् [१४] ग वाम् [१५-१५] ग
एवाश्रावंयत् [१६] ग अधिपाठः एव [१७] क आस्तु [१८] ग अजहद्युः [१९] ग वचायै
[२०-२०] क उप्ताध्येदेवं ग उप्ताघ्येदेवं [२१] क ग तस्ये

—श्वेतो[१] लोमशस् तूपरो[२] लप्सुद्य्[३] अन्यतोदंश् चतुष्पाद् अजायत। तस्मिन् सर्वाणि
रूपाणि पर्यपश्यन्। ते ऽब्रुवन्—इमानि वा अस्मिन् सर्वाणि रूपाणि। एतेमम् एवाल-
भामहा[४] इति। ते तम् आलभन्त[५]। तेषां प्राण एवाश्रावयद् अपानः प्रत्याश्रावयत्। मन एव[६]
होतासीत्। प्रजापतिर् एव चतुर्थो ब्रह्मा दक्षिणत आस्त। तं प्रजापतेर् एव हृदये ऽग्नौ
सर्वहुतम् अजुहवुः[७]। तस्माद् धुताद् अग्निर् देवताजायत। तद् ऋचो वेदः। अनु वायुर्
देवताजायत। [८]तद् यजूंषि[८] वेदः। अन्व् आदित्यो देवताजायत। तत् सामानि वेदः।
अन्व् एते च त्रयो देवानां श्रेष्ठा अजायन्तैताश्[९] च तिस्रो विद्याः। शश्वद् धैतावद्[१०] एव
प्रजापतिना सृष्टम्। अथैताभिर् एव देवताभिर् इदम् इतरत् सर्वम्। ते ऽब्रुवन्—येन नः
पिता प्रजापतिर्[११] यज्ञेनेष्ट्वारात्सीत्[१२] तेन यजामहा इति। ते तम् आहरन्त। तेषां वायुर्

एवाश्रावयद्[१३], आदित्यः प्रत्याश्रावयत् । अग्निर् एव होतासीत्[१४] । प्रजापतिर् एव चन्द्रमाश्[१५] चतुर्थो ब्रह्मा दक्षिणत आस्त ॥ २६२ ॥

[१] ग श्वेता [२] क ग त्रपरो [३] क ग लप्सुग्य् [४] ग एवालार्भामहा [५] ग आलभान्त [६] ग एवासीत् [७] ग अजुहापुः [८-८] ग यज्ञंषि [९] ? ग अजायन्त ताश् [१०] ग धेतावद् [११] ग प्रजाति [१२] ग यज्ञेनेष्वारासीत् [१३] ग -श्रावयव् [१४] ग होसीत् [१५] ग चन्द्र-नाश्

त एष चतुर्होतारम्[१] आसत । एते ह वाव[२] चतुर्होतारो यान् इमान् आहुश् चतुर्होतॄन्[३] । तेषां[४] सहस्रतम्याम्[५] आहुत्यां गौर् आजायत । तस्यां सर्वान् भोगान्[६] पर्यपश्यन्, ये[७] के च गवि [८]भोगास् तान्[८] । ते ऽब्रुवन्—इमे वा अस्यां सर्वे भोगाः । एतेमाम् एव प्राणो जनयति ब्रवामेति । ताम् अब्रुवन्—प्राणो जनयति । सा त्रयस्त्रिंशतं च त्रीणि च शतान्य्[९] अग्नये प्राजनयत् । त्रयस्त्रिंशतं[१०] च त्रीणि च शतानि वायवे प्राजनयत् । त्रयस्त्रिंशतं[११] च त्रीणि च शतानि आदित्याय प्राजनयत् । तत् सहस्रम् अभवत् । सैव सहस्रतमी । तां पुनराजत । स यो हैवं विद्वान् गा रक्षते, प्र[१२] हैवास्य सहस्रम् आप्नुवन्ति । तस्माद् उ हैवंविदा रक्षितव्या एव गावः । ते ऽब्रुवन्—अलं वै[१३] तस्मै स्मो यन् नानाशो[१४] विपरेत्य यजमाना[१५] आसीमं ह्य् एत, नानाशो[१६] विपरेत्य यजमाना[१५] आसामहा इति । ते नानाशो विपरेत्य यजमाना[१५] आसत । तेनैव[१७] श्रेयांसो ऽभवन्न् अपापीयांसः । ते ऽब्रुवन्—न वै श्रेयांसो ऽभूम न पापीयांसः । एत, सहस्रेण[१८] यजामहा इति ॥ २६३ ॥

[१] क चतुर्हेतार ग चतुर्हेमातार [२] ग वा [३] क चतुर्होत्रीन् ग चतुर्होत्रं [४] क तोषां [५] क संवत्सर- ग संवत्सेन- [६] क ग भोगा [७] क ग ए [८-८] क भोगांस्तां ग भोगाः स्तां [९] ग शत्यन्य् [१०] क त्रय त्रयस्त्रिशतं ग त्रयस्त्रिशं [११] क ग त्रयस्त्रिशं [१२] क प्रा [१३] ग बै [१४] ग नानाधो [१५] ग यजमान [१६] ग नाराशो [१७] ग तेनेव [१८] ग सहेस्रेण

तत् सार्धं[१] सहस्रं [२]सामाकुर्वन् । तद्[२] एषां सहस्रसंख्यानः । एकस्यै गोर् नोदभवत् । ते ऽब्रुवन्—प्रजापतिम् एवेमां [३]सहस्रतमीं याचामहा इति । ते प्रजापतिम् एव तां सहस्रतमीम् अयाचन्त । स प्रजापतिर् ऐक्षत यद्य् एभ्यः प्रदास्यामि रेक्ष्ये, यद्य्[४] एभ्यो न प्रदास्याम्य्[५] ऊनम् एषां[३] सहस्रं भविष्यति हन्तैनान्[६] सहैवानयाभ्युपयानीति । तान् अब्रवीत्[७]—सहैव वो ऽहम् अनयाभ्युपयानीति । तथेति । तांस् तयैव सहाभ्युपैत् । त एतत् त्रिरात्रं यज्ञम् अपश्यन् । तम् आहरन्त[८] । सो ऽब्रवीत्—समेना३ नेन[९] यज्ञेन यक्ष्यामहा३[१०] असमेना३[११] इति । समेनेत्य्[१२] अब्रुवन् । यत् समेनेत्य्[१३] अब्रुवन् सम एव तद् वर्षम् अकुर्वत, समै[१४] राष्ट्रं संज्ञाम् एव तद् अकुर्वत । अथ यद् अवक्ष्यन्न् असमेनेत्य् असम एव वर्षम् [१५]अभविष्यद् असमै[१५] राष्ट्रम् असंज्ञाभविष्यत् । ते केन समेष्याम इति । यज्ञायज्ञीयेनेति । [१६]तस्माद् यज्ञायज्ञीयेनैव संयन्ति । वाग् वै यज्ञायज्ञीयम् । वाग् इमे लोकाः । वाचैव तद् वाचम्[१७] आरोहन् । ते त्रयस्त्रिंशतं[१८] च त्रीणि[१९] च शतानि प्रथमे ऽहन्न् अददुः[२०] । तेनास्मिन् लोके ऽग्निर् अराध्नोत्[२१] । त्रयस्त्रिंशतं च त्रीणि[१९] च शतानि द्वितीये ऽहन्न् अददुः[२०] । तेनास्मिन्न् अन्तरिक्षलोके वायुर् अरा-

र्ध्नोत्[२१]। त्रयस्त्रिंशतं च त्रीणि[१९] च शतानि तृतीये ऽहन्न् अददुः[२०]। तेनामुष्मिन् लोके [२२]आदित्यो ऽरार्ध्नोत्[२२]। स यो हैवं विद्वान् एतेन यज्ञक्रतुना यजत एतासु चैव [२३]देवतास्व् ऋध्नोत्य्[२३] एतांश् च लोकान् आप्नोति ॥ २६४ ॥

[१] ग सर्धं [२-२] ग समाकुर्वस्तेद् [३-३] ग नास्ति [४] क यद् [५] क प्रदास्याम् [६] ग हन्तेतान् [७] क अब्रतीत् ग अब्रतीतत् [८] ग आहरते [९] ग समैनानेन [१०] ग यक्ष्या-महाद्द [११] क असमैना ग असमैनाद्द [१२] क ग समैनेत्य् [१३] क समैनेत्य् ग सेमैनेत्य् [१४] =समैः [१५-१५] ग अभविष्यतसमै [१६] ग अधिपाठः तस्मायज्ञायज्ञीयेनेति [१७] क ग वाचव [१८] ग त्रयस्त्रिंशं [१९] ग त्राणि [२०] ग अद्दुः [२१] एवं कोशयोः [२२-२२] ग आदित्योररावृध्नोत् [२३-२३] क देवतास्वृद्ध्नोत्य्

सा[१] या सहस्रतम्य् आस विद्युद्[२] धैव सा भूत्वा प्रजापतिं विवेश। तद् एषाभ्यनूच्यते—

अयं स शिंक्ते[३] येन [४]गौर् अभीवृता[४] मिमाति मायुं[५] ध्वसनाव् अधि श्रिता।
सा चित्तिभिर् नि हि चकार मर्त्यं विद्युद् भवन्ती प्रति वव्रिम् औहत ॥

इति। इमां हैव गां रूपं प्रत्युह्य विद्युद् एव भूत्वा पुनः प्रजापतिं प्रविवेश। सैषा विद्युत् सा यद् एतत् स्तनयति '[६]ददददददेति। ददानि ददानीति हैव[६] तत् प्रजाभ्यो वृष्टिम् अन्नाद्यं प्रयच्छति। प्रास्मा एषा देवता वृष्टिम् अन्नाद्यं यच्छति य एवं वेद ॥ २६५ ॥

[१] ग थ्या [२] ग पिद्युद् [३] क शिंक्त [४-४] ग गौमीप्रवा [५] ग मायु [६-६] ग दद्ददेति द्दानि द्दानीति द्दवै

अथैषो ऽश्वमेधः। प्रजननकामो हैतेन यजेत। प्रजापतिर् वा अकामयत—बहुः प्रजया पशुभिः प्रजायेय, वीमान् लोकान् आप्नुयाम्, अवेन्द्रियं वीर्यं [१]रुन्धीयेति। स एतं यज्ञम् अपश्यत्। तम् आहरत्। तेनायजत। ततो वै स बहुः प्रजया पशुभिः[२] प्रजायत, वीमान् लोकान् आप्नोद्, अवेन्द्रियं[१] वीर्यम् अरुन्ध[३]। स यः कामयेत बहुः प्रजया[४] पशुभिः प्रजायेय, वीमान् लोकान् आप्नुयाम्, अवेन्द्रियं वीर्यं रुन्धीयेति स एतेन यजेत। बहुर् एव प्रजया[५] पशुभिः प्रजायते, '[६]वीमान् लोकान् आप्नोत्य्, अवेन्द्रियं[६] वीर्यं रुन्धे। स वा एष वीर्यम् एव यज्ञः। यर्हि वा एतेन पुरेजिरे, सर्वम् एव वीर्यवद् आस—ऋषिर् ह[७] स्म मन्त्रकृद् ब्राह्मण आजायते, [८]ऽतिव्याधी राजन्यश् शूरः[८], पोषयिष्णुर् वैश्यो रयिमान्[९], उत्थाता शूद्रो दक्षः कर्मकर्ता, कल्याण्य[१०] स्त्रियः पतिव्रताः[११]। अकृष्ट-पच्यं[१२] [१३]ह स्म[१३] धान्यं पच्यते। अपि ह स्मैको व्रीहिपात्रः पक्तः कुलायालं[१४] भवति। तथा पयस्वद् ध[१५] तर्हि सर्वम् एवास[१६]। अपि ह स्मारण्ये वीर्याण्य् उपाजायन्ते[१७]—अघलास् सिंहा, अघलाश् शार्दूला, अघला ऋक्षा[१८] ऋक्षीका[१९], अघला अहयो ऽजगराः[२०]। पुरुषव्याघ्रा ह स्मारण्येष्व् आददानास्[२१] तिष्ठन्ति। अपि ह स्मैकः[२२] शिंशुमारो बहूनि तीर्थानि गोपायति[२३]। वीर्येण ह वाव[२४] ते तत् तथासुः ॥ २६६ ॥

[१-१] ग नास्ति [२] क बहुभिः [३] क ग अवरुन्ध [४] क ग प्रजाया [५] ग प्रजयाः [६-६] ग विमां लोकामाप्नोत्येवन्द्रिया [७] ग द्दा [८-८] क व्यधी राजन्यः शूरः ग व्याधि राजन्याः शूराः घ व्यधि राजन्याः शूरः [९] ग रयिमाण घ रयिमान [१०] ग कल्याण [११] क प्रतिपदा घ पतिपदा [१२] घ कृष्टपशव्यं [१३-१३] क द्दा स्म ग द्दा स्मा [१४] क घ कुलालं [१५] ग धा [१६] ग एवेष [१७] ग उपजायन्ते [१८] घ वृक्षा [१९] घ रिषीका [२०] ग अजगाराह घ अजगराह [२१] ग आददानस् [२२] ग स्मैकाः [२३] ग गोपयति [२४] ग वा

तस्य वा एतस्य[1] ललाटाद् एव सिंहो ऽजायतोरसो[2] ऽधि शार्दूल, उदराद् द्वीपी, अक्षिभ्याम् अपाष्ठिहौ[3], कर्णाभ्याम् अश्वकर्णौ, केसरेभ्य ऋक्षा ऋक्षीका[4], लोमभ्यो दूर्वा, [5]अनूकाच् छिंशुमारो[5], वालेभ्यो ऽश्ववालाः, सक्थिभ्यां[6] क्रौञ्चाव्, आण्डाभ्यां[7] वराहौ[8], वक्त्राभ्यां[9] चक्रवाकौ, वनिष्ठोर् उद्रो, गुदाभ्यो ऽह्यो ऽजगराः[10], कुष्ठिकाभ्यो वर्तकाः, शफेभ्यः[11] शल्यकाः[12], शकृत्पिण्डेभ्यः कूश्मा[13], ऊवध्याद्[14] उर्वारु तंतिसन्तदूलः[15] श्यामाको लोहितकम्[16] इत्य् एतत् क्षुद्रम् अन्नाद्यम् उपजज्ञे ॥ २६७ ॥

[१] ग एतास्य [२] ग अजातो- [३] ग अपास्तुतिहौ [४] क ग ऋक्षिका [५-५] क अनूकाः शिंशुमारो [६] ग शक्तिभ्यां [७] ग आन्दभ्यां [८] क घ वाराहौ [९] क वक्त्रभ्यां ग चक्राभ्यां [१०] ग अजागराः [११] क ग शाफेभ्यः [१२] ग शाल्यका [१३] क कुंश्मा [१४] क ऊवंध्याद् घ ऊर्वेण्ड्याद् [१५] क तंतिसन्तर्दूलः ग न्ततिसन्तदूलः [१६] ग लोहीतकम्

तद् आहुर् यःकथं स[1] आलभ्य इति । य एव दूरे श्रुतस् स आलभ्य इत्य् आहुः । वीर्येण वै स श्रुतः । वीर्यम् एष यज्ञ इति । अथो आहुर् य एव युग्योर् वहीयान् स आलभ्य इति । वीर्येण ह वै स तयोर् वहीयान् । वीर्यम् एष यज्ञ इति । तस्मिन् ह शौनकश् च कापेयो[2] ऽभिप्रतारणश्[3] च समूदाते— यःकथंरूपस्[4] स आलभ्य इति । तौ ह कृष्ण-पिशंगे संपादयांचक्रतुः । यस्य श्वेतस्य सतः कृष्णम् अस्ति, कृष्णस्य वा सत श्वेतं, स एव सः प्रजापतिन्यंगः[5] । [6]प्रजापतेर् अक्ष्य् अश्वयत्[6] । तत् परापतत्[7] । तद् अपः प्राविशत् । ततो ऽश्वस् समभवत्[8] । यद् अश्वयत्[9] तस्माद् अश्वः । यच् छ्वेथो[स्] समभवत् तस्मात् पूतिर्, यद् अपः प्राविशत्[10] तस्माच् छ्वेतनः । श्वेतस्य वा वै सतो ऽक्ष्णः कृष्णम् अस्ति, कृष्णस्य वा सत श्वेतम्[11] । स एव स[12] प्रजापतिन्यंगः । तम् एतद् आलभन्ते ॥ २६८ ॥

[१] क नास्ति [२] क ग कावेयो [३] क अभिप्रतारिणश् [४] एवं कोशयोः [५] ग प्रजा-पतिन्यगः [६-६] क ग प्रजायतेरक्ष्यश्वयत् [७] क ग परावतत् [८] क समाभवत् [९] क ग अश्वयत् [१०] क ग प्राविशस् [११] ग श्वेत [१२] ग सं

तेन हैतेन मौण्डिभ उदन्युर् ईज उदन्यूनां राजा । तद् ध यवक्रीः[1] सौमस्तम्बिर्[2] आस्तावं प्रति निषसाद । तस्य हायं पूषा रयिर् भग इत्य् एताः प्रतिपदश् चक्रुः । स होवाच —छंवट्[3] मासा मौण्डिभाप [4]प्राणान् अरात्सीर्[4] इति । एष ह तर्ह्य् अनुव्याहार आस । अथ ह मौण्डिभ उदन्युस् त्रय्यै[5] विद्यायै कस्सवित आस । स होवाच—संवृहत मे सदोहविर्धाने, मृदा मे ग्रहान्[6] संदिह्य[7] निधत्त । यर्ह्य् अयं ब्राह्मणो ऽनुव्याहारी मर्ता, तर्हि यष्टास[8] इति । तस्य ह मृदा ग्रहान् संदिह्य निदधुः । अथ ह यवक्रीः सौमस्तंबिस्[9] तेजस्वी ब्रह्मवर्चस्य् आस । स ह स्म [10]याम् अच्छाब्रूते[10] या ह स्मैनं कामयते, म्रियते ह स्म । यो ह स्मैनं न कामयते, म्रियत उ एव । स ह यज्ञवचसो[11] राजस्तंबायनस्य जायाम् अच्छोचे । [12]सा हेक्षांचक्रे[12]—यदि वा एनं[13] कामयिष्ये यदि च न, मरिष्यत्य् एव स्या । हन्तैनं कामयै[14] । ब्राह्मणस्य चित्[15] स्या प्रियं कृत्वा म्रियताद्[16] इति । तं होवाचादस् तिष्ठ । अथ त्वाभ्येष्याम इति ॥ २६९ ॥

[१] क यववक्रीः [२] क घ सौमरस्तंविर् [३] ? क च्छवण् [४-४] ग प्राणां रास्तीर् [५] ग त्रहै [६] क गृहान् [७] क सन्दिह्य [८] क यष्टारस [९] क सौमरस्तंविस् ग सौमरस्तविस् घ सौमरस्तदिस् [१०-१०] ग यामाच्छाम्रुते [११] ग यज्ञावचसो [१२-१२] क घ स हेक्षांचक्रे ग सा ह्येक्षांचक्रे [१३] ग एवं [१४] क घ कामये [१५] क घ चेत् [१६] घ क्रियताद्

तां हालंकुर्वाणां[१] रुदतीं पतिर् आजगाम। तां [२]होवाच—किम् अलंकुरुषे किं रोदिषीति[३]। सा[४] होवाच—मरिष्यसि हीत्य् आत्मानम् एवैतत् कृपये। [५]यवक्रीर् चेत्याम्[५] अच्छावोचतेति। स[६] होवाचाऽयम् अत आहरतेति। तद् ध पवित्राभ्याम् उत्पूय जुहवांचकार—

या नो अद्य त्वाद्याति भारद्वाजस्य संस्कृता
प्रेणीम् अग्निप्रियाम् अग्ने तां मह्यम् आ वह ॥ [६]स्वाहा।

इति[६]। तस्यै ह तद्रूपाम्[७] एवाप्सरसम् उत्थापयांचकार। तां[८] होवाचासौ [९]यवक्रीस्, तद् इहीति। द्वितीयं ह जुहवांचकार—

गन्धर्वम् उग्रं बलिनम् अश्मघातिनम् अंसलम्
भारद्वाजस्य हन्तारं विश्वज्योतिषम् आ वह ॥ स्वाहा[९]।

इति। तस्यै[१०] हायःकूटहस्तं गन्धर्वम् ईर्ष्युम्[११] उत्थापयांचकार। तं होवाचासौ[९] ते जाया यवक्रीयम् अभ्यगात्[१२]। तद् इहीति। तस्यै हायत्या उपतस्तार। सा ह सिष्मिये। स[१३] होवाच—नाह किल ते स्त्रिके स्मेतव्यम्[१४]। अथ स्मयस इति। कथा हेति। [१५]मरिष्यसि हीति[१५]। सा ह पादं प्रगृह्युत्य् उवाच—न खलु त्वं पुरुषेत्थंपदीं स्त्रियं पेचिष इति। लोमशौ हास्या अधस्तात् पादाव् आसतुः। संनिपन्नौ वा हासंनिपन्नौ[१६] वासतुः। अथ[१७] हेदम् एवायःकूटहस्तो[१८] गन्धर्वो ऽभिविचक्रमे। स होवाच—नमस् ते ऽस्तु। कास्य प्रायश्चित्तिर्[१९] इति ॥ २७० ॥

[१] क हालकुर्वाणां [२-२] ग नास्ति [३] क रेदिषीति [४] क स [५-५] ? एवं कोशे [६-६] ग घ स्वहेति [७] ग तद्रूपम् [८] घ तं [९-९] ग नास्ति [१०] क तस्यो [११] क इर्ष्युम् [१२] ग अभ्यागात् [१३] क घ सा [१४] क स्मैतव्यम् [१५-१५] ग मरिष्यसीति [१६] क घ हासन्निपन्ना- [१७] क ग अत [१८] ग -कुटहस्तो [१९] ग प्रायच्छित्तिर्

अस्ति वा न वेति होवाच। यद् एव ते[१] किं च पितु स्वं, तस्य सर्वस्य पुरा सूर्यस्योदेतोश्[२] [३]शिरश् छिन्द्धि[३]। सा वैव सा वा नेति[४]। स ह तथा छेत्तुम्[५] उपचक्रमे। ते होचुर्—अहपद् यवक्रीर्, विबध्नामेति। नेति ह पितोवाच। देवेषितो वै मे पुत्रः करोति। एष एव तद् वेद यद् अत्र श्रेय इति। तद् ध बधिरो[६] ग्रामे तक्षा प्रतिषिध्यमानं न शुश्राव। तस्य ह घ्नन् परेयाय[७]। स ह—को नु नो जनस् तृणेढीति। स एवास्य प्रजघानेत्य् एके। घ्नन्तम् एवैनं सूर्यो ऽभ्युदियाय[८]। तस्योदिते[९] स एव गन्धर्वः प्रजघानेत्य् एके। यथा ह तु ममार तथास। शश्वद् धास्य स एव गन्धर्वः प्रजघान[१०] ॥ २७१ ॥

[१] क घ के [२] क सूर्यस्योदयतोः [३-३] ग घ शिरच्छिन्द्धिः [४] क घ नयति [५] ग छत्तुम् [६] क बधुरो [७] क घ पर्येयाय [८] ग अभ्युदयाय [९] ग तस्यादिते [१०] ग प्रजघाम

तद् उ ह मौण्डिभो ऽनुबुध्योवाच—संमिनुत[१] मे सदोहविर्धाने, याजयत मा ब्राह्मणाः। अमृत ह वै स ब्राह्मणो[२] ऽनुव्याहारीति[३]। तस्य ह तथा[४] चक्रुः। तद् उ ह

सौमस्तंबिर् अनुबुध्याजगाम । स ह तथैवास्तावं प्रतिनिषसाद । तस्य हायं पूषा रयिर् भग इत्य् एता एव प्रतिपदश्[५] चक्रुः । स होवाच—न वै किलायं राजन्यबन्धुर् इमं यज्ञक्रतुं विदांचकार । न वै[६] किल मे ऽनेनोक्तेन[७] पुत्रम् अवधीत् । एतावद् वाव किल त्यस्य पुत्रस्यायुर्[८] अभूद् इति । तं ह तच् छशाप—मरिष्यत्य्[९] अहायं राजन्यबन्धुः, परो[१०] इमे मौण्डिभा[११] भविष्यन्तीति । त एते पराभूता गोतमा[१२] ब्रुवाणाश्[१३] चरन्ति । तस्य वा एतस्य तरत् स मन्दी धावतीत्य्[१४] एव प्रतिपदो भवन्ति तरद्वतीः । तस्माद्[१५] अश्वो[१६] ऽध्वानं तरिष्णुः । धावद्वतीर्[१७] भवन्ति । तस्माद् अश्वो ऽध्वानं धावन् समश्नुते । समय्य् एकं पदं भवति । तस्माद् अश्व एकैकं पादम् उदंकन्[१८] तिष्ठति ॥ २७२ ॥

[१] क संविनुत [२] एवं कोशयोः [३] क नुग्याहारीदिति घ नुव्याहानीदिति [४] ग तदा [५] क घ प्रतिपदं [६] ग नास्ति [७] ? क नोक्तेन [८] ग पुत्रस्युयुर् [९] ग षरिष्यत्य् [१०] ? क पुरो [११] ग मण्डिभा [१२] क गौतमा [१३] ग ब्रुवाणश् [१४] ग यारतीत्य् [१५] ग स्माद् [१६] ग अश्वा [१७] ग धावद्वती [१८] ग उदकन्

तस्य चतसृषु बहिष्पवमानं भवति । चतुष्पादा वा अश्वा सन्तश् चतुश्शफाः । ते ये चतुष्पादाः पशवश् चतुश्शफास् तान् एवैतेनावरुन्द्धे[१] । अष्टास्व्-अष्टास्व् आज्यानि[२] । अष्टाशफा वै पशवः । ते ऽष्टाशफाः पशवस् तान् एवैतेनावरुन्द्धे । द्वादशो[३] माध्यंदिनः । द्वादशाक्षरा वै[४] जगती । पशवो जगती । यत् क्षुद्रं पशूनां तज् जागतम् । तद् एवैतेनावरुन्द्धे[५] । सविंश आर्भवः पवमानः । द्वे वा एते दशदशिन्यौ विराजौ यद् विंशतिः । विंशतिप्रतिष्ठाना वै पशवो वैराजाः । ते ये विंशतिप्रतिष्ठानाः पशवो वैराजास् तान् एवैतेनावरुन्द्धे । चतुर्विंशम् अग्निष्टोमसाम । चतुष्पादा वै पशवो वैराजाः । ते ये चतुष्पादाः पशवो वैराजास् तान्[६] एवैतेनावरुन्द्धे । अथो चतुर्विंशत्यर्धमासस् संवत्सरः । संवत्सरेणैवैनत्[७]— ॥ २७३ ॥

[१] ग ऐवैतेना- [२] ग आजात्य् [३] ग द्वादशे [४] ग वा [५] ग अधिपाठः द्वादशो माध्यन्दिनो द्वादशाक्षरा वै जगती पशवो जगती यत् क्षुद्रं पशूनान्तज्जागतन्तदेवैतेनावरुन्द्धे [६] ग तेन् [७] ग संवत्सरणैवेनत्

—तत् परिगृह्यैतस्मिन् द्वितीये ऽहन्न् आलभन्ते । तद् एतद् एकविंशं द्वितीयम् अहर् भवत्य् एकस्तोमम् । द्वादश मासाः, पञ्चर्तवस्, त्रय इमे लोका, असाव् आदित्य एकविंशः । यथा ह वै दृढा मेधी निहतैवम् एकविंश स्तोमानाम् । तस्मिन्न् एतान् पशून् आलभन्ते—हस्तिनं परमं पुषिम् अवमम् । तान् पर्यग्निकृत्वैकान्[१] लभन्त, [२]उद् एकान्[२] सृजन्ते । ब्रह्म वा अग्निः । ब्रह्मणैवैनांस्[३] तत् पर्यग्निकृत्वैकान्[४] लभन्त, [२]उद् एकान्[२] सृजन्ते । [५]तस्य महानाम्न्यः[६] पृष्ठं भवन्ति[७] । नो[८] ह्य् एतान् अन्यन्[९] महानाम्नीभ्यः पृष्ठं पशून् उद्यन्तुम् अर्हति । तास् सप्तपदा भवन्ति—सप्त वै ग्राम्याः पशवो—ग्राम्याणाम् एव पशूनाम् अवरुद्ध्यै[१०] । अति सप्तमं पदं भवत्य् आरण्यानाम्[११] एव पशूनाम् अवरुद्ध्यै । तस्य पार्थुरश्मं[१२] ब्रह्मसाम भवत्य् अथकारेण समृद्धम् । अथग् अथग् इतीव[१३] ह्य् अश्वो धावति । अथो पृथुर् वाव रश्मिर् अश्वं यन्तुम् अर्हति । तद् उ पांक्तं भवति । पांक्तं हि महानाम्नीनां ब्रह्मसाम । तस्यैकविंशतिर् यूपा भवन्त्य्[१४] एकविंशत्यरत्नयः[१५] । नो ह्य् एतान् अनेकविंशतिर् यूपाः पशून् उद्यन्तुम् अर्हन्ति । षड् बैल्वा द्वादश खादिराः

पौतुद्रवाव् अभितो—ऽग्नेर् वा एतच् छरीरं यत् पूतुद्रु[16]—राज्जुदाल[17] एकविंशतिः । सो ऽग्निष्ठः[18] । प्रजापतिर् वा एष वृक्षाणां[19] यद् राज्जुदालः[20] । तस्य यानि फलानि शिश्नान्य् एव तानि । अथ य श्लेष्मा[21] रेत एव तत् । प्रजापतिर् वै पिता, आदित्यः पुत्रः । सर्वस्तोमो ऽतिरात्रो भवति, सर्वेषां लोकानाम् अभिजित्या अभिक्रान्त्यै[22] । सर्वे हीदं स्तोमा एव । अथो यान् इमान् नानैकैकान् स्तोमान् उपागाम[23] तान् सार्धम् ऋद्ध्वा तेषु प्रतिष्ठायोदृचम् अश्नवामहा इति ॥ २७४ ॥

[१] पर्यग्निकृत्वा + श्रा + एकान् [२–२] क उदैकान् [३] ग वैनास् [४] क ग पर्य्यग्निकृत्वों [५] ग अधिपाठः ब्रह्म वा अग्निर्बह्मणैवनांस्तत् पर्य्यग्निकृत्वो लभन्त उदकान् सृजन्ते ब्रह्म वा अग्नि ब्रह्मणैवैनांस्तत् पर्यग्निकृत्वों लभन्त उदेकान् सृजन्ते [६] ग महानाम्नयः [७] ग भवति [८] ग ना [९] ग अद्यत् [१०] ग अवरुन्ध्या [११] ग अरण्यानाम् [१२] क पार्त्थरश्मं ग पत्थुरग्नं [१३] क ग ईतीवं [१४] ग भवत्य् [१५] ग एकविंशत्यरत्तयः [१६] क ग पतुद्रू [१७] ग राज्युदाल [१८] ग अनिष्ठः [१९] ग ब्क्षाणां [२०] ग रज्युदाल [२१] ग श्वेष्म [२२] ग अभिक्रामन्त्ये [२३] ग अपागाम

अथैष गोविनतश्[1] छन्दोमपवमानः । पशुकामो हैतेन यजेत । तस्योभये स्तोमा भवन्त्य् [2]अयुजश् च युग्मन्तश् च[2] । तद् ये ह वा अयुज स्तोमास् तान् ग्राम्याः पशवो ऽन्व्, अथ ये युग्मन्तस् तान् आरण्याः । पशवो वै छन्दोमाः । स यो हैवं [3]विद्वाञ् छन्दोमपवमानेन[3] यजेत[4] उभयान् एव पशून् अवरुन्द्धे ये च ग्राम्या ये चारण्याः । अथैतद् एकविंशपृष्ठं द्वितीयम् अहर् भवति[5] । यैवासाव् एकविंशस्य प्रशंसा न उपाप्तासद् इति । तद् एवैतस्य ब्राह्मणम् । तस्मिन्न् एतम् [6]अश्वं मेध्यम्[6] आलभन्ते । यद् व् एवैतद् एकविंशपृष्ठं तस्माद् गोविनतः । त्रयस्त्रिंशं पुनरभ्यावर्ति[7] तृतीयस्याह्नो भवति । त्रयस्त्रिंशद् वै देवतास्, त्रयस्त्रिंशद् देवलोकाः । तान् एवैतद् अन्तत आप्त्वाभ्यारोहन्ति[8] । अथ यस्यैतस्य पञ्चदशो[9] ऽग्निष्टोमः, पञ्चदश उक्थ्यः, पञ्चदशो ऽतिरात्र इति । क्षत्रकामो हैतेन यजेत । क्षत्रम् अश्वः, क्षत्रं पञ्चदशः, क्षत्रं[10] यज्ञः । एष तत् तत्सलक्ष्म क्रियते । तेन हैतेनर्षभो याज्ञतुर[11] ईजे श्वैत्नो[12] राजैकराट्कामः । स हेष्ट्वैवैकराड्[13] आस श्वित्नानाम्[14] । स य[15] श्रीकाम स्यात् स एतेन[16] यजेत । क्षत्रं श्रीः । क्षत्रयज्ञ[17] एषः । अश्नुते श्रियम् ॥ २७५ ॥

[१] ग गोविनत [२–२] ग एयुजश्च युमन्तश्च [३–३] ग विद्वांश्छ- [४] ग यजत [५] ग भवन्ति [६–६] क ग अश्वमेध्यं [७] क पुरेभ्यावर्ति [८] ग -रोहति [९] ग पञ्चदशा [१०] ग क्षत्र [११] क यशातुर [१२] ग श्वैत्तो [१३] क हैष्टैवैक- ग हयैष्टैक (व) [१४] ग श्वित्तानाम् [१५] ग यं [१६] ग एते [१७] ग त्रयज्ञ

अथ यस्यैतस्य [1]त्रिवृद् अहः[1] पञ्चदशी[2] रात्रिस्, [1]त्रिवृद् अहः[1] [3]पञ्चदशी रात्रिस्, त्रिवृद् अहः[3] पञ्चदशी[2] रात्रि, स्वर्गकामो हैतेन यजेत । दत्तवश्[4] च ह सौतेमनसो[5] मित्रविच् च दंष्ट्रद्युम्नस्[6], तौ ह प्रतिदर्शस्य वैभावतस्य श्वैत्नस्य[7] राज्ञो ब्रह्मचारिणाव् आसतुः । तयोर् ह मित्रविद् दंष्ट्रद्युम्न आचार्यकर्म[8] चकार । गा[9] ह स्म रक्षति । अथ हेतरो[10] ऽध्यायम् एव चचार[11] । तौ ह स्म सायं समागत्यान्योन्यम् आहतुर्—आहर सोम्यानूके हस्तं निधास्याव[12]; आहर सोम्य सुचरिते[13] हस्तं निधा-

स्याव इति । अथ ह[१४] दत्वं सौतेमनसम् आचार्यो ऽनुशशास[१५] । तौ ह सायं समागत्यान्योन्यम् आहतुर्—आहर सोम्यानूक्ते हस्तं[१६] निधास्याव; आहर सोम्य सुचरिते हस्तं[१६] निधास्याव इति । नेति होवाच । अति वा अहं [१७]त्वद् अमुख्य[१७], आचार्यप्रशिष्टो[१८] वा अहम् अस्मीति । स ह तां रात्रिम् अप्रियविद्ध उवास । श्वो ह [१९]भूते गा अन्वियाय[१९] । तं ह गौर् ईक्षित्वैव[२०] विजज्ञाव्[२१]—अप्रियं वा अस्येति ॥ २७६ ॥

[१-१] ग त्रिवृद: [२] ग पञ्चदशि [३-३] ग नास्ति [४] ग तत्त्वश् [५] क सतैमनसो घ हसतैमनसो [६] ग दंष्ट्रद्युनस् [७] घ इवैरस्नस्य [८] घ आवार्यकर्मै [९] ग या [१०] क घ हैतरो [११] ग चकार
[१२] ग निधास्यव [१३] क सुचरितै [१४] ग नास्ति [१५] ग नुशाशास [१६] घ हस्तिन् [१७-१७] ग त्वमुख्य [१८] क घ -प्रतिशिष्टो [१९-१९] ग ब्रूते या अन्याय [२०] ग इक्षित्वैव [२१] ग विजज्ञाव

सा होवाच—वेद वै यत् ते ऽप्रियम् । मा ते ऽप्रियं भूत्[१] । एह्य् अहं तुभ्यं देवयानं पन्थानं वक्ष्यामीति[२] । तथेति । तं हास्मा उवाच । तौ ह सायं समाजग्मतुः । स होवाच—दत्वेहीदम्[३], आचार्यप्रशिष्टो ब्रूषे[४] । पश्यसि त्वं देवयानं पन्थानम् इति । नेति[५] होवाच । अथ वा अहं पश्यामीति[६] । तं वै मे ब्रूहीति । तथेति । तं हास्मा[७] उवाच । तस्माद् उ ह राजन्यबन्धुर् एव ब्राह्मणात् सुहृदयतरः[८] । स ह दत्वः सौतेमनस उवाच—पश्यसि वै त्वं देवयानं पन्थानम्, एहि स्वर्गं लोकम् अयावेति[९] ॥ २७७ ॥

[१] ग ब्रूद् [२] क वीक्ष्यामीति [३] क दत्वेदिदम् ग दत्तेहीम् घ दत्त्वेहीम् [४] ग दूवे [५] ग न्येति [६] क घ पश्यानीति [७] क व हस्मा [८] क घ सुहृदेतरः [९] क घ इयावेति

नेति[१] होवाच । दानेन वा वै श्रमेण वैतं प्रजानन्न् एति । हन्त नु ददाव वा श्राम्याव वेति । स ह मित्रविद् दंष्ट्रद्युम्नो गोमायुभ्र्याम् एव संवत्सरम् इयाय[२] । स होपरिष्टाद् एव संवत्सरस्य स्वर्गं लोकम् इयाय । अथ ह दत्वस् सौतेमनस एतेनैव त्रिरात्रेणेष्ट्वा स्वर्गं लोकम् इयाय । तेन[३] हैतेनेष्ट्वैव स्वर्गं[४] लोकम् एति[५] । एतेनो एव [६]हिरण्यदन् वैद[६] ईजे द्वन्द्वकामः । यद् इदम् गो[७]अश्वं हस्तिहिरण्यम् अजाविकं व्रीहियवास् तिलमाषा इति, तद् धास्य बहु आस । स यो हैवं विद्वान् एतेन द्वन्द्वकामो यजते, बहु हैवास्यैतद्[८] भवति ॥ २७८ ॥

[१] ग मेति [२] ग याय [३] ग यतेन [४] ग स्वर्ग [५] क ग अति [६-६] क हिरण्यन् वैद [७] ग अथा [८] ग हास्यैतद्

अथैषो ऽन्तर्वसुः । खण्डिकश् च हौद्भारिः केशी च[१] दार्भ्यः पाञ्चालेषु[१] पस्पृधाते । स ह खण्डिकः[३] केशिनम् अभिबभूव । स ह केशी खण्डिकेन निबाढ[४] उच्चैःश्रवसं कौवयेयं जगाम कौरव्यं राजानं मातुर् भ्रातरम् । तं होवाच—यज्ञं मे विधेहीति । तथेति होवाच । कथं ते विधास्यामि । यथास्मिन् लोक ऋध्नोती३, यथा हो अमुष्मी३न्[५] इति । यथास्मिन्न् इति होवाच । स होवाचोत नु स यज्ञं पृच्छति यो यज्ञस्सहयं न वेदेति । कथा हेति । अमुष्मै[६] ह्य् एव लोकाय यज्ञो[७] नास्मा इति । नेति होवाच । खण्डिको वै

त्यम् औद्धारिर्[८] अभ्यभूत्। स यथा तम् [९]अभिभवाम्य् एवं मे[९] विधेहीति। तस्मा एतम् अन्तर्वसुं विदधौ[१०]। सर्वस्तोमो ऽग्निष्टोमः। इत-ऊर्ध्वं-छन्दोमविधं मध्यमम् अहश्—चतुर्विंशं प्रातस्सवनं, चतुश्चत्वारिंशं माध्यंदिनं सवनम्, अष्टाचत्वारिंशं[११] तृतीयसवनम्। सर्वस्तोमो ऽतिरात्रः परस्तात् प्रत्यङ्। ब्रह्म वै चतुर्विंशः, क्षत्रं चतुश्चत्वारिंशो, [१२]विड् अष्टाचत्वारिंशः[१२]। संवत्सरो वै सर्वस्तोमः[१३]। [१४]तम् एताभ्याम्[१४] एव सर्वस्तोमाभ्याम् एतां त्रयीं[१५] विशं[१६] परिगृह्यात्मन् दधे। तस्यै ह श्रियं जगाम ॥ २७९ ॥

[१] घ व [२] ग पञ्चालेषु [३] ग खाण्डिक [४] ग निबाध [५] ग अमुष्मिन्न् [६] क घ अमुष्मि [७] क यशे [८] घ एतद्दारिर् [९-९] एवं कोशयोः [१०] क घ व्यदधौ [११] क घ अष्ट. [१२-१२] घ विद्धष्टा. [१३] क सर्व· स्तामे स्तोम घ सर्वस्तोम स्तोम [१४-१४] क ताभ्याम् ग एताभ्याम् [१५] ग तृतीयं [१६] एवं कोशयोः

ततो वै स खण्डिकं निरसारयांचकार। ततो वै केशी दार्भ्यो ऽभवत्, परा खण्डिकः। भवत्य् आत्मना, परास्य द्विषन् भ्रातृव्यो भवति, य एवं वेद। स य श्रीकाम स्यात्, स एतेन यजेत। एताभ्याम् एव सर्वस्तोमाभ्याम् एतां त्रयीं विशं परिगृह्यात्मन् धत्ते। तस्यै ह श्रियं गच्छति ॥

अथैष पराकः। स्वर्गकामो हैतेन यजेत। तस्य पराञ्च्य् एव स्तोत्राणि भवन्ति, पराञ्चि शस्त्राणि[१], पराञ्चि पृष्ठानि, पराचीर्[२] विष्टुतयः, पराङ्[३] एव सर्वो भवति। तेन हैतेनोच्चैःश्रवाः[४] कौवेयाय[५] ईजे[६] स्थविरो राजा कौरव्यः। स हेष्टैव स्वर्गं लोकम् इयाय। तेन हैतेनेष्टैव स्वर्गं लोकम् एति। अथ यस्यैतस्य ज्योतिर् अग्निष्टोमो ज्योतिर् उक्थ्यो [७]ज्योतिर् अतिरात्र[७] इति ब्रह्मवर्चसकामो हैतेन यजेत। ज्योतिर्[८] इव ह वै स भाति[९] यो ब्रह्मवर्चसम् ऋध्नोति। ऋध्नोति हैनेन[१०] ब्रह्मवर्चसं, ब्रह्मवर्चसी[११] [१२]भवति। अथ[१२] यस्यैतस्य सप्तदशो ऽग्निष्टोमस्, सप्तदश उक्थ्यस्, सप्तदशो ऽतिरात्र इति प्रजापतेर् अश्वमेधः। प्रजननकामो हैतेन यजेत। अथ यस्यैतस्यैकविंशो[१३] ऽग्निष्टोम, एकविंश उक्थ्य[१४], एकविंशो ऽतिरात्र इत्य् आदित्यस्याश्वमेधः। स्वर्गकामो हैतेन यजेत ॥ २८० ॥

[१] ग शास्त्रणि [२] क ग पराञ्चीर् [३] ग पराभ् [४] क हैतोनो· ग हतोनो- [५] क ग कौवयेय [६] क मुंजे [७-७] ग ज्योतिरात्र [८] ग ज्यातिर् [९] ग हाति [१०] ग अधिपाठः ब्रह्मवर्चसा [११] ग नास्ति [१२-१२] ग भवथ [१३] ग यस्यैकविंशो [१४] ग उक्थ्या

अथैते चतूरात्राः[१]। अत्रिर् वा अकामयत—चत्वारो मे वीरा आजायेरन्न् इति। स[२] एतं चतूरात्रं[३] यज्ञम् अपश्यत्। तम् आहरत्[४]। तेनायजत। ततो वै तस्य चत्वारो वीरा आजायन्त। अस्य चत्वारो वीरा आजायन्ते[५] य एवं वेद। अत्रिर्ऋषयो[६] वा अकामयन्त—चत्वारश् चत्वारो नो वीरा आजायेरन्न् इति। त एतं चतूरात्रं[३] यज्ञम् अपश्यन्। तम् आहरन्। तेनायजन्त। ततो वै तेषां चत्वारश् चत्वारो वीरा[७] आजायन्त। अस्य चत्वारश् चत्वारो वीरा आजायन्ते य एवं वेद। आ चतुरं ह खलु वै मिथुनं प्रजननं मिथुनं पराचीनम्। एकश् च वा एका च, द्वौ च द्वे च, त्रयश् च तिस्रश् च, चत्वारश् च चतस्रश् च, एतद् वा आ चतुरं मिथुनं प्रजननम्। न ह वै पञ्च च[८] [९]पञ्च चेति[९] नाम सन्ति। तद् यन् मिथुनं प्रजननं तन् मा प्रजनयाद् इति। तस्य चतुर्विंशाः पवमाना

भवन्ति—चतुर्विंशत्यर्धमासस् संवत्सरः । संवत्सरः प्रजननं—स मा प्रजनयाद् इति । तस्योभे बृहद्रथन्तरे सामनी भवतः[10] । एतद् वै दैव्यं[11] मिथुनं प्रजननं यद् उभे बृहद्रथन्तरे । तद् यद्[12] दैव्यं[11] मिथुनं प्रजननं तन् मा प्रजनयाद् इति । तस्योभये[13] स्तोमा भवन्त्य् अयुजश् च युग्मन्तश् च । एतद् वै[14] दैव्यं मिथुनं प्रजननं यद् उभये स्तोमाः । तद् यद्[12] दैव्यं मिथुनं प्रजननं तन् मा प्रजनयाद् इति ॥ २८१ ॥

[१] ग चतूरात्रा [२] ग नास्ति [३] ग चतूरात्रं [४] ग आहरात् [५] क जायन्ते [६] ? एवं कोशयोः [७] ग नास्ति [८] ग नास्ति [९-९] क पञ्चर्चेति ग पञ्चव्रति [१०] क भवती [११] ग देव्यम् [१२] क नास्ति [१३] ? क ग तस्योभय [१४] क वे

[1]अयुजश् च[1] उत्तरे स्तोमा भवन्ति । ऋतवो वा अयुजः । ऋतवो वा इदं सर्वं प्रजनयन्ति । [2]ते य इदं सर्वं प्रजनयन्ति[2] ते मा प्रजनयान्[3] इति । अह्नो ऽह्न [4]स्तोमम् उत्सृजमाना[4] यन्ति । अह्नो ऽह्न स्तोमम् अभ्युपाहरन्ते[5] । वीरो[6] वा[7] एष यत् स्तोमः । अह्नो ऽह्न एव तद् वीर्यं प्रजनयन्तो यन्त्य्, [8]अह्नो ऽह्नो[8] वीर्यम् अभ्युपाहरन्ते[9], ऽक्षरेणाक्षरेणोत्क्रामन्तो[10] यन्ति । एकाक्षरणिधनं[11] प्रथमे ऽहनि भवति, द्व्यक्षरणिधनं द्वितीये[12], त्र्यक्षरणिधनं तृतीये, चतुरक्षरणिधनं चतुर्थे—ऽक्षरेष्ठा[13] वीरो ऽसद्, अक्षरेष्ठा[13] वीरो ऽसद् इति । नानाग्निष्टोमसामानि भवन्ति—वीराणाम् एव नानावीर्यतायै । न ह वै स वीरो यो ऽन्यस्य वीर्यम् अनु[14] वीरः । स ह वाव[15] वीरो य आत्मन एव वीर्यम् अनु वीरः । तद् यन् नानाग्निष्टोमसामानि भवन्ति वीराणाम् एव नानावीर्यतायै ॥ २८२ ॥

[१-१] ? क अयुज [२-२] ग नास्ति [३] ? एवं कोशयोः [४-४] क स्तोमम्रृतसृजमाना ग स्तोममृत्सजमान [५] क अभ्युपहरन्ते [६] ग वीरे [७] क या [८-८] ग अहोऽस्त [९] एवं कोशयोः [१०] ग क्षरेणाक्षरणोत्- [११] ग एकाक्षुर- [१२] ग चितीय [१३] ग क्षरेष्ठा [१४] ग अर [१५] ग वाच

तद् आहुर्—यज्ञायज्ञीयम्[1] [2]एवाह्नो ऽह्नो[2] ऽग्निष्टोमसाम कुर्युः । ज्यैष्ठ्यं वै यज्ञायज्ञीयम् । ज्यैष्ठ्याद् [3]वीरो न[3] च्यवाता इति । तद् यत् समानि[4] स्तोत्राणि स्युस् समावच्छ एव वीर्यम् अश्नुवीरन् । यद् विषमाणि ज्येष्ठेष्व् एवैकधा[5] वीर्यं दध्युः । तद् यत् समाः पवमाना भवन्ति समावच्छ एव तद् वीर्यम् अश्नुवते । अथ यद् उत्तरै स्तोत्रैर् उत्क्रामन्तो यन्ति ज्येष्ठेष्व् एव तद् भूयो भूयो वीर्यं दधतो यन्ति । द्विरात्रो ह खलु वा एष[6] तायते । यो[7] बृहद्रथन्तराभ्याम् अभि त्वा वृषभा[8] सुत इत्य् एतासु तृतीये ऽहनि रथन्तरं पृष्ठं कुर्युः[9] । तद् यद् अभि त्वेति तेन रथन्तरस्य रूपान् न यन्ति । गायत्र्यायातयाम्न्या[10] तृतीयम् अहस् तायते । कस् तम् इन्द्र त्वावसव् इति मैत्रावरुणसाम । तासाम्[11] इहाक्षराणि संपद्यन्ते । या गायत्र्यो गायत्र्यस् ता, याः ककुभः ककुभस् ता, या बृहत्यो बृहत्यस् ताः[12] । यथायतनं छन्दांसि युज्यन्ते । गायत्र्या वै प्रथमम् अहस् तायते, त्रिष्टुभा द्वितीयं, जगत्या तृतीयम्, अनुष्टुभा चतुर्थम् । तं त्वा यज्ञेभिर् ईमह इत्य् एतासु चतुर्थे ऽहनि बृहत् पृष्ठं कुर्युः । तद् यत् तं त्वेति तेन बृहतो[13] रूपान् न यन्ति । अनुष्टुभायातयाम्न्या चतुर्थम् अहस् तायते । वयम् उ त्वाम् अपूर्व्येति मैत्रावरुणसाम । तासाम् इहाक्षराणि संपद्यन्ते । या गायत्र्यो गायत्र्यस् ता, या ककुभः ककुभस् ता, या बृहत्यो बृहत्यस् ताः । यथायतनं छन्दांसि युज्यन्ते ॥ २८३ ॥

[१] क ग यज्ञायजीयम् [२-२] ग एत्राह्नो [३-३] क विरोन ग विरोनु [४] क ग सामानि [५] ग एवैकथा [६] ग एषा [७] ग ये [८] ग वृषभं [९] ग अधिपाठः तद्यत् सामाः पवमाना भवन्ति समावछ एव तद्वीर्यमश्नुवतेथ यदुत्तरै स्तोत्रैरुत्क्रामन्तो यन्ति ज्येष्ठष्वेव तत् भूयो भूयो वीर्यन्दधतो यन्ति द्विरात्रो ह खलु वा एष तायते यो बृहद्रथन्तराभ्यामभि त्वा वृषभा सुत इत्येतासु तृतीयेऽहनि रथन्तरं पृष्ठं कुर्युः। [१०] क -यतयाम्न्या ग -यतयाम्या [११] ग तसाम् [१२] क अधिपाठः यथा [१३] क ब्रह्मतो [१४] ग अनुष्टुभां-

अग्निष्टोमो[१] वै प्रथमम् अहर्, उक्थ्यो द्वितीयं, षोडशिमांस्[२] तृतीयम्, अतिरात्रश् चतुर्थम्। नानावीर्याण्य् अहानि भवन्ति, वीराणाम्[३] एव नानावीर्यतायै। अथ ह स्माह तक्षको [४]भागेरथिर् मात्स्यो[४] राजानु चतूरात्रः पृष्ठानि[५] व्याप्नोति। द्विरात्रो वै बृहद्रथन्तराभ्यां तायत इति। वैरूपं च महानाम्नयश् च तृतीये ऽहनि कुर्युः। राथन्तरे वैते। राथन्तरं तृतीयम् अहर् इति। वैराजं[६] च रेवत्यश्[७] च चतुर्थे ऽहनि कुर्युः। बार्हते वैते। बार्हतं चतुर्थम् अहर् इति। एवं वै चतूरात्रः पृष्ठानि व्याप्नोतीति ह स्म स आह। तद् आहुः—को यज्ञानां वर्षिष्ठः, को वरिष्ठ इति। स ब्रूयात्—त्रिरात्र एव यज्ञानां वर्षिष्ठ इति। इमे वै लोकास् त्रिरात्रो दिश एव चतूरात्रः॥ २८४॥

[१] ग अग्निष्टामे [२] क ग षोडशीमांस् [३] ग वराणामेव [४-४] क भागेरथिम्मात्स्यो ग भगेरथम्मात्स्यो [५] ग पृष्ठनि [६] ग वैराजा [७] ग रेवत्यन्

अथैष जामदग्न्यः[१]। प्रजननकामो हैतेन यजेत। जमदग्निर् वा अकामयत—बहुः प्रजया पशुभिः प्रजायेयेति। स एतं चतूरात्रं[२] यज्ञम् अपश्यत्। तम् आहरत्। तेनायजत। ततो वै स[३] बहुः प्रजया पशुभिः प्रजायत[४]। अपि हास्य [५]द्वाव् और्वौ[५] प्रजायां[६] न संजज्ञाते—कयस् त्वम् असि, कयस् त्वम् असीति। तथा बहुर् इह प्रजज्ञे। तस्माद् इदम् अप्य् एतर्हि द्वाव् और्वौ[७] पलितौ समागत्य न संजानाते। बहुः प्रजया पशुभिः प्रजायते य एवं वेद। तस्याहुस् संवत्सरम् एव[८] दीक्षा स्युर् इति। प्रजननं वै संवत्सरः। प्रजननम् एष यज्ञः। तत् तत् प्रजननं क्रियते। तस्माद् उ हैनेन प्रजननकामो यजेत। अथो आहुर्—अष्टाचत्वारिंशद् एव[९] स्युर् इति। अष्टाचत्वारिंशदक्षरा वै जगती। पशवो जगती। जागत एष यज्ञः। तस्माद् उ हैनेन पशुकामो यजेत। अथो आहुष्—षट्त्रिंशद्[१०] एव[११] [स्युः]। षट्त्रिंशदक्षरा वै बृहती। बृहती वै[१२] स्वर्गं लोकम् आनशे। तद् वा अस्य स्वर्ग्यम्। तस्माद् उ हैनेन स्वर्गकामो यजेत। तानि त्रीणि जागतानि। [१३]त्रीणि जागतानि[१३] पदानि भवन्ति। तेन जगत्यै रूपान् न यन्ति। अथो आहुश् चतुर्विंशतिर् एव स्युर् इति[१४]। चतुर्विंशत्यर्धमासस्[१५] संवत्सरः प्रजननम्। प्रजननम् एष यज्ञः। तत् तत् प्रजननं क्रियते। तस्माद् उ हैनेन प्रजननकामो यजेत। तद् एकं जागतं पदं भवति। तेनैव जगत्यै रूपान् न यन्ति॥ २८५॥

[१] ग जामदग्नः [२] ग चतुरात्रं [३] ग नास्ति [४] एवं कोशयोः [५-५] क द्वावर्वौ ग द्वासर्वौ। पञ्चविंशे ब्राह्मणे २१.१०.६ ऊर्वौ [६] ग प्रजयां [७] क ग अर्वौ [८] क ए ग अ [९] ग अव [१०] ग षट्त्रिंशताद् [११] क ग अधिपाठः स्यष्टाचत्वारिंशदक्षरा वै जगती पशवो जगती जागत एष्यरिति [१२] ग नास्ति [१३-१३] ग नास्ति [१४] क इति च ग इच [१५] क चतुर्विंशतिरर्धमासस् ग चतुर्विंशत्यत्यर्धनासस्

तद् आहुर्— यद् गायत्र्या प्रथमम् अहस् तायते, त्रिष्टुभा द्वितीयं, जगत्या तृतीयम्, अनुष्टुभा चतुर्थम्, अथ कस्माज् जागत एवैष यज्ञ आख्यायत इति। स ब्रूयाद्[१]— यदा

त्रै बह्वश्वो[1] वा बह्वश्वतरीको वान्यान् अन्यान् आयुंजान एत्य्, एवम् एवैतज् जगत्य् अन्यद् अन्यच् छन्दो [3]ऽभ्यारोहन्त्य् एतीति[3]। अथो यद् एवैतानि स्तोत्राणि संस्तुतानि जगतीम् अभि संपद्यन्ते, तेनो[4] एव जागत इति। अथो ज्यैष्ठ्यं वै जगती छन्दसाम्[5]। तस्माज् ज्यैष्ठ्येन गृह्यान् आचक्षतैनेन गृह्यांश् चक्षते य एवं वेद। द्विरात्रो ह खलु वा एष तायते यो बृहद्रथन्तराभ्याम् अभि त्वा वृषभा सुत इत्य् एतासु तृतीये ऽहनि रथन्तरं पृष्ठं कुर्युः। तद् यद् अभि त्वेति तेन रथन्तरस्य रूपान् न यन्ति। गायत्र्यायातयाम्न्या तृतीयम् अहस् तायते। कस् तम् इन्द्र त्वावसव् इति मैत्रावरुणसाम। तासाम् इहाक्षराणि[6] संपद्यन्ते। तं त्वा यज्ञेभिर्[7] ईमह इत्य् एतासु चतुर्थे ऽहनि बृहत् पृष्ठं कुर्युः। तद् यत् तं त्वेति तेन बृहतो रूपान् न यन्ति। अनुष्टुभायातयाम्न्या चतुर्थम् अहस् तायते। वयम् उ त्वाम् अपूर्व्येति मैत्रावरुणसाम। तासाम्[8] इहाक्षराणि[6] संपद्यन्ते[9] ॥ २८६ ॥

[१] ग ब्रूया [२] ग बह्वन्वो [३-३] ग अभ्यारोह्यन्त्यतीति [४] क तोनो [५] क ग छन्दसम् [६] ग इहक्षराणि [७] ग यज्ञभिर् [८] ग ताम् [९] ग सपद्यन्ते

व्यूढच्छन्दा ह खलु वा एष चतूरात्रः[1]। पूर्वो वै बृहत्यै पृष्ठेषु योग उत्तरो गायत्र्यै पूर्वो वा उष्णिक् ककुभोर् आर्भवे योग उत्तरो ऽनुष्टुभः। तद् यद् एतानि व्यतिषक्तानि[2] छन्दांसि क्रियन्ते—व्यतिषक्ताद्[3] वै मिथुनात् प्रजाः पशवः प्रजायन्ते—प्रजात्या एव। अथो व्यतिषक्तो वै पुरुषः। पाप्मभिर् व्यतिषक्तैर्[4] एव तच् छन्दोभिर् व्यतिषक्तान् पाप्मनो ऽपहते। तद् आहुः—किम् अनु चतूरात्र[1] इति। अहोरात्रे इति ब्रूयात्। अहोरात्रे[5] ह वा अनु चतूरात्रः[6]। अहर् एव प्रथमेनाह्ना स्तृणुते, ऽह्नः केतुं द्वितीयेन, रात्रिम् एव तृतीयेनाह्ना स्तृणुते, यः[7] प्रातरह्नः केतुस् तं चतुर्थेन। अहोरात्रे वा इदं सर्वं[8] प्रजनयतः। ते[9] य इदं सर्वं [10]प्रजनयतस् ते[10] मा प्रजनयताम् इति। अथो ह ब्रूयाद्—दिश एवानु चतूरात्र[1] इति। चतस्रो दिशः। ऊर्ध्वा दिक् पञ्चमी। चत्वार्य् एतान्य् अहानि भवन्ति। रात्रिः पञ्चमी। दिश एवैतेनर्ध्नोति। दिक्षु प्रतिष्ठाय स्वर्गं लोकम् एति। तस्यैताः पुरोडाशिनीर् उपसदो भवन्ति। योनिर् वै पुरोडाशो रेत आज्यम्। तद् यत् पुरोडाशं हुत्वाज्येनाभिजुहोति, योन्याम् एव तद् रेतः प्रतिष्ठापयन्ति। अनुष्ठ्यास्य रेतस् सिक्तं प्रजायते[11], य एवं वेद। अथो याभ्य एवैतद् देवताभ्यो हवींषि[12] निर्वपति, तास्व् एवैतद् ऋध्नोति। तासु[13] प्रतिष्ठाय स्वर्गं लोकम् एति ॥ २८७ ॥

[१] ग चतुरात्रः [२] ग व्यतिषिक्तानि [३] क ग व्यतिषिक्ताद् [४] ग व्यतिषिक्तेर् [५] ग आहोरात्रे [६] ग वतुरात्रो [७] क वः [८] ग सर्वं [९] ग त [१०-१०] क ग प्रजनयदस्तो [११] एवं कोशयोः [१२] क हविंषि ग हर्विक्षि [१३] क तासा

अथैष प्राजापत्यः[1]। प्रजननकामो[2] हैतेन यजेत। प्रजापतिर् वा अकामयत—बहुः प्रजया पशुभिः प्रजायेयेति। स एतं चतूरात्रम्[3] अपश्यत्। तम् आहरत्। तेनायजत। तस्यैते त्रिवृत्पञ्चदशा स्तोमा भवन्ति सप्तदशैकविंशाः। ऊनातिरिक्ता[4] मिथुनाः प्रजनयः[5]। ऊनम् अन्यस्यातिरिक्तम् अन्यस्य। ऊनातिरिक्ताद् वै मिथुनात् प्रजाः पशवः प्रजायन्ते। त्रिवृच् च पञ्चदशश् च तन् मिथुनं प्रजननम्। सप्तदशश् चैकविंशश् च तन् मिथुनं प्रजननम्—तद् यन् मिथुनं प्रजननं तन् मा प्रजनयाद्[6] इति। ततो वै स बहुः प्रजया पशुभिः प्रजायत[7]। बहुर् एव प्रजया पशुभिः प्रजायते य एवं वेद। अथो आहुस् तासाम् एव प्रजानां सृष्टानां परावापाद्[8] अबिभेद् इति। स एतं चतूरात्रं[3] यज्ञम् अ-

पशगत् । तम् आहरत् । तेनायजत । तस्याग्निष्टोमाव् अभितो[९] भवत, उक्थ्यौ मध्ये । ब्रह्म वा अग्निष्टोमः, प्रजाः पशव उक्थ्यानि । ब्रह्मणैव तद् उभयतः प्रजाः पशून् परिगृह्णीते परावापाय । नास्य वित्तं परोऽर्यत य एवं वेद ॥ २८८ ॥

[१] ग प्रजापत्यः [२] ग प्रजननकाम [३] ग चतुरात्रम् [४] ग ऊनातरक्तानि [५] क ग प्रजय [६] ग प्रजनायाद् [७] एवं कोशयोः [८] ग परावाचाद् [९] क अभितौ ग अहितौ

अथैष वसिष्ठस्य संसर्पः । वसिष्ठो वा अकामयत—सम् इमान् लोकान् सर्पेयम्[१] इति । स एतं चतूरात्रं[२] यज्ञम् अपश्यत् । तम् आहरत् । तेनायजत । ततो वै स इमान्[३] लोकान् समसर्पत् । यद् इमान् लोकान् समसर्पत् तत् संसर्पस्य संसर्पत्वम् । सम् इमान् लोकान् सर्पति य एवं वेद । तस्य त्रयस्त्रय स्तोमा युक्ता अहर् वहन्ति । त्रयस्त्रयो वै युक्तानां वहिष्ठौ[४] । युक्तेन तत्र गच्छति यत्र जिगमिषति । अथो आहुः प्रजाकाम[५] एवैनेन यजेतेति[६]—स्तोमो[७] वा एतत्, स्तोमेन संसक्तो भवति । संसक्ताद् वै मिथुनात् प्रजाः पशवः[८] प्रजायन्ते—प्रजात्या[९] एव । अह्नो ऽह्न स्तोमम् उत्सृजमाना यन्त्य्, अह्नो ऽह्न स्तोमम् अभ्युपाहरन्ते ॥ २८९ ॥

[१] ग सर्पेयम् [२] ग चतुरात्र [३] ग मां [४] ग वसिष्ठौ [५] ग प्रजाःकामै [६] ग यजतेति [७] ग सामो [८] ग प्रशवः [९] ग प्रजात्य

अथैष गौतमस्य चतुष्टोमः[१] । गौतमाय[२] वै न श्रद्दधत । अश्रद्धानीयो[३] राजन्य ऋषिर् इति । सो ऽकामयत श्रन् मे दधीरन्, श्रद्धानीय[४] स्याम् इति । स एतं चतूरात्रं[५] यज्ञम् अपश्यत् । तम् आहरत् । तेनायजत । ततो वै तस्मै[६] श्रद्दधत, श्रद्धानीयो[७] ऽभवत् । श्रद्धानीयो[७] भवति य एवं वेद । स वा एष कृतस्तोमः । श्रद्धा वै कृतम् । यद् ध वा इदं कृतेन जित्वा हरन्ति, श्रद्धया हैव तद् धरन्ति । तस्मात् कृतस्तोमः । स वा एष चतुरुत्तरय्[८]अङ्गिरसाम् । द्व्युत्तरेण[८] वा आदित्या स्वर्गं[९] लोकम् आयंश्, चतुरुत्तरेणांगिरसः[१०] । चतुरुत्तरेण स्वर्गं लोकम् एति य एवं वेद । तद् आहुर् अपभ्रंशी[११] यज्ञक्रतुर् ईश्वरः पुरायुषो[१२] ऽमुं [१३]लोकम् एतोर्[१३] इति । तद् यत् प्रत्यवरोहीणि स्तोत्राणि भवन्ति तेनानपभ्रंशी, तेनो आयुष्यः ।

अथैष विश्वज्योतिः । देवा वा अकामयन्त—सर्व एव [१४]ज्योतिर् इव[१४] स्यामेति । त एतं चतूरात्रं यज्ञम् अपश्यन् । तम् आहरन् । तेनायजन्त[१५] । ततो वै ते सर्व एव ज्योतिर् इवासन्[१६] । तस्माद् [१७]यम् अप्य्[१७] एतर्हि देवानां पश्यन्ति ज्योतिर् [१८]इवाद्दृश्मेत्य् एवाहुः[१८] । स यो ब्रह्मवर्चसकाम स्यात् स एतेन यजेत । ज्योतिर् इव ह वै स भाति यो [१९]ब्रह्मवर्चसम् ऋध्नोति[१९] । [२०]ऋध्नोति हैनेन[२०] [२१]ब्रह्मवर्चसं, ब्रह्मवर्चसी[२१] भवति ॥ २९० ॥

[१] ग चतुष्टो [२] ग गोतमाय [३] ग अश्रद्धानियो [४] ग श्रद्धानी [५] ग चतुरात्रं [६] क ग तमस्मै [७] ग श्रद्धानियो [८-८] क अंगिरसाद्व्युत्तरेण ग अंगिरसान्द्व्युत्तरेण [९] ग स्वर्ग [१०] क ग -न्तरेणांरेसः [११] ग अवभ्रंशी [१२] ग पुरायुषा [१३-१३] क लोकमोतोर् [१४-१४] ग ज्योतिरितिव [१५] ग यजयन्त [१६] क इववासन् [१७-१७] ग यम् प्य् [१८-१८] ग इवाद्दृश्मेवेत्याहुः [१९-१९] क ग ब्रह्मवर्चस समृद्धो [२०-२०] ग कृद्ध्नोति नैनेन [२१-२१] ग ब्रह्मवर्चसमब्रह्मवर्चसि

अथैते पञ्चरात्राः[1] । पञ्च वै जयाः[2] । पञ्चभिर् वै व्याहृतिभिर् इदं देवा अजयन् । तद् यावतेदं देवा अजयंस्[3] तावता[4] जयानीति[5] । पांक्तो यज्ञः । यावती यज्ञस्य मात्रा ताम् आप्नवानीति । पांक्ताः पशवः । यावती पशूनां[6] मात्रा तावता मा पशवो ऽवरुद्धा[7] उपतिष्ठान्ता[8] इति । पांक्तम् अन्नाद्यम् । यावत्य् अन्नाद्यस्य[9] मात्रा तावता[10] मान्नाद्यम् अवरुद्धम् उपतिष्ठात[11] इति । पञ्चैतान्य् अहानि भवन्ति । पञ्चर्तवस् संवत्सरः । संवत्सरः प्रजापतिर् यज्ञः । संवत्सरम् एवैतेन प्रजापतिं यज्ञम् आप्नोति । देवासुरा अस्पर्धन्त । ते नैव दण्डैर् नेषुभिर् व्यजयन्त[12] । ते ऽब्रुवन्—न वै [13]दण्डैर् नेषुभिर्[13] विजयामहे[14] । वाच्य् [15]एव वाव नो[15] ब्रह्मन् विजयो ऽस्त्व् इति । त ऐक्षन्त[16]—यतरे नो[17] यतरान् पूर्वे ऽभिव्याहरिष्यन्ति[18], [19]तेषां क्षेष्यत[19] इति । ते देवा असुरान् अब्रुवन्—यूयं पूर्वे ब्रूध्वम् इति । यूयम् इद् वा इत्य् असुरा [20]देवान् । ते[20] देवा एतद् वाचो मिथुनम् अपश्यन् ॥ २९१ ॥

[१] ग पंचरात्रः [२] क जायाः [३] ग उजायंस् [४] ग तवता [५] क ग यजानीति [६] ग पशूनाम [७] क अवरुंद्धा [८] क वुपतिष्ठान्ता [९] ग अन्नद्यस्या [१०] ग तामवता [११] क उपतिष्ठता [१२] ग व्यजन्त [१३–१३] ग दण्डैनेषुभिर् घ दण्डैंनपुभिर् [१४] ? क घ विजयामहै [१५-१५] क एव नो घ एवाचैवन्नो [१६] ग ऐक्ष्यन्त [१७] क घ ष्णो [१८] घ अभिव्यहिरन्ति [१९–१९] ? ग ते संजेष्यन्त [२०–२०] ग स्ततो

एको[1] ऽस्माकम् इति देवा अब्रुवत, एकास्माकम् इत्य् असुराः । मन [2]एव देवा अब्रुवत[2], वाचम् असुराः । ते देवा मनसैव वाचम् असुराणाम् अवृञ्जत । तस्माद्[3] यन् मनसाधिगच्छति, तद् वाचा वदति । द्वाव् अस्माकम् इति देवा अब्रुवत, द्वे अस्माकम् इत्य् असुराः । प्राणापानाव् एव देवा अब्रुवत, अहोरात्रे असुराः । ते देवाः प्राणापानाभ्याम् एवाहोरात्रे असुराणाम् अवृञ्जत । तस्माज् ज्योग् जीवन् बह्व्य् अहोरात्राण्य् अवनयति । त्रयो ऽस्माकम् इति देवा अब्रुवत, तिस्रो ऽस्माकम् इत्य् असुराः । इमान् एव त्रीन्[4] लोकान् देवा अब्रुवत, तिस्रो विद्या असुराः । ते देवा एभिर् एव लोकैस् तिस्रो विद्या असुराणाम् अवृञ्जत । तस्माद्[5] एता विद्या एष्व् एव लोकेषु प्रोच्यन्ते । चत्वारो ऽस्माकम् इति देवा अब्रुवत, चतस्रो[6] ऽस्माकम् इत्य् असुराः । चतुष्पद[7] एव पशून् देवा अब्रुवत, चतस्रो दिशो ऽसुराः । ते देवा चतुष्पाद्भिर्[8] एव पशुभिश् चतस्रो दिशो ऽसुराणाम् अवृञ्जत । तस्माद् यां कां चन दिशं पशुमान् अयति, सर्वाम् एव जितां क्लृप्तां प्रतिष्ठिताम् अन्वेति । पञ्चास्माकम् इति देवा ऋतून् एवाब्रुवन्[9] । अथासुरा[10] न प्राविन्दन् । न हि पङ्क्ति किं चनास्ति । ते ऽसुरा आरम्भम्[11] अविन्दन्तः[12] पञ्च पञ्चेत्य् एव वदन्तः[13] [14]पराजयन् । ततो वै देवा अभवन्, परासुराः । भवत्य् आत्मना[14], परास्य द्विषन् भ्रातृव्यो भवति, य एवं वेद ॥ २९२ ॥

[१] क घ को ग एका [२–२] क एव देवा अब्रुवता ग एवा देव अब्रुवत [३] ग तस्मद् [४] ग त्रीणि [५] ग तस्मा [६] ग चत्वारो [७] ग चतुष्पाद [८] ग चतुपादभिर् [९] ? ग एवाब्रुवत [१०] घ तथासुरा [११] ग अरंभम् [१२] घ अविन्दन्तम् [१३] क घ भवन्तः [१४–१४] ग नास्ति

जितिर् वा एता व्याहृतयः । जितिः पञ्चरात्रः । [1]जयति जयति[1] य एवं वेद[2] । सा वा एषा[3] सर्वस्याप्त्या[4] [5]जितिस् सर्वस्यान्त्या पराजितिः[5] । सर्वं वा एतेन देवा असुरान् अजयन् । सर्वम् असुराः पराजयन्त[6] । सर्वम् एव द्विषन्तं भ्रातृव्यं जयति[7], सर्वम् अस्य

द्विषन् भ्रातृव्यः पराजयते, य एवं वेद । अथैते सन्तता भवन्ति । यथा ह वै दारूणि वध्रेण[८] सन्ततानि रथस्य वानसो वैवं स्तोमैः पञ्चरात्रस् सन्ततः[९] । प्राणा ह खलु वै स्तोमाः । प्राणैः[१०] पुरुषस् सन्ततः । सं ह तायते य एवं वेद । तस्य द्वौ-द्वौ स्तोमौ युक्ताव् अहर् वहतः । द्वौ-द्वौ वै युक्तानां वहिष्ठौ[११] । युक्तेन तत्र गच्छति यत्र जिगमिषति ॥ २९३ ॥

[१–१] एवं कोशयोर्द्विवारम् [२] क वेव ग वेदा [३] ग एष [४] क सवर्स्या ग सव-स्यान्या [५–५] ग जिति...(भवन्ति यथ) नाजितिः [६] क पाराजयन्त [७] क जयन्ति [८] क वध्रेण ग वद्ध्रेण [९] ग संतत [१०] ग प्राणैरु [११] क ग बहिष्ठौ

अथ यस्यैतस्य ज्योतिर् गौर् आयुर् इति त्र्यहः[१] पञ्चविंशं महाव्रतं सर्वस्तोमो ऽतिरात्रोः ऽन्नाद्यकामो हैतेन यजेत । तद् आहुर्—न पुरा संवत्सरान् महाव्रतम् उपेत्यम् इति । तद् यज् ज्योतिर् गौर् आयुर् इति त्र्यहो भवत्य्—अयं वै लोको[२] ज्योतिर्, अयं गौर्, असाव् आयुः । इमे वै लोका ऋतवस् संवत्सरः । [३]ऋतवस् संवत्सरः[३] कृत्स्नम् अन्नाद्यं पचति—संवत्सराभिजितम् एव तद् अन्नाद्यम् उपयन्ति । पञ्चविंशं महाव्रतम्—अन्नं वै पञ्चविंशम्—अन्नाद्यस्यैवावरुद्ध्यै । सर्वस्तोमो ऽतिरात्रो भवति, सर्वेषां लोकानाम् अभिजित्या[५] अभिक्रान्त्यै । सर्वं हीदं स्तोमा एव । अथो यान्[६] इमान् एकैकान् स्तोमान् उपागाम तान् सार्धम् ऋद्ध्वा तेषु[७] प्रतिष्ठायोदृचम् अश्नवामहा इति ।

अथ यस्यैतस्य त्रिवृत् पञ्चदशस् सप्तदश इति त्र्यहः पञ्चविंशं महाव्रतं सर्वस्तोमो ऽतिरात्रोः ऽन्नाद्यकाम उ एवैतेन यजेत[९] । तद् आहुर् न पुरा संवत्सरान् महाव्रतम्[१०] उपेत्यम् इति । तद् यत् त्रिवृत् पञ्चदशस् सप्तदश इति त्र्यहो भवत्य्— अयं वै लोकस् त्रिवृद्, अयं पञ्चदशो, ऽसौ सप्तदशः । इमे वै लोका ऋतवस् संवत्सरः । ऋतवस् संवत्सरः कृत्स्नम् अन्नाद्यं पचति[११]—[१२]संवत्सराभिजितम् एव तद् अन्नाद्यम् उपयन्ति । पञ्चविंशं महाव्रतम्—अन्नं वै पञ्चविंशम्—अन्नाद्यस्यैवावरुद्ध्यै । सर्वस्तोमो ऽतिरात्रो भवति, सर्वेषां लोकानाम् अभिजित्या अभिक्रान्त्यै । सर्वं हीदं स्तोमा एव । अथो[१२] यान् इमान् एकैकान् स्तोमान् उपागाम [१३]तान् सार्धम्[१३] ऋद्ध्वा तेषु प्रतिष्ठायोदृचम् अश्नवामहा[१४] इति ॥ २९४ ॥

[१] ग त्रहः [२] क लोका [३–३] ग नास्ति [४] क संवत्सरा [५] ग अभिजित्याम् [६] ग योन् [७] ग तेषा [८] ग अधिपाठः २८९ खण्डस्थ लोकान् समसर्पयदिमान् लोकान् इत्यारभ्य स्तोममभ्युपाहरन्ते इत्यन्तम् । [९] ग यजत [१०] ग महारुतम् [११] ग पच [१२–१२] क नास्ति [१३–१३] ग तान्नं साधुम् [१४] ग अश्नुवामहा

अथ यस्यैतस्य ज्योतिर् गौर् आयुर् इति त्र्यहश् चतुर्विंशम् अहस् सर्वस्तोमो ऽतिरात्रोः यः कामयेत [१]परोक्षोपेतं मे महाव्रतं[१] स्याद् इति, स एतेन यजेत । तद् यच् चतुर्विंशम् अहर् भवति, तेनैवास्य [२]परोक्षोपेतं महाव्रतं[२] भवति । यद् व् एव तत्र हिंकारो वा प्रस्तावो वा प्रतिहारो वा किञ्चिद् भवति तेनैवास्य[३] पञ्चविंश्य् उपाप्ता भवति । सर्वस्तोमो ऽतिरात्रो भवति, सर्वेषां लोकानाम् अभिजित्या अभिक्रान्त्यै । सर्वं हीदं स्तोमा एव । अथो यान् इमान् एकैकान् स्तोमान् उपागाम तान् सार्धम् ऋद्ध्वा तेषु प्रतिष्ठायोदृचम्[४] अश्नवामहा इति ॥

अथ यस्यैतस्य[५] त्रिवृत् पञ्चदशस् सप्तदश इति त्र्यहश्, चतुर्विंशम् अहर्, [६]ज्योतिर् अतिरात्रो[६]; य उ एव कामयेत[७] [१]परोक्षोपेतं मे महाव्रतं[१] स्याद् इति, स एतेन यजेत। तद् यच्[८] चतुर्विंशम् अहर् भवति, तेनैवास्य [२]परोक्षोपेतं महाव्रतं[२] भवति। यद् व् एव तत्र हिंकारो वा प्रस्तावो वा प्रतिहारो[९] वा किञ्चिद् भवति, तेनैवास्य पञ्चविंद्य् उपाप्ता भवति। ज्योतिर् अतिरात्र--एतद् वै प्रज्ञातं देवतीर्थं[१०] यज् ज्योतिर् अतिरात्रः —प्रज्ञातेन देवतीर्थेनारिष्ट[११] उदृचम् अश्नवामहा इति ॥ २९५ ॥

[१-१] ग परोक्षोपेतम महावृतम् [२-२] ग परोक्षोपेततमहावृतम् [३] क ग तेनेवास्य [४] ग ॰दृशम् [५] क ग यस्येतस्य [६-६] क ज्योतिरात्रो ग ज्यातिरात्रो [७] क कामयते [८] क ग यश् [९] ग प्रातीहारो [१०] क देवतीर्र्थ [११] ? ग दवतीर्थेनारुष्ट

अथ यस्यैतस्य ज्योतिषी अग्निष्टोमाव् अभितो भवतो, गोआयुषी उक्थ्याव् अन्तरौ, ज्योतिर्[१] अतिरात्रो मध्ये[२]; प्रजननकामो हैतेन यजेत। एतद् वै कृत्स्नं प्रजननं [३]यज् ज्योतिर् अतिरात्रः[३]। मध्यत उ वा आत्मनः प्रजननम्। तद् यन् मध्ये [४]ज्योतिर् अतिरात्रो[४] भवति, मध्य एवैतद् आत्मनः प्रजननं धत्ते, बहुर् भवति, प्रजायते। गोआयुषी उक्थ्याव्[५] अन्तरौ भवतः। पशवो वा[६] उक्थानि[७]। तयोः पञ्चशतानि स्तोत्रियाः। पशुभिर् एव तद् उभयतः प्रजां परिगृह्णीते। ज्योतिषी अग्निष्टोमाव्[८] अभितो भवतः। ब्रह्म वै ज्योतिर् अग्निष्टोमः। ब्रह्मणैव[९] तद् उभयतः प्रजां पशून् परिगृह्णीते ऽपरावापाय। नास्य वित्तं परोप्यते य एवं वेद ॥

अथ[१०] यस्यैतस्य ज्योतिषी अतिरात्राव् अभितो भवतो, गोआयुषी उक्थ्याव् अन्तरौ, ज्योतिर्[१] अग्निष्टोमो मध्ये; यः कामयेता मे ब्रह्मवर्चसी प्रजायां जायेतेति[११], स एतेन यजेत। तेजो वै ब्रह्मवर्चसो[१२] ज्योतिर् अग्निष्टोमः। मध्यत उ वा आत्मनः प्रजननम्। तद् यन् मध्ये ज्योतिर् अग्निष्टोमो भवति, मध्यत एवैतद् आत्मनो ज्योतिर् धत्ते, आ हास्य ब्रह्मवर्चसी प्रजायां[१३] जायते। गोआयुषी उक्थ्याव् अन्तरौ भवतः। पशवो वा[६] उक्थानि[७]। तयोः पञ्चशतानि स्तोत्रियाः। पशुभिर् एव तद् उभयतो ब्रह्मवर्चसिनीं प्रजां परिगृह्णीते। ज्योतिषी अतिरात्राव् अभितो भवतः। इमौ वै लोकाव् अतिरात्रौ। आभ्याम् एवैतल् लोकाभ्याम् उभयतः प्रजां पशून् परिगृह्णीते [१४]ऽपरावापाय। नास्य[१४] वित्तं परोप्यते य एवं वेद ॥ २९६ ॥

[१] ग ज्यातिर् [२] ग मद्धय [३-३] ग यज्योतिरात्रो [४-४] ग ज्यातिरात्रे [५] ग उत्थ्या [६] ग नाह्ति [७] ग उत्थानि [८] ग अग्निष्टोव् [९] ग ब्रह्मणेव [१०] ग अथो [११] ग जायेयेति [१२] ग ब्रह्मवर्चस [१३] क प्रजयां [१४-१४] क परावापायनस्य ग परावापानास्य

अथैते षड्रात्राः। मरुतो वा[१] अकामयन्तौजिष्ठा बलिष्ठा भूयिष्ठा[२] वीर्यवत्तमा देवानां स्याम, जयेम स्वर्गं लोकम् इति। त एतं षड्रात्रं यज्ञम् अपश्यन्। तम् आहरन्। तेनायजन्त। ततो वै त ओजिष्ठा बलिष्ठा भूयिष्ठा वीर्यवत्तमा देवानाम् आसन्, अजयन् स्वर्गं लोकम्। ओजिष्ठो बलिष्ठो भूयिष्ठो वीर्यवत्तम स्वानां भवति, जयति स्वर्गं लोकं, य एवं वेद। पृष्ठ्येन[३] षडहेन यन्ति। श्रीर् वै वर्ष्म पृष्ठानि। श्रियम् एव तद् वर्ष्म पृष्ठान्य् अभ्यारोहति। ओजो वै वीर्यं पृष्ठानि। ओजसैव[४] तद् वीर्येण यन्ति। स्वर्गो वै लोकः पृष्ठानि। स्वर्गम् एव तल् लोकं रोहन्तो[५] यन्ति। तेषां सरस्वत्या उपमज्जने दीक्षा।

दक्षिणे तीरे दीक्षन्ते ॥ २९७ ॥

[१] क ग नास्ति [२] ग नास्ति [३] क पृष्ठयेनु ग प्रतिष्ठेन [४] ग ओजसै [५] ग रोहतो

चक्रवती सदोहविर्धाने[१] भवत, उलूखलबुध्नो[२] यूप, उत्क्रान्त्या[३] अनपभ्रंशाय। यद् धि ते तत्र कुर्वाणा इवासीरन्[४], अपभ्रंशो हैषां सः। शम्यापरासं यन्ति। एते ह वै स्वर्गस्य लोकस्य विक्रमा यच् छम्यापरासाः। स्वर्गस्यैव तल् लोकस्य विक्रमान्[५] क्रममाणा यन्ति। घ्नन्त आक्रोशन्तो[६] यन्ति। एतद्[७] वै बलस्य रूपं यद् धतम् आक्रुष्टम्। सरस्वत्या यन्ति। वाग्[८] वै सरस्वती[९]। वाग् उ देवयानः[१०] पन्थाः। देवयानेनैव तत् पथा यन्ति। प्रतीपं[११] यन्ति। प्रतीपम् इव वै स्वर्गो लोकः। स्वर्गम् एव तल् लोकं प्रतिपद्यन्ते[१२]। प्राञ् च उदञ् च[१३] यन्ति। प्राङ्[१४] इव ह वा इदं[१५] स्वर्गो लोकः। स्वर्गम् एव तल् लोकं रोहन्तो[१६] यन्ति। आ प्रक्षात्[१७] प्रास्रवणाद्[१८] यन्ति। एष उ ह वै वाचो ऽन्तो यत् प्रक्षः [१९]प्रास्रवणः। यत्रो[१९] ह वै वाचो ऽन्तस्, तत् स्वर्गो लोकः। स्वर्गम् एवैतल्[२०] लोकं गच्छन्ति ॥ २९८ ॥

[१] ग सदोहविधाने [२] क -बुध्न्यो [३] ग उत्क्रामत्या [४] ग इवाशीरन्न् [५] घ विक्रामन् [६] ग अक्रोषन्तो [७] ग तद् [८] ग याग् [९] ग सरस्वति [१०] क ग देवायानः [११] क प्रतीप [१२] ग प्रतिपत्यन्ते [१३] ग चा [१४] ग नास्ति [१५] ? ग उदाम [१६] क घ रोहन्त्यो [१७] ग प्रक्ष्यात् [१८] ग प्रासवणाद् [१९-१९] ग प्रास्रवनो यत्र [२०] क एव् तल्

तेन हैतेन मरुतो यत इन्द्राग्नी ईक्षांचक्राते इमे चेद् वा इदं समापयन्ति, मरुत[१] एवेदं सर्वं भवन्तीति। तान् ह[२] सत्रपरिवेषणं सहस्रं जिग्यतुः। तद् धैषां विमाथीचक्रिरे[३]। पाप्मानं ह वा एषां[४] तद् विमेथिरे[५]। तस्माद् उ ह विमाथ्यस्य न लिप्सेत, नेत् पाप्मनो ऽपभजा इति। तयोर् ह वै ते ऽध्यान्यान्[६] अराधुः। ते होत्तस्थुर्[७]—अरात्स्मेति। तेषाम् एता उदृचो—यत् समापयन्ति, सैका। यद् एषाम् म्रियते[८] सैका। यद् दश गावश् शतं भवन्ति, सैका। यच् छतं गावस् सहस्रं भवन्ति[९], सैका। तेन हैतेन [१०]पुरायु स्थूरगृहपतयः[१०]। तान् ह त्रिकर्तानां वा सल्वानां वा व्याधिनीः पर्युत्थाय[११] जिग्युः। तद् धैषां गृहपतिं[१२] जघ्नुः। तं हेमं गृहपतिं हतम् अभितः कृपयमाणा निषेदुः। तम् उ ह ध्रुवगोपः[१३] सांकाशिनेनैव[१४] द्रवन्तं निजघ्नौ[१५]। स आहवनीयाद् एवोर्ध्वं स्वर्गं लोकम् आचक्रमे। स होवाच—मा कृपयध्वे[१६]। यं वा इमं कृपयध्वे, ऽयं वै स आहवनीयाद् एवोर्ध्वं स्वर्गं लोकम् आक्रांस्तेति[१७]। तेषां यांस् तत्र जघ्नुस्[१८], ते स्वर्गं लोकम् ईयुः। अथ ये परिशिशिषिरे, त इम[१९] एतर्हि पणाय्यतरा[२०] इव स्थूराणाम्[२१]। [२२]पापग्रामतरा इव[२२] हि ततः पुरासुः। तस्माद् उ स्थौर्यं शम्यापरासिनेत्य् आख्यापयन्ति[२३] ॥ २९९ ॥

[१] ग मरुता [२] घ सह [३] घ विमाशी चक्रिरे [४] घ एवं [५] घ विमेधिरे [६] क घ ध्यान्यार् [७] क होतस्थुर् ग होतस्तुर् [८] ग ऋधते [९] घ भवति [१०] क स्थूरायुस्फौकरगृहपतयः घ स्फुरायुस्फौकरगृहपतयः [११] ग प्रयुस्थाय [१२] घ गृहपति [१३] घ ध्रवगोपः [१४] घ साकाशिनेनैव [१५] क निर्जघ्नौ [१६] क कृपयध्वे [१७] क आक्रस्तेति [१८] ग गघ्नुस् [१९] ग इमा [२०] क पणाय्यतरगा ग पणायतरा [२१] ग सूराणां घ स्फूराणां [२२-२२] क पापग्रामतर इव घ पापग्रामतरूप [२३] क आह्वापयन्ति

अथ यस्यैतस्य विश्वजिद् अभिजिताव् अतिरात्राव् अभितो भवतो, गौर् आयुर्[1] गौर् आयुर् इति चत्वार उक्थ्या मध्ये; पशुकामा हैतद् उपेयुः। अयं वै लोको ऽभिजिद्, असौ विश्वजित्। अथैते चत्वारो मध्य उक्थ्या भवन्ति। पशवो वा उक्थानि। तेषां सहस्रं स्तोत्रियाः[2]। अनेन चैव तल् लोकेनामुना चोभयत एतान् पशून् परिगृह्णीते[3], ऽव पशून् रुन्धते। बहुपशवो ह भवन्ति। एतेन ह वै तद् एनेनेन्द्राग्नी मरुतः सहस्रं जिग्यतुः[4]। अग्निर् अभिजिद्, इन्द्रो विश्वजित्। अथैते चत्वारो मध्य उक्थ्या भवन्ति। पशवो वा उक्थानि। तेषां सहस्रं स्तोत्रिया। एतद् ध वै तद् इन्द्राग्नी उभयतस् सहस्रं परिगृह्याजह्रतुः। आभ्यां च ह वा एनं तल् लोकाभ्याम् इन्द्राग्निभ्यां चोभयतः पशवः परिगृहीता[5] उपतिष्ठन्ते, य एवं वेद। तेषाम् उ तेषां परीणद्[6] इति कुरुक्षेत्रस्य जघनार्धे[7] सरस्कन्दन्तं[8] दीक्षायै। ते प्राञ्चो यन्ति समया कुरुक्षेत्रम्। एतद् वै देवानां देवयजनं यत् क्षेत्रम्। देवानाम् एव तद् देवयजनेन यन्ति। तेषां यमुनावभृथः। एष वै स्वर्गो लोको यद् यमुना। स्वर्गम् एव तल् लोकं गच्छन्ति॥

अथ यस्यैतस्योर्ध्वस् त्रियहः[9] प्रत्यङ् त्र्यहो। यः कामयेत गच्छेयं[10] स्वर्गं लोकं, प्रत्य् अस्मिन् लोके [11]तिष्ठेयम् इति, स एतेन यजेत। त्र्यहेणैवेत ऊर्ध्वं स्वर्गं लोकं गच्छति, प्रत्य् एवामुतस् त्र्यहेणावरोहति। गच्छति स्वर्गं लोकं प्रत्य् अस्मिन् लोके[11] तिष्ठति। अथो ह वेद यो ऽसाव् आसं सो ऽयम् अस्मीति, पुनर् हैवास्मिन् लोक आजायते[12] ॥ ३०० ॥

[१] ग आयु [२] ग स्तोत्रीया [३] क ग परिगृह्णते [४] ग जिगत्युः [५] क ग परिगृह्णीता [६] एवं कोशयोः [७] क ग जघानार्द्धे [८] ? क सरस्कन्तम् [९] एवं कोशयोः [१०] ग गछेत [११-११] ग नास्ति [१२] ग आजायन्ते

अथैते सप्तरात्राः। सप्त वै छन्दांसि। छन्दांसि वै सर्वा वाक्। वाचस् स ऐश्वर्यम्[1] आधिपत्यं[2] गच्छति य श्रियम् अश्नुते। वाच ऐश्वर्यम् आधिपत्यं गच्छानीति। तस्मात् सप्तरात्रेण यजते। सप्त वै प्राणाः। प्राणैर् वै प्रजाः पशवः परिगृहीता[3] उपतिष्ठन्ते[4]। [5]तद् यैः प्राणैः प्रजाः पशवः परिगृहीता उपतिष्ठन्ते, तैर् मा प्राणैः प्रजाः पशवः परिगृहीता उपतिष्ठान्ता[5] इति। प्राणैर् वै देवा स्वर्गं लोकम् आयन्। तद् यैः प्राणैर् देवा स्वर्गं लोकम् आयंस् तैः प्राणैः स्वर्गं लोकम् अयानीति[6]। सप्त वै मुख्याः प्राणाः। एते वा अपहतपाप्मानः प्राणा यन् मुख्याः। ते ये ऽपहतपाप्मानः प्राणास् तेषां मात्रया यज्ञं तनवा इति। सप्तर्षयो वा ऋद्धिकामास् तपो ऽतप्यन्त। त एतं[7] सप्तरात्रं यज्ञम् अपश्यन्। तम् आहरन्। तेनायजन्त ॥ ३०१ ॥

[१] ग णेश्वर्यम् [२] ग आधिपत्य [३] क ग परिगृह्णीता [४] ग उपतिष्ठन्ता [५-५] ग नास्ति [६] क ग आयानीति [७] ग एकं

ते ऽहर्भाज आसन्। ततो वै 'तेषाम् अह्नैवैक'[1] आर्ध्नोद् अह्नैको[2] ऽह्नैकः। सा ह खलु वै श्रेष्ठर्द्धीनां[3] स लोकानां पुण्यतमो यम् एतेन सप्तर्षय आर्ध्नुवन्। सा या श्रेष्ठर्द्धीनां यो लोकानां पुण्यतमो यम् एतेन सप्तर्षय आर्ध्नुवंस् तम् ऋध्नवानीति। तस्मात् सप्तरात्रेण यजते। सप्तैतान्य् अहानि भवन्ति सप्त स्तोमाः। अहर् एव स्तोमो वहत्य्[4] अह स्तोमो ऽह स्तोमः। सा ह खलु वा अह्नां समृद्धिर् यद् एनानि नाना स्तोमा[5] वहन्ति[6]। सा यैवाह्नां[7] समृद्धिस्[8] सैवैषा क्रियते। न उ सर्वे सप्त संपद्यैकविंशम् एवाभिसंपद्यन्ते—त्रिवृच् च

त्रयस्त्रिंशश् च तौ द्वाव् एकविंशौ, पञ्चदशश् च [९]त्रिणवश् च[९] तौ द्वाव् एकविंशौ, सप्तदशश् च पञ्चविंशश् च तौ द्वाव् एकविंशाव्[१०], एकविंश एवैकाविंशः[१०]। द्वादश मासाः, पञ्चर्तवस्, त्रय इमे लोका, असाव् आदित्य एकविंशः। एतस्य वा एते सलोकतां गच्छन्ति ये सप्तरात्रयाजिनः। एतम् अभिसंपन्न एषां लोक ऋध्नोति। एतं गच्छत्य्, एतस्य सलोकतां[११], य एवं वेद ॥ ३०२ ॥

[१-१] क तेषामुहैवैक [२] ग अहैके [३] ग श्रेष्ठधीनाम् [४] क वहन्त्य् ग पहत्य् [५] ग स्तोमं [६] ग वहति [७] ग एव हां [८] ग समृद्धी [९-९] ग त्रिणपञ्च [१०] ग नास्ति [११] ग सलोकता

तेन हैतेन जनको वैदेह इयक्षांचक्रे। तं ह स्म यद् ब्राह्मणाः कुरुपाञ्चाला[१] आहुर्—अनेन त्वा यज्ञेन याजयामानेन त्वा यज्ञेन[२] याजयामेति। नेति[३] ह स्माह। न स युष्मद् ब्राह्मणो ब्रह्मीयान् आसीद्, यो मह्यम् एतं यज्ञक्रतुं व्यदधात्। एतेनैव मा याजयतेति। तथेति। तेन हैनं[४] याजयांचक्रुः। स वा एष पृष्ठ्य[५] एव षडहः, पञ्चविंशं[६] महाव्रतम्। तत[७] एव रात्रिम् उपयन्ति। श्रीर् वै वर्ष्म पृष्ठानि। श्रियम् एव तद् वर्ष्म पृष्ठान्य्[८] अभ्यारोहति। अन्नं वै महाव्रतम्, अन्नाद्यस्यैवावरुद्ध्यै। तद् [९]आहुर्—न[९] पुरा संवत्सरान्[१०] महाव्रतम् उपेत्यम् इति। तद् यत् पृष्ठ्यष् [११]षडहो भवत्य्—ऋतवो[११] वै पृष्ठानि। संवत्सर ऋतवः। संवत्सरः कृत्स्नम् अन्नाद्यं पचति—संवत्सराभिजितम् एव तद् अन्नाद्यम् उपयन्ति। पञ्चविंशं[१२] महाव्रतम्—अन्नं वै पञ्चविंशम्—अन्नाद्यस्यैवावरुद्ध्यै ॥ ३०३ ॥

[१-१] क कुरुपञ्चाला ग कुरुपञ्चाल [२] क ग नास्ति [३] ? ग तेनेति [४] ग हैनय्यज [५] ग पृष्ठा [६] क ग पंचविशम् [७] ग नास्ति [८] क पृष्ठयान्य् [९-९] क आन्नं ग आन्न [१०] ग सवत्सरान् [११-११] ग षडहोथ भवतृतवो [१२] क ग पंचविंश

तद् आहुस्—तत्स्थानं वा एतद् अहोरात्र्या अग्निष्टोमो वा एतद् अहर् इति। तद् उ वा आहुस्—संवत्सरो वा एष यद् अग्निष्टोमः। संवत्सरः प्रजापतिः। प्राजापत्यं महाव्रतम् एवाग्निष्टोमसाम्नः पञ्चविंशानि स्तोत्राणि स्युः। अथैकविंशैर्[१] उक्थ्यै रात्रिम् उपावरोहेयुर् इति। तथा हैतौ यज्ञक्रतू[२] व्याक्रियेते ॥

अथ यस्यैतस्य[३] पृष्ठ्यस्य षडहस्य स्तोमाः पञ्चमे ऽहनि महाव्रतं, विश्वजित् सर्वपृष्ठो ऽतिरात्र, एतेनो[४] ह क्रतुः कारीरादिर् ईजे श्रीकामो ऽन्नाद्यकामः। आत्मा वै पृष्ठ्यष् [५]षडहो ऽन्नं महाव्रतम्[५]। स मध्यत एवात्मनो ऽन्नाद्यं धास्ये, [६]सो ऽन्नाद[६] श्रेष्ठ स्वानां भविष्यामीति। अथो संवत्सरो वै पृष्ठ्यष् षडहः। [७]तन् मा[७] संवत्सरेणान्नाद्यं परिगृहीतम् उपस्थास्यत इति। विश्वजित् सर्वपृष्ठो ऽतिरात्रो भवति। श्रीर् वै वर्ष्म[८] पृष्ठानि। तद् उ श्रियं वर्ष्म पृष्ठान्य् अभ्युत्क्रमिष्यामीति[९]। तम्[१०] उ ह ब्राह्मण [११]उवाच—यावज् जीविष्यत्य् अन्नाद[११] एव श्रेष्ठ[१२] स्वानां भविष्यति, विशीर्षास् त्व् एव मर्तेति[१३]। शिरो वा एतद् यज्ञस्य यन् महाव्रतम्। तद् यथा शिरश् छित्वा तद् उपपक्षयोर् उपगूहेत्[१४] तद् वै न श्लिष्यति[१५] तादृग् अकृद् इति होवाच। जानन्त एवास्य शिरश् छेत्तार[१६] इति। तद् ध तथैवास। यावद् ध क्रतुः कारीरादिर् जिजीवान्नाद[१७] एव श्रेष्ठ स्वानाम् आस। विशीर्षास्[१८] त्व् एव ममार। जानन्तो ह त्व् एवास्य [१९]शिरश् चिच्छिदुर् भायकाः[१९]। स हैष कल्याण एव यज्ञक्रतुर् यस् त्वैनेनानुपद्रष्ट्रे[२०] यजेत ॥ ३०४ ॥

[१] ग अथैविंशैर् [२] ग यज्ञक्रतु [३] ग यस्यतस्य [४] क एतोनो [५-५] ग षडह्रोन्महात्रतम् [६-६] ग स्योन्नाद [७-७] ग त मासं [८] ग वर्ष्मा [९] ग अभ्युत् आमिष्यामीति [१०] ग तद् [११-११] ग उपचयावज्जाविष्यन्नाद [१२] ग श्रष्ठ [१३] ग मत्तेति [१४] ग ऊपशूदेत् [१५] ग श्विष्यति [१६] ग छत्त.र [१७] ग जिजीवन्नाद [१८] ग विविशीर्षास [१९-१९] क शिरश्चिच्छिदुर्भायकाम ग शिरश्चछिदुर्भायकाः [२०] ग स्वैनेनानुपद्दष्टे

अथैष बबरसप्तरात्रः[1]। तस्य सप्तदशम् एव प्रथमम् अहर्, अथ त्रिवृद्, अथ पञ्चदशम्, अथैकविंशम्, अथ त्रिणवम्, अथ त्रयस्त्रिंशं[2], [3]ज्योतिर् अतिरात्रः[3]। एतेनो ह स ईजे [4]श्रीकाम उ वान्नाद्यकामः। आत्मा वै [5]पृष्ठ्यष् षडह[5] इति। मुखं त्रिवृद्, अन्नं सप्तदशः[6]। स[7] प्रथमत[8] एव मुखतो ऽन्नाद्यं धास्ये, सो ऽन्नाद श्रेष्ठ स्वानां भविष्यामीति। अथो संवत्सरो वै पृष्ठ्यष् षडहस्, तं मा संवत्सरस्य[9] पुरस्ताद् अन्नाद्यम् अवरुद्धम् उपस्थास्यत[10] इति। ज्योतिर् अतिरात्रः[11]। एतद् वै प्रज्ञातं देवतीर्थं यज् ज्योतिर् अतिरात्रः[11]। स उ प्रज्ञातेन देवतीर्थेनारिष्टेनारिष्ट[12] उदृचं गमिष्यामीति। तम् उ ह स्व एवान्तेवास्य् अनुव्याजहार— ॥ ३०५ ॥

[१] क बबररससप्तरात्रः घ बबरसप्तरात्रस्य [२] ? क त्रयस्त्रिंशज् [३] क घ ज्योतिरात्र ग ज्योतिरतिरात्रा [४-४] ग नास्ति [५-५] ग पृष्ठ्याः षडाह [६] ग सप्तदशाः [७] ग नास्ति [८] ग प्रथत [९] घ संसंवत्सरस्य [१०] ग उपस्तास्यत [११] ग अतिरात्रा [१२] ग देवतीथेनारिष्टनारिष्टा घ देवतीथेनारिष्टोनारिष्ट

—[1]गोवर्णः खालतेयः[1]—पापीयान् भविष्यति। प्रथमत एव मुखतो ऽन्नाद्यम् अधित। यदा[2] वै मुखम् अन्नं प्राप्नोति ततो वाव[3] तत् पूयति[4], [5]यदि प्रगिरति पूयति[5], यदि ष्ठीवति पूयत्य्, अपूयीद्[6] अन्नाद्यं, पापीयान् भविष्यतीति। [7]तद् ध[7] तथैवास। स ह पापीयान् आस। तस्मै होचुर्—यो वै ते ऽयं स्व एवान्तेवासी गोवर्णः खालतेयस्, स वै त्वानु व्याहार्षीद् इति। तं होवाच—स वै मा त्वम् अनेन[8] यज्ञेन याजयेति[9]। तथेति होवाच। तं वै त्वा[10] यथा रथं [11]वा रिष्टं[11] संस्कुर्याद् अनो वा, एवं त्वा संस्करिष्यामीति। तस्य ह त्रिवृद् एव प्रथमम् अहश् चकार, अथ पञ्चदशम्, अथैकविंशम्, अथ त्रिणवम्, अथ त्रयस्त्रिंशम्, अथ [12]सप्तदशम्, अथ[12] सप्तदशम्। द्वे सप्तदशे अनूची। एतेनो ह गोवर्णः खालतेय[13] आचार्यं याजयांचकार। आत्मा वै पृष्ठ्यष् षडहो, ऽन्नं सप्तदशः। स आत्मन[14] [15]एवाध्य् ऊर्ध्वो ऽन्नाद्यम् अभ्युत्क्रमिष्यते। तत्[16] त्वोपरिष्टाद्[15] अन्नाद्यम् अवरुद्धम् उपस्थास्यते—सप्तदशात् सप्तदशम्, अन्नाद् अन्नम्। अभि ते प्रजान्नादी भवितेति होवाच ॥ ३०६ ॥

[१-१] घ वर्णः खालगतेयः [२] ग यथा [३] ग वै घ वा [४] ग पूरयाति [५-५] ग नास्ति [६] ? क घ अपूयद् [७-७] ग घ नास्ति [८] ? क घ अन्येन [९] क घ याजयति [१०] ग त्व [११-११] ग वारिष्ठं [१२-१२] ग नास्ति [१३] ग खलतेय [१४] ग आत्मना [१५-१५] ग नास्ति [१६] क तं

एते बाबरयः[1] कुरुषु पणाय्या एव। स ह स्म[2] [3]तद् देवयजने[3] परिचरतीदम् अयज इदम् उ नायज[4] इति ॥

अथ यस्यैतस्य[5] ज्योतिर् गौर् आयुर् इति त्र्यहो[6], विश्वजित् सर्वपृष्ठ्य उक्थ्यष्, षोडशिमान्[7] छन्दोमपवमानः सर्वस्तोम उक्थ्यः, [8]पञ्चविंशं महाव्रतं[8], ज्योतिर् अति-

रात्रो; यः [९]कामयेतोपेत्याभिप्लवम्, उपेत्य पृष्ठान्य्, उपेत्य छन्दोमान्, महाव्रतं[९] म उपेतं स्याद् इति, स एतेन यजेत । उपेत्य हैवाभिप्लवम्[१०], उपेत्य पृष्ठान्य्, उपेत्य छन्दोमान्, महाव्रतम् अस्योपेतं भवत्य्—अन्नं वै महाव्रतम्—अन्नाद्यस्यैवावरुद्ध्यै[११] । तद् आहुर्—न पुरा संवत्सरान्[१२] महाव्रतम् उपेत्यम् इति । तद् यत् पृष्ठ्यष् षडहो भवत्य्—ऋतवो वै पृष्ठानि । संवत्सर ऋतवः । संवत्सरः कृत्स्नम्[१३] अन्नाद्यं पचति—संवत्सराभिजितम्[१४] एव तद् अन्नाद्यम् उपयन्ति । पञ्चविंशं महाव्रतम्— अन्नं वै पञ्चविंशम्—अन्नाद्यस्यैवावरुद्ध्यै । ज्योतिर् अतिरात्रः । एतद् वै प्रज्ञातं[१५] देवतीर्थं[१६] यज् ज्योतिर् अतिरात्रः । प्रज्ञातेन देवतीर्थेनारिष्टेनारिष्ट[१७] उदृचम् अश्नवा इति ॥ ३०७ ॥

[१] ग बाबर्यः घ बाबरध [२] क स्मा [३-३] क तदेवयजने [४] क नाज [५] ग यस्यैतस्य [६] ग त्रहो [७] ग षोडशीमान् [८-८] ग पंचविंशतिंमहागृतम् [९-९] ग कामये-तोवेत्याभिप्लग्मापेत्य पृष्ठान्युपस्य छन्दोमानहोवृतंद्र [१०] ग हवाभिप्लुवम् [११] क अन्नाद्यस्येवाव-रुद्ध्यै [१२] ग स्मवत्सरा [१३] क ग कृत्स्नम् [१४] ग संवत्सरमभिजितम् [१५] ग प्रज्ञतं [१६] ग देवतीर्थ [१७] ग दवतीर्थेनारिष्ट

पृष्ठ्यष् [१]षडहो, ऽथ[१] यत् सप्तमम् अहस् तस्य चतुर्विंशं[२] बहिष्पवमानं त्रयस्त्रिंशान्य् उत्तराणि स्तोत्राणि पञ्चविंशं महाव्रतं[३] चतुस्त्रिंशम् अग्निष्टोमसाम । आप्यत इव वा एतद् यज्ञो, यद् एष पृष्ठ्यष् षडह आप्यत इति । तद् यत् सप्तमस्याह्नश् चतुर्विंशं बहिष्पवमानं भवति—चतुर्विंशत्यर्धमासस् संवत्सरः । संवत्सरो यज्ञो—यज्ञम् एवैतद् यज्ञमुख आरभन्ते । अथो चतुर्विंशत्यक्षरा वै गायत्री । गायत्र्यो वा आप्तं यज्ञक्रतुं पुनस् तन्वते [४] । तेनो[५] ह्य् अन्या गायत्र्या आप्तं यज्ञक्रतुम् उद्यन्तुम्[६] अर्हति । त्रयस्त्रिंशान्य् उत्तराणि स्तोत्राणि—त्रयस्त्रिंशद् वै देवता—देवतानाम् एवाप्त्यै । पञ्चविंशं महाव्रतम्—अन्नं वै पञ्चविंशम्—अन्नाद्यस्यैवावरुद्ध्यै । चतुस्त्रिंशम्[७] अग्निष्टोमसाम । त्रयस्त्रिंशद् वै देवताः । प्रजापतिश् चतुस्त्रिंशः । सप्रजापतिकास्व् एवैतद् देवतासु यज्ञस्यान्ततः प्रतितिष्ठति ॥

[८]पृष्ठ्य एव षडहो, ऽथ यत् सप्तमम् अहस् तस्य चतुर्विंशाः पवमानास्, त्रयस्त्रिंशं पुनरभ्यावर्ति, पञ्चविंशं महाव्रतं, चतुस्त्रिंशम् अग्निष्टोमसाम । आप्यत इव वा एतद् यज्ञो यद् एष[८] पृष्ठ्यष्[९] [१०]षडह आप्यत इति । तद् यत्[१०] सप्तमस्याह्नश् चतुर्विंशाः पवमाना भवन्ति सवनमुखे, सवनमुखे नो यज्ञ आरब्धो ऽसद् इति । त्रयस्त्रिंशं पुनरभ्यावर्ति[११]—त्रयस्त्रिंशद् वै देवता—देवतानाम् एवाप्त्यै । पञ्चविंशं[१२] महाव्रतम्—अन्नं वै पञ्चविंशम्—अन्नाद्यस्यैवावरुद्ध्यै । चतुस्त्रिंशम् अग्निष्टोमसाम । त्रयस्त्रिंशद् वै देवताः । [१३]प्रजापतिश् चतुस्त्रिंशः[१३] । सप्रजापतिकास्व्[१४] एवैतद् देवतासु यज्ञस्यान्ततः प्रतितिष्ठति ॥ ३०८ ॥

[१-१] ग षडहो तथ [२] क ग चतुर्विशं [३] ग महव्रतम् [४] ग तनाते [५] ग तनो [६] ग उद्यतम् [७] ग चस्त्रिशम् [८-८] ग नास्ति [९] ग अधिपाठः एवै [१०-१०] ग षडहोः येत् [११] क ग -वर्त्ती [१२] ग पंचविंशम [१३-१३] ग नास्ति [१४] ग प्रजापतिकास्व्

पृष्ठ्य एव षडहो, ऽथ यत् सप्तमम् अहस् तत् सर्वम् एव चतुर्विंशं, पञ्चविंशं महाव्रतं, [१]चतुस्त्रिंशम् अग्निष्टोमसाम । आप्यत इव वा एतद् यज्ञो यद् एष पृष्ठ्यष् षडह आप्यत

इति । तद् यत् सप्तमम् अहस् सर्वम् एव चतुर्विंशं भवति, सर्वेणैवाह्ना यज्ञ आरब्धो ऽसद् इति । पञ्चविंशं महाव्रतम्[1]—अन्नं वै पञ्चविंशम्—अन्नाद्यस्यैवावरुद्ध्यै । चतुस्त्रिंशम्[2] अग्निष्टोमसाम । त्रयस्त्रिंशद् वै देवताः । प्रजापतिश् चतुस्त्रिंशः । सप्रजापतिकास्व् एवैतद् देवतासु यज्ञस्यान्ततः प्रतितिष्ठति ॥

पृष्ठ्य[3] एव [4]षडहो, ऽथ[4] यत् सप्तमम् अहस् तस्य छन्दोमाः पवमानाश्[5], चतुस्त्रिंशं पुनरभ्यावर्ति, पञ्चविंशं महाव्रतं, त्रयस्त्रिंशम् अग्निष्टोमसाम । यः कामयेतोपेत्य पृष्ठान्य्, उपेत्य छन्दोमान्, महाव्रतं म उपेतं स्याद् इति, स एतेन यजेत । उपेत्य हैव पृष्ठान्य्, उपेत्य छन्दोमान्, महाव्रतम् अस्योपेतं भवत्य्[6]—अन्नं वै महाव्रतम्—अन्नाद्यस्यैवावरुद्ध्यै[7] । चतुस्त्रिंशं पुनरभ्यावर्ति[8] । त्रयस्त्रिंशद् वै देवताः । प्रजापतिश् चतुस्त्रिंशः । सप्रजापतिकास्व् एवैतद् देवतासु प्रतितिष्ठति । पञ्चविंशं महाव्रतम्—अन्नं वै पञ्चविंशम्—अन्नाद्यस्यैवावरुद्ध्यै । त्रयस्त्रिंशम् अग्निष्टोमसाम—त्रयस्त्रिंशद् वै देवता[9]—देवतानाम् एवाप्त्यै ॥ ३०९ ॥

[१-१] ग नास्ति [२] ग चतुर्विंशम् [३] ग तिष्ठथ [४-४] ग षडहोत [५] क पवमानश्
[६] ग भवंत्य् [७] ग अहन्नाद्यस्यै- [८] ग पुनराभ्यावर्त्ति [९] ग नास्ति

अथैतौ संसंग्यौ[1] । जमदग्निर् ह वै माहेनानां पुरोहित आस । तान् ह वित्तेनात्यादधौ[2] । त उ हैनम् उपजिहिंसुः[3] । स हेक्षांचक्रे[4]—कथं न्व्[5] अहम् एषां सप्त सप्तैकाहनि ग्राम्याणां पशूनां हन्याम् इति । स एतौ यज्ञाव्[6] अपश्यत् । ताव् आहरत[7] । ताभ्याम् अयजत । ततो वै स तेषां सप्त सप्तैकाहनि ग्राम्याणां पशूनाम् अहन् । स वा एषो ऽछिद्रो वज्रः । तान् ह स्मैतेनैवाछिद्रेण[8] वज्रेणोपप्रवर्तयति[9] । तद् यथा मत्येन तिलान् स्तृंह्याद्[10] एवं ह स्मैवैनांस् तत् सूदानपोप्तान्[11] अभिव्युच्छति[12] । स यो भ्रातृव्यवान्[13] [14]स्याद् यो[14] ऽभिचरेद् य स्पर्धेत, स एताभ्यां यजेत । एतेनैवाछिद्रेण वज्रेण द्विषन्तं पाप्मानं भ्रातृव्यं स्तृणुते । अथो आहुः—प्रजाकाम एवाभ्यां यजेतेति । स्तोमो[15] वा एतत् स्तोमेन संसक्तो भवति—संसक्ताद्[16] वै मिथुनात् प्रजाः[17] पशवः प्रजायन्ते—प्रजात्या एव । अथैतत् सप्तदशं सप्तमम् अहर् भवति । तस्मिन् महाव्रतम् उपयन्ति । प्रजापतिर् वै सप्तदशः । अन्नं महाव्रतम् । स्व एव तद् आयतने प्रजापतिम् अन्नाद्येन समृद्धयन्ति ॥ ३१० ॥

[१] एवं कोशयोः [२] ग वित्तनाद्यादधौ [३] ग उपजिहंसुः [४] क हैक्षांचक्रे [५] ग त्व् [६] ग यज्ञं [७] ग अहरत [८] ग -छिद्रण [९] ग वज्रेणापप्रवर्त्तयति [१०] ग स्त्रींह्याद् [११] ग सूदनपोप्तान [१२] ग अभिव्यछति [१३] ग भ्रतृव्यवान् [१४-१४] ग स्याय्येद्या [१५] ग स्तोमे [१६] ग संसक्तोद् [१७] ग प्रजां

अथैते ऽष्टरात्राः । बृहस्पतिर् वा अकामयत—तेजस्वी [1]ब्रह्मवर्चसी स्यां, यशो देवेषु गच्छेयम् इति । स एतम् अष्टरात्रं यज्ञम् अपश्यत् । तम् आहरत् । तेनायजत । ततो वै स तेजस्वी ब्रह्मवर्चस्य् अभवद्, यशो देवेष्व् अगच्छत् । यशो ह्य् एष तद् अगच्छद् यद् एषां पुरोधाम् आश्नुत । तेजस्वी[1] ब्रह्मवर्चसी भवति यशो देवेषु गच्छति, य एवं वेद । अथो आहुर्—आयुष्काम एवैनेन यजेतेति । प्राणो वै गायत्री । गायत्रीम् एष यज्ञो ऽभिसंपन्नः । तस्माद् उ हैनेनायुष्कामो[2] यजेत । अथो आहुः—पशुकाम एवैनेन[3] यजेतेति[4] । अष्टा-

क्षरा वै [5]गायत्री। अष्टाशफाः[5] पशवः। पशवो गायत्री[6]। गायत्रीम् एष यज्ञो ऽभि संपन्नः। तस्माद् उ हैनेन[7] पशुकामो यजेत। प्रजापतिर् वा अकामयत—अस्माल् लोकाद् अमुं लोकं गच्छेयम् इति। स एतम् अष्टरात्रं यज्ञम् अपश्यत्। तम् आहरत्। तेनायजत। ततो वै सो ऽस्माल् लोकाद् अमुं लोकम् आप्त। यद् अस्माल् लोकाद् अमुं लोकम् आप्त, तद्[8] अष्टरात्राणाम् अष्टरात्रत्वम्। [9]अप्त हास्माल्[9] लोकाद् अमुं लोकं, य एवं वेद[10]। तद् आहुः—किम् अन्व्[11] अष्टरात्र इति। दिश इति ब्रूयात्। दिशो ह वा अन्व् अष्टरात्रः[12]। चतस्रो दिशश् चत्वारो ऽवान्तरदेशाः। ऊर्ध्वा दिङ् नवमी। अष्टाव् एतान्य् अहानि भवन्ति, रात्रिर्[13] नवमी। दिश एवैतेनर्ध्नोति[14], दिक्षु प्रतिष्ठाय स्वर्गं लोकम् एति ॥ ३११ ॥

[१–१] ग नास्ति [२] ग हेनैनायुष्कामो [३] क ग एवेनेन [४] ग यजतेति [५–५] ग गायत्रीष्टाशफाः [६] ग नास्ति [७] ग हेनेन [८] ग द् [९–९] ग अपोरमां [१०] ग नास्ति [११] ग अन्त्व् [१२] ग अष्टश्चरात्र [१३] ग त्रिर् [१४] ग एवैतेनर्द्धो

अथ यस्यैतस्य ज्योतिर् अग्निष्टोमः, पृष्ठ्यष् षडहो, ज्योतिर् अग्निष्टोमो, यः कामयेत तेजस्वी ब्रह्मवर्चस्य् अस्मिन् लोके स्यां, गच्छेयं[1] स्वर्गं[2] लोकं, तेजस्वी ब्रह्मवर्चस्य् अमुष्मिन् लोके स्याम् इति, स एतेन यजेत[3]। तद् यत् पुरस्ताज् ज्योतिर् अग्निष्टोमो भवति—तेजो वै ब्रह्मवर्चसं ज्योतिर् अग्निष्टोमस्—तेनैवास्मिन् लोके तेजस्वी ब्रह्मवर्चसी भवति। पृष्ठ्यष् षडहो भवति—स्वर्गो वै लोकः पृष्ठ्यष् षडह—स्वर्गम् एवैतेन लोकं [4]गच्छति। ज्योतिर् अग्निष्टोम[4] उपरिष्टाद् भवति—तेजो वै ब्रह्मवर्चसं ज्योतिर् अग्निष्टोमस्—तेनैवामुष्मिन् लोके तेजस्वी ब्रह्मवर्चसी भवति ॥

अथ यस्यैतस्य ज्योतिर् अतिरात्रः, पृष्ठ्यष् षडहो, ज्योतिर् अतिरात्रो, यः कामयेत प्रत्य् अस्मिन् लोके तिष्ठेयं, गच्छेयं स्वर्गं लोकं, प्रत्य् अमुष्मिन् लोके तिष्ठेयम् इति, स एतेन यजेत। तद् यत् पुरस्ताज् ज्योतिर् अतिरात्रो भवत्य्—एषा वै कृत्स्ना प्रतिष्ठा यज् [5]ज्योतिर् अतिरात्रस्[5]—तेनैवास्मिन् लोके प्रतितिष्ठति। पृष्ठ्यष् षडहो भवति—स्वर्गो वै लोकः पृष्ठ्यष् षडह—स्वर्गम् एवैतेन लोकं गच्छति। ज्योतिर् अतिरात्र उपरिष्टाद् भवत्य्—एषा वै कृत्स्ना प्रतिष्ठा यज्[6] ज्योतिर् अतिरात्रस्—तेनैवामुष्मिन् लोके प्रतितिष्ठति ॥ ३१२ ॥

[१] क गच्छैयं [२] ग स्वर्गं [३] ग यजेन [४–४] ग गछतिदग्निष्टोम [५–५] ग ज्योतिरात्रस् [६] ग नास्ति

अथ यस्यैतस्य ज्योतिर् अग्निष्टोमः, पृष्ठ्यष् षडहो, ज्योतिर् अतिरात्रो, यः कामयेत तेजस्वी ब्रह्मवर्चस्य् अस्मिन् लोके स्यां, गच्छयं स्वर्गं लोकं, प्रत्य् अमुष्मिन् लोके तिष्ठेयम् इति, स एतेन यजेत। तद् यत् पुरस्ताज् ज्योतिर् अग्निष्टोमो भवति—तेजो वै ब्रह्मवर्चसं ज्योतिर् अग्निष्टोमस्—तेनैवास्मिन् लोके [1]तेजस्वी ब्रह्मवर्चसी भवति। पृष्ठ्यष् षडहो भवति—स्वर्गो वै लोकः पृष्ठ्यष् षडह—स्वर्गम् एवैतेन लोकं गच्छति। ज्योतिर् अतिरात्र उपरिष्टाद् भवत्य्—एषा वै कृत्स्ना प्रतिष्ठा यज् ज्योतिर् अतिरात्रस्—तेनैवामुष्मिन्[2] लोके प्रतितिष्ठति ॥

अथ यस्यैतस्य[1] [3]ज्योतिर् अतिरात्रः[3], पृष्ठ्यष्[4] षडहो, ज्योतिर् अग्निष्टोमो, यः कामयेत प्रत्य् अस्मिन् लोके तिष्ठेयं, गच्छेयं स्वर्गं लोकं, तेजस्वी ब्रह्मवर्चस्य् अमुष्मिन्

लोके [५]स्याम् इति[५], स एतेन यजेत । तद् यत् पुरस्ताज् [३]ज्योतिर् अतिरात्रो[३] भवत्य्— एषा वै कृत्स्ना प्रतिष्ठा यज् [३]ज्योतिर् अतिरात्रस्[३]—तेनैवास्मिन् लोके प्रतितिष्ठति । पृष्ठ्यष् षडहो भवति—स्वर्गो वै लोकः पृष्ठ्यप् षडह—स्वर्गम् एवैतेन लोकं गच्छति । ज्योतिर् अग्निष्टोम उपरिष्टाद् भवति—तेजो वै ब्रह्मवर्चसं ज्योतिर् अग्निष्टोमस्—तेनैवामुष्मिन् लोके तेजस्वी ब्रह्मवर्चसी भवति ॥ ३१३ ॥

[१-१] ग नास्ति [२] क तेनैवामुस्मिन् [३-३] ग ज्योतिरात्रः [४] ग पृष्ठष् [५-५] ग स्यामि

अथैष पृष्ठ्यष् षडहः, पञ्चविंशं महाव्रतं[१], सर्वस्तोमो[२] ऽतिरात्रः । अन्नाद्यकामो हैतेन यजेत । तद् आहुर्—न पुरा संवत्सरान् महाव्रतम् उपेत्यम् इति । तद् यत् पृष्ठ्यष् षडहो भवत्य्—ऋतवो वै पृष्ठानि । संवत्सर ऋतवः । संवत्सरः कृत्स्नम् अन्नाद्यं पचति[३]— संवत्सराभिजितम् एव तद् अन्नाद्यम् उपयन्ति । पञ्चविंशं महाव्रतम्—अन्नं वै पञ्चविंशम्—अन्नाद्यस्यैवावरुद्ध्यै । सर्वस्तोमो ऽतिरात्रो भवति, सर्वेषां लोकानाम् अभिजित्या अभिक्रान्त्यै । सर्वं हीदं स्तोमा एव । अथो यान् इमान् एकैकान्[४] स्तोमान् उपागाम[५], तान् सार्धम् ऋद्ध्वा तेषु प्रतिष्ठायोदृचम् अश्नवामहा इति ॥

अथ यस्यैतस्य पृष्ठ्यस्य[६] षडहस्य स्तोमाग्, चतुर्विंशम् अहर् विश्वजित् सर्वपृष्ठो ऽतिरात्रो, यः कामयेत परोक्षोपेतं मे महाव्रतं स्याद् इति, स एतेन यजेत । तद् यच् चतुर्विंशम् अहर् भवति, तेनैवास्य परोक्षोपेतं महाव्रतं भवति । यद् व् एव तत्र हिंकारो वा [७]प्रस्तावो वा[७] प्रतिहारो[८] वा किं चिद् भवति, तेनैवास्य पञ्चविंश्य् उपाप्ता भवति । विश्वजित् सर्वपृष्ठो[९] ऽतिरात्रो भवति । श्रीर् वै वर्ष्म पृष्ठानि । श्रियम् एव तद् वर्ष्म पृष्ठान्य् अभ्यारोहन्ति[१०] ॥ ३१४ ॥

[१] ग महाव्रत [२] क सर्वस्तोमो [३] ग पचती [४] ग इकैकान् [५] ग उपजगाम [६] ग पृष्ठस्य [७-७] ग नास्ति [८] ग प्रतिहरो [९] ग सर्वपृष्ठे [१०] ग अन्त्यारोहन्ति

अथ यस्यैतस्य पृष्ठ्यस्य[१] षडहस्य ज्योतिर् अग्निष्टोमो मध्ये भवति, ज्योतिर् अतिरात्र उपरिष्टाद्, यः कामयेत आ मे ब्रह्मवर्चसी प्रजायां जायेतेति[२], स एतेन यजेत । आत्मा वै पृष्ठ्यप् षडहः । तेजो ब्रह्मवर्चसं ज्योतिर् अग्निष्टोमः । मध्यत उ वा आत्मनः प्रजननम्[३] । प्रजननं तद् यन् मध्ये ज्योतिर् अग्निष्टोमो भवति । मध्यत[४] एवैतद् आत्मनो ज्योतिर् धत्ते । आ हास्य ब्रह्मवर्चसी[५] प्रजायां[६] जायते । ज्योतिर् अतिरात्र उपरिष्टाद्— एतद् वै प्रज्ञानं देवतीर्थं यज् ज्योतिर् अतिरात्रः—प्रज्ञातेन देवतीर्थेनारिष्टेनारिष्टा[७] उदृचम् अश्नवामहा इति ॥

अथ यस्यैतस्य विश्वजिदभिजिताव् अग्निष्टोमाव् अभितो[८] भवत उभयतो ज्योतिष् षडहो मध्ये, पशुकामो हैतेन यजेत । चत्वार एते मध्य उक्थ्या भवन्ति । पशवो वा उक्थानि । तेषां सहस्रं स्तोत्र्याः[९] । चत्वार [१०]उ वैते[१०] ऽग्निष्टोमा अभितो भवन्ति । ब्रह्म वै ज्योतिर् अग्निष्टोमः । ब्रह्मणैव तद् उभयतः पशून् परिगृह्णीते ऽपरावापाय । नास्य वित्तं परोप्यते य एवं वेद । ईश्वरो ह तु यादृश एव सन् यजते तादृङ् भवितोः । स यदैवान्तगत इव श्रियै मन्येताथ हैतेन यजेत । इष्ट्वा हैव स्वर्गं लोकम् एति ॥ ३१५ ॥

[१] क ग पृष्ठस्य [२] ग जयेतेति [३] ग प्रजननः [४] ग मध्य [५] ग ब्रह्मवर्चसा [६] ग पजयां [७] ग -रिष्टेनरिष्ट [८] ग अभिजितो [९] क स्तोत्रियाः ग स्तोत्राः [१०-१०] ग उ एवैतेन

अथैते नवरात्राः[1] । तेजस्कामो हैतेन[2] यजेत यन् नवरात्रः । तेजो वै त्रिवृत् स्तोमः । त्रिवृतम् एष स्तोमं [3]यज्ञो ऽभिसंपन्नः[3] । तस्माद् उ हैनेन तेजस्कामो यजेत । अथो आहुर्—ब्रह्मवर्चसकाम एवैनेन यजेतेति । ब्रह्म वै त्रिवृत् स्तोमः । त्रिवृतम् एष स्तोमं यज्ञो ऽभिसंपन्नः । तस्माद् उ हैनेन ब्रह्मवर्चसकामो यजेत । अथो आहुर्—आयुष्काम एवैनेन यजेतेति । प्राणो वै त्रिवृत् स्तोमः । नवैतान्य् अहानि भवन्ति, रात्रिर् दशमी । नव पुरुषे प्राणा, नाभिर् दशमी । प्राणान् एवैतेनाभिजयति[4], [5]प्राणान् आप्नोति । तद् आहुः—किम् अनु नवरात्र इति । दिश इति ब्रूयात् । दिशो ह वा अनु नवरात्रः । चतस्रो दिशश् चत्वारो ऽवान्तरदेशा, ऊर्ध्वा दिङ् नवम्य्, अर्वाची दशमी । दिश एवैतेनर्ध्नोति[5] । दिक्षु प्रतिष्ठाय स्वर्गं लोकम् एति ॥ ३१६ ॥

[१] क नवरात्रः [२] ग हतेन [३-३] ग यज्ञोभिस्संपन्नः [४] क एवैनेना- [५-५] ग नास्ति

अथ यस्यैतस्य ज्योतिर् गौर् आयुर् इति त्र्यहो, ज्योतिर्[1] गौर् आयुर् इति [2]त्र्यहो, ज्योतिर् गौर् आयुर्[2] [3]अतिरात्रो, यः[3] कामयेत अनन्तर्हितान्[4] इमान् लोकान् अभ्यारोहेयम् इति, स एतेन यजेत । तद् यज् ज्योतिर् गौर् आयुर् इति त्र्यहो भवत्य्—अयं वै लोको ज्योतिर्, अयं गौर्, असाव् आयुर्—[5]अनन्तर्हितान् एवैतेनेमान्[5] लोकान् अभ्यारोहति । अतिरात्राव् अनुत्तमस् त्र्यहो भवति । एवंविधा[6] इव वा इमे लोका—अग्निष्टोम इवायं लोक, उक्थ्य इवायम्[7], अतिरात्र इवासौ । तद् यथाविधा इमे लोका एवम् एवैनान्[8] एतद् [9]अभ्यारोहन्न् एति[9] ॥

अथ यस्यैतस्य ज्योतिर् गौर् [10]आयुर् अतिरात्रो[10] ज्योतिर् गौर् आयुर्[11] अतिरात्रो ज्योतिर् गौर् आयुर् अतिरात्रो, [12]य उ[12] एव कामयेत[13] अनन्तर्हितान् इमान् लोकान् अभ्यारोहेयम् इति स एतेन यजेत । तद्[14] यज् ज्योतिर् गौर् आयुर् अतिरात्रो भवत्य्—अयं[15] वै लोको ज्योतिर्, अयं गौर्, असाव् आयुर्—[16]अनन्तर्हितान् एवैतेनेमान्[16] लोकान् अभ्यारोहति । अतिरात्रवन्तस् [17]त्र्यहा भवन्ति[17] । अथो एवंविधा इव वा इमे [18]लोका—अग्निष्टोम[18] इवायं लोक[19], उक्थ्य इवायम्, [20]अतिरात्र इवासौ । तद्[20] यथाविधा इमे लोका, एवम् एवैनान् एतद् अभ्यारोहन्न् एति ॥ ३१७ ॥

[१] क ज्योतिर् [२-२] ग नास्ति [३-३] ग रात्रायः [४] ग अनन्तहितान् [५-५] क ग अनन्तर्हितानैवैतेनेमान् [६] ग एवंविधं [७] ग इवायाम् [८] ग एवैनाम् [९-९] ग अभ्यरोहभ्येति [१०-१०] ग आयुरात्रो [११] ग आयौर् [१२-१२] क य ए ग या उ [१३] ग कामायेत [१४] ग तद [१५] ग एयं [१६-१६] ग अणन्तर्हितानैवेतेनामां [१७-१७] ग त्र्यहं भवति [१८-१८] ग लोकाग्निष्टोमा [१९] ग लोका [२०-२०] ग अतिरात्रै वासु तद

त्रयो ह वा एषां लोकानां विषुवन्तो—अग्निर् वा अस्य लोकस्य विषुवान्, वायुर् अन्तरिक्षस्य, आदित्यो दिवः । तान् एवैतेनातितरति । त्र्यनीको[1] भवत्य् ऐन्द्रो विजित्यै । त्र्यनीकेन वै देवसदनेन[2] देवा असुरान् अजयन् । तस्माद् या अप्य् एतर्हि त्र्यनीका[3] सेना भवति [4]जयत्य् एव[4] । तद् तथा [5]त्र्यनीकया सेनया[5] जेष्यन्त्योपप्रेयाद्[6], एवम् एवैतेन जेष्यन् स्वर्गं लोकम् उपप्रैति, जयति स्वर्गं लोकं, य एवं वेद ॥

अथ यस्यैतस्य ज्योतिर् अतिरात्रः, पृष्ठ्यष् षडहः, पञ्चविंशं महाव्रतं, ज्योतिर् अतिरात्रो, ऽन्नाद्यकामो[7] हैतेन[8] यजेत[9]। तद् आहुर्—न पुरा संवत्सरान् महाव्रतम् उपेत्यम् इति। तद् यत् पृष्ठ्यष्[10] षडहो [11]भवत्य्—ऋतवो[11] वै पृष्ठानि। संवत्सर ऋतवः। संवत्सरः कृत्स्नम् अन्नाद्यं पचति—संवत्सराभिजितम् एव तद् अन्नाद्यम् उपयन्ति। पञ्चविंशं महाव्रतम्—अन्नं वै पञ्चविंशम्—अन्नाद्यस्यैवावरुद्ध्यै। ज्योतिर् अतिरात्र—एतद् वै प्रज्ञातं देवतीर्थं यज् ज्योतिर् अतिरात्रः—प्रज्ञातेन देवतीर्थेनारिष्ट[12] उद्दचम् अश्नवा इति ॥ ३१८ ॥

[१] ग ऽयनीका [२] म देवासनेन [३] ग ऽयनीता [४-४] ग जत्येवा [५-५] ग ऽयनीक्य सेन्या ज्योति [६] क ज्येष्यत्योपप्रेयाद् ग ज्यष्यन्तेप्रपयाद् [७] ग नाद्यकामो [८] ग हेतेन [९] ग यजता [१०] ग पृष्ट्या [११-११] ग भवततवो [१२] ? क देवतीर्थेनारिष्टम् ग देवतीर्थेनाऋष्ट

[1]तद् व् एतस्य[1] परिचक्षते—यद् एनत् सत्रम् एव मन्यन्ते, सत्रं ह स्मैतत् पुरोपयन्ति। अनेन ह त्वाव सत्रियाश्[2] च दक्षिणावन्तश्[3] च स्तोमा विज्ञायन्ते। उभयतो ऽतिरात्रा एव सत्रिया, अन्यतरतो ऽतिरात्रा दक्षिणावन्तः। स य एनेन दक्षिणावता यजेत पुरस्ताद् अग्निष्टोमं कृत्वा यजेत ॥

अथ यस्यैतस्य पृष्ठ्यस्य षडहस्य स्तोमाः[4] पञ्चमे ऽहनि महाव्रतं, विश्वजित्स्तोमो[5] ऽतिरात्रः। इहेव[6] च ह खलु वा एत इहेव[7] च वाचं विप्रयुञ्जते ये यजन्ते ये सत्रम् आसते। तान् दशमेनैवाह्ना[8] संपादयन्ति संपन्नायै[9] वाचो विकृष्टायै प्रतिष्ठितायै महाव्रतम् उपेतम् असद् इति। अन्नं वै महाव्रतम्। अन्नाद्यस्यैवावरुद्ध्यै[10]। विश्वजित्स्तोमो[11] ऽतिरात्रो भवति। [12]पराङ् इव[12] ह वा एष स्वर्गम् एव लोकम् अभिनिर्मृष्टो यद् विश्वजित्स्तोमो[13] अतिरात्रः। पराङ् एवैतेन स्वर्गं लोकम् एति। तद् यच् चतुर्थस्तोम एकविंशो भवति—प्रतिष्ठा वा एकविंशस्—तेनैवास्यां प्रतितिष्ठति ॥ ३१९ ॥

[१-१] क तत्रेतस्य ग तद्वतस्य [२] ग त्रियाश् [३] ग रक्षिणावन्तश् [४] ग स्तोमः [५] ग विश्वाजत्स्तो [६] ग उहेव [७] ग इइव [८] ग दशमेनान्हा [९] ग संपन्नयै [१०] ग अन्नाद्यस्यवावरुद्ध्यै [११] ग विश्वजित्स्तो [१२-१२] ग पराञ्चिव [१३] ग विश्वजित्स्तोमे

अथ यस्यैतस्य पृष्ठ्यस्य षडहस्य ज्योतिर् गौर् आयुर् इति मध्ये ऽयहो भवति, प्रजननकामो हैतेन यजेत। आत्मा वै पृष्ठ्यष्[1] षडहः। प्रजननम् एते स्तोमाः। तद् यन् मध्ये ज्योतिर् गौर् आयुर् इति ऽयहो भवति, मध्यत एवैतद् आत्मनः[2] प्रजननं धत्ते, बहुर् भवति, प्रजायते ॥

अथ यस्यैतस्योर्ध्वष्[3] षडहः प्रत्यङ् ऽयहो, यः[4] कामयेत गच्छेयं स्वर्गं लोकं, प्रत्य् अस्मिन् लोके तिष्ठेयम् इति, स एतेन यजेत। षडहेनैवैत ऊर्ध्वं स्वर्गं लोकं गच्छति, प्रत्य् एवामुतस् ऽयहेणावरोहति। गच्छति स्वर्गं लोकं, प्रत्य् अस्मिन् लोके [5]तिष्ठति। अथो ह वेद यो असाव् आसं [6]सो ऽयम्[6] अस्मीति पुनर् हैवास्मिन् लोक आजायते ॥

अथ यस्यैतस्योर्ध्वस् ऽयहः, प्रत्यङ् षडहो, य उ एव कामयेत गच्छेयं स्वर्गं लोकं, प्रत्य् अस्मिन् लोके[5] तिष्ठेयम् इति, स एतेन यजेत। ऽयहेणैवैत[7] ऊर्ध्वं[8] स्वर्गं लोकं गच्छति, प्रत्य् एवामुतष् षडहेनावरोहति[9]। गच्छति स्वर्गं लोकं प्रत्य् अस्मिन् लोके

तिष्ठति। अथो ह वेद यो ऽसाव्[१०] आसं सो ऽयम् अस्मीति। पुनर् हैवास्मिन् लोक आजायते॥

अथ यस्यैतस्योर्ध्वंष्[३] [११]षडह ऊर्ध्वस् त्र्यह, स्वर्गकामो हैतेन यजेत। ऊर्ध्वा एते स्तोमा भवन्त्य्[११]—ऊर्ध्वो वै स्वर्गो लोक—स्वर्गस्यैव लोकस्य समष्ट्यै॥ ३२०।

[१] क ग पृष्ठ्य [२] ग आत्मना: [३] ग यस्यैतस्योद्‌र्ध्व [४] ग ये: [५–५] ग नास्त [६–६] क सेयम् [७] ग षडहेनैवेत [८] क ऊद्‌र्ध्वा [९] ग त्र्यहेणावरोहति [१०] ग असव् [११] ग अधिपाठ: त्र्यह: प्रत्य षडहो य उ एव कामयेत गछेयं स्वर्गं लोकं प्रत्यस्मिन् लोके तिष्ठेयमिति स एतेन यजेत त्र्यहेर्णवेत ऊद्‌र्ध्वं स्वर्गं लोकं गछति प्रत्येवामुत षडहेनावरोहति गच्छति स्वर्गं लोकं प्रत्यस्मिन् लोके तिष्ठत्यथो ह वेद योसवासं सोयमस्मीति पुनर्हैवास्मिन् लोके आजायतेथ यस्यैतस्योद्‌र्ध्वं [१२] ग भवत्य्

अथैष विविधः[१]। तस्य ज्योतिर् अग्निष्टोमो गौर् उक्थ्य आयुर् उक्थ्यो ज्योतिर् अग्निष्टोम आयुर् अतिरात्रो ज्योतिर् अग्निष्टोमो गौर् उक्थ्य आयुर् उक्थ्यो ज्योतिर् अग्निष्टोमः। पशुकामो हैतेन यजेत। तस्यैषो[२] ऽन्यतस्संगो गोआयुषी[३] उक्थ्याव् अन्तरौ भवतः। पशवो वा उक्थानि। तयोः पञ्च शतानि स्तोत्र्याः[४]। ज्योतिषी[५] अग्निष्टोमाव् अभितो भवतः। ब्रह्म वै ज्योतिर् अग्निष्टोमः। ब्रह्मणैव तद् उभयतःपशून् परिगृह्णीते ऽपरावापाय। नास्य वित्तं परोप्यते य एवं वेद। आयुर् अतिरात्रो मध्ये भवति। तद् यथा ह वै विविधस्[६], तस्य मध्ये पृथ्वी[७] वानववर्दाय, [८]तादृक् तद् एष[८] उ एवान्यतस्संगः। गोआयुषी[३] उक्थ्याव् अन्तरौ भवतः। पशवो वा उक्थानि[९]। तयोः पञ्च शतानि स्तोत्रियाः[१०]। ज्योतिषी[५] अग्निष्टोमाव् अभितो भवतः। ब्रह्म वै ज्योतिर् अग्निष्टोमः। ब्रह्मणैव तद् उभयतः पशून् परिगृह्णीते ऽपरावापाय। नास्य वित्तं परोप्यते य एवं वेद॥ ३२१॥

[१] ग विधिविध: [२] क ग सस्यैशो [३] ग -आयुषि [४] ग स्तोत्रीया [५] ग ज्योतिषि [६] एवं च। क ग विधस् [७] ग पृथिवी [८–८] ग तादृत्तदेश [९] ग उक्थ्यानि [१०] क स्तोत्रिया ग स्तोत्रीया

अथैते दशरात्राः। अभिचर्यमाणो[१] हैतेन यजेत यद् दशरात्रः। दशैतान्य् अहानि भवन्ति। दश पुरुषे[२] प्राणाः। अह्नैव प्राणं परिगृह्णीते, ऽह्ना प्राणम्, अह्ना प्राणं, न ततस् तस्य स प्राणो ऽतिशयेयम्। [३]अस्याभिचरंस् स्तृण्वीत[३]। अथो आहुर्—अभिचरन्न् एवैनेन यजेतेति। दशैतान्य् अहानि भवन्ति। दश पुरुषे[२] प्राणाः। अह्नैव परस्य प्राणं स्तृणुते, ऽह्ना प्राणम्, अह्ना प्राणम्। न ततः[४] परस्य स प्राणः[५] परिशिष्यते। येनाभिचर्यमाणो जीवेत्। एतद् ध वै ज्यैष्ठ्यं[६] कर्मणां यद् एष सौम्यो ऽध्वरो[७] दशरात्रो विधया विधीयते। तद् यज् ज्यैष्ठ्यं[६] कर्मणां तेन नो यज्ञो विहितो ऽसद् इति॥ ३२२॥

[१] ग अभिवर्य्यमाणा [२] ग पुरुशो [३–३] क ग अस्याभिचरन् स्त्रिण्वीत [४] ग तत हा [५] ग प्राणा: [६] ग जैष्ठ्यं [७] ग ध्वरो

एतद् ध वै परमं वाचः क्रान्तं यद् दशेति। एतावद् ध परमं वाक् चक्रमे। तद् यत् परमं [१]वाचः क्रान्तं[१] तत् सर्वम् आप्नवानीति। अथो आहुर्—अन्नाद्यकाम एवैनेन यजेतेति। सर्वो[२] ह वा अन्यो विराजम् [३]अतितिष्ठतीति। एष[३] ह वाव विराजं नातिष्ठीति

यो दशभि स्तुते । दशाक्षरा विराट् । अन्नं[4] विराट् । अह्नैव विराजम् अवरुन्द्धे, ऽह्ना [5]विराजम्, अह्ना[5] विराजम् । स दशमेनैवाह्ना सर्वां विराजम् अन्नाद्यम् अवरुद्ध्यान्तत उत्तिष्ठति । पुरुषो ह वाव विराजम् अतिशये । दशैतान्य् अहानि भवन्ति, रात्रिर् एकादशी[6] । दश पुरुषे प्राणा, आत्मैकादशः । पुरुषो ह वा एष विराड्य् अध्यूढो ऽनिष्पादाय[7] । न ह वै गौर् नाश्वो नाश्वतरो विराजम् अधितिष्ठति । पुरुषो ह वाव विराजम् अधितिष्ठति । तस्मात् पुरुषः पशूनाम् अत्ता । अत्ता पशूनां भवत्य् अधि विराजं तिष्ठति, य एवं वेद ॥ ३२३ ॥

[१-१] ग वाच हाक्रातं [२] ग सरो [३-३] ग अतिष्ठैतेष [४] क अह्नं [५-५] ग नास्ति
[६] ग एकादसी [७] ग निष्पादया

इन्द्रो वृत्रं वज्रेणाध्यस्य नास्तृषीति मन्यमानस् स व्यसयत । स हरितो विस्मितो ऽजरत् । स ऐक्षत—कथं न्व् अहम् अस्य हरिम्णः पाप्मनो दशमीं निर्दश्यं गच्छेयम् इति । स एतं दशरात्रं यज्ञम् अपश्यत् । तम् आहरत् । तेनायजत । ततो वै स तस्य हरिम्णः पाप्मनो दशमीं निर्दश्यम् अगच्छत् । गच्छति ह हरिम्णः पाप्मनो दशमीं निर्दश्यं, य एवं वेद । तस्माद् उत विद्धं वा विजातं वावतीर्णिनं वा पृच्छन्ति निर्दश्यो[1] ऽभूद् इति । तस्य ह वाव ते तद् धरिम्णः पाप्मनो दशमीं निर्दश्यं[2] गच्छन्ति । गच्छति ह हरिम्णः पाप्मनो दशमीं निर्दश्यं य एवं वेद ॥ ३२४ ॥

[१] क नर्दशो [२] क निर्दश्य

अथैष त्रिककुप् । प्रजननकामो हैतेन यजेत । त्रिवृत्पञ्चदशौ स्तोमौ भवतः । ऊनातिरिक्तौ मिथुनौ प्रजनी । ऊनम् अन्यस्यातिरिक्तम् अन्यस्य । ऊनातिरिक्ताद् वै मिथुनात् प्रजाः पशवः प्रजायन्ते । ताभ्यां त्रिवृतं[1] स्तोमं पर्यूहन्ति । तम् एव तौ प्रजनयतः[2] । [3]सप्तदशैकविंशौ स्तोमौ भवतः । ऊनातिरिक्तौ मिथुनौ प्रजनी । ऊनम् अन्यस्यातिरिक्तम् अन्यस्य । ऊनातिरिक्ताद् वै मिथुनात् प्रजाः पशवः प्रजायन्ते । ताभ्यां सप्तदशं स्तोमं पर्यूहन्ति । तम् एव तौ प्रजनयतः[3] । त्रिणवत्रयस्त्रिंशौ स्तोमौ भवतः । ऊनातिरिक्तौ मिथुनौ प्रजनी । ऊनम् अन्यस्यातिरिक्तम् अन्यस्य । ऊनातिरिक्ताद् वै मिथुनात् प्रजाः पशवः प्रजायन्ते । ताभ्यां त्रिणवं स्तोमं पर्यूहन्ति । तम् एव तौ प्रजनयतः । तद् आहुर्—आप्यन्ते वा एतत्[4] स्तोमा, आप्यन्ते छन्दांस्य्[5], आप्यन्ते देवता, आप्यन्त ऋतवो गृहा (?), यद् एष[6] पृष्ठ्यष्[7] षडह आप्यन्त (?) इति । आग्नेयीष्व् अयातयाम्नीषु सप्तमे ऽहनि स्तुवीरन् । अग्निर् वै देवानाम् अयातयामा । अग्निम् एव तद् देवानाम् अयातयामानं पश्यन्तो यजन्ते । [8]ऐन्द्रीष्व् अयातयाम्नीषु[8] अष्टमे ऽहनि स्तुवीरन् । इन्द्रो वै देवानाम् अयातयामा । इन्द्रम् एव तद् देवानाम् अयातयामानं पश्यन्तो यजन्ते । वैश्वदेवीष्व् अयातयाम्नीषु नवमे ऽहनि स्तुवीरन् । विश्वे वै देवा देवानाम् अयातयामानः । विश्वान् एव देवांस्[9] तद् देवानाम् अयातयाम्नः पश्यन्तो यजन्ते[10] । सर्वस्तोमो ऽतिरात्रो भवति[11], सर्वेषां लोकानाम् अभिजित्या अभिक्रान्त्यै । सर्वं हीदं स्तोमा [12]एव । अथो[12] यान् इमान् एकैकान् स्तोमान् उपागाम, तान् सार्धम् ऋद्ध्वा, तेषु प्रतिष्ठायोदृचम् अश्नवामहा इति ॥ ३२५ ॥

[१] ग दशैकविंशं [२] ग प्रजयतः [३-३] ग नास्ति [४] ग एत [५] ग चन्दास्य् [६] ग एश [७] ग पृष्ठ्य [८-८] ग ऐन्द्रीष्वा- यातयाम्नीषु [९] ग नास्ति [१०] क यजन्त [११] ग भवन्ति [१२-१२] ग येवाथो

अथैष पञ्चयज्ञक्रतुः। याः पञ्च दैवीर् आच्छदस् [१]तासाम् एषर्द्धिः। यः[१] पांक्तो यज्ञो ये[२] पांक्ताः पशवो यत् पांक्तम् अन्नाद्यं ये पञ्चर्तवो यत् किं च पञ्च पञ्च तस्यैषा सर्वस्यर्द्धिस्[३] तस्योपाप्तिः। तस्यो एतस्य न रात्रिम् उपयन्ति [४]नेद् विराजम्[४] अतिपुवामेति। तद् आहुर्—अति वै दशरात्रो यज्ञस्य [५]मात्राम् एति[५]। तद् यद् एष पञ्चयज्ञक्रतुर् भवति पञ्चाहे श्रुतस् तं कामम् ऋध्नवानि यो दशरात्र इति। सर्वस्तोमो ऽतिरात्रो भवति, सर्वेषां लोकानाम् अभिजित्या अभिक्रान्त्यै। सर्वं हीदं स्तोमा एव। अथो यान् इमान् एकैकान् स्तोमान् उपागाम[६] तान् सार्धम् ऋद्ध्वा तेषु प्रतिष्ठायोदृचम् अश्नवामहा इति॥

अथैष सप्तयज्ञक्रतुः। यास् सप्त दैवीर्[७] आच्छदस्[८] तासाम् [९]एषर्द्धिः। यास्[९] सप्तपदाश् शक्वर्यो, ये सप्त ग्राम्याः पशवो, यानि सप्त चतुरुत्तराणि छन्दांसि, ये सप्त मुख्याः प्राणा, यानि सप्तविंशतिर् दिव्यानि नक्षत्राणि, यस् सप्तविंश स्तोमो[१०] यत् किं च सप्त सप्त, तस्यैषा[११] सर्वस्यर्द्धिस् तस्योपाप्तिः। तद् आहुर्—अति वै दशरात्रो यज्ञस्य [१२]मात्राम् एति[१२]। तद् यद् एष सप्तयज्ञक्रतुर् भवति सप्ताहे श्रुतस् तं कामम् ऋध्नवानि[१३] यो दशरात्र इति। सर्वस्तोमो ऽतिरात्रो भवति सर्वेषां लोकानाम् अभिजित्या अभिक्रान्त्यै। सर्वं हीदं स्तोमा एव। अथो यान् इमान् एकैकान्[१४] स्तोमान् उपागाम तान् सार्धम् ऋद्ध्वा तेषु प्रतिष्ठायोदृचम् अश्नवामहा इति॥ ३२६॥

[१-१] ग थसामेषद्धीर्यः [२] ग यो [३] ग सवस्यधिस्. [४-४] ग नद्विराजम् [५-५] क ग मात्र.मेतेति [६] ग उपाजगाम [७] ग देवीर् [८] ग आक्षदस् [९-९] क एषद्धिर्य्यास् ग एषद्धिरर्य्यास् [१०] ग वेतामो [११] ग तस्येषा [१२-१२] ग मात्रामेतेति [१३] ग ऋध्नावानि [१४] ग इकैकान्

अथैष [१]महात्रिककुप्। य[१] श्रीकामः पुरोधाकाम स्यात् स एतेन यजेत। त्रीणि[२] वर्ष्माणि तिस्र श्रियस् त्रय इमे लोकाः। [३]तद् एवैतेनावरुन्द्धे[३]। त्रिवृता पञ्चदशं परिष्टुवन्ति। ब्रह्म वै त्रिवृत्, क्षत्रं पञ्चदशः[४]। ब्रह्मणैव तत् क्षत्रं परिगृह्णन्ति[५]। सप्तदशेनैकविंशं परिष्टुवन्ति। ब्रह्म वै सप्तदशः क्षत्रम् एकविंशः। ब्रह्मणैव तत् क्षत्रं परिगृह्णन्ति[५]। त्रिणवेन त्रयस्त्रिंशं परिष्टुवन्ति। ब्रह्म वै त्रिणवः, क्षत्रं त्रयस्त्रिंशः। ब्रह्मणैव तत्[६] क्षत्रं परिगृह्णन्ति। यदो वै ब्रह्मणा क्षत्रं परिगृह्णात्य् अथ [७]स तस्य[७] पुरोधां गच्छति, गच्छति पुरोधां, पुर एनं दधते॥ ३२७॥

[१-१] ग महाकुकुय्य [२] ग त्रिणि [३-३] ग तदैवैतेनावरुन्धे [४] क पंचदो ग पंचदशैव [५] ग परिभणन्ति [६] ग तत्तत् [७-७] ग रतस्य

स वा एष महात्रिककुब्[१] भवति। त्रयो ह वा एषां लोकानां ककुभः। अग्निर् वा अस्य लोकस्य ककुब्[२] वायुर् अन्तरिक्षस्यादित्यो दिवः। ककुभाम् एको भवति, य एवं वेद। विश्वजित् सर्वपृष्ठातिरात्रो भवति। श्रीर् वै वर्ष्म पृष्ठानि। श्रियम् एव[३] तद् वर्ष्म पृष्ठान्य् अभ्यारोहति। ओजो वै वीर्यं पृष्ठानि। ओजसैव तद् वीर्येणान्ततः पुरोधां परिगृह्णीते। नानाग्निष्टोमसामानि भवन्त्य् अन्यो ऽन्यस्यानानुयानाय[४]। शं नो देवीर् अभीष्टये[५],

तं गूर्धया स्वर्णरम् **इति यज्ञायज्ञीयं च साकमश्वं च ।** अग्ने वाजस्य गोमतो, विशोविशो वो ऽतिथिम्[६] **इति श्रुधीयं च विशोविशीयं च ।** आ ते अग्न इधीमहि, मूर्धानं दिवो अरतिं पृथिव्या **इति संजयं च दैर्घश्रवसं च ।** अग्निं नरो दीधितिभिर्[७] अरण्योस्[८], त्वम् अग्ने गृहपतिर् **इति बृहच् चाग्नेयं समन्तं च ।** समिद्धम् अग्निं समिधा गिरा गृण, आ नो[९] यज्ञं दिविस्पृशम् **इति राजोवाजीयं च बृहच् च ॥ ३२८ ॥**

[१] ग माहात्रिकुकुप् [२] ग ,ककुब्बु [३] ग एत [४] ? क अन्यस्यानननुधानाय ग अन्यस्याननुधानाय [५] क ग अभिष्टये [६] ग त्रतिथिम् [७] ग दीधीतिभिर् [८] ग अरन्योस् [९] ग न

तेन हैतेन जबालम्[१] आरुणिर् याजयांचकार । स ह त्रयाणां निगृध्रानानां[२] पुरोधां जगाम—काश्यस्य कौसल्यस्यैक्ष्वाकस्येति । तस्य ह श्रीर् आस कल्याणी । तस्य ह स्म तच् छ्रियं दृष्ट्रा श्वेतकेतुः पित्रा[३] वदते—पलित यज्ञकाम अन्यान् एव श्रिया यशसा
व
समङ्क्षं चरसि, नात्मानम् इति । नेति ह स्माह । मा मा [४]पुत्रक वोचः[४] । यज्ञक्रतुर् एव मे विज्ञात आस । तं पापक इव ब्रह्मबन्धुके व्यजिज्ञासे । स किल तथैवास यथा [५]म एनम् अनूचुः[५] । ततो वा अतितराम् इव । स वा एष यज्ञो[६] मृत्योर् एव निष्कृतिः । देवा वै मृत्योर् [७]अबिभयुर् ये[७] स्वर्गे लोके । तस्मात् ते प्रजापतिम् एवोपधावन्[८] । तेभ्य एतं दशरात्रं यज्ञं व्यदधात् । तम् आहरन् । तेनायजन्त ॥ ३२९ ॥

[१] ? क ज्वालम् [२] ? एवं क [३] एवं क [४–४] क पुत्रकोदो [५–५] एवं क [६] ग यज्ञ [७–७] क अबिभयुर्य ग अबिभयुय [८] एवं कोशयोः

ते त्रिवृतास्तुवत[१] । त्रिवृता वै स्तुवत इति मृत्युः पञ्चदशम् [२]अभिपर्यैत्यातिष्ठद् इदम् अत[२] एष्यन्तीति । तं पञ्चदशे ऽन्वागच्छन् । तं तत[३] उदरुन्धन्[४] । स सप्तदशम् अभ्युदक्रामत् । अथेतरे पञ्चदशेन स्तुत्वा त्रिवृतैव पुनर् अस्तुवत । त्रिवृता[५] वै स्तुवत इति मृत्युः [६]पञ्चदशम् एवाभिप्रत्याद्रवद् इदम्[६] एवात एष्यन्तीति । अथेतरे सप्तदशम् अभ्यत्यक्रामन्[७] । ते सप्तदशेनास्तुवत । सप्तदशेन वै स्तुवत[८] इति मृत्युर् एकविंशम्[९] [१०]अभिपर्यैत्यातिष्ठद् इदम् अत एष्यन्तीति । तम् एकविंशे ऽन्वागच्छन् । तं तत उदरुन्धन् । स त्रिणवम् अभ्युदक्रामत् । अथेतर एकविंशेन स्तुत्वा[१०] सप्तदशेनैव पुनर् अस्तुवत । सप्तदशेन वै स्तुवत इति मृत्युर् एकविंशम् एवाभिप्रत्याद्रवद् इदम् एवात एष्यन्तीति[११] । अथेतरे[१२] त्रिणवम् अभ्यत्यक्रामन् । ते त्रिणवेनास्तुवत । त्रिणवेन वै स्तुवत इति मृत्युस् त्रयस्त्रिंशम् अभिपर्यैत्यातिष्ठद् इदम् अत एष्यन्तीति । तं [१३]त्रयस्त्रिंशे ऽन्वागच्छन्[१३] । तं तत उदरुन्धन् । स छन्दोमान् अभ्युदक्रामत् । अथेतरे त्रयस्त्रिंशेन स्तुत्वा त्रिणवेनैव [१४]पुनर् अस्तुवत[१४] । त्रिणवेन वै स्तुवत इति मृत्युस् त्रयस्त्रिंशम् एवाभिप्रत्याद्रवद् इदम् एवात एष्यन्तीति ॥ ३३० ॥

[१] ग तृवृतावस्तुवत [२–२] ग अभिपर्येत्यतिष्ठद्दिमत [३] ग त (=ते?) [४] ग उदरुन्धन् [५] ग तृवृतं [६–६] क पञ्चदशमेवाभि- ग पञ्चदशमेवाभिप्रत्यादशद्दिम् [७] ग अभ्यन्त्यत्यक्रामन् [८] ग अधिपाठः सप्तदशेन वै स्तुवत [९] ग एकविशमेवाभि [१०–१०] ग नास्ति [११] ग एष्यन्ति [१२] ग तथेतरे [१३–१३] ग त्रयस्त्रिंशेनान्वागच्छन् [१४–१४] ग पुनस्तुवत

अथेतरे विश्वजितम् एव सर्वपृष्ठं पितरं प्रजापतिं प्रापद्यन्त । ततो वै ते निकृत्य मृत्युम् अमृता अभवन् । निकृत्य हैव मृत्युम् अमृतो[१] भवति, य एवं वेद । अथैते ऽग्निष्टोमा एव दशाहानि भवन्ति । एतेभ्यो ह वै सामभ्यः प्रजापतिस् सोमपीथं[२] प्रददौ । तानि वा एतानि प्रत्तसोमपीथान्य् अपहतपाप्मानि सामानि । अपहत्य पाप्मानं श्रेयान् भवति, य एवं वेद । एतान्य् उ ह वै सामानि कामानां पूर्णानि । यथा दृतिस्व् आसिक्त[३] स्याद् दध्नो वा घृतस्य वा मधुनो[४] वैवम् एतानि सामानि कामानां पूर्णानि । एतान्य् उ ह स्म वै तत् कुंस्थः कालाशभिर्[५] उपगायति—

अरुणान् सदम् उक्षन्न् अश्वान् काष्ठातो यथा ।
पूर्णान् परिस्रुतः कुम्भान् जनमेजयसादन ॥

इति । यं ह वा एतैस् सामभिः कामं कामयते तम् एवावरुन्द्धे । अथैतानि द्वादशाहस्य दशाहानि भवन्ति । एतान्य् उ ह वै वीर्यवन्त्य् अहानि यानि[६] द्वादशाहस्य । तद् यानि वीर्यवन्त्य् अहानि तैर् न स्तुतम् असद् इति । तान्य् उ नाना स्तोमा वहन्ति । एषा ह वा अह्नां समृद्धिर् यद् एनानि नाना स्तोमा वहन्ति । सा यैवाह्नां समृद्धिस् सैवैषा क्रियते ॥ ३३१ ॥

[१] ग अमृत [२] क सोमंपीथं [३] ग आसत्त [४] ग नध्नो [५] ग कालशभिर्
[६] ग नास्ति

अथैष कुसुर्विन्दंदशरात्रः । तस्य त्रयस्[१] त्रिवृतो ऽग्निष्टोमास् त्रयः पञ्चदशा उक्थ्यास् त्रयस् सप्तदशा उक्थ्या ज्योतिर् अतिरात्रो, यः कामयेत तेजस्वी ब्रह्मवर्चस्य् ओजस्वी वीर्यावान्[३] अन्नादः प्रतितिष्ठेयम् इति, स एतेन यजेत । तेजो वै ब्रह्मवर्चसं त्रिवृत् स्तोम, ओजो वीर्यं पञ्चदशो, ऽन्नं सप्तदशः, प्रतिष्ठा ज्योतिर् अतिरात्र, ऋध्नोति हैनेनैतान् कामान् य एतस्मिन् कामाः । अतो ज्योतिष्टोमे ऽतिरात्रे श्रुतस्[४] तं कामम् ऋध्नवानि यो दशरात्र इति । एतं ह स्म वै तत् प्रसृप्तौ ब्राह्मणौ समूदाते—[५]कं नु[५] [६]सोम्य यज्ञक्रतुं[६] प्रसृप्तौ स्व इति । तयोर् हान्यतर उवाच—यदि न्वा इदम् [७]एवाप्य् अह[७] श्वो भविताग्निष्टोमा एव तर्हि दशो एव त्वयि[८] नूनम् अहान्य् आसिष्यावहा इति । तं हैतं ताव् अग्निष्टोमम् एव[९] मेनाते ये ह्य् एवामी अग्निष्टोमस्य स्तोमास् त एवैते ॥

[१०]अथैषो ऽभ्रिर्[१०] उभयतःक्ष्णुः[११]— ॥ ३३२ ॥

[१] एवं कोशयोः । पञ्चविंशे २२·१५·१ कुसुरुविन्द- [२] क त्रयत्रयस् ग त्रयस्त्रयस् [३] एवं कोशयोः [४] ग तस् [५-५] क के न्नु ग क नु [६-६] क सोम्येयशक्रतुं ग सोम्ये यआक्रतुं [७-७] ग एवाप्तह [८] ग र्त्वि च ऋत्विजि इति साधीयान् पाठः प्रतीयते [९] क ग एवे [१०-१०] ? क अथैषोभ्रर् ग अथैषाभिर् [११] ग ·क्ष्णुभ्रः

—तस्य त्रिवृद् अग्निष्टोमः पुरस्ताद् भवति, त्रिवृद् अग्निष्टोम उपरिष्टाद्, [१]अष्टाव् उक्थ्याः[१] सप्तदशा मध्ये । अन्नाद्यकामो हैतेन यजेत । अग्निर् वै पूर्वस् त्रिवृद्, आदित्य उत्तरः । अग्निर् वा अस्य लोकस्याभ्रिर्, [२]आदित्यो ऽमुष्य । अथैतद्[२] अन्नम् एव यजेत । [१]अष्टाव् उक्थ्यास्[१] सप्तदशा मध्ये । अयम् एवास्मा अग्निर् इत[३] एतद् अन्नाद्यं[४] रदत्य् आदित्यो ऽमुतो वृष्टिं प्रयच्छति । ता अस्मा एतद् उभयतो ऽन्नाद्यं रदतो ऽन्नादो ह भवति, य एवं वेद । अथो आहुः—पशुकाम एवैनेन यजेतेति । तस्याग्निष्टोमाव् अभितो भवत,

उक्थ्या मध्ये। ब्रह्म वा अग्निष्टोमः, पशव उक्थानि। ब्रह्मणैव तद् उभयतः पशून् परि-
गृह्णीते ऽपरावापाय। नास्य वित्तं परोप्यते, य एवं वेद॥

अथ यस्यैतस्योर्ध्वेष् षडह, ऊर्ध्वस् त्र्यहो. [५]ज्योतिर् अतिरात्र[५], स्वर्गकामो हैतेन
यजेत। ऊर्ध्वा एते स्तोमा भवन्त्य्—ऊर्ध्वो वै स्वर्गो लोक—स्वर्गस्यैव लोकस्य समष्ट्यै॥

अथ यस्यैतस्य ज्योतिर् गौर् आयुर् अतिरात्रो ज्योतिर् गौर् आयुर् अतिरात्रो
ज्योतिर्[६] अतिरात्रो, यः कामयेत ज्योतिष्मतो लोकान् जयेयम्[७] इति, स एतेन यजेत।
चत्वार्य् उ ह वै देवानाम् आविष्टमानाव् अतिज्योतींष्य्[८]—अग्निः पृथिव्याम्, आदित्यो
दिवि, चन्द्रमा नक्षत्रेषु, विद्युद् अप्सु। एतान् एव ज्योतिष्मतो लोकान् जयति य एवं
विद्वान् एतेन[९] यज्ञक्रतुना यजते, य उ चैनम् एवं वेद, य उ चैनम् एवं वेद॥ ३३३॥[१०]

[१-१] ग अष्टा उक्थया [२-२] ग आदिरये· मुष्याकथैतद् [३] ग उत [४] ग अन्नाद्य [५-५] क ज्योतिरात्रः ग ज्योतिरतिरात्रा [६] ग अधिपाठः गौरायुर् [७] ग ज्येयेयम् [८] ग अज्योतींष्य् [९] ग एनेन [१०] क पुष्पिका इत्यहीनं॥ हरिः ओं। आदिकेशवाय त्रयीमूर्तये नमः। खण्डम्। ओं॥

सत्रम्

अथैष त्रयोदशरात्रः[१] । असौ वा आदित्यस्[२] सदृङ् एवान्यैर्[२] देवैर्[३] आसीद् अनेनाग्निना वायुना चन्द्रमसान्यैर् देवैः[३] । सो ऽकामयत सर्वेषां देवानां श्रैष्ठ्यं गच्छेयं[४], त्रयोदशो मासो भूत्वेदं सर्वम् अभ्यारोहेयम् इति । स एतं त्रयोदशरात्रम् अपश्यत् । तम् उपैत् । ततो वै स सर्वेषां देवानां श्रैष्ठ्यम् अगच्छत्[५]. त्रयोदशो मासो भूत्वेदं सर्वम् अभ्यारोहत् । संवत्सरो वा इदं सर्वम् । त एव सर्वे स्तोमास्, तानि सर्वाणि पृष्ठानि, तानि सर्वाणि छन्दांसि, तानि सर्वाणि सवनानि, ते सर्वे देवास्, ते सर्वे लोकास्, ते सर्वे कामाः । स द्वादशभिर् एवाहोभिर् द्वादश मासान् आप्त्वा त्रयोदशेनैवाह्ना त्रयोदशो मासो भूत्वेदं सर्वम् अभ्यारोहत् । ते[६] य एवं विद्वांसस् त्रयोदशरात्रम् उपयन्त्य् एतम् [७]एवर्ध्नुवन्त्य् एतस्य सलोकतां गच्छन्ति[७] ॥ ३३४ ॥

[१] ग त्रयोदशरात्रयोदशरात्रो [२–२] क सदृंङ्दे॰ान्यैर् ग सदृग्देवान्यैर् [३] ग दैवैः [४] क गच्छैयं [५] गं अगछ [६] ग ये [७–७] ग एतद्र्ध्नंवन्तेतस्य लोकतां गछति

मास्यं वा एतत् सत्रम् । तेन [१]यर्द्धिस् सैवर्द्धिः[१] । मासो ह खलु वै पुनः पुनः पल्ययमानस् संवत्सरम् आप्नोति । संवत्सरं[२] वा एतद् ईप्सन्ति[३] संवत्सरम् ईप्सन्ति यद् यजन्ते यत् सत्रम् आसते । न हि किं चन[४] बहिस् संवत्सराद् अस्ति । स्वाराज्यं[५] वा एता रात्रयो यच् चतुर्दश । सप्त परस्ताद् अहानि सप्तावस्तात् । अथ यो मध्ये [६]लोकस् स स्वराट् स[६] स्वर्गो [७]लोकः । तद्[७] ब्रध्नस्य विष्टपं गच्छन्ति, तत् स्वाराज्यं गच्छन्ति । तद् अन्यस्याननुयाना[८] भवन्ति । ता वा एता रात्रयस् संपद्यन्ते विराजं च गायत्रीं च । एते ह खलु वै छन्दसां[९] वीर्यवत्तमे यद् विराट् च गायत्री च । ते य छन्दसां वीर्यवत्तमे तयोर् ऋध्नवाम , तयोः प्रतितिष्ठाम, ताभ्यां न स्तुतम् असद्[१०] इति । उपो विराजं गच्छन्ति । तद् उ विराजो ऽन्नाद्यस्यैश्वर्यम् आधिपत्यं गच्छन्ति । द्व्यूना[११] विराट्, द्वे[१२] ते स्त्रिया[१३] ऊने[१४] यतस् सा प्रजायते, तेनो[१५] प्रजननम् । वैश्वानरः प्रायणीयो ऽतिरात्रो भवति । वैश्वानरप्रायणा ह्य् अहीनास् सोमाः ॥ ३३५ ॥

[१–१] ग यद्धिरथैवद्धि [२] ग संवत्सरवं [३] एवं कोशेषु [४] क चान [५] क स्वा॰ज्यं [६–६] ग लोक स्वराट् [७–७] ग लोकोस्तत् [८] क ग अन्नस्याननुयाना [९] ग छन्दसाद् [१०] ग अरद् [११] ग चूना [१२] ग द्व [१३] ग स्त्रया [१४] क ग उने [१५] क ग तोनो

अथैष पृष्ठ्यष्[१] षडहो भवति । श्रीर् वै पृष्ठानि, वर्ष्म वै पृष्ठानि । तच्[२] छ्रियं वर्ष्म पृष्ठानि रोहन्ति । तद् उ सत्त्रिणो भवन्ति । तद् आहु—श्रेयांसं वा एते ऽभ्यारोहन्ति[३], य एतं पृष्ठ्यं षडहम् उपयन्तीति । तद् यत् परस्तात् प्रत्यङ् पृष्ठ्यष् षडहो भवति, निह्नवायैवानार्त्यै शिवत्वाय शान्त्यै । [४]तत् त्व् एतस्य[४] परिचक्षते यद् आरभमाणा एवं[५] पृष्ठ्यं षडहम् आरभन्ते वैश्वानर उदयनीयो ऽतिरात्रो भवति । वैश्वानरोदयना ह्य् अहीनास् सोमाः ॥

अथैते ज्योतिर् गौर् आयुर् इति स्तोमा भवन्ति । एते ह वै शिवाश् शान्ताः[6] पथ्या स्तोमा ये ज्योतिर् गौर् आयुर् इति । ते ये शिवाश् शान्ताः[6] पथ्या स्तोमास् तैर् न स्तुतम् असद् इति । त उ विराजं संपन्नाः । तद् उ विराजम् अन्नाद्यम् आरभन्ते । यो वै श्रेयांसम् असंविद्योपाधिरोहत्य्[7] उद् वै स तं हिंस्ते । यथा वै स तम् आर्त्या कामयते तथैनं निनयति[8] । अथ य एनम्[9] अनु संविदम् अनु समात् सद्यो वाधिरोहति[10] न वै स तम् उद्धिंस्ते । तद् यद् एते ज्योतिर्[11] गौर् आयुर् इति स्तोमा भवन्ति, यथा श्रेयांसम् अनु संविदम् अनु समात् सद्यो वाधिरोहेत्[10] तादृक् तत्[12] ॥ ३३६ ॥

[१] क ग पृष्ठ्य् [२] क नास्ति ग त [३] क ग भ्योरोहन्ति [४-४] क ग तत्त्नेतस्य [५] ग एव [६] क ग शान्त्याः [७] ग असंसद्यो- | [८] क निनवति [९] ग एतम् [१०] क ग पाधि- [११] ग ज्योति [१२] ग नास्ति

अथैष पृष्ठ्यष् षडहो भवति । श्रीर् वै पृष्ठानि । वर्ष्म वै पृष्ठानि । [1]तच् छ्रियं[1] वर्ष्म पृष्ठानि रोहन्ति[2], तद् उ सत्रिणो[3] भवन्ति । तद् आहुर्—अग्रम् इव वा एते रोहन्ति य एतं पृष्ठ्यं षडहम् उपयन्तीति । यो वै महावृक्षस्याग्रं रूढ्वा प्रत्यवरोढुं[4] न वेद भंगं वै स न्येत्य् अव वा हि पद्यते तद् वैवोपरि शुष्यति । तद् यत् परस्तात् [5]प्रत्यङ् त्र्यहो[5] भवति, निह्नवायैवानार्त्यै शिवत्वाय शान्त्यै[6] । ज्योतिषो ऽध्य् अह्न उत्तिष्ठन्ति[7], [8]प्रज्ञाताज् ज्यैष्ठ्यात्[8] स्तोमात् प्रज्ञाते ज्यैष्ठ्ये[9] स्तोमे प्रतिष्ठायोदृचम् अश्नवामहा इति । तस्य द्वादश स्तोत्राणि भवन्ति—द्वादश मासास् संवत्सरः । संवत्सरो ज्यैष्ठ्यं[10], तस्य भ्रातृव्यो [11]नास्त्य्—अभ्रातृव्ये[11] ज्यैष्ठ्ये[12] स्तोमे[13] प्रतिष्ठायोदृचम् अश्नवामहा इति । वैश्वानर[14] उदयनीयो ऽतिरात्रो भवति । वैश्वानरोदयना ह्य् अहीनास्[15] सोमाः ॥ ३३७ ॥

[१-१] ग तच्छियं [२] ग राहति [३] ग स्त्रिणो [४] ग प्रत्यवरां [५-५] ग प्रत्यङ्त्र्यहो [६] ग शान्तै [७] ग उत्तिष्टन्ति [८-८] ग प्रज्ञातान्यैष्ठ्यात् [९] ग ज्येष्ठे [१०] ग | ज्येष्ठ्येन् [११-११] ग नास्त्यभ्रतृव्यो [१२] क ग ज्येष्ठे [१३] ग नास्ति [१४] ग वैश्वानरो [१५] ग अहैनास्

अथैता द्वादशाहवतीर्[1] भवन्ति—देवसत्रं[2] ह खलु वा एतत् प्रजापतिसत्रं यद् द्वादशाहः । एतेन वै सत्रेण प्रजापतिर् आर्ध्नोत्[3]—तद् येन सत्रेण प्रजापतिर् आर्ध्नोत्[3] तेनर्ध्नवामेति[4] । तद् आहुः—किं वर्ष्म सत्राणाम् इति । द्वादशाह इति ब्रूयात् । द्वादशाहो ह वै वर्ष्म[5] सत्राणां[6], न ह्य् अन्यस्मिन् सत्रे चतुश्चत्वारिंश स्तोमो ऽस्ति, नाष्टाचत्वारिंशः[7] । तद् यद् वर्ष्म सत्राणां तन् न उपेतम् असद् [8]इति । इहेव[8] च ह खलु वा एत [9]इहेव च[9] वाचं विप्रयुञ्जते ये यजन्ते[10] ये सत्रम् आसते । तान् दशमेनैवाह्ना संपादयन्ति संपन्नायै नो वाचो विकृष्टायै प्रतिष्ठिताया उदृचम् अश्नवामहा इति । एकेनो च[11] सत्रेण द्वे सत्रे उपयन्ति द्वादशाहं च चतुर्दशरात्रं च । वैश्वानर उदयनीयो ऽतिरात्रो भवति । वैश्वानरोदयना ह्य् अहीनास् सोमाः ॥ ३३८ ॥

[१] ग द्वादशाभवति [२] ग देवसत्र [३] ग आर्ध्नोत् [४] ? क तेनर्ध्नामेति ग तेनर्द्धानामेति [५] ग स्म [६] ग सत्राणा [७] ग ना | अष्टाचत्वारिंशत् [८] ग इतिहेव [९-९] क इहे [१०] ग यजते [११] ग व

मास्यं वा[1] एतत् सत्रम्। [2]तेन यर्द्धिंस् सैवर्द्धिः[2]। मासो ह खलु वै पुनः पुनः पल्ययमानस् संवत्सरम् आप्नोति। संवत्सरं वा एतद् ईत्सन्ति[3] संवत्सरम् ईप्सन्ति यद् यजन्ते[4] यत् सत्रम् आसते। न हि किं चन बहिस् संवत्सराद् अस्ति। स्वाराज्यं वा एता रात्रयो यत्[5] पञ्चदश। सप्त परस्ताद् अहानि सप्तावस्तात्[6]। अथ यन् मध्ये ऽहस् तत् स्वराट्[7], स स्वर्गो लोकः। तद् ब्रध्नस्य विष्टपं गच्छन्ति, तत् स्वाराज्यं गच्छन्ति, तद् अन्यस्यानानुयाना[8] भवन्ति। वज्रो ह खलु वा एष यत् पञ्चदशरात्रः। पञ्चदशरात्रेण वै वज्रेण देवा असुरान् अभ्यभवन्। ते ये पाप्मगृहीता इव मन्येरंस्[9] त एतम् एव पञ्चदशरात्रम् उपेयुः। पञ्चदशरात्रेणैव वज्रेण द्विषन्तं पाप्मानं भ्रातृव्यम् अभिभूयोत्तिष्ठन्ति। तद् उ होवाच यामनो भ्रातलायनो याम् अहं सरस्वतीं पञ्चदशरात्रेण वज्रेणाजयं[10] कस् तस्याम् उद् अन्यो ऽवसातुम् अर्हति। वज्रेण वा अहम् एताम् अजयम्। दुरपजय्यं[11] वै वज्रजितम् इति। ता वा एता रात्रयस् संपद्यन्ते विराजं च गायत्रीं च। एते ह खलु वै छन्दसां वीर्यवत्तमे[12] यद् विराट् च गायत्री च। ते ये छन्दसां वीर्यवत्तमे [13]तयोर् ऋध्नवाम[13], तयोः प्रतितिष्ठाम, ताभ्यां न स्तुतम्[14] असद् इति। उपो विराजं गच्छन्ति। तद् उ विराजो ऽन्नाद्यस्यैश्वर्यम् आधिपत्यं गच्छन्ति। एको विराड्, ऊनं तत् स्त्रियै यतस् सा[15] प्रजायते, तेनो प्रजननम्। वैश्वानरः प्रायणीयो ऽतिरात्रो भवति। वैश्वानरप्रायणा[16] ह्य् अहीनास् सोमाः ॥ ३३९ ॥

[१] क व [२-२] ग तन यर्द्धि सैवर्द्धि [३] ग ईत्र्धन्ति [४] ग यजे [५] ग धत् [६] ग सप्तावस्तत् [७] क स्वाराट् [८] क ग अन्यस्याननुयाना [९] ग मन्नेरंस् [१०] ग वज्रणाजयन् [११] क ग दुरपजयं [१२] ग वार्य्यवत्तमे [१३-१३] ग तयोरुध्नवाम [१४] ग स्कुतम् [१५] क ग स [१६] क -प्रायणीया

अथैते ज्योतिर्[1] गौर् आयुर् इति स्तोमा भवन्ति। एते ह वै[2] शिवाश्[3] शान्ताः पथ्या[4] स्तोमा ये ज्योतिर् गौर् आयुर् इति। ते ये शिवाश् शान्ताः पथ्या [5]स्तोमास् तैर् न[5] स्तुतम् असद् इति। त उ विराजं संपन्नाः। तद् उ विराजम् अन्नाद्यम् आरभन्ते। यो वै श्रेयांसम् असंविद्योपाधिरोहत्य् उद् वै स तं हिंस्ते। यथा वै स तम् आर्त्या कामयते तथैनं निनयति। अथ य एनम् अनु[6] संविदम् अनु समात् सद्यो वाधिरोहति[7] न[8] वै [9]स तम्[9] उद्धिंस्ते। तद् यद् एते ज्योतिर् गौर् आयुर् इति स्तोमा भवन्ति यथा श्रेयांसम् अनु संविदम् अनु समात् सद्यो वाधिरोहेत्[10] तादृक् तत्। अथैष[11] त्रिवृद् अग्निष्टुद् अग्निष्टोमो भवति। ब्रह्म वै त्रिवृत्। क्षत्रं पृष्ठ्यष् [12]षडहः। तद्[12] यत् पुरस्तात् पृष्ठ्यस्य षडहस्याग्निष्टुतम् उपयन्ति ब्रह्मैव[13] तत् क्षत्रस्य पुरस्ताद् दधाति। तस्माद् ब्राह्मणः क्षत्रियस्य पुरोहितः। एकेनोप[14] सत्रेण द्वे सत्रे उपयन्ति द्वादशाहं च दशरात्रं च। वैश्वानर उदयनीयो ऽतिरात्रो भवति। वैश्वानरोदयना ह्य् अहीनास्[15] सोमाः ॥ ३४० ॥

[१] क ज्योंतिर् [२] ग वे [३] क शिशवाः ग शिशवे [४] ग अधिपाठः स्तोमा ये ज्योतिगौंरायुरिति ते ये शिवाश्शान्ताः पथ्या [५-५] ग स्तोमातैन्न [६] ग अन [७] क ग पाधि- [८] ग ने [९-९] ग स्तुम् [१०] क ग पाधि- [११] ग अथै [१२-१२] क षडहंस्तद् [१३] ग ब्रह्म वै [१४] ग एकेनोपा [१५] ग अहीनस्

द्विमास्यं वा एतत् सत्रम्। तेन यर्द्धिंस् सैवर्द्धिः। यौ ह खलु वै द्वौ मासाव्

ऋतोस्[1] सर्द्धिः[2] । ऋतुर् उ प्रत्यक्षं संवत्सरस्यर्द्धिः[3] । संवत्सरं वा एतद् ईप्सन्ति[4] सवंत्सरम् ईप्सन्ति यद् यजन्ते यत् सत्रम् आसते । न हि किं चन बहिस् संवत्सराद् अस्ति । स्वाराज्यं वा एता रात्रयो यद् एकविंशतिर्—दश परस्ताद्[5] अहानि दशावस्तात्[6] । अथ यन् मध्ये[7] ऽहस् तत्[8] स्वराट् । स स्वर्गो लोकः । तद् ब्रध्नस्य विष्टपं गच्छन्ति, तत् स्वाराज्यं[9] गच्छन्ति, तद् अन्यस्यानानुयाना[10] भवन्ति । ता वा एता रात्रयस् संपद्यन्ते विराजम् एवं । तद् उ विराजो ऽन्नाद्यस्यैश्वर्यम् आधिपत्यं गच्छन्ति पञ्च च विराट् च । ता याः[11] पञ्च दैवीर्[12] आच्छदस् तासाम् [13]एषर्द्धिर् यः[13] पांक्तो यज्ञो ये पांक्ताः[14] पशवो यत् पांक्तम्[15] अन्नाद्यं ये[16] पञ्चर्तवः । यत् किं च पञ्च पञ्च तस्यैषा सर्वस्यर्द्धिस्[17] तस्योपाप्तिः[18] ॥ ३४१ ॥

[१] क ग ऋतो [२] ग सद्धि [३] ग संवत्सरर्त्थः [४] ग इत्थन्ति [५] ग परा-स्ताद् [६] क ग दशावस्थाद् [७] ग मेद्ध्ये [८] ग त [९] एवं कोशयोः [१०] क अन्यस्याननुयाना ग अन्यस्यान्ननुयाना [११] ग यः [१२] ग दैविर् [१३-१३] ग एषद्धिय्यः [१४] ग पांक्तः [१५] क पंक्तम् ग पंक्ताम् [१६] ग य्य [१७] ग सवस्यर्द्धिः [१८] ग तस्योपप्तिः

दशैतानि[1] परस्ताद् अहानि भवन्ति दशावस्ताद् विषुवान् एकविंशः । दश वै पुरुषस्य [2]हस्त्या अंगुलयो[2], दश पद्या, आत्मैकविंशः । पुरुषो ह वा एष विराज्य् अध्यूढो ऽनिष्पादाय । न ह वै गौर्[3] नाश्वो[4] नाश्वतरो विराजम् अधितिष्ठति । पुरुषो ह वाव[5] विराजम् अधितिष्ठति । तस्मात् पुरुषः पशूनाम् अत्ता[6] । अत्ता पशूनां भवत्य् अधि विराजं तिष्ठति, य एवं वेद[7] । ता हैता रात्रीर्[8] नैदाघीये[9] मास्य् उपेयुः । नैदाघीये वै मासि प्रजापतिर् आदित्याय[10] रुचं प्रायच्छत्[11] । तस्माद् एष नैदाघीये मासि बलिष्ठं तपत्य्, अपि द्विगुणाश् छाया उपसर्पन्ति । ता होग्रदेवो[12] राजनिर्[13] ब्रह्मवर्चसकाम उपेयाय । तम् उ ह ब्राह्मणम् उवाच—यावद् [14]ब्रह्मवर्चसम् अवारुध्याभि श्वेतो[14] भविष्यसीति[15] । स यथाश्व श्वेत[16] एवम् आस । तावत्[17] तेजस्विनीस् तावद् ब्रह्मवर्चसिनीस् तावद् वीर्यावतीर्[18] एता रात्रयः । ते य एवं विद्वांस एता रात्रीर्[19] उपयन्ति सर्व एवश्वेते, सर्वे ब्रह्मवर्चसिनो भवन्ति । तासु[20] वायव्यं पशुम् आलभेरन्—वायुर् वै शान्तिश्, शान्त्या एवानिर्दाहाय । वैश्वानरः प्रायणीयो ऽतिरात्रो भवति । वैश्वानरप्रायणा ह्य् अहीनास् सोमाः ॥ ३४२ ॥

[१] क दशैतान् [२-२] क ग हस्त्यांगुलयो [३] ग गौंर् [४] ग नाश्वा [५] ग वा [६] ग आत्ता [७] ग वेदा [८] ग रात्रिर् [९] ग नदाघीये [१०] ग आजत्याय [११] ग रायछत् [१२] ग होग्रदेवे [१३] ? क ग राजनि [१४-१४] ? क ब्रह्मवर्चसमवारुद्धाभीश्चेतो ग ब्रह्मवर्चससमवारुद्धाहिश्वेतो [१५] क ग भविष्यतीति [१६] ग श्चेत [१७] ग तावस् [१८] ग वीर्य्यावतीर् [१९] ग रात्रिर् [२०] ग तास्सु

अथैष पृष्ठ्यष् षडहो भवति । श्रीर् वै पृष्ठानि, वर्ष्म[1] वै पृष्ठानि । तच् छ्रियं वर्ष्म पृष्ठानि रोहन्ति । तद् उ सत्रिणो भवन्ति । एते सप्तदशा स्वरसामानो भवन्ति प्राजापत्यान्य्[2] अहानि—त्रयः परस्तात्[3] त्रयो ऽवस्तात्[4] । प्रजापतिर् वा एषद्व धा व्यूढ आदित्याय रुचं[5] प्रयच्छति । त[द्] यो रुचः प्रदाता येन रुक् प्रत्ता[6] स नो रुचं प्रयच्छाद् इति । अथैष एकविंशो विषुवान् भवति । द्वादश मासाः, पञ्चर्तवस्, त्रय इमे लोका,

असाव् आदित्य एकविंशः । एतस्य वा एते सलोकतां [७]गच्छन्त्य्, एतम्[७] अभ्यारोहन्ति । तद् आहु—श्रेयांसं वा एते ऽभ्यारोहन्ति य एतम् आदित्यम् इति । तद् यत् परस्तात् प्रत्यङ् पृष्ठ्यष् षडहो भवति निह्नवायैवानार्त्यै[८] शिवत्वाय शान्त्यै । वैश्वानर उदयनीयो[९] ऽतिरात्रो भवति । वैश्वानरोदयना ह्य् अहीनास् सोमाः ॥ ३४३ ॥

[१] ग वर्ष्ममे [२] क प्रजापत्यान्य् ग प्रजाप्रात्यान्य् [३] ग परस्थात् [४] ग अवस्थात् [५] ग ऋत्वं [६] ग पृक्ता [७-७] ग गछन्तेतम् [८] क निह्नवायैवायैवानार्त्यै ग निह्नव.यैवायौवानार्त्ये [९] क ग उदनीयो

अथ यस्यैतस्य पृष्ठ्यस्यैव[१] [२]षडहस्य यन्[२] मध्ये सप्तदशम् अहस् तद् उपरिष्टात्[३] त्रयस्त्रिंशस्य पर्यूहन्ति । प्रजननकामा हैतद् उपेयुः । प्रजननं वै पृष्ठ्यष् षडहः । षडुत्तरेण वै स्तोमाः प्रजनयन्ति, चतुरुत्तरेण छन्दांसि । [४]अथैष षडुत्तरे[४] स्तोमस्[५] सप्तदशो मध्ये व्यवहितः । प्रजननम् अन्तर्धायेव तिष्ठति । तं यद् उपरिष्टात्[३] त्रयस्त्रिंशस्य पर्यूहन्त्य् अनन्तर्हितात् प्रजननात् प्रजायामहा इति । द्वयो रुचै सप्तदशयोस्[६] तृतीयतायै । अथैतौ[७] विश्वजिदभिजिताव् अभित स्तोमानां वीर्यम् । वीर्येण ह वा एतौ विषुवन्तं दाधर्तुः । यज्ञस्य ह खलु वा एते मेध्यौ[८] यद् विश्वजिदभिजितौ । एताभ्यां वै [९]यज्ञो धृतः[९] । देवतल्पो ह खलु वा एष यद् विश्वजिदभिजितौ, क्षत्रम् असाव् आदित्यः । देवतल्प[१०] एव तत् क्षत्रम् अध्यूहन्ति । तस्मात् क्षत्रियो [११]विश्य् अध्यूढः[११] । अथैष एकविंशो विषुवान् भवति । द्वादश मासाः, पञ्चर्तवस्, त्रय इमे लोका, असाव् आदित्य एकविंशः । एतस्य[१२] वा एते सलोकतां गच्छन्त्य् एतम् अध्यारोहन्ति । तद् आहु—श्रेयांसं वा [१३]एते ऽभ्यारोहन्ति[१३] य एतम् आदित्यम् इति । तद् यत् परस्तात्[१४] [१५]प्रत्यङ्ङ् एवंविधष्[१५] षडहो भवति निह्नवायैवानार्त्यै शिवत्वाय शान्त्यै । वैश्वानर उदयनीयो ऽतिरात्रः । वैश्वानरोदयना ह्य् अहीनास् सोमाः ॥ ३४४ ॥

[१] क ग पृष्ठस्यैव [२-२] ग षडहस्येन् [३] ग उपरिष्ठा [४-४] क अथैषो षडुत्तरै ग अथैषो पडुत्तरै [५] ग स्तोमस्तोम [६] ग सप्तदशोयोस् [७] ग अयेतौ [८] ग मेथ्यौ [९-९] ग यज्ञ.ग्रतो [१०] ग देवक.ल्प [११-११] क ग विश्वद्ध्यढ [१२] क एतस्या [१३-१३] ग एतभ्योरोहन्ति [१४] ग पुरस्तात् [१५-१५] ग प्रत्यङ्देवंविधष्

अथैतत् पञ्चाहविधं[१] भवति । न ह खलु वै स एकविंशतिरात्रयो विषुवान्[२] । को नु[३] स विषुवान् यस्मिन् न विश्वजिदभिजितौ भवतः[४] । तद् यद् विश्वजिदभिजितौ भवतः कृत्स्नं[५] विषुवन्तम् ऋध्नवाम[६], कृत्स्नो नो विषुवान् उपेतो[७] ऽसद् इति । तद् आहु—श्रेयांसं वा एते ऽभ्यारोहन्ति[८], य एता [९]रात्रीर् उपयन्तीति[९] । तद् यत् परस्तात् प्रत्यङ् पञ्चाहो भवति निह्नवायैवानार्त्यै[१०] शिवत्वाय शान्त्यै । वैश्वानर उदयनीयो ऽतिरात्रो भवति । वैश्वानरोदयना ह्य् अहीनास् सोमाः ॥ ३४५ ॥

[१] ग पञ्चविधं [२] क विषुवन् ग विषवन् [३] क नो [४] ग तवतः [५] ग कृत्सनं [६] ग ऋद्धवाम [७] ग उपेता [८-८] ग भ्योरोहन्ति [९-९] क रात्रिरुचयन्तीति ग रात्रिरुचयन्तिति [१०] ग निह्नवायैवारात्यैं

द्विमास्यं[१] वा एतत् सत्रम् । तेन यर्द्धिस्[२] सैवर्द्धिः[३] । यौ ह खलु वै द्वौ मासाव् ऋतोस् सर्द्धिः[४] । ऋतुर् उ प्रत्यक्षं संवत्सरस्यर्द्धिः[५] । संवत्सरं[६] वा एतद् ईप्सन्ति संवत्सरम्

ईप्सन्ति यद् यजन्ते यत् सत्रम् आसते । न[७] हि किं चन बहिस् संवत्सराद्[८] अस्ति । स्वाराज्यं वा एता रात्रयो यच् चतुर्विंशतिर्[९]—द्वादश परस्ताद् अहानि द्वादशावस्तात् । अथ यो मध्ये[१०] लोकस् स स्वराट्, स स्वर्गो[११] लोकः । तद् ब्रध्नस्य विष्टपं गच्छन्ति, तत् स्वाराज्यं गच्छन्ति, तद् अन्यस्याननुयाना[१२] भवन्ति । ता वा एता[१३] रात्रयस् संपद्यन्ते जगतीम्[१४] एव । पशवो वै जगती । तेनैतत् सत्रं पशव्यम् उपो विराजं गच्छन्ति । तद् उ विराजो ऽन्नाद्यस्यैश्वर्यम् आधिपत्यं गच्छन्ति । द्व्यूना विराट्, द्वे ते स्त्रिया ऊने यतस् सा प्रजायते, तेनो प्रजननम् । गायत्रीम् उ दीक्षोपसद्भिश् च सुत्याभिश् च संपद्यते । प्राणो वै गायत्री, तेनैतत्[१५] सत्रम् आयुष्यम् । तेजो वै गायत्री, तत् तेजस्विनो ब्रह्मवर्चसिनो भवन्ति । ज्यैष्ठ्यं वै गायत्री, तद् उ भ्रातृव्ये[१६] ज्यैष्ठ्ये प्रतितिष्ठति ॥ ३४६ ॥

[१] क ग द्विमात्रं [२] ग नास्ति [३] ग सैवाद्धिः [४] ग सद्धि [५] ग संवत्सरस्यद्धि [६] ग संवत्सर [७] ग र [८] ग संवत्सरद् [९] ग चतुर्विंशति द्वादश [१०] ग मद्धय [११] ग स्सर्गो [१२] क ग अन्यस्याननुयाना [१३] ग एत [१४] ग जगतिम् [१५] क तनेतत् [१६] ग भ्रातृव्यै

अथैते सप्ताहा भवन्ति—सप्त वै छन्दांसि[१] । छन्दांसि वै स्वाराज्यो[२] लोकस्—तद् यावान् स्वाराज्यो लोकस् तावन्तं स्वाराज्यं[३] लोकम् ऋध्नवामेति । सप्त वै प्राणाः[४] । प्राणैर् वै प्रजाः पशवः परिगृहीता उपतिष्ठन्ते[५] । तद् यैः प्राणैः प्रजाः पशवः परिगृहीता उपतिष्ठन्ते तैर् नः प्राणैः प्रजाः पशवः परिगृहीता उपतिष्ठन्ता इति । प्राणैर् वै देवा स्वर्गं लोकम् आयन् । तद् यैः प्राणैर् देवा स्वर्गं लोकम् आयंस् तैः प्राणै स्वर्गं लोकम् आयामेति । सप्त[६] वै मुख्याः प्राणाः । एते वा अपहतपाप्मानः[७] प्राणा ये[८] मुख्याः । ते ये ऽपहतपाप्मानः प्राणास् तेषां मात्रया यज्ञं तनवामहा इति । अग्निष्टोमा भूयांस उक्थ्येभ्यो भवन्ति । ब्रह्म वा अग्निष्टोमः[९] । तद् ब्रह्मवर्चसम् ऋध्नुवन्ति । तद् उ ब्रह्मवर्चसिनो भवन्ति । अग्निष्टोमाः परस्ताद् भवन्त्य्, अग्निष्टोमा अवस्ताद्, उक्थ्या मध्ये । ब्रह्म वा अग्निष्टोमः, पशव उक्थ्यानि[१०] । ब्रह्मणैव [११]तद् उभयतः[११] पशून् परिगृह्णन्त्य् अपरावापाय, नास्य वित्तं परोप्यते य एवं वेद । वैश्वानरः प्रायणीयो ऽतिरात्रो भवति । वैश्वानरप्रायणा ह्य् अहीनास् सोमाः ॥ ३४७ ॥

[१] ग छन्दां [२] ग स्वानाज्यो [३] ग स्वारास्व [४] ग नास्ति [५] ग उपतिष्ठन्त [६] ग सस्त [७] ग -पाप्मानं [८] क ग यन् [९] ? क अग्निष्टोमाः [१०] ग उक्थ्यान्ति [११-११] ग तन्दूभयतः

अथैते पृष्ठ्यस्य[१] षडहस्य स्तोमा भवन्ति । श्रीर् वै पृष्ठानि, वर्ष्म वै पृष्ठानि । तच् छ्रियं वर्ष्म पृष्ठानि रोहन्ति, तद् उ सत्त्रिणो भवन्ति । अथैतत्[२] त्रयस्त्रिंशम् अहर्[३] भवति । त्रयस्त्रिंशाद् एवाधि[४] त्रयस्त्रिंशं सह्यन्तः कुतो [५]ह्य् अन्यद्[५] आहरेयुः । तस्य चतुस्त्रिंशं[६] बहिष्पवमानं भवति त्रयस्त्रिंशद् वै देवताः । प्रजापतिश् चतुस्त्रिंशः । षष्ठायतनो वै प्रजापतिर् देवतानाम् । अथ यस् सप्तमम् अह स्वाराज्यस्[७] स लोकः[८] । स्वाराज्यम् उ चतुस्त्रिंशी । तद् यत् सप्तमस्याह्नश्[९] चतुस्त्रिंशं[१०] बहिष्पवमानं[११] भवति, यावान् स्वाराज्यो लोकस् तद् यावान्[१२] स्वाराज्यो[१३] लोकस् तावन्तं स्वाराज्यं लोकम् ऋध्नवामेति । त्रयाणाम् उ चैव त्रयस्त्रिंशानाम् अननूचीनतायै[१४] । प्रोष्ठस्य ह खलु वा एता रूपं रात्रयः । ऊर्ध्वो[१५] वा अयम् इतष् षडहस् तिर्यङ् मध्ये [१६]ऽर्वाङ् असाव् अमुतः[१६] ।

उपरिषद्यस्यो[१७] वा एता रूपं रात्रयः। उपरिषद्यं वै सो ऽश्नुते य श्रियम् अश्नुते। [१८]उपरिषद्यं ज्यैष्ठ्यं श्रैष्ठ्यं[१८] श्रियम् अश्नवामहा इति। तस्माद् एता रात्रीर् उपयन्ति। तद् आहु—श्रेयांसं वा एते ऽभ्यारोहन्ति य एता रात्रीर् उपयन्तीति। तद् यत् परस्तात् प्रत्यञ्चः पृष्ठ्यस्य[१९] षडहस्य[२०] स्तोमा भवन्ति निह्नवायैवानार्त्यै शिवत्वाय शान्त्यै। ज्योतिषो ऽध्य् अह्न उत्तिष्ठन्त्य् उक्तब्राह्मणात्। वैश्वानर उदयनीयो ऽतिरात्रो भवति। वैश्वानरोदयना ह्य् अहीनास् सोमाः ॥ ३४८ ॥

[१] ग पृष्ठस्य [२] ग अथैत [३] ग अहइ [४] ग एवांय [५-५] क ह्यान्यद् [६] क ग चतुस्त्रिशं [७] ग स्वंराज्यस् [८] ग अधिपाठः स्वाराज्यस्सलोक [९] ग सप्तमस्यन्हश् [१०] ग चतुर्विंशं [११] क द्विरुक्तिः बहिष्पवमानं [१२] ग यवान् [१३] ग स्वराज्यो [१४] ग अनूचिनतायै [१५] ग ऊद्ध्वो [१६-१६] ? क वाङ्सावमुत ग वान्दिसंवामुत [१७] ग परिषद्यस्यो [१८-१८] ग उपरिष्टदज्यैष्ठ्यष्ठ्यं [१९] क ग पृष्ठस्य [२०] ग षडहस्त

अथ यस्यैतस्य सर्वम् एव चतुस्त्रिंशम् अहर् भवति सर्वेणैवाह्ना स्वाराज्यं[१] लोकम् ऋध्नवामेति। त्रयाणाम् उ चैव त्रयस्त्रिंशानाम् अननूचीनतायै[२]। अथ[३] ह स्माह भाल्लवेयो—न पुरा संवत्सरान् महाव्रतम्[४] उपेत्यम्। उपो चेद् ईयुश्[५] चतुर्विंशत्याम् [६]एवैनद् रात्रीषूपेयुर्[६] इति। संवत्सरो वा एता रात्रयो [७]यच् चतुर्विंशतिः[७]। चतुर्विंशत्यर्धमासस् संवत्सरः। संवत्सर एवैष उभयतः पर्यूढः। तस्य यन् मध्ये सप्तदशम् अहस् तस्मिन्न् एवोपेत्यम् इति। सप्तदशो वै प्रजापतिः। प्राजापत्यं[८] महाव्रतम्[९]। मध्यायतनो वै प्रजापतिर् देवतानाम्। तद् यत्रायतनः प्रजापतिर् देवतानां[१०] तत् प्रजापतिम् ऋध्नवामेति। मध्यतो वा अन्नम् अशितं धिनोति। तद् यद् एवम् उपयन्ति मध्यत एवैतद् अशनयाम् अपहत्योत्तिष्ठन्ति। तद् आहु—श्रेयांसं[११] वा एते ऽभ्यारोहन्ति य एता रात्रीर्[१२] उपयन्तीति। तद् यत् परस्तात् प्रत्यञ्[१३] च पृष्ठ्यस्य षडहस्य स्तोमा भवन्ति निह्नवायैवानार्त्यै[१४] शिवत्वाय शान्त्यै। ज्योतिषो[१५] ऽध्य् अह्न उत्तिष्ठन्त्य् उक्तब्राह्मणाद् यद् इति ह खलु वा एतच् छन्दो यद् गायत्री। यद् गायत्र्या अध्य् उत्तिष्ठेयुर् ईश्वरा अप्रतिष्ठिताश् चरितोः। सविता यन्त्रैः[१६] पृथिवीम् अरम्णाद्[१७] इति सावित्रं वैश्वदेवे [१८]होतारम् अनुशंस्तवै[१८] ब्रूयात्। [१९]तद् उद्धृतात्[१९] प्रतिष्ठिताद् उत्तिष्ठन्ति। वैश्वानर उदयनीयो ऽतिरात्रो भवति। वैश्वानरोदयना ह्य् अहीनास् सोमाः ॥ ३४९ ॥

[१] ग स्वराज्यं [२] ग अनूचीनतायै [३] ग इथ [४] क ग महाप्रतम् [५] क ग इयुश् [६-६] क एवैनद्रात्रिषू- ग एवैनद्यात्रिषू- [७-७] ग श्चतुर्विंशतिः [८] ग प्रजापत्यम [९] क ग महाव्रत [१०] ग देवानां [११] क श्रेयासं [१२] ग रात्रिर् [१३] =प्रत्यङ् [१४] ग निन्हवैवानाम्यैं [१५] ग ज्यतिषो [१६] ग यन्त्रे [१७] ग अरमणाद् [१८-१८] ग होतारंमनुशास्तवै [१९-१९] ग तदुधृतात्

अथैतास् संसदो भवन्ति। एतद् ध वै संसदां संसत्त्वं[१] यद् एते स्तोमाश् च छन्दांसि च मध्यतः संसन्नाः। स्तोमाश्[२] च ह खलु वै छन्दांसि च सर्वा देवताः। देवा वै मृत्योर् अबिभयुः। यत् स्वर्गे लोके तस्मात् ते प्रजापतिम् [३]एवोपाधावन्। तान्[३] प्रजापतिर् अब्रवीत्—मा बिभीत। अहं वस् तं[४] मृत्युम् अतिनेष्यामि यत् स्वर्गे लोक इति। तान् पृष्ठ्ये[५] षडहे समसादयत्। ऋतवो वै पृष्ठानि। संवत्सर ऋतवः। संवत्सरो

मृत्युः । मृत्योर् वावैनांस् तत् पृष्ठे प्रतिष्ठितस्[६] समसादयत् । तान् एतेनानिरुक्तेन[७] त्रयस्त्रिंशेनात्यनयत् । स ऐक्षत—मानिरुक्ता भूवन्न्[८] इति । ता निरुक्तेन निरब्रवीत् । ते स्तोमांश् च छन्दांसि चाक्रममाणा आयन् । मृत्योर् वाव ते तत् पदयोपनं[९] कुर्वन्त ईयुस्[१०], तद् यद् एते [११]स्तोमाश् च[११] छन्दांसि च मध्यतो विष्वञ्चो भवन्ति[१२] ॥ ३५० ॥

[१] क संसरवं ग संसदरवं [२] क ग स्तोमश् [३–३] ग ओवोपाधावंस्तरन् [४] ग तोम [५] ग पृष्ठे [६] ग पृष्ठित [७] ग एतेनारुत्तेन [८] ग भवन्न् [९] ग पदयोवनं [१०] क ग इयुस् [११–११] क स्तोमांश्च ग स्तोमा [१२] ग भवति

यथा विषूची पदे विनिहिते[१] [२]अनेनाग्रा३द् अनेना३[२] इत्य् अप्रजानंस्[३] तिष्ठेद्, एवम् एवैतन्[४] मृत्योः पदयोपनं कृतं भवति पाप्मनो ऽनन्ववायाय । न ह वा एनं [५]पुनर् मृत्युर् अन्वेत्य्[५], अप[६] पाप्मानं हते, गच्छति स्वर्गं लोकम्[७] । ते परमं तम् इत्वा पुनर् एवाविभ्रयुः । तान् एतेनैवानिरुक्तेन त्रयस्त्रिंशेनात्यनयन् निरुक्तेन निरब्रवीत् । ततो वै ते तं[८] मृत्युम् अपाजयन् यत्[९] स्वर्गे लोके । अप ह वै तं[८] मृत्युं जयति यत्[१०] स्वर्गे लोके, य एवं वेद । संवत्सरो वा एता रात्रयस्, संवत्सरस्य गर्भः । संवत्सरस्य वै गर्भं प्रजाः पशव उपजीवन्ति । गर्भिणीर् उ एता रात्रयः । [११]यथा वा अजगरो[११] गीर्णवान् एवम् एता रात्रयः । यद्य् उ वा अजगरो गीर्णवान् भवत्य् उभाव् अन्ताव् अर्णा स्थूलं मध्यम् । सुहित्यस्यो वा एता रूपं रात्रयः । सुहित्यं वै सो ऽश्नुते य श्रियम् अश्नुते । सुहित्यं ज्यैष्ठ्यं श्रैष्ठ्यं श्रियम् अश्नवामहा इति तस्माद् एता रात्रीर् उपयन्ति ॥ ३५१ ॥

[१] ग निहिते [२–२] क अनेनाग्रादने ग अनेनागाहुदनेनाहु [३] ग अप्रजानां [४] ग एवैतान् [५–५] ग पुनम्मृत्युरान्वेत्य् [६] क अच [७] ग लोक [८] ग तम [९] ग यन् [१०] ग य [११–११] क यथा वायुजगरो ग यथ अजगरो

अथ ह स्माहाषाढस् सावयसो यादोवश्यं[१] यस्मिन्न् एव मे संवत्सरे समाना[२] दास्य् उदकं चौदनं[३] चाहरत् तस्मिन्न् एव मे संवत्सरे चतुर्विंशतिः परिष्कन्दा निष्कग्रीवाः परिवेषणम् अन्वायन् । नो तान् संपश्यामो[४] ये निष्का आसन्न् इति । तावत् तेजस्विनीस् तावद् ब्रह्मवर्चसिनीस् तावद् वीर्यावतीर्[५] एता रात्रयः । तद् आहु—श्रेयांसं वा एते ऽभ्यारोहन्ति य एता [६]रात्रीर् उपयन्तीति[६] । तद् यत् परस्तात् [७]प्रत्यञ् च[७] पृष्ठ्यस्य षडहस्य[८] स्तोमा भवन्ति, निह्नवायैवानार्त्यै[९] शिवत्वाय शान्त्यै । त्रिवृते ऽध्य् अह्न उत्तिष्ठन्ति । ब्रह्म वै त्रिवृत् । ब्रह्मण्य् एवैतत् प्रतिष्ठायोदृचम् अश्नुवते । त्रिवृत् त्रिवृतो[१०] ऽनुचरो भवति । तस्माद् ब्राह्मणो ब्राह्मणस्यानुचरो[११] भवति । विन्दते ऽनुचरितॄन् बहवो ऽस्यानुचरा भवन्ति । न ह खलु वा एषाक्षमारमते[१२] यद् गायत्री । ऊर्ध्वा ह वा एषा सह यजमानेन स्वर्गं लोकम् एति । ऊर्ध्वा[१३] हैवास्य कीर्तिर् ऊर्ध्वा श्रीर् ऊर्ध्वं[१४] स्वर्गं लोकम् एति य एवं वेद । [१५]वैश्वानर उदयनीयो[१५] ऽतिरात्रो भवति । वैश्वानरोदयना[१६] ह्य् अहीनास् सोमाः ॥ ३५२ ॥

[१] ग यादावश्यं [२] ग सामाना [३] ग चौदरं [४] ग संपश्योमो [५] एवं कोशयोः [६] क रात्रि- ग रात्रिरपयन्तीति [७] क ग प्रत्यञ्चः । प्रत्यञ्च=प्रत्यङ्+च [८] ग नास्ति [९] ग निन्हवायैनार्त्यै [१०] ग तिवृतो [११] क ग ब्राह्मणस्यानुपरो [१२] ? [१३] ग ऊर्ध्वो [१४] ? क ग ऊर्ध्वा [१५–१५] ग वैंश्वानरोदयनीयो [१६] ग वैश्वानरोदयनीया

द्विमास्यं वा एतत् सत्रम् । तेन यर्द्धिस् सैवर्द्धिः । यौ ह खलु वै द्वौ मासाव् ऋतोस् सर्द्धिः । [1]ऋतुर् उ[1] प्रत्यक्षं संवत्सरस्यार्द्धिः । संवत्सरं वा [2]एतद् ईत्सन्ति[2] संवत्सरम् ईप्सन्ति यद् यजन्ते यत् सत्रम् आसते । न हि किं चन बहिस् संवत्सराद् अस्ति । स्वाराज्यं वा एता रात्रयो यत् पञ्चविंशतिर्—द्वादश परस्ताद् अहानि द्वादशावस्तात् । अथ यन् मध्ये ऽहस् तत् स्वराट् । स[3] स्वर्गो लोकः । तद् ब्रध्नस्य विष्टपं गच्छन्ति, तत् स्वाराज्यं गच्छन्ति, तद् अन्यस्याननुनियाना[4] भवन्ति । ता वा एता रात्रयस् संपद्यन्ते जगतीम् एव । पशवो वै जगती । तेनैव[5] तत् सत्रं पशव्यम् उपो विराजं गच्छन्ति । तद् उ विराजो ऽन्नाद्यस्यैश्वर्यम् आधिपत्यं गच्छन्ति । एकोना विराड्—ऊनं तत् स्त्रियै यतस् सा प्रजायते—तेनो प्रजननम् । गायत्रीम् उ दीक्षोपसद्भिश् च सुत्याभिश् च संपद्यते[6] । प्राणो वै गायत्री । तेनैतत् सत्रम् आयुष्यम् । तेजो वै गायत्री । तत् तेजस्विनो ब्रह्मवर्चसिनो भवन्ति । ज्यैष्ठ्यं वै गायत्री । तद् उ भ्रातृव्ये ज्यैष्ठ्ये प्रतितिष्ठन्ति ॥ ३५३ ॥

[१-१] ग ऋतुऋ [२] ग एतदार्त्थन्ति [३] ग नास्ति [४] क अन्यस्याननुनियाना [५] ग तेनै [६] ग संपद्यन्ते

संवत्सरस्य ह खलु वा एष रसः प्रवृढो यद् एष पञ्चविंशतिरात्रः । एतद् धि सर्वं संवत्सररूपं क्रियते । एताव् अतिरात्राव् एते आरम्भणीयमहाव्रतीये अहनी एतौ पृष्ठ्याव्[1] एतौ विश्वजिदभिजिताव् एते स्वरसामान एष विषुवान् । ते[2] ये वामकामसमारेफाणा[3] इव मन्येरंस् त एतम् एव पञ्चविंशतिरात्रम् उपेयुः । आप्त्वा हैवैतत् सत्रम् उत्तिष्ठ[4] । पुरुषसंमितं[5] ह खलु वा एतत् सत्रं यद् एष पञ्चविंशतिरात्रः । दश वै पुरुषस्य हस्त्यांगुलयो[6], दश पद्याश्, चत्वारि प्रांगाण्य्, आत्मा पञ्चविंशः । षड् इमानि पर्वाणि, षड् इमानि, [7]षड् इमानि[7], षड् इमान्य्, आत्मा पञ्चविंशः । द्वादशेमाः परिशवो, द्वादशेमा[8], आत्मैव पञ्चविंशः । पुरुषं[9] वावैतेन संस्कुर्वन्ति, पुरुष वा[10] प्रजनयन्ति । तद् आहु—श्रेयांसं वा एते ऽभ्यारोहन्ति य एतं पञ्चविंशतिरात्रम् उपयन्तीति । तद् यत् परस्तात्[11] प्रत्यङ् पृष्ठ्यष् षडहो भवति निह्नवायैवानार्त्यै शिवत्वाय शान्त्यै । महाव्रतीयाद् अध्य् अह्न उत्तिष्ठन्त्य्—अन्नं वै महाव्रतम्—अन्नाद्य एवैतत् प्रतिष्ठायोद्यचम् अश्नुवते । वैश्वानर उदयनीयो ऽतिरात्रो भवति । वैश्वानरोदयना ह्य् अहीनास् सोमाः ॥ ३५४ ॥

[१] क ग पृष्ठ्या [२] ग तो [३] ? एवं कोशेषु [४] ? एवं कोशेषु [५] क पुरुषः-संमितं ग पुरुषसममितं [६] ग हस्वांगुलयो [७-७] क नास्ति [८] ग द्वादशोमा [९] ग पुरुषा [१०] ग नास्ति [११] क ग परस्तान्

द्विमास्यं वा एतत् सत्रम् । तेन यर्द्धिस् सैवर्द्धिः । यौ ह खलु वै द्वौ [1]मासाव् ऋतोस् सर्द्धिः[1] । [2]ऋतुर् उ[2] प्रत्यक्षं संवत्सरस्यार्द्धिः । संवत्सरं वा एतद् ईत्सन्ति[3] संवत्सरम् ईप्सन्ति यद् यजन्ते यत् सत्रम् आसते । न हि किं च[4] बहिस् संवत्सराद् अस्ति । स्वाराज्यं वा एता रात्रयो यत् त्रयस्त्रिंशत्, षोडश परस्ताद् अहानि, षोडशावस्तात् । अथ यन् मध्ये ऽहस् तत्[5] स्वराद्[6], स स्वर्गो लोकः । तद् ब्रध्नस्य विष्टपं गच्छन्ति, तत् स्वाराज्यं गच्छन्ति, तद् अन्यस्याननुयाना[7] भवन्ति । तदा वा एता रात्रयस् संपद्यन्ते विराजम् एव । तद् उ विराजो ऽन्नाद्यस्यैश्वर्यम् आधिपत्यं [8]गच्छन्ति । तिस्रश्[8] च विराट् च । ता यास् तिस्रो दैवीर् आच्छदस् तासाम्[9] एषर्द्धिर् यानि त्रीणि छन्दांसि,

यानि त्रीणि सवनानि, ये त्रयः प्राणापानव्याना, ये त्रय इमे लोकाः। यत् किं च त्रिस्त्रिस्, तस्यैषा सर्वस्यार्द्धिस् तस्योपाप्तिः। देवसत्त्रं ह खलु वा एतद् यद् एष [१०]त्रयस्त्रिंशद्रात्रः। त्रयस्त्रिंशद्[१०] वै देवताः। देवता वा ऋद्धिकामास् तपो ऽतप्यन्त। ता एतद् अयनम् अपश्यन्। तद् उपायन्। ततो वै तासाम् अह्नैवैकार्ध्नोद्[११] अह्नैकाह्नैका। सा[१२] ह खलु वै श्रेष्ठर्द्धीनां[१३], स लोकानां पुण्यतमो यम् एतेन देवता आर्ध्नुवन्[१४]। सा या श्रेष्ठर्द्धीनां, यो लोकानां पुण्यतमो, यम् एतेन देवता आर्ध्नुवंस्[१४], तम् ऋध्नवामेति। तस्माद् एता रात्रीर् उपयन्ति ॥ ३५५ ॥

[१-१] ग मासासावृतोसद्धि [२-२] ग ऋतुऋ [३] ग ईर्त्थन्ति [४] ग चा [५] ग त [६] क स्वाराट् [७] क ग अन्यस्यानननुयाना [८-८] ग गछन्ती तिसृश् [९] ग तसाम् [१०-१०] क त्रयस्त्रिंशद्रात्र त्रयत्रिशद् [११] क अन्हैवाका· ग अन्हैवाकाध्नोद् [१२] ग स [१३] ग श्रेष्ठद्धीना [१४] ग आर्ध्नं-

अथैते पञ्चाहा भवन्ति—पञ्च वै जयाः। पञ्चभिर् वै व्याहृतिभिर्[१] इदं देवा अजयंस्—[२]तद् यावतेदं[२] देवा अजयंस् तावता जयामेति। पांक्तो[३] यज्ञः। यावती[४] यज्ञस्य मात्रा ताम् आप्नवामेति। पांक्ताः पशवः। यावती पशूनां[५] मात्रा तावता नः पशवो ऽवरुद्धा उपतिष्ठान्ता इति। पांक्तम् अन्नाद्यं, यावत्य् अन्नाद्यस्य मात्रा तावता नो ऽन्नाद्यम् अवरुद्धम् उपतिष्ठाता इति। अथ स्माहुः कापेया[६]—अनृतौ वा एष प्रतिष्ठितो यत् षडहः। पञ्चाहो वा ऋतौ प्रतिष्ठित इति। वसन्तो वै प्रथम ऋतूनां, ग्रीष्मो द्वितीयो[७], वर्षास्[८] तृतीयाश्[९], शरच् चतुर्थी, हेमन्तः पञ्चमश्, शिशिरष् षष्ठः। स एष श्रेष्ठ ऋतूनां यद् धेमन्तः पीवगुः [१०]पीवत्सः। तम्[१०] अनु पञ्चाहः प्रतितिष्ठन्न् एति। अथैष परिचक्ष्यैव यच् छिशिरः कृशगुः कृशपुरुषः। तम् अनु षडहः प्रतितिष्ठति। स य श्रेष्ठ ऋतूनां हेमन्तस् तस्य प्रतिष्ठाम् अनु प्रतितिष्ठन्तो ऽयामेति। तस्माद् एतत् पञ्चाहविधम् उपयन्ति। वैश्वानरः प्रायणीयो ऽतिरात्रो भवति। वैश्वानरप्रायणा ह्य् अहीनास् सोमाः ॥ ३५६ ॥

[१] ग व्याहृतीभिर् [२] ग तावतेतन् [३] क पांक्ते [४] ग यात्रीति [५] ग पशूनाम [६] ग कापोया [७] ग द्वितीया [८] क ग वर्षा [९] क तृतीयोश् [१०-१०] ग पीवत्सप्तम्

अथैते ज्योतिर् गौर् आयुर् इति स्तोमा भवन्ति। एते ह वै शिवाश् शान्ताः पथ्या[१] [१]स्तोमा ये ज्योतिर् गौर् आयुर् इति। ते ये शिवाश् शान्ताः पथ्या[२] स्तोमास् तैर् न स्तुतम् असद् इति। त उ विराजं संपन्नाः। तद् उ विराजम् अन्नाद्यम् आरभन्ते। ताम् आन्तं[३] नावसृजेयुः[४]। बृहद्रथन्तरे सामनी भवतः। [५]सं ह्य् ऋद्धिस्[५], सं पन्थाः। श्यैतनौधसे[६] ब्रह्मसामनी भवतः प्र स्पष्टम् आजिम् अनुशक्रवामेति। तद् यत्[७] तृतीये ऽहनि रथन्तरं संपद्येत तद् वैरूपम् उपेयुः। इदं वै रथन्तरम्, अदो बृहद्[८], इदम् एवान्तरिक्षं वैरूपम्। एतयोर् एव साम्नो रसम् एते[९]। अथ ह वै निष्करणीया इति ब्राह्मणाः पूर्विणस्[१०] सत्त्रं निषेदुः[११]। तेषां ह स्म[१२] वासिष्ठस् सात्यहव्य[१३] आसद्य सोमं भक्षयित्वा प्रधावति। ते[१४] हाभिशस्तिं चक्रिरे—कथं नु नो[१५] दीक्षितानाम् अदीक्षितास्[१६] सोमं भक्षयेयुर् इति। [१७]ते हैराद्[१७] एकम् अहर् वैरूपम् उपेयुः। स ह पुनर् आसद्य तूष्णीम् एवेक्षमाणो[१८] निषसाद। तं होचुः कथं नु सर्पसि[१९] कथं नु भक्षयसीति। स होवाच

सत्रिणो वा अभूत दीर्घसोमो वाव वः पुराभूद् इति । तद् यत् तृतीये ऽहनि वैरूपम् उपयन्ति[२०], सत्रिताया एव । ते वा एते सामनी अन्यदन्यद् अहर् उपपद्यमाने इतः । यत्र गवि रथन्तरं संपद्येत— ॥ ३५७ ॥

[१] ग पर्य्या [२] ग नास्ति [३] ग आनं । आन्तं = आ + अन्तम् । [४] ग नावसृजेयु [५-५] क संह्यद्धिरस ग सां हृद्धिरस [६] ग इयतनौधसे [७] ग यत्र [८] ग ब्रहद् [९] ? क एदे ग अदे [१०] ग पूत्रीणस् [११] ग निषदुः [१२] ग रमा [१३] ग सत्यहव्य [१४] ग त [१५] ग तेनो [१६] ग अदीक्षितस् [१७-१७] ग तैहतद् [१८] ग एवक्षमाणो [१९] क ग सर्पति [२०] ग उपवयन्ति

—[१]तद् धोतारं[१] ब्रूयाद् उभे रूपे शंस यच् च राथन्तरं यच् च बार्हतम् इति । यत्रायुषि बृहत् संपद्येत तद् धोतारं ब्रूयाद् उभे रूपे शंस[२] यच् च बार्हतं यच् च राथन्तरम् इति । यद् उभे राथन्तरे अहनी संपद्येयाताम् । पूर्वस्याह्नस् सौभरम्[३] उक्थेषु ब्रह्मसाम कुर्युर् [४]यद्य् उभे[४] बार्हते अहनी संपद्येयाताम् । उत्तरस्याह्नः कण्वरथन्तरं माध्यन्दिने पवमाने प्रोहेयुः[५] । प्रजा वा एषा बृहद्रथन्तरयोर् यद् एते सामनी । तद् यद् एवम् उपयन्त्य् अजामिताया एव । अथैष विश्वजित् सर्वपृष्ठो ऽतिरात्रो भवति प्राजापत्यम्[६] अहर्—अहोरात्रे वै कृत्स्नः प्रजापतिः —कृत्स्नं प्रजापतिम्[७] ऋध्नवाम, कृत्स्नो नः प्रजापतिर् उपेतो ऽसद् इति । तद् आहु—श्रेयांसं वा एते ऽभ्यारोहन्ति[८] य एतं विश्वजितम् अतिरात्रम् उपयन्ति । प्रजापतिं ह्य् एव प्रत्यक्षम् उपयन्तीति । तद् यत् परस्तात् प्रत्यञ्चस् त्रयः पञ्चाहा भवन्ति, निह्नवायैवानार्त्यै शिवत्वाय शान्त्यै । वैश्वानर उदयनीयो ऽतिरात्रो भवति । वैश्वानरोदयना ह्य् अहीनास् सोमाः ॥ ३५८ ॥

[१-१] क तद्धेतारं ग तद्धोरं [२] क शस [३] ग सौरभम् [४-४] एवं कोशेषु [५] ग प्रोहोयुः [६] ग प्रजापत्यम् [७] ग प्रजा प्रजापतिम् [८] क ग भ्योरोहन्ति

अथैता द्वादशाहवतीर्[१] भवन्ति, यैवासौ द्वादशाहवतीनां[२] [३]प्रशंसा सा[३] न उपाप्तासद् इति । इदम् इव त्व् अत्रोपाधीयते । ता वा त्वै[४] पुरस्ताद् उपेयुस् ता वोपरिष्टात्[५] । यदि पुरस्ताद् उपेयुः प्रायणीयस्यैवाह्नो ऽछंबट्काराय[६] । तद् इव त्व् अत्र परिचक्षते यद् वाचम् ओहिर्षी[७] दशमेनाह्ना संपाद्य तस्यै विकृष्टायै वाचो ऽप्रतिष्ठिताया उद्वचम् अश्नुवते । यद् एव तत्र प्रायणीयरूपं मन्येरंस्[८] तद् एव तत्र[९] कुर्युः । प्रत्नवत् प्रेतिवत् संपन्नायै वाचो विकृष्टायै प्रतिष्ठाया उद्वचम् अश्नवामहा इति । अथैष विश्वजित् सर्वपृष्ठो ऽतिरात्रो भवति प्राजापत्यम्[१०] अहर्—अहोरात्रे वै कृत्स्नः प्रजापतिः —कृत्स्नं प्रजापतिम् ऋध्नवाम, कृत्स्नो नः प्रजापतिर् उपेतो [११]ऽसद् इति[११] । तद् आहु—श्रेयांसं वा एते ऽभ्यारोहन्ति य एतं विश्वजितम् अतिरात्रम् उपयन्ति, प्रजापतिं ह्य् एव प्रत्यक्षम् उपयन्तीति । तद् यत् पुरस्तात्[१२] प्रत्यङ् पञ्चाहो भवति, निह्नवायैवानार्त्यै शिवत्वाय शान्त्यै । वैश्वानर उदयनीयो ऽतिरात्रो भवति । वैश्वानरोदयना ह्य् अहीनास् सोमाः ॥ ३५९ ॥

[१] क ग द्वादशाहावतीर् [२] ग द्वादशाभ- [३-३] क पशंसा सा ग पशंसा [४] क त्वै (त्वयि) ग नास्ति [५] ग पोपरिष्टात् [६] क छंवषट्काराय ग छंवषट्कारय [७] क ग ओहिषी

[८] ग मन्यरंस् [९] ग ततत्र [१०] क ग प्रजापत्यम् [११-११] क असदति [१२] ग | परस्तात्

अथैतत् त्र्यहविधं भवति। त्रयो ह वा ऋतवो ऽनृतवो[१] ऽन्ये। ग्रीष्मो वर्षा हेमन्त एते ह वा ऋद्धा ऋतव, उपाश्लेषगा[२] इवान्ये[३]। ते य ऋद्धा ऋतवस् ते न उपाप्ता असन्न् इति। त्रीणि वाव छन्दांसि[४], त्रीणि सवनानि, त्रयः प्राणापानव्यानास्, त्रय इमे लोकाः। यत् किं च त्रिस्त्रिस् तस्यैषा सर्वस्यर्द्धिस् तस्योपाप्तिः। पञ्चैते परस्तात् त्र्यहा भवन्ति, पञ्चावस्तात्। तेनो एव पञ्चाहविधतायै न यन्ति। अथैष विश्वजित् [५]सर्वपृष्ठो ऽतिरात्रो[५] भवति प्राजापत्यम् अहर्—अहोरात्रे वै कृत्स्नः प्रजापतिः—कृत्स्नं प्रजापतिम् ऋध्नवाम, कृत्स्नो[६] नः प्रजापतिर् उपेतो ऽसद् इति। तद् आहु—श्रेयांसं वा एते ऽभ्यारोहन्ति य एतं विश्वजितम् अतिरात्रम् उपयन्ति, प्रजापतिं ह्य् एव प्रत्यक्षम् उपयन्तीति। तद् यत् परस्तात् प्रत्यञ्चः पञ्च त्र्यहा भवन्ति निह्नवायैवानार्त्यै शिवत्वाय शान्त्यै। वैश्वानर उदयनीयो ऽतिरात्रो भवति। वैश्वानरोदयना ह्य् अहीनास् सोमाः॥ ३६०॥

[१] ग नास्ति [२] ग उपाश्यषगा [३] ग श्वान्य [४] ग छन्दसां [५-५] क ग सर्वपृष्ठाति-रात्रो [६] क कृस्नो ग कृस्ना

त्रिमात्रं[१] वा एतत् सत्रं, तेन यार्द्धिस् सैवार्द्धिः। यौ ह खलु वै द्वौ मासाव् ऋतोस् सर्द्धिः। ऋतुर् उ प्रत्यक्षं संवत्सरस्यर्द्धिः। अथ यस्[२] तृतीयो मासस् त्रयोदशस्य स मास ऋद्धिः। संवत्सरं[३] वा एतद् ईत्सन्ति[४] संवत्सरम् ईप्सन्ति यद् यजन्ते यत् सत्रम् आसते। न हि किं चन बहिस् संवत्सराद् अस्ति। स्वाराज्यं[५] वा एता[६] रात्रयो यद् एकोनपञ्चाशच्[७], चतुर्विंशतिः परस्ताद् अहानि चतुर्विंशतिर् अवस्तात्[८]। चतुर्विंशत्यर्धमासस् संवत्सरः। संवत्सर एवैष उभयतः पर्यूढः। तस्य यन् मध्ये ऽहस् तत् [९]स्वाराट्, स स्वर्गो लोकः। तद्[९] ब्रध्नस्य विष्टपं गच्छन्ति, तत् स्वाराज्यं गच्छन्ति, [१०]तद् अन्यस्याननुयाना[१०] भवन्ति। ता वा एता रात्रयस् संपद्यन्ते[११] जगतीम् एव। पशवो वै जगती। तेनैतत् सत्रं पशव्यम्, उपो विराजं गच्छन्ति। तद् उ विराजो ऽन्नाद्यस्यैश्वर्यम् आधिपत्यं गच्छन्ति। एकोना विराड्, ऊनं तत् स्त्रियै यतस् सा प्रजायते, तेनो[१२] प्रजननम्। गायत्रीम् उ दीक्षोपसद्भिश् च [१३]सुत्याभिश् च[१३] संपद्यते। प्राणो वै गायत्री। तेनैतत् सत्रम् आयुष्यम्। तेजो वै गायत्री। तत् तेजस्विनो ब्रह्मवर्चसिनो भवन्ति। ज्यैष्ठ्यं वै गायत्री। तद् उ भ्रातृव्ये ज्यैष्ठ्ये प्रतितिष्ठन्ति[१४]॥ ३६१॥

[१] एवं कोशयोः। त्रिमास्यम् इति साधीयान् पाठः स्यात्? [२] ग रस् [३] ग संवत्सर [४] ग ईत्थन्ति [५] क ग स्वराज्यं [६] ग एत [७] क एकान्न- ग एकाह- [८] ग अवस्ता [९-९] ग नास्ति [१०-१०] क तदन्यस्याननुयाना ग तद्यन्यस्याननुयाना [११] ग संपद्यते [१२] ग तेना [१३-१३] ग नास्ति [१४] क प्रतितिष्ठति

आदित्याश् च वा अङ्गिरसश् च स्वर्गे लोके ऽस्पर्धन्त। त आदित्या अकामयन्त—वयं पूर्वे स्वर्गं लोकं गच्छेमेति[१]। त एतद् अयनम् अपश्यंस् तद् उपायन्। ततो वा आदित्याः पूर्वे स्वर्गं लोकम् अगच्छन्न्, अहीयन्तांगिरसः। सा ह खलु वै[२] श्रेष्ठर्द्धीनां स लोकानां पुण्यतमो यम् एतेनादित्या अगच्छन्। सा या श्रेष्ठर्द्धीनां यो लोकानां पुण्यतमो यम् एतेनादित्या अगच्छंस् तं गच्छामेति[३], तस्माद् एता रात्रीर् उपयन्ति।

वैश्वानरः प्रायणीयो ऽतिरात्रो भवति । वैश्वानरप्रायणा ह्य् अहीनास् सोमाः ॥ ३६२ ॥

[१] एवं कोशयोः [२] ग विवे

अथैते ज्योतिर् गौर् आयुर् इति स्तोमा भवन्ति । एते ह वै शिवाश् शान्ताः पथ्या स्तोमा ये ज्योतिर् गौर् आयुर् इति । ते ये शिवाश् शान्ताः पथ्या स्तोमास् तैर् न स्तुतम्[१] असद् इति । त उ विराजं संपन्नाः । तद् उ विराजम् अन्नाद्यम् आरभन्ते । बृहद्रथन्तरे सामनी भवतः । [२]सा ह्य् ऋद्धिस् स[२] पन्थाः । श्यैतनौधसे ब्रह्मसामनी भवतः, प्र स्पष्टम् आजिम् अनुशूकरवामेति[३] । अथैते षड् अतिरात्रा भवन्ति । षड् वै पुरुषे पाप्मानष् षड् विषुवन्त स्वप्नश् च तन्द्री[४] च मन्युश् चाशनया चाक्षकाम्या च स्त्रीकाम्या च[५] । तान् एवैतैर् अपघ्नते तान् अतितरन्ति[६] । अथैते त्रयस् त्र्यहा भवन्ति । नवाहानि । नव वै पुरुषे प्राणाः । प्राणानाम् एवैषा [७]सं मा[७] प्राणानाम् ऋद्धिः । अथैतद् वैराजपृष्ठं दशमम् अहर्[८] भवति । नाभिर् ह सा, तद् वा [९]एतद् आक्षित्सद्[९] अहर् एतेष्व् अहस्सु नियुक्तम्[१०] । यस्माद् एतद् आक्षित्सद्[११] अहर् एतेष्व् अहस्सु नियुक्तं, तस्माद् आक्षित्सती नाभिः प्राणेषु नियुक्ता[१२] । प्राणतो ह्य् एनाम् अनूदनित्य्[१३] अपानतो ऽन्वपानिति[१४] । तद् एतेषाम्[१५] अह्नां दशमं भवति—दशाक्षरा विराट् । अन्नं विराड्—विराज[१६] एवान्नाद्यस्यावरुद्ध्यै[१७] ॥ ३६३ ॥

[१] ग रक्तुतम् [२-२] क सां ह्यृद्धिस्स ग सां हृद्धिस [३] ग अनुशूकुरवामति [४] ग तन्दी [५] ग य [६] एवं कोशयोः [७-७] ग सममा [८] ग अह [९-९] क एतदक्षित्सद् ग हितदाक्षित्सद् [१०] ग न्नियुक्तं [११] ग आक्षत्सद् [१२] ग युक्ता [१३] ग अनुदनित्य् [१४] ग न्वपानाति [१५] ग एषाम् [१६] क विराज्य [१७] ग एवानान्नाद्यस्यवरुद्ध्यै

तद् वैराजपृष्ठं[१] भवत्य्—अन्नं वै वैराजम्—अन्नाद्यस्यैवावरुद्ध्यै । तद् उक्थ्यं भवति—पशवो वा [२]उक्थ्यान्य् अन्नं[२] पशवो[३]—ऽभिपूर्वस्यैवान्नाद्यस्यावरुद्ध्यै । तत् षोडशिमद्[४] भवति—वज्रो वै षोडश्य्, अन्नं [५]विराड्—वज्रेणैवान्नाद्यं[५] परिगृह्णन्ति । तद् एकविंशं[६] भवति—द्वादश मासाः, पञ्चर्तवस्, त्रय इमे लोका, असाव् आदित्य एकविंशः । एतद् वै देव्यं[७] क्षत्रम् । क्षत्रिय उ वा अन्नाद्यस्य प्रदाता । स यो ऽन्नाद्यस्य प्रदाता स नो ऽन्नाद्यं प्रयच्छाद् इति । अथैते चत्वारस्[८] त्रियहा भवन्ति द्वादशाहानि । द्वादश वै संवत्सरस्य पौर्णमास्यः । पौर्णमासीनाम् एवैषा [९]संमा[१०] पौर्णमासीनाम् ऋद्धिः । अथैष पृष्ठ्यष् षडहो भवति । श्रीर् वै पृष्ठानि । वर्ष्म वै पृष्ठानि । तच् छ्रियं वर्ष्म पृष्ठानि रोहन्ति, तद् उ सत्रिणो भवन्ति[११] । अथैते चत्वार उत्तरे त्र्यहा भवन्ति द्वादशो एवाहानि । द्वादश वै संवत्सरस्यामावास्याः । अमावास्यानाम् एवैषा संमामावास्यानाम्[१२] ऋद्धिः । द्वादशैतानि परस्तात् पृष्ठ्यस्य षडहस्याहानि भवन्ति, द्वादशावस्तात् । तस्मात् समावतीस्[१३] संवत्सरस्य पौर्णमास्यश्[१४] चामावास्याश् च । वैश्वानर उदयनीयो ऽतिरात्रो भवति । वैश्वानरोदयना ह्य् अहीनास् सोमाः ॥ ३६४ ॥

[१] एवं कोशयोः [२-२] ग उक्थान्यन्यन्नं [३] ग पशवा [४] ग षोडशीनद् [५-५] ग विराड्वैज्र- देव्यं [६] क ग एकविंशं [७] ग देव्यं [८] क ग चत्वार [९] ग समभा

[१०] ग द्विरुक्तिः पौर्णमासीनामेवैषा सममा [११] ग भवति [१२] ग सममा- [१३] ग सामा- | वतीस् [१४] क ग पौर्णमास्याश्

आदित्याश् च वा[1] अङ्गिरसश् च स्वर्गे लोके ऽस्पर्धन्त। त आदित्याः पूर्वे स्वर्गं लोकम्[2] अगच्छन्। ते ऽङ्गिरसो ऽकामयन्त—वयम् अपि तं लोकं गच्छेम यम् आदित्या[3] अगमन्न्[4] इति। ते यन येनैवायनेनायंस् ततस्तत[5] एतान् प्रत्य् अपानुदन्त। तान् ह परश् चत्वारिंशानि वर्षाणि प्रत्य् एव नुनुदिरे। त एतद् अयनम् अपश्यन्। तद् एत्र [6]सदन् यथाविधम्[6] इव तद् उपायन्। ततो वा अंगिरसस् तं[7] लोकम् अगच्छन् यम् आदित्याः। सा ह खलु वै श्रेष्ठर्द्धीनां[8] स लोकानां पुण्यतमो यम् एतेनांगिरसो ऽगच्छन्। [9]स यो[9] श्रेष्ठर्द्धीनां[10] यो लोकानां[11] पुण्यतमो यम् एतेनांगिरसो ऽगच्छंस् तं गच्छामेति ॥ ३६५ ॥

[१] ग नास्ति [२] ग लोकेम् [३] ग अदित्या [४] ग अश्मन्न् [५] क ततस्ततस्तत [६-६] ग सदथाविधम् [७] ग त्वं [८] ग श्रेष्ठधीनां | [९-९] ? ग सा या [१०] ग श्रेष्ठद्धीना [११] क ग लोकायां

तद् ये ह वा एत[1] आदित्यस्योदञ्चो[2] रश्मयस् त आदित्या, ये दक्षिणास् ते ऽङ्गिरसः[3]। ते हैत आदित्याश् चांगिरसश् च सलोकाः। सलोको ह वा आदित्यैश् चांगिरोभिश् च भवति, य एवं वेद। अथैतौ द्वौ[4] त्र्यहौ भवतष्—षड् अहानि। [5]षड् वा[5] ऋतवः। ऋतुष्व् [6]एव तत्[6] प्रतितिष्ठन्ति[7]। अथैतौ द्वाव्[4] उत्तरौ त्र्यहौ भवतष् —षड् उ एवाहानि। अभिपूर्वम् एव तद् ऋतुषु प्रतितिष्ठन्ति। अथैते षड् अतिरात्रा भवन्त्य् उक्तब्राह्मणाः। अथैते त्रयस् त्र्यहा भवन्त्य् उक्तब्राह्मणाः। अथैते चत्वारस् त्र्यहा भवन्ति द्वादशाहानि। द्वादश मासास् संवत्सरः। मासा एव तद् भूत्वा मध्यतस् संवत्सरम् अतीत्य स्वर्गं लोकं रुरुहुः ॥ ३६६ ॥

[१] ग नास्ति [२] ग आदित्यस्योदञ्चा [३] ग ङ्गिरस् [४] ग द्वा [५-५] ग षडा [६-६] ग एतौ [७] क प्रतिष्ठन्ति

अथैता द्वादशाहवतीर्[1] भवन्ति, यैवासौ द्वादशाहवतीनां प्रशंसा[2] सा न उपाप्ता-सद् इति। अथैतानि चतुरुत्तराणि छन्दांस्य् उपयन्ति। चतुरुत्तरा वै वाचो रोहाः[3]। वाचम् एवैते रोहन्ति। अथो चतुष्पदा वै पशवः। तद् यद् एतानि चतुरुत्तराणि छन्दांस्य् उपयन्ति, चतुष्पदाम् एव पशूनाम् अवरुद्ध्यै। अथैतानि द्वियन्तराण्य्[4] उपाहरन्ति। चतुरुत्तराणि[5] द्वियन्तराणि। न ह वै तावच् छ्रियम् अश्नुते यावद् द्विपदां चतुष्पदां पशूनाम् ऐश्वर्यम् आधिपत्यं न गच्छति। तद् यद् एतानि द्वियन्तराण्य् उपाहरन्ति चतुरुत्तरद्वियन्तराणि द्विपदां चतुष्पदां पशूनाम् ऐश्वर्यम् आधिपत्यं गच्छामेति। अथैतान्य् अष्टान्तराण्य् उपाहरन्ति चतुरुत्तरद्वियन्तराणि सर्वाणि, चतस्रो दिशश् चत्वारो ऽवान्तरदेशा, दिशां स उपरिष्टाल् लोको यः पुण्यस्, सर्वासु दिक्षु प्रतिष्ठाय स्वर्गं लोकं गच्छामेति। अथैतानि पञ्च सन्धिषामानि भवन्ति[6]—रथन्तरं जराबोधीयं श्रुधीयं नानदगौरिवीते[7] इति। एतद् ध वा[8] एकं प्रज्ञातं सन्धिषाम यद् रथन्तरम्। तद् यद् एकं[9] प्रज्ञातम्[10]-- ॥ ३६७ ॥

[१] ग द्वादशभवतीर् [२] क ग पशंसा [३] ग रोह [४] ग द्वियन्तराह्य [५] क चतुरुत्तर [६] क ग भवति [७] क नानदगौरुत्वीते ग ननन्दगौरीविते [८] ग नास्ति [९] ग एतं [१०] ग प्रज्ञाः

—[1]सन्धिषाम[1] तेन न स्तुतम् असद् इति । अथो वाग् वै रथन्तरं, वाग् आश्विनं, वाग् वै वाचं प्रति विभवितुम् अर्हति, इयं [3]वाग् वाचं प्रति विभाद् इति । एतद् उ ह वै द्वितीयं[3] प्रज्ञातं सन्धिषाम यज्[4] जराबोधीयम् । तद् यद् द्वितीयं प्रज्ञातं सन्धिषाम तेन न स्तुतम् असद् इति । अथ श्रुधीयं कीर्तिमत् । सामवृक्तिर्[5] उ सन्धिषामनी । तद् यद् आभ्यां सन्धिषामभ्याम् अवृक्ष्महि तन् नो ऽस्य लोकवतस् साम्नः पशवो[6] लोकम् अनूपतिष्ठान्ता[7] इति । अथ नानदगौरिवीते[8] लोकवती सामनी[9] भूयासं नो लोकम् अनूपतिष्ठाता[10] इति । तद् आहुस् त्रिर् एवाश्विनं शस्तव्यं, त्रिषत्या वै वाक् । त्रय इमे लोकाः । यद् अतिरात्रे ऽतिरात्र आश्विनं[11] शंसेद् विकर्षस्[12] स वाचः । होतारं ब्रूयाद् आश्विनकतून् एवान्येष्व् अतिरात्रेषु शंसस्[13] त्रिर् एवाश्विनं शस्तव्यम् इति, प्रायणतो मध्यत उदयनतः । एतद् ध वै समृद्धम् आश्विनं यद् रथन्तरेण संपद्यते । [14]यद्य् एकेन[14] संपद्येत रथन्तरम् एव प्रायणतो मध्यत उदयनतो, यदि द्वाभ्यां[15] रथन्तरम् एव प्रायणतो मध्यत उदयनतो, [16]यदि त्रिभी रथन्तरम् एव प्रायणतो मध्यत उदयनतो[16], न चतुर्भिस्[17] संपद्यते, नो एव पञ्चभिः ॥ ३६८ ॥

[१] ग अधिपाठः तं [२] क सन्धिषामे [३-३] ग नास्ति [४] ग यं [५] ? क ग सामवृत्तिर् [६] क पशवा [७] क अनूपतिष्ठन्ता [८] क नानदगौरुवीते ग नानदगौरिविते [९] ग साम्नी [१०] ग अनुपतिष्ठाता [११] ग अश्विनं [१२] क ग विकषस् [१३] एवं कोशयोः [१४-१४] ग यद्येतु [१५] ग त्रिभि [१६-१६] ग नास्ति [१७] ग चतुर्हि

अथैता एण्य एककृष्णाः । एण्यो [1]ह वै[1] नामैता रात्रयः । तासु कृष्णो ऽपि मिथुनत्वाय प्रजननाय । प्र मिथुनेन जायते य एवं वेद । तं वा त्वै[2] पुरस्ताद् उपेयुस् तं वोपरिष्टात् । यदि पुरस्ताद् उपेयुः, पुंस्पृणेत्रा असन्न् इति; यद्य्[3] उपरिष्टात्—पश्चाद्[4] वै पुमान् योषायां रेतो दधाति—रेतोधेयाय[5] । प्रजापतिर् वावेदम्[6] अग्र एको ऽसृज्यत नान्यं द्वितीयं पश्यमानः । स ऐक्षताहं वाव प्रथमो [7]ऽजनिष्य् , अहं[7] श्रेष्ठो ऽस्म्य् , अस्ति स्विन्[8] मद् इहान्याउ३ इति । स व्यैक्षत । [9]सो ऽन्यद् आत्मनो ऽध्य्[9] उत्तरतो ज्यायस् तिष्ठद् अपश्यत् । तद् अपृच्छत् किम् इदम् असि, यद् इदम् असीति । ब्रह्म वा अस्मीत्य् अब्रवीत् । तद् अब्रवीद्—आवं वाव प्रथमाव् अजनिष्वह्य्, आवं श्रेष्ठौ स्वस्, संसृज्यावहै[10], सहासावेति । नेत्य् अब्रवीत् । पाप्मगृहीतो वा असीति । स मे [11]क्व स[11] पाप्मेति । एष[12] ते शीर्षन्न् इति । तं वै मे ऽवजहीति[13] । तथेति । तम् अवाहन्[14] । तं ग्रीवास्व् [15]असिनात् । तं[15] समपीडयत्[16] । तद् एतत् परिगृहीतकम् इवावजहीति । तम् अवाहन् । तं नीव्याम् [15]असिनात् । तं[15] समपीडयत्[16] । तद् एतत् परिगृहीतकम् इवावजहीति । तम् अवाहन् । तं कुल्फयोर् [15]असिनात् । तं[15] समपीडयत्[16] । तद् एतत् परिगृहीतकम् [17]इवावैव जहीति[17] । तम् अवाहन्—पदाभितिष्ठेति । तं पदाभ्यतिष्ठत् ॥ ३६९ ॥

[१-१] ग हैवा [२] ? क ग त्वयि [३] ग यद् [४] ग पश्चद् [५] ग अधिपाठः य [६] क वादम् [७-७] ग जानिस्यहं [८] क स्वन् [९-९] ग सेऽन्यादात्मनोऽधि [१०] ग

सजावहै [११-११] ग कास [१२] ग एषा [१३] ग वाजहीति [१४] क आवाहन् [१५-१५] क घ असिनक्तं। असिनाक्तं इत्यपि भवितु- मर्हति [१६] क ग समपीळयत् [१७-१७] क इवावैवजिहीति ग इवावैवाजहीति

स एवैष पदोर् उच्छंखः[1] । त्रेधा विच्छिद्धीति[2] । तं त्रेधा व्यच्छिनत्[3] । सैवास्य श्रीर् अभवद्—गौस् तृतीयं स्वप्नस् तृतीयं[4] छाया तृतीयम् । तस्माद् एतानि श्रेष्ठस्य भूयिष्ठानि । भूयिष्ठाः पशवो, [5]ज्येष्ठा छाया[5], स्वपिति । स ऐक्षत—[6]यं म[6] इमं पाप्मानम् अवोचद् घन्तेमम् अपैव छिनदा इति । स एतद् एव ब्रह्माष्टधा व्यौहत् । अष्टाक्षरा गायत्री । ब्रह्म गायत्री । ब्रह्मैव तद् अष्टधा व्यौहत् । तम् अष्टाभिस् त्रिवृद्भिः पराञ्चम् अपौहत् । तम् अष्टाभिः पञ्चदशैः पराञ्चम् अपौहत् । तम् अष्टाभिः सप्तदशैः पराञ्चम् अपौहत् । तम् अष्टाभिर् एकविंशैः पराञ्चम् अपौहत् । तम् अष्टाभिस् त्रिणवैः [7]परार्धम् अगमयत्[7] । तम् अष्टाभिस् त्रयस्त्रिंशैर् अपैवाछिन्दत् । स एवैष उपरिष्टाद् अतिरात्रः । पाप्मा हास्यैषो ऽपोढः । अथो एष वै[8] प्रजापतिर् यो ऽसौ तपति । स एषो ऽपहतपाप्मा तपति । तस्य छाया नास्ति । तस्माद् उ छायाम् अभि च ष्ठीवेद् अभि च मेहेत् । पाप्मानम् एव तद् घ्नते । सुप्त्वोदकम् आचामेत्[9] । पाप्मानम् एव तद् घ्नते । गाम् उपाघ्नां हनीत । पाप्मानम् एव तद् घ्नते । ते[10] य एवं विद्वांस एता रात्रीर् उपयन्ति, सर्वम् एव पाप्मानम् अपहत्योत्तिष्ठन्ति । ईश्वरा ह त्व् अपशवो भवितोः—पशवो वा उक्थानि—पशून् हि स तत्राप्य् अपौहत् । ते ये श्रीकामा स्युस् त[11] एता रात्रीर् उपेयुः । एता ह स्म वै तत् पुरा कुरुपाञ्चालानां ब्राह्मणा श्रीकामा उपयन्ति । ते हागावो[12] ऽभद्रा आसुः । सजातेषु हैवैषां पशव आसुः । ततो ह स्मैव गोरुहायागताय[13] गाम् उपाञ्जन्ति । ततो देयाय ददुः । तद् उ होवाच शाट्यायनिर् न तां वदेद् या परिचक्षा । यदाकामीना वै श्रियां पशवो, यदाकामीनं वित्तं, पशुमन्तश् च भविष्याम, श्रेष्ठाश् च रात्स्यामश्[14] चेत्य् एवं मन्यमाना एता रात्रीर् उपेयुर् इति । तथा हैव भवति । वैश्वानर उदयनीयो ऽतिरात्रो भवति । वैश्वानरोदयना ह्य् अहीनास् सोमाः ॥ ३७० ॥[15]

[१] ग उच्छलंखः [२] क विच्छिन्धुति [३] क व्याच्छिनत् [४] क तृतीयच् [५-५] घ ज्येष्ठयोछायां [६-६] ग समा घ समम [७-७] ग पराधमगयत् [८] क एव घ व [९] क आचोमेत् घ आचमेत् [१०] ग नास्ति [११] ग ता [१२] ग हागवो [१३] ग गोरुहायगताय [१४] ग रत्स्यामश् [१५] क इति सत्रं हरिः ओं । आदिकेशवाय त्रयीमूर्तये नमः । अविघ्नमस्तु । श्रीगुरुभ्यो नमः करकृतमपराधं क्षन्तुमर्हन्ति सन्तः । शुभमस्तु । महाब्राह्मगं ३६० । द्वादशाहं ३८८ । महाव्रतं १५२ । एकाहं १५३ । अहीनं १०० । सत्रं ३७ । खण्डं १९० ॥ आर्षेयं ८४ । उपनिषत् १५४ । खण्डं १२८ । शुभमस्तु । श्रीसरस्वत्यै नमः । श्रीगुरुभ्यो नमः । श्रीवेदव्यासाय नमः । अविघ्नमस्तु । हरिः ओं ॥ ओं रक्ताक्षि नाम संवत्सरं दक्षिणायनं कार्त्तिकैमासं २२ बुधन्किढमयुं उत्तिराषाढनक्षत्रमुं कूटिन शुभदिनत्तिल् वासिष्ठगोत्रं जैमिनिसूत्रं सामशाखाध्यापकरान पञ्चनदिशास्त्रिधौ पुत्रन् मीनाक्षिसुंदरेश्वरन् महाब्राह्मणमुतल्खण्डं ४२८ स्वहस्तलिखितम् । करकृतमराधं क्षन्तुमहन्ति सन्ताः । शुभमस्तु । हरि ओं ॥ ग इति सत्रं समाप्तम्

गवामयनशेषः

[१]सावित्रं पूर्वेद्युः पशुम् आलभन्ते । सविता वै देवानां प्रसविता । सवितृप्रसूता एवैतत् संवत्सरम् आरभन्ते । को[२] ह्य् एतम् अर्हत्य् अप्रसूत आरभम्[३] । प्राजापत्यं श्वो[४] भूत आलभन्ते । प्रजापतिश्रेष्ठा वै देवाः । श्रेष्ठत [५]एवैतद् देवताः[५] प्रीणन्ति । यो वै श्रेष्ठम् अराधयित्वाथान्यान् ईप्सति[६], सर्वे वाव तस्य ते ऽराधिता[७] भवन्ति । अथ य श्रेष्ठं राधयित्वाथाप्य् अन्यान् नाद्रियते, सर्वे वाव [८]तस्य त इष्टाः प्रीता[८] भवन्ति[९] । प्रजापतिश्रेष्ठा वै देवाः । श्रेष्ठत एवैतत् सर्वा देवताः प्रीणन्ति । श्वेतो लोमशस् तूपरो [१०]लप्सुग्य् अन्यतोदञ् चतुष्पाद्[१०] । [११]यच् छ्वेतो[११] लोमशस्, तद् अवीनां रूपम् । यत् तूपरस्, तद् अश्वानाम् । यल् लप्सुगी, तत् पुरुषाणाम् । यद् अन्यतोदंस्, तद् गवाम् । यद् अजस्, तद् अजानाम् । सर्वेषां वा एष पशूनां [१२]मेधः । सर्वेषाम् एवैतत् पशूनां[१२] मेधेन संवत्सरं पितरं प्रजापतिं प्रीणयन्ति[१३] । स एनान् प्रीतः प्रीणाति ।

देवा वा ऋद्धिकामास्[१४] तपो ऽतप्यन्त ॥ ३७१ ॥

[१] क ओं [२] क के [३] क आरभन्द् [४] क स्वो [५-५] क ग एवैताः [६] क ग ईप्सन्ति [७] क रधिता [८-८] ग तस्येष्ठाः पूर्ता [९] ग भवति [१०-१०] क लप्सुह्यन्यतोदश्चातुष्टाद् ग लप्सुग्यन्यतेद- [११-११] ग यक्ष्वेतो [१२-१२] ग नास्ति [१३] क ग प्रीणन्ति [१४] ग ऋत्रिकामास्

स इन्द्र एताम् अष्टकाम् अपश्यत् । [१]तस्याम् अदीक्षत[१] । स एकयाश्नुत[२] । यद् एकयाश्नुत[२] [३]तद् एकाष्टकाया एकाष्टकात्वम् । ते य[४] एवं विद्वांसो दीक्षन्ते सर्वे एवाश्नुवते[५], सर्वे विषुवन्तो भवन्ति । विषुवान् ह्य् एषो ऽभवत्[६] । ते यत् पुरस्ताद् दीक्षेरन् पितृलोके दीक्षेरन् । प्रमायुका स्युर् यद् उपरिष्टाद् दीक्षेरन् । यथापूर्वं [७]पलायितम् ईप्सेत्[७] तं वाप्नुयात् तं वा न तादृक् तत् । त एतस्याम् एवाष्टकायां दीक्षेरन् । तद् यथा रथम् उपस्थितम् आतिष्ठेद्[८] धस्तिनं वा निषादितं तथा । तद्रियञ्च[९] सत्त्रिण इति वै पृच्छन्ति । नार्वाञ्चो न पराञ्च इति ब्रूयाद्, यथासाव् आदित्य एति[१०] । न ह वा एते ऽर्वाञ्चो[११] न पराञ्चः । तिर्यञ्चो ह[१२] वा एते । नो ह वा असाव् आदित्यो ऽर्वाङ्[१३] न पराङ्, [१४]तिर्यङ् उ[१४] ह वा एष । षड् वा एष मासो दक्षिणैति, [१५]षड् [१६]उदङ् । यान्[१६] दक्षिणैति[१५] ते पितृदेवत्या, यान् उदङ् ते देवदेवत्याः[१७] ॥ ३७२ ॥

[१-१] ग तस्यान्दीक्षत [२] ग एकायाश्नुत [३] ग अधिपाठः यदेकयाश्नुर्त्त [४] ग यं [५] क एवाश्नुते [६] ग भवात् [७-७] ग पलायिदिप्सेत् [८] ग आतिष्ठद् [९] क तत् द्रयञ्च ग तत् दियञ्च [१०] क एत [११] क ग अर्वाञ्चो [१२] क ग ए [१३] ग अर्वङ् [१४-१४] क तिर्य्यन्दन्दु ग तिर्य्यन्दद्दु [१५-१५] ग नास्ति [१६-१६] क उदन्द्यान् [१७] ग देवदेव्यता

एतं वा एत आरभ्य यन्तीन्द्रं प्रजापतिं विप्रं पदम् ऋतुपात्रं विश्वान्[१] देवान् स्वर्गं लोकम् । एतस्य वा एत आवृतम् अन्वावर्तन्त[२] । त एतस्य विमुक्तिम् अनु विमुच्यन्ते । तस्यैषा [३]परिचक्षा यद् अपक्षीयमाणे[३] सुत्यां गच्छन्त्य् अपक्षीयमाण उद्वचम् अश्नुवते ।

द्वादश दीक्षाः कुर्वीरंस् तिस्र उपसदः[४]। तेनैतद् उभयम् उपाप्नुवन्ति। तद् उ वा आहुर् उपा हैवैतेनैतद् उभयम् आप्नुवन्ति। सेव[५] तु परिचक्षा यद् अपो ऽनभिनन्दन्तश्[६] शिशिरे ऽवभृथम् अभ्यवयन्ति। सम् इव कोपयति[७] हिमः। स य[८] एनांस् तथा चक्रुषो[९] ऽनुव्याहरेद् इति वेति वा भविष्यन्तीति तथा हैव स्युः। यैवासौ फाल्गुनस्यामावास्या तस्या उपरिष्टात् पञ्चाह—षडहे दीक्षेरन्। यो वै श्रेयसो नियानेनैतीदम् अयासीद् इदम् अयासीद् इति न वै स रिष्यति, श्रेयसो वा एते नियानेन[१०] यन्ति य आदित्यस्य, ते स्वस्त्य् अरिष्टा[११] उदृचम् अश्नुवते, ते तद् गच्छन्ति यत्रैष आदित्यो गच्छति, [१२]तत् ते तद्[१२] गत्वैतस्यैवायनेन पुनर् आयन्ति ॥ ३७३ ॥

[१] ग विश्वा [२] ? ग अवावर्त्तन्त [३–३] क परिचक्षायपक्षीयमाणे ग परिचक्षाणादक्षीयमाणे [४] क उपदः [५] ग सव [६] क नुभिनन्दन्तश् [७] ग कोपयन्ति [८] ग नास्ति [९] ग चकुशो [१०] ग निधानेन [११] ग अरुष्टा [१२–१२] ग ततेतत्

गावो वा एतद् अग्रे[१] सत्रम् आसतान्नाद्यम् अवरुरुत्समानाः। ता दशमे मास्य् उदतिष्ठन् सर्वम् अन्नाद्यम् अवारुत्स्महीति[२] मन्यमानाः[३]। त एता शृंगिणीः। तासां त्वा इवाब्रुवन्—सर्वान् एवैतान् द्वादश मासः[४] समापयामेति। ता अतिप्रायुञ्जत[५]। तासां द्वादशे मासि शृंगाणि प्रावर्तन्त। ता [६]एतास् तूपराः[६]। तस्मात् सत्रिणो द्वादशे मास्य् अपि शिखाः[७] प्रवपन्ते। गवां[८] हि तर्ह्य् अनुरूपा भवन्ति। ता उदतिष्ठन्[९] अरात्स्मेत्य्[१०] आप्त्वा [११]सत्रम् आप्त्वा[११] सर्वम् अन्नाद्यम्। तस्माद् एतास् सर्वान् द्वादश मास उत्तिष्ठन्ति प्रत्वापि[१२] वार्षिकाव् अपि शैशिरौ। सत्राभिजितं ह्य् आसाम्[१३] अवरुद्धं ह्य् आसाम्[१४]। ते य एवं विद्वांसो द्वादश मासः[१५] समापयन्ति, सर्वम् एवान्नाद्यम् अवरुध्योत्तिष्ठन्ति। आत्मदक्षिणं[१६] ह खलु वै सत्रम्। लोमैव प्रथमाभ्याम् उपसद्भ्यां स्पृण्वते, त्वचं द्वितीयाभ्यां, मांसं तृतीयाभ्याम्, अस्थि चतुर्थीभ्यां[१७], मज्जानं पञ्चमीभ्याम्। यद् एवैषां तत्र किं चास्पृतं[१८] भवति, तद् एव षष्ठीभ्यां स्पृण्वते। ते[१९] शुद्धाः पूता मेध्याश् शुचयो भूत्वा देवलोकम् अपियन्ति ॥ ३७४ ॥

[१] क अधिपाठः स [२] क अन्त्रारुत्समहीति [३] क ग मन्यमानः [४] क ग मासाः [५] क अतिप्रायञ्जत घ अतिप्रयुञ्जत [६–६] ग एतस्तूपराः घ एतापराः [७] ग शिक्षाः [८] क ग गावं [९] क ग उद्दतिष्ठान्न् [१०] ग अरात्स्म्येत्य् [११–११] क नास्ति [१२] क घ प्रत्र्वात्रपि [१३] ग आस्याम् [१४] क ग आस्यां [१५] ग मासाः [१६] ग आत्मदक्षिणां [१७] क ग चतुर्थिभ्यां [१८] क चास्पतं [१९] ग नास्ति

प्रजापतिर् [१]वावेदम् अग्र[१] आसीत्। सो ऽकामयत—बहु स्यां, प्रजायेय, भूमानं गच्छेयम् इति। स तपो ऽतप्यत। स एतं वैश्वानरं[२] प्रायणीयम् अतिरात्रम् अपश्यत्। तस्माद् अहोरात्रे प्राजनयत्[३]। अहोरात्रयोः [४]प्रत्यतिष्ठत्। तद्[४] यद् एष वैश्वानरः प्रायणीयो[५] ऽतिरात्रो भवत्य् अहोरात्रे एवैतस्मात् प्रजनयन्त्य्, अहोरात्रयोः प्रतितिष्ठन्ति। सो ऽकामयत प्रैव जायेयेति। स एतस्माद् एव वैश्वानरात् प्रायणीयाद् अतिरात्रात् त्र्यहं निरमिमीत, अग्निष्टोमाद् एव [६]ज्योतिर् निरमिमीत[६], [७]उक्थ्येभ्यो गां[७], रात्र्या आयुः[८]। तस्मात् त्र्यहात् त्रीन् ऋतून् प्राजनयत्, त्रिष्व् ऋतुषु प्रत्यतिष्ठत्। तद् यद् एष त्र्यहो भवति त्रीन् एवैतस्माद् ऋतून् प्रजनयन्ति, त्रिष्व् ऋतुषु प्रतितिष्ठन्ति। सो ऽकामयत प्रैव

जायेयेति । स एतम् एव त्र्यहं परस्तात् पर्यौहत् । स षडहो ऽभवत् । तस्मात् षडहात् षड् ऋतून् प्रजनयत्[९] । षट्स्व् ऋतुषु प्रत्यतिष्ठन् । तद् यद् एष षडहो भवति षड् एवै-तस्माद् ऋतून् प्रजनयन्ति, षट्स्व् ऋतुषु प्रतितिष्ठन्ति । सो ऽकामयत प्रैव जायेयेति । स एतम् एव षडहं परस्तात्[१०] पर्यौहत् । तौ द्वौ षडहाव् अभवताम्[११] । ताभ्यां द्वाभ्यां षडहाभ्यां द्वादश मासः[१२] प्रजनयद्, द्वादशषु मासेषु प्रत्यतिष्ठत् । तद् यद् एतौ द्वौ षडहौ भवतो द्वादशैवैताभ्यां मासः प्रजनयन्ति, [१३]द्वादशसु मासेषु[१३] प्रतितिष्ठन्ति । सो ऽकामयत प्रैव जायेयेति । स एताव् एव षडहौ परस्तात् पर्यौहत् । ते चत्वारष् षडहा अभवन् । तेभ्यश् चतुर्भ्यष् षडहेभ्यश् चतुर्विंशतिम् अर्धमासान् प्राजनयच्[१४], चतुर्विं-शत्याम् अर्धमासेषु प्रत्यतिष्ठत् । तद् यद् एते चत्वारष् षडहा भवन्ति, चतुर्विंशतिम् एवैतेभ्यो ऽर्धमासान्[१५] प्रजनयन्ति, चतुर्विंशत्याम् अर्धमासेषु प्रतितिष्ठन्ति ॥ ३७५ ॥

[१-१] क ग वावेदधग्र [२] ग वश्वानरं [३] ग घ प्रजनयत् [४-४] ग प्रतितिष्ठतद् [५] ग प्रायणीया [६-६] ग ज्योतिन्निरमिमीत [७-७] क घ उक्थ्येभ्योंगाः ग उक्थ्योभ्योंगाः [८] ग पूर्वः [९] एवं कोशयोः [१०] ग परात् [११] ग अभवता [१२] ग मासाः [१३-१३] क घ द्वादशमासेपु [१४] क प्राजयच् [१५] ? क र्धमासात्

स इदं सर्वं भुवनं प्रजनय्य[१] पृष्ठ्येन[२] [३]षडहेनात्मन्न् अधत्त[३] । तद् यद् एष पृष्ठ्यष् षडहो भवति [४]सर्वम् एवैतेन[४] भुवनं प्रजनय्यात्मसु[५] दधते । वर्ष्म वै पृष्ठानि । वर्ष्मण्य्[६] एवैतत् प्रतितिष्ठन्ति । श्रीर् वै पृष्ठानि । श्रियाम् एवैतत् प्रतितिष्ठन्ति । ज्यैष्ठ्यं[७] वै पृष्ठानि । ज्यैष्ठ्य एवैतत् प्रतितिष्ठन्ति । तेजो वै पृष्ठानि । तेजस्य् एवैतत् प्रतितिष्ठन्ति । पशवो ह खलु वा अभिप्लवष् षडह, आत्मा पृष्ठ्यः । यद् अभिप्लवं षडहम् उपेत्याथ पृष्ठ्यम् उपयन्ति पुरुषम् एवैतत् पशुष्व् अध्यूहन्ति । तस्मात् पुरुष उपरिष्टात् पशून् अधीव तिष्ठति । मूलं ह खलु वा अभिप्लवष् षडहो ऽग्रं पृष्ठ्यः । यद् अभिप्लवं षडहम् उपेत्याथ पृष्ठ्यम् उपयन्ति तस्माद् ओषधयो मूलतो जायन्ते, ऽग्रतः पच्यन्ते । पञ्चैते षडहा भवन्ति । पांक्तो यज्ञः । यावती यज्ञस्य मात्रा तस्याम् एवैतत् प्रतितिष्ठन्ति । स मासस् संपद्यते । संवत्सरो वै मासः । मासश एव तत् संवत्सरम् आप्नुवन्ति । तस्य त्रिंशद् रात्रयो भवन्ति— त्रिंशदक्षरा विराड्, अन्नं विराड्[८]—विराज्य् एव [९]तद् अन्नाद्ये[९] प्रतितिष्ठन्तो यन्ति ॥ ३७६ ॥

[१] क ग प्रजन्य [२] ग वृष्ठेन [३-३] क षडहेनात्मन् धत्त ग षडुहेनात्मंन्नयत्त [४-४] ग सर्वमेविन्नेतेन [५] क ग प्रजन्यात्मसु [६] क वर्षण्य् [७] ग जैष्ठ्यं [८] क विरड् ग नास्ति [९-९] ग तन्नाद्ये

प्रायणीयम् अहर् भवति । प्रायणीयेन वा अह्ना देवा स्वर्गं लोकं प्रायन् । यत् प्रायंस् तत् प्रायणीयस्य प्रायणीयत्वम् । तद् यत् प्रायणीयम् अहर् भवति स्वर्गस्यैव लोकस्य समष्ट्यै । तस्माद् उ हैतस्याह्न ऋत्विजा बुभूषितव्यं[१], स्वर्गस्य[२] ह्य् एतल् लोकस्य नेदि-ष्ठम् । तच् चतुर्विंशं भवति । चतुर्विंशत्यर्धमासो वै संवत्सरः । अर्धमासश एव तत् संवत्सरम् आप्नुवन्ति । [३]एतद् उ ह वा एके सत्त्रिणो ऽहर् उपेत्योत्तस्थुर् आप्ताम संवत्सरम् इति वदन्तः । ते य[४] कामसमारेफाणा[५] इव स्युस् त एतद् एवाहर् उपेत्यो-त्तिष्ठेयुः । आप्तो हैषां संवत्सरो भवति । तस्य त्रीणि च शतानि स्तोत्रिया भवन्ति षष्टिश् च । तावतीस् संवत्सरस्य रात्रयः । रात्रिश एव तत् संवत्सरम् आप्नुवन्ति ।

तद् आहुर् यत् संवत्सरसदस्[1] संवत्सरस्याहानि सुन्वन्त[7] आसते ऽथ केन[8] रात्रीर् आप्नुवन्तीति। स ब्रूयाद् यावतीः प्रायणीयस्याह्न स्तोत्र्यास् तावतीस् संवत्सरस्य रात्रयः। [9]प्रायणीयस्याह्न एव[9] स्तोत्र्याभी रात्रीर् आप्त्वा अहानि सुन्वन्त[7] आसत इति। तद् उक्थ्यं भवति—पशवो वा उक्थानि— पशूनाम् एवावरुद्ध्यै। तस्य पञ्चदश स्तोत्राणि भवन्ति। पञ्चदश वा अर्धमासस्य रात्रयः। अर्धमासश एव तत् संवत्सरम् आप्नुवन्ति। त्रिंश[त्] स्तुतशस्त्राणि भवन्ति। त्रिंशन् मासस्य रात्रयः। मासश एव तत् संवत्सरम् आप्नुवन्ति ॥ ३७७ ॥

[१] ग भूषितव्यं [२] क स्वर्ग्यस्य [३] ग अधिपाठः त [४] ग य [५] क कामसा-मारेफाणा ग कामसामारेफाण [६] ग नास्ति [७] ग सुन्हन्त [८] ग तेन [९-९] क प्रायणीस्यान्हैवा ग प्रायणस्यान्हैवा

तद् आहुर् ईर्मं[1] इव वा [2]एषा होत्राणां[2] यद् अच्छावाको, यद् अच्छावाकम् अनुसंतिष्ठेतेर्मं[3] इव तुष्टुवाना स्युर् इति। तस्य त्रैककुभं[4] ब्रह्मसाम भवत्य्, उद्वंशीयम्[5] अच्छावाकसाम। इन्द्रियं वै [6]वीर्यं त्रैककुभं[6], सर्वं पृष्ठरूपम् उद्वंशीयम्[7]। इन्द्रिये चैव तद् वीर्ये सर्वस्मिंश् च पृष्ठरूपे ऽन्ततः प्रतितिष्ठन्ति। तद् वा [8]एनत् तत् प्राशंसत्[8]। तद् आहुर्—अग्निष्टोम एव कार्य इति। तस्य द्वादश स्तोत्राणि भवन्ति। द्वादश मासास् संवत्सरः। एतद् उ ह वै संवत्सरस्य ज्यैष्ठ्यं पर्व यन् मासः। तद् यत् संवत्सरस्य ज्यैष्ठ्यं पर्व तेन नस्[9] संवत्सर आरब्धो ऽसद् इति। ईश्वरा ह त्व्[10] [11]अपशवो भवितोः[11] —पशवो वा उक्थानि—तेभ्यो हि यन्ति। तस्य त्रीणि स्तोत्राण्य्[12] अष्टाचत्वारिंशानि कुर्युर् उभौ पवमानौ ब्रह्मसाम। तावतीर् उक्थ्यस्य स्तोत्र्याः[13]। आप्नुवन्ति तं कामं य उक्थ्ये, नो वा अग्निष्टोमाद् यन्ति। वर्ष्म वा अग्निष्टोमो, वर्ष्म होता, वर्ष्मणैव तद् वर्ष्म संदधति, वर्ष्मणा वर्ष्मन् प्रतितिष्ठन्ति। श्रीर् वा अग्निष्टोम, श्रीर् होता, श्रियैव तच् छ्रियं संदधति, श्रिया श्रियां प्रतितिष्ठन्ति। [14]ज्यैष्ठ्यं वा अग्निष्टोमो[14], ज्यैष्ठ्यं होता, ज्यैष्ठ्येनैव तज् ज्यैष्ठ्यं संदधति, ज्यैष्ठ्येन ज्यैष्ठ्ये[15] प्रतितिष्ठन्ति ॥ ३७८ ॥

[१] ग इर्मं [२-२] ? क ग एषहोरात्राणां [३] ग अनुसन्तिष्ठेतर्मं [४] ग त्रैककुंभं [५] क ग उद्वंशीम् [६-६] ग वीर्य्यत्रैककुंभं [७] ग उद्वीशीयद् [८-८] क एनन्तत् प्रशासक् ग एनन्तत् प्राशसक् [९] क ग न [१०] ग त्वा [११-११] ग नास्ति [१२] क ग स्तोत्रान्य् [१३] ग स्तोत्रा [१४-१४] ग नास्ति [१५] ग ज्यैष्ठे

तद् आहुः प्लवम्[1] इव वा एतच् छन्दो यज्[2] जगती, न [3]प्रायणाय। तत्स्थाने[3] षड् एव षट्त्रिंशानि स्तोत्राणि कुर्युष् षट् चतुर्विंशानीति। षट्त्रिंशदक्षरा वै बृहती। बृहती स्वर्गो लोकस् साम्राज्यम्। बृहत्याम् एव तत् स्वर्गे लोके साम्राज्ये प्रतितिष्ठन्तो यन्ति। बृहत्य् उ ह वा इमान् सर्वान् लोकान् अक्षरैर् व्याप्नोति—दशभिर् एवाक्षरैर्[4] व्याप्नोति, दशभिर् एवाक्षरैर् इमं लोकं व्याप्नोति, दशभिर् अन्तरिक्षं, दशभिर् अमुं, चतुर्भिर् दिशो, द्वाभ्याम् अहोरात्रे। सा येमान् लोकान् प्राप्नोति तयेमान्[5] लोकान् व्याप्नवामेति[6]। तस्मात् षड् एव षट्त्रिंशानि स्तोत्राणि कुर्युष षट् चतुर्विंशानीति। अथो चतुर्विंशत्यर्धमासो वै संवत्सरः। अर्धमासश एव तत् संवत्सरम् आप्नुवन्ति। एते[7] असृग्रम्[8] इन्दव इति बहुरूपां प्रतिपदं कुर्वीरन्। बहवो [9]ह्य् एते[9] दीक्षन्ते। तद् उ वा आहुः पवस्व वाचो अग्रिय इत्य् एव प्रतिपत् कार्या। एषा वै[10] बहुरूपा। एतस्यां वै सर्वाणि

रूपाणि । उभे प्रतिपदौ भवत, उभे ह्य् अत्र सामनी क्रियेते । तर्ह्य् अथौजिष्ठौ बलिष्ठौ वहिष्ठौ[११] संपादयिष[१२] महान्तम् अध्वानं संयुज्योपप्रेयात् तादृक् तत् । सर्वं पृष्ठरूपम् अनु समावर्तयन्ति[१३] [१४]यथा पित्रे च मात्रे च वत्सान्[१४] अनु समावर्तयेत् तादृक् तथा । तद् अग्ने युंक्ष्वा हि ये तवेत्य्[१५] एतास्व् अग्निष्टोमसाम कार्यम् आहुः । अग्निर् वा एष वैश्वानरो यत् संवत्सरः । तस्यैव युक्त्या अश्वासो देव[१६] साधव[१७] इति सिद्धयै[१८], अरं वहन्त्य् आशव इति समष्ट्यै । तद् आहुर् यज्ञेन वा एते [१९]यज्ञान् अभियन्ति[१९] ये [२०]यज्ञायज्ञीयस्यर्ग्भ्यो ऽधि[२०] यज्ञायज्ञीयं च्यावयन्ति । अथैते यज्ञेन[२१] यज्ञे प्रतितिष्ठन्ति ये यज्ञायज्ञीयस्यर्क्षु यज्ञायज्ञीयं च्यावयन्ति । तस्माद् यज्ञायज्ञीयं स्वारव् एव कार्यम् इति ॥ ३७९ ॥

[१] क प्लीहम् [२] ग नास्ति [३–३] क प्रायणायत्स्थान ग प्रायणायन्तत्स्थानव [४] क ग एकाक्षरैर् [५] ग अधिपाठः तयेमान् [६] क ग व्याप्नुवामेति [७] क ग अते [८] क ग असृगृम् [९–९] ग हैवैते [१०] ग नास्ति [११] ग नास्ति [१२] ? ग संपादरयिणुष [१३] ग अन्वसमावर्त्तयन्ति [१४–१४] क यवत्सान् [१५] क ग तवत्य् [१६] ग देवा [१७] क ग सायव [१८] क सिन्ध्या ग सिन्धा [१९–१९] क यज्ञाभ्यन्ति ग यज्ञान्ति [२०–२०] क ग यज्ञायज्ञीयस्यर्ग्योधि [२१] ग नास्ति

अभीवर्तो[१] ब्रह्मसाम भवति[२] । अभीवर्तेन वै देवा इमान् लोकान् अभ्यवर्तन्त । [३]यद् अभ्यवर्तन्त[३] तद् अभीवर्तस्याभीवर्तत्वम् । तद् यद् अभीवर्तो[१] ब्रह्मसाम भवत्य् एषाम् एव लोकानाम् अभिवृत्त्यै[४] । प्रजापतिर् वा अभीवर्तः, प्रजाश्[५] छन्दांसि । स एष प्रजापतिः प्रजासु[६] गर्भं दधद् एति । अन्यास्व् अन्यासु स्तुवन्ति समानेन[७] साम्ना । रेत एव तत् सिञ्चन्ति । तस्माद् समानो बह्वीषु रेतो दधाति । समानीः[८] परस्ताद् ऋचो भवन्त्य्[९] अन्यद् अन्यत् साम[१०] । रेत एव तत् सिक्तम् । तत् सिक्तं प्रजनयन्ति । तस्मात् समाना बहून् सूते । अन्यास्व् अन्यासु स्तुवन्ति समानेन साम्ना । अन्यद् अन्यद् धि यन्तः पश्यन्ति । समानीः[११] परस्ताद् ऋचो भवन्त्य् अन्यद् अन्यत् साम । यान् एवैतो[१२] लोकान् प्रगाथैर् अभ्यारोहन्तो यन्ति तान् अमुतस् सामभिः प्रत्यवरोहन्त [१३]आयन्ति । ऋग् वा[१३] अयं लोकस्, सामासौ । यद् इतो यन्तस् सामारभ्य[१४] यन्त्य्, अमुं तल् लोकम् आरभ्य यन्ति । ते यत् पुरस्ताद् विषुवत[१५] उत्सृजेरन्न् अवामुष्माल् लोकाच् छिद्येरन् । यद् अमुत[१६] आयन्त ऋचम् [१७]आरभ्यारभ्यायन्तीमं तल् लोकम्[१७] आरभ्यायन्ति । ते यत् पुरस्ताद् द्वादशाहीयेभ्यो ऽहोभ्य उत्सृजेरन्न् [१८]अवास्माल् लोकाच् छिद्येरन्[१८] ॥ ३८० ॥

[१] ग अभवर्त्तो [२] ग भवतीति [३–३] ग नास्ति [४] क अभीवृत्यै [५] क ग प्रजा [६] ग प्रजासं [७] क ग समानेने [८] क ग सामनीः [९] क भवत्य् [१०] क ग सामा [११] क ग सामानीः [१२] ग एवैतो [१३–१३] ग आयन्त्रश्वा [१४] ग समारभ्य [१५] ग द्वादशाहीयेभ्योहोभ्य [१६] ग अमृत [१७–१७] क आरभ्यारभ्यायन्तिमन्तर्लोकं ग आरभ्यायन्तिमर्न्तल्लोकं [१८–१८] क ग अवामुस्माल्लोकछद्येरन्

सकृत् परस्ताद् अभीवर्तं पर्यस्यन्ति । तस्माद् गर्भा जायमानाः पर्यावर्तन्ते । पुरा ह खलु वै पञ्चमान् मासो बार्हताः प्रगाथा आप्यन्त । उष्णिहं च त्रिष्टुभं च द्वे[१] छन्दसी[१] संयुज्य पञ्च मासस् समापयेयुः । अनुष्टुभं च पंक्तिं च द्वे छन्दसी संयुज्य षण् मासस् समापयेयुर् एकच्छंदः परिशिष्य । जगतीं तद् विषुवत्य् उपेयुः । जागतो वै विषुवान् ।

स्व एव तद् आयतने विषुवन्तं समर्धयन्ति । छन्दांसि वै स्वर्गो लोकः । स्वर्गम् एव तल् लोकं रोहन्तो यन्ति । तद् आहुर् वीव वा एतच् छन्दांसि विशन्ति[३] यद् एतानि[४] द्वे द्वे संयुञ्जन्ति । क[५] ह्य् अद्यतनं च श्वस्तनं चाहनी संपत्स्यतः । सर्वाण्य् एव सप्त चतुरुत्तराण्य्[६] उपेत्यानीति । गायत्रीम् एव प्रथमे ऽहन्न् उपेत्योष्णिहं[७] द्वितीये ऽनुष्टुभं तृतीये बृहत्या पञ्च मासस् समापयेयुः । पंक्तिम् एव प्रथमे ऽहन्न् उपेत्य त्रिष्टुभा षण् मासस् समापयेयुर् एकच्छन्दः परिशिष्य । जगतीं तद् विषुवत्य् उपेयुः । जागतो वै विषुवान् । स्व एव तद् आयतने विषुवन्तं समर्धयन्ति । छन्दांसि वै स्वर्गो लोकः । स्वर्गम् एव तल् लोकं रोहन्तो यन्ति ॥ ३८१ ॥

[१] ग त्वे [२] ग छन्दसं [३] क ग विषन्ति [४] ग एनानि [५] ग नास्ति [६] ग चतुरुत्तरासुण्य् [७] क अधिपाठः धुं

तद् आहुर् अधामानीव[१] वा एतच् छन्दांसि युञ्जति यद् एनानि यातयामानि सन्ति । तानि[२] सर्वाणि पुनः पुनः प्रयुञ्जते । यान् एव वीर्यवत्तमान् [३]प्रगाथान् मन्येरंस् तान्[३] प्रणिश्चित्य षट्त्रिंशद् उपेयुर् इति । षट्त्रिंशदक्षरा वै बृहती । बृहती स्वर्गो लोकस् साम्राज्यम् । बृहत्याम् एव तत् स्वर्गे लोके साम्राज्ये प्रतितिष्ठन्तो यन्ति । षडुत्सर्गं[४] त्रिंशता पुनरभ्यावर्तम् अयातयामतायै । अथो [५]आहुस् त्रयस्त्रिंशद् एवोपेत्या[५] इति । [६]त्रयस्त्रिंशद् वै सर्वा देवताः । सर्वास्व् एवैतद् देवतासु प्रतितिष्ठन्तो यन्ति । त्रीन् उत्सर्गं त्रिंशता पुनरभ्यावर्तम् अयातयामतायै । अथो आहुस्—त्रिंशद् एवोपेत्या इति[६] । त्रिंशदक्षरा विराड्, अन्नं विराट् । विराज्य् एव तद् अन्नाद्ये प्रतितिष्ठन्तो यन्ति । अथो आहुश् चतुर्विंशतिर् एवोपेत्या इति । चतुर्विंशत्यर्धमासो वै संवत्सरः । अर्धमासश एव तत् संवत्सरे प्रतितिष्ठन्तो यन्ति । अथो आहुर् द्वादशैवोपेत्या इति । द्वादश मासास् संवत्सरः । मासश एव तत् संवत्सरे प्रतितिष्ठन्तो यन्ति । अथो आहुष् षड् एवोपेत्या इति । षड् वा ऋतवः । ऋतुष्व् एव तत् प्रतितिष्ठन्तो यन्ति । अथो आहुश् चत्वार एवोपेत्या इति । चतस्रो दिशश्, चतुष्पदाः पशवः । दिक्षु चैतत् पशुषु च प्रतितिष्ठन्तो यन्ति । अथो आहुस् त्रय[७] एवोपेत्या इति । त्रयो वा इमे लोकाः । एष्व् एव तल् लोकेषु प्रतितिष्ठन्तो यन्ति । अथो आहुर् द्वाव् एवोपेत्याव् इति[८], [९]श्यैतनौधसयोर् एव प्रगाथाव् इति[९] । श्यैतनौधसयोर् ह खलु वै प्रगाथौ वीर्यवत्तमौ । द्विपाद् यजमानः प्रतिष्ठित्यै ॥ ३८२ ॥

[१] क अधामिनीव ग अयामिनीव [२] ग अधिपाठः तानि [३–३] ग प्रगाथात्मनरंस्तान् [४] ग त्रिनुत्सर्गं [५–५] ग आहुस्त्रिंशदवोपेत्या [६–६] ग नास्ति [७] क ग त्रिय [८] ग अति [९–९] क नास्ति

यो वै [१]पुनर्निवृत्तम् अध्वानम्[१] एति नैनं स समश्नुते । अथ य एनम् अपुनर्निवृत्तम् एति स एवैनं समश्नुते । पुनर्निवृत्तम् इवैते यन्ति ये[२] द्वा उपयन्ति । त्रैष्टुभबार्हता एवोपेत्या इति । त्रैष्टुभबार्हतो वै माध्यन्दिनः[३] । तद् यद् राथन्तरम् अह स्यात् तस्मिन् बार्हतम् उपेयुर्, बार्हते[४] ऽहंस् त्रैष्टुभम् । नैषां त्रैष्टुभाः प्रगाथा[५] आप्यन्ते, न बार्हताः । यथायतनं छन्दांसि युज्यन्ते यातयामानम् उ संवत्सरम् आसते[६] । तद् उ वा आहुर् द्वाव् एवोपेत्यौ श्यैतनौधसयोर् एव प्रगाथाव् इति । अथा उ ह वै वीर्यवत्तमाव्, एता उ ह वै स्वर्गस्य लोकस्य मे पन्थाव् अञ्जसायनौ यद् बृहद्रथन्तरे । तयोर् एते

ऽञ्जसायने[७] यच् छ्यैतनौधसे । अहर् अहर् एवैतद् अञ्जसा स्वर्गं[८] लोकम् उपयन्ति । तस्यैष श्लोको—

महापथाद् विश्ववयो यद् उद्ध्यति पुरुषः ।
तम् एव स्रप्त्वाजिं[९] श्रान्तः पुनर् अभ्याजिगांसति ॥

इति । महापथे वा एते सत्यपथं प्रतिपद्यन्ते, ये ऽन्यान् [१०]प्रगाथान् उपयन्ति[१०] । अथैते अहरहर् एवाञ्जसा स्वर्गं लोकम् उपयन्ति ये श्यैतनौधसयोः प्रगाथाव् उपयन्ति । तस्माद् द्वाव् एवोपेत्यौ श्यैतनौधसयोर्[११] एव प्रगाथाव् इति ॥ ३८३ ॥

[१-१] ग पुनन्निवृत्तमध्यानम् [२] क ग ए [३] क ग मध्यन्दिनः [४] ग महते [५] ग प्रगाथं [६] क आ [७] ग अजसापने [८] ग स्वर्गं [९] क ग स्रप्त्वाजिं [१०-१०] ग पगाथापयन्ति [११] ग श्यैतनौधसयोन्

अनुष्टुभो वा अन्यानि सामान्य् अन्नम् । अनुष्टुब् एवान्येषां साम्नाम् अन्नम् । यानि वाभिक्रान्त्यपक्रान्तानि[१] सामानि तान्य् अनुष्टुबो ऽन्नम् । तैर् एनां ये व्यर्धयन्ति तान् एषाविभूषिताप्रीताज्ञाता स्वा वाग् अभिवदत्य्, अलूलुभन्न् ऋतून्, अश्रद्दधाना अयक्षत, नारात्सुर् इति । अथ य एनां तैस् समर्धयन्ति तान् एषा तृप्ता प्रीता ज्ञाता स्वा वाग् अभिवदत्य् अचीक्लृपन्न्[२] ऋतून्, श्रद्दधाना अयक्षत नारात्सुर्[३] इति । अन्वहं सुज्ञानं भवति । स ह वा उद्गाता, सत्त्रिणस् सत्राय दीक्षन्ते [४]यद्, य एनान्[४] देवानां[५] देवक्षेत्रम् अभ्यारोहयेत्[६] । न ह वै देवानां देवक्षेत्रम् अभ्यारुह्य[७] बिभेति, नाशनायति, न पिपासति, नार्तिम् आर्च्छति[८] । सुज्ञानं ह वाव देवानां देवक्षेत्रम् । तद् आहुः —प्रेव वा एते[९] ऽस्माल् लोकाच् च्यवन्ते ये ऽन्यहं सुज्ञानम् उपयन्तीति । तद् यद् राथन्तरम् अह स्यात् तस्मिन् पौष्कलम् उपेयुर् बार्हते ऽहन् सुज्ञानम् । तद् उ वा आहुस् सुज्ञाने वावैतानि सर्वाणि रूपाणीति । सुवर्विद इत्य् एवास्य लोकस्य रूपम्, ए इत्य् अन्तरिक्षस्य, सुवर् इत्य् अमुष्य ॥ ३८४ ॥

[१] ग -क्रान्त्यपाक्रान्तानि । पञ्चविंशे ब्राह्मणे ५.८.३ अभिक्रान्तापक्रान्तानि [२] ग अवीक्लुपन् [३] एवं कोशयोः । पूर्वस्मात् व्यतिरेचयितुं अरात्सुर् इति पाठेन भवितव्यम् [४-४] ? ग यद्ययेना [५] क नास्ति [६] क अत्यारोहयेत् [७] क ग -रुन्ह्य [८] क आच्छंति ग आर्छेति [९] ग हते

तत् सप्ताक्षरणिधनं भवति । सप्त वै प्राणाः । प्राणैर् एव तत् समृध्यमाना यन्ति, प्राणेषु प्रतितिष्ठन्तः । अन्वहं गौरिवीतं[१] भवति । अतिरिक्तं वा एतद् ब्रह्मणो[२] यद् गौरिवीतम्[१] । अतिरिक्तान्य् एतान्य् अहानि यान्य् अहीनस्य । अतिरिक्ता[३] एव तद् अतिरिक्तं ब्रह्मणो[४] रसं दधतो यन्ति । अन्वहं प्लवो भवति, स्वर्गस्यैव लोकस्य समष्ट्यै । ए इत्य् एवान्तरिक्षम् अतिप्लवन्ते । आति[५] विश्वानि दुरिता तरेमेति यत् किं च यज्ञस्य दुष्टुतं [६]दुश्शस्तं विधुरं[६] तद् अतितरन्ति । तद् द्वादशाक्षरणिधनं भवति । द्वादश मासास् संवत्सरः । मासेष्व् एव तत् संवत्सरे प्रतितिष्ठन्तो यन्ति । तद् आहुः प्रेव वा एते ऽस्माल् लोकाच् च्यवन्ते य एतान् पराचष् षडहान् उपयन्तीति । ओकोनिधनं[७] षष्ठे ऽहनि कुर्युः । अयं वै लोकः पुरुषस्यौकः । अस्मिन्न् एवैतल् लोके प्रतितिष्ठन्ति । तद् व् एवाचक्षते प्रहितोस् संयोजनम् इति । अहोरात्रे वै प्रहितौ । प्रहिते इव ह्य् एते चरतः । अथ ह वा एतत् षडहा वीव छिद्यन्ते[८] यदा षष्ठम् अहर् आगच्छन्ति । स यथाश्वं संयोजनेन संयुज्याद् एवम् एवैतेन साम्ना

षडहान् संयुञ्जन्तो यन्ति । तद् आहुः — कार्यम् ओकोनिधनं[7] पृष्ठ्ये[8] षडहा३ इति ना३ इति । नेति ब्रूयात् । एतदग्रा वै षडहा[10] यत् पृष्ठ्य एतदन्ता । एतं वावैतेन प्रेप्स्यन्त्य् एतम् अभीवर्तेनैतं प्लवेनैतं[11] सुज्ञाने[न][12] । पुनःप्रयोग इव स्याद् यद् एतद्[13] अत्र कुर्युः । [14]तस्माद् एतद् अत्र न कार्यम् इति ॥ ३८५ ॥

[१] क गौरुवीतं ग गौरुषीतं [२] ग ब्राह्मणो [३] एवं कोशयोः [४] क ग ब्राह्मणो [५] एवं कोशयोः । पञ्चविंशे ब्राह्मणे ५.८.६ अति विश्वानि...... [६-६] क दुश्शस्तं विदुरं ग दुश्शतं विदुरं [७] क ग एकोनिधनं [८] क ग छद्यन्ते [९] ग पृष्ठे [१०] क ग षडहाय [११] ग प्लवनैतं [१२] ग सुज्ञानं [१३] क एतम् [१४] ग अधिपाठः तस्मादेतदत्र कुर्युः

स्वर्भानुर् वा आसुर[1] आदित्यं तमसाविध्यत् । तं देवाश् चर्षयश् चाभिषज्यन् । त एतानि स्वराण्य् अपश्यन् । तैर् एनम् अस्पृण्वन् । यद् अस्पृण्वंस् तत् स्वराणां स्वरत्वम् । तद् यद् एतानि स्वराणि[2] भवन्त्य्, आदित्यम् एवैतै[3] स्पृण्वन्ति । यादृग् अह वै मनुष्यो देवेभ्यः करोति तादृग्[4] अस्मै देवाः कुर्वन्ति । तद् यद् एतानि स्वराणि भवन्त्य्, आत्मानम् एवैतै स्पृण्वते । सप्तदशा स्वरसामानो भवन्त्य्, एकविंशो विषुवान् । प्रजापतिर् वै सप्तदशो, ऽसाव् आदित्य एकविंशः । पित्रैव तत् पुत्रं पर्यूहन्ति । पिता हि[5] पुत्राय कन्तमः, पुत्रो हि पित्रे कन्तमः । यद् अत्रान्यं स्तोमम् अवदध्युः[6] प्रासौ तं तेजसा दहेद्, अग्निर् वैश्वानरः प्रजा अददीत[7] । षड् एते स्वरसामानो भवन्ति । षड् ऋतवः । [8]ऋतुष्व् एवैनं तद् अध्यूहन्ति[8], तस्माद् एषस्[9] त्रीन् ऋतून् दक्षिणैति त्रीन् उदङ् । स यथा पुत्रः पितॄन् अनुसंचरेत् तादृग् एवैतद्, अजामितायै[10] । अजामि हि पुत्रः पितॄन् अनुसंचरति । अथैतौ विश्वजिदभिजिताव् अभित स्तोमानां वीर्यम् । वीर्येण ह वा एतौ विषुवन्तं दाधर्तुः[11] । तद् आहु--स्तोमकृन्तत्रम् इव वा एतत् स्तोमा यन्ति यत् त्रयस्त्रिंशात् सप्तदशम् उपयन्तीति । पुरस्ताद् एव पृष्ठ्यस्य[12] षडहस्याभिजितम् उपेत्य पृष्ठ्यस्यैव[13] षडहस्य यन् मध्ये सप्तदशम् अहस् तद् उपरिष्टात् त्रयस्त्रिंशस्य पर्यूहेयुः । तत् तत् सप्तदशाद् एव सप्तदशम् उपयन्ति, समात् समं, न स्तोमकृन्तत्रं[14] स्तोमा यन्ति, नार्तिम् आर्च्छन्ति[15] ॥ ३८६ ॥

[१] क आसंर [२] ग स्वाराणि [३] ग एवैते [४] क तदृग् [५] क नास्ति [६] क ग अवद्ध्युः [७] क ग अद्दीत [८-८] ग ऋतुष्ववैनान्तध्यूहन्ति [९] एवं कोशयोः [१०] क ग अजानिमिताया [११] ग दधर्त्तुः [१२] क ग पृष्ठस्या [१३] क ग पृष्ठस्यैव [१४] क ग स्तोमक्रन्तत्रं [१५] ? क ग आर्छति

तद् आहुर् आत्मा वै पृष्ठ्यष्[1] षडहो ऽन्नं सप्तदशः । यत् पृष्ठ्यात् षडहात् सप्तदशं[2] निर्हरेयुर् अन्नाद्यं बहिर्धा कुर्युर् अशनायुका[3] स्युः । त्रयस्त्रिंशाद्[4] एवोपेत्यम् इति । त्रयस्त्रिंशद् वै सर्वा देवताः । सर्वा उ ह वै देवतास् संपद्य प्रजापतिम् उद् वा आप्नुवन्ति न वा । तत् तत् समाद् एव [5]समम् उपयन्ति[5] । वर्ष्मणो वा वर्ष्म । वर्ष्म हि[6] पिता । अथो उत्क्रान्तिर् एव । पिता हि [7]पुत्राच् छ्रेयान्[7] । त उक्थ्या भवन्ति— पशवो वा उक्थानि—पशूनाम् एवावरुद्ध्यै । तद् आहुर् विलोमेव वा एतद् यज्ञः क्रियते यदाग्निष्टोमौ विश्वजिदभिजितौ भवतो ऽग्निष्टोमो विषुवान् उक्थ्या स्वरसामानः । सर्व एवाग्निष्टोमाः कार्या इति । वर्ष्म वा अग्निष्टोमो, वर्ष्म विषुवान् । वर्ष्मणैव तद् वर्ष्म संदधति । वर्ष्मणा वर्ष्म रोहन्ति । तेजो वा अग्निष्टोमस्, तेजो विषुवांस्, तेजसैव तत् तेजस् सं-

दधति, तेजसा तेजो रोहन्ति । अथ ह काम्यकीया इति सत्त्रिणो ऽयस्थूणगृहपतयस् सत्त्रं निषेदुः । तान् [8]हेन्द्रद्युम्नो भाल्लबेयो[8] ऽभिप्रधावयांचकार पुत्रं—विषुवता स्तावयिष्यामीति । तेषां ह पृष्ठ्यस्य[9] षडहस्यैकेनाह्नास्तुतम्[10] आजगाम । स होवाच—साधु हैवाकृत[11] यद् अस्तोढ्वम् । [12]यद् व् अहम्[12] इहाभविष्यम्, अन्यथातो विषुवन्तम् अकल्पयिष्यम्[13] इति । कथं भगवो ऽकल्पयिष्य इति हैनं पुत्र उवाच । [14]स होवाच[14] —पुरस्ताद् एव पृष्ठ्यस्य षडहस्याभिजितम् उपेत्य पृष्ठ्याद् एव षडहात् स्वरसाम्न उपैष्यम्[15] इति ॥ ३८७ ॥

[१] क ग पृष्ठ्य [२] ग सप्तदश [३] ग अमनायुका [४] ग त्रयस्त्रिंशं [५-५] ग समुपयन्ति [६] ग ह [७-७] क ग पुत्राश्रेयान् [८-८] ग हेद्रद्युम्नो बाल्लेबेयो [९] क ग पृष्ठस्य [१०] क ग षडहस्यैतेना- [११] ग हैवाक्रत [१२-१२] क ग यत्वहं [१३] क अकल्पयिष्याम ग कल्पयिष्यम् [१४-१४] ग नास्ति [१५] क उपैष्याम ग उवैष्याम

आत्मा वै पृष्ठ्यष् षडहः, प्रजा स्वरसामानः । प्रजो वा अस्मत् परेति । वाग् वै वयम् इमे स्मः । [1]वाग् अस्मत्[1] परेति । तद् यद् [2]एषो ऽभिजिद्[2] अन्तरेण भवति— प्रजननं वा एष एतद् अन्तर्धायैव[3] तिष्ठति । तं यत् पुरस्तात् पृष्ठ्यस्य षडहस्य पर्यूहन्त्य् अनन्तर्हितात् प्रजननात् प्रजायामहा[4] इति । त उ वै[5] [6]सप्तदशा भवन्ति । प्रजापतिर् वै सप्तदशः । प्रजापतिः प्रजानां प्रजनयिता । स यः[7] प्रजानां प्रजनयिता[8] तेन प्रजाताः[9] प्रजायामहा इति । [10]त उ वा आनुष्टुभा[11] भवन्ति —वाग् वा अनुष्टुब्, वाक् प्रजननं—वाचः प्रजननात् प्रजायामहा[12] इति । त उ वा उक्थ्या[10] भवन्ति—पशवो वा उक्थान्य्, अन्नं पशवः —पशुभ्यो ऽन्नाद्यात्[13] [14]प्रजां नेद्[14] अन्तरयामेति । तद् उ होवाच शाट्यायनिर्[15] अनादृत्य भाल्लबेयस्य वदनम्— अभिजित एवाध्युपेत्यम्[16] । यो वा एष पृष्ठ्यष् षडहस् स एवाभिजित् । आयतनेन [17]ये वा[17] एते पृष्ठ्यस्य षडहस्य स्तोमास् त एवैते । एको वै पृष्ठ्ये[18] षडहे सप्तदशः । अथैतस्मिंस्[19] त्रयस् सप्तदशाः । तं वावैतद् एतं[20] स्तोमं कृत्वा प्रजनयन्ति । तत् तत् सप्तदशाद् एव सप्तदशं प्रजनयन्ति, सप्तदशात् सप्तदशं, [21]सप्तदशात् सप्तदशम्[21] । परस्ताद् उ वै विश्वजिति त्रयस्[22] सप्तदशाः । ते वावैतद् उभये संपद्य प्रजनयन्ति । तेषां वा [23]अत्र प्रतिष्ठा[23] । अभिजित एवाध्युपेत्यम् इति ॥ ३८८ ॥

[१-१] ग वागस्तत् [२-२] ग एषाभिजिद् [३] ग अर्द्धायैष [४] ग प्रजयामहा [५] ग वा [६] ग अधिपाठः अनुष्टुभा भवन्ति वाग्वा अनुष्टुब् वाक् प्रजननं वाचः प्रजननात् प्रजयामहा इति त उ वा [७] ग नास्ति [८] ग प्रजयितं [९] ग प्रजातां [१०-१०] ग नास्ति [११] क अनुष्ढुभा [१२] क प्रजयामहा [१३] क ग अन्द्याद्यात् [१४-१४] क प्रजान्नेतद् [१५] ग शाक्यायनिर् [१६] ग एवाद्ध्युपेत्तं [१७-१७] ? क ग एवा [१८] ग पृष्ठे [१९] क वैथस्मिंस् [२०] ग एकं [२१-२१] ग नास्ति [२२] ग यस् [२३-२३] ग सत्र प्रतिष्ठाम्

एकविंशो[1] विषुवान् भवति । एकविंशो वा अस्य भुवनस्य विषुवान् । द्वादश मासाः, पञ्चर्तवस्, त्रय इमे लोका, असाव् आदित्य एकविंशः । सर्वस्मिन् वा एषो ऽस्मिन्न् अधि प्रतिष्ठितः । [2]तद् यस्मिन्न् एष सर्वस्मिन्न् अधि प्रतिष्ठितस्[2], तस्मिन् सर्वस्मिन्न् अधि प्रतितिष्ठामेति । तस्माद् वायव्यानुष्टुप् प्रतिपद् भवति[3] । वाक् च वै वायुश् चैतं देवतानाम् आनशानौ[4] । [5]तौ याव् एतं[5] देवतानाम् आनशानौ ताभ्याम् एनम् अश्नवामहा इति । यद् ध वै वायुर् न पवेत [6]प्रासाव् इदं[6] तेजसा दहेद्, अग्निर् वैश्वानरः

प्रजा अददीत[7]। वायव्या प्रतिपद् भवत्य्[8] अग्नेर् एव वैश्वानरस्य शान्त्या अप्रदाहाय। तद् आहुर् वीव वा एते [9]प्राणैर् ऋध्यन्ते[9] ये पावमानीभिः प्रतिपद्यन्त इति। तद् यद् एषा वायव्या प्रतिपद् भवति—प्राणो वै वायुः—प्राणैर् एव तत् समृध्यन्ते। वायो शुक्रो अयामि त इति शुक्रवती भवति। शुक्रियं[10] ह्य् एतद् अहः। मध्वो अग्रं दिविष्टिष्व् इति, तद् उ मधव्या[11] अग्र्या ब्रह्मवर्चसिनो भवन्ति। आ याहि सोमपीतय इति सौमी, तेन पावमानी क्रियते। स्पार्हो[12] देव नियुत्वतेत्य्—असौ वै स्पार्हो ऽन्नं नियुत्वद्—एतम् एव तद् अन्नाद्ये-नाभ्युपयन्ति[13]। यो[14] वै श्रेयांसम्[15] आहरन्न् उपैति प्रति वै स तं नन्दति। अथ य एनम् अनाहरन्न् उपैति न वै स तं प्रतिनन्दति। तद् यद् एषा वायव्यानुष्टुप् प्रतिपद् भवत्य् एष नः प्रतिनन्दाद् एतम् ऋध्नवामेति। तद् उ वा आहुः—पवस्व वाचो अग्रिय इत्य् एव प्रतिपत् कार्येति। वाग् वा इयं वितता यद् इमे लोकाः। तस्या अदो ऽग्रं तपति यद् असाव् आदित्यः। तद् यद् एषा पवस्व वाचो अग्रिय इति प्रतिपद् भवत्य् एतम् एवैतद् एतया अभिप्रतिपद्यन्ते। स यथात्मनात्मानम् आरभेतैवम् एवैनम् एतत् स्वेन रूपेणारभन्ते। यद् व् एवैतत् पदं पवस्वेत्य् अवस्तात् पर्यूढं भवति, तेनायं वायुर् अवस्तात् पर्यूढः पवते ऽनिर्दाहाय॥ ३८९॥

[१] ग एकविंश [२-२] क ग नास्ति [३] क ग भवन्ति [४] क ग आनसानौ [५-५] क तौ यायावेतं ग तानायावेत [६-६] क ग प्रसा-विद [७] क ग आद्दीत [८] क भवंत्य् [९-९] क प्राणैरिध्यन्ते ग प्राणैरिरिध्यन्ते [१०] क ग शुक्रीयं [११] क ग मधध्वा [१२] क ग स्पर्हो [१३] ग -त्युपयन्ति [१४] ग ये [१५] क श्रोयांसम् ग श्रेयं वै श्रोयांसम्

स्वर्भानुर् वा आसुर आदित्यं तमसाविध्यत्[1]। तं देवाश्[2] चर्षयश् चाभिषज्यन्। त एतानि दिवाकीर्त्यानि सामान्य् अपश्यन्। तैर् अस्य तमो ऽपाघ्नन्। तद् यद् एतानि दिवाकीर्त्यानि भवन्त्य्, आदित्यस्यैवैतैस् तमो ऽपघ्नन्ति। यादृग् अह वै मनुष्यो देवेभ्यः करोति, तादृग् अस्मै देवाः कुर्वन्ति। तद् यद् एतानि दिवाकीर्त्यानि भवन्त्य् आत्मन एवै-तैस् तमो ऽपघ्नते। भ्राजाभ्राजे पवमानयोर् मुखे[3] भवतः। अङ्गेभ्य एवास्य तत् तमो ऽपघ्नन्ति। महादिवाकीर्त्यं पृष्ठं, विकर्णं[4] ब्रह्मसाम। मध्यत एवास्य तत्[5] तमो ऽपघ्नन्ति। दशस्तोभं भासम् अग्निष्टोमसाम। शीर्षत[6] एवास्य तत् तमो ऽपघ्नन्ति। असाव् आदित्य एकविंशो विषुवांस्, तस्य दिवाकीर्त्यान्य् एव रश्मयः। तद् यद् एतानि दिवाकीर्त्यानि भवन्त्य् एतम् एवैतैः पर्यूहन्त्य्, एतं समर्धयन्ति। तद् आहुः—केन संवत्सरसद स्वर्गं-लोक इति। मूर्धानं[7] दिवो अरतिं पृथिव्या इत्य् अग्निष्टोमसाम भवतीति ब्रूयात्। तेनेति। असौ वै दिवो मूर्धा यो ऽसौ [8]तपत्य्, एतम्[8] एवैतेनाभ्यारोहन्ति। तद् आहुः—प्रेव वा एते ऽस्माल् लोकाच् च्यवन्ते, य [9]एतम् अभ्यारोहन्तीति[9]। अरतिं पृथिव्या इति भवति[10]। अयं वै लोको ऽरतिः पृथिव्या, अस्मिन्न् एवैतल् लोके प्रतितिष्ठन्ति। दशस्तोभं भासम् अग्निष्टोमसाम भवति—दशाक्षरा विराड्, अन्नं विराड्—विराज एवान्नाद्यस्यावरुद्ध्यै। ईश्वरा ह त्व् अन्यस्मै [11]मूर्धन्न् अन्नाद्यं[11] हर्तोर् य एतासु मूर्धन्वतीष्व् अग्निष्टोमसाम कुर्वन्तीति। तद् अनुष्टुभ्य् एव कार्यम्। वाग् वा [12]अनुष्टुब् अन्नं[12] दशस्तोभम्। मुखतो वै वाग् इयं, मुखत एवैतद् आत्मनो ऽन्नाद्यं दधते, तस्माद् अनुष्टुभ्य् एव कार्यम् इति॥ ३९०॥

[१] ग -विध्यन् [२] क ग दैवाश् [३] क ग नास्ति [४] क ग विकरणं [५] ग नास्ति [६] क ग ग्नीर्षत [७] ग रूद्र्धानं [८-८] ग तपर्थ्येम् [९-९] क ग एतभ्यारोहन्तीति [१०] क नास्ति [११-११] क मूर्ध्नान्नाद्यं ग मूध्वा न्नाद्यं [१२-१२] क अनुष्टुभन्नं

आत्मा वै संवत्सरस्य विषुवान्, पक्षाव् अभितो, येन चेतो ऽभीवर्तेन[1] यन्ति येन चामुतः प्रगाथेन प्रत्यवरोहन्ति ताव्[2] उभौ विषुवति कुर्युः । आत्मन्न् एव तत् पक्षौ प्रतिदधते स्वर्गस्य लोकस्य पतनाय । तस्माद् आत्मन् पक्षौ प्रतिहितौ । तद् आहुः प्रेव वा एते ऽस्माल् लोकाच् च्यवन्ते य एतान्[3] पराचष् षडहान् पराच स्तोमान् पराञ्चि पृष्ठानि पराञ्चि छन्दांस्य् उपयन्तीति । तद् यत् परस्ताद् विषुवतो ऽर्वाचष् षडहान् उपयन्त्य् अस्मिन्न् एवैतल् लोके प्रतितिष्ठन्ति । अद्याद्या श्वश्वो[4], वयम् एनम्[5] इदा ह्यस्, त्वाम्[6] इदा ह्यो नरः, [7]क्वेयथ क्वेद्[7] असि, इन्द्र त्रिधातु शरणम् इति संतनयः प्रगाथा भवन्त्य् अद्यश्वस्यैव[8] संतत्यै । अद्य चैव ते श्वश् च संतन्वन्ति[9] । अयातयामानम्[10] उ संवत्सरम् आसते । तद् आहुर् इन्द्र क्रतुं न [11]आ भरेत्य्[11] एतास्व् आवतीषु स्तोतव्यम् अह्नो रूपेणेति ।

पिता [12]पुत्रेभ्यो यथा[12] ।

[13]शिक्षा णो अस्मिन् पुरुहूत यामनि जीवा ज्योतिर् अशीमहि[13] ॥

इति । एते ह वै जीवा ज्योतिर् अश्नुवते ये संवत्सरस्योदृचम् अश्नुते ।

[14]मा नो अज्ञाता वृजना दुराध्यो माशिवासो अव क्रमुः ।

त्वया वयं प्रवतः शश्वतीर् अपो अति शूर तरामसि[14] ॥

इत्य् एता ह वै प्रवतः [15]शश्वतीर् आपो[15] यत् संवत्सर ऋतवो मासा अर्धमासा अहोरात्राण्य् उषसः । ता एवैतेनातितरन्ति ॥ ३९१ ॥

[१] क अभिवर्त्तेन ग अभिवत्तेन [२] ग ता [३] ग एतान्न [४] क श्वश्वा ग श्व श्वो [५] ग एनद् [६] ग त्वाद् [७-७] ग त्वेयथ त्वेद् [८] ग अद्यश्वस्यैव [९] क ग सन्तन्यन्ति [१०] ग आयातयामनं [११-११] क अभिरेत्य् [१२-१२] क नास्ति । ग अधिपाठः यथा [१३-१३] क शि नि जी हि (पादयोः प्रथमान्त्यावक्षरौ) । ग शीक्षा णो अस्मिन् पुरस्त यानि जि हि [१४-१४] क मा नो ध्यो मा मु त्स्व पो ति शूर तरामसि । ग मा नो अज्ञाता वृजना दुध्यो मामु त्स्व पो ति शूर तरामसि [१५-१५] ग शाश्वतीरपो

शक्तिं ह वासिष्ठं सौदासा[1] अग्नौ प्रासुः । स ह [2]प्रास्यमान उवाचेन्द्र क्रतुं न आ भर पिता पुत्रेभ्यो यथेति । एतावद्[3] धैवास्य व्याहृतम् आस । अथ हैनम् अग्नौ प्रासुः । अथ ह वसिष्ठ आजगाम । स होवाच किं मे पुत्रः प्रास्यमानो[4] ऽब्रवीद् इति । तस्मै होचुर् इन्द्र क्रतुं न आ भर पिता पुत्रेभ्यो यथेत्य् एतावद् एवास्य व्याहृतम् आसीद्, अथैनम् अग्नौ प्रास्यन्न् इति । स होवाच शिक्षा णो ऽस्मिन् पुरुहूता यामनि जीवा ज्योतिर् अशीमहीति यन् म एतम् उत्तरम् अर्धर्चं[5] पुत्रः प्राव्स्यन् न चैवैनम् अग्नौ प्रासिष्यन्, सर्वम् उ चायुर् अयिष्यत् । यैव कुरुतमा देवतानाम् अभूत् ताम् उपासरत्[6] । [7]ऋध्नवन् ते[7] सत्रिणो ये म एतेन पुत्रस्य प्रगाथेन[8] स्तवान्ता इति । स एष ऋद्धिप्रागुभितः[9] प्रगाथः । ऋद्धिष्णवो ह भवन्त्य् एनेन तुष्टुवानाः । गौश् चायुश् च स्तोमौ[10] भवतः प्रतिष्ठित्यै । ऊनातिरिक्तौ भवतः प्रजननाय । वैराजौ भवतो ऽन्नाद्यस्यैवावरुद्ध्यै । पृष्ठ्यष् षडहो भवति । श्रीर् वै वर्ष्म पृष्ठानि । तद् उ श्रियं वर्ष्म पृष्ठान्य् ऊर्ध्वा रोहन्ति । छन्दोमा भवन्ति—पशवो वै छन्दोमाः—पशूनाम् एवावरुद्ध्यै । दशमम् अहर् भवति—दशाक्षरा[11] विराड्, अन्नं विराड्—विराज एवान्नाद्यस्यावरुद्ध्यै । अयं सहस्रमानव इति पुरा तूष्णीं स्तोमाद् एतास्व् अतिछन्दस्सु स्तोतव्यम् आहुः । अति वा एषो ऽन्यानि छन्दांसि यद् अतिछन्दाः । अत्य् एते ऽन्यान्[12] ये संवत्सरसदः । स्व एवैतच् छन्दसि प्रतितिष्ठति । एकाक्षरणिधनं साम भवति । एकाक्षरा वै वाक् । वाचम् एवैतद् दशमेनाह्ना संपादयन्ति । [13]गोर् इति[13] निधनं भवति[14] —गौर् वै[15] कृत्स्नम् अन्नाद्यं—कृत्स्नस्यैवान्नाद्यस्यावरुद्ध्यै । तद् आहुर्

अतिष्टुतानुष्टुप् स्याद् यद् एतद् अत्र [१६]कुर्युः। नेद् वाचम्[१६] अतिष्टवामेति वै मनसा तूष्णीं स्तोमेन स्तुवन्ति। अत्रो वावैतद् वाचा संपन्नम्[१७]। तस्माद् एतद् अत्र न कार्यम् इति ॥ ३९२ ॥

[१] ग सोदासा [२–२] क ग प्रास्यमानो नोवाचेन्द्र [३] क एतदेवद् ग एतंवद् [४] ग परस्यमानो [५] क ग अर्धर्च्यं [६] ग अपासरत् [७–७] ? क ऋद्ध्नवान्तु ते ग ऋद्ध्नव ते [८] क ग प्रताथेन [९] क ग -प्रगुभितः [१०] क ग स्तोमा [११] ग दशाक्षरं [१२] ? क अन्यात् ग अन्यानि [१३–१३] क ग गोरति [१४] क ग भवन्ति [१५] क वा [१६–१६] ग कुर्य्युंन्नेत्वांचम् [१७] ग सपन्नः

उत्सृज्यां३ नोत्सृज्या३म् इति मीमांसन्ते। तद् आहुर् उत्सृज्यम् एवेति। यो[१] वा अविमोकं यात्य्, उद् वा वै स कृन्तति प्र वा क्षिणोति। अविमोकम् इवैते यन्ति ये नोत्सृजन्ते। तद् यत् पौर्णमासीर् उत्सृजन्ते ऽरिष्ट्या[१] एव। यो वै पूर्ण आवपति, वि वा वै तत् पतति प्र वा शीर्यते। पूर्ण एष यत् संवत्सरः। तद् यत् पौर्णमासीर् उत्सृजन्ते ऽरिष्ट्या [२]एव। ऊनाद्[२] वै रेतस्[३] सिच्यत, ऊनात् प्रजाः प्रजायन्ते। पूर्ण एष यत् संवत्सरः। तद् यत् पौर्णमासीर् उत्सृजन्ते, रेतस एव तल् लोकं कुर्वन्ति, [४]प्रजननाय। ऊनाद्[४] वै प्राणा ईरते। प्रजापतिर् एष यत् संवत्सरः। तस्यैते प्राणा यत् पौर्णमास्यः। तद् यत् पौर्णमासीर् उत्सृजन्ते, प्रजापतेर् एव तत् प्राणान् उत्सृजन्ते। [५]पौर्णमासीस्तोमा[६] ह खलु वै देवाः। तद् यत् पौर्णमासीर् उत्सृजन्ते, को देवान् प्रत्य् अभिष्टोतुम्[७] अर्हतीति[५] ॥ ३९३ ॥

[१] घ रिष्या [२–२] क ग एवोऽन्नद् [३] ग रेताः [४–४] क ग प्रजाननायोऽन्नाद् [५–५] ग नास्ति [६] क पौर्णमासीसोम्मा [७] क अभिषोतुम्

ते यद् अहर् उत्सृजेरन्न्, इन्द्राय वसुमते पूर्वाह्णे पुरोडाशम् अष्टकपालं[१] निर्वपेयुः। इन्द्राय रुद्रवते[२] माध्यन्दिने पुरोडाशम् एकादशकपालं निर्वपेयुः। इन्द्रायादित्यवते[३] ऽपराह्णे पुरोडाशं द्वादशकपालं निर्वपेयुः। एतासां वै देवतानां सवनानि [४]भाजनं, तन् न सवनेभ्यो[४] यन्ति, न देवता अन्तर्यन्ति। प्रजापतिर् एष यत् संवत्सरः। तस्यैते प्राणापाना यत् पौर्णमास्यश् चामावास्याश् च। तद् यत् पौर्णमासीश् चामावास्याश् चोत्सृजन्ते, प्रजापतेर् एव तत् प्राणापानान् उत्सृजन्ते। तम् एतम् उपरिष्टात् संवत्सरस्य चतुर्विंशतिरात्रम् उपयन्ति। अथो आहुः— [५]पौर्णमासीर् एवोत्सृज्या इति। प्राणभाजना वै पौर्णमास्य्[५], अपानभाजनामावास्या। बहिर्[६] वै सन्तं प्राणम्[७] उपजीवन्त्य्, अन्तस् सन्तम् अपानम्। तद् यत् पौर्णमासीर् उत्सृजन्ते, बहिस् सन्तं प्राणम् [८]उपजीवामान्तस् सन्तम्[८] अपानम् इति। तम् एतम् उपरिष्टाद् द्वादशरात्रम् उपयन्ति ॥ ३९४ ॥

[१] एवं कोशयोः [२] क घ रुवते [३] ग इन्द्रादित्यवते [४–४] ग भजन्ते न सवनेभ्यो घ भाजन्ते सवनेरैभ्यो [५–५] ग नास्ति [६] ग भाहिर् [७] ग प्राणानाम् [८–८] क घ उपजीवामासन्तम्

तद् उ होवाचारुणिर्[१] अषाढं सावयसम् उत्सृजानं[२]—होता छिद्रे संवत्सर आस्त इति। स होवाच—मा न एवं ब्रवीर्, उप[३] वै वयं तम् उपरिष्टाद् द्वादशरात्रम् ऐमेति।

तं ह तद् उपजगौ—

ज्यायो वा हि कनीयो वा न हि वा तेन तत् समम्।
कपालम् [4]अन्यथा सत्य् अछिद्र[4] उपधीयते ॥

इति वा अहम् एतद् घोतुर् मन्ये । छिद्रं वा अहं तेषां संवत्सरं मन्ये य उत्सृजन्ते । अथो हैषां तद् अन्यथेव[5] सत्रम् उपेतं भवति । यथा वै शश एवं यज्ञः । यो वै शशम् उत्सर्गं लिप्सते, नैनं स[6] गृह्णाति । अथ य एनम् अनुत्सर्गं लिप्सते, स एवैनं गृह्णाति । उत्सर्गम् [7]एवैतल् लिप्सन्ते[7] य[8] उत्सृजन्ते । तस्मान् नैवोत्सृज्यम् इति ॥ ३९५ ॥

[१] क ग होवाचारुणीर् [२] क उत्ससृजनं ग उत्सृजमानं [३] ग उपा [४–४] क अन्यदसत्यन्यछिद्र घ अन्यदसत्यछिद्र [५] घ अन्यदेव [६] क सं [७–७] क एवैतेल्लिप्सन्ते घ इवैतेल्लिप्सन्ते [८] ग या

अथ ह स्माह कुसुर्बिन्द[1] औद्दालकिर्— उत्सृज्यं चैव न चेति । यद् एवाद्याहर् उत्सृजेरंस्, तच् छ्वो भूते प्रतिसंख्यायोपप्रस्तुयुः । तेनैवोत्सृष्टं च न चेति । अथो [2]यावन्त्य् एवाहान्य् उत्सृजेरंस् तानि संख्यायोपरिष्टाद् अतिरात्रस्योपेयुः । तेनो एवोत्सृष्टं च न चेति । अथ ह स्माह भाल्लबेय—उक्थान्य् एवोत्सृज्यानीति[2] । प्रजा वै पशव उक्थानि । प्रजा एव तत् पशून् उत्सृजन्ते । अथो यथा दृतिम् [3]अभिध्मातम् उच्छ्वासयेत्[3], तादृक्[4] तत् । तद् आहुर् उत्सृज्यम् एवेति । प्रजापतिर् एष यत् संवत्सरः । तस्यैते प्राणाः पर्वाणि यत् पौर्णमास्यश् चामावास्याश् च । यथा ह वा इदं धृतिर् अभिध्मातश् शोचेद् एवं ह वा एष प्रजापतिः पशूञ् छोचयत्य् अनुत्सृजमानः । तद् यत् पौर्णमासीश् चामावास्याश् चोत्सृजन्ते[5], ऽङ्गान्य् एवास्य तत् प्राणान् पर्वाणि प्रसारयन्ति, नेन् नस् संवत्सरश् शुशुचानो हिनसद् इति । तम् ई[6] हिन्वन्त्य् अमुत्र[7] इति श्वो भूते प्रतिपदं कुर्वीरन् । तद् यथा दृतिम्[8] उच्छ्वासितं पुनर् अभिधमेत्, तादृक्[4] तत् । धमन्ति बाकुरं[9] दृतिं त्रिधातु सारघं मध्व्[10] इति—संवत्सरो वै बाकुरो दृतिर्[11], यज्ञस् त्रिधातुर्, ब्राह्मणास् सरघास्[12], त एवैतन्[13] मधु कुर्वन्ति ॥ ३९६ ॥

[१] घ कुसुबिन्द [२–२] ग नास्ति [३–३] क पदोच्छ्वासयेत् [४] ग तदृक् [५] क उत्सृज्यन्ते घ उत्सृजते [६] ग इमं घ इं [७] क अभ्रुव घ अब्रुव [८] क ग धृतिम् [९] क घ वाकुरं [१०] क घ मध्व ग माध्व [११] ग धृतिर् [१२] ग सारघास् [१३] ग एवैतान्

अथ ह स्माह सिरिन्दः[1] पालालिर्—अमावास्यायाम् एवोत्सृज्यम् इति । अमावास्यायां वा एतद् देवता उपसृजन्त । देवतानाम् उत्सृष्टिम् अनूत्सृजामहा[2] इति । एते उ ह वै संवत्सरस्य [3]मध्ये सत्री यत् पौर्णमासी चामावास्या च । तद् यत् पौर्णमासीं चामावास्यां चोत्सृजेरन् संवत्सरं मेधेन व्यर्धयेयुः । त्रिवृद् एवाग्निष्टोमः कार्य इति । तस्य[3] यन्[4] न्यूनानि स्तोत्राणि भवन्ति, तेनैवोत्सृष्टं च न चेति । अथ ह स्माह नगरी जानश्रुतेय—एकत्रिक एवोपेत्य[5] इति । तस्य यच् छ्वांक्षितानीव[6] स्तोत्राणि भवन्ति, तेनैवोत्सृष्टं च न चेति । अथ ह स्माहारुणिर्[7]—याव् एवैतौ गोआयुषी स्तोमौ[8], ताभ्याम् एवोत्सृष्टं च न चेति । तयोर् यस्य न्यूनानि स्तोत्राणि तेनोत्सृष्टं, यस्यातिरिक्तानि तेनानुत्सृष्टम् । तस्माद् एताव् एवोपेत्याव् इति ॥ ३९७ ॥

[१] ग सिरिन्दाः [२] क अनूसृजामहा ग अनुसृजामहा [३–३] ग नास्ति [४] ग या [५] क एवोपेति [६] ग छ्वाक्षितानीव [७] क ग स्माहारुणीर् [८] ग नास्ति

अध्वर्युर्[1] ग्रहं[2] गृहीत्वा द्रवति । स आहोपावर्तध्वम् इति । ते हिंकृत्यैव प्राञ्चो[3] निष्क्रम्याग्रेणाग्नीध्रं तिष्ठन्तो विश्वेषांदेवानांव्रतेन स्तुवते । विश्वेभ्य एव तद् देवेभ्यो निवेदयन्ते[4]— ऽरात्स्मेति[5] । ते [6]प्राञ्चो ऽभिक्रम्य[6] चात्वालम् अवेक्षमाणाः क्रोशेन स्तुवते । देवानां वा अन्तं जग्मुषाम् इन्द्रियं वीर्यम् अपाक्रामत् । तत् क्रोशेनैवावरुन्धत । अन्तम् इवैते गच्छन्ति ये संवत्सरस्योद्दचम् अश्नुवते । तद् यत् क्रोशेन स्तुवत इन्द्रियस्यैव वीर्यस्यावरुद्धयै[7] । अथानुक्रोशम् । देवा वै यत्र ऽग्रहेण स्वर्गं लोकम् आयंस् तद् धैषाम् एतत् तृतीयम् अहर् वैरूपं व्यार । तस्यैष श्लोको—

वैरूपं देवा अभिसंवसानास्[8] तद् आतस्थुस्[9] तद् उ हैषां व्यार ।
ते हिंकृत्य पुनर् आरुह्य सर्व एवाधून्वत जरसं तनूनाम् ॥

इति । तस्यो एवैष श्लोको—

यद् वैरूप उपहते[10] व्यध्वे, हिंकृण्वन्तस् समतिष्ठन्त याम् अन्तः ।
देवस्थानम् असृजन्त साम तेन देवासो[11] ऽमृतत्वम् आयन् ॥

इति । ते यत्र स्वर्गं लोकम् आयंस् तद् विधाता पुत्रान् अब्रवीन्— मा यूयम् आदध्वम्[12], इहैवाहं युष्मान् विधास्यामीति ॥ ३९८ ॥

[१] ग अध्वर्य्यं [२] क ग गृहं [३] ग प्राञ्चा [४] क निवेदयन्ते ग निवदयन्त [५] ग रास्मेति [६-६] ग प्रञ्चातिक्रम्य [७] ग वाःर्य्यस्यावरुध्यै [८] ग अभिसंवसनास् [९] ग आतस्तुस् [१०] ग उपाहते [११] ग देवादेवासो [१२] क ग आदद्ध्वम्

सो ऽस्यां प्राच्यां दिशि पुरं वैधात्रम् अदधात् । तस्य प्राचीन[1] आहुर् यायणः पुरोहितः । सो ऽस्यां दक्षिणायां दिश्य् अधराहिं[2] वैधात्रम् अदधात् । तस्य दक्षिण आहुर् यायणः पुरोहितः । सो ऽस्यां प्रतीच्यां[3] दिशि पश्चं[4] वैधात्रम् अदधात् । तस्य प्रतीची[5] आहुर् यायणः पुरोहितः । सो ऽस्याम् [6]उदीच्यां दिश्य् उत्तराहिं वैधात्रम् अदधात्[6] । तस्योदीचीन आहुर् यायणः पुरोहितः । ते देवा विधातारम् अब्रुवन् एवम् उ चेत् त्वम् एतद् अधिथास्[7] तथास्मान् अन्वीक्षस्व यथा वयं[8] स्वस्ति स्वर्गं[9] लोकं गच्छेमेति । तान् एतेन क्रोशेनान्वैक्षत ॥ ३९९ ॥

[१] क प्राचिन [२] ग अयनाहिं [३] ग प्रञ्चान् [४] ग पुरं [५] ग प्राची [६-६] क ग दक्षिणायां दिश्यधराहिं वैधात्रमदधात् [७] ग अधितास् [८] ग नास्ति [९] क ग सर्गं

इन्द्रासुतेषु सोमेषु होयेहूहो[1] [2]इत्य् एवैनान्[2] प्रसेधत् । ते ऽब्रुवन्—सत्रा वै नो ऽत्युदसित्सन्[3] । तथा नो ऽन्वीक्षस्व तथा न एतस्मिन् लोके अन्वाभजा इति । तान् एतेनैवानुक्रोशेनेन्द्रा हो इह वेहो इत्य् एवास्मिन्[4] लोके ऽन्वाभजत् । ततो वै त उभयोर् अनयोर् लोकयोः प्रत्यतिष्ठन्[5] । क्रोशेनैव स्वर्गं लोकम् [6]अगच्छन्न् अनुक्रोशेनास्मिन्[6] प्रत्यतिष्ठन्[5] । [7]ते य एवं विद्वांसः क्रोशानुक्रोशाभ्यां स्तुवत उभयोर् एवानयोर् लोकयोः प्रतितिष्ठन्ति—क्रोशेनैव स्वर्गं लोकं गच्छन्त्य्, अनुक्रोशेनास्मिन् प्रतितिष्ठन्ति[7] ॥ ४०० ॥

[१] ग हायेहूहो [२-२] क इत्यवैनान् ग इत्यैनान् [३] ग त्युदसीत्सस् [४] क ग अवास्मिन् [५] ग प्रतितिष्ठन्ति [६-६] क गच्छन्ननुक्रोशे- ग गछन्यनुक्रोशेनास्मिन् [७-७] ग नास्ति

अग्नेर् अपि पक्षं प्रति सत्रस्यर्द्ध्या[1] स्तुवते । अग्नय एव तद् देवेभ्यो निवेदयन्ते[2] ऽरात्स्मेति । व्रतपक्षाभ्याम् अभितो हविर्धाने । स्वर्गाय वा एते लोकाय दीक्षन्ते[3], ये

संवत्सराय । तद् यद् व्रतपक्षाभ्यां स्तुवते, आत्मन्न् एव तत् पक्षौ प्रतिदधते[४], स्वर्गस्य[५] लोकस्य पतनाय । तस्माद् आत्मन् पक्षौ प्रतिहितौ[६] । प्राणापानाभ्यां स्तुवते । प्राणेन पुरस्ताद् अपानेन पश्चात् । तद् आहुर् वीव वा एते[७] प्राणापानाभ्याम् ऋध्यन्ते ये यज्ञि-यस्य[८] कर्मणो ऽतिपादयन्ति यदि वा नातिपादयन्ति[९] । को हि तद् वेद यदि ते ऽति वा पादयन्ति न वा । तद् यत् प्राणापानाभ्यां स्तुवते प्राणापानाभ्याम् एव तत् समृ-ध्यन्ते ॥ ४०१ ॥

[१] क सत्रस्यर्धा ग सत्रस्यध्या [२] क ग निवेदयन्ते ग निवेदयन्त [३] क ग दीक्षते [४] क ग प्रतिधते [५] क ग स्वर्ग [६] ग प्रतिहतौ [७] ग अधिपाठः त [८] क यज्ञीयस्य [९] ग नतिपादयन्ति

श्लोकानुश्लोकाभ्यां[१] स्तुवते । श्लोकेन[२] पुरस्ताद् अनुश्लोकेन पश्चात् । तद् यच् छ्लोकेन स्तुवते पुण्यं श्लोकम्[३] अवरुणधामहा इति । अथ यद् अनुश्लोकेन [४]पुण्यो ऽनुश्लोक[४] उत्तरथुषो ऽनूत्तिष्ठाद्[५] इति । निह्नवाभिनिह्नवाभ्यां[६] स्तुवते । निह्नवेन पुरस्ताद् अभिनिह्नवेन[७] पश्चात् । तद् आहु श्रेयांसं वा एते ऽभ्यारोहन्ति ये संवत्सरम् इति । तद् यन् निह्नवेन स्तुवते श्रेयस एव तन् निह्नुवते[८], ऽभ्य् एवाभिनिह्नवेनारोहन्ति[९] । यद् उ चेहाकर्म तद् उ च[१०] मापह्नोष्महा[११] इति । तथा हैषां तद् अनुषोदितं भवति । अंगिरसां षड्विंशत्यक्षरणिघनेनान्तस्सदसं स्तुवते । जघनेनौदुम्बरीम् अंगिरोभ्य एतद् देवेभ्यो निवेदयन्ते[१२] ऽरात्स्मेति ॥ ४०२ ॥

[१] ग इयोकानुइयोकाभ्यां [२] ग इयोकेन [३] ग इयोकम् [४-४] ग पुण्योदश्लोक [५] क ग नुत्तिष्ठाद् [६] क निह्नवाभिह्नाभ्यां ग निह्नवाभिनिह्नवाभ्या [७] क अभिह्नवेन [८] ग निह्नवते [९] क एवाभिह्नवेनारोहन्ति [१०] क व [११] ग मापन्नोष्महा [१२] ग निवेदयन्त

तत् पञ्चविंशं[१] कृत्वा स्तुवते व्रतस्यानतिष्टवाय[२], [३]यद् व् एव[३] प्रति भूतेच्छन्दसां व्रतेन स्तुवते—

[४]हरी त इन्द्र श्मश्रूण्य् उतो ते हरिता हरी ।
तं त्वा स्तुवन्ति कारवः पुरुषासो वनर्गवः[४] ॥
[५]ऋध्य.स इन्द्र भुङ्ङ् इति मघवन्न् इन्द्र भुङ्ङ् इति ।
इन्द्रस् त्रसरपूतः ॥
... रिफगि पुनःपुनस् त्रसरस्फिगिर्[५]

इति । एतावद् ध वा अस्यैकम् अङ्गम् अनास्तुतम् आस यत् स्फिगौ । अनास्तुतेनैनम् अङ्गेन स्तुवन्ति । ऋद्धिष्णवो ह भवन्त्य् एनेन तुष्टुवानाः[६] । तद् आहुः कस्मै कं परिमादः क्रियन्त इति । यथा ह वै शारद उक्षैवं महाव्रतम् । स यथा शारदम् उक्षाणं वागराभिः परितत्यालभेरन्न् एवम् एवैतत् परिमाद्भिर् महाव्रतम् आलभन्ते व्रतस्याप्रक्ष-याय[७] । अथो यथैवेदं पुरुषस्य केशा नखा लोमानि श्मश्रूणि तथैवास्यैतद्[८] इति । अथो यद् एवेदं पुरुषम् अभितो गौर् [९]अश्वो ऽजाविर् व्रीहयो[९] यवास् तद् एवास्यैतद् इति ॥ ४०३ ॥

[१] ग पञ्चविंशति [२] क प्रातस्यानतिष्ठवाय ग व्रतस्यानतिष्ठवाय [३-३] ग यचेव [४-४] क हरित इन्द्र+ण्युतो ते+री त वः पव ग हरित+ण्युतो ते+री त त्वो स्तवन्ति+कारवः पुरु + र्गवः [५-५] क ऋ + न्दन्दिति म न्दितीन्द्रत्रसर स्फनि पुनःपुनस्त्रिसरस्विगिर् ग ऋ+दन्दिति मघव+न्ददि-तीन्द्रस्त्रसर स्फगि पुनःपुनस्त्रिसरस्थिगिर् [६] क तुष्टवानाः ग कुष्टवानाः [७] ? ग व्रतस्यापक्षयाय [८] ग तयैवास्यै [९-९] ग अश्वोजाविदग्रिहवो

सप्ताशीतिर्[1] महाव्रतस्य स्तोत्र्या भवन्ति, त्रयोदश परिमादः । तच् छतम् । शतायुर् वै पुरुषश् शतेन्द्रियश् शतवीर्यस् तस्यैवेन्द्रियस्य वीर्यस्यावरुद्धयै । अथैता वाचः प्रवदन्ति । क्षुद्राः परिमादः —कर्करी चालाबुश् च वक्रा च कपिशीर्ष्णी चैषीकी चापघाटलीका[2] च वीणा च कश्यपी च भूमिदुन्दुभिश् चार्षभेण चर्मणाभिविहतो[3] वाणश् च शततन्त्रीः[4] । अन्तरिक्षे दुन्दुभयो वितता वदन्ति । अधिकुंभाः पर्यायन्ति । एता वाचः प्रवदन्ति—सर्वस्यै वाचो ऽवरुद्धयै, कृत्स्नायै वाचः —कृत्स्नां वाचम् अवरुणधामहा इति । तद् यद् भूमिदुन्दुभिर् आर्षभेण चर्मणाभिविहतो[3] वदति—परमा वा ऋषभो[5] वाक्—परमस्या[6] परमस्या एव वाचो ऽवरुद्धयै । अन्तरिक्षे दुन्दुभयो वितता वदन्ति—यैवान्तरिक्षे वाक् ताम् एव तेनावरुन्धते । अधिकुम्भाः पर्यायन्त्य्—एतद् वै प्रत्यक्षं दिवो रूपं यन् मूर्धा—यैवामुष्यां वाक् ताम् एव तेनावरुन्धते । वाणं शततन्त्रीम्[7] आघ्नन्ति—शतायुर् वै पुरुषश्[8] शतेन्द्रियश्[9] शतवीर्यस्—तस्यैवेन्द्रियस्य वीर्यस्यावरुद्धयै ॥ ४०४ ॥

[१] क ग सप्ताशीति [२] ? क घ चापाघाटलीका [३] ग चर्मणाभिविहितो [४] क ग शततन्त्रिः [५] क ऋषभे [६] ग नास्ति [७] ग शततन्त्रिम् [८] ग पुरुषः [९] ग शतेन्द्रियाः

मागधं च पुंश्चलूं च दक्षिणे वेद्यन्ते मिथुनीकारयन्ति, मिथुनत्वाय प्रजननाय । प्र मिथुनेन जायते य एवं वेद । आर्यं च वर्णं शौद्रं चोपर्युपरि चात्वालं बस्ताजिने[1] व्यायमयन्त्य्[2] आर्षभे वा चर्मणि । तयोर् अन्तर्वेद्य् आर्यो वर्णो भवति बहिर्वेदि शौद्रः । तयोर् आर्येण वर्णेन शौद्रं वर्णं ज्यापयन्ति । देवाश् च वा असुराश् चामुष्मिन्न् आदित्ये ऽस्पर्धन्त । तं देवा असुराणाम् अवृञ्जत । तद् यद् आर्येण वर्णेन शौद्रं वर्णं ज्यापयन्त्य्[3], एतम् एव तद् द्विषतो भ्रातृव्यस्य वृञ्जते । तयोर् आन्यः क्रोशति, प्राण्यश्[4] शंसति । य आक्रोशति, पुनात्य् एवैनान् सः । अथ यः प्रशंसति, पूतेष्व् एवैतेषु[5] स इन्द्रियं वीर्यं दधाति । आजिं धावन्ति[6] । परमं वा एतन्[7] महो यद् आजिः — परमस्यैव महसो ऽवरुद्धयै । संनद्धा भवन्ति[8] । परमा वै संनद्धे[9] त्विषिः । परमाम् एव तत् त्विषिम् आत्मसु दधते । पूर्णकुम्भा मार्जालीयं पर्यायन्ति—पूर्णस्यैवावरुद्धयै । है महा है महा इति—महसो ऽवरुद्धयै । इदं मध्व् इदं मध्व् इति—मध्व् इव वा एतद् देवेभ्यः क्रियते यन् महाव्रतम् । परमो वै मधुनि रसः, परमस्यैव रसस्यावरुद्धयै । तद् आहुर्—ईश्वरा आद्या भवितोर् यद् धै महा इदं मध्व् इति गायन्तीः[10] पर्येयुः । है महाम् एव गायन्तीः[10] पर्येयुर् इति । तद् उ होवाच शाट्यायनिर्—यदा वै भवति यदास्त्य्, अथाद्यो भवति । किम् असतो ऽद्युः । हे महा इदं मध्व् इत्य् एव गायन्तीः[10] पर्येयुर् इति ॥ ४०५ ॥

[१] क ग भस्ताजिने [२] क ग व्यायमायन्त्य् [३] ? क ग ज्यपयन्त्य् [४] ? क घ प्रान्यः [५] क घ एवैषु [६] क न्वावन्ति [७] क एत् ग एतान् [८] क धावन्ति [९] ग सन्नद्धै [१०] ग गायन्तिः

ते[1] स्तोष्यन्तो विपरायन्ति । अध्वर्युस् त्रिवृता शीर्ष्णा गायत्रेण स्तोष्यन्न् अग्रेण हविर्धाने उपविशति, मैत्रावरुणः पञ्चदशेन पक्षेण बृहता स्तोष्यन् दक्षिणत[2] उपविशति, ब्राह्मणाच्छंसी सप्तदशेन पक्षेण रथन्तरेण स्तोष्यन्न् उत्तरत उपविशति, नेष्टैकविंशेन पुच्छेन भद्रेण स्तोष्यन् पत्नीनां मध्य[2] उपविशत्य्, उद्गाता पञ्चविंशेनात्मना राजनेन स्तोष्यन्न् औदुम्बरीम् [3]अधिरोहत्य्—ऊर्ग् वा[3] अन्नम् उदुम्बर—ऊर्ज एवान्नाद्यस्यावरुद्धयै । ताम् अभिमन्त्रयते बृहद्रथन्तरे ते[4] पूर्वौ पादौ, वैरूपवैराजे ऽपरौ, शाक्वररैवते[5] ऽनूच्यानि, छन्दांस्

आस्तरणं, यजूंषि[6] विवयनं[7], स्योनाम् आसदं सुषदाम् आसदम् इति । तस्यै प्रत्यवरोहो·—

महीं[8] द्यौः पृथिवी च न इमं यज्ञं[9] मिमिक्षताम् ।
पिपृतां[10] नो भरीमभिः ॥

इति ॥ ४०६ ॥

[१] ग तते [२–२] ग नास्ति [३–३] क अधिरोहत्यूर्ध्वा ग अविरोहत्यूर्ध्वा [४] क ग तै [५] क ग शास्वररैवते [६] ग यज्ञंषि [७] क विवयनं [८] ग महा [९] क नास्ति [१०] क पिप्रतां ग पिवृतां

ते सकृद् एव सर्वे हिंकुर्वन्ति । तस्मात् पुरुषस् संविद्धो[1] जायते । उद्गातुर् हिंकारम् अनु हिंकुर्वन्ति । तस्माद् आत्मनो [2]वशम् अङ्गानि[2] यन्ति । अध्वर्युस् त्रिवृता शीर्ष्णा [3]गायत्रेणोद्गायति । इदं[3] तच् छिरः प्रतिदधाति । तस्माद् इदं शिरः प्रतिहितम् । पराचीभिर् अपुनरभ्यावर्तम् । तस्माद् इदं शिरः [4]पराङ् एव[4] नेति नेति[5] । नवभिर् उद्गायति । तस्माद् इदं शिरो न मेद्यतो ऽनुमेद्यति, न [6]कृश्यतो ऽनुकृश्यति[6] । मैत्रावरुणः पञ्चदशपक्षेण बृहतोद्गायति । इमं तद् बाहुं[7] प्रतिदधाति । तस्माद् अयं बाहुः प्रतिहितः । पराचीभिर् पुनरभ्यावर्तम्[8] । तस्माद् इदं[9] बाहुं सं चाञ्चति प्र च सारयति । तिस्रस् सतीः पञ्चदश करोति । तस्माद् अयं बाहुर् मेद्यतो ऽनुमेद्यति, कृश्यतो ऽनुकृश्यति । [10]वीर्यं वै बृहद्, वीर्यं पञ्चदशः । तद् यत् पञ्चदशेन पक्षेण बृहतोद्गायति तस्माद् अयं बाह्वोर्[11] वीर्यवत्तरः । तस्माद् उ दक्षिणं पक्षं वयांस्य् अनु परिप्लवन्ते । पुंसो वा एतद् रूपं यद् बृहत्, स्त्रियै रथन्तरम् । तद् यद् इतो बृहता स्तुवत, इतो रथन्तरेण, तस्मात् पुमान् दक्षिणतो योषाम् उपशेते । ब्राह्मणाच्छंसी सप्तदशेन पक्षेण रथन्तरेणोद्गायति । इमं तं बाहुं प्रतिदधाति । तस्माद् अयं बाहुः प्रतिहितः पराचीभिर् अपुनरभ्यावर्तम्[8] । तस्माद् इमं बाहुं सं चाञ्चति प्र च सारयति । तिस्रस् सतीस् सप्तदश करोति । तस्माद् अयं बाहुर् मेद्यतो ऽनुमेद्यति, कृश्यतो ऽनुकृश्यति[10] ॥ ४०७ ॥

[१] एवं कोशयोः । ? समृद्धः, संसिद्धः [२–२] ग वशमागानि [३–३] क गायत्रेणोत्गायत्रीदं ग गायत्रेणात्गायत्रीदं [४–४] क ग परान्देव [५] ग नास्ति [६–६] क कृश्यतो ननुकृश्यति [७] क ग बाहुः [८] एवं कोशयोः [९] क इतं [१०–१०] ग नास्ति [११] क बाह्वो

नेष्टैकविंशेन[1] पुच्छेन भद्रेणोद्गायति । इदं तत् पुच्छं प्रतिदधाति । तस्माद् इदं पुच्छं प्रतिहितम् । पराचीभिर् पुनरभ्यावर्तम्[2] । तस्माद् इदं पुच्छं सं चाञ्चति, प्र च[3] सारयति । तिस्रस् सतीर् एकविंशतिं करोति । तस्माद् इदं पुच्छं मेद्यतो ऽनुमेद्यति कृश्यतो ऽनुकृश्यति । उद्गाता पञ्चविंशेनात्मना राजनेनोद्गायति । इमं[2] तद् आत्मानं प्रतिदधाति । तस्माद् अयम् आत्मा प्रतिहितः । पराचीभिर् पुनरभ्यावर्तम्[2] । तस्माद् इदम् आत्मानं सं चाञ्चति, प्र च सारयति । तिस्रस् सतीः पञ्चविंशतिं करोति[4] । तस्माद् अयम् आत्मा मेद्यतो ऽनुमेद्यति, कृश्यतो ऽनुकृश्यति । त एकैकयास्तुतयोद्गातारम् उपसमायन्ति । ताभिर् उद्गातोद्गायति । आत्मन्न् एव तद् अंगानि प्रतिदधाति । तस्माद् आत्मन्न् अङ्गानि प्रतिहितानि[5] । आत्मन्ययोत्तमयोद्गायति । तस्माद् इदम् आत्मन उद् इव शेते ॥ ४०८ ॥

[१] ग नेष्टैकविंशेन [२] एवं कोशयोः [३] क व [४] क ग करोमीति [५] ग प्रतिहिता

प्रजापतिः प्रजास् ससृजानस् स व्यस्रंसत[1] । तस्माद् देवता व्युदक्रामन् । तम् इन्द्र एव देवतानां नाजहात् । स इन्द्रम् अब्रवीत्— कथं न्व् अहम् इतः पुनर् अन्वाभवेयम् इति । किं खलु वै[2] ते ऽस्तीत्य् अब्रवीत् । स्तो न्वै म[3] इमौ प्राणापानाव् इति । यत् स्तो म इत्य् अब्रवीत्, तत् स्तोमस्य स्तोमत्वम् । स्तुवत एनं[4] स्वा—अयं न श्रेष्ठ इति य एवं वेद । तम् अब्रवीत् स वा एताभ्याम् एव [5]संवत्सरं स्तुष्व[5] । तं त्वैताभ्याम्[6] एव तुष्टुवानम् उपरिष्टात् संवत्सरस्य सर्वा देवतास् समभ्यवैष्यन्तीति । स एताभ्याम् एव संवत्सरम् अस्तुत । तम् एताभ्याम् एव तुष्टुवानम् उपरिष्टात् संवत्सरस्य सर्वा[7] देवतास् समभ्यवायन् दिशां रसं प्रवृह्यापां रसं वेदस्य रसम् अन्नस्य रसं, महते व्रतं हरामो महते व्रतं हराम इति वदन्तीः । ता[8] यद् अब्रुवन्—महते व्रतं हराम इति तन् महाव्रतस्य महाव्रतत्वम् । तद् अस्मै प्रायच्छन्[9] । तद् अव्रतयत् । ताः प्रमोदन्त[10]—महाव्रतयतीति[11], महाव्रतयतीति । तस्माद् एतस्मिन्न् अहन् प्रेव[12] मोदन्ते । देवता ह्य् अस्मिन् प्रमोदन्त[10] ।

[13]तद् आहुर्—मध्यतस्[13] संवत्सरस्य विषुवत्य् उपेत्यम्[14]— ॥ ४०९ ॥

[१] ग व्यासंसत [२] क नास्ति । घ वे [३] घ व [४] क एनेन [५–५] घ सम्यत्-संस्तुष्य [६] घ चैताभ्याम् [७] घ सर्व [८] ग तद् [९] ग प्रायच्छस् [१०] एवं कोशयोः [११] क महान्व्रतयतीति ग महाव्रतयति [१२] घ प्रैव [१३–१३] क ग तद्ाहर्मध्यतः [१४] क उपेत्यः

—अन्नं वै व्रतम् । मध्यतो वा अन्नम् अशितं[1] धिनोतीति । तद् उ वा आहुर्—अर्धं वा एते ऽन्नाद्यस्यावरुन्धते ये मध्यतस् संवत्सरस्य विषुवति महाव्रतम् उपयन्ति । संवत्सरः[2] कृत्स्नम् अन्नाद्यं पचति । तद् उपरिष्टात् संवत्सरस्योपेत्यं—कृत्स्नस्यैवान्नाद्यस्यावरुद्धया[3] इति । [4]अथ ह स्माह नगरी जानश्रुतेय—उग्रो[5] वा एष मध्यमशीवा[6] यन् महाव्रतम् । यद् वा उग्रो मध्यमशीवा[7] भवति, सर्वान् वै सो ऽन्यान् व्यवकीर्याथैकश्[8] शेते । तद् उपरिष्टाद् एव संवत्सरस्योपेत्यं कृत्स्नस्यैवान्नाद्यस्यावरुद्धया इति[4] । तत् पञ्चविंशं भवति । चतुर्विंशत्यर्धमासो वै संवत्सरः । अन्नाद्यं पञ्चविंश्यम्, अन्नाद्यम् एवैतत् पञ्चविंश्योपधीयते[9] । स यथा पूर्णोध्नीम् उपसद्य दुहीतैवम्[10] एवैतत् पञ्चविंश्यान्नाद्यं दुहे ॥ ४१० ॥

[१] क घ असितं ग असीतं [२] क ग संवत्सराः [३] ग कृत्स्नस्यान्नाद्यस्या- [४–४] क नास्ति [५] घ उग्रेण [६] घ अधिपाठः य उग्रेण वा एष मध्यमशीवाद् [७] ग मध्यमशीव घ मध्यमशीवान् [८] ग व्यवकीर्याथैकाः [९] ग पञ्चविंशोपधीयते [१०] क ग दुहितैवम्

तद् आहुस् तवश्शाव्यम् एवैतस्याह्नः पृष्ठं कार्यम् इति । देवा वै यद् अग्रे व्रतं समभरंस्[1] तत् तवश्शाव्यम् अभवत् । तद् यद् एतस्याह्नस् तवश्शाव्यं पृष्ठं भवति, व्रतम् एवैतत् प्रत्यक्षम् उपयन्ति । तद् उ वा आहुर् दुष्प्रज्ञाना वै तवश्शाव्यस्य स्तोभाः पदवृत्तीः[2] प्रस्तावाः[3] प्रतिहारा देवता निधनानि । वामदेव्यम्[4] एवैतस्याह्नः पृष्ठं[5] कार्यम् इति । आत्मा वै व्रतस्य वामदेव्यम् । स यथागत्य गृहान् न विन्देत् तादृक् तद् यद् एतस्याह्नो ऽन्यद् वामदेव्यात् पृष्ठं कुर्युः । तद् आहु—स्वारं न पृष्ठतायै । तत्स्थानं राजनम् एवैतस्याह्नः पृष्ठं कार्यम् इति । राजनेन वै प्रजापतिः प्रजानां राज्यम् ऐश्वर्यम् आधिपत्यम् अगच्छत् । तद् येन प्रजापतिः प्रजानां [6]राज्यम् ऐश्वर्यम् आधिपत्यम् अगच्छत्, तेन प्रजानां[6] राज्यम् ऐश्वर्यम् आधिपत्यं गच्छामेति । परोक्षम् इव ह खलु वा

एतद् वामदेव्यं यद् राजनम् । राजनं पृष्ठं भवति । वामदेव्यं मैत्रावरुणसाम । पञ्चनिधनं वामदेव्यं ब्रह्मसाम । सामाभिपूर्वम् एवैतद् वामदेव्येन मध्यत आत्मानं संदधतो यन्ति ॥ ४११ ॥

[१] ग समरभस् [२] ग पदवृत्तिः [३] ग प्रस्तवः [४] ग वामदेवम् [५] ग पृष्ठवं
[६-६] क ग नास्ति । च- कोशेऽयं भागो दृश्यते

तत् पञ्चस्तोभं भवति पञ्चपदवृत्तीकं[1] पञ्चदेवतं[2] पञ्चप्रतिहारं पञ्चनिधनम् । यः पांक्तो यज्ञो, ये पांक्ताः पशवो, यत् पांक्तम् अन्नाद्यं, ये पञ्चर्तवो, यत् किं च पञ्च पञ्च तस्यैषा सर्वस्यर्द्धिस् तस्योपाप्तिः । पञ्चनिधनं वामदेव्यं ब्रह्मसाम भवति । पञ्चधेव हि व्रतेन[3] स्तुवते । तद् अतिच्छन्दस्सु भवति त्रिकद्रुकेषु महिषो यवाशिरम् इत्य् एतासु । अति[4] वा एषो ऽन्यानि छन्दांसि यद् अतिच्छन्दाः । अत्य् एते ऽन्यान् ये संवत्सरसदः । स्व एवैतच् छन्दसि प्रतितिष्ठन्ति । तद् व् अतिच्छन्दस्स्व एव तद् एहिवद् इहवद् भवत्य् अन्तस्य रूपम् । अन्तो ह्य् एतद् अहः । तद् आहुर् इलान्दम् एवैतस्याह्नो ऽग्निष्टोमसाम कार्यम् इति । इलान्देन वै प्रजापतिः प्रजाभ्य इराम् अन्नाद्यं प्रायच्छत् । तद् येन प्रजापतिः प्रजाभ्य इराम् अन्नाद्यं प्रायच्छत् तेनेराम् अन्नाद्यम् अवरुध्योत्तिष्ठामेति । तद् व् अतिच्छन्दस्स्व् एव भवति । अति वा एषो ऽन्यानि छन्दांसि यद् अतिच्छन्दाः । अत्य् एते ऽन्यान् ये संवत्सरसदः । स्व एवैतच् छन्दसि प्रतितिष्ठन्ति ॥ ४१२ ॥

[१] ग पञ्चपदवृत्तिकं [२] ग पञ्चदेवत्यं [३] क ग वृतेन [४] क ग' इति

तद् वैश्वानरीयासु भवति । वैश्वानरस्य ह्य् एतत् स्तोत्रम् । अशीत्यक्षरासु भवत्य् अश्नवामहा इति । समुद्र इवाक्षितम् इव ह खलु वा एतच् छन्दो यद् अतिच्छन्दास्, समुद्र इवाक्षितास् तुष्टुवाना असामेति । तत् पक्षि भवति । पक्षि ह्य् एतस्याह्नो व्रतम् । ए व्रतम् इत्य् आह—अन्नं वै व्रतम्—अन्नाद्यस्यैवावरुद्ध्यै । ए सुवर् इत्य् आह स्वर्गस्यैव लोकस्य समष्ट्यै । ए शकुना इत्य् आह वय एवैतच् छकुना भूत्वा स्वर्गं लोकं समश्नुवते[1] । तद् आहुर् वारवन्तीयम् एवैतस्याह्नो ऽग्निष्टोमसाम कार्यम् इति । प्रजापतिः पशून् असृजत । ते ऽस्मात् सृष्टा[2] अपाक्रामन् । तान् वारवन्तीयेनैव वरणशाखाम्[3] आच्छिद्या-वारयत । यद् अवारयत तद् वारवन्तीयस्य वारवन्तीयत्वम् । तस्माद् वरुणं भिषज्यम् आहुः । तद् यद् एतस्याह्नो वारवन्तीयम् अग्निष्टोमसाम भवति, यद् अनेन कर्मणा-वारुत्स्महि[4], तन् नो वारवन्तीयेन वारितम् अन्तत उपतिष्ठाता इति । तद् एहिवद् इहवद् भवत्य् अन्तस्य रूपम् । अन्तो ह्य् एतद् अहः । तद् उ वा आहुर् यद् वावान्या वाङ् नातिवदति तद् एतस्याह्नो ऽग्निष्टोमसाम कार्यम् । यज्ञायज्ञीयं वावान्या वाङ् नातिवदति । वाग् वै यज्ञायज्ञीयम् । कुतो हि [5]वाग् वाचम् अतिवदिष्यति[5] । तस्माद् एतस्याह्नो यज्ञा-यज्ञीयम् एवाग्निष्टोमसाम कार्यम् इति ॥ ४१३ ॥

[१] ग अश्नुवति त [२] ग सृष्ट्वा [३] क ग वरुण- [४] क -वारुत्महि
[५-५] ग वाश्वाचमितिवदिष्यति

अन्नं वै व्रतं, 'श्रीर् वै व्रतम्' । व्रतेन वा अन्नम् अद्यते, व्रतेन श्रीर् आप्यते । तद्

आहुर् उपरिष्टाद् एव [1]संवत्सरस्योपेत्यम्। दूरूपं वै[2] ततो व्रतं विज्ञायते यत्रोपजायत इति। तत् पञ्चविंशं भवति। चतुर्विंशत्यर्धमासो वै संवत्सरो, ऽन्नाद्यं पञ्चविंश्य्[3], अन्नाद्यम् एवैतत् पञ्चविंश्योपधीयते[4]। पञ्चविंशो ह खलु वै पुरुषः। पुरुषस्यैतत् स्तोत्रम् इत्य् आहुर्— दश वै पुरुषस्य हस्त्या[5] अंगुलयो, दश पद्याश्, चत्वारि प्रांगाण्य्, आत्मा पञ्चविंशष्; षड् इमानि पर्वाणि, षड् इमानि, षड् इमानि, षड् इमान्य्, आत्मा[6] पञ्चविंशो; द्वादशेमाः परिशवो[7], द्वादशेमा, आत्मैव पञ्चविंशः[8]। पुरुषं वावैतेन संस्कुर्वन्ति पुरुषं प्रजनयन्ति। तद् आहुस् सर्वम् एवैतद् अहः पञ्चविंशम् उपेत्यम् इति। पञ्चविंशम् एव शिर उपेयुः, पञ्चविंशम् अन्यं पक्षं, पञ्चविंशम् अन्यं, पञ्चविंशं पुच्छं, पञ्चविंशम् आत्मानम्, एवं व्रतस्योपाप्तिर् अंगेनाङ्गेन व्रतम् उपाप्नवामेति। तस्माद् अथ ह स्माहर्ज्जिश्वा[9] वातवात— एकं वावैतत् स्तोत्रं सत् तत् पञ्चधा विहृत्य स्तुयुः—पञ्चभिर् एव शिर स्तुयुः[10], पञ्चभिर् अन्यं पक्षं, पञ्चभिर् अन्यं, पञ्चभिः पुच्छं, पञ्चभिर् आत्मानम्। तथैकम् एव पञ्चविंशं नातिरिच्यते। एवं व्रतस्योपाप्तिर् इति ॥ ४१४ ॥

[१-१] क नास्ति [२-२] एवं च। क संवत्सरस्योपेत्यन्दुर इव वै ग संवत्सरस्योपेत्य दुरूढ वै [३] ग पञ्चाविंश्र् [४-४] ग पञ्चविंशोपधीयते [५] क हस्त्य ग हस्त्वा [६] ग आत्म [७] क नास्ति [८] ग पञ्चविंशतिः [९] क स्मह-र्ज्जिश्वा [१०] ग नास्ति

अथ ह स्माहारुणिर् न वा अन्यान्य् अंगान्य् आत्मना समानि[1]। नो ऽन्यैर् अंगैर् आत्मा समः। विषमेण वै पुरुषः कल्पते, विषमेण समः। तद् यथाविधम् एवैतद् एवम् उपेत्यम् इति। ब्रह्म वै व्रतस्य शिरो[2], द्यावापृथिवी पक्षाव्, अन्तरिक्षम् आत्मा, साम पुच्छम्। गायत्रं वै व्रतस्य शिरस्, तद् धि ब्रह्म। बृहद्रथन्तरे[3] पक्षौ, ते हि द्यावापृथिवी। वामदेव्यम् आत्मा, तद् ध्य् अन्तरिक्षम्। यज्ञायज्ञीयम् पुच्छं, तद् धि साम। नवभिश् शिर स्तुवन्ति। नव वै पुरुषे प्राणाः। प्राणानाम् एवैषा संमा प्राणानाम् ऋद्धिः। तस्मिन् गायत्रसामाध्यूहन्ति। प्राणो वै गायत्रसाम। प्राणम् एव तच् छीर्षन् दधति[4]। तस्माच् छीर्षन् प्राणो हितः। ते प्रत्यञ्चो निसृज्यार्कशीर्षम्[5] इति तेन स्तुवते। ग्रीवा ह तास्[6] तद् यद् इमान् लोकान् अनुदाख्यायम् इव गायति। शिरश् चैव तद् आत्मानं च संदधाति। तस्माच् छिरश् चात्मा च संहितौ। तद् आहुर् अपञ्चविंशं भवत्य्, अतिरिच्यते, तस्माद् एतद् अत्र न कार्यम् इति ॥ ४१५ ॥

[१] क ग सामानि [२] ग शिरा [३] ग ब्रह्मद्रथन्तरे [४] ग दधाति [५] ? ग निसृव्यान्-शीर्षम् [६] ग कास्

त एतेन त्रिवृता स्तोमेन रथन्तरम् अभ्यायन्ति। ब्रह्म वै त्रिवृद्, अन्नं रथन्तरम्। ब्रह्मणैव तद् अन्नाद्यं स्पृण्वन्ति। तस्मिन् पञ्चदशं स्तोमम् अध्यूहन्ति। वज्रो वै [1]पञ्चदशो ऽन्नं[1] रथन्तरम्। वज्रेणैव तद् अन्नाद्यं परिगृह्णन्ति। त एतेन पञ्चदशेन सप्तदशम् अभ्यायन्ति। वज्रो वै पञ्चदशो, विट् सप्तदशः। वज्रेणैव तद् विशं[2] स्पृण्वन्ति। तस्मिन् ब्रह्मसामाध्यूहन्ति। क्षत्रं वै बृहत्। क्षत्रम् एव तद् विश्य् अध्यूहन्ति[3]। स[4] तस्मात् क्षत्रियो[5] विश्य् अध्यूढः। तद् आहुर् इतो बृहता स्तोतव्यम्, इतो रथन्तरेणेति। प्राणम् इव वा इदं सर्वं प्रत्युद्यत्या[6] इति। तद् उ ह स्माह कीजो वाकायनः—पृष्ठतो वा एते ऽन्नाद्यं कुर्वते, य इतो बृहता स्तुवत, इतो रथन्तरेण। अन्नं[7] वै रथन्तरम्। दक्षिणतो वा[8] अन्नाद्यम् अवरुद्धम् उपाचरति[9]। तस्माद् इत एव बृहता[10] स्तुवत, इतो रथन्तरे-

णान्नाद्यस्यावरुद्धया इति । य उ एवैष पञ्चदश[11] स्तोमस् स उ प्रत्युद्यत्या[12] इति । तस्माद् उ सव्यं पक्षं वयांस्य् अनु परिप्लवन्ते । त एतेन सर्वेणैकविंशं प्रतिष्ठाम् आयन्ति । द्वादश मासाः, पञ्चर्तवस्, त्रय इमे लोका, असाव् आदित्य एकविंशः । सर्वस्मिन् वा एषो ऽस्मिन्न् अधि प्रतिष्ठितः । तद् यस्मिन्न् [13]एष सर्वस्मिन्न्[13] अधि प्रतिष्ठितस् तस्मिन् सर्वस्मिन्न् अधि प्रतितिष्ठामेत्य् एतं प्रतिष्ठापयन्ति[14] ॥ ४१६ ॥

[१-१] क पञ्चदशोन्न ग पञ्चदग्नोन्नं [२] क अन्नाद्य [८] क व [९] ग उपाचरन्ति [१०] विंशं [३] क ग -ति [४] क नास्ति [५] ग बृह [११] ग पञ्चविंश [१२] ग पत्युदत्या क ग क्षश्यो [६] क ग प्रत्युदत्या [७] ग [१३-१३] ग नास्ति [१४] ग प्रतिष्ठामायन्ति

तस्मिन् भद्रं सामाध्यूहन्ति । प्रजा वै भद्रम् । पुच्छतो वै प्रजाः प्रजायन्ते । पुच्छत एवैतत् प्रजनने प्रजां दधते प्रजात्यै । तत्रापि श्रेयः कार्यम् आहुः । प्रजा वै भद्रं, प्रजायै[1] या प्रजा सा श्रेयः। अपि ह प्रजायै[1] प्रजां पश्यते य एवं वेद । तद् आहुस् सकृद् एव सर्वेण स्तोतव्यं वयसो ऽनुरूपं कृत्वेति । यद् वै वयः प्रपतति[2] सर्वाण्य् अङ्गानि नानाशो युक्त्वा [3]प्रपतति । अथ यद् उपविशति सर्वाण्य् अङ्गान्य् आत्मानम्[4] उपसमाहृत्योपविशतीति[5] । तद् यत् सकृद् एव सर्वेण स्तुवन्ति यथा वयः प्रपतत् सर्वाण्य् अङ्गानि नानाशो युक्त्वा[3] प्रपतेत् तादृक् तत् । अथ यद् एकैकया स्तुतयोपसमायन्ति यथा वय उपविशत् सर्वाण्य् एवाङ्गान्य् आत्मानम् उपसमाहृत्योपविशेत्[6] तादृग् उ [त]त् । अथ ह स्माह भाह[7] भाल्लबेयो--नैतस्मिन्न् अहन्न् अन्य[8] उद्गातुस् साम्नार्त्विज्यं कुर्यात् । श्रीर् वा एतद् अहः, श्रीर् उद्गाता । यद् एतस्मिन्न् अहन्न् अन्य उद्गातुस् साम्नार्त्विज्यं कुर्याद् अनववदितैनान् अववदेद् अनभ्यारोढाभ्यारोहेत्, पापवस्यसं स्यात्, स वैवानुपरिसर्प संस्थापयेत्, स वैकैकया स्तुतयोपसमेयाद्[9] इति । तद् इव त्व् अत्र परिचक्षते यन् नवविंश स्तोमस् संपद्यते । तद् आहुर् नवविंश स्तोमस् संपद्यते वाश्यमानानुपतेत्[10] स्वं यूथं जानमेजय गौर् गास् साहस्रयाजिन शलकाण्डाणि[11] विगच्छतीतीव[12] वा एता यथायथम् अपियन्तीति । शिर एव शीर्षन्न्[13] आप्येति, पक्षौ पक्षे, पुच्छं पुच्छयात्मानम् इद् आत्मन्न् आप्येति । नवविंश[14] स्तोमस् संपद्यते कार्यम् एवाप्य् एवम् इति ॥ ४१७ ॥

[१] ग प्रजाये [२] ग प्रपतत् [३-३] ग नास्ति [४] क आत्मनम् [५] क -स्योपविशन्तीति [६] क अपसमाहृत्यो· ग अवपसमाहृत्यो· [७] ? एवं क ग । च नास्ति [८] क ग अह [९] ग स्तुवतोप- [१०] क वाश्यामानानु- ग वाश्यामानानुपेतन् [११] ग शलकान्धाणि [१२] ग विगछतीतिव [१३] क ग शीर्ष्णन्य् [१४] ग नविवविंश

आसन्दीम् उद्गाताधिरोहति, प्लेङ्खं होता, कूर्चाव् अध्वर्यू, कूर्चसद[1] एवान्या होत्रा भवन्ति । तद् आहुर् न दीक्षितेनासन्द्य्[2] अधिरुह्येति । उत्थिता ह खलु वा एतद् अहर् आगच्छन्ति । यद् वावादो दशमम् अहस् तद् एवोक्थानि । इयम्[3] अधिरुह्यैवेत्य् आहुः । [4]अन्तरिक्षसाच्य् एव वै[4] श्रीः । एवं श्रिया उपासिर् इति । वाणश् शतश्रीर्[5] भवति । शतायुर् वै पुरुषश् [6]शतेन्द्रियश् शतवीर्यस्[6], तस्यैवेन्द्रियस्य वीर्यस्यावरुद्धयै । तद् आहुर् न वाणश् शतश्रीः[7] कार्यो, यर्हि वा एतस्य ब्राह्मणास् सन्तानम् अविदुस् सकृत् सन्ततो वा एष तर्हि राज्ञां[8] समासु प्रविशामि[9] ब्रुवन्न् अशयत् तं किं तत् कुर्युर् यस् तथैतर्हि न यथा पुरेति । तद् उ वा आहुः किं खलु तथैतर्हि यथा पुरा । एकसाम्ना ह स्म वै पुरा स्तुत्वा स्वर्गं लोकं गच्छन्त्य्, अथो ऽवभृथाद् एवोदेत्य कार्यः । एवं वाणश् शतश्रीर्[10] वाचः

कृत्स्नत्वायेति। तस्यैव सन्तानो—भूर् भुव स्वर् वदा ११वदा वदा११ वदी वदा१२ वदोरुः पृथुस् सुगस् सुगन्तुः कर्मः१३ करणः करः१४ करिष्यन्न्१५ ऐन्द्रीं वाचं बृहतीं विश्वरूपां शतायुषं प्रवद देव वाणे**ति। अथेन्द्रेणतया चेषीकया वेतसशाखया चोल्लिखति**—मनो१६ ज्योतिर् इति, वाक् सत्यम् इति, मनो१६ भद्र **इति ॥ ४१८ ॥**

[१] क कूर्वंरसद [२] ग -नासन्ध्य् [३] ग यम् [४–४] ग अन्तरिक्षसाचेव चै [५] ग शततमि श्रीर् [६–६] क शतेन्द्रियं शतवीर्यं [७] ग शततन्द्रीः [८] क ग राज्यां [९] क प्राविशामि ग प्राविशासि [१०] क शतःश्री ग शतश्री [११–११] क वदावद ग दावदा [१२] ग यदा [१३] ग कर्म [१४] ग नास्ति [१५] ग अरिष्यन्न् [१६] ग मानो

अहीनसं हाश्वत्थिं पुत्रा उपसमेत्योचुस्—सत्रायामो१ वै भगवो ऽनु नश्२ शाधीति। स होवाच—मैवं वोचत। दुरुपधर्षो वै संवत्सरः। यथा वै रथनाभाव् अराः३ प्रतिष्ठिता, एवं वै संवत्सरे सर्वे मृत्यवः प्रतिष्ठिताः। अथैतद् एवं ब्रूथेति। ते होचुस् तेषां वै ४त्वम् एव४ भिषग् असि, त्वं प्रायश्चित्तिर्, अन्व् एव नश् शाधीति। तद् धास्य प्रियम् आस। स होवाचैवं चेद् ब्रूथ, षट्सु स्म५ प्रतिष्ठासु प्रतितिष्ठत। षड्भ्य स्म हरित्मतीभ्यो६ मेत। चतुश्चक्रं स्म पारयिष्णुं७ समारोहत८। स्वर्गस्य स्म लोकस्य पथो ऽञ्जसायनान् मेत। संवत्सरस्य स्म व्याप्तम् अतिप्लवध्वम्। दैव्यं स्म मिथुनम् उपेत। प्रस्पष्टात् स्म सार्थान् मा हीयध्वम्९। अच्युतं स्म यज्ञस्य मा च्यावयत१०। यज्ञस्य स्म श्वस्तनम् उपेत। वाचं स्म सत्यवतीम्११ उपेत। वर्षिष्ठान् स्माजौ१२ युङ्ध्वम्। उत्तरावतीं१३ स्म श्रियम् उपेत। स्वर्गे स्म लोके प्रतितिष्ठत। ग्रामात् स्मारण्यं मेत। ज्ञानात् स्म विर्भवान्१४ मेत। दैव्यात् स्म विवाहान् मेत। यज्ञात् स्म मेतेति। एतानि हैनान् अनुशशास। ते होचुर् अनु न इदम् अशिषः परोक्षेणैव१५। तथा नो ऽनुशाधि यथेदं विजानीयामेति ॥ ४१९ ॥

[१] ग सत्रयामो [२] घ नास्ति [३] क ग आराः [४–४] क घ नास्ति [५] ग स्मा [६] घ हरुत्मतीभ्यो [७] घ पारधिष्णुं [८] क समरोहयत ग समरोहत [९] क ग हियध्वं [१०] ग च्याव्ययत [११] ग सत्यवातिम् [१२] क स्माजा [१३] क घ उत्तरवातीं ग उत्तरवार्ति [१४] क स्मविर्भवान् ग स्मवीर्भवान् घ स्माविर्भौवान् [१५] क ग परोक्षेनेव

स होवाच यद् वो ऽवोचं—षट्सु स्म प्रतिष्ठासु प्रतितिष्ठतेति१, निधनवन्ति स्म पवमानमुखेभ्यो२ मा च्यावयतेत्य् एव वस् तद् अवोचम् इति। एषा ह वै साम्नः प्रतिष्ठा यन् निधनम्। षड् एतानि निधनवन्ति भवन्ति, षड् ऋतवस् संवत्सरः। स यथा वृक्षम् आक्रमणैर् आक्रममाण इयाद् एवम् एवैतैस् सामनिधनै३ स्वर्गं लोकं रोहन्तो यन्ति। तस्मान् निधनवन्ति पवमानमुखेभ्यो न च्यावयितव्यानि।

अथ४ यद् वो ऽवोचं षड्भ्य स्म हरित्मतीभ्यो मेतेतीळाविभक्तिर्५ एव वस् तद् अवोचम्, इळाभि स्म बृहतीर् आरभध्वम्६ इत्य् एव वस् तद् अवोचम् इति। ता एताष् षड् ढरित्मतीः। स यथा षड् ढरित्मतीर् अश्वतरीस् संयुज्य यत्र जिगमिषेत् तद् गच्छेद्, एवम् एवैताभिर् इळाविभक्तिभि स्वर्गं लोकम् अभ्यश्नुवते७। तस्माद् इळाभिर् एव८ बृहतीर् आरभ्या ॥ ४२० ॥

[१] क प्रतितिष्ठे घ प्रातितिष्ठतीति [२] क पवनमुखेभ्यो [३] क समनिधनै [४] ग अथो [५] क मतेतीडाविभक्तिर् ग मेतेतिडलविभक्तिर् [६] ग आरभवध्वम् [७] ग अभ्याश्नुवते [८] क द्विरुक्तिः बृहतीरारभध्वम् इत्यारभ्य तस्मादिळाभिरेव इत्यन्तम्

अथ यद् वो ऽवोचं चतुश्चक्रं स्म पारयिष्णुं समारोहतेति, प्र सोम देववीतये, परीतो[१] षिञ्चता सुतम्, अभि सोमास आयवः, पुनानस् सोम धारयेत्य् एता एव वस् तच् चतस्रो बृहतीर् अवोचम् इति । एष[२] ह वै चतुश्चक्रः पारयिष्णुर् यद् एता बृहत्यः । स यथा चतुश्चक्रेण पारयिष्णुना[३] यत्र जिगमिषेत् तद् गच्छेद्, एवम् एवैताभिर् बृहतीभि स्वर्गं लोकं गच्छन्ति । अथो एष वाव[४] देवरथः । स यथा देवरथेन सुयुक्तेन यत्र जिगमिषेत् तद् गच्छेद्, एवम् एवैताभिर् बृहतीभि स्वर्गं लोकं गच्छन्ति । तस्माद् एता एव बृहतीः कार्याः ।

अथ यद् वो ऽवोचं स्वर्गस्य स्म[५] लोकस्य पथो ऽञ्जसायनान् मेतेत्य्, औशनकावे एव वस् तद् अवोचम् इति । एष ह वै स्वर्गस्य लोकस्य पन्था[६] अञ्जसायनो यद् औशनकावे । औशनं पुरस्ताद् भवति कावम् उपरिष्टात् । ताव् एतत् पितापुत्राव् एव नावम् अजतः । स यथा पितापुत्रौ नावम् अजन्तौ [७]ताम् अरिष्टां[७] स्वस्ति[८] पारं गमयेयाताम्, एवम् एवैतद् औशनकावाभ्यां [९]स्वस्त्य् अरिष्टा[९] उदृचम् अश्नुवते । तस्माद् औशनकावे नावसृज्ये ॥ ४२१ ॥

[१] ग परितो [२] ग एषा [३] क पारयिषुना [४] क वाम [५] ग नास्ति [६] घ अधिपाठः व [७-७] क तामरिष्ठां ग तमरिष्ठां [८] क स्वति [९-९] क स्वरितरिष्टा

अथ यद् वो ऽवोचं संवत्सरस्य स्म व्याप्तम् अतिप्लवध्वम् इत्य् अभीवर्तं वा स्म पवमाने कुरुध्वं प्लवं[१] वेत्य् एव वस् तद् अवोचम् इति । एतद् ध वै संवत्सरस्य व्याप्तं यद् ऋतवो यन् मासा यद् ऋतुसन्धयः । तद् उ वा आहुर् य[२] ऋतवो ये मासा [३]य ऋतुसन्धयो[३] ऽहोरात्रे वाव तद् भवतः । अहोरात्रे वाव संवत्सरस्य व्याप्तम् इति । तत् प्लवः कार्यः । अत्र वै गौः[४] प्लवते, ऽव हस्त्य्[५], अव पुरुषः[६], प्लवो[७] नावप्लवते । तद् एतेन प्लवेनानवप्लाविनैतत्[८] संवत्सरस्य व्याप्तम् अतिप्लवामहा इति । तद् आहुर् अस्ति परिचक्षा प्लवातिप्लुता इति वै निन्दन्ति । यो वै जीयते यो हीयते, तम् आहुर् अप्लोष्टेति । अभीवर्त[९] एव कार्यः । तस्यैकाक्षरं निधनं भवति । एकाक्षरा वै वाक् । वाग् उ कृत्स्नं ब्रह्म । तद् एतेन कृत्स्नेन ब्रह्मणा यथा चर्मणा कुदीकण्टकान्[१०] प्रावृत्यातीयाद्[११] एवम् एवैतत् संवत्सरस्य व्याप्तं प्रावृत्यातियन्ति । अथो यथा तप्तान् पांसून् [१२]उपानह्य् अतीयात्[१२] तादृक् तत् । तस्माद् अभीवर्त[१३] एव कार्यः ।

अथ यद् वो ऽवोचं दैव्यं स्म मिथुनम् उपेतेत्य्, उच्चा ते जातम् अन्धसा, स्वादिष्ठया[१४] मदिष्ठयेत्य्[१५] एते एव वस् तद् गायत्र्याव् अवोचम् इति । एतद्[१६] वै दैव्यं मिथुनं यद् एते गायत्र्या—उच्चा त इति पुंसो रूपं, स्वादिष्ठयेति[१७] स्त्रियै । तद् एतन्[१८] मिथुनं प्रजननं क्रियते । प्र मिथुनेन जायते य एवं वेद । तस्माद् एते एव गायत्र्यौ कार्ये ॥ ४२२ ॥

[१] घ प्लवम [२] ग या [३-३] ? क घ यदृतुसन्धयो [४] ? क घ नौः [५] क हत्य् [६] घ पुरुषं [७] क घ अधिपाठः वाव [८-८] क प्लवेनानपप्लाविनैतत् ग प्लवेनानवप्लाविनस्तत् [९] ग अभिवर्ते [१०] क कूदीकण्ठकान् ग कुदीकण्ठकान् घ कुदीन्दकान् [११] क प्रवृत्यातीयाद् ग प्रवृत्यातियाद् [१२-१२] क उपानह्यातियात् ग उपनह्यातियात् [१३] ग अभीवर्तेत घ अभिवर्ते [१४] क ग स्वाधिष्ठया [१५] ग मदिष्ठायेत्य् घ वदिष्ठयेत्य् [१६] ग एते [१७] ग स्वाधिष्ठयेति [१८] ग एतान् घ एतं

अथ यद् वो ऽवोचं प्रस्पष्टात् स्म सार्थान् मा हीयध्वम् इति, बृहद्रथन्तरे एव वस्

तद् अवोचम् इति । एष ह वै प्रस्पष्टः सार्थो[1] यद् बृहद्रथन्तरे । एते ह वा एनान्य् अरण्यान्य् अतिनयतो यान्य् एतानि सवनारण्यानि । तद् एतद् षड्ग्रामम्[2] इति—त्रिवृत् स्तोमः । अस्ति परस्तराम् इति—पञ्चदशः । अस्ति परस्तराम्[3] इति—सप्तदशः । अस्त्य् एव परस्तराम् इत्य्—एकविंशः । श्रान्त एनद्[4] गच्छेद् इति त्रिणवः । आसायैनद्[5] इति त्रयस्त्रिंशः । अथ यथैकां वा द्वे वान्तरोष्यैव तद् यच् छन्दोमाः । क्षत्रं वा एते साम्नां यद् बृहद्रथन्तरे । क्षत्रिय[6] उ वा अरण्यस्यातिनेता । तद् यत्र वै क्षत्रेणारण्येनैति[7], यो वै तत्र तं दस्युर् जानाति, यद् यत् स्यात्वं वा मधु वा भवति, तेनास्मा आविर्भवति । अथ ये ऽन्ये नेष्ट्राः परिपन्थिनः, पराञ्चस् ते कक्षं [8]गहनान्य् अभ्यवयन्ति[8] । स यथा क्षत्रियेण सहाबिभ्यद्[9] अरण्यम् अतीयाद्, एवम् एवैतद् बृहद्रथन्तराभ्याम् अतियन्ति । अथो एष वाव देवयानः पन्था यत् पृष्ठ्यष् षडहः । ते देवा एतेन देवयानेन पथैतं स्वर्गं लोकं गत्वान्वागमान् मनुष्याणाम् अविभयुः । ते होचुर् उप तज् जानीत[10] यथा नो मनुष्या नान्वागच्छान् इति । त एतान् यज्ञमुहो रक्षांसि प्रत्यौहन् । तद् यद् दीक्षितो मीयते[11] [12]यद् रुध्यते[12], एते हैव[13] तत् कुर्वन्ति । तद्[14] बृहद्रथन्तरे एवातिनयतः । तान् यान् एते[15] घ्नन्त्य्, अनेत्रान् हैव तान् घ्नन्ति, ये बृहद्रथन्तरे अवसृजन्ति[16] । तस्माद् बृहद्रथन्तरे नावसृज्ये ॥ ४२३ ॥

[१] क स्वा घ स्त्रार्थो [२] क घ सत्प्रामम् [३] घ परस्ताम् [४] क घ एनं ग एनाद् [५] क आधायैनद् [६] एवं च । क ग क्षत्र [७] क क्षत्रोरण्ये- घ क्षत्रेरण्ये- [८–८] क गहनान्यसभ्यवयन्ति [९] क सहातिमभ्यद् घ सहातिमिचिभ्यद् [१०] क घ जानीतं [११] क मियते [१२–१२] एवं क च । ग द्रुद्धत [१३] क नैव [१४] घ यत् [१५] क घ एतान् [१६] ग अवसृजन्त इति

अथ ह स्माह नगरी जानश्रुतेयो—वृकस्य चरतस् सर्पणम्[1] इति । को वृक इति । प्रजापतिर् इति । [2]कः प्रजापतिर् इति[2] । संवत्सर इति । तस्य किं सर्पणम् इति । [3]अहोरात्रे इति[3] । के [3]अहोरात्रे इति[3] । बृहद्रथन्तरे इति । एताभ्यां ह वा एष एतत् सर्पति । तौ प्राणापानौ, ताव् इमौ लोकौ, यद् दैव्यं मिथुनम् । तौ हैतत् संवत्सरस्यैव पादाव् आरभ्य यन्ति । ते स्वस्त्य् अरिष्टा उदृचम् अश्नुवते ।

अथ यद् वो ऽवोचम् अच्युतं स्म यज्ञस्य मा च्यावयतेति, वामदेव्यम्[4] एव वस् तद् अवोचम् इति । एतद् ध[5] वै यज्ञस्याच्युतं यद् वामदेव्यम् । प्राणो हि वामदेव्यम् । प्राणान् [6]नेद् अवच्छिद्यामहा[6] इति ।

अथ यद् वो ऽवोचं यज्ञस्य स्म श्वस्तनम्[7] उपेतेति गौरिवीतम् एव वस् तद् अवोचम् इति । एतद् ध[5] वै यज्ञस्य श्वस्तनं[7] यद् गौरिवीतं[8], प्रजा[9] श्वस्तनं[7], पशव श्वस्तनं[7], स्वर्गो लोक श्वस्तनम्[7] । स यथा क्षेत्रज्ञो ग्रामं धावयेद्[10]—[11]अदस् सुगं[11] तेन यास्यामो, ऽदस् सुतीर्थं तेन तरिष्यामो, ऽदस् सुवसं तद् वत्स्याम इत्य्, एवम् एतौ गौरिवीतस्योदासाव्[12] अवसानदर्शौ[13] चरतः । अथो यथा सोमप्रवाकस् सोमं प्राहैवम् एतौ गौरिवीतस्योदासौ[12] देवेभ्यस् सोमं प्राहतुः । प्रोक्तसोमो[14] ह [15]स तां[15] रात्रिं वसति यस्मिन्न् अहनि गौरिवीतं[8] भवति । अथो हैनं देवा[16] ईक्षन्ते—धावत[17], श्वो यष्टेति । तद् यद् एकाहे गौरिवीतं न कुर्वन्ति, नेद् [18]देवान् लोपयामहा[18] इति ॥ ४२४ ॥

[१] क सर्पाणम् ग सर्पाणाम् [२-२] ग नास्ति [३-३] क ग अहोरात्रैति [४] क गौरुवीतम् [५] ग धा [६-६] क नोवच्छिछध्यामाहा ग नेदवच्छिछध्यामाहा [७] क ग स्वस्तनम् [८] क घ गौरुवीतम् [९] क प्रज्ञाः घ प्रजज्ञा [१०] ? क घ यापयेद् [११-११] क असुगं घ अदसुगं [१२] क गौरुवीतस्यो- [१३] क अवसोनदर्शौ घ अवसानदर्शौ [१४] क घ प्रोक्तसोमा [१५-१५] घ स्ताम् [१६] ग देव [१७] ग धातवा [१८-१८] क घ देवाह्वापयामहा

अथ यद् वो ऽवोचं—वाचं[१] स्म सत्यवतीम्[२] उपेतेति—पुरोजिती वो अन्धस इत्य् एताम् एव वस् तद् अनुष्टुभम् अवोचम् इति। एषा वै वाक् सत्यवती यद् एषानुष्टुप्। अनुष्टुप् पूर्वा भवति, गायत्र्या उत्तरे। वाग् वा अनुष्टुप्, प्राणो गायत्री। एतद् वै वाचस् सत्यं यत् प्राणः। सैषा[३] वाक् सत्यवती। अथो यथान्यौ नवतरौ [४]चक्राव् उपास्येद्[४] एवम् एवैताम् अनुष्टुभं त्र्यहमुखेषु[५] पर्याहरन्ति, स्वर्गस्य लोकस्य समष्ट्यै। तस्माद् एषैवानुष्टुप् कार्या।

अथ यद् वो ऽवोचं वर्षिष्ठान् स्माजौ युङ्ध्वम्[६] इत्य् अग्निष्टोमसामान्य् एव तस्माद्[७] अवोचम् इति। [८]एते ह वै वर्षिष्ठा आजौ युज्यन्ते यद् अग्निष्टोमसामानि यानि वै तान्य् अक्षयन्त्यहानि।

अथ यद् वो ऽवोचम् उत्तरावतीं स्म श्रियम् उपेतेति पृष्ठान्य् एव वस् तद् अवोचम् इति[८]। एषा[९] ह वा उत्तरावती श्रीर् यत् पृष्ठानि—त्रिवृत् पञ्चदशम् सप्तदशम् एकविंशं त्रिणवम् इत्य् आ त्रयस्त्रिंशाद्[१०] उत्क्रामन्ति।

अथ यद् वो ऽवोचं स्वर्गे स्म लोके प्रतितिष्ठतेति—यज्ञायज्ञीयं स्म वो [११]ऽग्निष्टोमसामास्त्व् इत्य्[११] एव वस् तद् अवोचम् इति। एष ह वै स्वर्गो लोको यद् यज्ञायज्ञीयम्, असाव् आदित्य एकविंशः। एतस्मिन्न् एव तत् स्वर्गे लोके ऽन्ततः प्रतितिष्ठन्ति ॥ ४२५ ॥

[१] क नास्ति [२] ग सत्यवातीम् [३] ग सैष [४-४] ग चक्राधपश्येद् घ चक्राधपास्येद् [५] ग त्र्याहमुखेषु [६] क युन्ध्वम् ग युन्धवम् [७] क स्तद् [८-८] ग नास्ति [९] ग एष [१०] ग त्रयस्त्रिशद् [११-११] ग -सामास्स्वत्य् घ -सामास्वित्य्

अथ यद् वो ऽवोचं ग्रामात् स्मारण्यं मेतेत्य् —आहार्याणि स्म सामानि[१] माभिध्यायतेत्य्[२] एव वस् तद् अवोचम् इति। स यथा ग्रामाद्[३] ग्रामं[४] संव्रजेद् अबिभ्यद्[५] एवं तद्[६] यद् अग्निष्टोमसामानि। अथ यथारण्याद् अरण्यं यन् स[७] कण्टकेन वा शलाकया वा [८]परितृण्ण आगच्छेद्[८], अथो इयतो नो ऽव्यात्सुर्[९] इयन्तो विविध्यमानानाम्[१०] अमुष्महीत्य् एवं[११] तद् यद् आहार्याणि[१२] सामानि। तस्माद् आहार्याणां साम्नां नाशयितव्यानि[१३]।

अथ यद् वो ऽवोचं ज्ञानात् स्माविर्भवान्[१४] मेतेति[१५], सुज्ञानम् एव वस् तद् अवोचम् इति।

अथ यद् वो ऽवोचं दैव्यात् स्म विवाहान् मेतेति, श्यैतनौधसे एव[१६] वस् तद् अवोचम् इति।

अथ यद् वो ऽवोचं यज्ञात् स्म मेतेति, श्रद्धा स्म वो मा व्यैद्[१७] इत्य् एव वस् तद् अवोचम् इति। एषा ह वै देवानां राज्ञी[१८] यच् छ्रद्धा। सैषा प्रातर् उपक्रम्य तिष्ठति। तां देवा उपतिष्ठन्ते—[१९]याद्रीच्य् एष्यति[१९] तद्र्यञ्च[२०] एष्याम इति। तस्यै सर्वे देवा अनुवर्त्मानस् सायं जुषन्ते। तम्[२१] आविशति, स जुहोति, स यजते[२२]। तद् देवा उपजीवन्ति।

एतां हैभ्यस तत् संवत्सरे ऽरिष्टिम् उवाच। ते य एवं विद्वांसस् संवत्सरम् उपयन्ति, स्वस्त्य् एवारिष्टा उदृचम् अश्नुवते ॥ ४२६ ॥

[१] क साम [२] क माभिध्ययत [३] ग ग्राम्याद् [४] ग ग्राम्यं [५] ग अविभयद् [६] क ग यद् [७] ग नास्ति [८-८] क ग परितृण्णागच्छेद् [९] ग व्यत्सुर् [१०] ग विवाध्यमानानाम् घ विवध्यमानानाम् [११] ग एव [१२] क ग आहार्यानि [१३] ग नाशैतव्यानि [१४] घ स्मतेतिविर्भवान् [१५] क घ मोतेति [१६] क वीव [१७] क घ व्यैर् [१८] क ग राशि [१९-१९] क ग यद्रीच्येष्याति [२०] क कद्यङ्च ग तद्य.ञ्च घ कद्रयञ्च [२१] ग ताम् [२२] ग यजेते

पुरुषं वावैतद् आसते यत् संवत्सरम् । पुरुषो वै प्रजापतिः, प्रजापतिस् संवत्सरः । तम् एवैतद्[१] ईप्सन्त आसत[२] आत्मानं यज्ञं कृत्वा । तस्य पादाव् एव प्रायणीयो ऽतिरात्रः । तयोर् यद् अधस्ताच् छुक्लं तद् अह्नो रूपं, यद् उपरिष्टात् कृष्णं[३] तद् रात्रेर् नखान्य्[४] एव नक्षत्राणाम् इमान्य् एव चत्वार्य् ऊर्वष्ठी[५] वान्यारम्भणीयम् अहर् अयम् अभिप्लवो ऽयं '[६]पृष्ठ्यो ऽयम्[६]' इतो ऽर्वाचीनो ऽभिजिद् अयं विश्वजिद् इमे त्रय स्वरसामान इमे त्रयो ऽयं विषुवान् इदं महाव्रतीयम् अहर् अयम् उदयनीयो ऽतिरात्रः । इदम् अह्नो रूपम् इदं रात्रेर् नखान्य्[४] एव नक्षत्राणाम्[७] । तम् एतं पुरुषं प्रजापतिं संवत्सरम् आप्नुवन्त्य्[८] आत्मानम् एव यथाङ्गम् ॥ ४२७ ॥

[१] ग एत्तद् [२] ग आत्मसत [३] क ग कृष्ण [४] ग नखान्न् [५] ग ऊर्वष्टी [६-६] ग पृष्ठ्येयम् [७] ग नक्षत्राणा [८] क ग आप्नुवन्तत्य्

ते मनोमयाः प्राणमयाश् चक्षुर्मयाः श्रोत्रमया वाङ्मया ऋङ्मया यजुर्मयास् साममया[१] ब्रह्ममया हिरणमया अमृतास् संभवन्ति । देवासुरा अस्पर्धन्त । ते देवाः प्रजापतिम् उपाधावन्—जयामासुरान् इति । सो ऽब्रवीन् न वै मां यूयं वित्थ नासुराः[२] । यद् वै मां यूयं [३]विद्यात ततो[३] वै यूयम् एव स्यात परासुरा भवेयुर् इति । तद् वै ब्रूहीत्य् अब्रुवन् । सो ऽब्रवीत्—पुरुषः प्रजापतिस् संवत्सर इति मोपाद्ध्वम् । ततो वै यूयम् एव भविष्यथ परासुरा भविष्यन्तीति । तं—पुरुषः प्रजापतिस् संवत्सर इत्य्—[४]उपासत, ततो[४] वै देवा अभवन् परासुराः । स यो हैवं विद्वान्—पुरुषः प्रजापतिस् संवत्सर इत्य्—उपास्ते [५]भविष्यत्य् आत्मना[५], परास्य द्विषन् भ्रातृव्यो भवति ॥ ४२८ ॥

[१] क साममय [२] ग त्रंसुरा [३-३] क विद्यात्ततो ग विद्याततत्ततो [४-४] क उपासतन्ततो [५-५] ग भविष्यत्मना

अथाधिदैवतम्[१] । अयम्[२] एव लोकः प्रायणीयो ऽतिरात्रः । तस्य यच् छुक्लं तद् अह्नो रूपं, यत् कृष्णं तद् रात्रेश्, चित्राण्य् एव नक्षत्राणाम् । संवत्सर एव स्वर्गो लोक, आरम्भणीयम् अहर्, ब्रह्माभिप्लवः, क्षत्रं पृष्ठ्यो, ऽग्निर् अभिजिद्, विश्वे देवा स्वरसामान, आदित्यो विषुवान्, इन्द्रो विश्वजिद्, अहोरात्रे एव गोआयुषी, लोका[३] एव द्वादशाहस्याहानि, प्रजापतिर् एव महाव्रतीयम् अहर्, असाव् एव लोक उदयनीयो ऽतिरात्रः । इदम् अह्नो रूपम् इदं रात्रेर् नक्षत्राण्य् एव नक्षत्राणाम् ॥ ४२९ ॥

[१] क -देवतम् ग -दैवत [२] ग यम् [३] ग लोक

ते सतिसदो ह वा अन्ये सत्रसदो ऽन्ये । ते यां प्रायणीयम् अतिरात्रम् उपेत्य वसन्त्य् अस्मिन्न् एव तां लोके वसन्ति । तद् यद् अस्मिन् लोके ऽन्नाद्यं तद् एव तेनाव-

रुन्धते। अथो ह [१]विद्युर् अस्मिन्न्[१] इदम् एतर्हि लोके स्मस्[२] तेषां नो न का चनार्तिर् अस्तीति। अथ याम् आरम्भणीयम् अहर् उपेत्य वसन्ति संवत्सर एव तां स्वर्गे लोके वसन्ति। तद् यत् संवत्सरे स्वर्गे लोके ऽन्नाद्यं तद् एव तेनावरुन्धते। अथो ह विदुस्[३] संवत्सर इदम् एतर्हि स्वर्गे लोके स्मस् तेषां[४] नो न का चनार्तिर् अस्तीति। अथ याम्[५] अभिप्लवम् उपेत्य[६] वसन्ति ब्रह्मण्य् एव तां वसन्ति[७]। तद् यद् ब्रह्मण्य् अन्नाद्यं तद् एव तेनावरुन्धते। अथो ह विद्यु[र्] ब्रह्मणीदम् एतर्हि स्मस् तेषां नो न का चनार्तिर् अस्तीति। अथ यां[८] पृष्ठ्यम् उपेत्य वसन्ति क्षत्र एव तां वसन्ति। तद् यत् क्षत्रे ऽन्नाद्यं तद् एव तेनावरुन्धते। अथो ह विद्युः[९] क्षत्र इदम् एतर्हि स्मस् तेषां नो न का चनार्तिर् अस्तीति। अथ याम् अभिजितम् उपेत्य वसन्त्य् अग्नाव् एव तां वसन्ति। तद् यद् अग्नाव् अन्नाद्यं तद् एव तेनावरुन्धते। अथो ह विद्युर्[९] अग्नाव् इदम् एतर्हि स्मस् तेषां नो न का चनार्तिर् अस्तीति। अथ यां स्वरसाम्न उपेत्य वसन्ति विश्वेष्व् एव तां देवेषु वसन्ति। तद् यद् विश्वेषु देवेष्व अन्नाद्यं तद् एव तेनावरुन्धते। अथो ह विद्युर्[९] विश्वेष्व् इदम् एतर्हि देवेषु स्मस् तेषां नो न का चनार्तिर् अस्तीति। अथ यां विषुवतम् उपेत्य वसन्त्य् आदित्य एव तां वसन्ति[१०]। तद् यद् आदित्ये ऽन्नाद्यं तद् एव तेनावरुन्धते। अथो ह विद्युर्[९] आदित्य[११] इदम् एतर्हि स्मस् तेषां नो न का चनार्तिर् अस्तीति। [१२]अथ यां विश्वजितम् उपेत्य वसन्तीन्द्र एव तां वसन्ति। तद् यद् इन्द्रे ऽन्नाद्यं तद् एव तेनावरुन्धते। अथो ह विद्युर् इन्द्र इदम् एतर्हि स्मस् तेषां नो न का चनार्तिर् अस्तीति[१२]। अथ यां गोआयुषी उपेत्य वसन्त्य् अहोरात्रयोर् एव तां वसन्ति। तद् यद् अहोरात्रयोर् अन्नाद्यं तद् एव तेनावरुन्धते। अथो ह विद्युर्[९] अहोरात्रयोर् इदम् एतर्हि स्मस् तेषां नो न का चनार्तिर् अस्तीति। अथ यां द्वादशाहस्याहान्य् उपेत्य वसन्ति लोकेष्व् एव तां वसन्ति। तद् यल् लोकेष्व् अन्नाद्यं तद् एव तेनावरुन्धते। अथो ह विद्युर्[९] लोकेष्व् इदम् एतर्हि स्मस् तेषां नो न का चनार्तिर् अस्तीति। अथ यां महाव्रतीयम् अहर् उपेत्य वसन्ति प्रजापताव् एव तां वसन्ति। तद् यत् प्रजापताव् अन्नाद्यं तद् एव तेनावरुन्धते। अथो ह विद्युः[९] प्रजापताव् इदम् एतर्हि स्मस् तेषां नो न का चनार्तिर् अस्तीति। अथ याम् उदयनीयम् अतिरात्रम् उपेत्य वसन्त्य् अमुष्मिन्न् एव तां लोके वसन्ति। [१३]तद् यद् अमुष्मिन्[१३] लोके ऽन्नाद्यं तद् एव तेनावरुन्धते। अथो ह विद्युर्[९] अमुष्मिन्न् इदम् एतर्हि लोके स्मस् तेषां नो न का चनार्तिर् अस्ति ॥ ४३० ॥

[१-१] ग विद्युस्मिन् [२] क ग स्म [३] एवं कोशयोः [४] ग तेपु [५] क यम् [६] ग उपत्य [७] ग सन्ति [८] ग या [९] एवं कोशयोः [१०] ग वसति [११] ग इन्द्र [१२-१२] ग नास्ति [१३-१३] क ग तुदुतुष्मि

ते सतिसदो ह वा अन्ये सत्रसदो ऽन्ये[१]। सत्येवान्ये[२] सीदन्ति सत्रम्[३] अन्य आसते। ते हैव सतिसदो य[४] एवं विद्वांसो दीक्षन्ते। एतासु[५] हि देवतासु सति सीदन्तो यन्ति। ते ह ते सर्वे[६] पाप्मानम् अपघ्नते। अथ य एते शिखाच्छिन्नाः प्रसर्पम् इच्छमाना आवेष्टन्ते[७] ते हैव सत्रसदः। य एवं विद्वांसम् उपवदति यथैता देवता ऋत्वानीयाद्[८] एवं नेत्य् एतासु ह्य् एवैनं देवतासु प्रपन्नम् एतासु वसन्तम् उपवदति तस्य हैतस्य नैव का चनार्तिर् अस्ति य एवं वेद। य एवैनम् उपवदति[९] स आर्तिम् आर्च्छति।

तानि वा एतानि संवत्सरस्य दशैवाहान्य्—अतिरात्राव् आरम्भणीयमहाव्रतीये[१०]

अहनी पृष्ठ्याभिप्लवौ विश्वजिदभिजितौ स्वरसामानश् च विषुवांश् च । प्रवतिर् ह कौशाम्तेयः[११] कुसुरुबिन्दस्यौद्दालकेर् ब्रह्मचार्य् आस । तं होवाचां सोम्य सूतपुत्र, कति ते पिता संवत्सरस्याहान्य् अमन्यतेति । दशेति होवाच । दश वावेति होवाच—दशाक्षरा विराड्, अन्नं विराड्, वैराजो यज्ञः । कत्य् एवामन्यतेति । नवेति होवाच । नव वावेति होवाच । नव वै पुरुषे प्राणाः । प्राणैर् उ यज्ञस् तायते । कत्य् एवामन्यतेति । अष्टाव् इति होवाच । अष्टौ[१२] वावेति होवाच । अष्टाक्षरा गायत्री । गायत्रो यज्ञः । कत्य् एवामन्यतेति । सप्तेति होवाच । सप्त वावेति होवाच । सप्त वै छन्दांसि, छन्दोभिर् यज्ञस् तायते । कत्य् एवामन्यतेति । षड् इति होवाच । षड् वावेति होवाच । षड् वा ऋतवस् संवत्सरः । संवत्सरो यज्ञः । कत्य् एवामन्यतेति । पञ्चेति होवाच । पञ्च वावेति होवाच । पांक्तो यज्ञः । पांक्ताः पशवः । पशवो यज्ञः । कत्य् एवामन्यतेति । चत्वारीति होवाच । चत्वारि वावेति होवाच । चतस्रो दिशश्, चतुष्पदाः पशवश्, चत्वारि छन्दांसि यज्ञवाहः—गायत्री त्रिष्टुब् जगत्य् अनुष्टुप् । कत्य् एवामन्यतेति । त्रीणीति होवाच । त्रीणि वावेति होवाच । त्रिषवणो[१३] यज्ञस्, त्रयः प्राणापानव्यानास्, त्रय इमे लोकाः । कत्य् एवामन्यतेति । द्वे इति होवाच । द्वे वावेति होवाच । अहोरात्राव् एवेति । द्वाव् इमौ लोकाव् आविष्टमाव् इव, द्वौ प्राणापानौ, द्विपात् पुरुषः । कत्य् एवामन्यतेति । एकम् इति होवाच । एकं वावेति होवाच । अहर् एवेति । तद् इदम् अहर् अभूद्, [१४]अह श्वो भविता[१४] । तद् एतद् अहर् अहर् इत्य् एव प्रोच्यते । सा हैषा संवत्सरस्य प्रतिष्ठा यद् अहः[१५] । स यो हास्यैतां प्रतिष्ठां वेद, प्रतितिष्ठति । एषो एवास्यैकता । स यो हास्यैताम् एकतां [१६]वेदैकधा हैनं भूत्वा श्रीस् सचते[१६] । तद् आहुर् भूतं भूया३ भविष्या३द् इति । भूतम् एव भूयो भविष्यत इति ब्रूयात् । भूता [१७]इमे लोका भूतो ऽयम् अग्निर् वायुर् असाव् आदित्य[१७] इन्द्रश्[१८] चन्द्रमाः । एते वै भूतस्य भविष्यतश् चेशते । तस्माद् भूतम् एव भूयो भविष्यत इति ॥ ४३१ ॥

[१] ग त्रे [२] ग सत्यवान्ये [३] ग सम्रम् [४] ग थं [५] ग एतासि [६] ग नास्ति [७] एव चं । क ग अवेष्टन्ते [८] ग ऋत्वान्नियाद् [९] ग अधिपाठः यथैता देवता [१०] ग आरंभयोमहावृतीये [११] एवं क च । ग काशान्तेयः । शतपथे ब्राह्मणे १२.२.२ प्रोतिः कौशाम्बेयः [१२] क अष्टा [१३] क ग त्रिषवनो [१४–१४] ग आहः स्वो भूते भविता [१५] ग आहः [१६–१६] क वेद [१७–१७] क नास्ति [१८] ग नास्ति

अथैष वैश्वानरः प्रायणीयो ऽतिरात्रः । तस्यैषोर्ध्वा[१] क्लृप्ति स्वर्ग्या[२] । तस्य रथन्तरं पृष्ठं भवति, वामदेव्यं मैत्रावरुणसाम, बृहद् आर्भवे[३] पवमाने । इदं वै रथन्तरम्, अन्तरिक्षं वामदेव्यम्, अद एव बृहत् । सैषोर्ध्वा[४] क्लृप्ति स्वर्ग्या । तया हैतया क्लृप्त्योर्ध्वं[५] स्वर्गं[६] लोकं रोहन्ति । अथो हैषाम् एतद् एव साम क्लृप्तं कृत्स्नं युक्तं यज्ञं वहति ॥ ४३२ ॥

[१] ग तस्यैषोध्वा [२] ग स्वर्गा [३] ग आर्भवो [४] ग सैषोध्वा [५] क क्लृप्त्योर्ध्व ग क्लृप्तोर्ध्वं [६] ग नास्ति

तस्य गायत्रम् एव हिंकारो, रथन्तरं प्रस्तावो, वामदेव्यम् उद्गीथो, बृहत् प्रतिहारो, यज्ञायज्ञीयं निधनम् । एकैकम् उ ह वा एतेषां स्वर्गस्य लोकस्येशे । अश्नुते स्वर्गं लोकं य एवं वेद । अथो हैतद् [१]एवाकर्यम्, एतन्[१] महाव्रतम् । तस्य गायत्रम् एव शिरो, बृहद्रथन्तरे पक्षौ, वामदेव्यम् आत्मा, यज्ञायज्ञीयं पुच्छम् । स [२]यावद् अकर्यवता[२] महाव्रत

वतावरुन्द्धे तावद् अवरुन्द्धे य एवं वेद । अथो हैषायुष्यैव क्लृप्तिः । आयुर् वै गायत्रं, विश्वायू[3] रथन्तरं, समायुर् वामदेव्यं, सर्वायुर् [4]बृहद्, अत्यायुर्[4] यज्ञायज्ञीयम् । आयुष्मन्तो ह भवन्त्य् एनया तुष्टुवानाः । अथो हैषाम् एतान्य् एव पञ्च ज्योतींषीद्धान्य्[5] एषु लोकेषु [6]दीप्यन्ते—ऽग्निः[6] पृथिव्यां, वायुर् अन्तरिक्ष, आदित्यो दिवि, चन्द्रमा नक्षत्रेषु, विद्युद् अप्सु । अग्निर् एव रथन्तरस्य, वायुर् वामदेव्यस्य, आदित्यो बृहतश्, चन्द्रमा गायत्रस्य, विद्युद् यज्ञायज्ञीयस्य । आपो हि यज्ञायज्ञीयम् । एतान्य् एव[7] पञ्च ज्योतींषीद्धान्य्[8] एषु लोकेषु दीप्यन्ते ॥ ४३३ ॥

[१–१] ग एवार्त्यमोतन [२–२] ग यावादर्त्यवता [३] क ग विश्वायु [४–४] क ग बृहत्यायुर् [५] क ज्यांतीषीद्ध नि ग ज्योतींषिद्धानि [६–६] क दीप्त्यन्तेग्निः ग दीप्यन्तग्निः [७] ग एवां [८] क ग ज्योतींषिद्धानि

तस्य वा एतस्याग्निष्टोमस्य सोक्थकस्य द्वे त्रयः पञ्चाशे[1] शते स्तोत्रिया भवन्ति । अथ रात्रेस्[2] सह राथन्तरेण सन्धिनैकान्ननवतिशतं[3] स्तोत्रिया भवन्ति । त्रीणि तानि पुंसो ऽतिरिक्तानि यैस् स प्रजनयति, द्वे ते स्त्रिया ऊने यतस् सा प्रजायते । पुंसो वा एतद् रूपं यद् अह, स्त्रियै रात्रिः । तद् इदं [4]पुंसो ऽतिरिक्तम् अमुष्मिन् राज्या[4] ऊने दधाति मिथुनत्वाय प्रजननाय । प्र मिथुनेन जायते य एवं वेद । अथ ये[5] द्वे स्तोत्रे ऽतिरिच्येते आण्डाव्[6] एव ताव् अतिरिच्येते । ते बृहद्रथन्तरे युक्ते यज्ञं वहतः । स यत्र षोडशिनं [7]कुर्युर् अर्शो[7] वैषां जायेत वर्ष्म वा । यद् ध्य् एतेषु त्रिषु[8] पुंसो ऽतिरिक्तेषूप चतुर्थं जायेत, अर्शो वास्याजनि[9] वर्ष्मे वेति वा ब्रूयुः । एवम् एव यत् स्त्रियै जायेत । स यो ऽत्र षोडशिनं कुर्वाणान् ब्रूयाद् अर्शो वैषां जनिष्यते वर्ष्म[10] वेति तथा हैव स्युः । तस्माद् अत्र षोडशी न कार्यः ॥ ४३४ ॥

[१] एवं च । क ग पञ्चशे [२] एवं च । क ग रात्रे [३] एवं च । क ग सन्धिन्नैकान्ना- [४–४] ग सातिरिक्तम्मुष्टिन्नारया [५] क य [६] ग अण्डाव् [७–७] ग कुर्युरर्शे [८] ग नास्ति [९] ग वास्याजिन [१०] ग वर्ष्मे

स वा एषो ऽतिरात्र ऋते षोडशिन[1] एकविंशतिं चैकविंशान् संपद्यत एकां च स्तोत्र्याम् । ततो य एकविंशतिर् एकविंशा आदित्य एव सः[2] । आदित्यस्य वा अमुष्य लोकस्यैश्वर्यम् आधिपत्यम् । गच्छत्य्[3] अमुष्य[4] लोकस्यैश्वर्यम् आधिपत्यं य एवं वेद । स यद् अत्र षोडशिनं [5]कुर्युर् द्वाविंशतिश् चैकविंशास् संपद्येरन्न्[6] एका च स्तोत्र्या । संपदं लोभयेत् । स उ एवैकान्नपञ्चाशतं त्रिवृतो ऽभिसंपद्यत एकां च स्तोत्र्याम् । ततो य एकान्नपञ्चाशतं त्रिवृतो ऽग्निर् एव सः । अग्नेर् वा अस्य लोकस्यैश्वर्यम् आधिपत्यम् । गच्छत्य् अस्य लोकस्यैश्वर्यम् आधिपत्यं य एवं वेद । स यद् अत्र षोडशिनं[5] कुर्युर् एकपञ्चाशच् च त्रिवृतस् संपद्येरंश् चतस्रश् च स्तोत्र्याः । संपदं लोभयेयुः । नैवेतरां संपदम् उपपद्येत नेतराम्[7] । देवतीर्थं वा एतद् यद् एष[8] वैश्वानरः प्रायणीयो ऽतिरात्रः । तस्मिन्न् एव स्थाणुः क्रियते[9] यत् षोडशी । वैराजो वै षोडशी, विराजि विराजि प्रतिष्ठितः । स यत्रैवैतं विराजं संपद्यमानं[10] मन्येत तद् एवैतेन स्तोतव्यम् ॥ ४३५ ॥

[१] ग षोडशिनं [२] एवं च । क ग नास्ति [३] ग गच्छन्तस्य [४] ग नास्ति [५–५] ग नास्ति [६] क सम्पदेन्न् [७] ग नतराम् [८] क ग एश [९] क ग क्रियेते [१०] ग सपद्यमान

अथैतच् चतुर्विंशम् आरम्भणीयम् अहः । तस्यैषोर्ध्वा क्लृप्ति स्वर्ग्या । तस्य रथन्तरं माध्यन्दिने[1] भवत्य्[2], अथ दैर्घश्रवसम्, अथ नौधसम् । इदं वै रथन्तरम् । अन्तरिक्षं दैर्घश्रवसम् । वामदेव्यं ह्य् एतन् निधानेन[3] । अद एव नौधसम् । बृहतो ह्य् एषा तनूः । सैषोर्ध्वा[4] क्लृप्ति स्वर्ग्या । तया हैतया क्लृप्त्योर्ध्वा एव स्वर्गं लोकं रोहन्ति । तस्य हैतस्याह एके रथन्तरम् एव पृष्ठं कुर्वन्ति, यथैवातिरात्रस्य रथन्तरं पृष्ठं भवति तथा । पराङ् वै स्वर्गो लोकः । पराञ्च एतं स्वर्गं लोकं रोहाम[5] । प्रत्यवरोहस् स यद् रथन्तरं माध्यन्दिने[6] स्यात् । अथैवम् अप्रत्यवरूढम् इति वदन्तः । तद् उ ह तत् पराङ[7] इवानायुष्यम् इव । स य एनांस् तथा चक्षुषो ऽनुव्याहरेद् इति वेति वा भविष्यन्तीति, तथा हैव स्युः । [8]तस्माद् उ[8] बृहद् एव पृष्ठं स्यान्, माध्यन्दिने[1] रथन्तरम् । तस्यैषा [9]तनूः । सैषा[9] समीची क्लृप्ति स्वर्ग्या ॥ ४३६ ॥

[१] एवं च । क ग मध्यन्दिने [२] ग विवत्य् [३] ग निधनानेन [४] क सेषोर्ध्वा [५] ग लोकाम [६] क मध्यन्दिने [७] ग पराद् [८-८] क ग तस्मासु [९-९] एवं च । क ग नास्ति

तस्य बृहत् पृष्ठं भवति, वामदेव्यं मैत्रावरुणसाम, श्यैतं[1] ब्रह्मसाम । अदो वै बृहद्, अन्तरिक्षं वामदेव्यम्, इदम् एव श्यैतम् । रथन्तरस्यैषा[2] तनूः । सैषा समीची क्लृप्ति स्वर्ग्या । तया हैतया क्लृप्त्या सम्यञ्च एव स्वर्गं लोकं रोहन्ति । सम्यञ्चो वै प्राणापानव्यानाः । आ च परा च संचरन्त्य् अयातयामानः[3] । आयुष्मन्तो ह भवन्त्य् एनया तुष्टुवानाः । तस्य द्वयानि स्तोत्राणि भवन्ति—चतुर्विंशान्य् एकानि षट्त्रिंशान्य् एकानि । ततो यानि चतुर्विंशानि[4]—चतुर्विंशत्यर्धमासो वै संवत्सरो—अर्धमासश एव तैस् संवत्सरम् आप्नुवन्ति । अथ यानि षट्त्रिंशानि—षट्त्रिंशदक्षरा वै बृहती । बृहती स्वर्गो लोकस् साम्राज्यं—बृहत्याम् एव तत् स्वर्गे लोके साम्राज्ये प्रतितिष्ठन्तो[5] यन्ति । अथो हैषाम् एतेनैव षट्त्रिंशेन स्तोमेन पर्वशस् संवत्सर आरब्धो भवति । द्वादश वै संवत्सरस्य पौर्णमासीर् द्वादशाष्टका द्वादशामावास्याः । तद् एवैतेन षट्त्रिंशेन स्तोमेन पर्वशस् संवत्सरम् आरभन्ते ॥ ४३७ ॥

[१] ग श्येतं [२] ग रथन्तरस्यैषा [३] क ग अयातयामन [४] ग अधिपाठः चतुर्विंशान्येकानि षट्त्रिंशान्येकानि ततो यानि चतुर्विंशानि [५] क ग प्रतितिष्ठन्त्यो

तस्यैतौ श्लोकाव्—

अयुजो[1] युक्ताः प्रवहन्त्य् अग्रे ततो[2] युग्मन्तो अनुसंवहन्ति ।
त [3]एकछन्दोभिस् संवत्सरा[3] द्वादश परिसर्पन्ति मासः ॥
द्वादशस्य मास उत्तमे ऽहन् षट्त्रिंशं[4] ह दध्रिरे[5] व्यावृत् ।
एकं ततो[6] युग्मभिर् व्ययुञ्जताध्य्[7] अन्य आयन् सुवर् अन्ये परायन् ॥

इति । तस्य द्वादश स्तोत्राणि भवन्ति । तेनाग्निष्टोमः । तान्य् उ एव द्वादश सन्ति पञ्चदश चतुर्विंशानि स्तोत्राणि भवन्ति । तेनोक्थ्यः । स वा एषो ऽग्निष्टोमस् सन्न् उक्थ्य, उक्थ्यस् सन्न् अग्निष्टोमः । उभौ ह तौ [8]कामाव् उपाप्नोति[8] यश् चाग्निष्टोमे यश् चोक्थ्ये य एवं वेद ॥ ४३८ ॥

[१] ग अयुजे [२] एवं च । क ग तते [३-३] ? च एकं छन्दोभिस्संवसाना [४] ग षट्त्रिंश [५] एवं च । क ग दध्रीरे [६] ग तते [७] ग व्यायुञ्जताध्य् [८-८] ग कामावपाप्नोति

अथैते ज्योतिर् गौर् आयुर् इति स्तोमा भवन्ति । गौर् आयु स्कन्दत् । ततो ज्योतिर् अजायत[१] । अयं वै लोक आयुर्, असौ गौर्, इदम्[२] एवान्तरिक्षं[३] ज्योतिः । तम् एतं पुरस्ताद् अकुर्वातां यथा पुत्रम् एवम् । इतो वा अयम् ऊर्ध्वो [४]लोको ऽर्वाङ् असाव्[४] अमुतः । तद् इदम् एनयोः पुरस्ताज् ज्योतिः [५]पर्यूढम् । तेन[५] पश्यामः । तौ योगम् उपप्रयन्ताव् अन्तम् अभि [६]ज्योतिर् व्युदौहताम्[६] । स यथा पितरौ पुत्रं पूर्वं[७] यन्तं पश्चाद् अन्वियातां तादृक्[८] । तद् एतन्[९] मिथुनी स्तोमा भवन्ति यद् युज्यन्ते[१०] । मध्ये वै जायापत्योः पुत्रश् शेते । तौ यथा मिथुनीभविष्यन्ताव् इत्थाद् वेत्थाद्[११] वा पुत्रं परिहरेयातां तादृग् एवैतत्[१२] । त एत ऊनातिरिक्ता मिथुनाः प्रजनय स्तोमाः ॥ ४३९ ॥

[१] ग अजयत [२] ग इदुम् [३] ग एवान्तरिक्ष [४-४] ग लोकोर्वाइसाव् [५-५] क पर्य्यूढस् तेन ग पर्य्यूढतेन्तन [६-६] ग ज्योतिवादौहतां [७] ग पूर्वौ [८] ग तदुक् [९] क एतं ग एत [१०] क ग युञ्ज्यन्ते [११] ग वेद्धाद् [१२] क एवैत्तत ग एवेतत्

अथ ह वै पणयो नामासुरा[१] देवानां गोरक्षा आसुः । ताभिर् अहापातस्थुः । ता ह रसायां[२] निरुध्य वलेनापिदधुः । ते देवा [३]अलिक्लवम् ऊचुस्[३] सुपर्णेमा[४] नो गा अन्विच्छेति[५] । तथेति । स हानुप्रपपात । ता हान्वाजगाम रसायाम् अन्तर् वलेनापिहिताः । तस्मै[६] हान्वागताय सर्पिः क्षीरम् आमिक्षाम् दधीत्य् एतद् उपनिदधुः । तस्य ह सुहित आस । तं होचुस् सुपर्णैष एव ते बलिर् भविष्यत्य् एतद् अन्नं मा नः प्रवोच इति । स ह पुनर् आपपात । तं होचुस् सुपर्णाविदो गा इति । का कीर्तिश् चिद् गवाम् इति होवाच । एषैव कीर्तिर् गवाम् इति तस्य हेन्द्रो गलम्[७] उत्पीळयन्न्[८] उवाच गोष्व् एवाहं किल तवोषुषो मुखम् इति । स ह दधिद्रप्सं वामिक्षां वोदास । सो ऽयं बभूव यो ऽयं वसन्ता भूमिकपठुर् जायते[९] । तं ह तच् [१०]छशापाश्लीलं जाल्म[१०] ते जीवनं भूयाद् यो नो गा अनुविद्य ता[११] न प्रावोच[१२] इति । तस्य हैतद् ग्रामस्य जघनार्धे[१३] यत् पापिष्ठं तज् जीवनम् ॥ ४४० ॥

[१] ग नामासुरान् [२] क ग रसायाम [३-३] क अलिक्लपमूचुः ग अलिकुवलपुस् [४] ग सुवर्पेमा [५] ग अन्विच्छेतेति [६] ग तमै [७] क गठलम् ग गलेम् [८] ग उपीन्दयन्त् [९] क जयते [१०-१०] क छशापाश्लीलश्चान्म ग छशापाश्चीलजान्म [११] क नास्ति ग त [१२] ग प्रवोच [१३] ग जनयार्द्धे

ते सरमाम् अब्रुवन् सरम इमा नस् त्वं गा अन्विच्छेति । तथेति सा[१] हानुप्रससार । सा ह रसाम् आजगाम । एषा ह वै सा रसा यैषार्वाक्[२] समुद्रस्य वापायती । तां होवाच प्लोष्ये त्वा [३]गाधा मे[३] भविष्यसीति । प्लवस्व मेति होवाच न ते गाधा[४] भविष्यामीति । सा हावाच्य कर्णौ प्लोष्यमाणा ससार । सा हेक्षांचक्रे कथं नु[५] मा शुनी प्लवेत हन्तास्यै गाधासानीति[६] । तां होवाच मा मा प्लोष्ठा गाधा[७] ते भविष्यामीति । तथेति । तस्यै ह गाध आस । सा[८] ह गाधेनातिससार । ता हान्वाजगाम रसायाम् अन्तर् वलेनापिहिताः[९] । तस्यै हान्वागतायै तथैव सर्पिः क्षीरम् आमिक्षां दधीत्य् एतद् एवोपनिदधुः[१०] । सा होवाच नाहम् एतावद् अप्रिया देवानाम् । गा[११] अविदं [१२]यद् वो ऽश्नीयाम्[१२] । त उ वै देवानां स्तेयं कृत्वा[१३] चरथैतासां वा अहं गवां पदवीर् अस्मि । न मा लापयिष्यध्व नेन्द्रस्य[१४] गा उपहरिष्यध्व इति । सा हानाशिष्य् उवास[१५] । सा ह जरायव् अपास्तं विवेद । तद् ध चखाद[१६] । तां हैक उपजगौ त्यम् इव वै घ्नती[१७]

सरमा जारु खादतीति[18]। तद् इदम् अप्य् एतर्हि निवचनं त्यम् इव वै म्रती सरमा जारु खादतीति। जरायु ह सा तच् चखाद। सा[19] ह पुनर् आससार। तां होचुस् सरमे ऽविदो गा इति ॥ ४४१ ॥

[१] क ग स [२] क ऐषावीक् ग एषावांक् [३-३] क गामेधा ग गाथामे [४] ग गाथा [५] क न [६] क गोधा- ग गोया- [७] क ग गाथा [८] क स [९] क वेलेनापिहिता: [१०] ग अवोपरिदधुः [११] ग नास्ति [१२-१२] क यतद्वाडनीयाम् गः यद्रोम्नीयान् [१३] ग कुत्सा [१४] ग नेन्द्रस्या [१५] ग उवस [१६] ग चखद [१७] क म्रति ग स्नति [१८] क खदतीति [१९] ग स

अविदम् इति होवाचेमा[1] रसायाम् अन्तर् वलेनापिहिताः[2]। ता यथामन्यध्वम् एवम् आजिहीर्षतेति। तां [3]ह तद् इन्द्र उवाचान्नादीम्[3] अरे ते सरमे प्रजां[4] करोमि या नो गा अन्वविद इति। ते हैते विदर्भेषु माचलास् सारमेया अपि ह शार्दूलं मारयन्ति। ते देवा एतम् अभिप्लवं समभरन्। [5]तेनैना अभ्यप्लवन्त[5]। [6]यद् अभ्यप्लवन्त[6] तद् अभिप्लवस्याभिप्लवत्वम्[7]। [8]ते ऽग्निनैव[8] [9]वलम् अभ्यौषन्[9], वज्रेणाभिन्दन्। स य एष[10] पुरस्ताज् ज्योतिस् सो ऽग्निर्, अथ यत् पञ्चदशं गोर् बहिष्पवमानं[11] स वज्रः। ता आयुषैवायुवत। यद् आयुषैवायुवत तद् आयुष आयुष्ट्वम्[12]। ता एतेनैव ज्योतिषोभयतः पर्यौहन्। त एते चत्वारो मध्य उक्थ्या भवन्ति। पशवो वा[13] उक्थानि। तेषां सहस्रं स्तोत्र्याः। ब्रह्म वै ज्योतिर् अग्निष्टोमः। ता एतेनैव ब्रह्मणा ज्योतिषोभयतः परिगृह्योदाहरन्। ते य एवं विद्वांसो ऽभिप्लवम् उपयन्ति सहस्रसनयो हैवोत्थिता[14] भवन्ति। तद् आहुर् यद् एष चतुरहो मध्ये व्यतिषक्तो गौर् आयुर् गौर् आयुर् इत्य् अथ कस्माज् [15]ज्योतिषी विपर्यूढे[15] इति। मिथुनत्वाय प्रजननायेति ह ब्रूयात्। प्र मिथुनेन जायते य एवं वेद ॥ ४४२ ॥

[१] क होवाच चेमा [२] क ग वनोपिहिता: [३-३] ग इदन्द्रउवावान्नादीम् [४] ग प्रजा [५-५] क तेनैनाभ्यप्लुवन्त ग तेनेनाभ्यप्लुवन्त [६-६] ग नास्ति [७] ग अभिप्लुवस्याहिप्लुवन्ते [८-८] क ग अग्निनैव [९-९] ग सलभ्यौषन् [१०] क एक [११] क पवमान [१२] ग आयुष्यम् [१३] ग नास्ति [१४] क ग हैवोक्थिता [१५-१५] ? क ज्येतिषि विपर्य्यूढ

अथ

जैमिनीयब्राह्मणे

तृतीयं काण्डम्

ॐ[१]

प्रजापतिर् वावेदम् अग्र आसीत् । सो ऽकामयत—बहु स्यां, प्रजायेय, भूमानं गच्छेयम् इति । स तपो ऽतप्यत । स आत्मन्न् ऋत्वियम्[२] अपश्यत् । ततस् त्रीन् ऋतून् असृजतेमान्[३] एव लोकान् । यद् ऋत्वियाद् असृजत तद् ऋतूनाम् ऋतुत्वम् । यद् ऋत्वियाद् अजनयत् तस्माद् ऋत्विज इत्य् आख्यायन्ते । स यत् प्रथमम् अतप्यत ततो ग्रीष्मम्[४] असृजत[५] । तस्मात् स बलिष्ठं तपति । यद्[६] द्वितीयम् अतप्यत ततो[७] वर्षा असृजत । तस्मात् ता उभयं [८]कुर्वन्त्य् आ च तपन्ति[८] वर्षन्ति च । यत् तृतीयम् अतप्यत ततो हेमन्तम्[९] असृजत । तस्मात्[१०] स शीततम इव । त्रीन्[११] सतो ऽभ्यतप्यत । तान् [१२]द्वेधा व्यौहत्[१२] । [१३]ते षड् ऋतवो ऽभवन्[१३] । स ग्रीष्माद्[१४] एव वसन्तं निरममीत, वर्षाभ्यश् शरदं, हेमन्ताच्[१५] छिशिरम् । तस्माद् एत ऋतूनाम् उपश्लेषा इव निर्मिता हि । षड् [१६]सतो ऽभ्यतप्यत । तान् द्वेधा व्यौहत्[१६] । ते द्वादश मासा अभवन् । द्वादश सतो ऽभ्यतप्यत । तान् द्वेधा व्यौहत् । ते [१७]चतुर्विंशतिर् अर्धमासा[१७] अभवन् । चतुर्विंशतिं सतो ऽभ्यतप्यत । स ऐक्षत यदि द्वेधा व्यूहिष्यामि[१८], न विभविष्यन्ति, हन्त, निर्मिमा[१९] इति । तेभ्यस् सप्त च शतानि विंशतिं चाहोरात्राणि[२०] निरममीत[२१] । स इदं सर्वं व्यकरोत् । यथा ह वै हिरण्यम् अविकृतम्[२२] एवम् इदं ततः[२३] पुरा । स सर्वम् अधि [२४]ह्यस्मिञ् छिल्पानि[२४] गम्यन्ते विकृतानि चाविकृतानि[२५] च य एवं वेद ॥ १ ॥

[१] ग नास्ति [२] ग ऋत्वीयम् [३] ग मासृज- [४] ग गृष्मम् [५] ग असृज [६] क ग य [७] ग तन्ता [८-८] क कुर्वन्त्यावपन्ति ग कु...पन्ति [९] क ग हैमन्तम् [१०] क ग तस्मान् [११] ग त्रीत् [१२-१२] क द्वेधाप्यौहत् ग त्वेधाप्यौहत् [१३-१३] ग ते...ऽभयन् [१४] ग गृष्माद् [१५] क ग हैमन्तात्
[१६-१६] क -द्वेधाभ्यौहत् ग प्येततामेयाव्यौहत् [१७-१७] ग चतुर्विंशत्यर्धमासा [१८] ग व्युहिष्यामि [१९] ग निर्मिता [२०] क -रात्रात् ग -रात्र [२१] ग नास्ति [२२] ग विकृतम् [२३] ग अन्ततः [२४-२४] ग हस्मिञ् छल्पानि [२५] ग द्वाविकृतानि

स एवैष प्रजापतिस् संवत्सरो ऽभवत् । स इदं सर्वं [१]स्तब्ध्वा व्याप्यातिष्ठत्[१] । स ऐक्षत—कया स्वधया केनान्नाद्येन कयोर्जेदम् अयं व्यापद् इति । तस्मिन्न् एतां स्वधाम् ऊर्जम् अन्नाद्यम् अक्षितिं[२] पर्यपश्यद् द्वादश पौर्णमासीर् द्वादशाष्टका[३] द्वादशामावास्याः[४] । ताम् अवारुरुत्सत[५] । सैनम् अब्रवीन् [६]न मानभिश्रान्ताम् अवरोत्स्यस[६] इति । स तपो ऽतप्यत । स एतं द्वादशाहं यज्ञम् अपश्यत् । तम् आहरत[७] । सो ऽकामयत—दीक्षितं मा दीक्षिता याजयेयुर् इति । स मासांश् [८]चर्तूंश् चाब्रवीद्[८] याजयत मेति । तं मासा नाब्रुवन् । स वा अस्मास्व् एव सत्या भुनजासा[९] इति । तस्माद् एता मास्य् एव सर्वाः पौर्णमास्यष्टकामावास्याः । तद् ऋतवः प्रसुते पश्येवान्वबुध्यन्त[१०]—प्र हैभ्यो ऽस्वाद् इति । तम् अब्रुवन्—अस्मभ्यम् अपि दक्षिणां प्रयच्छेति । तेभ्यो ऽन्नाद्यं प्रायच्छत् । [११]तद् एतद्[११] [१२]यथर्त्व् अन्नाद्यं[१२] पच्यते । स दीक्षाभिर् एव पौर्णमासीर् अवारुन्धोपसद्भिर्[१३] अष्टकाः प्रसुतेनामावास्याः । स यो हैवं विद्वान् द्वादशाहेन यजत एताम्[१४] एव स्वधाम् ऊर्जम् अन्नाद्यम् अक्षितिम्[१५] अवरुन्द्धे । प्रत्य् ऋतवो[१६] ऽगृह्णन् न मासाः प्रतिग्रहम् अकामयन्त । तस्मान् मासा [१७]आख्याततरा इव[१७] । आख्याततर[१८] उप ह्य् एवाप्रतिगृह्णन् भवति । तस्माद् ऋतवो [१९]ज्यायांसः । ज्यायान् ह्य् एव[१९] प्रतिगृह्णन्

भवति । ता ह वा एतास् तिस्र[१०] एव रात्रयः पौर्णमास्यष्टकामावास्याः ॥ २ ॥

[१-१] ग तद्वावष्यातिष्ठत् [२] ग अक्षिति [३] ग द्वादशाष्टाका [४] ग द्वादशामास्वाः [५] ग अवरूरून्सत [६-६] ग नामानभि...न्तामव... रावात्स्यस [७] ग आहरतत [८-८] ग चक्रुश्नब्रवीद् [९] ग भुबासा [१०] क न्वाबुध्यन्त ग न्वाबुध्यन्त [११-११] ग तथेतद् [१२-१२] ग यथत्वनाद्यं [१३] ग अवरुन्धोपस-अभिर् [१४] ग ताम् [१५] ग आक्षतिम् [१६] ग उतवो [१७-१७] ग आख्यातराख्या [१८] क आख्यातत्तरा ग नास्ति [१९-१९] ग ज्यायमंसोजायान्हेत्र [२०] ग तिस्रा

पुरो[१] इन्द्राय देवा श्रैष्ठ्याय नातिष्ठन्त । स[२] प्रजापतिम् उपाधावत्—प्र म इमा यच्छेति । तस्मा एते द्वे प्रायच्छत्—पौर्णमासीं चामावास्यां च । अस्मिन्न् एवाष्टकाम् अभजत[३] । ततो वा इन्द्राय देवा श्रैष्ठ्यायातिष्ठन्त । तिष्ठन्ते ऽस्मै स्वा श्रैष्ठ्याय य एवं वेद । तस्माद् एतां रात्रिं सर्व एव सुहिता[४] वसन्ति । [५]पितर्य् एवैतां[५] प्रजापतौ वसन्ति । तस्माद् एतां रात्रिं न जुहुयाद्, यज् जुहुयान् न[६] ब्रूयात् । अनिरुक्तो वै प्रजापतिः[७] । स यद् एव तत्र त्रिर् विलां कुरुते यद् अस्य गृहे सुहिता वसन्ति सा हैवास्यै समृद्धिः । ते मासाश् चर्तवश् चाब्रुवन्—येन नः पिता प्रजापतिर् यज्ञेनेष्टा-वात्सीत् तेन यजामहा इति । ते तम् आहरन्त । स प्रजापतिर् ऐक्षत—यदि वा इदम् इमे समापयन्ति यथा वा अहम् इदम् अस्म्य्[८] एवम् इमे तर्हि भवन्तीति । तान् अब्रवीन् मयैव गृहपतिना दीक्षध्वम्[९] इति । तं वै त्वास्माभिर् आचक्षान्ता इत्य् अब्रुवन् । मयो[१०] युष्मान् इति । तस्मान् मासैश् चर्तुभिश् च संवत्सरम् आचक्षते, संवत्सरेणर्तूंश् च मासांश् च । तस्मात् पुत्रेण पितरम् आचक्षते, पित्रा पुत्रान् । ऐनेन गृह्यांश् चक्षते य एवं वेद ॥ ३ ॥

[१] ग रो [२] ग सं [३] ग अयत् [४] ग संहितो [५-५] ? ग पितर्यैवैताम् [६] क नि [७] ग प्रजाति [८] क ग अस्त्य् [९] ग धीक्षध्यन् [१०] एवं कोशयोः

ते ऽयजन्त । ते मासाश् चर्तवश् च संवत्सरे प्रत्यतिष्ठन्, संवत्सर ऋतुषु च मासेषु च । तस्माद् आहुस् समावन् मात्रियेवर्द्धिर् यं च याजयन्ति ये च याजयन्तीति । समावन् मात्रियेव ममानेनर्द्धिर्[१] इति हेक्षेत । यथैवास्यैवम् एव ममेति । तेन हैतेनैक एव यजेत[२] । एको ह्य् एव प्रजापतिर् आर्ध्नोत् । यद्य् उ भूयांसो यजेरन् द्वादश वा त्रयोदश वा यजेरन्न् इमे चत्वार इमे [३]चत्वार इमे[३] चत्वारो ऽयम् एक इति निर्मिमीरन् । यं कामयेरन्न् इमं यज्ञस्य व्यृद्धिर्[४] [५]अन्वियाद् इति[५] तं हैव यज्ञस्य व्यृद्धिर्[६] अन्वेति । यद्य् उ भूयांसो यजेरन् षोडश वा सप्तदश वा यजेरन्न् इमे चत्वार इमे चत्वार इमे चत्वार इमे [७]चत्वारो ऽयम् एक[७] इति निर्मिमीरन्, यं कामयेरन्न् इमं यज्ञस्य व्यृद्धिर्[८] अन्वियाद् इति तं हैव यज्ञस्य व्यृद्धिर्[८] अन्वेति । यद्य् उ भूयांसो यजेरंश् चतुर्विंशतिर् वा पञ्चविंशतिर् वा यजेरन्न् इमे पञ्चेमे[९] पञ्चेमे[९] पञ्चेमे[९] पञ्चेमे[९] चत्वारो ऽयम् एक इति निर्मिमीरन्, यं कामयेरन्न् इमं यज्ञस्य व्यृद्धिर्[१०] अन्वियाद् इति तं हैव यज्ञस्य व्यृद्धिर्[१०] अन्वेति । सर्व इतर ऋध्नुवन्ति । यो वै सत्रस्य गृहपतिं च [११]गृहपत्नीं च[११] वेदाश्नुते गार्हपत्यं प्र गार्हपत्यम् आप्नोति । संवत्सरो वाव गृहपतिर् इयम् एव गृह-

पत्नी[१२]। अश्नुते गार्हपत्यं प्र गार्हपत्यम् आप्नोति य एवं वेद ॥ ४ ॥

[१] ग ममाननद्भिर् [२] ग यजन्ते [३-३] गं नास्ति [४] क वीऋद्भिर् ग द्भिऋद्भिर् [५-५] ग अग्विर्यंदिति [६] क वीरिद्भिर् ग द्धिरुद्भिर् [७-७] ग चत्वार इमेऋ [८] क वीरिद्भिर् ग विरुद्भिर् [९] ग पञ्चमे [१०] क वीरिद्भिर् ग वीरुद्भिर् [११-११] ग गृहपतिञ्च [१२] ग गृहपत्य्

यो वै छन्दसां स्वाराज्यं[१] [२]वेद गच्छति स्वाराज्यं[२] प्र स्वाराज्यं[१] लोकम् आप्नोति। बृहती वै छन्दसां स्वराट्। ताम् एतां प्रतीचीं पराचीं तिरश्चीम् अन्नाद्यायासते। तस्मात् पशुं प्रत्यञ्चं पराञ्चं[३] तिर्यञ्चम् उपजीवन्ति। [४]एतावद् वाव[४] संवत्सर इन्द्रियं वीर्यं यद्[५] द्वादशाहो—द्वादश पौर्णमासीर् द्वादशाष्टका द्वादशामावास्यास्, तद् एवैतेनाव-रुन्द्धे। यो वै विराजम् ऋतुप्रतिष्ठितां वेदर्तून् विराजि प्रतिष्ठितान्[६], गच्छति प्रतिष्ठाम् [७]अवान्नाद्यं रुन्द्धे[७]। त्रिंशदक्षरा विराट्। षड् ऋतवः। एतद् वै विराड् ऋतुषु प्रतितिष्ठत्य्, ऋतवो विराजि। गच्छति प्रतिष्ठाम् अवान्नाद्यं रुन्द्धे य एवं वेद। अनुष्टुभं वावैताम् आसते यद्[८] द्वादशाहम्। द्वात्रिंशदक्षरानुष्टुप्। चतुष्पदाः पशवः। वाग् अनुष्टुप्। वाचा पशून् दाधार। तस्मात् पशवो वाचा सिद्धा वाचाहूता आयन्ति[९] ॥ ५ ॥

[१] ग स्वराज्यं [२-२] क वेदागच्छतिस्वाराज्यं ग नास्ति [३] ग पराञ्च [४-४] ग एताव [५] क ग य [६] ग प्रतिर्षितान् [७-७] ग अवान्नाद्यमवरुन्धे [८] ग य [९-९] क ग -हूतायन्ति। पञ्चविंशे ब्राह्मणे १०.३.१३ तस्माद् वाचा सिद्धा वाचाहूता आयन्ति, २३.२८.३ तस्मात्ते वाचा सिद्धा वाचाहूता आयन्ति।

गायत्रमुखो[१] वै प्रथमस् त्र्यहः[२]। तस्माद् अयम् अग्निर् ऊर्ध्वो दीदाय[३]। गायत्र-मध्यो[४] द्वितीयस् त्रियहः[५]। तस्माद् अयं वायुस् तिर्यङ् पवते। गायत्रोत्तमस् तृतीयस्[६] त्रियहः[५]। तस्माद् असाव् [७]अर्वाङ् आदित्यस्[७] तपति। तेजसा वै गायत्री प्रथमं[८] [९]त्रियहं दाधार[९], पदैर् द्वितीयम्, अक्षरैस् तृतीयम्। त्रिवृद् वै गायत्री तेजः। त्रिवृत् प्रथमम् अहः। तेन प्रथमस् त्रियहो धृतः। त्रिपदा गायत्री, त्रियहो मध्ये, तेन द्वितीयस् त्रियहो धृतः। चतुर्विंशत्यक्षरा गायत्री, चतुर्विंशं सप्तमम् अहस्, तेनैव तृतीयस् त्रियहो धृतः[१०]। कथं गायत्री द्वादशाहम् इत्य् आहुः। यथारान् नेमिस् सर्वतः पर्येत्य्, एवं गायत्री द्वादशाहं सर्वतः पर्येत्य् अविस्रंसाय। यथा रथनाभाव् अरा धृता एवं गायत्र्यां द्वादशाहो धृतो ऽसंप्लवाय। मयूखो वा एष वा धरुणो यद् गायत्री। तस्यां द्वादशाहो धृतो ऽसंव्याथाय[११]। अनुष्टुब् वा एषा प्रतायते यद् द्वादशाहः। अष्टाभिर् वा अक्षरैर् अनुष्टुप् प्रथमम् अहर् उद्यच्छत्य्, एकादशभिर् द्वितीयं, द्वादशभिस् तृतीयम्। अक्षरम् एव त्रियक्षरं[५] परिशिष्यते। तद् एवोत्तरं त्रियहम् अनुविदधाति ॥ ६ ॥

[१] ग गायत्रमुखे [२] क त्रइस् [३] ग दीदाये [४] ग गायत्रमध्ये [५] एवं कोशयोः [६] ग नास्ति [७-७] ग अर्वान्दादित्यस [८] ग प्रथम [९-९] क त्रियन्दधार [१०] ग भृतः [११] क ग संव्याधाय

छन्दांस्य् एवास्यै[१] तुरीयं वहन्ति। ताम् एतां प्रतीचीं पराचीं तिरश्चीम् अन्नाद्या-यासते। तस्मात् पशुं [२]प्रत्यञ्चं पराञ्चं[२] तिर्यञ्चम् उपजीवन्ति। प्रजापतिर् जायमान

एव सह पाप्मनाजायत । सो ऽकामयताप पाप्मानं हनीयेति । स एतं व्यूढछन्दसं द्वादशाहं यज्ञम् अपश्यत् । तम् आहरत् । तेनायजत । तेन विष्वञ्चं पाप्मानं व्यौहत । स यः पाप्मगृहीत इव मन्येत स एतेन व्यूढछन्दसा[3] द्वादशाहेन यजेत । विष्वञ्चं[4] हैव पाप्मानं व्यूहते[5] । प्रजा ह तु संसर्पका इव भवन्ति । तद् यद् गायत्र्याण्य्[6] उत्तराण्य् आज्यानि भवन्ति प्रजानाम् एवासंसर्पाय । मयूखो वा[7] एष वा धरुणो यद् गायत्री । तस्यां द्वादशाहो धृतो ऽसंसर्पाय ॥ ७ ॥

[१] ग एवाध्ये [२–२] ग प्रत्यक्षपराञ्च [३] क ग व्यूढच्छन्दसा [४] ग विश्वन्च [५] ग व्यूहन्ते [६] क ग गायत्राण्य् [७] ग वावा

दशाहेन वै प्रजापतिः प्रजा असृजत[1] । ता अस्य सृष्टा विषूचीर्[2] विपरौय्यन्त । स एतौ वैश्वानराव् अतिरात्राव् अपश्यत् । ताभ्याम् एना उभयतः पर्यगृह्णाद् अनेनेत उपरिष्टाद् अमुता । ता एताभ्याम् एवावारयत[3] । यद् विश्वं भूतम् अवारयत तद् वैश्वानरयोर्[4] वैश्वानरत्वम् । प्रजापतिर् एष यद् उद्गाता[5] । स एतद् दशाहेनैव प्रजास् सृजते । ता एताभ्याम् एव वैश्वानराभ्यां वारयते ऽनेनेत उपरिष्टाद् अमुना प्रजानां धृत्या अपरावापाय । नास्य वित्तं परोप्यते य एवं वेद । प्राणो वै पूर्वो वैश्वानरो ऽपान उत्तरः । प्राणापानाभ्याम् एवैतत् समृद्धयोद्यम्[6] अश्नुवते । तस्माद् उ हैतयो स्तोत्रेण[7] सुप्यात्[8] प्राणान् नेत् संलुंपानीति[9] । तद् उ वा आहुः को हास्वप्नस्येशे । यद् वाव प्राणो जागर्ति तद् एव जागरितम् । कामम् एव स्वप्तव्यम् इति । तद् आहुर् यन् नु परम एष यज्ञक्रतुर् यद् अतिरात्रः कस्माद् एतं परमं सन्तं प्रथमम् उपयन्तीति । यज्ञक्रतूनाम् एवाप्त्या इति ब्रूयात् । एते वै सर्वे[10] यज्ञक्रतवो यद् अग्निष्टोम उक्थ्यो [11]ऽतिरात्रः । तान् एवैतेनाप्नोति[11] यो वा अग्निष्टोमेन दशाहं कल्पमानं वेद । कल्पते ऽस्मै प्रातस्सवनेनैव प्रथमस् त्र्यहः[12], कल्पते माध्यन्दिनेन द्वितीयस्, तृतीयसवनेन तृतीयो, ऽग्निष्टोमसाम्नैव दशमम् अहः कल्पते । कल्पते ऽस्मै य एवं वेद ॥ ८ ॥

[१] ग आसृजत [२] ग विषूची [३] ग एववारयत [४] ग दैश्वनरयोर् [५] ग उद्गायता [६] ग समृद्धयेमृचम् [७] क स्तोत्रेन [८] ग सुप्यात् [९] क सालुंपानीति ग सालुंवानिति [१०] ग सर्व [११–११] क -रात्रस्तावेवैते- ग -रात्रस्थानेनैते- [१२] ग त्रियहुडुः

प्राणः पूर्वो वैश्वानरो ऽपान उत्तरो ऽथ यद् अस्ति यत् सत्रं तद् इतराण्य् अहानि । गायत्री वा एषा ज्योतिष्पक्षाय द्वादशाहः । पक्षाव् अतिरात्राव् अग्निष्टोमौ चक्षुषी बाह्याव् अतिरात्राव् अन्तराव् अग्निष्टोमौ । तस्माद् अन्तरे अक्ष्योः कनीनिके । अथ यान्य् अष्टाव् अहानि सा गायत्री । तया देवा स्वर्गं लोकम् आयन् । गच्छति[1] स्वर्गं[2] लोकं य एवं वेद । जामि द्वादशाहस्यास्तीत्य् आहुः । यद् एतान्य् अष्टाव् अहानि मध्य उक्थ्यानीति, न तत्र जाम्य् अस्तीति ब्रूयात् । पशवो वा उक्थानि । पशून् एवैतत् पशुभिस् समाकरोति । भूयो वै पशवः पशुभिस् समाकृताश् शोभन्त[3] इति । ज्योतिष्टोमो ऽतिरात्रो विराजं संपद्यते । संवत्सरो विराट् प्रजननं संवत्सरः । द्वे स्तोत्रिये पूर्वस्याह्नो विराजम् अतीतो, द्वे उत्तरस्य । ते ये पूर्वस्याह्नो विराजम् अभितो[4] बृहद्रथन्तरे ते युक्ते यज्ञं वहतो, ऽथ ये उत्तरस्य विराजस् स दोहः प्रतिष्ठितिः । आयुष्टोमम् आहरेत स्वर्गकामः । ऊर्ध्वा स्तोमा यन्त्य्[5] अनपभ्रंशाय ॥ ९ ॥

[१] क ग गच्छन्ति [२] ग स्वर्ग [३] क ग शोभत [४] क अतीतो [५] ग यत्म्

गोष्टोमम् आहरेत वीर्यकामः । इन्द्रियं वै वीर्यं पञ्चदशः । यावज् जीवन्ति तावद् वीर्यावन्तो भवन्ति । ईश्वरा ह तु प्रमायुका भवितोः । प्राणेभ्यो हि यन्ति । त्रिवृतो य ईजानाः क्लृप्तं[1] तेषाम् अथ ये ऽनीजाना अक्लृप्तं[2] तेषाम् । यदि बृहत् पृष्ठं भवति रथन्तरेणाश्विभ्यां स्तुवन्ति । इदं वै रथन्तरम् असो बृहत् । अनाक्रम्यास्याम् अमुष्याम् आक्रमन्ते । ते प्रमायुका भवन्ति ज्यायुका वा । अथो यथा परेण बिलेन प्रतिदधीत तद् वै[3] परैव[4] सिच्यते न पिबति । तादृग् यदि रथन्तरं पृष्ठं भवति रथन्तरेणाश्विभ्यां स्तुवन्ति ॥ १० ॥

[१] ग त्सुप्तं [२] ग अत्सुप्तं [३] क वे [४] ग परभ

दुग्धोपसद्यं तद् इत्य् आहुः । न तत्र दुग्धोपसद्यम् अस्तीति ब्रूयात् । वाग् वै रथन्तरं, वाग् आश्विनं[1], कुतो[2] वा क्षेष्यत[3] [4]इति । एतद्[4] उ ह वा एकच्छन्दो दुग्ध यद् वाग् यद् ईजाना अनीजानाः[5] । तद् उ वा आहुः पवस्व वाचो ऽग्रिय, उपास्मै गायता नरः, पवमानस्य ते कव इति प्रतिपदो भवन्ति । पवमाने रथन्तरं प्रोहन्ति[6] । बृहत् पृष्ठं भवति । जराबोधीयेनाश्विभ्यां[7] स्तुवन्ति । रुद्रस्य वा एतद् देवस्य साम यज् जराबोधीयम् । एतेन वै रुद्रो देवः पशूनाम् ऐश्वर्यम् आधिपत्यम् अगच्छत्, तद् येन रुद्रो देवः [8]पशूनाम् ऐश्वर्यम् आधिपत्यम् अगच्छत् तेन[8] पशूनाम् ऐश्वर्यम् आधिपत्यं गच्छामेति । तद् आहुः क्रूरम् अशान्तम् ईश्वरो यजमानस्य पशून् अभिमन्तोर् इति । तद् उ वा आहुस् सर्वा वा एषा वाग् ब्रह्म यद् आश्विनम्[9] । सर्वयैवैनद् एतद् वाचा ब्रह्मणाश्विनेन [10]शमं यन्तीति[10] । औध्र्वसद्मनम् आपिशर्वरेषु[11] प्रोहन्ति । औध्र्वसद्मनेन वै देवा असुरान् एभ्यो लोकेभ्यो नुत्वा स्व आयतने सत्रम् आसत । औध्र्वसद्मनेनैव द्विषन्तं भ्रातृव्यम् एभ्यो लोकेभ्यो नुत्वा स्व आयतने सत्रम् आस्ते य एवं वेद ॥ ११ ॥

[१] ग आश्विना [२] क क्रतो [३] ग क्षैष्य [४-४] ग इत्येद् [५] ग नास्ति [६] ग प्रोहति [७] ग जराबेइत्राधीयनाश्विभ्यां [८-८] ग नास्ति [९] ग अधिपाठः सर्वयैवै [१०-१०] क शमयन्तीति [११] एवं कोशयोः

ब्रह्म वा अग्निष्टोमः । ब्रह्म प्रायणीयम् अहः । एषा वै यज्ञस्य मात्रा यद् अग्निष्टोमः । यैव यज्ञस्य मात्रा तयैवैतत् सत्र आक्रमन्ते यादृक् प्रवयणत स्पर्शस् तादृग् उपप्राञ्जनतः[1] । तस्माद् अग्निष्टोमेनैव प्रयन्त्य्, अग्निष्टोमेनोद्यन्ति । मनो वै पूर्वम् अथ वाक् । मनो वै बृहद् वाग् रथन्तरम् । प्रत्नं वै बृहद् उप रथन्तरम् । तद् यद् एताः प्रत्नवतीश् चोपवतीश् च भवन्ति बृहद्रथन्तरे एवैतत् सत्राय युज्येते[2] । प्रेति च[3] वा एति च गायत्र्यै रूपम् । तद् यत्[4] प्रेति चेति च भवति गायत्र्या एवैतद् रूपेण प्रयन्ति न वैता भवन्ति न वा हस्यैव युक्त्या [5]ऋचर् नैवाहर्[5] युज्यते यथा नद्धयुगस्य 'शम्या अवदध्यात्' तादृक् तत् । तद् आहुर् वीव वा एते प्राणैर् ऋध्यन्ते[7] ये प्रायणीयस्याह्नस्[8] तृचान्[9] विच्छिन्दन्तीति[10] । सलक्ष्माणो भवन्ति— सलक्ष्माणो वै प्राणाः — प्राणानाम् एव संतत्या अव्यवच्छेदाय । अग्न आ याहि वीतये, आ नो[11] मित्रावरुणा, आ याहि सुषुमा[12] हि त, इन्द्राग्नी आ गतं सुतम् इत्य् आ याह्य् आ याहीत्य् आज्यानि भवन्ति । आ याह्य् आ याहीति युक्तानां

पुरस्तात् प्रयन्ति । यथा युक्तानां पुरस्ताद् आ याह्य् आ याहीति प्रेयात् तादृक् तत् । त्रिवृत् स्तोमो भवति[१३] । ब्रह्म वै त्रिवृत् । ब्रह्मण्य् एवैतत् प्रतितिष्ठन्तो यन्ति ॥ १२ ॥

[१] क उपप्राजनतरः ग उपप्रजनवस् [२] ग युज्यते [३] ग व [४] ग नास्ति [५–५] ग ऋचर्छोवाहर् [६–६] क शम्यापतद्धयात् ग शम्यापतद्धय [७] क इरिद्धयन्ते ग उरुद्धयन्ते [८] ग त्रायणीयस्याहस [९] ग तृचा [१०] ग विछिदन्तीति [११] ग अनो [१२] ग सुषमा [१३] एवं च-कोशे च पञ्चविंशे ब्राह्मणे ११·१·७ च । क ग भवन्ति

प्र सोमासो विपश्चितः, प्र सोम देववीतये, प्र तु[१] द्रव परि कोशं नि षीदेति प्रवतीर् भवन्ति राथन्तरे ऽहन् । प्रणिनीषेण्यं वा एतद् अहः । प्रेति गायत्र्यै रूपम् । गायत्र्या[२] एवैतद् रूपेण प्रयन्ति । यत् पञ्चसामा विलोम् तद् असमृद्धम् । प्राणो ऽपानो व्यानस् स तृचः । तं विच्छिन्दन्ति[३] । आत्मानं प्रजां जायाम् इमान् लोकांस् तद् विच्छिन्दन्ति । त्रीणि सामानि । तत् क्लृप्तं[४] त्रिवृत् त्रिषामा[५] । अथाश्वं पदनिधनम् अपरिष्टोभं[६] राथन्तरम् । तस्माद् राथन्तरे ऽहन् क्रियते । इळावान् पवमानस् सोमसाम्ना क्रियते । पञ्चसामा ह खलु वै संवत्सरं यन्तुम् अर्हति । तद् यत् षडक्षरणिधनं[७] यौधाजयं भवति—षड् वा ऋतवस् संवत्सरस्—संवत्सरस्यैव युक्त्यै । अभि द्रोणानि बभ्रव[८] इत्य् अभीति भवति[९] रथन्तरस्य रूपम् । राथन्तरम्[१०] एतद् अहः । सुता इन्द्राय वायवे वरुणाय मरुद्भ्य इति मरुत्वतीर् भवन्ति । मरुत्वद् वै मध्यन्दिनस्य रूपम् । मध्यन्दिनस्यैव तद् रूपान् न यन्ति । तासु गायत्रम् उक्तब्राह्मणम् ॥ १३ ॥

[१] ग त्य [२] ग गायत्र्य [३] ग विन्दन्ति [४] ग सुप्तं [५] ग तृषाम् [६] ग उपरिष्टोभं [७] ग षडक्षराणिधनं [८] ग बभृत्र [९] ग भवन्ति [१०] ग रथन्तरम्

अथाश्वम् । प्रजापतिः प्रजा असृजत । ता आश्वेनैवाश्वो[१] भूत्वासृजत । यद् आश्वेनाश्वो भूत्वासृजत तद् आश्वस्याश्वत्वम् । तत् प्रजननं साम । प्रजनने ऽहन् क्रियते । [२]प्रजया पशुभिर् जायते य एवं वेद । तस्माद् उ हैतत् सामैतस्माद् अह्नो नान्तरित्यम् । प्रजननं वा एतत् साम । प्रजननम् एतद् अहः । प्रजनन एवैतत् प्रजननं क्रियते[२] । [३]तद् व् एवाचक्षते[३] ऽश्वस्य सामुद्रेर् इति । अश्वो वै सामुद्रिर् अकामयताव पशून् रुन्धीय भूमानं पशूनां गच्छेयम् इति । स एतत्[४] सामापश्यत् । तेनास्तुत । ततो वै स पशून् अवारुन्ध[५] भूमानं पशूनाम् अगच्छत् । तद् एतत् पशव्यं साम । अव पशून् रुन्द्धे, भूमानं पशूनां गच्छति य एवं वेद । यद् अश्वस्[६] सामुद्रिर् अपश्यत् तस्माद् आश्वम् इत्य् आख्यायते[७] । अथो आहुर् आश्वेन वै देवा अश्वा भूत्वा स्वर्गं लोकम् आयन्न् इति । तद् व् एवाश्वस्याश्वत्वम् । तद् वा अस्य स्वर्ग्यम् । अश्नुते स्वर्गं लोकं य एवं वेद ॥ १४ ॥

[१] क अश्वे- [२–२] ग नास्ति [३–३] ग तद्वैवाचक्षते [४] ग तत् [५] क आवारुन्ध ग वारुन्ध [६] ग अश्व [७] ग आख्येयते

अथ सोमसाम । सोमो वै राजा सधमादम् इवान्याभिर् देवताभिर् आसीत् । सो ऽकामयत सर्वेषां देवानां राज्याय सूयेयेति । स एतत् सामापश्यत्[१] । तेनास्तुत । ततो वै स सर्वेषां देवानां[१] राज्यायासूयत । सूयते स्वानां श्रैष्ठ्याय य एवं वेद । तेभ्यस् तिरो ऽभवत् । तद्[२] अन्वैच्छन् । तेभ्य एतेन रूपेणादृश्यत यद् एतच् चन्द्रमसः । तम्

अभिसमगच्छन्तादर्श्य[4] अदर्शीति। तस्माद् यदा दर्शयते [5]ऽथाभिसंगच्छन्ते ऽदर्श्य[5] अदर्शीति। तम् एतद् अभ्यषिञ्चन्त। स एतद् अभवत्। तद् [6]एतच् छ्रीस्सवस्[6] साम। अश्नुते श्रियं[7] गच्छति राज्यं य एवं वेद। यद् उ सोमो राजा अपश्यत् तस्मात् सोमसामेत्य् आख्यायते[8]। अथ वज्रम्। वज्र आङ्गिरसः पशुकामस् तपो ऽतप्यत। स एतत् सामापश्यत्[1]। तेनास्तुत। स एताम् इळाम् उपैत्। पशवो वा इळा। ततो वै स पशून् अवारुन्धत[9]। तद् एतत् पशव्यं[10] साम। अव पशून् रुन्द्धे बहुपशुर् भवति य एवं वेद। यद् उ वज्र आंगिरसो ऽपश्यत् तस्माद् वज्रम् इत्य् आख्यायते। अथ यौधाजयं त्रिणिधनं[11] सवनानां क्लृप्त्यै। अथौशनम् अन्त्यं सामान्त्येन[12] साम्नान्त्यं स्वर्गं लोकम् अश्नवामहा इति। अथ रथन्तरम्। ब्रह्म वा अग्निष्टोमो, ब्रह्म रथन्तरम्। ब्रह्मण्य् एवैतत् प्रतितिष्ठन्तो यन्ति। अथ वामदेव्यम्। पशवो वै वामदेव्यम्। पशुमन्त एव भवन्त्य् एनेन तुष्टुवानाः। अथ नौधसम्। सलोके वै कालेयं च रथन्तरं च ॥ १५॥

[१] ग सामापश्य [२] ग देवतानां [३] एवं कोशयोः [४] क अभिमगच्छन्तादरिश्य् ग अभिसमगछन्तादरिश्य् [५-५] क थाभिसंगछन्तेदरिश्य् ग थाभिसंगछन्तेदरीश्व् [६-६] एवं कोशयोः [७] ग श्रीयं [८] ग आम्यायते [९] क आवरुन्ध ग अवारुन्ध [१०] क पश्यव्यं [११] ग श्रीणिधनं [१२] ग सामान्तेन

प्र सोमासो मदच्युत इत्य् आर्भवस्य पवमानस्य प्रवतीर् गायत्र्यो भवन्ति राथन्तरे ऽहन्। प्रणिनीषेण्यं वा एतद् अहः। प्रेति गायत्र्यै रूपम्। गायत्र्या एवैतद् रूपेण प्रयन्ति। ता मद्वतीर् भवन्ति। रसो वै मदः। धीतम् इवैतद् यत् तृतीयसवनम्। तद् यद् एता मद्वतीर् भवन्ति, रसम् एवास्मिन्न् एतद् दधति। ऐवैनद् एतेन प्याययन्ति। तासु गायत्रम् उक्तब्राह्मणम्। अथ [1]संहितं द्व्यक्षरणिधनं[1] प्रतिष्ठायै। द्विपाद् वै यजमानः प्रतिष्ठित्यै। अया पवस्व देवयुः, पवते हर्यतो हरिर्[2] इत्य् उष्णिक्ककुभौ भवतः। गायत्र्यौ[3] रूपेण राथन्तरे सभं पूर्वस्यां विजित्या एव। अथाक्षरं[4] पदनिधनम् अपरिष्टोभं राथन्तरम्। तस्माद् राथन्तरे ऽहन् क्रियते। प्रजापतिर् वा एतं यज्ञम् असृजत यद्[5] द्वादशाहम्। तस्य तृचैर् अन्यान्य् अहान्य् अकल्पन्तैकर्चैर्[6] एतत्। तद् अस्य सम् इवाप्लीयत[7]। स एते सामनी अपश्यत्। ताभ्याम् एनद्[8] यथा शंकुभ्यां चर्म विहन्याद् एवम् एवाभ्याम् [9]एतद् अहर् व्यहन्[9]। आश्वेन पुरस्ताद् आक्षारेणोपरिष्टात्। तद् यद् एते सामनी [10]भवतो ऽह्न[10] एव धृत्यै। प्र सुन्वानायान्धस इति प्रवतीर् अनुष्टुभो भवन्ति राथन्तरे ऽहन्। प्रणिनीषेण्यं[11] वा एतद् अहः। प्रेति गायत्र्यै रूपम्। गायत्र्या[12] एवैतद् रूपेण प्रयन्ति ॥ १६ ॥

[१-१] क संहितद्द्व्यक्षरणिधनं ग संहतं द्व्यक्षरणिधनं [२] क हरीर् [३] एवं कोशेषु [४] ग अक्षरं [५] ग तद् [६] ग अकल्पयन्तिकर्चैर् [७] क इवाप्लुयत ग इवप्सीयत [८] क ग एनं [९-९] ग एतदहन् [१०-१०] ग भवनोऽह्न [११] ग प्रणीनीषेण्यं [१२] ग गायत्र्यवा

तासु गौरिवीतम्[1]। यथा [2]ह वा[2] इदम् अवसानदर्शावषसानं[3] विन्दत एवम् एतौ गौरिवीतस्योदासौ[4] देवेभ्य श्वस्तनं[5] विन्दतः। श्वस्तनं नो ऽसद् इति वै सत्रम् आसते। श्वस्तनं हैवैभ्यो भवति। एतद् ध वा अद्यश्वं देवानां यद् गौरिवीतम्[1]। अक्षितम् अस्याद्यश्वं भवति य एवं वेद। अवसानदर्शो[6] वा एतयोर् उदासो ऽन्यतरो ऽवसाययितान्यः[7]। स यथा प्र स्पष्टं तृणोदकम् अन्वत्रस्येत् तादृक् तत्। यथा ह वा इदं

सोमप्रवाकस् सोमं प्राहैवम् एतौ गौरिवीतस्योदासौ[८] देवेभ्यस् सोमं[९] प्राहतुः। प्रोक्त-सोमो ह स तां[१०] रात्रिं वसति यस्मिन्न् अहनि गौरिवीतं[११] भवति। अथो हैनं देवा[१२] ईक्षन्ते धावत[१३] श्वो यष्टेति। तद् यद् एकाहे गौरिवीतं[१४] न कुर्वन्ति [१५]नेद् देवान्[१५] लापयामहा[१६] इति। यथा ह वा इदं वृक्षस्याक्रमणानि कृतान्य्[१७] एवम् एतानि गौरि-वीतस्याक्रमणानि[१८] कृतानि स्वर्गस्य लोकस्य समष्ट्यै। प्र स्वर्गं लोकम् आप्नोति य एवं वेद। यथा ह वा इदम् अभीयायम् उप विमोकं[१९] यायाद्[२०] एवम् एतद् यद् गौरिवीतम्[१]। तत् तथैव गेयम् ॥ १७ ॥

[१] क ग गौरुवीतम् [२–२] क हा [३] ग देवताना [१३] ग थावत [१४] क गौरु-
क ग अवसानदर्शांववसानं [४] क गौरुवीत-स्योदासौ ग गौरूवीतस्यौदासौ [५] ग श्वस्तत्वं [६] ग अश्वसान- [७] ग वसायइतान्य: [८] क गौरुवीतस्योदासौ ग गौरुवीतस्यौदासौ [९] ग सोमः [१०] ग ता [११] क गौरुवीतं [१२] ग देवताना [१३] ग थावत [१४] क गौरु-वीतं ग गौरुहुतं [१५–१५] क नदेवान् ग नेदेवान् [१६] ? क लोपयामहा [१७] ग कृतान् [१८] क ग गौरुवीत- [१९] ग विमेकं [२०] ग यायद्

शाक्त्यास् तरसपुरोडाशास् सत्त्रम् आसत। स गौरिवीतिश्[१] शाक्त्यो मृगम् अहन्। तम् तार्क्ष्यस् सुपर्ण उपरिष्टाद् अभ्यवापतत्। तस्मा उपप्रत्यधत्त। तम् अब्रवीद्—ऋषे, मा मे ऽस्थः[२]। श्वस्तनं[३] ते वक्ष्यामि। अद्य वाव त्वं वेत्थ न श्व[४] इति। तस्मा एतद्[५] गौरिवीतम् अब्रवीत्। ततो वै स श्वस्तनम्[३] अपश्यत्। तत् प्रजा वै श्वस्तनं[३] पशव श्वस्तनं[३] स्वर्गो लोक श्वस्तनम्[३]। तद् यद् गौरिवीतं[६] भवत्य्, एतस्यैव सर्वस्यावरुद्ध्या एतस्योपाप्त्यै।

वाचो वै रसो ऽत्यक्षरत्[७]। तद् गौरिवीतम्[६] अभवत्। यद् अन्वहं गौरिवीतं[६] भवत्य्, अन्वहम् एवैतद् वाचो रसं दधतो यन्ति। ये गौरिवीतम्[६] अहीने ऽवसृजेयुस्[८] तान् ब्रूयाद्—अश्वस्तना अप्रजसो भविष्यथेति। अश्वस्तना[९] हैवाप्रजसो भवन्ति ॥ १८ ॥

[१] क गौरुवीतिश् [२] ? क स्थ [३] ग श्वस्तनं [४] ग श्वा [५] क एतं [६] क गौरुवीतं [७] क त्यक्षरात् [८] क व्यसृजेयुः ग व्यास्रिज्येयुः [९] ग अश्वस्तनो

अथ त्वाष्ट्रीसाम मध्येनिधनं भवति प्रतिष्ठायै। समुद्रं वा एतेनारम्भणं प्रप्लवन्ते य[१] आर्भवं पवमानम् उपयन्ति। तद् यन् मध्येनिधनं भवति प्रतिष्ठित्या एव। तस्य पुरस्तान् निधनस्य प्रतिहारम् उपयन्ति। प्रस्तावप्रतिहाराभ्यां वै यजमानो धृतः। प्रद्रुतम्[२] इवैतद्[३] अहर् यत् त्रिवृत्। तद् यत् पुरस्तान् निधनस्य प्रतिहारम् [४]उपयन्त्य् अप्रस्रंसा-यैव[४]। इन्द्रो वृत्रं वज्रेणाध्यस्य नास्तृषीति[५] मन्यमानो गाः प्राविशत्। ता अकामयन्तेन्द्रं जनयेमेति[६]। ता एतानि सामान्य् अपश्यंस् त्वाष्ट्रीसामानि[७]। तैर् इन्द्रम् अजनयन्। तानि वा एतानि वीरजननानि सामानि। आस्य[८] वीरो जायते य एवं वेद। अथो पशवो वै त्वाष्ट्र्यः। तद् यद् एतानि सामानि भवन्ति पशूनाम् एवावरुद्ध्यै। तद् ऐळं[९] भवति —पशवो वा इळा—पशूनाम् एवावरुद्ध्यै। यद् उ त्वाष्ट्र्यो ऽपश्यंस् तस्मात् त्वाष्ट्री-सामेत्य् आख्यायते। अभि प्रियाणि पवते चनोहित[१०] इत्य् अभीति भवति रथन्तरस्य रूपम्। राथन्तरम् एतद् अहः। तासु कावम्[११] उक्तब्राह्मणम्। अथ यज्ञायज्ञीयम् उक्तब्राह्मणम् ॥ १९ ॥

[१] ग नास्ति [२] क ग प्रद्रूतम् [३] ग इवैतम् [४-४] ग उपयन्ति प्रसंसायैव [५] ग नारिन्नषीति [६] एवं कोशयोः [७] ग त्वान्द्रीसामानि [८] = क्षा + क्षस्य । ग अस्य [९] ग ऐळा [१०] ग चनोहि [११] ग काम्

पवस्व वाचो अग्रिय इति प्रतिपदो भवन्ति[१] । बृहद्रथन्तरे यद् असृज्येतां बृहत् पूर्वम् असृज्यताथ[२] रथन्तरम् । तस्मात् पवस्व वाचो ऽग्रिय इति प्रतिपदो[३] भवन्ति । प्रेत्य् अन्य ऋषयो ऽपश्यन् एत्य् अन्ये । अथैतन् न प्रेति[४] नेति स्थितम् । वाचो बार्हतं रूपं भरद्वाज ऋषिर् अपश्यत् । भरद्वाजस्य वा एतद् आर्षेयं यद् बृहत् । मनो बृहत् । प्रजापतिर् बृहत् । प्रजापतिताम् एवाश्नुते य एवं वेद । सोम चित्राभिर् ऊतिभिर् अभि विश्वानि[५] काव्या त्वं समुद्रिया अप इति । त्वम् इति भवति बृहतो रूपम् । बार्हतम् एतद् अहः । अग्रियो वाच ईरयन्न् इत्य् अग्रं वा एतद् अहः[६] । द्वितीयं वा एतद् अहस् सत् तद् अग्रम् इत्य् आख्यायते । तुभ्येमा[७] भुवना कवे महिम्ने सोम तस्थिर इति । प्रद्रुतम्[८] [९]इव वा[९] इत एतद् अहर् यद् बार्हतम् । अदो हि बृहत् । तद्[१०] यन् [११]महिम्ने सोम[११] तस्थिर इत्य् अह्न एवोपस्थित्यै । तुभ्यं धावन्ति धेनव[१२] इति समष्ट्यै ॥ २० ॥

[१] ग भवति [२] ग असृज्येता [३] ग पदो [४] ग प्रति [५] क विश्वान्य [६] ग अहं [७] ? क ग तुभ्यमिमा [८] क ग प्रद्रूतम् [९-९] ग इवा [१०] ग नास्ति [११-११] ग महिम्नेति साम [१२] ग येनव

ता एता भवन्ति गायत्र्यस् त्रिष्टुब्वर्णा अह्नो[१] रूपेण समृद्धाः । यत्र वा अह्नारूपेण समर्धयन्ति [२]सं तत्रर्ध्यन्ते[२] । सम् अस्मा ऋध्यते[३] य एवं वेद । पवस्वेन्दो[४] वृषा सुत इति वृषण्वान् अनुरूपो भवति । बार्हतं वा एतद् अहः । त्रैष्टुभं क्षत्रस्य रूपम् । तद् आहुर् अह्न एव रूपं स्तोत्रियेणारभन्ते ऽनुरूपेण साम्न इति । स्तोत्रियानुरूपौ भवतः । प्राणो वै स्तोत्रियो ऽपानो ऽनुरूपः । प्राणापानाभ्याम् एवैतत् समृध्य प्रयन्ति । मनो वै स्तोत्रियो, वाग् अनुरूपः । साम वै स्तोत्रिय, ऋग् अनुरूपः । अहर् वै स्तोत्रियो, रात्रिर् अनुरूपः । इयं वै स्तोत्रियो, ऽसाव् अनुरूपः । आत्मा वै स्तोत्रियः, प्रजानुरूपः । स्तोत्रियानुरूपयोर् ह खलु वै तद् रूपं, यस्माद् यां श्रेष्ठीं[५] वाचं वदति तां[६] पापीयान् अनुवदति, यस्मात् कर्ता[७] च करणश् च सदृशौ सन्तौ विज्ञायेते । स्तोत्रियानुरूपयोर् वै हेतोः प्रजा अनुरूपा आजायन्त । आ हास्यानुरूपः प्रजायां जायते य एवं वेद । तद् आहुर् वीव वा एते [८]प्राणैर् ऋध्यन्ते[८] ये प्रायणीयस्याहस् तृचान् विच्छिन्दन्तीति । संततान् अत्र[९] पञ्च तृचान् उपयन्ति [१०]प्राणानाम् एव[१०] संतत्या अव्यवच्छेदाय । सर्वे वृषण्वन्तो[११] भवन्ति । बार्हतं वा एतद् अहः । त्रैष्टुभं क्षत्रस्य रूपम् । पर्यासो भवति प्रजानां धृत्यै पशूनाम् उपस्थित्यै । पञ्चदशस्तोमो भवति— इन्द्रियं वै वीर्यं पञ्चदश—इन्द्रिय एवैतद् वीर्ये प्रतितिष्ठन्तो यन्ति ॥ २१ ॥

[१] ग अह्नो [२-२] ग सतन्त्रद्ध्यन्ते [३] ग ऋद्धते [४] ग पवस्वेदो [५] ग श्रेष्ठीयं [६] क ग तान् [७] ग कत्ता [८-८] क प्राणैरिरिध्यन्ते ग प्राणैरिरिच्यन्ते [९] ग अत्रि [१०-१०] ग प्राणानामे [११] क पृषण्वन्तो

अग्निं दूतं वृणीमहे इत्य् 'आग्नेयम् आज्यम्' भवति । प्रेत्य् अन्य ऋषयो ऽपश्यन्न् एत्य् अन्ये । अथैतन् न प्रेति नेति स्थितम् । वाचो बार्हतं रूपं भरद्वाज ऋषिर् अपश्यत् ।

भरद्वाजस्य वा एतद् आर्षेयं यद् बृहत् । मनो बृहत् । [1]प्रजापतिर् बृहत्[2] । प्रजापतिताम् एवाश्नुते य एवं वेद । होतारं विश्ववेदसम् इति । हो इति भवति बृहतो[3] रूपम् । बार्हतम् एतद् अहः । मित्रं वयं हवामह, इन्द्रम् इद् गाथिनो बृहद्, इन्द्रे अग्ना नमो बृहद् इत्य् एकरूपाण्य् आज्यानि भवन्ति, सर्वाण्य् एव[4] बार्हतानि । क्षत्रं वा एतद् अहः । तस्मात् सर्वे राजान एकमन्त्रा एकवचसः । महद्वती द्वे भवतो बृहद्वती द्वे । एतद् वै प्रत्यक्षं बृहतो रूपं यन् महद् यद् बृहत्[5] । बृहद् एवैतत् प्रत्यक्षम् उपयन्ति । पञ्चदशस्तोमो भवति—इन्द्रियं वै वीर्यं पञ्चदश—इन्द्रिय एवैतद् वीर्ये प्रतितिष्ठन्तो यन्ति ॥ २२ ॥

[१-१] ग आग्नेयजाज्यं [२-२] ग नास्ति [३] क बृनो ग बृहते हा [४] ग एववा [५] ग नास्ति

वृषा पवस्व धारयेति माध्यन्दिनस्य पवमानस्य वृषण्वतीर् गायत्र्यो भवन्ति । बार्हतं वा एतद् अहः । त्रैष्टुभं क्षत्रस्य रूपम् । मरुत्वते च मत्सर इति मरुत्वतीर् भवन्ति । मरुत्वद् वै मध्यंदिनस्य[1] रूपम् । मध्यन्दिनस्यैव तद् रूपान् न यन्ति । तं त्वा धर्तारम् ओण्योर् इति प्रद्रुतम्[2] इव वा इत एतद् अहर् यद् बार्हतम् । अदो हि बृहत् । तद् यत् तं त्वा धर्तारम् इत्य् अह्न एव धृत्यै । अया चित्तो विपानया[3] हरिः पवस्व धारयेति हरिवतीर् भवन्ति । हरिवद् वै त्रिष्टुभो रूपम् । त्रैष्टुभम् एतद् अहः । तासु गायत्रम् उक्तब्राह्मणम् । अथ यौक्ताश्वं परिष्टोभवद् बहिर्निधनं बार्हतम् । तस्माद् बार्हते ऽहन् क्रियते । वसिष्ठो वै सुदासः पैजवनस्यैक्ष्वाकस्य राज्ञः पुरोहित आस । स सुदाः पैजवनो वसिष्ठे बळवान्[4] न्यधत्त यथा पुरोहिते निदधते तथा । वसिष्ठस् सर्निं प्रयन्न् अब्रवीद् युक्ताश्वं कनीयांसं भ्रातरम् एतेषां नो भार्याणाम् अध्यक्षः स्या इति । स युक्ताश्वो राजबळवानां[5] शिशून् जातान् विपर्यहरत् । ये कल्याणा आसंस् तान् आत्मने ऽकृत[6] । ये पापीयांसस् तान् राजबळवासु । ते[7] तद् अन्वबुध्यन्त—शिशून् ह जातान् विपर्यहार्षीद्[8] इति । तम् अबाधन्त—स्तेनो ऽस्य् अनृषिर् इति । सो ऽकामयत[9]—श्रद्धां विन्देयोप मा ह्वयेरन्न् इति । स एतत् सामापश्यत् । तेनास्तुत[10]— ॥ २३ ॥

[१] ग माध्यन्दिनस्य [२] ग प्रद्रूतम् [३] ग वापानया [४] क बळवान् [५] क राजबळवानां [६] ग अकालयत् [७] क नास्ति [८] क वीपर्यहार्षीद् [९] ग अकामयत् [१०] ग तेनस्तुत

—स[1] ओ इ[2] ज्वरेत्य् एव निधनम् उपैत् । ततो वै स श्रद्धाम् उपहवम् अविन्दत । श्रद्धां विन्दामहा इति सत्रम् आसते । श्रद्धाम् एव विन्दन्ते[3] । एतद् ध वै वाचस् सत्यं यद् ओ इ[2] ज्वरेति[4] । ज्वरेतीव[5] ह वै वाचस् सत्यम् । सत्येन वै स तद् वाचश् श्रद्धाम् उपहवम् अविन्दत । श्रद्धानीयो भवति, विन्दत उपहवं य एवं वेद । तद् उ प्रजनिष्णु पशव्यं साम । ओ इ[2] ज्वरेति निधनं भवति । अज्वरत[6] इति पशुं प्रवीयमाणम् आहुः । अज्वरा हास्य पशवः प्रजनिष्णवो भवन्ति[7] य एवं वेद । यद् उ[8] युक्ताश्वो ऽपश्यत् तस्माद् यौक्ताश्वम् इत्य् आख्यायते । पुनानस् सोम धारयेत्य् उभयरूपा बृहती भवति । एषा ह वा उभे सामनी उद्यथाम । तस्माद् एतां कुर्वन्त्य् एव बृहत्साम्नः कुर्वन्ति रथन्तरसाम्नः । तासु सोमसामनी परिष्टोभवती[9] बार्हते । तस्माद् बार्हते ऽहनि क्रियेते । वृषा वै सोमो, वृषेन्द्र, ऐन्द्रम् [10]एतद् अहः[10] । क्षत्रं वै सोमः[11], क्षत्रम् इन्द्र, ऐन्द्रम् एतद् अहः । रेतो वै सोमः प्रजननम् एतद् अहः । तद् यद् एते सामनी एतस्मिन्न् अहनि क्रियेते[12]

प्रजनन एवैतद् रेतस् सिच्यते । अनुष्टुप्यास्य[१३] रेतस् सिक्तं प्रजायते य एवं वेद । ऊर्ध्वेळम् अन्यद् भवति बृहतो रूपं बार्हते ऽहन् । बार्हतम् अन्यत् त्रिणिधनं[१४] माध्यन्दिनस्य[१५] रूपं पवमानस्य धृत्यै । यद् उ सोमो राजा ऽपश्यत् तस्मात् सोमसामनी इत्य् आख्यायेते[१६] । वृषा शोणो अभिकनिक्रदद् गा इति वृषण्वतीर् भवन्ति । बार्हतं वा एतद् अहस् त्रैष्टुभं क्षत्रस्य रूपम् ॥ २४ ॥

[१] क नास्ति [२] ? क यि [३] ग विन्दते [४] ग नास्ति [५] क ज्वरितीव [६] एवं क च । ग आज्यत [७] क भवति [८] ग नास्ति [९] क ग परिष्टोभवति [१०–१०] ग एदहुः [११] ग सामः [१२] ग क्रियते [१३] क ग अनुष्टास्य [१४] ग त्रीणिधनं [१५] क मध्यन्दिनस्य [१६] ग आख्यायन्त

तासु पार्थं द्वियभ्यासं[१] द्वितीयस्याह्नो रूपं परिष्टोभवद् बार्हतम् । तस्माद् बार्हते ऽहन् क्रियते । पृथुर् वै[२] वैन्यो ऽकामयत सर्वेषां पशूनां राज्याय सूयेयेति । स एतत् सामापश्यत् । तेनास्तुत । ततो वै स सर्वेषां पशूनां राज्यायासूयत[३] । तद् एतच् छ्रीस्सवस्साम । सर्वेषां पशूनां राज्याय सूयते य एवं वेद । तद् उ स्तोभप्रस्तावं स्व[ा]रं भवति स्वराणां विभक्त्यै । [४]एतद् ध्य् एतस्याह्न[४] स्वारं[५] यत् स्तोभप्रस्तावम् । [६]स्वारम् ऊर्ध्वम्[६] इवैतद् अहर्, ऊर्ध्वम् इवैतत् साम । अहर् एवैतेन रोहति[७] तुष्टुवानः । [८]यद् उ[८] पृथुर् वैन्यो ऽपश्यत् तस्मात् पार्थम् इत्य् आख्यायते ॥ २५ ॥

[१] ग द्वायभ्यासं [२] ग अधिपाठः पृथुर् [३] ग राज्यायासूत [४–४] ग एतद्धेतस्या- [५] ग स्वरं [६–६] क स्वारमूर्धम् ग स्वरमूर्धम् [७] ग नोहुमि [८–८] ग यम

वासिष्ठं तु कार्यतरम् आहुः । क्षत्रम् एतद् यत् [१]पार्थं, क्षत्रम् एतद् यत्[१] सोमसामनी[२], क्षत्रम् एतद् अहः, क्षत्रं तेन यद् ऐन्द्रं, क्षत्रं तेन यत् त्रैष्टुभं, क्षत्रं तेन यद् बार्हतं, क्षत्रं तेन यत् पञ्चदशस्तोमः । एकधैव क्षत्र भवति । तद् यत् पुरस्ताद् यौक्ताश्वं भवति वासिष्ठम् उपरिष्टाद् ऋषिसामनी ब्रह्मण एव स विवधतायै[३] । ब्रह्म क्षत्रेण समधास्यसद् इति । वसिष्ठो वै जीतो हतपुत्रो ऽकामयत बहुः प्रजया पशुभिः प्रजायेयेति । स एतत् सामापश्यत्[४] । तेनास्तुत । ततो वै स बहुः प्रजया पशुभिः प्राजायत[५] । तद् एतत् प्रजननं साम । बहुः प्रजया पशुभिः प्रजायते य एवं वेद । यद् उ वसिष्ठो ऽपश्यत् तस्माद् वासिष्ठम् इत्य् आख्यायते । अथ बृहत् । वर्ष्म वै बृहत् । वर्ष्मण्य् एवैतत् प्रतितिष्ठन्तो यन्ति । अथ वामदेव्यम् । [६]पशवो वै वामदेव्यम्[६] । पशुमन्त एव [७]भवन्त्य् एनेन[७] तुष्टुवानाः । अथ श्यैतं[८], साम्नोर् विवाहो[९] यज्ञस्य सन्ततिः । एकं वावाहस् तद् यत् त्वाम् इदा ह्यो नर इति भवति । तेनैव[१०] द्वितीयम् अहः क्रियते ॥ २६ ॥

[१–१] ग नास्ति [२] क सामनी [३] ग विधतायै [४] ग सामपश्य [५] ग प्रजायत [६–६] ग नास्ति [७–७] ग भवन्तेनेन [८] ग श्येनं [९] ग विवाहे [१०] क तेवै

तासु माधुच्छन्दसम् । [१]मधुच्छन्दा वै[१] वैश्वामित्रो ऽकामयताग्र्यो मुख्यो ब्रह्मवर्चसी स्याम् इति । स एतत् सामापश्यत् । तेनास्तुत । ततो वै सो ऽग्र्यो मुख्यो ब्रह्मवर्चस्य् अभवत् । अग्र्या मुख्या ब्रह्मवर्चसिनो ऽसामेति सत्रम् आसते । अग्र्या[२] एव मुख्या ब्रह्मवर्चसिनो भवन्ति । यद् उ मधुच्छन्दा वैश्वामित्रो ऽपश्यत् तस्मान्[३] माधुच्छन्दसम् इत्य् आख्यायते । तद् ऐळम् अच्छावाकसाम भवति । पशवो वा इळा । पशुष्व् एवैतत् प्रति-

तिष्ठन्ति ॥ २७ ॥

[१-१] ग मधुछन्दो [२] ग अग्रीया [३] ग तस्मा

यस् ते मदो वरेण्य इत्य् आर्भवस्य पवमानस्य मद्वतीर्[1] गायत्र्यो भवन्ति । रसो वै मदः । धीतम् इवैतद् यत् तृतीयं सवनम् । तद् यद् एता मद्वतीर् भवन्ति रसम् एवास्मिन्न्[2] एतद् दधत्य् [3]ऐवैनद् एतेन प्यायन्ति[3] । तेना पवस्वान्धसेत्य् अन्धस्वतीर् भवन्त्य्—अन्नं वा अन्धो— ऽन्नाद्यस्यैवावरुद्धयै । जघ्निर्[4] वृत्रम् अमित्रियम्[5] इति त्रैष्टुभं रूपम् । यद् वै घ्नद्वत् तत् त्रिष्टुभो रूपम् । क्षत्रं हि त्रिष्टुप् । संमिश्लो[6] अरुषो भुवस् सूपस्थाभिर् न धेनुभिर् इति प्रद्रुतम्[7] इव वा इत एतद् अहर् यद् [8]बार्हतम् । अदो हि[8] बृहत् । तद् यत् सूपस्थाभिर् इत्य् अह्न एवोपस्थित्यै । तासु गायत्रम् उक्तब्राह्मणम् । अथ हाविष्मतं परिष्टोभवद् बहिर्निधनं बार्हतम् । तस्माद् बार्हते ऽहन् क्रियते । हविष्मांश् च वै हविष्कृच् चाङ्गिरसाव्, अंगिरसां स्वर्गं लोकं यताम्[9], अहीयेताम् । ताव् अकामयेताम् अनूत्पतेव स्वर्गं लोकम् इति । तौ तपो ऽतप्येताम् । ताव् एते सामनी अपश्यताम्[10] । ताभ्याम् अस्तुवताम् । तौ स्तुत्वेव हविष्मते हविष्कृत इत्य् एव स्वर्गं[11] लोकम् अनूदपतताम्[12] । पशवो ह खलु वै हविष्मन्तः[13], पशवो हविष्कृतः । पशून् वाव तौ तद् एताभ्याम् अवारुन्धेताम्[14] । तैर् उ [15]पशुभिर् इष्टा[15] स्वर्गम् एव लोकम् अगच्छताम् । ते एते [16]पशव्ये स्वर्ग्ये[16] सामनी । अव पशून् रुन्द्धे गच्छति स्वर्गं लोकं य एवं वेद ॥ २८ ॥

[१] ग मद्वती [२] क एवासिन् [३-३] ग एवैनदेतेनाप्यायन्ति [४] क ग जघ्नि [५] क ग अमित्रीयं [६] क संमिश्रो ग सममिश्रो [७] क ग प्रदूतम् [८-८] ग बार्हतमेदोह [९] ग यातम् [१०] ग अपश्यत्तां [११] ग नास्ति [१२] ग अनुदपततां [१३] ग हविष्मन्तं [१४] ग अवारुन्धेता [१५-१५] ग पशुभिरुष्टवा [१६-१६] ग पशव्यस्वर्गे

प्रोक्तिश् च ह खलु वा एते सामनी हविषो निरुक्तिश् च । तद् यद् धाविष्मतं द्वितीये ऽहनि भवति, हविष्मन्त स्म इत्य् एवैतद् देवेभ्यः[1] प्राहुः । हविष्मन्त इव ह्य् एतर्हि भवन्ति । अथ यद् धाविष्कृतं नवमे ऽहनि भवति, हविष्कृत स्म इत्य् एवैतद्[2] देवेभ्यो निराहुः । हविष्कृत इव हि तर्हि भवन्ति । ते ह वा एते सामनी प्रोक्तिश् चैव हविषो निरुक्तिश् च । यद् उ हविष्मांश् च हविष्कृच् चाङ्गिरसाव् अपश्यतां तस्माद् धाविष्मत-हाविष्कृते इत्य् आख्यायेते[3] । पवस्व मधुमत्तम इति मधुमतीः ककुभो भवन्ति[4] । रसो वै मदः । [5]धीतम् इवैतद्[5] यत् तृतीयसवनम् । तद् यद् एता[6] मधुमतीर् भवन्ति रसम् एवास्मिन्न् एतद् दधत्य् ऐवैनद् एतेन प्यायन्ति ।

इन्द्राय सोम क्रतुवित्तमो मदः ।
महि[7] द्युक्षतमो मदः ॥

इत्य् अभिपूर्वम् एवास्मिंस् तद् रसं मदं दधाति ॥ २९ ॥

[१] ग दैवेभ्यः [२] क एवतद् [३] क इत्यायेते [४] ग भवति [५-५] ग धीतवैतद् [६] ग इता [७] ग हि

तासु सीदन्तीयम्[1] । देवा वा अकामयन्त स्वर्गे लोके सीदेमेति । त[2] एतत् सामा-

पश्यन्[३] । तेनास्तुवत । ततो वै ते स्वर्गे[४] लोके ऽसीदन् । स्वर्गे[४] लोके सीदामेति सत्रम् आसते । स्वर्ग एव लोके सीदन्ति । यद् उ देवा एतेन साम्ना स्वर्गे लोके ऽसीदंस् तस्मात् सीदन्तीयम्[१] इत्य् आख्यायते[५] । तद् व् एवाचक्षते शंकव् इति । शंकुना[६] वै [७]तद् दृंहन्ति[७] यद् दधिषेण्यं भवति । दधिषेण्यम् इवैतद् अहर् यद् द्वितीयम् । तस्माद् द्वितीये ऽहन् क्रियते ।

इन्द्रम् अच्छ सुता इमे वृषणं यन्तु हरयः ।
श्रुष्टे[८] जातास इन्दव स्वर्विदः ॥

[९]इत्य् ऋचा[९] वै पूर्वम् अह स्वर्वत्[१०] क्रियते, साम्नैतत् । राथन्तरं हि पूर्वम् [११]अहर्, बार्हतम्[११] एतत् ॥ ३० ॥

[१] ग सीदन्तियं [२] एवं च । क ग तद् [३] ग सामापश्यत् [४] ग स्वर्ग [५] क ग आख्यते [६] क शंकूना [७-७] ग तदद्रृंहन्ति [८] ग श्रष्ठे [९-९] ग इतृचा [१०] ग स्वर्वित् [११-११] ग अहर्षार्हतम्

तासु सुज्ञानं । देवान् वा असुरा व्यवंहारम्[१] अजिघांसन् यद् रूपं देवानाम् आसीत् तेन रूपेणानुप्रविश्य—तेषां ह देवानां ये ऽरण्ये स्वाध्यायं चेरुर्, ये ग्राम आसुस्, तेषां तान् रूपेण जिघांसांचक्रुः । अथ ये ग्राम आसुर्, ये ऽरण्ये स्वाध्यायं चेरुर्[२], तेषाम् उ तान् रूपेण जिघांसांचक्रुः । [३]तान् हैव व्यवंहारं[४] जिघांसां[५]चक्रुः[३] । तद् देवाः प्रत्यबुध्यन्त । ते ऽब्रुवन्—संवाचनं करवामहा इति । ते संवाचनम् अकुर्वत[६]—यं पृच्छाम चरन्तं कम् अच्छ चरसीति, इन्द्रम् अच्छ चरामीत्य् एव स ब्रूताद्[७] इति । ते ह स्म यं पृच्छन्ति चरन्तं—कम् अच्छ चरसीति, इन्द्रम् अच्छ चरामीति ह स्मैवाह । सुज्ञानो ऽसीति ह स्माहुः । तद् एव सुज्ञानस्य सुज्ञानत्वम् । तत् संज्ञानं[८] वा एतत् साम । संज्ञानम्[८] एवास्मै तेन भवति, येन कामयते[९] ऽनेन संजानीयेति, य एवं वेद । तेषाम् उ यो य एव पृष्टो न प्रत्यमनुत, तस्यैतद्[१०] एव प्राघ्नन्[११] । तद् उ भ्रातृव्यहा । हन्ति द्विषन्तं भ्रातृव्यं य एवं वेद ।

देवा वै स्वर्गं लोकं यन्तो ज्ञानाद् अबिभयुः । ते ऽकामयन्त ज्ञानम् आविर्भावं गच्छेमेति । त एतत् [१२]सामापश्यन् । तेनास्तुवत[१२] । ततो वै ते [१३]ज्ञानम् आविर्भावम् अगच्छन्[१३] । ज्ञानम् [१४]आविर्भावं गच्छति[१४] य एवं वेद ।

अयं पूषा रयिर् भगस्[१५] सोमः पुनानो अर्षति ।
पतिर् विश्वस्य भूमनो[१६] व्य् अख्यद् रोदसी उभे ॥

इत्य् उभयोर् एवाह्नोस् समारम्भाय । यथा ह वा इदं श्रमणं[१७] व्यवलम्बमानं नयेद् एवं ह वा एतद् अहर् एते अहनी नयतो बार्हतं राथन्तरे । तासु गौरिवीतम्[१८] उक्तब्राह्मणम् ॥ ३१ ॥

[१] ग व्यवहारं [२] क अधिपाठः ये ग्राम आसुस् [३-३] ग नास्ति [४] क व्यवंहारं [५] क जिघाषां- [६] ग अकुर्वन्त [७] क ब्रवतात् [८] एवं क च । ग सुज्ञानं [९] क कामयेते [१०] क तस्योतद् [११] क प्रांघ्नंस् [१२-१२] ग सामापश्यस्तेनास्तवत [१३-१३] क ग नास्ति [१४-१४] क आविर्भावम गच्छति [१५] क ग भवस् [१६] ग भूमाने [१७] ग श्रवणं [१८] क ग गौरुवीतं

अथ क्रौञ्चम् । [१]क्रुङ् आंगिरस[१] ईष्यम् इवाहर् अविन्दत् । ईष्यम् इवैतद् अहर् यद् द्वितीयम् । तस्माद् द्वितीये[२] ऽहन् क्रियते । एकं वावाहर् आसीत् । स [३]क्रुङ् आङ्गिरसो[३] ऽकामयताह्न [४]एवाहर् निर्मिमीयेति[४] । स एतत् सामापश्यत् । तेनास्तुत । ततो वै सो ऽह्न एवाहर् निरमिमत[५] । तद् यद् एतत् साम भवत्य्, अह्न [६]एवैतेनाहर् निर्मिमत[६] । एतद् ध स्म वै तत् [३]क्रुङ् आंगिरसो[३] ऽह्न एवाहर् विपिपीते[७] । यद् ध वा इदम् आहुः— क्रुङ् [८]क्षीरं विपिपीत इति, न ह वै तत् क्रुङ्[८] विपिपीते[७] । क्रुङ् ह स्म वै तद् आंगिरसो ऽह्न एवाहर् विपिपीते[७] । क्रुङ् आङ्गिरस स्वर्गकामस् तपो ऽतप्यत । स एतत् सामापश्यत् । तेनास्तुत । ततो वै स स्वर्गं[९] लोकम् आश्नुत । तद् एतत् स्वर्ग्यं [१०]साम । अश्नुते[१०] स्वर्गं लोकं य एवं वेद । तद् ऊर्ध्वेळं भवति बृहतो रूपं [११]बार्हते ऽहन् । तेन[११] वै रूपसमृद्धम् । यद् उ [३]क्रुङ् आंगिरसो[३] ऽपश्यत् तस्मात् क्रौञ्चम् इत्य् आख्यायते । [१२]वृषा मतीनां[१२] पवते विचक्षण इति वृषण्वतीर् भवन्ति । बार्हतं वा एतद् अहस् त्रैष्टुभं क्षत्रस्य रूपम् ॥ ३२ ॥

[१–१] ग क्रन्ददांगिरसं [२] क द्वितेये [३–३] क ग क्रन्ददाङ्गिरसो [४–४] ग एवाहन्निर्मिमियेति [५] क च निरमीमत ग निरमिमत [६–६] क ·निमिमत ग एवैतेनाहनिममीमत् [७] ग विपिवीते [८] ग क्रुभं [९] ग स्वर्गं [१०–१०] ग समश्नुते [११–११] क ग बार्हतेहस्तेन [१२–१२] ग वृषात्तीनां

तासु यामम् । यमम् इव वा एतद् अहर् यद् द्वितीयम् । यथा वै यमौ[१] जायेयाताम्[२] एवम् एतद् अहः । यमैर् वै यमोत्तमोरवं [३]लोकान् निरुंह्य[३] लोकम् अस्याभ्यारोहत् । लोकाद् एव द्विषन्तं भ्रातृव्यं रुंह्य लोकम् अस्याभ्यारोहति य एवं वेद । मन्त्रेणर्षयो निदानवन्तो यामेन यमः । निदानवन्तो ऽसामेति[४] सत्रम् आसते । निदानवन्त एव भवन्ति[५] । तद् गृहा वै निदानं, प्रजा निदानं, पशवो निदानं, स्वर्गो लोको निदानम् । निदानवान् भवति य एवं वेद । यमं वैवस्वतं देवा [६]अमुष्मै लोकायासुवत[६] । सो ऽकामयत निदानवान् अस्मिन् लोके स्याम् इति । स एतानि यामानि सामान्य् अपश्यत् । तैर् अस्तुत । तैर् अस्मिन् लोके निदानवान् अभवत् । एतन्निदानो ह वाव[७] सो ऽस्मिन् लोक एतत्प्रजा एतैर् एव सामभिर् य एवैतानि सामानि वेद । तेनास्मिन् लोके निदानवान् यमस्य पुत्रतां[८] गच्छति य एवं वेद । तद् आहुः पितृदेवत्यानि[९] सामानि । ईश्वरः पुरायुषो ऽमुं लोकम् एतोर् इत्य् आयुर्[१०] इति वा[११] स्तोभत्य् अथो वायुर्[१२] इति । तथा ह पुरायुषो ऽमुं लोकं नैति । यद् उ यमो ऽपश्यत् तस्माद् यामम् इत्य् आख्यायते । अथ यज्ञायज्ञीयम् उक्तब्राह्मणम् ।

एह्य् ऊ षु ब्रवाणि[१३] ते अग्न इत्थेतरा गिरः ।
एभिर् वर्धास इन्दुभिः ॥

इति वृद्धं [१४]ह्य् एतद् अहर्[१४] यद् बार्हतम् ॥ ३३ ॥

[१] क ग यमो [२] ग जायोयाताम् [३–३] ? क लोकानिरुंह्य ग लोकानिरुह्य [४] ग स्यामेति [५] क भवति [६–६] ग अमुष्मिंल्लोकायासंवत [७] ग वा [८] ग पुत्रां [९] ग पितृदेवतानि [१०] ग आयुम् [११] क व [१२] ग सायुर् [१३] क ग ब्रुवणि [१४–१४] ग येतदर्य्यत्

तास्व् साकमश्वं स्वर्ग्यं साम स्वर्गस्य लोकस्य समष्ट्यै । एवा ह्य् असि वीरयुर् इत्य् एवेति भवति बृहतो रूपम् । बार्हतम् एतद् अहः । तास्व् आमहीयवं[1] प्राजापत्यं साम । क्षत्रं वै प्रजापतिः । प्राजापत्यम् एतद् अहः । तद् गायत्रीषु भवति । ब्रह्म वै गायत्री । क्षत्रम् एतद् अहः । तद् यद् गायत्रीष्व् आमहीयवं[2] भवति, ब्रह्मैव तद् यशसार्पयन्ति । ब्राह्मणो ऽस्य सतः क्षत्रस्येव प्रकाशो भवति य एवं वेद । एतस्माद् ध वा इदं[3] ब्राह्मणानां राज्ञाम्[4] इव प्रकाशो यद् गायत्रीषूक्थं[5] ब्रह्मसाम भवति । तत् समानं वदन्तीषु भवति । यद् ध वै बहवस् समानम् आचक्षते तत् सत्यम् । तद् यद्[6]

एवा ह्य् असि वीरयुर् एवा [7]शूर उत[7] स्थिरः ।
एवा ते राध्यं[8] मनः ॥

इति भवति सत्यस्यैवावरुद्ध्यै । इन्द्रं[9] विश्वा अवीवृधन्न् इति वृद्धं ह्य् एतद् अहर् यद् बार्हतम् । तास्व् आष्टादंष्ट्रम्[10] उक्तब्राह्मणम् । तद् ऐळम् अच्छावाकसाम भवति । पशवो वा इळा । पशुष्व् एवैतत्[11] प्रतितिष्ठन्ति । अभीळायै स्वरेण तृतीयम् अह स्वरति ॥ ३४ ॥

[१] ग आमभियवं [२] ग अमहीयं [३] ग इदा [४] ग राज्याम्, [५] ग गायत्रीषूक्तं [६] ग नास्ति [७–७] ग गुरुत [८] ग रध्यं [९] ग इन्द्रा [१०] ग आष्टमादंष्टम् [११] ग ऐवैतत्

दविद्युतत्या रुचेति प्रतिपदो भवन्ति । दविद्युतत्या रुचेति वै गायत्र्यै रूपम् । परिष्टोभन्त्या कृपेति त्रिष्टुभः । सोमाश् शुक्रा गवाशिर इति जगत्यै । छन्दसां वा एषां रूपं छन्दोभिस् तृतीयसवनं क्रियते । तृतीयसवनम् इव वै तृतीयम् अहः । ता[1] एता भवन्ति गायत्र्यो[2] जगद्वर्णा अह्नोरूपेण समृद्धाः । यत्र वा अहारूपेण समृद्धयन्ति सं तत्रर्ध्यते[3] । सम् अस्मा[4] ऋध्यते य एवं वेद । एते असृग्रम् इन्दव इत्य् अनुरूपो भवति । भूतानुवादिनीर्[5] एत एत इति वै पूर्वाण्य् अतो ऽनुदिशन्ति । बृहद्रथन्तरयोर् एवैतद् यातेन यान्ति त्रिवृत्पञ्चदशयो स्तोमयोः । तद् आहुस् साम्न एव रूपं स्तोत्रियेणारभन्ते ऽनुरूपेणाह्न इति । स्तोत्रियानुरूपौ भवतः । प्राणो वै स्तोत्रियो ऽपानो[6] ऽनुरूपः । प्राणापानाभ्याम्[7] एवैतत्[8] समृध्य प्रयन्ति ॥ ३५ ॥

[१] ग त [२] ग गायत्र्या [३] ग तत्रद्धयते [४] ग आस्मा [५] ग भूतानां वादिनीर् [६] क ग पारो [७] ग प्राणापानान्यम् [८] ग एवतत्

ता गोमतीर् इळावतीर्[1] अश्ववतीः[2] पशुमतीर् भवन्ति पशूनाम् एवावरुद्ध्यै । पशवो ह्य् एतद् अहः । विश्ववतीर् भवन्ति । वैश्वदेवं ह्य् एतद् अहः । अन्तरिक्षवतीर् भवन्ति । अन्तरिक्षं ह्य् एतद् अहः । आशीर्वतीर् भवन्ति । [3]आशीर्वद् ध्य् एतद्[3] अहः । अथो आशिरं[4] वै तृतीयसवने[5] ऽवनयन्ति । तृतीयसवनभाजनम्[6] एतद् अहः । पञ्चर्चं भवति—पञ्च वै दिशो—दिशाम् एव धृत्यै । अथो पांक्तो वै यज्ञो यज्ञस्यैवारम्भाय । पर्यासो भवति प्रजानां धृत्यै पशूनाम् उपस्थित्यै । सप्तदशस्तोमो[7] भवति । प्रजापतिर् वै सप्तदशः । प्रजापताव् एवैतत् प्रतितिष्ठन्तो[8] यन्ति ॥ ३६ ॥

[१] ग इळावन्तीर् [२] ग अश्ववतीं [३–३] ग आशीर्वद्धैतद् [४] क आशीरं [५] ग तृतीयंसवने [६] क -भाभनम् [७] ग -स्तोमा [८] ग प्रतितिष्ठतो

अग्निनाग्निस् सम् इध्यत इत्य् आग्नेयम् आज्यं भवति राथन्तरम्। राथन्तरं ह्य् एतद् अहः। यद् ध वा अग्निनाग्निस् समिद्ध्यते वैरूपं ह वै तद् रथन्तरेण समिध्यते, रथन्तरं वा वैरूपेण। [1]तद् उ[1] होवाच सौजातस्याराटेर्[2] जाया—यन् नु मे द्वे एव पृष्ठे पतिर्[3] अमन्यताथ को ऽयं गर्दभ औदुम्बरिम् अभिनानद्यत[4] इति[5]। तद् आहू राथन्तरम् एतद् अहः। तस्माद् एतस्याह्नो रथन्तरं पृष्ठं कार्यम् इति। तद् उ वा आहुः को वा न्वै स्यात् पुरुषः को वा यद् अस्यात्मेव[6] स्यान् न पशवः। आत्मा वै बृहद्रथन्तरे। पशवः पृष्ठानि। तस्माद् एतस्याह्नो वैरूपम् एव पृष्ठं कार्यम् इति। तद् यद् एतस्याह्नो वैरूपं पृष्ठं भवत्य् आत्मन्न् एवैतत् पशून् प्रतिष्ठापयन्ति ॥ ३७ ॥

[१-१] क ग ददु [२] क सौजातस्यराटेर् [३] क पतीर् [४] क अभिनद्यत ग अभिनान्यदत [५] ग नास्ति [६] ग अस्यातमैव

मित्रं हुवे पूतदक्षम् इति मैत्रावरुणं भवति। हु इति वै रथन्तरस्य रूपम्। राथन्तरम् एतद् अहः। वरुणं च रिशादसं[1] धियं घृताचीं साधन्तेति सिद्ध्या[2] एव।

ऋतेन मित्रावरुणाव् ऋतावृधाव् ऋतस्पृशा।
ऋतुं बृहन्तम् आशाथे ॥
कवी नो मित्रावरुणा

इति वीति भवत्य्[3] अन्तरिक्षस्य रूपम्। अन्तरिक्षभाजनम् एतद् अहः। इन्द्रेण सं हि दृक्षस इत्य् ऐन्द्रं भवति। सम् इति च वै वीति वान्तरिक्षस्य रूपम्। इतो वा अयं ऊर्ध्वो लोको ऽर्वाङ् असाव् अमुतः। सम् इति च वा इदम् अन्तरिक्षं वीति च। संजग्मानो अबिभ्युषा मन्दू[4] समानवर्चसेति। समानं वै तृतीयं च चतुर्थं चाहनी। तृतीयाद् वा अह्नश् चतुर्थम् अहः प्रजातम्। आद् अह स्वधाम् अनु पुनर् गर्भत्वम् एरिर इति पुनर् एवैतत् तृतीये ऽहनि गर्भत्वम् एरयन्ते चतुर्थस्याह्नः प्रजात्यै।

दधाना नाम यज्ञियम्[5] ॥
[6]वीळु चिद् आरुजत्नुभिर् गुहा चिद् इन्द्र वह्निभिः[6]।
अविन्द उस्रिया अनु ॥

इति गोमतीः पशुमतीर् भवन्ति पशूनाम् एवावरुद्ध्यै। पशवो ह्य् एतद् अहः ॥ ३८ ॥

[१] ग रिषादसं [२] ग सिद्धय [३] ग भवन्त्य् [४] ग मद्रू [५] क ग यज्ञीयम् [६-६] क वीळ्चीरुजअभिर्गुहा दिदिन्द्र वन्हितिर् ग वीळूचीदारिजत्भिगुह्वा चिदिन्द्र वन्हिभिर्

ता हुवे ययोर् इदम् इत्य् ऐन्द्राग्नं भवति। वाचम् एवैतद् यज्ञम् ऊहिषीमन्त त उपह्वयन्ते[1] पप्रे[1] विश्वं पुरा कृतम् इति। पुरेव ह्य् एतद् एतर्हि कृतं भवति।

इन्द्राग्नी न मर्धतः ॥
उग्रा विघनिना[3] मृध

इति। वीति भवत्य्[4] अन्तरिक्षस्य रूपम्। अन्तरिक्षभाजनम् एतद् अहः।

हथो[5] वृत्राण्य् आर्या हथो[6] दासानि सत्पती।
हथो[6] विश्वा अप द्विषः ॥

इति वार्त्रघ्नं भवत्य् अन्ततो विजित्यै। एतेन वै त्र्यहेण देवा अग्रे व्यजयन्त। तद्[7] यद् एतद् वार्त्रघ्नम् अन्तत आज्यं क्रियते, विजित्या एव भ्रातृव्यस्यैव वधाय। विजयते, हन्ति

द्विषन्तं भ्रातृव्यं, य एवं वेद । सप्तदश स्तोमो भवति । प्रजापतिर् वै सप्तदशः । प्रजापताव् एवैतत् प्रतितिष्ठन्तो यन्ति ॥ ३९ ॥

[१] ग उपव्वयन्ते [२] क ग पाप्मे [३] ग विवनिना [४] क भवन्त्य् [५] ग इशो [६] एवं कोशयोस्संहितायां च [७] ग यद्

उच्चा ते जातम् अन्धसेति माध्यन्दिनस्य पवमानस्यान्धस्वतीर् गायत्र्यो भवन्त्य्—अन्नं वा अन्धो—ऽन्नाद्यस्यैवावरुद्ध्यै । दिवि सद् [१]भूम्य् आ दद[१] इति द्यावापृथिवीया भवन्ति । अप्रतिष्ठितम् इव वा एतद् अहर् यद् वैरूपम् । तद् यद् एता द्यावापृथिवीया भवन्त्य् अहर् एवैताभिः प्रतिष्ठापयन्ति । स न इन्द्राय यज्यवे वरुणाय मरुद्भ्य इति मरुत्वतीर् भवन्ति । मरुत्वद् वै मध्यन्दिनस्य रूपम् । मध्यन्दिनस्यैव तद् रूपान् न यन्ति । एना विश्वान्य् अर्य आ इति विश्ववतीर् भवन्ति । वैश्वदेवं ह्य् एतद्[२] अहः । तासु गायत्रम् उक्तब्राह्मणम् । अथ वैष्टम्भम् । ऊर्ध्वा[३] वै देवा स्वर्गं लोकम् उदक्रामन् । ते दिशो नापश्यन् । ते ऽकामयन्त दिशः पश्येमेति । त एते सामनी अपश्यन् । ताभ्याम् अस्तुवत । ततो दिशो [४]ऽपश्यन् । तास्व् आक्रमन्त[४] । तास् सम् इवाप्लीयन्त[५] । ता[६] एताभ्यां निधनाभ्यां यथा चर्म कुशीभ्याम् अन्वस्येद् एवम् एवाभ्याम् अन्वास्यन् । ता अध्रियन्त । तद् यद् एते सामनी भवतो [७]दिशाम् एव[७] धृत्यै स्वर्गस्य च लोकस्योज्जित्यै । दिशो वा एतद् अहर्, दिश एते सामनी । तद् यद् एते सामनी एतस्मिन्न् अहनि क्रियेते, दिश एवैतत् प्रत्यक्षम् आरभन्ते । अभि सोमास आयव इत्य् अभीति भवति रथन्तरस्य रूपम् । राथन्तरम्[८] एतद् अहः ॥ ४० ॥

[१-१] क भूम्याद ग भूम्यदद [२] ग एतम् [३] ग ऊर्धा [४-४] ग पश्यस्तस्याक्रामन्त [५] एवं कोशयोः [६] ग तां [७-७] ग दृशोमेव [८] ग रथन्तरम्

यद् यद् वै देवा यज्ञे ऽकुर्वत, तत् तद् व् एवासुरा अन्वकुर्वत । ते देवा अब्रुवन्—यद् यद् वाव वयं यज्ञे कुर्महे, तत् तन् नो ऽसुरा अनुकुर्वते । एतेमं[१] त्रयं वेदं गाथया संसृजामेति । ते त्रयं वेदं गाथया संयुक्तं न्यास्यन् । तम् असुरा अब्रुवन्— न वा अयम् अभूद् यं गाथया समस्राक्षुः । एतेमं जहामेति । तम् अजहुः । तस्माद् धीनाद् देवा एतं[२] गाथायै रसं प्रावृहन्त । स एष प्रगाथो ऽभवत् । तद् यद् गाथायै रसं प्रावृहन्त, तत् प्रगाथस्य प्रगाथत्वम् । स हैष रस एव प्रवृढः[३] । रसेन हास्य स्तुतं भवति य एवं विद्वान् प्रगाथेन स्तुते । अथ ह वा अग्र ऋक् च गाथा च सदृश्याव् एवासतुर्, तान्यान्याम् अति । ते आजिम् ऐताम् । सैतम्[४] ऋग् गाथायै रसं प्रावृहत । स एष प्रगाथो ऽभवत् । तद् यद् गाथायै रसं प्रावृहत, तद् व् एव प्रगाथस्य प्रगाथत्वम् । स हैष रस एव प्रवृढः[३] । रसेन हास्य स्तुतं भवति य एवं विद्वान् प्रगाथेन स्तुते ॥ ४१ ॥

[१] ग एतेमम [२] ग नास्ति [३] ग प्रवृद्धः [४] ग सैताम्

तस्मिन्न् उ ह देवा विराजम् अन्नाद्यं ददृशुर् मिथुनं प्रजननम् । तद् यच् चतुष्पदा प्रथमा भवति त्रिपदे उत्तरे द्वे, तानि दश पदानि संपद्यन्ते । दशाक्षरा विराड्, अन्नं विराट् । एतां ह तद् ददृशुः । अथ यद् बृहतीति पूर्वाम् आचक्षते प्रगाथ इत्य् उत्तरे तद् उ मिथुनं प्रजननम् । [१]तस्मिन्न् उ हैव[१] वसिष्ठो विराजम्[२] अन्नाद्यं [३]ददर्शाचतुरं मिथुनं[३] प्रजननम् । तद् यच् चतुष्पदा प्रथमा भवति द्विपद उत्तराम् तिस्रस् तानि दश पदानि

संपद्यन्ते । दशाक्षरा विराड्, अन्नं विराट् । एतां ह तद् ददर्श । एकेति तद् एका, द्वे इति तत् तिस्रस्, तिस्र[४] इति तत् षट्, चतस्र इति तद् दश । सो एव विराट् । एक इत्य् एकेति, द्वाव् इति द्वे इति, त्रय इति तिस्र इति, चत्वार इति चतस्र इत्य्, एतद् वा आचतुरं मिथुनं प्रजननम् । प्र मिथुनेन जायते य एवं वेद ॥ ४२ ॥

[१-१] क ग तस्मिन्नहैव [२] ग विराडम् [३-३] ग -चतुम्मिथुनं [४] ग नास्ति

तासु पौरुमुद्गम् । इळावान् पवमानः पौरुमुद्गेन क्रियते । पुरुमुद्ग आंगिरसः पशुकामस् तपो ऽतप्यत । स एतत् सामापश्यत् । तेनास्तुत[१] । स एताम् इळाम् उपैत्[२] । पशवो वा इळा । ततो वै स पशून् अवारुन्द्ध । तद् एतत् पशव्यं साम । अव पशून् रुन्द्धे बहुपशुर् भवति य एवं वेद । यद् उ [३]पुरुमुद्ग आङ्गिरसो ऽपश्यत् तस्मात्[३] पौरुमुद्गम्[४] इत्य् आख्यायते । देवाश् च वा असुराश् चाधि समुद्रम् अस्पर्धन्त । ते देवा अकामयन्त पूर्वं[५] एवासुरान् समुद्रे मज्जयेमेति । त एतत् सामापश्यन् । तेनास्तुवत । तेनासुरान् पूर्वे ऽमज्जयन् । तद् यत् पूर्वे ऽमज्जयंस् तद् व् एव पौरुमुद्गस्य पौरुमुद्गत्वम् । पूर्व एव द्विषन्तं भ्रातृव्यं मज्जयति य एवं वेद । तेषाम् उ यो य एवोदमज्जत् तस्यैतेनैव साम्ना प्राघ्नन् । तद् उ भ्रातृव्यहा । कस्माद् एतत् सामाहू रक्षोहेति । रक्षांसीव वा एतत् तान् अघ्नन् । हन्ति द्विषन्तं भ्रातृव्यम्, अव रक्षः पाप्मानं हते य एवं वेद ॥ ४३ ॥

[१] ग तेनास्तुवत [२] ग उपैत [३-३] ग नास्ति [४] ग पुरुमुद्गम् [५] ग पूर्वा

अथ गौतमम् । उभौ[१] वर्णौ समृद्ध्यै बार्हतं प्रस्तावेन राथन्तरम् ऊर्ध्वम् । गोतमो वै राहूगणो ऽकामयत सातसनि स्याम् इति । स एतत् सामापश्यत् । तेनास्तुत[२] । ततो वै स सातसनिर् अभवत् । सातसनयो ऽसामेति सत्रम् आसते । सातसनय एव भवन्ति । तद् ये च ह वै गोतमाद् ऋषयः पराञ्चो ये चार्वाञ्चस् ते गोतमम् एवर्षिम् उभय उपासते । एतं हि स महिमानम् अपश्यत् । ये च हास्मात् पराञ्चः पितरो भवन्ति, ये चार्वाञ्चस् त एनम् उभय उपासते य एवं वेद । यद् उ गोतमो राहूगणो[३] ऽपश्यत् तस्माद् गौतमम् इत्य् आख्यायते ॥ ४४ ॥

[१] ग उगौ [२] ग तेनास्तुवत [३] ग राहुगणो

अथान्तरिक्षम् । देवान् वा अन्तरिक्षं परेतान् असुरा अविध्यन् । ते ऽकामयन्तान्तरिक्षाद् एवान्तरिक्षेण विजित्य स्वर्गं लोकम् आरोहेमेति[१] । त एतत् सामापश्यन् । तेनास्तुवत । ततो वै[२] ते ऽन्तरिक्षाद् एवान्तरिक्षेण विजित्य स्वर्गं लोकम् आरोहन् । तद् एवान्तरिक्षस्यान्तरिक्षत्वम् । तद् एतद् विजिति स्वर्ग्यं साम । विजयते गच्छति स्वर्गं[३] य एवं वेद । अन्तरिक्षं वा एतद् अहः । लेलेव वा अन्तरिक्षम् । तद् यन् मध्येनिधनं भवति प्रतिष्ठित्या एव । तस्योभयतः पदं परिष्टोभत्य्[४] अन्तरिक्षस्य रूपम् । उभयत इव हीदम् अन्तरिक्षं परिष्टुब्धम् आभ्यां लोकाभ्याम् । तस्माद् उ हैतत् सामैतस्माद् अह्नो नान्तरित्यम् । अन्तरिक्षं वा एतद् अहर्, अन्तरिक्षम् एतत् साम । अहर् एवैतेन रोहति तुष्टुवानः । यद् उ देवा एतेन साम्नान्तरिक्षाद् एवान्तरिक्षेण विजित्य स्वर्गं लोकम् आरोहंस् तस्माद् अन्तरिक्षम् इत्य् आख्यायते ॥ ४५ ॥

[१] एवं क च। ग आरोहमेति [२] ग नास्ति [३] क स्वर्ग्यं [४] ग परिष्टोभवत्य्

अथ काण्वम्। कण्वो वै नार्षदो ज्योग् अप्रतिष्ठितश् चरन् सो ऽकामयत—प्रतितिष्ठेयम् इति। स एतत् सामापश्यत्। तस्य निधनं नापश्यत्। स वृषदंशस्य[1] क्षवत[2] उपाशृणोत्। तद् अपश्यत्। तेनास्तुत। ततो वै स प्रत्यतिष्ठत्। तद् एतत् प्रतिष्ठासाम। प्रतितिष्ठति य एवं वेद। यद् उ कण्वो नार्षदो ऽपश्यत् तस्मात् काण्वम् इत्य् आख्यायते। तिस्रो वाच ईरयति प्र वह्निर् इति [3]त्रिष्टुभो ऽन्त्या[3] भवन्ति तृतीयस्याह्नो रूपम्। तेनै[व] त्रीण्य् अहानि कल्पन्ते[4]।

ऋतस्य धीतिं ब्रह्मणो मनीषाम्।
गावो यन्ति गोपतिं पृच्छमानास् सोमं यन्ति मतयो वावशानाः ॥

इति [5]गोमतीः पशुमतीर्[5] भवन्ति, पशूनाम् एवावरुद्ध्यै। पशवो ह्य् एतद् अहः॥ ४६॥

[१] ग पृष्दंशस्य [२] ग क्षवप [३-३] ग त्रिष्टुभोन्त्य [४] ग कल्पयन्त [५-५] ग गोमतिः पशुमतिर्

तासु संक्रोशः। संक्रोशेन वै देवास् संक्रोशमाना स्वर्गं लोकम् आयन्। यत् संक्रोशमाना स्वर्गं लोकम् आयंस् तत् संक्रोशस्य संक्रोशत्वम्। तद् एतत् स्वर्ग्यं साम। संक्रोशमान एवैतेन स्वर्गं[1] लोकम् एति य एवं वेद। तद् व् एवाचक्षते ऽङ्गिरसां संक्रोश इति[2]। अंगिरसो वा अकामयन्त—संविदाना एव संक्रोशमाना स्वर्गं लोकम् इयामेति। त एतत् सामापश्यन्। तेनास्तुवत। ततो वै ते संविदाना एव संक्रोशमाना स्वर्गं लोकम् आयन्। यत् संक्रोशमाना स्वर्गं लोकम् आयंस् तद् व् एव संक्रोशस्य संक्रोशत्वम्। तद् एतत् स्वर्ग्यं साम। संविदान एवैतेन संक्रोशमान स्वर्गं लोकम् एति य एवं वेद। तच् छ्रीर् वै स्वर्गो[1] लोकः। अश्नुते श्रियं, गच्छति स्वर्गं लोकं, य एवं वेद। यद् व् अङ्गिरसो ऽपश्यंस् तस्माद् अङ्गिरसां संक्रोश[3] इत्य् आख्यायते। हूतिश् च ह खलु वा एते सामनी प्रतिश्रुतिश् च—हे[4] ये हो वा हा हो इत्य् एवानेनाङ्गिरसो ऽह्वयन्। हा[5] वा ओ वा इत्य् एतेन प्रत्यशृण्वन्। ते ह वा एते सामनी हूतिश् चैव प्रतिश्रुतिश् च, स्वर्ग्ये[6], स्वर्गस्य लोकस्य समष्ट्यै॥ ४७॥

[१] ग स्वर्ग [२] ग वति [३] ग संक्रोशत [४] ग हो [५] ग ह [६] ग स्वर्ग्यो

यद् द्याव इन्द्र ते शतं शतं भूमीर् उत[1] स्युः[2]।
न त्वा वज्रिन्[3] सहस्रं सूर्या अनु

इति यद् वै शतवत् सहस्रवत् तज् जगत्यै रूपम्। जागतम् एतद् अहः। न जातम् अष्ट रोदसी इतीमे ह वाव रोदसी। एते एवैतद् अभिवदति। आ पप्राथ महिना वृष्ण्या वृषन् विश्वा शविष्ठ शवसेति विश्ववतीर् भवन्ति। वैश्वदेवं ह्य् एतद् अहः। अस्मे[4] अव मघवन् गोमति[5] व्रजे वज्रिन् चित्राभिर् ऊतिभिर् इति[6] गोमतीः पशुमतीर् भवन्ति पशूनाम् एवावरुद्ध्यै। पशवो ह्य् एतद् अहः। तासु वैरूपम्। संवत्सरो वै विरूपो, विरूपा ऋतवो, विरूपा अर्धमासाः[7]। तद् यत् पञ्चनिधनं पञ्च ह्य् ऋतवो, यद् द्वादशनिधनं द्वादश हि मासा, यद् दिग्वद्[8] आक्रमणवत् तेन, यद्[9] विश्ववद् वैश्वदेवं ह्य् एतद् अहः। प्रजननं वा एतद् वैरूपम्। तद् यत् तृतीये ऽहन् क्रियते चतुर्थस्याह्नः प्रजात्यै। यद् देवा अभवंस् तद् असुरा अभवन्। ते देवा अश्वा अभवंस्, तद् असुरा नान्ववायन्। ततो वै देवा अभवन्,

परासुराः । भवत्य् आत्मना परास्य द्विषन् भ्रातृव्यो भवति[१०] य एवं वेद ॥ ४८ ॥

[१] ग इत [२] ग स्यु [३] ग वज्रं [४] एवं कोशयोस्संहितायां च [५] ग गोमती
[६] ग उति [७] ग अर्धमास्यास् [८] क दिश्वत् [९] ग य [१०] ग नास्ति

[१]तद् यद् अश्ववद् भवति भ्रातृव्यस्यैवापनुत्त्यै । अध्यर्धेळा[१] [२]तृतीयस्याह्नो ऽध्यर्धेळा[२] पञ्चमस्य । स यथा मण्डूक इद् कुर्याद् एवम् अत्रेद् कुर्यात् । तेनैव पञ्चमम् अहर् अयातयाम[३] क्रियते । सर्वा वै वाक् तृतीये ऽहन्न् आप्यते । तद् यद् एते वृकणावा भवन्त्य् उभय्या[४] एव वाच उपाप्त्यै, या च ग्राम्या या चारण्या । पञ्चनिधनं तु कार्यतरम् । भूयः प्रजननं, प्रजननस् संवत्सरः, प्रजनना ऋतवः, प्रजनना अर्धमासा, अथैतरद् एक-प्रजननं मासा एव । अथ वामदेव्यम् । पशवो वै वामदेव्यम् । पशुमन्त एव भवन्त्य् एनेन तुष्टुवानाः । वयं घ त्वा सुतावन्त इति सतोबृहतीर् आक्रमन्ते[५] ऽनपभ्रंशाय ॥ ४९ ॥

[१-१] ग नास्ति [२-२] ग यस्याह्नोऽध्यर्धेळा [३] ग आयातयाम [४] ग उभर्य्या [५] ग आक्षमन्ते

तासु वैष्टम्भम् । वैष्टम्भेन वै देवा असुरान् एभ्यो लोकेभ्यो निष्टभ्य स्व आयतने[१] सत्रम् आसत । वैष्टम्भेनैव द्विषन्तं भ्रातृव्यम् एभ्यो लोकेभ्यो निष्टभ्य स्व आयतने सत्रम् आस्ते य एवं वेद । नैष्टम्भं ह वै नामैतत् । तद् वैष्टम्भम् इत्य् आख्यायते । उदरं वा एतद् अहः । अन्नम् एतद् यद् वैष्टम्भम् । तद् यद् अत्र वैष्टम्भं क्रियते मध्यत एवैतद् आत्मनो ऽन्नाद्यं दधते । तस्माद् उ हेदं[२] पुरुषो ऽन्नेन विष्टब्ध इव । तरणिर् इत् सिषासतीति प्रज्ञाता स्तोत्रिया भवन्ति । तासु रौरवं त्रिरूपं त्रिपरिष्टोभं तृतीयस्याह्नो रूपम् । अग्निर् वै रुरू, रुद्रो ऽग्निः । यस्मात् पशवो ऽपक्रामन्त्य् अग्निर् एव तस्मात् पशून् अपक्रमयति । अथ यं पशव उपनमन्त्य् अग्निर् एव तस्मै पशून् उपनमयति । आग्नेयास् सत्रिण स्वैवैभ्यो देवता पशून् अवरुन्द्धे । तद् ऐळम् अच्छावाकसाम भवति । पशवो वा इळा । पशुष्व् एवैतत् प्रतितिष्ठन्ति ॥ ५० ॥

[१] क आयतये [२] क ग हैदं

तिस्रो वाच[१] उद् ईरत इत्य् आर्भवस्य पवमानस्य गायत्र्यो भवन्ति तृतीयस्याह्नो रूपम् । तेनैव त्रीण्य् अहानि कल्पन्ते ।

गावो मिमन्ति धेनवः ।
हरिर् एति कनिक्रदत् ॥

इति गोमतीः पशुमतीर् भवन्ति पशूनाम् एवावरुद्ध्यै । पशवो ह्य् एतद् अहः । अभि [२]व्रह्मीर् अनूषतेत्य्[२] अभीति भवति रथन्तरस्य रूपम् । राथन्तरम् एतद् अहः । राये[३] समुद्रांश् चतुर इति चतुर्थस्यैवाह्नः प्रजात्यै । अस्मभ्यं सोम विश्वत इति विश्ववतीर् भवन्ति । वैश्वदेवं ह्य् एतद् अहः । आ पवस्व सहस्रिण इति यद् वै शतवत् सहस्रवत् तज् जगत्यै रूपम् । जागतम् एतद् अहः । तासु गायत्रम् उक्तब्राह्मणम् । अथ पाष्ठौहम्[४] । पाष्ठौहीर्[५] आङ्गिरस स्वर्गकामस् तपो ऽतप्यत । स एतत् सामापश्यत् । तेनास्तुत[६] । ततो वै स स्वर्गं लोकम् आश्नुत । तद् एतत् स्वर्ग्यं साम । अश्नुते स्वर्गं लोकं य एवं वेद । यद् उ पाष्ठौहीर्[७] आङ्गिरसो ऽपश्यत् तस्मात् पाष्ठौहम् इत्य् आख्यायते । इतिश् च ह खलु वा

एते सामनी प्रतिश्रुतिश् च—हो ये हो वा हा हो **इत्य् एवैतेनाङ्गिरसो ऽह्वयन् ।** हा ओ वा ओ वा **इत्य् अनेन प्रत्यशृण्वन् । ते ह वा एते सामनी हूतिश् चैव[८] प्रतिश्रुतिश् च, स्वर्ग्ये[९], स्वर्गस्य लोकस्य समष्ट्यै ।** आ सोता परि षिञ्चतेति **परिवतीर् भवन्त्य् अन्तस्य[१०] रूपम् । अन्तो ह्य् एतद् अहः ॥ ५१ ॥**

[१] ग वाचा [२-२] क ग ब्रन्मीरनूषतेत्य् [३] एवं कोशयोस्संहितायां च [४] क नास्ति ग पाष्ठौहि [५] एवं कोशयोः [६] ग तेनास्तुवत [७] ग पष्ठौहीर् [८] ग चैवा [९] ग स्वर्गे [१०] ग अन्तरिस्य

तासु वाचस्साम । निष्कर्या देवास् सत्रम् आसते । ते स्वर्गं लोकं न प्रजानन्न् एतत् तृतीयम् अहः । ते ऽकामयन्त प्र स्वर्गं लोकं जानीयामेदं[१] तृतीयम् अहर् इति । तान् वाक्साम गायमानोपाप्लवत । तद् अपश्यन् । तेनास्तुवत । तेनार्ध्नुवन् । तेन स्वर्गं लोकं प्रजानन्न्[२] एतत् तृतीयम् अहः । तद् एतद् ऋद्धि स्वर्ग्यं साम । ऋध्नोति, गच्छति स्वर्गं[३] लोकं य एवं वेद । यद् ध वै शिवं शान्तं वाचस् तत् साम । सामन् वदतीति वा आहुः । साधु वदन्तं तद् यद् एतत् साम[४] भवति शिवेनैवैतद् वाचश् शान्तेन ऽयहं शमयन्ति । यद् उ वाक्साम[५] गायमानोपाप्लवत तस्माद् वाचस्सामेत्य् आख्यायते । सखाय आ नि[६] षीदत पुनानाय प्र गायतेति **प्रवतीः परिवतीर् भवन्ति[७] । तद् यत् प्रवतीर् भवन्ति चतुर्थस्यैवाह्नः प्रजात्यै । अथ यत् परिवतीर् अन्तस्य रूपम्—अन्तो ह्य् एतद् अहर्—[८]यो ऽन्तस् सो ऽन्तो ऽसद् इति[८] । परि परीति वा अन्तं पर्यन्ति ॥ ५२ ॥**

[१] ? ग जननीयाभेदं [२] ग प्रजननन्न् [३] क स्वर्ग्यं [४] ग सामा [५] ग वाक्सामा [६] ग नु [७] ग भवति [८-८] ग योतस्सोन्तोदिति

तासु शौक्तम् । अङ्गिरसो वै तपस् तेपाना अशोचन् । ते ऽकामयन्ताप[१] शुचं हनीमहीति । त एतत् सामापश्यन् । तेनास्तुवत । तेन शुचम् अपाघ्नत । तद् [२]यच् छुचम्[२] [३]अपाघ्नत तच्[३] छौक्तस्य शौक्तत्वम् । अप शुचं[४] हते य एवं वेद । शुक्तिर् आंगिरस स्वर्गकामस् तपो ऽतप्यत । स एतत् सामापश्यत् । तेनास्तुत[५] । ततो वै स स्वर्गं लोकम् आश्नुत । तद् एतत् स्वर्ग्यं साम । अश्नुते स्वर्गं लोकं य एवं वेद । [६]यद् उ शुक्तिर्[६] आङ्गिरसो ऽपश्यत् तस्माच् छौक्तम् इत्य् आख्यायते । सुतासो मधुमत्तमास् सोमा इन्द्राय मन्दिन **इति मद्वतीर् भवन्ति । रसो वै मदः । धीतम् इवैतद्[७] यत् तृतीयसवनम् । तद् यद् एता मद्वतीर् भवन्ति रसम् एवास्मिन्न् एतद् दधत्य् ऐवैनद् एतेन प्याययन्ति ।** पावित्रवन्तो अक्षरन् देवान् गच्छन्तु[८] वो मदा **इत्य् अभिपूर्वम् एवास्मिंस् तद् [९]रसं मदं दधति[९] ।**

इन्दुर् इन्द्राय पवत इति देवासो अब्रुवन् ।
[१०]वाचस् पतिर् मखस्यते[१०] विश्वस्येशान[११] ओजसा ॥

इति विश्ववतीर् भवन्ति । वैश्वदेवं ह्य् एतद् अहः । सहस्रधारः पवते समुद्रो वाचमीङ्खय **इति यद् वै शतवत् सहस्रवत् तज् जगत्यै रूपम् । जागतम् एतद् अहः ॥ ५३ ॥**

[१] क कामायन्ताप ग कामायन्त [२-२] ग यच्छुंश्चम् [३-३] ग अपाघ्नतश् [४] ग शुवा [५] क ग तेनास्तुवत [६-६] ग यदुक्तिर् [७] ग इवैकतद् [८] ग गच्छन्तं [९-९] ग रस मदन्द्रयति [१०-१०] क वाचस्पतिम्मुखस्यते ग वाचस्पतिम्मखस्यते [११] ग अश्वस्येशान

तासु गौरिवीतम्[१] उक्तब्राह्मणम् । अथ त्वाष्ट्रीसाम वीरजननं साम । अस्य वीरो जायते य एवं वेद । अथो चतुर्थस्यैवाह्नः प्रजात्यै । प्रजननं ह्य् एतद् यत् त्वाष्ट्रीसाम । तन् मध्येनिधनं भवति प्रतिष्ठायै । समुद्रं वा एतेनारम्भणं[२] प्रप्लवन्ते[३] य आभवं पवमानम् उपयन्ति । यद् यन् मध्येनिधनं भवति प्रतिष्ठित्या एव । तद् उ[४] निषिद्धम् इव भवत्य् अन्तस्य रूपम् । अन्तो वै स्वर्गो लोकानाम् । स्वर्गायैतल् लोकायाह्रियते[५] यत् तृतीयम् अहः । तद् यद् एतन् निषिद्धम्[६] इव भवति स्वर्गस्यैव लोकस्यात्यतिपादाय । पवित्रं ते विततं ब्रह्मणस् पत इति पवित्रवतीर् भवन्ति । पवित्रम् इव वा इदं विततं यद् अन्तरिक्षम् । अन्तरिक्षभाजनम् एतद् अहः । प्रभुर् गात्राणि पर्य् एषि विश्वत इति विश्ववतीर् भवन्ति । वैश्वदेवं ह्य् एतद् अहः । [७]अतप्ततनूर् न तद्[७] आमो अश्नुते शृतास[८] इद् वहन्तस् [९]सं तद् आशतेति[९] समष्ट्यै ।

तपोष् पवित्रं विततं दिवस् पदे शोचन्तो अस्य तन्तवो व्य् अस्थिरन् ।
अवन्त्य्[१०] अस्य पवितारम् आशवो दिवः पृष्ठम् अधि तिष्ठन्ति तेजसा ॥

इति स्वर्गस्यैव लोकस्य समष्ट्यै ।

अरूरुचद्[११] उषसः पृश्निर् [१२]अग्रिय उक्षा[१२] मिमाति भुवनेषु वाजयुः ।
मायाविनो ममिरे अस्य मायया नृचक्षसः पितरो गर्भम् आ दधुः ॥

इति पुनर् एवैतत् तृतीये ऽहनि गर्भम् आदधति चतुर्थस्यैवाह्नः प्रजात्यै ॥ ५४ ॥

[१] क ग गौरुवीतम् [२] ग एतेनारंभनं [३] ग प्रप्लुन्ते [४] ग अधिपाठः एवतदु [५] ग लोकानांयाह्वयते [६] ग निषिद्धयम् [७–७] क अतप्ततनूर्णतद् ग अतप्तदनूर्णतद् [८] ग स्रतास [९–९] एवं कोशयोस्संहितायां च [१०] ग अवत्य् [११] ग अरुरइचद् [१२–१२] क ग अग्रयुरुक्षा

तास्व्[१] अरिष्टं यज्ञस्यैवारिष्ट्यै । यद् ध वै किं च यज्ञस्य दुष्टुतं दुश्शस्तं[२] विधुरं[३] तस्य ह वा एतद् अरिष्ट्यै । अरिष्टो[४] ह वा एतेन यज्ञः । देवा वा एतं द्वादशरात्रम् अतन्वत । तेषां यद् यद् अरिष्यत्[५] तद् अरिष्टेनारिष्टम् अकुर्वत । तद् अरिष्टस्यारिष्टत्वम् । अरिष्टेन द्वादशरात्रेण पाप्मानं तरति श्रियम् अश्नुते य एवं वेद । तत्[६] त्रीळं भवति—पशवो वा इळा । पशव एतद् अहर्—अभिपूर्वाणाम् एव पशूनाम् अवरुद्ध्यै[७] । भेषजं ह खलु वै तिस्र इळाः । एतद् ध वै शिवं शान्तं वाचो[८] यत्[९] तिस्र इळाः । तद् यत् त्रीळं तृतीये ऽहनि भवति तेनैव त्रीण्य् अहानि शमयन्ति । अथ यज्ञायज्ञीयम् उक्तब्राह्मणम् । प्र मंहिष्ठाय गायतेति प्रमंहिष्ठीयम् उक्तब्राह्मणम् । तं ते मदं गृणीमसीति मद्वतीर् भवन्ति । अभिपूर्वम् एवैतत् तृतीयसवने रसं मदं दधति । तासु हारिवर्णम् उक्तब्राह्मणम् । तच् चतुरक्षरणिधनं भवति—चतुष्पदा[१०] वै पशवः । पशव[११] उष्णिग्—अभिपूर्वाणाम्[१२] एव पशूनाम् अवरुद्ध्यै ॥ ५५ ॥

[१] ग त्वास्व् [२] ग दुरीस्तं [३] ग विदुरं [४] ग नास्ति [५] ग अरिष्ट्य [६] ग नास्ति [७] ग अरुद्ध्यै [८] क वाचे [९] ग यस् [१०] ग चतुष्पादा [११] ग नास्ति [१२] ग अणिपूणर्वाणाम्

श्रुधी [१]हवं तिरश्च्या[१] इति [२]तैरश्चम् । ऊर्ध्वान् वा[२] अन्ये लोकान् देवाश् चर्षयश् चाजयन्[३] । अथ तिरश्चिर् आंगिरसो ऽकामयत—तिरश्चो ऽहं लोकाञ्[४] जयेयं, येनेमा आप स्यन्दन्ते, येनायं वायुः पवते, [५]येनासाव् आदित्य[५] एति, येन चन्द्रमा येन नक्षत्राणीति । स एतत् सामापश्यत् । तेनास्तुत[६] । तेन तिरश्चो लोकान् अजयद्, येनेमा[७]

आप स्यन्दन्ते, येनायं वायुः पवते, येनासाव् आदित्य एति, येन चन्द्रमा येन नक्षत्राणि। ऊर्ध्वान्[८] ह वा अन्यैः कर्मभिर् लोकाञ् जयन्ति। अथैतेन तिरश्च उभयान् लोकान् सध्रीचः। जयति[९] तिरश्चश् चोर्ध्वांश् च य एवं वेद। तिरश्चिर् हांगिरसश् चकमे—ऽव वीरांश् च पशूंश् च रुन्धीयेति। स एतत् सामापश्यत्। तेनास्तुत[६]।

श्रुधी हवं तिरश्च्या इन्द्र यस् त्वा सपर्यति।
सुवीर्यस्य गोमतो [१०]रायस् पूर्धि[१०] महं[११] असि॥

इत्य् एव वीरांश् च पशूंश् चावरुन्द्धे[१२]। तद् उ वीराणां च पशूनां चावरुद्धिः। अव[१३] वीरांश् च पशूंश् च रुन्द्धे य एवं वेद। यद् उ तिरश्चिर् आंगिरसो ऽपश्यत् तस्मात् तैरश्चम् इत्य् आख्यायते। देवान्[१४] वै स्वर्गं[१५] लोकं यतो रक्षांस्य् अन्वसचन्त[१६]। ते ऽकामयन्ताप रक्षांसि हनीमहीति। त एतत् सामापश्यन्। तद् देवपुराम् एव कृत्वा तिर्यक् पर्यौहन्। तेन रक्षांस्य् अपाघ्नत। तद् उ रक्षसाम् अपहतिः। अप रक्षः पाप्मानं हते य एवं वेद। तद् ऐळम् अच्छावाकसाम भवति। पशवो वा इळा। पशुष्व् एवैतत् प्रतितिष्ठन्ति॥ ५६॥

[१-१] ग ह भवन्तिरश्चा [२-२] ग तैश्चमूर्ध्वांत्रा
[३] ग चजयन् [४] ग लोकञ् [५-५] ग
येनासादित्य [६] ग तेनास्तुवत [७] क ग
अधिपाठः येनेमा [८] ग ऊर्ध्वा [९] ग
जयन्ति [१०-१०] ग रायस्फूर्द्धि [११]
एवं कोशयोस्संहितायां च [१२] ग चाव-
रुन्ध [१३] ग अयं [१४] क ग देवा [१५]
ग स्वर्गं [१६] ग अन्वसवन्त

यदाप्यते यज्ञ, आप्यन्ते छन्दांस्य्, आप्यन्ते देवता, आप्यन्त इमे लोका, अथ केन चतुर्थम् अहस् तायत इत्य् आहुः। वाचैवेति ब्रूयात्। वाग् एव तत उच्छिष्यते ऽक्षरम् एव त्र्यक्षरं परिशिष्यते। तद् एवोत्तरं त्र्यहम् अनुविदधाति। यद् आहाप्यते यज्ञ इति—प्रातस्सवनभाजनं प्रथमम् अहर्, माध्यन्दिनभाजनं द्वितीयं, तृतीयसवनभाजनं तृतीयं—तेन यज्ञ आप्यते। यद् आहाप्यन्ते छन्दांसीति—गायत्रं प्रातस्सवनं, त्रैष्टुभं माध्यन्दिनं सवनं, जागतं तृतीयसवनं—तेन छन्दांस्य् आप्यन्ते। यद् आहाप्यन्ते देवता इति—वसूनां प्रातस्सवनं, रुद्राणां माध्यन्दिनं सवनम्, आदित्यानां तृतीयसवनं—तेन देवता आप्यन्ते। यद् आहाप्यन्त इमे लोका इति—इदं प्रातस्सवनम्, इदं माध्यन्दिनं सवनम्, अदस्[१] तृतीयसवनं—तेनेमे लोका आप्यन्ते। अक्षरम् एव त्र्यक्षरं परिशिष्यते। तद् एवोत्तरं त्र्यहम्[२] अनुविदधाति। यो वै चतुर्थे ऽहनीन्द्रं वेदेन्द्रियावान् भवति। [३]वाग् वाव[३] चतुर्थे ऽहनीन्द्रः। इन्द्रियावान् भवति य एवं वेद॥ ५७॥

[१] ग इदम् [२] ग त्रयःहम् [३-३] ग वाश्वा

एता भवन्ति [१]प्र त आश्विनीः[१] पवमान धेनव इति प्रवतीः[२] प्रायणीये ऽहन्। प्रणिनीयेणयं वा एतद् अहः। प्रेति गायत्र्यै रूपम्। गायत्र्या[३] एवैतद् रूपेण प्रयन्ति। दिव्या असृग्रन् पयसा धरीमणीति विराजाम् एवैतद् रूपम् उपगच्छन्ति। वैराजं ह्य् एतद् अहः। प्रान्तारिक्षात्[४] स्थावरीस् ते असृक्षतेत्य् [५]अन्तरिक्षवतीर् भवन्ति[५]। अन्तरिक्षभाजनं वै तृतीयम् अहः। तृतीयाद् अह्न एतत् प्रजातम्। ये त्वा मृजन्त्य् ऋषिषाण वेधस इति मृजन्तीव [६]वै जातम्[६]। जायत उ एतेनाह्ना। उभयतः पवमानस्य रश्मय इत्य् उभाभ्यां ह वा एतत्[७] त्र्यहाभ्यां प्रजनयन्ति। प्रैव पूर्वस्माज् जनयन्ति, तन्वत उत्तरस्मात्। ध्रुवस्य सतः पर्यन्ति केतव इत्य् अहर् वै ध्रुवं छन्दांसि केतवः। स यथा श्रान्तान् अनडुह [८]ऊर्ध्वांस् तान्[८]

द्विपरिणायं[9] धुरि युञ्ज्युर् एवम् एवैतद् द्विपरिणायं छन्दांसि युञ्जन्त्य् आस्तेष्व् अहस्सु। यदि पवित्रे अधि मृज्यते हरिर् इति मृजन्तीव वै जातम्। जायत उ एतेनाह्ना[10]। सत्ता नि योनौ कलशेषु सीदतीति [11]सोमम् एवैतत्[11] प्रत्यक्षम् अनुवदन्ति[12]। विश्वा[13] धामानि विश्वचक्ष ऋभ्वसः[14] प्रभोष् टे सतः पर्यन्ति केतव इत्य् अग्निर् ह वा इमान् लोकान् अनु प्रभुः। तम् एवैतत् प्रातस्सवनात् प्रजनयन्ति। तं प्रजातं माध्यन्दिने[15] सवने मन्थन्ति। व्यानशी पवसे सोम धर्मणा पतिर् विश्वस्य भुवनस्य राजसीति स ह्य् अस्य विश्वस्य भुवनस्य राजति ॥ ५८ ॥

[१-१] ग प्रात आश्विज [२] ग प्रवृतिः [३] ग गायत्र्य [४] ग अधिपाठः तदहः प्रान्तरिक्षात् [५-५] ग अन्तरिक्षवतिर्भवति [६-६] ग वैजात-जातम् [७] ग एतम् [८-८] एवं च। क ग ऋस्तां [९] ग परिणायं [१०] ग एतेनान्हः [११-११] ग सोमनेवैतत् [१२] ग अवदन्ति [१३] ग विश्व [१४] ग ऋभ्वसुः [१५] ग माध्यन्दिनं

ता एता भवन्ति जगत्यो[1] गायत्रवर्णा अह्नो रूपेण समृद्धाः। यत्र वा अहारूपेण[2] समृद्धयन्ति सं तत्र ऋध्यते। सम् अस्मा ऋध्यते य एवं वेद। एतस्य ह वै सन्धेर् अर्पणं न ददृशे। जगदन्तःपूर्वस् त्रियहो भवति। जगत्यैतद् अहः प्रतिपद्यन्ते। समाद् एवैतत् समम् उपयन्ति। यो वै स्तोम चतुर्युजं वेद वहन्त्य् एनं चतस्रस् संयुक्ताः। जगदन्तःपूर्वस् त्रियहो भवति। जगत्यैतद् अहः प्रतिपद्यन्ते। स यथा [3]प्रष्टिं प्रष्टियुगाय[3] नियुञ्ज्याद्[4] एवम् एवैतत् पूर्वस्मिंस् त्रियह[5] उत्तरं त्र्यहम् अनुनियुनक्ति। वहन्त्य् एनं चतस्रस् संयुक्ता य एवं वेद। यो ह खलु वै व्यूढच्छन्दास्[6] स समूढच्छन्दा, यस् समूढच्छन्दास् स व्यूढच्छन्दाः[7]। जगदन्तःपूर्वस् त्रियहो भवति। जगत्यैतद् अहः प्रतिपद्यन्ते[8]। समाद् एवैतत् समम् उपयन्ति। त्रिष्टुबन्तो द्वितीयस् त्र्यहो भवति। त्रिष्टुभा तृतीयं[9] त्रियहं प्रतिपद्यन्ते[10]। समाद् एवैतत् समं संक्रामन्ति यत्रान्तस् तृतीयस् त्रियहो भवति। गायत्र्या दशमम् अहः प्रतिपद्यन्ते। समाद् एवैतत् समं संक्रामन्तो यन्ति। एष ह वाव समूढच्छन्दाः। पवमानो अजीजनद् इति जनद्वान् अनुरूपो भवति। षोडशिनम् एवैतत् प्रातस्सवनात् प्रजनयन्ति। तं प्रजातं तृतीयसवन आरभन्ते। तद् आहुर् अह्न एव रूपं स्तोत्रियेणारभन्ते ऽनुरूपेण साम्न इति स्तोत्रियानुरूपौ भवतः। प्राणो वै स्तोत्रियो, ऽपानो ऽनुरूपः। प्राणापानाभ्याम् एवैतत् समृध्य प्रयन्ति ॥ ५९ ॥

[१] ग ऋगत्यो [२] ग आहारूपेण [३-३] क पृष्टिं पृष्टियुगाय ग पृष्टिं पृष्टियुगाय [४] एवं क। ग वियुज्यद् [५] एवं कोशयोः [६] ग वरुढञ्छन्दास् [७] ग मूढेछन्दा [८] ? क प्रपद्यन्ते ग प्रवद्यन्ते [९] ग तृतीय [१०] ग प्रवद्यन्ते

दिवश् चित्रं न तन्यतुं[1] ज्योतिर् वैश्वानरं बृहद् इति[2] बृहतो रूपम् उपगच्छन्ति। बार्हतं ह्य्[3] एतद् अहः। पवमानस्य ते रसः, पवमान रसस् तवेति [4]समानम् अनुतुदति[4] वैराजरूपम्। अनुतुन्नं हि वैराजस्य रूपम्। प्र यद् गावो न भूर्णय[5] इति प्रायणीयरूपम् एवैतद् उपगच्छन्ति। प्रायणीयं ह्य् एतद् अहः। त्वेषा अयासो अक्रमुर् घ्नन्तः कृष्णाम् अप त्वचम् इति पाप्मा वै कृष्णा त्वक्। ताम् एवैतेनापघ्नते। सुवितस्य वनामहे अति सेतुं दुराय्यम्[6] इति पूर्वो ह वै त्रियहस् सेतुर् दुराय्यस्[7] तम् एवैतेनातितरन्ति।

शृण्वे[8] वृष्टेर्[9] इव स्वनः पवमानस्य शुष्मिणः।
चरन्ति विद्युतो दिवि ॥

इति बृहतो रूपम् उपगच्छन्ति[१०]। बार्हतम् ह्य् एतद् अहः।

आ पवस्व महीम् इषं गोमद् इन्दो हिरण्यवत्।
अश्ववत् सोम वीरवत्॥

इति गोमतीः पशुमतीर् भवन्ति पशूनाम् एवावरुद्धयै।

पवस्व विश्वचर्षण आ[११] मही रोदसी [१२]पृणा।
उषास्[१२] सूर्यो न रश्मिभिः॥

इति सूर्यवतीर् भवन्ति। सौर्यं ह्य् एतद् अहर् एकविंशं प्रतिष्ठा वैराजम्।

परि नश् शर्मयन्त्या धारया सोम विश्वतः।
सरा रसेव विष्टपम्॥

इति परिवतीर् भवन्त्य् अन्तस्य रूपम्। अन्तो ह्य् एतद् अहः।

आशुर् अर्ष बृहन्मते परि प्रियेण धाम्ना।
यत्र देवा इति ब्रुवन्॥
परिष्कृण्वन्न् अनिष्कृतम्
अयं स यो दिवस् परि

इति परिपरीति भवत्य् अन्तस्य रूपम्। अन्तो वा अनुष्टुप् छन्दसाम्। आनुष्टुभम् एतद् अहः॥ ६०॥

[१] क तन्यतं ग तन्यतु [२] ग अति [३] ग नास्ति [४-४] ग समानतनुतदति [५] ग भूयर्णय [६] एवं कोशयोस्संहितायां च [७] ग दाराय्यस् [८] ग शृण्वो [९] ग विष्टेर् [१०] ग उपमुपगच्छन्ति [११] ग तृ [१२-१२] ग वृणोषंस्

षड्ऋचं भवति—षड् वा ऋतव—ऋतूनाम् एवाप्त्यै। तद् आहुर् यत् षड्ऋचं षष्ठस्याह्नो रूपम्, अथ कस्माच् चतुर्थे ऽहन् क्रियत इति। स ब्रूयात् षड् वा ऋतवस् संवत्सरस्, संवत्सरः प्रजापतिर् यज्ञः। संवत्सरम् एवैतेन प्रजापतिं यज्ञम् आप्त्वा सवनमुखे पुनर् आरभन्ते। आप्यत इव ह्य् एतद् यज्ञो यद् एष पूर्वस् त्र्यह आप्यत इति। उत्तरं षड्ऋचं भवति। अभिपूर्वम् एवैतेन यज्ञम् आरभन्ते। हिन्वन्ति सूरम् उस्रय इति हिन्वन्तीव वै जातम्। जायत उ एतेनाह्ना। स्वसारो जामयस् [१]पतिम् इतीमा[१] ह वाव स्वसारः। इमा उ एव जामयः। महाम् इन्दुं महीयुव इतीमा ह वाव महीयुवः। ता एवैनम् एतद् धिन्वन्ति। पवमान रुचारुचेति रुक्मत्[२] सौर्यरूपम् उपगच्छन्ति। सौर्यं ह्य् एतद् अहर् एकविंशं प्रतिष्ठा वैराजम्।

आ पवमान सुष्टुतिं वृष्टिं[३] देवेभ्यो दुवः।
इषे[४] पवस्व संयतम्[५]॥

इति पर्यासो भवति प्रजानां धृत्यै पशूनाम् उपस्थित्यै। एकविंश स्तोमो भवति। द्वादश मासाः, पञ्चर्तवस्, त्रय इमे लोका, असाव् आदित्य एकविंशः। तास् संस्तुता द्वादश जगत्यो भवन्ति। ताश् चतुर्विंशतिर् गायत्र्यः। ता अष्टादशानुष्टुभः। आनुष्टुभम् एतद् अहः॥ ६१॥

[१-१] ग वतिस्पतीमा [२] ग रिक्मत् [३] क वृष्टिं ग पृष्ठिं [४] ग इतिष [५] ग सायतम्

जनस्य गोपा अजनिष्ट जागृविर् इत्य् आग्नेयम् आज्यं भवति जनद्वत्। एष ह वाव जनस्य गोपाः। तम् एवैतत् प्रातस्सवनात् प्रजनयन्ति। तं प्रजातं माध्यन्दिने सवने मन्थन्ति[१]। अग्निर् 'इति निर्' एवैनं तद् आह। सुदक्षस् सुविताय नव्यस इति प्राणा[३] वै दक्षः। प्राणान्

एवास्मिंस् तद् दधति । घृतप्रतीक इत्य्—एतद् वा अग्नेः प्रियं धाम यद् घृतं—प्रियेणैवैनं[4] तद् धाम्ना[5] समर्धयन्ति । बृहता दिविस्पृशेति बृहतो रूपम् उपगच्छन्ति । बार्हतं ह्य् एतद् अहः । द्युमद् वि भाति भरतेभ्यश् शुचिर् इतीमा ह वै प्रजा भारतीस्—ताभ्य एवैतच् छुचिर् विभाति[6] । अथो यद् एवैनेन भरता अग्र ईजिरे ऽथो यद् एवैष देवेभ्यो हव्यं वहति तस्माद् भारतः । त्वाम् अग्ने[7] आंगिरसो[8] गुहा हितम् इति त्वाम् इति भवति बृहतो रूपम् । बार्हतम् एतद् अहः । अन्व् अविन्दञ् छिश्रियाणं वनेवन इति वनेवन ह्य् एतं शिश्रियाणम् अन्वविन्दन् । स जायसे मथ्यमानस् सहो महद् इति प्रातस्सवनाद् ध वा एतम् अग्रे मन्थन्ति । तं प्रजातं माध्यंदिने सवने जनयन्ति । त्वाम् आहुस्[9] सहसस् पुत्रम् अङ्गिर इति सहसैवं[10] ह्य् एतं जनयन्ति । यज्ञस्य केतुम् इत्य् एष ह वाव यज्ञस्य केतुः । यत्र ह वै क[11] च सूयते तद् एष एव पुरस्तात् केतुर् उच्छ्रियते[12] ॥ ६२ ॥

[१] ग मन्थति [२-२] ग इतिग्निर् [३] ग प्राणो [४] क प्रियेणैवैन ग प्रियणैवैन [५] ग धामा [६] ग वभाति [७] ग आग्ने [८] एवं कोशयोः । संहितायां अंगिरसो [९] ग आशुस् [१०] ? ग सहस्वो [११] क ग त्व [१२] ग उश्छ्रीयते

प्रथमः[1] पुरोहितम् इति [2]पुर एव वा[2] एनम् एतद् दधते । यद् अग्निम् आदधत ऽग्निं नरस् त्रिषधस्थे सम् इन्धत इतीमा ह वै प्रजा नरः । ता एवैनम् एतत् समिन्धत । इन्द्रेण देवैस् सरथं स बर्हिषि सीदन् नि होता यजथाय सुक्रतुर् इति सर्वदेवत्यं भवति । सर्वदेवत्यं ह्य् एतद् अहर् आनुष्टुभम् । सर्वदेवत्यो वा अनुष्टुप् । अयं वां मित्रावरुणेति मैत्रावरुणं भवति । पुनः-प्रोक्तिर् ह वा एषा हविषः । सं ह वा एतद् यज्ञस् तिष्ठते यद् एष पूर्वस् त्र्यह आप्यते । यन् नु वो परो यज्ञ इति ह वा एतद् देवेभ्यः प्राहुः । तस्माद् उ हैतद् द्वितीयं यजमान आज्यं कुर्वीत ।

राजानाव् अनभिद्रुहा[3] ध्रुवे सदस्य् उत्तमे ।
सहस्रस्थूण[4] आसाते ॥

इति सहस्ररूपं विराजाम्[5] उपगच्छन्ति । वैराजं ह्य् एतद् अहः । ता सम्राजा[6] घृतासुती इति सम्राड्वतीर्[7] भवन्ति । साम्राज्यम्[8] इव ह्य् एतर्ह्य् अगच्छन् । इन्द्रो दधीचो अस्थभिर् इत्य् ऐन्द्रं भवति ॥ ६३ ॥

[१] एवं कोशयोः । संहियायां प्रथमं [२-२] क ग पुरूवा [३] ग -द्रूहो [४] ग सहस्रंरथूण [५] क विराजाम् [६] ग साम्म्राजा [७] ग समृध्वतीर् [८] ग सम्राज्यम्

दध्यङ्[1] ह वा आथर्वणस् तेजस्वी ब्रह्मवर्चस्य् आस । तं ह स्म यावन्तो ऽसुराः परापश्यन्ति ते ह स्म तद् एव विशीर्षाणश्[2] शेरते । स उ ह स्वर्गं लोकम् उच्चक्राम[3] । स हेन्द्रो[4] ऽसुरैर् अभिबाढ[5] उवाच क्व नु स 'दध्यङ्ङ् भवाद् इति[6] । तस्मै होचुः स्वर्गं वै भगवस् स लोकम् उदक्रामद् इति । स होवाच नैवास्येह किं चित् परिशिष्टम् अस्तीति । तस्मै होचुर् आसीद् एवेदम् अश्वशीर्षं येनाश्विभ्यां देववेदं[7] प्राब्रवीत् तत् तु न विद्म यत्राभवद् इति । तद् वा अन्विच्छतेति । तद् धान्वीषुः ।

इच्छन्न् अश्वस्य यच् छिरः पर्वतेष्व् अपश्रितम् ।
तद् विदच् छर्यणावति ॥

इति[8] । 'शर्यणावद् ध नामैतत्[9] कुरुक्षेत्रस्य जघनार्धे सरस्कम्[10] । तद् एतद् अनु-

विद्याजहुः । ११'तद् अस्मै'११ प्रायच्छन् । तद् ध स्मासुराणां प्रकाशे धारयति । तं ह स्म यावन्तोऽसुराः परापश्यन्ति ते ह स्म तद् एव विशीर्षाणश् शेरते ॥ ६५ ॥

[१] क दध्यर्भे [२] ग शीर्षाणश् [३] ग उच्चक्रमा [४] ग हन्द्रो [५] एवं च । क अबिभाढ ग अबिभिश्चाढ [६–६] ? ग दध्यन्दन्दभव-दिति [७] ? क वेदं ग देवदं [८] क ग छरियणावतीति [९–९] क ग शर्यणावर्द्धनामैतत् [१०–१०] एवं कोशयोः [११–११] ग तस्मै

स ह तैर् एवास्थिभिर् १'नव नवतीर्'१ जघानासुराणाम् । तद् एतद् भ्रातृव्यहा विजितिः ।

इन्द्रो दधीचो अस्थभिर् वृत्राण्य् अप्रतिष्कुतः२ ।
जघान नवतीर् नव ॥

इति । विजयते हन्ति द्विषन्तं भ्रातृव्यं य एवं वेद ।

अत्राह गोर् अमन्वत नाम त्वष्टुर् अपीच्यम् ।
इत्था चन्द्रमसो गृहे३ ॥

इति गोमतीः पशुमतीर् भवन्ति पशूनाम् एवावरुद्ध्यै । इयं वाम् अस्य मन्मन इत्य् ऐन्द्राग्नं भवति ।

इन्द्राग्नी पूर्व्यस्तुतिः ।
अभ्राद् वृष्टिर् इवाजनि ॥

इति । अजनीति वा आहुर् जातम् । जायत उ एतेनाह्ना ।

शृणुतं जरितुर् हवम् इन्द्राग्नी वनतं गिरः ।
ईशाना पिप्यतं धियः ॥
मा४ पापत्वाय ५नो नरेन्द्राग्नी५ माभिशस्तये ।
मा नो रीरधतं निदे ॥

इति पाप्मन६ एवैषोपहतिः । एकविंश स्तोमो भवति७ । द्वादश मासाः, पञ्चर्तवस्, त्रय इमे लोका, असाव् आदित्य एकविंशः । एतस्य वा एते सलोकतां गच्छन्त्य् एतम् अभ्यारोहन्ति ॥ ६६ ॥

[१–१] क ग नववतीर् [२] क अप्रतिष्क्रतो ग अप्रतिष्कुठता [३] क ग ग्रह [४] ग मा मा [५–५] ग नोन्नरेन्द्राग्नि [६] क पाप्मान [७] क ग भवन्ति

पवस्व दक्षसाधन इति माध्यन्दिनस्य पवमानस्य दक्षवतीर् गायत्र्यो भवन्ति । अहर् एवैताभिर् दक्षयन्ति, छन्दांसि दक्षयन्ति, देवता दक्षयन्ति, १षोडशिनं दक्षयन्ति१ । देवेभ्यः पीतये हरे मरुद्भ्यो वायवे मद इति मरुत्वतीर् भवन्ति । मरुत्वद् वै मध्यन्दिनस्य२ रूपम् । मध्यन्दिनस्यैव३ तद् रूपान् न यन्ति । सं देवैश् शोभते वृषेति वृषण्वतीर् भवन्ति बृहतो रूपम् । बार्हतम् एतद् अहः । पवमान धिया हितोऽभि योनिं कनिक्रदद् इति योनिमतीर् भवन्ति । योनेर् वै प्रजाः पशवः प्रजायन्ते । जनवद् एतस्य वैराजस्याह्नो रूपम् । धर्मणा वायुम् आ रुहेति वायुमतीर् भवन्ति—वायुर् वै शान्तिश्—शान्त्या एवानिर्दाहाय४ । तासु गायत्रम् उक्तब्राह्मणम् । अथ चतुर्णिधनम् आथर्वणं चतुर्थस्याह्नो रूपम् । अथर्वाण५ उपरि श्येनं स्वर्गं लोकम् आयन् । ते तत्र न प्रत्यतिष्ठन् । तेऽकामयन्त प्रति स्वर्गे लोके तिष्ठेमेति । त एतत् सामापश्यन् । तेनास्तुवत । ततो वै ते स्वर्गे लोके प्रत्यतिष्ठन् । तत् चतुर्निधनं भवति प्रतिष्ठायै । चतुष्पदीव प्रत्यतिष्ठाद्६ इति वा आहुः । सुप्रतिष्ठितं तद् एतत् स्वर्ग्यं प्रतिष्ठासाम । गच्छति स्वर्गं लोकं, प्रति स्वर्गे लोके तिष्ठति य एवं वेद । तद् उ ७भेषजम्

एव प्रायश्चित्तिः । अथर्भम् इवै भेषजं कुर्वन्ति[७] । भेषजम् एवैतेन प्रायश्चित्तिं कुर्वते । तद् अनुतुन्नं भवति । अनुतुन्नाद् वै[८] प्रजाः पशवः प्रजायन्ते । अनुतुन्नम्[९] एवैतस्य[१०] वैराजस्याह्नो रूपम् । तेन वै रूपसमृद्धम्[११] । यद् व् अथर्वाणो ऽपश्यंस् तस्माच् चतुर्णिधनम्[१२] आथर्वणम् इत्य् आख्यायते[१३] ॥ ६६ ॥

[१-१] ग नास्ति [२] ग माध्यन्दिनस्य [३] ग माध्यन्दिनस्यैव [४] ग एवानिर्दहाय [५] ग अथर्वण [६] क प्रत्यतिषाद् ग प्रतिष्ठाद् [७-७] ग नास्ति [८] ग वे [९] क अन्वतुन्नम् [१०] ग एवैतस्यै [११] ग वैरूपसमृद्धा [१२] ग चतुर्निधनं [१३] क ग अखायते

अथ निधनकामं वैराजम् । एवम् इव वै विराद् नैव स्वारं नैव [१]निधनवन् नैवैळं नैवर्क्समम्[१] । तद् वाङ्निधनं भवति । वाग् वै विराड्, विराज एवारम्भाय । विराजम् एवैतेन प्रत्यक्षम् आरभन्ते । तस्य हैतस्य निधन एव कामाः । स यं कामं कामयेत तं ध्यायेद्, एतस्य निधनम् उपावयन्[२] । स हैवास्मै कामस् समृध्यते[३] । यद् व् अस्य निधने[४] [५]कामास् तस्मान्[५] निधनकामं वैराजम् इत्य् आख्यायते । देवा वै स्वर्गकामास् तपो ऽतप्यन्त । त एतत् सामापश्यन् । तेनास्तुवत । ततो वै ते स्वर्गं लोकम् आश्नुवत । तद् एतत् स्वर्ग्यं[६] साम । अश्नुते स्वर्गं लोकं य एवं वेद । तस्यैतद् एव निधनं यम् एतं वैराजस्य स्तोत्रे ऽग्निं मन्थन्ति । तवाहं सोम रारणेति तवेति भवति बृहतो रूपम् । बार्हतम् एतद् अहः ।

सख्य इन्दो[७] दिवेदिवे ।
पुरूणि बभ्रो [८]नि चरन्ति[८] माम् अव [९]परिधींर् अति[९] तं इहि ॥

इत्य् अति [१०]ह्य् आयन्[१०] । तवाहं[११] नक्तम्[१२] उत सोम ते दिवा दुहानो बभ्र[१३] ऊधनीतीमे ह वावोधनी । एते[१४] एवैतद् अभिवदत्य्, एते एवास्मै सर्वान् कामान् दुहाते । घृणा तपन्तम् अति सूर्यं पर इति सूर्यवतीर् भवन्ति । सौर्यं ह्य् एतद् अहर् एकविंशं प्रतिष्ठा वैराजम् । शकुना इव पप्तिमेत्य् अति ह्य् अपतन् । तास्व् आष्टादंष्ट्रम् उक्तब्राह्मणम् । तद् ऊर्ध्वैळं भवति बृहतो रूपं बार्हते ऽहन् । तेन वै रूपं समृद्धम् ॥ ६७ ॥

[१-१] क निधनवन्नेवेळनैववर्क्समम् ग निधनवनैवळनैवत्समम् [२] एवं कोशयोः [३] क सम्मृध्यते [४] ग निधन [५-५] क कामास्तमास्तस्मान् [६] क ग स्वर्गं [७] ग इन्द्रो [८-८] ग निरच्चरन्ति [९-९] क परिधिंरयि ग परिधिं रत [१०-१०] ग ह्योयस् [११] एवं कोशयोः [१२] ग नमुक्तम् [१३] ग सभ्र [१४] ग वीते

अथाभीशवम् अभ्यारम्भो यज्ञस्य प्रत्यपसारो, ऽभ्य् एव पञ्चमम् अहर् आरभते प्रति तृतीयम् अपधावति । द्वादशाहेन वै देवा ऊर्ध्वा स्वर्गं[१] लोकम् आयन् । स एषाम् असंगृहीतो वीवास्रंसत । त एते सामनी अपश्यन् । ताभ्याम् एनं यथाभीशुभ्यां[२] रथं संगृह्यारोहेद् एवम् एवाभ्यां[३] संगृह्य स्वर्गं लोकम् आरोहन् । ते ऽब्रुवन् स्वर्गं लोकं गत्वा अभीशू वाव न इमे सामनी यज्ञस्याभूताम् इति । तद् एवाभीशवयोर् आभीशवत्वम् । ते एते स्वर्ग्ये[४] सामनी । अश्नुते स्वर्गं लोकं य एवं वेद । तस्माद् उ हैते सामनी उभे कार्ये । यथा हैकाभीशुना[५] यायाद् एवं तद् यद् अन्यतरद्, अथ[६] यथोभयाभीशुना यायाद् एवं तद् यद् उभे । तस्माद् उभे एव कार्ये । अत्रान्यत् स्यान् नवमे ऽहन्न् अन्यतरत् । अभीशुर् वै श्यावाश्विर्[७] अकामयत—देवा मे सोमस्य तृप्येयुर् इति । स एते सामनी अपश्यत् । ताभ्याम् अस्तुत । ततो वै तस्य देवास् सोमस्यातृप्यन् । तयोर् वा एतयोर्

अस्त्य् अपसिद्धम् इव यथैव तर्पयेद् एवम् । ए ए इति वा अपसेधन्तस् संतर्पयन्ति[८] । ते एते तृप्तिस्सामनी[९] । तृप्यन्त्य् अस्य देवास् सोमस्य य एवं वेद । यद् व् अभीशुश् श्यावाश्विर् अपश्यत्, तस्माद् आभिशवे इत्य् आख्यायेते[१०] ॥ ६८ ॥

[१] क स्वर्गं [२] ग यथाहिशुभ्यां [३] ग एवाभ्य [४] ग स्दर्गं [५] ग हैकमभीशुना
[६] ग अथा [७] ग श्यत्वाश्विर् [८] ग सर्पयन्ति [९] ग तृप्तिसामनी [१०] ग आख्यायते

अथ[१] चतुर्णिधनम्[२] आंगिरसं चतुर्थस्याह्नो रूपम् । अथो तेनैव चत्वार्य् अहानि कल्पन्ते । अंगिरसः पशुकामा स्वर्गकामास् तपो ऽतप्यन्त । त एतत् सामापश्यन् । तेनास्तुवत । त एतां मध्य इळाम् उपेत्य स्वर्य् उपरिष्टाद् उपायन् । पशवो वा इळा स्वर्गो[३] लोक स्वः । पशुषु वाव ते तद् आस्थाय स्वर्गं लोकम् अगच्छन् । तद् एतत् पशव्यं स्वर्ग्यं[४] साम । अव पशून् रुन्द्धे गच्छति स्वर्गं लोकं य एवं वेद । यद् व् अंगिरसो[५] ऽपश्यंस् तस्माच् चतुर्णिधनम्[२] आंगिरसम् इत्य् आख्यायते । अथैता भवन्ति— पुनानो अक्रमीद् अभीत्य् अभ्यतिक्रान्तिनीः । पराञ्चो ह्य् एतद्[६] इमान् लोकान् अभ्यतिक्रामन्ति[७] । आदित्यलोकम् एवाभीमे वै लोकाः । एष पूर्वस् त्र्यहः । आदित्यलोक एव चतुर्थम् अहः । तम् एवैतद् अभ्यतिक्रामन्ति[८] । आ योनिम् अरुणो[९] रुहद् इति योनिमतीर् भवन्ति । योनेर् वै प्रजाः पशवः प्रजायन्ते । जनद्वद् एतस्य वैराजस्याह्नो रूपम् । गमद् इन्द्रो वृषा[१०] सुत इति [११]वृषण्वतीर् भवन्ति[११] बृहतो रूपम् । बार्हतम् एतद् [१२]अहः । नू नो रयिं महाम्[१२] इन्दो ऽस्मभ्यं सोम विश्वत इति विश्ववतीर्[१३] भवन्ति । वैश्वदेवं ह्य् एतद् अहः । आ पवस्व सहस्रिणम् इति सहस्ररूपं विराजम्[१४] उपगच्छन्ति । वैराजं ह्य् एतद् अहः । तद् आहुर् यन्ति वा एते त्रिष्टुभः[१५] पवमानान्ताद् ये गायत्रीष्व् अन्त्यं कुर्वन्तीति । वृषण्वतीर् भवन्ति । [१६]वृषण्वद् वै[१६] त्रिष्टुभो रूपम् । तेन त्रिष्टुभः पवमानान्तान् न यन्ति । तासु सत्रासाहीयम् उक्तब्राह्मणम् । तद् [१७]उक्थसाम भवति—पशवो वा[१७] उक्थानि— पशूनाम् एवावरुद्ध्यै । तद् आहुर् उक्थसाम सत् पवमाने क्रियते कस्मात् तद् इति । प्रातस्सवनभाजनं[१८] प्रथमम् अहर्, माध्यन्दिनभाजनं[१९] द्वितीयं, तृतीयसवनभाजनं[२०] तृतीयम् । अथैतद् उक्थभाजनम् । तद् यद् अत्र सत्रासाहीयं क्रियते तेनैनद्[२१] उक्थेभ्यो न च्यावयन्ति । तद् एनत् स्वेनायतनेन[२२] समृद्धयन्ति । तेनैभ्यस् समृद्धेन स्वायां जनतायाम् अर्धुकं भवति । अथो पशवो वा उक्थान्य्, आत्मा मध्यन्दिनः[२३] । तद् यत् सत्रासाहीयं मध्यन्दिनम् अभि प्रत्याहरन्त्य् आत्मन्न् एवैतत् पशून् प्रतिष्ठापयन्ति ॥ ६९ ॥

[१] ग अथै [२] क ग चतुर्निधनम् [३] क स्वर्गे [४] क स्त्रर्गे [५] क ग आंगिरसो [६] ग एतम् [७] ग अभ्यतिक्रामति [८] ग अभ्यतिक्रामन्य् [९] क अरुणे [१०] क वृष ग वृषु [११-११] ग वृषण्वतिर् भवति [१२-१२] क अहर्नेरोरयिम्महाम् ग अहनूनोरथम्महाम् [१३] ग विश्ववति [१४] ग विराजां [१५] ग त्रिष्टुभं [१६-१६] ग वृषण्वच्चैव [१७-१७] ग नास्ति [१८] ग प्रातस्सवनंभाजनं [१९] ग माध्यन्दिनंभाजनं [२०] ग तृतीयसवनभाजां [२१] ग नैनद् [२२] ग स्वेनायतनो [२३] ग माद्धन्दिनः

प्रजननं वा एतद् यद् वैराजम् । तद् यन् मिथुनाभ्यां स्तोभाभ्याम्[१] आरभते मिथुनस्यैव प्रजात्यै । त्रयः पूर्वे[२] [३]स्तोभाद् एव[३] सत्यात् प्रजाः प्रजायान्ता इति, त्रय उत्तरे प्राणो ऽपानो व्यानः । त एव तेनोपधीयन्ते । [४]त्रिः पदम्[४] आह । मिथुनं द्वे

संभवतः। यन् मिथुनात् प्रजायते तत् तृतीयम्। त्रिर् अनुतुदति[५]। अनुतुन्नाद् वै प्रजाः पशवः प्रजायन्ते। प्र[६] प्रजया पशुभिर् जायते य एवं वेद। दशकृत्वो[७] विष्ठन्नोत्य्, [८]अस्थान्य् एव[८] तत् प्रतिवपति[९]। नवोत्तरे स्तोभा निधनं दशमं—दशाक्षरा विराड्, अन्नं विराड्—विराज एवान्नाद्यस्यावरुद्ध्यै। अग्निं[१०] मन्थन्ति। अग्निर् वै विराट्। विराजम् एव तद् अन्नाद्यं प्रजनयन्ति। हिंकृत्या प्रस्तुत्य मन्थन्ति। हिंकृताद् धि रेतो धीयते[११]। अथो साम्न एवैतन् मध्यतो विराजम् अन्नाद्यं प्रजनयन्ति। [१२]उद्गातुर् ऊरौ[१२] मन्थन्ति, प्रस्तोतृप्रतिहर्तारौ धारयतो, विराजो ऽनवच्छेदाय। दक्षिण ऊरौ मन्थन्ति। तस्माद् एष पुरुषस्यार्धो वीर्यवत्तरः। शकले ऽधि मन्थन्ति शान्त्यै। अवकाश्व् अधि मन्थन्त्य् अनतिदाहाय। तं जातम् आग्नीध्रं हरन्ति। अतो ह्य् अग्नीन् विहरन्ति। तद् उ वा आहुर् आहवनीयम् एव हार्यो[१३] यजमानो वा आहवनीयः प्रजैषा। यजमानम् एव तत् प्रजया समर्धयन्ति ॥ ७० ॥

[१] एवं कोशयोः [२] क पूर्वो [३-३] ग स्तोदेव [४-४] ग त्रीपेदम् [५] ग अनुष्टुतुदति [६] क नास्ति [७] क दकृत्नो ग शकृत्वोसि [८-८] ग अस्थान्यैव [९] ग प्रतिप्रवप्रति [१०] ग अग्निर् [११] ग यते [१२-१२] क उद्गातरूरौ ग उद्गातेर इरौ [१३] ग हार्य्या

तद् आहुर् अन्नाद्यं वा एतस्माद् घरन्ति यस्माद् अग्निं हरन्तीति[१]। तम् अनुमन्त्रयेत—

पुनर् ऊर्जा नि वर्तस्व[२] पुनर् अग्न इषायुषा।
[३]पुनर् नः पाह्य् अंहसः[३] ॥
सह रय्या[४] नि वर्तस्वाग्ने पिन्वस्व[५] धारया।
विश्वप्स्न्या विश्वतस् परि ॥

इति पुनर् एवान्नाद्यम् आत्मन् धत्ते। येन प्रस्तौति तेन निधनम् उपयन्ति। तस्माद् असाव् आदित्य आ च परा च संचरति[६]। यत एवाद्योदगात्[७] तत श्व उदेता[८]। अथ[९] वामदेव्यम्। पशवो वामदेव्यम्। पशुमन्त [१०]एव भवन्त्य् एनेन[१०] तुष्टुवानाः। विश्वाः पृतना अभिभूतरं नरस् सजूस्[११] ततक्षुर् इन्द्रं जजनुश् च राजस[१२] इति जनद्वतीर् भवन्ति। जनद्वद् एतस्य वैराजस्याह्नो रूपम् ॥ ७१ ॥

[१] ग हरन्ति [२] ग तस्व [३-३] ग पुनस्तः पाह्यांहसः [४] ग र्य्या [५] ग पिन्स्य [६] एवं क च। ग संत्वरति [७] ग एवान्नाद्योदकगात् [८] ग उद्त [९] ग अयं [१०-१०] क एवैनेन [११] ग समोस् [१२] ग राजास

तासु त्रैशोकम्। व्यवप्लीनातीव[१] वै[२] वैराजं[३] यज्ञम्। तं त्रैशोकेनोत्तभ्नुवन्ति वर्षीयसेव[४] छन्दसा। इमे वै[५] लोकास् सह सन्तस् त्रेधाव्यायन्। ते ऽशोचन् यथैकस् त्रेधा विच्छिन्नश् शोचेद्[६] एवम्। ते देवा अब्रुवन् एतेषां त्रयाणां लोकानां तिस्रश् शुचो ऽपहनामेति[७]। त एतत् सामापश्यन्। तेनास्तुवत। तेनैषां त्रयाणां लोकानां तिस्रश् शुचो ऽपाघ्नन्। तद् यद् एषां त्रयाणां लोकानां तिस्रश् शुचो ऽपाघ्नंस् तत् त्रैशोकस्य त्रैशोकत्वम्। अप शुचं हते य एवं वेद। ताः क्लीबे[८] कितवे पुंश्चल्यां न्यवेशयन्। तस्माद् एते शुचा विद्धाश् शोचन्ति। न हास्यैत आजायन्ते य एवं वेद। तस्माद् उ हैतेषां नो [९]ऽप ब्रूवीत[९] नेच् छुचो ऽपभजा[१०] इति। कण्वो वै नार्षदो[११] ऽसङ्गस्यासुरस्य दुहितरम् अविन्दत। तस्यां हास्य त्रिशोकनभाकौ[१२] पुत्रौ[१३] जज्ञाते। सा ह क्रुद्धा ज्ञातीन् आययौ।

तां हान्वाजगाम। तं हासुरा अवलेपेनावलिम्पन्त[१४] ऊचुर्—अत्र व्युष्टां[१५] [१६]विजानीहि यदि[१६] ब्राह्मणो ऽसीति। तद् उ हाश्विनाव् अनुबुबुधाते। आश्विना उ ह वै देवानां बद्धमुचौ। तौ हैनम् अदृश्यमानाव् पत्योचतुर्— यदैव[१७] त्वावं वीणां समाघ्नन्ता[१८] उपर्य् उपर्य् अतिपतावो[१९] ऽथ व्युष्टां विजानीताद् इति। ते ह[२०] स्मेमे[२१] [२२]रात्रिम् उत्पतन्त्य्[२२]— उत्तिष्ठत, [२३]व्यापद् धुर्, युङ्ग्ध्वं[२३] सीराणीति। [२४]न वाव नु व्युच्छतीति[२४] ह स्माह। अथ हेमौ वीणां समाघ्नन्ता उपर्य् उपर्य् अतिपेततुः। स होवाचापहरतेदम् एतर्हि[२५] [२६]व्यापद् धुर्, युङ्ग्ध्वं[२६] सीराणीति ॥ ७२ ॥

[१] ग प्यवप्लीनातीव [२] ग वत्रै [३] ग वैराजा [४] क वर्हीयसेव ग वर्षीयस्त्रे [५] ग अधिपाठः मेवै [६] ग शोचद् [७] ग पहरामेति [८] ग क्लीबाः [९-९] एत्रं क। ग प्रब्रूवीत [१०] क पभाजा [११] क नर्षदो [१२] ग त्रिशोकनभाक्र [१३] क पुत्रो ग पुतौ [१४] क अवलोपेनाव- [१५] ग प्युष्टां [१६-१६] ग विजानीह्यति [१७] क ग यथैत्र [१८] ग समाघ्नन्त [१९] क ग अतिपदावो [२०] ग नास्ति [२१] ग स्समे [२२-२२] ग रात्रिमत्पतन्त्य् [२३-२३] क ग व्यावद्युर्भग्ध्वं [२४-२४] ग न वाव न्नुव्यछतीति [२५] ग एही [२६-२६] क ग व्यावद्युर्दग्ध्वं

ते होचुर् ब्राह्मणो वा अयम् ऋषिर् आसीत्[१]। दुरपहरा[२] वा अस्य जाया। हन्तास्मा[३] इमां ददामेति। तां हास्मै ददुः। सा होवाच पुनर् वाव त्वा परोक्षेणेव[४] जिघांसन्ति। अश्रौषं वा एषां[५] [६]संवदमानानाम्। आसन्दीं[६] वै ते हिरण्मयीं प्रच्छाये[७] निधास्यन्ति[८]। तस्यां मोपवेशीर् इति। ते ह प्रययुः। तस्मै ह हिरण्मयीम् आसन्दीं प्रच्छाये[९] निदधुः। तस्यां ह प्रमत्त उपविवेश[१०]। सा[११] हैनं तद् एव शिला भूत्वाभिसंविवेष्टे[१२]। तद् उ ह त्रिशोकनभाकौ[१३] पुत्राव् अनुबुबुधाते—ऽसुरा[१४] ह वै नौ पितरं शिलयाभिसमविवेष्टन्न्[१५] इति। [१६]ताव् आगच्छताम्[१६]। सो ऽकामयत नभाकः— [१७]प्रैनान् दम्भयेयम्[१७] इति। स एतन् नाभाकं सूक्तम् अपश्यत्[१८]। तेनैनाम् अभ्यष्टौत्। तस्यां पर्यदृश्यत[१९]— ॥ ७३ ॥

[१] ग आसत् [२] ग दुपह [३] क हन्तस्मा ग यन्तस्मा [४] ग परोक्षेण [५] क अधिपाठः वा एषां [६-६] ग संवदमानानासन्दीं [७] ग पृश्छाये [८] क निधास्यन्ती [९] ग पृश्छायै [१०] क ग उपविवेशा [११] ग ता [१२] क भूत्वाहिसंविचेष्टे ग भूत्वाहिसंवित्रेष्टे [१३] ग त्रिशोकनभाका [१४] क ग हसुरा [१५] क शिलयाभिसमविचेष्टन्न् ग शिलयाभिसमहवेष्टन्न् [१६-१६] क तावागताम् ग पितावागछताम् [१७-१७] ग त्रेनांदंभयेपम् [१८] क ग अश्यत् [१९] ग पश्यदुश्यत

—यथा [१]मणौ मणिसूत्रं[१] परिदृश्येतैवम्। अथाकामयत[२] त्रिशोको—[३]व्य् एनाम्[३] अस्येयम् इति। स[४] एतत् सामापश्यत्। तेनैनां[५] द्वेधा व्यास्यत्[६]। तस्यै तान्तो निवर्तत[७]। तम् अकामयत[८] जीवेद्[९] इति। तम् ओ यि जीवेत्य् एवाभ्यमृशत्[१०]। सो ऽजीवत्। तस्मै तम इवासीत्। सो ऽकामयत दिवेवास्मै स्याद् इति। तम् ओ यि[११] [१२]दिवेत्य् एवाभ्यमृशत्[१२]। तस्मै दिवेवासात्। तम् अकामयत स्वर्गम् एवैनं लोकं गमयेयम् इति। तम् ओ यि दिवम् इत्य् एव स्वर्गं लोकम् अगमयत्। यस्य तान्त इव स्यात् तस्य ओ यि[११] जीवेति निधनम् उपेयात्। अथ यस्मै तम इव स्यात् तस्य ओ यि दिवेति निधनम् उपेयात्। अथ य स्वर्गकाम स्यात् तस्य ओ यि दिवम् इत्य् एव

निधनम् उपेयात् । एतानि वा एतस्य साम्नो निधनानि, एते कामाः । एतान् एव कामान् अवरुन्द्धे । यत्काम एवैतेन साम्ना स्तुते सम् अस्मै स काम ऋध्यते । यद् उ त्रिशोको ऽपश्यत् तस्मात् त्रैशोकम् इत्य् आख्यायते ॥ ७४ ॥

[१-१] ग मणिसूत्रं [२] क ग अथाकामयेत [३-३] क ग प्येनाम् [४] ग नास्ति [५] ग तेनैना [६] ग प्यास्य [७] ग निवर्त्तत [८] ग अकायत [९] ग जिमिवद् [१०] क एवाभ्य-मृशन् [११] क इ [१२-१२] ग देवेतेवा

योा राजा चर्षणीनाम् इति राज्यम् [१]इव ह्य् एतर्ह्य[१] अगच्छन् ।

याता[२] रथेभिर् अध्रिगुः[३] ।

[४]विश्वासां तरुता[४] पृतनानां[५] ज्येष्ठं[६] यो वृत्रहा गृणे ॥

इति ज्यैष्ठ्यम् इव [७]ह्य् एतर्ह्य[७] अगच्छन् ।

इन्द्रं तं शुम्भ पुरुहन्मन्न् अवसे[८] यस्य द्विता विधर्तरि ।

हस्तेन वज्रः [९]प्रति धायि दर्शतो[९] महान् देवो न सूर्यः ॥

इति सूर्यवतीर् भवन्ति । सौर्यं[१०] ह्य् एतद् अहर् एकविंशम् । प्रतिष्ठा वैराजम् । तासु पृश्नि । वाग् वै पृश्नि । वाचम् एतेनाक्षा समिच्छन्ति[११] । ताम् एवैतत् संविदन्ति । तद् व् एवाचक्षते भरद्वाजस्य पृश्नीति । भरद्वाजो वा अकामयत बहुः प्रजया पशुभिः प्रजायेयेति । स एतत् सामापश्यत् । तेनास्तुत । ततो वै स बहुः प्रजया पशुभिः प्रजायत[१२] । सो ऽब्रवीत् पृश्निर् वै बहुः प्रजया पशुभिः प्राजनिषीति[१३] । तत् पृश्निनः पृश्नित्वम् । तद् एतत् प्रजननं साम । बहुः प्रजया पशुभिः प्रजायते य एवं वेद । अथो ह स्मैतेनैव साम्ना भरद्वाजः पृश्न्य् अन्नाद्यम् अवरुन्द्धे । तद् व् अन्नाद्यस्यावरुद्धिस् [१४]साम । अवान्नाद्यं[१४] रुन्द्धे, ऽन्नाद श्रेष्ठ स्वानां भवति य एवं वेद । यद् उ भरद्वाजो ऽपश्यत् तस्माद् भरद्वाजस्य पृश्नीत्य् आख्यायते । तद् ऐळम् अच्छावाकसाम भवति । पशवो वा इळा । पशुष्व् एवैतत् प्रतितिष्ठन्ति[१५] ॥ ७५ ॥

[१-१] ग इवातेह्यतर्ह्य [२] ग यता [३] अन्भ्रिगुः [४-४] ग विश्वासान्तरिता [५] ग प्रतननाज् [६] एवं कोशयोः [७-७] ग हेतर्ह्द् [८] ग अविसे [९-९] ग प्रथोयदश्तो [१०] ग सायु [११] ग. यमिच्छन्ति [१२] एवं कोशयोः [१३] क प्रजनिषीति ग प्राजनिषिति [१४-१४] ग साम्यावाद्दाद्य [१५] क प्रतितिष्ठति ग प्रतिष्ठन्ति

परि प्रिया दिवः कविर् इत्य् आर्भवस्य पवमानस्य परिवतीर् गायत्र्यो भवन्त्य् अन्तस्य रूपम् । अन्तो वा अनुष्टुप् छन्दसाम् । आनुष्टुभम् एतद् अहः । प्रप्र क्षयाय पन्यस इति प्रायणीयरूपम् एवैतद् उपगच्छन्ति । प्रायणीयं ह्य् एतद् अहः । स सूनुर् मातरा शुचिर् जातो जाते अरोचयद् इति जनद्वतीर् भवन्ति । षोडशिनम् एवैतत् तृतीयसवनात् प्रजनयन्ति । तासु गायत्रम् उक्तब्राह्मणम् । अथौर्णायवम् । ऊर्णायुर् वै गन्धर्वो ऽप्सरसो ऽकामयत[१] । स एतत् सामापश्यत् । तेनास्तुत । तेन यां याम् अकामयत ताम् ईयाम् इति यां[२] याम् एवाभ्यमृशत्[३] [४]ताम् उपैत् ताम्[४] अवारुन्द्ध[५] । तद् एतत् कामसनि साम । एतं वै स कामम् अकामयत । सो[६] ऽस्मै कामस् समाध्यर्त । यत्काम एवैतेन साम्ना स्तुते, सम् अस्मै स काम ऋध्यते । यद् ऊर्णायुर् गन्धर्वो ऽपश्यत् तस्माद् और्णायवम् इत्य् आख्यायते ॥ ७६ ॥

[१] क भ्यकामयत [२] क या [३] ग एवाभ्यामृशत् [४-४] ग तामुपैतित्ताम्
[५] ग अवरुन्ध [६] ग सा

अङ्गिरस स्वर्गकामास् सत्रम् आसत । ते स्वर्गं लोकं न प्राजानन् । स श्वित्र[१] आंगिरसस् समिद्धारः परैत् । तम्[२] ऊर्णायुर् गन्धर्व एतेन साम्नोपरिष्टाद् अभ्यवपत्याब्रवीत्—साम वा इदं स्वर्ग्यं[३], तेन स्तुध्वं, तेन स्तुत्वैव स्वर्गं लोकं प्रज्ञास्यथ । मम त्व् एव साम ब्रूतात् । यस् त्वा पृच्छेत्—कस् त इदम् अवोचद् इत्य्, ऊर्णायुर् मे ऽवोचद् इत्य् एव ब्रूतात् । मैव[४] मद् अन्यस्य वोच इति । स पुनर् एत्याब्रवीत्—साम वा इदं स्वर्ग्यम्[३] । तेन स्तवामहै । तेन स्तुत्वैव[५] स्वर्गं लोकं प्रज्ञास्याम इति । तम्[६] अब्रुवन्—[७]कस् त[७] इदम् अवोचद् इति । अहम् एवादर्शम् इत्य् अब्रवीत् । तेनास्तुवत । तेन स्तुत्वैव स्वर्गं लोकं प्राजानन् । तेषां स्वर्गं लोकं यतां सो ऽहीयत । अनृतं ह्य् अब्रवीत्, स एष श्वित्रो[८] ऽभवत् । एते ह वा अहयो [९]यच् छित्राः[९] । यद् अहीयत तद् अहीनाम् अहित्वम्[१०] । अथ हान्ये [११]सर्पा एव[११] । तस्माद् उ ह यस्माद् एवानुब्रुवीत[१२], तं ब्रूयाद्—अमुष्माद् अन्ववोच[१३] इति । अथो ह सत्यम् एव विवदिषेत् । तद् एतत् स्वर्ग्यं साम । अश्नुते स्वर्गं लोकं य एवं वेद । त्वं ह्य् अंग दैव्येति त्वम् इति भवति बृहतो रूपम् । बार्हतम् एतद् अहः । पवमान जनिमानि द्युमत्तम इति जनद्वतीर् भवन्ति । षोडशिनम् एवैतत्[१४] तृतीयसवनात् प्रजनयन्ति ॥ ७७ ॥

[१] क श्वित्र ग श्वात्र [२] ग तद् [३] ग स्वर्गं [४] ग मेव [५] ग स्तुवैव [६] ग ताम् [७-७] ग स्त [८] क श्वित्रो ग श्रित्रो [९-९] क यच्चित्रा ग यश्वित्रय [१०] ग अहीत्वम् [११-११] ग सर्पाणव [१२] ग अवानुब्रवीत [१३] ग अन्वबोवाच [१४] ग अवैत

तासु बृहत्कं बृहताम् एकम् । एतेन ह वा एतद् अहर् बार्हतं क्रियते । देवा वै स्वर्गकामास् तपो ऽतप्यन्त । त एतत् सामापश्यन्[१] । तेनास्तुवत । तद् एनान्[२] बृहद् एव भूत्वा स्वर्गं लोकम् अवहत्[३] । तेनाब्रुवन्[४] स्वर्गं लोकं गत्वा[५]—बृहद् वाव[६] न इदं कम्[७] अभूद् येन स्वर्गं लोकं व्यापामेति । तद् एव बृहत्कस्य बृहत्कत्वम् । तद् एतत् स्वर्ग्यं साम । बृहद् अस्मै कं भवत्य्, अश्नुते स्वर्गं लोकं य एवं वेद ।

सोमः[८] पुनान ऊर्मिणा अव्यं[९] वारं वि धावति ।
अग्रे वाचः पवमानः कनिक्रदत्[१०] ॥

इत्य् अग्रम् इव भवति[११] । अग्रं [१२]ह्य् एतद्[१२] अहर् यद् बार्हतम् । धीभिर्[१३] मृजन्ति वाजिनम् इति मृजन्तीव[१४] वै जातम्[१५] । जायत उ एतेनाह्ना ।

[१६]असर्जि कलशं[१६] [१७]अभि मीढ्वान्[१७] सप्तिर् न वाजयुः ।
पुनानो[१८] वाचं जनयन्न् असिष्यदत् ॥

इति जनद्वतीर्[१९] भवन्ति । षोडशिनम् एवैतत् तृतीयसवनात् प्रजनयन्ति । सवनात् सवनाद् ध वै षोडशिनं प्रजनयन्ति ॥ ७८ ॥

[१] ग सामापश्यत् [२] ग एनात् [३] ग अहवत् [४] एवं ग च । क तेब्रुवन् [५] ग गत्वान् [६] क ग वाप [७] ग काम् [८] ग सोकामयत [९] ग प्यं [१०] ग कनिक्रद् [११] ग भगवति [१२-१२] ग येतद् [१३] ग धीर्भि [१४] ग मृजन्तेव [१५] ग वैजाताम् [१६-१६] क सज्जिकलशं ग सजजिशकलं [१७-१७] ग अभितमिढ्वान् [१८] ग पुनाना [१९] क जद्वतीर्

तास्व् आतीषादीयम्[1]। प्रजापतिः प्रजा असृजत। ता[2] अस्य सृष्टा अताम्यन्। सोऽकामयत न म इमाः प्रजास् ताम्येयुर् इति। स एतत् सामापश्यत्। तेनैना अभ्यमृशत्[3]। तास् समानन्। प्रेव मीयन्ते चतुर्थेनाह्नानुष्टुभं हि गच्छन्ति। [4]अनुष्टुब् वै[4] परा। परावत् सम् एवैतेनानन्ति। तस्माद् उ हैतस्य साम्न आतमितोर् निधनम् उपेयात् सर्वस्यायुषोऽवरुद्ध्यै। तद् आहुर् अताम्यन्न् एवोपेयात्। यदा[5] वै ताम्यत्य् अथ म्रियते। तस्माद् अताम्यन्न् एवोपेयाद् इति। देवा वै स्वर्गकामास् तपो ऽतप्यन्त। [6]त एतत्[6] सामापश्यन्। तेनास्तुवत। तद् एनान् साद एव भूत्वा स्वर्गं लोकम् [7]अवहत्। ते ऽब्रुवन्[7] एति वै साद इति। यद् अब्रुवन्न् एति[8] वै साद इति, तद् एतीषादीयस्यैतीषादीयत्वम्[9]। त उ स्वर्गं लोकं गत्वाब्रुवन् आत इव बत स्वर्गे लोके सदामेति। [10]तद् व् एवातीषादीयस्यातीषादीयत्वम्[10]। तद् एतत् स्वर्ग्यं साम। अश्नुते स्वर्गं लोकं य एवं वेद। अथैता भवन्ति पुरोजिती[11] वो[12] अन्धस इति विराजो ऽनुष्टुभो वैराजे ऽहन्, विराज एवान्नाद्यस्यावरुद्ध्यै। अथो यथान्यौ नवतरौ [13]चक्राव् उपास्येद्[13], एवम् [14]एवैताम् अनुष्टुभं[14] ऽयहमुखेषु पर्याहरन्ति स्वर्गस्य लोकस्य समष्ट्यै॥ ७९॥

[१] ग आतीषादायं [२] ग नास्ति [३] ग अभ्यमृषत् [४-४] ग अनुष्टुब्बुवै [५] ग यता [६-६] ग तदेत् [७-७] ग अवहत्य-ब्रूहन् [८] ग इति [९] ? क आतीषादीयस्योतीषादीयत्वम् ग एतेषादीयस्येतिषदीयत्वत् [१०-१०] ग तेदेवातिषादी- [११] ग पुराजिति [१२] ग नास्ति [१३-१३] ग चक्रा उवस्येद् [१४-१४] ग एवैतानुष्टुभम्

तासु नानदम्। नानदेन वा इन्द्रो वृत्रं नानद्यमानम् अहन्। यन् नानद्यमानम् अहंस् तन् नानदस्य नानदत्वम्। नानद्यमानम् एवैतेन[1] द्विषन्तं भ्रातृव्यं हन्ति य एवं वेद। तस्य षोडशभिर्[2] अक्षरैः प्रस्तौति। षोडशिनम् एवैतेन प्रत्यक्षम् आरभन्ते। औपोदितिर्[3] ह स्माह गौपालयो—विशालं लिबुजयाभ्यधात्[4]। [5]अनुष्टुभि नानदम्[5] अक्रद् गौरिवीतेन[6] षोडशिनम् अतुष्टुवन्, न श्रियावपद्य इति। न ह वै श्रियावपद्यते य एवं वेद। तद् उ श्वस्तनवद् अपि प्रजया[7] उपक्लृप्तम्। अथान्धीगवं वैराजं साम वैराजे ऽहन् क्रियते, वैराज एवान्नाद्यस्यावरुद्ध्यै। तस्यैतां [8]दशाक्षरां विराजं[8] मध्यत उपयन्ति—दशाक्षरा विराड्, अन्नं विराड्—विराज एवान्नाद्यस्यावरुद्ध्यै।

सोमः [9]पवते जनिता मतीनां जनिता दिवो जनिता पृथिव्याः[9]।
जनिताग्नेर् जनिता सूर्यस्य[10] जनितेन्द्रस्य जनितोत विष्णोः॥

इति जनिता जनितेति भवति। षोडशिनम् एवैतत्[11] तृतीयसवनात् प्रजनयन्ति। यथा[12] बाधस्व बाधस्व जायस्व जायस्वेत्य् एवम् एवैतद् अभिपूर्वं तृतीयसवनात् षोडशिनं प्रजनयन्ति॥ ८०॥

[१] क अवैतेन ग एवैतद् [२] ग षोडशिभिर् [३] ग औपादितिर् [४] ग लिबुयाभ्यधात् [५-५] ग अनुष्टुभ्विनानदाम् [६] क गौरुवीतेन ग गौरुवातौ [७] ग प्रजाया [८-८] ग दशाक्षरणिवराजन् [९-९] ग परते जनीता मतीतानां दिवा रव्यो [१०] क सूर्यं [११] क एवैतं [१२] ग यथावा

तासु वात्सप्रम्। वत्सप्रियं वै भालन्दनं प्रतिसत्रिणो ऽबाधन्त—[1]स्तेनस् ते पितेति[1]। सो ऽकामयत श्रद्धां विन्देयोप मां ह्वयेरन्न् इति। स एतत् सामापश्यत्। तेनास्तुत। ततो वै स श्रद्धाम् उपहवम् अविन्दत। श्रद्धां विन्दामहा[2] इति सत्रम् आसते।

श्रद्धाम् एव विन्दन्ते । वैराजस्य ह खलु वा एतद् अनुरूपं साम । यथा ह वै वैराजस्य स्तोभाः पदवृत्तय एवं ह वै वात्सप्रस्य स्तोभाः पदवृत्तयः । प्रजा ह वा एषा[3] वैराजस्य । आ हास्यानुरूपः [4]प्रजायां जायते[4] य [5]एवं वेद[5] । एतद् ध[6] वा एनं तद् उपजुहुविरे—ऽनुरूपं वैराजस्याख्येति । तद् अनुतुन्नं भवति । अनुतुन्नाद् वै प्रजाः पशवः प्रजायन्ते । अनुतुन्नम् एतस्य वैराजस्याह्नो रूपम् । तेन वै रूपसमृद्धम्[7] । यद् उ वत्सप्रीर्[8] भालन्दनो ऽपश्यत् तस्माद् वात्सप्रम् इत्य् आख्यायते । अथ यज्ञायज्ञीयम् उक्तब्राह्मणम् । अग्निं वो[9] वृधन्तम् इति वृद्धं [10]ह्य् एतद्[10] अहर् यद् बार्हतम् ॥ ८१ ॥

[१-१] ग स्तेनस्तोतेति [२] ग विन्दामह [३] ग एषाह [४-४] ग प्रजाञ्जयते [५-५] ग एवेद [६] ग धा [७] ग रूपमृद्धं [८] ग वत्सर्पिर् [९] ग बा [१०-१०] क स्येतद् ग ह्यतद्

तासु सैन्धुक्षितम् । सिन्धुक्षिद् वा अन्तं[1] वाचो ऽपश्यत् । वाचम् एतेनाह्ना समिच्छन्ति[2] [3]ताम् एवैतत् संविन्दन्ति[3] । सिन्धुक्षिद् वै भारतो[4] राजा ज्योग् अपरुद्धश् चरन् सो ऽकामयताव स्व ओकसि गच्छेयम् इति । सिन्धुं हैव चचार । सास्य सिन्धुक्षित्ता । स एतत् सामापश्यत् । तेनास्तुत । ततो वै सो ऽव स्व ओकस्य् अगच्छत् । तद् एतत् कामसनि साम । एतं वै स कामम् अकामयत[5] । सो ऽस्मै कामस् समर्ध्यत[6] । यत्काम एवैतेन साम्ना स्तुते सम् अस्मै स काम ऋध्यते । तद् उ श्रीर् एव राज्यम् । राज्यं वै स तद् [7]अगच्छत् । अश्नुते[7] श्रियं गच्छति राज्यं य एवं वेद । यद् उ सिन्धुक्षिद् भारतो राजापश्यत् तस्मात् सैन्धुक्षितम् इत्य् आख्यायते । वयम् उ त्वाम् अपूर्व्येत्य् अपूर्वाम् इव ह्य् एतर्हि तन्वम् अगच्छन् । तासु सौभरं[8] बृहतस् [9]तेजः । व्यवस्नीनातीव[9] वै वैराजं यज्ञम् । तत् सौभरेणोत्तभ्नुवन्ति बृहतस् तेजसा । तद् ऊकारणिधनं भवति । एतद् वै प्रत्यक्षं बृहतो रूपं यद् ऊकारो यद् ईकारः । तेन वै रूपसमृद्धम् । इमम् इन्द्र सुतं पिब ज्येष्ठम् अमर्त्यं मदम् इति ज्यैष्ठ्यम् इव ह्य् एतर्ह्य् अगच्छन् । अथो तृतीयसवन एवैतद् रसं [10]मदं दधति[10] ॥ ८२ ॥

[१] ग अन्ता [२] ग समिक्षन्ति [३-३] ग तमेवैतसमिन्दन्ति [४] ग भारते [५] ग कामयत [६] क समद्धयत ग समार्द्धत [७-७] ग अगछश्नुते [८] क ग सौरभरं [९-९] ग तेजोप्यवसिनातीव [१०-१०] ग मदन्धति

तासु वासिष्ठम् । वसिष्ठो वा अकामयत विराजं पश्येयं, ताम् अवरुन्धीयेति । स प्रस्तुवन्न् एवैतां [1]दशाक्षरां विराजम्[1] अपश्यत् । ताम् उपैत्, ताम् अवारुन्द्ध[2] । तद् एतद् विराजो ऽन्नाद्यस्यावरुद्धिस् [3]साम । अव विराजम्[3] [4]अन्नाद्यं रुन्द्धे[4] ऽन्नाद[5] श्रेष्ठ स्वानां भवति य एवं वेद । यद् उ वसिष्ठो ऽपश्यत् तस्माद् वासिष्ठम् इत्य् आख्यायते । [6]तद् व् एवाचक्षते[6] वसिष्ठस्यप्रियम् इति । वसिष्ठो वै जीतो[7] हतपुत्रो ऽकामयत बहुः प्रजया पशुभिः प्रजायेयेति । स एतत् सामापश्यत् । तेनास्तुत । ततो वै स बहुः प्रजया पशुभिः प्राजायत । सो ऽब्रवीत् प्रियं वावेदं ममाभूद् येन प्रियां[8] प्रजाम् अवारुत्सीति । तद् एव प्रियस्य प्रियत्वम् । तद् एतत् प्रजननं साम । बहुः प्रजया पशुभिः प्रजायते य एवं वेद । यद् उ वसिष्ठो ऽपश्यत् तस्माद् वसिष्ठस्यप्रियम् इत्य् आख्यायते । तद् ऐळम् अच्छावाकसाम भवति । पशवो वा इळा । पशुष्व् एवैतत् प्रतितिष्ठन्ति । अथ षोडशी । प्रातस्सवनभाजनं प्रथमम् अहर्, माध्यन्दिनभाजनं द्वितीयं, तृतीयसवनभाजनं तृतीयम् ।

अथैतद् उक्थभाजनम् । उक्थानां वा एष एको यत् षोडशी । तद् यद् अत्र षोडशी क्रियते स्वेनैवैनं तद् आयतनेन समृद्धयन्ति । तेनैभ्यस् समृद्धेन [९]स्वायां जनतायाम् ऋद्धुकं[९] भवति ॥ ८३ ॥

[१-१] ग दशाक्षरा भराजम् [२] ग अवरुन्ध [३-३] क सामाविराजम् [४-४] ग अन्नाद्यस्य-वरुन्धे [५] ग नत [६-६] ग तद्वैवाजक्षते [७] क ग जितो [८] ग प्रियं [९-९] ग स्वायमञ्जीततायामृध्नुगं

गोवित्[१] पवस्व वसुविद् धिरण्यविद् इति सिमानां[२] रूपम् । करिष्यद् धरिवत् त्रैष्टुभं रूपम्[३] । तस्माद् एतास् त्रैष्टुभे ऽहन् क्रियन्ते । रेतोधा इन्दो[४] भुवनेष्व् अर्पित इत्य् ऋषभम् एवैतद् रेतोधां[५] प्रातस्सवने महानाम्नीष्व् अपिसृजन्ति[६] प्रजननाय । त्वं सुवीरो असि सोम विश्वविद् इति[७] सिमानां[२] रूपम् । तं त्वा विप्रा उप गिरेम आसत इति ब्राह्मणा ह वै विप्रास्, त एवैनं तद् गिरोपासते[८] । त्वं नृचक्षा असि सोम विश्वत इति [९]विश्वत इति[९] सिमानां[२] रूपम् । पवमान वृषभ ता [१०]वि धावसीत्य् ऋषभम् एवैतत्[१०] प्रातस्सवने महानाम्नीष्व् अपिसृजन्ति प्रजननाय । स नः पवस्व वसुमद् धिरण्यवद् इति पशवो वै वसु सुवर्णम् । असुवर्णम् इति वा आहुर् अपशुम्[११] । पशवश् शक्वर्यः । वयं स्याम भुवनेषु जीवस इत्य् आशिषम् एवैतेनाशास्ते । ईशान इमा भुवनानि वीयस इति वीति सिमानां रूपम् । [१२]युजान इन्दो[१२] हरितस्[१३] सुपर्ण्य[१४] इति शक्वर्यो वै हरितस् सुपर्ण्यः[१४] । ता एवैतत् प्रातस्सवने[१५] युज्यन्ते । ता युक्ता माध्यन्दिने सवने ऽभ्यारोहन्ति । तास् ते क्षरन्तु मधुमद् घृतं पय इति पशवो वै[१६] मधु क्षीरं दधि सर्पिर् एतत् क्षरन्ति पशवश् शक्वर्यः । तव व्रते सोम तिष्ठन्तु कृष्टय[१७] इति सोमस्य ह वा इदं व्रतं सर्वम् अनूपतिष्ठते ॥ ८४ ॥

[१] ग गोवत् [२] क ग सीमानां [३] ग रूपस् [४] ग इन्द्रो [५] क ग रेतोधाः [६] ग अविसृजन्ति [७] ग अधिपाठः विश्वविदिति [८] ग गिरोधासते [९-९] ग नास्ति [१०-१०] ग वधावसीतृषौमेवैतत् [११] ग अपशु [१२-१२] ग युजान्ददो [१३] क हते [१४] ग सुवर्ण्य [१५] ग प्रातस्सवभुवने [१६] ग नास्ति [१७] क कृषय

ता एता भवन्ति जगत्यस् त्रिष्टुब्वर्णा अह्नो रूपेण समृद्धाः । यत्र वा अह्नारूपेण समृद्धयन्ति सं तत्रर्ध्यते[१] । सम् अस्मा ऋध्यते य एवं वेद । पवमानस्य विश्वविद् इत्य् अनुरूपो भवति । विश्वविद् इति सिमानां[२] रूपम् । तद् आहुस् साम्न एव[३] रूपं स्तोत्रियेणारभन्ते ऽनुरूपेणाह्न इति । स्तोत्रियानुरूपौ भवतः । प्राणो वै स्तोत्रियो, ऽपानो ऽनुरूपः । प्राणापानाभ्याम् एवैतत् समृध्य प्रयन्ति । प्र ते[४] सर्गा असृक्षत सूर्यस्येव[५] न रश्मय इति सर्गश इव वै पशवस् सृज्यन्ते[६] । पशवश् शक्वर्यः । केतुं[७] कृण्वन् दिवस् परि [८]विश्वा रूपाभ्य् अर्षसीत्य्[८] अभीति भवति[९] रथन्तरस्य रूपम् । राथन्तरम् एतद् अहः । समुद्रस् सोम पिन्वस[१०] इति समुद्रवतीर् भवन्त्य् आपो ह्य् एतद् अहः । जज्ञानो वाचम् इष्यसीति जायते वै पूर्वेणाह्ना[११] । जज्ञान एवैतेन तस्माज् जज्ञानो वाचम् इष्यसीति भवति ।

पवमान विधर्मणि ।

क्रन्दं देवो न सूर्यः ॥

इति सौर्यं रूपं महानाम्नीनाम् उपगच्छन्ति । सौर्या हि महानाम्नयः ॥ ८५ ॥

[१] क तत्र ऋर्ध्यते ग तत्रर्द्धते [२] क ग सीमानां [३] क एवं [४] ग गे [५] ग सूर्य्यस्यैव [६] एवं कोशयोः [७] क केत [८-८] क विश्वा-रूपाभ्यार्षसीत्य् ग विश्वरूपाभ्यर्षसीत्य् [९] ग भवक्षुति [१०] ग पीनस [११] ग पूर्वेणवना

प्र सोमासो अधन्विषुः पवमानास इन्दवः ।
श्रीणाना अप्सु वृञ्जते ॥
अभि गावो [१]अधन्विषुर् आपो न प्रवता[१] यतीः ।
पुनाना इन्द्रम् आशत ॥

इत्य् आप आप इति भवत्य् आपो ह्य् एतद् अहः ।

प्र[२] पवमान धन्वसि सोमेन्द्राय मादनः ।
नृभिर् यतो वि नीयसे ॥

इति सप्तर्चं भवति । सप्त वै प्राणाः । प्राणैर् एवैतत् समृध्यमाना यन्ति, प्राणेषु प्रतितिष्ठन्तः । तद् आहुर् यत् सप्तर्चं सप्तमस्याह्नो रूपम् अथ कस्मात् पञ्चमे ऽहन् क्रियत इति । स ब्रूयात् सप्तपदा वै शक्वर्यस्, सप्त ग्राम्याः पशवस्, सप्त चतुरुत्तराणि छन्दांसि, सप्त मुख्याः प्राणास्, सप्तविंशतिर् दिव्यानि नक्षत्राणि, सप्तविंशम् एतद् अहर्, एतस्यैव सर्वस्यावरुद्ध्या एतस्योपाप्त्या इति । उत्तरं सप्तर्चं भवति । अभिपूर्वम् एवैतत् प्राणैस् समृध्यमाना यन्ति । चतुर्ऋचं[३] भवति—चतुष्पदा वै पशवः । पशव एतद् अहः—पशूनाम् एवावरुद्ध्यै । पर्यासो भवति प्रजानां धृत्यै पशूनाम् उपस्थित्यै । त्रिणव स्तोमो भवति । त्रिणवा इमे लोकाः । एष्व् एवैतल् लोकेषु प्रतितिष्ठन्तो यन्ति ॥ ८६ ॥

[१-१] ग अधन्विषुनापो नु प्रयता [२] क ग नास्ति [३] क चतुरिरिचं ग चतुरिचं

भूर् इति व्याहृतिः । तद् अयं लोको[१] ऽग्निर् देवता गायत्री छन्दस् त्रिवृत् स्तोमो रथन्तरं साम वसवो[२] देवता वनस्पतयश् चौषधयश् च । भुव[३] इति व्याहृतिः । तद् इदम् अन्तरिक्षं वायुर् देवता जगती छन्दस् सप्तदश स्तोमो वामदेव्यं साम [४]रुद्रा देवता-पश्[४] च प्राणभृच् च । स्वर् इति व्याहृतिः । तद् असौ लोक आदित्यो देवता त्रिष्टुप् छन्दः पञ्चदश स्तोमो बृहत् सामादित्या देवता [५]चन्द्रमाश् च[५] नक्षत्राणि च । एतद् इमे लोकास् त्रिणवा भवन्ति । तद् आहुर् मिथुनानि चत्वार्य् अहान्य्, अमिथुनं पञ्चमम् अहः । आचतुरं वाव मिथुनं प्रजननम् । तद् यत् तव श्रियो वर्षस्येव विद्युत इत्य् आग्नेयम् आज्यं भवति । तेनैव मिथुनं पञ्चमम् अहः क्रियते । तवेति पुंसो रूपं, श्रिय इति स्त्रियै । वर्षस्येवेति पुंसो, विद्युत इति स्त्रियै । अग्न[६] इति पुंस, उषसाम् इवेति स्त्रियै । यद् ओषधीर् इति स्त्रिया, अभिसृष्ट इति पुंसः । अभिपूर्वम् एवैतन् मिथुनं प्रजननं दधति यजमानस्य प्रजात्यै ॥ ८७ ॥

[१] ग लोके [२] ग वसवो वै [३] ग विव [४-४] ग रुद्रोवेदतापश्च [५-५] ग चन्द्रमा [६] ग अग्नि

वातोपजूत इषितो वशां अनु तृषु[१] यद् अन्ना वेविषद् वितिष्ठसे ।
आ ते यतन्ते रथ्यो यथा पृथक् शर्धांस्य्[२] अग्ने [३]अजरस्य धक्षतः[३] ॥

इति । यदा वा अग्निं वात उपवाजयत्य् अथ स महद्[४] दीप्यते । तद् एतद् दीप्तिर् एव ब्रह्मवर्चसस्य रूपम् ।

मेधाकारं विदथस्य[५] प्रसाधनम् अग्निं होतारं [६]परिभूतमं मतिम्[६] ।
त्वाम्[७] अर्भस्य[८] हविषस् समानम् [९]इत् त्वां महो वृणते[९] नान्यं त्वत् ॥

इति यच् च ह वा अर्भकं हविर् यच् च महस् तस्य सर्वस्याग्निम् एव होतृत्वाय[१०] वृणुते ।

पुरूरुणा चिद् ध्य् [११]अस्त्य् अवो[११] नूनं वां वरुण ।
मित्र वंसि वां सुमतिम्[१२] ॥

इति मैत्रावरुणं भवति दुरिष्टस्यैवावेष्ट्यै । यद् ध वै किं च यज्ञस्य दुष्टुतं दुश्शस्तं विधुरं तस्य ह वा एतद् अवेष्ट्यै ।

ता [१३]वां सम्यग् अद्रुह्वाणेषम् अश्याम[१३] धाम च ।
वयं वां[१४] मित्रा स्याम ॥
पातं नो मित्रा पायुभिर् उत त्रायेथां सुत्रात्रा ।
साह्याम[१५] [१६]दस्यूंस् तनूभिः[१६] ॥

इत्य् आशिषम् एवैतेनाशास्ते ॥ ८८ ॥

[१] क त्रिषु ग त्रिष्टु [२] क ग श्रद्धांस्य् [३-३] क अजास्यथ क्षत ग अजरस्यथ क्षत [४] क ग महत [५] क विद्धस्य [६-६] ग परि·भूतमजति [७] ग द्वाम् [८] क अर्भगस्य [९-९] ग इत्वामहावृणुते [१०] ग होतृकाय [११-११] क अस्तवो ग अस्त्यवोच [१२] ग सुदतिम् [१३-१३] क ग वासम्यगदूंबाणेषमश्याम [१४] क वा ग वाम [१५] क सह्याम [१६-१६] क दस्यूंस्तनुभिः ग दंस्युस्तेनूभि:

उत्तिष्ठन्न् ओजसा सहेत्य् **ऐन्द्रं भवति । त्रिणवो[१] वै स्तोम ओजो वीर्यम् । तम् एवैतत्[२] प्रत्यक्षम् अनुवदन्ति ।** अनु त्वा रोदसी उभे **इतीमे ह वाव रोदसी । एते एवैतद् अभिवदति ।** स्पर्धमानम् अददाताम्[३] **इत्य् एते वा एनं तत् स्पर्धमानम् अन्वददाताम् ।** इन्द्र यद् दस्युहाभव **इति घ्नद्वत् । एतद् वै यजमानस्य [४]स्वं स्तोत्रं[४] यद् ब्रह्मणः । स्व एव तद् आयतने यजमानस्य सर्वं पाप्मानं घ्नन्ति ।**

वाचम् अष्टापदीम् अहं नवस्रक्तिम् ऋतावृधम् ।
इन्द्रात् परि तन्वं[५] ममे ॥

इति गायत्री वै वाग् अष्टापदी । तस्यै त्रिवृद् एव स्तोम स्रक्तयः । एतद् वै दैव्यं परमं मिथुनं प्रजननं यत् त्रिवृच् च स्तोमो गायत्री च छन्दः । दैव्यम् एव तत् परमं[६] मिथुनं प्रजननं दधति यजमानस्य प्रजात्यै ॥ ८९ ॥

[१] ग त्रिणवे [२] ग एवैतं [३] क अददाताम् ग अद्दाताम् [४-४] ग स्वास्तात्रं [५] क तन्व ग धन्वं [६] ग परं

ताम् आहुर् आरम्भणतस्[१] तृचस्य कार्या[२] । मुखतो वै रेतस् सिक्तं, तद् इतः प्रजायते । तद् वै रेतो यद् इतस् सिच्यते । अन्नाद् धि रेतस् सिच्यत इति । तद् आहुर् उपरिष्टाद् एव कार्या—इदं वै प्रजननम् , इतः प्रजाः प्रजायन्ते— [३]यतः प्रजाः प्रजायन्ते[३] ततः प्रजायामहा[४] इति । तस्माद् उपरिष्टाद् एव कार्या । इन्द्राग्नी युवाम् इम **इत्य् ऐन्द्राग्नं भवति ।** अभि स्तोमा अनूषतेति **बह्वन् स्तोमान् अभिवदति । [५]एकस्तोमान्य् अन्यान्य्[५] अहानि भवन्ति । अथैतत् त्रिष्टोमम् । तस्माद्** अभि स्तोमा अनूषतेति **बह्वन् स्तोमान् अभिवदति ।**

पिबतं शंभुवा सुतम् ॥
या वां सन्ति पुरुस्पृहो नियुतो दाशुषे नरा ।
इन्द्राग्नी ताभिर् आ गतम् ॥
ताभिर् आ गच्छतं नरोपेदं सवनं सुतम् ।
इन्द्राग्नी सोमपीतये ॥

इत्य् एकदेवत्यान्य् अन्यानि स्तोत्राणि भवन्त्य्, अथैतद्[6] द्विदेवत्यम् । यथोभयापदी प्रतितिष्ठेत् तादृक् तत् । त्रिणव स्तोमो भवति । त्रिणवा इमे लोकाः । एष्व् एवैतल् लोकेषु प्रतितिष्ठन्तो यन्ति ॥ ९० ॥

[१] ग आरंभएतस् [२] ग कार्य्यं [३–३] ग नास्ति [४] ग प्रजयामहा [५–५] क एकस्तोमान्यान्य्
[६] ग अथैतं

अर्षा सोम द्युमत्तम इति माध्यन्दिनस्य पवमानस्यार्षण्वतीर्[1] गायत्र्यो भवन्ति । अर्षेति रथन्तरस्य रूपम् । राथन्तरम् एतद् अहः । अभि [2]द्रोणानि रोरुवद्[2] इत्य् अभीति भवति रथन्तरस्यो एव रूपम् । अप्सा इन्द्राय[3] वायव इत्य् अप्सुमतीर् भवन्ति । आपो ह्य् एतद् अहः । वरुणाय मरुद्भ्य इति मरुत्वतीर् भवन्ति । मरुत्वद् वै मध्यन्दिनस्य रूपम् । मध्यन्दिनस्यैवैतद् रूपान् न यन्ति । [4]इषं तोकाय[4] नो दधद् अस्मभ्यं सोम विश्वत इति विश्ववतीर् भवन्ति । वैश्वदेवं ह्य् एतद् अहः । आ पवस्व सहस्रिणम् इति सहस्ररूपं महानाम्नीनाम् उपगच्छन्ति । पशवो हि महानाम्न्यः । तासु गायत्रम् उक्तब्राह्मणम् । अथ यण्वसन्तनि । पञ्चमाद् वै देवा अह्नष् षष्ठम् अहर् निरमिमत । छिद्रम् इव वै पञ्चमम् अहः । [5]यद् यण्वसन्तनिना[5] माध्यन्दिनस्य पवमानमुखे स्तुवन्ति[6] अह्न एव सन्तत्या अह्नो ऽछिद्रतायै । प्रतितिष्ठति य एवं वेद । प्रजापतिः पशून् असृजत । त ऽस्मात् [7]सृष्टा अप क्रामन्[7] । सो ऽकामयतात्मन् पशून् यच्छेयम् इति । स एतत् सामापश्यत् । तेनात्मन् पशून् अयच्छत् । यद् आत्मन् पशून् अयच्छत् तद् यण्वस्य[8] यण्वत्वम् । प्रजापतिर् एष यद् उद्गाता । स यण्वेनैवात्मन्[9] पशून् यच्छते । एतद् विषुवत्को वै द्वादशाहो यत् पञ्चमम् अहः । यण्वसन्तनि[10] पुरस्ताद् भवति, सन्तन्य् उपरिष्टात् । यण्वसन्तनिनैव[11] पूर्वं त्र्यहं सन्तन्वन्ति, सन्तनिनोत्तरम् ॥ ९१ ॥

[१] ग पवमानस्यापुणुतीर् [२–२] ग द्राणानि· रोरुचद् [३] ग इय [४–४] ग द्विषन्तोकाध [५–५] क यद्वण्वसन्तनिन ग यद्ववसन्तिनिना [६] ग सुस्तुवन्ति [७–७] ग सृष्टु अपाक्रमन् [८] ग यण्वस्यन्त [९] ग यण्वोनैवात्मन् [१०] ग यण्वन्तिनि [११] क ·सन्तनिनैवं

इन्द्रो वै सिमा नासह्नोत्[1] । सो ऽकामयत सिमास् सह्नुयाम्[2] इति । स एतत् सामापश्यत् । तेनास्तुत[3] । ततो वै स सिमा असह्नोत्[4] । तद् यद् एतत् साम भवति, सिमानाम् एव सह्यै[5] । तस्य त्रिः प्रस्तौति, सकृत् प्रतिहरति, त्रिर् निधनम् उपयन्ति । तत् सप्त संपद्यन्ते । सप्तपदा वै[6] शक्वर्यः । शाक्वराः पशवः । पच्छो[7] वावैनांस्[8] [9]तद् दाधार[9] । पशवश् शक्वर्यः । यण्वसन्तनि पुरस्ताद् भवति, सन्तन्य् उपरिष्टात्, पशूनाम् एव परिगृहीत्यै । स यथा वागरया वा[10] रज्ज्वा वा व्रजं[11] परितनुयाद् एवम् एवैतत् पशून् परिगृह्णीते ऽपरावापाय । नास्य वित्तं परोप्यते य एवं वेद । आपो वै शक्वर्यः । यण्वसन्तनि पुरस्ताद् भवति, सन्तन्य् उपरिष्टाद्, अपाम् एव परिगृहीत्यै[12] । तस्माद् आपः परिगृहीता स्यन्दन्ते । कूले ह खलु वा एते ऽपाम् । यद् ध वा एते न स्याताम्

ओघ[१३] इदं सर्वं निर्मृज्य[१४] यथापां वार्त्रं[१५] दिह्यात्[१६] तादृग् एवैतद् अनिर्मार्गाय। तस्यैतस्य यण्वसन्तनिनो मध्य इळाम् उपेत्याध्यर्धाम् इळाम् उपरिष्टाद् उपयन्ति, प्रत्यक्षं शक्वरीणां रूपं शाक्वरे ऽहन्। तेन वै रूपसमृद्धम् ॥ ९२ ॥

[१] क ग नासध्नोत् [२] क ग सध्नुयाम् [३] ग ग तेनास्तवत [४] क ग असध्नोत् [५] क सर्द्ध्यै ग सद्ध्यै [६] ग व [७] ग परो [८] ग वावैनास् [९-९] ग तदद्वार [१०] क ग नास्ति [११] क व्रजन् ग वृजन् [१२] ग पारगृहीत्यै [१३] ग मोघ [१४] क निर्मृज्या निर्म्रंज्या [१५] एवं क च। ग वार्त्तं [१६] ग दिव्यात्

अथ [१]शाकलं। शकलो[१] वै पञ्चमम् अहर् अपश्यद् राथन्तरं रूपेण। तस्माद् राथन्तरे ऽहन् क्रियते। शकलो वा अन्नाद्यकामस् तपो ऽतप्यत। स एतत् सामापश्यत्। तेनास्तुत[२]। ततो वै सो ऽन्नाद्यम् अवारुन्द्ध[३]। तस्य वा एतस्यास्ति यथैव प्रयच्छेद्[४] एवम्। तद् धिंकारवद् भवति। अन्नं वै [५]हिंकारः। हुम् इति[५] वा अन्नाद्यं प्रदीयते[६]। तद् एतद् अन्नाद्यस्यावरुद्धिस्साम। अवान्नाद्यं[७] रुन्द्धे ऽन्नाद श्रेष्ठ स्वानां भवति य एवं वेद। अथो यद् एवैतस्मिन्न् अहन् प्राचीनं शक्वरीभ्यः क्रूरम्[८] इव क्रियते, तद् एवैतेन हिंकारेण शमयन्ति। यद् उ शकलो ऽपश्यत् तस्माच् छाकलम् इत्य् आख्यायते ॥ ९३ ॥

[१-१] ग शाकलमशकलो [२] ग तेनस्तुत [३] ग अवरुन्ध [४] ग प्रयछद् [५-५] ग हिंकारोभिमिमिति [६] एवं च। क ग प्रतीयते [७] ग अन्नाद्यं [८] क क्रूरिम्

अथ वार्शम्। वृशो वै जानस् त्रियरुणस्य[१] त्रैवृष्णस्यैक्ष्वाकस्य राज्ञः पुरोहित आस। अथ ह स्म ततः पुरा राजभ्यः पुरोहिता एव रथान् संगृह्णन्त्य्[२] औपद्रष्टृयाय— नेद् अयं पापं करवद् इति। तौ हाधावयन्तौ[३] ब्राह्मणकुमारं पथि क्रीडन्तं रथचक्रेण विच्चिच्छिदतुः। इतरो[४] हाधावयन् अभिप्रयुयावापेतर[५] आययाम। [६]स हाधिगत्य न शशाकायन्तुम्[६]। तं ह तद् एव विचिच्छिदतुः। तस्मिन् होदाते—त्वं हन्तासि[७] त्वं हन्तासीति। स ह [८]वृशो ऽभीशून्[८] प्रकीर्यावतिष्ठन् उवाच[९]—त्वं हन्तासीति। नेति होवाच। यो[१०] वै रथं संगृह्णाति स रथस्येशे। त्वं हन्तासीति। नेति हेतर उवाचाप वा अहम् आयांसं[११], स त्वम् अभिप्रायौषीस्[१२], त्वम् एव हन्तासीति ॥ ९४ ॥

[१] एवं कोशेषु [२] क गृह्णन्त्य् [३] ग हासावयन्तौ [४] ? क मत्तो ग मर्त्तो [५] ग अभिःप्रयुयावपेतर [६-६] ग सहाधिगशशाकाया-यन्तुयत्वं [७] ग हतासि [८-८] क वृषोभीश्रून् ग वृषोभिश्रा [९] ग अधिपाठः त्वं हन्ता त्वं हन्तासीति स ह वृशोभीशू प्रकीर्य्यावतिष्ठन्नुवाच [१०] ग योह [११] क अयांसं [१२] ग अभिषायौषीस्

तौ वै— पृच्छावहा इति। तौ हैक्ष्वाकून्[१] एव प्रश्नम् एयतुः। ते हैक्ष्वाकव ऊचुर्—यो वाव रथं संगृह्णाति स रथस्येशे[२]। त्वम् एव हन्तासीति वृशम्[३] एव पराब्रुवन्। सो ऽकामयतोद् इत इयां, गातुं नाथं विन्देय[४]। सम् अयं कुमारो जीवेद् इति। स एतत् सामापश्यत्। तेनैनं[५] समैरयद्[६] आ[७] ते दक्षं मयोभुवम् इति। प्राणा वै दक्षाः। प्राणान् एवास्मिंस् तद् अदधात्[८]।

वह्निम् अद्या वृणीमहे।

पान्तम्[९] आ पुरुस्पृहम् ॥

आ मन्द्रम् आ [10]वरेण्यम् आ[10] विप्रम् आ मनीषिणम् ।
पान्तम् आ पुरुस्पृहम् ॥
[11]आ रयिम् आ सुचेतनम्[12] आ सुक्रतो तनुष्व्[13] आ ।
पान्तम् आ पुरुस्पृहम्[11] ॥

इति । पान्तो वै पुरुषः । तद् [14]एनं तत्[14] समैरयत् । तद् एतद् भेषजं प्रायश्चित्तिस्साम । भेषजं वै[15] तत् प्रायश्चित्तिम् अकुरुत[16] । भेषजम् एवैतेन [17]प्रायश्चित्तिं कुर्वते । तद् उ कामसनि । एतं वै स कामम् अकामयत । सो ऽस्मै कामस् समार्ध्यत । यत्काम एवैतेन[17] साम्ना स्तुते, सम् अस्मै स काम ऋध्यते[18] ॥ ९५ ॥

[१] क हैक्ष्वाकुन् ग हेक्ष्वाकुन् [२] ग रथस्येषे [३] ग वृषम् [४] ग विमेय [५] ग तेनैनां [६] ग समेरयद् [७] ग ए [८] क ग दधात् [९] क पान्तम् [१०-१०] ग वरेण्यमामा [११-११] ग नास्ति [१२] क सुचेतुनम् [१३] एवं क च [१४-१४] क एनद् [१५] क वै स [१६] ग कुरुत [१७-१७] ग नास्ति [१८] क ग ऋद्धते

स क्रुद्धो[1] जनम् अगच्छत्[2] । अनृतं मा व्यवोचन्न् इति । तेषां हैक्ष्वाकूणाम् अग्नेर् हरो ऽपाक्रामत् । यं सायम् ओदनम् अध्यदधुः[3], प्रातस् सो ऽपच्यत । यं प्रातस् सायं सः । ते होचुर् ब्राह्मणं वा अनार्येम् अपाराम । तेषां नो ऽग्नेर् हरो ऽपाक्रमीत् । एतैनं अनुमन्त्रयामहा इति । तम् अन्वमन्त्रयन्त । स आगच्छद् यथा राज्ञा ब्राह्मणो ऽनुमन्त्र्यमाण आगच्छेद् एवम् । स आगत्याकामयत पश्येयम् इदम् अग्नेर् हर इति । स एतत् सामापश्यत् । तद्[4] अभ्यगायत । तद् [5]अपश्यत्— पिशाची[5] वा इयं त्रियरुणस्य[6] जाया । सैनत् कशिपुना[7] छादयित्वाध्यास्त[8] इति । तद् अभिव्याहरत् ।

कुमारं माता युवतिस् समुब्धं[9] गुहा[10] बिभर्ति न ददाति [11]पित्रे ।
अनीकम् अस्य न मिनज् जनासः[11] पुरः पश्यन्ति निहितम् अरतौ ॥
कम् एतं त्वं युवते कुमारं [12]पेषी बिभर्षि महिषी जजान[12] ।
पूर्वीर् हि गर्भश्[13] शरदो ववर्धापश्यं[14] जातं यद् असूत माता ॥
वि ज्योतिषा बृहता भात्य् अग्निर् आविर् विश्वानि कृणुते महित्वा ।
प्रादेवीर्[15] मायास् सहते दुरेवाश्[16] शिशीते शृंगे रक्षसे विनिक्षे ॥
उत स्वानासो[17] दिवि षन्त्व् [18]अग्नेस् तिग्मायुधा[18] रक्षसे हन्तवा उ ।
मदे चिद् अस्य प्र रुजन्ति भामा न [19]वरन्ते परिबाधो अदेवीः[19] ॥

इत्य् एवैनाम् इदम् अग्नेर् हर ऊर्ध्वम् उद्द्रवत् सर्वां[20] प्रादहत्[21] । ततो वै ते यथायथम् अग्नेर् हरो व्यहरन्त[22] । यथायथम् एभ्यो ऽग्निर् अपचत् । तद् एतद् दीप्तिर् ब्रह्मवर्चसं साम । एतेन वा अग्नेर् हरो ऽपक्रान्तम्[23] अन्वविन्दन्[24] । तेजस्वी ब्रह्मवर्चसी दीप्तिमान् भवति य एवं वेद । तद् अध्यर्धेळं भवति [25]प्रत्यक्षं शाक्करीणां[25] रूपं शाक्करे[26] ऽहन् । तेन वै रूपसमृद्धम् । यद् उ वृशो ऽपश्यत् तस्माद् वार्शम् इत्य् आख्यायते ॥ ९६ ॥

[१] ग क्रुद्धो [२] ग अगच्छन् [३] ग अद्यदधुः [४] क तम् ग ताद् [५-५] ग अपश्यत्यपिशाची [६] ग त्रियवरुणस्य [७] ग कशुपुना [८] ग छादयित्वास्यस्त [९] ? क ग समुर्ब्धं [१०] ग गुहं [११-११] ग विन्त्रश्रनीकस्य नामनज्जनासः [१२-१२] ग वेषीबिभर्षीमहिषिज्यान [१३] ग गर्भाश् [१४] ग वर्धापश्य [१५] ग प्राप्रादेवीर् [१६] ग दुरवा [१७] ग स्वनासो [१८-१८] क अग्नेग्मायुधा ग अग्नेस्तग्मायुधा [१९-१९] ग वरुन्ते परुबाधो अदेपीः [२०] क ग सर्वान् [२१] क प्रादाहत् [२२] ग व्यवहरन्त [२३] ग अपक्रामन्तम् [२४] ? एवं कोशेषु [२५-२५] ग प्रत्यक्षसीत्वरीणाम् [२६] ग शक्करे

सोम उ ष्वाणस् सोतृभिर् **इति सिमानां**[1] **रूपम्** । अधि ष्णुभिर् [2]अवीनाम् **इति गोमतीः**[2] **पशुमतीर् भवन्ति पशूनाम् एवावरुद्ध्यै । पशवो ह्य् एतद् अहः ।** समुद्रं न [संवरणान्य् अग्मन् मन्दी मदाय] तोशत **इति समुद्रवतीर् भवन्ति । आपो ह्य् एतद् अहः । ता न्यूनाक्षरा भवन्ति । सप्ताक्षराण्य् एकानि पदानि भवन्ति, नवाक्षराण्य् एकान्य्**[3], **एकादशाक्षराण्य् एकानि, द्वादशाक्षराण्य् एकानि । तद् एतद् अभिपूर्वम् एव शाक्करीणां रूपम् उपगच्छन्ति । तास्व् आनूपम्** [4]**अनुतोदवत् सिमानां**[4] **रूपम् । अनुतुन्नाद् वै प्रजाः पशवः प्रजायन्ते । प्र प्रजया पशुभिर् जायते**[5] **य एवं वेद । अनूपो वै धीतोनिर्**[6] **अकामयतोभयं ब्रह्म च**[7] **क्षत्रं चावरुन्धीय, राजा सन्न् ऋषि स्याम् इति । स एतत् सामापश्यत् । तेनास्तुत । ततो वै स उभयं ब्रह्म च**[7] **क्षत्रं चावारुन्द्ध**[8], **राजा सन्न् ऋषिर् अभवत् । उभयम् एव ब्रह्म च**[7] **क्षत्रं चावरुन्द्धे, राजा सन्न् ऋषिर् भवति य एवं वेद । यद् व् अनूपो धीतोनिर् अपश्यत् तस्माद् आनूपम्**[9] **इत्य् आख्यायते ॥ ९७ ॥**

[१] ग पवमानं [२–२] क अभिरक्षारिति गोमतीः ग अभिरक्षाणितो गामतीः [३] ग नास्ति [४–४] क अनूतोदवत्सिमानां ग अनुतोदवक्लीमानां | [५] ग जायन्ते [६] ग धुतोग्निर् [७] ग नास्ति [८] क ग चावरुन्ध [९] ग अनूपम्

अथ मानवं पदनिधनं राथन्तरम् । तस्माद् राथन्तरे ऽहन् क्रियते । मनुर् वा अकामयत बहुः प्रजया पशुभिः प्रजायेय, मानवीः प्रजास् सृजेयेति । स एतत् सामापश्यत् । तेनास्तुन । ततो वै स बहुः प्रजया पशुभिः प्राजायत । ता इमा मानवीः प्रजाः । बहुर् एव प्रजया पशुभिः प्रजायते य एवं वेद । अथो आहुस् ता एवास्य प्रजास् सृष्टा रक्षांस्य् अजिघांसन्न् इति । सो ऽकामयताप रक्षांसि हनीयेति । स एतत् सामापश्यत् । तेनास्तुत ।

नि त्वाम् अग्ने [मनुर् दधे ज्योतिर् जनाय शश्वते ।
दीदेथ कण्व ऋतजात उक्षितो यं नमस्यन्ति कृष्टयः ॥
त्वेषासो अग्नेर् अमवन्तो अर्चयो भीमासो न प्रतीतये ।
रक्षस्विनस् सदम् इद् यातुमावतो विश्वं सम्] अत्रिणं दह ॥

एवासां रक्षांस्य् अपाहन्न् इति । तद् उ रक्षसाम् अपहतिः । अप रक्षः पाप्मानं हते य एवं वेद ॥ ९८ ॥

ओघो[1] **वा इमान् लोकान् निरमार्द्**[2] **। सो ऽमन्यत मनुर् इदं वावेदम् अभूद् इति । सो ऽकामयतोद् इत इयां गातुं प्रतिष्ठां विन्देयेति । स एते सामनी अपश्यत् । ताभ्याम् अस्तुत**[3] **। ते एनं हिरण्मय्यौ नावौ भूत्वोपाप्लवेताम् । तयोः प्रत्यतिष्ठत्**[4] **। ते एनम् उदपारयेताम् । ततो वै स गातुं प्रतिष्ठां अविन्दत । विन्दते गातुं प्रतिष्ठां य एवं वेद । यद् उ मनुर् अपश्यत् तस्मान् मानवे इत्य् आख्यायेते**[5] **। अथ वाम्रम् अभ्यारम्भो यज्ञस्य प्रत्यपसारः । अभ्य् एव**[6] **षष्ठम् अहर् आरभते प्रति चतुर्थम् अपधावति । अभ्यारम्भैर् वै देवा असुरान् यज्ञाद् अन्तरायन् । वम्रो वैखानसः पशुकामस् तपो ऽतप्यत । स एतत् सामापश्यत् । तेनास्तुत । स एतां मध्य इळाम् उपेत्याध्यर्धाम्**[7] **इळाम् उपरिष्टाद् उपैत्**[8] **। पशवो वा इळा । भूमो वा अध्यर्धेळा**[9] **। ततो वै स भूमानम् अभिपूर्वं पशूनाम् अवारुन्द्ध । तद् एतत् पशव्यं साम । भूमानम् एवाभिपूर्वं पशूनाम् अवरुन्द्धे य एवं वेद । यद् उ वम्रो वैखानसो ऽपश्यत् तस्माद् वाम्रम् इत्य् आख्यायते ॥ ९९ ॥**

[१] ग ओवो [२] ग निमाठंट [३] ग अस्तुवत [४] ग प्रतितिष्ठन् [५] ग आख्यायते [६] ग एष [७] ग उपत्याध्यद्ध्याम् [८] ग उषत् [९] ग अध्यध्येळा

अथाग्नेयं त्रिणिधनं सवनानां क्लृप्त्यै[1] । पवमानेन वै देवेभ्यो ऽन्नाद्यं प्रदीयते । तन् मध्येनिधनं भवति अन्नाद्यस्य विशेषाय । अग्निर् वा अकामयत अन्नाद एव श्रेष्ठ स्वानां स्याम् इति । स एतत् सामापश्यत् । तेनास्तुत । ततो वै सो ऽन्नाद एव श्रेष्ठ स्वानाम् अभवत् । तद् एतद् अन्नाद्यस्यावरुद्धिस्साम । अवान्नाद्यं रुन्द्धे ऽन्नाद श्रेष्ठ स्वानां भवति य एवं वेद । यद् व् अग्निर् अपश्यत् तस्माद् आग्नेयं त्रिणिधनम्[2] इत्य् आख्यायते ॥ १०० ॥

[१] ग क्लृप्तै [२] क त्रिणिनिधनं

[1]तद् व् एवाचक्षते[1] साकमश्वम् इति । कक्षीवान्[2] प्रियमेधम् अपृच्छत्[3]— इद्ध [4]इन्, न दिदीपा३ इत्[4] प्रियमेधेति । तद् अस्य[5] नामनुत । सो ऽब्रवीत्— [6]प्रजायान् म[6] त्वा प्रतिब्रवद् इति । अथ ह कक्षीवतो नाकुलिभस्त्रास[7] प्रियंगुतण्डुलानां[8] [9]वा सिकतानां[9] वा पूर्णा । तासां ह[10] स्म संवत्सरे संवत्सर एकैकां प्रास्यति[11] । [12]तावद् धास्मा[12] आयुर् दत्तम् आस । स उ[13] ह नवमस् साकमश्व आजज्ञे[14] प्रियमेधात्[15] । सो[16] ऽकामयतोद् इत इयां, गातुं प्रतिवचनं विन्देयेति[17] । स एतत् सामापश्यत् । तद् अभ्यगायत । ततः प्रतिवचनम् अपश्यत्[18] । स कक्षीवन्तम् अभ्याद्रवत् । तम् अब्रवीद् आद्रवन्तं दृष्ट्वा— इमां मे भस्त्राम्[19] उदके प्रास्यत, इमम् [20]अहं तं[20] पश्यामि यो मां प्रत्युच्यातिप्रक्ष्यतीति[21] । अथ हैनम् [22]अभ्येव जगाम[22] । स होवाच— य ऋचं करोति न साम, स[23] इद्धो न दिदीपे[24] । अथ य ऋचं च साम च करोति, स इद्धस् स[25] दिदीपे[24] । एतत् त्वाहं प्रतिब्रवीम्य् एतन् मे पितैतत् पितामह एतत् प्रपितामह इत्य् आ ह[26] प्रियमेधाद्[27] गमयांचकार[28] । तद् एतत् तेजो ब्रह्मवर्चसं साम । एतेन वै स पूर्वेषां पितामहानां पाप्मानम् अपाहन् । तेजस्वी ब्रह्मवर्चसी भवत्य्, अप पूर्वेषां पितामहानां पाप्मानं हते य एवं वेद । यद् उ साकमश्वो ऽपश्यत् तस्मात् साकमश्वम् इत्य् आख्यायते । यत् सोम चित्रम्[29] उक्थ्यम् इति चित्रवतीर् भवन्ति— चित्ररूपा वै पशवः । पशव एतद् अहः — पशूनाम् एवावरुद्ध्यै । तद् आहुर् यन्ति वा एते त्रिष्टुभः पवमानान्ताद् ये गायत्रीष्व् [30]अन्त्यं कुर्वन्तीति[30] । वृषण्वतीर् भवन्ति । वृषण्वद् वै त्रिष्टुभो रूपम् । तेन त्रिष्टुभः पवमानान्तान् न यन्ति ॥ १०१ ॥

[१–१] ग तद्धोवाचक्षते [२] ग कक्षावान् [३] क अपृच्छयत् ग अवृछत् [४–४] क इद्धयिन्न-दितिपा३ इत् ग इद्धयिन्नद्दिपायिन् [५] ग अस्या [६] क ग प्रजायाम्मे [७] ग नाकुलाहस्त्रास [८] क प्रियंगुतण्डुनाम् [९–९] ग वाधिकतानां [१०] क भ [११] ग प्रस्यति [१२–१२] क तावद्र्धास्मा [१३] क ग ऊ [१४] ग वृजज्ञे [१५] ग प्रियमेधान् [१६] ग सा [१७] ग विष्टेयेति [१८] ग अपश्यन् [१९] ग हस्त्राम् [२०–२०] ग हन्त [२१] ग प्रत्युच्चातिप्रक्षतीति [२२–२२] ग अभ्यवजगाम [२३] ग नास्ति [२४] क ग दिदिपे [२५] एवं कोशयोः [२६] क ग हा [२७] ग प्रियमेधान् [२८] एवं कोशेषु [२९] ग विचित्रं [३०–३०] ग अन्त्य-कुर्वन्निति

तासु शैशवम् । शान्तिर् वै शैशवम् । यच् छैशवेन स्तुवन्ति शान्त्या एव । अथो आहुश् शैशवेन वा इन्द्रो वृत्रं पर्याकारं शक्वरीभिर् अहन्न्[1] इति । [2]तद् व् एव[2] [3]शैश-

वस्य शैशवत्वम्[३]। तद् उ भ्रातृव्यहा। हन्ति द्विषन्तं भ्रातृव्यं य एवं वेद। [४]प्रजापतेर् अक्ष्य् अश्वयत्[४]। तत् परापतत्। सो ऽकामयत— पुनर् मा चक्षुर् आविशेद् इति। स एतत् सामापश्यत्। तेनास्तुत। ततो वै तं[५] चक्षुः पुनर् आविशत्। अश्व एव शुचिर् भूत्वैनं पुनर् आविशत्। तज् ज्योतिर् वै चक्षुः। ज्योतिर् वावैनं तद् आविशत्। तद् एतच् चक्षुष्यं साम। अजरसं हास्य चक्षुर् न व्येति य एवं वेद॥ १०२॥

[१] ग आहन्न् [२-२] ग तद्वैव [३-३] ग शैशैशवत्वम् [४-४] ग प्रजापतिरक्षश्वयत् [५] क नं

अथ[१] महानाम्न्यः। महानाम्नीर् वा अनु प्रजाः प्रजायन्ते। [२]नित्यवत्साः पशवः[२]। ता एता महानाम्न्यस्[३] संभार्याः। तस्मान् मनुष्या गर्भिणः कनीयश् शोभन्ते। संभार्यो हि स तेषां गर्भो [४]नित्यः। नित्यवत्साः[४] पशवो ऽनुप्रजायन्ते। तस्मात् पशवो गर्भिणो भूयश् शोभन्ते। मात्यो हि स तेषां गर्भो नित्यः। अथ वामदेव्यम्। पशवो वै वामदेव्यम्। पशुमन्त एव [५]भवन्त्य् एनेन[५] तुष्टुवानाः। अथ बार्हद्गिरशायोवाजीये[६] पांक्ते पांक्ते ऽहनि क्रियेते[७]— पांक्ता[८] वै पशवः। पशव एतद् अहः — पशूनाम् एवावरुद्ध्यै। ते उ[९] [१०]अथकारवच् चाध्यर्धेळं[१०] च भवतः प्रत्यक्षं शाक्करीणां रूपं शाक्करे ऽहन्। तेन वै रूपसमृद्धे। तद् आहुस् स वाद्य गोभिः प्रस्नायाद्य आभ्यः पारे[११] प्रतिष्ठां च तीर्थं च विन्देद्[१२] इति। गावो वै शाक्कर्यः। तासाम् एषा पारे[१३] प्रतिष्ठा च तीर्थं च यद् अथकारश् [१४]चाध्यर्धा चेळा[१४]। निष्ठाभिश् शाक्करीभिः पाप्मानं तरति, श्रियम् अश्नुते य एवं वेद। [१५]तद् ऐळम्[१५] अच्छावाकसाम भवति। पशवो[१६] वा इळा। पशुष्व् एवैतत् प्रतितिष्ठन्ति॥ १०३॥

[१] ग वाथ [२-२] ग नित्यवत्सामपशवः [३] ग महामयस् [४-४] ग निमत्यानित्यवत्साह [५-५] ग भवन्तिन्येन [६] ग बार्हतत् गिररायोवाज्ये [७] ग क्रियते [८] ग पाक्तो [९] ग वु [१०-१०] ग अथकारवर्चाद्ध्यर्द्धेळां [११] ग परे [१२] ग विन्दद् [१३] ग पुरे [१४-१४] ग चादध्यचेळा [१५-१५] क तदेळं [१६] ग अधिपाठः वा साम भवति पशवो

देवासुरा अस्पर्धन्त। ते देवाः प्रजापतिम् उपाधावंस्—तन् नश् छन्दः प्रयच्छायातयाम येनासुरान्[१] अभिभवामेति[२]। स तपो ऽतप्यत। स तपस् तप्त्वात्मन् सिंसिमायद्[३] अवापश्यत्। [४]यद् आत्मन् सिंसिमायद् अवापश्यत्[४] तत्[५] सिमानां[६] सिमात्वम्[७]। ता अब्रवीत्—सृज्यध्वम् इति। केनेति। येन कामयध्व[८] इति। तास् सिमानम्[९] एवोर्ध्वा उदीर्यासृज्यन्त[१०]। तद् व् एवासां सिमात्वम्[७]। ता अमिमीत। तासु त्रयं वेदम् अभ्यादधात्[११]। ता [१२]एवायच्छत्। तास्व् इमांस् त्रीन् लोकान् अभ्यादधात्[१२]। ता एवायच्छत्[१३]। सो ऽब्रवीन् महद् बतासाम् इदं मानम् अभूद् इति। यद् अब्रवीन् महद् [१४]बतासाम् इदं मानम्[१४] अभूद् इति, तन् महामानीनां[१५] महामानित्वम्। महामानयो ह वै नामैताः[१६]। ता[१७] महानाम्न्य इति परोक्षम् आख्यायन्ते[१८]। ता देवेभ्यः प्रायच्छत्। ताभिर् अद्य देवा अस्तुवत। श्वो ऽशक्नुवन्। तद् यद् अद्य स्तुत्वा श्वो ऽशक्नुवंस् तच् छक्करीणां शक्करीत्वम्[१९]। शक्नोति[२०] [२१]यच् छिक्षते[२१] य एवं वेद। ता देवा नोदयच्छन्[२२]। ताः प्रजापतय एव पुनः प्रायच्छन्। ताः प्रजापतौ संवत्सरम् उषित्वापाक्रामन्। सो ऽब्रवीत् कथापाक्रमिष्टेति॥ १०४॥

[१] ग योनासुरोन् [२] ग अभिभवामीति [३] एवं कोशयोः [४-४] ग नास्ति [५] ग तन्न [६] ग सीमानां [७] ग सीमात्वम् [८] क कामयध्वम् ग कामयध्वंम् [९] ग सीमानम् [१०] क ग -सृजन्त [११] ग अध्यादधुत् [१२-१२] ? क एवायच्छंस्तास्सिमास्त्रीन् लोकानभ्यादधात् ग एवायछतुस्ता सीमास्त्रीन् लोकानानभ्यादधा [१३] ? क ग एवायछन् [१४-१४] ग बता-सामदम्मानम् [१५] एवं कोशेषु [१६] ग नंवैताः [१७] ग त [१८] ग आख्यायते [१९] क शक्करित्वं ग छकरीत्वं [२०] ग शक्तोति [२१-२१] ग यछिष्यते [२२] क नेदयच्छन्

ता अब्रुवन्न् ऐन्द्रान् ह नो[१] घोषान् वेत्थ । तान् नः प्रयच्छ[२], यैर् वयं घोषिणीर्[३] असाम । घोषी स ब्राह्मणो[४] ऽसद् यो ऽस्मान् वेदेति । ताभ्य एतान् ऐन्द्रान् घोषान् प्रायच्छत् । यो ऽग्नेर्[५] घोषो यो रथस्य, तम् अस्यै[६] प्रायच्छत् । यो वायोर् घोषो यो वयसां, तम् एतस्यै प्रायच्छत् । यः पर्जन्यस्य घोषो यो दुन्दुभेस् तम् अमुष्यै प्रायच्छत् । एते ह[७] वा आसाम् ऐन्द्रा घोषाः । तास् संवत्सरम् उषित्वापैवाक्रामन्[८] । सो ऽब्रवीत् कथापाक्रमिष्टेति । ता अब्रुवन्न् ऐन्द्रान् ह नो[९] निक्रिळान्[१०] [११]वेत्थ । तान्[१२] नः प्रयच्छ, यैर् वयं क्रीळाम । क्रीळात् स ब्राह्मणः प्रजया पशुभिर् यो ऽस्मा[१३] वेदेति । ताभ्य एतान् ऐन्द्रान् निक्रीळान्[११] प्रायच्छद्— इन्द्रा इन्द्रा इन्द्रा इति । एते ह वा आसाम् ऐन्द्रा निक्रीळाः । तास् संवत्सरम् उषित्वापैवाक्रामन्[८] । सो ऽब्रवीत् कथापाक्रमिष्टेति ॥ १०५ ॥

[१] ग नु [२] क प्रयश्च ग पयछ [३] ग आषणीर् [४] ग ब्रह्मणो [५] ग अग्निर् [६] क अस्मै [७] ग ई [८] ग उषित्वावैवाक्रामन् [९] ग ना [१०] क निक्रीळानि ग निक्रिपळानि [११-११] ग नास्ति [१२] क तन् [१३] एवं क च

ता अब्रुवन् रूपाणि ह नो वेत्थ । तानि नः प्रयच्छ, यैर् वयं रूपिणीर् असाम । रूपी स ब्राह्मणो ऽसद् यो ऽस्मा[१] वेदेति । ताभ्यो रूपाणि प्रायच्छत् । यत् प्रावृषि निहतरजस्कायै प्रथमं संजायमानाया[२] अस्यै रूपं भवति, तद् अस्यै प्रायच्छत् । यद् उ एव प्रावृषि निहतरजस्कस्यान्तरिक्षस्य रूपं भवति, तद् एतस्यै[३] प्रायच्छत्[४] । अथ यद् आग्रहायणे ऽपेते मेघे ऽपेते नीहारे ऽमुष्यै रूपं भवति, तद् अमुष्यै प्रायच्छत्[५] । एतानि ह वा आसां रूपाणि । तास् संवत्सरम् उषित्वापैवाक्रामन्[६] । सो ऽब्रवीत् कथापाक्रमिष्टेति । ता[७] अब्रुवन् नामानि ह नो[८] वेत्थ[९] । तानि नः प्रयच्छ[१०], यैर् वयं नामिनीर् असाम । नामी स ब्राह्मणो ऽसद् यो ऽस्मा[११] वेदेति । ताभ्यो नामानि प्रायच्छत् । भूस् त्वम् असीतीमाम् अब्रवीद् , भुवस् [१२]त्वम् इत्य् एतां[१२], स्वस् त्वम् इत्य् अमूम्[१३] । एतानि ह वा आसां नामानि । तास् संवत्सरम् उषित्वापैवाक्रामन् । सो ऽब्रवीत् कथापाक्रमिष्टेति ॥ १०६ ॥

[१] एवं कोशेषु [२] ग सञ्जयमाजाया [३] ग एतत् [४] ग प्रायछन्ति [५] ग प्रायछन् [६] ग उषित्वावैवाक्रमन् [७] ग नास्ति [८] ग रो [९] ग वैत्थं [१०] ग प्रायछ [११] ग स्वा [१२-१२] ग त्वमित्येताव [१३] क ग अमुम्

ता अब्रुवन् वत्सान् ह नो वेत्थ । तान् नः प्रयच्छ[१], यैर् वयं वत्सिनीर्[२] असाम । वत्सी स ब्राह्मणो [३]ऽसद् यो[३] ऽस्मा[४] वेदेति । ताभ्यो वत्सान् प्रायच्छत् । अग्निम् एवास्यै प्रायच्छद्, वायुम् अन्तरिक्षायादित्यम् अमुष्यै । एते ह वा आसां वत्साः । तास् संवत्सरम् उषित्वापैवाक्रामन् । सो ऽब्रवीत् कथापाक्रमिष्टेति । ता अब्रुवन्न् ऋषभान् ह

नो वेत्थ। तान् नः प्रयच्छ, यैर् वयम् ऋषभिणीर्[५] असाम। ऋषभी[६] स ब्राह्मणो ऽसद् यो ऽस्मान्[४] वेदेति। ताभ्य ऋषभान् प्रायच्छद् एतान् अथकारान्। एते ह[७] वा आसाम्[८] ऋषभाः। तास् संवत्सरम् उषित्वापैवाक्रामन्। सो ऽब्रवीत् कथापाक्रमिष्टेति॥ १०७॥

[१] ग प्रायछ [२] ग सत्सिनीर् [३-३] क सत्ये ग सत्सो [४] एवं कोशयोः [५] क ऋषिभिणिर् ग ऋषिमिणिर् [६] ग ऋषिभि [७] ग ए [८] ग आसाय्

ता अब्रुवन्न् एकं[१] ह नो रूपं वेत्थ। तन् नः प्रयच्छ, येन वयं रूपिणीर् असाम। रूपी स ब्राह्मणो ऽसद् यो ऽस्मा[२] वेदेति। ताभ्य एतद् एकं रूपं प्रायच्छद् आप इति। एतद् ध वा आसाम् एकं रूपं [३]यद् आपः[३]। तास् संवत्सरम् उषित्वापैवाक्रामन्। सो ऽब्रवीत् कथापाक्रमिष्टेति। ता अब्रुवन्न् एकं ह नो नाम वेत्थ। तन् नः प्रयच्छ[४], येन वयं नामिनीर् असाम। नामी स ब्राह्मणो ऽसद् यो ऽस्मा[२] वेदेति। ताभ्य एतद् एकं[१] नाम प्रायच्छद् इन्द्रा इति। एतद् ध वा आसाम् एकं नाम यद् इन्द्राः। तास् [५]संवत्सरम् उषित्वापैवाक्रामन्। सो ऽब्रवीत् कथापाक्रमिष्टेति[५]॥ १०८॥

[१] ग एक [२] एवं कोशयोः [३-३] क ग इदापः [४] ग प्रायछ [५-५] ग संवत्समिष्टेति

ता अब्रुवंस् [१]तृतीर् ह नो[१] वेत्थ। ता नः प्रयच्छ[२], याभिर् वयं तृप्याम। तृप्यात् स ब्राह्मणः प्रजया पशुभिर् यो ऽस्मा[३] वेदेति। ताभ्य एतास् तृतीः[४] प्रायच्छद् एतान् एकारान्[५]। एते ह वा आसां तृतयः। [६]तास् संवत्सरम् उषित्वापैवाक्रामन्। सो ऽब्रवीत् कथापाक्रमिष्टेति[६]। ता अब्रुवन् आवपनान्[७] [८]ह नो वेत्थ[८], पल्यान् ह नो वेत्थ, गोष्ठान् ह नो वेत्थ। तान् नः [९]प्रयच्छ, यैर्[९] वयम् [१०]आवपनवतीः पल्यवतीर्[१०] [११]गोष्ठिनीर् असाम। आवपनवान् पल्यवान् गोष्ठी स[११] ब्राह्मणो ऽसद्[१२] यो ऽस्मा[३] वेदेति। ताभ्यो वाचं प्रायच्छत्। वाचं वावेदं सर्वं नातिरिच्यते। [१३]एवा ह्य् एवा[१३] इत्य् एषां[१४] वाग्, एवा ह्य् अग्ना इति गव्याः पशव, एवा हीन्द्रा इत्य् अश्व्याः[१५] पशवः। एवा[१६] हि पूषन्न् इत्य् अजाविकम् एवैतत्। एवा हि देवा इति परिग्राह एवैषः॥ १०९॥

[१-१] ग तृप्तिहने [२] ग प्रायछ [३] एवं कोशयोः [४] ग त्रिप्तिः [५] एवं क च। ग ईकारान् [६-६] ग तास्संष्टचेति [७] ? क आवपनं ग आवपना [८-८] ग हरोबत्थ [९-९] ग प्रयैर् [१०-१०] ग आपवनवती पल्यवती [११-११] ग गोष्ठीब्राह्मणोसं [१२] क नास्ति [१३-१३] ग एवाभ्येवा [१४] ग एषा [१५] ग अस्याः [१६] ग एता

अथ महानाम्नयः। प्राणा वा अग्रे सप्त। तेभ्य एतां सप्तपदां शक्वरीं निरमिमीत। प्राणान् एव सर्वम् आयुर् एति य एवं वेद। सप्तपदायै[१] षट्पदाम् ऋतून् संवत्सरम्। ऋतुभ्य आत्मानं परिदत्ते य एवं वेद। षट्पदायै पञ्चपदां पशून् पंक्तिम्। पशुमान् भवति य एवं वेद। पञ्चपदायै चतुष्पदां वाचम् अनुष्टुभं प्रतिष्ठितिम्[२]। वाचा वदति य एवं वेद। चतुष्पदायै त्रिपदां तेजो ब्रह्मवर्चसं गायत्रीम्। तेजस्वी ब्रह्मवर्चसी भवति य एवं वेद। त्रिपदायै द्विपदां पुरुषम्। नैनं पौरुषो वधो हन्ति य एवं वेद। द्विपदाया एकपदां[३] पुरुषम् एव। अन्वञ्चाव् इव वै पुरुषौ। तस्मात्[४] पुरुषः पुरुषं परिवेवेष्टि[५], पुरुषः पुरुषस्यानुचरो भवति, विन्दते ऽनुचरितॄन्[६]। बहवो ऽस्यानुचरा भवन्ति, नैनं पौरुष्येवावृत्तिर् विन्दति य एवं वेद॥ ११०॥

[१] ग सप्तरदा वै [२] ग प्रतेतिष्ठति [३] ग एकपदा [४-४] ग तस्म [५] क परिवैवेष्टि ग परिवेवेष्टि [६] ग नूचिरितून्

तानि सर्वाणि छन्दांसि संभृत्य तैर् इन्द्रो वृत्रम् अहन् । यन् महान्तम् [१]अहंस् तस्मान्[१] महानाम्नयः । यद् अशक्नोत्[२] तस्माच् छक्वर्यः । यन् [३]मद्वियम् अकरोत्[३] तस्मान् मद्वीः[४] । यत् सीमानम् अभिनत् तस्मात् सिमाः[५] । अथो हैनास् सीमत[६] एव ससृजे । सिम इति वै श्रेष्ठम् आचक्षते । सिम श्रेष्ठ स्वानां भवति य एवं वेद । ता ह वा एता इन्द्रा एव नाम । इन्द्रो वै यत्र महानाम्नीषु मिथुनत्वम् ऐच्छत, ता एनम् अब्रुवन्—स वै नः[७] प्रयच्छेति । किम् इति । यत् त एतन् नामेति । ताभ्यस् तत् प्रायच्छत् । तस्माद् एता इन्द्रा नाम[८] । एतद् ध वा आसां प्रियं गुह्यं नाम[९] यद् इन्द्राः । स यो हासाम्[१०] एतद् विद्वान् परिहरत, आगामुकम्[११] एनं प्रियं[१२] भवति पश्यते प्रियम् । तस्माद् एता महानाम्न्य इति परोक्षम् आख्यायन्ते[१३] ॥ १११ ॥

[१-१] ग अहस्तमान् [२] ग अशेक्नो [३-३] क मद्वीयमकरोत् ग मक्वियमकरेटवियमकरेनुत् [४] ग मर्ती: [५] क ग सीमा [६] ग सिमत [७] ग र: [८] क नम [९] ग नम [१०] ग हसाम् [११] एवं क च । ग आगाम्मकं [१२] एवं क च । ग प्रिया [१३] ग आख्यायते

अस्ता[१] उ आव[२] महान् । तस्यैताः प्रतिनाम्नयः । तस्यो[३] एवैतन् नाम परिहरन्ति । सा यैषा [४]पुरस्ताद् द्विपदोपधीयते[४] पुरुष एव सः । अथ [५]यान्य् उत्तराणि[५] त्रीणि पदानि पशवस् ते । भसत् प्रथमा सक्थ्यौ ह्व । पराञ्चः पशवस् संभवन्ति । तस्माद् भसत् प्रथमाख्यायते[६] । अथ यान्य् उत्तराणि त्रीणि पदानि वत्सः प्रथमो ऽथोधो[७] ऽथ पुरुषः । अथ यान्य् उत्तराणि त्रीणि पदानीमौ[८] द्वौ शिरोग्रीवम्, एकम् अथ यद् उत्तमं पदम् उपश[९] एव सः । पश्चेव द्वितीय आगच्छत् तस्माद् उत्तमा द्व्युपशैवं [१०]प्रियस्य कुर्यात्[१०] । एतद् ध वा आसां प्रत्तम् अधीतम् उपजीवनीयम् । यद् वत्सः[११] प्रथमो भवत्य् अथोधो ऽथ पुरुषः, प्रत्तं[१२] हैवास्याधीतम्[१३] उपजीवनीयं[१४] भवति । अथ यं कामयेत धीतम् अस्याप्रत्तम् अनुपजीवनीयं स्याद् इति— ॥ ११२ ॥

[१] ग आसा [२] ? एवं कोशेषु [३] ग तस्यै [४-४] ग पुस्ताद्विपदोपधीयन्त [५-५] क यान्युन्तराणि ग यान्यन्तराणि [६] ग प्रथममाख्यायते [७] ग थोसो [८] क पदानिमौ ग पदानिम्मौं [९] एवं ग च । क उपशव [१०-१०] ग प्रियस्व कुर्वाव [११] ग वत्सं [१२] ग प्रमत्तम् [१३] ग हैवं स्याधीतम् [१४] ग उपशमनीयं

—ऊधः प्रथमं कुर्याद्[१] अथ [२]वत्सम् अथ[२] पुरुषम् । धीतं हैवास्याप्रत्तम् अनुपजीवनीयं भवति । अथ यं कामयेतापशु स्याद् इति वत्सम् अस्यान्तरियात् । पशवो वै वत्सः । पशून् एवास्यान्तरेति । अथ यं कामयेत रुद्रो ऽस्य पशूञ् छमयेद् इत्य् अन्तरा [३]वत्सं चोधश् च[३] पुरुषम् [४]अवदध्यात् । रुद्रो[४] वै पुरुषः । रुद्रम् एवास्य तद् गोष्ठ ऽवदधाति । सैषा मीमांसा । अथ यथैवासाम् इदं प्रज्ञातं स्तोत्रं तथैव स्तोतव्यम् । इयं वै प्रथमा महानाम्नी, तस्या अग्निर् उपशः । इयं द्वितीया, तस्यै वायुर् उपशः । असौ तृतीया, तस्यै सूर्याचन्द्रमसाव् उपशौ । तासां यो ह्रदावकिनो वेद त्रिर्[५] विला हास्य गृहा भवन्ति[६] तृप्ता इवारूक्षा अन्तरतः । एकारा ह वा आसां ह्रदावकिनः । [७]तस्माद् धृद[७] एकारम् उपावसेधं पशूंस् तर्पयन्ति । अथ [८]य आसाम् अलंकारान्[८] वेदालं-

कुर्वन्तो ऽस्यासते गृहेष्व् अंशुं रुक्मं निष्कं हस्तिनम् अश्वतरीरथम् अश्वरथम् । स्तोभा ह वा आसाम् अलंकाराः । ता[९] अलंकुर्वन्न् इव शोभयन्न् इव गायेत् । उप हैनम् एतानि रूपाण्य् अक्रीतानि तिष्ठन्ते य एवं वेद ॥ ११३ ॥

[१] ग कुर्य्याम् [२-२] ग नास्ति [३-३] ग वत्विञ्चोयश्च [४-४] ग अवदध्याम्रद्रो [५] ग कुर् [६] ग भवति [७-७] ग तस्मादृद [८-८] ग यज्ञसामलाकारान् [९] ग अधिपाठः अलंकारास्ता

आपो[१] वै महानाम्न्यः । तासाम् आदित्य एव वत्सः । तद् या ह वै प्राचीर् आपो [२]धावन्त्य् एतम्[२] एव ता उद्यन्तम् अभीप्सन्तीर् धावन्ति । [३]अथ याः प्रतीचीर्[३] धावन्त्य् एतम् एव ता अस्तं यन्तम् अभीप्सन्तीर् धावन्ति । तद् यत् पृच्छेयुर् या इमा आपो ऽहरहर् धावन्ति कम् [४]एता अभीप्सन्तीर्[४] धावन्तीति[५] । एतम् इत्य् एव तत्र प्रतिवचनम् । अथो आहुर् वायुर् वै महानाम्नीनां वत्सः । एष हीमान् लोकान् इमा[६] दिशः प्रतापयत[७] इति । [८]इम उ[८] लोका महानाम्न्यः । तस्मात् पुरोवाते वाति, वृष्ट्याम् आशासन्ते । यथा ह प्रत्ता न दुहीत तादृक् तद् यत् पुरोवाते वात्य् अथ न वर्षति । पशवो वै महानाम्न्यः । गोष्ठ[९] एव पुरीषम्[१०] । तद् आहुः पुरीषेणाग्रे स्तोतव्यम् अथ महानाम्नीभिः । आयतनं वा अग्रे ऽथ पशवः । आयतनं हि पशवो ऽभिसमायन्तीति । तद् उ वा आहुः पशूनां वै पुरीषं[११] भवति । यद् वै पशवो न[१२] स्युर् न पुरीषं[११] स्यात् । यदो वै पुरुषः पशून् विन्दते ऽथ[१३] स गोष्ठं पर्यस्यते गुप्त्यै । तस्मान् महानाम्नीभिर् एव[१४] पूर्वाभि स्तोतव्यम् इति ॥ ११४ ॥

[१] ग अपो [२-२] ग धावन्तेतम् [३-३] ग अथायः प्रतिचीर् [४-४] ग एतामभीप्सन्तिर् [५] ग द्विरुक्तिः कमेता अभीप्सन्तिर्धावन्तिन्तीति [६] ग इमान् [७] ग प्रताप [८-८] ग इदं [९] ग गोष्ठा [१०] क पुरीषपुरीषम् ग पुराषम् [११] ग पुरीष [१२] ग न्य [१३] ग नास्ति [१४] ग एवं

तद् आहुस् सकृद् एव संस्तुतासूपरिष्टात्[१] पुरीषेण स्तोतव्यम् उत वै बहुतयाः पशवो नानात्यास् समानम्[२] एव गोष्ठम्[३] अभिसमायन्तीति[४] । [५]यद् द्वयीर् उ[५] ह तथा प्रजा भवन्ति । अनुपर्यायम् एव पुरीषेण स्तोतव्यम् । तथा ह '[६]सर्वा प्रजवतीर्[६]' भवन्ति । ऐळानि पुरीषाणि भवन्ति । पशवो वा इळा, आयतनं पुरीषम् । आयतन एव तद् एतान् पशून् प्रतिष्ठापयन्ति । अप उपनिधाय स्तुवन्ति साम्नस् सर्वत्वाय । एतद् वै महानाम्नीनां सर्वं रूपं यद् आपः । ता उर्दिंगयेयू[७] रूपसमृद्धतायै । तद् आहुः [८]कैमा निनयेद्[८] इति । तासाम् एषा मीमांसा—वसतीवरीष्व्[९] अवनीय सोमम् अभिषुत्य भक्षयेयुर्[१०] इति । मथितम् इव[११] ह त्व् एषां भवति यातयाम[१२] । यातयाम्नीर् अयातयाम्नीष्व् अवनयन्ति । अथो आहुस् तृतीयसवनीयान्[१३] एवाभिः पुरोडाशान् उपसृजेयुर् इति । यजमानो वै पुरोडाशो, ऽन्नम् आपः । [१४]अन्नेनैव तद् यजमानं[१४] समनक्ति । ईश्वरो ह तु यजमानम् उत्तरवयसे श्वः[१५] पामा वेत्तोः । कण्डूयिता[१६] इव हि भवन्ति । अथो आहुश् चात्वाल एव निनयेद् इति । योनिर् वै यज्ञस्य चात्वालं[१७], रेत आपो, योन्याम् एवैतद् रेतः प्रतिष्ठापयति[१८] । अनुष्ठयास्य[१९] रेतस् सिक्तं प्रजायते य एवं वेद ॥ ११५ ॥

[१] ग संस्तुतासूपरिष्टान् [२] ग सामानम् [३] क ग गेष्ठं [४] ग अभिसमांयन्तिति [५-५] क यद्वियीरु ग यद्वधीरु [६-६] ग स्मा प्रजनवती [७] ग उर्दिंगतेययू [८-८] ग स्वेमानिनियेद्

[९] क वसतीवरीष्वू ग वसतीवरुष्व् [१०] ग गछ्येयुर् [११] ग एव [१२] ग यातयाम्नयम [१३] ग तृतीयासवनीयान् [१४-१४] ग न्नेनैव- मथनमानों [१५] क श्वर ग श्वः [१६] क ग कण्डूयता [१७] ग चात्वालः [१८] ग प्रतिष्ठा-पयन्ति [१९] ग अनुष्टास्य

तद् आहुर् विहृता अग्नयो भवन्ति, वास्तु परिशिष्यते[1], गर्भा अनुशोषुका[2] स्युर्, यच् चात्वाले[3] निनयेत्। आस्तावे निनयेद् इति। एष ह वा उद्गातुश् च यजमानस्य च धिष्ण्यो यद् आस्तावः। आयतनम् आस्तावः। आयतन एव तद् एतान् कामान् प्रतिष्ठापयन्ति। तासाम् अग्र यावत्कामं निनीय, अथान्तःपरिधि निनयेत्। तथा हैषां ता हुताश् चाहुताश्[4] च भवन्ति। यथा ह वा इदं विदावन्[5] प्राणाव् अनिरुक्ताव् एवम् एतौ धिष्ण्यौ सन्ताव् अनवगतौ। प्राणौ[6] वा इमौ [7]सन्ताव् अनपतृण्णौ[7] धिष्ण्याव् एतौ सन्तौ[8] न विह्रियेते॥ ११६॥

[१] क ग परिशिष्यते [२] ग अनुशाषुका [३] क चाले ग छाबाले [४] ग नास्ति [५] ग च विदावान् [६] ग पाणो [७-७] ग सन्तापनवतिश्रिष्णौ [८] क नास्ति

असुराणां ह वा अग्र इमे लोका आसुः। उपजीविन[1] इव हि देवा आसुस् तप एव श्रद्धाम् अन्वायत्ताः[2]। ते ऽर्चन्तस् ताम्यन्तस्[3] तेजो बलम् इन्द्रियं वीर्यम् आत्मस्व् अदधत[4]। तद् एषाम् असुरा आदित्सन्त[5]। तद् आदित्स्यमानम्[6] अप्सु प्रावेशयन्, नेद् इदम् असुरा विन्दान्ता[7] इति। तस्माद् इदम् अप्य् एतर्ह्य् अमित्रेष्व् आयत्सु[8] वित्तम् उपगूहन्ति[9], नेद् इदम् अमित्रा विन्दान्ता इति। तद् अपैव[10] देवेभ्यो ऽक्रामन्, नासुरान् प्राप्नोत्। ते देवा एतं संवत्सरश्रमम्[11] अपश्यन्। [12]तेनैनद् अभ्याश्राम्यन्[12]। तद् ऊर्ध्वम् उपश्रयत[13]। [त]द् दिवि स्पृष्टम् अतिष्ठत्। यद् दिवि स्पृष्टम् अतिष्ठत्, तत् स्पृष्टानां[14] स्पृष्टत्वम्। स्पृष्टानि[15] ह वै नामैतानि[16]। तानि पृष्ठानीति परोक्षम् आचक्षते। सर्वान् कामान् स्पृशति य एवं वेद। स यत्काम स्यात् संवत्सरं श्राम्येद्, अव [17]हैवैनद् रुन्द्धे[17]। संवत्सरपरिमितो ह्य् एवैष [18]यच् छ्रमः[18]॥ ११७॥

[१] ग ऊपजीवन [२] ग अन्वायत्तः [३] ग श्रम्यन्तस् [४-४] क ग अदध [५] क ग आदित्सन्तस् [६] ग आदित्समानम् [७] ग विन्दन्ता [८] ग आषत्सु [९] ग आपशूहन्ति [१०] ग अशपैव [११] ? ग संवत्सरमश्रमम् [१२-१२] क तेनैनद्यभ्यश्राम्यन् ग तेनैनदभ्याश्राम्यास् [१३] ? ग उदश्रयत [१४] ग स्पृष्टुनं [१५] ग स्पृष्टा [१६] ग नाम्मेतानि [१७-१७] ग हैवैनन्द्रन्धे [१८-१८] ग यश्रम

आपो वै देवानां [1]पत्नय आसन्। ता[1] मिथुनम् ऐच्छन्त[2]। तासां वायुः पृष्ठे व्यवर्तत[3]। ता[4] गर्भम् अदधत। ता देवा अब्रुवन् सृजध्वम् इति। ता रथन्तरं प्रथमे ऽहन्न् असृजन्त। [5]तद् रथघोषो[5] ऽन्वसृज्यत। तस्माद् रथन्तरस्य स्तोत्रे रथघोषं कुर्वन्ति। ता अब्रुवन्— सृजध्वम् एवेति। ता बृहद् द्वितीये ऽहन्न् असृजन्त। तत् पर्जन्यस्य घोषो ऽन्वसृज्यत। तस्माद् बृहत स्तोत्रे[6] दुन्दुभीन् उद्वादयन्ति। वर्षुकः[7] पर्जन्यो भवति[8]। ता अब्रुवन् सृजध्वम् एवेति। ता वैरूपं तृतीये ऽहन्न् असृजन्त। तद् [9]ग्रामघोषो ऽन्वसृज्यत। तस्माद् वैरूपस्य स्तोत्रे[9] ग्रामघोषं[10] कुर्वन्ति। ता अब्रुवन् सृजध्वम् एवेति। ता वैराजं चतुर्थे ऽहन्न् असृजन्त। तद् अग्नेर् घोषो ऽन्वसृज्यत। तस्माद् वैराजस्य स्तोत्रे ऽग्निं मन्थन्ति। ता अब्रुवन् सृजध्वम् एवेति। ताग् शाक्करं

पञ्चमे ऽहन्न् असृजन्त । तद् अपां घोषो ऽन्वसृज्यत । तस्माच् छाकरस्य स्तोत्रे ऽप उपनिधाय स्तुवन्ति । ता अब्रुवन् सृजध्वम् एवेति । ता रैवतं षष्ठे ऽहन्न् असृजन्त । तत् पशुघोषो ऽन्वसृज्यत । तस्माद् रैवतस्य स्तोत्रे पशुघोषं कुर्वन्ति, वत्सान् मातृभिस् संवाशयन्ति । ता अब्रुवन् सृजध्वम् एवेति । एतावद् वावेत्य् अब्रुवन् । तद् एते ह[११] वा आसाम् ऐन्द्रा घोषा [१२]वदन्ति । अस्मिन्न[१२] ऐन्द्रा घोषास् सर्वा अस्मिन् पुण्या वाचो वदन्ति य एवं वेद । ते देवा वामदेव्यम् एव योनिं[१३] परिगृह्योर्ध्वा[१४] उदागाहन्त[१५] । तद् एतस्य पृष्ठ्यस्य[१६] षडहस्य[१७] मध्ये [१८]ह मायं न्यदधुः[१८] । तद् यानि ह वै स्तुतानि सामानि पश्चात्त्वं तेषां वामदेव्यम् , अथ यान्य् अस्तुतानि पुरस्त्वं तेषाम् । यो वै ग्रामस्य[१९] श्रेष्ठी बलिष्ठो भवति तेन पश्चात्त्वेन तेन पुरस्त्वेन [२०]यन्ति । अरिष्टेन[२०] यज्ञेन यजते य एवं वेद । एतस्माद् ध वा इदं युग्यौ न समवहन्तौ वहतो, [२१]ऽन्यतर एव[२१] वहीयान् भवति । तस्माद् वामदेव्यं[२२] पृष्ठम् । पृष्ठं हि प्रतिवहतीति । क्लृप्तिर् वा एषा शान्तिर् वा एषा प्रतिष्ठा[२३] वा [२४]एवैष वाव[२४] यज्ञो यद् वामदेव्यम् । तस्माद् येन येनाह्ना[२५] स्तुवन्ति तत् तद् अनुसर्पति कल्पयच् छमयत् ॥ ११८ ॥[२६]

[१-१] ग पत्तयज्ञसंस्ता [२] ग एछन्द [३] ग व्यवर्त्ततं [४] ग नास्ति [५-५] ग तदथः-पोशो [६] ग स्तोत्र [७] ग वषुकः [८] ग भवति [९-९] ग नास्ति [१०] क ग ग्रामघोषां [११] ग भ [१२-१२] ग वद्यन्तस्मिन्न् [१३] ग योनि [१४] ग परिगृह्योध्वा [१५] ग उदागाहत [१६] ग पृष्ठस्य [१७] क त्रिरुक्तिः षडहस्य षडहस्य [१८-१८] ग विम यह्मदधुः [१९] ग ऋमस्य [२०-२०] ग यन्यरिष्टेन [२१-२१] ग न्यताणव [२२] ग वामदेव्या [२३] ग प्रतिष्ठु [२४-२४] क एवैष व ग एवैवाव [२५] क येनाह्न [२६] ग पञ्चमोऽध्यायः । महानाम्न्यः ।

असाव्य्[१] अंशुर् मदायेत्य् असावीति[२] सिमानां[३] रूपम् ।

अप्सु दक्षो गिरिष्ठाः ।
श्येनो न योनिम् [४]आसदत् ॥
शुभ्रम्[४] अन्धो देववातम् अप्सु धौतं नृभिस् सुतम् ।

इत्य् अप्सुमतीर्[५] भवन्ति । आपो ह्य् एतद् अहः ।

स्वदन्ति गावः पयोभिः ॥
[६]आद् ईम् अश्वं[६] न हेतारम् अशूशुभन् [७]अमृताय ।

इति[७] गोमतीः पशुमतीर् भवन्ति पशूनाम् एवावरुद्ध्यै । पशवो ह्य् एतद् अहः । मधो रसं सधमाद[८] इति मद्वतीर्[९] भवन्ति । रसो वै मदः । धीतम् इवैतद् यत्[१०] तृतीयसवनम्[११] । तद् यद् एता मद्वतीर् भवन्ति रसम् एवास्मिन्न् एतद् दधति । ऐवैनद्[१२] एतेन प्यायन्ति । तासु गायत्रम् उक्तब्राह्मणम् । अथ सन्तनि[१३] । [१४]वाग् वा[१४] एषा [१५]प्रतता यद् द्वादशाहः[१५] । तां सन्तनिनैव संतन्वन्ति । प्राणा ह खलु वै सन्तनयः । प्राणैर् वाक् सन्तता । तद् यत् सन्तनि भवति[१६] प्राणानाम्[१७] एव सन्तत्यै, वाचं प्राणैस् सन्तनवामेति । इमे[१८] वै लोकास् सन्तनय, इम उ लोका महानाम्न्यः । तद् यत् सन्तनि भवत्य् एषाम् एव लोकानां सन्तत्यै । सम् अस्मा इमे लोकास् तायन्ते[१९] य एवं वेद । अभि द्युम्नं बृहद् यश इत्य् अभीति भवति रथन्तरस्य रूपम् । राथन्तरम् एतद् अहः । जिन्वन् गविष्टये धिय इति गोमतीः पशुमतीर् भवन्ति पशूनाम् एवावरुद्ध्यै । पशवो[२०] ह्य् एतद् अहः ॥ ११९ ॥

[१] ग योनासुरोन् [२] ग अभिभवामीति [३] एवं कोशयोः [४-४] ग नास्ति [५] ग तन्न [६] ग सीमानां [७] ग सीमात्वम् [८] क कामयध्वम् ग कामयर्ध्वम् [९] ग सीमानम् [१०] क ग ·सृजन्त [११] ग अध्यादधुत् [१२-१२] ? क एवायच्छंस्तास्सिमास्त्रीन् लोकानभ्यादधात् ग एवायछतुस्ता सीमास्त्रीन् लोकानानभ्यादधा [१३] ? क ग एवायछन् [१४-१४] ग बता-सामदम्मानम् [१५] एवं कोशेषु [१६] ग नंवैताः [१७] ग त [१८] ग आख्यायते [१९] क शक्करित्वं ग छकरीत्वं [२०] ग शक्तोति [२१-२१] ग यछिष्यते [२२] क नेदयच्छन्

ता अब्रुवन्न् ऐन्द्रान् ह नो[१] घोषान् वेत्थ । तान् नः प्रयच्छ[२], यैर् वयं घोषिणीर्[३] असाम । घोषी स ब्राह्मणो[४] ऽसद् यो ऽस्मान् वेदेति । ताभ्य एतान् ऐन्द्रान् घोषान् प्रायच्छत् । यो ऽग्नेर्[५] घोषो यो रथस्य, तम् अस्यै[६] प्रायच्छत् । यो वायोर् घोषो यो वयसां, तम् एतस्यै प्रायच्छत् । यः पर्जन्यस्य घोषो यो दुन्दुभेस् तम् अमुष्यै प्रायच्छत् । एते ह[७] वा आसाम् ऐन्द्रा घोषाः । तास् संवत्सरम् उषित्वापैवाक्रामन्[८] । सो ऽब्रवीत् कथापाक्रमिष्टेति । ता अब्रुवन्न् ऐन्द्रान् ह नो[९] निक्रिळान्[१०] [११]वेत्थ । तान्[१२] नः प्रयच्छ, यैर् वयं क्रीळाम । क्रीळात् स ब्राह्मणः प्रजया पशुभिर् यो ऽस्मा[१३] वेदेति । ताभ्य एतान् ऐन्द्रान् निक्रीळान्[११] प्रायच्छद्— इन्द्रा इन्द्रा इन्द्रा इति । एते ह वा आसाम् ऐन्द्रा निक्रीळाः । तास् संवत्सरम् उषित्वापैवाक्रामन्[८] । सो ऽब्रवीत् कथापाक्रमिष्टेति ॥ १०५ ॥

[१] ग नु [२] क प्रयश्च ग पयछ [३] ग आषणीर् [४] ग ब्रह्मणो [५] ग अग्निर् [६] क अस्मै [७] ग ई [८] ग उषित्वावै-वाक्रामन् [९] ग ना [१०] क निक्रीळानि ग निक्रिपळानि [११-११] ग नास्ति [१२] क तन् [१३] एवं क च

ता अब्रुवन् रूपाणि ह नो वेत्थ । तानि नः प्रयच्छ, यैर् वयं रूपिणीर् असाम । रूपी स ब्राह्मणो ऽसद् यो ऽस्मा[१] वेदेति । ताभ्यो रूपाणि प्रायच्छत् । यत् प्रावृषि निहत-रजस्कायै प्रथमं संजायमानाया[२] अस्यै रूपं भवति, तद् अस्यै प्रायच्छत् । यद् उ एव प्रावृषि निहतरजस्कस्यान्तरिक्षस्य रूपं भवति, तद् एतस्यै[३] प्रायच्छत्[४] । अथ यद् आग्र-हायणे ऽपेते मेघे ऽपेते नीहारे ऽमुष्यै रूपं भवति, तद् अमुष्यै प्रायच्छत्[५] । एतानि ह वा आसां रूपाणि । तास् संवत्सरम् उषित्वापैवाक्रामन्[६] । सो ऽब्रवीत् कथापाक्रमिष्टेति । ता[७] अब्रुवन् नामानि ह नो[८] वेत्थ[९] । तानि नः प्रयच्छ[१०], यैर् वयं नामिनीर् असाम । नामी स ब्राह्मणो ऽसद् यो ऽस्मा[११] वेदेति । ताभ्यो नामानि प्रायच्छत् । भूस् त्वम् असीतीमाम् अब्रवीद्, भुवस् [१२]त्वम् इत्य् एतां[१२], स्वस् त्वम् इत्य् अमूम्[१३] । एतानि ह वा आसां नामानि । तास् संवत्सरम् उषित्वापैवाक्रामन् । सो ऽब्रवीत् कथापाक्रमिष्टेति ॥ १०६ ॥

[१] एवं कोशेषु [२] ग सञ्जयमाजाया [३] ग एतत् [४] ग प्रायछन्ति [५] ग प्रायछन् [६] ग उषित्वावैवाक्रमन् [७] ग नास्ति [८] ग रो [९] ग वैत्थं [१०] ग प्रायछ [११] ग स्वा [१२-१२] ग त्वमित्येताव [१३] क ग अमुम्

ता अब्रुवन् वत्सान् ह नो वेत्थ । तान् नः प्रयच्छ[१], यैर् वयं वत्सिनीर्[२] असाम । वत्सी स ब्राह्मणो [३]ऽसद् यो[३] ऽस्मा[४] वेदेति । ताभ्यो वत्सान् प्रायच्छत् । अग्निम् एवास्यै प्रायच्छद्, वायुम् अन्तरिक्षायादित्यम् अमुष्यै । एते ह वा आसां वत्साः । तास् संवत्सरम् उषित्वापैवाक्रामन् । सो ऽब्रवीत् कथापाक्रमिष्टेति । ता अब्रुवन्न् ऋषभान् ह

नो वेत्थ। तान् नः प्रयच्छ, यैर् वयम् ऋषभिणीर्[5] असाम। ऋषभी[6] स ब्राह्मणो ऽसद् यो ऽस्मान्[4] वेदेति। ताभ्य ऋषभान् प्रायच्छद् एतान् अथकारान्। एते ह[7] वा आसाम्[8] ऋषभाः। तास् संवत्सरम् उषित्वापैवाक्रामन्। सो ऽब्रवीत् कथापाक्रमिष्टेति॥ १०७॥

[१] ग प्रायछ [२] ग सत्सिनीर् [३–३] क सत्ये ग सत्सो [४] एवं कोशयोः [५] क ऋषिभिणिर् ग ऋषिभिणिर् [६] ग ऋषिभि [७] ग ए [८] ग आसाय्

ता अब्रुवन्न् एकं[1] ह नो रूपं वेत्थ। तन् नः प्रयच्छ, येन वयं रूपिणीर् असाम। रूपी स ब्राह्मणो ऽसद् यो ऽस्मा[2] वेदेति। ताभ्य एतद् एकं रूपं प्रायच्छद् आप इति। एतद् ध वा आसाम् एकं रूपं [3]यद् आपः[3]। तास् संवत्सरम् उषित्वापैवाक्रामन्। सो ऽब्रवीत् कथापाक्रमिष्टेति। ता अब्रुवन्न् एकं ह नो नाम वेत्थ। तन् नः प्रयच्छ[4], येन वयं नामिनीर् असाम। नामी स ब्राह्मणो ऽसद् यो ऽस्मा[2] वेदेति। ताभ्य एतद् एकं[1] नाम प्रायच्छद् इन्द्रा इति। एतद् ध वा आसाम् एकं नाम यद् इन्द्राः। तास् [5]संवत्सरम् उषित्वापैवाक्रामन्। सो ऽब्रवीत् कथापाक्रमिष्टेति[5]॥ १०८॥

[१] ग एक [२] एवं कोशयोः [३–३] क ग इदापः [४] ग प्रायछ [५–५] ग संवत्समिष्टेति

ता अब्रुवंस् [1]तृप्तीर् ह नो[1] वेत्थ। ता नः प्रयच्छ[2], याभिर् वयं तृप्याम। तृप्यात् स ब्राह्मणः प्रजया पशुभिर् यो ऽस्मा[3] वेदेति। ताभ्य एतास् तृप्तीः[4] प्रायच्छद् एतान् एकारान्[5]। एते ह वा आसां तृप्तयः। [6]तास् संवत्सरम् उषित्वापैवाक्रामन्। सो ऽब्रवीत् कथापाक्रमिष्टेति[6]। ता अब्रुवन् आवपनान्[7] [8]ह नो वेत्थ[8], पल्यान् ह नो वेत्थ, गोष्ठान् ह नो वेत्थ। तान् नः [9]प्रयच्छ, यैर्[9] वयम् [10]आवपनवतीः पल्यवतीर्[10] [11]गोष्ठिनीर् असाम। आवपनवान् पल्यवान् गोष्ठी स[11] ब्राह्मणो ऽसद्[11] यो ऽस्मा[3] वेदेति। ताभ्यो वाचं प्रायच्छत्। वाचं वावेदं सर्वं नातिरिच्यते। [13]एवा ह्य् एवा[13] इत्य् एषां[14] वाग्, एवा ह्य् अग्ना इति गव्याः पशव, एवा हीन्द्रा इत्य् अश्व्याः[15] पशवः। एवा[16] हि पूषन्न् इत्य् अजाविकम् एवैतत्। एवा हि देवा इति परिग्राह एवैषः॥ १०९॥

[१–१] ग तृप्तिहने [२] ग प्रायछ [३] एवं कोशयोः [४] ग त्रिप्तिः [५] एवं क च। ग ईकारान् [६–६] ग तास्संष्टचेति [७] ? क आवपनं ग आवपना [८–८] ग हरोबत्थ [९–९] ग प्रयैर् [१०–१०] ग आपवनवती पल्यवती [११–११] ग गोष्ठीब्राह्मणोसं [१२] क नास्ति [१३–१३] ग एवाभ्येवा [१४] ग एषा [१५] ग अस्याः [१६] ग एता

अथ महानाम्नयः। प्राणा वा अग्रे सप्त। तेभ्य एतां सप्तपदां शक्वरीं निरमिमीत। प्राणान् एव सर्वम् आयुर् एति य एवं वेद। सप्तपदायै[1] षट्पदाम् ऋतून् संवत्सरम्। ऋतुभ्य आत्मानं परिदत्ते य एवं वेद। षट्पदायै पञ्चपदां पशून् पंक्तिम्। पशुमान् भवति य एवं वेद। पञ्चपदायै चतुष्पदां वाचम् अनुष्टुभं प्रतिष्ठितिम्[2]। वाचा वदति य एवं वेद। चतुष्पदायै त्रिपदां तेजो ब्रह्मवर्चसं गायत्रीम्। तेजस्वी ब्रह्मवर्चसी भवति य एवं वेद। त्रिपदायै द्विपदां पुरुषम्। नैनं पौरुषो वधो हन्ति य एवं वेद। द्विपदाया एकपदां[3] पुरुषम् एव। अन्वञ्चाव् इव वै पुरुषौ। तस्मात्[4] पुरुषः पुरुषं परिवेवेष्टि[5], पुरुषः पुरुषस्यानुचरो भवति, विन्दते ऽनुचरितॄन्[6]। बहवो ऽस्यानुचरा भवन्ति, नैनं पौरुष्येवावृत्तिर् विन्दति य एवं वेद॥ ११०॥

इति बृहतो रूपम् उपगच्छन्ति[१०] । बार्हतम् ह्य् एतद् अहः ।

आ पवस्व महीम् इषं गोमद् इन्दो हिरण्यवत् ।
अश्ववत् सोम वीरवत् ॥

इति गोमतीः पशुमतीर् भवन्ति पशूनाम् एवावरुद्ध्यै ।

पवस्व विश्वचर्षण आ[११] मही रोदसी [१२]पृणा ।
उषास्[१२] सूर्यो न रश्मिभिः ॥

इति सूर्यवतीर् भवन्ति । सौर्यं ह्य् एतद् अहर् एकविंशं प्रतिष्ठा वैराजम् ।

परि नश् शर्मयन्त्या धारया सोम विश्वतः ।
सरा रसेव विष्टपम् ॥

इति परिवतीर् भवन्त्य् अन्तस्य रूपम् । अन्तो ह्य् एतद् अहः ।

आशुर् अर्ष बृहन्मते परि प्रियेण धाम्ना ।
यत्र देवा इति ब्रवन् ॥
परिष्कृण्वन्न् अनिष्कृतम्
अयं स यो दिवस् परि

इति परिपरीति भवत्य् अन्तस्य रूपम् । अन्तो वा अनुष्टुप् छन्दसाम् । आनुष्टुभम् एतद् अहः ॥ ६० ॥

[१] क तन्यतं ग तन्यतु [२] ग अति [३] ग नाह्वि [४-४] ग समानतनुतदति [५] ग भूयर्णय [६] एवं कोशयोस्संहितायां च [७] ग दाराय्यस् [८] ग शृण्वो [९] ग विष्टेर् [१०] ग उपमुपगच्छन्ति [११] ग तृ [१२-१२] ग वृणोषंस्

षडृचं भवति—षड् वा ऋतव—ऋतूनाम् एवाप्त्यै । तद् आहुर् यत् षडृचं षष्ठस्याह्नो रूपम्, अथ कस्माच् चतुर्थे ऽहन् क्रियत इति । स ब्रूयात् षड् वा ऋतवस् संवत्सरस्, संवत्सरः प्रजापतिर् यज्ञः । संवत्सरम् एवैतेन प्रजापतिं यज्ञम् आप्त्वा सवनमुखे पुनर् आरभन्ते । आप्यत इव ह्य् एतद् यज्ञो यद् एष पूर्वस् त्र्यह आप्यत इति । उत्तरं षडृचं भवति । अभिपूर्वम् एवैतेन यज्ञम् आरभन्ते । हिन्वन्ति सूरम् उस्रय इति हिन्वन्तीव वै जातम् । जायत उ एतेनाह्ना । स्वसारो जामयस् [१]पतिम् इतीमा[१] ह वाव स्वसारः । इमा उ एव जामयः । महाम् इन्दुं महीयुव इतीमा ह वाव महीयुवः । ता एवैनम् एतद् धिन्वन्ति । पवमान रुचारुचेति रुक्मत्[२] सौर्यरूपम् उपगच्छन्ति । सौर्यं ह्य् एतद् अहर् एकविंशं प्रतिष्ठा वैराजम् ।

आ पवमान सुष्टुतिं वृष्टिं[३] देवेभ्यो दुवः ।
इषे[४] पवस्व संयतम्[५] ॥

इति पर्यासो भवति प्रजानां धृत्यै पशूनाम् उपस्थित्यै । एकविंश स्तोमो भवति । द्वादश मासाः, पञ्चर्तवस्, त्रय इमे लोका, असाव् आदित्य एकविंशः । तास् संस्तुता द्वादश जगत्यो भवन्ति । ताश् चतुर्विंशतिर् गायत्र्यः । ता अष्टादशानुष्टुभः । आनुष्टुभम् एतद् अहः ॥ ६१ ॥

[१-१] ग वतिस्पतीमा [२] ग रिक्मत् [३] क वृष्टिं ग पृष्ठिं [४] ग इतिष [५] ग सायतम्

जनस्य गोपा अजनिष्ट जागृविर् इत्य् आग्नेयम् आज्यं भवति जनद्वत् । एष ह वाव जनस्य गोपाः । तम् एवैतत् प्रातस्सवनात् प्रजनयन्ति । तं प्रजातं माध्यन्दिने सवने मन्थन्ति[१] । अग्निर् [२]इति निर्[२] एवैनं तद् आह । सुदक्षस् सुविताय नव्यस इति प्राणा[३] वै दक्षः । प्राणान्

एवास्मिंस् तद् दधति । घृतप्रतीक इत्य्—एतद् वा अग्नेः प्रियं धाम यद् घृतं—प्रियेणैवैनं[4] तद् धाम्ना[5] समर्धयन्ति । बृहता दिविस्पृशेति बृहतो रूपम् उपगच्छन्ति । बार्हतं ह्य् एतद् अहः । द्युमद् वि भाति भरतेभ्यश् शुचिर् इतीमा ह वै प्रजा भारतीस्—ताभ्य एवैतच् छुचिर् विभाति[6] । अथो यद् एवैनेन भरता अग्र ईजिरे ऽथो यद् एवैष देवेभ्यो हव्यं वहति तस्माद् भारतः । त्वाम् अग्ने[7] आंगिरसो[8] गुहा हितम् इति त्वाम् इति भवति बृहतो रूपम् । बार्हतम् एतद् अहः । अन्व् अविन्दञ् छिश्रियाणं वनेवन इति वनेवन ह्य् एतं शिश्रियाणम् अन्वविन्दन् । स जायसे मथ्यमानस् सहो महद् इति प्रातस्सवनाद् ध वा एतम् अग्रे मन्थन्ति । तं प्रजातं माध्यंदिने सवने जनयन्ति । त्वाम् आहुस्[9] सहसस् पुत्रम् अङ्गिर इति सहसेवं[10] ह्य् एतं जनयन्ति । यज्ञस्य केतुम् इत्य् एष ह वाव यज्ञस्य केतुः । यत्र ह वै क[11] च सूयते तद् एष एव पुरस्तात् केतुर् उच्छ्रियते[12] ॥ ६२ ॥

[१] ग मन्थति [२-२] ग इतिग्निर् [३] ग प्राणो [४] क प्रियेणैवैन ग प्रियणैवैन [५] ग धामा [६] ग वभाति [७] ग आग्ने [८] एवं कोशयोः । संहितायां अंगिरसो [९] ग आशुस् [१०] ? ग सहस्वो [११] क ग त्व [१२] ग उइछीयते

प्रथमः[1] पुरोहितम् इति [2]पुर एव वा[2] एनम् एतद् दधते । यद् अग्निम् आदधते ऽग्निं नरस् त्रिषधस्थे सम् इन्धत इतीमा ह वै प्रजा नरः । ता एवैनम् एतत् सामिन्धत । इन्द्रेण देवैस् सरथं स बर्हिषि सीदन् नि होता यजथाय सुक्रतुर् इति सर्वदेवत्यं भवति । सर्वदेवत्यं ह्य् एतद् अहर् आनुष्टुभम् । सर्वदेवत्यो वा अनुष्टुप् । अयं वां मित्रावरुणेति मैत्रावरुणं भवति । पुनः-प्रोक्तिर् ह वा एषा हविषः । सं ह वा एतद् यज्ञस् तिष्ठते यद् एष पूर्वस् त्र्यह आप्यते । यन् नु वो परो यज्ञ इति ह वा एतद् देवेभ्यः प्राहुः । तस्माद् उ हैतद् द्वितीयं यजमान आज्यं कुर्वीत ।

राजानाव् अनभिद्रुहा[3] ध्रुवे सदस्य् उत्तमे ।
सहस्रस्थूण[4] आसाते ॥

इति सहस्ररूपं विराजाम्[5] उपगच्छन्ति । वैराजं ह्य् एतद् अहः । ता सम्राजा[6] घृतासुती इति सम्राड्वतीर्[7] भवन्ति । साम्राज्यम्[8] इव ह्य् एतर्ह्य् अगच्छन् । इन्द्रो दधीचो अस्थभिर् इत्य् ऐन्द्रं भवति ॥ ६३ ॥

[१] एवं कोशयोः । संहियायां प्रथमं [२-२] क ग पुरूत्रवा [३] ग -द्रूहो [४] ग सहस्रंरथूण [५] क विराजाम् [६] ग साम्म्राजा [७] ग समृध्वतीर् [८] ग सम्राज्यम्

दध्यङ्[1] ह वा आथर्वणस् तेजस्वी ब्रह्मवर्चस्य् आस । तं ह स्म यावन्तो ऽसुराः परापश्यन्ति ते ह स्म तद् एव विशीर्षाणश्[2] शेरते । स उ ह स्वर्गं लोकम् उच्चक्राम[3] । स हेन्द्रो[4] ऽसुरैर् अभिबाढ[5] उवाच क नु स 'दध्यङ्ङ् भवाद् इति[6] । तस्मै होचुः स्वर्गं वै भगवस् स लोकम् उदक्रामद् इति । स होवाच नैवास्येह किं चित् परिशिष्टम् अस्तीति । तस्मै होचुर् आसीद् एवेदम् अश्वशीर्षं येनाश्विभ्यां देववेदं[7] प्राब्रवीत् तत् तु न विद्म यत्राभवद् इति । तद् वा अन्विच्छतेति । तद् धान्वीषुः ।

इच्छन्न् अश्वस्य यच् छिरः पर्वतेष्व् अपश्रितम् ।
तद् विदच् छर्यणावति ॥

इति[8] । 'शर्यणावद् ध नामैतत्[9] कुरुक्षेत्रस्य जघनार्धे सरस्कम्'[10] । तद् एतद् अनु-

[१] ग अस्याव्य् [२] क असाविति [३] ग सीमानां [४-४] ग आसदश्नुभृम् [५] ग अप्सुम्नी [६-६] क ग आदिमश्वं [७-७] क ग अमृतावेति [८] ग सथमाद [९] ग द्वती [१०] ग य [११] ग तृतीयसवन [१२] ग ऐवनद [१३] ग सन्तनी [१४-१४] क ग व श्वा [१५-१५] क प्रततायद्वादशाहः ग वृततायंद्वादशमहः [१६] ग भवन्ति [१७] ग प्रानाम् [१८] ग मे [१९] ग तायन्त [२०] ग अधिपाठः वा

तासु च्यावनम् । च्यवनो वै भार्गवो वास्तुपस्य[१] ब्राह्मणम् अवेत् । स पुत्रान् अब्रवीद् वास्तुपस्य[२] वै ब्राह्मणं वेद । तं मा वास्तौ[३] निधाय त्रिः पुनःप्रयाणं प्रयातेति । तेऽब्रुवन् न शक्ष्याम, आक्रोशनवन्तो[४] भविष्यामः । पितरम् [५]अहासिषुर् इति[५] नो[६] वक्ष्यन्तीति[७] । नेति होवाच, तेन वै यूयं वसीयांसो[८] भविष्यथ, तेनो एव मम पुनर्युवताया आशा । हित्वैव मा[९] प्रयातेति तान् अज्ञापयत्[१०] । तं सरस्वत्यै शैशवे निधाय त्रिः पुनःप्रयाणं प्रायन् । सो ऽकामयत वास्तौ हीनः[११]— पुनर् युवा स्यां, कुमारीं[१२] जायां विन्देय[१३], सहस्रेण यजेयेति । स एतत् सामापश्यत् । तेनास्तुत ॥ १२० ॥

[१] ग वस्तुपश्य [२] ग वाप्तुपश्य [३] ग वस्तौ [४] ग आक्रोशनवन्ते [५-५] ग अहाशिश्चुरुति [६] ग नेः [७] क पक्ष्यन्तीति ग पक्षन्तीति [८] ग वशीयांसो [९] ग नास्ति [१०] क अज्ञपयत् [११] क हिनः ग हिनीः [१२] ग कुमारी [१३] ग विन्देव

तं तुष्टुवानं[१] शर्यातो[२] मानवो[३] ग्रामेणाध्यवास्यत् । तं कुमारा[४] गोपाला अविपाला[५] मृदा शकृत्पिण्डैर् आसपांसुभिर्[६] अदिहन् । सो ऽसंज्ञां शार्यात्येभ्यो[७] ऽकरोत् । तन् न माता पुत्रम् अजानान्, न पुत्रो मातरम् । [८]सो ऽब्रवीच् छर्यातो[८] मानवः— किम् इहाभितः किं चिद् अद्राष्ट, यत इदम् इत्थम् अभूद् इति । तस्मै होचुर् न नु ततो ऽन्यत्— स्थविर एवायं निष्ठावश् शेते । तम् अद्य कुमारा गोपाला अविपाला मृदा शकृत्पिण्डैर् आसपांसुभिर्[६] अधिक्षन् । तत इदम्[९] इत्थम् अभूद् इति ॥ १२१ ॥

[१] एवं कोशयोः [२] क ग शय्यातो [३] ग मानसो [४] ग आमारा [५] ग नास्ति [६] क ग -पाण्डुभिर् । शतपथे ब्राह्मणे ४.५.१.९ यदासाः पांसवः पर्यशिष्यन्त [७] ग शाय्यात्तेभ्यो [८-८] ग वसोबवीछय्यातो [९] ग नुदम्

स होवाच—च्यवनो वै स[१] भार्गवो[२] ऽभूत् । स वास्तुपस्य ब्राह्मणं वेद । [३]तं नूनं[३] पुत्रा वास्तौ हित्वा प्रायासिषुर्[४] इति । तम्[५] आद्रुत्याब्रवीद्[६] ऋषे, नमस् ते ऽस्तु । शार्यात्येभ्यो मृळेति । अथ ह सुकन्या शार्यात्या[७] कल्याण्य् आस । स होवाच— स वै मे[८] सुकन्यां देहीति । नेति[९] होवाच । अन्यद् धनं ब्रूष्वेति । नेति होवाच । वास्तुपस्य वै ब्राह्मणं वेद । तां म इहोपनिधायासाथम् एवाद्य ग्रामेण यातात् इति । ते वै त्वा[१०] मन्त्रयित्वा प्रतिब्रवामेति । ते होचुर् मन्त्रयित्वा— एकं वै द्वे त्रीणि [११]परमम् अनया[११] धनानि लभेमह्[१२], अथैनयेह सर्वम् एव लप्स्यामहे । हन्तास्मा इमां ददामेति । तां हास्मै ददुः । तां होचुः— कुमारि, स्थविरो वा अयं निष्ठावो[१३] नालम् अनुसरणाय । यदैव वयं युनजामहा, अथान्वाधावताद् इति । सा हेयं युक्तं ग्रामम् अनुसरिष्यन्त्य्[१४] अनूत्तस्थौ । स होवाचाहे परिधाव सखायं जीवहायिनम्[१५] इति । सा यदीतीयाय[१६] यदीति— ॥ १२२ ॥

[१] क नास्ति [२] क भार्गवे [३-३] क नन्त्रनं ग तान्यूनं [४] ग प्रायासिष्टुर् [५] क ग नम् [६] ग आद्रुत्वाब्रवीद् [७] ग शार्य्यस्त्या [८] ग अधिपाठः ष [९] ग तेनेति [१०] ग कात्वा [११-११] ग परमनया [१२] ग लभेमन्य् [१३] ग निष्ठंवो [१४] क ग अनुसरिष्यन्त्व् [१५] ग जिवहायिनम् [१६] ? एवं च। क यदीतियाय ग नास्ति

—कृष्णसर्प उ हैवैनां प्रत्युत्तस्थौ। सा [१]ह तद्[१] एव निर्विद्योपविवेश। अथ हाश्विनौ दर्विहोमिणौ भिषज्यन्ताव् [२]इदं चेरतुर्[२] अनपिसोमौ। तौ [३]हैनाम् एत्योचतुः[३]—कुमारि, स्थविरो[४] वा अयम् असर्वो नालं पतित्वनायावयोर्[५] जायैधीति। नेति होवाच। यस्मा एव मा पितादात्, तस्य जाया भविष्यामीति। तद् धायम् आजुघोष[६]। अथ हेमौ[७] प्रेयतुः। स होवाच—कुमारि, को न्व् एष घोषो ऽभूद् इति। पुरुषौ मेमाव् उपागातां यत् कल्याणतमं रूपाणां तेन रूपेणेति। तौ त्वा किम् अवोचताम् इति। कुमारि, स्थविरो वा[८] अयम् असर्वो नालं पतित्वनायावयोर् जायैधीति[९]। सा त्वं[१०] किम् अवोच इति। नेत्य् अहम् अवोचं, यस्मा एव मा पितादात् तस्य जाया भविष्यामीति[११] ॥१२३॥

[१-१] ग हन्तद् [२-२] ग इदबेरतुर् [३-३] ग होमेत्यौचतुः [४] ग स्थस्थविरो [५] ग पतित्वनायंवयोर् [६] ग अजघोष [७] ग हेतौ [८] ग वो [९] ग जायैस्वीति [१०] ग त्वा [११] ग भविष्यामिति

तद् धास्य प्रियम् आस। स सहोचाश्विनौ वै तौ दर्विहोमिणौ भिषज्यन्ताव् इदं चरतो ऽनपिसोमौ। तौ त्वैतद्[१] एवागत्य श्वो वक्तारौ। तौ त्वं ब्रूताद्—युवं वा [२]असर्वौ स्थो[२], यौ देवौ सन्ताव् असोमपौ स्थः। सर्वो वै[३] मम [४]पतिर् यस् सोमप इति[४]। तौ वै त्वा वक्तारौ—क स् तस्येशे यद् आवम् अपिसोमौ स्यावेति। अयं मम पतिर् इति ब्रूतात्। तेनो[५] एव मे पुनर्युवताया आशति। तौ हैनां श्वो भूत एत्यैतद् एवोचतुः। सा होवाच—युवं वा असर्वौ स्थो, यौ देवौ सन्ताव् असोमपौ स्थः। सर्वो वै मम पतिर् यस् सोमप इति। तौ होचतुः[६] क स् तस्येशे यद् आवम् अपिसोमौ स्यावेति। अयं मम पतिर् इति होवाच ॥१२४॥

[१] ग द्वैतद् [२-२] ग असर्वस्था [३] क मे [४-४] ग पर्य्येस्सोमपति [५] ग तेना [६] ग होवाचतुः

तं होचतुर्[१]—ऋषे ऽपिसोमौ नौ [२]भगवः कुर्व् इति[२]। तथेति होवाच। तौ वै नु मा युवं पुनर्युवानं कुरुतम् इति। तं ह सरस्वत्यै शैशवम् अभ्यवचकृषतुः[३]। स होवाच—कुमारि, सर्वे वै सदृशा उदेष्यामो, ऽनेन मा लक्ष्मकेण जानीताद् इति। ते ह सर्व एव सदृशा उदेयुर् यत् कल्याणतमं रूपाणां तेन रूपेण। तं [४]हेयं ज्ञात्वावबिभेदे[४]—अयं मम पतिर् इति। तं होचतुर् ऋषे ऽकुर्वावं तव तं कामं यस् तव कामो ऽभूत्। पुनर्युवाभूः। [५]आवं त्वं तथानुशाधि[५], यद् आवम् अपिसोमौ स्यावेति ॥१२५॥

[१] ग होवाचतु [२-२] ग भगत्रीकुर्वीति [३] ग अभ्यपचकर्षतुः [४-४] ग हेयज्ञात्वावाहावबिभेदे [५-५] ग आवञ्चन्तथानुशाधि

स होवाच—देवा वा एते कुरुक्षेत्रे ऽपशीर्ष्णा[१] यज्ञेन यजमाना आसते। ते तं कामं नाप्नुवन्ति यो यज्ञे कामः। तद् यज्ञस्य शिरो ऽच्छिद्यत। तद् यद्[२] [३]दध्यङ्

आथर्वणो[३] ऽन्वपश्यत् तं [४]तद् गच्छतम्[४] । स वां तद् अनुवक्ष्यति । ततो ऽपिसोमौ भविष्यथ इति । तद् यत् तद् यज्ञस्य शिरो ऽछिद्यतेति, सो ऽसाव् आदित्यः । स उ एव प्रवर्ग्यः । तौ ह दध्यञ्चम् आथर्वणम् आजग्मतुः । तं होचतुर्, ऋष उप त्वायावेति । कस्मै कामायेति[५] । एतद् यज्ञस्य शिरो ऽनुवक्ष्यावहा[६] इति । नेति होवाच । इन्द्रो वै तद् अप्य्[७] अपश्यत् । स माब्रवीद्—यदि वा इदम् अन्यस्मै ब्रूयाश्[८] शिरस् ते छिन्द्याम् इति । तस्माद् बिभेमीति । स वै नाव् अनेनाश्वस्य शीर्ष्णानुब्रूहीति । तथेति होवाच । स वै नु वां[९] संवदमानौ पश्यानीति । तौ हेमौ स्वं शिरो निधायेदम् अश्वस्य शिरः प्रतिसंधाय [१०]तेन ह स्म[१०] संवदमानाव् आसाते साम गायमानाव् ऋचं यजुर् अभिव्याहरन्तौ । ताभ्यां ह श्रद्धाय तेनाश्वस्य[११] शीर्ष्णानूवाच[१२] ॥ १२६ ॥

[१] क अपशीर्षा ग अपशीष्ण्या [२] क नास्ति [३-३] क दध्यन्दन्दाथर्वणो ग दध्यन्ददाथवणो [४-४] एवं च । क तच्छतं ग तश्छतं [५] ग कामायति [६] ग नुवक्ष्यपहा [७] क नास्ति [८] ? क ग च ब्रूयात् [९] ग अधिपाठः सं [१०-१०] ग तेसहस्मि [११] ग तेनाश्वभ्य [१२] ग शीर्ष्णानुवाच

तद् इन्द्रो ऽन्वबुध्यत—प्र हाभ्याम् अवोचद् इति । तस्याद्रुत्य[१] शिरः प्राच्छिनद् इदम् अश्वशीर्षम् । अथ यद् अस्य स्वं शिर आसीत् तद् इमौ मनीषिणौ प्रतिसमधत्ताम् । तौ ह [२]देवान् आजग्मतुर्[२] अपशीर्ष्णा[३] यज्ञेन यजमानान् । तान् होचतुर् अपशीर्ष्णा वै यज्ञेन यजमाना आध्वे । ते तं कामं[४] नाप्नुथ यो यज्ञे काम इति । कस् तद् यज्ञस्य शिरो वेदेति । आवम् इति । तद् वै प्रतिसंधत्तम् इति । ताभ्यां वै नौ ग्रहं[५] गृह्णीतेति । ताभ्याम् [६]एतम् आश्विनं[६] ग्रहम्[५] अगृह्णन्[७] । ताव् अब्रुवन् युवम् एवाध्वर्यू[८] स्थस्, तौ तत् प्रजानन्ताव् एतद् यज्ञस्य शिरः प्रतिसन्धास्यथ[९] इति । तथेति । ताव् अध्वर्यू[१०] आस्ताम् । तत् ताव् अपिसोमाव्[११] अभवताम् ॥ १२७ ॥

[१] ग तस्यादूत्या [२-२] ग देवानाञ्जग्मतुर् [३] एवं ग च । क अशीर्षा [४] ग कामान् [५] क ग गृहम् [६-६] ग एतामश्विनं [७] ग गृह्णन् [८] क एवाध्वर्युं [९] क प्रतिसन्धास्यत [१०] क अध्वर्य्यु [११] ग अपिसोमासोमाव्

अथ ह च्यवनो भार्गवः पुनर्युवा [१]भूत्वागच्छच् छर्यातं[१] मानवम् । तं प्राच्यां स्थल्याम् अयाजयत्[२] । तद् अस्मै सहस्रम् अददात् । तेनायजत । एतद् वै [३]तच् च्यवनो[३] भार्गव एतेन साम्ना स्तुत्वा पुनर्युवाभवत्, कुमारीं जायाम् अविन्दत, सहस्रेणायजत । एते वा एतस्मिन् सामन्[४] कामा, एतान् एव कामान् अवरुन्द्धे । यत्काम एवैतेन साम्ना स्तुते, सम् अस्मै स काम ऋध्यते । अथो ह स्मैतेनैव साम्ना च्यवनो भार्गवो यद् यद् अशनं चकमे तत् तद् ध स्म सरस्वत्यै शैशवाद् उदचति । तद् व् अन्नाद्यस्यावरुद्धिस्साम । अवान्नाद्यं रुन्द्धे ऽन्नाद् श्रेष्ठ स्वानां भवति य एवं वेद । यद् उ च्यवनो भार्गवो ऽपश्यत् तस्माच् च्यावनम् इत्य् आख्यायते । प्राणा शिशुर् महीनाम् इति पशुरूपम् एवैतद्[५] उपागच्छन्ति[६] । पशूनां वै शिशुर् भवति । तासु क्रोशं, भ्रातृव्यहा[७] सेन्द्रं साम । हन्ति द्विषन्तं भ्रातृव्यम् आस्येन्द्रो हवं गच्छति य एवं वेद । तद् ऐळं भवति—पशवो वा इळा । पशव एतद् अहः—पशूनाम् एवावरुद्ध्यै ॥ १२८ ॥

[१-१] ग भूत्वागछर्य्यातं [२] ग आयाजयत् [३-३] ग च्यवना [४] ग सुमन् [५] ग अवैतद् [६] ग उपगच्छन्ति [७] ग भ्रातृव्यसा

पवस्व वाजसातय[१] इति वाजवतीर्[२] अनुष्टुभो भवन्त्य्— अन्नं वै वाजो— ऽन्नाद्यस्यै-वावरुद्ध्यै ।

पवित्रे धारया सुतः ।
इन्द्राय सोम विष्णवे देवेभ्यो मधुमत्तमः ॥

इति वैष्णव्यो भवन्ति— यज्ञो वै विष्णुर्— यज्ञस्यैवारम्भाय । तासु[३] गौरिवीतम्[४] उक्तब्राह्मणम् । अथाष्टेळः[५] पदस्तोभ इळानाम् अयातयामावरुध्यते । तेनो हास्मा एकशफाः पशवस् तिष्ठन्ते । प्रजापतिं[६] प्रजास् ससृजानं शीर्षतः पाप्मागृह्णात् । सो ऽकामयताप पाप्मानं हनीयेति । स एतान् पदस्तोभान् अपश्यत् । तैर् अस्तुत । तैः पाप्मानम् अपाहत । तान् [७]अपवेष्टयन्न् इव[७] गायेत् । अपवेष्टयन्न् इव वै स तच् छीर्षतो ऽग्रे पाप्मानम् अपजघ्ने । अपवेष्टयन्न् इवैव शीर्षतो ऽग्रे पाप्मानम् अपहते य एवं वेद ॥१२९॥

[१] ग वाजसात [२] ग वाजवन्तीर् [३] क नास्ति [४] क गौरुवीतं ग गौरुपीतं
[५] ग अथाषेळः [६] क प्रजापतम् [७-७] ग अपवेष्टियन्ति व

ऋषीणां वा अग्रे मन्त्रश् चैव प्रजा चासीन् न पशवः । ते ऽकामयन्ताव पशून् रुन्धीमहीति । ते संवत्सरे पशून् पर्यपश्यन् । तान् एतेनाष्टेळेन पदस्तोभेनोदसृजन्त । ते ऽब्रुवन्न् [१]अस्ति न्वा[१] इति । तान् षडिळेनोदसृजन्त[२] । ते ऽब्रुवन्न् अस्ति[३] न्वा इति । तांश्[४] चतुरिळेनोदसृजन्त[५] । ते ऽब्रुवन्न् अस्ति न्वावेति । तान् द्वीळेनोदसृजन्त । ते वा एते पशव एव यत् पदस्तोभाः । पशव एतद् अहः । पशुमान् भवति य एवं वेद । त उ सर्वे जागता भवन्ति । पशवो वै जगती[६] । तेनो हैवास्मिंस्[७] तद् अप्य् एकशफाः पशवस् तिष्ठन्ते यत् सर्वे जागता भवन्ति । सर्वे हि जागताः पशवः ॥ १३० ॥

[१-१] ग अस्तीत्वा [२] क षडी- [३] ग अस्ती [४] ग तावश् [५] क चतुरी- ग चतुरु-
[६] ग जगति [७] ग हैवास्मिंस्

अथ[१] पार्थं[२] द्वियभ्यासं द्वितीयस्याह्नो[३] रूपम् । द्वितीयं ह्य् एतद् अहर् आयतनेन[४] । अथ ऋषभश् शाक्वरः[५] । पशवो वै सिमाः, पशवो रेवतयः, पशव ऋषभः । ऋषभम् एवैतत्[६] पशुष्व् अपिसृजन्ति मिथुनत्वाय प्रजननाय । [७]प्र मिथुनेन जायते[७] य एवं वेद । स उ द्वाभ्यां द्वाभ्यां देवताभ्यां प्रतितिष्ठति । तस्माद् ऋषभ[८] [९]स्कन्दन् द्विपाद्[९] भवति । ता एताश् चतुरक्षरा देवता भवन्ति । तस्माद् द्विपात् स्कन्दति । चतुष्पदः प्रजनयति[१०] । प्र प्रजया[११] पशुभिर् जायते[१२] य एवं वेद । स उ पांक्तः[१३] । पांक्ते ऽहनि क्रियते रूपसमृद्धतायै । इन्दुर् वाजी पवते गोन्योघा इति गोमतीः पशुमतीर् भवन्ति पशूनाम् एवावरुद्ध्यै । पशवो [१४]ह्य् एतद् अहः[१४] । तासु दाशस्पत्यम् उक्तब्राह्मणम् । अथ यज्ञायज्ञीयम् उक्तब्राह्मणम् । आ ते अग्न [१५]इधीमहीत्य् आवतीर्[१५] भवन्ति । अपच्छिद्येव वा एतद् यज्ञकाण्डं यद् उक्थानि[१६] । तद् यद् आवतीर् भवन्ति यज्ञस्यैव सलोमतायै ॥ १३१ ॥

[१] ग अर्थे [२] क पार्त्थं ग पार्त्थं [३] ग द्वितीयस्याहो [४] ग आयतनोन [५] क ग शक्वरः [६] ग अवैतत् [७-७] ग ते [८] ग वृषभ [९-९] ग स्कन्दधिपात् [१०] ग प्रजनयन्ति

[११] ग प्रजनया [१२] ग जायन्ते [१३] ग पार्भ्यतः [१४-१४] ग ह्येष तदहस् [१५-१५] ग इवीमहीत्यदावति [१६] ग उक्थकानि

तासु संजयम् । देवासुरा वा एषु लोकेष्व् अस्पर्धन्त । अस्मिन् भुवने त देवा अकामयन्त सम् इमान् लोकान् जयेम जयेमासुरान् स्पर्धां भ्रातृव्यान् इति । त एतत् सामापश्यन् । तेनास्तुवत । तेनेमान् लोकान् समजयन्न्[1], अजयन्[2] स्पर्धां भ्रातृव्यान् असुरान् । तद् यद् इमान् लोकान् समजयंस् तत् संजयस्य संजयत्वम् । सम् इमान् लोकाञ् जयति, जयति स्पर्धां द्विषन्तं भ्रातृव्यं, य एवं वेद । तद् उ पांक्तं, [3]पांक्ते ऽहन्[3] क्रियते— पांक्ता वै पशवः । पशव एतद् अहः — पशूनाम् एवावरुद्ध्यै । [4]तद् व् एवाचक्षते[4] द्विहिंकारं वामदेव्यम् इति । पशवो वै सिमाः, पशवो रेवतयः, पशवो द्विहिंकारं वामदेव्यम् । पशुमन्त एव भवन्त्य् एनेन तुष्टुवानाः । अथो[5] यद् एवैतस्मिन्न् अहन्न् ऊर्ध्वं शक्करीभ्यः क्रूरम् इव क्रियते [6]तद् एवैताभ्यां[6] हिंकाराभ्यां शमयन्ति । अथ सौमित्रं भ्रातृव्यहा[7] सेन्द्रं साम । हन्ति[8] द्विषन्तं भ्रातृव्यम् आस्येन्द्रो हवं गच्छति य एवं वेद ॥ १३२ ॥

[१] ग समंजयन्न् [२] क अजनयत् [३-३] ग पार्जेतेहन् [४-४] क तांद्वेवाचक्षते [५] ग कथो [६-६] ग तैनैताभ्यां [७] ग भ्रातृव्यंगा [८] ग अधिपाठः हन्ति

त्रयो ब्रह्मापश्यन्, नोधास् तृतीयं, सुमित्रस् तृतीयं, बृहदुक्थस्[1] तृतीयम् । तद् यत् प्रथमे त्रियहे नौधसं क्रियते, तेन प्रथमस् त्रियहो ब्रह्मण्वान् क्रियते । अथ यद् द्वितीये त्रियहे[2] सौमित्रं क्रियते तेन द्वितीयस् त्रियहो ब्रह्मण्वान् क्रियते । अथ यत्[3] तृतीये त्रियहे बार्हदुक्थं क्रियते तेनैव तृतीयस् त्रियहो ब्रह्मण्वान् क्रियते । एतैर् ह वै सामभिर् एते त्रियहा ब्रह्मण्वन्तः क्रियन्ते । तत् पञ्चाक्षरणिधनं भवति पञ्चमस्याह्नो रूपं पञ्चरात्रस्य सन्तत्या अव्यवच्छेदाय । असावि सोम इन्द्र त[4] [5]इत्य् असावीति[5] सिमानां[6] रूपम् ॥ १३३ ॥

[१] ग बृहद्रथस् [२] ग तृतीयहे [३] ग नास्ति [४] ग नास्ति [५-५] ग इत्यस्यसावीति. [६] ग सीमानां

तासु महावैश्वामित्रम् । एतेन वै विश्वामित्रो महिमानं[1] भूमानम् अभिपूर्वं[1] पशूनाम् अवारुन्द्ध । तद् एतत् पशव्यं साम । महिमानम् एव भूमानम् अभिपूर्वं पशूनाम् अवरुन्द्धे य एवं वेद । इन्द्रो वै वृत्रम् अजिघांसत् । स[3] विश्वामित्रम् उपाधावद्—ऋष उप त्वा धावाम, इह नो ऽधिब्रूहीति । स एतद् विश्वामित्रस् [4]सामापश्यत् । तेनास्तुत[4] । ततो वा इन्द्रो वृत्रम् अहन् । सो ऽब्रवीन् महद् वा इदं विश्वामित्रस्याभूद् इति । तद् एव महावैश्वामित्रस्य महावैश्वामित्रत्वम् । तद् उ भ्रातृव्यहा । हन्ति द्विषन्तं भ्रातृव्यं य एवं वेद । तत् त्रीळं भवति—पशवो वा इळा । पशव एतद् अहर्—अभिपूर्वाणाम् एव पशूनाम् अवरुद्ध्यै । भेषजं ह खलु वै तिस्र इळाः । एतद् ध वै शिवं शान्तं वाचो यत् तिस्र इळाः । तद् यत् त्रीळं पञ्चमे ऽहनि भवति तेनैव त्रिणवं च स्तोमं शमयन्ति । स्रिमाश्[5] चादित्याद् ऋतव उदक्रामन् । सो ऽकामयत न मद् ऋतव उत्क्रामेयुर् अभि मा वर्तेरन्न् इति । स एतत् [4]सामापश्यत् । तेनास्तुत[4] । [6]हिहया ओ हा ओ हा[6] इति हया ह वा अस्यैते यथाश्वा स्युर् एवम् । ततो वै तस्माद् ऋतवो नोदक्रामन् । तत एनम् उपावर्तन्त । तं प्राविशन् । तान् अभ्यारोहत् । स एष ऋतुषु च संवत्सरे चैतस्यां[7] श्रियाम् अध्यूढस्

तपति । यद् उ विश्वामित्रो[८] ऽपश्यत् तस्मान् महावैश्वामित्रम् इत्य् आख्यायते । तद्
ऐळम् अच्छावाकसाम भवति । पशवो वा इळा । पशुष्व् एवैतत् प्रतितिष्ठन्ति ॥ १३४ ॥[९]

[१] ग महिमाना [२] ग अभिपूर्व [३] ग सि [४–४] ग सामापश्यतेनास्तुवत [५] ग सीमाश्
[६–६] ग हेहया आह्वाहो [७] ग वैतस्यां [८] क विश्वामित्रा [९] ☞ क इति पञ्चममहः ग पञ्चममहाः

[१]ज्योतिर् यज्ञस्य पवते मधु प्रियम् इति सिमानां रूपम् । समानं वै सिमानां च रेवतीनां च रूपम् । सिमाभ्यो[२] वा अधि रेवतयो निर्मिताः । ज्योतिर् इत्य् आह । ज्योतिर् एवैतत् प्रजासु दधाति । ज्योतिर् इति च ह खलु वै पवत इति च गायत्र्यै[३] रूपम् । गायत्र्यो एतद् अहस् तायते[४] । पिता[५] देवानां जनिता विभूवसुर् इति प्रजापतिर् वै पिता देवानां, स जनिता, स विभूवसुः । प्राजापत्यम्[६] एतद् अहः । दधाति रत्नं स्वधयोर् अपीच्यं मदिन्तमो मत्सर इन्द्रियो रस इति । रसो ह्य् एतद् अहः । यो वै पञ्चमाद्[७] अह्नो रसो ऽत्यनेदत्[८] तद् एतद् अहर् अभवत् । स एष रस एव । अभिक्रन्दन् कलशं वाज्य् अर्षतीत्य् ऋषभं एवैतत् प्रातस्सवने रेवतीष्व् अपिसृजन्ति प्रजननाय । पतिर् दिवः शतधारो विचक्षण इति यद् वै शतवत् सहस्रवत् तज् जगत्यै रूपम् । जागतम् एतद् अहः । हरिर् मित्रस्य सदनेषु[९] सीदति मर्मृजानो[१०] ऽविभिस् सिन्धुभिर् वृषेति वृषण्वतीर् भवन्ति बृहतो रूपम् । बार्हतम् एतद् अहः ।

अग्रे सिन्धूनां पवमानो अर्षस्य् अग्रे वाचो अग्रियो गोषु[११] गच्छसि ।
अग्रे वाजस्य भजसे[१२] महद् धनं स्वायुधस् सोतृभिस् सोम सूयसे ॥

इत्य् अग्रम् अग्रम् इति भवति । अग्रं ह्य् एतद् अहर् यद् बार्हतम् । अग्रं त्रयस्त्रिंश स्तोमानाम् । तम् एवैतद् रेवतयो ऽनु ॥ १३५ ॥

[१] क अधिपाठः ओं [२] ग सीमाभ्यो [३] ग गायत्र्यो [४] ग तथते [५] ग इवा [६] ग प्रजापत्यं [७] ग पञ्चमं [८] ग अत्यनोदत् [९] ग सवनेषु [१०] क मम्रजानो ग मम्मृजानो [११] ग येगाषु [१२] ग भजतिस

ता[१] एता भवन्ति जगत्यो जगद्वर्णा अह्नो रूपेण समृद्धाः । यत्र वा अह्नारूपेण समृध्यन्ति सं तत्रर्ध्यते । सम् अस्मा ऋध्यते य एवं वेद । असृक्षत प्र वाजिन इत्य् अनुरूपो भवति भूतानुवादिनीः । षडहम् एवैतद् एतास् सृष्टम्[२] अनुवदन्ति । तद् आहुर् अह्न[३] एव रूपं स्तोत्रियेणारभन्ते [४]ऽनुरूपेण साम्न[४] इति । स्तोत्रियानुरूपौ[५] भवतः । प्राणो[६] वै स्तोत्रियो [७]ऽपानो ऽनुरूपः[७] । प्राणापानाभ्याम् एवैतत् समृध्य प्रयन्ति ।

गव्या सोमासो अश्वया ।
शुक्रासो वीरयाशवः ॥

इति गोमतीः पशुमतीर् भवन्ति पशूनाम् एवावरुद्ध्यै । पशवो ह्य् एतद् अहः ।

शुम्भमाना ऋतायुभिर् मृज्यमाना गभस्त्योः ।
पवन्ते वारे[८] अव्यये ॥

इति रूति रेवतीनां रूपम् । ते विश्वा दाशुषे वस्व् इति विश्ववतीर् भवन्ति[९] । वैश्वदेवं ह्य् एतद् अहः ।

सोमा दिव्यानि पार्थिवा ।
पवन्ताम्[१०] आन्तरिक्ष्या ॥

इतीमान् लोकान् समारभते[११] । इमे वै[११] लोकाः प्रजापतिः[१२] । प्राजापत्यम् एतद् अहः । षष्ठायतनो[१४] वै प्रजापतिर् देवतानाम् ॥ १३६ ॥

[१] ग नास्ति [२] ग भुष्टम् [३] ग अम्र [४-४] ग नुरुशेसम्र [५] क स्तोत्रियानुरूपो [६] ग प्राणा [७-७] ग पानोरूपः [८] क पारे [९] ग भवति [१०] ग पवताम् [११] ग समरामवता [१२] ग निवे [१३] ग प्रजापतितं [१४] ग षड्यायतनो

पवस्व देववीर् अतीति[1] दशर्चस्य प्रभृतिर् भवत्य् अति प्रादेति वा [2]आहुर् उपस्थितम्[2]। उपस्थितम्[3] इवैतद् अहः।

पवित्रं सोम रंह्या।
इन्द्रम् इन्दो वृषा विश ॥

इति वृषण्वतीर् भवन्ति बृहतो रूपम्। बार्हतम् एतद् अहः। आ वच्यस्व [4]महि प्सर[4] इति आवतीर्[5] भवन्त्य् अनतिपादायैव[6]। अन्तम् इव ह्य् एतर्हि[7] गच्छन्ति। षडहान् नेत् पराञ्चो ऽतिपद्यामहा इति। अधुक्षत प्रियं मध्व् इति यद् वै महानाम्नीनां दुग्धं पयस्[8] ता रेवतयो ऽभवन्। महानाम्नीनां वा एतद् दुग्धं पयो यद् रेवतयः। महान्तं त्वा महीर् अन्व् इति त्रयस्त्रिंशो वै स्तोमो महान्। तम् [9]एवैतद् रेवतयः[9]।

आपो[10] अर्षन्ति सिन्धवः[11]।
यद् [12]गोभिर् वासयिष्यसे[12] ॥
समुद्रो[13] अप्सु मामृजे विष्टम्भो धरुणो [14]दिवः।
सोमः पवित्रे अस्मयुः ॥

इत्य् अप्सुमतीर्[14] भवन्ति। आपो ह्य् एतद् अहः। अचिक्रदद् वृषा हरिर् इति वृषण्वतीर् भवन्ति बृहतो रूपम्। बार्हतम् ह्य्[15] एतद् अहः। महान् मित्रो न दर्शत[16] इति महद् ध्य् एतद् अहर् यत् त्रयस्त्रिंशम्।

गिरस् त इन्द्र ओजसा[17] मर्मृज्यन्ते अपस्युवः।
[18]याभिर् मदाय[18] शुम्भसे ॥
[19]तं त्वा[19] मदाय घृष्वय उ लोककृत्नुम् ईमहे।
तव [20]प्रशस्तये महे[20] ॥
गोषा इन्दो[21] नृषा [22]अस्य् अश्वसा[22] वाजसा उत।
आत्मा यज्ञस्य पूर्व्यः ॥

इति गोमतीः पशुमतीर् भवन्ति पशूनाम् एवावरुद्ध्यै। पशवो ह्य् एतद् अहः।

अस्मभ्यम् इन्दव् इन्द्रियं मधोः पवस्व धारया।
पर्जन्यो वृष्टिमं[23] इव ॥

इति दशर्चं[24] भवति—दशाक्षरा विराड्, अन्नं विराड्—विराज एवान्नाद्यस्यावरुद्ध्यै ॥ १३७ ॥

[१] क अरीति [२-२] ग आहुःरुपस्तिताम् [३] क उपाःस्थितम् ग उपास्तितम् [४-४] ग स्वमभीप्सर [५] ग तावतीर् [६] ग अनतिपादाधैवाधैव [७] ग एतर्ह [८] ग पर्य्यस् [९-९] ग एवैद्रेवतयो [१०] क न्वापो ग नाशो [११] ग सिन्धयो [१२-१२] ग गोभिर्वासइष्वसि [१३] ग ससमुद्र [१४-१४] ग दिवस्येमःपवित्र अस्मायुरप्सुमतीर् [१५] ग नास्ति [१६] ग दर्श [१७] ग वोजसा [१८-१८] ग दियाभिर्मदाया [१९-१९] क ग तन्त्या [२०-२०] ग प्रशस्तएषहे [२१] ग इन्द्रो [२२-२२] ग अस्यवसा [२३] क ग वृष्टिमां [२४] ग दशर्थ्या

सना च सोम [1]जेषि चेत्य्[1] उत्तरं दशर्चं भवति। अभिपूर्वम् एवैतेन विराजम् अन्नाद्यम् अवरुन्धते। ऋषयो वा एतद् ऋद्धिकामा उपोत्थानं[2] प्रियं वाचो ऽपश्यन्न् अथा नो वस्यसस्

कृध्य्, अथा नो वस्यसस् कृधीति । तेनास्तुवत । ततो वै ते सर्वं एवार्ध्नुवन् । सर्वं हैवर्ध्नुवन्ति य एवं विद्वांस[3] एतेन दशर्चेन [4]स्तुवते । उपरिष्टाद्[4] उदर्कं दधति । रसो वै षष्ठम् अहः । तस्यानतिनेदाय । स यथापां [5]वार्त्रे दिह्यात्[5] तादृग् एवैतद् उपरिष्टाद् उदर्कं दधति रसस्यानतिनेदाय । चतुर्ऋचो[6] भवति चतुष्पदां पशूनाम् एवावरुद्ध्यै[7] । परोक्षं[8] द्विपदा भवन्ति, द्विपदां पशूनाम् अवरुद्ध्यै । वि नाराशंसम् इव भवत्य् उभयोः कामयोर् उपाप्त्यै । यच् च दिव्यो[9] यच् च मानुष उपरिष्टाद् उदर्कं दधति । रसो वै षष्ठम् अहः । तस्यानतिनेदाय[10] ॥ १३८ ॥

[१-१] ग जेषित्य् [२] ग उपोस्तानं [३] क अधिपाठः स [४-४] क ग स्तुवतोपरिष्टाद् [५-५] ग ःिंण्या [६] क ग चतुरिरिचा [७] क अवरुद्धयै [८] ग परोक्ष [९] ग दिवो [१०] क तस्यानतिनिदानाय

अथ [1]ह वै[1] तरन्तपुरुमीढौ[2] वैतदश्वी[3] ध्वस्रयोः [4]पुरुषन्त्योर् बहु[4] प्रतिगृह्य [5]गरगिराव् इव[5] मेनाते । तौ[6] ह स्मांगुलया सातं प्रतिममृशाते[7] । [8]ताव् अकामयेताम्[8] असातं नाव् इदं सातं[9] स्याद् [10]आत्तम् इवैव[10] न[11] प्रतिगृहीतम् इति । [12]ताव् एतच्[12] चतुर्ऋचम्[13] अपश्यतां, तेन प्रत्यैताम् । ततो वै तयोर् असातं[14] सातम् अभवद् आत्तम् इवैव न प्रतिगृहीतम् । स यः प्रतिगृह्य कामयेतासातम् म इदं सातं स्याद् आत्तम् इवैव न प्रतिगृहीतम् इति स हैतेन[15] चतुर्ऋचेन[16] प्रतीयात् । असातं हैवास्य सातं भवत्य् [17]आत्तम् एवैव[17] न प्रतिगृहीतम् । एते सोमा असृक्षतेत्य् एता[18] अन्त्या भवन्ति भूतानुवादिनीर्[19] उ एव । षडहम् एवैतद् एतास् सृष्टम् अनुवदन्ति ।

अभि गव्यानि वीतये नृम्णा पुनानो अर्षसि ।
सनद्वाजः[20] परि स्रव ॥

इति परिवतीर् भवन्त्य्[21] अन्तस्य रूपम् । अन्तो ह्य् एतद् अहः ।

उत नो गोमतीर् इषो विश्वा अर्ष [22] परिष्टुभः ।
गृणानो जमदग्निना ॥

इति पर्यासो भवति प्रजानां धृत्यै पशूनाम् उपस्थित्यै । त्रयस्त्रिंश स्तोमो भवति । त्रयस्त्रिंशद् वै सर्वा देवताः । सर्वास्व् एवैतद् देवतासु[23] प्रतितिष्ठन्तो यन्ति ॥ १३९ ॥

[१-१] ग हैव [२] ग तरन्तपुरुमिढौ [३] ग वैतद्दश्वी [४-४] क ग पुरुषन्त्यो बहुः [५-५] ग गरगिरन्निव [६] क तेन [७] क प्रतिमृशाते ग प्रतिगृहीतं [८-८] ग स यः प्रतिगृह्य कामयेताम् [९] ग स्यातं [१०-१०] ग आत्तत्वेवा [११] ग नास्ति [१२-१२] ग ता वैतच् [१३] क चतुरिरिचम् ग चतुरिरित्र [१४] ग अधिपाठः सातं [१५] ग एतेन [१६] क ग चतुरिरिचेन [१७-१७] क आत्तमिवैव ग आतमेवैव [१८] ग एत्या [१९] ग भूतानुवादिर् [२०] ग सनद्वाजेः [२१] ग भवत्य् [२२] ग अर्षव [२३] ग अधिपाठः सर्वास्वैतद्देवतासु

तद् आहुर्— मिथुनानि पञ्चाहान्य्, अमिथुनं षष्ठम् अहः । तद् यद् इमं स्तोमम् अर्हते जातवेदस इत्य् आग्नेयम् आज्यं भवति, तेनैव मिथुनं षष्ठम् अहः क्रियते । रथम् इव सं महेमा मनीषयेत्य् एतेन मिथुनं क्रियते । होता वै पूर्वेष्व् अहस्सु यजमानायाशिषम् आशास्त उद्गातैतस्मिन् । यो वै साम्नाशिषम् आशास्ते मीयत इव वै तस्य । तद् यद् अग्ने सख्ये [1]मा रिषामा[1] वयं तव, अग्ने [2]सख्ये मा रिषामा[2] वयं[3] तवेति भवति, भेषजम् एवैतेन प्रायश्चित्तिं कुर्वते । तथा ह्यस्य न मीयते । उपरिष्टाद् उदर्कं[4] दधति । रसो[5] वै षष्ठम् अहस् तस्या-

नतिनेदाय[9] । स यथापां वार्त्रे[7] दिह्यात्[8] तादृग् एवैतद् उपरिष्टाद् उदर्कं दधति रसस्यानतिनेदाय[9] ॥ १५० ॥

[१–१] ग म्मारुषामा [२–२] ग सख्यमारुषामा [३] ग रथं [४] क ग उदकं [५] ग रथो [६] क तास्यानतिनेदाय ग तस्यानद्विनेदाय [७] क वार्तं ग वात्रं [८] क दिव्यात् ग दिव्या [९] ग रसस्यानितिनेदाय

प्रति वां सूर उदित इति मैत्रावरुणं भवति । प्रति ह्य् एतर्हि[1] [2]स्तोमाश् छन्दो ह्य् ऋतवो[2] ग्रहा आवर्तन्ते । अथो यत्[3] प्रति वाम् इति भवति तस्माद् उ हेदं यथर्त्वन्नाद्यं प्रतिधीयत उपरिष्टाद् उदर्काण्य् अन्यानि स्तोत्राणि[4] भवन्ति । अथैतद् अनुपरिष्टाद् उदर्कम् । प्राणापानौ वै मैत्रावरुणौ[5] । यद् उपरिष्टाद् उदर्कं दध्युः प्राणापानाव् अपिहन्युः । तद् यद् अनुपरिष्टाद् उदर्कं दधति प्राणापानाभ्याम् एवोत्सृष्ट्यै । भिन्धि विश्वा अप द्विष इत्य् ऐन्द्रं भवति । परि बाधो जही मृध इति घ्नद्वत्[6] । एतद् वै यजमानस्य स्वं स्तोत्रं यद् ब्राह्मणः[7] । स्व एव [8]तद् आयतने[8] यजमानस्य सर्वं पाप्मानं घ्नन्ति ।

वसु स्पार्हं तद् आ भर ॥
यस्य ते विश्वम्[9] आनुषग्[10] भूरेर् दत्तस्य वेदति ।
वसु स्पार्हं तद् आ भर ॥
यद् वीळाव्[11] इन्द्र यत् स्थिरे[12] यत् पर्शाने पराभृतम् ।
वसु स्पार्हं तद् आ भर ॥

इति । पशवो वै वसु स्पार्हम् । अन्नम् उ वै पशवः । एतान् तद् उद्गाता यजमानायाशिषम् आशास्त, उपरिष्टाद् उदर्कं दधति । रसो वै षष्ठम् [13]अहस् तस्यानतिनेदाय[13] ॥ १४१ ॥

[१] ग एततर्हि [२–२] ग स्तोमाश्छन्दांश्रुतवो [३] ग यति [४] ग नास्ति [५] ग मित्रावरुणौ [६] ग घ्नतवद् [७] ग ब्राह्मणः [८–८] ग तदा [९] ग विश्वाम् [१०] ग आनुषत् [११] ग वीळा [१२] ग स्तुतेर [१३–१३] क अहसस्यानतिनेदाय ग अहस्तुस्यानतिनेदाय

यज्ञस्य हि स्थ ऋत्विजा इत्य् ऐन्द्राग्नं[1] भवति । अत्रेन्द्राग्नी आर्त्विज्याय[2] वृणीते, ऽत्रेन्द्राग्निभ्यां[3] यज्ञं संप्रदाय निर्मुच्यते[4] । तस्य न मीयते यथा पुरम् एव भवतीन्द्राग्नी एवातः पराचीनम् आर्त्विज्यं कुरुतः ।

इदं [5]वां मदिरं[5] मध्व् अधुक्षन्न् अद्रिभिर् नरः ।
इन्द्राग्नी तस्य बोधतम् ॥

इति शक्वरीणां च रेवतीनां च रूपम् ।

[6]तोशासा रथयावाना[6] वृत्रहणापराजिता ।
इन्द्राग्नी तस्य बोधतम् ॥

इति वार्त्रघ्नं भवत्य्[7] अन्ततो विजित्यै । एतेन वै षडहेन देवा अग्रे व्यजयन्त । तद् यद् एतद् वार्त्रघ्नम् अन्तत आज्यं क्रियते, विजित्या एव भ्रातृव्यस्यैव वधाय । विजयते हन्ति द्विषन्तं भ्रातृव्यं य एवं वेद । उपरिष्टाद् उदर्कं दधति । रसो वै षष्ठम् अहस्, तस्यानतिनेदाय । स यथापां वार्त्रे दिह्यात्[8] तादृग् एवैतद् उपरिष्टाद् उदर्कं दधति रसस्यानतिनेदाय । त्रयस्त्रिंश स्तोमो भवति । त्रयस्त्रिंशद् वै सर्वा देवताः । सर्वास्व् एवैतद् देवतासु प्रतितिष्ठन्तो यन्ति ॥ १४२ ॥

[१] ग ऐन्द्रात्र [२] क ग आर्त्तिज्याय [३] ग नेन्द्राग्निभ्यां [४] ग निर्माच्यते [५–५] क वा मदिरं ग वा मन्दिरं [६–६] ग तोशास राथयावाना [७] ग भवन्त्य् [८] क ग दिव्याद्

इन्द्रायेन्दो[1] मरुत्वत इति माध्यन्दिनस्य पवमानस्य गायत्र्यो भवन्ति बृहतो रूपम्। बार्हतम् एतद् अहः। [2]तं त्वा[2] विप्रा वचोविदः परिष् कृण्वन्ति धर्णसिम् इति परिवतीर् भवन्त्य् अन्तस्य [3]रूपम्। अन्तो ह्य् एतद्[3] अहः। रसं ते मित्रो अर्यमेति रसो ह्य्[4] एतद् अहः। यो वै पञ्चमाद् अह्नो रसो ऽत्यनेदत् तद् एतद् अहर् अभवत्। स एष रस एव।

पिबन्तु[5] वरुणः कवे।
पवमानस्य मरुतः॥

इति मरुत्वतीर् भवन्ति। मरुत्वद् वै मध्यन्दिनस्य रूपम्। मध्यन्दिनस्यैव तद् रूपान् न यन्ति। तासु गायत्रम् उक्तब्राह्मणम्। अथ रेवतयः। पशवो वै सिमाः। पशवो रेवतयः। पशव एतद् अहः। पशुमन्त एव [6]भवन्त्य् एतेन[6] तुष्टुवानाः। शक्वर्यो वा इदं तेजसा प्रातपन्[7]। तेजसा नाभिमृश्या[8] आसन्। तासां देवाः प्रदाहाद् अबिभयुः। ते ऽब्रुवन् सर्वं वा इदम् इमाः प्रधक्ष्यन्ति। एतेदम् आसां शमयामेति। तासां द्वे एकस्यै पदे निरमिमतैकम् एकस्यै। यस्यै द्वे निरमिमत तद् एतां द्विपदां प्रत्युपादधुर्[9], यस्या एकं तद् एकपदाम्[10]। सैवैषा त्रिपदा गायत्र्य् अभवत्। समानं[11] वा एतच् छन्दः। [12]तद् द्वेधा व्यौहन्[13] भूम्ने च शान्त्यै च। बहुः प्रजया [14]पशुभिर् जायते[14] य एवं वेद॥ १४३॥

[१] ग इन्द्रायेन्द्रो [२-२] ग तत्वो [३-३] ग रूपवन्तो नेतद् [४] ग नास्ति [५] ग पिबन्नु [६-६] ग भवन्तेनेन [७] क ग प्रातवंस् [८] क नाभीमृश्या [९] ग प्रत्यु-वादध्युर् [१०] ग एकपादा [११] क ग सामानं [१२] क ग अधिपाठः स [१३] क प्यौहन् [१४-१४] ग पशुभि प्रजायते

पञ्चमाद्[1] वै देवा अह्नष् षष्ठम् अहर् निरमिमत। तस्मा आयतनम् ऐच्छन्। तस्मै रेवतीर् एवायतनम् अविन्दन्। आयतनवान् भवति य एवं वेद। पशवो वै रेवतयः। आत्मा मध्यन्दिनः। तद् यद् रेवतीर् मध्यन्दिनम् अभि प्रत्याहरन्त्य् [2]आत्मन्न् एवैतत्[2] पशून् प्रतिष्ठापयन्ति। पशवो[3] वै रेवतयः। आत्मा मध्यन्दिनः। तद् यद् रेवतीर् मध्यन्दिनम् अभि प्रत्याहरन्त्य् [4]आत्मन्न् एवैतत्[4] पयः[5] प्रतिष्ठापयन्ति। [6]रेतो वै रेवतयः। आत्मा मध्यन्दिनः। तद् यद् रेवतीर् मध्यन्दिनम् अभि प्रत्याहरन्त्य् आत्मन्न् एवैतद् रेतः प्रतिष्ठापयन्ति[6]। रेतो वै रेवतयः। रेत उ रैवतं साम। वज्रा ह खलु वा एते यद् रैवतस्य साम्नो निधनानि[7]। तद् यद् रेवतीषु रैवतं पृष्ठं कुर्युर् वज्रेण [8]रेतो वीयुस्[8] ता यत् पुरस्तात्[9] पवमाने कुर्वन्ति, वज्रेण नेद् रेतो व्ययामेति[10]॥ १४४॥

[१] ग पन्चद् [२-२] क ग आत्मत्वन्नैवैतत् [३] ग पयो [४-४] ग आत्मनेवैतद् [५] ग रेतः [६-६] ग नास्ति [७] ग निधनस्यानि [८-८] ग रेवतोपीयुस् [९] ग पुरस्तात् [१०] क व्यायमेति

पयो वै रेवतयः। पशवः पञ्चमम् अहः। ता[1] यद् अन्तर्हिता अन्येन साम्ना स्युर् अन्तर्हितं पयः पशुभ्य स्यात्। ता यद् अनन्तर्हिता भवन्ति तेन पयः पशुभ्यो ऽनन्तर्हितं भवति। तद् आहुर् जामीव वा एतत् क्रियते यद् एता इळाभिर् इळा उपयन्ति। इषो-वृधीयेनैवारभ्यम् अजामिताया इति। अन्तर्हितं ह तु तथा पयः पशुभ्य स्यात्। वज्रेण रेतो वीयू[2] रेवतीभिर् एवारभ्यं, वज्रेण नेद् रेतो व्ययामेति[3]। अथो [4]ह न[4] तथा पयः पशुभ्यो ऽन्तर्हितं [5]भवति। ऋग् वा[5] अयं[6] लोकस् सामासौ। देवक्षेत्रं[7] वा असौ लोकः पवमानः[8]। ता यद् द्वेधा व्यूहन्ति तेनैवाभ्याम् उभाभ्यां लोकाभ्यां न यन्ति। आपो वै रेवतयः। आप उ रैवतं साम। तद् यद् रेवतीषु रैवतं पृष्ठं कुर्युर् अगाधे मज्जेयुर् न

प्रतितिष्ठेयुः । तद् यद् वारवन्तीयं पृष्ठं भवति प्रतिष्ठित्या एव । जीर्यन्तीव[९] वा एतत् पृष्ठानि यदा[१०] षष्ठम् अहर् आगच्छन्ति । न वै जीर्णे रेतः परिशिष्यते । तद् यद् वारवन्तीयं पृष्ठं भवत्य् उत्तरेषाम् एव यज्ञक्रतूनां प्रजात्यै ॥ १४५ ॥

[१] ग तः [२] ग पीयू [३] क व्ययमेति [४–४] ग हः [५–५] क भवत्यृचा ग भवत्युश्चा [६] ग अयमु [७] क देवक्रत्रं ग वेदक्षेत्रम् [८] ग पवः [९] ग अधिपाठः वा [१०] ग यते

वत्सैः[१] पशून् संवाशयन्ति । यदा वै पशवो वत्सैस् संवाशन्ते[२], ऽथ[३] कामान् दुहे[४] । कामदुघा अस्मै रेवतयो भवन्ति । पवमाने संवाशयेद् यः कामयेतामुष्मिन् मे लोके कामदुघा स्युर् इति । अमुष्मिन् हैवास्य लोके कामदुघा भवन्ति । अभ्यावर्तिषु[५] संवाशयेद् यः कामयेतास्मिन् मे लोके कामदुघा स्युर् इति । अस्मिन् हैवास्य लोके कामदुघा भवन्ति । उभयत्र संवाशयेद् यः कामयेतोभयोर्[६] मे लोकयोः कामदुघा स्युर् इति । उभयोर् हैवास्य लोकयोः कामदुघा भवन्ति । तद् आहुर् इतो वत्सा स्युर्, इतो मातरः । उदीचीर्[७] वा आप स्यन्दन्ते । आपो वा एते यत् पशव इति । तद् उ वा आहुर्— इत[८] एव वत्सा स्युर्, इतो मातरः । यदा वै पिता पुत्रं निरवसाययत्य्, उत्तरतो वाव [९]स तं निरवसाययति[९] । तस्माद् उत्तरतो वत्सा स्युर्, दक्षिणतो मातरः । देवासुराः पशुष्व् अस्पर्धन्त । ते देवा वत्सैर् उत्तरतो ऽतिष्ठन्न्, अथासुरा मातृभिर् दक्षिणतः । ता मातरो निर्दीर्य वत्सान् [१०]अभिपलायन्त । अधारयन्[१०] देवा वत्सान्[११] । तास् समाक्रम्यासुराणाम्[१२] अवृञ्जत । ताभिर् उदञ्चः प्राद्रवन्[१३] । वृंक्ते[१४] द्विषतो भ्रातृव्यस्य पशून् य[१५] एवं वेद । तस्माद् उत्तरत एव वत्सा स्युर्, दक्षिणतो मातर इति ॥ १४६ ॥

[१] क वत्से ग वैस्सैः [२] ? क संवावशन्ते ग संवाशयन्ते [३] क अधिपाठः ते [४] क दुहे [५] क अभ्यावर्त्तीषु [६] ग कामतो भयोर् [७] क ग इद्रीचीर् [८] ग इति [९–९] ग सन्निरवसाययन्ति [१०–१०] ग अभिपलायान्ताधाराय [११] क ग वत्सास् [१२] क समाक्रस्यासुराणाम् [१३] ग प्राद्रवत् [१४] ग वृञ्जे [१५] ग य य

अथ वाजदावर्यः[१] । अन्नं वै वाजो, [२]ऽन्नं दावर्यः[२] । एता अन्नाद्यस्यैवावरुद्ध्यै । प्रजापतिः प्रजा असृजत । ता अनशना असृजत । ताः प्रजापतिम् एवोपाधावन्[३] । ताभ्य एतेनैव साम्नान्नाद्यं प्रायच्छत् । ता अब्रुवन्—वाजं वै नो ऽन्नाद्यं प्रादाद् इति । तद् एव वाजदावरीणां वाजदावरीत्वम्[४] । तद् एतद् अन्नाद्यस्यावरुद्धिस्साम । अवान्नाद्यं रुन्द्धे ऽन्नाद् श्रेष्ठ[५] स्वानां भवति य एवं वेद । अथ सौपर्णं यज्ञस्यैवारम्भः[६] । यज्ञो वै देवेभ्य उदक्रामत् । स सुपर्णो भूतः पर्यप्लवत । ते देवा अकामयन्ता[७] यज्ञं रभेमहीति । त एतत् सामापश्यन् । तेनास्तुवत । तेन यज्ञम् [८]आरभन्त । उत्क्रान्त[८] इवैतर्हि यज्ञो भवति षष्ठे ऽहन् । तद् यद् अत्र सौपर्णं भवति यज्ञस्यैवारम्भाय । यद् व् एवैनम् एतेन सुपर्णं[९] भूतं परिप्लवमानम् आरभन्ते, तस्मात् सौपर्णम् इत्य् आख्यायते । तद् व् एवाचक्षते क्रौञ्चम् इति । क्रुङ्[१०] आङ्गिरस ईष्यम्[११] इवाहर् अविन्दत् । ईष्यम्[११] इवैतद् अहर् यत् षष्ठम् । तस्मात् षष्ठे ऽहन् क्रियते । तद् ऐळं भवति—पशवो वा इळा । पशव एतद् अहः—पशूनाम् एवावरुद्ध्यै ॥ १४७ ॥

[१] ग वाजदावार्य्यः [२] क अदावर्य्यः [३] ग एवापाधावन् [४] क -रित्वं ग वाज-

दावारीत्वं [५] ग श्रेष्ठं [६] ग यञस्यैवारुभो [७] ग अकायन्त [८-८] ग आरभन्तेरन् क्रामन्त | [९] ग सुपर्ण [१०] ग क्रन्दन्द [११] क ईर्ष्यम् ग ईर्षम्

अथैषोवृधीयं[1] बहिर्निधनं बार्हतम्। तस्माद् बार्हते ऽहन् क्रियते। इषो वै षष्ठम् अहर्, वृधे सप्तमम्। षष्ठाद् वा अह्नस् सप्तमम् अहः प्रजातम्। तद् यद् इष इति षष्ठाद् एवैतद् अह्नस्[2] सप्तमम् अहः प्रजनयन्ति। यद् वृध इत्य् अवर्धन्त इव[3] ह्य् एतर्हि। प्रजापतिः प्रजा असृजत। ता अनशना-अनशना[4] असृजत। ता अशनायन्तीर् अन्यान्याम् आदन्[5]। स प्रजापतिर् ऐक्षत—कथं नु म इमाः प्रजा नाशनायेयुर्[6] इति। स एतत् सामापश्यत्। तेनैना इषोवृधीय[7] इत्य् एवाभ्यमृशत्। ता अस्यैषा[8] समक्ता अवर्धन्त। तद् एवेषोवृधीयस्येषोवृधीयत्वम्। इषा हैवास्य[9] समक्ता भार्या वर्धन्ते य एवं वेद। तच् चतुरक्षरणिधनं भवति—चतुष्पदा वै पशवः। पशव एतद् अहः—पशूनाम् एवावरुद्ध्यै ॥ १४८ ॥

[१] ग अथैषावृधीयं [२] ग अह [३] क इवं [४] क नास्ति [५] ग अदन् [६] ग नाशनायुर् [७] ग इषावृधीय [८] ग अस्यैषा [९] ग हवास्य

[1]मृज्यमानस् सुहस्त्या समुद्रे वाचम् इन्वसि रयिम् इति[1] [2]रु इति[2] रेवतीनां रूपम्।

[3]पिशङ्गं बहुलं पुरुस्पृहं पवमानाभ्य् अर्षसि ॥
पुनानो वारे पवमानो अव्यये वृषो अचिक्रदद् वने[3]।

इति वृषण्वतीर् भवन्ति बृहतो रूपम्। बार्हतम् एतद् अहः। [4]देवानां सोम पवमान निष्कृतं गोभिर् अञ्जानो अर्षसीति[4] गोमतीः पशुमतीर् भवन्ति, पशूनाम् एवावरुद्ध्यै। पशवो ह्य् एतद् अहः। तासु सौषावम् अभ्यासवत् सिमानां रूपम्। अभ्यासो वै सिमानां रेवतयः। तद् व् एवाचक्षते वसिष्ठस्य पिप्पलीति। वसिष्ठो वै जीतो[5] हतपुत्रो ऽकामयत—बहुः प्रजया पशुभिः प्रजायेयेति। स एतत् सामापश्यत्। तेनास्तुत[6]। ततो वै स बहुः प्रजया[7] पशुभिः प्राजायत[8]। सो ऽब्रवीत्— 'पिप्पलि वा[9] इदम् आस येन प्राजनिषीति'[10]। तत् पिप्पलीनां[11] पिप्पलित्वम्[12]। पिप्पलिनं[13] ह वै नामैतत् पिप्पलीत्य् आख्यायते तत्। प्रजा वै पिप्पलं, पशवः पिप्पलं, स्वर्गो लोकः पिप्पलम्। तद् यत् पिप्पलि भवत्य् एतस्यैव सर्वस्यावरुद्ध्या[14] एतस्योपाप्त्यै। यद् ऊर्ध्वेळं भवति बृहतो रूपं, बार्हते ऽहन्। तेन वै रूपसमृद्धम्। यद् उ वसिष्ठो ऽपश्यत् तस्माद् वसिष्ठस्य[15] पिप्पलीत्य् आख्यायते ॥ १४९ ॥

[१-१] क मृस्त्याससिरयिमिति [२-२] एवं च। क नास्ति ग रूति [३-३] क पिहंपसिपुयेववृन [४-४] क देतंगोसीति [५] ग जितो [६] ग तेनास्तुवत [७] ग प्रजा [८] ग प्रजायत | [९-९] ग विप्पलाव [१०] क प्रजानिषीति [११] क पिप्पलिनः [१२] ग पिप्पलीत्वं [१३] ग पिप्पलं [१४] ग सर्वस्यन्वरुध्या [१५] क वासिष्ठस्य

अथौक्ष्णोरन्ध्रम्। उक्ष्णो वै रन्ध्रः काव्यो ऽकामयताद्भिः प्रतीपं स्वर्गं लोकम् आरोहेयम् अप्सु मे[1] वर्त्मानि[2] [3]पश्येयं नियानम्[3] इति। स एतत् सामापश्यत्। तेनास्तुत। ततो वै सो ऽद्भिः प्रतीपं स्वर्गं लोकम् आरोहद्, अप्सु स्ववर्त्मान्य्[4] अपश्यन् नियानम्। स ह वाव रौमणवतः[5]। स एवोशना काव्यः। स ह स यमुनयैव प्रतीपं स्वर्गं लोकम् आरोहत्[6]। तद् एतत् स्वर्ग्यं साम। अद्भिः प्रतीपं स्वर्गं लोकम् आरोहति य एवं वेद।

यद् उक्ष्णो॰ रन्ध्रः काव्यो ऽपश्यत् तस्माद् औक्ष्णोरन्ध्रम् इत्य् आख्यायते। अथो आपो-
नियानम् इति, यद् अस्याप्सु॰ नियानम् अपश्यत्॰ ॥ १५० ॥

[१] ग नास्ति [२] ग वत्यानि [३–३] क पश्येयुन्नियानम् ग पश्येयुन्निधनम् [४] ग वत्र्मान्य् [५] ग रौमण्वता: [६] ग अरोहत् [७] क ग ऊष्णो [८] ग आस्याप्सु [९] ग अपश्यन्

अथ वाजजित् । अन्नं वै वाजः । यदा वै गौर् अश्वः पुरुषो ऽन्नस्य सुहितो[१] भवति, अथ स वाजी भवति । देवासुरा अन्नाद्ये अस्पर्धन्त । ते देवा अकामयन्त वृञ्जीमह्य्[२] अन्नाद्यम् असुराणाम् इति । त एतत् सामापश्यन् । तेनास्तुवत[३] । ते वाजिजिगीवेत्य् एवान्नाद्यम्[४] असुराणाम् अवृञ्जत । तद् एव वाजजितो वाजजित्त्वम् । तद् एतद् अन्नाद्य-स्यावरुद्धिस्साम । अवान्नाद्यं रुन्द्धे, वृंक्ते[५] द्विषतो भ्रातृव्यस्यान्नाद्यं य एवं वेद । तत् पञ्चाक्षरणिधनं भवति । पांक्तो वै यज्ञः । अतीव वा एते यज्ञस्य[६] मात्रां क्रामन्ति य एतद् अहर् आगच्छन्ति । तद् यत् पञ्चाक्षरणिधनं भवति—पांक्तो यज्ञो—यावती यज्ञस्य मात्र तां [७]नेद् अतिक्रामामेति[७] ॥ १५१ ॥

[१] ग हितो [२] ग वृज- [३] ग तेनस्तुवत [४] ग आवान्नाद्यम् [५] ग वृत्ते [६] ग यस्य [७–७] क नेतिक्रामामेति

अथ वरुणसाम । वरुणो वै राजा सधमादम्[१] इवान्याभिर् देवताभिर् आसीत् । सो ऽकामयत सर्वेषां देवानां राज्याय सूयेयेति । स प्रजापतौ शतं वर्षाणि ब्रह्मचर्यम् अवसत् । तस्मा एतत् सामाब्रवीद्—एतद् वै मे राज्यं रूपम् । गच्छ । राजानं त्वा देवाः करिष्यन्त इति । स [२]देवान् अभ्यैत् । तम् आयन्तं[२] दृष्ट्वा देवाः प्रत्यवारोहन् । तान् अब्रवीन्—मा मा प्रत्यवरुक्षत । भ्रातरो वै मम यूयं स्थ । यादृशा वै यूयं स्थ, तादृङ् अहम् अस्मीति । नेत्य् अब्रुवन्[३] । यद् वै नः पितुः प्रजापते रूपं तद् इदं त्वयि पश्याम इति । तं प्रत्य् एवावारोहन् । तस्मा एतां[४] राजासन्दीं स्यदधुः । तस्याम् [५]एनम् अभ्यषिञ्चन्त[५]— वसवो राज्याय रुद्रा वैराज्यायादित्या स्वाराज्याय विश्वेदेवास्[६] साम्राज्याय मरुतस् सार्ववश्याय[७] साध्याश् चाप्त्याश् च पारमेष्ठ्याय । तद्[८] एतच् छ्रीसवस्साम । अश्नुते श्रियं गच्छति राज्यं य एवं वेद । यद् उ वरुणो राजापश्यत्, तस्माद् वरुणसामेत्य् आख्यायते ॥ १५२ ॥

[१] क सधमाधम् [२–२] क देवाभ्यैतमायन्त ग देवानभ्यैतमायन्त [३] क अब्रवीद् [४] ग एता [५–५] ग अनभ्यषिञ्चन्तेव [६] ग विश्वदेवास् [७] क ग सार्वपश्याय [८] ग तम्

अथ गोष्ठः । शक्वरीणां च वा एष रेवतीनां च गोष्ठः । पशूनां धृत्यै गोष्ठः । ध्रियन्ते ऽस्मिन् पशवः । पशुमान् भवति य एवं वेद । प्रजापतिः पशून् असृजत । ते ऽस्मात् सृष्टा अपाक्रामन् । तान् प्रथमेनाह्नाधिवारयिषत । [१]तान् नावारयत[१] । तान् द्वितीयेन नावा-रयत । तांस् तृतीयेन नावारयत । तांश् चतुर्थेन नावारयत[२] । तान् पञ्चमेन नैवावा-रयत[३] । तान् षष्ठे ऽहन्न् एतेनैव साम्नावारयत । सो ऽब्रवीद् गोष्ठो वाव म इदं पशूनां सामाभूद् इति । तद् एव गोष्ठस्य गोष्ठत्वम् । तद् एतत् पशव्यं साम गोष्ठः । ध्रियन्ते ऽस्मिन् पशवः । पशुमान् भवति य एवं वेद । तद् उ निषिद्धम् इव भवतीहा[४] इळा इहा इळा[५] इति । एतद् ध वा एनांस् तद् एतेन पुरस्ताद् वारयांचक्रे । [६]एतम् उ त्यं दश क्षिपो

मृजन्ति सिन्धुमातरम्[१] इति यद् वै सिन्धुमत् समुद्रवत् तद् एतस्याह्नो रूपम्। आपोभाजनम् एतद् अहः। तद् आहुर् यन्ति[७] एते त्रिष्टुभः पवमानान्ताद् ये गायत्रीष्व् अन्त्यं कुर्वन्तीति। तास्[८] 'सूर्यवतीर् भवन्ति। अथो[९] ऐन्द्रीः। तेन[१०] त्रिष्टुभः पवमानान्तान् न यन्ति। तास्व् इहवद् वामदेव्यम्। पशवो वै सिमाः। ''पशवो रैवतम्''। पशव ''इहवद् वामदेव्यम्''। पशुमन्त इव भवन्त्य् एनेन तुष्टुवानाः। तद् उ निषिद्धम् इवैव भवत्य्[१३]—एतम् उ त्यं दश क्षिप इहा मृजन्ति सिन्धुमातरम्[१४] इहेति एतद् ध वा[१५] एनांस् तद् अप्य् एतेनैव पुरस्ताद् वारयांचक्रे॥ १५३॥

[१-१] क ताम्नवारयत ग तन्नावारयत [२] ग वैनववारयत [३] क नावारयत [४] ग भवतिहा [५] क इडा ग इहा [६-६] क एत पो म्र श्म् [७] ग अधिपाठः वा [८] क· नास्ति [९-९] ग सूर्यवती भवन्यथो [१०] एवं च। क ते ग तन [११-११] क नास्ति ग पशवो रैवतः [१२-१२] क इहद्वादेव्यम् [१३] क भवभवत्य् [१४] क ग -मातराम् [१५] क व

'रेवतीर् नस् सधमाद'[१] इति रेवतयो भवन्ति। समाद् एवैतत् समम् उपयन्ति। गायत्र्यो[२] मध्यन्दिनस्यान्त्या भवन्ति। गायत्र्य[३] एताः। स यथा [४]समात् समं[४] संक्रामेत् तादृक्[५] तत्। यातयामानि वा एतर्ह्य् अन्यानि छन्दांसि, [६]गायत्र्य् एवायातयाम्नी[६]। यातयामभिः स्तोत्रैर् यातयामभिश् शस्त्रैर् वषट्कारो यातयाम। ऋतुमन्ति पञ्चाहान्य् अनृतु षष्ठम्। तद् यद् धोत्रा ऋतुयाजान् नाना वषट्कुर्वन्ति तेनैव षष्ठम् अहर् ऋतुमत् क्रियते। तासु वारवन्तीयम्। एतद् ध वै [७]रेवद् रैवत्यं[७] यद् रेवतीषु वारवन्तीयम्। रेवान् भवत्य् अस्य [८]रेवान् रैवत्यो[८] जायते य एवं[९] विद्वान् रेवतीषु वारवन्तीयेन स्तुते। एतद् वै [१०]''बृहद् रैवत्यम्''[१०] यद् रेवतीषु वारवन्तीयम्। बार्हतं षष्ठम् अहः। तेनैव षष्ठम् अहर् बार्हतं क्रियते। अग्निर् वा एष वैश्वानरो यत् पृष्ठ्यष् षडहः। ऋतवो वै पृष्ठानि। संवत्सर ऋतवः। संवत्सरो ऽग्निर् वैश्वानरः। सो ऽशान्त ईश्वरः प्रदग्धोः। तद् यद् वारवन्तीयं पृष्ठं भवत्य् अग्नेर् एव वैश्वानरस्य शान्त्या अप्रदाहाय॥ १५४॥

[१-१] क रेवती द ग रेवतीर्न्न स्वध्माद [२] ग गायत्रो [३] ग गायत्रा [४-४] ग समा समान् समा [५] क तद्दकृ [६-६] ग गायश्यो वाया· तयाम्ना [७-७] ग रेववैदवत्यं [८-८] ग रेवा· वेत्यो [९] क अधिपाठः वेद [१०-१०] क बृहद्दैवत्यं ग बृहन्द्रैवत्यं

प्रजापतिर् वा एतं यज्ञम् असृजत यत् पृष्ठ्यं[१] षडहम्। स सृष्टः प्राद्रवत्। तं रथन्तरेणाविवारयिषत्[२]। तं नावारयत। तं बृहता नावारयत। तं वैरूपेण नावारयत। तं वैराजेन नावारयत। तं महानाम्नीभिर् नावारयत। तं रेवतीभिर् नैववारयत। तं वारवन्तीयेनैवावारयत। यद् अवारयत तद् वारवन्तीयस्य वारवन्तीयत्वम्। तद् यद् वारवन्तीयं पृष्ठं भवति यज्ञस्यैव वारणायै। प्रजापतिर् वा एतं यज्ञम् असृजत यत् पृष्ठ्यं षडहम्। तस्मै प्रतिष्ठाम् ऐच्छत्। तस्मा अप [३]एवाविन्दत्। तासु[३] रथन्तरेण प्रतिष्ठाम् ऐच्छत्। स नाविन्दत्। तासु बृहता नाविन्दत्। तासु वैरूपेण नाविन्दत्। तासु वैराजेन नाविन्दत्। तासु महानाम्नीभिर् नाविन्दत्। तासु रेवतीभिर्[४] नैवाविन्दत्। तासु[५] वारवन्तीयेनैवाविन्दत्। यद् अविन्दत् तद् व् एव वारवन्तीयस्य वारवन्तीयत्वम्। तद् यद् वारवन्तीयं पृष्ठं भवति यज्ञस्यैव प्रतिष्ठायै। इयं वै वारवन्तीयम्, इयं प्रतिष्ठा। अस्याम् एवैतद् यज्ञं प्रतिष्ठापयन्ति। अग्निर् वा एष वैश्वानरो यद् वारवन्तीयम्। आप उ रेवतयः। तद् यद् रेवतीषु वारवन्तीयं भवति, तस्माद् आपो ऽग्नियोनयः। जीर्यन्तीव

वा एतत् पृष्ठानि यदा षष्ठम् अहर् आगच्छन्ति । न वै जीर्णे रेतः परिशिष्यते । तद् यद् वारवन्तीयं पृष्ठं भवत्य् उत्तरेषाम् एव यज्ञक्रतूनां प्रजात्यै ॥ १५५ ॥

[१] ग पृष्ठं [२] क रथन्तरेणाविवारैषत ग -विवारयिषता [३-३] ग एवाविन्दतत्तासु [४] ग रैवतीभिर् [५] ग अधिपाठः रथन्तरेण प्रतिष्ठामैछत् स नाविन्दत्तासु बृहता नाविन्दत्तासु वैरूपेण नाविन्दत्तासु वैराजेन नाविन्दत्तासु महानाम्नीर्भ्नाविन्दत्तासु रैवतीभिर्नैवाविन्दत्तासु

तद् उ होवाचाभिप्रतारणो[१] जीर्णश् शयानः । पुत्रा हास्य दायं विभेजिरे । स ह घोष आस । को घोष इति । तस्मै होचुः—पुत्रास् ते भगवो दायं विभजन्त इति । स होवाच—सुश्रवा[२] वा अहं तत् पृष्ठानां ब्राह्मणे जीवतो ऽस्य पुत्रा दायम् उपयन्तीति । सुश्रवा[३] वा अहं तद् इति । तद् एतद् यथा जीवतो दायम् उपेयाद् एवं [४]तद् यद्[४] रैवते ऽहनि सति वारवन्तीयं पृष्ठं भवति । अथैतरत् पवमाने कुर्वन्ति । अथ ह गैरेय [५]आषाढिर् अषाढं[५] भाल्लबेयं पप्रच्छ यद् इमानि यद् बहूनि सामानि कथं षष्ठायाह्ने न प्राभवन्न्[६] इति । स होवाच—त्वत्वाहशाष् षड् राजानः पञ्चालेषु[७] वेद्या इति । स होवाचैवं न्यूनं त्वं वेत्थान्यथा वयम् अतो विद्मेति । स यद् एवैतद् अपृष्ठं पृष्ठं वारवन्तीयं क्रियते तेनैवैतद् अहर् अप्रभूतम् । अथ ह नैतत्नव[८] आरुणिं[९] पप्रच्छारुण[१०] आरुणे कस्माद् अरेतोधास् सत्यो महानाम्न्यः प्रजनयन्ति । कस्माद् उ रेतोधास् सत्यो रेवतयो न प्रजनयन्तीति । यद्र इति रेत एव प्रथमेनाभिव्याहरतीति[११] । तद् ध न प्रत्युवाच । तेन हैनं जिगाय । स यत् प्रत्यवक्ष्यद्—रेतो वै रेवतयो रेत उ रैवतं साम । न वै रेतसो रेतो ऽस्ति । [१२]पुत्र एवैतर्हि[१२] रेतो ऽन्तम् एतत् पृष्ठानि गच्छन्ति । यदा षष्ठम् अहर् आगच्छन्ति नातः पराञ्चि प्रजायन्ते । तस्माद् अरेतोधास् सत्यो महानाम्नयः प्रजनयन्ति । तस्माद् उ रेतोधास् सत्यो रेवतयो न प्रजनयन्तीति । अथ वामदेव्यम् । पशवो वै वामदेव्यम् । पशुमन्त एव भवन्त्य् एनेन तुष्टुवानाः । सुरूपकृत्नुम् ऊतय [१३]इत्य् अभ्यारम्भेण[१३] षट्पदाप् षष्ठे ऽहन् भवन्ति । तेनैव षडहानि कल्पन्ते ॥ १५६ ॥

[१] ग होवाचाभिप्रातरणो [२] ? क च सुभवं [३] ? क च सुश्रवं ग सुश्रव [४-४] क तद् ग तधद् [५-५] क आषाडिरषाढं ग आषाडिराषाढं [६] क प्रभावन् [७] क पाञ्चालेषु [८] ग नैततत्नत्र [९] ग आरुणीं [१०] ग प्रप्रश्छारुणि [११] ग -व्याहरन्तीति [१२-१२] ? क ग पुत्रैवैतर्हि [१३-१३] क इत्यभ्यारम्भेन ग इत्योरम्भेण

तास्व् ऋषभो रैवतः । पशवो वै सिमाः, पशवो रेवतयः[१], पशव ऋषभः[२] । ऋषभम् एवैतत् पशुष्व् अपिसृजन्ति मिथुनत्वाय प्रजननाय । प्र मिथुनेन[३] जायते य एवं वेद । तस्य पूर्वार्धं च जघनार्धं च भूयिष्ठं भाजयन्ति । तस्मात् पशवः [४]पूर्वार्धेन च[४] जघनार्धेन च भूयिष्ठं भुञ्जन्ति वहन्ति । पूर्वार्धेन दुहे च जघनार्धेन प्र च जनयन्ति । उभयं धेनुपयसं चानडुत्पयसं चावरुन्द्धे य एवं वेद । उभे यद् इन्द्र रोदसी इति षट्पदाष् षष्ठे ऽहन् भवन्ति । तेनैव षडहानि कल्पन्ते । देवासुराः पशुष्व् अस्पर्धन्त । ते ऽसुराः [५]पशुभिस् सह[५] समुद्रम् अभ्यवायन् । ते देवा अकामयन्त वृञ्जीमह्य् असुराणां पशून् इति । त एतान् अंकान्[६] अपश्यन्न् एता ऋचो—देवी जनित्र्य् अजीजनद् भद्रा जनित्र्य् अजीजनद् इति । एतद् [७]अङ्कं रूपम्[७] । तैर् उदाकुर्पंस तान् पशून् । ता एताः पशव्या ऋचः । अव[८] पशून् रुन्द्धे बहुपशुर् भवत्य् एताभिर् ऋग्भिस् तुष्टुवानः ॥ १५७ ॥

[१] क रैवतयः [२] ग नास्ति [३] ग मिथुनो [४-४] क पूर्वार्धेनु व [५-५] ग पशुभिर्मैहा [६] ग अकान् [७-७] ग आकरूप [८] ग अवा

तासु श्येनस् संपारणो ऽनपहानाय क्रियते। श्येनो ह वा एतद् अहस् संपारयितुम्[1] अर्हति। देवा वै स्वर्गकामास् तपो ऽतप्यन्त। त एतत् सामापश्यन्। तेनास्तुवत। तद् एनाञ् छ्येन एव भूत्वा स्वर्गं[2] लोकम् अवहत्। ते ऽब्रुवन् स्वर्गं लोकं गत्वा—श्येनो वाव नो भूत्वेदं साम स्वर्गं लोकम् अवाक्षीद्[3] इति। तद् एव श्येनस्य श्येनत्वम्। तद् एतत् स्वर्ग्यं साम। अश्नुते स्वर्गं लोकं य एवं वेद। इन्द्रो वा एतेन साम्ना श्येनो भूत्वा असुरान् अपावपत्। तद् व् एव श्येनस्य श्येनत्वम्। तद् उ भ्रातृव्यहा। हन्ति द्विषन्तं भ्रातृव्यं य एवं वेद। तद् ऐळम् अच्छावाकसाम भवति। पशवो वा इळा। पशुष्व् एवैतत् प्रतितिष्ठन्ति ॥ १५८ ॥

[१] ग संपारयतुं [२] ग स्वर्गं [३] क अयाक्षीद् ग पाक्षीद्

परि स्वानो गिरिष्ठा इत्य् आर्भवस्य पवमानस्य परिवतीर् गायत्र्यो भवन्त्य् अन्तस्य रूपम्। अन्तो ह्य्[1] एतद् अहः।

पवित्रे सोमो अक्षरत्[2]।
मदेषु सर्वधा [3]असि ॥

इति मद्वतीर्[3] भवन्ति। रसो वै मदः। धीतम् इवैतद् यत् तृतीयसवनम्। तद् यद् एता मद्वतीर् भवन्ति रसम् एवास्मिन्न् एतद् दधत्य् ऐवैनद् एतेन प्याययन्ति। त्वं विप्रस् त्वं कविर् इति त्वम् इति भवति बृहतो रूपम्। बार्हतम् एतद् अहः।

मधु प्र जातम् अन्धसा[4]।
मदेषु[5] सर्वधा असि ॥
त्वे विश्वे सजोषसः

इति विश्ववतीर् भवन्ति। वैश्वदेवं ह्य् एतद् अहः।

देवासः पीतिम् आशत।
मदेषु सर्वधा असि ॥

इत्य् उपरिष्टाद् उदर्कं[6] दधति। रसो वै षष्ठम् अहस्, तस्यानतिनेदाय। तासु गायत्रम् उक्तब्राह्मणम्। अथ त्रीणि वैदन्वतानि। शर्यातो[7] वै मानवः प्राच्यां स्थल्याम् अयजत। तं हर्षयो याजयांचक्रुः। तद् उभये देवमनुष्यास् [8]सोमं समपिबन्[8]। तद् उभयैर् देवमनुष्यैर् उत्तमं [9]सोमस् संपीतः[9]। तस्मिञ् च्यवनो[10] भार्गवो ऽश्विभ्यां ग्रहम् अगृह्णात्[11]। तम् इन्द्रश् चमसम् अवागृह्णात्[12]—को ऽयम् अज्ञातश् चमसः प्रचरतीति। तस्य विदन्वान् भार्गवः प्रत्यहन्[13], कस् तं चमसं मीमांसितुम् अर्हति यं वयं प्रयच्छेमेति ॥ १५९ ॥

[१] ग स्य् [२] क ग अक्षरन् [३-३] ग अवीतीर् [४] एवं कोशेषु [५] ग मतदेषु [६] ग उदकं [७] क शैयातो [८-८] ग सोमसंपिवंस् [९-९] ग सोमस्थं पीतः [१०] ग चावनो [११] ग सगृह्णात् [१२] ग वागृह्णत् [१३] क ग प्रत्यहं

ते देवा अक्रुध्यन्न्, अक्रुध्यन्न् ऋषयः। ते नवनवतयो[1] मरुत ऋष्टिहस्ता[2] अतिघ्नन्—इदानीम् इदं पर्याकरिष्यामो ऽथेदं सर्वं मर्दिष्यत इति। [3]अथ ह[3] ऋषयो मदम्

आसुरम् उदाह्वयन्[4] । स उत्तृन्दन्न्[5] एवान्तरिक्षं शीर्ष्णाभ्यधात्[6] । सा महती [7]समद् आसीत्[7] । सो ऽग्निर् इन्द्रम् अब्रवीद् व्येतु ते क्रोध श्रेयांसो वा [8]एते ऽस्मत् । यदि[8] वा एतान् क्रोधयिष्यति नेह किं चन परिशेक्ष्यते[9] । एतेभ्यो वै[10] वयं जाताःस्म इति । तस्याग्निर् एव[11] क्रोधं व्यनयत् । स इन्द्रो वीतक्रोधस् सह देवैः प्राद्रवत् । तेषाम् अपेन्द्रो[12] ऽपदेवो यज्ञो ऽभवत् । ते ऽकामयन्त—सेन्द्रो नस् सदेवो यज्ञ स्याद् इति । स एतानि विदन्वान् भार्गवस् सामान्य् अपश्यत् । तैर् अस्तुत । तैर् इन्द्रम् आह्वयत् । तैर् अस्य क्रोधं व्यनयत् । ततो वै तेषाम् इन्द्रो यज्ञम् उपावर्तत । तत एभ्यो ऽनपक्रम्या-भवत्[13] । तत एषां[14] सेन्द्रस् सदेवो यज्ञो ऽभवत् । तानि वा एतानि सेन्द्राणि सदेवानि सामानि । सेन्द्रो[15] हास्य सदेवो[16] यज्ञो भवत्य्, अभ्य् अस्येन्द्रो यज्ञम् आवर्तते, नास्येन्द्रो[17] यज्ञाद् अपक्रामति य एवं वेद । पशवो ह खलु वै विदन्वन्त, एता ऋचो विदन्वतीः । तास्व् एतम् ऋषभं वैदन्वतम् अपिसृजन्ति[18] मिथुनत्वाय प्रजननाय । प्र[19] मिथुनेन जायते य एवं वेद । यद् उ विदन्वान् भार्गवो ऽपश्यत् तस्माद् वैदन्वतानीत्य्[20] आचक्षते[21] ॥ १६०॥

[१] ग नवनतोयो [२] ग ऋष्टहस्ता [३–३] ग अह [४] ग उदाव्वयन् [५] क उत्रन्दन्न् ग उत्रिन्दन्न् [६] क शीर्ष्णाभ्यदधात् [७–७] एवं च । क समुदासीत् ग सममासीत् [८–८] ग एतेरिमषति [९] क परिशेष्यत [१०] क नास्ति [११] ग इव [१२] क ग अवेन्द्रो [१३] ग नपक्रम्यभवत् [१४] ग एषा [१५] ग सेन्द्रा [१६] ग सदेवा [१७] ग नास्येसेन्द्रो [१८] ग अविसृजन्ति [१९] ग नास्ति [२०] ग वैदन्वदानीत्य् [२१] ग आख्यायते

अथ ह मद्[1] आसुरो[2] बिभयांचकार । स होवाच मा[3] मां मोघायोदाह्वयत[4] वि मां[5] निधत्तेति । ते ऽब्रुवन् पास्याम इति मन्यमानास् सुराम् आहराम वरुणस्यान्धसो ऽधि । [6]तस्यां नैवासीत्[6] [7]कतमश् चनार्तस् सामर्त्यानीति[7] । तत्र मद्[8] परेहीति[9] । स[10] एष मद आसुरस् सुरायां विनिहितः[11] । स सुन्वे[12] यो वसूनां यो रायाम्[13] इति रूति रेवतीनां रूपम् ॥ १६१ ॥

[१] ग महमद [२] ग आसुरेन [३] क म [४] ग मोघायोदाव्वत [५] ग मा [६–६] ग तस्यान्नेवासीत् [७–७] ग कममश्चनार्त्तसमर्त्या-रिति [८] क पद [९] ग वरेहीति [१०] ग त [११] ग विनिहतः [१२] ग सुन्व [१३] ग कायाम्

तासु दीर्घं बृहताम् एकम् । एतेन ह वा एतद् अहर् बार्हतं क्रियते । देवा[1] वै स्वर्गकामास् तपो ऽतप्यन्त[2] । त एतत् सामापश्यन् । तेनास्तुवत[3] । [4]तद् एनान्[4] दीर्घम् एव भूत्वा स्वर्गं लोकम् अवहत्[5] । ते ऽब्रुवन् स्वर्गं लोकं गत्वा—दीर्घं वाव नो[6] भूत्वेदं साम स्वर्गं लोकम् अवाक्षीद्[7] इति । तद् एव दीर्घस्य दीर्घत्वम् । तद् एतत् स्वर्ग्यं साम । अश्नुते स्वर्गं लोकं य एवं वेद । तं वः सखायो मदायेति मद्वतीर् भवन्ति । अभिपूर्वम् एवैतत् तृतीयसवने रसं[8] मदं दधाति ।

पुनानम् अभि गायत ।
शिशुं न हव्यैः स्वदयन्त गूर्तिभिः ॥

इति पशुरूपम् एवैतद् उपगच्छन्ति । पशूनां वै शिशुर् भवति । सं वत्स[9] इव मातृभिर् [10]इन्दुर् हिन्वानो[10] अज्यत इति गोमतीः पशुमतीर् भवन्ति पशूनाम् एवावरुद्ध्यै । पशवो ह्य् एतद् अहः । देवावीर् मदो मतिभिः परिष्कृत इति परिवतीर् भवन्त्य् अन्तस्य रूपम् । अन्तो

ह्य् एतद् अहः ॥ १६२ ॥

[१] ग देवं [२] ग स्तेप्यन्त [३] ग तेशास्तुवर्त्त [४-४] ग देना [५] ग अवहस् [६] ग ने [७] ग वाक्षीद् [८] ग नसं [९] क वत्सर [१०-१०] ग इन्द्रहिवानो

ताम् उ कार्णश्रवसम्[१]। इन्द्रो वृत्रं वज्रेणाध्यस्य नास्तृषीति मन्यमानस् स व्यस्मयत। तस्य कर्णौ[२] समैषताम्[३]। ताभ्यां नाशृणोत्। सो ऽकामयताबधिर स्यां, शृणुयां कर्णाभ्याम्[४] इति। स एतत् सामापश्यत्। तेनास्तुत। ततो वै सो ऽबधिरो ऽभवद्, अशृणोत् कर्णाभ्याम्[५]। सो ऽब्रवीद् अश्रौषं वै कर्णाभ्याम्[५] इति। [६]तद् एव[६] कार्णश्रवसस्य[७] कार्णश्रवसत्वम्[८]। अबधिरो भवति, शृणोति कर्णाभ्यां य एवं वेद। तद् व् एवाचक्षते गौलोमम् इति। गोलोमा आङ्गिरसः पशुकामस् तपो ऽतप्यत। स एतत् सामापश्यत्। तेनास्तुत। स एताम्[९] इळाम्[१०] उपैत्। पशवो वा इळा। ततो वै स पशून् अवारुन्द्ध। तद् एतत् पशव्यं साम। अव पशून् रुन्द्धे, बहुपशुर् भवति य एवं वेद। यद् उ गोलोमा आंगिरसो ऽपश्यत् तस्माद् गौलोमम् इत्य् आख्यायते।

सोमाः पवन्त इन्दवो ऽस्मभ्यं गातुवित्तमाः[११]।
मित्राः स्वाना अरेपस

इति रूति[१२] रेवतीनां रूपम्। तासु गौरिवीतम्[१३] उक्तब्राह्मणम् ॥ १६३ ॥

[१] ग कार्ण्यश्रवसम् [२] ग कर्ण्यौ [३] ग समैषितां [४] क ग कर्ण्याभ्याम् [५] ग कर्ण्याभ्याम् [६-६] ग देव [७] ग कर्ण्यश्रवसस्य [८] ग कर्णश्रवसत्वम् [९] ग एतम् [१०] क इगाम् [११] ग -वित्तम [१२] ग र इति [१३] क ग गौरुवीतम्

अथ मधुश्च्युन्निधनं[१] बार्हतम्। तस्माद् बार्हते ऽहन् क्रियते—अथो ऽन्तो वै रसानां मध्व्, अन्त स्वर्गो लोकानाम्, अन्त एतद् अहर्—अन्त्येन साम्नान्त्यं स्वर्गं लोकम् अश्नवामहा इति। अथ क्रौञ्चे। [२]क्रुङ् आंगिरस[२] ईष्यम्[३] इवाहर् अविन्दत्। ईष्यम्[४] इवैतद् अहर् यत् षष्ठम्। तस्मात् षष्ठे ऽहनि क्रियेते[५]। ते उ एवाचक्षत[६] उद्वच् च शाम्मदं[७] चेति। उद्वता वै देवा ऊर्ध्वा स्वर्गं लोकम् उदक्रामन्। यद् ऊर्ध्वा स्वर्गं लोकम् उदक्रामंस् तद्[८] उद्वत उद्वत्त्वम्। तद् एतद् स्वर्ग्यं साम। ऊर्ध्व एवैतेन स्वर्गं लोकम् उत्क्रामति य एवं वेद।

अथ शाम्मदम्[७]। देवेभ्यो वै विजिग्यानेभ्य इमे लोका बिभ्यतो व्युदक्रामन्। ते ऽकामयन्ताभि न इमे लोका आवर्तेरन्। नास्मद् अपक्रामेयुर् इति। त एतत् सामापश्यन्। तेनास्तुवत[९]। ततो वै तान् इमे लोका अभ्यावर्तन्त। तत एभ्यो ऽनपक्रामिणो[१०] ऽभवन्। ते ऽब्रुवञ् छं वै न इमे लोका[११] अमादिषुर् इति। तद् एव [१२]शाम्मदस्य शाम्मदत्वम्[१२]। शम् अस्मा इमे लोका मदन्त्य् अभ्य् एनम् इमे लोका[१३] आवर्तन्ते। नास्माद् इमे लोका अपक्रामन्ति य एवं वेद। तद् ऊर्ध्वेळं भवति बृहतो रूपं बार्हते ऽहन्। तेन वै रूपसमृद्धम्[१४]।

अया[१५] पवा पवस्वैना वसूनि मांश्चत्व इन्दो[१६] सरसि प्र धन्व।
ब्रध्नश् चिद् यस्य वातो न जूतिं[१७] पुरुमेधश्[१८] चित् तकवे नरं धात् ॥

इति रूति[१९] रेवतीनां रूपम् ॥ १६४ ॥

[१] ग अधिपाठः बहिर्न्निधनं [२–२] क क्रन्दन्दांगिरस ग क्रुष्टन्दांगिरस [३] क ग ईर्ष्यम् [४] क ग ईर्ष्यम् [५] क क्रियते [६] ग इवाचक्षत [७] क शार्म्मदं [८] ग तदु [९] ग तेनस्तुवत [१०] क ऽनपक्रमिणो [११] क लोक [१२–१२] क शार्म्मदस्य शार्म्मदत्वं [१३] ग अधिपाठः अभ्यावर्तन्त तत एभ्योनपक्रमिणोभवंस्ते बुवन्दछं वै न इमे लोका अमादिषुरिति तदेव शाम्मदस्य शामदत्वं शमस्ता इमे लोका मदन्त्यभ्ये नमिमे लोक [१४] क रूपसमृद्धिम् [१५] क अय ग अथ [१६] क ग इन्द्रो [१७] क ग जूतीं [१८] एवं कोशेषु [१९] ग न इति

तासु श्रौष्टम् । एतेन वा अग्निर् वैश्वानरो दीदाय । दीदयामेति सत्त्रम् आसते । दीदयन्त्य् एवैनम् एतेन । अथ ह वा अग्निर् वैश्वानर इत्थम् एवास यथेमे ऽङ्गाराः । सो ऽकामयत श्रुष्टयो मे जायेरन्न्[१] अर्चय इति । स एतत् सामापश्यत् । तेनास्तुत[२] । ततो वै तस्य श्रुष्टयो ऽर्चयो ऽजायन्त । एते[३] ह वा अस्य श्रुष्टयो यद् अर्चयः । तेजो वा अस्य तद् ब्रह्मवर्चसम् अजायत । तेजस्वी[४] ब्रह्मवर्चसी श्रुष्टिमान् भवति य एवं वेद । तद् उ निषिद्धम् इव भवत्य् अन्तस्य रूपम् । अन्तो ह्य् एतद् अहः । तद् यथा वा[५] 'अदो ऽनयनं यन्तम्[६] एहीह मात्रैर् इत्य् अनुह्वयेद् एवम् एवैतेन स्तोमा आप्ता अन्ततो ऽनुह्वयन्ति ॥ १६५ ॥[७]

[१] ग जयारन्न् [२] ग तेनस्तुत [३] ग ते [४] क तेजसी [५] ग वद् [६–६] ग दोनयनन्तम् [७] ग अधिपाठः पञ्चमोध्यायः

अथ यज्ञायज्ञीयम् उक्तब्राह्मणम् । अथैता द्विपदो भवन्ति, छन्दसाम्[१] अयातयामताया[२] अवरुद्ध्यै[३] । यातयामानि[४] वा [५]एतर्ह्य् अहानि[५] छन्दांसि, द्विपद एवायातयाम्नीः । ता यद् अत्र क्रियन्ते तेनैवैतद् अहर् अयातयाम क्रियते । तद् ध स्म[६] केशी दार्भ्य उपगायति[७]—

सर्वदैव गिरौ भद्रम् अपि पर्णेन जीवति ।
यदावर्सं[८] न विन्दति तदाशा उपधावति ॥

इति । यादृग् इव स्युर् एत्र ब्राह्मणास् तादृग् इदं यूयं कुरुथातेषु छन्दस्सु द्विपद इति । पशवो वै पृष्ठ्यष् षडहः, पुरुष छन्दसां[९] द्विपदः । ता यद्[१०] अत्र क्रियन्ते पुरुषम् एव तत् पशुष्व् अध्यूहन्ति । तस्मात् पुरुष उपरिष्टात् पशून् अधीव तिष्ठति । अथो स्वर्ग एष लोको यत् पृष्ठ्यष् षडहो, यजमान एष निदानेन यद् द्विपदः । ता[११] यद् उपरिष्टात् पृष्ठ्यस्य षडहस्य पर्यूहन्ति यजमानम् एव तत् स्वर्गे लोके समुदूहन्ति ॥ १६६ ॥

[१] ग छन्दसा [२] ग अयातयामताय [३] क अवरुद्धयन्ते ग अवरुद्धयतै [४] ग यातयामनि [५–५] ग एतर्ह्येन्यानि [६] ग न्य [७] ग उपगायन्ति [८] ग यदावं [९] क ग छन्दसं [१०] ग वद् [११] ग तो

छन्दांसि [१]यद् अमुम्[१] आदित्यम् उदयच्छंस् तानि नाशक्नुवन्[२] उद्यन्तुम्[३] । तानि [४]द्विपदाश् छन्दांस्य् अब्रुवंस्[४] त्वयि प्रतिष्ठायैतम् उद्यच्छामेति । तानि वै—मे ऽन्नं भवतेति । अन्नं ते भवाम इत्य् अब्रुवन् । तद् ब्राह्मणो ह वै छन्दो द्विपदस्, तान्य् अस्यैतान्य् अन्नम् इह [५]चामुत्र च[५] । तान्य् एतानि छन्दांसि द्विपदायां प्रतिष्ठायैतम् आदित्यम् उद्यच्छन्त्य् [६]एतांश् च[६] यज्ञक्रतून् । तद् यत् पृच्छेयुः कस्माद् द्विपदष् षष्ठे ऽहन् क्रियन्त

इति, प्रतिष्ठित्या[7] इत्य् एव ब्रूयात् । तस्माद् एता अत्र नान्तरित्याः । ता एता भवन्त्य् अग्ने त्वं नो अन्तम इति— ॥ १६७ ॥

[१-१] ग यदुमाम् [२] ग नाशक्नुवान् [३] क अवन्तुं ग यन्तुं [४-४] एवं च । क द्विपदाञ्छन्दोभुवन् ग द्विपादा छन्दोभुवन् [५-५] ग वामुत्रव [६-६] ग एतात्र [७] ग प्रतिष्ठितां

असमातिं राथप्रौष्ठं गौपायना[1] अभ्यदासन्[2] । ते खाण्डवे सत्रम् आसत । अथ हासमातौ राथप्रौष्ठे किराताकुली[3] ऊषतुर् असुरमायौ । तौ ह स्मानग्नाव्[4] अधिधायौदनं पचतो[5] ऽनग्नौ मांसम् । वपन्तौ ह स्म पुरस्ताद् इतो लुनन्तो[6] ह स्म पश्चाद् अनुयन्ति तावन् मायाविनौ हासतुः । तद् वै तच् छश्वद् इक्ष्वाकवो ऽसुराशनं जग्ध्वा पराभूताः । तम् असमातिं राथप्रौष्ठं गौपायनानाम्[7] आहुतयो ऽभ्यतपन् । सो ऽब्रवीद् इमौ किराताकुली इमा वै मा गौपायनानाम् आहुतयो ऽभितपन्तीति । ताव् अब्रूतां तस्य वा आवम् एव भिषजौ स्व, आवं प्रायश्चित्तिर्, आवं तथा करिष्यावो यथा त्वैता नाभितप्स्यन्तीति । तौ परेत्य सुबन्धोर् गौपायनस्य स्वपतः प्रमत्तस्यासुम् आहृत्यान्तःपरिधि न्यधत्ताम् । परिधिमन्तो ह तर्ह्य् अग्नय आसुः । तत् सुबन्धाव्[8] अप्रबुद्धे ऽन्वबुध्यन्ताहार्ष्टां वा अस्यासुम् असुरमायाव् इति । ते ऽब्रुवन्न् एत सुबन्धोर् असुम् अन्वयामेति[9] । ते खाण्डवात् प्रायन्[10]—

मा प्र गाम पथो वयं मा यज्ञाद् इन्द्र सोमिनः ।
मान्त स्थुर् नो अरातयः ॥

यच् चेदम् इमो यच् च सत्रम् आस्महे तस्माद् उभयस्मान्[11] मा प्रगामेति ते सुबन्धुनावतन्तुमता सुबन्धुतीर्थेनैव हृणिनीं[12] प्राञ्चस्[13] तीर्त्वागच्छन्न् असमातिं राथप्रौष्ठम् ॥ १६८ ॥

[१] ग गोपायनायना [२] ग अभ्यदास्यन् [३] क ग किराताकूली [४] ग स्मानानाव् [५] क पच्मतो ग पवतो [६] क ग यन्तो । शतपथे ब्राह्मणे १.६.१.२ लुनन्तः [७] क गोपायनानां [८] क सुन्धन्धाव् [९] ? क अन्वायावेति ग अन्वतयावेति [१०] ग प्रायान् [११] क ग उहयस्मान् [१२] ग हृणिनीं [१३] क प्रांश्चस् ग प्रांञ्छन्

तस्य ह 'पराख्यायैवाग्निम् अजानन्' वरूथ्यो वै नामास्याग्निर् इति । अथ ह ततः पुराग्निर् [वरूथ्यो] नाम प्रोचे—वरूथ्यो वै नामास्मि । स यस् त्वैतद् अभिराधयाद् यद् एव त्वा किं च स ब्रवत् तत् कुरुताद् इति । तम् उपायन्न् अग्ने त्वं नो अन्तम उत त्राता शिवो भुवो वरूथ्य इति । तान् अब्रवीत् किंकामा आगातेति । सुबन्धोर् एवासुं पुनर् वनुम इत्य् अब्रुवन् । एषो ऽन्तःपरिधीत्य् अब्रवीत् । तम् आदद्ध्वम् इति । तं निराह्वयन्न्

अयं मातायं पितायं जीवातुर् आगमत् ।
इदं तव प्रसर्पणं सुबन्धव् एहि निर् इहि ॥

इति । तं सुबन्धुम् असुः पुनः प्राविशत् । स यथापुरम् अभवत्[2] । तद् आभ्यां किराताकुलीभ्याम् आचक्षतेमे वा ऋषयो ऽसुं निराह्वयन्न् इति । तात्र् अधारयमाणौ निराद्रवताम् । तयोर् इमान् एव पराख्याय [3]सर्वा माया[3] अपाक्रामन् । तयोर् ह यत् पापिष्ठतमं रूपाणां तद् रूपम् आस ॥ १६९ ॥

[१-१] ग पराख्यायैवाग्निमजानन् [२] ग अभत् [३-३] ग सर्वमाय

अथ [1]ह ततः[1] पुरा मायया दर्शनीयाव् आसतुः । तयोर् अन्यतरो ऽग्नि[2] प्लवमाणो[3] ऽब्रवीद्—इत्थं वै स करोति[4] यस् सत्यम् अनृतेन[5] जिघांसतीति । अथेत्थं गा [6]न्यकृन्तन् । तद्[6] अन्यतर[7] उपपरेत्य ग्रीवा अपिकृन्तमाणो[8] ऽब्रवीद्—इत्थम् [9]उ वाव[9] स करोति यस् सत्यम् अनृतेन जिघांसतीति । तौ[10] तद् एवाम्रियेताम्[11] । ता एता भ्रातृव्यघ्न्यो रक्षोघ्न्य[12] ऋचः । हन्ति द्विषन्तं भ्रातृव्यम् अप रक्षः पाप्मानं हत एताभिर् ऋग्भिस् तुष्टुवानः । तद् आहुर् यद् वालखिल्या विहरन्ति[13] कथम् एतासु विहृतासु स्तुवत इति । स ब्रूयाद् यद् एवैतानि[14] न्यूनाक्षराणि व्यतिषक्तानि पदानि भवन्ति, तेनेति ॥ १७० ॥

[१-१] ग हन्ततः [२] ग ग्नि [३] एवं कोशयोः [४] क ग कारोति [५] क अनृते [६-६] क न्यकृन्तस्तद् [७] ग यन्यवर [८] ग अकृतमाणो [९-९] क उवाच ग उवामव [१०] ग नास्ति [११] क एवाम्रियेते ग एवा-म्रियते [१२] क ग रक्षोघ्न [१३] क विहन्ति [१४] ग अवैतानि

तासु गूर्दः । [1]देवासुरा अन्नाद्ये[1] ऽस्पर्धन्त । ते देवा अन्नाद्यम् असुराणाम् अवृञ्जत[2] । तेषु हासुरेषु गूर्द एव नाम महद् अन्नाद्यं परिशिशिषे[3] । ते देवा अकामयन्त वृञ्जीमहीमं गूर्दम् अन्नाद्यम् असुराणाम् इति । त एतत् सामापश्यन् । तेनास्तुवत । तेन गूर्दम् अन्नाद्यम् असुराणाम् अवृञ्जत । तस्मिन्न् अगूर्दन् । यद् अगूर्दंस् तद् गूर्दस्य गूर्दत्वम् । तद् एतद् अन्नाद्यस्यावरुद्धिस् साम । अवान्नाद्यं[4] रुन्द्धे वृङ्क्ते द्विषतो भ्रातृव्यस्यान्नाद्यं य एवं वेद । प्रजापतिर् अन्नाद्यम् [5]असृजत । तस्य सर्वे देवा ममत्विन आसन् मम ममेति । सो ऽग्निर् अकामयताहम् इदम् अन्नाद्यम् उज्जयेयम् इति । स एतत् सामापश्यत् । तेनैनं पर्यगृह्णात् । तद् उदजयत् । तद् एतद् अन्नाद् एव सर्वम् अन्नाद्यम्[5] । तस्माद् यस्यै यस्यै देवतायै जुह्वत्य्, अग्नाव् एव जुह्वति । तस्मिन्न् अगूर्दत् । यद् अगूर्दत्, तद् व् एव गूर्दस्य गूर्दत्वम् । तद् एतद् अन्नाद्यस्यावरुद्धिस् साम[6] । अवान्नाद्यं रुन्द्धे ऽन्नाद श्रेष्ठः स्वानां भवति य एवं वेद । इमा नु कं भुवना सीषधेमेन्द्रश् च विश्वे च देवा इति वैश्वदेव्यो भवन्ति । वैश्वदेवो वै वृषाकपिः । वैश्वदेवम् एतद् अहः । यज्ञं च नस् तन्वं च प्रजां चादित्यैर् इन्द्रस् सह सीषधात्व्[7] इति सिद्ध्या[8] एव । आदित्यैर् इन्द्रस् सगणो मरुद्भिर् अस्मभ्यं भेषजा करद् इति भेषजम् एवैतेन प्रायश्चित्तिं कुर्वते ॥ १७१ ॥

[१-१] क देवासुरान्नाद्ये ग देवासुरे अन्नाद्ये [२] ग अवृंजन्तिव [३] क ग परिशिशिषिरे [४] ग अधिपाठः परिशिशिषिरे [५-५] ग नास्ति [६] क ग अन्नाद्यस्यारुद्धि- [७] क षीषधात्व् ग षीषयात्व् [८] ग साद्ध्या

तासु[1] गोतमस्य भद्रम् । गोतमो वै श्रीकामस् तपो ऽतप्यत । स एतत् सामापश्यत् । तेनास्तुत । ततो वै स श्रियम् आश्नुत । तच् छ्रीर् वै भद्रम् । प्रजा वै भद्रम् । प्रजायै या प्रजा सा श्रेयः । अपि ह प्रजायै प्रजां पश्यते य एवं वेद । यद् उ गोतमो ऽपश्यत् तस्माद् गोतमस्य भद्रम् इत्य् आख्यायते ।

प्र व इन्द्राय वृत्रहन्तमायेति वार्त्रघ्न्यो भवन्त्य्, अन्ततो विजित्यै । देवा वै षडहेन विजित्याब्रुवन्—किं नु नो ऽस्यान्तत स्याद् यथा न इदं जितम् असुरान् अपजयेयुर् इति । ते पृष्ठानाम् एव रसान् संप्रावृहन् । तान् अभ्यस्वरन्[2] । तद् ऊर्ध्वम् उदश्रयद्[3] यथा वंश एवम् । तद् उद्वंशीयम् अभवत् । तद् उद्वंशीयस्योद्वंशीयत्वम् । तद् यज्ञम् अत्यरिच्यत ।

तस्माद् एतम् उद्वंशपुत्रं प्रावृहन्त[४]। रसाद् एव रसं तं पृष्ठ्यस्य षडहस्यान्ततो ऽकुर्वंश् छन्दोमानाम् उद्वंशीयम्। ताव् एतौ वज्राव् उद्यताव् अन्ततस् तिष्ठतः, पशूनां गुप्त्यै पशूनाम् अपराधापाय। नास्य वित्तं परोप्यते य एवं वेद। सर्वेषां वा एतत् पृष्ठानां रूपं रसस् तेजस् संभृतम्। सर्वस्मिन्न् एवैतत् पृष्ठरूपे रसे तेजस्य् अपराजिते छन्दसि[५] यज्ञस्यान्ततः प्रतितिष्ठन्ति[६]। तस्य पुरस्तान् निधनस्य प्रतिहारम्[७] उपयन्ति। प्रस्तावप्रतिहाराभ्यां वै यजमानो धृतः। अतीता[८] इवैतर्हि[९] [१०]भवन्ति तद् यत् पुरस्तान् निधनस्य प्रतिहारम् उपयन्त्य् अनतिपादायैव। तत् स्वारं भवति। अभि[१०] सप्तमम् अह स्वरति[११]। स्वारम् [१२]एव तद्[१२] भवति। स्वरेण श्वो भूते प्रतिपद्यन्ते। स यथा समात् समं संक्रामेद्[१३], यथा प्राणेन प्राणं[१४] संदध्यात्, तादृक् तत् ॥ १७२ ॥[१५]

[१] ग तदु [२] ग अभ्यस्वरवस् [३] क ग उदयश्रयद् [४] ग प्रावृन्त [५] ग छन्दस्य [६] ग प्रतितिष्ठति [७] ग प्रवर्ति हारं [८] क अतता [९] क इवेत्यभि ग इवेतर्हि [१०-१०] क नास्ति [११] ग स्वरिति [१२-१२] ग एतत् [१३] क क्रामेद् [१४] ग प्राणी [१५] ग षष्ठोऽध्यायः

[१]प्रजापतिर् वा एतं यज्ञम्[२] असृजत यद् द्वादशाहम्। तं पृष्ठ्येनैव षडहेन सर्वम् आप्नोत्। स ऐक्षत कथं न्व् इमानि चत्वार्य् अहानि प्रतिसंदध्याम् इति। स गायत्र्या एव चतुर्विंशम् [३]अहर् निरमिमीत[३], त्रिष्टुभश् चतुश्चत्वारिंशं, जगत्या अष्टाचत्वारिंशम्, अनुष्टुभ एव दशमम् [३]अहर् निरमिमीत[३]। सर्वेभ्यो वा अहोभ्यस् तद् यच् छन्दोभ्यो निरमिमत तच् छन्दोमानां छन्दोमत्वम्। तद् आहुर्[४] आप्यन्ते वा एतत् स्तोमा, आप्यन्ते छन्दांस्य्, आप्यन्ते देवता, आप्यन्त ऋतवो ग्रहा, यद् एष पृष्ठ्यष् षडह आप्यत इति। तद् यत् सप्तमस्याह्नश् चतुर्विंशं बहिष्पवमानं भवति—चतुर्विंशत्यर्धमासस् संवत्सरः। संवत्सरो यज्ञो—यज्ञम् एवैतद् यज्ञमुख आरभन्ते। अथो चतुर्विंशत्यक्षरा वै गायत्री। गायत्र्यो वा आप्तं यज्ञक्रतुं पुनस् तन्वते। नो ह्य् अन्या गायत्र्या आप्तं यज्ञक्रतुम् उद्यन्तुम् अर्हति ॥ १७३ ॥

[१] ग अधिपाठः गं [२] ग वज्रम् [३-३] ग अहन्निरममीत [४] ग अधिपाठः आप्यन्तदाहुर्

एता भवन्ति—प्र काव्यम् उशनेव ब्रुवाण[१] इति प्रवतीः प्रायणे ऽहन्। प्रणिनीषेण्यं[२] वा एतद् अहः। प्रेति गायत्र्यै रूपम्। गायत्र्या एवैतद् रूपेण प्रयन्ति। देवो देवानां जनिमा विवक्तीति सोमो वै देवो देवानां जनिमा। सोमम् एव तत् प्रजनयन्ति। महिव्रतश् शुचिबन्धुः पावक इत्य् अन्नं वै देवाश् शुचिव्रतम् इत्य् आचक्षते। अन्नम् उ देवानां सोमः। तम् एवैतत् प्रजनयन्ति। पदा वराहो अभ्य् एति रेभन्न् इति वराहो[३] वै भूत्वा प्रजापतिष् षष्ठाद् अह्नस् सप्तमम् अहर् अभ्य् अत्यक्रामत्[४]। अतिक्रान्तिर्[५] एवैषा[६]। प्र हंसासस् तृपला वग्नुम् अच्छेति ब्राह्मणा ह वै हंसासस् तृपलाः। अमाद् अस्तं वृषगणा अयासुर् इति षडहो वा अमाच् छन्दोमा अस्तम्। छन्दांसि वृषगणाः। छन्दांस्य् एवैतच् छन्दोमान् [७]अभ्य् अतिनयन्त्य्[७] उत्तरस्य त्र्यहस्य संपारणाय[८]। अञ्जोषिणं पवमानं सखायो दुर्मर्षं वाणं प्र वदन्ति साकम् इति बृहद्रथन्तरे एवैतत् प्रातस्सवने युज्येते[९]। ते युक्ते माध्यन्दिने[१०] सवने ऽभ्यारोहन्ति। स योजत उरुगायस्य जूतिं वृथा क्रीळन्तं[११] मिमते न गाव इति गोमतीः पशुमतीर् भवन्ति, पशूनाम् एवावरुद्ध्यै। पशवो हि छन्दोमाः। परीणसं कृणुते तिग्मशृंग इति। परीणसम् इत्य्

आह—अन्नं वै परीणसम्—अन्नाद्यस्यैवावरुद्ध्यै । दिवा हरिर् ददृशे नक्तम् ऋज्र[12] इत्य् अतिरात्रो रूपेण क्रियते ॥ १७४ ॥

[१] क ब्रुवाणा [२] ग प्रणीनिषेण्यं [३] ग सुवराहो [४] एवं ग च । क अक्रामत् [५] ग अतिक्रामन्तिर् [६] ग एवैषध [७–७] ग अभ्य इति नयन्त्य् [८] ग सापारणाय [९] क युज्यते [१०] ग माद्ध्यन्दिन [११] क किळन्तं ग कित्तन्तं [१२] ग ऋजू

ता[1] एता भवन्ति त्रिष्टुभो गायत्रवर्णा अह्नो रूपेण समृद्धाः । यत्र वा अहारूपेण समृद्धयन्ति सं तत्रर्ध्यते । सम् अस्मा ऋध्यते य एवं वेद । तद् आहुर् यद् गायत्रं सप्तमम् अहस्, त्रैष्टुभम् अष्टमं, जागतं नवमम्, अथ कस्माद्[2] एतद् गायत्रं [3]सत् त्रिष्टुब्भिः[3] प्रतिपद्यन्त[4] इति । स ब्रूयात्—सर्वे ह्य् एवैतच्[5] छन्दोमास् त्रिष्टुप्प्रतिपदो भवन्तीति । प्र स्वानासो रथा इवेति प्रवतीर् भवन्ति । प्रायणीयरूपम् एवैतद् उपगच्छन्ति । प्रायणीयं ह्य् एतद् अहः । सूक्तम् अनुरूपो भवति—पशवो वै[6] सूक्तम् । पशवश् छन्दोमाः—पशूनाम् एवावरुद्ध्यै । अथो भूमा वै पशवः । भूमा सूक्तम् । पशूनाम् एवैतत् पशून् अनुरूपान् कुर्वन्ति । नात्र प्रत्यक्षानुरूपान् कुर्वन्ति । तस्मात् पशवो नानारूपाञ् [7]जनयन्त्य्—उत श्वेता कृष्णं जनयन्त्य्, उत कृष्णा श्वेतम्, उत रोहिणी कल्माषम्, उत कल्माषी रोहितम् ।

अर्वन्तो न श्रवस्यवः ।
सोमासो राये अक्रमुः ॥

इति प्रायणीयरूपम् एवैतद् उपगच्छन्ति । प्रायणीयं ह्य् एतद् अहः[7] । हिन्वानासो रथा इवेति यद् वै रथवत् प्रायणीयरूपम् उ एव तत् ।

दधन्विरे[8] गभस्त्योः ।
भरासः कारिणाम् इव ॥
राजानो न प्रशस्तिभिस् सोमासो गोभिर् अञ्जते ।

इति गोमतीः पशुमतीर् भवन्ति, पशूनाम् एवावरुद्ध्यै । पशवो हि छन्दोमाः । यज्ञो न सप्त धातृभिर् इति सप्तमस्याह्नो रूपम् उपगच्छन्ति ॥ १७५ ॥

[१] ग त [२] ग तस्माद् [३–३] ग सत्रस्त्रिष्टुभिः [४] ग प्रतिपद्यत [५] ग एवैते [६] क नास्ति [७–७] ग जस्यतदहः [८] क दधनारे

नवर्चं भवति । नव वै पुरुषे प्राणाः । प्राणैर् एवैतत्[1] समृध्यमाना यन्ति, प्राणेषु प्रतितिष्ठन्तः । अथो तेनैव त्रिवृत[2] स्तोमान् न यन्ति । यद् धि किं च प्रायणं त्रिवृत् । प्रायणम् उ एवोत्तरं नवर्चं भवति । अभिपूर्वम् एवैतत् प्राणैः[3] [4]समृध्यमाना यन्ति । आ[4] ते दक्षं मयोभुवम् इति पर्यासो भवति, प्रजानां धृत्यै पशूनाम् उपस्थित्यै । तद् आहुर्—यत् समं कस् तृणस्याग्रं सर्पति, क्व स ततो भवतीति । उत् पक्षिणः पतन्तीत्य् आहुः । कथम् अपक्षा[5] भिन्दत इति । पक्षिणीर्[6] इव वा एता यास् समानप्रायणास् समानोदयनाः । एताभिर् वा [7]एतद् अहः पक्षि क्रियत, एताभिर् उत्पतत्य्, एताभिस् त्रयस्त्रिंशं स्तोमं प्रत्युद्यच्छति । पक्षी[8] पाप्मानं तरति, पक्षी[8] श्रियम् अश्नुते य एवं वेद । प्रेति पवमानस्य[9] प्रथमेत्य् उत्तमैवम् इव ह्य् एतद् अहः । तस्माद् वयस् सम्यक् पक्षाभ्याम् एवैते । चतुर्विंश स्तोमो भवति । चतुर्विंशत्यर्धमासो वै[10] संवत्सरः । अर्धमासश एवैतत् संवत्सरे प्रतितिष्ठन्तो यन्ति[11] । अथो चतुर्विंशत्यक्षरा वै गायत्री । तेजो ब्रह्मवर्चसं गायत्री । [12]तेजस्य् एवैतत्[12] ब्रह्मवर्चसे प्रतितिष्ठन्तो यन्ति ॥ १७६ ॥

[१] एवं क च । ग एवतद् [२] ग धृत [३] ग प्राणे [४-४] ग समृद्ध्यमानयन्त्यो [५] ग पक्षा [६] ग पक्षिर् [७] ग अधिपाठः एताभिर्वा [८] ग पश्चि [९] क पवमान [१०] क नास्ति [११] ग पादन्ति [१२-१२] क तेजस्यैवैतद्

अथो वैश्वानरा अतिरात्रा द्वादशाहे कार्या इत्य् आहुः । प्राणः प्रथमो वैश्वानरो, ऽपानो द्वितीयो, व्यानस् तृतीयः । वाग् वा एषा प्रतता यद् द्वादशाहः । [1]तां त्वयि विच्छिन्द्युः[1] । तां हार्यलः काहोळिर् उपेयाय[2]—ऽग्नीका विजित्येति । तम् उ ह ब्राह्मण उवाचानुष्ठ्या प्राणान् उपागात्[3] । वि वाचम् अछैत्सीद् इति । तस्य ह तत् कुलं व्य् एव चिच्छिदे । ज्योक् तु हैव जिजीव । तद् उ ह पश्चैवानुसंतायर्यांचक्रे[4] । मूर्धानं दिवो अरतिं पृथिव्या इत्य् एवंरूपेण[5] वैश्वानरः कार्यः । तन् न वाचं विच्छिनत्ति, नाग्निं वैश्वानरम् अन्तरेतीति । प्र वश् शुक्राय भानवे भरध्वम् इति[6] प्रवती कार्या । प्रणिनीषेण्यं वा एतद् अहः । प्रेति गायत्र्यै रूपम् । [7]गायत्र्या एवैतद्[7] रूपेण प्रयन्ति । भूयांसि[8] रूपाण्य् अपराध्यन्त । इतराण्य् एव भूयांसि रूपाणि । यन्[9] मूर्धानं दिवो अरतिं पृथिव्या इत्य् आह द्यावापृथिवीयो वातिरात्रो ऽतिरात्र एवैतेन रूपेण क्रियते[10] । वैश्वानरम् ऋत आ जातम् अग्निम् इत्य् अग्निर् एव वैश्वानरः प्रत्यक्षं भवति । कविं सम्राजम् अतिथिं जनानाम् इति माध्यन्दिनं[11] सवनम् । आसन्ना[12] पात्रं जनयन्त देवा इति षष्ठस्याह्नस् तृतीयसवनम् प्रत्युपगच्छन्ति ॥ १७७ ॥

[१-१] ग ता त्वयि विछिन्दुस् [२] ग उपायाय [३] क उपानात् ग उपगात् [४] क -तायया श्चक्रे ग -तायायाञ्चक्रे [५] क एव रूपेण ग एवारूरेणा [६] क इतिवा ग इवो [७-७] ग गायत्र्यवैतद् [८] ग भूयांसीति [९] ग नास्ति [१०] ग क्रियन्ते [११] ग माध्यन्दिन [१२] एवं क च । ग असन्न

तद् धि जघन्यं यज्ञे देवा अपश्यन् । अतीता इवैतर्हि भवन्ति । तद् एवैतत् प्रत्युपगच्छन्ति सन्तत्यै । ते देवा अब्रुवन् यद् इमाव् असत्रम् अतिरात्राव्, अथ केनेमाव् अग्नेर् वैश्वानरस्य तन्वं व्येष्याम[1] इति । ते ऽब्रुवन् या एव न इमा अन्त्या अयातयाम्न्यः परमा गुह्यास् तन्वस् ताभिर् व्ययामेति[2] । मूर्धानं दिवो अरतिं पृथिव्या इति द्यावापृथिव्योर् अन्त्यायातयाम्नी परमा गुह्या तनूः । वैश्वानरम् ऋत आ जातम् अग्निम् इत्य् अग्नेर् वैश्वानरस्यान्त्यायातयाम्नी परमा गुह्या तनूः । कविं सम्राजम् अतिथिं जनानाम् इतीन्द्रस्य सम्राड्वतीष्व् अन्त्यायातयाम्नी परमा गुह्या तनूः । आसन्ना[3] पात्रं जनयन्त देवा इति विश्वेषां देवानाम् अन्त्यायातयाम्नी परमा गुह्या तनूः ॥ १७८ ॥

[१] एवं च । क वेष्याम ग षेष्याम [२] ग व्यायामेति [३] एवं कोशयोः

स यथा [1]प्रीहितात्रीजं परिचते वासस् ता वासो निधनानिमं परिधत्त[1] एवम् एव तद् देवा अन्त्याभिर् अयातयाम्नीभिस् तनूभिर् अग्नेर् वैश्वानरस्य तन्वं व्यायन् । तथो एवैतर्हि वियन्ति । सर्वाणि वा अग्निष्टोमे संस्थिते । षड् उक्थान्य् उत्क्रामन्ति । तान्य् एतस्मिन् षडहे संस्थित उत्क्रामन्ति । तान्य् एतस्मिन्न् एवाग्नेय आज्ये पुनर् युज्यन्ते[2] । मूर्धानं दिवो अरतिं पृथिव्या इति द्यावापृथिवीयम् एवैतेन युज्यते । वैश्वानरम् इति वैश्वानरीयम् एवैतेन युज्यते । ऋत आ जातम् अग्निम् इति जातवेदसीयम् एवैतेन युज्यते । कविं सम्राजम् अतिथिं जनानाम् इति मरुत्वतीय-निष्केवल्ये एवैतेन युज्येते । आसन्ना पात्रं जनयन्त देवा इत्य् आज्यप्रउगे एवैतेन युज्येते । एवम् एतान्य् उक्थानि पुनर् युज्यन्ते । [3]अर्वाङ् ह्य् एष[3]

त्रियहस् तायते । तस्मान् मूर्धानं दिवो अरतिं पृथिव्या इति भवति । असौ वै दिवो मूर्धेयम् अरतिः[४] पृथिव्यै ॥ १७९ ॥

[१-१] १ ग प्रीहितान्वीजंपचतेवासवस्तावासोनिधानिमापरिधत्ता च व्रीहितान्नीजंपचतेवासस्तानिधानिमं परिधत्त [२] ग युज्यते [३-३] क अर्वान्दिःस्वष ग वर्भिःस्रेष [४] ग अरर्ति

प्र वो मित्राय गायतेति मैत्रावरुणं भवति । प्रायणीयरूपम् एवैतद् उपगच्छन्ति । प्रायणीयं ह्य् एतद् अहः । सम्राजा या[१] घृतयोनी मित्रश् चोभा वरुणश् चेत्य् उभयोर् एवैतद् बृहद्रथन्तरयो रूपम् उपगच्छन्ति । [२]उभे ऽप्य् अत्र[२] बृहद्रथन्तरे क्रियेते । [३]इन्द्रा याहि चित्रभानो, इन्द्रा याहि धियेषित[३], इन्द्रा याहि तूतुजान[४] इत्य् आ याह्य् आ याहीति भवति । [५]आ याह्य्[५] आ याह्य् आ याहीति युक्तानां पुरस्तात् प्रयन्ति । यथा युक्तानां पुरस्ताद् आ याह्य् आ याहीति प्रेयात् तादृक् तद् यत् तृतीयस्याह्न ऐन्द्राग्नम् । तद् ऐन्द्राग्नं समैन्य् आज्यानि भवन्ति । नानाग्रामाव् इव ह वा एतौ यत् पृष्ठ्यश् च षडहश् छन्दोमाश् च । स यथा नानाग्रामो मित्राणि व्यतिषज्याभय आसीयातां तादृक् तद् यत् समैन्य् आज्यानि भवन्ति[६] । असमैनि हैके कुर्वन्ति । तस्मात् समैन्य् एव कार्याणि । चतुर्विंश स्तोमो भवति—चतुर्विंशत्यर्धमासो वै संवत्सरो—ऽर्धमासश एवैतत् संवत्सरे प्रतितिष्ठन्तो यन्ति । अथो चतुर्विंशत्यक्षरा वै गायत्री । तेजो ब्रह्मवर्चसं गायत्री । तेजस्य् एवैतद् ब्रह्मवर्चसे प्रतितिष्ठन्तो यन्ति ॥ १८० ॥

[१] ग याता [२-२] ग उभे यत्र [३-३] ग नास्ति [४] क ग क्रतुजान [५-५] ग नास्ति [६] ग भवति

ये ह खलु वा अयुज स्तोमास् ते युग्मन्तो, ये युग्मन्तस् ते ऽयुजः । तद् ये ऽयुज स्तोमास् तान् ग्राम्याः पशवो '[१]ऽन्व्, अथ[१] ये[२] युग्मन्तस् तान् आरण्याः[३] । तद् यद् अयुजां स्तोमानां साम युग्मोत्तमं भवति, तस्माद् ग्राम्याः पशवो युक्ता वहन्ति । अथ यद् युग्मतां स्तोमानां सामायुग् उत्तमं भवति तस्माद् आरण्याः पशवो युक्ताश् चरन्ति । अथ यस्माद् दशमे ऽहनि पञ्चदशत्रयस्त्रिंशौ स्तोमौ भवतस् तस्माद् उ यौ ज्येष्ठौ पशूनां तौ युक्तौ वहतो हस्ती चोष्ट्रश् च ॥ १८१ ॥

[१-१] ग नथ [२] क यो [३] ग आरण्यः

[१]वृषा पवस्व धारयेति माध्यन्दिनस्य पवमानस्य वृषण्वतीर् गायत्र्यो भवन्ति[२] बृहतो रूपम् । बार्हतम् एतद् अहः । मरुत्वते च मत्सर इति मरुत्वतीर् भवन्ति । मरुत्वद् वै मध्यन्दिनस्य रूपम् । मध्यन्दिनस्यैव तद् रूपान् न यन्ति । तं त्वा धर्तारम् ओण्योर् इति विभ्रष्टम् इवैतद् अहर् यत् सप्तमम् । तद् यत् तं त्वा धर्तारम् इत्य् अह्न एव धृत्यै । तासु गायत्रम् उक्तब्राह्मणम् । अथ सन्तनि । यथा ह वै व्योकसौ विच्छिद्य व्युत्क्रामत एवं षष्ठं च सप्तमं चाहनी व्युच्छिद्य व्युत्क्रामतः । स यथाश्वं संयोजनेन संयुज्याद् एवम् अत्र [३]सन्तति । तस्य[३] सकृत् प्रस्तौति, त्रिः प्रतिहरति, त्रिर् निधनम् उपयन्ति । तत् सप्त संपद्यन्ते सप्तमस्याह्नो रूपं, सप्तरात्रस्य सन्तत्या अव्यवच्छेदाय । अथ[४] सौपर्णम् उक्तब्राह्मणम् । अतिक्रान्तो वा एतर्हि यज्ञो भवति सप्तमे ऽहन् । [५]तद् यद् अत्र[५] सौपर्णं भवति

यज्ञस्यैवारम्भाय। तद् ऐळं भवति—पशवो वा इळा। पशवश् छन्दोमाः—पशूनाम् एवावरुद्ध्यै ॥ १८२ ॥

[१] ग अधिपाठः पथमोद्ध्यायः [२] ग भवति [३-३] ग सन्तनीन्तस्य [४] ग अथर [५-५] ग तद्यत्र

अथ रोहितकूलीयम्[1]। विश्वामित्रो वै भरतानाम् अनस्वत्या[2] महावृषान् [3]अयात्। तद् ध[3] गंगायै वा यमुनायै वा बृहत् प्रतिकूलम् आस। ते होचुर् महावृषाः—कौ[4] स्वित् [5]ताव् एतर्ह्य्[5] अनड्वाहौ, याव् इदम् इयद्बृहत् प्रतिकूलम् उद्वहेताम् इति। स होवाच[6] विश्वामित्रस्—तौ[7] न्वै मम रोहिताव् इति। रोहितौ हास्यानड्वाहाव्[8] आसतुः। ते होचुर् महावृषास्—ते वा अंशम् अवहरावहै[9]—यदि तवैतद् अनड्वाहाव्[10] उद्वहातो[11], वस्न्य[12] एव त्वम्[13] अनांसि पूरयासै। यद्य् उ नोद्वहातो, वस्न्या[14] उ वयं त्वां जयेमेति[15]। तथेति। ते[16] हांशम्[17] अवजह्रिरे। तौ ह यवाचितस्य वा व्रीह्याचितस्य वा धुरि युयुजुः[18]। सो ऽकामयत विश्वामित्र—उद् [19]इमम् आजिं[19] [20]जयेयम् इति[20]। स एते सामनी अपश्यत्। ताभ्याम् एनाव् अनुपरिक्रामम्[21] अभ्यसेधत्[22]। ताव् उदपारयेताम्[23]। ताव् उदजयेताम्। ततो वै स तम् आजिम् उदजयत्[24]। प्रतिकूलम् इवैते यन्ति ये षष्ठाद् अह्नश् छन्दोमान् अभ्युत्क्रामन्ति। [25]तद् यद् अत्र[25] रोहितकूलीयं[26] भवत्य् उज्जित्या एव। उज्जयति य एवं वेद। तद् उ कामसनि। एतं वै स कामम् अकामयत[27]। सो ऽस्मै कामस् समार्ध्यत[28]। यत्काम[29] एवैतेन साम्ना स्तुते, सम् अस्मै स काम ऋध्यते। यद् उ कूले रोहिताभ्याम् उदजयत्, तस्माद् रोहितकूलीये इत्य् आख्यायेते[30]। पुनानस् सोम धारयेत्य् उभयरूपा[31] बृहती भवति। एषा ह वा उभे सामनी उद्ययाम[32], तस्माद् एतां कुर्वन्त्य् एव बृहत्साम्नः कुर्वन्ति रथन्तरसाम्नः ॥ १८३ ॥

[१] क रोहिकूलीयम् ग रौहितकूलीयम् [२] क ग च अनस्पत्यया [३-३] क अयातद्ध ग अयतद्ध [४] ? क ग! क [५-५] ग ताव्मेतर्ह्य् [६] ग तोवाच [७] क ग तो [८] ग ह्यास्यानड्वाहाव् [९] ग अहरावहै [१०] ग अनड्वाहाव् [११] ग ऋद्वहातो [१२] एवं क च। ग वस्त्य [१३] ग न्त्रम् [१४] ग वस्न्यो [१५] ग जयंमिति [१६] ग त [१७] एवं कोशेषु [१८] ग युयुजास् [१९-१९] ग इमद्राजिं [२०-२०] क ग जयेमेति [२१] ग अनुपक्रामम् [२२] ग अभ्यासेधत् [२३] ग उद्पारयेताम् [२४] ग उद्जयत् [२५-२५] ग तद्यत्र [२६] क -कुलीयं ग -कूकायं [२७] क अकाममकामयत [२८] ग समाद्ध्यत् [२९] ग काम [३०] ग आख्यायते [३१] क उभयेरूपा [३२] ग उद्दयाम

तासु रौरवम्। देवा वा[1] एता अयातयाम्नीस् तनूर् असुरयुद्धाय प्रावृहन्त। अग्निर्[1] एव रौरवं प्रावृहत। तेनासुरान् अभ्यतपत्। ते ऽभितप्यमाना अरवन्त। यद् अभितप्यमाना अरवन्त तद् रौरवस्य रौरवत्वम्। अभितपति भ्रातृव्यं श्रेयान् भूत्वा य एवं वेद। तद् आग्नेयं सामाग्नेये ऽहन् क्रियते। आग्नेयम् एतद् अहर् यद् गायत्रम्। अग्निर् हि गायत्री। तद् यद् अत्र रौरवं क्रियते ऽहर् एव तद्रूपेण समर्धयन्ति। तेनैभ्यस् समृद्धेन स्वायां जनतायाम् ऋद्धुकं भवति। तद् ऐळं भवति—पशवो वा इळा। पशवश् छन्दोमाः—पशूनाम् एवावरुद्ध्यै। अथ रथन्तरम्। जामि द्वादशाहस्यास्तीत्य् आहुः। बार्हतं षष्ठम् अहर् बार्हतं सप्तमम्। पवमाने रथन्तरं प्रोहन्त्य् अजामितायै। नान्यतो

ऽपसको विवधो ह्रियत इत्य् आहुः । तद् यद् उभे बृहद्रथन्तरे भवतस् स विवधताया एव । यो वै मूलाद् अग्रं संचिक्रमिषति न स शक्नोत्य्, अथ यो ऽग्राद् अग्रं संक्रामति स शक्नोति । अग्राद् वा एते ऽग्रं संक्रामन्ति ये बृहतो बृहद् उपयन्ति । तस्माद् बार्हतं षष्ठम् अहर् भवति[३], बार्हतं सप्तमम् ॥ १८४ ॥

[१] क नास्ति [२] क ग अग्निम् [३] क भवन्ति

अथ गौङ्गवं 'यत् साम देवता प्रशंसति । सामैतद् देवता प्रशंसति' तेन यजमानास् सत्याशिषो भवन्ति । देवासुराः पशुष्व् अस्पर्धन्त । ते ऽसुराः पशुभिस् सह समुद्रम् अभ्यवायन् । ते देवा अकामयन्त— वृञ्जीमह्य् असुराणां पशून्[२] इति । त एतत् सामापश्यन् । तेनास्तुवत । तेनासुराणां पशून् अवृञ्जत । ते ऽब्रुवन् गां गां वावासुराणाम् अवृक्ष्महीति[३] । तद् एव गौङ्गवस्य गौङ्गवत्वम् । तद् एतत् पशव्यं साम । गां-गाम्[४] एव द्विषतो भ्रातृव्यस्य वृंक्ते ऽव[५] पशून् रुन्द्धे बहुपशुर् भवति य एवं वेद । गौङ्गवेन वै देवा असुरान् हत्वा घोषं गंगणिम्[६] अकुर्वत । तद् व् एव गौङ्गवस्य गौङ्गवत्वम् । तद् उ भ्रातृव्यहा । हन्ति द्विषन्तं भ्रातृव्यं य एवं वेद । तद् ऊर्ध्वम् इव च तिर्यग् इव च गीयते । यद् ऊर्ध्वम् इव गीयते तद् बृहतो रूपं, यत् तिर्यग् इव तद् रथन्तरस्य । एतद् वै [७]समृद्धं छन्दोमानां[७] यद् उभयं रूपम् ॥ १८५ ॥

[१-१] एवं कोशेषु [२] ग पशूनाम् [३] ग अवृर्क्ष्यक्ष्महीति [४] ग गम् [५] ग नास्ति
[६] च गंगणितम् [७-७] ग समृद्ध छन्दोमानं

अथ समन्तम् । इन्द्राग्नी वा अकामयेतां[१]—समन्तौ स्याव, समानीम् ऋद्धिम् ऋध्नुयावेति । ताव् एतत् सामापश्यताम् । अर्धम् अन्यो ऽपश्यद् अर्धम् अन्यः । तस्यान्तौ समाहृत्य समधत्ताम् । यत् समधत्तां तत् समन्तस्य समन्तत्वम् । तेनास्तुवाताम्[२] । ततो वै तौ समन्ताव् अभवतां, समानीम् ऋद्धिम् आर्ध्नुताम् । तद् ब्रह्म वा अग्निः, क्षत्रम् [३]इन्द्रः । उभयं[३] ब्रह्म च क्षत्रं चावरुन्द्धे य एवं वेद । तस्माद् उ हैतत् सामैतस्माद् अह्नो नान्तरित्यम् । इदं वै[४] रथन्तरम् अदो बृहत् । इदम् एवान्तरिक्षं समन्तम् अनयोर् एव लोकयोस् समन्तत्वाय । एतेन वा एते समन्ते । समन्तेन पशुकाम[५] स्तुवीत । पशवो वा अन्तरिक्षं, पशवस् समन्तम् । पशुमान् एव भवति समन्तेन तुष्टुवानः । ब्राह्मणः पुरोधाकामस् समन्तेन स्तुवीत । आग्नेयो ब्राह्मण, ऐन्द्रो राजन्य, आग्नेयी पृथिव्य्, ऐन्द्री द्यौः । ते एते ऽन्तरिक्षम् अभि समन्ते । समन्ताव् एनौ करोति ब्राह्मणं च राजन्यं च समन्तेन तुष्टुवानो, गच्छति पुरोधां, पुर एनं दधते । प्रजापतिर् वा अकामयत—समन्तः प्रजया पशुभि स्याम् इति । स एतत् सामापश्यत् । तेनास्तुत[६] । ततो वै स समन्तः प्रजया पशुभिर् अभवत् । तद् व् एव समन्तस्य समन्तत्वम् । समन्त एव प्रजया पशुभिर् भवति य एवं वेद ॥ १८६ ॥

[१] ग अकामयतां [२] ग तेनास्तुवतताम् [३-३] ग इन्द्रदुभयं [४] ग व [५] ग पशुकामा
[६] ग तेनास्तुवत

अथायास्यं[१] बार्हतराथन्तरम्[२] । उभौ वर्णौ समृद्ध्यै । मध्येनिधनं प्रतिष्ठायै । आदित्याश् च वा अंगिरसश् च स्वर्गे लोके ऽस्पर्धन्त । त ऐक्षन्त [३]यतरे नो[३] यतरान्

याजयिष्यन्ति ते हास्यन्त[4] इति । ते ऽङ्गिरसः पूर्वे यज्ञं समभरन्, श्वस्सुत्यान्ते ऽग्निम् आङ्गिरसं दूतं प्राहिण्वन्न्[5]—इमान् न श्वस्सुत्याम् आदित्येभ्यः प्रब्रूहीति । स एत्या-ब्रवीद्— आदित्या, अङ्गिरसो व श्वस्सुत्यां प्राहुर् इति । तं होचुर् अपेहि मन्त्रयित्वा त्वा प्रतिवक्ष्याम इति । तस्माद् इदम् अप्य् एतर्हि दूतम् आहुर्—अपेहि मन्त्रयित्वा त्वा प्रतिवक्ष्याम इति । ते होचुर् उप '[6]तज् जानीत'[6] यथा अस्मान् एवांगिरसो याजयेयुर् न वयम् अङ्गिरसः[7] । यदि याजयिष्यामो[8] हास्यामहे, यद्य् उ न याजयिष्यामो यज्ञाद् यशसो ऽपक्रमिष्याम इति । तस्माद् उ ह वृतेन[9] नापक्रांस्थ[10], यज्ञाद् यशसो नेद् अप-क्रामाणीति ॥ १८७ ॥

[१] ग अथायस्यं [२] ग बार्हतरथन्तरम् [३-३] ग यतरना [४] ग हास्य [५] ग प्राहि-वैन्न् [६-६] ग तज्ञानीत्व [७] क आंगिरसः [८] ग जयिष्यामो [९] एवं क च । ग प्रतेन [१०] क नापक्रम्यं ग नक्रम्यु

पदेन हापेयात् । स्वं[1] वा यज्ञम् अभ्युपेयाद्, इदं च[2] त्वया कृतम् इति वा । त एतम् आदित्यास् सद्यःक्रीयं[3] यज्ञं समभरन् । ते ऽब्रुवन्न् अग्ने चिरं तद् यच् छ्व, इमाम् एव वयं तुभ्यम् अद्य सुत्यां प्रब्रूमः । तेषां नस् त्वं होतासि, गौर् आंगिरसो ऽध्वर्युर्, बृहस्पतिर् उद्गाता, अयास्यो ब्रह्मेति सर्वान् अवृणत । सो ऽब्रवीद्—दूतो वा अहं चरामीति । तम् अग्निं दूतं वृणीमह इत्य् एव दूतं चरन्तम् अवृणत । स एषां वृतो नापा-क्रामत् । स पुनर् एत्याब्रवीद्, अङ्गिरस, आदित्या वो ऽद्यसुत्यां प्राहुर् इति । तेन '[4]होतुर् एव नो ऽवृथा'[4] इति । नेति होवाच । दूतो युष्माकम् अभूवं, वृत एवामीषाम्[5] अस्म्य्, आद् अह नूनम् अमी युष्मन् मेधावितरा वा धीरतरा वाभूवन् य एतत् पूर्वे हशन्न् इति । ते वृता नापाक्रामन् । त एत्यायाजयन् । तेभ्य एतम्[6] आदित्या आदित्यम् एवाश्वं श्वेतं भूतम् अश्वाभिधान्य् अभिहितम् अयास्याय[7] ब्रह्माश्वं नीत्वा स्वर्गं लोकम् अगच्छन्[8] । अहीयन्ताङ्गिरसः[9] । सो ऽयास्यस् सदृशाव्[10] आत्मन श्रेयांसं वा प्रतिगृह्य व्यभ्रंशत । सो ऽकामयत सम् आत्मानं श्रीणीयेति । स एतत् सामापश्यत् । तनात्मानं समश्रीणीत । विभ्रष्टम इवैतद् अहर् यत् सप्तमम् । तद् यद् अत्रायास्यं भवति सम् एवैनद् एतेन श्रीणन्ति, भिषजयन्त्य् एवैनम् एतेन[11] । [12]यद् व् अयास्यो[12] ऽपश्यत् तस्माद् आयास्यम् इत्य् आख्यायते । प्रो अयासीद् इन्दुर् इन्द्रस्य निष्कृतम् इति प्रवद्[13] ऋचा च साम्ना चैतद् अहः प्रणयन्ति । उभौ वर्णौ[14] समृद्ध्यै । प्रेति भृगवः प्रेत्य् अङ्गिरसः प्रेत्य् आदित्या स्वर्गं लोकम् आरोहन् । प्रेत्य् एवैतेन स्वर्गं लोकम् आरोहन्ति[15] ॥ १८८ ॥

[१] ग स्त्वां [२] ग नास्ति [३] क सद्यः-क्रयं ग सद्यक्रीयी [४-४] क च होतुरेवनोवृथा ग होतुरेवनावृथा [५] ग एवमीषाद् [६] ग एताम् [७] क अयास्या [८] ग गछन् [९] क अहीयन्तांगीरसः [१०] ग सदृशव् [११] ग अधिपाठः मेतेन मेतेन [१२-१२] क यद्वायास्यो [१३] ग प्राद् [१४] ग वर्णौ वर्णौ [१५] क आरोहति

[1]अथ बृहत् । वर्ष्म वै बृहत् । वर्ष्मण्य्[2] एवैतत् प्रतितिष्ठन्तो यन्ति । तद् गायत्रे ऽहन् भवति । पुंसो वा एतद् रूपं यद् बृहत्, स्त्रियै गायत्री । तद् यद् अत्र बृहत् पृष्ठं भवति तेनैवैतद् अहर् मिथुनं क्रियते । अथ वामदेव्यम् । पशवो वै वामदेव्यम् । पशुमन्त एव भवन्त्य् एतेन तुष्टुवानाः । वयं घ त्वा सुतावन्त इति सतोबृहतीर् आक्रमन्ते ऽनप-भ्रंशाय । तासु अभिनिधनं काण्वम् । तद् आहुर्—विकर्णं वा एतद् ब्रह्मसाम्नो यद् अभ्य-

तरद् रूपम् अभिवदतीति । तद् यद् अभीति भवति तेन रथन्तरस्य रूपान् न यन्ति । इन्द्रो वै वृत्रम्[३] अजिघांसत् । स कण्वम् उपाधावद्—ऋष उप त्वा धावाम, इह नो ऽधिब्रूहीति । स एतत् कण्वस् सामापश्यत् । तेनास्तुत[४] । ततो वा इन्द्रो वृत्रम् अहन् । हन्ति द्विषन्तं भ्रातृव्यं य एवं वेद । यद् व् एवास्मा एतेन साम्ना कण्वो ऽभीति वज्रम् अभ्यनदत्, तस्माद् अभिनिधनं काण्वम् इत्य् आख्यायते । अथैता भवन्ति नकिष् टं कर्मणा नशद् इति । अति वा एतर्हि बृहती बृहतीं क्रामत्य्, अति ककुप्[५] ककुभम्, अत्य् अनुष्टुब् अनुष्टुभम् । सैषा बृहती सती जगती संपद्यते । तेनातिक्रामति । सा अत्य् अष्टमम् अहर् जिहीते, नवमम् अहर् अभ्यारभते, प्रति षष्ठम् अपधावति[६] ॥ १८९ ॥

[१] ग अधिपाठः द्वितीयोध्यायः [२] ग वर्ष्मैत्य् [३] ग वृजम् [४] ग तेनास्तुवत [५] ग ककुप्य [६] ग उपधावति

तासु वैखानसम् । वैखानसा वा एतानि सामान्य् [१]अपश्यन्न् अभ्यारम्भं[१] यज्ञस्य प्रत्यपसारम् । अभ्यारम्भैर् वै देवा असुरान् यज्ञाद् अन्तरायन् । अथ ह वै वैखानसा इत्य् ऋषिका इन्द्रस्य प्रिया आसुः । तान् ह रहस्युर् मारिम्लवो मारयांचकार । तान् हैच्छन् रहस्युम् उपेयाय । तं[२] होवाच—रहस्यो, नेह तान् वैखानसान् इत्य् ऋषिकान् अद्राक्षीर् इति । स होवाच—स्यो वै भगवस् तान् अमारयद् इति । तं होवाचां रहस्यो, यत्रो[३] दुष्-प्रतिज्ञाना भ्रूणहत्या । अथ कथं प्रत्यज्ञास्था इति । स होवाचानृतं च भ्रूणहत्यां चोदयांसम् । तद् अनृतम् एवायासीत् । स सत्यम् एवाभ्युपागाद् इति । तं होवाच वरं वृणीष्व यः प्रत्यज्ञास्था इति । स होवाच—ब्राह्मण एव मे प्रजायाम् आजायताम् इति । ते हैते तक्षवो[४] राहस्यवा । अथो आहुर् इन्द्रम् एव तद् देवता अभ्यशंसन्न् इन्द्रं पर्यचक्षत—त्वयि सतस् तवो[५] मारिम्लवो ऽमीमरद् इति । सो ऽकामयत सम् एनान् ईरयेयम् इति । स एतत् सामापश्यत् । तेनैनान् समैरयत्[६] । तद् एतद् भेषजं प्रायश्चित्तिस् साम । भेषजं वै सत्[७] प्रायश्चित्तिम् अकुरुत[८] । विभ्रष्टम् इवैतद् अहर् यत् सप्तमम् । तद् एवैतेन भिषज्यन्ति । भेषजम् एवैतेन प्रायश्चित्तिं कुर्वते । तद् उ कामसनि । एतं वै स कामम् अकामयत । सो ऽस्मै कामस् समार्ध्यत । यत्काम एवैतेन साम्ना स्तुते सम् अस्मै स काम ऋध्यते । तद् इन्द्रो ह वै[९] विखानाः । स यद् इन्द्र एतत् सामापश्यत्, तस्माद् वैखानसम् इत्य् आख्यायते । तद् ऐळम् अच्छावाकसाम भवति । पशवो वा इळा । पशुष्व् एवैतत् प्रतितिष्ठन्ति ॥ १९० ॥[१०]

[१-१] क अपश्यन्यभ्यारम्भरम्भं ग अपश्यन्नभ्यारंभ [२] ग त उ [३] क ग यतरे [४] ग तक्षवा [५] ? एवं कोशेषु । तवो=तव+उ [६] ग समैरयात् [७] ग सतत् [८] ग अकुर्वत [९] ग अधिपाठः तदिन्द्रो ह वै तेन प्रायश्चित्तिं कुर्वते तदु कामसन्येतं वै स काममकामयत सोस्मै कामस्समार्ध्यत यत्काम एवैतेन साम्ना स्तुते समस्मै स काम ऋध्यते तदिन्द्रो ह वै [१०] ग अधिपाठः तृतीयोध्यायः

यस् ते मदो वरेण्य इत्य् आर्भवस्य पवमानस्य मद्वतीर् गायत्र्यो भवन्ति । रसो वै मदः । धीतम् इवैतद् यत् तृतीयसवनम् । तद् यद् एता मद्वतीर् भवन्ति रसम् एवास्मिन्न् एतद् दधत्य्, ऐवैनद् एतेन प्याययन्ति । तेना पवस्वान्धसेत्य् अन्धस्वतीर् भवन्त्य्—अन्नं वा अन्धो—ऽन्नाद्यस्यैवावरुद्ध्यै । जघ्निर् वृत्रम् अमित्रियम् इति बार्हतं रूपम् । यद् ऊर्ध्वं मध्यं-दिनात् तद् एतस्याह्नो बार्हतम् । संमिश्लो[१] अरुषो भुवस् सूपस्थाभिर् न धेनुभिर् इति । विभ्रष्टम्

इवैतद् अहर् यत् सप्तमम् । तद् यत् सूपस्थाभिर् इत्य् अह्न एवोपस्थित्यै । तासु गायत्रम् उक्तब्राह्मणम् । अथाग्नेरर्क आग्नेयं सामाग्नेये ऽहन् क्रियते । आग्नेयम् एतद् अहर् यद् गायत्रम् । अग्निर् हि गायत्री । तद् यद् अत्राग्नेरर्कः[२] क्रियते [३]ऽहर् एव[३] तद्रूपेण समृद्धयन्ति । तेनैभ्यस् समृद्धेन स्वायां जनतायाम् अर्धुकं[४] भवति । अथो अन्नं वा अर्को, ऽन्नाद्यस्यैवावरुद्धयै । अथ सोमसाम । प्रजननं वै सोमः । प्रजननम् एतद्[५] अहः । प्रजनन एवैतत् प्रजननं क्रियते । अथो क्षत्रं वै सोमः । क्षत्रिय उ वा अन्नाद्यस्य प्रदाता । स यो ऽन्नाद्यस्य प्रदाता स नो ऽन्नाद्यं प्रयच्छाद् इति । तद् अध्यर्धेळं[६] भवति—पशवो वा इळा । पशवश् छन्दोमा—अभिपूर्वाणाम् एव पशूनाम् अवरुद्धयै ॥ १९१ ॥

[१] क सम्मिइयो ग संमिइवो [२] ग अत्राग्नेर [३-३] ग हरे [४] ग अधुकं [५] ग तदेतद्
[६] क अध्यर्धेगं ग अध्यर्धेत्तं

अथ दक्षोणिधनम् । विभ्रष्टम् इवैतद् अहर् यत् सप्तमम् । तद् दक्षोणिधनेनैव संदक्षयन्ति । प्रजापतिः प्रजा असृजत । ता अप्राणा असृजत । सो ऽकामयत—प्राणवतीर् म इमाः प्रजा स्युर् इति । स एतत् सामापश्यत् । तेनैना दक्षाया इत्य् एवाभ्यमृशत् । प्राणा वै दक्षाः । प्राणान् एवासु तद् अदधात्[१] । प्राणान् एवात्मंश् च यजमाने च दधाति य एवं वेद । तद् उ होवाच सुदक्षिणः [२]क्षैमिर् मन्थं[२] हास्य कुले विदुर्[३] न विविदुर् दक्षोणिधनं स्वित् ते पवमानमुखे चक्रुर् इति । कथा हेति । मन्थं हि ते कुले न विन्दन्तीति[४] । तस्माद् अग्नेर् एवार्कः प्रथमायां[५] कार्यः । एष स्य धारया सुत[६] इति सन्तनिनः प्रगाथस्, ससन्तनिकेन[७] प्रगाथेनैतद् अहर् भिषज्यामेति । विभ्रष्टम् इवैतद् अहर् यत् सप्तमम् । तत् ससन्तनिकेनैव[८] प्रगाथेन भिषज्यन्ति ।

अव्या वारेभिः पवते मदिन्तमः ।
क्रीळन्न् ऊर्मिर् [९]अपाम् इव ॥

इत्य् अति[९] वा एतर्हि ककुप् ककुभं क्रामत्य्, अत्य् अनुष्टुब् अनुष्टुभम् । सैषा ककुप् सती त्रिष्टुप् संपद्यते । तेनातिक्रामति । साष्टमम् अहर् आरभते ।

य उस्रिया अपिया अन्तर् अश्मनि निर् गा अकृन्तद् ओजसा ।
अभि व्रजं तत्निषे गव्यम् अश्व्यं वर्मीव धृष्णव् आ रुजा ॥

इति गोमतीः पशुमतीर् भवन्ति, पशूनाम् एवावरुद्धयै । पशवो हि छन्दोमाः ॥ १९२ ॥

[१] क दधात् ग दधुत [२-२] क क्षैमिर्मन्था ग क्षैमिर्मन्थं [३] ग पितुर् [४] ग पिन्दतीति [५] ग प्रथमाया [६] ग स्तुत [७] ग सन्तनिकेन [८] ग सन्तनिकैनैव [९-९] ग अपामेत्यति

तासु शार्करम् । इन्द्रं वै सर्वाणि भूतान्य् अस्तुवन् । तं शर्करस् शिंशुमार[१] स्तोतुं नाकामयत । तम् अब्रवीत् स्तुहि मेति । सो ऽब्रवीन्—नाहं त्वां स्तोष्यामि । समुद्रे वा अहम् अप्स्व्[२] अन्तश् चराम्य्[३] [४]उपनिमज्जन्, एतावतो[४] ऽहं त्वां स्तुयाम् इति । तं पर्जन्यो वृष्ट्योर्ध्वम् [५]उदप्लावयद् धन्वाभि । अपो[५] हैवास्मै दर्शयांचकार । तम् उत्तराद् वातेन पर्यशोषयत् । सो ऽवेत् परिशुष्कश् शयानो—यद् वा अहम् इदम् इत्थं न्यगाम्, इन्द्रो वाव मेदम् इत्थम् अकृद्, धन्त तम् एव स्तवानि । स एव मा स्तुतस् समुद्रं पुनर् अभ्यवप्लावयिष्यतीति । स एतं मन्त्रम् अपश्यत् । तेनैनम् अस्तौद्—

यो न इदमिदं पुरा प्र वस्य आनिनाय तम् उ व स्तुषे ।
सखाय इन्द्रम् ऊतये ॥

इति । तम् अब्रवीत्—[6]किंकामो मा स्तौषीति[6] । इमम् एव मा समुद्रं पुनर् अभ्यवप्लावेत्य् अब्रवीत् । तं पर्जन्यो [7]वृष्ट्या समुद्रं पुनर्[7] अभ्यवाप्लावयत् । तद् एतद् भेषजं प्रायश्चित्तिस् साम । [8]भेषजं वै स तत् प्रायश्चित्तिम् अकुरुत[8] । भेषजम् एवैतेन प्रायश्चित्तिं कुर्वते । तद् उ कामसनि । एतं वै स कामम् अकामयत । सो ऽस्मै कामस् समार्ध्यत । यत्काम एवैतेन साम्ना स्तुते सम् अस्मै स काम ऋध्यते ॥ १९३ ॥

[१] ग शिशुमारस् [२] ग अस्त्व् [३] क चरार्थ् [४-४] ग उपनिमज्जन्नोतावतो [५-५] क उदप्लावयद्धन्वाभ्यापो ग उदप्लावयंपन्वाभ्योपो [६-६] ग किं वृष्ट्या समुद्रं पुनति [७-७] ग वस्तत् प्रायश्चित्तिर् [८-८] ग भेषजम्मैकुरुत

स तेनैव मन्त्रेण स्वर्गं लोकम् उदक्रामत् । स एवैष शार्कर उदेति । तद् वा अस्य स्वर्ग्यम् । अश्नुते स्वर्गं लोकं य एवं वेद । समुद्रो वै छन्दोमाः । शिशुमारो वै समुद्रम् अतिपारयितुम्[1] अर्हति[2] । तद् यद् अत्र शार्करं भवति समुद्रस्यैवातिपारणाय । तत् पुनर्नितुन्नं[3] छन्दो भवति । यत्र यत्र वै देवाश् छन्दसां [4]रसम् अन्वविन्दंस्[4] [5]तत् पुनर्नितुन्नम् अकुर्वंस्[5], तत् पुनर् अभ्याघ्नन् । धीता इवैते यच् छन्दोमास् तृतीयसवनायतनाः । धीतम् इव वै तृतीयसवनम् । तद् यत् [6]पुनर्नितुन्नं छन्दो[6] भवति रसम् एवैतच् छन्दोमेषु दधति । रसस्यैवैषानुवित्तिः । तद् उ काकुभं स्वारं भवति । प्राणो वै स्वरः पुरुषश् छन्दसां ककुप् । ज्यैष्ठ्यं वै प्राणो ज्यैष्ठ्यं पुरुषः । ज्यैष्ठ्येनैव तज् ज्यैष्ठ्यं संदधाति[7], ज्यैष्ठ्येन ज्यैष्ठ्ये प्रतितिष्ठति । यद् उ शार्करस् शिशुमारो ऽपश्यत् तस्माच् छार्करम् इत्य् आख्यायते । सखाय आ नि षीदत पुनानाय प्र गायतेति प्रवतीर् भवन्ति । प्रायणीयरूपम् एवैतद् उपगच्छन्ति । प्रायणीयं ह्य् एतद् अहः । शिशुं न यज्ञैः परि भूषत श्रिय इति पशुरूपम् एवैतद् उपगच्छन्ति । पशूनां वै शिशुर् भवति ॥ १९४ ॥

[१] क ग आतिपारायितुम् [२] क अहति ग अहसीति [३] ? क -नितिन्दञ् ग -नितित्वञ् [४-४] ग रसमन्विन्वविन्दंस् [५-५] ग नास्ति [६-६] ग पुनार्नितुन्नन्वश्छन्दो [७] क संदधति ग व्यन्दधति

तासु प्लवम् । यो वै समुद्रम् अप्लवः प्रस्नाति नैनं स व्यश्नुते, ऽथ यः प्लवी प्रस्नाति स व्यश्नुते । समुद्रो वै छन्दोमाः । तद् यत् प्लवं प्लविन एवैतेन । देवा वै स्वर्गकामास् तपो ऽतप्यन्त । त एतत् सामापश्यन् । तेनास्तुवत । तद् एनान् प्लवम् एव भूत्वा स्वर्गं लोकम् अवहत् । ते ऽब्रुवन् स्वर्गं लोकं गत्वा—प्लवं वाव नो भूत्वेदं साम स्वर्गं लोकम् अवाक्षीद् इति । तद् एव प्लवस्य प्लवत्वम् । तद् एतत् स्वर्ग्यं साम । अश्नुते स्वर्गं लोकं य एवं वेद । तद् ह एवाचक्षते वसिष्ठस्य प्लवम् इति । वसिष्ठो वा अकामयत स्वस्तीमान् लोकान् सर्वान् संप्लवेयेति । स एतत् सामापश्यत् । तेनास्तुत[1] । ततो वै स[2] स्वस्तीमान् लोकान् सर्वान् समप्लवत[3] । तद् ह एव प्लवस्य प्लवत्वम् । स्वस्तीमान् लोकान् सर्वान्[4] संप्लवते य एवं वेद । वसिष्ठम् ऋषयो ऽमेधन्[5]—वैश्यो ऽस्य् अब्राह्मण इति । सो ऽकामयत—तरेयं दुरितं पाप्मानम् इति । स एतत् सामापश्यत् । तेनास्तुत । तेन ए आति विश्वानि दुरिता तरेमेत्य् एव दुरितं पाप्मानम् अतरत् । तरति दुरितं पाप्मानं य एवं वेद । तद् द्वादशाक्षरणिधनं भवति—द्वादशाक्षरा वै जगती । पशवो जगती । पशवश् छन्दोमाः—पशूनाम् एवावरुद्ध्यै । यद् उ वसिष्ठो ऽपश्यत् तस्माद् वसिष्ठस्य प्लवम् इत्य् आख्यायते । अथैता भवन्ति पुरोजिती वो अन्धस इति । पुरस्ताद् घ वा एताः पाप्मानं जयन्तीः, पुरस्तात् पाप्मानम् अपघ्नत्यो, यन्ति । जितं ह वा एताभिर्, विजितम् अन्ववस्यन्ति । अथो यथान्यौ

नवतरौ चक्राव् उपास्येद् एवम् एव एताम् अनुष्टुभं ऽहमुखेषु पर्याहरन्ति, स्वर्गस्य लोकस्य समष्ट्यै । तासु गौरिवीतम्[6] उक्तब्राह्मणम् ॥ १९५ ॥

[१] क ग तेनास्तुवते [२] क ग नास्ति [३] ग संप्लवत [४] ग अधिपाठः संप्लवयेति स एतत् सामापश्यत्तेनास्तुत ततो वै स्वस्तीमान् लोकान् सर्वान् समप्लवत तद्वेव प्लवस्य प्लवत्वं स्वस्तीमान् लोकान् सर्वान् [५] ग मेयन् [६] क ग गौरुवीतम्

अथ कार्तवेशम् । त्रेधा भरतेषु राष्ट्रम् आसीत्—वैतहव्येषु तृतीयं, मित्रवत्सु तृतीयं, 'कृतवेशे तृतीयम् । सो ऽकामयत' कृतवेशो—इ त्व् इमे द्वे राष्ट्रे एकधा राष्ट्रं स्याद् इति । स एतद् द्विनिधनं सामापश्यत् । तेनास्तुत । तेनेमे द्वे राष्ट्रे ह त्वैकधा राष्ट्रम् अभवत् । तद् एतच् छीर् भ्रातृव्यहा साम । अश्नुते श्रियं हन्ति द्विषन्तं भ्रातृव्यं य एवं वेद । यद् उ कृतवेशो ऽपश्यत् तस्मात् कार्तवेशम् इत्य् आख्यायते । अथ श्यावाश्वं 'स्वर्ग्यं साम', स्वर्गस्य लोकस्य समष्ट्यै । अथान्धीगवम् इळावत्य् अनुष्टुब् असद् इति—अनिळानुष्टुप् स्याद् तद् एतद्[2] अत्र कुर्युः । अथो पशवो वा इळा । पशवश् छन्दोमाः—पशूनाम् एवावरुद्ध्यै । अथैता द्विपदो भवन्त्य् उक्तब्राह्मणाः । ता एता भवन्ति—प्र वाज्य् अक्षार् इति प्रयतीर् भवन्ति । प्रायणीयरूपम् एवैतद् उपगच्छन्ति । प्रायणीयं ह्य् एतद् अहः । तासु सौहविषम् । देवा वा असुरान् हत्वा अपूता इवामेध्या अमन्यन्त । ते ऽकामयन्त पूता मेध्याः स्यामेति । त एतत् सामापश्यन् । तेनास्तुवत । ततो वै ते पूता मेध्या अभवन् । ते ऽब्रुवन् सुहविषो वा अभूमेति । तद् एव सौहविषस्य सौहविषत्वम् । पूतो मेध्यो[3] भवति य एवं वेद । ये सोमासः[4] परावतीति परावतम् इव ह्य् एतर्हि यज्ञो ऽगच्छत् ॥ १९६ ॥

[१-१] ग नास्ति [२] ग नास्ति [३] ग मेतिध्या [४] ग सोमा

तासु जराबोधीयम्[1] । शाकत्यास् तरक्षपुरोडाशास् सत्रम् आसत । स गौरिवीतिश्[2] शाक्त्यो मृगम् अहन् । तं तार्क्ष्यस् सुपर्ण उपरिष्टाद् अभ्यवापतत् । तस्मा उपप्रत्यधत्त । तम् अब्रवीद्—ऋषे, मा मे ऽस्थः । यत्कामो ऽसि तं ते कामं समर्धयिष्याम[3] इति । किंकामः खलु अहम् अस्मीत्य् अब्रवीत् । असितस्य धान्वस्य दुहितरं कामयसे । तस्यै[4] त्वा निवक्ष्यामीति । अथ[5] हासितो धान्व ईर्ष्युर् आस । तस्य हान्तरिक्षे प्रासाद आस । तद् धास्य दुहितरं जुगुपुः । तं ह स्म पत्रनाड्याम्[6] उपगुह्यास्यै कुमार्यै निवहति । तं ह स्मैतेनैव साम्ना प्रातर् बोधयति—जार[7] बुध्यस्वेति[8] । तद् एव जराबोधीयस्य जराबोधीयत्वम् । सेयं[9] कुमारी गर्भम् अधत्त[10] । स[11] कुमारो ऽजायत । तम् असुरा विच्छिद्य परास्यन्तो ऽब्रुवञ्—जामीगर्भो वा अयं, रक्षो[12] वा इदम् अजनीति । तम्[13] अकामयत—सम् एनम् ईरयेयम् इति । स एतत् सामापश्यत् । तेनैनं समैरयत् । स एव संकृतिर् गौरिवीतो[14] ऽभवत् । तद् एतद् भेषजं प्रायश्चित्तिस् साम । भेषजं वै स तत् प्रायश्चित्तिम् अकुरुत । विभ्रष्टम्[15] इवैतद् अहर् यत् सप्तमम् । तद् एवैतेन[16] भिषज्यन्ति । भेषजम् एवैतेन[17] प्रायश्चित्तिं कुर्वते । तद् उ कामसनि । एतं वै स कामम् अकामयत । सो ऽस्मै कामस् समार्ध्यत । यत्काम एवैतेन साम्ना स्तुते, सम् अस्मै स काम ऋध्यते । तस्यो प्राचीम् इळाम् उपयन्ति[18] । पशवो वा इळा । पशवश् छन्दोमाः । पशुष्व् एवैतद् रेतांसि दधति ॥ १९७ ॥[19]

[१] ग अधिपाठः व [२] क ग गौरीविर्तिश् [३] ग समुद्धयिष्याम [४] क तस्मै [५] एवं कोशयोः [६] क पुत्रनाढ्याम् ग पत्रनाध्याम् [७] ? ग जरा [८] क वध्वस्वेति [९] ग नास्ति [१०] एवं कोशयोः [११] ग स्य [१२] ग रक्षा [१३] ग तद् [१४] क गौरीवितो [१५] क विभ्रष्टम् ग विभ्रम् [१६] ग अधिपाठः न [१७] ग एवैतर [१८] ग उपावन्ति [१९] ग अधिपाठः चतुर्थोऽध्यायः

अथ यज्ञायज्ञीयम् उक्थब्राह्मणम् ।

आ ते वत्सो मनो यमद् इत्य् आवतीर् भवन्ति । 'अपच्छिद् इव' वा एतद् यज्ञकाण्डं यद् उक्थानि । तद् यद् आयतीर् भवन्ति यज्ञस्यैव सलोमतायै । तासु वात्सम् । वत्सः काण्वः पशुकामस् तपो ऽतप्यत । स एतत् सामापश्यत् । तेनास्तुत । स ह वाव त्रिशोको यान् एवामूंस् त्रीन् लोकान् अपाहन्[३] सास्य त्रिशोकता । स ह स सद्य एवालोम्नो कर्णकान् पशून् अवारुन्द्ध । तद् एतत् पशव्यं साम । अव पशून् रुन्द्धे बहुपशुर् भवति य एवं वेद । यद् उ वत्सः काण्वो ऽपश्यत् तस्माद् वात्सम् इत्य् आख्यायते । त्वं न इन्द्रा भरेति त्वम् इति भवति बृहतो रूपम् । बार्हतम् एतद् अहः ।

ओजो नृम्णं शतक्रतो विचर्षणे ।
आ वीरं पृतनासहम् ॥

इति यद् वै शतवत् सहस्रवत् तच् छन्दोमानां रूपम् । पशवो वै छन्दोमाः ॥ १९८ ॥

[१–१] एवं पञ्चविंशे ब्राह्मणे ११.११.२ । क अवच्छियेव ग अवछिद्दे [२] ग नास्ति [३] क ग अबाहन्

तासु सौश्रवसम् । कुत्सो ह वा औरव[१] इन्द्रस्योरोर् अधि निर्मित आस । यादृश एवेन्द्रस् तादृश, यथात्मनो निर्मितः स्याद् एवम् । तं ह संग्रहीतारं चक्रे । तं ह जाययाभिजग्राह शच्या पौलोम्या[२] । तां होवाच कथेत्थम् अकर् इति । सा होवाच—न वां व्यज्ञासम् इति । स होवाच खलतिं वा एनं करिष्यामि, तथा विजानीताद् इति । तं ह खलतिं[३] चकार । स होष्णीषं परिहृत्योपनिपेदे । स एवैव संग्रहीतुर् उष्णीषः । तं हाभ्य् एव जग्राह । तां होवाच कथेत्थम् अकर् इति । सा होवाच—न वां व्यज्ञासम्, उष्णीषेण वै[४] मा परिहृत्योपन्यपादीति[५] । स होवाचान्तरांसयोर् '[६]वा अस्य[६] पांसून् अधिवप्स्यामि, तथा विजानीताद् इति । तस्य हान्तरांसयोः पांसून् अध्युवाप[७] । त एवैते संग्रहीतुर् अन्तरांसयोः पांसवः । तान् ह प्रावृत्योपनिपेदे । तं हाभ्य् एव जग्राह । तां होवाच कथेत्थम् अकर् इति । सा होवाच—न वां व्यज्ञासम् । प्रावृत्य[८] वै[९] मोपन्यपादीति ॥ १९९ ॥

[१] ग और [२] ग पौलाम्य [३] ग खलु किम् [४] ग वावै [५] ग परिहृत्योपन्यपादिदिति [६-६] ग वात्स्य [७] ग अध्यावाप [८] क व्यावृत्य [९] ग अधिपाठः ते सगृहीतुरन्तरांसयोः पांसुनद्धया वा पत एव ते संगृहीतुरन्तरांसयोः पांसवस्तान् ह प्रावृत्योपनिपेदे तं हाभ्येव जग्राह तां होवाच कथेत्थमकरिति सा होवाच न वां व्यज्ञासं प्रावृत्य वै ते संगृहीतुरन्तरांसयोः पांसवस्तान् ह प्रावृत्योपरिपेदे तं हाभ्येव जग्राह तां हावाच कथेत्थमकरिति स होवाच न वां व्यज्ञासं प्रावृत्य ब

तं ह बबाधे—मल्लो ऽसीति । स होवाच मघवन् मामुया[१] भूम । तेभ्यो[२] वै नस त्वं तद् देहि, येन वयं जीवाम । त्वद् वै वयं जाता स्म इति । स वा एतान्[३] अन्तरांसयोः पांसून् प्रध्वंसयस्वेति । तान् ह प्रध्वंसयांचक्रे । ते हैव रजसश् च रजीयांसश् च नाम महान्त् जनपद उत्तस्थौ । तेषां ह राजास[४] । तस्य होपगुस् सौश्रवसः पुरोहित आस । स

होवाच—मा कश्चन यष्ट[५] । यो[६] म ईशायां यजते[७], ज्येयस् सः । न वै देवा अहुतस्यादन्ति । न पर्णाहुतिग्[८] च न होतव्येति । स हेन्द्र उपगुं सौश्रवसम् एत्योवाच —याजयानि त्वेति । स होवाच—न वा इह यजन्ते[९] । यो वा इह यजेत, जिनीयुर् वै तम् इति । तं ह लोकं लोकं[१०] दर्शयांचकारेमम् इमं वै लोकम् इष्ट्वा जयतीति । स हेक्षांचक्रे— [११]ऽपि त्यं[११] जिनन्तु । हन्त यजा इति । तं[१२] होवाच[१३] याजय मेति । तं ह याजयांचकार । स्वयम् एव सदोहविर्धाने उत्तस्थतुः । उलूखले सोमम् अभिषुषाव । स होवाचारात् एव कुत्साद् इहागहीति । स ह कुत्सम् एवोपेयाय । तं होवाच— [१४]कम् अयज[१४] इति । उपगुम् इति । एतम् उपगुं जिनीतेति ॥ २०० ॥

[१] ग मामया [२] क तोभ्यो [३] ग एता [४] ग राजा [५] ग यष्टि [६] क घो [७] क जायते ग जयते [८] क ग वर्णाहुतिश् [९] ग यजते [१०] क ग नास्ति [११-११] क चित्यं [१२] ग स [१३] ग अधिपाठः न व इह यजन्ते यो वा इह यजेत जिनीयुर्वै तमिति [१४-१४] क कमंयज ग कमंय्यज

तं ह जिग्युः । तं ह द्वितीयं तं ह तृतीयम् एत्योवाच—याजयानि त्वेति । स होवाच—न वा इह यजन्ते । यो वा इह यजेत, जिनीयुर्[१] वै तम् । द्विर् वै स्यो ऽयजत । तं त्यम् अजिनन्न् एवेति । तम् उ ह लोकं[२] लोकम् एव दर्शयांचकारेमम् इमम् उ वाव लोकम् इष्ट्वा जयतीति । स हेक्षांचक्रे[३]—ऽपि[४] त्यं जिनन्तु[५], हन्त यजा एवेति । तं होवाच—[६]याजय मेति[६] । तं ह याजयांचकार । स्वयम् एव सदोहविर्धाने उत्तस्थतुर्, उलूखले सोमम् अभिषुषाव । स होवाच—यथैव त्वा कुत्सो न पश्येत्, तथेताद् इति । स ह कुत्सम् एवोपेयाय । तं होवाच—[७]कम् अयज[७] इति । उपगुम् इति । तम् उ ह स्वयम् एवोपोत्थाय संवृश्च्योदके प्रचकार ॥ २०१ ॥

[१] क ग जनीयुर् [२] क नास्ति ग लोक [३] क हैक्षांचक्रे ग हेक्षचक्रे [४] क त्रि [५] ग जनन्तु [६-६] एवं कोशयोः [७-७] क कमंयज ग कमंय्यज

तद् उ ह सुश्रवा स्थौरायणः पितानुबुबुधे—कुत्सो ह वै [१]म औरवः[१] पुत्रं संवृश्च्योदके 'प्राकारीद् इति' । तम् आद्रुत्याब्रवीत्—क मे पुत्रम् [३]अकर् इति[३] । एष उदके प्रकीर्णश् शेत इति । तं हान्वभ्यवेयाय । तस्य हेन्द्रो रोहितो भूत्वा मुखात् सोमं निष्पपौ । स हेक्षांचक्रे—ऽयं वावेन्द्रः । इमम् एव स्तवानि । अयम् एव म इमं समैरयिष्यतीति[४] । स एतत् सामापश्यत् । तेनैनम् अस्तौद्—

अपाद् उ शिप्रिय् अन्धसस् सुदक्षस्य प्रहोषिणः ।
[५]इन्दोर् इन्द्रो[५] यवाशिरः ॥

इति । तम् अब्रवीत् किंकामो मा स्तौषीति[६] । इमम् एव मे पुत्रं समैरयेत्य्[६] अब्रवीत् । तम् ए मथाया [७]इत्य् उदमश्नात्[७] । तं समैरयत् । तद् एतद् भेषजं प्रायश्चित्तिस् साम । भेषजं वै स तत् प्रायश्चित्तिम् अकुरुत । विस्रष्टम् इवैतद् अहर् यत् सप्तमम् । तद् एवैतेन भिषज्यन्ति । भेषजम् एवैतेन प्रायश्चित्तिं कुर्वते । तद् उ कामसनि । एतं वै स कामम् अकामयत । सो ऽस्मै कामस् समार्ध्यत । यत्काम एवैतेन साम्ना स्तुते सम् अस्मै स[८] काम ऋध्यते । यद् उ सुश्रवा स्थौरायणो ऽपश्यत् तस्मात् सौश्रवसम् इत्य् आख्यायते ॥ २०२ ॥

[१-१] ग मदौरवः [२-२] क प्राकारीरिति ग प्राकारीति [३-३] क अकरीरिति [४] ग समैरिरयिष्यतीति [५-५] क इन्द्रोरिन्दा ग इन्द्रो-रिन्द्रो [६] एवं कोशयोः [७-७] ग त्युदन्तथात्तम् [८] ग नास्ति

ऋषयो वै [१]सत्राद् उत्थायायन्त[१] आयुञ्जानाः। ते होचुर्—एत किं चिद् एव यक्षं पश्यामेति। ते होचुर्—अकूपारो[२] वा अयं कश्यपस्[३] समुद्रे [४]ऽन्तर् महद्[४] यक्षम्। एत तं पश्यामेति। तं हान्वभ्यवेयुः। तेभ्यो ह नाविर् आस। ते होचुर्—एतेन्द्रम् एव स्तवाम स वावास्येशे। स एव न इमं दर्शयिष्यतीति। [५]ते ऽत्रिम्[५] अब्रुवन्—ऋषे, त्वं स्तुताद् इति। स एतम् अत्रिस् तृचम् अपश्यत्। [६]तेनैनम् उपायन्[६]—

यद् इन्द्र चित्र म इह नास्ति त्वादातम् अद्रिवः।
राधस् तन् नो विदद्वस उभयाहस्त्य् आ भर॥

इति। स हेक्षांचक्रे[७]—महद् बत म ऋषयो याचन्ति। उभयाहस्त्य् आ भरेति वा आहुर् इति।

यत् ते दिक्षु प्रराध्यं मनो अस्ति श्रुतं बृहत्।
तेन दृढा चिद् अद्रिव आ वाजं दर्षि सातये॥

इति। स हेक्षांचक्रे[८]—दृढं बत म[९] ऋषयो याचन्ति[१०]। न हाजज्ञाव्—अकूपारं दिदृक्षन्त इति।

यन् मन्यसे वरेण्यम् इन्द्र द्युक्षं [११]तद् आ भर[११]।
विद्याम तस्य ते वयम् अकूपारस्य दावने॥

इति। स हाजज्ञाव् अकूपारं वै दिदृक्षन्त इति। तं ह पदोदस्यन्न् उवाचेदम्[१२] एव मेदम् ऋषयो [१३]महद् इवोभयाहस्त्य्[१३] आ भरेत्य् अवोचन्न् इति। तम् अपश्यन्। ता एताः कामसनय ऋचः। एतं वै ते कामम् अकामयन्त। स एभ्यः कामस् समार्ध्यत। यत्काम एवैताभिर् ऋग्भि स्तुते, सम् अस्मै स काम ऋध्यते॥ २०३॥

[१-१] ग सत्राकामदुत्थाययान्त [२] क अकूपारो ग अकूपारे [३] एवं क च। ग काश्यस् [४-४] ग अन्तंहद् [५-५] ग त्रिम् [६-६] एवं क च। ग तेनैमुपाया [७] क ग हैक्षाञ्चक्रे [८] क हैक्षांचक्रे [९] ग नास्ति [१०] क याचयन्ति [११-११] क तवाभर [१२] क उवाचेदम् ग उवाचेमद् [१३-१३] ग महमिवेभयाहस्त्य्

तासु वसिष्ठस्य वींकम्[१] अतिक्रान्तिः[२]। अति वा एतर्ह्य् अनुष्टुब् अनुष्टुभं क्रामति। सैषानुष्टुप् सती त्रयस्त्रिंशदक्षरा संपद्यते। तेनातिक्रामति। वसिष्ठो वै जीतो[३] हतपुत्रो ऽकामयत—वीमान् लोकान् अश्नुवीय, वि प्रजया पशुभिर् अश्नुवीयेति। स एतत् सामापश्यत्। तेनास्तुत। तेन [४]वीवीत्य् एवेमान्[४] लोकान् आश्नुत, वि प्रजया पशुभिर् आश्नुते। तद् एतत् स्वर्ग्यं प्रजननं साम। वीमान् लोकान् अश्नुते[५], वि प्रजया पशुभिर् अश्नुते, य एवं वेद। तद् उ स्तोभानुतुन्नं भवति। अनुतुन्नाद् वै प्रजाः पशवः प्रजायन्ते। पशवश् छन्दोमाः। तेन वै रूपसमृद्धम्। यद् उ वसिष्ठो ऽपश्यत् तस्माद्[६] वसिष्ठस्य वींकम् इत्य् आख्यायते। तद् ऐळम् अच्छावाकसाम भवति। पशवो वा इळा। पशुष्व् एवैतत् प्रतितिष्ठन्ति॥ २०४॥[७]

[१] क ग विंकम् [२] ग अन्तिक्रामन्तिः [३] ग जितो [४-४] ग वीवीत्येतयेवेमान् [५] एवं ग च। क आश्नुते [६] ग तस्मा [७] क इति सप्तममहः ग पञ्चमोध्यायः। इति सप्तममहः

शिशुं जज्ञानं हर्यतं मृजन्तीति हरिवतीर् भवन्ति । हरिवती वै परमा वाचस् तनूः । वाचं छन्दोमैस् समिच्छन्ति । आप्तेव वा एतर्हि वाग् भवति छन्दोमेषु । ताम्[1] एवैतत् संविन्दन्ति[2] । शुम्भन्ति विप्रं मरुतो गणेनेति मरुत्वतीर् भवन्ति । मरुत्वद् वै त्रिष्टुभो रूपम् । त्रैष्टुभम् एतद् अहः । अथो क्षत्रं वै त्रिष्टुब्[3], विशो मरुतः । तद् यत् त्रिष्टुभो मरुत्वतीर् भवन्ति, क्षत्रायैव तद् विशम् अनुवर्त्मानं कुर्वन्ति । तस्मात् क्षत्रस्य विड् अनुवर्त्मा कविर् गीर्भिः काव्येन[4] कविस् सन् सोमः पवित्रम् अत्य् एति रेभन्न् इत्य् अतिहायन् । ऋषिमना[5] य ऋषिकृत् स्वर्षास् सहस्रनीथः पदवीः कवीनाम् इति सहस्ररूपं छन्दोमानाम् उपगच्छन्ति[6] । पशवो वै छन्दोमाः । तृतीयं धाम महिषस् सिषासन्न् इति तृतीयो ह्य् एष त्र्यहः[7] क्रियते यच् छन्दोमाः । सोमो विराजम् अनु राजति[8] ष्टुब् इति त्रैष्टुभं रूपम् उपगच्छन्ति । त्रैष्टुभं ह्य् एतद् अहः । अथो पूर्वो वैष सहो[9] [10]राज्यम् । तम्[10] एवैतच् छन्दोमा अनु राजन्ति । चमूषच् छ्येनश् शकुनो विभृत्वा[11] गोविन्दुर्[12] द्रप्स आयुधानि बिभ्रद् इति गोमतीः पशुमतीर् भवन्ति पशूनाम् एवावरुद्ध्यै । पशवो हि छन्दोमाः । अपाम् ऊर्मिं सचमानस् समुद्रम्[13] इति समुद्रवतीर् भवन्ति, छन्दोमानां रूपम् । समुद्रो वै छन्दोमाः । तुरीयं धाम महिषो विवक्तीति तुरीयं ह्य् एतद् अहर् अह्नां क्रियते यच् छन्दोमाः ॥ २०५ ॥

[१] क तम् [२] ग संविदन्ति [३] ग त्रिष्टुबु [४] क ग काव्येना [५] क ऋषिमान ग ऋषीमना [६] ग उपागछन्ति [७] क त्र्यहः [८] ग राजत्रि [९] क उह्रो [१०-१०] ग राज्यान्तम् [११] क विभ्रत्वा [१२] ग विन्दुर् [१३] ग अधिपाठः तुरीम्

ता एता भवन्ति त्रिष्टुभस् त्रिष्टुब्वर्णा अह्नो रूपेण समृद्धाः । यत्र वा अहारूपेण समर्धयन्ति सं तत्रर्ध्यते । [1]सम् अस्मा[1] ऋध्यते य एवं वेद । एते सोमा अभि प्रियम् इत्य् अभीति भवति रथन्तरस्य रूपम् । राथन्तरम् एतद् अहः । इन्द्रस्य कामम् अक्षरन्न् इति यद् [2]ऐन्द्रं तत् त्रिष्टुभो[2] रूपम् । क्षत्रं[3] हि त्रिष्टुप् । वर्धन्तो अस्य वीर्यम् इति वृद्धं ह्य् एतद् अहर् यच् चतुश्चत्वारिंशम् । सूक्तम् अनुरूपो भवति—पशवो वै सूक्तं पशवश् छन्दोमाः—पशूनाम् एवावरुद्ध्यै । अथो भूमा वै [4]पशवो, भूमा[4] सूक्तम् । पशूनाम् एवैतत् पशून् अनुरूपान् कुर्वन्ति । [4]नात्र प्रत्यक्षानुरूपं कुर्वन्ति[4] । तस्मात् पशवो नानारूपान् जनयन्त्य्—उत श्वेता कृष्णं जनयत्य्[5], उत कृष्णा श्वेतम्, उत रोहिणी [6]कल्माषम्, उत[6] कल्माषी[7] रोहितम् । नवर्चं भवति । नव वै पुरुषे प्राणाः । प्राणैर् एवैतत् समृध्यमाना यन्ति, प्राणेषु प्रतितिष्ठन्तः । द्वितीयं नवर्चं भवति, तृतीयं नवर्चं भवति । अभिपूर्वम् एवैतत् प्राणैस् समृध्यमाना[8] यन्ति । पञ्चर्चं भवति—पञ्चपदा वै पंक्तिः[9] । पांक्ताः पशवः । पशवश् छन्दोमाः—पशूनाम् एवावरुद्ध्यै । तद् आहुर् ऋतुमान् पृष्ठ्यष् षडहो, [10]ऽनृतवश् छन्दोमाः[10] । [11]अनृता इव एते प्रतिष्ठिता[11] यच् छन्दोमा इति । तद् यद् एतानि पञ्चर्च[ष्] षड् ऋचानि भवन्ति[12] तेनैवर्तुमन्तश् छन्दोमाः क्रियन्ते । पर्यासो भवति प्रजानां धृत्यै पशूनाम् उपस्थित्यै । चतुश्चत्वारिंश स्तोमो भवति । चतुश्चत्वारिंशदक्षरा वै त्रिष्टुप् । इन्द्रियं वीर्यं त्रिष्टुप् । इन्द्रिय एवैतद् वीर्ये प्रतितिष्ठन्तो यन्ति ॥ २०६ ॥

[१-१] ग समस्ता [२-२] ग ऐन्द्रस्तन्तत्रिष्टुभो [३] ग अधिपाठः हि राथन्तरमेतदहरिन्द्रस्य काममक्षरन्निति यदैन्द्रन्ततित्रष्टुभं रूपं क्षत्रं [४-४] ग नास्ति [५] ग जनयन्त्य् [६-६] क कन्माषमुत ग कन्माषमात [७] क ग कन्माषी [८] ग समृद्धमाना [९] ग अधिपाठः पांक्तिः [१०-१०] क नृतवच्छन्दोमा ग नृतपश्छदामा [११-११] क अनृता इव एते प्रतिष्ठा [१२] ग भवति

अग्निं वो देवम् अग्निभिस् सजोषा इत्य् आग्नेयम् आज्यं भवति राथन्तरम् । राथन्तरं ह्य् एतद् अहः ।

यजिष्ठं दूतम् अध्वरे कृणुध्वम् ।
यो मर्त्येषु निध्रुविर् ऋतावा[1] तपुर्मूर्धा घृताञ्:[2] पावकः ॥

इति । एतद् वा अग्नेः प्रियं धाम यद् घृतम् । प्रियेणैवैनं तं धाम्ना समृद्धयन्ति । प्रोथद्[3] अश्वो न यवसे ऽविष्यन् इत्य् अश्ववद् भवति भ्रातृव्यहत्यैवावनुत्यै । यदा महस्[4] संवरणाद् व्य् अस्थाद् इति महद् ध्य् एतद् अहर् यच् चतुश्चत्वारिंशम्[5] । आद्[6] अस्य वातो अनु वाति शोचिर् अध स्म ते व्रजनं[7] कृष्णम् अस्तीति । यदा वा अग्निं वात उपवाजयत्य् अथ स महद् दीप्यते । तद् एतद् दीप्तिर् एव ब्रह्मवर्चसस्य रूपम् । उद्[8] यस्य ते नवजातस्य[9] वृष्ण इति त्रैष्टुभं रूपम् उपगच्छन्ति । त्रैष्टुभं ह्य् एतद् अहः ।

अग्ने चरन्त्य् अजरा इधानाः ।
अच्छा द्याम् अरुषो धूम एषि सं[10] दूतो अग्न ईयसे हि देवान् ॥

इति स्वर्गस्य लोकस्य समष्ट्यै ॥ २०७ ॥

[१] क ऋताव [२] क घृतानः [३] क प्रोथ्यद् [४] क महत् [५] क चतुश्चत्वारिंशाम् ग चतुश्चत्वारिम् [६] क माद् [७] क प्रजनम् ग प्रजननम् [८] क मद् [९] ग नवनवजातस्य [१०] ग स

यद् अद्य सूर उदित इति मैत्रावरुणं भवति । यद् इति रथन्तरस्य[1] रूपम् । राथन्तरम् एतद् अहः ।

अनागा मित्रो अर्यमा ।
सुवाति सविता भगः ॥
सुप्रावीर् अस्तु स क्षयः प्र नु यामन् सुदानवः ।
यो नो अंहो ऽतिपिप्रति ॥

इत्य् अतिहायन् ।

उत स्वराजो अदितिर् अदब्धस्य व्रतस्य ये ।
महो राजान ईशते ॥

इति महद् ध्य् एतद् अहर् यच् चतुश्चत्वारिंशम् । तम् इन्द्रं वाजयामसीत्य् ऐन्द्रं भवति । महे वृत्राय हन्तव इति व्रहत् । एतद् वै यजमानस्य स्वं स्तोत्रं यद् ब्रह्मणः[2] । स्व एव तद् आयतने यजमानस्य सर्वं पाप्मानं घ्नन्ति । स वृषा वृषभो भुवद् इति वृषण्वद् भवति । वृषण्वद् वै त्रिष्टुभो रूपम् । त्रैष्टुभम् एतद् अहः । इन्द्रस् स दामने[3] कृत ओजिष्ठस्[4] स बले हित इति । एतेन वै तृतीयेन[5] त्र्यहेण देवा ऊर्ध्वा स्वर्गं[6] लोकम् आयन् । स एषाम् असंगृहीतो वीवाह्वलत् । तस्मिन्न् इन्द्रस् स दामने कृत ओजिष्ठस् स बले हित इत्य् एव बलम्[7] अदधुः । गिरा वज्रो न संभृत इत्य् एवैनं समभरन् । सबलो अनपच्युत इत्य् एवैनं सबलम् अकुर्वन् । तं संस्कृत्य तेन स्वर्गं लोकम् आयन् । तद् यद् एतद् आज्यं भवति स्वर्गस्यैव लोकस्य समष्ट्यै । यत् प्रथमस्याह्न ऐन्द्राग्नं तद् ऐन्द्राग्नं राथन्तरम् । राथन्तरं ह्य् एतद् अहः । समैन्य् आज्यानि भवन्ति । नानाग्रामाव् इव ह वा एतौ[8] यत् पृष्ठ्यश्च षडहश्[9] छन्दोमाश् च । स यथा नानाग्रामो मित्राणि व्यतिषज्याभय आसीयातां[10] तादृक् तद् यत् समैन्य् आज्यानि भवन्ति[11] । असमैनि[12] हैक कुर्वन्ति । तस्मात् समैन्य् एव कार्याणि । चतुश्चत्वारिंश स्तोमो भवति । चतुश्चत्वारिंशदक्षरा वै त्रिष्टुप् । [13]इन्द्रियं वीर्यं त्रिष्टुप्[13] । इन्द्रिय एवैतद् वीर्ये प्रतितिष्ठन्तो यन्ति ॥ २०८ ॥

[१] ग राथन्तरस्य [२] ग ब्राह्मण: [३] क ग यामने [४] क ओतिष्ठस् [५] क तृतीये [६] क स्वर्ग [७] क बलम् [८] ग एतेनायत [९] ग षडह [१०] ग आसीया [११] क भवति [१२] क असमैन [१३-१३] ग नास्ति

अध्वर्यो अद्रिभिस् सुतम् इति त्रिष्टुभो रूपेण प्रयन्ति । त्रैष्टुभम् एतद् अहः ।

सोम पवित्र आ नय ।
पुनाहीन्द्राय पातवे ॥
तव त्य इन्दो अन्धसा

इत्य् अन्धस्वतीर् भवन्त्य्—अन्नं वा अन्धो—ऽन्नाद्यस्यैवावरुद्ध्यै ।

देवा[१] मधोर् व्य् आशत ।
पवमानस्य मरुतः ॥

इति मरुत्वतीर् भवन्ति । मरुत्वद् वै मध्यन्दिनस्य रूपम् । मध्यन्दिनस्यैव[२] तद् रूपान् न यन्ति । दिवः पीयूषम् उत्तमम् इत्य् उत्तमो ह्य् एष त्र्यहः क्रियते यच् छन्दोमाः । तासु गायत्रम् उक्तब्राह्मणम् । अथाञ्जः[३] एदनिधनं राथन्तरम् । तस्माद् राथन्तरे ऽहन् क्रियते । देवा वा अकामयन्ताञ्जसा स्वर्गं लोकम् आरोहेमेति[४] । त एतत् सामापश्यन् । तेनास्तुवत । ततो वै ते ऽञ्जसा स्वर्गं लोकम् आरोहन् । तद् एवाञ्जनो ऽञ्जस्त्वम् । तद् एतत् स्वर्ग्यं साम । अञ्जसैवैतेन[५] स्वर्गं लोकम् आरोहति य एवं वेद । तद् व् एवाचक्षते वैरूपम् इति । पशवो वै विरूपाः । पशवो वैरूपम् । पशुष्व् एवैतत् पशून् अनुसंदधाति । विरूप आंगिरसः पशुकामस् तपो ऽतप्यत । स एतत् सामापश्यत् । तेनास्तुत । ततो वै स पशून् अवारुन्द्ध । तद् एतत् पशव्यं [६]साम । अव[६] पशून् रुन्द्धे बहुपशुर् भवति य एवं वेद । यद् उ विरूप आङ्गिरसो ऽपश्यत् तस्माद् वैरूपम् इत्य् आख्यायते ॥ २०९ ॥

[१] ग देवा देवा [२] ग मध्यान्दिनस्यै [३] ग अञ्जाः [४] ग आरोहामेति [५] ग अञ्जसावैतेन [६-६] ग सामा

अथ धुरां साम द्रवदिळं राथन्तरम् । तस्माद् राथन्तरे ऽहन् क्रियते । छन्दांसि वै धुरः । यातयामान इवैते यच् छन्दोमाः । तद् यद् अत्र धुरां साम क्रियते तेनैव छन्दोमा धूर्वन्तश् छन्दस्वन्तो[१] ऽयातयामानः क्रियन्ते । अथो प्राणा वै धुरः । पशवो धुरः । [२]प्राणेष्व् एव[२] तत् पशुषु प्रतितिष्ठति । अथैळतं त्रिणिधनं[३] सवनानां क्लृप्त्यै । एतद्[४] ध वै समृद्धं यद् गायत्रं त्रिणिधनम् । इळन् काव्य स्वर्गकामस्[५] तपो ऽतप्यत । स एतत् सामापश्यत् । तनास्तुत । स इमम् एव लोकं प्रथमेन निधनेनाभ्यारोहद्, अन्तरिक्षं द्वितीयेन,अमुं तृतीयेन । तान् इमांस् त्रीन् लोकान् अभ्यारोहत् । ततो वै स[६] स्वर्गे[७] लोके प्रत्यतिष्ठत् । तद् एतत् स्वर्ग्यं प्रतिष्ठा साम । गच्छति स्वर्गं लोकं, प्रति स्वर्गे लोके तिष्ठति य एवं वेद । यद् व् इळन् काव्यो ऽपश्यत् तस्माद् ऐळतम् इत्य् आख्यायते । अथ सौमित्रं, भ्रातृव्यहा सेन्द्रं साम । हन्ति द्विषन्तं[८] भ्रातृव्यम् आस्येन्द्रो हवं गच्छति य एवं वेद । अथ सौपर्णम् उक्तब्राह्मणम् । तच् चतुरक्षरणिधनं भवति[९]—चतुष्पदा वै पशवः, पशवश्[१०] छन्दोमाः—पशूनाम् एवावरुद्ध्यै ॥ २१० ॥

[१] एवं च । क ग छन्दस्सन्तो [२-२] क प्राणेष्वेव [३] ग त्रीणिधनम् [४] ग तद् [५] क सगकामस् [६] ग नास्ति [७] ग स्वर्गं [८] ग अधिपाठः भ्रातृव्यं ह सेन्द्रं साम हन्ति द्विषन्तं [९] ग भवन्तीति [१०] ग नास्ति

अथाशु । देवा वा अकामयन्ताशु स्वर्गं लोकम् इयामेति । त एतत् सामापश्यन् । तेनास्तुवत । ततो वै त आशु स्वर्गं लोकम् आयन् । तद् एवाशोर् आशुत्वम् । तद् एतत् स्वर्ग्यं साम । आश्व् एवैतेन स्वर्गं लोकम् एति य एवं वेद[१] । तद् व् एवाचक्षत आशु भार्गवम् इति । देवासुरा अस्पर्धन्त । ते देवा[२] भृगुम् उपाधावन्[३]—जयामासुरान् इति । स एतद्[४] [५]भृगुस् सामापश्यत्[५] । तेनास्तुत । ततो वै देवा असुरान् [६]अजयन् । ते ऽब्रुवन्[६] आशु वावेदं भृगोर् अभूद् इति । तद् व् एवाशोर् आशुत्वम् । तद् उ भ्रातृव्यहा कामसनि । हन्ति द्विषन्तं भ्रातृव्यम् । यत्काम एनेन[७] स्तुत, सम् अस्मै स[८] काम ऋध्यते ॥ २११ ॥

[१] ग अधिपाठः लोक [२] ग अधिपाठः व असुरा अस्पर्धन्त ते देवा [३] ग उपधावन् [४] क एतं [५-५] क भृगुसामापश्यत् [६-६] ग अजयंब्रुवन्न् [७] ग एतेन [८] ग न्व

अथ मार्गीयवं पदनिधनं राथन्तरम् । तस्माद् राथन्तरे ऽहन् क्रियते । मृगयुर् वै देवो ऽकामयतोभयेषां पशूनाम् ऐश्वर्यम् आधिपत्यं गच्छेयं ये च ग्राम्या ये चारण्या इति । स एतत् सामापश्यत् । तेनास्तुत । ततो वै स उभयेषां पशूनाम् ऐश्वर्यम् आधिपत्यम् अगच्छद्[१] ये च ग्राम्या ये चारण्याः । ततो ह स्म वै तस्मै मृगो मृगम् आनयति[२] । तद् एतत् पशव्यं साम । उभयेषां पशूनाम् ऐश्वर्यम् आधिपत्यं गच्छति ये च ग्राम्या ये चारण्या य एवं वेद । एष ह वाव स देवो मृगयुः । न हास्यैष पशून् अभिमन्यते [३]य एवं वेद[३] । यद् उ मृगयुर् देवो ऽपश्यत् तस्मान् मार्गीयवम् इत्य् आख्यायते[४] ॥ २१२ ॥

[१] ग गछेत् [२] ग आनायति [३-३] ग नास्ति [४] ग अधिपाठः द्वितीयोध्यायः

अभि सोमास आयव इत्य् अभीति भवति रथन्तरस्य रूपम् । राथन्तरम् एतद् अहः ।

पवन्ते मद्यं मदम् ।
समुद्रस्याधि[१] विष्टपे मनीषिणो मत्सरासो[२] मदच्युतः ॥

इति समुद्रवतीर् भवन्ति, छन्दोमानां रूपम् । समुद्रो वै छन्दोमाः ।

तरत् समुद्रं पवमान ऊर्मिणा [३]राजा देव[३] ऋतं [४]बृहत् ।
अर्षा[४] मित्रस्य वरुणस्य धर्मणा प्र हिन्वान ऋतं बृहत् ॥
नृभिर् येमाणो हरियतो[५] विचक्षणो राजा देवस् समुद्रियः[६] ॥

इति चतुर्ऋचं[७] भवति—चतुष्पदा वै पशवः । पशवश् छन्दोमाः—पशूनाम् एवावरुद्ध्यै । तासु द्विर्हिंकारं वामदेव्यम् । पशवो वै स्तिमाः । पशवो रेवतयः । पशवो द्विर्हिंकारं वामदेव्यम् । पशुमन्त एव भवन्त्य् एनेन तुष्टुवानाः । प्रजापतिः पशून् असृजत । ते ऽस्मात् सृष्टा असंजानाना अपाक्रामन्[८] । सो ऽकामयताभि मा पशवस् संजानीरन् । न मद् अपक्रामेयुर् इति । स एतत् सामापश्यत् । तेनास्तुत । ततो वै तं पशवो ऽभिसमजानत[९] । ततो ऽस्माद् अनपक्रामिणो[१०] ऽभवन् । तद् द्विर्हिंकारं भवति । हुम् इति वै पशवस् संजानते, हुम् इति माता पुत्रम् अभ्येति, हुम् इति पुत्रो मातरम् । तद् एतत् संज्ञानं पशूनां साम । अभ्य् एनं पशवस् संजानते, नास्मात् पशवो ऽपक्रामन्ति य एवं वेद । तद् ऐळं भवति—पशवो वा इळा, पशवश् छन्दोमाः—पशूनाम् एवावरुद्ध्यै ॥ २१३ ॥

[१] क समुद्रस्यस्याधि ग समुद्रस्या [२] क मत्सरसासो ग मतसरासोम [३–३] ग जावेद [४–४] ग अह्नादह्ना [५] एवं क। ग हरिवतो [६] क समुदिय [७] क ग चतुरिरिचं [८] ग अपक्रमन् [९] ग अभिसमञ्जनत [१०] ग अनपक्रामिणो

अथ गायत्रपार्श्वम्। इमे वै लोका गायत्रपार्श्वम्। एष्व् एव तल् लोकेषु प्रतितिष्ठन्ति[1]। देवा वै स्वर्गकामास् तपो ऽतप्यन्त। त एतत् सामापश्यन्। तेनास्तुवत। तद् एनान् गायत्रम् एव भूत्वा स्वर्गं लोकम् अवहत्। ते ऽब्रुवन् स्वर्गं लोकं गत्वा गायत्रं वाव नो ऽस्य साम्नः पक्षाव् अभूताम् इति। तद् एव गायत्रपक्षस्य गायत्रपक्षत्वम्। गायत्रपक्षं ह[2] वै नामैतत्। तद् गायत्रपार्श्वम् इत्य् आख्यायते। तद् धिंकारवद् भवत्य् अन्नाद्यस्य प्रत्त्यै। हिंकारवद्भिर् वै प्रजापतिः प्रजाभ्यो ऽन्नाद्यं प्रायच्छत्। प्रास्मा अन्नाद्यं दीयते य एवं वेद ॥ २१४ ॥

[१] क प्रतितिष्ठति [२] क नास्ति

अथ पौरुहन्मनम् अभ्यारम्भो यज्ञस्य प्रत्यपसारः। अभ्य् एव नवमम्[1] अहर् आरभते प्रति सप्तमम् अपधावति[2]। अभ्यारम्भैर् वै देवा असुरान् यज्ञाद् अन्तरायन्। पुरुहन्मा वैखानसः पशुकामस् तपो ऽतप्यत। स एतत् सामापश्यत्। तेनास्तुत। स एताम् इळाम् उपैत्। पशवो वा इळा। ततो वै स पशून् अवारुन्द्ध। तद् एतत् पशव्यं [3]साम। अव[3] पशून् रुन्द्धे बहुपशुर् भवति य एवं वेद। यद् उ पुरुहन्मा वैखानसो ऽपश्यत् तस्मात् पौरुहन्मनम् इत्य् आख्यायते। देवासुरा अस्पर्धन्त। ते देवा अकामयन्त पूर्वे एवासुरान् हन्यामेति। त एतत् सामापश्यन्। तेनास्तुवत। तेनासुरान् पूर्वे ऽघ्नन्। तद् यत् पूर्वे ऽघ्नन् तद् व एव पौरुहन्मनस्य पौरुहन्मनत्वम्। पूर्व एव[4] द्विषन्तं भ्रातृव्यं हन्ति य एवं वेद ॥ २१५ ॥

[१] ग नवम् [२] ग अपधावम् [३–३] ग सामा [४] ग एवं

अथ द्वैगतं पदनिधनं राथन्तरम्। तस्माद् राथन्तरे ऽहन् क्रियते। देवा वै सर्वं यज्ञं संगृह्योर्ध्वा स्वर्गं लोकम् उदक्रामन्। ते मनुष्या यज्ञं न प्रजानन्। तद् व्यच्छिद्यत[1]। ते[2] देवमनुष्या[3] अशनायन्, इतःप्रदानाद् धि देवा जीवन्त्य्, अमुतःप्रदानान् मनुष्याः। नेत ऊर्ध्वा[4] आहुतयो ऽगच्छन्, नामुतो ऽर्वाची वृष्टिः प्रादीयत। ते देवा अयास्यम् अब्रुवन्—मनुष्या वै यज्ञं न प्रजानन्ति। [5]तद् व्यच्छेदि[5]। तेभ्यः परेहि यज्ञं विधेहीति। सो ऽयास्य एतयैतेनैव साम्ना मनुष्येभ्यो यज्ञं व्यदधात्। सो ऽयं मनुष्येषु यज्ञो विहितः। स मनुष्येषूषित्वा स्वर्गं लोकं पुनर् न प्राजानात्। सो ऽकामयत प्र स्वर्गं लोकं [6]जानीयाम् इति[6]। स एतेनैव साम्ना स्तुत्वा स्वर्गं लोकं पुनः प्राजानात्[7]। तद् एतत् स्वर्ग्यं साम। अश्नुते स्वर्गं लोकं य एवं वेद। अथो हास्यैतेनैव साम्ना [8]यज्ञो विहितो[8] भवति। स यद् अयास्यो ऽमुष्माल् लोकाद् इमं लोकम् आगच्छद्. अस्माल् लोकाद् अमुं लोकम् अगच्छत्, स इमौ लोकौ[9] द्विर् अनुसमचरत्, तद् द्वैगतस्य द्वैगतत्वम्। अयास्यो[10] ह वाव द्विगत् ॥ २१६ ॥

[१] क विच्छिद्यत [२] क त [३] ग देवा मनुष्या [४] ग ऊर्द्ध [५–५] क तद्व्यच्छेति ग तव्यश्छेति [६–६] क ग जानीयामेति [७] ग प्रजानात् [८–८] क यज्ञे विहितो ग यज्ञोपहीतो [९] ग लोका [१०] ग अयायोहव

अथ हारायणम् । देवासुरा अस्पर्धन्त । ते देवा अकामयन्त—[1]हरो ऽसुराणां[1] हरेमेति[2] । त एतत् सामापश्यन् । तेनास्तुवत । तेनासुराणां हरो ऽहरन् । तद् यद् धरो ऽहरंस् तद् धारायणस्य हारायणत्वम् । हरति हरो द्विषतो[3] भ्रातृव्यस्य य एवं वेद । हारायण[4] आङ्गिरसः पशुकामस तपो ऽतप्यत । स एतत् सामापश्यत् । तेनास्तुत[5] ।

शग्ध्य् ऊ षु शचीपत इन्द्र विश्वाभिर् ऊतिभिः ।
भगं न हि त्वा यशसं वसुविदम्[6] अनु शूर चरामसि ॥
पौरो अश्वस्य पुरुकृद् गवाम् अस्य् उत्सो देव[7] हिरण्ययः ।

इत्य् एव गव्यांश् चाश्व्यांश्[8] च पशून् अवारुन्द्ध । तैर् उ पशुभिर् इष्ट्वा स्वर्गम् एव लोकम् अगच्छत् । तद् एतत् पशव्यं स्वर्ग्यं [9]साम । अव[9] पशून् रुन्द्धे गच्छति स्वर्गं लोकं य एवं वेद । यद् उ हारायण[10] आङ्गिरसो ऽपश्यत् तस्माद् धारायणम् इत्य् आख्यायते ॥ २१७ ॥

[१–१] ग हरोहसुराणां [२] ग हरमेति [३] ग द्विषन्तो [४] ग हरायण [५] ग तेनास्तुवत
[६] ग सुविदम् [७] क देवो [८] क चाश्वांश् ग चास्यांश् [९–९] ग सामा [१०] ग हुरायण

अथाच्छिद्रं पदनिधनं राथन्तरम् । तस्माद् राथन्तरे ऽहन् क्रियते । प्रजापतिर् वा अकामयताच्छिद्रः प्रजया[1] पशुभि स्याम् इति । स एतत् सामापश्यत् । तेनास्तुत । ततो वै सो ऽच्छिद्रः प्रजया पशुभिर् अभवत् । तद् एवाच्छिद्रस्याच्छिद्रत्वम् । अच्छिद्र एव प्रजया पशुभिर् भवति य एवं वेद । देवा वा आप्तां वाचम् अच्छिद्रेणैवेभ्यो[2] लोकेभ्यस् समदलुम्पन् । आप्तेव वा एतर्हि वाग् भवति छन्दोमेषु । ताम् अच्छिद्रेणैव संलुम्पन्ति[3] । यो वै छिद्रेण संचिनोति न तद् उत्पूर्यते । अथ यो ऽच्छिद्रेण संचिनोति तद् उत्पूर्यते । ज्यायो ऽभ्यारम्भं भवत्य्, अति नवमम् अहर् जिहीते, दशमम् अहर् अभ्यारभते, प्रति सप्तमम् अपधावति । प्रजापतिः पशून् असृजत । त ऽस्मात् सृष्टा अपाक्रामन्[4] । सो ऽकामयत न मत् पशवो ऽपक्रामेयुर्, अभि मा वर्तेरन्न् इति । स एतत् सामापश्यत् । तेनैनान् पर्यस्यत् । तान् श्रैष्ठ्येनोपागृह्णात्[5] । ते ऽस्मिन्न् अरमन्त । रमन्ते ऽस्मिन् पशवः पशुमान् भवति य एवं वेद ॥ २१८ ॥

[१] ग प्रजाया [२] ग अच्छिद्रणवैभ्यो [३] क सलुंपन्ति ग संलुान्ति [४] ग अपक्रामन्
[५] एवं च । क रौष्ठ्येनोपगृह्णत् ग रेष्ठेनोपगृह्णत्

अथ बार्हदुकथम् । बृहदुकथ आङ्गिरसः पशुकामस् तपो ऽतप्यत । स एतत् सामापश्यत् । तेनास्तुत । स एताम् इळाम् उपैत् । पशवो वा इळा । ततो वै स पशून् अवारुन्द्ध । तद् एतत् पशव्यं साम । अव पशून् रुन्द्धे बहुपशुर् भवति य एवं वेद । यद् उ बृहदुकथ आङ्गिरसो ऽपश्यत् तस्माद् बार्हदुकथम् इत्य् आख्यायते । धर्ता दिवः पवते कृत्वियो रस इत्य अह्नो धृत्यै । दक्षो देवानाम् अनुमाद्यो नृभिर् इति छन्दांस्य् एवैतद् दक्षयन्त्य् अह्नो वीर्यवत्त्वाय[1] । तासूद्वत् त्रिप्ररोहम् । तृतीयो ह्य् एष प्ररोहः क्रियते, यद् एष तृतीयस् त्र्यहः, स्वर्गस्य लोकस्य समष्ट्यै । तद् व् एवाचक्षते त्रिशालम् इति । देवा वै स्वर्गकामास् तपो ऽतप्यन्त । त एतत् सामापश्यन् । तेनास्तुवत । तद् एनान् विशालम् एव भूत्वा स्वर्गं लोकम् अवहत् । ते ऽब्रुवन् स्वर्गं लोकं[2] गत्वा—विशालं वाव नो भूत्वेदं साम स्वर्गं लोकम् अवाक्षीद् इति । तद् एव विशालस्य विशालत्वम् । तद् एतत् स्वर्ग्यं

साम । अश्नुते स्वर्गं लोकं य एवं वेद । तद् यथा ह वै ब्रध्नस्य विष्टपान्य् एवम् एतानि विशालस्य विष्टपानि स्वर्गस्यैव[3] लोकस्य समष्ट्यै । प्र स्वर्गं लोकम् आप्नोति य एवं वेद । अथ रथन्तरम् । ब्रह्म वै रथन्तरम् । ब्रह्मण्य् एवैतत् प्रतितिष्ठन्तो यन्ति । तत् त्रैष्टुभे ऽहन् भवति । पुंसो वा एतद् रूपं यत् त्रिष्टुप्, स्त्रियै रथन्तरम् । तद् यद् अत्र [4]रथन्तरं पृष्ठं भवति, तेनैवैतद् अहर् मिथुनं क्रियते । अथ वामदेव्यम् । पशवो वै[4] वामदेव्यम् । पशुमन्त एव भवन्त्य् [5]एतेन तुष्टुवानाः[5] । यद् इन्द्र प्राग् अपाग् उदग् इतीन्द्रम् एवैतत् सर्वाभ्यो दिग्भ्यो ह्वयन्ति । आप्तेष्व् अहस्सु यद्य् अस्यां दिश्य् असि यद्य् अस्यां यद्य् अस्याम् इति ॥ २१९ ॥

[१] ग वीर्यवीर्यात्वाय [२] क नास्ति [३] ग स्वर्गस्य [४] क नास्ति [५–५] ग एनेतुष्टुवानाय

तासु वाशं[1] पदनिधनं राथन्तरम् । तस्माद् राथन्तरे ऽहन् क्रियते । [2]ते देवा[2] अकामयन्त वशम् असुराणां वृञ्जीमहीति । त एतत् सामापश्यन् । तेनास्तुवत । ते वाश[3] इत्य् एव वशम् असुराणाम् अवृञ्जत । तद् एव [4]वाशस्य वाशत्वम्[4] । वृंक्ते द्विषतो भ्रातृव्यस्य वशं य एवं वेद । क ईं[5] वेद सुते सचेति सतोबृहतीर् आक्रमन्ते ऽनपभ्रंशाय । तासु नैपातिथम् । काण्वायनानां सत्रम् आसीनानां पशव उपादस्यन् । ते ऽकामयन्ताव पशून् रुन्धीमहीति । स एतन् नेपातिथिः[6] काण्वस् सामापश्यत्[7] । तेनास्तुत । ततो [8]वै ते[8] पशून् अवारुन्धत । तद् एतत् पशव्यं[9] साम । अव पशून् रुन्द्धे बहुपशुर् भवति य एवं वेद । यद् उ नेपातिथिः[6] काण्वो ऽपश्यत् तस्मान् नैपातिथम् इत्य् आख्यायते । उभयं शृणवच् च न इत्य् उभे एवैतेन[10] रूपे समारभते यच् च पृष्ठ्यस्य[11] षडहस्य [12]यद् उ च[12] छन्दोमानाम् । तस्माद् उ हैतस्यां द्वयोस् संयजमानयोर् ब्रह्मसाम कुर्यात् ॥ २२० ॥

[१] क वाश्शं [२–२] ग देवा वा [३] क वाश्श ग वांश [४–४] क वाशंस्य वाशंत्वं [५] क ग ई [६] क नैपातिथिः [७] ग संपश्यत् [८–८] क वैस ग वैतस [९] ग पशव्यं पशव्यं [१०] ग एवतेन [११] ग पृष्ठस्य [१२–१२] क यद्द्च

तासु वैयश्वम् । व्यश्वं[1] वै साकमश्वं गर्भे सन्तं गयः पितृव्यः पर्यपश्यद्—ऋषिर् जनिष्यत इति । तं जातं परास्ताव्[2] ऽब्रवीज्—जातक्षेणो[3] ऽजनीति[4] । [5]तं छाया[5] नाजहात् । [6]स्वाप् अस्मा[6] अङ्कुष्ठो प्रास्नुताम्[7] । तद् अस्मा आचक्षत[8] यं[9] वै कुमारं परास्ताव्[2] ऽब्रवीर्, अयं वै स जीवतीति । तं मुसलम् आदायाभ्यैद्[10] धनिष्यन् । सो ऽकामयतोद् इत इयां, गातुं नाथं विन्देयेति । स एतत् सामापश्यत् । तद् अभ्यगायत । तद् अस्य मुसलं प्रत्यक् पतित्वा शिरो ऽच्छिनत् । तद् एतद् भ्रातृव्यहा गातुविन् नाथवित् साम । हन्ति द्विषन्तं भ्रातृव्यं, विन्दते गातुं नाथं य एवं वेद । यद् उ व्यश्वो ऽपश्यत्, तस्माद् वैयश्वम् इत्य् आख्यायते । तद् ऐळम् अच्छावाकसाम भवति । पशवो वा इळा । पशुष्व् एवैतत्[11] प्रतितिष्ठन्ति ॥ २२१ ॥[12]

[१] क ग विश्वं [२] एवं कोशेषु । परास्ते- स्सप्तम्यंकवचने रूपम् । [३] एवं कोशषु । -क्षेणः= -क्षयणः [४] ग जनित [५–५] क तच्छाय ग तश्छाया [६–६] एवं कोशेषु [७] ग प्रास्नुतम् [८] क आवक्षत [९] ग या [१०] ग आदायासैद् [११] ग एषैनन्तत् [१२] ग तृतीयोध्यायः

पवस्व देव आयुषग् इति त्रिष्टुभो रूपेण प्रयन्ति । त्रैष्टुभम् एतद् अहः ।

इन्द्रं गच्छतु ते मदः ।
वायुम् आ रोह धर्मणा ॥

इति मद्वतीर् भवन्ति । रसो वै मदः । धीतम् इवैतद् यत् तृतीयसवनम् । तद् यद् एता मद्वतीर् भवन्ति रसम् एवास्मिन्न् एतद् दधत्य्, ऐवैनद् एतेन प्याययन्ति ।

पवमान नि तोशसे[1] रयिं सोम श्रवाय्यम् ।
इन्दो समुद्रम् आ विश ॥

इति समुद्रवतीर् भवन्ति छन्दोमानां रूपम् । समुद्रो वै छन्दोमाः । अपघ्नन्[2] पवसे मृध इति मृध एवैतेन पाप्मानम् अपघ्नते । तासु गायत्रम् उक्तब्राह्मणम् । अथ मादिलं[3] पदनिधनं राथन्तरम् । तस्माद् राथन्तरे ऽहन् क्रियते । देवा वा अकामयन्त मद्वान्[4] नस् सोम स्यात् सोममदस्य माद्येमेति[5] । त एतत् सामापश्यन् । तेनास्तुवत । ततो वै तेषां मद्वान् सोमो ऽभवत् सोममदस्यामाद्यन्[6] । तद् एव मादिलस्य मादिलत्वम्[7] । तद् रसो वै मदः । रसेन ह वाव ते तन् मेदुः । मद्वान् अस्य सोमो रसवान् भवति[8] य एवं वेद । अथो [9]हैषाम् अवारुद्धा[9] इव छन्दोमा स्युर् यद्[10] एतद् अत्र कुर्युः । धीता इवैते यच् छन्दोमास् तृतीयसवनायतनाः । धीतम् इव वै तृतीयसवनम् । तद् यद् अत्र मादिलं भवति रसम् एवैतच् छन्दोमेषु दधत्य् ऐवैनान् एतेन प्याययन्ति ॥ २२२ ॥

[1] क तोरसो ग तेशसो [2] ग अपघ्नत् [3] क मादिशं ग मार्दिलं [4] क मद्वावान् [5] क मद्येमेति ग मद्यमेति [6] क सोमदस्यामाद्यन् ग सोममदस्यमाद्यन् [7] क मादिशत्वन्तद् ग मादिलत्वतद् [8] ग नास्ति [९-९] क ह्येषा-मपराद्धा ग ह्षामयारुद्धा [10] क य

अथ सुरूपं रूपस्यैव समृद्ध्यै । आङ्गिरसो वै तपस् तेपानास् ते रूपेण वर्चसा व्यार्ध्यन्त[1] । ते ऽकामयन्त सं रूपेण वर्चसर्ध्येमहीति[2] । त एतत् सामापश्यन् । तेनास्तुवत । ततो वै ते सं रूपेण वर्चसार्ध्यन्त[3] । ते ऽब्रुवन् सुरूपा वा अभूमेति । तद् एव सुरूपस्य सुरूपत्वम् । सं रूपेण वर्चसर्ध्यते[4] य एवं वेद । सुरूप आङ्गिरसः पशुकामस् तपो ऽतप्यत । स एतत् सामापश्यत् । तेनास्तुत । स एताम् इळाम् उपैत् । पशवो वा इळा । ततो वै स[5] पशून् अवारुन्द्ध । तद् एतत् पशव्यं साम । अव पशून् रुन्द्धे बहुपशुर् भवति य एवं वेद । यद् उ[6] सुरूप आङ्गिरसो ऽपश्यत् तस्मात् सुरूपम् इत्य् आख्यायते । प्रजापतिः पशून् असृजत । तेषां सृष्टानां रूपाणि न प्राज्ञायन्त[7] । स एतानि सुरूपाणि सामान्य् अपश्यत् । तैर् एषां रूपाण्य् अदधात्[8] । तत् सुरूपाणां सुरूपत्वम् । रूपण्वतः पशून् अवरुन्द्धे य एवं वेद । अर्कसामानो वै छन्दोमास् सुरूपरूपाः[9] । सामन्वद्भी रूपण्वद्भिश् छन्दोमैः स्तुते य एवं वेद । तत् [10]पुनर्नितुन्नं छन्दो[10] भवति । यत्र यत्र वै देवा छन्दसां [11]रसम् अन्वविन्दंस्[11] तत् पुनर्नितुन्नम् अकुर्वंस्[12], तत् पुनर् अभ्यापघ्नन्[13] । धीता इवैते यच् छन्दोमास् तृतीयसवनायतनाः । धीतम् इव वै तृतीयसवनम् । तद् यत् पुनर्नितुन्नं[14] छन्दो भवति रसम् एवैतच्[15] छन्दोमेषु दधति । रसस्यैवैषानुवित्तिः[16] ॥ २२३ ॥

[1] क ग व्यार्धन्त [2] ग वर्चमद्धेमहीति [3] ग वर्चसद्धिन्त [4] ग वर्चमद्धन्ते [5] ग नास्ति [6] ग अधिपाठः यदु [7] ग प्रयात [8] ग अधात् [9] ग सुरूपरूपरूपः [10-10] क नितुन्नछदो ग नितुन्नछन्दोमा [11-11] ग रूपं समन्वविन्दन् [12] ग अकुर्वन्तस् [13] ग अभ्यस्नन् [14] ग पुनन्निषतुं [15] क एवैषुतच् [16] ग रसस्येवैषानुवितति:

अथ काक्षीवतम्[१]। कक्षीवान् वा अकामयत—बहुः प्रजया पशुभिः प्रजायेय[२], श्रियं राज्यं गच्छेयम् इति। स एतत् सामापश्यत्। तेनास्तुत। ततो वै स बहुः प्रजया पशुभिः प्रजायत[३] श्रियं [४]राज्यम् अगच्छत्[४]। ते ह वै सहस्रं काक्षीवता आसुः। [५]तैर् ह[५] वै स पुत्रैः श्रियं राज्यं जगाम। अश्नुते श्रियं गच्छति राज्यं य एवं वेद। तद् उ स्तोभानुतुन्नं भवति। अनुतुन्नाद्[६] वै प्रजाः पशवः प्रजायन्ते। पशवश् छन्दोमाः। तेन वै रूपसमृद्धम्। यद् उ कक्षीवान् अपश्यत् तस्मात् काक्षीवतम् इत्य् आख्यायते॥ २२४॥

[१] ग कांक्ष्वतं [२] क प्रजायैय [३] ग प्राजयात [४-४] ग राज्यगछत्
[५-५] क तेर्ई ग तेह [६] क अनुरूग्तुन्नाद्

अथ प्रमंहिष्ठीयम्। ऋषीणां वै सत्रम् आसीनानां पशव उपादस्यन्। ते[१] ऽकामयन्तात्र पशून् रुन्धीमहीति। ते होचुर्—एताग्निम् एव पशून् याच्चाम। स वाव पशूनाम् ईशे। स एव[२] नः पशून् प्रदास्यतीति। त एतत् सामापश्यन्। तेनैनम् अस्तुवन्—

प्र मंहिष्ठाय गायत ऋताग्ने[३] बृहते शुक्रशोचिषे।
उपस्तुतासो अग्नये॥

इति। तान् अब्रवीत्—किंकामा स्थेति। पशुकामा [४]इत्य् अब्रुवन्[४]। तेभ्य एतेनैव साम्ना पशून् [५]प्रायच्छत्। ते[५] ऽब्रुवन्—प्रमंहिष्ठो वै नो ऽभूद् इति। तद् एव प्रमंहिष्ठीयस्य प्रमंहिष्ठीयत्वम्। तद् एतत् पशव्यं साम। प्रमंहिष्ठो[६] हास्मा एव भवत्य्, अत्र पशून् रुन्द्धे, बहुपशुर् भवति य एवं वेद। तत् [७]पुनर्नितुन्नं छन्दो[७] भवति। यत्र यत्र[८] वै देवा छन्दसां रसम् अन्वविन्दंस् तत् पुनर्नितुन्नम् अकुर्वंस् तत् पुनर् अभ्यादधन्। धीता इवैते यच् छन्दोमास् तृतीयसवनायतनाः। धीतम् इव वै तृतीयसवनम्। तद् यत् पुनर्नितुन्नं छन्दो भवति रसम् [९]एवैतच् छन्दोमेषु दधति[९]। रसस्यैवैषाम् अनुवित्तिः॥ २२५॥

[१] ग अधिपाठः बुगादस्यंस्ते [२] ग व [३] क ऋताग्ने ग ऋतावन्ने [४-४] क ग इत्युब्रुवन् [५-५] ग प्राश्च्रये [६] ग प्रहिष्टो [७-७] ग पुनन्नितुन छन्दोमा [८] क नास्ति [९-९] ग एवास्मैन्नेततदधति

अथ स्वाशिराम् अर्को— ऽन्नं वा अर्को— ऽन्नाद्यस्यैवावरुद्ध्यै। स्वाशिरो वै नामाप्सरस इमा एवौषधयः। ता अकामयन्त—बह्वी स्याम, प्रजायेमहि, वीमं लोकम् आप्नुयामेति। ता एतत् सामापश्यन्। तेनास्तुवत। ततो वै ता बह्वीय[१] आसन्, प्राजायन्त, वीमं लोकम् आप्नुवन्। सो ऽयं सर्वो लोक ओषधीभिस् संछन्नो[२] ऽपि गिरयः। तद् एतत् प्रजननं साम। बहुः प्रजया पशुभिः प्रजायते, वीमं लोकम् आप्नोति य एवं वेद। यद् उ स्वाशिरो ऽप्सरसो ऽपश्यंस् तस्मात् स्वाशिराम् अर्क इत्य् आख्यायते। अभि द्युम्नं बृहद् यश इत्य् अभीति भवति रथन्तरस्य रूपम्। राथन्तरम् एतद् अहः। जिन्वन्[३] गविष्टये धिय इति गोमतीः पशुमतीर् भवन्ति, पशूनाम् एवावरुद्ध्यै। पशवो हि छन्दोमाः॥ २२६॥

[१] ग बह्वीय ख बह्य [२] क सच्छन्नो [३] क जीवन् ग जीवान्

तास्व ऐषिरं वायोर् आर्षेयम्। वायुर् वा इषिरः[१]। [२]यद् वै[२] सत्रिणां सत्रे विनश्यते [३]तद् एभ्यो[३] वायुर् अपिरोहयति[४]। प्राणो वै वायुः[५]। प्राण एवैभ्यस् तत् भिषज्यति। भेषजम् एवैतेन प्रायश्चित्तिं कुर्वते। प्राणा शिशुर् महीनाम् इति पशुरूपम् एवैतद्

उपगच्छन्ति। पशूनां वै शिशुर् भवति। तासु श्नैनम् उक्तब्राह्मणम्। अभी नो वाजसातमम् इत्य् अभीति भवति रथन्तरस्य रूपम्। राथन्तरम् एतद् अहः।

रयिम् अर्ष शतस्पृहम्।
इन्द्रो सहस्रभर्णसं तुविद्युम्नं विभासहम्॥

इति। यद् वै शतवत् सहस्रवत् तच् छन्दोमानां रूपम्। पशवो वै छन्दोमाः। परि स्य स्वानो अक्षरद् इन्दुर् अव्ये मदच्युत इति मद्वतीर् भवन्ति। अभिपूर्वम् एवैतत् तृतीयसवने [६]रसं मदं[६] दधाति।

वयं ते अस्य राधसो[७] वसोर् वसो पुरुस्पृहः।
नि[८] नेदिष्ठतमा इष स्याम सुम्ने ते अध्रिगो[९]॥

इति गोमतीः पशुमतीर् भवन्ति, पशूनाम् एवावरुद्ध्यै। पशवो हि छन्दोमाः। तासु गौरिवीतम्[१०] उक्तब्राह्मणम्॥ २२७॥

[१] ग इश्यरः [२-२] ग यद्वय [३-३] क तोभ्यो ग तदस्यो [४] ग अधिरोहयति [५] ग श्रुः [६-६] क सम्मदं [७] ग अधिपाठः अन्धसो [८] ग न [९] क ग अध्रिगो [१०] क ग गौरुवीतम्

[१]अथ शुद्धाशुद्धीयम्। इन्द्रो वा असुरान् हत्वापूत इवामेध्यो ऽमन्यत। सो ऽकामयत शुद्धम् एव मासन्तं शुद्धेन साम्ना स्तुयुर् इति। स ऋषीन् अब्रवीत्—स्तुत मेति। त एतद् ऋषयस् सामापश्यन्। तेनैनम् अस्तुवन्।

एतो न्व् इन्द्रं स्तवाम शुद्धं शुद्धेन साम्ना।
शुद्धैर् उक्थैर् वावृध्वांसं शुद्धर् आशीर्वान् ममत्तु॥

इति। ततो वा इन्द्रश् शुद्धः[२] पूतो मेध्यो ऽभवत्। तद् एतत् पवित्रं साम। शुद्धः पूतो मेध्यो भवति य एवं वेद। अथौदलम्। उदलो वै दैवरातो ऽकामयताग्र्यो मुख्यो ब्रह्मवर्चसी स्याम् इति। स एतत् सामापश्यत्। तेनास्तुत। ततो वै सो ऽग्र्यो मुख्यो ब्रह्मवर्चस्य् अभवत्। अग्रिया मुख्या ब्रह्मवर्चसिनो ऽसामेति सत्रम् आसते। अग्रिया एव मुख्या ब्रह्मवर्चसिनो भवन्ति। तत् स्वारम् अनुष्टुभि क्रियते, रूपसमृद्धतायै। गायत्रयोनि[३] सद् अनुष्टुभि क्रियते। द्वन्द्वं वै भूत्वा पशवो वीर्याण्य्[४] उद्यच्छन्ति। पशवश् छन्दोमाः। तस्माच् छन्दोमेषु क्रियते। यद् उदलो[५] दैवरातो ऽपश्यत् तस्माद् औदलम् इत्य् आख्यायते॥ २२८॥

[१] ☞ एष खण्डो ग-कोशे नास्ति [२] एवं च। क शुद्धेति [३] एवं च। क गायत्रीयनि [४] क वीर्यान्य् [५] क ऊदलो

अथ पाञ्चवाजम्। एतेन वै पञ्चवाजाः कौत्स उभे अन्धसी व्यपिपीत[१] यच् च दैव्यं यच् च मानुषम्। [२]ते एवैतेन[२] विपिपीते। पञ्चवाजा वै कौत्सो ऽकामयतोभे अन्धसी विपिपीय यच् च दैव्यं यच् च मानुषम् इति। स एतत् सामापश्यत्। तेनास्तुत। ततो वै ते[३] स उभे अन्धसी व्यपिपीत यच् च दैव्यं यच् च मानुषम्। ततो ह स्म वै [४]स सुराहृतिम्[४] उपाधाय सोमार्थं धारयति[५]। तद् एतद् अन्नाद्यस्यावरुद्धिस् साम। उभे अन्धसी विपिपीते यच् च दैव्यं यच् च मानुषं य एवं वेद। यद् उ पञ्चवाजाः कौत्सो[६] ऽपश्यत् तस्मात् पाञ्चवाजम् इत्य् आख्यायते। अथ क्रौञ्चम्। [७]क्रुंङ् आङ्गिरस[७] ईष्यम्[८] इवाहर् अविन्दत्। ईष्या[९] इवैते यच् छन्दोमाः। [१०]तस्माच् छन्दोमेषु क्रियते। तन्

मध्ये स्वारं भवति । प्राणो वै स्वरः । अभिषज्या इवैते यच् छन्दोमाः[१०] । द्वे द्वे अहनी समस्ताः । [११]तद् यन् मध्ये[११] स्वारं भवति प्राणम् एवैतच् छन्दोमेषु दधाति भिषज्यन्त्य् एवैनान् एतेन ॥ २२९ ॥

[१] क विपिपीत [२-२] ग ते वैतेन [३] क नास्ति [४-४] क ससराद्युतिम् ग सुमतिम् [५] एवं कोशेषु पञ्चविंशे च ब्राह्मणे १४.११.२७ [६] क कुत्सो ग कात्सो [७-७] क ग कुन्दन्दांगिरस [८] क ग ईर्ष्यम् [९] क ग ईर्ष्या [१०-१०] ग नास्ति [११-११] क तन्मध्ये

अथ रयिष्ठं मध्येनिधनं भवति प्रतिष्ठायै । समुद्रं वा एतेनारम्भणं[१] प्रप्लवन्ते य आर्भवं पवमानम् उपयन्ति । तद् यन् मध्येनिधनं भवति प्रतिष्ठित्या एव । प्रजापतिः पशून् असृजत । ते ऽस्मात् सृष्टा अपाक्रामन्[२] । सो ऽकामयत न मत् पशवो ऽपक्रामयुर्, अभि मा वर्तेरन्न् इति । स एतत् सामापश्यत् । तेनास्तुत । ततो वै तं पशवो ऽभ्यावर्तन्त । ततो ऽस्माद् अनपक्रमिणो ऽभवन् । सो ऽब्रवीद् अस्थाद् वा इयं मयि रयिर् इति । तद् एव रयिष्ठस्य रयिष्ठत्वम् । तद् एतत् पशव्य साम । तिष्ठत्य् अस्मिन् रयिर्, अभ्य् एनं पशव आवर्तन्ते, नास्मात् पशवो ऽपक्रामन्ति[३] य एवं वेद । तद् अध्यर्धेळं भवति—पशवो वा इळा । पशवश् छन्दोमा—अभिपूर्वाणाम् एव पशूनाम् अवरुद्धयै । अथैता[४] द्विपदा[५] भवन्त्य् उक्तब्राह्मणाः । ता एता भवन्ति—पवस्व सोम महान् समुद्र इति । महद् ध्य् एतद् अहर् यच् चतुश्चत्वारिंशम्[६] । पिता देवानां विश्वाभि धामेत्य् अभांति भवनि रथन्तरस्य रूपम् । राथन्तरम् एतद् अहः ॥ २३० ॥

[१] ग एतेरंभणं [२] ग अपाक्रमन् [३] क पक्रामति [४] ग तथैता [५] ग द्विपदो [६] क चतुश्चत्वारिंशत्

तासु धर्म । धर्मणा वै देवा धर्मम् आदायासुराणां विधर्मणैनान्[१] विधर्मणः कृत्वा पराभावयन्[२] । धर्मणैव धर्मम् आदाय द्विषतो भ्रातृव्यस्य विधर्मणैनं[३] विधर्माणं कृत्वा पराभावयति य एवं वेद । तच् छ्रीर् वै धर्मो, राज्यं वै धर्मो, धर्मेण वै राजा धर्मो, धर्म स्वानां भवत्य्, ऐनं स्वा[४] यन्ति, धर्मणो[५] धारयति । तद् आहुर् नवमे[६] ऽहनि कार्यम्[७] । अदो वै क्षत्रं यद् बार्हतम् । अथेदं विड् राथन्तरम्[८] इति । तद् उ वा आहुर् विधर्माणो वै राजानो न वै ते ऽन्यैर् [९]मनुष्यै स्वधर्माणः[९] । इदम् उ वाव क्षत्रं यच् चतुश्चत्वारिंशं त्रैष्टुभम् । तस्मान् नवम एवाहन् विधर्म स्याद् इहैतद् इति ।

हिन्वन्ति सूरम् उस्रय स्वसारो जामयस् पतिम् ।
महाम् इन्दुं महीयुवः ॥

इति महद् ध्य् एतद् अहर् यच् चतुश्चत्वारिंशम् । तासु विशोविशीयम् उक्तब्राह्मणम् । तद् ऐळं भवति—पशवो वा इळा । पशवश् छन्दोमाः—पशूनाम् एवावरुद्धयै ॥ २३१ ॥

[१] ग विधर्मेणैनान् [२] क परावभावाय [३] ग विधमणैनं [४] ग स्व [५] ग धमन्नो [६] ग नेमे [७] ग कार्य्याम् [८] एवं ग च । क रथन्तरं [९-९] ? मनुष्यैस् सधर्माणः । च मनुष्यस्वधर्माणः

अथ यज्ञायज्ञीयम् उक्तब्राह्मणम् ।

अथौशनम् । उशना वै काव्यो देवेष्व् अमर्त्ये गन्धर्वलोकम् ऐच्छत । स एतत् सामापश्यत् । तेनास्तुत । ततो वै स देवेष्व् अमर्त्ये गन्धर्वलोकम् आश्नुतैतं[१] रोमण्वन्तम्[२] ।

ते हैते काव्याः । रोमण्वत्य् अश्नुते देवेष्व् अमर्त्यं गन्धर्वलोकम् एतेन[3] तुष्टुवानः । अग्निर् वै देवेष्व् अवसत् । तं देवा नाप्रीणन् । सो ऽप्रीयमाण उशनसं काव्यम् आगच्छत् । तम् अब्रवीद् ऋषे प्रीणीहि[4] मा, ऽप्रीतो वा अस्मीति । तम् अकामयत—प्रीणीयाम् एनम् इति । स एतत् सामापश्यत् । तेनैनम् अप्रीणात् ।

प्रेष्ठं वो अतिथिं स्तुषे मित्रम् इव प्रियम् ।
अग्ने रथं न वेद्यम् ॥

इत्य् एवैनं प्रियतमम् अतिथिम् अकुरुत । अप्रीत इव ह वा एष एतर्हि भवति यज्ञम् ऊहिवान् । तम् एतद् अत्र प्रीणन्ति । स प्रीतो यद् अत्र यज्ञस्य परिशिष्टम् भवति तद् वहति । यद् ऊशना[5] काव्यो ऽपश्यत् तस्माद् औशनम् इत्य् आख्यायते ।

एन्द्र नो गधि प्रिय सत्राजिद् अगोह्य[6] ।
गिरिर् न विश्वतः पृथुः[7] पतिर् दिवः ॥
अभि हि सत्य सोमपा

इत्य् अभीति भवति[8] रथन्तरस्य रूपम् । राथन्तरम् एतद् अहः । उभे बभूथ रोदसी इतीमे[9] ह वाव रोदसी । एते एवैतद् अभिवदति । इन्द्रासि सुन्वतो वृधस् पतिर् दिव इति वृद्धं ह्य् एतद् अहर् यच् चतुश्चत्वारिंशम् ॥ २३२ ॥

[१] क अश्नुतैतं [२] एवं कोशयोः [३] ग ऐतेन [४] ग दृणीहि [५] =उ+उशना
[६] क अगोह्य [७] क नास्ति । ग प्रथुः [८] ग भवति भवति [९] क इंति मे ग इति म

तासु सांवर्तं पदनिधनं राथन्तरम् । तस्माद् राथन्तरे ऽहन् क्रियते । संवर्त आङ्गिरस स्वर्गकामस् तपो ऽतप्यत । स एतत् सामापश्यत् । तेनास्तुत[1] । [2]स पतिर् दिवः पतिर् दिव इत्य् एव स्वर्गं लोकम् आरोहत् । यथाह पतेद् एवम् एतद् यत् पतिर् दिव इति । तद् एतत् स्वर्ग्यं साम । अश्नुते स्वर्गं लोकं य एवं वेद । यद् उ संवर्त आङ्गिरसो ऽपश्यत् तस्मात् सांवर्तम् इत्य् आख्यायते[2] । देवासुरा अस्पर्धन्त । ते ऽसुरा महद् अभिव्यासत । स इन्द्रो ऽकामयत सार्धम् एवासुरान् संवृत्य हन्याम् इति । स एतत् सामापश्यत् । तेनास्तुत ।

त्वं हि शश्वतीनाम् इन्द्र धर्ता[3] पुराम् असि ।
हन्ता [4]दस्योर् मनोर् वृधः[4] पतिर् दिवः ॥

इत्य् एवैनान् सार्धं संवृत्याहन्[5] । [6]तद् व् एव[6] सांवर्तस्य सांवर्तत्वम् । सार्धम् एव संवृत्य द्विषन्तं भ्रातृव्यं हन्ति य एवं वेद ॥ २३३ ॥

[१] ग तेनास्तुवत [२–२] ग नास्ति [३] ग दत्ता [४ ४] क दस्योर्म्मनोवृधः ग दस्योममनोवृधः
[५] ग संवृत्याहत [६–६] ग तद्वेह

अथ मैधातिथम् । मेधातिथिगृहपतयो वै विभिन्दुकीयास् सत्त्रम् आसत । तेषां दृढच्युद्[1] आगस्तिर् उद्गातासीद् गौरीवितिः प्रस्तोताच्युतच्युत्[2] प्रतिहर्ता वसुक्षयो होता सनक-नवकौ काव्याव् अध्वर्यू । पशुकामो मेधातिथिर् जनिकामौ सनक-नवकौ, यत्कामा इतरे तत्कामाः । नानाकामा ह स्म वै पुरा सत्त्रम् आसते । ते ह स्म[3] नानैव कामान् ऋद्ध्वाप्त्वोत्तिष्ठन्ति । तेषां ह स्मेन्द्रो[4] मेधातिथेर् मेषस्य रूपं कृत्वा सोमं व्रतयति[5] । तं ह स्म बाधन्ते[6] मेधातिथेर् नो मेषस् सोमं व्रतयतीति । स उ ह स्मैषां स्वम्[7] एव रूपं

कृतया सोमं व्रनयति[५]। ततो ह वा इदम् अर्वाचीनं मेधातिथेर् मेष इत्य् आह्वयन्ति । स एतन् मेधातिथिः पशुकामस् सामापश्यत्। तेनास्तुत। पुरां भिन्दुर् युवा कविर् इत्य् एव वलम् अभिनत्। त्वं वलस्य गोमतो [८]ऽपावर् अद्रिवो[८] बिलम् इत्य् एतया बिलम् अपावृणोत् ॥ २३४॥

[१] क दढच्युर् [२] क प्रस्तौताच्यदच्युत् ग प्रस्तोताच्युदच्युत् [३] ग स्मा [४] ग स्मैन्द्रो [५] क ग प्रतयति [६] एवं च। क ग बाधते [७] क स्वयम् [८-८] क ग पापरदिवो

ततः पशवो ऽसृज्यन्त[१]। ये प्रथमे ऽसृज्यन्त[१], त इम एतर्हितनाः[२] पशवः। तद् उ हैव हिरण्यशृङ्गीर् द्व्यूध्नीर्[३] अनूदेयुः। तद् उ हैव हिरण्यचण्डातकौ[४] वसाने ऽप्सरसाव् अनूदेयतुः । ते गृहपतिर्[५] अभिदध्यौ । स होवाच मम वा इमे, ये ऽहं मम गार्हपत्ये[६] ऽवारुतिस[७] । गृहपतेर् वाव सर्वर्द्धिर् इति । नेति होचतुस् सनक-नवकौ, पशुकामस् [८]त्वम् आसिष्ठाः[८] । ते तवैते पशवः । जनिकामाव् आवम्। तयोर् आवयोर् इमे जाये इति। तद् धैव संवदमानेष्व् अन्यतराम् अभिपेदे। सा ह प्रतिजज्ञे । सैषा यस्या एतत् कबलिकम्[९] इव । अथ हान्यतरा विसिष्मिये[१०] । सैषा हरिणिका। तस्माद् एते [११]पशून् सेवते[११] पश्वाजानेहि[१२] । अथ हेमा हिरण्यशृङ्गीर् द्व्यूध्नीर्[१३] यत एवोदेयुस्[१४] तत् पुनर् अभ्यवदुद्रुवुर्—अनृतं गृहपतिर् अकृत । न वै वयं तस्य स्मो यो ऽनृतं करोतीति। ता हैता अप्य् अद्य कूरर्षभा[१५] विभिन्दुके[१६] शारीर् भूता वेदयन्ते । काण्वायनौ ब्रह्मण्य् अस्पर्धेतां मेधातिथिश् च त्रिशोकश् च। ताव् अब्रूताम्—एह्य, [१७]अग्निं समिद्धम् अत्ययावेति । ताव् अग्निं[१७] समिद्धम् अत्यैताम् । उपर्य् उपर्य् एव त्रिशोको ऽत्यैद्, अथेतरस्य[१८] पक्ष्माण्य् उदौषत्[१९] । तम् अब्रवीद्—अजैषं त्वेति । नेत्य्[२०] अब्रवीद्, असुरीपुत्र एव त्वम् असि । देवता एवं त्वया संस्पृष्टं[२१] नाचीकमन्तेति। तौ वा—एह्य् अपो[२२] ऽत्ययावेति। तौ ह रथस्पां[२३] विषण्णाम्[२४] अत्यैताम्। उपर्य् उपर्य् एव त्रिशोको ऽत्यैद्, अथेतरस्य[२५] पवी [२६]अत्रायेताम्। तद् एवार्द्रपवि[२६] रथस्पायै। तम् अब्रवीद्—अजैषं त्वेति । नेत्य् अब्रवीद्, असुरीपुत्र एव त्वम् असि । देवता एत त्वया संस्पृष्टं नाचीकमन्तति। तौ वा—एहि पशून् उत्सृजावहा इति ॥ २३५॥

[१] ग सृज्यत [२] ग एतर्हिताना: [३] ग द्यग्ध्नुर्। पञ्चविंशे ब्राह्मणे १५. १०. १२ व्यूध्नीः [४] एवं च। क ग हिरण्यचन्धातका [५] क हपतिर् [६] ग गार्हगार्हपत्यो [७] क ग वारुत्सी [८-८] ग तपमासिष्ठः [९] क कम्बलीकम् ग कबलाकम् [१०] क वसिष्ठिये [११-११] ग नास्ति [१२] क पश्वाजान्मेहि [१३] ग दूग्ध्नीर् [१४] एवं कोशेषु [१५] ग कूरर्षभ [१६] क वमिन्दुके [१७-१७] ग नास्ति [१८] ग यथेतरस्य [१९] क उदौष्टत् [२०] क नास्ति [२१] क संसृष्टं [२२] क आपो [२३] क रसस्पा ग रसस्पां [२४] क विषण्णाव् ग विष्ष्यण्णाव् [२५] ग अथैतरस्य [२६-२६] ग अआयेतातन्देवार्द्रपवि

स त्रिशोकस् सद्य एवालोम्नो कर्णकान् पशून् उदसृजत। ते ऽत्राभ्यातता न्यमृच्य[१] न्यमहन्। सैषो प्राभवत्[२]। तस्माद् [३]आहुर् —गावो[३] प्रेति[२] । [४]तस्माद् व् अमांसाशी[४] प्रायु[५] नाश्नीयात्। अथ हैके ऽभितप्यमानानाः[६] प्रत्यञ्चः प्राद्रवन्। त सिन्धुं प्राविशन्। तल लवणम् अभवत्। तस्माद् आहुर्—गावो लवणम् इति । तस्माद् [७]उ यो[७] लवणेन पणञ् चरति, गाव एव भवन्ति । अथ मेधातिथिस् संवत्सरम् उपप्रास्तृणीत[८] पशुकामः। स एतस्माद् एव वलाद् अश्माभिधानात् पशून् उदसृजत—त्वं वलस्य गोमत इति।

तद् एतत् पशूनाम् उत्सृष्टिस् साम । अव पशून् रुन्द्धे, बहुपशुर् भवति य एवं वेद । यद् उ मेधातिथिर् अपश्यत्, तस्मान् मैधातिथम् इत्य् आख्यायते ॥ २३६ ॥

[१] क न्यम्रुच्य [२] एवं कोशयोः [३-३] क आहुद्वावो [४-४] क तस्मान्मांसाशी [५] ग प्राधु [६] क ग भितव्यमानाः [७-७] ग दयो च दायो [८] ग उपप्रासृणीत

तद् व् एवाचक्षते ऽङ्गिरस्यानां सामेति । अङ्गिरस्या ह वै नामर्षीणां पुत्रा आसुः । ते ऽकामयन्त स्वर्गं लोकम् अश्नुवीमहीति । त एतत् सामापश्यन् । तेनास्तुवत । ततो वै ते[1] स्वर्गं लोकम् आश्नुवत । तद् एतत् स्वर्ग्यं साम । अश्नुते स्वर्गं लोकं य एवं वेद । यद् व् अङ्गिरस्या अपश्यंस् तस्माद् अङ्गिरस्यानां सामेत्य् आख्यायते । तद् व् एवाचक्षते मारुतम् इति । मरुतो वा अकामयन्तौजिष्ठा बलिष्ठा भूयिष्ठा वीर्यवत्तमा देवानां स्याम[2], जयेम स्वर्गं लोकम् इति । त एतत् सामापश्यन् । तेनास्तुवत । ततो वै त ओजिष्ठा बलिष्ठा भूयिष्ठा वीर्यवत्तमा देवानाम् आसन्, अजयन् स्वर्गं लोकम् । ओजिष्ठो बलिष्ठो भूयिष्ठो वीर्यवत्तम स्वानां भवति जयति स्वर्गं लोकं य एवं वेद । यद् उ मरुतो ऽपश्यन् तस्मान् मारुतम् इत्य् आख्यायते ॥ २३७ ॥

[१] क तत [२] ग साम

[1]तद् व् एवाचक्षते[1] वैश्वामित्रम् इति । भरता ह वै सिन्धोर् अपरतार आसुर् इक्ष्वाकुभिर् उद्वाढाः[2] । तेषु ह विश्वामित्रजमदग्नी ऊषतुः । स हेन्द्रो[3] भयदम् आसमात्यं हरी[4] ययाच । तौ हास्मै न ददौ । तयोर् हादत्तयोर्[5] जुहावेन्द्रक्रोश इति । अस्मकस् तस्मिंस् [6]तिष्ठन्—विश्वामित्रजमदग्नी[6], इमा इक्ष्वाकूणां गा विन्दध्वम् इति । तद् धेमाव् अपरतारे सन्तौ शुश्रुवतुः । तौ होचतुर् भरतान्—इन्द्रो वै नाव् [7]अयं ह्वयतीमा[7] इक्ष्वाकूणां गा विन्दध्वम् इति । एत, गा[8] विन्दामहा इति । तौ वै न इमं गाधं कुरुतम् इति । ते वै युङ्ध्वम् इति । ते ह युयुजिरे । ते हाभ्यवेयुः । तौ होचतुर्—या वः पल्पूलन्यस्[9] ता अपास्यतेति । ता हापासुः । अथ ह राजन्यबन्धुर्[10] यस्मै [11]पल्पूलन्य् आस[11], तां हाधो ऽक्षं बबन्ध । ताव् अकामयेतां—गाधो नाव् अयं स्याद् इति । स एतद् विश्वामित्रस् सामापश्यत् । तेनास्तुत ।

पुरां भिन्दुर् युवा कविर् अमितौजा अजायत ।
इन्द्रो विश्वस्य कर्मणो धर्ता[12] वज्री पुरुष्टुतः ॥
त्वं वलस्य[13] गोमतो ऽपावर् अद्रिवो[14] बिलम् ।
त्वां देवा अबिभ्युषस् तुज्यमानास आविषुः ॥
तवाहं शूर रातिभिः प्रत्य् आयं सिन्धुम् आवदन् ।

इत्य् [15]एता आवदन्तौ[15] प्रत्यैताम् । उपातिष्ठन्त गिर्वणो विदुष् टे तस्य कारव इति हैवाप[16] उपतस्थिरे । ताभ्यां ह[17] गाध आस । ते ह गाधेनातिययुः । तद् यस्मिन्न् इयं पल्पूलन्य् आस, [18]तद् धैवापो[18] ऽवचिच्छिदुः[19] । अनशद्[20] वा इयम् इति त एत्र नंशवः[21] । योगो नोद्यत[22] इति त एवायोगव[23] [24]इति । इदम् एवाद्य[24] वसामेति त एव वसातयः ॥ २३८ ॥

[१-१] क तद्धैवाचक्षते [२] ग उत्वाढयः [३] ग हेन्मो [४] ग भरी [५] क हदत्तयोर् | [६-६] एवं क च । ग तिष्ठन्त्विरयुश्वामित्रजमदग्नी [७-७] क अयंह्वयतीमां ग अयाऽन्वयतीमा [८] ग

ता [९] ग पदपूलस् [१०] क ग राजन्यबन्धा [११-११] ग पदपूलन्यस्त्र [१२] ग सत्ता [१३] क ग बलस्य [१४] क ग अदिवो [१५-१५] क ग एतयावदन्तौ [१६] क हैवात्र [१७] क है [१८-१८] ग तद्वैवापो [१९] क विंचिश्छिदुः ग वचिश्छिदुः [२०] एवं क च। ग अशनद् [२१] ग च नंशपो [२२] क नोथ [२३] ग एवागव [२४-२४] क इदमेवाथ ग इति मेवथ

तद् उ हैव कुमारिकाः क्रीळन्तीर् जहुः[१]। स एव यौषितो[२] गिरिर् अभवत्। अथ हवा इमानि वनानीमाश्[३] च नद्यो ऽपरतार[४] आस पुरा सिन्धोर् आसुः। तौ ह पश्चात् परीत्य प्राचीः प्ररुरुधतुः। ततो यान्य् उक्षशर्धतान्य् आसंस्, तानीमानि लवणानि[५]। अथ ये तस्थुस्, त एते क्षुद्रा वनस्पतयो ऽभवन्। [६]अथ ह वा इमानि[६] पीरुस्तच्छमैतद्[७], अथ या नदीस्, तारयांचक्रुस्, ता इमा नद्यो विवसतिहोत्तमास्[८] तारयांचक्रुः। तासु[९] ह तार्यमाणासु सिन्धोर् अप्रियम् आस। स होवाच—

ननु ब्रह्मेति शुश्रुम गाथिनं पितरं तव।
कुतस् त्वा सहस्रम् आगमद् विश्वामित्र बलं तव॥

इति। स होवाच

उत पुत्रो ममतायै गर्भे दीर्घतमा[१०] वदन्।
विपश्चित् तद् अभ्यजायत यज्ञस्यांगानि कल्पयन्[११]॥
कथोदन्वः[१२] पणायसि

इति। ततो वै ते तान् पशून् अविन्दन्त। तद् एतत् पशव्यं साम। अव पशून् रुन्द्धे बहुपशुर् भवति य एवं वेद। यद् उ विश्वामित्रो ऽपश्यत् तस्माद् वैश्वामित्रम् इत्य् आख्यायते। तद् ऐळम् अच्छावाकसाम भवति। पशवो वा[१३] इळा। पशुष्व् एवैतत् प्रतितिष्ठन्ति॥ २३९॥[१४]

[१] क जुहुः [२] क योषितो [३] ग वनानियाश्च [४] क परातार [५] क ग प्लवणानि [६-६] क नास्ति [७] क वीरुस्तच्छमैतद् ग पीरुस्तश्छमैतद् [८] क विसवतीहोत्तमास् [९] क ग तसु [१०] ग दीर्घातमा [११] ग कल्पन् [१२] क कथोदन्व ग कथोदन्वे [१३] क नास्ति [१४] क इत्यष्टममहः ग पञ्चमोध्यायः अष्टममहः

[१]अक्रान्[२] समुद्रः परमे[३] विधर्मन् इति परमो वा अश्वः पशूनां, परमस् समुद्रः, परमं नवमम् अहस्, तस्माद् एता नवमे ऽहन् क्रियन्ते[४]। जनयन् प्रजा भुवनस्य गोपा इति जनद्वतीर् भवन्ति। जनद्वद्[५] वै जगत्यै रूपम्। जागतम् एतद् अहः। [६]वृषा पवित्रे अधि सानो अव्ये[७] बृहत् सोमो वावृधे स्वानो अद्रिर्[६] इति वृषण्वतीर् बृहद्वतीर् भवन्ति बृहतो रूपम्। बार्हतम् एतद् अहः। [८]महत् तत् सोमो महिषश् चकारेति[८] महद् ध्य् एतद् अहर् यद् अष्टाचत्वारिंशम्।

[९]अपां यद् गर्भो ऽवृणीत देवान्।
अदधाद् इन्द्रे पवमान ओजो ऽजनयत् सूर्ये ज्योतिर् इन्दुः॥

इति[९] जनद्वतीर् भवन्ति। प्रातस्सवनाद् एवैतन् नवमम् अहः प्रजनयन्ति।

[१०]मत्सि वायुम् इष्टये राधसे [११]च मत्सि[११] मित्रावरुणा पूयमानः।
मत्सि शर्धो मारुतं मत्सि देवान् मत्सि द्यावापृथिवी देव सोम॥

इति[१०] सर्वदेवत्यं भवति। वैश्वदेवं ह्य् एतद् अहर् जागतम्॥ २४०॥

[१] क अधिपाठः ओं [२] ग अक्रामन् [३] क प्रथमे [४] क क्रियते [५] क जनवद् [६-६] क वृ व्ये वृ द्रिर् [७] ग अभ्ये [८-८] क रेति [९-९] क अ वान जो ज न्दुरिति [१०-१०] क मत्सि च म नो म वान् म मेति [११-११] ग चत्सि

ता एता भवन्ति त्रिष्टुभो[१] जगद्वर्णा अह्नो रूपेण समृद्धाः । यत्र वा अह्नारूपेण समर्धयन्ति[२] सं तत्रर्ध्यते । [३]सम् अस्मा[३] ऋध्यते य एवं वेद । एष देवो[४] अमर्त्य इति सूक्तम् अनुरूपो भवति—पशवो वै सूक्तम् । पशवश् छन्दोमाः—पशूनाम् एवावरुद्ध्यै । अथो भूमा वै पशवः । भूमा सूक्तम् । पशूनाम् एवैतत् पशून् अनुरूपान् कुर्वन्ति । नात्र प्रत्यक्षानुरूपान् कुर्वन्ति । तस्मात् पशवो नानारूपान् जनयन्त्य्—उत श्वेता कृष्णं[५] जनयत्य्[६], उत कृष्णा श्वेतम्, उत रोहिणी कल्माषम्, उत कल्माषी रोहितम् । तास् समानप्रभृतयो भवन्ति नानोदर्काः— [७]एष देवो अमर्त्य, एष देवो विपा कृत, एष देवो विपन्युभिर् इति[७] । इदं वै प्रथमं पदम्, इदं द्वितीयं, अदस् तृतीयम् । तद् आहुः प्रेव वा [८]एते ऽस्माल्[८] लोकाच् च्यवन्ते ये द्वादशाहयाजिनः । अन्तम् इव हि गच्छन्ति[९] तद् यद् एतास् समानप्रभृतयो भवन्ति नानोदर्काः । अस्मिन्न् एवैतल् लोके प्रतितिष्ठन्ति । नानाप्रभृतयस् समानोदर्काष् षष्ठे ऽहन् भवन्ति । अमुष्मिन्न् उ ताभिर् लोके प्रतितिष्ठन्ति ॥ २४१ ॥

[१] ग नास्ति [२] ग समृद्धयन्ति [३-३] क समा [४] क देवे [५] ग कृष्णां [६] ग जनयन्त्य् [७-७] क एष र्त्य श त ए भिरिति [८-८] ग एतस्माल [९] क गच्छति

दशर्चं भवति—दशाक्षरा विराट् । अन्नं विराड्—विराज एवान्नाद्यस्यावरुद्ध्यै । अष्टर्चं भवति । अष्टाचत्वारिंशम् एवैवैतेन[१] स्तोमम् अभिवदति । अथो अष्टाक्षरा वै गायत्र्य्—अष्टाशफाः[२] पशवः । पशवश् छन्दोमाः—पशूनाम् एवावरुद्ध्यै । इन्द्रो वै वृत्रम् अहन् । तं वृत्रं जघ्निवांसम् एभ्यो लोकेभ्यस् सर्वाणि भूतान्य् अन्ववदन्न्—एष वीर, एष वृत्रहेति । वीर्यम् एवास्मिंस् तद् अभिपूर्वम् अदधुः । वीर्यम् इव वा एष चक्रिवान् भवति [३]वृत्रम् इव[३] जघ्निवान् य एतद् अहर् आगच्छति[४] । तद् यद् एष इति भवति वीर्यम् एवास्मिंस् तद् अभिपूर्वं दधति । तद् आहुर् ऋतुमान् पृष्ठ्यष् षडहो ऽनृतवश् छन्दोमाः । अनृताव् इव वा एते प्रतिष्ठिता यच् छन्दोमा इति । तद् यद् एतानि पञ्चर्चं षडृचानि भवन्ति तेनैवर्तुमन्तश् छन्दोमाः क्रियन्ते । स वानुत्तमष् षडृचो भवति । यदा वै प्रत्यक्षं भवत्य् अथैष इत्य् आचक्षते, यदा परोक्षम् अथ स इति । परोक्षम् इवैते यन्ति य एतद् अहर् आगच्छन्ति[५] । तस्मात् स वानुत्तमष् षडृचो भवति येन प्रयन्ति । तेनोद्यन्ति । अष्टाचत्वारिंश स्तोमो भवति । अष्टाचत्वारिंशदक्षरा वै जगती । पशवो जगती । पशवश् छन्दोमाः । पशुष्व् एवैतज् जगत्यां प्रतितिष्ठन्तो यन्ति ॥ २४२ ॥

[१] ग एवैतेन [२] क अष्टशफाः [३-३] ग वृत्रव [४] क ग आगच्छन्ति [५] क आगच्छति

अगन्म महा नमसा यविष्ठम् इति गद्वन्त्य् आज्यानि भवन्ति । गच्छन्तीव वा एते[१] य एतद् अहर् आगच्छन्ति । [२]यो दीदाय समिद्ध स्वे दुरोण[२] इति दीद्यन्त्य्[३] एवैनम् एतेन । [४]चित्रभानुं रोदसी अन्तर् उर्वी[४] इतीमे ह वाव रोदसी इदम् एवान्तरिक्षं [५]मरुतः । स्वाहुतं विश्वतः प्रत्यञ्चम्[५] इति प्रत्यङ् ह्य् एष त्रियहस्[६] तायते । [७]स मह्ना विश्वा दुरितानि साह्वान् इति[७] विश्ववतीर् भवन्ति । वैश्वदेवं ह्य् एतद् अहः ।

अग्नि ष्टवे दम आ[८] जातवेदाः ।
[९]स नो रक्षिषद् दुरिताद् अवद्याद् अस्मान् गृणत उत नो मघोनः[९] ॥

इत्य् आशिषम् एवैतेनाशास्ते । त्वं वरुण उत मित्रो अग्न इत्य् आग्नावारुणी भवति, दुरिष्ट्यै-

वावेष्ट्यै । यद् ध वै [10]किं च[10] यज्ञस्य दुष्टुतं दुश्शस्तं विधुरं तस्य ह वा एषा वेष्ट्यै ।
त्वां वर्धन्ति मतिभिर् वसिष्ठा इति[11] वृद्धं ह्य् एतद् अहः । [12]त्वे वसु सुषणनानि सन्तु यूयं पात
स्वस्तिभिस् सदा न[12] इत्य् आशिषम् एवैतेनाशास्ते ॥ २५३ ॥

[१] ग एता [२–२] क यो+दीण [३] ग दीद्यन्त् [४–४] क चि+र्वी ग ·उर्वी [५–५] क उरु+त स्वा म् [६] क व्यहस् [७–७] क स मन्हा+निति [८] ग अ [९–९] क स द्याद न [१०–१०] ग किन्त्व [११] ग भवति [१२–१२] त्वे वसु न्तु यू न

प्र मित्रयोर् वरुणयोर् इति मैत्रावरुणं भवति ।

[1]स्तोमो न एतु शूष्यः[2] ।
नमस्वान् तुविजातयोः ॥

इति[1] जनद्वत्[3] । नवमम् एवैतेनाहः प्रजनयन्ति । या धारयन्त देवा इति धृत्यै । अन्तम् इव ह्य् एतर्हि गच्छन्ति, छान्दोमेभ्यो नेत् पराञ्चो ऽतिपद्यामहा इति ।

[4]सुदक्षा दक्षपितरा ।
असुर्याय प्रमहसा ॥
ता नः स्तिपा तनूपा [5]वरुणा जरितॄणाम्[5] ।
मित्र साधयतं धियः[4] ॥

इति सिद्धया एव । महं इन्द्रो य ओजसेत्य् ऐन्द्रं भवति । महद् ध्य् एतद् अहर् यद् अष्टाचत्वारिंशम् ।

[6]पर्जन्यो वृष्टिमं इव ।
स्तोमैर् वत्सस्य वावृधे[6] ॥

इति वृद्धं ह्य् एतद् अहः । [7]कण्वा इन्द्रं [8]यद् अक्रत[8] स्तोमैर् यज्ञस्य साधनम्[7] इति सिद्धया एव । [9]प्रजाम् ऋतस्य पिप्रत[9] इति जनद्वत् । नवमाद् एवैतद् अह्नो दशमम् अहः प्रजनयन्ति । नवमाद् वा एतद् अह्नः प्रजातं यद् दशमम् अहः । यद् द्वितीयस्याह्न ऐन्द्राग्नं तद् ऐन्द्राग्नं बार्हतम् । बार्हतं ह्य् एतद् अहः । समयीन्य् आज्यानि भवन्ति । नानाग्रामाव् इव ह वा एतौ यत् [10]पृष्ठ्यश् च[10] षडहश् छन्दोमाश् च । स यथा नानाग्रामौ मित्राणि व्यतिषज्याभय आसीयातां तादृक् तद् यत् समयीन्य् आज्यानि भवन्ति । असमयीनि हैके कुर्वन्ति । तस्मात् समयीन्य् एव कार्याणि । अष्टाचत्वारिंश स्तोमो भवति । अष्टाचत्वारिंशदक्षरा वै जगती । पशवो जगती । पशवश् छन्दोमाः । पशुष्व् एवैतज् जगत्यां प्रतितिष्ठन्तो यन्ति ॥ २४४ ॥[11]

[१–१] क स्तोमो न ष्यो नम रिति [२] ग शुष्यो [३] ग जद्वश् [४–४] क सुद रासु सा ता पा व नान् मित्र य [५–५] ग वरुणजरितृणाम् [६–६] क पर्ज व स्तोमैर्वध [७–७] क कण्वा त स्तो नम् [८–८] ग वद कुत [९–९] क प्र त [१०–१०] ग पृष्ठ्यस्य [११] ग प्रथमोध्यायः

पवमानस्य जिघ्नत इति बृहतो रूपं, हरेश् चन्द्रा इति जगत्यै ।

[1]पवमानो रथीतमश् शुभ्रेभिश् शुभ्रशस्तमः ।
हरिश्चन्द्रो मरुद्गणः[1]॥

इति मरुत्वतीर् भवन्ति । मरुत्वद् वै मध्यन्दिनस्य रूपम् । मध्यन्दिनस्यैव तद् रूपान् न यन्ति । [2]पवमान व्य् अश्नुहीति[2] वैश्वदेवं[3] रूपम् उपगच्छन्ति[4] । वैश्वदेवं ह्य् एतद् अहः । ता घ्नद्वतीर् भवन्ति । अन्तो नवमम् अहः । अन्तम्[5] एवैतद् आगत्यैताभिस् सर्वे

पाप्मानम् अपघ्नते । तासु गायत्रम् उक्तब्राह्मणम् । अथ गातुविन्निधनम् । गातुं[1] विन्दामहा इति सत्रम् आसते । गातुम् एव विन्दन्ते[7] । तद् उपरिष्टोभवद् भवति बहिर्निधनं बार्हतम् । तस्माद् बार्हते ऽहन् क्रियते । तद् व् एवाचक्षते भरद्वाजस्यादारसृद् इति । क्षत्रं वै [8]प्रातर्दनं दाशराज्ञे[8] दश राजानः पर्ययतन्त मानुषे । तस्य ह भरद्वाजः पुरोहित आस । तम् उपाधावद्[9]—ऋष, उप त्वा धावाम[10] । इह नः प्रजानीहीति[11] । सो ऽकामयत भरद्वाजो—जयेम संग्रामम् इति । स एतत् सामापश्यत् । तेनास्तुत । सो ऽब्रवीत् स्तुत्वा—आ वै न इन्द्रो हवं गमिष्यति[12] । जेष्यामो[13] वा इमं संग्रामम् इति ॥ २४५ ॥

[१–१] क एव तमश्शुभ्रेभि मो हरि गण [२–२] क एव इनुहीति [३] ग वैश्वदेव [४] ग गछन्ति [५] ग अन्तर् [६] क गातु [७] ग विन्दते [८–८] क प्रातर्दनन्धाशराज्यै ग प्रातर्न्दनन्दाशराज्ये [९] ग उपाहायद् [१०] ग वावाम [११] ग प्रजानिहीति [१२] ग अधिपाठः मं गमन् [१३] क ज्येष्यामो ग ज्येष्ठयामो

अथ होपमा सावेदसी कल्याण्य् आस क्षत्रस्य प्रातर्दनस्य जाया । तस्यै ह भ्रातरं जघ्नुः । तद् ध धुवनम् आस । तां ह परिधावन्तीम्[1] इन्द्रो ऽभिदध्यौ । स ह शुष्काजिनं परिधायाभ्यवेयाय[2] । तस्य ह विवधे अपूपमूत इतरार्धे ऽपासक्त आसामिक्षा सर्पिषा संयतेतरार्धे[3] । स [4]हास्या अन्तिकं नर्तितुं दध्रे[4] । तां ह स्म[5] नयत् सर्पिषा प्रलिम्पति[6] । तं ह स्म यद् अपलेधत्य्[7], अथ ह स्मास्या अन्तिकम् एव नृत्यति । सायम् आस, व्यपेयुः[8] । तां ह पतिः पप्रच्छ—किम् अत्र किञ्चिद् दिवादो ऽद्राक्षीर् इति । सा होवाच—न नु ततो ऽन्यत्, स्थविर एव[9] मे ऽद्यान्तिकम् अनर्तीत् । तस्य विवधे[10] ऽपूपमूत इतरार्धे [11]ऽपासक्तो ऽभूद् आमिक्षा सर्पिषा संयतेतरार्धे । तं यद् अपासीत् स मथमेद्यान्तिकम् एवानर्तीद् इति । स[11] होवाचा[11] वै न इन्द्रो हवम् अगमत् । जेष्यामो वा इमं संग्रामम्[12] ॥ २४६ ॥

[१] ग परिधान्तीम् [२] क परिधायाभ्यपेयाय [३] ? ग सायतेतरार्द्धे [४–४] ग हास्यान्तिकन्दर्त्ततुन्दस्रे [५] ग सम [६] एवं कोशयोः [७] ग अपसेदत्य् [८] ? एवं कोशेषु [९] ग णव [१०] क ग विविधे [११–११] ग पासक्त भूदा [१२] क होवाच

इन्द्रो वै[1] सो ऽभूत्, तं मोऽद्धिसिष्ठास्, तं सखीकृत्य ब्रूताज्[2]— जयाम संग्रामम् इति । श्वो ह भूते परिसस्रुः । स हायं तादृशेनैव विवधेन परस्तराम्[3] इव [4]नर्तितुं दध्रे[4] । तं ह [5]स्म यत्[5] प्रेप्स्यत्य्, अथ ह स्मेतरः[6] परस्तराम् एव । सा हेक्षाञ्चक्रे— हन्तैनम् अभिवदानीति । तं हाभ्युवाद[7]—

किं ते मजाक मूत

इति ।

य[8] कल्पितोपनराहि[9]

इतीन्द्रः ।

वि ते मजाक शीयतां महतो जोषवाजिन

इत्य् उपमा सावेदसी[10] ।

वि चेत् पुत्रक शीयातं सम् इत [11]तच् छिनवत्[11] पित

इतीन्द्रः ।

विषं मजाक ते भूयात् प्रावभाव् एव सर्पतं[12]

इत्य् उपमा सावेदसी[१३]।

विषं चित् पुत्रका सती मृगं तेन हनत् पिता

इतीन्द्रः।

परो मजाक धावानुकूलं पथैव[१४] यन्

इत्य् उपमा सावेदसी।

परश् चित् पुत्रका सत्य् उपकूलं [१५]पितायति

इतीन्द्रः[१५]।

[१६]प्रियो मे[१६] महिरो[१७] दृशे हस्तेनाभिमृशात्[१८] तत

इत्य् उपमा सावेदसी।

[१९]हिमिति[२०] रम कुरुथा पेवरम हस्तम् अस्यथ
किमोभूत् कथोभूत्
कथामे महिरः प्रियो हस्तेनाभिमृशात् तत

इतीन्द्रः।

एवो ऽभूत् ततो ऽभूत्
यथा ते महिरः प्रियो हस्तेनाभिमृशात् तत

इत्य् उपमा सावेदसी[१९] ॥ २४७ ॥

[१] ग व [२] ग ब्रह्मताज् [३] ग पुरस्तराम् [४-४] ग नर्तितुध्रे [५-५] ग स्मायं [६] ग स्मैतरः [७] ग हान्युपाद [८] ग ये॰ [९] क कल्पिनोपनानहि [१०] ग स्वेदसं [११-११] क तद्धिनवत् [१२] ग सपित [१३] ग सावेसी [१४] क पयेव [१५-१५] क पितायतीतेन्द्रे॰ ग पितायतीन्द्रे॰ [१६-१६] क ? प्रियोर्मे [१७] क मद्धिरो [१८] क हस्तेनाभिमाशात् ग हस्तेनाभि [१९-१९] ग नास्ति [२०] क हिम्मिति

तं हानुसंद्रुत्योवाच—जयाम संग्रामम् इति। से हाजिनम् उपाघ्नान उवाच—

यथेमाम् अमूर् व्युपापतति[१] भास्विति[२]।
एवं क्षत्रस्य [३]मानुषाद् व्युपापतत[३] शत्रवः॥

इति हैवैणेयलोमानि[४] शातयाञ्चक्रे। ते हैवाश्वरथा उत्तस्थुः। तैर् वै [५]स तं[५] संग्रामम् अजयत्। सो ऽब्रवीद् भरद्वाजो—न वै दारे ऽसृन्मेति। यद् अब्रवीद् भरद्वाजो—न वै दारे ऽसृन्मेति, तद् एवादारसृतो ऽदारसृत्त्वम्। तद् एतद् विजितिर्[६] भ्रातृव्यहा साम। विजयते हन्ति द्विषन्तं भ्रातृव्यं, दारे[७] द्विषन्तं भ्रातृव्यं सारयति, नात्मना[८] दारे धावयति। अथो सेन्द्रम्[९] [१०]एव। इन्द्रो[१०] वा एषाम् एतेन हवम् अगच्छद्, आस्येन्द्रो हवं[११] गच्छति य एवं वेद। तद् व् अष्टाक्षरणिधनं[१२] भवत्य्—अष्टाक्षरा वै[१३] गायत्री। अष्टाशफाः पशवः। पशवश् छन्दोमाः—पशूनाम् एवावरुद्ध्यै। यद् उ भरद्वाजो ऽपश्यत् तस्माद् भरद्वाजस्यादारसृद् इत्य् आख्यायते॥ २४८॥

[१] ग व्यंपापतति [२] क भास्सिति [३-३] क मानुष्य व्युगापतत [४] ग हेवैणेयलोमानि [५-५] क स्तं [६] क ग विजिति [७] ग दरे [८] क ग नात्मनो [९] ग सोन्द्रम् [१०-१०] ग एवोन्द्रो [११] ग ह हवं [१२] क ग अष्टाक्षराणिनिधनं [१३] क नास्ति

अथ सैन्धुक्षितम्। सिन्धुक्षिद् वा अन्तं वाचो ऽपश्यत्। वाचं छन्दोमैस् समिच्छन्ति[१]। आसेव वा एतर्हि वाग् भवति छन्दोमेषु। ताम् एवैतत् संविन्दन्ति[२]। अथो अन्त्येन साम्नान्त्यं स्वर्गं लोकम् अश्नवामहा इति। तद् ऐळं भवति। पशवो वा इळा। पशवश् छन्दोमाः—पशूनाम् एवावरुद्ध्यै। अथ हरिश्रीनिधनम्। प्रजापतौ ह वा अग्रे

श्रीर् आस । स इन्द्रो ऽकामयत येयं प्रजापतौ श्रीर् मय्य् एषा स्याद् इति । स एतत् सामापश्यत् । तेनास्तुत । तेन हरिश्रीर् इति प्रजापते श्रियम् अहरत् । तद् धरिश्रीनिधनस्य हरिश्रीनिधनत्वम् । तद् [3]एतच् छ्रीःसवस् साम[3] । अश्नुते श्रियं य एवं वेद । देवासुरा अस्पर्धन्त । तेषु होभयेष्व् एव श्रीर् आस । स इन्द्रो ऽकामयत वृञ्जीयासुराणां श्रियम् इति । स एतत् सामापश्यत् । तेन हरिश्रीर् इत्य् एवासुराणां श्रियम् अवृंक्त । [4]तद् व् एव[4] हरिश्रीनिधनस्य हरिश्रीनिधनत्वम् । तद् एतच् छ्रीर् एव साम । अश्नुते श्रियं, वृंक्ते द्विषतो भ्रातृव्यस्य श्रियं य एवं वेद । तत् त्र्यक्षरणिधनं भवति—त्रयो वा इमे लोका—एषां लोकानां विधृत्यै ॥ २४९ ॥

[१] ग सछन्ति [२] ग संविदन्ति [३-३] क एतश्छ्रःसवस्सम ग एतश्छ्रःसामाश्नुते [४-४] ग तद्वैव

अथाङ्गिरसां निवेष्टः । अङ्गिरसो वा अकामयन्ताव पशून् रुन्धीमहीति । त एतत् सामापश्यन् । तेनास्तुवन । ततो वै तान् सर्वाभ्यो दिग्भ्यः पशवो ऽभिन्यवेष्टन्त । [1]तद् यद् एनान् सर्वाभ्यो दिग्भ्यः पशवो ऽभिन्यवेष्टन्त[1] तन् निवेष्टस्य निवेष्टत्वम् । ते ऽब्रुवन् सं वै न इमा इळा अक्षारिषुर्[2] इति । पशवो वा[3] इळा । तस्माद् व्[3] इळानां संक्षारः । अथ बाभ्रवं[4] ग्वामिर्निधनं[5] बर्हिर्निधनं[3] बार्हतम् । तस्माद् बार्हते ऽहन् क्रियते । बभ्रुर् वै कुम्भ्यो ऽकामयत पशुभिस् सूयेयेति । स एतत् सामापश्यत् । तेनास्तुत । स ग्वाभिर्[6] इत्य् एव निधनम् उपैत् । ततो वै स पशुभिर् असूयत । तद् एतत् पशव्यं साम । अव पशून् रुन्द्धे, बहुपशुर् भवति य एवं वेद । यद् उ बभ्रुः कुम्भ्यो ऽपश्यत् तस्माद् बाभ्रवम् इत्य् आख्यायते । अथ ऋषभः पवमानः । पशवो वै सिमाः, पशवो रेवतयः, पशव ऋषभः । ऋषभम् एवैतत् पशुष्व् अपिसृजन्ति[7] मिथुनत्वाय प्रजननाय । प्र मिथुनेन जायते य एवं वेद । अथो हैषाम् एतेनैव सर्वे छन्दोमा ऋषभवन्तः क्रियन्ते ॥ २५० ॥

[१-१] ग नास्ति [२] ग अक्षराणिषुर् [३] ग नास्ति [४] क बाभ्रं [५] क वाभिर्न्निधनं ग श्वाभिर्न्निधनं [६] क ग श्वाभिर् [७] ग अपीसृजन्ति

अथ गौषूक्तं बर्हिर्निधनं बार्हतम् । तस्माद् बार्हते ऽहन् क्रियते । गौषूक्तिश् च वा आश्वसूक्तिश् चैषौ । तौ ह[1] बहु प्रतिगृह्य गरगिराव् इव मेनाते । ताव् अकामयेताम्—अपेमं गरं गीर्णं हनीवहीति । ताव् एते सामनी[2] अपश्यताम् । ताभ्याम् अस्तुवाताम्[3] । तयोर् अन्यतरो ऽग्निर् आहुत इत्य् एवेमं लोकम् अभिनिराजुहोत् । अग्निं ह वा अस्मिन् लोके न किञ्चनातिरिच्यते । शुक्र आहुत इत्य् एवान्यतरो ऽमुं[4] लोकम् अभिनिराजुहोत् । आदित्यम् उ ह वा अमुष्मिन्[5] लोके न किञ्चनातिरिच्यते । ततो वै तौ[6] तं गरं गीर्णम् अपाघ्नाताम्[7] । तत एनयोर् यथा द्विदतः कुमारस्य सातं स्याद्, एवं सातम् आस । यो गरगीर् मन्येताप्रतिगृह्यस्य प्रतिगृह्यानाश्यान्नस्यान्नम् अशित्वा[8], स एताभ्यां स्तुवीत । अप हैव तं गरं गीर्णं हते । यद् एनेन किं च पापं कृतं भवति, तद् अपहते । ते उ पञ्चाक्षरणिधने भवतः—पञ्चपदा वै पंक्तिः । पांक्ताः पशवः । पशवश् छन्दोमाः—पशूनाम् एवावरुद्ध्यै । यद् उ गौषूक्तिश् चाश्वसूक्तिश् चैताव् अपश्यतां तस्माद् गौषूक्ताश्वसूके इत्य् आख्यायते ॥ २५१ ॥[9]

[१] ग नास्ति [२] ग अधिपाठः वहति तावेते सामनी [३] ग स्तुवाता [४] ग मां [५] ग अस्मिन् [६] क नास्ति [७] क अपाघ्नताम् ग अपाप्नाताम् [८] क अतिशित्वा [९] ग द्वितीयोध्यायः

परीतो षिंचता सुतम् इति परिवतीर् भवन्त्य् अन्तस्य रूपम् । अन्त्यो ह्य् एतद् अहः । [1]सोमो य उत्तमं हविर्[1] इत्य् उत्तमं ह्य् एतद् धविः क्रियते यच् छन्दोमाः ।

[2]दधन्वां[2] यो नर्यो अप्स्व् अन्तर् आ सुषाव सोमम् अद्रिभिः ॥
नूनं पुनानो ऽविभिः परि स्रवादब्धस् सुरभिन्तरः ।
सुते चित् त्वाप्सु मदामो अन्धसा

इत्य्[2] अन्धस्वतीर् भवन्त्य्—अन्नं वा अन्धो—ऽन्नाद्यस्यैवावरुद्ध्यै । श्रीणन्तो गोभिर् उत्तरम् इति गोमतीः पशुमतीर् भवन्ति पशूनाम् एवावरुद्ध्यै । [4]पशवो हि छन्दोमाः । [5]परि स्वानश् चक्षसे देवमादनः क्रतुर् इन्दुर् विचक्षण[5] इति चतुर्ऋचं भवति—चतुष्पदा वै पशवः । पशवश् छन्दोमाः—पशूनाम् एवावरुद्ध्यै[4] । तासु पृष्ठम् । पृष्ठेन वै देवाः पृष्ठम् अभवन् । पृष्ठम् असामेति सत्रम् आसते । पृष्ठम् एव भवन्ति[6] । देवा वा अकामयन्त पृष्ठं स्यामेति । त एतत् सामापश्यन् । तेनास्तुवत । ततो वै ते पृष्ठम् अभवन् । तत् पृष्ठं वा अयम् अग्निर् अस्य लोकस्य, पृष्ठम् अयं वायुर् अन्तरिक्षस्य, पृष्ठम् असाव् आदित्यो दिवः । तत् पृष्ठम् इति वै प्रशंसन्त्य् अत्र प्रतिष्ठापयन्ति[7] । तच् छ्रीर् वै पृष्ठं, वर्ष्म वै पृष्ठम् । अश्नुते श्रियं, वर्ष्म भवति य एवं वेद । तद् ऊर्ध्वेळं भवति बृहतो रूपं बार्हते ऽहन् । तेन वै रूपसमृद्धम् ॥ २५२ ॥

[१-१] क सोमो य विर् [२-२] क दधन्वा यो रा सुषाव भि न्नूनं वादब्धस्सुते सेत्य् [३] ग दधन्वा [४-४] ग नास्ति [५-५] क परि स्व नश्चिक्षनः क्रतुणः [६] एवं ग च । क भवति [७] ग प्रतिष्ठायन्ति

अथ संकृति । त्रिरात्रेण वै देवा ऊर्ध्वा स्वर्गं लोकम् आयन् । स एषाम् असंगृहीतो[1] वीवावृह्यत । तं गायत्रपार्श्वेनैवोदस्तभ्नुवन्, सन्तनिना समतन्वन्, संकृतिना[2] समकुर्वंस्, त्रिषन्धिना समदधुः, श्रायन्तीयेन समश्रीणन्न्[3], अरिष्टेनारिष्टताम् अगमयन् । त्रिरात्रेण यद् देवा स्वर्गं लोकम् आयन्न् एतेन वै तद् आयन् । स एषां संव्यवृह्यत । तस्मिन्न् एतानि भूयिष्ठानि सामानि क्रियन्ते । एतम् एवैतत् त्रिरात्रं भिषज्यन्ति । भेषजम् एवैतेन प्रायश्चित्तिं कुर्वते[4] । संकृतिना वै देवाः प्रजाः पशूञ् छ्रियम् अन्नाद्यं समकुर्वत । तत् संकृतिनस् संकृतित्वम् । प्रजाः पशूञ् छ्रियम् अन्नाद्यं संस्कुरुते[5] य एवं वेद । तस्यो एते वृकणावा भवन्त्य्, उभय्या एव वाच उपाप्त्यै या च ग्राम्या या चारण्या । तच् चतुर्निधनं भवति—चतुष्पदा वै पशवः । पशवश् छन्दोमाः —पशूनाम् एवावरुद्ध्यै ॥ २५३ ॥

[१] ग सुगृहीतो [२] क संकृतिनो [३] क समश्रणन्न्
[४] एवं ग च । क कुरुते [५] ग संस्कुर्वते

अथ कौन्मलबर्हिषम् । एतेन वै कुन्मलबर्हिर् उभयान् पशून् अस्पृणोत् गव्यांश् चाश्व्यांश् च । [1]तान् एवैतेन[1] स्पृणोति । कुन्मलबर्हिर् वा अकामयतोभयान् पशून् अवरुन्धीय गव्यांश् चाश्व्यांश् चेति । स एतत् सामापश्यत् । तेनास्तुत[2] ।

[3]त्वं ह्य् एहि चेरवे विदा भगं वसुत्तये ।
उद् वावृषस्व मघवन् गविष्टय उद् इन्द्रो अश्वमिष्टये[3] ॥

इत्य् एव गव्यांश् चाश्व्यांश् च पशून् अवारुन्द्ध । तैर् उ पशुभिर् इष्ट्वा स्वर्गम् एव लोकम् अगच्छत् । तद् एतत् पशव्यं स्वर्ग्यं साम । अव पशून् रुन्द्धे गच्छति स्वर्गं लोकं य एवं वेद । यद् उ कुन्मलबर्हिर् अपश्यत् तस्मात् कौन्मलबर्हिषम् इत्य् आख्यायते ॥ २५४ ॥

[१-१] ग तानिनवैतेन [२] ग तेनास्तुवत [३-३] क त्वंह्येहि चेरवे वि व उद्वा य उदिय

अथ देवस्थानम् । एतेन वै तृतीयेन ऽह्नेण देवा ऊर्ध्वा स्वर्गं लोकम् आयन् । स एषाम् असंगृहीतो[१] वीवास्रंसत । त एतत् सामापश्यन् । [२]तेनैनम् ए ऽस्थाद् इदं ए ऽस्थाद्[२] इदम् इत्य् एवास्थापयन् । तम् एतेनैवादृंहन् । तद् यद् एतेनास्थापयंस्[३] तद् देवस्थानस्य देवस्थानत्वम् । तद् यद् अत्र देवस्थानं भवत्य् एतम् एवैतत् त्रिरात्रं प्रतिष्ठापयन्त्य्[४], एतं[५] दृंहन्ति । तं संस्कृत्य तेन स्वर्गं[६] लोकम् आयन् । तस्मिन् यत् स्वर्गे लोके समतिष्ठन्त तद् व् एव देवस्थानस्य देवस्थानत्वम् । ते यत्र[७] स्वर्गं लोकम् आयंस् तद् धीरं[८] सर्वं संगोपाङ्चक्रे यथास्यैतन्निधनम् । तेन हैतेन साम्ना महद् एवानपजय्यं जयति । तस्यैष श्लोको—

वैरूपं देवा अभिसंवसानास् तदातस्थुस् तद् उ हैषां व्यारते[९] ।
हिंकृत्य पुनर् आरुह्य[१०] सर्व एवाधून्वत जरसं तनूनाम् ॥

इति । त एतम् एव छन्दोम्यं त्र्यहं संस्कृत्य देवस्थानम् एव साम समारुह्य स्वर्गं लोकम् अगच्छन् । तस्यो एवैष श्लोको—

यद् वैरूर उपहते व्यद्धवे[११] हिंकृण्वन्तस् समतिष्ठन्त यामम् ।
तद् देवस्थानम् असृजन्त साम तेन देवासो अमृतत्वम् आयन् ॥

इत्य् एवामृतत्वम् अगच्छन् ॥ २५५ ॥

[१] ग संगृहीतो [२-२] क ग तेनैनमेस्थादिद मेस्थाद् [३] ग एतेनस्थापयास् [४] ग प्रतिष्ठायन्त्य् [५] ग एत [६] ग स्वर्गं [७] एवं च । क ग यत्त्रय [८] एवं च । क ग धीतं [९] एवं ग च । क व्यरभे [१०] ग आरंभ्य [११] ग व्यद्धवो

प्रजापतिर् अन्नाद्यम् असृजत । तत् क्षयाद् बिभ्यद् दिशो व्युदक्रामत् । सो ऽकामयतावान्नाद्यं रुन्धीयेति । स एतत् सामापश्यत् । तेनैनद् ए ऽस्थाद् इदम् ए ऽस्थाद् इदम् इत्य् एव सर्वाभ्यो दिग्भ्यो ऽन्नाद्यम् अवारुन्द्ध । स यो ऽन्नाद्यकाम स्याच् चतुर् ब्रूयात् । चतस्रो दिशः । दिग्भ्य एवान्नाद्यम् अवरुन्द्धे । अथ य स्वर्गकाम स्यात् त्रिर् ब्रूयात्—त्रयो वा इमे लोका— एषां लोकानां समष्ट्यै । अथार्कपुष्पम्—अन्नं वा अर्कः । तस्यैतत् पुष्पं यद् आरण्यम् । तद् ध्य् अरण्ये जायत—आरण्यस्यैवान्नाद्यस्यावरुद्ध्यै । देवा वै स्वर्गकामास् तपो ऽतप्यन्त । त एते सामनी अपश्यन् । ताभ्याम् अस्तुवत । ततो वै ते स्वर्गं लोकम् आश्नुवत[१] । ते एते स्वर्ग्ये[२] सामनी । अश्नुते स्वर्गं लोकं य एवं वेद । तद् यथा वा अदो वृष्टे[३] नियाने ऽनुदद्दशाते[४] एवम् एवैताभ्यां [५]स्वर्गो लोको ऽनुदद्दशे[५] । ते उ[६] स्वर्ग्ये[७] । अश्नुते स्वर्गं लोकं य एवं वेद ॥ २५६ ॥

[१] ग अश्नुवत [२] ग स्वर्गे [३] ग पृष्टे [४] क अनुद्दशाते [५-५] क स्वर्ग लोकोनुद्दशे ग स्वर्गे लोके न दृशे [६] ग नास्ति [७] ग स्वर्ग्यो

अथ दैर्घश्रवसम्—अन्नं वै दैर्घश्रवसम्—अन्नाद्यस्यैवावरुद्ध्यै । दीर्घतमा वै मामतेयस् सार्नि[१] प्रयन्न् अब्रवीद् दीर्घश्रवसं कनीयांसं भ्रातरम्—एतेषां नो भार्याणाम् अध्यक्ष स्या इति । सो ऽकामयत दीर्घश्रवा—अवान्नाद्यं रुन्धीय, नेमे[२] भार्या अशनायेयुर्[३] इति । स एतत् सामापश्यत् । तेनाग्निम् अस्तौद्—

[४]यो विश्वा दयते वसु होता मन्द्रो जनानाम् ।
मधोर् न पात्रा प्रथमान्य् अस्मै प्र स्तोमा यन्त्व् अग्नये[४] ॥

इति । सो ऽस्मा अग्नि स्तुतस् सर्वम् एवेदं मधुमयम् अन्नाद्यम् अकरोत्[५] । ते हास्य भार्या

आसुर् यथा मध्व् अश्नन्त एवम्। [६]स हैष[६] महान् एव रसो[७], महद् एवैतद् अन्नाद्यम्। तेन हैतेन साम्ना महद् एवान्नाद्यम् अवरुन्द्धे। यद् उ दीर्घश्रवा अपश्यत् तस्माद् दैर्घश्रवसम् इत्य् आख्यायते ॥ २५७ ॥

[१] क सहि [२] क नमे ग मै [३] क अनायेयुर् [४–४] क योवि सुहो नाम्म रमै प्र य
[५] ग अहरोत् [६–६] ग वेष [७] क सो

अथ यशः। यशसा वै देवा यशो ऽभवन्। यशो ऽसामेति सत्त्रम् आसते। यश एव भवन्ति। तच् छ्रीर् वै यशः। अश्नुते [१]श्रियं य[१] एवं वेद। तद् उ सप्तत्रिंशदक्षराणधनं भवति। षट्त्रिंशदक्षरा वै बृहती। बृहती स्वर्गो लोकः। असाव् आदित्यस् सप्तत्रिंशः। एतस्मिन्न् एव तत् स्वर्गे लोके ऽन्ततः प्रतितिष्ठन्ति। तस्यो एतां कल्याणीम् आशिषम्[२] अन्तत आशासत आयुर् विश्वायुर् विश्वं विश्वम् आयुर् अशीमहीति[३]। तयैवैतत् समृध्योदृचम् अश्नुवते। अथ शुल्कः। शुल्केन वै देवाश् शुल्को ऽभवन्। शुल्को ऽसामेति सत्त्रम् आसते। शुल्क एव भवन्ति। तच् छ्रीर् वै शुल्कः[४]। अश्नुते श्रियं य एवं वेद। [५]तद् व् एवाचक्षत आश्वम् इति। देवा वै स्वर्गकामास् तपो ऽतप्यन्त। त एतत् सामापश्यन्। तेनास्तुवत। ततो वै ते स्वर्गं लोकम् आश्नुवत। तद् एतत् स्वर्ग्यं साम। अश्नुते स्वर्गं लोकं य एवं वेद। अथ भर्गः। भर्गेण वै देवा भर्गो ऽभवन्। भर्गो ऽसामेति सत्त्रम् आसते। भर्ग एव भवन्ति। तच् छ्रीर् वै भर्गः। अश्नुते श्रियं य एवं वेद[५]। अथाभिशवम् उभयाभीशुनायै[६]। यथा हैकाभीशुना यायाद् एवं तद् यद् अन्यतरद्, अथ यथोभयाभीशुना यायाद् एवं तद् यद् उभे। एताभ्यां वै द्वादशरात्रो ऽरिष्टस् संगृहीत एति। अरिष्टेन संगृहीतेन द्वादशरात्रेण पाप्मानं तरति श्रियम् अश्नुते य एवं वेद ॥ २५८ ॥

[१–१] ग श्रिय [२] क आषिषम् ग आषितम् [३] ग अधीमहीति [४] ग गर्भो
[५–५] ग नास्ति [६] ग उभयाभीशुमतायै

अथ दीर्घतमसो ऽर्को—ऽन्नं वा अर्को—ऽन्नाद्यस्यैवावरुद्ध्यै। दीर्घतमा वै मामतेयो ऽन्नाद्यकामस् तपो ऽतप्यत। स एतत् सामापश्यत्। तेनास्तुत। ततो वै सो ऽन्नाद्यम् अवारुन्द्ध[१]। तद् एतद् अन्नाद्यस्यैवावरुद्धिस्[१] साम। अवान्नाद्यं रुन्द्धे ऽन्नाद श्रेष्ठ स्वानां भवति य एवं वेद। यद् उ दीर्घतमा मामतेयो ऽपश्यत् तस्माद् दीर्घतमसो ऽर्क इत्य् आख्यायते। [३]असावि सोमो अरुषो वृषा हरिर् इति[३] वृषण्वतीर् भवन्ति बृहतो रूपम्। बार्हतम् एतद् अहः।

[४]राजेव दस्मो अभि गा अचिक्रदत्।
पुनानो वारम् अत्य् एष्य् अव्ययं श्येनो [५]न योनिं[५] घृतवन्तम् आसदत् ॥
पर्जन्यः पिता महिषस्य पर्णिनो नाभा पृथिव्या गिरिषु क्षयं दधे।
स्वसार आपो अभि गा उद् आसरन् सं ग्रावभिर् वसते वीते अध्वरे[४] ॥

इति गोमतीः पशुमतीर् भवन्ति पशूनाम् एवावरुद्ध्यै। पशवो हि छन्दोमाः।

[६]कविर् वेधस्या पर्य् एषि माहिनम् अत्यो न मृष्टो अभि वाजम् अर्षसि।
अपसेधं दुरिता सोम नो मृड घृता वसानः [७]परि यासि[७] निर्णिजम्[८] ॥[६]

इति परिवतीर् भवन्त्य् अन्तस्य रूपम्। अन्तो ह्य् एतद् अहः ॥ २५९ ॥

[१] ग अवरुन्ध [२] क अन्न.द्यस्यावरुद्धिस् ग अन्नाद्यस्यैवावरुध्यैद्धिस् [३–३] क असाविरिति [४–४] क रजे दत् पु यं श्येदं प नो ना ये स्व रन् संसारे [५–५] ग योनि [६–६] क क न म स्य ह घ जम् [७–७] ग पनियास [८] ग निर्न्निजम्

तासु सामराजम् । [१]श्रीर् वै राज्यम्[१] । अश्नुते श्रियं [२]गच्छति राज्यं[२] य एवं वेद । तद् व् एवाचक्षते संवद् इति । प्रवता वै देवा स्वर्गं लोकम् आयन्न्[३] उद्धतोदपतन् । संवता समाश्नुवत । तद् यद् एतानि सामानि भवन्ति प्रवतैव[४] स्वर्गं लोकं प्रयन्त्य्, उद्धतोत्पतन्ति । संवता समश्नुवते[५] । तान्य् उ वाङ्निधनानि भवन्ति । वाचश्[६] छन्दोमैस् समिच्छन्ति । आप्तेव वा एतर्हि वाग् भवति । छन्दोमेषु तद् यद् एतानि वाङ्निधनानि भवन्ति, ताम् एवैतद् वाचं प्रत्यक्षम् उपयन्ति ॥ २६० ॥[७]

[१–१] ग श्रीवैराजम् [२–२] क नास्ति [३] ग प्रायन्न् [४] ग वाचप्रावतैव [५] क समश्नुते [६] क ग वाच [७] ग तृतीयोध्यायः

अथ बृहत् । वर्ष्म वै बृहत् । वर्ष्मण्य् एवैतत् प्रतितिष्ठन्तो यन्ति । तज् जागते ऽहन् भवति । पुंसो वा एतद् रूपं यद् बृहत् स्त्रियै[१] जगती । तद् यद् अत्र बृहत् पृष्ठं भवति, तेनैवैतद्[२] अहर् मिथुनं क्रियते । अथ वामदेव्यम्[३] । पशवो वै वामदेव्यम्[३] । पशुमन्त एव भवन्त्य् एनेन[४] तुष्टुवानाः । श्रायन्त[५] इव सूर्यं विश्वेद् इन्द्रस्य भक्षतेति विश्ववतीर् भवन्ति । वैश्वदेवं ह्य् एतद् अहः । [६]वसूनि जातो जनिमान्य् ओजसेति[६] जनद्वतीर् भवन्ति । जनद्वद् वै जगत्यै[७] रूपम् । जागतम् एतद् अहः ।

[८]प्रति भागं न दीधिमः ॥
अलर्षिरातिं वसुदाम् उप स्तुहि भद्रा इन्द्रस्य रातयः ।
यो अस्य कामं विधतो न रोषति मनो दानाय चोदयन्[८] ॥

इत्य् आशिषम् एवैतेनाशास्ते ॥ २६१ ॥

[१] क स्त्र्यै [२] ग तेनैवतद् [३] ग वामदैव्यम् [४] ग अनेन [५] क त्रायन्त [६–६] क व सेति [७] ग जगतीत्यै [८–८] क प्रति मोल हि भ ये यो ति म यन्

तासु श्रायन्तीयम् । देवा वै सत्रम् उपयन्तो ऽब्रुवन्—यन् नः क्रूरम् आत्मनस् तन् निर्मिमामहै । मा सक्रूरा उपगामेति । तद् यद् एषां क्रूरम् आत्मन आसीत्, तन् निर्माय[१] शरावयोस् समार्जे[२] न्यदधुः । अथ सत्रम् उपायन् । तत एषो ऽग्नौ [३]देवो ऽजायत[३] । तद् यच् छरावाभ्याम् अजायत, तद् अस्यैतन् नाम । एष ह वाव सो ऽग्निर् जज्ञे । न हैनम् एष हिनस्ति य एवं वेद । स देवान् अब्रवीत्—कस्मै माम्[४] अजीजनतेति । औपद्रष्टृयायेत्य्[५] अब्रुवन्—यो[६] ऽतिपादयात् तं हनासा इति । प्रजापतिर् होषसं[७] स्वां दुहितरम् अभ्यध्यायत् । [८]सास्मै रोहिद् भूत्वातिष्ठत्[९] । तां पृषतो भूत्वास्कन्दत् । स ऐक्षतास्मै वै मां देवा अजीजनन्न् औपद्रष्टृयाय[१०] । अति वा अयं पादयति, हन्तैनं विध्यानीति । तम् अविध्यत् । स विद्ध एतद् रूपं[८] प्रत्यस्योर्ध्व[११] उदक्रामत् ॥ २६२ ॥

[१] क निर्मिमाय [२] क समौक्ज ग समार्जे [३–३] ग देवा जायतं [४] क मार्म् [५] क औपद्रष्ट्यायेत्य् ग औपद्रष्प्रायेत्य् [६] ग या [७] क उषसं ग हरुषसं [८–८] ग वि एतद्रूपं [९] एवं च । क भूत्यातिष्ठत् [१०] क औपवृष्टाय [११] क पत्यस्योर्ध्वे ग पत्यस्वोर्द्धव

स एष इषुस् त्रिकाण्डः[१]। तस्मात् पृषतो ऽस्वाद्युतमः। तस्माद् उ शोचतीव। तस्य विद्धस्य रेतः परापतत्। तद् धिमवति प्रत्यतिष्ठत्। तन् मानुषम् अभवत्। तद् देवाश् चर्षयश् चोपसमेत्याब्रुवन्—[२]मेदं दुषद्[२] इति। यद् अब्रुवन्—[२]मेदं दुषद्[२] इति, तन् मादुषस्य मादुषत्वम्। मादुषं ह वै नामैतत्। तन् मानुषम् इत्य् आख्यायते। तद्[३] अग्निना पर्यैन्धत। मरुतो ऽधमन्। श्रायन्तीयेनैनद् अश्रीणन्। तच् छ्रायन्तीयस्य श्रायन्तीयत्वम्। ततः पशवो ऽसृज्यन्त। ये प्रथमे ऽसृज्यन्त ते रोहिताः[४]। ये ऽभितप्यमानाद् असृज्यन्त ते ऽरुणाः। ये ऽभितप्ताद् असृज्यन्त ते बभ्रवः। ये दह्यमानाद् असृज्यन्त ते श्वेताश् च कृष्णाश् च। तस्माद् व् अयम् एवाग्निर् दहति श्वेतं चैव कृष्णं च। विष्फुलिंगाभ्य एवाजाश् चैणेयाश् चासृज्यन्त, अङ्गारेभ्यो ऽङ्गिरसः॥ २६३॥

[१] ग त्रिकण्वास् [२–२] क मेदन्दुष ग मेदव्रिषत च मेदंद्विषत [३] ग तम् [४] एवं कोशेषु

अङ्गारमिश्राद् भस्मनस् तिस्रो वशा असृज्यन्त—मैत्रावरुणी बार्हस्पत्या वैश्वदेवी। भस्मन[१] एव गर्दभो ऽसृज्यत। तस्मात् स भस्मनः प्रतिरूपः[२]। तस्मात् स[३] बभ्रिय-माणो[४] जीवति। तद् एतद् वीरजननं पशव्यं साम। वीरा वै[५] तद् अजायन्त यद् अङ्गिरसः। एत उ पशवो ऽसृज्यन्त। अस्य वीरो जायते[६], ऽव पशून् रुन्द्धे, बहुपशुर् भवति य एवं वेद। स यो यज्ञविभ्रष्ट स्यात् [७]छ्रायन्तीयम् अस्य[७] पृष्ठेषु ब्रह्मसाम कुर्युः। पृष्ठानि च वा एतं[८] स्तोत्राणि चावधून्वते यो [९]यज्ञस्य विभ्रष्टः[९]। पृष्ठेषु चैवैनं[१०] तत् स्तोत्रेषु च प्रतिष्ठापयन्ति।

[११]यत इन्द्र भयामहे ततो नो अभयं कृधि।
मघवन् शग्धि तव तन् न ऊतये वि द्विषो वि मृधो जहि॥

इति[११] मृध एवैतेन पाप्मानम् अपघ्नते। तासु समन्तम्[१२] उक्तब्राह्मणम्। तद् ऐळम् अच्छावाकसाम भवति। पशवो वा इळा। पशुष्व् एवैतत् प्रतितिष्ठन्ति॥ २६४॥[१३]

[१] ग भस्म [२] एवं क च। ग प्रतिरूपं [३] ग नास्ति [४] एवं च। क बभ्र्यमाणो ग भ्रियमाणो [५] क एव [६] एवं च। क ग जनयते [७–७] ग छायन्तीयस्य [८] एवं कोशेषु [९–९] एवं ग च। क यज्ञविभ्रष्टः [१०] एवं च। क ततएवैनं ग वैवैनं [११–११] क यत हे तत धि म ये वि हीति [१२] ग सन्तम् [१३] ग चतुर्थोऽध्यायः

'त्वं सोमासि धारयुर्' इति धृत्यै। अन्तम् इव ह्य् एतर्हि गच्छन्ति छन्दोमेभ्यो नेत् पराञ्चो ऽतिपद्यामहा इति। 'त्वं सुतो मदिन्तम' इति मद्वतीर् भवन्ति। रसो वै मदः। धीतम् इवैतद् यत् तृतीयसवनम्। तद् यद् एता मद्वतीर् भवन्ति रसम् एवास्मिन्न् एतद् दधति। ऐवैनद् एतेन प्याययन्ति। [३]त्वं सुष्वाणो अद्रिभिर्[३] इति त्वम् इति भवति बृहतो रूपम्। बार्हतम् एतद् अहः।

अभ्य् अर्ष कनिक्रदत्।
[४]द्युमन्तं शुष्मम्[५] उत्तमम्[४]॥

इत्य् उत्तमो ह्य् एष त्र्यहः क्रियते यश् छन्दोमाः। तास् समानप्रभृतयो भवन्ति नानोदर्काः। इदं वै प्रथमं पदम् इदं द्वितीयम् अदस् तृतीयम्। तद् आहुः प्रेव वा एते ऽस्माल् लोकाच् च्यवन्ते[६] ये द्वादशाहयाजिनो ऽन्तम् इव हि गच्छन्ति। तद् यद् एतास् समान-प्रभृतयो भवन्ति नानोदर्का, अस्मिन्न् एवैतल् लोके प्रतितिष्ठन्ति। नानाप्रभृतयस् समानोदर्काष् षष्ठे ऽहन् भवन्ति। अमुष्मिन्न् उताभिर् लोके प्रतितिष्ठन्ति। तासु गायत्रम्

उक्तब्राह्मणम् । अथैदावसुनिधनं बर्हिर्निधनं[७] बार्हतम् । तस्माद् बार्हते ऽहन् क्रियते । [८]असुर् ह[८] वै नामर्षिर् अपशुर् आस । सो ऽकामयताव पशून् रुन्धीयेति । स एतत् सामापश्यत् । तेनास्तुत । स इदं वस्व् इत्य् एव निधनम् उपैत् । तद् एवैदावसु-निधनस्यैदावसुनिधनत्वम् । तत् पशवो वै वसु । ततो वै स पशून् अवारुन्द्ध । तद् एतत् पशव्यं साम । अव पशून् रुन्द्धे बहुपशुर् भवति य एवं वेद । तच् चतुरक्षरणिधनं भवति—चतुष्पदा वै पशवः । पशवश् छन्दोमाः— पशूनाम् एवावरुद्ध्यै ॥ २६५ ॥

[१-१] क त्वं सोसियुर् त्वं सोमविधारयुर् [२-२] क त्वं सुम [३-३] क त्वं भिर् [४-४] क षु मम्
[५] ग शुष्कम् [६] ग च्यवन्ती [७] क ग बर्हिर्निधनं [८-८] क नास्ति

अथ काशीतम् । कशीतिं वै सौभरं सत्रे यक्ष्माविन्दत् । सो ऽकामयताप यक्ष्म हनीयेति । स एतत् सामापश्यत् । तेनास्तुत ।

[१]वात आ वातु भेषजं शंभु मयोभु नो हृदे ।
प्र न[२] आयूंषि तारिषत्[१] ॥
[३]यद् [४]अदो वात[४] ते गृहे ऽमृतस्य निधिर् हितः ।
ततो नो[५] देहि[६] जीवसे[३] ॥
[७]उत वात पितासि न उत भ्रातोत नस् सखा ।
स नो जीवातवे कृधि[७] ॥

इति वात एवास्मै भेषजम् अकरोत् । तद् एतद् भेषजं प्रायश्चित्तिस् साम । भेषजं वै स तत् प्रायश्चित्तिम् अकुरुत । भेषजम् एवैतेन प्रायश्चित्तिं कुर्वते । तद् उ कामसनि । एतं वै स कामम् अकामयत । सो ऽस्मै कामस् समार्ध्यत । यत्काम एवैतेन साम्ना स्तुते सम् अस्मै स काम ऋध्यते । तस्यो प्रतीचीम् इळाम् उपयन्ति. छन्दोमेभ्यो नेत्[८] पराञ्चो ऽतिपद्यामहा इति—[९]पशवो वा इळा । पशवश् छन्दोमाः—पशूनाम् एवावरुद्ध्यै[९] । यद् उ कशीतिस् सौभरो ऽपश्यत् तस्मात् काशीतम् इत्य् आख्यायते । अथाश्वसूक्तम् उक्त-ब्राह्मणम् । तत् पञ्चाक्षरणिधनं भवति—पञ्चपदा वै पंक्तिः । पांक्ताः पशवः । पशवश् छन्दोमाः—पशूनाम् एवावरुद्ध्यै । अथ शाम्मदम्[१०] उक्तब्राह्मणम् । अथ हाविष्कृतम् उक्तब्राह्मणं निरुक्तिर् हविषः[११] । तच् चतुरक्षरणिधनं भवति—चतुष्पदा वै पशवः । पशवश् छन्दोमाः—पशूनाम् एवावरुद्ध्यै । [१२]त्वं ह्य् अंग दैव्यति[१२] त्वम् इति भवति बृहतो रूपम् । बार्हतम् एतद् अहः । [१३]पवमान जनिमानि द्युमत्तम[१३] इति जनद्वतीर् भवन्ति । जनद्वद् वै जगत्यै रूपम् । जागतम् एतद् अहः । तासु सौपर्णम् उक्तब्राह्मणम् । [१४]पवस्व देववीतय[१४] इति सर्वदेवत्यं भवति । वैश्वदेवं ह्य् एतद् अहर् जागतम् । [१५]तव द्रप्सा उदप्रुत इन्द्रं मदाय वावृधुर्[१५] इति वृद्धं ह्य् एतद् अहः । [१६]आ नस् सुतास इन्दव[१६] इत्य् आवतीर् भवन्त्य् अनतिपादायैव ॥ २६६ ॥

[१-१] क वात जं शंभु दे प्र रषद् [२] ग ण [३-३] क य हे मृ तस्ततो नो देहि जीवस [४-४] ग देवात [५] ग नास्ति [६] एवं कोशेषु [७-७] क उत वात पितासि न उत वा स कृधि [८] ग नोत् [९-९] ग नास्ति [१०] क शाम्मैदम् [११] ग हविष्टः [१२-१२] क त्वं ह्यं नेति [१३-१३] क पव म [१४-१४] क पवस्व य [१५-१५] क त त इ धुर् [१६-१६] क आ नरसु ता व

तासु वैश्वमनसम् । विश्वमनसं वै समिद्धारं परेतम् अरण्य ऋक्षो ऽविन्दत् । सो

ऽकामयतापर्भ्न्[1] हनीयेति। स एतत् सामापश्यत्। तद् अभ्यगायत। तम्[2] इन्द्रो ऽपश्यद्[3] —विश्वमनसम्[4] ऋश्नो ऽविदद् इति। तम् अभ्याद्रवत्। [5]तस्याद्रवत श्वसथात[5] प्राव्लीयत[6]। तम् अपृच्छद्—विश्वमनः कस् त्वैष परेणेति। सूर्मी मघवन्न् इति ब्रूहीत्य् अब्रवीत्। सूर्मी मघवन्न् इत्य् अब्रवीत्। अङ्क्तैनां दण्डेनाभिजहीति[7] सो ऽब्रवीत्। तृणकम्[8] आछिद्य शनैर् अध्यस्येति। तं[9] तृणकम् आछिद्य शनैर् अध्यास्यत्। तद् एवेन्द्रो वज्रम्[10] असिञ्चत्। [11]तस्यो तद्[11] एव प्राघ्नन्। तद् उ भ्रातृव्यहा रक्षोहा[12] साम। हन्ति द्विषन्तं भ्रातृव्यं, अप रक्षः पाप्मानं हते, य एवं वेद। यद् उ विश्वमना अपश्यत् तस्माद् वैश्वमनसम् इत्य् आख्यायते ॥ २६७ ॥[13]

[१] ग -तापक्षं [२] क तद् [३] क पश्यदद् [४] क विश्वमनससम् [५-५] क तस्याद्रवतश्वसथात् [६] क प्राउपीयत ग प्रल्लीयत [७] ग दण्डेनाभिजसीति [८] ग त्रिणकम्म् [९] ग तद् [१०] क ग मज्रम् [११-११] एवं कोशेषु [१२] ग नास्ति [१३] ग पञ्चमोध्यायः

[1]परि त्यं हर्यतं हरिम्[1] इति परिवतीर् भवन्त्य् अन्तस्य रूपम्। अन्तो ह्य् एतद् अहः।

[2]बभ्रुं पुनन्ति वारेण।

यो देवान् विश्वं इत् परि

इति[2] विश्ववतीर् भवन्ति। वैश्वदेवं ह्य् एतद् अहः। [3]मदेन सह गच्छतीति[3] मद्वतीर् भवन्ति। अभिपूर्वम् एवैतत् तृतीयसवने[4] रसं मदं दधाति।

[5]द्विर् यं पञ्च स्वयशसं स्वसारो[6] अद्रिसंहतम्।
प्रियम् इन्द्रस्य काम्यं प्रस्नापयन्त ऊर्मयः ॥[5]

इत्य् आशिषम् एवैतेनाशास्ते[7]। [8]इन्द्राय सोम पातवे वृत्रघ्ने परि षिच्यस इति[8] वर्त्रघ्न्यो भवन्त्य् अन्ततो विजित्यै। तासु गौरिवीतम्[9] उक्तब्राह्मणम्। अथ निहवः। इन्द्रो वै तृतीयसवनाद् बीभत्समान[10] उदक्रामत्। धीतम् इव ह्य् आसीत्। तम् एतेन विश्वे देवास् साम्नान्वह्वयन्तायिही[11] आयिही[11] इति। ततो वा इन्द्रस् तृतीयसवनम् उपावर्तत। ततो ऽस्माद् अनपक्रम्य् अभवत्। तद् एतत् सेन्द्रं साम। सेन्द्रो[13] हास्य सदेवो यज्ञो भवति। अभ्य् अस्येन्द्रो यज्ञम् आवर्तते। नास्येन्द्रो यज्ञाद् अपक्रामति य एवं वेद। तद् व् एवाचक्षते वसिष्ठस्य निहव इति। वसिष्ठो वै जीतो[14] हतपुत्रो[15] ऽकामयत प्रजां पशून् निह्वयेयेति। स एतत् सामापश्यत्। तेनास्तुत[16]। [17]तेनायिही आयिही[17] इत्य् एव प्रजां पशून् न्यह्वयत[18]। तद् व् एव निहवस्य निहवत्वम्। प्रजां पशून् निह्वयते य एवं वेद। तद् उ स्तोभानुतुन्नं भवति। अनुतुन्नाद् वै प्रजाः पशवः प्रजायन्ते। पशवश् छन्दोमाः। तेन वै रूपसमृद्धम्। यद् उ वसिष्ठो ऽपश्यत् तस्माद् वासिष्ठस्य निहव[19] इत्य् आख्यायते ॥ २६८ ॥

[१-१] क परि रिम् [२-२] क ब ण यो रिति [३-३] क म तीति [४] ग तृतीयसवसवने [५-५] क द्वियँ वसं स्व तं प्रि म्यं प्र य [६] ग स्वसासे [७] ग एवैतमाशास्ते [८-८] क इन्द्रा वे मृध इति [९] क ग गौरिवीतम् [१०] क भीभत्समान ग बिभत्समान [११] क साम्नान्यह्वयन्तायाही ग सम्नान्यन्वयन्तायिही [१२] क आयाही ग आधिही [१३] ग ऐन्द्रो [१४] ग जितो [१५] ग हतस्य पुत्रो [१६] क नास्ति [१७-१७] क तेनायिही आइहि ग तेनायिहि आयिहि [१८] ग न्यवह्वयत [१९] ग निहवं

अथ यज्ञाद्विष्ठीयम्[1]। अग्निर् वै देवेभ्यो हव्यं नवमाद् अह्नो दशमम् अहर् अभ्य्

अतिवोढुं नाकामयत । ते देवा अकामयन्तातिं न इदम् अग्निर् हव्यं वहेद् इति । त एतत् सामापश्यन् । तेनैनम् अस्तुवन्—

[1]यद् वाहिष्ठं तद् अग्नये बृहद् अर्च विभावसो ।
महिषीव त्वद् रयिस् त्वद् वाजा उद् ईरते ॥
तव द्युमन्तो अर्चयो ग्रावेवोच्यते बृहत् ।
उतो ते तन्यतुर् यथा स्वानो [3]अर्त त्मना[3] दिवः ॥
एवो अग्निं वसूयवस् सहसानं ववन्दिम ।
स नो विश्वा अति द्विषः पर्षन् नावेव सुक्रतुः[2] ॥

इति । यथा नावातिपारयेद् एवम् एवैभ्य एतद् अग्निर् हव्यं नवमाद् अह्नो दशमम् अहर् अभ्य् अत्यपारयत् । एष ह वा एतद् अतिपारयितुम् अर्हति । तद् यद् अत्र यद्वाहिष्ठीयं[1] भवति यज्ञस्यैव संतत्यै । सम् अस्मै यज्ञस् तायते तस्याग्निर्[4] हव्यं पारयति य एवं वेद । तद् ऊर्ध्वेळं भवति बृहतो रूपं बार्हते ऽहन् । तेन वै रूपसमृद्धम् ॥ २६९ ॥

[१] ग यद्वाहिष्मीयम् [२-२] क यद्वा ये बृ सो म यिस्त्व ते त यो ग्रा हदु था स्वा व ए वस्स म ष र्प्य तुः [३-३] ग ऋतुत्मना [४] क त्यस्याग्निर्

अथासितम् । ऋषयो ला अब्रुवन्न्—एतेमम् उपरिश्येनं स्वर्गं लोकं जिगीषाम, 'यद् अस्मिन्न्[1] एते ऽथर्वाण इति । प्रेणी सौमाहितो मधुच्छन्दा वैश्वामित्रो ऽसितो दैवलो[2] य उ चान्ये तस्य हान्तिकम्[3] दिदीक्षते[4], तेषां ह ज्योग् एव यजमानानां नोपशुश्रुवुर्[5] बहू य् एव वर्षाणि । तेषाम् उ होपशुश्रुवुर्—आश्रावयति वै, वषट्करोति[6] वा इति । स होद्धन्तो[7] नामाथर्वणाम् एकश् चमसहस्त उपावरुरोह । तान् होवाच—किंकामा आध्व इति । इमम् उपरिश्येनं स्वर्गं लोकं जिगीषाम, यस्मिन्न् एते ऽथर्वाण इति । तान् होवाचेथ[8] ग्रामं जघनेना३ इति । इमो हीति । कस्मै कामायेति । पथ इति । ओम् इति होवाच, न नु वस् तत् स्वर्ग्यम् इति । अथ ह चमसम् अवेक्षांचक्रे । [9]स होवाचाश्नीथ मांसा३म्[9] इति । अश्नीमो हीति । कस्मै कामायेति । चक्षुषश् च प्राणानां चेति । ओम् इति होवाच, नो वाव वस् तत् स्वर्ग्यम् इति । अथ ह[10] चमसम् एवावेक्षांचक्रे । स होवाचो ऽपेथ स्त्रिया३ इति । उपेमो हीति । कस्मै कामायेति । प्रजायै संतत्या अव्यवच्छेदायेति । ओम् इति होवाच, नो वाव[11] वस् तत् स्वर्ग्यम् इति । अथ ह चमसम् एवावेक्षांचक्रे । स होवाच—वदथानृता३म्[12] इति । वदामो हीति । कस्मै कामायेति । स्त्रीकाम्या वा नर्मकाम्या वा सखीकाम्या[13] चेति । ओम् इति होवाच ॥ २७० ॥

[१-१] एवं च । क यस्मिन्न् ग यदास्मिन्न् [२] क देवलो [३] एवं कोशेषु [४] एवं क च । ग दिदृक्षते [५] क नोपाशुश्रुवुर् [६] क वषट्-करोमि [७] क दोद्धन्तो [८] क ग होवाचैथ [९-९] ग स होवाच श्रायमरुत्ताम् [१०] क नास्ति [११] ग वा [१२] क ग यदथानृताहुम् [१३] क सखिकाम्या

उत्तिष्ठत, कामान् ब्रूध्वं[1], नो वाव वस् तस्याशास्ति यद् अमुं लोकं जयेतेति[2] । अथ ह[3] प्रेणी सौमाहितः पापक आस । स होवाच—सप्तानाम् एव स्यो वस्तानां दुर्वृषतां वृणीते । यां याम् व् अच्छाब्रवीय, सा सा त्वं कामयताद्[4] इति । अथ ह [5]मधुच्छन्दा वैश्वामित्र[5] उवाच—ब्राह्मणमुखम् एवाहं वृणा इति । अथ हासितो दैवल[6] उवाचेतम् एवाहं चमसम् अवेक्षा[7] इति । स होवाचैव एवैषाम् एको व्रतयति । तं हैवावेक्ष्यैतत्[8] साम ददर्श । तेनास्तुत ।

राये अग्ने महे त्वा दानाय सम् इधीमहि ।
ईळिष्वा हि महे वृषं द्यावा होत्राय पृथिवी[९] ॥

इति । द्यावापृथिवी सर्व इमे लोकाः । ततो वै स[१०] सर्वान् इमान् लोकान् अनुसमचरत् । स ह पूर्वाह्ण एव देवानां[११] समित्याम् आस, मध्यन्दिने मनुष्याणां दुपद्दस्य वार्द्ध्रविष्णस्य[१२], अपराह्णे पितॄणाम् । तद् एतत् स्वर्ग्यं साम । सर्वान् इमान् लोकान् अनुसंचरत्य्[१३], अश्नुते स्वर्गं लोकं य एवं वेद । यद् व् असितो दैवलो ऽपश्यत्, तस्माद् आसितम् इत्य् आख्यायते ॥ २७१ ॥

[१] ग इह्वं [२] क ग जयेयेति [३] क हे ग नास्ति [४] क कामयाथाद् ग कामयाताद् [५-५] ग मधुश्छन्दा वै विश्वामित्र [६] क ग देवल [७] ग अवैक्षा [८] ग होवावैक्ष्येतत् [९] क ग पृथिवीम् [१०] क नास्ति [११] क देवानां ग दवानां [१२] ग वाद्ध्रविष्णस्य [१३] क अनुसमचरत्य् ग अनुसमचरतमच्चर्

अथ साध्रं सिद्ध्या एव । तन् मध्येनिधनं भवति प्रतिष्ठायै । समुद्रं वा एतेनारम्भणं प्रप्लवन्ते य[१] आर्भवं पवमानम् उपयन्ति । तद् यन् मध्येनिधनं भवति प्रतिष्ठित्या एव । देवा वा अकामयन्त कृतंकृतं नस् सिध्येद् इति । त एतत् सामापश्यन् । तेनास्तुवत । ततो वै तेषां कृतंकृतम् असिध्यत् । कृतंकृतं नस् सिध्येद् इति[२] सत्रम् आसते । कृतंकृतं हैवैभ्यस् सिध्यति । यद् व् एवैषाम् एतेन साम्ना कृतंकृतम् असिध्यत् तस्मात् साध्रम् इत्य् आख्यायते । सध्रिर् वैरूपः पशुकामस् तपो ऽतप्यत । स एतत् सामापश्यत् । तेनास्तुत । स एताम्[३] इळाम् उपैत् । पशवो वा इळा । ततो वै स पशून् अवारुन्द्ध[४] । तद् एतत् पशव्यं साम । अव पशून् रुन्द्धे बहुपशुर् भवति य एवं वेद । यद् उ सध्रिर् वैरूपो ऽपश्यत् तस्मात् साध्रम् इत्य् आख्यायते ॥ २७२ ॥

[१] ग नास्ति [२] क इति वै [३] ग एनम् [४] ग अवारुन्धे

अथाकूपारम् । अकूपारो वै कश्यपः कलिभिस् सह समुद्रम् अभ्यवैषत् । तस्मिन् प्रतिष्ठाम् ऐच्छत् । स एतत् सामापश्यत् । तेनास्तुत । ततो वै स समुद्रे प्रतिष्ठाम् अविन्दतेमाम् एव पृथिवीम् । ततो ह स्म वै तस्य कलयः पृष्ठ आसते । तद् एतत् प्रतिष्ठासाम । प्रतितिष्ठति य एवं वेद । समुद्रो वै छन्दोमाः । कश्यपो वै समुद्रम् अतिपारयितुम् अर्हति । तद् यद् अत्राकूपारं भवति समुद्रस्यैवातिपारणाय । यद् व् अकूपारः कश्यपो ऽपश्यत्, तस्माद् आकूपारम् इत्य् आख्यायते । अथैता द्विपदो भवन्त्य् उक्तब्राह्मणाः । ता एता भवन्ति पवस्व सोम महे दक्षायेति । महद् ध्य् एतद् अहर् यद् अष्टाचत्वारिंशम् । तासु विधर्मोक्तब्राह्मणम् । तच् चतुरक्षरणिधनं भवति—चतुष्पदा वै पशवः । पशवश् छन्दोमाः —पशूनाम् एवावरुद्धयै । 'उपो षु जातम् अप्तुरम्' इति जनद्वतीर् भवन्ति । जनद्वद् वै जगत्यै रूपम् । जागतम्' एतद् अहः ।

[१]गोभिर् भंगं परिष्कृतम् ।
इन्दुं देवा अयासिषुः ॥

अर्षा नस् सोम शं गवे धुक्षस्व पिप्युषीम् इषम् ।
वर्धा समुद्रम् उक्थ्यम् ॥ [३]

इति गोमतीः पशुमतीर् भवन्ति, पशूनाम् एवावरुद्धयै । पशवो हि छन्दोमाः । [४]तम् इद् वर्धन्तु नो गिर[४] इति वृद्धं ह्य् एतद् अहर् यद् अष्टाचत्वारिंशम् ॥ २७३ ॥

[१–१] क उपो पुरम् [२] क जगम् ग जगम् [३–३] क गोभिः त शवे द्भुत शव क्षम्
[४–४] क तर

तासु श्रुधीयम् । प्रजापतिर् यज्ञम् असृजत । तं देवेभ्यः प्रायच्छत् । स भयाद् विभ्यत् प्राद्रवत् । ते देवा अकामयन्त[१]—शृणुयान् न इति । त एतत् सामापश्यन् । तेनैनं श्रोधियेत्य् अन्वह्वयन् । सो ऽशृणोत् । तम् अब्रुवन्—अभि न आवर्तस्वेति । भयाद् वै बिभमीति । नेत्य् अब्रुवन् । तस्मै वै मे श्रद्धां कुरुतेति । तस्मै[२] श्रोधियेत्य् एव श्रद्धाम् अकुर्वन् । तम् एह्य् आ इत्य् [३]एव न्यह्वयन्त[३] । ततो वै तेभ्यो यज्ञो नोदक्रामत् । तत एनान् उपावर्तत[४] । उत्क्रान्त[५] इवैतर्हि यज्ञो भवति नवमे ऽहन् । तद् यद् अत्र श्रुधीयं भवति, सम् [६]एवैनम् एतेन[६] यज्ञं निह्वयन्ते । तस्माच् छ्रोधियेत्य् एव प्रथमायां कुर्याच् छ्रोधेमेत्य् उत्तरयोः । अथो यस्मै जीवातुं कामयेत, तम् एतनैव निह्वयेत ॥ २७४ ॥[७]

[१] क अकामयत [२] एवं कोशेषु [३–३] ग एवन्न्यह्वयन्त [४] क ग अपावर्तत
[५] क ग उत्क्रामन्त [६–६] ग एवैतेन [७] ग षष्ठोऽध्यायः

अथ यज्ञायज्ञीयम् उक्तब्राह्मणम् । अथ दैवानीकम् । देवासुरा अस्पर्धन्त । ते देवा अकामयन्ताग्निनैवानीकेनासुराञ् जयेमेति । त एतत् सामापश्यन् । तेनास्तुवत । [१]भद्रो नो अग्निर् आहुत[१] इत्य् अग्निम् एवानीकम् अकुरुत ।

[२]भद्रा रातिस् सुभग भद्रो अध्वरः ।
भद्रा उत प्रशस्तयः ॥
भद्रं मनः कृणुष्व वृत्रतूर्ये येना समत्सु सासहिः ।

इति[२] समत्स्व् एवैनान् असहन्त । [३]अव स्थिरा तनुहि भूरि शर्धताम् इति[३] [४]यद् एवैषां[४] वीर्यं यद् बलम् आसीत् तद् एतेनावाघ्नन् । [५]वनेमा ते अभिष्टय[५] इत्य् एवैनान् अभ्यतिष्ठन् । ततो वै ते ऽग्निनैवानीकेनासुरान् अजयन् । तद् एव दैवानीकस्य दैवानीकत्वम् । तद् एतद् विजिति भ्रातृव्यहा साम । विजयते हन्ति द्विषन्तं भ्रातृव्यं य एवं वेद ॥ २७५ ॥

[१–१] क भंत [२–२] क भ रो भ यो भ यें ये हि ति [३–३] क अव तामिति [४–४] ग यदोषां
[५–५] क वने य

अथेध्मवाहम्[१] । ऋषयो वै स्वर्गं लोकं यन्त इध्मवाहं[२] समिद्धारं परेनम् अरण्य एकम् अजहुः । सो ऽकामयतानूत्पतेयं स्वर्गं लोकं प्रतिसत्रिभिस् संगच्छेयेति । [३]स ऐक्षत—हन्त[३] प्रति सत्रिण[४] एव [५]स्तवानि । त[५] एव मा स्तुतास् तथा करिष्यन्ति यथैषाम्[६] उपश्रोष्यामीति[७] । स एतं तृचम् अपश्यत् । तेनैनान् अस्तौद्—

[८]आ घा ये अग्निम् इन्धते स्तृणन्ति बर्हिर् आनुषक् ।
येषाम् इन्द्रो युवा सखा ॥
बृहन्न् इद् इध्म एषां भूरि शस्तं पृथु स्वरुः ।
येषाम् इन्द्रो युवा सखा ॥
अयुद्ध इद् युधा वृतं शूर आजति सत्वभिः ।
येषाम् इन्द्रो युवा सखा ॥

इति[८] । ते ऽस्मै स्तुतास् तथाकुर्वन् यथैषाम् उपाश्रोषत्[९] । तेषां ह कशानां वदन्तीनाम् उपशुश्राव[१०] । स एतत् सामापश्यत् । तेनास्तुत ॥ २७६ ॥

[१] क अथैद्ध्मवाह ग अथैत्ह्मा ह [२] ग इत्-ह्मवाहं [३–३] क नास्ति [४] ग सत्रिणं [५–५] क स्तवानिन्त [६] क यथेषाम् ग अथे-ताम् [७] क उश्रोष्यामीति [८–८] क आ घा

ये ते स्तृ ग्ये वा भृ षां भू रिर्यें षायु तं शू भिर्ये खेति [९] क उपाश्रोषन् ग उपाश्रेषत् [१०] क उप-शुश्रावं ग पशुश्राव

इहैवा[१] शृण्व एषां कशा[२] हस्तेषु [३]याद् वादान्[३] ।
नि यामैश् चित्राम् ऋञ्जताइ ॥

[४]नि यामैश् चित्रम् आर्ञ्जताथि एहि या औहो तम् एहि यौ हो एहि यौ हो वा एहीत्य् एव स्वर्गे लोके उपाह्वयन्त । ततो वै स प्रतिसत्रिभिस्[५] समगच्छत । स[४] एतेनैव[६] साम्ना स्तुत्वा स्वर्गं लोकम् आरोहत्[७] ।

आ घा ये[८] अग्निम् इन्धातायि[९] स्तृणन्ति[१०] बर्हिर् आनुषक्[११] ।
येषाम्[१२] इन्द्रो युवा इहा सखावुवो[१३] वा साखो हा ॥

इत्य् एव स्वर्गं लोकम् अन्वारोहत् । तद् एतत् स्वर्ग्यं साम । अश्नुते स्वर्गं लोकं य एवं वेद । यद् व् इध्मवाहो[१४] ऽपश्यत् तस्माद् ऐध्मवाहम्[१५] इत्य् आख्यायते ।

अथ[१६] त्रैककुभम् उक्तब्राह्मणं त्रीन्द्रियं साम । ऐन्द्री ऋच[१७] ऐन्द्रं सामेन्द्र इति निधनं भवति । त्रीणि पुरुष इन्द्रियाण्य्— आत्मा प्रजा पशवः । [१८]तान्य् एवैतेनात्मन्[१८] परिगृह्णीते ।

[१९]गायन्ति त्वा गायत्रिणो अर्चन्त्य् अर्कम् अर्किणः ।
ब्रह्माणस् त्वा शतक्रत[१९] उद् वंशम् इव येमिरे ॥

इति यद् वै शतवत् सहस्रवत् तच् छन्दोमानां[२०] रूपम् । पशवो वै छन्दोमाः[२१] ॥ २७७ ॥

[१] इहैवा३ [२] क ग काशा [३–३] एवं कोष्ठयोः [४–४] ग नास्ति [५] क प्रति-सत्रभिस् [६] एवं च । क एतेन ग एतैनै [७] क ग आरुहत [८] क ये३ [९] एवं च । क इन्धा३ता३यि ग इण्डातायि [१०] क तृणन्ति ग स्तृणवन्ति [११] क आनुषा३क् ग आनुषक्

[१२] क ये३षाम् [१३] क वुवो [१४] ग इत्मवाहो [१५] ग एतम्मवाहम् [१६] ग नास्ति [१७] क ररच ग रिरिच [१८–१८] ग तानेवै-तोत्मन् [१९–१९] क गा । णो । च्च । ण क्रत [२०] क ग छान्दोमानां [२१] क छान्दोमाः ग छान्दोमा

तासूद्वंशीयम् उक्तब्राह्मणम् । तस्य पुरस्तान् निधनस्य प्रतिहारम् उपयन्ति । प्रस्ताव-प्रतिहाराभ्यां वै यजमानो[१] [२]भृतः । अतीता[२] इवैतर्हि भवन्ति । तद् यत् पुरस्तान् निध-नस्य प्रतिहारम् उपयन्त्य् अनतिपादायैव । तत् स्वारं भवति । अभि दशमम् अह स्वरति । स्वारम् एतद्[३] भवति[४] । स्वारेण श्वो भूते प्रतिपद्यन्ते । स यथा समात् समं संक्रामेद्, यथा प्राणेन प्राणं [५]संदध्यात्, तादृक्[५] तत् ॥ २७८ ॥[६]

[१] क यजमाननो [२–२] क भृतो३तीता [३] एवं ग च । क एतं [४] एवं च । क ग नास्ति [५–५] ग सन्दधात्यात्ता [६] क इति

नवममहः । ३३ खण्डम् । शुभमस्तु गुरुभ्यो नमः अविघ्नमस्तु । ओं ॥ ग सप्तमोऽध्यायः

[१]पूर्वैर् अहोभिर् वाचं विप्रयुञ्जते । तां यद् असंपाद्योत्तिष्ठेयुर् व्यृद्धेनोत्तिष्ठेयुः[१] । ताम् एवैतत् संपादयन्ति । अन्वहं वा एते वरुणस्य पाशे बध्यन्ते ये यजन्ते ये सत्रम् आसते । यद् यत् प्रत्यपक्रामन्तो[३] यन्ति [४]वरुणस्य पाशान् एवैनद्[४] विष्यमाणा यन्ति, स्तोत्रियैर् वा इतो रेतो दधतो यन्त्य्, अनुरूपैर् अत्र प्रतिपद्यन्ते, प्र तज् जनयन्ति । प्र

प्रजया पशुभिर् जायते य एवं वेद । प्रायणीयेनैवाह्ना[5] द्वादशाहो युज्यते दशमेनाह्ना विमुच्यते । येन वै योक्त्रेणाश्वम् अश्वतरं युञ्जन्ति तेनैवैनं पुनर् विमुञ्चन्ति । तद् या अमूः पुरस्तान् नव स्तोत्रीयास् ता एवैतद् [6]उपरिष्टात् । शम्या[6] उदस्यन्ति । तस्मात् पशुर् यथैव युज्यते तथा विमुच्यते । तस्माद् उ योगक्षेमः कल्पते[7] । यान् प्रायणीयस्याह्नस् तृचान् विच्छिन्दन्ति ॥ २७९ ॥

[१] क अधिपाठः आं [२] क त्रिरद्धेनो- ग वीरिद्धेनो- [३] ग प्रत्यक्रामन्तो [४–४] क त्ररुणपाशानेवैतद् ग वरुणस्य पाशेनेवैतद् [५] क प्रायणीयेनवाह्ना [६–६] क उपरिष्टाछम्या ग उपरिष्टाछम्या [७] ग कल्पेते

क ते संतायन्त इत्य् आहुः । दशमे ऽहन्न् इति ब्रूयात् । तृचैर् एकर्चान् उभयतस् संतन्वन्ति, प्राणानाम् एव संतत्या अव्यवच्छेदाय । अभि वा एता अन्यान्यस्यै लोकं ध्यायन्ति—ब्रह्म क्षत्रस्याभिध्यायति[1], क्षत्रं विशो, विड् ब्रह्मणः । ता अन्यान्यस्यै लोकम् अभिध्यायन्तीः कामं गमयन्ति । यत्काम एता आहरते सम् अस्मै स[2] काम ऋध्यते । प्रस्तुतछन्दा[3] वै प्रथमस् त्रियहः[4] । तेन [5]सो ऽयातयामा[5] क्रियते । वि[6] द्वितीयस्य छन्दांसि पर्यूहन्ति । तेन द्वितीयस् त्रियहो[4] ऽयातयामा क्रियते । वि तृतीयस्य छन्दांसि पर्यूहन्ति । तेनैव तृतीयस्य त्रियहो[6] ऽयातयामा क्रियते ॥ २८० ॥

[१] ग क्षत्रियस्याभिधायति [२] ग नास्ति [३] ग प्रस्तुवछन्दा [४] क त्र्यहः [५–५] एवं ग च । क सायातयामा [६] क ग त्र्यहो

गायत्रमुखो वै प्रथमस् त्रियहः[1] । तस्माद् अयम् अग्निर् ऊर्ध्वो दीदाय[2] । गायत्रमध्यो द्वितीयस् त्रियहः[1] । तस्माद् अयं वायुस् तिर्यङ् पवते । गायत्रोत्तमस् तृतीयस् त्रियहः[1] । तस्माद् असाव् अर्वाङ् आदित्यस् तपति । देवासुरा अस्पर्धन्त । ते ऽब्रुवन् यो नस् त्रिर् अनवानं गायत्रं गायति स न इमांश् च लोकान् संजयति[3] प्राणापानव्यानांश्[4] चेति । [5]सो ऽयास्य[5] आङ्गिरसस् त्रिर् अनवानं गायत्रम् अगायत् । तेनेमांश् च लोकान् समजयत् प्राणापानव्यानांश्[4] च । सम् इमांश् च लोकाञ् जयति प्राणापानव्यानांश्[4] च य एवं विद्वांस् त्रिर् अनवानं गायत्रं गायति । यो वा अग्निष्टोमेन दशाहं कल्पमानं वेद कल्पते ऽस्मै प्रातस्सवनेनैव[6] प्रथमस् त्र्यहः[7], कल्पते माध्यन्दिनेन द्वितीयस्, तृतीयसवनेन तृतीयो, ऽग्निष्टोमसाम्नैव दशमम् अहः कल्पते । कल्पते ऽस्मै य एवं वेद ॥ २८१ ॥

[१] क त्र्यहः [२] ग दीयाय [३] ? ग च सञयतु [४] क ग प्राणापाणव्यानांश् [५–५] क सोऽयास्य ग सोयस्य [६] एवं ग च । क प्रातस्सवनेन [७] ग त्रियंगः

अथैतान्य् आप्रीर् आज्यानि भवन्ति । प्रजापतिः प्रजा असृजत । स सृष्ट्वा रिरिचानो[1] ऽमन्यत । स एतान्य् आप्रीर् आज्यान्य् अपश्यत् । तैर् आत्मानम् आप्रीणीतायातयामतायै[2] । रिच्यन्त इव वा एत य एतद् अहर् आगच्छन्ति । तद् यद् एतान्य् आप्रीर् आज्यानि भवन्त्य् आत्मानम्[3] एवैतैर् यजमाना आप्रीणते[4] ऽयातयामतायै । [5]अनिरुक्तान्य् आज्यानि[5] भवन्ति छन्दसाम् अनभिधर्षाय, पापवस्यसस्य[6] विवक्त्यै । वि पाप्मना विच्यते य एवं वेद । ऐन्द्राग्नम् उत्तमं पदं निराह छन्दसाम् अप्रणाशाय यज्ञस्यानुख्यात्यै । अनुख्यातेनैव यज्ञेन स्वर्गं लोकं समश्नुवते । तद् आहुर् यत् सर्वेभ्यो

ऽहोभ्यो दशमम् अहस् [७]संमरन्त्य्, अथ[७] [८]कनैषां[८] छन्दोमा अनन्तरिता भवन्तीति। स्तोमेनेति ब्रूयात्। चतुर्विंशं सप्तमम् अहर् भवति, चतुर्विंशं दशमम् अहः। अथो यद् एवैतत् समत्य् एकम् आज्यं भवति तेनो एवेति ॥ २८२ ॥[९]

[१] क ररचानो [२] ग आप्रीणतयातयामातयै [३] क आरमा ग आरमान [४] क आप्रिणते [५-५] ग अनुरुक्ताराज्यानि [६] क पवस्यसस्य ग पवमानस्यसस्य [७-७] एवं च। क ग सं-रभत्येथ [८] ग तनैषां [९] ग प्रथमोद्ध्यायः

उच्चा ते जातम् अन्धसेत्य् उद्वतीर् उत्थानीये[१] ऽहन् भवन्त्य् अथो स्वर्गस्यैव लोकस्याभ्युत्क्रान्त्यै[२]। स्वर्गो ह्य् एष लोको यद् दशमम् अहः। स न इन्द्राय यज्यवे वरुणाय मरुद्भ्य इति मरुत्वतीर् भवन्ति। मरुत्वद् वै मध्यन्दिनस्य रूपम्। मध्यन्दिनस्यैव तद् रूपान् न यन्ति।

> एना [३]विश्वान्य् अर्य[३] आ द्युम्नानि मानुषाणाम्।
> सिषासन्तो वनामहे ॥

इति सिषासद्वतीर्[४] भवन्ति। सिषासन्तो ह्य् एवैतेनाह्ना स्वर्गं लोकं गच्छन्ति[५]। तासु गायत्रम् उक्तब्राह्मणम्। अथामहीयवम्। प्रजापतेर् वा आमहीयवम्। प्राजापत्यम् एतद् अहः। तद् यद् अत्रामहीयवं प्राजापत्ये ऽहन् क्रियते [६]ऽहर् एव[६] तद् रूपेण समर्धयन्ति[७]। तेनैभ्यस् समृद्धेन स्वायां जनतायाम् ऋद्धुकं[८] भवति। अथाजीकम्[९] उज्जित्यै। देवासुरा यक्ष आजिम् आयन्। ते देवा अकामयन्तोद् इमम्[१०] आजिं जयेमेति। त एतत् सामापश्यन्। तेनास्तुवत। ततो वै ते तम् आजिम् उदजयन्। आजिम् इवैते यन्ति य एतद् अहर् आगच्छन्ति। तद् यद् अत्राजीकं भवत्य् उज्जित्या एव। उज्जयति य एवं वेद। तद् वा आजीकम् इति कवत् प्राजापत्यं सामाह्नो रूपेण समृद्धम्। यत्र वा अहारूपेण समर्धयन्ति[७] सं तत्रर्ध्यत। सम् अस्मा ऋध्यते य एवं वेद ॥ २८३ ॥

[१] क ग उक्थनीये [२] क ग अभ्युत्क्रामन्त्यै [३-३] क विश्वन्नर्यं [४] एवं क च। ग सिषास-मुद्वतीर् [५] क गमयन्ति [६-६] ग हरौ [७] ग समृद्धयन्ति [८] क ग ऋद्धुकाम [९] एवं कोशयोः। पञ्चविंशे ब्राह्मणे १५.९.६ आजि-गम् [१०] ग इदम्.

अथाभीकम्। देवा वा अकामयन्ताभीकं नश् शिवम् आप उपस्पृशेयुर् इति। त एतत् सामापश्यन्। तेनास्तुवत। ततो वै तान् अभीकं[१] शिवम् आप उपास्पृशन्। तद् आभीकस्याभीकत्वम्। अभीकं ह वा एनं शिवम् आप उपस्पृशन्ति[२] य एवं वेद। ऋषयो वै तपस् तेपाना अशोचन्। ते ऽकामयन्ताभीकं नश् शिवम् आप उपस्पृशेयुर्[३] इति। त एतत् सामापश्यन्। तेनास्तुवत। ततो वै तान् अभीके ऽभ्यवर्षत्। तद् व् एवाभीकस्याभीकत्वम्। तद् आपो वै शान्तिः। शुशुचाना इवैते तेपाना इव भवन्ति[४] य एतद् अहर् आगच्छन्ति। [५]तद् यद् अत्राभीकं[५] भवति शुच एवापहत्यै। तद् वा आभीकम् इति कवत् प्राजापत्यं सामाह्नो रूपेण समृद्धम्। यत्र वा अहारूपेण समर्धयन्ति[६] सं तत्रर्ध्यते। सम् अस्मा ऋध्यते य एवं वेद ॥ २८४ ॥

[१] ग अभीकों [२] क ग स्पृशन्ति [३] क स्पृशेयुर् [४] ग समान्ति [५-५] क ग तद्यत्राभीकं [६] ग संरुद्धयन्ति

अथैताः प्रत्नं पीयूषं पूर्व्यं यद् उक्थ्यम् इति सतोबृहतयो भवन्ति । अनुष्टुब् वै यज्ञम् असृजत । वाग् वा अनुष्टुप् । प्रजापतिर् वा [1]अनुष्टुप् छन्दः । सोऽब्रवीद्[1] यज्ञं सृष्ट्वा—छन्दांसि पुत्रका[2] विन्दध्वम् इति । तान्य् एतयाविन्दन्त । यत् त्रिपदा तेन गायत्री । उष्णिक्ककुभौ तयाविन्दन्त । यद् द्वादशाक्षराणि पदानि तेन जगती । तेनो [3]एवानुष्टुप् । अक्षरैर् एव[3] बृहत्य् अविन्दत । यद् दोहवती तेन पंक्तिः । आयतनेन[4] [5]त्रिष्टुप् । यद्[5] विश्ववती तेन सर्वाणि छन्दांसि । तान्य् एतयैवाविन्दन्त । विन्दते य एवं वेद । सर्वेषां वा एषा छन्दसां रसस् तेजस् संभृतम्[6] । सर्वेषाम् एवैतच् छन्दसां रसे तेजस्य् अपराजिते छन्दसि[7] यज्ञस्यान्ततः प्रतितिष्ठन्ति ॥ २८५ ॥

[१-१] क ग अनुष्टुप्छन्दसाब्रवीत् [२] एवं क च । ग पुत्रकामा [३-३] क एवानुष्टुबक्षरैरेव ग एवानुष्टुबोक्षरेरेव [४] ग आयतनेनन [५-५] क त्रिष्टुब्यद् ग त्रिष्टुबुछयद् [६] ग सभृत्यतं [७] एवं च । क ग छन्दसी

ताः प्रत्नवतीर् भवन्ति । प्रजापतिर् वै प्रत्नः । प्रजापताव् एव तत् प्रतितिष्ठन्ति । अथो स्वर्गो वै लोकः प्रत्नः । स्वर्ग एव तल् लोके प्रतितिष्ठन्ति । तासां सर्वासां समावदक्षराणि पदानि भवन्ति । [1]तद् यत् समावदक्षराणि पदानि भवन्ति[1] तत् सतोबृहतीनां सतोबृहतीत्वम् । सर्वतो ह वै बृहद्[2] भवति य एवं वेद । तद् उ होवाच यामनो भ्रातलायनो[3]—यदा वा एतद् अहर् आगच्छन्त्य् अथ मुह्यन्ति । अतोऽन्या बृहतीः कुर्वते । पुनानस् सोम धारयेत्य् एव बृहती[4] कार्या । एषा वै ज्ञाता बृहती । यद् ध वै बहवो यन्तो ज्ञातमुखं कृत्वा यन्ति सर्वे वाव ते ज्ञाता भवन्ति । तद् यत् पुनानस् सोम धारयेति बृहती भवति तेनैवैतद् अहर् ज्ञातं क्रियते । भूयांसि तु रूपाण्य् अपराध्यन्ते । इतराण्य् एव भूयांसि[5] रूपाणि ॥ २८६ ॥

[१-१] क नास्ति [२] एवं च । क ग बृहन् [३] ग भ्रातलायनो [४] क बृहती: [५] ग भूयं

तद् आहुर् न बुभूषन् भूतबृहतीभि स्तुवीत । भूत एवैताभि स्तुवीत[1] न बभूषन्न् इति[1] । भूता[2] इव वा एता यासां द्वादशाक्षराणि पदानि । अथेमा भविष्यद्बृहतयः पुनर् आदायेन बृहत्यो भवन्ति । तस्माद् भूत एव भूतबृहतीभि[3] स्तुवीत न बुभूषन्न् इति । तद् उ वा आहुर्—यावद् वै क्रत्वो यजते तावद् बुभूषति तावत् कामयते—श्रेयान् स्यां श्रेयान् स्याम् इति । तस्माद् उभयीर् एव [4]कार्या एतयोर्[4] उभयोः कामयोर् उपाप्त्या इति ॥ २८७ ॥

[१-१] क नास्ति [२] ग भूत [३] ग भूतबृहती [४-४] क कार्य्यैतयो: ग कार्य्या एवयां:

[1]उत्सेधनिषेधाव् एव[1] सतोबृहतीषु स्यातां, यज्ञायज्ञीयं भविष्यद्बृहत्याम् । तथा ह्याभ्यावर्ता भवन्त्य् अपराचीः । तद् [2]आहुर् न[2] चतुर्थाय छन्दसे माध्यन्दिनः पवमानः । तत्स्थानश् चतुर्थम् इव वा एतच् छन्दः क्रियत इति । तद् यत् बृहतीतरा भवति बृहतीतरा तेन [3]समानच्छन्दः । तास्तूत्सेधनिषेधौ[3] । उत्सेधेन वा अङ्गिरसः पशून् उत्सिध्य निषेधेन [4]निषिध्योदतिष्ठन् । उत्सेधेनैवैतत् पशून् उत्सिध्य निषेधेन[4] निषिध्य उत्तिष्ठन्ति ॥ २८८ ॥

[१-१] ग उत्सेधनिषेधो वै [२-२] ग आहोत्रं [३-३] एवं च। क समाछन्दस्तसूत्सेधनिषेधः ग समाछन्दस्थासूत्सेधनिषेधः [४-४] ग नास्ति

ताव् अन्तरा यज्ञायज्ञीयं भवति। पशवो वै यज्ञायज्ञीयम्। एतांस् तान् पशून् उत्सिध्य [1]च निषिध्य[1] चोत्तिष्ठन्ति। प्रजापतेर् वा एतौ प्राणापानौ। यद् उत्सेधनिषेधौ भवतः [2]प्राणापानाभ्याम् एव तत् समृध्यन्ते[2]। पापवस्यसस्य ह खलु वा एते विदारणं सामनी। राजसभम् एतद् यद् दशमम् अहाम्। उच् च वै पापीयांसं सभायाम् अतिवदन्तं सेधन्ति नि च सेधन्ति। तद् यद् उत्सेधनिषेधौ भवतः पापवस्यसस्यैवोत्सिद्ध्यै च निषिद्ध्यै च। वाग् वै यज्ञायज्ञीयम्। तद् अन्तरोत्सेधनिषेधौ भवति। आत्मा वै वाक्। प्राणापानाव् उत्सेधनिषेधौ। तद् यद् यज्ञायज्ञीयम् अन्तरोत्सेधनिषेधौ भवति, प्राणापानाभ्याम् एवैतद् उभयत आत्मानं परिगृह्णते[3]। तस्मात् प्राणापानाभ्यां वाक् परिगृहीता ॥ २८९॥

[१-१] ग नास्ति [२-२] ग प्राणापानाभ्यामुध्यन्ते [३] ग परिगृह्ण

तेजो वै यज्ञायज्ञीयम्, आत्मा मध्यन्दिनः। तद् यद् यज्ञायज्ञीयं[1] मध्यन्दिनम् अभि प्रत्याहरन्त्य् आत्मन्न्[2] एवैतत् तेजः प्रतिष्ठापयन्ति। यज्ञायज्ञीयेन[3] वै पूर्वेष्व् अहस्सु गर्भान् दधतो[4] यन्ति। तद् दशमे ऽहन् योनेश् च्यावयन्ति। तस्माद् दशमास्या[5] [6]गर्भा योनेश् च्यवन्ते[6] प्रजात्यै। तं मध्यन्दिनम् अभि[7] प्रत्याहरन्ति। आत्मा वै मध्यन्दिनः प्रजैषा। तद् यद् यज्ञायज्ञीयं मध्यन्दिनम्[8] अभि प्रत्याहरन्त्य्, आत्मन्न् एवैतत् प्रजां प्रतिष्ठापयन्ति। मध्यन्दिनाद् वै देवा यज्ञायज्ञीयेनोर्ध्वा स्वर्गं लोकम् उदक्रामन्। तद् यद् उष्णिक्ककुभाव् उत्तर भवतो, बृहती पूर्वा — पुरुष छन्दसं ककुप्, स्वर्गो लोको बृहती—स्वर्ग एव तल् लोके प्रतिष्ठाय स्वर्गं[9] लोकम् आरोहन्। देवासुरा यज्ञ आजिम् आयन् दशमस्याह्नः। ते यज्ञायज्ञीयम् एव काष्ठाम् अकुर्वत। ते देवा अकामयन्त वयम् इमम् आजिम् उज्जयेमेति[10]। ते यज्ञायज्ञीयम् मध्यन्दिनम् अभि [11]प्रत्याहरन्न्, अतो[11] ऽन्तिकाद् [12]उज्जेष्याम इति[12]। एतद् उ ह वै देवानां देवक्षेत्रं यत् पवमानः। ततो वै ते तम् आजिम् उदजयन्। आजिम् इवैते यन्ति य एतद् अहर् आगच्छन्ति। तद् यद् [13]अत्र यज्ञायज्ञीयं[13] भवत्य् उज्जित्या एव। उज्जयति य एवं वेद ॥ २९०॥

[१] क यज्ञायज्ञीयंस्तद्यद्यज्ञायज्ञीयं ग यज्ञायज्ञीय [२] ग आत्मन्य् [३] ग यज्ञायज्ञीयौ [४] ग दवतो [५] एवं ग च। क दशमस्या [६-६] क गर्भा ये नेश्च्यवन्ते ग दर्भा योनेश्च्यावन्ते [७] ग अभिमभि [८] ग माध्यन्दिनम् [९] ग स्वर्ग [१०] ग उज्जयमेति [११-११] ग प्रत्याहरन्ततो [१२-१२] क ग उज्जेष्यामीति [१३-१३] क अत्राजीकं

पशवो वै यज्ञायज्ञीयम्। आत्मा मध्यन्दिनः। पशुमान् ह्य् एव यज्ञंयज्ञम् आहरते[1]। तद् यद् यज्ञायज्ञीयम् मध्यन्दिनम् अभि प्रत्याहरन्ति आत्मन्न् एवैतत् पशून् प्रतिष्ठापयन्ति। अथैता भवन्त्य् आ जागृविर् विप्र ऋतं मतीनाम् इत्य् आवतीर् उत्थानीये ऽहन्। यत् प्रवतीः कुर्युः पराञ्चो ऽतिपद्येरन्। तद् यद् आवतीर् भवन्त्य् अनतिपादायैव। तद् आहुर् अपेव वा एते भ्रंशन्ते य आवतीर् उत्थानीये ऽहन् कुर्वन्तीति। तद् यत् सोमो मीढ्वम् अभि नो ज्योतिषावीद् इति भवत्य् अभिक्रान्त्या एवानपभ्रंशाय। तासु गौरिवीतम्[2]। [3]प्रजा वै

पशवो गौरिवीतम्[३], आत्मा मध्यन्दिनः। तद् यद् गौरिवीतं[४] मध्यन्दिनम् अभि प्रत्याहरन्त्य् आत्मन्न् [५]एवैतत् प्रजां पशून्[५] प्रतिष्ठापयन्ति। [६]श्वस्तनं वै गौरिवीतम्[७], आत्मा मध्यन्दिनः। तद् यद् गौरिवीतं[७] मध्यन्दिनम् अभि प्रत्याहरन्त्य् आत्मन्न् एवैतच् छ्वस्तनं प्रतिष्ठापयन्ति। रसो वै गौरिवीतम्[७], आत्मा मध्यन्दिनः। तद् यद् गौरिवीतं[७] मध्यन्दिनम् अभिप्रत्याहरन्त्य्, आत्मन्न् एवैतद् रसं प्रतिष्ठापयन्ति[६] ॥ २९१ ॥[८]

[१] एवं ग च। क आरभते [२] क ग गौरुवीतम् [३-३] एवं च। क प्रजायै पशवो गौरुवीतम् ग नास्ति [४] क गौरुवीतम् ग गौरीवीतम् [५-५] ग एवैतद्रसं [६-६] ग नास्ति [७] क गौरुवीतम् [८] ग द्वितीयोद्ध्यायः

अथ रथन्तरम्। ब्रह्म वै रथन्तरम्। ब्रह्मण्य् एवैतत् प्रतितिष्ठन्तो यन्ति। तद् गायत्रीषु भवति। रेतो वै गायत्र्यै रथन्तरं, योनिर् वै रथन्तरस्य गायत्री। तद् यद् गायत्रीषु रथन्तरं भवति, योन्याम् एवैतद् रेतः प्रतिष्ठापयन्ति[१]। अनुष्ठ्यास्य[२] रेतस् सिक्तं प्रजायते य एवं वेद। गायत्रं ह खलु वै रथन्तरं गायत्री छन्दः। तद् यद् गायत्रीषु रथन्तरं पृष्ठं भवति, स्वेनैवैनं[३] तद् आयतनेन समर्धयन्ति। तेनैभ्यस् समृद्धेन स्वायां जनतायाम् ऋद्धुकं भवति। त्रीणि वा एतानि सम्यञ्चि संधीयन्ते— गायत्री छन्दश्, चतुर्विंश स्तोमो, रथन्तरं साम। तद् यद् एतानि सम्यञ्चि संधीयन्ते समृद्ध्या एव। सम् अस्मा ऋध्यते य एवं वेद ॥ २९२ ॥

[१] एवं क च। ग प्रतिष्ठापयति [२] ग अनुष्ठ्यास्या [३] क सेनैवैनं

एते ह खलु वा अकर्योदामनीये एते रथन्तरस्याक्षरे व्यतिषक्ते। एताभ्याम् एवैतद् द्विषन्तं भ्रातृव्यम् उपोभ्योत्तिष्ठन्ति[१]। तद् आहुर् व्यूढम् एतद् अहा३स्[२] [३]समूढा३म् इति[३]। उभयम् इति ब्रूयाद्, व्यूढं च समूढं चेति। सामभिर् व्यूढं छन्दोभिस् समूढम् इति। एता भवन्ति मा चिद् अन्यद् वि शंसतेति मासान् एवैतद् अर्धमासान् अभिवदति। अथो तेषाम् एव प्रजापतिम् अनु प्रजायत।

इन्द्रम् इत् स्तोता वृषणं सचा सुते मुहुर् उक्था च शंसत ॥
अवक्रक्षिणं[४] वृषभं यथाजुवं गां न चर्षणीसहम्।

इति गोमतीः पशुमतीर् भवन्ति पशूनाम् एवावरुद्ध्यै। तासु मैधातिथम्[५] उक्तब्राह्मणम्। उद् उ त्ये मधुमत्तमा इत्य् उद्वतीर् उत्थानीये ऽहन् भवन्त्य्, अथो स्वर्गस्यैव लोकस्याभ्युत्क्रान्त्यै। स्वर्गो ह्य् एष लोको यद् दशमम् अहः ॥ २९३ ॥

[१] एवं क च। क उपेभ्योत्तिष्ठन्ति [२] ग अह हु [३-३] ग समूढाहुमिति [४] क अवर्कक्षिणो [५] क मैतिथम्

तास्व् अभीवर्तः। देवासुरा अस्पर्धन्त। ते देवा अकामयन्ताभीमान् असुरान् भवेमेति। त एतम् अभीवर्तम् अपश्यन्। तेनासुरान् अभ्यवर्तन्त। यद् अभ्यवर्तन्त तद् अभीवर्तस्याभीवर्तत्वम्। तद् यद् अत्राभीवर्तो भवति—वज्रो वा अभीवर्तो—वज्रेणैव तद् द्विषन्तं भ्रातृव्यम् अभिवृत्योत्तिष्ठन्ति। [१]तस्यैकाक्षरं निधनं[१] भवति। एकाक्षरा वै वाक्। प्रतिकूल इव वा इत स्वर्गो लोकः। स्वर्गो ह्य् एष लोको यद् दशमम् अहः। तद्

यद् एकाक्षरं निधनं भवति यथा [२]दृढां मेथीं[३] निहन्यात् तादृग् एवैतद्[२] अनपभ्रंशाय । अथ कालेयम् । अग्निर् वै रथन्तरम् । विश्वेदेवाः कालेयम् । अथैष स्वर्ग एष लोको विश्व एव देवाः । स्वर्ग एव तल् लोके विश्वेषु देवेषु प्रतितिष्ठन्ति ॥ २९४ ॥[४]

[१-१] ग तस्याक्षरन्निधनं [२-२] ग दृढामेथीन्निहन्यानित्तदृगेव वैतद् [३] क मेथी [४] ग तृतीयोऽध्यायः

स्वादिष्ठया मदिष्ठयेत्य् आर्भवस्य पवमानस्य मद्वतीर् गायत्र्यो भवन्ति । रसो वै मदः । धीतम् इवैतद् यत् तृतीयसवनम् । तद् यद् एता मद्वतीर् भवन्ति, रसम् एवास्मिन्न् एतद् दधत्य्, एवैनद्[१] एतेन प्याययन्ति । तासु गायत्रम् उक्तब्राह्मणम् । अथ संहितं[२] द्व्यक्षरणिधनं प्रतिष्ठायै । द्विपाद् वै यजमानः प्रतिष्ठित्यै । तस्यर्चा निधनम् उपयन्ति । पशवो वा ऋक्, पशवो रथन्तरं, पशूनाम् एवावरुद्ध्यै । अथोष्णिक्ककुभौ । उष्णिक्ककुब्भ्यां वा इन्द्रो वृत्राय वज्रं प्राहरत् । तम् अस्तृणुत । वज्रो वा उष्णिक्ककुभौ । वज्रेणैव तद् द्विषन्तं पाप्मानं भ्रातृव्यं स्तृणुते य एवं वेद । ककुभि पराक्रमतोष्णिहा प्राहरत् । तस्मात् ककुभो [३]मध्यमान्य् अक्षराणि[३] भूयिष्ठानि । पराक्रममाणो[४] ह्य् [५]अस्या अक्षराणि[५] समौहत् । तस्माद् उष्णिह उत्तमान्य् अक्षराणि भूयिष्ठानि । परो गुरुर् इव हि वज्र, आरम्भणतोऽणीयान् । सा[६] ककुय् अब्रवीद् विलिष्टा वा अहम् अस्मीति । पराक्रममाणो वै [७]मेऽक्षराणि[७] समौहीत्, पूर्वां मां प्रयुञ्जताम् इति । अथोष्णिग् अब्रवीद्—अथ वै मां पूर्वाम् आचक्षन्ता[८] इति । तथेति । तस्मिन् समपादयेताम् । पूर्वप्रयोगम् अन्यावृणीत, पूर्वाख्यानम्[९] अस्या । तस्माद् एने एवं प्रयुञ्जते । तस्माद् उष्णिक्ककुभाव् इत्य् आख्यायते ॥ २९५ ॥

[१] क एवैनद् [२] ग संहित [३-३] ग मध्यमाक्षराणि [४] क ग पराक्रममानो [५-५] ग अस्याक्षराणि [६] एवं च । क ग स [७-७] क ह्यस्या अक्षराणि ग वैमक्षराणि [८] क ग आचक्षान्ता [९] ग पूर्वामुख्यनम

ता एता भवन्ति पवस्व मधुमत्तम, इन्द्रम् अच्छ सुता इम इति । ऋजीषं वा एतद्[१] दुग्धं [२]धीतं यातयाम[२] यत् तृतीयसवनम् । तस्माद् इन्द्रो बीभत्समान उदक्रामत् । धीतम् इव ह्य् आसीत् । तस्मै वै देवाः पवस्वेत्य् एवापवयन् । मधुमत्तम इति मधुमद् अकुर्वन् ।

इन्द्राय सोम क्रतुवित्तमो मदः ।
महि द्युक्षतमो मदः ॥

इत्य् अभिपूर्वम् एवास्मै मद्वद् अकुर्वन् । इन्द्रम् अच्छ सुता इम इति यथाभिवत्यानयेद्[३] एवं वा एतत् पदम् । [४]पावमान्यस् सत्य[४] ऐन्द्रियो[५] भवन्ति [६]वीर्यवतीः । तस्माद्[६] एता एवोष्णिक्ककुभः[७] कार्याः[८] । तासु सभम् उक्तब्राह्मणम् । अथ पौष्कलम् उक्तब्राह्मणम्[९] । अथैता भवन्ति—पर्य् ऊ षु प्र धन्व[१०] वाजसातय इति पिपीलिकामध्यानुष्टुभः परिवतीर् अन्तस्य रूपम् । अन्तो वा अनुष्टुप् छन्दसाम् । आनुष्टुभम् एतद् अहः ॥ २९६ ॥

[१] ग एवद् [२-२] क धीतयातयाम ग धीतन्ध्यनयाम [३] ग च यथाभिपत्यानयेत् [४-४] क ग पवमान्यसत्य [५] ग ऐन्द्रिय [६-६] ग वीर्यवतीस्तोमाद् [७] ग एवत्रौष्णिककुभः [८] क कार्या [९] ग अधिपाठः पौष्कलमुक्तब्राह्मणं [१०] क धन्वा ग न्वा

इन्द्रो वृत्रं वज्रेणाध्यस्य नास्तृषीति[1] मन्यमानः परां परावतम् [2]अगच्छत् । तद् अनुष्टुब् वै[2] परा । परावत् स ताम् एव प्राविशत् । तस्यै द्वादशाक्षराणि प्राञ्च्य् उदौहद् द्वादशोर्ध्वानि । अथ याष्टाक्षरा मध्ये गायत्री तां प्राविशत् । [3]स ताम् एव प्राविशत् । तत् तस्यै द्वादशाक्षराणि[3] । ब्रह्म गायत्री । ब्रह्मैव तन् मध्यतः प्राविशत् । स एतम् एव संवत्सरम् उभयतः पर्यौहत । इन्द्रग्रहो[4] वा एता ऋचः[5] । इन्द्रग्रहम्[6] एवैतत् प्रपद्योत्तिष्ठन्ति । तस्माद् उ हैना अभिचरन् वा भ्रातृव्यवान् वा कुर्वीत । इन्द्रग्रहो[4] वा एता[7] ऋचः । इन्द्रग्रहम्[8] एवैतत् प्रपद्य द्विषन्तं भ्रातृव्यम् अभिभवति[9] ॥ २९७ ॥

[१] क नास्तृणीति [२-२] ग अगछमनुष्टुब्बुवै [३-३] ग नास्ति [४] क ग इन्द्रगृहो [५] ग ऋतव [६] क ग इन्द्रगृहम् [७] क ग एतां [८] ग इन्द्रगृम [९] ? ग च अभिवदति

अभये ह खलु वा एष दीक्षते[1], ऽभये यजते, ऽभय उत्तिष्ठति य एवं विद्वान् एताभि ऋग्भि स्तुते । ताम् एतां परोक्षम् अनुष्टुभं कुर्वन्ति । यत् प्रत्यक्षम् अनुष्टुभं कुर्युः परां परावतं यजमाना गच्छेयुर्, न प्रतितिष्ठेयुः । [2]तद् यत्[2] परोक्षम् अनुष्टुभं कुर्वन्ति प्रतिष्ठित्यै । तासु श्यावाश्वम् उक्तब्राह्मणम् । अथान्धीगवम् उक्तब्राह्मणम् । अथैता द्विपदो भवन्त्य् उक्तब्राह्मणाः । ता एता भवन्ति परि प्र धन्वेन्द्राय सोमेति परिवतीर् भवन्त्य् अन्तस्य रूपम् । अन्तो ह्य् एतद् अहः । तासु सौहविषम् उक्तब्राह्मणम् । तद् वाङ्निधनं भवति ।

तद् आहुर्—यन्ति वा एते तृतीयसवनाद् ये यज्ञायज्ञीयं मध्यन्दिनम् अभि प्रत्याहरन्तीति । तद् यद् वाङ्निधनं भवति, तेनैव यज्ञायज्ञीयस्य रूपान् न यन्ति, तेन तृतीयसवनान् न यन्ति । तस्माद् उ हैतन् सामैतस्माद् अह्नो नान्तरित्यम् । सूर्यस्येव रश्मयो द्रावयित्नव इति सूर्यवतीर् भवन्ति रक्षसाम् एवापहत्यै ।

मत्सरासः प्रसुपस्[3] साकम् ईरते ।
[4]तन्तुं ततं परि सर्गास आशवो नेन्द्राद् ऋते पवते धाम किं चन ॥

इति[4] न हीन्द्राद् ऋते पवते धाम किं चन । उपो मतिः[5] पृच्यते सिच्यते मधु इत्य् उप वा अयम् अद्य लोक उपश्व[6] इमम् एवैतेन लोकम् अनु प्रजायन्ते ऽस्मिन्न् एवैतल् लोके पशून् प्रतिष्ठापयन्ति ।

उक्षा मिमाति प्रति यन्ति [7]धेनवो देवस्य देवीर् उप यन्ति निष्कृतम्[7] ।
[8]अत्य् अक्रमीद् अर्जुनं वारम् अव्ययम् [9]अत्कं न निक्तं[9] परि सोमो अव्यत ॥

इति[8] परिवतीर् भवन्त्य् अन्तस्य रूपम् । अन्तो ह्य् एतद् अहः ॥ २९८ ॥

[१] क दीक्षिते ग दिक्षिते [२-२] ग नास्ति [३] क प्रसुवस् ग प्रसुप [४-४] क तवो ने ऋनेति [५] क मती: [६] क उपश्च ग उपश्वा [७-७] क वो देवस्य तम् [८-८] क अत्यक्रमी यम तेति [९-९] ग अत्कन्निरुक्तः

तासु वाजजित् । अन्नं वै वाजः । यदा वै गौर् अश्वः पुरुषो ऽन्नस्य सुहितो भवत्य् अथ स वाजी भवति । देवासुरा अन्नाद्ये ऽस्पर्धन्त[1] । ते देवा अकामयन्त वृञ्जीमह्य्[2] अन्नाद्यम् असुराणाम् इति । त एतत् सामापश्यन् । तेनास्तुवत । ते वाजजिगीवा[3] [4]विश्व धनानीत्य्[4] एवासुराणां यद् धनं ये पशवो यद् अन्नाद्यम् आसीत् तद् अवृञ्जत[5] । तद् एव वाजजितो वाजजित्त्वम् । तद् एतद् अन्नाद्यस्यावरुद्धिस् साम । अवान्नाद्यं रुन्द्धे वृङ्क्ते द्विषतो भ्रातृव्यस्य यद् धनं ये पशवो यद् अन्नाद्यं य एवं वेद । तद् दशाक्षरणिधनं

भवति। एकाक्षरणिधनेन वै प्रथमम् अहः कल्पते, दशाक्षरणिधनेन दशमम्। तद् यद् दशाक्षरणिधनं दशमे ऽहनि भवति, तेनैव दशाहानि कल्पन्ते। अथो एतां दशाक्षराम् एव विराजम् अन्नाद्यम् अवरुध्यान्तत उत्तिष्ठन्ति ॥ २९९ ॥[६]

[१] क ग स्पदन्त [२] क प्रजीवमह्य् ग वृज्जीमह्य [३] ग वाजीजिगीवा [४-४] क विश्वा-धानानीत्य् ग विश्वधनानीत्य् [५] ग आवृञ्जत [६] ग चतुर्थोध्यायः

द्वादशाहेन वै देवा ऊर्ध्वा स्वर्गं लोकम् आयन्। तान् असुरा रक्षांस्य् अन्वसचन्त[१] ते छन्दांसि पश्चात् तान्य् अकुर्वत। तान्य् [२]अभिविच्छिदान्य् अयुक्ष्व्[३] अयुक्ष्व् अक्षरेष्व् अश्रयन्त[२]। तत एतानि नाच्यावयन्[४]। तस्माद् अयुज स्तोमा वीर्यवत्तराः। तेषाम् एषा[५] त्रिष्टुप् निष्कुर्याद् अपराजयेताम्। पराजितं वा एतच्[६] छन्दः। पराजित एवैतच् छन्दसि यज्ञस्यान्ततः प्रतितिष्ठति। तास् त्रयस्त्रिंशदक्षरा भवन्ति। त्रयस्त्रिंशद् वै सर्वा देवताः। सर्वास्व् एवैतद् देवतासु यज्ञस्यान्ततः प्रतितिष्ठन्ति। स ता विराजो लोमशा भवन्त्य्—अन्नं वै[७] विराड्—विराज एवान्नाद्यस्यावरुद्धयै। ता आग्नेय्यो[८] भवन्ति। मुखं वा अग्निर् देवतानाम्। मुखं विराट् छन्दसाम्। तद् यद् आग्नेयीषु विराट्सु स्तुवन्ति मुख्यम् एवैतद् उद्गातात्मानं च यजमानं च करोति। मुख्यो हाद्यो ऽन्नाद श्रेष्ठ स्वानां भवति य एवं वेद ॥ ३०० ॥

[१] क अन्वसवन्त [२-२] ग अभिविश्चिदान्ययुक्ष्वक्षरेष्वस्रयन्त [३] क अयक्ष्व् [४] क नाव्यायास्. [५] ग एषां [६] क हिं तच् [७] ग नास्ति [८] ग आग्नेय्योन्ति

तासु वामदेव्यम्। स्तुतशस्त्रयोर् ह खलु वा एषा शान्तिर् यद् वामदेव्यम्। यद् ध वै किं च यज्ञस्य मिथ्योल्बणं[१] क्रियते तद् एतेनैव[२] शमयित्वोत्तिष्ठन्ति। मत्यं वा एतद् यज्ञस्य यद् वामदेव्यम्। स यथा स्थूललोष्टम् मत्येन शमयेद् एवम् एवैतद् वामदेव्येन सर्वाणि स्तुतशस्त्राणि [३]शमयन्ति। प्रजापतिर् ह खलु वा एतत् स्तोत्राणां यद् वामदेव्यम्। यथा ह वा इदं प्रजापतौ सर्वा जातविद्याः प्रतितिष्ठन्त्य् एवं ह वै वामदेव्ये सर्वाणि स्तोत्राणि[३] प्रतितिष्ठन्ति। योनिर् वै वामदेव्यम्। तद् दशमे ऽहन् योनेश् च्यावयन्ति[४]। तस्माद् दशमास्या[५] गर्भा [६]योनेश् च्यवन्ते[६] प्रजात्यै। प्राणा[७] वै वामदेव्यम्। तद् आहुर् वीव वा एते प्राणैर्[८] ऋध्यन्ते[९] ये यज्ञीयस्य कर्मणो ऽतिपादयन्ति, यदि वा नातिपादयन्ति। को हि तद् वेद यदि ते ऽति वा पादयन्ति न वा। तद् यद् अत्र वामदेव्यं भवति प्राणैर् एव तत् समृध्यन्ते। सद् ध खलु वै वामदेव्यं स्तोत्राणां, सद् अग्निर् देवतानां, सद् विराट् छन्दसां, सत् त्रयस्त्रिंश स्तोमानाम्। सत्य् एवैतत् संनिधायोत्तिष्ठन्ति। सद् एव भवन्ति। एतां ह खलु वा [१०]एतद् द्वादशाहयाजी[१०] चतुष्पदीं देवासन्दीम् अविव्याधिनीम्[११] [१२]अन्ततो ऽभ्यारोहति[१२] वामदेव्यं सामाग्निं देवतां विराजं [१३]छन्दस् त्रयस्त्रिंशं स्तोमम्[१३]। अभि हैताम्[१४] आरोहति य एवं वेद ॥ ३०१ ॥

[१] क मिथ्यत्योत्बणं [२] एवं ग च। क एवैतेन [३-३] ग नास्ति [४] ग छ्यावयन्ति [५] क दशमस्या [६-६] ग योन्याइछवन्ते [७] क प्राणो [८] ग प्राणो [९] क रिरिद्ध्यन्ते ग रिरिद्ध्यते [१०-१०] ग तद्वादशाहयाजि [११] ग अविव्याधिनीम् [१२-१२] ग अन्ततेभ्यः-रोहन्ति [१३-१३] ग छन्दत्रयस्त्रिंशस्तोमाम् [१४] क हेताम्

गौरीवितिर्[1] वा एतं शाक्त्यस् त्रयस्त्रिंशं स्तोमम् अपश्यद् उभयेषां पशूनाम् अवरुद्ध्यै ये च ग्राम्या ये चारण्याः । ततो वै स उभयान् पशून् अवारुन्द्ध[2] । तद् यत् त्रयस्त्रिंशं[3] स्तोमं नान्तर्यन्ति तस्मात् त्रयस्त्रिंश [4]स्तोमो ऽन्ततः क्रियत, उभयेषाम् एव पशूनाम् अवरुद्ध्यै । पुरुषो ह वा एष परस्ताद् धितस्[5] तिष्ठति । दश वै पुरुषस्य हस्त्या अंगुलयो, दश पद्या, दश प्राणा, द्वे प्रतिष्ठे, आत्मा त्रयस्त्रिंशः[4] । पराञ्च[6] आरण्याः पशवः प्ररते । तस्माद् अभ्यासृणतो[7] मृगं श्रयन्ते । अभ्यासृणतो[8] ह्य् एष एतत् क्रियते ।

प्रजापतेर् वा एत एकवीराः पुत्रा, यद् द्वादशाहस्य स्तोमाः । तद् आहुश् चतुर्विंशम् एतद् अहः । तत् सर्वम् एव चतुर्विंशं कार्यम्, एतेषां प्रजापतेः पुत्राणाम् एकवीराणाम् अविलोमायेति । यद् व् एवैतास् त्रयस्त्रिंशदक्षरा भवन्ति तेन त्रयस्त्रिंशं स्तोमं नान्तर्यन्ति । भूयांसि तु रूपाण्य् अपराध्यन्ते । इतराण्य् एव भूयांसि रूपाणि । त्रयस्त्रिंश एव कार्यः । त्रयस्त्रिंशद्[9] वै सर्वा देवताः । सर्वास्व् एवैतद् देवतासु यज्ञस्यान्ततः प्रतितिष्ठन्ति । अथो एष [10]वाव दृढः[10] प्रतिष्ठितस् सर्वदेवत्य स्तोमो यत्र त्रयस्त्रिंशः । तस्मात् त्रयस्त्रिंश एव स्तोमो ऽन्ततः कार्य इति ॥ ३०२ ॥

[१] ग गौरीवीतिर् [२] ग अवरुन्ध [३] ग त्रिंशं [४-४] ग नास्ति [५] क छितस् [६] ग पाञ्च [७] ग अभ्यसृणतो [८] ? क भ्यासृणतो ग अभ्यसृणतो [९] ग त्रिशद् [१०-१०] ग वावः

सम्पदं ह तु लोभयन्ति । ब्रह्मसाम्न एव नव स्तोत्र्या[1] उपादायात्रोपदध्यात् । न सम्पदो यन्त्य्, उभयेषु स्तोमेषु प्रतितिष्ठन्ति ये चायुजो ये च युग्मन्तः । तद् यथान्तरीक्षे तिष्ठन् विमुञ्चेद् एवम् एवैतद् वामदेव्येन सर्वाणि स्तुतशस्त्राण्य् अन्ततो विमुचयन्ते । तद् आहुर् व्युच्यां३ न व्युच्या३म् इति । न व्युच्यम् इत्य् आहुः । आजिं वा एते यन्ति य[2] एतद् अहर् आगच्छन्ति । तेषाम् एष हीयते य उपहन्यते । स[3] यथा हीनम् उपादधीत तादृक् तत् । यो वै[3] हीनम्[4] उपाधत्त[5] उभौ वाव तौ हीयेते । अथो प्रजापतिं वावैतेनाह्ना परिवेविषन्ति । तद् यन् न व्याहुः को हि श्रेयसः परिवेषणम् अववदितुम्[6] अर्हति । यो वै श्रेयसः परिवेषणम् अववदति यथा वै [7]स तम् आर्त्या[7] कामयेत [8]तयैनं निनयति[8] । तद् आहुः ब्रह्मैव विब्रूयाद् इति । ब्रह्म वै ब्रह्मा । ब्रह्मैव तद् यज्ञं व्याह । अथो आहुर् उद्गातैव विब्रूयाद् इति । प्रजापतिर् वा उद्गाता । प्रजापतिर् एव तद् यज्ञं व्याह । अथो आहुर् यजमान एव विब्रूयाद् इति । यज्ञो वै यजमानः । यज्ञ एव तद् यज्ञं व्याह । अथो यथाकामं वै स्वं परिवेषणं प्रशास्तीति । अथो आहुः [9]प्राङ् एवोत्क्रम्य[9] क्रोशेद्—इत्य् अमी अकुर्वतेत्य् अमी अकुर्वतेति[10] । तद् एव व्युक्तं[11] चाव्युक्तं चेति । तद् उ वा आहुर् व्युच्यम् एव । यद् अव्युच्यमाने तूष्णीम् आसीरन् विच्छिद्येरन् वै यज्ञाद् यज्ञीयस्यैवानार्तिर् उपेत्याव्युच्यम् एवेति । तद् यावता व्याह तद् धोत्रे प्राह । तद् धोतानुष्टुभम् अभि संपादयति—सम् इदं दशमम्[12] अहर् अपादीति । संव्याहरन्ति यद् एवात्रोनाक्षरासु स्तुवन्ति यद् अतिरेचयन्ति । तद् एवैतत् प्रजापतिम् अभि संपादयन्ति [13]संपरिवेषणं प्रशास्ति[13] ॥ ३०३ ॥[14]

[१] क स्तोत्र्यया ग स्तोत्रिया [२] एवं च । क ग यत [३] ग नास्ति [४] एवं च । क ग हैनं [५] एवं च । क उपाधात्त ग उपाधात्य [६] ग अववदिमम् [७-७] क सतमात्या [८-८] क तयैन्निनयति [९-९] क प्रान्देवोत्क्रम्य ग प्रान्देवात्क्रम्य [१०] ग अकुर्वतेतीति [११] ग उक्तं [१२] ग दशम् [१३-१३] ग नास्ति [१४] ग पञ्चमोऽध्यायः

अपशव्या इव वै युग्मन्त [1]स्तोमा श्लक्ष्णा[1] इव हि समा[2] इव । तद् यत् त्रिवृतं स्तोमम् अन्ववस्यन्ति[3] मिथुनत्वायैव प्रजात्यै[4] । ऊनातिरिक्ताद् वै मिथुनात् प्रजाः पशवः प्रजायन्ते । प्र प्रजया पशुभिर् जायते य एवं वेद । इयं[5] वै पृथिव्यरिक्षेवा लोकम् आसीत् । साकामयत पृश्नि वर्णं पुष्येयम् इति । सैतम् मन्त्रम् अपश्यद् आयं गौः पृश्निर् अक्रमीद् इति । ततो वा इयं पृथिवी[6] पृश्निं[7] वर्णम् अपुष्यत् । पृश्निं[8] ह वै वर्णं प्रजया पशुभिः पुष्यति य एवं वेद । तद् आहुर् ऊर्ध्वा वा एते स्वर्गलोकं रोहन्ति ये यजन्ते[9] । [10]त ईश्वराः पराञ्चो ऽतिपत्तोर् इति । तद् यत् सर्पराज्ञीषु स्तुवन्ति— इयं वै सर्पराज्ञी— अस्याम् एवतत् प्रतितिष्ठन्ति[11] । इयं वै सर्पतां राज्ञी । न ह वा एनं सरीसृपं हिनस्ति य एवं वेद ॥ ३०४ ॥

[१-१] ग सोमां श्यक्ष्णा [२] क सामा [३] क अन्ववस्यतन्ति [४] ग प्रजान्य [५] ग यं [६] ग पृथिवीं [७] क पृसिंन ग पृस्नि [८] क पृसिंन ग पृस्नी [९] एवं क च । ग यजन्ति [१०] ग अधिपाठः येन्ते [११] क प्रतितिष्ठति

गायत्रीषु स्तुवन्ति— गायत्री वै छन्दसाम् अयातयाम्न्य्— अयातयामताया एव । तिसृषु स्तुवन्ति— त्रयो वा इमे लोका— एषां लोकानां समष्ट्यै । अथो त्रयो वै [1]प्राणापानव्यानाः । तान् एवैतत्[1] संतत्य तेषु प्रतिष्ठायोदृचम् अश्नुवते । गायत्रं साम भवत्य्— अयातयाम[2] वै गायत्रम्— अयातयामताया एव । अथो मनो वै गायत्रम् । मनसैवैनत् तत् समृद्धयन्ति, मनसोपावर्तयन्ति[3], मनसा हिंकुर्वन्ति, मनसा प्रस्तौति, मनसादिम् आदत्ते, मनसोद्गायति, मनसा प्रतिहरति, मनसोपद्रवति, मनसा निधनम् उपयन्त्य् असमाप्तस्य[4] समाप्त्यै[5] । [6]यद् वै देवा[6] यज्ञस्य वाचा न समाप्नुवंस् तद् अस्य मनसा समाप्नुवन् । तद् यन् मनसा स्तुवन्त्य् असमाप्तस्यैव समाप्त्यै[7] । रसो वा एतस्याह्नो ऽत्यनेदत् । तम् मनसैव पर्यगृह्णन् । एष वै स रसः । तद् यन् मनसा स्तुवन्ति रसस्यानतिनेदाय ॥ ३०५ ॥

[१-१] एवं च । क प्राणापानव्यानास्तनेवैतत् ग प्राणापानव्यानानामेवैतत् [२] ग अयातयामे [३] क ग मनसोपावर्तयति [४] ग असमाप्तस्य [५] क सम समाप्त्यै [६-६] ग नास्ति [७] एवं च । क ग नास्ति

महाव्रतभाजनं वा एता ऋचः । स यावन् महाव्रतेनावरुन्द्धे तावद् अवरुन्द्ध एताभि[1] ऋग्भिस् तुष्टुवानः । मनसो वा अन्यद् अहर् आसीद् वाचो ऽन्यत् । तद् यन् मनसो ऽहर् आसीत् तद् देवा संगृह्योर्ध्वा स्वर्गं लोकम् उदक्रामन् । अथ यद् वाचो ऽहर् आसीत् [2]तद् एतद् अहर्[2] [3]अभवत् । तेनास्मिन्[3] लोके प्रजया च[4] पशुभिश् च प्रत्यतिष्ठन् । तद् यन् मनसा स्तुवन्ति तस्यैवाह्नो ऽनुख्यात्यै । चतुर्होतॄन् होतानुव्याचष्टे— ब्रह्म वै चतुर्होतारः । ब्रह्म वा अस्यै स्तोत्रशस्त्राणाम्[5] आप्तुम् अर्हति । एतान्य् उ ह वै देवानां गुह्यानि नामानि यच् चतुर्होतारः । तान्य् एव तत् प्रकाशं गमयति । तान्य् एनं प्रकाशं गतानि प्रकाशतां[6] गमयन्ति । गच्छति प्रकाशतां य एवं वेद । तद् यं ब्राह्मणम् अलं यशसे सन्तम्[7] अथ यशो नाच्छैत्[8] सो ऽरण्यं परेत्य[9] ग्रन्थीन् उद्ग्रथ्य, तेभ्यश् चतुर्होतॄन् व्याचक्षीत, ब्राह्मणं वोपद्रष्टारं कृत्वा । एतान्य् उ ह वै देवानां गुह्यानि नामानि यच् चतुर्होतारः । तान्य् एव[10] तत् प्रकाशं गमयति । तान्य् एनं प्रकाशं गतानि प्रकाशतां गमयन्ति । गच्छति प्रकाशतां[11] य एवं वेद ॥ ३०६ ॥

[१] ग एता [२-२] ग तदेहद् [३-३] एवं च। क ग अभवत्येनास्मिन् [४] ग नास्ति [५] ग स्तोत्रं [६] क प्रकाशं [७] क धन्तम [८] एवं च। क गच्छेत् ग नाचेत् [९] ग प्रेत्य [१०] ग एवं [११] ग प्रकाशे

तूष्णीं स्तुतं वाचानुशंसति। तस्माद् यन् मनसाधिगच्छति तद् वाचा वदति। तस्माद् ओषधयो मूलतो जायन्ते ऽग्रतः पच्यन्ते। तद् आहुस् समिष्टेषु पत्नीसंयाजेषु '[१]स्तोतव्याउम् असमिष्टेषू३[१]' इति। असमिष्टेष्व् इत्य् आहुः। प्रतीचीष्व् एवासु तद् गर्भान् दधाति। स्त्री बलं च ह तु भवति पापवस्यसं च। समिष्टेष्व् एव स्तोतव्यं पापवस्यसस्य[२] व्यावृत्त्यै। अथो ह न तथा स्त्री बलं भवति। अथो हासु तत् पराचीष्व् एव गर्भान् दधाति। प्रत्यञ्चश् च वै पराञ्चश् च मनुष्यास् संभवन्ति। तस्मात् समिष्टेष्व् एव स्तोतव्यम् इति। औदुम्बरीं समारभन्ते—ऊर्ग् वा अन्नम्[३] उदुम्बर—ऊर्जं एवान्नाद्यस्यावरुद्ध्यै। वाचं यच्छन्ति। वाग् वै ब्रह्म। वाचम् एव तद् ब्रह्म यज्ञम् आत्मसु यच्छन्ति। इह धृतिर् इह स्व धृतिर् मैरमो[४] मैरमतिर् इति। यच् चित्तं या धृतिर् यन् मनो या वाक् तान्य् एवैतद् आत्मसु यच्छन्ति। यद् अस्तम् इते विसृजेरन्न् अहर् भ्रातृव्यलोकम् उच्छिंष्युः। यद् अनस्तम् इते विसृजेरन् रात्रिं भ्रातृव्यलोकम् उच्छिंष्युः। अर्धास्तम् इत आहवनीयं परेत्य विसृजन्ते। उभाभ्याम् एव तद् अहोरात्राभ्यां द्विषन्तं भ्रातृव्यम् अन्तर्यन्ति। उभाभ्याम् एवाहोरात्राभ्यां द्विषन्तं भ्रातृव्यम् अन्तरेति य एवं वेद। तद् उ वा "[५]आहुर् अस्तम्[५]" इत एव विसृज्यम्। अहोरात्रे वै परिवर्तमाने संवत्सरम् आप्नुतः[६]। संवत्सरो यज्ञः। यज्ञम् एवैतद् आप्त्वा विसृजन्त—उपसृजन् धरुणं मात्रे मातरं धरुणो धयन् रायस् पोषम् इषम् ऊर्जम् अस्मासु दीधरत्[७] स्वाहेति। स यथा न्योकसं गां संयुज्य प्रार्जयेद् एवम् एवैतद् वाचं च यजमानं च संयुज्य प्रार्जयन्ति। यथा हैनया[८] वदति, तथैभ्यो ऽनपक्रमणी[९] भवति। ते यं कामं कामयेरंस् तं ध्यायेयुः। स हैवैभ्यः कामस् समृध्यते। सुब्रह्मण्यया वाचं विसृजन्ते। ब्रह्म वै सुब्रह्मण्या। [१०]ब्रह्म वाक्[१०]। ब्रह्मणैव तद् वाचं विसृजन्ते ॥ ३०७ ॥[११]

[१-१] ग स्तोतव्याहु समिष्टेषुहु [२] ग पापस्य [३] ? क ग अन्न [४] ग मैमो [५-५] क आहुरशस्तम् ग आहुशस्तम् [६] एवं ग च। क आप्नुवतः [७] ग धीधरत् [८] ग हनया [९] ग नपक्रमणी [१०-१०] एवं ग च। क ब्रह्मगन् [११] ग षष्ठोऽध्यायः॥ दशममहः॥

अग्निर् एव प्रथमम् अहर्, इन्द्रो द्वितीयं, प्रजापतिस् तृतीयं, बृहस्पतिश् चतुर्थं, मरुतः[१] पञ्चमं, विश्वे देवाष् षष्ठं, वसवस्[२] सप्तमं, रुद्रा अष्टमम्, आदित्या नवमं, प्रजापतिर्[३] एव दशमम् अहः। इयम् एव दिक् प्रायणम्[४], इयम् उदयनम्। तस्माद् असाव् आदित्य इतो ऽस्तम् एतीत उदेति। एतद् एव प्रायणं[४] चोदयनं चानुसंचरति[५]। आयुस् त्रिवृद्, भान्तः पञ्चदशो, व्योम सप्तदशो, धरुण[६] एकविंश, ओजस् त्रिणवः, प्रतिष्ठा त्रयस्त्रिंशो, ब्रह्म चतुर्विंशः, क्षत्रं चतुश्चत्वारिंशो, विवर्तो विशां स्तोमो ऽष्टाचत्वारिंशः, प्रजापतिर् एव दशमम् अहः ॥ ३०८ ॥

[१] ग मारुतः [२] ग व [३] क ग प्रजापतेर् [४] क प्रयणम् ग प्रयाणम् [५] ग चानुसञ्चारत्य् [६] ग वरुष

तद् यद् आयुस्[१] त्रिवृद् इति, यथा क्षिप्रः पश्येद् एवम् एष यत् त्रिवृत् स्तोमः। अथ द्य भान्तः पञ्चदश[२] इति क्षत्रं हि तत्। क्षत्रम् उ वै भाति। अथ यद् व्योम सप्तदश

इति, प्रजापतिर् हि सः। प्रजापतिर् वै व्योम। अथ यद् धरुण एकविंश इत्य् असौ हि स आदित्यः। एतस्मिन् वा इदं सर्वं धृतम्। अथ यद् ओजस् त्रिणव इति, मरुतो हि सः। ओजो वै वीर्यं मरुतः। ओजो [3]वीर्यं त्रिणवः। अथ[3] यत् प्रतिष्ठा त्रयस्त्रिंश इत्य्, अन्तो हि सः। अथ यद् ब्रह्म चतुर्विंश इति, गायत्री हि सा। ब्रह्म वै गायत्री। अथ यत् क्षत्रं चतुश्चत्वारिंश इति [4]त्रिष्टुब् भि सः[4]। [5]क्षत्रम् उ वै त्रिष्टुप्। अथ यद् विवर्तो विशां स्तोमो ऽष्टाचत्वारिंश इति, जगती हि सा। विड् वै जगती। विश उ वा इदं सर्वं विवर्तम्। अथ यत् प्रजापतिर् एव दशमम् अहर् इत्य् अनुष्टुब् भि सा[5]। प्रजापतिर् वा अनुष्टुप्। इदम् एव प्रायणम्, इदम्[6] उदयनम्। तस्माद् इत एव प्रयन्त्य् [7]अत उद्यन्ति[7]। अग्निर् एव प्रायणम्, आदित्य उदयनम्। अनुष्टुभैतं लोकं प्रजानन्न् एति य एवं वेद ॥ ३०९ ॥[8]

[१] एवं च। क ग आहुस् [२] ग पञ्चविंश [३-३] क वीर्य्यश्र्णवोथ ग वीर्यन्त्रिणओथ [४-४] ग त्रिष्टुभिसं [५-५] ग नास्ति [६] क अदम् [७-७] ग अतदउदन्ति [८] ग प्रथमोद्ध्यायः

गायत्रमुखो वै प्रथमस् त्र्यहः। तस्माद् अयम् अग्निर् अस्मिन् लोक ऊर्ध्वो[1] दीदाय। गायत्रमध्यो द्वितीयस् त्र्यहः[2]। तस्माद् अयं वायुर् अस्मिन्न् अन्तरिक्षे तिर्यङ् पवते। गायत्रोत्तमस् तृतीयस् त्र्यहः[3]। तस्माद् असाव् [4]अर्वाङ् आदित्यो[4] दिवस् तपति। एता वै देवेषवः प्रणिहिता अनिशिता अनिलयन्तीर् एषु लोकेषु सर्वं पाप्मानम् अपसेधन्तीस्[5] तिष्ठन्त्य्—अग्निः पृथिव्यां, वायुर् अन्तरिक्ष, आदित्यो [6]दिवि। एता[6] अस्य सर्वं[7] पाप्मानम् अपघ्नन्त्यो यन्ति य एवं वेद। एताभिर् वै विजितिभिर् विविक्तिभिर् विजिता विविक्ता इमे लोका[8] यथायथम्[9]। यस्माद् एते समाने यज्ञक्रतौ सन्तो ऽथ नाना भवन्ति तस्माद् घ वै देवाः पितरो मनुष्यास् समाने लोके सन्तो ऽनुसंददर्शिरे[10]। एताभिर् ह विजितिभिर् विविक्तिभिर् विजिता विविक्ता यथायथम् ॥ ३१० ॥

[१] ग उर्ध्वं [२] क ग त्रियहः [३] ग त्रियहः [४-४] क ग अर्वान्दादित्यो [५] एवं च। क अपसेधन्तिस ग अपसेधयन्तिस् [६-६] ग दिव्ये [७] क सर्वा [८] क ग लोको [९] ग यथा-यथा [१०] क नसन्दद्धर्शिरे ग नुसन्ददर्शिरे

प्रजापतिं[1] प्रजास् ससृजानं मुखतः पाप्मासिनोत्। सो ऽकामयताप[2] पाप्मानं हनीयेति। स एतं गायत्रमुखं प्रथमं त्रियहम्[3] अपश्यत्। तेन मुखतः पाप्मानम् अपाहत। तं मध्यतो[4] ऽसिनोत्। स एतं गायत्रमध्यं द्वितीयं त्रियहम्[3] अपश्यत्। तेन मध्यतः पाप्मानम् अपाहत। तं पदोर् असिनोत्। स एतं गायत्रोत्तमं तृतीयं त्र्यहम्[5] अपश्यत्। तेन पत्तः पाप्मानम् [6]अपाहत। अप[6] पाप्मानं हते य एवं वद। स्वरान्तेन वै त्र्यहेण[7] प्रजापतिर् मृत्योर् आत्मानम् अत्रायत, निधनान्तेन प्रजाम्, इळान्तेन पशून्। एतावद् वावास्ति यद् आत्मा प्रजा पशवः। तद् यत् सद् अत्रायत तत् सत्रस्य सत्रत्वम्। त्रायत एनं सर्वस्मात् पाप्मनो य एवं वेद। स्वरान्तेन वै त्रियहेण प्रजापतिर् देवान् असृजत, निधनान्तेन पितॄन्, इळान्तेन मनुष्यान्। तद् यत् स्वरान्तेन देवान् असृजत तस्मात् ते ऽमृताः। अमृतेन हि तान् प्राणेनासृजत। अथ यन् निधनान्तेन पितॄन् असृजत तस्माद् उ ते निधनसंस्थाः। अथ यद् इळान्तेन मनुष्यान् असृजत—पशवो वा इळा—तस्माद् य एव पशुमान् भवति तं मनुष्या उपसमायन्ति ॥ ३११ ॥

[१] ग प्रजापतिः [२] क कामयताव ग कामयता [३] क ञ्यहम् [४] ग गद्धयो [५] ग त्रियहं [६-६] ग अपाहतायतं प [७] ग त्रियहेण

अथ ह कबन्ध आथर्वणे[1] केशी दार्भ्य उवास । अथ ह तर्हि समूढान्य् एव छन्दांस्य् आसुर् न व्यूढानि । तस्मै ह कबन्ध आथर्वणः[2] केशिने दार्भ्यायैतं व्यूढछन्दसं द्वादशाहं प्रोवाच—त्रिर् एव गायत्रीं तर्पयतात् त्रिस् त्रिष्टुभं त्रिर् जगतीम् । तवैव प्रजाया[3] अन्ये जीवितम् अभिध्यातारो, न तव प्रजा इति । तेन हेजे । ततो [4]ह वा[4] इदम् अर्वाचीनं व्यूढानि छन्दांसि । तस्माद् अनाढ्यानाम् अपि सतां पञ्चालानाम् अभ्य् एवान्ये जीवितं ध्यायन्ति । तस्यैतौ श्लोकौ—

कस्माद् ऊर्ध्वा [5]भूमेर् यन्ति[5] सर्गाः कस्मात् तिर्यञ्चो[6] ऽन्व् अन्तरिक्षम् ।
कस्माद् अर्वाञ्चो दिव उत्तरस्यै सूर्यस्य रश्मीन् अनु यन्ति सृष्टाः ॥
गायत्री त्रिवृतं वसाना सा त्रिष्टुभं नुनुदे[7] ऽन्तरिक्षात् ।
सा जगतीम् आयतनाद् दिवो ऽधि तस्माद् अर्वाञ्चः प्रवहन्ति सर्गाः ॥

॥ ३१२ ॥[8]

[१] क ग अथर्वणे [२] क अथर्वणे ग अथर्वणः [३] क प्रजया [४-४] ग हर्वा [५-५] ग भूर्मयन्ति [६] क तियुञ्चो [७] एवं ग च । क नुदते [८] ग द्वितीयोऽध्यायः

वाग् वै यज्ञं ससृजाना साशनायत्[1] सापिपासत् । तां देवा अर्वाग् यज्ञाहुत्याति-तर्पयिषन् । तां नातर्पयन् । ताम् अर्वाक् [2]सोमाहुतिर्हविर्यज्ञैर् अतितर्पयिषन्[2] । तां नैवातर्पयन्[3] । त एतं [4]व्यूढच्छन्दसं द्वादशाहं[4] यज्ञम् अपश्यन् । तम् आहरन् । तेनाय-जन्त । तत एनां[5] छन्दांसि भूतां प्रार्जन् । ता अन्योन्यस्यै भागाय धेनुपरिसारम् अतृप्यन् । तस्मात् पशवो ऽन्योन्यस्य भागाय धेनुपरिसारं[6] तृप्यन्ति । सातृप्यत्[7] । स य एवम् एतां वाचश् च छन्दसां च तृप्तिं वेद तृप्यत्य् आत्मना [8]तृप्यत्य् अस्य प्रजा[8] । देवा वै देवाश्वान् देवरथेषु युक्त्वेमान् लोकान् अभ्यारोहन् । छन्दांसि वाव देवाश्वा, स्तोमा देवरथाः ॥ ३१३ ॥

[१] ? क समाव्यत् ग सामान्यत् [२-२] क सोमा-हुतिर्हविर्यज्ञैरति- ग सोमाहुतिर्हवियज्ञैरिति- [३] एवं च । क ग नैवातर्पयिषन् [४-४] ग व्यूढच्छदस् [५] क ग एना [६] क धेनुसारं [७] ग तृप्यन् [८-८] ग नास्ति

ते गायत्रीम् एव दक्षिणां युग्याम् अकुर्वत, त्रिष्टुभं सव्यां युग्यां, जगतीं सव्यां प्रष्टिम्[1] । तेनेमं लोकम् अभ्यारोहन् । ते ऽब्रुवञ् ज्यायान् वा अध्वा विपर्यूहामेति । ते जगतीम् एव दक्षिणां युग्याम् अकुर्वत, गायत्रीं सव्यां युग्यां, त्रिष्टुभं सव्यां [2]प्रष्टिम्[3] । [4]तेनेमम् अन्तरिक्षं लोकम्[4] अभ्यारोहन् । ते ऽब्रुवञ् ज्यायान् वेवाध्वा[5] व्यु एव पर्यूहामेति । ते त्रिष्टुभम् एव दक्षिणां युग्याम् अकुर्वत, जगतीं सव्यां युग्यां, गायत्रीं सव्यां[2] प्रष्टिम्[6] । तेनामुं लोकम् अभ्यारोहन् । एवं वै देवा देवाश्वान् देवरथेषु युक्त्वेमान् लोकान् अभ्यारोहन् । अभीमान् लोकान् आरोहति[7] य एवं वेद ॥ ३१४ ॥

[१] एवं ग च । क वृष्टिम् [२-२] ग नास्ति [३] क वृष्टिम् [४-४] क तेनेवमन्तरिक्षलोकम् [५] क वेवधवा [६] क वृष्टिम् ग पृष्टि [७] ग अभ्यारोहति

या ह खलु वै सपदा छन्दस् सा प्रथमम् अहर् उद्यच्छति, विपदा द्वितीयं, नाना-

पदा तृतीयम्, अनुपदा[1] चतुर्थम्, अतिपदा पञ्चमम्, अभिपदा षष्ठम्। गायत्री वै सपदा। त्रिपदा वै गायत्री। [2]त्रय इमे लोकाः। त्रिष्टुब् विपदा, एकादशाक्षराणि हि तस्यै पदानि। जगती नानापदा, द्वादशाक्षराणि हि तस्यै पदानि। अनुष्टुब् अनुपदा। अनुपदा[3] हि सा गायत्र्या अक्षरैः। अष्टाक्षराणि वै गायत्र्यै पदान्य् अष्टाक्षराण्य् अनुष्टुभः। पंक्तिर् अतिपदा, पञ्चपदा हि सा। अतिछन्दा अभिपदाः। न हि एतावन्ति[4] कस्यै चनाक्षराणि ॥ ३१५॥

[१] ग अपदा [२] क अधिपाठः विपदा [३] ग नास्ति [४] ग तावन्ति

प्रजापतिर् यद् बृहद्रथन्तरे[1] ऽसृजत, स मन एवाग्रे बृहद् अपश्यद्, वाचं रथन्तरम् अभि व्याहरत्। तद् यद् वाचं [2]रथन्तरम् अभि व्याहरत्[2] तस्माद् रथन्तरं पूर्वं योगम् आनशे। अथ यन् मनो ऽग्रे बृहद् अपश्यत् तस्माद् उ बृहद्रथन्तरे इत्य् आख्यायते। मनो वै पूर्वम् अथ वाक्। मनो वै बृहद्, वाग् रथन्तरम्। ब्रह्म वै रथन्तरं, क्षत्रं बृहत्। तद् इदं मनो वाचम् अत्यमन्यत, क्षत्रं ब्रह्म। तद् इदं रथन्तरम् अवेद्[3] अति वै मा[4] मन्यतेति। [5]तद् वैरूपम्[5] असृजत। तेन पुरस्तात् पर्यवैत्। ते द्वे भूत्वात्यमन्येताम्। तद् इदं बृहद् अवेद् अति वै मा मन्यतेति। तद् वैराजम् असृजत। तेन पुरस्तात् पर्यवैत्। ते द्वे भूत्वात्यमन्येतां तद् इदं रथन्तरम् अवेद् अति वै मा[4] मन्यतेति। तच् छाकरम् असृजत। तेन पुरस्तात् पर्यवैत्। तानि त्रीणि भूत्वात्यमन्यन्त। तद् इदं बृहद् अवेद् अति वै मा[4] मन्यतेति। [6]तद् रैवतम् असृजत। तेन पुरस्तात् पर्यवैत्। तानि त्रीणि भूत्वात्यमन्यन्त। [7]ते ऽन्तम् अगच्छताम्[7]। ते ऽविर्त्तां[8] समे वै स्वो नान्यद् अन्यद्[9] अतीति। तानि षट् पृष्ठान्य् आसंस्, त्रीणि छन्दांसि। तानीमानि त्रीणि छन्दांसि षट् पृष्ठानि नानुव्यभवन्[10] ॥ ३१६॥

[१] ग अधिपाठः इत्याख्यायते [२–२] ग रथन्तरमभिव्याहरमभिव्याहरत् [३] एवं च। क ग वेद [४] ग वा [५–५] ग तश्चाकरम् [६] क अधिपाठः तद्वैराजमसृजत तेन पुरस्तात् पर्यैवैत्ते द्वे भूत्वात्यमन्येतान्तदिदं रथन्तरमवेदति वै माम-न्यतेति तच्छाकरमसृजत तेन पुस्ताव् पर्य्यवैत्तानि त्रीणि भूत्वात्यमन्यन्त तदिदं बृहदवेदति वै मामन्य-तेति [७–७] ग ते अन्त्यगछताम् [८] ग अर्पितां [९] ग अन्यम् [१०] ग नानुव्यभवत्

सा गायत्र्य् अनुष्टुभम् असृजत। सा चतुर्थम् अहर् उदयच्छत्। तया चतुर्थम् अहर् अकल्पत। त्रिष्टुप् पंक्तिम् असृजत। सा पञ्चमम् अहर् उदयच्छत्। तया पञ्चमम् अहर् अकल्पत। जगत्य् अतिछन्दसम् असृजत। सा षष्ठम् अहर् उदयच्छत्। तया षष्ठम् अहर् अकल्पत। तानि षट् पृष्ठान्य् आसन्, षट् छन्दांसि। तानि द्वन्द्वम् अकल्पन्त। द्वन्द्वम् अस्मै प्रजाः पशवः कल्पन्ते य एवं वेद। गायत्र्या[1] वै प्रथमम् अहस् तायते, त्रिष्टुभा द्वितीयं, जगत्या तृतीयम्, अनुष्टुभा चतुर्थं, पंक्त्या पञ्चमम्, अतिछन्दसा षष्ठम्। तस्माद् अतिछन्दसः षष्ठे ऽहनि शस्यन्ते। तद् यथा [2]वर्षिष्ठेन गभिष्ठे[2] गाधम् इच्छेतैवम् एव [3]तद् देवा[3] अतिछन्दोभिष् षष्ठे ऽहनि[4] गाधम् ऐच्छन्त। अथो वै तर्हीच्छिन्ते ऽथो षष्ठस्यैवाह्नो व्याप्त्या, उत्तरस्यो एव त्र्यहस्य सन्तत्या अव्यवच्छेदाय ॥ ३१७ ॥[5]

[१] ग गायत्र्यं [२–२] ग वर्षिष्ठन गभिष्ठे [३–३] क तदेव तदेवा [४] ग हन्
[५] ग तृतीयोध्यायः

आपो वा इदम् अग्रे महत् सलिलम् आसीत् । तस्मिन् प्रजापतिः प्रतिष्ठाम् ऐच्छत् । स एतं वैश्वानरं प्रायणीयम् अतिरात्रम् अपश्यत् । तम् उपादधात् । इमम्[1] एव[1] लोकम् अस्मिन् सलिले ऽधि तम् अप्रथयत् । [3]यद् अप्रथयत्[3] तस्मात् पृथिवी । तस्मिन्न् अधि प्रत्यतिष्ठत् । तद् वै तम इवासीत् । [4]रात्री ह्य् अह्न[4] उत्तरा । स एतत् त्रिवृतम् अग्निष्टोमम् अपश्यत् । तम् उपादधाद् इमम्[1] एवाग्निम् अस्यां पृथिव्याम् अधि । तेन ज्योतिषेमान् लोकान् प्रापश्यत् । स एतान् अष्टाव् उक्थ्यान्[5] अयातयान् पशून् दिशो ऽनुव्यतनोद् वामदेव्यम् अन्तरिक्षम्, आदित्यम् एव दशमम् अहर्, अमुम् एव लोकम् उत्तरम् अतिरात्रम् । स एतां व्याप्तिं व्याप्नोत् । इदं सर्वम् अभवत् । एताम् एव व्याप्तिं व्याप्नोतीदं सर्वं भवति य एवं वेद । ऋतवो वै पृष्ठ्यष् षडहो, दिशश् छन्दोमा, इमाव् एव लोकाव् अतिरात्रौ । ऋतवो वै पृष्ठ्यष् षडहो, अर्धमासा मासा अहोरात्राणि छन्दोमा, [6]इमाव् एव[6] लोकाव् अतिरात्रौ । अथ याव् एताव् अन्तराव् अग्निष्टोमाव् इन्द्राग्नी एव तौ । तद् [7]यन् नेदीयस् सत्[7] कनीयस्तोमं पूर्वम् अहस् तस्माद् अयम् अग्निर् नेदीयस् सन् म्रदीयस् तपति । अथ यस्माद् दवीयस् सन् ज्यायस्तोमम् [8]उत्तमम् अहस्[8] तस्माद् असाव् आदित्यो दवीयस् सन्न् ओजीयस् तपति । यो वै सत्रे[9] द्वादशाहम् आत्मानम् अभि संपद्यमानं वेद सत्रे एनं कामा अभि संपद्यन्ते ॥ ३१८ ॥

[१] ग इदम् [२] ग अधिपाठः अग्निमस्यां पृथि [३–३] एवं च । क ग नास्ति [४–४] एवं च । क रात्रिंह्यन्ह ग रात्रीयन्ह [५] क उक्ष्यान् [६–६] क इमावेवे ग इमावेंवे [७–७] एवं च । क ग यदन्नेदीयस्सन् [८–८] ग उत्तमहस [९] ग सर्वा

पदोर् एव प्रतिमा पूर्वो ऽतिरात्रः । नव पुरुषे प्राणाः । स त्रिवृत् । त्रिवृत् प्रायणीयम् अहः । तेन तत् संपन्नम् । दश हस्त्या अंगुलयश् चत्वार्य् [1]उरोर् बाह्वाणि[1] । यद् ऊर्ध्वं नाभेस् तत् पञ्चदश । पञ्चदशं द्वितीयम् अहः । तेन तत् संपन्नम् । [2]दश हस्त्या अङ्गुलयस्, सप्त शीर्षन् प्राणाः । तत् सप्तदश । सप्तदशं तृतीयम् अहस् तेन संपन्नम् । दश हस्त्या अंगुलयो दश पद्या आत्मैकविंशः । एकविंशं चतुर्थम् अहः । तेन तत् संपन्नम् । दश हस्त्या अङ्गुलयो, दश पद्या, सप्त शीर्षन् प्राणाः । तत् सप्तविंशतिः । सप्तविंशं पञ्चमम् अहः । तेन तत् संपन्नम्[2] । दश हस्त्या अङ्गुलयो, दश पद्या, दश प्राणा, मनो वाग् घृदयं, तत् त्रयस्त्रिंशत्[3] । त्रयस्त्रिंशं षष्ठम् अहः । तेन तत् संपन्नम् । प्राणा[4] एव सप्तमम् अहर् गायत्रम् । चक्षुर् एवाष्टमम् अहस् त्रैष्टुभम् । श्रोत्रम् एव नवमम् अहर् जागतम् । वाग् एव दशमम् अहर् आनुष्टुभम् । अथ यद् ऊर्ध्वं श्रोत्राभ्यां तद् उत्तरो ऽतिरात्रः । प्राण एव पूर्वो ऽतिरात्र, उदान उत्तरः । तौ प्रायणीयोदयनीयाव् इति परोक्षम् आचक्षते । प्रति प्राणापानयोस् तिष्ठति, न प्राणापानाभ्यां व्यथते, सर्वम् आयुर् एत्य्. एवं वै सर्वो द्वादशाह आत्मानम् अभिसंपद्यते, सर्वे एनं कामा अभिसंपद्यन्ते, य एवं वेद ॥ ३१९ ॥

[१–१] ग उरोधोर्बाह्वाणि [२–२] ग नास्ति [३] ग नास्ति [४] एवं ग च । क प्राण

विषुवत्कं[1] वा एतत् सत्रं यद् द्वादशाहः । स य[2] एतस्य सत्रस्य विषुवन्तं वेद—श्रीर् वै विषुवान्—विषुवान् श्रेष्ठ स्वानां भवति । पुरुषो ह वा एतस्य सत्रस्य विषुवान् । पुरुषो ह्य् एषां लोकानां विषुवान । इमे वै लोका एष द्वादशाहो, ऽहम् अस्य सत्रस्य

विषुवान् अस्मीत्य् एव मन्यमान[3] एतेन द्वादशाहेन यजेत । तस्य हैतस्मिन्न् एव सत्रे विषुवान् उपेतो भवति । स वा एषो ऽहन्न् एव प्रतिष्ठितः । प्रायणीयम् अहर् द्वितीयम् अहस् तृतीयम् अहर् इत्य् अहर् अहर् इति भवति । [4]असौ वा आदित्यो ऽहः[4] । एतम् एवैतेनर्ध्नुवन्त्य् एतस्य सलोकतां गच्छन्त ॥ ३१० ॥[5]

[१] क विषुवन्तं ग अभविषुवत्कं [२] ग नास्ति [३] ग मन्यमाना [४-४] क असावादित्योहः ग असौवा आदित्य [५] ग चतुर्थोऽध्याय:

प्रजापतिर् वावेदम् अग्र आसीत् । सो ऽकामयत—बहु स्यां प्रजायेय[1] भूमानं गच्छेयम् इति । सो ऽष्टादशैवाक्षराणि प्रजायत । तानि द्वेधा व्यौहन् नवान्यानि नवान्यानि[2] । स एव त्रिवृच् च स्तोमो ऽभवत् गायत्री च[3] छन्दः । सो ऽयं संपूर्णस्[4] त्रिवृत् स्तोम आसीद्, अथ गायत्री प्रणवनवमासीत्[5] । प्रणवस् तस्यै नवम आसीत् । ताम् अयं त्रिवृत् स्तोमो ऽब्रवीद् गायत्रीम् एहि संभवावेति । तौ समौ सन्तौ नाशक्नुतां संभवितुम् । ताम् अब्रवीन् न वैतर्हि शक्ष्यावस् समौ सन्तौ संभवितुम् । यत् त एतन् नवमम् [6]अक्षरं तद् उदूहस्वेति । तत् किं भविष्यति । यद् एवास्ति तद् भविष्यतीति । तथेति । तद् उदौहत । स एव प्रणवो[7] ऽभवत् ॥ ३२१ ॥

[१] ग प्रजायें [२] ग नास्ति [३] क वच् [४] ग समपूर्णस् [५] = प्रणव-नवमा (गायत्री) + आसीत् [६] ग अधिपाठ: त्रिष्णवे प्रायश्छंस्तदिदं विष्णु [७] ग प्राणोवो

स प्रतिगरस्[1] स उद्गीथस् तद् आश्रावणम् । तस्माद् ओम् इति प्रणौत्य् ओम् इति प्रत्यागृणात्य् ओम् इत्य् उद्गायत्य् ओम् इत्य् आश्रावयति[2] । एतद् वा अस्ति यद् अभवत् । ताम् अब्रवीद् एतर्हि वै तस्मा अलं स्वो[3] यत् प्रजनयेवेहि प्रजनयावेति । ताम् अब्रवीत् संभव छन्दांसि त्वं प्रजनयतात् स्तोमान् अहं प्रजनयिष्यामीति । सो ऽयं त्रिवृत् स्तोमश् चतुर्विंशतिं स्तोत्र्याः प्राजनयत् । अथ गायत्री चतुर्विंशतिम् अक्षराणि प्रजायत । ताम् अब्रवीद् विभव यावत्य् असि तावत्य् एधीति । साष्टाक्षरा सत्य् अक्षराणि त्र्यक्षराण्य् अकुरुत । तानि चतुर्विंशतिर् अभवन् । चतुर्विंशतिः पूर्वाणि[4] । तद् [5]अस्या अष्टाचत्वारिंशत्[5] प्रजातम् आसीत् । सेयं गायत्री चत्वार्य् अक्षराण्य्[6] आदत्त । सोष्णिग् अभवत् । षड् इतर आदत्त— ॥ ३२२ ॥

[१] क प्रतिहरस् [२] ग आश्रवयति [३] एवं च । क ग सो [४] ग अधिपाठ: प्रजायत तामब्रवीद्विभवयावत्यसीताप पत्येयीति साष्टरा सत्यक्षराणि त्र्यक्षराण्यकुरुत तानि चतुर्विंशतिरभवंश्चतुर्विंशति: पूवाणि [५-५] क अस्याष्टाचत्वारिंशत् [६] क चत्वार्यक्षरा षडक्षराण्य्

—स पञ्चदश स्तोमो ऽभवत् । चत्वारीयम् आदत्त । सानुष्टुब् अभवत् । षड् इतर आदत्त । स एकविंश स्तोमो ऽभवत् । चत्वारीयम् आदत्त । सा बृहत्य् अभवत्[1] । षड् इतर आदत्त । स त्रिणव स्तोमो ऽभवत् । चत्वारीयम् आदत्त । सा पंक्तिर् अभवत् । षड् इतर आदत्त । स त्रयस्त्रिंश स्तोमो ऽभवत् । तद् [2]एषो ऽन्तम्[2] अगच्छत् । चत्वारीयम् आदत्त । सा त्रिष्टुब् [3]अभवत् । अपराणि[3] चत्वार्य् आदत्त । सा जगत्य् अभवत् । ताव् अन्तम् अगच्छताम् । ताम्[4] अब्रवीन् न वा अतः पराञ्चौ प्रजनयिष्याव,

एहि, यावदक्षरैवाग्रे ऽभूस् तावदक्षरा भूत्वेति । साष्टाक्षरैव [५]भूत्वै[त्] । तस्माद्[५] एतत् पतिर् यथाकामं जायां नेनीयते ॥ ३२३ ॥

[१] ग अधिपाठः षडिवर अदत्त स एकविंश स्तोमोभवत् चत्वारीयमादर्त्ता सा बृहत्यभवत् [२-२] एवं च। क ग एषान्तम् [३-३] ग अभवाक्र्कपराणि [४] क ताव् [५-५] ग भूत्वैतस्माद्

तौ[१] पञ्चदशं चैकविंशं च व्यूह्य मध्ये समभवताम् । स एवैष प्रजापतिस् सप्तदशो ऽन्नाद स्तोमो ऽभवत् । तस्मै [२]त्रिवृत्पञ्चदशाव् इत[२] स्तोमौ बलिं[३] कुरुत, एकविंशस्[४] त्रिणवस् त्रयस्त्रिंशः[५] परस्तात् । ताम् अब्रवीत् संभवं[६] छन्दांसि त्वं प्रजनयतात्, स्तोमान् अहं प्रजनयिष्यामीति । सो[७] ऽयं त्रिवृत् [८]स्तोमश् चतुष्टोमं[८] चतुर्दशं षोडशम् अष्टादशं नवदशं पञ्चविंशं षट्त्रिंशम् इत्य् एतान् मृगस्तोमान् प्राजनयत् । अथ गायत्री एकपदां द्विपदाम् अक्षरपंक्तिं विष्टारपंक्तिं विराजम् अतिच्छन्दसम् अमितं छन्द इत्य् एतानि मृगच्छन्दसानि प्राजायत । सैषा स्तोमानां च छन्दसां[९] च प्रजापतिः । तद् ध शौनकं कापेयं चैकितानेयः पप्रच्छ—यत् षड्डुत्तरेण वै स्तोमाः प्रजनयन्ति, चतुरुत्तरेण छन्दांस्य्, अथ को ऽयम् अषड्डुत्तरी[१०] स्तोमस् सप्तदश आक्षिस् सन् मध्ये व्यवहित इति । स होवाच —स्तोमाश् च छन्दांसि च यन् न प्रजायन्त स एवैष प्रजापतिस् सप्तदशो मध्ये व्यवक्रम्य प्रजनयन् अतिष्ठत् । स यो वा एतम् आक्षितं वेदाक्षिद् वै स सर्वत्रैव भवति । अनाक्षिद् वा एष यत् प्रजापतिः । सर्वं हीदं प्राजापत्यम् इति । ते हैत आक्षित इव चैकितानेयाः । तानीमानि छन्दांसि स्तोमैर् अकल्पन्त[११] ॥ ३२४ ॥

[१] क ता [२-२] ग -पञ्चदशास्त [३] क बलीं ग बलां [४] क एकविंश [५] एवं च। क ग त्रयस्त्रिशाः [६] एवं च। क ग संभवंश्
[७] ग सा [८-८] ग स्तोमञ्चतुष्टोभं [९] ग छन्दसानां [१०] क षड्डुत्तरी [११] क ग अकल्पत

त्रिवृता गायत्र्य् अकल्पत, पञ्चदशेन त्रिष्टुप, सप्तदशेन जगत्य्, एकविंशेनानुष्टुप्, त्रिणवेन पंक्तिस्, त्रयस्त्रिंशेन विराट्, पञ्चविंशेन बृहत्य्, अष्टादशनवदशाभ्याम् उष्णिक्ककुभौ । ता या नव गायत्र्यश् चतुर्विंशतिस्[१] ते त्रिवृतः । अथ या पञ्चदश त्रिष्टुभश् चतुश्चत्वारिंशत्[२] ते पञ्चदशाः । अथ यास् सप्तदश जगत्यो ऽष्टाचत्वारिंशत्[३] ते सप्तदशाः । अथ या एकविंशतिर् अनुष्टुभो द्वात्रिंशत्[४] त एकविंशाः । अथ यास् सप्तविंशतिः पंक्तयश् चत्वारिंशत् ते[५] त्रिणवाः । अथ यास् [६]त्रयस्त्रिंशद् विराजस् त्रिंशत्[६] ते त्रयस्त्रिंशाः । अथ याः पञ्चविंशतिर्[७] बृहत्यष् षट्त्रिंशत् ते[५] पञ्चविंशाः । अथ या अष्टादशनवदशोष्णिक्ककुभो ऽष्टाविंशतिस् ते ऽष्टादशनवदशाः ॥ ३२५ ॥[८]

[१] ग चतुर्विंशस् [२] ग चतुश्चत्वारिंशास् [३] ग अष्टाचत्वारिंशस् [४] ग द्वात्रिंशस् [५] ग स्ते [६-६] ग त्रयस्त्रिंशन्दिराजस्त्रिंशस् [७] क पञ्चविशति [८] ग पञ्चमोद्ध्यायः

एकं वावेदम् अग्रे ऽक्षरम् आसीद् वाग् एव । साकामयत—बह्व्य् असानि, प्रजायेय, भूमानं गच्छानि, यज्ञं तनवा इति । सा स्वाहा स्वाहा स्वाहेत्य् एव द्वादशकृत्वो ऽजुहोत्[१] । सा त्रिंशतम् त्रिंशतम् एवासिनोत्[२] । त्रिंशदक्षरो एवात्मनाभवत् । तस्यै पक्षेवाक्षरे उपोदसर्पताम् । सैवैषानुष्टुब् अभवत् । तस्माद् एतद् योषितः पक्षेव स्तनाव्[३] उपोत्सर्पतः । सैषा[४] विराड् एव स्तनिनी । सा यत् तद् द्वादशकृत्वो ऽजुहोद् एतान्

एव [5]तद् द्वादश मासो[5] ऽसृजत । तान्य् एवैतानि द्वादशाहस्य द्वादशाहान्य् अभवंस्, त एव चतुर्विंशतिर् अर्धमासा अभवंस् तान्य् एव सप्त च शतानि विंशतिं चाहोरात्राण्य्[6] अभवन् । सैतं संवत्सरं यज्ञम् असृजत । एष ह वाव यज्ञो यस्[7] संवत्सरः । सा नावेद्— यक्षं वा असृक्षीति । किम् उ स्विद् [8]असृक्षीत्य् एवामन्यत[8] । तां मोदः प्रत्यागच्छत् । ततो ऽवेद्— यज्ञं वा असृक्षीति । सैक्षत— यम् इमं यज्ञम् असृक्षि हन्तैनम् आत्मन एवाधि[9] तनवा इति ॥ ३२६ ॥

[१] एवं च । क जुहेत् ग जुह्वात् [२] ग ५व-न्हिनोत् [३] ग स्तना [४] क ग सेषा [५-५] ग तत्पादशमासो [६] ग चाह्रोण्य् [७] ग यज्ञस् [८-८] क असृक्षीतेवामन्यत [९] ग एवाधी

साष्टाभिर् एवाक्षरैः प्रथमम् अहर् अतनुत, एकादशभिर् द्वितीयं, द्वादशभिस् तृतीयम् । अक्षरम् एव त्र्यक्षरं पर्यशिष्यत[1] । तद् एवोत्तरं[2] त्र्यहम् अनुव्यदधात्[3] । सैतं पृष्ठ्यं षडहम् अतनुत । सैतं पृष्ठ्यं षडहं तत्वैक्षत[4] केन न्व् इमं तृतीयं त्र्यहं[5] तन्वियेति । स्वात्मानम् एवापश्यद्, यो न्वाव मे [6]ऽसाव् आत्मा[6] सो ऽयम् । हन्तैनम् आत्मन एवाधि तनवा इति । साष्टाभिर् एवाक्षरैस् सप्तमम् अहर् अतनुतैकादशभिर् अष्टमं, द्वादशभिर् नवमम् । अथ यद् अक्षरं पर्यशिष्यत तद् एवैतद्[7] द्वादशाहस्य दशमम् अहर् अभवत् । सैषा श्रान्ता विकृशशये वाग् यज्ञम् [8]ऊहिषी कालिलिमत्ता[8] यथा सिंही वा विजाता स्याद् व्याघ्री वा शिंशुमारी वैवम् । तां यद् एतर्हि प्रत्यक्षम् आलभेरन् व्यात्तम् [9]अस्या आपद्येरन्[9] । यद्य् उ वा सा इयुर् एतस्मात् सर्वस्माद् इयुः । ताम् एतां परोक्षम् अनुष्टुभं कुर्वन्ति ॥ ३२७ ॥

[१] ग उपर्य्यशिष्यत [२] ग एवोत्तर [३] क अनुव्यधात् [४] क तत्वैक्षत [५] ग त्रियहं [६-६] ग सासात्मा [७] क एवैतं ग एवैतद् [८-८] ग ऊहिषिकालालामत्ता [९-९] क अस्या अपद्देरन् ग अस्यात्र५द्देरन्

न होता चनानुष्टुभश्[1] शंसति, विराज एव स शंसति । ते देवा अब्रुवन्न् इयम् इयं यज्ञम् असृष्टैतानन[2] यजामहा इति । ते बृहद्रथन्तराभ्याम् अस्तुवत । ते बृहद्रथन्तरे एते एव [3]प्रथमे अहनी[3] [4]ऊढ्वा नाकामयेतां वोढुम्[4] । ते बृहतीम् अब्रुवन्न् इदं नस् त्वं तृतीयम् अहर् वह । अभिजितं वै नस् सत् तद् अव्याप्तम् इति । सद्[5] ध वै बृहती भवति यत् सा पृष्ठं भवति[6] । सैतद् बृहती तृतीयम् अहर् ऊढ्वा नाकामयत वोढुम् । त इमम् एव लोकं रथन्तरेणाजयन्न्[7] अन्तरिक्षं बृहत्यामुं बृहता । त एतेन त्र्यहेण[8] व्यजयन्त । [9]तद् यथा[9] विजितेन यन्ति सैन्धवान्[10] अजन्ति हस्तिनं वहन्ति धूर्गृहीतं रथं याति दुलुभ्यां याति विच्छिद्धहाभ्याम् एवं गर्दभरथेन । एवम् एतं द्वितीयं त्र्यहं[11] देवा अत्यायन् ॥ ३२८ ॥[12]

[१] ग चनानुभश् [२] क असृष्टतानेन ग असुष्टतानेन [३-३] एवं च । क ग प्रथमेहनि [४-४] ग उब्वानाकामयेताम वोढू [५] ग च तद् [६] ग अधिपाठः यत्सा पृष्ठं भवति वैतत् [७] क रथन्तरोणाजायन्न् ग रथन्तरेणाजायन्म् [८] ग त्रियहेण [९-९] क तद्याथा [१०] ग सैम्म्यावान् [११] ग त्रितियं त्रियहं [१२] क-कोशे ते बृहद्रथन्तरे एतानि रूपाणि प्रत्यौहताम् इति पठित्वायं खण्डः समाप्तिमेति ।

ते बृहद्रथन्तरे एतानि रूपाणि प्रत्यौहतां वैरूपं वैराजं[1] महानाम्नी रेवतीर् इति। अथ बृहती प्रत्यौहद्[2] विराजं शक्वरीं रेवतीम् इति। [3]तानीमान्य् अत्यायन्[3]। तानि देवा अन्वपश्यन् यथा मत्स्यम् ऊर्म्या यन्तम् अनुपश्येद् एवम्। तानि सप्तमे ऽहन् समुदमज्जन् यथा मत्स्यास् समुन्मज्जयुर् एवम्। तान्य् एतानि छन्दोमेषु सर्वाणि रूपाणि संसृज्यन्ते। एतद् बृहत्यां बृहद् भवति, बृहत्यां रथन्तरम्। स यथोग्रगाधे संरभ्यानीयाद् एवम् [4]एवैतं तृतीयं त्रियहं[4] देवा अत्यायन्। त एतं स्वर्गं लोकम् आगच्छन्[5] एतद् दशमम् अहः। [6]एष वाव[6] स्वर्गो लोको यद् दशमम् अहः। तच् चतुर्विंशं भवति। ततो या विंशतिर् विराट् सा। अथ याश् चतस्रस् तद् एव ब्रध्नस्य विष्टपम्। तस्मिन्न् एतद् देवास्[7] सर्वान् कामान् दुह्रे। उपसृजन् धरुणं मात्रे मातरं धरुणो धयन् रायस् पोषम् इषम् ऊर्जम् अस्मासु दीधरत् स्वाहेति जुहोति। स[8] यं कामं कामयेत तं ध्यायेत्। एतस्यां हुतायां स हैवास्मै कामस् समृध्यत एवंविदे। [9]किम् उ[9] नैवंविदे समृध्येतेति[10] ह स्माह शाट्यायनिः ॥ ३२९ ॥[11]

[१] क वैराम् ग वैरूपं [२] ग प्रत्यह् [३-३] क तानिमग्नानत्यायन् ग तानिमानित्यायन् [४-४] क एवैतत्तृतीयन्त्र्यहं [५] क ग आगइछेन्न् | [६-६] ग एष्वात्र [७] ग देवीस् [८] क स्व [९-९] ग किम्म [१०] ग समृद्धयतेति [११] ग षष्टोऽध्यायः

एति प्रेत्य् आशुमद् वीनीमद्[1] रुक्मवत्[2] तेजस्वद्[3] युञ्जानं प्रथमस्याह्नो रूपं, त्रिवृत स्तोमस्य, गायत्र्यै छन्दसो, रथन्तरस्य [4]साम्नः। वृषवद्[4] वृत्रहवद् रयिमद्[5] विश्ववद् उपस्थितं द्वितीयस्याह्नो रूपं, पञ्चदशस्य स्तोमस्य, [6]त्रिष्टुभश् छन्दसो, बृहतस् साम्नः। उद्वत् त्रिवद् दिग्वद् गतवत् पुराणवत् तृतीयस्याह्नो रूपं, सप्तदशस्य स्तोमस्य[6], जगत्यै छन्दसो, वैरूपस्य साम्नः। राजन्वज् जनद्वद् विराट्सूर्यवच् चतुर्थस्याह्नो रूपम्, एकविंशस्य स्तोमस्य, अनुष्टुभश् छन्दसो, वैराजस्य साम्नः। चित्रवच् छिशुमत् पंक्त्यश् शक्वर्यो व्यूनाक्षरा गोमद् वृषभवद्[7] वज्रयभिमत् पञ्चमस्याह्नो रूपं, त्रिणवस्य स्तोमस्य, पंक्तेश् छन्दसश्, शाक्वरस्य साम्नः। परिवत् प्रतिवत् सप्तपदा द्विपदा विनाराशंसं गोमद् वृषभवद् वज्रयभिमत् षष्ठस्याह्नो रूपं, त्रयस्त्रिंशस्य स्तोमस्यातिच्छन्दसश्[8] छन्दसो, रैवतस्य साम्नः ॥ ३३० ॥

[१] ग वितीमव् [२] एवं च। क रुक्मत् ग रूत्मत् [३] ग तेजस्वीद् [४-४] क साम्नोद्वृषवत् ग साम्नोपृषुवत् [५] एवं च। क रैमद् | ग रथमद् [६-६] ग नास्ति [७] ग वृषभद् च ऋषभवद् [८] ग स्तोमस्याइछन्दसस

यस्माद् एषा समाना सती[1] षडहविभक्तिर् अथ नाना भवति, तस्मान् नानारूपस् संवत्सरो नानारूपम् एनम् अनु प्रजायते। अग्न इति प्रथमस्याह्नो विभक्तिर्, अग्निम् इति द्वितीयस्याग्निनेति तृतीयस्याग्निर् इति चतुर्थस्याग्नेर् इति पञ्चमस्याग्न इत्य् एव पुनष् षष्ठस्य। ताव् एताव् अन्तौ संधत्त। एतद् अन्व् अनन्तस् संवत्सरः। तस्यैताव्[2] अन्तौ यद् धेमन्तश् च वसन्तश् च। एतद् अनु ग्रामस्यान्तौ समेत, एतद् अनु निष्कस्यान्तौ[3] समेत, एतद् अन्व् अहिर् भोगान् पर्याहृत्य शये। तद् एतद् अन्नम्। तं देवचक्रम्[4] अक्षितं पुनर्नवम् आ च परा च परिवर्तते। स य एतद् एवं वेदैताम् एवानन्तताम् एताम् अक्षितिम् एतां पुनर्नवताम् जयति[5]। अग्न आ याहि वीतय इति ह्वयन्त्य् एवैनम् एतेन, अग्निं दूतं वृणीमह इति वृणत एवैनम् एतेन। अग्निनाग्निस् सम् इध्यत इति सम् एवैनम्

एतद् इन्धते । अग्निर् वृत्राणि जंघनद् इति व्य् एवैनेनैतज् जयन्ते । तव श्रियो वर्ष्यस्येव[1] विद्युत इति श्रियम् एवास्मिन्न् एतद् दधति । यो वै षष्ठस्याह्नो विभक्तिं वेद सर्वम् आयुर् एति । जातवेदस इति[7] वै षष्ठस्याह्नो विभक्तिर् अग्न[8] इति च । सर्वम् आयुर् एति य एवं वेद ॥ ३३१ ॥

[१] क-कोशे ३३०तमः खण्डोऽत्र समाप्तिमेति [२] क तस्येताव् [३] ? ग च निष्ठस्यान्तौ [४] एवं ग च । क देवपर्कं [५] क जनयति [६] क वर्षप्येव ग वष्यस्येव [७] ग पुनरुक्तिः तेग्निर्वृत्राणि जंघनदिति प्येवैनेनैतज्जयन्ते तव श्रियो वष्यस्येव विद्युत इति श्रियमेवास्मिन्नेव दधाति यो वै षष्टस्याह्नो विभक्तिं वेद सर्वमायुरेति जातवेदस इति [८] ग अग्नि

देवा वै पृष्ठ्ये षडहे[1] श्रियम् ऐच्छन् । ताम् अग्न इति प्रथमे ऽहन् नान्वविन्दन् । ताम् अग्निम् इति द्वितीय [2]ऽहन् नान्वविन्दन्[2] । ताम् अग्निनेति तृतीये [3]ऽहन् नान्वविन्दन्[3] । ताम् अग्निर् इत्य् एव चतुर्थे ऽहन्न् अन्वविन्दन् । भूतम्[4] एवोत्तरे ऽन्ववदताम् । यस्माद् एषा समाना सत्य् अग्निविभक्तिर् अथ नाना भवति, तस्मात् [5]समानस् सन्[5] संवत्सरो नाना सस्यानि पचति[6] । एतैर् ह वा एतद् अग्निभिः पचति[6] य एते प्रविष्टाः[7] । अथो हास्यैतैर् एवाग्निभिस् सर्व ऋतवो[8] ऽग्निमन्तो भवन्ति । प्रस्तृतेळा[9] प्रथमस्याह्न, ऊर्ध्वेळं द्वितीयं, परिष्टुब्धेळं तृतीयम्, इळाभिर् इळं चतुर्थम्, अध्यर्धेळं पञ्चमम्, इहकारेणाभ्यस्तेळं षष्ठं च । अथो[10] ह वास्यस्को नैमिशीयान् पप्रच्छ—किं प्रथमेनाह्ना कुरुध्वम् इति । प्रैमेति । किं द्वितीयेनेति । [11]अवसं कुर्महा[11] इति । किं तृतीयेनेति । परि वा प्लवामहा इति । किं चतुर्थेनेति । [12]सता सद् अप्यदध्मेति[12] । किं पञ्चमेनेति । पशून् विच्छिन्दन्त ऐमेति । किं षष्ठेनेति । आगच्छामेति[13] होचुः । अथो तेभ्य एवैतत् पशुभ्यो भिषज्यामेति । तद् यत् प्रैमेति प्रेव वा एतत् सार्यते यत् प्रैति । प्रस्तृतेळा प्रथमस्याह्नः ॥ ३३२ ॥

[१] ग षडह [२-२] ग हन्नान्वविन्दन् [३-३] क हन्नान्वविन्दन् ग न्नान्वविन्दन् [४] च हूतम् [५-५] ग समानस्यन् [६] क पवति [७] क प्राविष्टा ग प्राविष्ट [८] क भूतवो [९] ग प्रसृते [१०] क थो ग हो [११-११] क एवसमकुर्महा ग एवसुमकुममहा [१२-१२] क सतासिदप्यददध्मेति ग सदासदप्यदत्श्रेति [१३] ग अगच्छामेति

अथ यद् [1]अवसं कुर्म[1] इत्य् उपरत्येव[2] वा उपविमुच्येवावसं[3] कुर्वते । उपरत्येव हि द्वितीयस्याह्न इळा निधनं गच्छति । अथ यत् परि[4] वा प्लवामहा इति परिप्लुत्येव[5] हि तृतीयस्याह्न इळानिधनं गच्छति । अथ यत् [6]सता सद् अप्यदध्मेतीळाभिर्[6] इळाः पशुभिः पशूंस् तत् । तद् एतत् [7]सता सद् अपिहितम्[7] । अथ यत् पशून् विच्छिन्दन्त ऐमेति विच्छिन्नेव वा एषा यद् अध्यर्धेळान्नकृता[8] । पशवो वा इळा । तस्मात् पशून् विच्छेदं[9] विकारं भुञ्जते । अथ [10]यद् आगच्छामेतीहेत्यस्याम्[10] एवैतत् प्रत्यतिष्ठन् । अथो तेभ्य एवैतत् पशुभ्यो भिषजितम् । यस्माद् एषा समाना सतीळाविभक्तिर्[11] अथ नाना भवति, तस्मान् नानारूपाः पशवः । नानारूपम् एनान् अनु प्रजायंत । यद् ऋचारभते तत् प्रथमस्याह्नो रूपम् । परिष्टुब्धं द्वितीयस्योभयतःपरिष्टुब्धं तृतीयस्यानुतुन्नं चतुर्थस्याभ्यस्तं पञ्चमस्येहकारेणाभ्यस्तं षष्ठस्य । यस्माद् एषा समाना सती स्वरविभक्तिर्[12] अथ नाना भवति तस्माद् अयं वायुर् यथर्तु पवते—शीतो हेमन्तम्, उष्णो ग्रीष्मम् । इन्द्रेति प्रथमस्याह्नो विभक्तिर् इन्द्रम् इति द्वितीयस्येन्द्रेणेति तृतीयस्येन्द्र इति चतुर्थ-

स्येन्द्राद् इति पञ्चमस्येन्द्र इत्य् एव पुनष् षष्ठस्य। यस्माद् एषा समाना सतीन्द्र-विभक्तिर्[13] अथ नाना भवति तस्माद् असाव् आदित्यो यथर्तु तपति—शीतो हेमन्तम्, उष्णो ग्रीष्मम् ॥ ३३३ ॥[14]

[१-१] क अपसंकुर्मः ग अवसंकुमम [२] ग उपरेत्येव [३] ग उपमुच्येवावासं [४] क परी [५] ग प्लुत्येव [६-६] ग सदप्यदत्भ्रेतीळाभिर् [७-७] क तासदविहितम् ग स्तासदपिहितम् [८] ग -ळान्तंकुता [९] ग विश्छेन्द [१०-१०] क यदगच्छामेती ग यगश्छामेतिहेत्यस्याम् [११] ग वतीळाविभक्तिर् [१२] ग स्वरभक्तिर् [१३] ग सतीन्द्रस्यविभक्तिर् [१४] ग सप्तमाध्यायः

इति हैवेदम् अग्र[1] आस। तद् अकामयत [बहु] स्यां प्रजायेय भूमानं गच्छेयम् इति। तन् मनो ऽमनुत। तस्य द्वितीयं [2]वित्वावितराह्वयम् ऐत्। तस्माद्[2] द्वितीयं वित्वावितराह्वयम्[3] एति। तद् अनेन मनसा सहातप्यत। मनो ह वाव तपः। तत् तप्यमानं वाचम् असृजत। ताभ्याम् अस्तुत स्तो मे स्तो म इति। [4]यत् स्तो म इत्य् अब्रवीत् तत् स्तोमस्य स्तोमत्वम्। स्तुवत एनेन स्वा अयं न श्रेष्ठ इति य एवं वेद। ताव् एवैतौ स्तोमाव् अभवतां पराङ् च पूर्वाङ् च। तौ प्राणापानौ, ते ऽहोरात्रे, तौ पूर्वपक्षापरपक्षौ, ताव् इमौ लोकौ, ताव् इन्द्राग्नी[5], तौ मित्रावरुणौ, ताव् अश्विनौ, तद् दैव्यं मिथुनं, [6]यद् इदं[6] किं च द्वन्द्वं तद् [7]अभवताम्। तौ[7] ह स्म प्रजापताव् एवान्तस् संभवतः। तद् इदं मनो वाचम् अस्कन्दत्। स हिरण्मयो गर्भो ऽधीयतामृतः। [8]एष वै मृत्युर् यद् अग्निः[8]। तस्मिन् यद् धिरण्यं प्रास्यन्ति कल्याणतरं भवति। सो ऽयं गर्भो ऽजायत। तं [9]जातम् अमृजन् यथा[9] वत्सं जातं माता लिह्याद्[10] एवम् ॥ ३३४ ॥

[१] क अभ्र [२-२] ? क -ह्वयमैतस्मात् ग वित्वांवितरांह्वयमैतस्मात् [३] ग वित्वावितरांह्वयम् [४] ग अधिपाठः यत् स्तो म इति [५] एवं च। क ग इन्द्रावग्नी [६-६] ग यदि [७-७] क अभवतावन्तौ [८-८] एवं च। एवैष वर्षमृत्युर्य-दग्निः ग एष वै मृत्युय्यदधिः [९-९] क जातमृज-न्यथा ग जातमृजत्यथा [१०] क लिंग्याद्

तस्य यत् प्रथमम् उल्बम् अपालुम्पंस्[1] तत् कृष्णायस् समभवत्। यद् द्वितीयम् उल्बम् अपालुम्पंस् तद् रजतम् अभवत्। यत् तृतीयम् उल्बम् अपालुम्पंस् तद् धरितम् अभवत्। तस्मात् तत् त्विषिमत्तमम्[2]। तत् तद् ध्य् अस्याध्यातमम् आसीद् अथ [3]यज् जरायु नाड्याम्[3] आसीत्। तल् लोहम् अभवत्। अथ यत् कुमारो जायमानो वा जातो वा सीसवं करोति तद् एव सीसम् अभवत्। तस्मात् तद्[4] दुर्गन्धितमम्। तानि सप्त-दशैवाक्षराण्य् अजायन्त। तानि द्वेधा व्यौहन् [5]नवान्यान्य् अष्टाव् अन्यानि[5]। स एव त्रिवृच् च स्तोमो ऽभवत् गायत्री च छन्दः। स ऐक्षतायं स्तोम इदं[6] छन्द इमौ वाव तस्मा अलं यत् प्रजनयेताम्। हन्तैमाव्[7] एव प्रजनयतम् इति ब्रवाणीति। स त्रिवृता[8] स्तुत्वाब्रवीद् गायत्रीं—विभव, यावत्य् असि तावत्य् एधीति। साष्टाक्षरा सत्य् अक्षराणि त्र्यक्षराण्य् अकुरुत। तानि चतुर्विंशतिर् अभवन्। सो[9] ऽस्यै गायत्र्यै चतुर्विंशत्यक्षरायै षड् अक्षराण्य् आदत्त ॥ ३३५ ॥

[१] क-कोशे ३३४तमः खण्डोऽत्र समाप्तिमेति [२] ग त्विधीमत्तमम् [३-३] ग पज्जुयुनाड्याम् [४] क तं ग नास्ति [५-५] ग नवाभ्यान्यष्टा-सन्यानि [६] क इन्द्रञ् [७] क ग हन्तेमाम् [८] ग त्रिधता [९] ग सा

'स पञ्चदश स्तोमो ऽभवत्'। अपरे द्वे आदत्त। स[२] सप्तदश स्तोमो ऽभवत्। अपराणि चत्वार्य् आदत्त। स एकविंश स्तोमो ऽभवत्। तद् अर्धेन गायत्री विषुवन्तम् अगच्छत्। अपराणि षड् आदत्त। स त्रिणव स्तोमो ऽभवत्। अपराणि षड् आदत्त स त्रयस्त्रिंश[३] स्तोमो ऽभवत्। सो ऽतः पराचीनं न प्राविन्दत्। स ऐक्षतेमान्य् एव वीर्याणि संस्तुतानि प्रत्यपधावानि द्वे द्वे ऽहनी समस्यानीति ॥ ३३६ ॥

[१-१] ग सप्तदशस्तोमोभवत् [२] ग नास्ति [३] क ग त्रयस्त्रिंशत्

स त्रिवृच् च पञ्चदशं च समास्यत्[१]। तद् एव चतुर्विंशं सप्तमम् अहर् अभवत् गायत्री छन्दसाम्। तस्माद् अत्रोभे बृहद्रथन्तरे क्रियेते। उभौ ह्य् एतौ बार्हतराथन्तरौ स्तोमौ। रथन्तरं वै मात्रायाम् अत्र स्याद्, अथ बृहत् पृष्ठं क्रियते। 'सप्तदशं च त्रिणवं च समास्यत्। तद् एव चतुश्चत्वारिंशम् अष्टमम् अहर् अभवत् त्रिष्टुप् छन्दसाम्। तस्माद् अत्र रथन्तरं पृष्ठं क्रियते। उभौ ह्य् एतौ राथन्तरौ स्तोमौ। बृहद् वै मात्रायाम् अत्र स्याद्, अथ रथन्तरं पृष्ठं क्रियते। एकविंशं च त्रयस्त्रिंशं च समास्यत्। ततष् षड् अक्षराण्य् अत्यरिच्यन्त। अथ यान्य् अष्टाचत्वारिंशत् पर्यशिष्यन्त तद् एवाष्टाचत्वारिंशं[३] नवमम् अहर् अभवत्, जगती छन्दसाम्। तस्माद् अत्र बृहत् पृष्ठं क्रियते[४]। उभौ ह्य् एतौ बार्हतौ स्तोमौ, रथन्तरं वै मात्रायाम् अत्र स्याद्, अथ बृहत् पृष्ठं क्रियते ॥ ३३७ ॥

[१] एवं ग च। क समस्यत् [२] ग अधिपाठः स [३] ग पुनरुक्तिः नवममहरभवज्जगतीश्छन्दसान्तस्मातत्र बृहत्पृष्ठं क्रियत उभा ह्येतौ बार्हतौ स्तोमौ रथन्तरं वै मात्रायामत्र स्यादथ रथन्तरं पर्द्वं क्रियत एकविंशञ्च त्रयस्त्रिंशञ्च समास्यत्तत षडक्षराण्यत्यरिच्यन्ताथ यान्यष्टाचत्वारिंशत् पर्यशिष्यन्त तदेवाष्टाचत्वारिंशं [४] ग क्रियतयत

तानीमानि षडक्षराण्य् अभिहिंङ्करोत्[१]। ततष् षण् णिरमिमीत। तानि द्वादशाभवन्। तानि पुनर् एवाभिहिंङ्करोत्[२]। ततष् षण् णिरमिमीत। तान्य् अष्टादशाभवन्। तानि पुनर् एवाभिहिंङ्करोत्[३]। ततष् षण् णिरमिमीत। तानि चतुर्विंशतिर् अभवन्। तद् एव चतुर्विंशं दशमम् अहर् अभवद् अनुष्टुप् छन्दसाम्। तस्माद् उ त्रिर्हिंकृतं साम। तद् आहुर् अति त्रिवृतं स्तोमा[३] यन्ति, न गायत्रीं छन्दांसीति। नाहैव त्रिवृतं स्तोमा अतियन्तीति ब्रूयान् नो गायत्रीं छन्दांसीति। त्रिप्रायणा[४] हि स्तोमास् त्रिमध्यास् त्र्युदयाः। एतद् उ गायत्रीं सर्वाणि छन्दांसि नातियन्ति। तद् एतद् [५]त्रिवृतश् चैव[५] स्तोमस्य पुष्टं गायत्र्यै छन्दसो यद् एष द्वादशाहः[६]। तद्[७] ब्रह्म वै गायत्री। क्षत्रं त्रिवृत्। यत्[८] स वज्रस् तेन क्षत्रम्। तद् एतत् ब्रह्म च[९] क्षत्रं चैष द्वादशाहः। तद् उ वा आहुर् ब्रह्म वै त्रिवृद्, ब्रह्म गायत्री, ब्रह्मैष द्वादशाहो, ब्रह्मैवैष[१०] सर्वो द्वादशाह इत्य् एव वेदितव्यम्। तस्यैतौ[११] श्लोकौ--

चत्वारो ऽग्रे प्र वहन्ति[१२] युक्तास् ते षड् भवन्ति परमे व्योमन्।
ते द्वौ द्वौ भूत्वा प्र पतन्ति पक्षैस् ते ऽस्मिन् कस्मिन्[१३] प्रतितिष्ठन्ति गत्वा ॥
द्वौ स्तोमौ गायत्रीं वसाते द्वौ त्रिष्टुभं जगतीं द्वौ वसाते।
तेभ्यो महत् प्र रिरिचेति षड्भ्यस् तस्मिन् सर्वे प्रतितिष्ठन्ति गत्वा ॥

॥ ३३८ ॥[१४]

[१] क अभिहिण्णकरोत् ग अभिहिन्दन्दकरोत् [२] क अभिहिन्दन्दकरोत् ग अभिहिन्ददकरोत् [३] ग स्तोममा [४] ग त्रिरायणाय [५–५] क ग. त्रिवृत ह्वैव [६] ग यद्वादशाहः [७] क ग तं [८] एवं ग च। क नास्ति [९] ग ब्रह्मचक्षते [१०] ग ब्रह्मवैष [११] ग तस्यतौ [१२] ग वहति [१३] ग नास्ति [१४] ग अष्टमोऽध्यायः

प्रजापतिर् वावेदम् अग्र आसीत्। सो ऽकामयत बहु स्यां प्रजायेय भूमानं गच्छेयम् इति। स तपो ऽतप्यत। स एतं व्यूढछन्दसं द्वादशाहं यज्ञम् [१]अपश्यत्। तम् आहरत्। तेनायजत[१]। तं व्यौहत्। यद् व्यौहद् अङ्गान्य् एव तद् व्यौहत्। तस्य यानि शरीराण्य् आसंस् ता[२] एवेमा मर्त्यः [३]प्रजा अभवन्[३]। अथात्मा मनोमयस् समभवत्। तस्य मनश् शरीरं प्राणा अभि समविशन्। स व्यूढ इवासीत्[४]। स देवान् अब्रवीत् शरीरं म इच्छतेति[५]। कथं त इच्छाम इति। समूढछन्दसा द्वादशाहेन याजयतेति[६]। तथेति। तं समूढछन्दसा द्वादशाहेनायाजयन्। तद् यत् समौहन्न् अंगान्य्[७] एवास्य तत् समौहन्॥ ३३९॥

[१–१] क ग अपश्यमाहरतेनायजत [२] एवं ग च। क त [३–३] क प्रजामभवन् ग प्रजा अभवन् [४] ग इवावशत् [५] ग इच्छेतेति [६] ग याजयेतेति [७] एवं च। क अङ्गान्य् ग अगान्य्

स मनोमयः प्राणमयश् चक्षुर्मय श्रोत्रमयो वाङ्मय ऋङ्मयो यजुर्मयस् साममयो ब्रह्ममयो हिरण्मयो ऽमृतः प्रजापतिस् समभवत्। एषैव विद्युत्। स एष एव त्रयो वेदः। योर्ध्वा[१] विद्युत् तानि सामानि, [२]या तिरश्ची[२] ता ऋचो, यद् [३]अभीक्ष्णं मन्मलायति तद्[३] यजुः। स य एतद् एवं वेदैषैव देवता भवति। एषा ह वै देवता संस्तुतो यज्ञो भवति। तद् यत् पृच्छेयुः का देवता संस्तुतो यज्ञो भवतीति, विद्युद् इति ह ब्रूयात्। एषा ह वै देवता संस्तुतो यज्ञो भवति। तस्माद् यदि व्यूढछन्दसा[४] द्वादशाहेन यजेत। यजेतो[५] एव समूढछन्दसा। उभाभ्यां ह त्वावेष्टं भवत्य् एवंविदः॥ ३४०॥[६]

[१] क योर्ध्वं ग योऽध्वा [२–२] क य तिरश्ची ग यातिरश्चि [३–३] एवं च। क अभिक्ष्णुम्मन्मलायतेद् ग अभिक्ष्णुंम्मन्मलयतेद् [४] क व्यूरूढच्छदन्सा ग वरूढछन्दसा [५] क यजेता [६] ग नवमोऽध्यायः

एका ह वाव देवता स्वयंभूः[१] प्रजापतिर् एव। सो ऽकामयत बहु स्यां प्रजायेयेति। सो ऽस्मिन् लोके त्रिवृता स्तोमेन देवान् असृजत वसून्। तम् अभि समपतन्। स्वादु स्वादुर् इति तम् आदन्। तम् अधयन् यथा वत्सो[२] जातो मातरं धयेद् एवम्। स ऐक्षत यदि वा इह भविष्यामि क्षेष्यन्ति मा, हन्तोर्ध्व उत्क्रामाणीति[३]। स उ वा ऐक्षत हन्तो[४] नु संसृजेय यं मां मन्यमाना यं पश्यन्तीर् इमा इहोपरमेरन्न् इति। सो ऽग्निम् असृजत॥ ३४१॥

[१] ग स्वयंभुः [२] ग त्सोम [३] क ग उत्क्रामणीति [४] ग हन्ना

[१]तम् अस्मिन् लोके प्रतिनिधाय[१] पञ्चदशेनोर्ध्व उदक्रामत्। सो ऽगच्छद् यत्रैष वायुः। तत् तद् व् असृजतो एव रुद्रान्। अन्व् इमे समगच्छन्न् अभ्य् अभी समपतन्। तम् अत्तुम् एवाध्रियन्त[२]। स ऐक्षत हन्तोर्ध्व एवोत्क्रामाणीति[३]। स वायुम् एवैतस्मिन् लोके प्रतिनिधाय सप्तदशेनोर्ध्व उदक्रामत्। सो ऽगच्छद् यत्रैष चन्द्रमाः। तत् तद् व्

असृजतो एवादित्यान् । अन्व् इमे [4]समगच्छन्न् अभ्य्[4] अमी समपतन् । तम् अत्तुम् एवाध्रियन्त । स ऐक्षत हन्तोर्ध्व एवोत्क्रामाणीति[5] ॥ ३४२ ॥

[१-१] क-कोशे पूर्वस्मिन् खण्डे दृश्यते [२] क एवाम्रियन्त [३] ग एवोत्क्रामणीति [४-४] ग समश्छन्तेभ्य् [५] क एवोत्क्रामिष्यामाणीति ग एवोत्क्रामणीति

[1]स चन्द्रमसम्[2] एवैतस्मिन् लोके प्रतिनिधाय[1] एकत्रिंशेनोर्ध्व उदक्रामत् । सो ऽगच्छद् यत्रैष आदित्यः । तत् तद् व् असृजतो एव विश्वान् देवान् । तद् अन्तम् असृजतान्व् इमे समगच्छन्न् अभ्य् अमी [3]समपतन् । तम् अत्तुम्[3] एवाध्रियन्त । स ऐक्षत हन्तोर्ध्व एवोत्क्रामाणीति[4] । स आदित्यम् एवैतस्मिन्[5] लोके प्रतिनिधाय त्रिणवेनोर्ध्व उदक्रामत् । सो ऽगच्छद् यत्रैष वरुणः[6] । तेत् तन् नासृजत । तम् अन्व् एवागच्छन् । तम् अत्तुम् एवाध्रियन्त । स ऐक्षत हन्तोर्ध्व एवोत्क्रामाणीति[7] ॥ ३४३ ॥

[१-१] क-कोशे पूर्वस्मिन् खण्डे दृश्यते [२] ग चन्द्रमस [३-३] क सपतंस्तत्तुम् ग सपतंसमक्षुम् [४] ग एवोत्क्रामणीति [५] एवं ग च । क एवास्मिन् [६] क ग वरुस् [७] ग एवोत्क्रामणिति

[1]स वरुणम् एवैतस्मिन्[2] लोके प्रतिनिधाय[1] त्रयस्त्रिंशेनोर्ध्व उदक्रामत् । सो ऽगच्छद् यत्रैष मृत्युः । तत् तन् मृत्युर् अभवत् । तद् अङ्गानि मुखम् अकुरुत । तं मृत्युं सर्वतोमुखं भूतम् अन्वागत्योपेक्षमाणा[3] एवासत, अनभिधृष्णुवतीः[4] । नैनं तत्रादन् । स ऐक्षत पाप्मा[5] वा अस्मि [6]यो मृत्युर् ऽस्मि[6] । हन्तोर्ध्व एवोत्क्रामाणीति । स मृत्युम् एवैतस्मिन् लोके प्रतिनिधाय[7] चतुर्विंशेनोर्ध्व उदक्रामत्[8] । सो ऽगच्छद् यत्रैष रोचनो नाम लोकः । तत् तद् अशनयाभवत् । तम् अशनायां[9] भूतं बिभ्यतीर्[10] [11]नान्वायन् । अन्वीक्षमाणा[11] एवातिष्ठन्न् असौ रोचते ऽसौ रोचंतति । [12]सास्य रोचनता[12] । स ऐक्षत पाप्मा वा अस्मि [13]यो ऽशनया अस्मि[13] । हन्तोर्ध्व एवोत्क्रामाणीति । सो ऽहोरात्रे प्रतिन्यदधात्[14] । ते एव पिपासा चाशनाया[15] चाभवताम् । अहर् ह पिपासा, रात्रिर् अशनाया[16] । तद् यथा द्वारफलके प्रतिनिहिते स्याताम् एवम् एवैते ऽहोरात्रे प्रतिनिहिते अनत्ययनाय । ते उ ह [17]त्व् एवंविदम्[17] एवात्यर्जयतः[18] ॥ ३४४ ॥

[१-१] क-कोशे पूर्वस्मिन् खण्डे दृश्यते [२] एवं ग च । क एवास्मिन् [३] ग असागत्योवेक्षमाणा [४] एवं च । क अनाभिधृष्णवतीः ग अनभिधृष्णवती [५] क पाप्ममा [६-६] एवं च । क योरस्मि ग यो मृत्युरभवत्तदंगानि मुखमकुरुतस्मि [७] क-कोशे ऽत्र खण्डस्य समाप्तिः [८] क ग उक्रमत् [९] क अशनयां [१०] क बिभृतिर् ग बिभ्यतिर् [११-११] ग नान्वायन्नान्वीक्षमाणा [१२-१२] ग सास्याटेराचनता [१३-१३] ग च नास्ति [१४] क प्रतिनिदधात् [१५] क ग चाशनाय [१६] क ग अशनया [१७-१७] क ग त्वैवंविदम् [१८] एवं च । क ग एवात्यर्ज्जायतः

सो ऽहोरात्रे एवैतस्मिन् लोके प्रतिनिधाय चतुश्चत्वारिंशेनोर्ध्व उदक्रामत् । सो ऽगच्छद् यत्रैष कामो नाम लोकः । तत् तच्छन्दस्नाया[1] अन्तरेण [2]नदीर् असृजतैतस्य[2] पाप्मनो ऽनन्वागमाय । ता उ एव कामदुघा अकुरुत । स ऐक्षत हन्तोर्ध्व एवोत्क्रामाणीति । सो ऽष्टाचत्वारिंशेनोर्ध्व उदक्रामत् । सो ऽगच्छद् यत्रैष सुवर् नाम लोकः । तत् तस्मिन् ज्योग् अरमत बहु अस्य स्वं भवतीति । सास्य सुवता[3] । स ऐक्षत हन्तेभ्यो[4] लोकेभ्य

एकं लोकं संभराणीति[५] । स एभ्यो लोकेभ्य एकं लोकं समभरत् । तद् एवैतद् द्वादशाहस्य दशमम् अहर् अभवत् । सो ऽब्रवीन् न वै म इदम् अकम् अभूद् इति । यद् अब्रवीन् न वै म इदम् अकम् अभूद् इति तन् नाकस्य नाकत्वम् । स एष वाव नाको यद् दशमम् अहर्, एष स्वर्गो लोक, एतद् ब्रध्नस्य विष्टपम् ॥ ३४५ ॥

[१] क नच्छदन्नाधा ग तश्छदन्नाधा [२–२] ग नदी सृजनैतस्य [३] ग भ्युत्रता [४] ग इन्त्यैभ्यो [५] क समभराणीति

तद् यथा वृक्षं वा गिरिं [१]वाधिरुह्य व्यवेक्षेतैवम्[१] एवैतस्माल् लोकाद् अन्यान् लोकान् व्यवैक्षते[२] । स इमाः प्रजा अशनायन्तीः[३] प्रत्यवैक्षत[४] । [५]ता द्वाभ्यां[५] रूपाभ्यां प्रत्याद्रवन् नीलेन च सुवर्णेन च । तद् यत् पर्जन्यस्य वर्षिष्यतः कृष्णं तन् नीलम् । अथ यद् अप्स्व् अन्तर् विद्योतते तत् सुवर्णम् । ताभ्यो ऽवर्षत् । तत ओदनो ऽजायत । तम् अशित्वोदानन् । स उदनो ऽभवत् । तद् उदनस्योदनत्वम् । उदनो ह वै नामैष । तम् ओदन इति परोक्षम् आचक्षते । द्वितीयं ज्यायो[६] ऽन्नाद्यम् अजायत । [७]तद् अभिसंपद्य[७] व्यमथ्नन् । स मन्थो ऽभवत् । तन् मन्थस्य मन्थत्वम् । तद् एतद्[८] द्वयम् एवान्नाद्यस्य[९] रूपं यच् चैवाश्नाति[१०] यच् च पिबति । यद् अश्नात्य् ओदनस्य तद् रूपं, यत् पिबति मन्थस्य तत् । उभयं हास्यैतद् [११]गृहे ऽधिगम्यते[११] य एवं वेद । तौ हैतौ[१२] प्रजापतेर् एव स्तनौ यद् व्रीहिश्[१३] च यवश् च । ताभ्याम् इमाः प्रजा बिभर्ति ॥ ३४६ ॥

[१–१] ग वाधीरुह्मप्यवेक्षेतेवम् [२] ग प्यवेक्षते [३] क अशनयन्तीः ग अशनयाति [४] ग प्रत्यवेक्षत [५–५] ग तद्वाभ्यां [६] ग जायो [७–७] एवं च । क तदहिसंपत्य ग तदहिसंपद्य [८] क एवास्य [९] क एवान्नस्य [१०] ग चैभ्नाति [११–११] ग ह्यधीगम्यते [१२] ग हतौ [१३] ? ग व्रीहेयश्

स उपोदको नाम लोको यस्मिन्न् [१]अयम् अग्निः[१] । अथर्तधामा यस्मिन् वायुः । अथ शिवो यस्मिंश् चन्द्रमाः । अथापराजितो यस्मिन्न् आदित्यः । अथाधिद्युर्[२] यस्मिन् वरुणः । अथ प्रद्युर् यस्मिन् मृत्युः । अथ रोचनो यस्मिन्न् [३]अशनाया । अतो[३] ह पराचीनम् अहोरात्रे [४]नान्वितस् सकृद्[४] विष्टा हैवातः पराचीनं [५]यथा विद्युतोवरूपं[५] स्याद् दार्वाचितानां[६] वा समिद्धानाम् एवम् । अथ हैते प्रजापतिलोका एवात ऊर्ध्वाः । [७]कामो ऽष्टमस्, सुवर् नवमो[७], नाक एव दशमम् अहः । इदम् एवं प्रायणम् अद[८] उदयनम् । ते हैते लोका एवैतानि द्वादशाहस्याहानि । स य एतद् एवं वेदैते हैवास्य लोका भवन्ति ॥ ३४७ ॥

[१–१] ग अथमणिर् [२] क अधिद्युर् ग अथाधिवद्युर् [३–३] क अशनयातो ग अशनयोतो [४–४] क नान्वितसकृद् ग नान्विससर्कुद् [५–५] ग यद्याविद्युतंवरूपं [६] ग दार्वञ्चितानां [७–७] ग कामोऽष्टमास्सवर्णन्नवन्नवमो [८] क नास्ति

उपोदको नाम लोको ऽग्ने विष्टो, मनुष्या [१]गोप्तारो, अग्निर्[१] अधिपतिर्, यद् अर्चिषो रूपं तद् रूपम्, अप्सु प्रतिष्ठितः । ऋतधामा नाम लोको वयोभिर् विष्टो, गन्धर्वाप्सरसो गोप्तारो, वायुर् अधिपति, श्वेतं रूपं, प्राणे प्रतिष्ठितः । अपराजितो नाम[२]

लोको नक्षत्रैर् विष्टश्, चन्द्रमा गोप्ता, आदित्यो ऽधिपतिर्, यद् उद्यतश् च सूर्यस्य रूपम् अस्तं च यतस् तद् रूपं, मनसि प्रतिष्ठितः । अधिद्युर् नाम लोको यज्ञे[3] विष्ट, आदित्या गोप्तारो, वरुणो ऽधिपतिर्, नीलं रूपं यत् पर्जन्यस्य वर्षिष्यतः कृष्णं तन् नीलं[4], यद् वा कार्तस्वरस्य मणेर्, अनृते प्रतिष्ठितः[5] । प्रद्युर् नाम लोको ऽमृते विष्टो[6], रुद्रा गोप्तारो, मृत्युर् अधिपतिर्, लोहितं रूपं यद् गौरवछर्दायै[7] यद् वा माहारोहणस्य वासस[8], ऋते प्रतिष्ठितो यन् नाच्छंति तस्मिन् । रोचनो नाम लोकस् तपसि विष्टो, वसवो गोप्तारस्—ते हि प्रथमे देवानाम् इयुस् तस्मात् ते पराध्यो—, यज्ञो ऽधिपतिर्, यत् सुवर्णस्य हिरण्यस्य रूपं तद् रूपं, सत्ये प्रतिष्ठितः । एते वै लोका, एते गोप्तार, एते ऽधिपतयः । एते हैवास्य लोका, एते गोप्तार, एते ऽधिपतयो भवन्ति य एवं वेद ॥ ३४८॥

[१-१] क गोप्तारो ३ग्निर् ग गोप्तारोनिर् [२] ग नास्ति [३] ग यज्ञ [४] ग-कोशे २४६ तमात् खण्डात् पुनरुक्तिः अय यदप्स्वन्तर्विद्योतते तत्सुवर्णन्नाभ्योवर्षत्तत आदनोजायत तमशित्वादानन् स उदनोभवत्तदुनस्योदनत्वन्तादेतद्वयमेवान्नाद्यस्य रूपं यच्चैव पिबति यच्चाश्नाति यत् पिबति मन्थस्य तद्रूपं यदश्नात्योदनस्य तदुभयं ह्यस्यैतत् ह्यधिगम्यते य एवं वेद- [५] क अधिपाठः प्रद्युर्नाम लोकोमृते प्रतिष्ठितः [६] क निविष्टः [७] एवं च । क गोरवच्छर्दायै ग गोरवश्छेदायै [८] ग वाससा

प्रजापतिर् देवान् असृजत । सह श्रिया वाचा च 'वा एनांस्' तत् सहासृजताम्नेन च सहाद्भिः । ते देवा अन्नं श्रियं वाविदानाना वाचा यत्[2] सधमादम् इवैवासन्—अन्नं हि[3] श्रीस्—सो ऽशोचत् । स ऐक्षत कथं न्व् अहम् [4]एषाम् इमा[5] श्रियस् संवृञ्जीयेति । तान् मनो भूत्वानुप्राविशत् । तेषां[4] सर्वां श्रियं निरचिनोद् यथा बदराणि निश्चिनुयाद् एवम् । तेषां मनसा वाचम् अगृह्णात्[6] । सैषा मनसा वाग् [7]गृहीताप्य् अद्य[7] । यद् ध्य् एव मनसा कामयते तद् वाचा वदति । स ऐक्षत केन न्व् एषां रूपेण वाचम् आददीयेति । स पुरुषरूपम् अकुरुत । तेषां पुरुषरूपेण वाचम् आदत्त[8] । तस्मात् पुरुषस् सर्वा वाचो वदति । स[9] इमा अपस्[10] संगृह्योर्ध्व उदक्रामत् । सो ऽगच्छद् यत्रैष ऋषभो [11]नामान्न-लोकः । तद्[11] अन्नं वा ऋषभः । यदा वा अश्नात्य् अथर्षभ्यति[12] । स ऐक्षत किं नु तद् रूपं कुर्वीय यन् मे ऽन्यो नाभ्यारोहेद्[13] इति । सो ऽजः पृश्निर् अभवत् । तस्माद् अजं पृश्निं नाधिगच्छाम । तद् यास् ता अपो[14] ऽहरद् या एता उपर्य् आप, एता एव ताः । अथ यां तां वाचम् अहरद्, य एष उपरि स्तनयित्नुर्, एषैव सा वाग् अथ यो[15] ऽप्स्व् अन्तर् विद्योतते । स इमाः प्रजा अशनायन्तीः[16] प्रत्यवैक्षत— ॥ ३४९ ॥

[१-१] ग पाणनांस [२] एवं ग च । क यन् [३] ग ण [४-४] ग एशतेषां [५] क इमिमा [६] ग अन्होत् [७-७] क गृहीतापद्य [८] ग अशादत्त [९] ग नास्ति [१०] क ग आप [११-११] ग नामान्तःलकासद् [१२] ग अथ-षभ्यति [१३] ग -रोहद् [१४] क ग आपो [१५] =या+उ [१६] ग अशनायन्ति

—अन्धे 'तमसि जल्पन्तीः[1] । सो ऽस्यै वाच एकम् अक्षरम्[2] अवच्छिद्य वाग् इति व्यसृजत । तम् पतित्वैषां लोकानां मध्ये ऽरमत[3] । तद् एतन् मण्डलम् अभवत् । तद् अन्वानैत्[4] । स प्राणो[5] ऽभवत् । ताभ्यो व्यौच्छत् । अशनायंस् त्व् 'एव स आसाम् अपाम् एकं[6] स्तोकं प्राश्नुवीतयत्[7] कियत् स्विद्[8] आभ्यो ऽलं भविष्यतीति । स दशधा-भवद्[9] छतधा सहस्रधा यावतीयं पृथिवी तावान् अभवत् । तद् अभिसंपद्य[10] व्यमथ्नत[11] । स मन्थो ऽभवत् । तन् मन्थस्य मन्थत्वम् । [12]तम् अशित्वोदानन् । स उदनो

ऽभवत् । तद् उदनस्योदनत्वम्[1-2] । तद् एतद् द्वयम् एवान्नस्य रूपं यच् [13]चैव पिबति यच् चाश्नाति[13] । यत् पिबति मन्थस्य तद् रूपं, यद् अश्नात्य् ओदनस्य तत् । उभयं हास्यैतद् गृहे ऽधिगम्यते [14]यच् चैव पिबति यच् चाश्नाति[14] य एवं वेद । तद् आहुस्—त्रय स्तोका आगच्छन्तीत्य् उदस्तोको घृतस्तोको मधुस्तोकः । ततो य उदस्तोक इमां स प्रविशत्य्, ओषधीर् घृतस्तोको, वनस्पतीन्[15] मधुस्तोकः । तद् धैतं[16] मीमांसांचक्रुर् आमलक अक्रूवयेयो[17] ऽहीना आश्वत्थिः केशी दार्भ्यः —किं स्तोकं त्वम् आगच्छन्तं[18] मन्यसे, किं स्तोकं त्वं[19], किं स्तोकं त्वम् इति । स होवाच केशी—घृतस्तोकम् अहं मन्य इति । अथ होवाचाहीना—मधुस्तोकम् अहं मन्य इति । अथ होवाचामलक—उदस्तोकम् अहं मन्य इति । तस्मिन्न् उ हैव संपादयांचक्रुः[20] । [21]उदकाध्य् एवेदं[21] [22]सर्वं जायते[22] । तद् यां [23]तां वाचं[23] व्यसृजत सो ऽग्निः । अथ यं तं [24]प्राणम् अन्वानैत्[24] स इन्द्रः । अथ यस् स प्रजानां जनयित [25]ऋषभे ऽन्नलोके[25] [26]ऽप्स्व् अन्तः[26]— ॥ ३५० ॥

[१–१] ग तमसजरन्तिस् [२] ग आक्षरम् [३] एवं च । क ग व्यरमत्य [४] क ग अन्वान्नैत् [५] क ग प्राणा [६–६] ग एसत्तसामापामेक [७] ग प्राइयेतयत् [८] ग विद् [९] क दधाभवच् ग ददाभवच् [१०] क अभिसंपत्य [११] ग व्यमश्नत [१२–१२] क नास्ति [१३–१३] क चैवाश्नाति ग चैव पिबन्ति यच्चाश्नाति [१४–१४] ग नास्ति [१५] ग नास्ति [१६] ग वैतं [१७] ग शवयेया [१८] ग आगइछन्त्व [१९] ग त्वा [२०] क संवादयांचक्रुः [२१–२१] ग उदकस्येवेदं [२२–२२] ग सवृञ्जायते [२३–२३] ग तामवाचं [२४–२४] क प्राणमन्वैत् ग प्रामन्वानैत् [२५–२५] ग ऋषभेणलोके [२६–२६] ग नास्ति

—[1]चन्द्रमा हैव सः । स उ हेव[1] प्रजापतिः । तद् एतत् [2]परस्ताद् अर्वाक् तेजो[2] निर्मितं दीप्यमानं [3]तिष्ठत्य् अग्निश्[3] चेन्द्रश् च । तद् इदम् अध्यात्मम् । या सा [4]वाग् इयं[4] सा वाक् । ताम् अयं प्राण उपरिष्टाद्[5] अध्यास्ते । अथ यस् स प्रजानां जनयित [6]ऋषभे ऽन्नलोके[6] ऽप्स्व् अन्तर् अयं स पुरुषः । ता एता समानीर् देवता इह चामुत्र च । ता एह गच्छन्ति, [7]गच्छन्त्य् अमुत्र[7] । या इमास् ता अमूर्, या अमूस् ता इमाः । ता ह यो ऽध्यात्मम् उपास्ते स हानिदेवो[8] भवति । तेषां हैतेषां देवानां प्रजापताव् आत्मानस्[9] संनिहिताः । अथ हैषां प्राणानाम् अस्मिन् [10]पुरुष आत्मानस्[10] संनिहिताः । तम् एतं पुरुषं परिगृह्य गोपायन्ति । तस्यैष श्लोक—

ऋषभो लोको महद् एव यक्षं नैवास्मात् पूर्वं न परं बभूव ।
यं देवं [11]देवाः प्राणाः[11] पुरुषं परिगृह्य जाग्रति स वेद लोकं पुरुषं महान्तम् ॥

[12]इति । इमं ह[12] वाव तं देवं देवाः प्राणाः पुरुषं परिगृह्य जाग्रति । यो ऽयम् [13]अक्षन्न् अन्त[13] स हैष [14]वामनः । स यो हैतं[14] वामन इत्य् उपास्ते वामं वामं हैवैनम्[15] एषा देवताभिनेनीयते । एतस्माद् ध वा इदं राजन्यबन्धवो[16] वामनं केन चिद् [17]अवकांक्षन्ति । एतस्यै[17] ह देवतायै नान्नो ऽन्तिकम्[18] एनं विदुः । स हैष न जीर्यति । समावान्[19] हेवैष यूनश् च जरसश् च । स हैष प्राणान् संगृह्यावधूय शरीरं प्राणैस्[20] सहोर्ध्व उत्क्रामति । एतेन ह वै प्रत्यूढानि मृत्युश् शरीराणि हरति । तस्यै हैतस्यै[21] देवतायै यथा मृत्पिण्ड इषीके ऽधिहते स्याताम् एवम् एव हृदये पादाव् अधिहतौ । तौ[22] यद् [23]आच्छिनत्त्य् अथ म्रियते[23] । तद् इदम् अप्य् अविद्वांस आहुर् आच्छेद् ध्य् अस्येति । स य एतद् एवं वेदाजरसं हास्माद् एषा देवता नोत्क्रामति, सर्वम् आयुर् एति ॥ ३५१ ॥[24]

[१-१] ग स चन्द्रमा हैव सासौ उ इश्व [२-२] क पुरस्तादर्वात्तिजो ग परस्तादद्यात्तजो [३-३] ग तिष्ठन्त्याभ्निश् [४-४] ग वानीयं [५] ग उपरिष्टाम् [६-६] ग ऋषभेणलोके [७-७] ग गश्छन्तेमुत्तर [८] क हान्तिदेवो [९] एवं च। क ग आत्मन [१०-१०] क पुरुषात्मानस् ग पुरुषात्मान [११-११] ग देवःप्रायाणाय [१२-१२] ग इति है [१३-१३] ग अक्षन्तन्नन्त [१४-१४] ग वामन यो हैवं [१५] क ह्वंनम् [१६] एवं ग च। क वे [१७-१७] क अव-कांक्ष्यन्त्यैतस्यै ग अवकांक्षतेतस्यै [१८] ? ग अन्तितम् च अन्तम् [१९] एवं ग च। क समावन् [२०] ग प्राण [२१] ग इतस्यै [२२] ग नास्ति [२३-२३] ग अश्छिनत्यसम्भ्रियैते [२४] ग द्वादशोद्धयायः

देवा वै श्रमेण[१] तपसा व्रतचर्येणासुरान् रक्षांस्य्[२] अभ्यभवन् । ते ऽसुरा विदित्वैतत्[३] परा वै ते[४] भवन्तीति, स्त्रीरूपाण्य् अकुर्वत प्रथमोत्तनकाश्[५] [६]चण्डातकवासिनीर् यत् कल्याणतमं रूपाणां तत्[६] । ता देवान् प्रत्याक्रमन्त । ता देवा उपन्यपादयन्त[७] । न हि कस्य चन स्त्रियो ऽप्रियाः । तेषु यद् एषां तेज इन्द्रियं वीर्यं श्रमाभिजितम् आसीत् तद् अलिंचन् । ते ऽसुरा विदित्वैतद्[१] इयद् वा एषां तेज इन्द्रियं वीर्यम् अभूद् इत्य् आदाय प्राद्रवन् । तेषां ह देवानाम् अप्रियम् आसीत् । रिरिचाना[८] इवामन्यन्त[९] । ते ऽब्रुवन् कथं न्व् इदं तेज इन्द्रियं वीर्यं पुनर् आददीमहीति[१०] । त एता व्याहृतीर् अपश्यन् ॥ ३५२ ॥

[१] ग क्रमण [२] क ग ऋक्षांसि [३] एवं च। क ग विजित्वैतत् [४] क त्वे ग ते [५] ग प्रथमो प्रथमोत्तानका [६-६] ग चण्डतकवसीतद् [७] एवं च। क प्येन्यपादयन्त [८] क ग रिक्र-चाना [९] ग युवामन्यन्त [१०] क आद्दी-महीति ग अद्दीमहीति

तम् एत्य् एकाक्षरेण रथन्तरम् आददत । तस्मात् तत् प्रथमे ऽहन् क्रियते । प्रमेति द्व्यक्षरेण[१] बृहद् [२]आददत । तस्मात्[२] तद् द्वितीये ऽहन् क्रियते । प्रतिमेति त्र्यक्षरेण [३]वैरूपम् आददत । तस्मात् तत् तृतीये ऽहन् क्रियते[३] । [अ]स्त्रीवग्[४] इति चतुरक्षरेण वैराजम् आददत । तस्मात् तच् चतुर्थे ऽहन् क्रियते । सिरिकमसीति पञ्चाक्षरेण शाक्वरम् आददत । तस्मात् तत् पञ्चमे ऽहन् क्रियते । छर्दिरिन्द्रियावद् इति षडक्षरेण रैवतम्[५] आददत । तस्मात् तत् षष्ठे ऽहन् क्रियते । आ गयं[६] वीर्यं[७] योनिम् आ दद्ध्वं विद्वज्[८] जनस्य छायेति वामदेव्यम् आददत । तस्मात् तन् मध्यतो यज्ञस्य क्रियते । यत् परो योनिम् अतिश्च्युतितम् अभूत् तद् आ दद्ध्वं वस्व् इति यज्ञायज्ञीयम् आददत । तस्मात् तत् परार्धे यज्ञस्य क्रियते ॥ ३५३ ॥

[१] ग द्वितीयाक्षरेणा [२-२] क आद्दतत्तस्मात् ग आद्दतं तस्मात् [३-३] ग नास्ति [४] एवं च। क स्त्रीवय [५] ग रैवतकमम् [६] क शयं [७] क ग वार्य्यं [८] क विश्वज्

अथो आहुर्—अपहतपाप्मानो वै देवाः । ते न स्वपन्ति । त उ श्रमस्य भूम्ना सममीलयन् । तेषाम् उ स्वपतां प्रमत्तानाम् असुरास् तेज इन्द्रियं वीर्यम् आदायाप्स्व् अन्वभ्यवानयन्[१] । तद् विष्णुर् अन्वपश्यत् । तेषां ह देवानां प्रबुबुधानानाम् अप्रियम् आसीत् । तान् विष्णुर् अब्रवीन्—मा वो [२]ऽप्रियं भूत्[२] । अहं वै तद् अन्वख्यम् इति । तान् अप्स्व् अन्व् अभ्यवानयत्[३] । तद् अप्स्व अन्तः पर्यपश्यन् यथा पृष्ठात्[४] [क]कुद् उदीषिता स्याद् एवम् । तद् एताभिर् एताभिर् एव व्याहृतिभिर् आदाय विष्णवे प्रायच्छन् । तद् इदं विष्णुस् तेज इन्द्रियं वीर्यं धारयन् समैषत् । [५]तस्माद् ध्रस्वो[५] विष्णुः । तस्माद् उ ह्रस्वं[६] वैष्णवं गाम् आलभन्ते । स यत्र धारयन् पराक्रमत तद् एव विष्णुपदम्

अभवत्। तस्माद् यो विष्णुपदीयः कैकेयस् स[७] यज्ञ आत्ततरः। एतं ह्य् अस्मिन् यज्ञम् अन्वविन्दन्। स य एतद् एवं वेद।[८] द्विषतो भ्रातृव्यस्य तेज इन्द्रियं वीर्यं दत्ते[९] ॥ ३५४ ॥[१०]

[१] ग अन्वभ्यवामयस्ते [२-२] ग प्रियमभृत् [३] ग अवानयत् [४] ग अधिपाठः कर्ण [५-५] ग तस्मासो [६] ग प्रस्वं [७] एवं ग च। क स्त्र [८] ग वेद [९] क अधिपाठः स य एतदेवं वेदा द्विषतो भ्रातृव्यस्य तेज इन्द्रियं वीर्यं धत्त [१०] ग त्रयोदशोऽध्यायः

प्रजापतिर् वा इमान् लोकान् इमा दिशो [१]ऽसृजत। तान्[१] सृष्टोभयान्[२] [३]देवान् असुरान्[३] असृजत। तान् [४]समद् अविन्दत्[४]। ते प्रजापतौ ब्रह्म [५]संन्यदधत। तत्[५] प्रजातिर् नोदयच्छत्। तद् अप्सु प्रावेशयत्। ते देवा [६]असुरान् अजयन्[६]। ते जित्वा[७] पुनर् एत्याब्रुवन्[८] प्रजापते यन् नस् त्वयि ब्रह्म तन् नः प्रयच्छति। सो ऽब्रवीन् न वा अहं तद् उदयच्छम्। तद् अप्सु [९]प्रावेशयम् इति[९]। तान् अप्स्व् अन्व् अभ्यवानयत्[१०]। तद् अप्स्व् अन्तः पर्यपश्यन् यथा पृष्ठात् ककुद् [११]उदीषिता स्याद् एवम्। ते[११] ऽब्रुवन् सृजामहा इत इति। त[१२] ओम् इत्य् एतेनाक्षरेणास्यै[१३]— ॥ ३५५ ॥

[१-१] ग सृजत्तीन् [२] ग सृष्टेवाभयन् [३-३] क देवासुरान् [४-४] ग च सादविन्दत [५-५] एवं च। क सन्यदधत्तात् ग सन्यदधर्त्तात् [६-६] एवं च। क ग असुरानुचयन् [७] एवं च। क ग जत्वा [८] क एत्योब्रुवन् ग एत्राब्रुवन् [९-९] क प्रावेशयमिदिति ग प्रावेशेयदिति [१०] क अभ्यवानय ग अभ्यमानय [११-११] ग उदिषितान्व्याख्यान्ते [१२] ग नास्ति [१३] क एतेवाक्षरेणास्यै

—प्राच्यै दिशो रथन्तरं भा असृजन्त। [१]तद् अग्नेर् घोषो ऽन्वसृज्यत[१]। तस्माद् रथन्तरस्य स्तोत्रा[२] [३]अग्नीन् मन्थन्ति[३]। त ओम् इत्य् एतेनैवाक्षरेणास्यै दक्षिणायै दिशो बृहद् भा असृजन्त। तत् पर्जन्यस्य घोषो ऽन्वसृज्यत। तस्माद् बृहत स्तोत्रे [४]दुन्दुभीन् उद्वादयन्ति[४]। वर्षुकः पर्जन्यो भवति। त ओम् इत्य् एतेनैवाक्षरेणास्यै प्रतीच्यै दिशो वैरूपं भा असृजन्त। तद् वायोर् घोषो ऽन्वसृज्यत। [५]तस्माद् वैरूपस्य स्तोत्र आधवैर् आधून्वन्ति। अधोवात आगामुकः। त ओम् इत्य् एतेनैवाक्षरेणास्या उदीच्यै दिशो वैराजं भा असृजन्त। तद् वयसां घोषो ऽन्वसृज्यत[५]। तस्माद् यथा वयांसि पुनर् आदायं[६] वाचं वदन्त्य् एवं वैराजेन पुनर् आदायम् इव स्तुवते। त ओम् इत्य् एतेनैवाक्षरेणास्या ऊर्ध्वायै दिशश् शाक्वरं भा असृजन्त। तद् अपां घोषो ऽन्वसृज्यत। तस्माच् छाक्वरस्य [७]स्तोत्रे ऽप[७] उपनिधाय स्तुवन्ति। त ओम् इत्य् एतेनैवाक्षरेणास्यै दिशो रैवतं भा असृजन्त। तत् पशुघोषो ऽन्वसृज्यत। तस्माद् रैवतस्य स्तोत्र पशुघोषं कुर्वन्ति, वत्सान्[८] [९]मातृभिस् संवाशयन्ति[१०]।

ते ऽब्रुवंस् तद् वेदाम यत इमे ऽसृक्ष्महीति[९]। ते ऽप्स्व् एव वामदेव्यं पर्यपश्यन्। तद् आददत। तत् सर्वा वाचो ऽन्वसृज्यन्तैकैकेतराणि पृष्ठानि। तानीमानि पृष्ठानि सृष्टानि दिग्भ्य[११] [११]आतपन्। एतानि ह तर्ह्य् आतेपुः। आतपति स्वभ्य, आतपतीत्य् एनम् आहुर् य एवं वेद। [ता]नीयं देवताभ्यध्यायत्। येयं[१२] [१३]पुरस्ताद् उच्चरति[१३] पुरुषाकृतिर् ह्य् एषा तर्ह्य् आस। सा त्रिवृता स्तोमेन गायत्र्या छन्दसा रथन्तरस्य भा आदत्त। तद् इतो ऽधत्त। पञ्चदशेन स्तोमेन त्रिष्टुभा छन्दसा[१४] बृहतो भा आदत्त। तद् इतो ऽधत्त। सप्तदशेन स्तोमेन जगत्या छन्दसा[१४] वैरूपस्य भा आदत्त। तद् इतो

ऽधत्त । एकविंशेन स्तोमेनानुष्टुभा छन्दसा वैराजस्य भा आदत्त । तद् इतो ऽधत्त । त्रिणवेन स्तोमेन पंक्त्या छन्दसा [९]शाक्करस्य भा आदत्त । तद् इतो ऽधत्त । त्रयस्त्रिंशेन स्तोमेनातिच्[१०]छन्दसा[९] रैवतस्य भा आदत्त । [११]तद् इतो ऽधत्त[११] । तस्मात् सर्वाणि भूतान्य् अप्स्व् अन्ततः प्रतिष्ठितानि । तम् आदद नम् आदितादितेति वाचो ऽवदन् । तद् आदित्यस्यादित्यत्वम्[१७] । मानिन्दितुस् तेज इन्द्रियं वीर्यं तत् ते शमलम् अस्य निन्दिता प्रतिमुञ्चते य एवं वेद ॥ ३५६ ॥

[१-१] क तदेग्नेर्घोषोनसृज्यन्त ग तदेनेघोषोवसृज्यन्त [२] ? ग स्तोमा [३-३] ग अग्निरिव दहन्ति [४-४] एवं च । क दुन्दुभिनद्वायन्ति ग दुन्दुभिनुद्वायन्ति [५-५] ग नास्ति [६] क आदाय [७-७] एवं च । क स्तोत्रप ग स्तात्रव [८] ग वरसा [९-९] ग नास्ति [१०] क संवाशन्ति [११] क दिभ्य ग हिदिभ्य [१२-१२] क नास्ति [१३-१३] ग पुरस्ताच्चरति [१४] ग छन्दसो [१५] क अधिपाठः छन्दसा [१६-१६] ग तत्पंक्तोयत [१७] क आदित्यस्यादितस्यादित्यत्वम् ग आदितस्यादितस्यादित्यवम्

तं सर्वाणि भूतानि सो ऽर्यस् सो ऽर्य इत्य् आयन् । तत् सोर्यस्य सोर्यत्वम् । सोर्यो ह वै नामैष । तं सूर्य इति परोक्षम् आचक्षते[१] । अर्यो नो ऽसि भर्ता नो ऽसीति हैनं [२]स्वाश्चारणाश् चोपासते[२] य एवं वेद । स यत् [३]प्रत्यङ् आदाय[३] स्वरयन् वै[त्] तत् सोर्यस्य सोर्यत्वम् । तद् वाव[४] स्वरस्य स्वरत्वं यत् स्वरयन् [५]वैत्[५] । ते[६] देवा अब्रुवन् न [६]हार्षीद् वा[६] अयम् इति । [७]तद् अहर्[७] अभवत् । रातं वा अस्मा अभूद् इति सो एव रात्रिर् अभवत् । एतद् ध वा अहोरात्रयोर् जन्म । स य ए[व]म् एतद् अहोरात्रयोर् जन्म वेदाप्नोत्य् अहोरात्रे, [८]नैनम् एते अतीतः[८] । सर्वं ह वा इदम् अन्यत् पर्यन्तवत् । एते ह वा अपर्यन्ते यद् अहोरात्रे । ये ते वा इदं परिवर्तमाने सर्वम् आप्नुतः । तद् यथा रथोपस्थे तिष्ठन् पक्षसि प्रत्यवेक्षेतैवम्[९] एवैते ऽहोरात्रे आदित्यलोके तिष्ठन् प्रत्यवेक्षते[१०] । [११]स पितरं[११] प्रजापतिम्[१२] अब्रवीत्—तत यत् त[१३] इदं तेज इन्द्रियं वीर्यं मह्यम् इदं प्रयच्छेति । तथेति । तद् अस्मै प्रायच्छत् । तस्माद् उत पिता पुत्राय जीवन्न् एवेशां[१४] संप्रयच्छति ॥ ३५७ ॥

[१] क आचक्षमाचक्षते३ [२-२] ग स्वास्वाश्वरणाचोपासते [३-३] क ग प्रत्यन्दन्दादाय [४] ग वा [५-५] ग वैते [६-६] ग णार्षि [७-७] ग ताहर् [८-८] ग नैत्रमेरयाजित [९] ग प्रत्यपेक्षेतैवम् [१०] ग प्रत्यपेक्षते [११-११] ग सवितरं [१२] ग प्रजापतिर् [१३] ग अधिपाठः तयत्त [१४] =एव+ईशां

स वशम् एव दिव आदत्त, क्षत्रं नक्षत्राणाम्, आत्मानम् अन्तरिक्षस्य, रूपं वायोर्, आशां मनुष्याणां, चक्षुः पशूनाम्, ऊर्जम् अपां, रसम् ओषधीनां, चरथं[१] वनस्पतीनां, शिञ्जं वयसाम्, अर्चिम् अग्नेर्, हृदयं पृथिव्यै[२], गन्धं हिरण्यस्य, स्तनयित्नुं वाचस्, संगमं पितॄणां, भां चन्द्रमसः । तद् यद् एतेषां भूतानाम् आदत्त तद् आदित्यस्यादित्यत्वम् । आदत्ते तेजो द्विषतो भ्रातृव्यस्य य एवं वेद । सा हैषा देवता दीक्षिता केशवाधि कृष्णाजिना । तस्यै ये ऽर्वाञ्चो रश्मयस् तानि श्मश्रूणि, य ऊर्ध्वास् ते केशाः । अहोरात्रे एव कृष्णाजिने । तद् यद् दिविश्रयम् अकुरुत तस्माद् दीक्षिता । दिवि ह वा एष क्षयं कुरुत यो यजते । यां[३] दीक्षया जितिं जयति[४] याम् ऋद्धिम् ऋध्नोति[५], जयति तां जितिम् ऋध्नोति[५] ताम् ऋद्धिं य एवं वेद ॥ ३५८ ॥

[१] क ग चरसं [२] क ग पृथिव्ये [३] क ग या [४] ग जयेति [५] ग ऋध्नाति

तस्योषस्येव पत्नी चन्द्रमास् सोमपीथः[१] । तस्मात् सपत्नीको दीक्षेत । सा हैषा देवता दीक्षमाणस्य तेज इन्द्रियं वीर्यं यश आदत्ते । स दीक्षिष्यमाण आदित्यम् उपतिष्ठेत—त्वं देवता दीक्षितासि । सा दक्षिमाणस्य तेज इन्द्रियं वीर्यं यश आदत्से[२] । मा मे तेज इन्द्रियं वीर्यं यश आदिथाः । तव दीक्षाम्[३] अनु दक्षि इति । तस्यैषा देवता दीक्षमाणस्य तेज इन्द्रियं वीर्यं यशो नादत्ते । तद् एतद् उक्थस्यैव स्तम्भः[४] । [५]ते ये ऽर्वाञ्चो[५] रश्मयस् तैर् अस्येमे लोका स्तब्धा[६] य एतस्माद् अर्वाञ्चो, ऽथ यत् किं च प्राणभृत् सशरीरम् । अथ य ऊर्ध्वास् तैर् उ अस्य ते लोका स्तब्धा य[७] एतस्मात् पराञ्चो, ऽथ[८] यत् किं चाभृतम् अशरीरम् । तद् यद् एषा देवतोभयान् देवासुरान् अन्तरा स्तब्ध्वा[९] तिष्ठति तस्माद् एतत् [१०]स्तम्भः । स ह वै[१०] स्तब्धस् सस्तभेत । अथो य एनं स्तभस्योपमीमांसेत तं ब्रूयाद् या स्तब्धा देवता तस्यै त्वा [११]वृश्चयामीमाम् आर्तिं न्येष्यसीति[११] । तां [१२]हैवार्तिं न्येति[१२] । ते ये ऽर्वाञ्चो रश्मय[१३] एते [१४]ह्यावशा मृत्योर् अन्नवन्तः[१४] । अथ य ऊर्ध्वास् त उ ह्यामृतलोकाः । ते ये ऽर्वाञ्चो रश्मय [१५]एते होरयो[१५] नाम यथा नळो वासुशिर[१६] स्याद्धे अर्वा । अथ य ऊर्ध्वास् त उपरीयांसो नाम । स यथा हस्ती हस्तेनादाय पृष्ठ्ये ऽध्यस्येतैवम् एवैषा देवतैतद् विद्वांसम् उरुभी रश्मिभिर् आदायावरीयस्व्[१७] अध्यस्यते । [१८]तमस्य् एष[१८] लोको य एतस्मात्[१९] पराचीनः[२०] ॥ ३५९ ॥

[१] एवं च । क ग सोमपीतः [२] क ग आदत्सो [३] ग दीक्षामाणम् [४] क स्तभः ग स्तम्बः [५-५] ग तेवाञ्चो [६] ग तब्धा [७] ग नास्ति [८] क थो [९] ग स्तब्धा [१०-१०] ग तब्धसंभवै [११-११] क पृश्च्छय-मीमामार्तिन्येष्यसीति ग पृश्च्छयमिमामार्तन्येष्यसीति [१२-१२] ग हैवार्तिनेति [१३] ग अधिपाठः स्तैरस्येमे लोका स्तब्धा य एतस्मादर्वाञ्चोथ यत् किञ्च प्राणभृत् सशरीरमथ य ऊर्ध्वास्तैरु अस्य लोका स्तब्धा एतस्मात् पराञ्चोथ यत् किञ्चाभृतमशरीर तद्यदेषा देवतोभयान् देवासुरानन्तरा स्तब्धा तिष्ठति तस्मादेततस्तभ स ह वै स्तब्धस्सप्तमेताथो य एनं स्तस्योपार्मिमा१मे तं ब्र्याद्या स्तब्धा देवता तस्यै त्वा पृश्च्यामि मा मार्तन्येष्यसीति तां हैवार्तिन्येति तयेर्वाञ्चो रश्मय [१४-१४] ग ह्यावमशामृत्योरन्वयन्तः [१५-१५] एवं च । क एते होरपो ग एहोरवो [१६] ग वासुकिर् [१७] ग -वरीरीयस्व् [१८-१८] क तस्यैष [१९] ग एतस्मा [२०] क पराचीनम्

नासद्[१] आसीन् नो सद् आसीत् तदानीं नासीद् रजो नो व्योमा[२] परो यत् ।
किम् आवरीवः कुह कस्य [३]शर्मन्न् अम्भः[३] किम् आसीद् गहनं गभीरम् ॥

इति । तस्मिन्न् असति सति न कस्मिंश् चन [४]सत्य् ऋतं ज्योतिष्मद् उदप्लवत[४], सत्यं ज्योतिष्मद् उदप्लवत, तपो ज्योतिष्मद् उदप्लवत । तद् यद् ऋतम् इति [५]वाक् सा[५], यत् सत्यम् इति प्राणस् सो, यत् तप इति मनस् तत् । तेषाम् अन्नम् एव ज्योतिर् आसीत् । तान्य् एकम् अभवन् । तद् एकं भूत्वैतेनान्नेन[६] ज्योतिषाप्यायत[७] । तद् अभवद् यथा मध्वष्ठी[८] लावास्व् आसिक्ता स्याद् ऋतिर् वैवम्[९] । तद् ऐक्षत—हन्ताधस्तात् प्राणं करवा इति । तद् अधस्तात् प्राणम् अकुरुत, यथैष स्त्रिया अधस्ताद् आकाश एवम् । तस्माद् आपो ऽसृज्यन्त बलबलबलित्य्[१०] एतया वाचा । तद् इदम् आपो महत् सलिलम् आसीत् । [११]यद् ध[११] वा [१२]इदम् आहुर्[१२]— आपो वा इदम्[१३] अग्रे महत् सलिलम् आसीद् इत्य् एतास् ता आपः । त ऊर्मयस् समास्यन्त फाश्ल्फाश्लिति[१४] । तद् धिरण्मयम् आण्डं समैषत् ॥ ३६० ॥

[१] क नसद् ग नोसद् [२] क व्यामा [३-३] क शर्मन्नभ: [४-४] क सत्युद्य ऋतं ज्योतिष्मदुदप्लुव ग सत्रित ज्यातिष्ठदुदप्लुव [५-५] क वत्सा [६] एवं क च। ग .नान्येन [७] क ज्योतिषाप्ययत ग ज्योतिष्माप्ययत [८] एवं क च। ग मध्विष्ठी [९] ग वैसम् [१०] क वलबलवलित्य् ग बत्बत्-बलित्य् [११-११] ग यद्द [१२-१२] क इदामाहुर् ग इमामाशुर् [१३] क ग इमम् [१४] ग फात्फालिति

तस्य [१]हरितम् अधरं[१] कपालम् आसीद् रजतम् उत्तरम्। तच् छतं देवसंवत्सरान् छयित्वा निर्भिद्यम् अभवत् सहस्रं वा [२]द्युम्नान्। द्युम्ना ह नाम तर्ह्य् अप्य् आसुः[२]। यावान् एष संवत्सरस्. तावन्तस् संवत्सरस्य प्रतिमाः। द्युम्नैर् ह स्म संवत्सरं[३] विजानन्ति। अथ ह ततः पुराहोरात्रे संश्लिष्टे[४] एवासतुर् अव्याकृते[५]। ते उ अग्निहोत्रेणैव व्याकृते। तद् एतया वाचा [६]निरभिद्यत स्रुवस्थे सरणे सन्यौ[६] कपाले विजिहाथाम्[७]। कं लोकम् अभि जाया इति। [८]फल् इत्य्[८] एवदम् आण्डं[९] निरभिद्यत। तस्य यद् अधरं कपालम् आसीत्, सेयं पृथिव्य् अभवत्। अथ यद् उत्तरम् आसीत्, सासौ द्यौर् अभवत्। अथ यद् अन्तर् आसीत्, तद् इदम् अन्तरिक्षम् अभवत्। स यां जायमानो वाचम् अवदत्, स एव त्रयो वेदा ऽभवत्। यद् धैवैषाग्रे[१०] किं च देवता जायमानोवाद[११] तद् उ ह ब्रह्मैव बभूव। स ऐक्षत—महतीं वा इमां प्रतिष्ठाम् असृक्षीमान्[१२] लोकान्। यद् वा [१३]अतस् स्रक्ष्ये वेत्स्यते[१३] वै तत् प्रतिष्ठाम्। हन्त सृजा इति[१४]। स मनसात्मानम् [१५]अध्यैत्। तस्मिन्[१५] द्वौ द्रप्सौ[१६] समभवतां[१७] वासन्तिकौ मासौ ॥ ३६१ ॥

[१-१] क ग हरितमधुरं [२-२] क द्युम्नान्द्यू-नानोमतर्ह्याप्यासुः ग म्ना ह नाम तप्यासुः [३] क अधिपाठः व [४] क सश्लिष्टे ग सश्लिष्टे [५] ग अप्यकृते [६-६] क निरभिद्यसूपस्थोसरणेसव्यन ग निरमिद्यस्रुवस्थेसरणेसप्यौ [७] ग विजिहथां [८-८] क फलित्य् ग फलित् [९] ग अण्डम् [१०] ग धैवैषागे [११] ग जायमानोवादमन [१२] क असृक्षियदिमां ग असृक्षिदिमां [१३-१३] क अतसृक्ष्येवैत्स्यते ग अतसृक्ष्येवेत्वस्मै [१४] च-कोशेऽत्र खण्डस्य समाप्तिः [१५-१५] क ग अध्यै अस्मिन् [१६] क ग दसौ [१७] ग कोशेऽत्र खण्डस्य समाप्तिः

ताव् अब्रवीत् सृज्येथाम् इति। कां दिशं ततेति। इमाम् इति। ताव् ओम् इत्य् एतया वाचासृज्यत। ताव् एतस्यां दिशि पतित्वा प्रत्यतिष्ठताम्। तौ रथन्तरं भा अन्व-सृज्यत। तयोस् तद् एवान्नम् आसीत्, तज् ज्योतिस्, तद् आभ्याम् आतपत्। ततस् तौ[१] राष्ट्रम् अभवताम्। राष्ट्रं ह वै भवति य एवं वेद। स मनसैव पुनर् आत्मानम् अध्यैत्। तस्मिन् द्वौ द्रप्सौ समभवतां ग्रैष्मौ मासौ। ताव् अब्रवीत् सृज्येथाम् इति। कां दिशं ततेति। इमाम् इति। ताव् ओम् इत्य् एतयैव वाचासृज्यत[२]। ताव् एतस्यां दिशि पतित्वा प्रत्यतिष्ठताम्। तौ बृहद् भा अन्वसृज्यत। तयोस् तद् एवान्नम् आसीत् तज् ज्योतिस्, तद् आभ्याम् आतपत्[३]। ततस् तौ राष्ट्रम् अभवताम्। राष्ट्रं ह वै भवति य एवं वद। स मनसैव पुनर् आत्मानम् अध्यैत्। तस्मिन् द्वौ द्रप्सौ समभवतां[४] वार्षिकौ[५] मासौ। ताव् अब्रवीत् सृज्येथाम् इति। कां दिशं ततेति। इमाम् इति। ताव् ओम् इत्य् एतयैव वाचासृ-ज्यत। ताव् एतस्यां दिशि पतित्वा प्रतितिष्ठताम्। तौ वैरूपं भा अन्वसृज्यत। तयोस् तद् एवान्नम् आसीत्. तज् ज्योतिस्, तद् आभ्याम् आतपत्। ततस् तौ राष्ट्रम् अभवताम्। राष्ट्रं ह वै ति य एवं वेद। स मनसैव पुनर् आत्मानम् अध्यैत्। तस्मिन् द्वौ द्रप्सौ समभवतां शारदौ मासौ। ताव् अब्रवीत् सृज्येथाम् इति। कां दिशं ततेति। इमाम् इति। ताव् ओम् इत्य् एतयैव वाचासृज्यत[६]। ताव् एतस्यां दिशि पतित्वा प्रत्य-

तिष्ठताम् । तौ वैराजं भा अन्वसृज्यत । तयोस् तद् एवान्नम् आसीत्, तज् ज्योतिस् तद् आभ्याम् आतपत् । ततस् तौ राष्ट्रम् अभवताम् । राष्ट्रं ह वै भवति य एवं वेद । स मनसैव पुनर् आत्मानम् अध्यैत् । तस्मिन् द्वौ द्रप्सौ समभवतां हैमन्तिकौ[7] मासौ । ताव् अब्रवीत् सृज्येथाम् इति । ताव् ओम् इत्य् एतयैव वाचासृज्यत[6] । ताव् एतस्यां दिशि पतित्वा प्रत्यतिष्ठताम् । तौ शाक्वरं भा अन्वसृज्यत । तयोस् तद् एवान्नम् आसीत्, तज् ज्योतिस्, तद् आभ्याम् आतपत् । ततस् तौ राष्ट्रम् अभवताम् । राष्ट्रं ह वै भवति य एवं वेद । स मनसैव पुनर् आत्मानम् अध्यैत् । तस्मिन् द्वौ द्रप्सौ समभवतां शैशिरौ मासौ । ताव् अब्रवीत् सृज्येथाम् इति । कां दिशं ततेति । इमाम् इति । ताव् ओम् इत्य् एतयैव वाचासृज्यत[6] । ताव् एतस्यां दिशि पतित्वा प्रत्यतिष्ठताम् । तौ रैवतं भा अन्वसृज्यत । तयोस् तद् एवान्नम् आसीत्, तज् ज्योतिस्, तद् आभ्याम् आतपत् । ततस् तौ राष्ट्रम् अभवताम् । राष्ट्रं ह वै भवति य एवं वेद ॥ ३६२ ॥

[१] ग ते [२] क ग वाचासृजत [३] ग अतपत् [४] ग संभवतां [५] ग वार्षिका [६] क वाचासृजत [७] क हैमन्तिकौर् ग हैमवतीकौर्

अथ ज्यृग्भ्याम्[1] आर्च्छत्[2] । तस्मात् पशवः शैशिर ऋतौ ज्यृग्भ्याम्[3] ऋच्छन्ति । स ऐक्षत यम् इमं त्रयं वेदम् असृक्षि [4]हन्तास्मात् सृजा[4] इति । स त्रिवृता स्तोमेन गायत्रीम् अध्यैत् । ततो वसून् असृजत । त[5] इमां दिशम् अन्वायन् । पञ्चदशेन स्तोमेन त्रिष्टुभम्[6] अध्यैत् । ततो रुद्रान् असृजत । त इमां दिशम् अन्वायन् । स सप्तदशेन स्तोमेन जगतीम् अध्यैत् । तत आदित्यान् असृजत । त इमां दिशम् अन्वायन् । एकविंशेन [7]स्तोमेनानुष्टुभम् अध्यैत् । ततो विश्वान् देवान् असृजत । त इमां दिशम् अन्वायन् । त्रिणवेन स्तोमेन पंक्तिम् अध्यैत् । ततो मरुतो ऽसृजत । त इमां दिशम् अन्वायन् । त्रयस्त्रिंशेन[7] [8]स्तोमेनातिच्छन्दसम् अध्यैत्[8] । ततस् [9]साध्यांश् चाप्त्यांश्[9] चासृजत । त इमां दिशम् अन्वायन् ॥ ३६३ ॥

[१] ग ज्युकृभ्याम् [२] क आर्च्छृत् ग आछत् [३] ग ज्यातृभ्याम् [४-४] क हंतस्मात् सृजा ग हातस्माअसृजा [५] क ग तत [६] ग त्रित्रि'ट्टुभम् [७-७] ग नास्ति [८-८] ग स्तोमेनातिछन्दस [९-९] ग साध्यंश्यावांश्

ता एता[1] देवता सृष्टा [2]स्तोमा छन्दांस्य्[2] ऋतवो ग्रहाः । [3]पृथग् एवैषाम्[3] इमा श्रियो दीप्यमाना अतिष्ठन्, नान्योन्यस्य श्रेष्ठताया अतिष्ठन्त । ते ऽब्रुवन् न वा अन्यो ऽन्यस्य श्रेष्ठतायै तिष्ठामहे । एत तम् इच्छामहे [4]यो न ईशाता[4] इति । ते[5] प्रजापतिम्[6] एव [7]जनयितारम् एत्याब्रुवन्[7] न वा अन्यो ऽन्यस्य श्रेष्ठतायै तिष्ठामहे । तन् नस् सृजस्व यो न ईशाता इति । स प्रजापतिर् अब्रवीद् एतावद् वाव त्वयिसस् तेज इन्द्रियं वीर्यम् अभूद् यद् युष्मान् असृक्षि । ते वै संवत्सरं तप्यध्वम् । ते मा[8] संवत्सरं तप्त्वोपसमेत यद् एको ऽधिगच्छति यद् एको यद् एक इति । ते संवत्सरम् अतप्यन्त । तं संवत्सरं तप्त्वोपसमायन्[9] । यद् एको ऽध्यगच्छद् यद् एको यद् एकस् तद् अस्य [10]मन्यौ योनाव् असिञ्चन् । तत इन्द्रस् संभवत् । तद् एषाभ्यनूच्यते—

अश्वाद् इयायेति[10] यद् वदन्त्य् ओजसो जातम् उत मन्य एनम् ।
मन्योर् इयाय हर्म्येषु तस्थौ यतः प्रजज्ञ इन्द्रो अस्य वेद ॥

इति । मन्योर् इयायेति यद् अस्य मन्यौ योनाव् असिञ्चन् । हर्म्येषु तस्थाव् इति हृदयान्य् उ वै हर्म्याणि । [११]हृदयो ह वै[११] क्रुध्यति । ओजसो जातम् उत मन्य एनम् इति ॥ ३६४ ॥

[१] ग सुता [२-२] ग स्तोमानाछन्दसास्य् [३-३] क प्रवृथगेवैशाम् ग प्रथश्णेवशाम् [४-४] ग एनं राशाता [५] ग तैं [६] एवं ग च । क प्रजानाम् [७-७] ग जनयितामेताब्रुवन् [८] ग मासं [९] ग तप्तोपसमापन् [१०-१०] ग मन्योयोयेति [११-११] क हृदयेनो वै च हृदयो वै

गौर्वीतं[१] [२]ह पप्रच्छुस्[२]—त्वं ह वै ददर्शिथेन्द्रं[३] जायमानम् इति । स हैतद् उवाच—

अश्वाद् इयायेति यद् वदन्त्य् ओजसो जातम् उत मन्य एनम् ।
मन्योर् इयाय हर्म्येषु तस्थौ यतः प्रजज्ञ इन्द्रो अस्य वेद ॥

इत्य् ओजसो ऽन्वाहं[४] जातं मन्य इति होवाच[५] । [६]इन्द्रस् त्वेव तद्[६] वेद यतस् स जात इति । स शिरो निर्हृत्य व्यैक्षत[७] । स इदम् एषां सर्वं स्पृतम्[८] अपश्यत् । सो ऽब्रवीद् यद् इदम् एषां सर्वं स्पृतं[९], कं लोकम् अभि जायै स वै नु मे प्रयच्छ[१०] । इमौ नु मे— ॥ ३६५ ॥

[१] ग गौविंत [२-२] एवं च । क प्रहडस् ग ह पपवृक्षुस् [३] क दर्शथेन्द्रं ग दृश्शिथेन्द्र [४] ग न्वाह [५] ग होवाव [६-६] एवं क च । ग इन्द्रस्तेवतद् [७] क ग प्यैक्षत [८] ग स्तृतम् [९] ग स्वृतं [१०] ग-कोशेऽत्र खण्डस्य समाप्तिः

[१]— [२]वासन्तिकौ मासौ[२] प्रयच्छेति । एतौ ते [३]प्रयच्छानीत्य् अन्नम् अन्नम् इति पतित्वास्यै प्राच्यै दिशौ रथन्तरं भा आदत्त । तद् इतो ऽधत्त[३] । ऐको द्वयोर् वीर्यं दत्ते य एवं वेद । तं पुनर् एव प्राविशत् । तम् अब्रवीज् [४]जायस्वैवेति । सो[४] ऽब्रवीत् स वै नु मे प्रयच्छेमौ नु मे ग्रैष्मौ मासौ प्रयच्छेति । एतौ ते प्रयच्छानीत्य् अन्नम् अन्नम् इत्य् [५]एव पतित्वास्यै[५] दक्षिणायै दिशो बृहद् भा आदत्त । [६]तद् इतो ऽधत्त[६] । ऐकश् चतुर्णां वीर्यं दत्ते य एवं वेद । तं पुनर् एव प्राविशत् । तम् अब्रवीज् जायस्वैवेति । सो ऽब्रवीत् स वै नु मे प्रयच्छमौ नु मे वार्षिकौ मासौ प्रयच्छेति । एतौ ते[७] प्रयच्छानीत्य् अन्नम् अन्नम् इत्य् एव पतित्वास्यै प्रतीच्यै दिशो वैरूपं भा आदत्त । तद् इतो अधत्त । ऐकष् षण्णां वीर्यं दत्ते य एवं वेद । तं[८] पुनर् एव प्राविशत्[९] । तम् अब्रवीज् जायस्वैवेति । सो ऽब्रवीत् स वै नु मे प्रयच्छेमौ नु मे शारदौ मासौ प्रयच्छति । एतौ ते प्रयच्छानीत्य् अन्नम् अन्नम् इत्य् एव पतित्वास्या उदीच्यै दिशो वैराजं भा आदत्त । तद् इतो ऽधत्त । ऐको ऽष्टानां वीर्यं दत्ते य एवं वेद । तम् [१०]पुनर् एव प्राविशत् । तम् अब्रवीज् जायस्वैवति । सो ऽब्रवीत् स वै नु मे प्रयच्छेमौ[११] नु मे[१०] [१२]हैमन्तिकौ मासौ[१२] प्रयच्छति । एतौ ते प्रयच्छानीत्य् अन्नम् अन्नम् इत्य् एव पतित्वास्या ऊर्ध्वायै[१३] दिशश् शाक्वरं भा आदत्त । तद् इतो ऽधत्त । ऐको दशानां वीर्यं दत्ते य एवं वेद । तं पुनर् एव प्राविशत्[१४] । तम् अब्रवीज् जायस्वैवेति । सो ऽब्रवीत् स वै नु मे प्रयच्छेमौ नु मे शैशिरौ[१५] मासौ प्रयच्छेति । एतौ ते[१६] प्रयच्छानीत्य् अन्नम्[१७] अन्नम् इत्य् एव पतित्वास्यै दिशो रैवतं भा आदत्त । तद् इतो ऽधत्त । ऐको द्वादशानां वीर्यं दत्ते य एवं वेद । स ऐक्षत कथं न्व् इमान् ऋतून् गृह्णीयाम् इति ॥ ३६६ ॥

[१] क अधिपाठः स [२-२] ग वासन्तेगोमासौ [३-३] ग प्रतदितोयत्त [४-४] क ज्यायस्वै वेतिसो ग ज्यायस्वैवैतृशेसा [५-५] क एवास्यै [६-६] ग नास्ति [७] ग अधिपाठः त्वा स्या उदीच्चै [८] क तत् [९] क प्रविशत् [१०-१०] ग तेमे [११] क प्रायच्छे [१२-१२] ग हेमन्तिकामासु [१३] ग ऊर्ध्वा [१४] ग प्राय-छाविशत् [१५] क शैशिरा [१६] ग नास्ति [१७] ग नास्ति

ता उत्तानशय्याम्[१] अपश्यत् । स शीर्ष्णैवमौ[२] प्राञ्चाव् अगृह्णाद्, बाहुभ्याम् इमान् नाना, पद्भ्यां[३] प्रत्यञ्चाव्[४], उरसोर्ध्वौ[५], पृष्टिभिर्[६] अवाञ्चौ । तान् एवं गृहीत्वाधस्तात् पर्यौहत । स एष ऋतुषु च[७] संवत्सरे चैतस्यां श्रियाम् अध्यूढस् तपति । तं पुनर् अनेन सह सर्वेण प्राविशत् । तम् अब्रवीद् एकं वाव त्वाग्रे नाशकम् [८]उद्यन्तुम् । न वै[८] त्वानेन सह सर्वेण [९]शक्ष्याम्य् उद्यन्तुं, जायस्वैवेति[९] । [१०]तस्मिन्न् आपस् सिसिमायत्[१०] पर्यपश्यत् । सो ऽब्रवीत् स वै नु मे प्रयच्छमा[११] नु म अपः प्रयच्छाथ जनिष्य इति । तस्मै षट् सहस्राण्य् अपां प्रायच्छत् । तस्यैष श्लोको—

न [१२]ता अन्यः[१२] प्र तरति नैनाव् इष्णातुम् अर्हति ।
वहन्त्य् अस्मिन् सर्वतो मधु क्षीरं घृतं दधि षट् सहस्राण्य् अम्मयाः[१३] ॥

[१४]इति । इमा ह वै ता[१४] अम्मया[१५] नामैता एव दिशः[१६] । एता एवास्मै सहस्रं सहस्रं[१७] [१८]क्षरन्त्य्, एता[१८] एवैनं तर्पयन्ति । सो ऽजायत । तं जातम् उपामदत्—तेजो ऽजनीन्द्रियम् अजनि वीर्यम् अजनि ब्रह्माजनि क्षत्रम् अजनि सतानां पशूनां यन्ताजनि सप्तानी दिशां धर्ताजनि जातो ऽजनि जनिताजनि [१९]जानित्रिर् अजनीति[१९] । [२०]अपि ह्यात्मानम्[२०] उपामादयज्[२१] जानित्रिर् इत्य् उवाच । उपमाद्यो[२२] ह भवति य एवं वेद । तस्मै जातायैतां राजासन्दीं न्यदधुः । तस्याम् एनम् अभ्यषिञ्चन्त ॥ ३६७ ॥

[१] क ग -शैयाम् [२] क प्रशिष्णैपैमौ ग शीर्ष्णे-वैमौ [३] क पाद्भ्यां ग वत्भ्यां [४] क ग पत्यञ्चा [५] क रुरसोद्धौ ग परसध्वौ [६] क प्रष्ठीभिर् ग प्रष्ठीभीर् [७] ग नास्ति [८-८] ग उद्यन्तुमवं [९-९] ग शक्ष्यामुद्यन्तुज्यायस्वै-वेति [१०-१०] ग तस्मिनबिमामत् [११] ग प्रयमां [१२-१२] ग तान्यः [१३] अम्मयाः (अप्+-मयाः) ? । क अम्भया [१४-१४] ग इतिवैता [१५] अम्मयाः (अप्+-मयाः) ? । क अंबया ग अंबय [१६] ग दि [१७] ग नास्ति [१८-१८] ग क्षरन्तेता [१९-१९] ग जानित्रि जनीति [२०-२०] ग अपःत्मानम् [२१] क उपमादयज् ग उपज् [२२] एवं च । क उपमद्यो ग उपमद्या

वसवो राज्याय रुद्रा वैराज्यायादित्या[१] स्वाराज्याय विश्वे देवा साम्राज्याय मरुतस् सार्ववश्याय साध्याश् चाप्त्याश् च पारमेष्ठ्याय । तम् एवं सन्तं पिता प्रजापतिर् अभ्येवाशयत्[२] । स वसून् अब्रवीद् इमं[३] मे प्रयच्छतेति । ते ऽब्रुवन् न शक्ष्यामः पितरं प्रजापतिं [४]हिंसितुम् इति[४] । रुद्रान् अब्रवीन्, नाकामयन्त । आदित्यान् अब्रवीन्, नाकामयन्त । विश्वान् देवान् अब्रवीन्, नाकामयन्त । साध्यांश् चाप्त्यांश् चाब्रवीन्, नैवाकामयन्त । अथ मरुतो ऽब्रवीत् किम् अस्माकम् तत स्याद् इति । यन् म इदं निष्केवल्यं माध्यन्दिनं सवनं तन् मे युष्माभिस् साधारणं भविष्यतीति । तथेति । [५]तम् अस्मा[५] अभिप्रद्य[६] प्रायच्छन् । [७]तस्यैतच् चन्द्रं मे चन्द्रं म इत्य् एव वदत[७] एतत् तेज आदत्त येनैष एतत् तपति । स यच् चन्द्रं म इत्य् अब्रवीत् तस्माच् चन्द्रमाः । तस्य ह स्म यत् स पुनः पुनर् आदत्ते स ह स्म तादृश[८] एव परिशिष्यते । तस्माद् [९]एतस्याप्य् अद्यास्त्य् एवाभा[९] । यथैष एतद् दिवा तपत्य् एवम् एष रात्रिं[१०] भाति । तम् [११]अवैद् अक्षय्यो[११] वा अयम् इति । [१२]तम् उदार्जत[१२] । तम् अब्रवीन्—मा मा त्वं ततः प्रत्यातप्सीर् इति । नेत्य् अब्रवीत् प्रत्य् एव त्वातप्स्यानीति । तस्माद् एतम् उभयोर् अहोरात्रयोः पश्यन्ति । प्रति हैनं तद् आतपन्ति । तौ हैतौ पितापुत्राव् एव यच् चन्द्रमाश् चादित्यश् च । पिता चन्द्रमा, आदित्यः पुत्रः[१३] । परश् चन्द्रमा, अपर आदित्यः । तौ हैतौ सर्वासां देवतानां श्रेष्ठतां गतौ । [१४]तद् यथैतौ[१४] सर्वासां देवतानां श्रेष्ठतां गताव् एवम् एव स्वानां श्रेष्ठतां गच्छति य एवं वेद । इत्य् अधिदेवतम् । अथाध्यात्मम्[१५] । अयम् एव चन्द्रमा, अयम्

आदित्यः । [१६]तद् व् एवम्[१६] अध्यात्मम् उपासितव्यम् । तद् व् एव भृगुचक्षुषम् । स यं द्विष्यात् तं ब्रूयाद् भृगुचक्षुषेण त्वेक्ष इति । न हैव [१७]भोग्य इव[१७] भवति ॥ ३६८ ॥

[१] ग वैराजांयादित्या [२] ग अभ्यवानयत् [३] ग इमां [४-४] क ग हंसितुमति [५-५] ग तस्मा [६] ग च अभिप्रत्य [७-७] एवं च । क ग तस्यै त चन्द्रमे चन्द्रम इत्येव वदत (क वद) [८] ग तामश [९-९] क एतस्याप्यद्यास्तेवाभा ग एतस्याप्याद्यास्तोवाभा [१०] ग रात्रिर् [११-११] ग अवेदक्षैयो [१२-१२] एवं च । क तमुदार्जत्त ग तदुदार्जत्त [१३] ग नास्ति [१४-१४] ग नास्ति [१५] ग अध्वध्यामम् [१६-१६] ग तमेवम् [१७-१७] ग भ्योग्ये इह

छन्दांसि [१]यद् अयजन्त तेषां[१] [२]बृहत्य् एवोदगायत्[२] । अथ [३]याव् एता[३] उत्तरौ प्रगाथौ तौ[४] प्रस्तोतृप्रतिहर्तारा व् आस्ताम् । अमितच्छन्दो गृहपतिर्, विराड् ब्रह्म, गायत्री मैत्रावरुणा[५], जगती होता, पंक्तिर् अध्वर्युः । तस्य यत् पञ्चमं पदं स प्रतिप्रस्थाता त्रिष्टुब् ब्राह्मणाच्छंस्य्, उष्णिक्ककुभौ छन्दसी नेष्टापोताराव्[६], अनुष्टुब् अच्छावाको, द्विपदोन्नेता, अक्षरपंक्तिर् ग्रावस्तुद्, एकपदा सुब्रह्मण्यो, ऽतिच्छन्दा आग्नीध्रः[७] । [८]गायत्रेयस् स एष[८] सर्वछन्दा यज्ञो यद् द्वादशाहः । एतैर् हि सर्वैश् छन्दोभिर् द्वादशाहस् तायते[९] । [१०]एतान्य् एव[१०] सर्वाणि छन्दांसि द्वादशाहे क्रियन्ते । तस्माद् यद् एतेषु छन्दस्सूपहवम् इच्छेत, अथर्विक्षूपहवम् इच्छेत । यदो यजत एतान्य् एव छन्दांसि भूतो यजते । यदो याजयत्य् एतान्य् एव छन्दांसि भूतो याजयति । तस्य हैतस्य[११] नैव काचनार्तिर् अस्ति य एवं वेद । य एवैनम् उपवदति स आर्तिम् आर्च्छति ॥ ३६९ ॥

[१-१] ग यददेन्तदेषां [२-२] ग बृहस्पत्येवो गायत्र् [३-३] ग यायेता [४] ग नास्ति [५] एवं ग च । क मैत्रावरुणो [६] ग नेष्टापोताराष्टव् [७] क आग्नीध्रोवा ग अग्निधावा [८-८] ग गायत्रेयदेष [९] ग तायतौ [१०-१०] एवं च । क एतानिहि ग तानिहि [११] क अधिपाठः एष सर्वछन्दा यदो यजते एतान्येव छन्दांसि भूतो

तद् आहुः कस्मिन् स्तोमे कस्मिंश् छन्दसि कस्यां देवतायां द्वादशाहो ऽन्ततः[१] प्रतिष्ठित[२] इति । स ब्रूयात् त्रिवृति स्तोमे, गायत्र्यां छन्दस्य्, अग्नौ देवतायां, द्वादशाहो ऽन्ततः प्रतिष्ठित इति । त्रिवृता [३]ह्य् एव[३] स्तोमेन प्रयन्ति[४] गायत्र्या[५] छन्दसाग्निना देवतया । तैर् [६]उ एवोद्यन्ति[६] । तद् आहुः क स्तोम एकः, किं छन्द एकं, का देवतैका द्वादशाहं वहतीति । स ब्रूयात् त्रिवृत् स्तोम एको, गायत्री छन्द एकं, वाग् देवतैका द्वादशाहं वहतीति । त्रिवृतो ह्य् एव सर्वे स्तोमाः प्रजाता, गायत्र्यास् सर्वाणि छन्दांसि । वाग् देवतैका द्वादशाहं वहति[७] । तद् आहुः क स्तोमः, किं छन्दः, [८]का देवता[८] द्वादशाह इति । [९]स ब्रूयाद् एकविंश स्तोमो विराट् छन्द आदित्यो देवता द्वादशाह इति । आदित्यो ह्य् एवैकविंश, आदित्यो विराड्, आदित्यो देवता द्वादशाहः । तद् आहुर् यत्साम द्वादशाहस्[९] स साम इदं सर्वम् । कस् साम्न[१०] स्तोभः किं पदं किम् अक्षरम् इति । स ब्रूयाद् आदित्य एव साम्न स्तोभो, ऽन्तरिक्षं पदं, वाग् अक्षरम् इति । तद् आहुः क स्तोभस्य[११] स्तोभः, किं पदस्य पदं, किम् अक्षरस्याक्षरम् इति । स ब्रूयाच् चक्षुर् एव स्तोभस्य स्तोभो, मन एव पदस्य पदं, प्राण एवाक्षरस्याक्षरम् इति ॥ ३७० ॥

[१] ग अन्तः [२] क प्रतिनिष्ठित [३-३] क ग हये [४] ग प्रभायछन्ति [५] क गायत्री ग गायत्रा [६-६] ग उत्रोद्यन्ति [७] ग वहतीति [८-८] ग कामदेवतां [९-९] ग नास्ति [१०] ग साम [११] ग स्तोभ

तद् आहुः कथं स्तोमा एक स्तोमो भवति, [१]कथं छन्दांस्य् एकश् छन्दो[१] भवति, कथम् अहान्य् एकम् अहर् भवति, कथं रूपाण्य् एकं रूपं भवति, कथं पृष्ठान्य् एकं पृष्ठं भवति, कथं देवता एका देवता भवति, कथम् ऋच एकर्ग्[२] भवति, कथं यजूंष्य् एकं यजुर् भवति, कथं सामान्य् एकं साम भवति, कथं वेदा एको वेदो भवति, कथम् इदं सर्वम् एकं भूत्वा कस्मिन् प्रतिष्ठितम्[३] इति । स ब्रूयात् स्तोम इति स्तोमा एकं भवन्ति[४], छन्द इति छन्दांस्य् एकं भवन्त्य्[४], अहर् इत्य् अहान्य् एकं भवन्ति[४], रूपम् इति रूपाण्य् एकं भवन्ति[४], पृष्ठम् इति पृष्ठान्य् एकं भवन्ति[४], देवतेति देवता[५] एकं भवन्त्य्, ऋग् इत्य् ऋच एकं भव न्त, यजुर् इति यजूंष्य् एकं भवन्ति, सामेति सामान्य् एकं भवन्ति, [६]वेद इति[६] वेदा एकं भवन्ति, मन इदं सर्वम् एकं भूत्वा प्राणे प्रतिष्ठितम् इति । तद् आहुर् यन् मन इदं सर्वम् एकं भूत्वा प्राणे प्रतिष्ठितं कस्मिन्न् उ प्राणः प्रतिष्ठित इति ॥ ३७१ ॥

[१-१] ग कथंश्चिन्नास्य अश्छन्दो [२] क एर्ग् ग एकं [३] क ग प्रतितिष्ठतम् [४] ग भवति [५] क देवतान्य् ग दवता [६-६] ग पृष्ठमिति वदमिति

पुरुष इति ब्रूयात् । पुरुषे ह वै प्राणः प्रतिष्ठितः । स यो ह स पुरुषे य एवं वेदैवं-विदि ह वै प्राणः प्रतिष्ठितः । तस्माद् उ हैवं विद्वान् गुरु स्यान् न हीदं सर्वं लघयेद् । अथो[१] ह विद्याद् अहम् एवेदं सर्वम्[२] अस्मि मयीदं सर्वं प्रतिष्ठितम् इति । तस्य ह न [३]लोको व्यृध्यते[३] । तद् आहुस्[४] स वाद्य[५] द्वादशाहं विद्यात् स वा वेदेति मन्येत, य एनं सर्वासु दिक्षु प्रतिष्ठितं विद्याद् इति । दश वै दिशः । दशो [६]द्वादशाहस्याहानि । तस्ये-माव्[६] एव लोकौ प्रायणीयोदयनीयाव्—अयम्[७] एष लोकः प्रायणीयो, ऽसाव् उदयनीयः । तस्येयम् एव प्राची दिक् प्रथमम् अहर्, इयं द्वितीयम्, इयं तृतीयम्, इयं चतुर्थम्, इयं पञ्चमम्, इयं षष्ठम्, इयम् एवान्तरदिक् सप्तमम् अहर्, [८]इयम् अष्टमम्[८], इयं नवमम्, इयं दशमम् । स एष द्वादशाहस् सर्वासु दिक्षु प्रतिष्ठितः । स य एवम् एतं द्वादशाहं सर्वासु दिक्षु प्रतिष्ठितं वेद, सर्वासु दिक्षु प्रतितिष्ठति[९], सर्वेषां देवानां सलोको भवति । नास्य तस्य देवाश् च नेशते यद् एनान् स नान्वागच्छेत् । देवानां ह वै स एको य एवं-विद् । प्रजापतिर् वै द्वादशाहः । तस्य दिश एव लोकाः । स एष द्वादशाहस् सर्वेषु लोकेषु प्रतिष्ठितः । स य[१०] एवम् एतं द्वादशाहं सर्वेषु लोकेषु प्रतिष्ठितं[११] वेद, सर्वेषु लोकेषु प्रतितिष्ठति । स [१२]एष वाव[१२] द्वादशाहो य एष तपत्य्, एष इन्द्र, एष प्रजापतिर्, एष एवेदं सर्वम् । तद् एतत्कृते[१३] ब्रह्माध्याहितं तपति ॥ ३७२ ॥

[१] ग अथे [२] क द्विरुक्तिः सर्वं [३-३] ? क लोको वरपरध्यने ग लोकोपुरुध्यते [४] ग आह [५] क वाद्यः [६-६] ग द्वादशाहस्यावयम् [७] क तस्मैमाव् [८-८] ग यनष्टमम् [९] ग प्रतिष्ठति [१०] ग नास्ति [११] क ग प्रतितिष्ठितं [१२-१२] क एष वाव व ग एव [१३] एवं ग च। क एषकृते

क्षत्रं च राष्ट्रं चर्तं च सत्यं च [१]तान्य् अवस्तात्[१] तपश् च तेजश् च स्वधा चामृतं च तान्य् उ परस्तात् । तद् यद् अत्र क्षत्रम् इन्द्रो वा वरुणो वा सोमो वा राजा तत् तत् । अथ यद् राष्ट्रं यद् देवविशो मरुतस् तत् तत् । ऋतं[२] रात्रिः । सत्यं तद् अहः । तपो विद्युत् । तेजो यो विद्युतो ऽशनिः पतति तत् तत्[३] । स्वधा वृष्टिः । अन्नं तद् अमृतम् । तस्यैष श्लोकः—

क्षत्रं राष्ट्रम् ऋतं सत्यं ब्रह्मणो निहितावराः ।
तपस् तेज स्वधामृतं त ऊर्ध्वास आसते, मध्ये ब्रह्म विराजति ॥

इति । एतद् उ हैतन् मध्ये ब्रह्म विराजति । य उ एवंविदस्[४] त ऊर्ध्वास आसते । स यथा क्षत्रियः प्रतिनिहित स्याद् एवम् एवैतद् ब्रह्म प्रतिनिहितम् अनत्ययनाय ॥ ३७३ ॥

[१-१] क तान्ववस्तात् ग तान्येवस्ता [२] क उतदुतं ग उतदुत च ऋत
[३] ग त [४] क एतद्विदस्

देवा [१]यद् अयजन्त[१] तेषां बृहस्पतिर् [२]एवोद्गायत् । गौश् चायास्यश् च प्रस्तोतृ-प्रतिहर्ताराव् आस्ताम् । प्रजापतिर् एव गृहपतिर् आसीत् । इन्द्र एव ब्रह्मासीत्[२] । स [३]ब्राह्मणाद् अशंसत् । मित्रावरुणाव्[३] एव मैत्रावरुणाव् आस्ताम् । अग्निर् एव होतासीत् । स आग्नीध्रम् अकरोद्, अश्विनाव् अध्वर्यू, मरुतो नेष्टापोतारौ विश्वे देवा अच्छावाको, ऽर्बुदो[४] ग्रावस्तुत् । विष्णुर् वा[५] यज्ञम् अभ्यष्टौत् । सोम उन्नेता, ब्रह्मैव सुब्रह्मण्याम् आह्वयद् वा गायत्रेयः[६] । स एष सर्वदेवतायज्ञो यद् द्वादशाहः । एताभिर् [७]ह सर्वाभिर्[७] देवताभिर् द्वादशाहस् तायते । एता हि सर्वा देवता द्वादशाहे क्रियन्ते । तस्माद् यद् एतासु देवतासूपहवम् इच्छेतार्थर्त्विक्षूपहवम्[८] इच्छेत । यदो यजत एता एव देवता भूतो यजते, यदो याजयत्य् एता एव देवता भूतो याजयति । तस्य हैतस्य नैव का चनार्तिर् अस्ति य एवं वेद । य एवैनम् उपवदति स आर्तिम् आर्च्छति ॥ ३७४ ॥

[१-१] एवं च । क यद्जयन् ग यदुजयन् [२-२] ग एवोदासीत् [३-३] ग ब्रह्मणादेशंस्य-न्मित्रंवरुणाव् [४] एवं च । क ग ब्बुदो [५] क अधिपाठः यश एव [६] एवं च । क ग गायत्र्ये [७-७] ग नास्ति [८] ग इछेताथचक्षूपहवम्

तद् आहुर् यद् अन्यानि सत्राणि रात्रिभिर् आख्यायन्ते ऽथ कस्माद् द्वादशाहो ऽहोभिर् आख्यायत इति । स ब्रूयाद्— विश्वे वै देवाः पितरं प्रजापतिम् उपेत्याब्रुवन् कियान् स्विद् भवान्[१] इति । सो ऽब्रवीद् द्वादशाहम् अस्मीति । [२]यद् अब्रवीद् द्वादशाहम् अस्मीति[२] तद् द्वादशाहस्य द्वादशाहत्वम् । एष ह वाव संवत्सरः प्रजापतिर् आस । एतान् एव तद्[३] द्वादश मास उवाच द्वादशाहम् अस्मीति । तद् आहुः किं द्वाः किं दश किम् अहर् इति । स ब्रूयाद् आदित्य एव द्वार् आदित्यो दशादित्यो ऽहर् इति । स यद् आदित्य एव द्वार् इत्य् एष [४]ह्य् एव[४] स्वर्गस्य लोकस्य द्वारम् । अथ [५]यद् आदित्यो[५] दशेत्य् [६]एष ह्य् एवासु[६] दशसु[७] दिक्षु तपति । अथ यद् आदित्यो ऽहर् इत्य् एष ह्य् एवाहः । तद् आहुर् याजयितव्यं [८]द्वादशाहेना३ ना३[८] इति । नेति ब्रूयात् ॥ ३७५ ॥

[१] ग भगवान् [२-२] ग नास्ति [३] ग नास्ति [४-४] एवं च । क ग हेव [५-५] ग यादादित्या [६-६] ग एषवासु [७] एवं च । क दशासु ग नास्ति [८-८] ग द्वादशाहौ

आप्नोति वा एष स्तोमान्, आप्नोति छन्दांस्य्, [१]आप्नोति देवान्[१], आप्नोति लोकान् आप्नोति[२] कामान् यो द्वादशाहेन याजयति । स [३]उ दुग्ध आभिर् अलोको[३] भवति । अथो ये च विजानन्ति ये च न त एनं मन्यन्ते कृतं करोतीति । तस्माद्[४] द्वादशाहेन नैव याजयेत्

तद् उ वा आहुर् याजयितव्यम् एव। प्रजापतिर् वै द्वादशाहः, प्रजापतिर् उद्गाता, प्रजापतिर् यजमानः। समानी वै देवतोद्गाता च यजमानश् च। समानीम् [5]वा एताव् ऋद्धिम्[5] ऋध्नुतस्, समानं लोकं जयत, समान्यां देवतायां [6]प्रतितिष्ठतः। अथो[6] यज्ञो वै यजमानो, ब्रह्मोद्गाता। यज्ञ एव तत् प्रतिष्ठाय ब्रह्मणस् सलोकतां जयति। सलोकितरो यजमानाद् भवति। तद् आहुर्—यद्[7] एकैवेदं देवता सर्वम् अभवद् द्वादशाह एव, कतमा सा देवतेति ॥ ३७६ ॥

[१-१] ग नास्ति [२] ग अधिपाठः छन्दांस्यानाप्नोति देवानाप्नोति लोकानाप्नोति [३-३] एवं च। क दुग्ध अभिरलोको ग दुदग्ध अभिरलोको [४] ग तस्माद्वा [५-५] क व एतामृद्धिम् ग एतावामद्धिम् [६-६] क प्रतितिष्ठन्तोथो ग प्रतिनिष्ठन्तोथ [७] ग यम्

प्राण इति ब्रूयात्। प्राणो वा इदं सर्वम् अभवत्। स यद् द्वार् इत्य् एतद् ध्य् एवेदं सर्वं द्वाग्म् उपजीवति। अथ यद् दा इत्य् एव हीदं सर्वं ददाति[1]। अथ यच्छा इत्य् एव हीदं सर्वं शं स्पृशति[2]। अथ यद् धा इत्य् एष हीदं सर्वं हरति। स य एतद् एवं वेद यदि[3] च ह साधु करोति यदि च न, अथ हास्य [4]साध्व् एव[4] कृतं भवति। अथो ह विद्यात्—साध्व् एवाहं करोमि[5], नासाधु। यस् साधुकृतो लोकस् स मे लोक इति। तस्य ह स एव [6]लोको भवति[6]। सर्वस्य ह वा अन्यस्य लोको जीर्यति। एवंविदो हैव लोको न जीर्यति। सैषा प्रणेता[7] देवता। एषा हीदं देवता सर्वं प्राणयत। तद् यत् प्राणयत तस्मात् प्राणः। स यद् अस्माल् लोकाद् एवंवित् प्रैत्य् एषा हैवैनं देवतादायोत्पतति। सैनं [8]तं लोकं[8] गमयति, य[9] एतस्यै, यतः परं नास्ति। तद् आहुः स वाव द्वादशाहेन यजेत स वा द्वादशाहेन याजयेद्, य एतम् [10]आदित्ये प्रतिष्ठितं[10] विद्याद् इत्य्—आदित्यो वै द्वादशाहस्— तस्याहोरात्राव् एव [11]प्रायणीयोदयनीयौ। अहर् एव[11] प्रायणीयो, रात्रिर् उदयनीयः। तस्य ये प्राञ्चो रश्मयस् तत् प्रथमम् अहः ॥ ३७७ ॥

[१] एवं च। क ददति ग दधति [२] ग स्पृति [३] ग यदु [४-४] ग साध्ये [५] ग करोति [६-६] ग लोकोपिसभवति [७] एवं च। क प्रणयता ग प्राणयता [८-८] ग त लोकं [९] ग या [१०-१०] ग आदित्य प्रतिनिष्ठितं [११-११] ग नास्ति

ये[1] दक्षिणास् तद् द्वितीयं, ये[2] प्रत्यञ्चस् तत् तृतीयं[3], [4]य उदञ्चस्[4] तच् चतुर्थं, य ऊर्ध्वास् तत् [5]पञ्चमं, य अर्वाञ्चस् तत्[5] षष्ठं, यद् एव भाति तत् सप्तमं, यत् तपति तद् अष्टमं, यद् एव ताम्रम् इव तन् नवमं, मण्डलम् एव दशमम् अहः। स एष द्वादशाह आदित्ये प्रतिष्ठितः। स य एवम् एतं द्वादशाहम् आदित्ये प्रतिष्ठितं वेद प्रत्य् आदित्ये तिष्ठति, सर्वम् आयुर् एत्य्, अप पाप्मानं हते, गच्छति स्वर्गं लोकं य एवं वेद। इत्य् अधिदेवतम्। अथाध्यात्मम्। अयम् एव[6] द्वादशाहो यो ऽयं चक्षुषि पुरुषः[7]। तस्य पक्ष्माण्य् एव प्रायणीयोदयनीयौ—यान्य् अर्वाञ्चि पक्ष्माणि स प्रायणीयो, यान्य् ऊर्ध्वानि स उदयनीयः। तस्याधरैव वर्तनी[8] प्रथमम् अहः — ॥ ३७८ ॥

[१] क ग य [२] ग य [३] ग अधिपाठः यस्तत्तृतीयं [४-४] क यदुदृञ्चम् [५-५] ग नास्ति [६] क ग एवं [७] ग पुरुम् [८] क वर्तनि ग वत्तः

—उत्तरा[1] द्वितीयं, सममेषस् तृतीयं, शुक्लं चतुर्थं, कृष्णं पञ्चमं, कनीनिका षष्ठम् । य एवैष पुरुषस् तस्य ये प्राणास् तान्य् उत्तराण्य् अहानि । [2]प्राण एव[2] सप्तमम् अहश्, चक्षुर् अष्टमं, श्रोत्रं नवमं, वाग् एव दशमम् अहः । स यद् द्वाव् इति [3]द्वाव् एव[3] हेमौ पुरुषौ दृश्येते । अथ यद् दा इत्य् एष हीदं सर्वं दत्ते[4] । अथ यच् छा इत्य् एष हीदं सर्वं [5]शं स्पृशति । अथ[5] यद् धा इत्य् एष हीदं सर्वं हरति । स एष एवोक्थ्यम् । एष हीदं सर्वम् उत्थापयतीव[6] । तस्माद् एष एवोक्थम्[7] । स एष [8]एवर्क् । ऊर्ध[8] वै नामैष । तम् ऋग् इति परोक्षम् आचक्षते । तस्माद् एष[9] एवर्क् । स एष एव यजुः । एष हीदं सर्वं जरयतीव[10] । तस्माद् एष एव यजुः । स एष एव साम । एतं ह तं हीदं सर्वं समेतम् । तस्माद् एष एव साम । स एष एवोद्गीथः । स यद् उद् इत्य् एतेन हीदं सर्वम् उत्तब्धम् । अथ यद् गीत्य् एष हीदं सर्वं गिरति[11] । अथ यत् थ इत्य् अन्नम् एवास्यैतत् । तस्माद् एष एवोद्गीथः । स एष एव ब्रह्म । एष हीदं सर्वं बिभर्ति । तस्माद् एष एव ब्रह्म । भर्म[12] ह वै [13]नामैषः । तद्[13] ब्रह्मेति परोक्षम् आचक्षते । बिभर्ति हैनम् एषा देवतास्मिंश् च लोके ऽमुष्मिंश् च य एवं वेद । स य एवम् एतं द्वादशाहम्[14] अधिदेवतम् अधिसूर्यम् अधिपुरुषम्[15] अध्यात्मन् प्रतिष्ठितं वेद प्रत्य् आदित्ये तिष्ठति, सर्वे हास्मै वेदास् सर्वे देवास् सर्वे लोकाः कामान् दुहे । अतीत्य देवान् ब्रह्मणस् सलोकतां जयति । स एष एवोक्थम् एष[16] [17]ऋग् एष[17] यजुर् एष सामैष उद्गीथ एष ब्रह्मैष एवेदं[18] सर्वम् इत्य् उपासितव्यम् ॥ ३७९ ॥

[१] ग उत्तरां [२-२] ग प्राणामेव [३-३] क द्वाव ग धाव [४] ? क च ददते ग दधते [५-५] एवं च । क संस्पृशत्यथ ग संस्पृश्यथ [६] ग उत्थांयतीव [७] क एवोक्थः ग एवोत्थं [८-८] ग एवागुर्ध्वं [९] ग अधिपाठः य [१०] क जरयती [११] ग यदति [१२] ग च भून्म [१३-१३] क नामेशतद् ग नामेतत्तत् [१४] ग चदशाहम् [१५] ग पुरुषम् [१६] ग नास्ति [१७-१७] क ऋगेव ग ऋगष [१८] ग य एवं वेद

इदम् एवेदम् अग्रे ऽन्तरिक्षम् [1]आसीत् । तद् व् एवाप्य्[1] एतर्हि । [2]तद् एतद् वितानं[2] यद् इमान् लोकान् व्याप्तम् । तस्माद् द्वि नाम । तद् अकामयत स्यां प्रजायेय भूमानं गच्छेयम् इति । तत् तपो ऽतप्यत । तत् तप्यमानम् अद्योतत । वीव वा इदम् अद्युतद्[3] इति । सैषा विद्युद् अभवत् । एषो [4]ऽर्चिर् एतज् ज्योतिः[4] । विद्युद् भूत्वातप्यत । तत स्तनयित्नुर् अजायत[5] । तस्माद् यदा विद्योतते ऽथ स्तनयति । स्तनयित्नुर् भूत्वातप्यत । ततो वृष्टिर् अजायत । तस्माद् यदा स्तनयत्य् अथ वर्षति । तद् इदम् आपो महत् सलिलम् आसीत् । यद् ध वा इदम् आहुर् आपो वा इदम् अग्रे महत् सलिलम् आसीद् इत्य् एतास् ता आपः । आपो भूत्वातप्यत । ततो ऽन्नम् अजायत । अन्नं भूत्वातप्यत । ततो ऽन्नमयः पुरुषो ऽजायत प्रजानां जनयिता । स [6]आह्व् अध्व्[6] अन्तर् भूर् भुव स्वर् इति व्याहरत् । त एवेमे लोका अभवन् । तद् दिशो ऽन्वसृज्यन्त । अथ यत् [7]करज् जनद् वृधद्[7] इति व्याहरत् त एवैते लोका अभवन् । तद् ऋतवो ऽन्वसृज्यन्त । सो ऽब्रवीद् इमा[8] वै मे सद् अभूद् इति । त एव मासा अभवन् । ऋद्धिषि वा इति ते ऽर्धमासाः । [9]अहम् अरात्सम्[9] ओषम् इति यद् अहम् इति तान्य् अहान्य् अभवन् । यद् अरात्सम् इति ता रात्रयो, यद् ओषम् इति ता उषसः । स यां[10] जायमानो [11]वाचम् अवदत्[11] स एव त्रयो [12]वेदो ऽभवत्[12] । यद्[13] धैवैषाग्रे किं च देवता जायमानोवाद तद् उ ह ब्रह्मैव बभूव । स ऐक्षत—यम् इमं त्रयं वेदम् असृक्षि हन्तास्मात् सृजा इति ॥ ३८० ॥

[१-१] ग आसाद्देवाप्य् [२-२] एवं च । क तदे- तद्द्विनाम ग तमतद्विनाम [३] क अगुदद् [४-४] ग च्चिरताज्ञोति [५] ग आजायत [६-६] ग आप्स्व् [७-७] क करज्जनमृधयद् ग करजनय- धयद् च करज्जञ्जनद्दरद् [८] क अमा [९-९] ग मरास्सम् [१०] ग या [११-११] ग वाच- दत् [१२-१२] एवं ग च । क वेदाभवद [१३] क ग धद्

स त्रिवृता स्तोमेन गायत्रीम् अभ्यक्रन्दत् । ततो वसून् असृजताग्निमुखान् । पञ्चदशेन स्तोमेन त्रिष्टुभम् अभ्यक्रन्दत् । ततो रुद्रान् असृजतेन्द्रमुखान् । सप्तदशेन स्तोमेन जगतीम् अभ्यक्रन्दत् । तत आदित्यान् असृजत वरुणमुखान् । एकविंशेन स्तोमेनानुष्टुभम् अभ्यक्रन्दत् । ततो विश्वान् देवान् असृजत विष्णुमुखान्[१] । त्रिणवेन स्तोमेन पंक्तिम् अभ्यक्रन्दत् । ततो मरुतो ऽसृजतेशानमुखान् । त्रयस्त्रिंशेन स्तोमेनातिच्छन्दसम् अभ्यक्रन्दत् । ततस् साध्यांश् चाप्त्यांश् चासृजत सवितृमुखान् । पञ्चविंशेन स्तोमेन बृहतीम् अभ्यक्रन्दत् । ततो गन्धर्वान् असृजत मित्रमुखान् । विराजम् अभ्यक्रन्दत् । ततो ऽप्सरसो ऽसृजत त्वष्टृमुखाः[२] । ककुभम् अभ्यक्रन्दत् । ततस् सर्पान् असृजताङ्गिरसोमुखान् । उष्णिहम् अभ्यक्रन्दत् । ततो ऽङ्गिरसो ऽसृजताथर्वमुखान् । अक्षरपंक्तिम् अभ्यक्रन्दत् । ततो ऽसुरान् असृजतासितमुखान् । विष्टारपंक्तिम् अभ्यक्रन्दत् । ततः पितॄन् [३]असृजत यममुखान्[३] । द्विपदाम्[४] अभ्यक्रन्दत् । ततो मनुष्यान् असृजत मृत्युमुखान् । एकपदाम् अभ्यक्रन्दत् । ततो वयांस्य्[५] असृजत मृत्युमुखान्य् उ एव । अमितच्छन्दो ऽभ्यक्रन्दत् । ततः पशून् असृजत धातृमुखान् । स इदं सर्वं सृष्ट्वोर्ध्व उदक्रामत्[६] । सो ऽगच्छद् यत्रैनम् एतद् उपरि वेदयन्ते ॥ ३८१ ॥

[१] ग विष्णांस् [२] क त्वष्ट्रमुखाः [३-३] ग असृजतग्यंमुखान् [४] ग द्विपदम् [५] क ग वायांस्य् [६] क उदक्रामन्

तम् अस्यां प्राच्यां दिशि वसवो ऽन्वैच्छन्न् अग्निमुखाः । ते ऽन्वविन्दन् यद् अर्चिषो[१] रूपं तत् । तद् एवास्य त उपासते । तम् अस्यां दक्षिणायां दिशि रुद्रा अन्वैच्छन्न् इन्द्रमुखाः । ते ऽन्वविन्दन् यद् आदित्यस्य रूपं तत् । तद् एवास्य त उपासते । तम् अस्यां प्रतीच्यां दिश्य् आदित्या अन्वैच्छन् वरुणमुखाः । ते ऽन्वविन्दन् यच् चन्द्रमसो [२]रूपं तत् । तद् एवास्य त उपासते[२] । तम् अस्याम् उदीच्यां दिशि विश्वे देवा अन्वैच्छन् विष्णुमुखाः । ते ऽन्वविन्दन् यद् विद्युतो [३]रूपं तत् । तद् एवास्य त उपासते[३] । तम् अस्याम् ऊर्ध्वायां दिशि मरुतो ऽन्वैच्छन्न् ईशानमुखाः । ते ऽन्वविन्दन् यत् [४]श्वेतं रूपं तत् । तद् एवास्य त उपासते[४] । तम् एतस्मिन् परे लोके [५]साध्याश् चाप्त्याश् चान्वैच्छन्[५] सवितृमुखाः । ते ऽन्वविन्दन् [६]यत् कृष्णं रूपं तत् । तद् एवास्य त उपासते । तम् अस्मिन्न्[६] एवान्तरदेशे गन्धर्वा अन्वैच्छन् मित्रमुखाः । ते ऽन्वविन्दन् यत् सुवर्णस्य हिरण्यस्य [७]रूपं तत् । तद् एवास्य त उपासते । तम् अस्मिन्न्[७] एवान्तरदेशे ऽप्सरसो ऽन्वैच्छंस् त्वष्टृमुखाः[८] । ता अन्वविन्दन् यद् रजतस्य हिरण्यस्य रूपं तत् । तद् एवास्य ता उपासते । तं सर्पा अन्वैच्छन्न् अङ्गिरोमुखाः । ते ऽन्वविन्दन् यन् मधुनो [९]रूपं तत् । तद् एवास्य त उपासते । तम्[९] अङ्गिरसो ऽन्वैच्छन्न् अथर्वमुखाः । ते ऽन्वविन्दन् यद् घृतस्य रूपं तत् । तद् एवास्य त उपासते । तम् असुरा अन्वैच्छन्न् असितमुखाः । ते ऽन्वविन्दन् यत् सुरायै[१०] रूपं तत् । तद् एवास्य त उपासते ॥ ३८२ ॥

[१] ग अर्त्विषं [२-२] ग रूपते [३-३] क रूपन्तत्तदेवास्यत उपासतेमते ग रूपमते [४-४] ग रूपन्तते [५-५] ग साध्यांश्चाप्त्यांश्चान्यैछत् [६-६] ग यर्म कृष्णं रूपन्त + ततस्मिन्न् [७-७] ग रूपन्ततेतस्मिन्न् [८] क ग त्त्रष्टृमुखाः [९-९] ग रूपन्ततेतम् [१०] ग मुरायी

तस्मात् ते पराभूताः । ते ह्य् अस्य पापिष्ठम् उपासते । तं पितरः पितृलोके ऽन्वैच्छन् यममुखाः । ते ऽन्वविन्दन् यद् अपां रूपं तत् । तद् एवास्य त उपासते । तं मनुष्या अन्वैच्छन् मृत्युमुखाः । ते ऽन्वविन्दन् [1]यत् क्षीरौदनस्य[1] रूपं तत् । तद् एवास्य त[2] उपासते । तद् एतद् ध वा एतद् अग्रे ऽन्नस्य रूपम् आस यत् क्षीरौदनः । तस्येयं विकृतिर् यद् इदं मनुष्या उपासते । तं वयांस्य् अन्वैच्छन् मृत्युमुखान्य् उ एव । तान्य् अन्वविन्दन् हिरण्यपक्षश् शकुन इति । तत् तद् एवास्य तान्य् उपासते । तं पशवो ऽन्वैच्छन् धातृमुखाः[3] । ते ऽन्वविन्दन् हिरण्यशृङ्गो[4] हिरण्यशफः कृष्ण ऋषभ इति । तत् तद् एवास्य त उपासते । तद् एतद् ध वा एतस्यै देवतायै [5]सात्ययज्ञयो रूपम्[5] उपासते हिरण्यशृङ्गो हिरण्यशफः कृष्ण ऋषभ इति । स य[2] एतद् एवं वेद ऋषभ एव[6] स्वानां भवति । अथो यो ऽयं तपति— ॥ ३८३ ॥

[१-१] क यत् क्षीरौदस्य ग यक्षीरोदस्य [२] ग नास्ति [३] एवं च । क ग दातृमुखाः [४] ग हिरण्यशृंगेभि [५-५] ? ग सात्ययर्योरुपाम् [६] ग एना

—सो ऽस्याम् ऊर्ध्वायां दिश्य् अन्वैच्छत् । तम् एतैस् सर्वै रूपैस् सहासीनम्[1] अन्वविन्दत् । तान्य् एतस्मा एव सर्वाणि रूपाणि प्रायच्छत् । तद् यद् [2]इदम् इह[2] कल्याणं रूपम् आजायते[3] यद् एवैष प्रयच्छति तद् इदम् इहाजायते । स यद् भूर् भुव स्वर् इति व्याहरत् त एवेमे[4] त्रयो लोका अभवन्न् उपोदक ऋतधामा [5]ऽपराजितः । अथ[5] यत् करज् जनद् वृधद् इति व्याहरत् त एवैते ऽपरे लोका अभवन्न् अधिदिवः प्रदिवो रोचनः । विष्टप एव सप्तमो ब्रह्मलोको यस्मिन्न् एतत् सत्यं भाति । तम् एषा देवता सत्यं भूत्वानुप्राविशत्[6] । तत् सद् वै [7]प्राणस् सत्याः[7] प्रजाः । तेनास्य सत्येनेदं सर्वं संगृहीतं भवति । यदि च ह सत्यं वदति यदि च नाथ हास्य सत्यम् एवोदितं भवति । अथो ह विद्यात् सत्यम् एवाहं वदामि नानृतं, यत् सत्यं वदतो लोकस् स[8] मे लोक इति । तस्य ह स एव लोको भवति । तद् यथेदं वयं मीमांसामह इदं ब्रह्मेदं ब्रह्मेत्य् एवम् एवैषा देवतैतद्विद्वांस[9] मीमांसते न हैष चन तद् वेद । [10]मा सो[10] देवता प्रविष्टेति [11]य एव तद् वेद स[11] एव तद् वेद । एतं सा देवता प्रविष्टेति[12] । न ह वा एवंविदः[13] किं चनाविदितं भवति न का चन[14] देवता ॥ ३८४ ॥

[१] एवं च । क ग सहसीनम् [२-२] ग इदमह [३] क अजायते ग आजयते [४] ग एवमे [५-५] ग पराजितोतो [६] ग भूत्वाप्रविशत् [७-७] क प्राणस्त्याः ग प्राणस्याः [८] ग अधिपाठः एव लोको भवति [९] ग देवतैतद्विद्वांस [१०-१०] = मां सा + उ । क मां सा [११-११] ग नास्ति [१२] एवं च । क प्राविष्टेति ग प्राविष्टेति [१३] ग एवंविदं [१४] ग चना

तस्यैष श्लोकः—

इतः परस्तात् पर उ परस्मात् [1]परस् तृतीयाद्[1] उत वा चतुर्थात् ।
सहस्रस्थूणे विमिते दृढ उग्रे यत्र[2] देवानाम्[3] अधिदेव[4] आस्ते ॥

इति । एष ह वाव स[1] देवानाम् अधिदेवो[5] य एष तपति । तस्यैतत् सहस्रस्थूणं विमितं

दृढम् उग्रं यत् संवत्सर ऋतवो मासा अर्धमासा अहोरात्राण्य् उषसः। स य[२] एवम् एतत् सर्वं द्वादशाहम् आत्मानम् अभि संपद्यमानं वेद सर्वं एनं कामा अभि संपद्यन्ते। द्वादशाहे वै सर्वे स्तोमा सर्वाणि पृष्ठानि सर्वाणि छन्दांसि सर्वाणि सवनानि सर्वे पशवस् सर्वे देवास् सर्वे [६]लोकास् सर्वे कामा[६], द्वादशाहम् अन्वायत्ता, द्वादशाहम् अन्वाभक्ता, द्वादशाहम् अनुसंतृप्यन्ति, द्वादशाहे संपन्ना, द्वादशाहे प्रतिष्ठिताः। तद् आहुर् यद् एतानि दशैवाहान्य् अथ कस्माद् द्वादशाह इत्य् आख्यायत इति। स ब्रूयाद् यद् एवैते द्वादशाग्निष्टोमा संपद्यन्ते तेनेति ॥ ३८५ ॥

[१–१] ग परस्तुतियाद् [२] ग नास्ति [३] क देवानामन् ग देवतानामिम् [४] क ग अधिदेवत [५] ग अधिदेवानामधीदवो [६–६] ग लोकामा

तद् आहुर् यत् [१]त्रयोदश मासास् संवत्सरस् संवत्सरश्[२] च चतुर्दशो. ऽथ केन त्रयोदशं च मासम् उपाप्नुवन्ति संवत्सरं च चतुर्दशम् इति। अतिरात्राभ्याम् इति ब्रूयात्। प्रायणीयेनातिरात्रेण[१] त्रयोदशं[३] मासम् उपाप्नुवन्त्य्, उदयनीयेन संवत्सरं [४]चतुर्दशम्। तद् आहुस् स वाद्य[५] द्वादशाहं विद्यात्, स वा वेदेति मन्येत, य एनं सर्वेषु लोकेषु प्रतिष्ठितं विद्याद् इति। [६]मासा वै[६] द्वादशाहस्याहानि, त एव लोका, एत एव देवलोकाः। फाल्गुनो वै मासो द्वादशाहस्य प्रथमम् अहश्, चैत्रो द्वितीयं, वैशाखस् तृतीयम्, आषाढापौर्णमासश् चतुर्थं, श्रोणाश्रविष्ठः[७] पञ्चमं, शातभिषजष् षष्ठं, प्रोष्ठपदः सप्तमम्, आश्वयुजो ऽष्टमं, कार्त्तिको नवमम्, मार्गशीर्षो दशमं. तैष एकादशं, माघो द्वादशं, प्रायणीय एवातिरात्रस् त्रयोदशो मास, उदयनीयस् संवत्सरश् चतुर्दशः। स एष द्वादशाहस् सर्वेषु लोकेषु प्रतिष्ठितः। स य एवम् एतं द्वादशाहं सर्वेषु लोकेषु प्रतिष्ठितं वेद सर्वेषु लोकेषु प्रतितिष्ठति। स एष वाव द्वादशाहो य एष तपत्य्, एष इन्द्र, एष प्रजापतिर्, एष एवेदं सर्वम् इत्य् उपासितव्यम्। [८]एष एवेदं[८] सर्वम् इत्य् उपासितव्यम् ॥ ३८६ ॥[९]

[१–१] ग नास्ति [२] एवं च। क संवत्सरं [३] ग त्रयोदयादशञ्च [४] ग अभिपाठः च [५] ग वान्य [६–६] ग मासाद्वै [७] ग श्रोणाश्रविष्टः च श्रवणाश्रविष्ठः [८–८] ग नास्ति

[९] क इति द्वादशाहम् अदिकेशवाय त्रयीमूर्त्तये नमः। श्री गुरुभ्यो नमः। अविघ्नमस्तु। द्वादशाहम्॥ ग सामब्राह्मणं संपूर्णम्

NOTES

The Jaiminīya Brāhmaṇa occupies a very important place in the ritual literature of India. The rarity of its manuscripts and the abstruseness of its text on account of the peculiarly difficult and technical nature of the subject-matter dealt with, which it shares in common with other Sāmavedic texts, have always been a hindrance in the way of presenting a complete edition. Numerous efforts have been made in the past by savants of the eminence of Profs. Caland, Oertel, Whitney and Hopkins, but none of them went beyond giving us short or long extracts. It was in 1937 that a critical edition of the complete first book of the Jaiminīya Brāhmaṇa was given out (Sarasvatī Vihāra Series, Lahore, edited by Prof. Raghu Vira) with the help of a number of new manuscripts and a comparative study of the parallel texts. At that time the famous transcript of Whitney (referred to here as: Wh) could not be availed of. Prof. H. Oertel of Munich was very kind to furnish the variants therefrom, but the text had been printed off by that time. As many of them are of importance for the further improvement of the text, it has been thought advisable to print them in this article. A number of new emendations or corrections have also been suggested in the printed text. Here and there, parallels from other Saṁhitā and Brāhmaṇa texts have been noted. Important references to previously published articles or books — where a passage in question has been annotated, edited or translated — have been included to facilitate the work of a future annotator.

As will be apparent from the above the present article is to be read in conjunction with Prof. Raghu Vira's edition of the first book of the Jaiminīya Brāhmaṇa, which is referred to here as the "text". References in brackets are to pages, columns (a, b), and lines of the sections. Abbreviations calling for clarification are given hereunder:

Auswahl — Caland, Das JB. in Auswahl, Verhandelingen der k. Akademie van Wetenschappen, Afdeeling Letterkunde, Deel I, Nieuwe Reeks, Deel XIX, No. 4, Amsterdam, 1919.

Over JB. — Caland, Over en uit het JB., Verslagen en Mededeelingen der k. Akademie van Wetenschappen, Afdeeling Letterkunde, 5e Reeks, 1e Deel, 1e Stuk, Amsterdam, 1914.

PB. — Caland, translation of Pañcaviṁśa Brāhmaṇa, Bibliotheca Indica, Calcutta, 1931.

Syntax — Oertel, Syntax of Cases in the Narrative and Descriptive Prose of the Brāhmaṇas I, Heidelberg, 1926.

Ghosh — Batakrishna Ghosh, Collection of the Fragments of Lost Brāhmaṇas, Calcutta, 1935.

§ 1 [3b.3] With *stanam abhipadyeta* cf. ŚB. 2.5.1.3,5 *stanāv evābhipadya,* 14.2.1.15 *stanam abhipadyate.* [3a.6] *bhasmāvaśīyate* 'the ashes fall down'. Cf. TB. 3.9.4.4, ŚB. 7.4.2.11, 13.2.6.8 *lomāni śīyante.* [3b.5] *upari tṛṇāni dhunoti* 'he fans the fire with grassblades held over it'.

§ 2 [3a.2 note 2] Wh. *'nnakāmāmarara,* v. l. *'nnakāmamāra.* [3a.4] For *svar yad* Wh. reads *svaryard,* v.l. *svaṁryyard, svaṁyard.* [3a.7] From *tad yadā vai manaḥ* . . . to end of § 2 cf. JAOS.19 p. 106 note 7 (at end). [3b.2] The yajuṣ occurs also at JB. 1. 47. Cf. Kauś. 81.30, ŚŚr. 4.14.36. [3b.3 note 9] *so 'ta* recurs in § 47.

§ 3 [4a.4] For *ayāmayām* read *ayā3m ayā3m.* Cf. PB. 12. 11.10; Pischel, Ved. Stud. I p. 81. [4b.2 note 3] All of Whitney's mss. *°saṁbharaṁs.* [4b.3 note 5] *°saṁbharaṁs* as a v.l. in Wh., but one ms. *atisamabharaṁs.*

§ 5 [4b.1] For the verse cf. TS. 3.2.2.1, ĀpŚr. 12.18.17. Cf. also Caland, Acta Orientalia 6 pp. 222-3, and Caland on ĀpŚr. 6.4.7, Ghosh p. 113. [4b.5 note 9] Caland, Auswahl § 1, emends *vaiṣavaṁ* to *vaiṣamyaṁ* 'unevenness (of the soil)'.

§ 6 [4b.6 note 6] All of Whitney's mss. read *vidadhāti.*

§ 7 [5a.2] Cf. TS. 6.4.2.4; Caland, Acta Orientalia 4 p. 24 § 24.

[5a.1 note 6] Wh. *saniveṣṭati*, v.l. *pariniceṣṭati*, *pariniceṣṭayati*.

§ 9 [5b.4] For the comparison cf. JAOS. 19 p. 122 note 3, JB.1.10: 5a.3.

§ 11 [5a.1] Cf. ŚBM. 2.3.3.1 = ŚBK. 1.3.1.1; TB. 2.1.2.9 (Caland on ĀpŚr. 4.1.8 note 3); K. 31. 15; K. 7. 4 = Kap. 5.3, MS. 1. 5.5, AB. 8.28.9, 13. [5b.5 notes 3,4] Caland, Auswahl § 4, conjectures *reṣmopamathnīyād* 'as a whirl-wind would break down (trees)'.

§ 12 [6b.5 note 3] Caland, Auswahl § 5, conjectures *ajaiṣma*.

§ 13 [6a.1 note 1] For variations like *juhavāma*: *juhuvāma* cf. Vedic Variants I § 23, II § 602. [End of § 13] Wh. adds *somāhutighaṭṭam*.

§ 15 One of Whitney's mss. inserts *talavakārabrāhmaṇam* in the end.

§ 17 Sections 17 and 18 published in JAOS. 19.115-116. Cf. Windisch, Berichte d. philol. histor. Klasse d. kgl. sächsischen Gesellschaft d. Wiss. 59 p. 111 ff. (1907).

§ 18 Cf. PB. 8.1.4, 13.4.17; Ghosh p. 97 frag. 50.

[7b.12] For *tasya putrā dāyam upayanti pitaras sādhukṛtyām* cf. JB.1. 50; JAOS. 18 p. 46-47 § ix.1; Ghosh p. 97 frag. 50.

§ 19 For §§ 19-20 cf. Over JB. p. 28 note 35, JAOS. 23 p. 328 with the ŚBM. parallel and Over JB. p. 33 with the ŚBK. parallel; also Caland on PB. 13.9.17.

[7a.7] Cf. Caland, Acta Orientalia 4 p. 35 § 40.

§ 21 Cf. AB. 5.26.6, GB. 1.3.12, ŚB. 11.5.3.5, TB. 2.1.7.1 (Āśv. 2.3.8, KŚ. 25.2.3), MS. 2.1.8, K. 10.11; Caland, Vādhūlasūtra, Acta Orientalia 4 p. 32 § 37; Caland, WZKM. 15.97.

[8a.2] Wh. also *prendavo*, v.l. *prendravo*. Read *maitraṁ* instead of *maitraś* (?). [8b.2] Cf. Caland, Acta Orientalia 4 p. 32 § 37.

§ 22 Cf. Over JB. p. 29.

§ 27 [10b.1 note 2] Whitney's mss. also read *jīvānāśakapratī*.

§ 28 [10b.1] 'Hare in the moon' also in ŚB. 11.1.5.2-3.

§ 35 Cf. PB. 6.7.10.

§ 38 JAOS. 18 p. 40-41 § vii; Ghosh p. 91 frag. 42.

§ 39 [11a 1] Wh. *upasṛjyā°* with v. l. *upasṛjā°*. [11b.7 note 9] Wh. *oṁ mām aham* (three words), which is the correct reading

§ 42 See JAOS. 15 p. 234-238 for § 42 to end of § 44. Cf. Over JB. p. 79 note 229 and PB. 18.9.1.

§ 43 For *lex talionis* in yonder world cf. Koch's Studien z. vergleich. Literaturgesch. 8 (1908) p. 120, and also JB. 2.184 (Auswahl § 144 p. 178) *adanti ha vā amuṣmiṅ loke paśavaḥ puruṣam.*

§ 45 Cf. Oertel, Syntax p. 134 ff. § 51 Ex.7 where the parallels are given; and also see table on p. 137.

§§ 46-65 [14b.5] From here on to § 50 see JAOS. 19 p. 103 ff. For §§ 51-65 see JAOS 23 p. 331-349.

§ 47 Cf. Ghosh p. 91 frag. 41.

[14b.2] Read *asmād asi tvam. Etad ayam te yonir* ... [14b.3] *nayā hy* are two words. [14b.4] *so 'ta* occurs in § 2.

§ 50 Cf. Ghosh p. 97 frag. 50.

§ 53 Cf. Over JB. p. 36 note 47.

§ 67 Cf. Over JB. p. 38.

[20a.1 note 2] Wh. *yat kāmayenam ārohate,* v.l. *yatkāma enam āharate.* [20a.4] From here till the end of this section see Transactions Connecticut Academy of Arts and Sciences 15 p. 177-8.

§§ 68-69 From beginning of § 68 to end of § 69 see Transactions Connecticut Academy of Arts and Sciences 15 p. 196; and Auswahl § 8 p. 14.

§ 70 Cf. PB. 6.4.1 note 1, 6.4.8.

[21a.2] *prajāpatir* in all the mss. and Wh. without v.l. Prof. Oertel wants to emend it to *prajāpater* and compares it with K. 25.10 (where Schroeder emends the reading of Ch. *prajāpatir* to *prajāpater*) = Kap. 40.3 and MS. 3.8.9 *prājāpatya udgātā.* Cf. Caland on ĀpŚr. 11.9.13. [21a.6] For the yajus *mà mā yonorvāṁ hāsīḥ* cf. PB. 6.4.8, LāṭyŚr. 1.7.5. Wh. *mā mā yonorvāṁ harasīr iti,* v.l. *mā mā yono vāṁ hāsīr.* [21b.5] All of Whitney's mss. *mā mā yonor hāsīr.* For *vai yonorvāṁ* of the text Wh. *varyonorvāṁ,* v.l. *vayyono vāṁ.*

§ 71 Cf. Caland PB. 6.4.12, 13 (note 2). [21b.2 note 5] Whitney's mss. also read *prathamet* without v.l. [21b.3 note 5] Wh. *nasvāspṛṣṭe-naivodgāyaṅ,* v.l. *-dgeyaṅ.* [21b.4 note 5] Wh. *prathamati,* v.l. *pradhamati, prayamati.*

§ 72 Cf. Over JB. p. 41 (infra), and PB. 6.4.15. [21a.8 notes 2-3] Whitney's mss. *avṛttirṅnayanti,* v.l. *avṛttiṅ nīyanti.*

§ 73 Cf. PB. 6.5.1, 4, 7.

[22b.4 note 12] Wh. (without v.l.) *mūrdhāsīt* (as in the text).

§ 74 For §§ 74-76 see JAOS. 23 p. 326-8.

§ 75 [22a.1] Cf. Auswahl p. 304 lines 8-10 (index).

§ 76 Cf. Over JB. p. 91 note 293, Auswahl § 151 note 35 p. 194.

§ 78 [23b.8 note 4] All of Whitney's mss. read *droṇakalaśe* (as in the text).

§ 79 Cf. PB. 1.2.5.

[23b.6] All of Whitney's mss. read *vittiṣṭhati* for *vitiṣṭhati*. [23b.8] For *saṁmukhān* of the text Wh. *samamukhān*, v.l. *samukhān*.

§ 80 Cf. PB. 6.6.11.

[23b.1 to § 81, 24a.5] See JAOS. 26 p. 191.

§ 81 Cf. Caland on PB. 6.6.7, 10 (note 3), 12 (note 1).

[24b.9 note 3] Wh. *athodgātraikarco*, v.l. *athodgātaikarce*.

§ 82 For §§ 82-83 cf. PB. 6.7.6.

[24b.7 note 7] Whitney's mss. also *brahmaṇa*.

§ 83 [24b.1 note 1] All our mss. and Whitney's read *ed* (*etad*?). Wh. *atrāptvāstuvangyatve tad udañca itvā*, v. l. *atrāptvāstuvangyatve* and *°stuvatrai*.

§ 84 [25b.1] Wh. *tayo devāddhyā vai nāma vaidis*, v.l. *tayo devāddhā vai nāma vedis*. *Tayo devād* may be emended to *tayodeyād* (*tayā* + *udeyāt*).

§ 85 [25a.2,4 notes 1,2] See Auswahl § 10 note 1 p. 17.

[25a.4 note 3] Wh. *pratikūla*. For *pratikūlam* cf. TS. 7.5.7.4, K. 33.7, PB. 6.7.10. [25a.6 note 4] Wh. (without v.l.) reads *anapavyādhāya* like the text, but Caland (Auswahl § 10 p. 16) *anapavyāthāya* (without noting a variant). TB. 1.6.3.7 *suvargāl lokād yajamānam avavidhyet* (with *ava-*) raises the question whether we should not read *anavavyādhāya* (√*vyadh* + *ava-*). See below § 130.

§ 86 [25b.3] Cf. TS. 6.1.8.5.

§ 87 Cf. PB. 6.7.24.

[25b.4 note 2] Wh. *parāvīkṣūbhi*, v. l. *parācīkṣūbhi*. Caland (Auswahl § 11) *parācīṣu hi*. [25b. 5 note 3] Read *sa yadaiva* with Caland, Auswahl § 11. Cf. § 89.

§ 88 See Ghosh p. 1 frag. 1.

[25a.3] For *annakāśinīr* cf. JB. 2.148,149, JUB. 1.11.1. [25a.7 note 1] Read *parāṅ* and cf. Wackernagel Ai. Gr. III p. 231 line 3 from bottom. [25b] Cf. Caland on PB. 1.3.6.

§ 89 [26a.5] Caland, Auswahl § 12 p. 13, reads erroneously *kaupivano*, but correctly in the index p. 302 line 10. [26a.13] For *etadāyatana* cf. PB. 12.10.16. [26b.1] Cf. PB. 6.8.9. [26b.5 note 7] Wh. *stutvodavanti*, v.l. *stutvodravanti* (with *r*).

§ 94 Cf. PB. 6.9.13.

[27a.2] Wh. *eta eva ta ity evai jyeṣṭhāya*, v.l. *eta e ity evai* (also *etai*) *nā jyaiṣṭhyāya.*

§ 96 [27b.5 last line] Wh. *yasyāṁ vṛṣīyasyām ṛcīm hṛsīyas sām asyām vā hṛsīyasyām varsīyas tām ānāyākāmaḥ*, v.l. *yasyāmaviṣīyasyām ṛcīṁ hṛsīyassām asyāṁ vā hṛsīyasyām varṣistām ānāyakāmaḥ.* [28b.3 note 3] Wh. also *tvaitaṁ*. Emend to *tv etan.*

§ 98 [28a.1 note 1] See Caland's note in Auswahl § 14.

· § 99 [28b.1] For the etymology cf. ṢB. 2.3.4, 5. Also cf. ṢB. 2.3.4 *dhūrvati pāpmānaṁ bhrātṛvyaṁ ya evaṁ veda.*

§ 100 [28b.4] Instead of *vyudāsām* read *dvyudāsam.* For *doṣam* read *oṣam*, which recurs in JB. 1.104,205; cf. Over JB. p. 24. Wh. (without v.l.) reads *oṣam*, not *doṣam.*

§ 101 [29a.2] Wh. *hiṁkuryād eva* (v.l. *evetya*) *bhāyi dāyi vāṁ o yā hiṁkṣate bhūr iti.* [29a.4 note 3] So Wh.! [29a.5 note 4] Wh. *vainad vālena*, v.l. *vaitad vākālena.*

§ 104 [30a.8] On *oṣam* see note on § 100. [30b.7 note 5] Wh. *kṛtorjātāḥ*, v.l. *kṛtorṅmātāḥ.*

§ 105 Cf. PB. 7.2.2.

§ 106 Cf. PB. 7.2.5.

[30b.2] Cf. PB. 7.2.5. [30b.5] Cf. PB. 6.8.14. [30b.7] Cf. PB. 7.2.6, 6.8.9, 13 (where for *pretvaryaḥ* cf. Caland, Acta Orientalia 5 p. 252).

§ 107 [30b.6] After *iti* and before *tasmād* Whitney's v.l. adds *teṣāṁ vibhāgena saṁpādayaṅs te 'abruvann ājim eṣām āyāma giriṁ kāṣṭhāṁ kṛtveti, yad abruvann ājim eṣām āyāmeti tad eṣā dvitīyām ājyatvam vad u giriṁ kāṣṭhāṁ* (*a*)*kurvata tasmād asau giriḥ* (repeated from § 105).

§ 111 Cf. Ghosh p. 53 frag. 19 note 7.

[31a.2] Whitney also *prāṇod*!

§ 112 Cf. PB. 7.1.10.

[31a.1] Wh. *nopaśavantavā*, v.l. *nopagantavā.* [31b.2] Wh. (without variant) *yady u ca iyāt* (as in the text). [32a.1] Wh. *tena gāyatrī naiti.* [32a.2 note 7] Wh. *araṇyanāpetyam* (v.l. *°paityam*).

§ 113 [32a.3 note 1] Wh. *udakhidat*, which should be read in the text. [32b.3 note 3] Wh. *nopotye.* [32b.4] Wh. *yasya vai sarvā gāyatī gīyate sarvasyaṁsy adhi gamyati*, v.l. *yasya vai sarvā gāyatī gīyate sarvam asya grahe adhi gamyate.* The text may be emended: *yasya vai sarvā gāyatrī gīyate sarvam asya gṛhe adhigamyate* (cf. the v.l. *gāyatī* for *gāyatrī* in note 8).

§ 115 Cf. Auswahl § 168 note 11 p. 227.
[32a.2] Wh. *carmaṇā ādikandakān prāpratyātīryyād,* v.l. *carmaṇā ādikandakān prāvṛtyātīyād.* [32a.3 note 5] Wh. *pramarddya,* v.l. *samṛjya.*

§ 116 Cf. Over JB. p. 62 note 136.
[33b.2,3] *itaḥpradāna* and *amutaḥpradāna* are single words. [33b.3 note 3] Wh. (no. v.l.) also as in the text.

§ 117 Cf. Ghosh p. 8 frag. 4 note 2.

§ 118 [33b.1] Cf. Over JB. p. 84 line 10.

§ 119 [33a.2] Wh. *caturiricaṁ,* v.l. *caturicaṁ.* [33a.5 note 2, 33b.5 note 6] Wh. *caturiricām* (without v.l.). [33b.4 note 3] Wh. (without v.l.) *svāsv* (as in the text). Emend to *tāsv āmahīyavam* (put a stop after *āmahīyavam* in the text). Cf. Sāyaṇa's comm. on PB. 15.9.5 *āmahīyavākhyam api sāma 'uccā te jātam andhasā' ity asminn eva tṛca āvṛtte geyam. Sa yad dhāyyāṁ* is the correct reading. [33b.5 note 7] Wh. *pratitiṣṭhatī bhaḥ.*

§ 120 Cf. Caland PB. 7.4.4 note 2.

§ 121 Cf. JAOS. 18 p. 48 § xi, 3.

§ 122 Cf. PB. 7.5.10, 14.

§ 123 [34b.1 note 4] Wh. *ūrūva.* [34b.2] Wh. reads without v.l. *ṇyāyā au ho vā ho iṭā* (as in the text).

§ 124 [35b.2] Wh. *āvi,* v.l. *ādhi.* Wh. without v.l. *triṇidhanam.* After *bhavati* Whitney's v.l. inserts *tad ya(t) triṇidhanam bhavati.*

§ 125 From the beginning of this section to *auśanam ity ākhyāyate* of § 127 (35b.1), the passage is edited and annotated in JAOS. 28 p. 82-83. Cf. Over JB. p. 96 note 318.

§ 126 Cf. Auswahl § 130 note 12 p. 148 and PB. 7.5.20.

§ 127 Cf. PB. 11.5.9.

§ 128 Cf. PB. 7.6.3, 7.7.1.
[36b.7] After *yajamānāya* omit *dravisvad evodgātre bhavati draviṇasvad yajamānāya.*

§ 130 For *anapavyāthāya* (last word of this section) Wh. reads without v.l. here too: *anapavyādhāya.* See above note on § 85.

§ 132 [37b.1 note 1] Wh. also *idhi°* without variant.
[37b.8 note 3] Wh. *apavahanti,* v.l. *apabhavanti.*

§ 133 [37a.1 note 1] Wh. *evān na gāyet*, v.l. *evānya gāyet*. [37a.2] For *naiti | ṛg ghi* of the text Wh. *naity uśuca*, v.l. *nairūpā cī*. [37a.4 note 4] Caland, Auswahl § 28, also conjectures *saṁmīlate*. [37b.3 note 7] Wh. *svāyātena*, v.l. *bahavo 'sya svāyātena yāntīva*. With *svāyātena yānti* cf. the similar *ayanena yanti* of common occurrence in JB. and *niyānena yāyād* (JB. 1. 144). [37b. 5] Cf. PB. 7.6.16. [37b. 6 note 8] So also Caland's emendation in Auswahl § 29.

§ 134 [37a.1 note 1] Wh. without v.l. *syād*. [37a.2 note 2] Wh. *bubhūṣann*, v.l. *bubhūṣann*, *babhūṣann*. *Bubhūṣann* is correct: Cf. JB. 2.2 *bubhūṣati*; 3.286 *bubhūṣan*, *bubhūṣati*; 2.95 *bubhūṣataḥ*; 2.44 *abubhūṣantaḥ*.

§ 135 Cf. Ghosh p. 18 frag. 6 note 10.
[37b.2] For *akṣareṣu* Wh. without v.l. *akṣareṣṭham*. [37b.6] Cf. PB. 7.6.4 (note 4), 7.7.2, 13.

§ 137 [38a.1] For *atho* Wh. without v.l. *ado*. [38a.3 note 1] Wh. without v.l. *na* for *nava*. [38b.3] For the expression *kṣatrasyeva prakāśo* cf. PB. 2.8.2, 3.9.2, 13.4.17, 15.3.31.

§ 138 Cf. PB. 7.9.7.

§ 140 [39a.1 note 1] Wh. *pratihāraṁ prati kayā śacāyivārtto hāyīti*. [39a. 2 notes 3, 4] Wh. *duṣkararūpaṁ mata sāmitām etat*. [39a.8] Cf. PB. 7.9.21.

§ 143 Cf. PB. 7.8.10-13.

§ 144 [40a.11] Cf. PB. 7.9.14 and correct the text. [40a. 12 notes 1, 2] Wh. *nidhānena grāyād*. [40a.13 notes 3,4] Wh. *nidhānena yāyād*. The correct reading is *niyānena yāyād* (*dha* and *ya* are often confused in the Grantha script). [40b.7 note 11] Wh. (without v.l.) *ivai*. [40b.8 notes 13, 14] Wh. (without v.l.) *viṣkabdhau* for *viṣṭabdhau* (of the text). [40b.9 note 15] Wh. *nīvīvemaṁ*.

§ 145 Cf. Over JB. p. 39, AB. 4.27.5 and PB. 7.10.3. [40a.2,3] *itaḥpradāna* and *amutaḥpradāna* are single words.

§ 147 Cf. PB. 7.10.11.

§ 148 Cf. PB. 7.10.13.

§ 150 Cf. JAOS. 18 p. 47 (§ xi, 2), PB. 4.7.3, 19.3.8.

§ 151 Cf. Over JB. p. 76 note 209.

§ 152 Cf. Over JB. p. 56 note 105.
[42b.1 note 4] Read *nod iva* for *navadiva* (Over JB. p. 56 note 107).

§ 154 Caland, Auswahl § 46 p. 53 line 11, omits the paragraph, *ṛcā vā asurā āyan . . . tasmād ubhe eva rūpe gāyet.*

[42a.1] Wh. v.l. *āsan* for *āyan.* [42a.2 notes 1, 2] Wh. *ṛcy eva nigṛhya,* v.l. *ṛcye parigṛhya.* [42a. 3] Wh. *vyadhāya,* v.l. *vyavasavāsa.* Wh. *gāyantās,* like our mss.

For §§ 154-155 cf. Over JB. p. 53 and PB. 8.3.1.

§ 156 [44b.8] Cf. JB. 1.163.

§ 158 For §§ 158-159 cf. PB. 8.5.2; Ghosh p. 55 frag. 19 note 17. [44b.2] Whitney's mss. and Caland, Auswahl § 50 p. 58, have *athoṣṇikkakubhau,* v.l. *-bhā.*

§ 159 [44b.1] Cf. JB. 3.157.

§ 160 Cf. PB. 8.5.6.

[45a.1] Cf. ŚB. 2.3.4.31, AB. 4.10.18. [45a.2] Correct the misprints to *kakubhi* and *jyaiṣṭhyaṁ.*

§ 161 [45b.2] Cf. Actes du onzième Congrès International des Orientalistes Paris 1897 vol. 1 (1899) p. 229-231.

§ 162 Cf. Ghosh p. 108.

For §§ 163-164 cf. PB. 8.5.9, Ghosh p. 98 frag. 54.

§ 163 [45a.3 note 1] Wh. *ha tadārdhaṁ.* [45b.8] Cf. JB. 1.156.

§ 164 Cf. PB. 8.5.11.

[45b.5 note 5] Wh. *abhy asyendro.*

§ 165 Cf. PB. 8.5.12.

[46b.4] Wh. *virājam madhyata upayanti,* v.l. *virājam uddhyata upai.*

§ 166 Cf. PB. 8.5.14, 11.5.26.

[46a.3] Wh. *prajā vai* (v.l. *prajāyai*) *priyaśnā* (v.l. *priyanta*). [46a.5 note 2] Wh. *māha,* v.l. *măha.* [46a.7 notes 3,4] Wh. *viśvaṅ ca tīrtte,* v.l. omits *viśvaṁ ca* and reads *tĭrtte.* [46a.14] Cf. PB. 7.3.26, 11.5.26. [46b.10 note 7] Wh. *āvirbhave,* v.l. *āhāve.* The text is undoubtedly correct.

§ 167 [47b.1] Cf. PB. 1.5.17. [47b.5] Cf. TS. 6.6.7.2, ĀpŚr. 13.14.3.

§ 168 [47b.1] *Read prāśyā3 na prāśyā3 iti.*

§ 169 [47a.6] Wh. *śuklahṛto 'asmai* (*śuklam aharan* of the text is omitted), v.l. *śuklaṁ haran śuklabhūtāsmai.* [47b.1 pratihāra] Wh. *upo yi girā cakṣase poprīṁ vayam amṛtam jāte vāho i vidosam,* v.l. *ube yirā cidakṣase voprīṁ vayam amṛtaṁ jāto vāṁ ho i vidosam.*

§ 170 For §§ 169-170 cf. PB. 8.6.11.

[47a.1] Wh. (without variant) *etasya* (as in the text).

§ 171 Cf. Over JB. p. 63 note 142 and PB. 8.8.22.

§ 173 Cf. PB. 8.6.4, 8.7.11.

[48a.1] Read *prattaṁ yajñaṁ* for *praty ayajñaṁ* (of the text). *Pratta* refers to the cow which is milked by admitting a calf: Caland WZKM. 26 p. 121, Acta Orientalia 2 p. 28, Caland's notes to PB. 13.9.17 and 21.3.1. Cf. §§ 322 and 340 with our notes. [48b.2] Read *atipattor* for *ativator* of the text. Cf. MS. 2.4.5 and JB. 3.303.

§ 174 For §§ 174-175 cf. PB. 8.6.13.

§ 178 Cf. PB. 8.6.13.

[49a.9] Wh. *vimucyāni,* v.l. *vimucyadvānāni.*

§ 181 Cf. PB. 8.8.8, 11.5.8.

§ 182 Cf. PB. 12.9.21.

§ 183 Cf. PB. 8.9.4.

§ 184 See JAOS. 18 p. 19, PB. 14.11.23, and Ghosh p. 19 frag. 8.

§§ 185-6 See JAOS. 19 p. 123.

§ 187 [51a.3] Cf. PB. 12.12.7. Wh. *kṣatriyasyo heṣā prajā,* v.l. *kṣatriyasyo eṣā prajā.* [51a.6] Cf. PB. 8.8.16.

§ 188 [51a.6] Read *na yanti* (two words). [51b.3 note 4] Wh. *aindrīrīriva* (v.l. *aindra ṛca*) *āgneyaṁ dat* (v.l. omits *dat*). Oertel suggests *aindrāgneyaṁ tat sāma* (cf. the immediately following sentence *aindram ahar, āgneyī rātriḥ*).

§ 189 [52b.4] Wh. *arkāviṇā yiti,* v.l. *arkāiṇā iti.*

§ 190 [52a.6] Wh. *tenaidvyāyaṅnya dviṣantam manasā dhyāyed.* [52b.5] Wh. *neti hetara* (note *-ra*) *uvāca.*

§ 191 [52a.2 note 2] Wh. *paśur* (v.l. *paśubhir*) *vāva te tān* (v.l. *tăn*) *rātre niravāghnan.* [52a.7 note 4] See Caland, Auswahl § 72 p. 77 note 4. [52b.2] Cf. PB. 8.9.21.

§ 194 [53b.4 note 1] Wh. *sūrmmătyādhāyaisam,* v.l. *sūmmyăta-tharyyaivam.* Is *sūrmī* hidden here, on which cf. Caland on PB. 2.17.1, 15.5.20, Acta Orientalia 6 p. 141 Vādhūlasūtra § 30 with references to MS. 3.3.9, K. 21. 9 and cf. TS. 1.5.7.6, 5.4.3.7. [53b.4] Whitney's mss. also read *svargalokasya samaṣṭyai* without v.l. but all other (numerous) passages including those in JB., read *svargasya lokasya samaṣṭyai.*

§ 195 [53a.2] At the end of this line Wh. inserts *pañcadaśo vai vajro vajraṣ ṣoḍaśy atho āhuṣ ṣoḍaśapañcadaśa* (v.l. *śoḍaśa*) *eva kāryya iti.*

§ 197 [54a.6 note 3] Wh. *anyonyasyărandhram*, v.l. *-rāddham*. Caland, Auswahl § 74, conjectures *anyonyasyă randhram* 'seeking for each other's weak spot' (misprint *raudhram* for *randhram* in Caland's text). [54b.6] Cf. Over JB. p. 85 note 259. Caland, Auswahl § 74, reads as in the text: *saṁvṛjyāsurān*. Wh. *saṁvṛjya dārān*, v.l. *saṁvṛjya dārăn*.

§ 198 [54a.1 note 1] Wh. *bhŭvaṁsvāno*, v.l. *bhūyasvino*. [54a.4] For *vṛñjate* Wh. reads *vṛṅta*, v.l. *vṛṣṭe*, *vindet*.

§ 201 [54a.1] Wh. *praṣṭhīva ha khalu*, v.l. *pṛṣṭhivarha khalu*. Prof. Oertel suggests *praṣṭir iva ha khalu*. Correct *pṛṣṭi* to *praṣṭi* in lines 2 and 3. [54a.3] Cf. JB. 3.59. [54a.5 note 4] Wh. *anirvārgāya*, v.l. *anirmărgăyạ*. Read *anirmārgāya*, on which see Dr. Lokesh Chandra's edition of JB. II. 1-80, note 13 on § 31. [54a. 6 note 2] Wh. *akṣi* (v.l. omits it) *va ha khalu*. Read *akṣīva ha khalu* (?). [54b.1] Wh. *anākṣitāyaipa*, v.l. *anăkṣitāyai* (no *pa* at end). Meaning? [54b.2] Read *jāmīva ha khalu*.

§ 202 [55a.1] Wh. *nokṣyaṣ*, v.l. *nokthyaṣ*. Read *nokthyaṣ*.

§ 203 Cf. the parallel PB. 12.13.1-8, 10.

[55a.1 note 1] Wh. *etan vāty atiricyata*, v.l. *eva kayātaṅcātyaricyata*.

§ 204 Cf. PB. 12.13.11, 20-21.

[55a.6] Wh. *aupavadatir*. [55a. 7 note 3] Whitney's and Caland's mss. without variant *akṛd*; cf. Caland, Auswahl § 76 p. 81 note 1.

§ 205 Cf. PB. 12.13.15, 22, 23.

[55a.7] On *oṣam* see Over JB. p. 24. It recurs in §§ 100 and 104. [55b.7] Cf. JB. 1. 193, 197 (Caland, Auswahl § 74 p. 78, 13 ff), SBAW. 1935 Heft 12 p. 37 §2.

§ 206 Cf. AB. 4.5.

[56a.4 note 2] Wh. *pāttaṁ*, v.l. *pāṅkam*. [56a.5 note 3] Wh. *sulambo* v.l. *saṁlambo*, *salambo*. [56b.4 note 4] Wh. *sămamā*, v.l. *saṅmayā*. [56b.5 note 4] Wh. *sāmamā*, v.l. *sāmanā*. [56b.7 note 5] Wh. *sămamā*, v.l. *sāmnā*.

§ 207 [56a.1] Wh. *eṣă* (v.l. *eṣă*) *vāva* (v.l. *vā*) *sarvagā* (v.l. *-kā*) *yajño*.

§§ 208-213 Text and transl. in Transactions Connecticut Academy of Arts and Sciences 15 p. 162-175.

§ 211 [57b.4] Wh. *'anuśaṅsanti*.

§ 212 [57b.5 note 3] Wh. *sa ya* for *ya*. Read *sa ya* in the text.

§ 213 [57a.1] Cf. Transactions Connecticut Academy of Arts and Sciences 15 p. 165, and PB. 9.1.35 note 1.

§ 214 [57b.4] Cf. PB. 9.1.9. [57b.6] Caland, Auswahl § 78, reads *okā*, Wh. *okāya* (v.l. *okā*).

§ 215 [58a.4-5] Wh. reads *dadhaty* | *aivainām* which seems to be the correct reading. [58b.4] For *atirice* Wh. *atiriricc* (which is correct).

§ 216 [58a.1] Read *tad°* for *tvad°* (misprint) in the mantra. Cf. PB. 9.2.6 on *Kaṇva Nārṣada*. [58b.2] Wh. *suta* against the mantra reading *sutam*. [58b.5] Put a stop after *dadhati* and read *aivainām*, as in § 215 above.

§ 217 Cf. PB. 9.2.7 and 13.7.10.

§ 218 On §§ 218-219 see PB. 9.2.12, Ghosh p. 93 frag. 46.

§ 220 [59a.6] From *apālā ha vā ātreyī* to the end of § 221 see JAOS. 18 p. 28-30. Also cf. Ghosh p. 57 frag. 20.

§ 221 One may equate *apālā* with *avālā* 'hairless' on the ground that all the animals mentioned, viz. *godhā* 'monitor', *kṛkalāsī* 'garden lizard', *saṁśliṣṭikā* 'common striped skink', are hairless.

§§ 222-223 Cf. PB. 9.2.15, 16.

§ 224 [59a.2] Read *upādasyat*.

§ 225 Cf. PB. 13.11.18.

[60a.5] Delete punctuation mark after *tām*.

§ 226 Cf. PB. 9.2.19.

§ 227 Cf. JAOS.18 p. 48 (no. xi, 3) and PB. 9.2.20.

§ 228 Cf. JAOS. 18 p. 32; Ghosh p. 63 frag. 24-25. In Whitney's transcript, ms. D adds at the end of the section: *hariḥ oṁ śubham astu asmat gurubhyo namaḥ*.

§ 229 [61a.13 note 2] Wh. *bhrātṛvyabhājinam*, v.l. *°bhājanam*. For *avāptyai* the last word of the section, Wh. reads *upāptyai* and this is correct; cf. JB. 1.81, 2.131. "The final dative *avāptyai* is not found in Vedic prose!" Prof. H. Oertel.

§ 232 [61a.1] Read *saṁtiṣṭhante* (so Wh.). [61b.2] Wh. *bhāllabeyaḥ*, v.l. *bhāllabheyaḥ* (note *b* and *bh* for *v* of the text). [62b.3] After *kriyete* Wh. inserts: *pāpmānam evāpahatyā* (?) and adds in the next sentence *apa* before *pāpmānam* which seems to be an improvement, although the v.l. omits *apa*.

§ 233 Cf. Ghosh p. 109.

[62b.2] Caland, Auswahl § 86, emends *puruṣo* to *paruṣo*. Similarly, further on in line 5 *puruṣān* to *paruṣān*.

§ 234 [62b.6-7] For *tam aha* Wh. reads *tam u ha*, v.l. *tammaha*. *Tam u ha* is the correct reading.

§ 235 Cf. Auswahl § 86 note 7 on p. 91 and PB. 6.3.6. [62a.4] Wh. *evāsyā etāni*, v.l. *evāsyă* (!) *etāni*. [62b.1] For *saṁskṛtastotriyā* Wh. reads without v.l. *saṁstuta°* but our text seems to be better. [62b.7] Read *atho dvyatiṣṭutaḥ* (two words).

§ 237 [63b.4] Caland, Auswahl § 88, reads *arvācīr*, but all our and Whitney's mss. read *avācīr*. [63b.5 note 4] Wh. *anaghāyaika*, v.l. *anukhāyaika*.

§ 238 [63b.4 note 4] Caland, Auswahl § 88, emends to *lokeṣv adṛśyo*.

§ 239 [63b.2] Caland, Auswahl § 88, emends *vāṅ* to *vāk ca*.

§ 241 [64a.7 note 5] Wh. v.l. *tăyan*. [64b.2] For *rājyasya trātā dvayor* of the text Wh. *rājñasya* (v.l. *rājyasya*) *trātā syād yo* (v.l. *yor*) *dvayor*.

§ 242 Cf. PB. 6.3.11.

§ 245 Cf. Auswahl index p. 306 and Over JB. p. 85 note 259. [65a.1 note 1] Wh. before the beginning of this section: *hariḥ oṁ śrīgurubhyo namaḥ*. [65b.4 note 6] Wh. *brāhmaṇā* (v.l. *brăhmaṇā*) *ivodantāyāṁ* (v.l. *°tāyăṁ*) *vāina laghūyed*; and this is wrongly repeated in § 246 in the v.l. as: *brāhmaṇā ivodantāyăm ayăāyam ihanala pūyed*. [65b.5] Wh. *vākyaṁ me 'stīti* for *vākyam evam astīti* of the text.

§ 246 [65a.3] Wh. *sa ha smāsti*, v.l. *smārtti*. [65a.5 note 2] Wh. *vyacaram*, v.l. *vyacanam*, *vicanam*. [65b.7 note 1] Wh. *punarmṛtyur*. [65b.9] Put punctuation mark after *tiṣṭhati* and begin the next sentence with *sa yo ha* ... [65b.11] Wh. *tad yad vai kiṁ ca mriyate* (v.l. *mriyata ṛtuṣu eva mriyate*).

§ 247 [65a.5] For *parād* Wh. *parāṅd* where *ṅd* = *ṅ*. Correct *parāṅ* in the text. [65b.7 note 2] Wh. *palvete*, v.l. *palyayate*. On it see Dr. Lokesh Chandra, JB. II. 1-80 (Nagpur, 1950) p. 10 note 28 on § 3.

§ 248 [65a.1] Cf. Caland, Auswahl § 90 note 1 p. 97-98. [65b.3] On *Praku Vārṣṇa* cf. Auswahl § 6 note 1 (p. 13) and § 90 note 3 (p. 98). Instead of *vārṣṇas* Wh. reads *vārṣṇis*, but *vārṣṇaḥ* in § 22.

§ 249 Cf. Auswahl index p. 300.

[66a.3] For *śaśva(d)* Wh. *śva(ś)śva eva*. [66a.8 notes 1, 2] Wh. *hara śyemṇetmike vacanāśāsti*, v.l. *nagneṣṇemālpike vacanāśāsti*. [66a.12 notes 4-6] Wh. *dṛśṇye*, v.l. *dṛśeṇye*. In note 5 Wh. *vapiṣeṇyam*, v.l. *vapus°*. [66b.6] Wh. *abhicarivāryya*, v.l. *abhiparivāryya*. Read *abhiparivārya* in the text. Cf the next line. In note 6 Wh. *tasman māy*, v.l. *tasmād ātmā* [66b.3 note 10] Wh. *ko*.

§ 252 [67a.4 note 1] On the Vedic *asthāni* see Over JB. p. 17.

§ 253 [67b.2] After *tasya saṁpadaṁ lobhayed* Wh. inserts *yad*, which may be retained in the text. [67b.3] Wh. v.l. *pratir* for *pretir* of the text. After *pretir eva sā* Wh. inserts *atha maitrāvaruṇam dvidaivatyaṁ pratiṣṭhatir eva sā|athaindram ekadaivatyam pratir eva sa*.

§ 254 [68a.3] For *yajñam āro vīghātas* (of the text) Wh. *yajñamāro* (v.l. *yajñaro*) *vīghatas* (v.l.*vīkhātas*, *yās*).[68a.6] For *yajñamāro mūtragrāhas* of the text Wh. *yajñamāro mūtragārahas* (v.l. *°gṛhas*). With *yajñamāra* cf. *yajñahan* TS., Br. (MW).

§ 256 Cf. Over JB. p. 85 note 259.
[68a.1 note 1] Wh. *hainaṁvid*, v.l. *haivaṁvid*.

§ 257 [68a.1 note 2] Wh. *tadanukṛtīdam*, which is the correct reading. For adverbial *tadanukṛti* cf. AB. 6.1.2, 4, 6.27.2, JB. 2.249 (Auswahl § 149 p. 187). [68b.2] Wh. *dātyam*, v.l. *dālbhyam*. Caland, Auswahl index p. 309 line 24, accepts *dātyam*. [68b. 5 note 4] Read *rohann eti* for *rohati*.

§ 258 Cf. Over JB. p. 83 line 22.

§ 259 [69b.7 note 1] Caland, Auswahl § 93 note 2 p. 102, translates as if the reading were *bālena* and alternately suggests emendation to *vālena*.

§ 260 [69a.4] Cf. § 259 and Auswahl § 93 note 3 p. 102.

§ 261 [69a.1,4] Read *upabdimatīṁ*; cf. JUB. 1.37.3 with Prof. Oertel's note. *Nighātaṁ*, a musical term(?). [69a.8] Cf. § 318. [69b.9] Cf. K. 26.1 = Kap. 40.4, TS. 2.5.5.3, Caland in ZDMG. 72.12, and ĀpŚr. transl. 13.15.11 note. [70b.1 note 7] Wh. *vācorāyy* (*dh* and *y* are very often confused in Grantha), v.l. *vācorāddhy*. *Vācorādhin* must mean about the same as ŚB. 14.9.7.17 *śuśrūṣitāṁ vācaṁ bhāṣitā*; cf. TS. 7.1.10.2 *vācaḥ pravaditā*. The second member *-rādhin* may be compared to AV. 8.10.24. (prose) *kṛṣṭarādhi*. But *vāco-* as the first member cannot be right (Wackernagel Ai. Gr. II. 1 § 89c p. 213, § 99c p. 247. Read perhaps *vācārādhin* Wackernagel II. 1 § 89a p. 212-13, § 99g p. 249-50 and cf. *vācārambhaṇa* ChUp. 6.1.3-5, 6.4.1-4.

§ 262 On §§ 262-265 see Over JB. p. 84 line 3; and on § 262 cf. Auswahl § 87 note 6 p.92 and Over JB. p. 83 line 28.

§ 263 [70a.3] Wh. *tad*, v.l. *tāvad*.

§ 265 [71.4 note 7] Wh. *ajyeyā*, v.l. *ajye*.

§ 266 [71b.7] Wh. *śatam*.

§ 270 [72a.6 note 1] Read *yena kāmayate 'nena* (with avagraha and without the punctuation mark) *saṁjānīyeti*.

§ 273 Cf. Auswahl index p. 316.
[73a.4 note 1] Wh. *paścaivānubudhya*, v.l. *paśvevānubudhya*.

§ 275 [73b.1] Wh. *sa lipsyate* (hiatus!) *āyati vā*. [73b.2 note 1] Wh. also *na āyati* (hiatus!)

§ 276 [73a.6] For *āyan* Wh. reads without v.l. *āyus*.

§ 277 [73a.2 note 1] Wh. *guhāyaṁ*, v.l. *guhāyām*.

§ 278 [74a.5] Instead of *śveto rohitaḥ kṛṣṇaḥ* | *etad vai* read perhaps: *śvetā rohitāḥ kṛṣṇāḥ* | *tad vai*.

§ 279 [74a.8 note 1] Wh. *sămā*, v.l. *sāmā*.

§ 281 Cf. Auswahl § 90 note 1 p. 97.

§ 282 [75a.3 note 1] Wh. without v.l. *śucir*, which may be adopted in our text. [75a.5 note 2] Wh. without v.l. *prekṣīvāyan*.

§ 284 Cf. PB. 6.3.14 and 9.8.3.
[75b.1] *vāco* = *vācā* + *u*. Cf. KB. 7.9, 10.5, 15.1 *vācā yajñas tāyate*, ŚB. 3.5.3.11 *manasā ca vai vācā ca yajñaṁ tanvate*, 4.6.9.21 *ye vācā yajñaṁ tanvate*, PB. 13.12.3 *vācā vai sarvaṁ yajñaṁ tanvate*, MS. 1.11.9, 3.6.8 *vācā yajñaḥ saṁtataḥ*, K. 14.9, 23.5, MS. 1.11.9, 3.6.8 *vācaiva yajñaṁ saṁtanoti*. [75b.7 note 7, 13] Wh. at both places without v.l. *puṇye*.

§ 285 Cf. Auswahl § 87 note 6 p. 92.
[75a.4 notes 4,5] Wh. without v.l. *hovācādahed*.

§ 287 On §§ 287-8 see Over JB. p. 49.
[76a.10 note 1] Wh. *kuśśor*, v.l. *kuśyor*.

§ 289 [77b.2] For *yā yajñaṁ* ... till the end of this section Wh. reads *yā yajñaṁ tataitana sāpyaid atha yad anuṣṭubhaś catvāryy aṣṭākṣarāṇi padāni tena sāpyaid atha yat paṅkteḥ pañcāṣṭākṣarāṇi tena sāpyait*.

§ 290 Cf. Auswahl index p. 298.
[77b.8] Read *bṛhatī svargo lokaḥ*.

§ 291 [77b.1, 4] All mss. *apahata°*. Correct Caland, Auswahl § 103 p. 117, *upahata°* to *apahata°*.

§ 292 Cf. Ghosh p. 22-24 frag. 9.

§ 296 Cf. PB. 8.4.1 on §§ 296-7.

[78a.1 note 1] Wh. without v.l. *parivṛjighnyur*.

§ 298 Cf. PB. 7.6.11.

[79a.1 note 1] Wh. *samāsamāsamānanidhane*. [79a.7 note 2] Wh. *sv* without v.l.

§ 299 Cf. PB. 7.3.29.

§ 300 Cf. PB. 7.3.5.

[80a.3 note 1] Wh. *yajñavāho*. [80a.9] On *āviṣṭama* see Auswahl § 169 p. 229 line 9 and note 3, also JB. 2.233. [80b. 11 note 2] So also Wh.

§ 301 [80b.6] Wh. *nāṁṣṭraḥ*. Cf. JB. 1.83, 2.423 (Auswahl § 168 p. 221 line 10, p. 227 note 22).

§ 302 [80a.6 note 1] Wh. *tatra dhyāyet*.

§ 303 [81a.2 note 1] Wh. v.l. *marutas*. [81a.3, 4 note 2] Wh. *īyat*. [81b.8] In note 3 Wh. *yathā pathā*, v.l. *yathā u pathā*. For *ariṣṭa* Wh. *atirikta*, v.l. *ati*; but *ariṣṭa* is the correct reading.

§ 304 Cf. PB. 7.3.19.

[81a.2] Wh. also *śreṣṭhī*. [81a.5] For *sa yathāśiṣṭhau* Wh. *yathā-kṣiṣṭhau*.

§ 305 [81b.3 note 2] Wh. *yathā pitādinaṁ*. [81b.8 note 3] Wh. *kramīṁtaty*, v.l. *kurviṁtaty*.

§ 306 [81b.2] For *nābhyo* (= *nābhyā* + *u*) Wh. *nāṅtyo*, v.l. *nābhyo*.

§ 307 Cf. PB. 7.3.29.

§ 308 [82b. notes 1-4] Everywhere Wh. reads as in our text.

§ 309 [82a. 1 note 1] Wh. *saṁkḷptiḥ*.

§ 310 [82b.9 note 2] Wh. *ṛkekā*, v.l. *ṛkko*.

§ 311 Cf. PB. 7.3.29.

[83a.b] Wh. also *tasthānāni* (= *tatsthānāni*) without v.l. Cf. JB. 3.287 *na caturthāya chandase mādhyandinaḥ pavamānas tatsthānaḥ* and for *tatsthāna* (which Weber Ind. Stud. 9 p. 295 changes to *tasthāna*) AB. 6.5.2, KB. 25.1, 26.8.

§ 312 [83a.5] The words in parentheses wanting in Wh. also, but the omission is indicated in the mss. by a cross (+).

§ 313 [83b.12 note 2] Wh. also *canākam*.

§ 316 Cf. Auswahl index p. 298.
[84a.1] Wh. and JUB. 1.38.4 read *Śālāpatya* (with *p*). Caland, Auswahl index p. 305 line 15, *śālāvatya*. [84a.4 note 1] Wh. *bārhĭyaḥ*, v.l. *bārhīyaḥ*.

§ 317 [84a.2] note 1 Wh. *osarvāṇo*; note 2 Wh. *desayurva*. [84a.5 note 4] Wh. *ṣoḍhā*. [84b.4] Wh. reads the mantra as *o vācchaṁ* (v.l. *vājaṁ*) *vājy akramā iti*.

§ 318 Cf. Auswahl § 90 note 1 p. 98.
[84a.7 note 1] Wh. also without v.l. *etāṁ*. [84b.1 note 2] Wh. also (without v.l.) *muhyanti*. [84b.2 note 4] Wh. *vādya*. [84b.4 note 5] Wh. *yado vā iti*. [84b.6 note 6] Wh. *ādiyanto*, v.l. *ādiyante na*.

§ 320 [85a.1 note 1] Caland, Auswahl index p. 296 line 3 from bottom, gives *Addhiya* with question-mark. On *ṛddhuka*(?) see Dr. Lokesh Chandra, JB. II. 1-80 (Nagpur 1950), note 14 on § 13 p. 29. Cf. *ṛdhnuka* ĀśvGṛ. 4.7.25. [85b.8 note 1] Wh. without v.l. *manonetrā*.

§ 321 [85b.10 note 3] Wh. *etasmăt* (v.l. *etasmāt*). Prof. Oertel: "as the text stands, if *etasmāt* is read it must depend on *śreyān*".

§ 322 [85a.6] Cf. § 336 for the simile. [85b.1] For *stutaṁ* Wh. *stutam*, v.l. *smṛtam*. [86a.1] Wh. without v.l. *aṣṭena*. [86a.3 note 3] Wh. *paśonāss*. [86b.1 note 4] Read *prattaṁ*. Cf. e.g. JUB. 2.13.3 *yathā dhenuṁ vatsenopasṛjya prattāṁ duhīta*. Cf. also ŚB. 12.9.2.11; TS. 1.7.1.2, 2.3.6.2; Jaiminīya Śrautasūtra, Gaastra p. 30 with her notes 9 and 12 on p. 35 of the translation. See above, note on § 173.

§ 323 [86a.10 note 1] Wh. *taṁ*.

§ 327 [87a.6 note 1] Wh. *amṛta-* (as in the text). [87b.1] For *svaḥ* Wh. v.l. reads *suvaḥ*.

§ 328 [87a.5 note 1] Wh. *stebhy* Read *stobdhy etam*; cf. § 329, § 332, Over JB. p. 23 lines 1-5. [87b.1 note 2] Wh. *pratnāṁ*. Read *prattām*, on which see our remark on § 322. [87b.4 note 3] Wh. without v.l. *āptvā*. [87b.5 note 4] Wh. *stobhyo tām*, v.l. *stobdhyetām*. Read *stobdhy etām*, as above.

§ 329 Cf. PB. 7.7.12.
[87b.4] Wh. *dhātāyaṁ*.

§ 330 Cf. Ghosh p. 92 frag. 44. On §§ 330-331 cf. PB. 7.7.15.

§ 331 [87a.1 note 1] Wh. *kalāśa*, v.l. *kalăśa*. Read *kalaśa* (by sandhi for *kalaśe* 'in the soma-trough'). [87b.7 note 2] Wh. reads (without variant) as in the text. *pra-ava-* √*sā* 'to take one's abode(?)'. Cf. ŚB. 1.3.2.14, K. 21.11, MS. 3.6.1.

§ 332 Cf. Ghosh p. 92 frag. 45.
[88b.6] Wh. *sarvā* without v.l. for *sarvāṇi* of the text.

§ 333 Cf. Over JB. p. 42, and PB. 7.9.14.
[88a.7 note 1] Wh. also reads as our text. See Auswahl § 113 note 1 p. 127.

§ 334 [88a.3 note 1] Wh. also *aśayā* without v.l. Caland, Auswahl § 114 p. 128 line 6, accepts *aśayā* in his text but JB. 3.346 *atho rocano yasminn aśanāyā*. Cf. also Over JB. pp. 40-41. [88a.5] *Atho yajamānam* appears to belong to the preceding sentence. [88b.3] For the mantra portion Wh. *svā sā* (v.l. *să*) *rādhiṣū dheno vā.*

§ 335 [88a.3] Cf. Auswahl index p. 303 (middle). [88a.note1] Wh. also as in our text.

§ 336 Cf. above § 322.

§ 337 Cf. Over JB. p. 86 note 266, and Auswahl index p. 296. [89b.1] In note 2 Wh. *druhyām*, v.l. *dṛṅhyām*. In note 3 Wh. *dṛṅhīmānīti vai praśantyasanti*.

§ 338 Cf. Over JB. p. 85 line 11.
[89a.4 note 2] Wh. *sma*. [89a.5] In note 3 Wh. *ṛtpatati*, and in note 4 *babādhetau* like our mss.

§ 339 [89a.2] Wh. *anucaste*, v.l. *anuvaste*. [89a.5] Wh. *tantiḥ*, v.l. *tantriḥ*, but *tantir* without v.l. in the next line.

§ 340 [89a.1 note 1] Read *prattam*; see notes in § 173 and § 322. [89a.5 note 2] Wh. *ṣpeva*, v.l. *ṣṭveva* and *sa heṣṭvaiva*; the last reading may be adopted in the text.

§ 342 For §§ 342-344 cf. PB. p. 207 note 1.
[90a.4 note 2] Wh. *jīgṛhayised*, v.l. *jagṛhīse*. [90a.7 note 3] For *abhibhūtyai* cf. K. 19.2,19.10 and the unidentified Brāhmaṇa quotation in Śabara's comm. on Pūrvamīmāṁsā 4.3.1 (Bibl. Ind. I p. 487, 17): all these passages have *bhrāiṛvyasyābhibhūtyai*. Wh. *'abhibhūtvā*, v.l. *'bhibhūtā*. [90b.6 note 4] Wh. also as in the text.

§ 343 Cf. PB. 9.4.7-8.
[Last line of the section] Wh. *asmād amuṣmād* (v.l. *amuṣyād*) *adyaśvāṅ sumithunād* (v.l. *dyāśvā mithunād*). Correct the text: *asmād amuṣmād adyaśvāt sumithunād*. See PB. 9.4.18 note 2.

§ 344 Cf. PB. 9.4.13, Over JB. p. 43 line 10.
[90a.3] The portion printed in white face is not a mantra. Read *ābhīkam abhinidhanam abhīvartam ābhīśavam* ... "(the sāmans) ābhīka (< *abhi*) with the finale *abhi* (PB. 14.4.4), abhīvarta, and

ābhīśava ..." [90b.9] In note 1 Wh. *ākubeta*, v.l. *ākṛveta*. In note 2 Wh. *pālăyitayoḥ* v.l. *pălāïtayoḥ*. *Palāyitayoḥ* seems to be the correct reading.

§ 345 Cf. PB. 9.8.2,10.

[90a.1] Wh. *yadi*, v.l. *yad*. [90b.1 note 1] Wh. *tadam*, v.l. *tad amuṣyal, tad udam*. We may emend it to *tad amuṁ*. [90b. 7 note 2] Wh. *avasalī*.

§ 346 [91b.2 note 1] Wh. *u ha vānyat*, v.l. *u yevānyat*. [91b.3] Wh. *abhihvātāraṁ vāvaubdha*, v.l. *abhihiṁhadhāraṁ evam ubdham*.

§ 348 Cf. Ghosh p. 85 frag. 37.

[91a.1] Read *sāmisattrād* (one word). [91b.7 note 1] Wh. *upetyaindradaśam*, v.l. *upetyaindraṁ cādaśam*. For *evaṁ ha* (of the text) Wh. *evaṁ hi ha*, v.l. *evaṁ ga*.

§ 349 Cf. PB. 9.3.2-3.

[91a.4 note 2] Wh. also as our text and mss. [91a.6 note 3] Wh. *nayiṣyad*, v.l. *neṣyad*; cf. Journal of Vedic Studies (Lahore, edited by Prof. Raghu Vira) I.2 (1934) p. 6 lines 3 ff. [91b. 3 note 4] Wh. *prasnāntam*, v.l. *prastāntim*. [91b. 4 note 2] Wh. *'bhyuditāpy eva*, v.l. *'bhyāditāhyeva*.

§ 350 Cf. PB. 9.7.1.

[91b.4] Wh. *'tiricyatokthyam*, v.l. *'tiricyatetokthyam, 'tiricyetetokthyam'*.

§ 351 [92b.4-5] Wh. *pratyāgīryya ryyaṅnādāyeyād yady u mārjyajyasyādya*, v.l. *pratyākīryya yaṅ nādeyeyād vimārjjasyădya*.

§ 352 [92a.7 note 1] Wh. v.l. *sadevaṁ*, which reading seems to be the correct one. [92a.8 note 1] Wh. *yadīyaṁ*, v.l. *yadĭyajñaṁ*. Read *yad iyaṁ* (?). [92b.6 note 2] Wh. *parilipsaitāpy*, v.l. *parilipsyed* (omits *apy*!).

§ 353 Cf. PB. 9.9.14.

§ 354 See Ghosh p. 87 frag. 38, and p. 90 frag. 39. Also cf. PB. 9.5.2,.4,7. [92a.2 note 2] Wh. *bhirim*, v.l. *kirim*. [92a.3 note 3] Wh. *°krayaṇa-*. [92a.5 note 4] Wh. *bhīṣahevātto*.

§ 356 Cf. PB. 9.3.7.

[93b.2 note 1] Wh. *sva āyata*, v.l. *sva āyatana*. [93b. 5-6 notes 2-3] Wh. *doha sva dogdhvā*, v.l. *dohas sa dogdhā*. [93b.7 notes 4-5] Wh. *doha sva dogdhā*, v.l. *dohas sa dogdhvā*.

§§ 357-8 See Transactions Connecticut Academy of Arts and Sciences 15 p. 155-157.

§ 360 [94a.3-4 notes 1-2] Wh. *dapyaṁ tathāparāḥ kalyāṇītarāḥ pratidhīyanti ity,* v.l. *daryyaṁny* (also *darghyaṁ*) *athāparāha kalyāṇītarāḥ pratidhīyanta ity.*

§ 361 [94b.2 note 1] Wh. *eṣa ṛccaty,* v.l. *eṣa mūrchaty.*

§ 363 See JAOS. 26 p. 192.

§ 364 [95a.6 note 2] Wh. reads, without variant, as in our text. [95a. 6 end] For *tvam itthaṁ cāmuthā cātya* of the text Wh. reads *tvam ittham jāmudhā* (v.l. *cāmuthā*) *ca.* Read *ca* in the text for *cātya.* [95b. 3-4] Wh. *aham anv abhra* (v.l. *adra* and *asra*) *vy asmā* (v.l. *asamā*) *jñātasya prāyaścittim* (v.l. *°ttam*) *u* (v.l. *ā*) *vāhara* (v.l. *vāhanaṁ*) *juhomi vety āharāṇīti hovāca mahauṣīr* (v.l. *mahoṣīr*) *iti.*

While working on the Jaiminīya Brāhmaṇa (henceafter referred to by the abbreviation JB.), I was able to present several corrections in the abstracts of the JB. text published by my illustrious predecessors : *Prof. H. Oertel* (JAOS. 18.15 ff., 19.97 ff.; Actes du onzième Congrès International des Orientalistes, Paris 1897 p. 225ff.; JAOS. 23.325ff., 26.176ff.; 306ff.; 28.81ff.; Trans. Connecticut Academy 15.155 ff.; JAOS. 15.233 ff.; Journal of Vedic Studies of Prof. Dr. Raghu Vira I, II), *Prof. B. Ghosh* (Collection of the Fragments of Lost Brāhmaṇas), *Prof. W. Caland* (Over en uit het JB.; Das JB. in Auswahl), and others. These corrections were incorporated in the Introduction of my The Jaiminīya Brāhmaṇa II.1-80 (Nagpur, 1950). In the course of later studies on the subject, more corrigenda have gathered and some of those on Das JB. in Auswahl by Prof. W. Caland are being taken up in the present article.

In the reconstitution of the text, the following three mss. have been utilized, which are designated here as A, B and C :

A—India Office Library, Keith 4355 (Burnell 422)

B—Central Library, Baroda, Accession No. 9851 (A-F)

C—India Office Library, Keith 4353 (Burnell 421).

For fuller descriptions see my edition of JB. II. 1-80, referred to above. Besides, two other transcripts have also been used: their originals are not specified on the flyleaf. Out of the above three mss., the second one (viz. B) was not available to Prof. Caland.

In Auswahl §129 (JB. II.81) p. 144 last line, Prof. Caland reads *yad v eṣaikaikā stotriyopaśiyate*, without giving any v.l. Our mss. without fail, record the reading as: *yad v evaiṣaikaikā*...inserting *eva* which is undoubtedly better. In the same section (JB. II.82) p. 145 line 6 Prof. Caland has: ......*bhavatas; tad daivyaṃ mithunaṃ prajananaṃ yad vasiṣṭhasya janitre*. For the first three words his mss. have: *bhavata tadaidvadevyam, bhavata daidvadevya*, evidently a corruption in the text. Our transcripts and mss. have the following variants :

(1) *bhavata daitva devyaṃ* (C)

(2) *bhavata daidva devyaṃ* (A)

(3) *bhyapata tadvai daivyaṃ*

(4) *bhavataḥ tadetad devyaṃ*

(5) *bhavata etad vai daivyaṃ* (B)

The last reading is of the Baroda ms., the best of the lot and it is supported by the preceding parallel *etad vai daivyaṃ mithunaṃ prajananaṃ yad ubhaye stomās: tad yad daivyaṃ mithunaṃ prajananaṃ, tan mā prajanayād iti* (p. 145 lines 1-3). Besides, v.l. (5) affords the proper antithetical force to *tad yad* of the following sentence. The same construction is to be noted in the immediately preceding lines 4-5: *etad vai daivyaṃ mithunaṃ prajananaṃ tad yad ubhe bṛhadrathantare; tad yad daivyaṃ mithunaṃ prajananaṃ, tan mā prajanayād iti*. Reading no. (4) seems to be either a scribal simplification or a transcriptional error of the modern copyist. In line 8, correct *tam mā prajanayād iti* to *tan*...(a lapsus calami).

Auswahl § 130 (JB. II.83) p. 146 line 2, Prof. Caland emends: *sa hātiprarikto na śaśākotthātuṃ*, while his mss., without variant, have *sahuhātipra*-. Though mss. A, B, C go with Prof. Caland, one of our transcripts seems to preserve the correct reading: *sa ihātipra*-

explaining the otherwise superfluous *-hu-* of the mss. In line 4, *eva* has been omitted by oversight: *tam etenaiva punar ayājayat* (so in all our mss.). In line 7, Prof. Caland emends the concurrent *tadiktam* of his mss. to *tad atiprariktam* in *saṃvatsareṇaivāsya tad atiprariktam ātmānaṃ madhyataḥ punaḥ samaśrīṇāt*, conspicuously on the basis of the preceding *sa ihātiprarikto na śaśākotthātum* (lines 2, 3). This emendation posits the omission of *atipra*, which is not very likely; and besides does not account for the *-i-* of *tadiktam* in a satisfactory manner. Reading *tadiktam* as *tad riktam* easily explains the concurrency of the mss., while giving the same meaning. Moreover, it is actually to be found in one of our transcripts. In line 9, read the last word as *apratigṛhyasya* (*-ṛ-* for *-ra-*, which seems to have come in owing to the confusability of *-ṛ-* and *-ra-* in the Grantham script. All our mss. have *-ṛ-*).

Auswahl § 130 (JB. II.84) p. 146 line 20, Prof. Caland reads *śravaṇādahe* (sans v. l.) and remarks (p. 148 note 8): "Heillos verdorben. Wie ist zu lesen? Ein 3 sg. pf. muss in den Worten stecken." The relevant passage runs as follows: *tad u vā āhur: yā id vai tāḥ kāmadughā āsann, etena vāva tā yajñena parigṛhyāharatām iti; tasya trivṛt prātaḥsavanaṃ bhavati, trivṛt tṛtīyasavanaṃ, dvādaśaṃ mādhyandinaṃ savanaṃ; dvādaśākṣarā vai jagatī; paśavo jagatī, paśavaḥ kāmadughā; brahma vai trivṛd; brahmaṇā vā enās tad ubhayataḥ parigṛhyājahratus; tāsām ekā śravaṇādahe*...... Tabulated, the equations stand thus:

Pressing	Morning	Midday	Evening
Syllables	9	12	9
	9 syllables = brahman	12 syllables = jagatī = paśus = kāmadughās	9 syllables = brahman

Following the text, it is clear from the above tabulation that supported on both sides by '*brahman*' are the *kāmadugha* cattle, and it is to one of them (compare *tāsām ekā* of the text) that the enigmatic *śravaṇādahe* of Prof. Caland refers. The PW. records *śravaṇa* (adj.) from the Kātyāyana Śrautasūtra 23.4.16 in the sense of 'lahm', i.e. limping, lame. Now the second part of the enigma, *dahe* must be a verbal form, which according to Prof. Caland should be a 3 sg. pf. Our Baroda manuscript reads *duhe*, which is a better reading, though not without difficulties. The passage continues : *tāṃ bhūmāv upopatus*. Prof. Caland (p. 148 note 9): *bhumāvṛpoptus*, *bhūmadyapopatus*. Prof. Caland's emendation is supported by our mss. material : *bhūmāv upopatus, bhūmāv upovatus* (*va* and *pa* are confused in the Grantham characters), B: *bhūmāv upopatas*. Prof. Caland begins the next sentence : *tām eva tāṃ vakreṇa dāruṇā* .... without giving any variant for *tām eva tāṃ*. Our readings are—A : *tām eva tāṃ*; B, C: *tām etāṃ*, both transcripts *tām etāṃ*. It seems more in consonance with the flow and sense of the passage to adopt *tām etāṃ*, which is supported by a greater number of mss., including the best codex B. Further on, we have *diśa ekā, tāṃ vaṇijyayā; brahmaikā, tāṃ brahmacaryeṇa; kṣatram ekā, tāṃ rājānucaryeṇa*. Though mss. testimony, both ours and that of Prof. Caland, supports *diśa ekā, tāṃ vaṇijyayā*, it is disharmonious with the similar succeding statements. We should very much expect *viśa ekā* ... . But then can *viś* precede *brahman ?*

In Auswahl § 134 (JB. II.103) p. 156 line 5, Prof. Caland reads : *etad vai dviṣo rūpam etad apaciteḥ*. In the translation of this passage he question-marks the rendering of *dviṣo*, but he gives no variant for it. The subject of the section is the dakṣiṇā in an Apiciti-ekāha, which is dealt with in ĀpŚrS. 22.12.4-9, ŚāṅkhŚrS. 14.33.20, KātyŚrS. 22.10.30-32. The ĀpŚrS., which is nearly verbally identical with our text, and is in all likelihood an abridgement of the latter as is evident from *iti vijñāyate* of 22.12.9, begins with the sūtra *apacitikāmo 'pacitibhyām*. Under *apacitibhyām* are included the two sacrifices Apaciti and Tviṣi, according to the marginal noting of Prof. Caland in his copy of ĀpŚrS. text which I had the fortune of getting at an antiquariaat during my stay in Utrecht. The ŚāṅkhŚrS. deals with the ekāhas Apaciti and Tviṣi consecutively in 14.33 and 34. It is curious, how it should not have struck Prof. Caland that *dviṣo* was a wrong reading for *tviṣo* or better *tviṣe* (as *-e* and *-o* signs are frequently confused in Grantham mss.). Our mss. testimony : A, B *tviṣe rūpam*; C *tviṣo upam*, no ms. gives the reading *dviṣo* ! Finally, *tviṣe* should be read for *dviṣo* of Auswahl. Note that *tviṣi*, *apaciti*, *yaśas*, *brahmavarcas*, and *annādya* occur together in ŚBM. 11.2.7.10.

In Auswahl § 136 (JB. II.116) p. 158 last line, Prof. Caland reads the introductory phrase to the quotation *ādityā ha jaritar aṅgirebhyo* ... . as : *tad eṣāpy anūcyate* (without recording any v.l.). *Eṣāpy* does not fit in the context. In it *api* presupposes other preceding stanzas, but there are none. Our mss. : A, B : *tad eṣābhyanūcyate*, C : *tad eṣāpy* (*-p-* due to the South Indian pronunciation). *Abhyanūcyate* is the correct reading : ✓ *vac* with *abhi* + *anu* pass. 3 person "to be referred to by some statement or verse" is not rare in the Brāhmaṇas.

In Auswahl § 137 (JB. II.124) p. 162 line 16, Prof. Caland reads *saṃvatsarād etat* (no v.l.) *khaṇḍikam audbhāriṃ keśī dārbhyo nunude*. *Etat* is a misfit. Excepting ms. C which reads *saṃvatsarād etat*, both A and B have *saṃvatsarād eva tat*, which fits in admirably with the passage. It is supported by *eva* in the immediately succeeding repetitive parallel: *saṃvatsarād eva dviṣantaṃ bhrātṛvyaṃ nudate, saṃvatsarād antareti*. Also compare *eva* in the analogous passage in II.91: *caturviṃśatyardhamāsaḥ saṃvatsaraḥ, saṃvatsarād evaināṃs tad ajayan.*

Auswahl § 138 (JB. II.126-127) p. 164 note 6: Prof. Caland omits from his text the passage quoted in the note though it is to be found in all the mss. Before coming to it, it would be helpful if we have in outline the 'setting' in the light of which the passage has to be understood. The sacrifice is the Ekatrika ekāha, which is essentially a fecundity rite according to the Jaiminīyas (compare PB. XVI.16), as will be clear from section II.125, which immediately precedes the section containing our passage, and is being published below :

Athaiṣa ekatrikaḥ. Prajananakāmo haitena yajeta. Prajāpatir vā akāmayata—bahuḥ prajayā paśubhiḥ prajāyeyemāṃ vyaṣṭiṃ vyaśnuvīyeti. Sa etaṃ yajñam apaśyat. Tam āharat. Tenāyajata. Sa aikṣata kena stuvīyeti. Sa ātmānam apaśyat. Tenāstuta. Sa aikṣata kena nv eva stuvīyeti. Sa prāṇāpānavyānān apaśyat. Tair astuta. Sa ātmanā sa prāṇāpānavyānais, sa ātmanā sa prāṇāpānavyānais, sa evam eva viparyāsaṃ yajñaṃ samasthāpayat. Tato vai sa bahuḥ prajayā paśubhiḥ prājāyatemāṃ vyaṣṭiṃ vyāśnuta yāsyeyam. Bahur eva prajayā paśubhiḥ prajāyata imāṃ vyaṣṭiṃ vyaśnute ya evaṃ veda.

With this fertility one-day-rite Udara Śāṇḍilya wanted to sacrifice. He had not given out his intention to anyone, and he was naturally surprised when his wife asked him if he was going to perform this dangerous ekāha. He asked her how she had come to know of it. She told him that it was from the gandharva who is in possession of her. The husband asked her to enquire from the gandharva whether he should perform it. Here comes in our passage. It may be pointed out that gandharvas are many a time considered as inimical to conception. For example, in Daśāvatāracarita VIII.555 a woman has gandharvas as husbands who kill any other man who touches her. Similarly in the Kuṭṭanīmata 347, a demon possesses a woman and slays her lover. Our gandharva is aware that the Ekatrika is a fecundity rite (cf. *prajananakāmo haitena yajeta* II.125) and it seems that he does not want that his connection with the wife of Udara Śāṇḍilya be hampered in any way. So he is keen that Udara should not perform it and he, very cleverly, points out that Udara does not know the stotra vital for the performance of the sacrifice, in fact his (Udara's) knowledge does not exceed his own (*yathā vā enaṃ sa vedaivam enaṃ vayaṃ vidmaḥ*). Emphasizing the point, he amplifies it in the words : *anyatara iti vā enaṃ sa vedānyatara iti vā enaṃ sa vedānyatara ity enaṃ vayaṃ vidmaḥ*, meaning thereby that Udara knows that the sacrifice is of this kind and it is of that kind and that is known to him too, but it is only one who knows the stotra by which Prajāpati lauded who can and who should perform it. Prof. Caland, has missed the import of the word *anyatara*, as evidenced by his translation of the above passage as: "aber er kennt es als das eine, ich als das andere" (p. 164), which does not fit in with the preceding statement and consequently has no bearing on the context. Here *anyatara* does not imply 'different'. Its repetition imparts to it a diversative force : 'of this kind, of that kind.' Compare *anya anya* 'the one, the other' Monier Williams' Sanskrit-English Dictionary (Oxford, 1899), and also compare *anyatama* in the sense of the indefinite article in the Gilgit mss. of the Sarvāstivāda Tripiṭaka (quoted in Prof. Dr. Raghu Vira's An Exhaustive English-Sanskrit-Hindi Dictionary, Fasc. I, 1951, s.v. 'a') : *anyatamasmin pradeśe, anyatamaḥ puruṣo daṇḍam avaṣṭabhya gacchati, anyatamenopāsakena, anyatamasmin karvaṭake gṛhapatiḥ prativasati*, Dr. Nalinaksa Dutt's ed., Calcutta, Vol. III pt. 1 pp. 17, 63, 75, 87. Interpreted in the above light, the passage presents no difficulty in being retained in the text. Rather, it brings out more emphatically the force of *tu* in *yas tv asyetthaṃ stotraṃ vidyāt......* by stressing that the knowledge of Udara Śāṇḍilya is not deeper than that of the Gandharva, who evidently does not know the stotra by which Prajāpati lauded and without which the Ekatrika cannot be performed.